Troll/Eisele

Grundsteuergesetz

Grundsteuergesetz

mit Nebengesetzen,
Richtlinien und Verwaltungsanweisungen
sowie Mustersatzung und Rechtsprechungsanhang zur
Zweitwohnungssteuer

Kommentar

begründet von
Dr. Max Troll
Ministerialrat a. D.,
früher im Bundesministerium der Finanzen

bearbeitet von
Dipl.-Finanzwirt (FH), Verw.-Dipl. Dirk Eisele
Regierungsdirektor im Ministerium der Finanzen Rheinland-Pfalz

11., neubearbeitete Auflage

Verlag Franz Vahlen München

www.vahlen.de

ISBN 978 3 8006 4802 3

© 2014 Verlag Franz Vahlen GmbH, München
Wilhelmstraße 9, 80801 München

Satz: Druckerei C. H. Beck Nördlingen
Druck und Bindung: CPI – Clausen & Bosse GmbH
Birkstraße 10, 25917 Leck

Gedruckt auf säurefreiem, alterungsbeständigem Papier
(hergestellt aus chlorfrei gebleichtem Zellstoff).

Vorwort

Seit Erscheinen der Vorauflage dieses Kommentars im Sommer 2010 hat sowohl die Rechtsprechung der Finanz- und Verwaltungsgerichtsbarkeit sowie der Zivilgerichtsbarkeit als auch die Verwaltungspraxis die Entwicklung der Grundsteuer vorangetrieben. Auffallend ist wiederum eine Vielzahl von Entscheidungen zum Grundsteuererlass nach § 33 GrStG. Zum einen verstößt in diesem Zusammenhang die mit Wirkung ab dem Kalenderjahr 2008 erfolgte (restriktive) Neuregelung des Erlasses von Grundsteuer wegen wesentlicher Ertragsminderung nach Überzeugung des BFH nicht gegen die verfassungsrechtlichen Anforderungen an Steuergesetze und deren Rückwirkung. Zum anderen sieht sich die Gerichtsbarkeit – ausweislich einer Reihe von einschlägigen Entscheidungen – zunehmend mit der Frage konfrontiert, ob (auch) das Kriterium nachhaltigen Bemühens des Steuerpflichtigen um Vermietung zur Gewährung des Grundsteuererlasses erfüllt ist. Auch wird die in den letzten Jahren bundesweit zu beobachtende – z. T. massiv ausfallende – Erhöhung der Grundsteuerhebesätze verstärkt einer gerichtlichen Prüfung unterzogen. Was die Befassung der Zivilgerichtsbarkeit anlangt, steht hier die Grundsteuer als Teil der umlagefähigen Betriebskosten bei Mietverhältnissen im Vordergrund (u.a. Nachforderungen des Vermieters bei rückwirkender Grundsteuerfestsetzung, Grundsteuerumlage bei vermieteten Eigentumswohnungen).

Aus fiskalischer Sicht hat die Grundsteuer als konjunkturunempfindliche und damit fest kalkulierbare Größe ihren Stellenwert im System der kommunalen Einnahmequellen einmal mehr eindrucksvoll unterstrichen. So belief sich das Aufkommen im Jahr 2013 auf 12,3 Mrd. Euro. Diese Aufkommenskontinuität bei steigender Tendenz dürfte nicht zuletzt ein Grund dafür sein, dass die Grundsteuer als solche – von Einzeläußerungen im Schrifttum abgesehen – nicht in Frage steht. Mit diesem Befund korrespondiert zum einen die einschlägige Passage im aktuellen Koalitionsvertrag auf Bundesebene: *„Die Grundsteuer wird unter Beibehaltung des Hebesatzrechtes für Kommunen zeitnah modernisiert. Wir fordern die Länder auf, nach Abschluss der laufenden Prüfprozesse rasch zu einer gemeinsamen Position zu kommen. Ziel der Reform ist es, die Grundsteuer als verlässliche kommunale Einnahmequelle zu erhalten, d. h. das Aufkommen zu sichern und Rechtssicherheit herzustellen."* Zum anderen wird mit dieser steuerpolitischen Aussage nolens volens dokumentiert, dass der Fortbestand der Einheitsbewertung des Grundbesitzes für Zwecke der Grundsteuer – auch nach mittlerweile jahrzehntelangen (!) Diskussionen in Politik und Wissenschaft – weiterhin offen ist.

Allerdings kann in diesem Kontext nicht verkannt werden, dass die Grundsteuer zunehmend unter Verfassungsdruck gerät. So hatte der BFH zwar mit Urteil vom 30.6.2010 (II R 60/08, BStBl. 2010 II S. 897) an der Verfassungsmäßigkeit der Einheitsbewertung des Grundbesitzes jedenfalls für Stichtage bis einschließlich 1.1.2007 (!) festgehalten, in diesem Zusammenhang jedoch

V

Vorwort

unmissverständlich betont, dass das weitere Unterbleiben einer allgemeinen Neubewertung des Grundbesitzes für Zwecke der Grundsteuer mit verfassungsrechtlichen Anforderungen (insbesondere mit dem allgemeinen Gleichbehandlungsgrundsatz gemäß Art. 3 Abs. 1 GG) nicht vereinbar sei. In einer Parallelentscheidung vom 30.6.2010 (II R 12/09, BStBl. 2011 II S. 48), gegen die mittlerweile eine Verfassungsbeschwerde beim Bundesverfassungsgericht anhängig ist (BVerfG, Az. 2 BvR 287/11), hatte der BFH diese Auffassung untermauert. Der BFH wird sich zudem im aktuell anhängigen Verfahren II R 16/13 mit der Fragestellung auseinandersetzen müssen, ob die unterschiedliche Grundsteuerbelastung in Ost- und Westberlin gegen den Gleichheitsgrundsatz verstößt, zumal hier nicht auf die gleichen Wertverhältnisse (1935 einerseits, 1964 andererseits) abgestellt wird. In verfahrensrechtlicher Hinsicht erscheint ein Aussetzungs- und Vorlagebeschluss des BFH nicht ausgeschlossen, der zu einer Befassung des Bundesverfassungsgerichts mit dem Problemkreis führen sollte.

Ungeachtet der Entwicklungen und Tendenzen auf Ebene der Bundesgerichtsbarkeit sind unverkennbar Fortschritte beim Reformprozess zur Grundsteuer auszumachen. So bestimmen aktuell auf der Ebene der Finanzministerkonferenz drei Modelle die Reformdiskussion. Es handelt sich dabei um das auf eine sog. Machbarkeitsstudie aus 2010 zurückzuführende „Modell auf Basis von Verkehrswerten", das sog. „Wertunabhängige Modell" (Eckpunkte für eine vereinfachte Grundsteuer nach dem Äquivalenzprinzip) sowie das sog. „Gebäudewertunabhängige Kombinationsmodell". Die mit diesen Modellen einhergehende Intensität und Konkretisierung der Debatte um eine Reform der Grundsteuer haben Verlag und Autor veranlasst, die Ausführungen zur Reformdiskussion aus der laufenden Kommentierung herauszulösen und in einem eigenständigen Anhang V zur Kommentierung darzustellen, um eine separate Befassung mit dem Reformprozess zu ermöglichen, ohne den Bezug zur geltenden Rechtslage zu verlieren. Was die Zeitschiene anlangt, wird sich indes an dem bereits in der Vorauflage geäußerten Befund wenig ändern: Im Hinblick auf die rd. 35 Mio. wirtschaftlichen Einheiten des Grundbesitzes bundesweit dürfte selbst bei einem aus heutiger Warte zeitnahen Tätigwerden des Steuergesetzgebers mit der Anwendung eines reformierten Grundsteuer- und Bewertungsrechts nicht vor 2018/2020 zu rechnen sein.

Der Anhang zur Zweitwohnungssteuer wurde erneut ausgedehnt. Ein (erstmals in den Anhang aufgenommener) Überblick über die Städte im Bundesgebiet, die eine Zweitwohnungssteuer erheben, belegt zum einen die wachsende Bedeutung dieser Steuer auf kommunaler Ebene. Zum anderen trägt die Erweiterung des Anhangs der umfangreichen Rechtsprechungsentwicklung Rechnung. Besonderes Augenmerk gilt hier den Entscheidungen zur Frage einer Zweitwohnungssteuerpflicht für Wohn- und Reisemobile einerseits sowie der verfassungsrechtlichen Zulässigkeit eines degressiven Zweitwohnungssteuertarifs andererseits. Die ausführliche Dokumentation der Rechtsprechung zum Grundsteuererlass sowie zur Zweitwohnungssteuer erfolgt wiederum in Form von Leit- bzw. Orientierungssätzen, da die Entscheidungen in Datenbanken problemlos im Wortlaut nachgelesen werden können.

Vorwort

Der Autor dankt Frau Regierungsrätin Susanne Leissen vom Ministerium der Finanzen Rheinland-Pfalz ganz herzlich für wertvollen Rat im Kontext verfahrensrechtlicher Fragestellungen. Die verlegerische Betreuung der Neuauflage dieses Kommentars oblag einmal mehr Herrn Hans Theismann, dem zuständigen Lektor des Verlags. Herr Theismann hat die Arbeit des Autors mit gewohnt großer Sorgfalt und Umsicht begleitet sowie mit Rat und Tat unterstützt. Herrn Theismann und seiner Mitarbeiterin, Frau Simone Heit, bin ich hierfür sehr zu Dank verpflichtet.

Verlag und Verfasser wiederholen den bereits bei der Vorauflage geäußerten Wunsch, dass auch die aktuelle Auflage allen, die sich mit Fragen des Grundsteuerrechts im weitesten Sinne zu befassen haben, eine zuverlässige und lösungsorientierte Hilfe sein möge. Für Hinweise und Anregungen aus dem Leserkreis sind Verlag und Verfasser stets dankbar.

München und Boppard/Rhein, im August 2014 Dirk Eisele

Inhaltsübersicht

Seite

Verzeichnis der Gesetze und Richtlinien IX
Zusammenstellung einschlägiger Gesetze und Verordnungen der Bundesländer XI
Abkürzungsverzeichnis XIII
Wortlaut des Grundsteuergesetzes 1
Einführung 17

ERLÄUTERUNGEN ZUM GRUNDSTEUERGESETZ

Abschnitt I. Steuerpflicht

§ 1   Heberecht 43
§ 2   Steuergegenstand 49
§ 3   Steuerbefreiung für Grundbesitz bestimmter Rechtsträger 75
§ 4   Sonstige Steuerbefreiungen 187
§ 5   Zu Wohnzwecken benutzter Grundbesitz 242
§ 6   Land- und forstwirtschaftlich genutzter Grundbesitz 260
§ 7   Unmittelbare Benutzung für einen steuerbegünstigten Zweck 266
§ 8   Teilweise Benutzung für einen steuerbegünstigten Zweck 271
§ 9   Stichtag für die Festsetzung der Grundsteuer; Entstehung der Steuer 274
§ 10   Steuerschuldner 277
§ 11   Persönliche Haftung 283
§ 12   Dingliche Haftung 289

Abschnitt II. Bemessung der Grundsteuer

§ 13   Steuermeßzahl und Steuermeßbetrag 301
§ 14   Steuermeßzahl für Betriebe der Land- und Forstwirtschaft 322
§ 15   Steuermeßzahl für Grundstücke 323
§ 16   Hauptveranlagung 339
§ 17   Neuveranlagung 349
§ 18   Nachveranlagung 357
§ 19   Anzeigepflicht 359
§ 20   Aufhebung des Steuermeßbetrags 361
§ 21   Änderung von Steuermeßbescheiden 364
§ 22   Zerlegung des Steuermeßbetrags 366
§ 23   Zerlegungsstichtag 378
§ 24   Ersatz der Zerlegung durch Steuerausgleich 381

Abschnitt III. Festsetzung und Entrichtung der Grundsteuer

§ 25   Festsetzung des Hebesatzes 383
§ 26   Koppelungsvorschriften und Höchsthebesätze 398
§ 27   Festsetzung der Grundsteuer 401

Inhaltsübersicht

Seite

§ 28 Fälligkeit 431
§ 29 Vorauszahlungen 454
§ 30 Abrechnung über die Vorauszahlungen 455
§ 31 Nachentrichtung der Steuer 457

Abschnitt IV. Erlaß der Grundsteuer

§ 32 Erlaß für Kulturgut und Grünanlagen 459
§ 33 Erlaß wegen wesentlicher Ertragsminderung 476
§ 34 Verfahren 540

Abschnitt V. Übergangs- und Schlußvorschriften

§ 35 (aufgehoben) 546
§ 36 Steuervergünstigung für abgefundene Kriegsbeschädigte 546
§ 37 Sondervorschriften für die Hauptveranlagung 1974 555
§ 38 Anwendung des Gesetzes 556
§ 39 (aufgehoben) 556

Abschnitt VI. Grundsteuer für Steuergegenstände in dem in Artikel 3 des Einigungsvertrages genannten Gebiet ab dem Kalenderjahr 1991

Einführung zu Abschnitt VI 557
§ 40 Land- und forstwirtschaftliches Vermögen 558
§ 41 Bemessung der Grundsteuer für Grundstücke nach dem Einheitswert 561
§ 42 Bemessung der Grundsteuer für Mietwohngrundstücke und Einfamilienhäuser nach der Ersatzbemessungsgrundlage 567
§ 43 Steuerfreiheit für neugeschaffene Wohnungen 573
§ 44 Steueranmeldung 577
§ 45 Fälligkeit von Kleinbeträgen 580
§ 46 Zuständigkeit der Gemeinden 581

ANHANG

Anhang I Rechtsprechung des Bundesverwaltungsgerichts, des Bundesfinanzhofs und der Oberverwaltungsgerichte zum Grundsteuererlass nach §§ 32 bis 34 GrStG 583
Anhang II Einheitsbewertung und Grundsteuer in den neuen Bundesländern (zu Abschnitt VI, §§ 40 ff. GrStG) 603
Anhang III Grundsteuern und ähnliche Steuern im internationalen Vergleich 633
Anhang IV Rechtsprechung zur Zweitwohnungssteuer (mit Einführung und Mustersatzung) 652
Anhang V Reform der Grundsteuer: Debatte und Reformmodelle 695

Stichwortverzeichnis 741

X

Verzeichnis der zusätzlich abgedruckten Gesetze und Richtlinien

Seite

Abgabenordnung

		Seite
§	1 AO	405
§	39 AO	278
§	44 AO	282
§	48 AO	288
§	52 AO	116
§	53 AO	117
§§	54, 55 AO	118
§§	56–58 AO	119
§	59 AO	120
§§	60–61 AO	121
§§	62, 63 AO	122
§	64 AO	142
§§	65–67 a AO	143
§	68 AO	144
§	77 AO	291
§	122 AO	403
§§	155, 156 AO	407
§	157 AO	408
§	163 AO	481
§§	164, 165 AO	408
§§	166, 169 AO	409
§§	170, 171 AO	410
§	175 AO	420
§	179 AO	302
§§	180–182 AO	303
§	184 AO	341
§§	185–190 AO	374
§	191 AO	296
§	192 AO	297
§	220 AO	434
§	222 AO	438
§	226 AO	436
§	227 AO	482
§§	233, 234 AO	441
§§	236, 237 AO	442
§§	238, 239 AO	443
§	240 AO	446
§	351 AO	426
§	353 AO	345
§	361 AO	427

Baugesetzbuch

§	196 BauGB	320

Seite

Bewertungsgesetz

		Seite
§§	19–21 BewG	304
§§	22, 23 BewG	305
§§	24–27, 30 BewG	306
§	29 BewG	319
§	125 BewG	614
§§	126–129 BewG	616
§§	129a–131 BewG	617
§§	132, 133 BewG	618

Bewertungsgesetz-DDR

§§	51–53 BewG-DDR	619

Reichs-Bewertungs-Durchführungsverordnung

§§	3 a, 32 RBewDV	619
§§	33, 33a RBewDV	620
§§	34–36 RBewDV	621
§	37 RBewDV	622
§§	40, 44, 45 RBewDV	623

Bundesversorgungsgesetz

§§	72–74 BVG	548
§	78 a BVG	549

Bürgerliches Gesetzbuch

§	556 BGB	450
§	560 BGB	451

Einführungsgesetz zu den Realsteuergesetzen

§	3 EinfRStG	396

Einkommensteuer-Richtlinien

R 82 EStR 1999		223
R 13.2 EStR (Umrechnungs-schlüssel)		58

Finanzgerichtsordnung

§	69 FGO	429

XI

Verzeichnis der Gesetze und Richtlinien

Seite

Finanzverwaltungsgesetz

§ 21 FVG 422

Grundgesetz

Art. 105, 106 GG 45

**Grundsteuer-
Durchführungsverordnung**

§ 29 GrStDV 563
§§ 30–33 GrStDV 564

Seite

Körperschaftsteuergesetz

§ 4 KStG 98

**Rentenkapitalisierungs-
Gesetz-KOV**

§§ 1–3 KOV 549

Wohnungsbindungsgesetz

§ 10 WoBindG 449

Zwangsversteigerungsgesetz

§ 10 ZVG 292

Zusammenstellung einschlägiger Gesetze und Verordnungen der Bundesländer

Abgabenordnung-Anwendungsgesetze 425
Denkmalschutzgesetze 467
Finanzgerichtsordnung-Anwendungsgesetze 425
Grundsteuer-Anerkennungsverordnungen und -erlasse 229
Kirchensteuergesetze 395
Kommunalabgabengesetze 385
Naturschutz- und Landschaftsschutzgesetze 468
Verwaltungsgerichtsordnung-Ausführungsgesetze 424
(Landes-)Verwaltungszustellungsgesetze 413

Abkürzungsverzeichnis

a. A.	anderer Ansicht
aaO	am angeführten Ort
ABl. (Amtsbl.)	Amtsblatt
Abs.	Absatz
a. E.	am Ende
AEAO	Anwendungserlass zur Abgabenordnung v. 31.1.2014 (BStBl. 2014 I S. 290)
a. F.	alte(r) Fassung
AG	Amtsgericht; Aktiengesellschaft
AkStR	Zeitschrift „Aktuelles Steuerrecht"
ALKIS	Amtliches Liegenschaftskatasterinformatiossystem
AMBlFin.	Amtliches Mitteilungsblatt der Verwaltung für Finanzen des Vereinigten Wirtschaftsgebiets
ÄndG-BewG (BewÄndG)	Änderungsgesetz zum Bewertungsgesetz
ÄndVO	Änderungs-Verordnung
Anm.	Anmerkung
AO	Abgabenordnung
AO-StB	Zeitschrift „Der AO-Steuerberater"
Art.	Artikel
AUTBEG	Automatisierte Einheitsbewertung und Grundsteuermessbetragsveranlagung
BAnz.	Bundesanzeiger
BauGB	Baugesetzbuch
BauO	Bauordnung
Ba-Wü	Baden-Württemberg
Bayr.	Bayrisch
BayRS	Bayerische Rechtssammlung
BayVBl.	Bayr. Verwaltungsblätter
BB	Zeitschrift „Betriebs-Berater"
BBauBl.	Bundesbaublatt
BBauG	Bundesbaugesetz
Bd.	Band
BdF	siehe BMF
Berechn.-VO (II. BV)	Berechnungs-Verordnung
Betrieb	Zeitschrift „Der Betrieb"
BetrKV	Betriebskostenverordnung
BewÄndG	Bewertungsänderungsgesetz
BewDV	Durchführungsverordnung zum Bewertungsgesetz
BewG	Bewertungsgesetz
BewG-DDR	Bewertungsgesetz der ehem. DDR (Reichsbewertungsgesetz)
BewRGr	Richtlinien für die Bewertung des Grundvermögens v. 19.9.1966 (BAnz. Nr. 183 Beilage, BStBl. 1996 I S. 890), abgedruckt u. a. in Loseblattsammlung „Steuerrichtlinien" *(Verlag C. H. Beck)* und in der dtv-Textausgabe Nr. 5547 ErbSt

Abkürzungsverzeichnis

BewRL .... Richtlinien für die Bewertung des land- u. forstwirtschaftlichen Vermögens v. 17.11.1967 (BAnz. Nr. 224 v. 30.11.1967, BStBl. I S. 397) und v. 17.1.1968 (BAnz. Nr. 17 v. 25.1.1968, BStBl. I S. 223)

BFH .... Bundesfinanzhof

BFHE .... Sammlung der Entscheidungen des Bundesfinanzhofs

BFH/NV .... Zeitschrift „Sammlung amtlich nicht veröffentlichter Entscheidungen des BFH"

BFH-PR .... Entscheidungen des Bundesfinanzhofs für die Praxis der Steuerberatung

BIS .... Zeitschrift „Der Bau- und Immobilien-Sachverständige"

BMBau .... Bundesminister für Raumordnung, Bauwesen und Städtebau

BMF .... Bundesminister(ium) der Finanzen

BGB .... Bürgerliches Gesetzbuch

BGBl. .... Bundesgesetzblatt

BGH .... Bundesgerichtshof

BR-Drucks. .... Bundesratsdrucksache

BSHG .... Bundessozialhilfegesetz

BStBl. .... Bundessteuerblatt

BT-Drucks. .... Bundestagsdrucksache

BTR .... Zeitschrift „Der Bauträger"

BVG .... Bundesversorgungsgesetz

BVerfG .... Bundesverfassungsgericht

BVerfGE .... Sammlung der Entscheidungen des Bundesverfassungsgerichts

BVerwG .... Bundesverwaltungsgericht

BVerwGE .... Sammlung der Entscheidungen des Bundesverwaltungsgerichts

BWGZ .... Die Gemeinde, Zeitschrift für die Städte und Gemeinden, Baden-Württemberg

DB .... Zeitschrift „Der Betrieb"

DDR .... Deutsche Demokratische Republik

DDR-spezial .... Zeitschrift „DDR-spezial"

DGStZ .... Zeitschrift „Deutsche Gemeindesteuer-Zeitung"

DMBilG .... D-Markbilanzgesetz

DÖV .... Zeitschrift „Die öffentliche Verwaltung"

DStR .... Zeitschrift „Deutsches Steuerrecht" (vor 1960 Zeitschrift „Deutsche Steuer-Rundschau")

DStRE .... Zeitschrift „DStR-Entscheidungsdienst"

DStZ/A .... Zeitschrift „Deutsche Steuerzeitung" Ausgabe A

DStZ/B(E) .... Zeitschrift „Deutsche Steuerzeitung" Ausgabe B (Eildienst)

DV(O) .... Durchführungsverordnung

DVBl .... Zeitschrift „Deutsches Verwaltungsblatt"

DVStR (DVerkStR) ...... Zeitschrift „Deutsche Verkehrsteuer-Rundschau"

DWW .... Zeitschrift „Deutsche Wohnungswirtschaft"

EFG .... Zeitschrift „Entscheidungen der Finanzgerichte"

EGAO .... Einführungsgesetz zur Abgabenordnung

EGBGB .... Einführungsgesetz zum BGB

EGInsO .... Einführungsgesetz zur Insolvenzordnung

XIV

Abkürzungsverzeichnis

EinfRStG	Einführungsgesetz zu den Realsteuergesetzen
ErbBstg	Zeitschrift „Erbfolge-Besteuerung"
ErbStB	Zeitschrift „Der Erbschaft-Steuer-Berater"
ErbStH	Erbschaftsteuer-Hinweise
ErbStG	Erbschaftsteuer- und Schenkungsteuergesetz
ErbStR	Erbschaftsteuer-Richtlinien
Erl.	Erlass; Erläuterung
ErlVO	Erlassverordnung
EStDV	Einkommensteuer-Durchführungsverordnung
EStG	Einkommensteuergesetz
EStH	Einkommensteuer-Hinweise
EStR	Einkommensteuer-Richtlinien
EW	Einheitswert
EWG, EG	Europäische Gemeinschaft(en)
FG	Finanzgericht
FGO	Finanzgerichtsordnung
FinBeh.	Finanzbehörde
FinMin.	Finanzministerium
FinSen.	Finanzsenator
FiWi	Finanzwirtschaft, Zeitschrift zum Haushalts-, Finanz- und Steuerrecht der öffentlichen Verwaltung
FMBl. (FinMinBl.)	Amtsblatt des Bayr. Staatsministeriums der Finanzen, für Landesentwicklung und Heimat
FMK	Finanzministerkonferenz
FortschrR	Fortschreibungs-Richtlinien v. 2.12.1971 (BStBl. 1971 I S. 638)
FR	Zeitschrift „Die Finanzrundschau"
FS	Festschrift
FVG	Finanzverwaltungsgesetz
GABl.	Gemeinsames Amtsblatt
GAG	Gemeindeabgabengesetz
GBl.	Gesetzblatt
GBO	Grundbuchordnung
Gemeindehaushalt	Der Gemeindehaushalt, Fachzeitschrift für das gemeindliche Haushalts-, Kassen-, Rechnungs- und Prüfungswesen
GewStDV	Gewerbesteuer-Durchführungsverordnung
GewStG	Gewerbesteuergesetz
GewStH	Gewerbesteuer-Hinweise
GewStR	Gewerbesteuer-Richtlinien
GewO	Gewerbeordnung
GG	Grundgesetz
GkG	Gerichtskostengesetz
GMBl.	Gemeinsames Ministerialblatt
GmS OGB	Gemeinsamer Senat der obersten Gerichtshöfe des Bundes
GO	Gemeindeordnung
GrEStG	Grunderwerbsteuergesetz
GrStDV a. F.	Durchführungsverordnung zum GrStG a. F.
GrStG	Grundsteuergesetz
GrStR	Grundsteuer-Richtlinien v. 9.12.1978 (BStBl. 1978 I S. 553)

Abkürzungsverzeichnis

GrStVerg.	Grundsteuervergünstigung
Grundeigentum	Das Grundeigentum, Zeitschrift für die gesamte Grundstücks-, Haus- und Wohnungswirtschaft
GS	Gesetzessammlung
GStB	Zeitschrift „Gestaltende Steuerberatung"
GuG	Zeitschrift „Grundstücksmarkt und Grundstückswert"
Gürsching/Stenger	Kommentar zum Grundsteuergesetz, München 1959
GV (GVBl., GVOBl.) ...	Gesetz- und Verordnungsblatt
H	Hinweis (z.B. zu den EStR, ErbStR, GewStR, KStR)
Halaczinsky	Grundsteuer-Kommentar, Herne/Berlin 2. Aufl. 1995
HFR	Zeitschrift „Höchstrichterliche Finanzrechtsprechung"
HGZ	Hessische Städte- und Gemeindezeitung
Hübschmann/Hepp/	
Spitaler	Kommentar zur Abgabenordnung, Köln (Loseblatt)
idF	in der Fassung
IMR	Zeitschrift „Immobilienverwaltung & Recht"
Inf.	Zeitschrift „Die Information für Steuerberater und Wirtschaftsprüfer" (vor 2003: „Die Information über Steuer und Wirtschaft")
Info M	Zeitschrift „Mietrecht und Immobilien"
InsO	Insolvenzordnung
iSd/v	im Sinne des/von
iVm	in Verbindung mit
JR	Zeitschrift „Juristische Rundschau"
JStG	Jahressteuergesetz
Jura	Zeitschrift „Juristische Ausbildung"
jurisPR-BVerwG	jurisPraxisReport Bundesverwaltungsgericht
jurisPR-MietR	jurisPraxisReport Mietrecht
jurisPR-SteuerR	jurisPraxisReport Steuerrecht
JW	Zeitschrift „Juristische Wochenschrift"
JZ	Juristenzeitung
KAG	Kommunalabgabengesetz
KBV	Kleinbetragsverordnung
KFR	Zeitschrift „Kommentierte Finanzrechtsprechung"
KG	Kommanditgesellschaft
KHG	Krankenhausfinanzierungsgesetz
KJ	Zeitschrift „Kritische Justiz"
Klein (Autor)	Abgabenordnung, Kommentar, 12. Aufl. München 2014
KKZ	Kommunal-Kassen-Zeitschrift
KO	Konkursordnung
KommJur	Zeitschrift „Kommunaljurist"
KommunalPraxis BY	Zeitschrift für Verwaltung, Organisation und Recht, Ausgabe Bayern
KostO	Kostenordnung (Gesetz über die Kosten in Angelegenheiten der freiwilligen Gerichtsbarkeit)
KStDV	Körperschaftsteuer-Durchführungsverordnung
KStG	Körperschaftsteuergesetz

Abkürzungsverzeichnis

KStR .... Körperschaftsteuer-Richtlinien
KStZ .... Zeitschrift „Kommunale Steuerzeitung"
KVLG .... Gesetz über die Krankenversicherung der Landwirte
LG .... Landgericht
LKV .... Zeitschrift „Landes- und Kommunalverwaltung",
                         Verwaltungsrechtszeitschrift für die Länder Berlin,
                         Brandenburg, Mecklenburg-Vorpommern, Sachsen,
                         Sachsen-Anhalt und Thüringen
LSW .... Lexikon des Steuer- und Wirtschaftsrechts
LVG .... Landesverwaltungsgericht

MABl. .... Ministerialamtsblatt
MdI .... Innenministerium
MDR .... Monatsschrift für Deutsches Recht
MinBl. (MBl.) .... Ministerialblatt
MinBlFin. .... Ministerialblatt der Bundesfinanzverwaltung
MM .... Zeitschrift „Mietrechtliche Mitteilungen", Beilage zum
                         Mieter Magazin

NJW .... Zeitschrift „Neue Juristische Wochenschrift"
NordÖR .... Zeitschrift für öffentliches Recht in Norddeutschland
Nr. .... Nummer
Nds. .... Niedersachsen
n. v. .... nicht veröffentlicht
NVwZ .... Zeitschrift „Neue Zeitschrift für Verwaltungsrecht"
NVwZ-RR .... Zeitschrift „Neue Zeitschrift für Verwaltungsrecht –
                         Rechtsprechungsreport"
NW, NRW .... Nordrhein-Westfalen
NWB .... Zeitschrift „Neue Wirtschaftsbriefe"
NWB-DDR .... Zeitschrift „Neue Wirtschaftsbriefe DDR"
NWB-EN .... Zeitschrift „Neue Wirtschaftsbriefe Eilnachrichten"
NWB-EV .... Zeitschrift „Neue Wirtschaftsbriefe Erben und Vermögen"
NZM .... Neue Zeitschrift für Miet- und Wohnungsrecht, Miete,
                         Wohnungseigentum, Pacht, Makler- und Bauträgerrecht,
                         Steuern, Wohnungswirtschaft, Versicherung, Immobilien-
                         leasing, Time-Sharing

OFD .... Oberfinanzdirektion
OFH .... Oberster Finanzgerichtshof
OHG .... Offene Handelsgesellschaft
OVG .... Oberverwaltungsgericht
OVGE .... Sammlung der Entscheidungen des Preuß. OVG

PrVBl. .... Preußisches Verwaltungsblatt

R. .... Richtlinie (z. B. der EStR, ErbStR, GewStR, KStR)
RBewDV .... Durchführungsverordnung zum Reichsbewertungsgesetz
RdErl. .... Runderlass
RdF .... Reichsminister der Finanzen
RdI .... Reichsminister des Innern
RdJB .... Zeitschrift „Recht der Jugend und des Bildungswesens"

Abkürzungsverzeichnis

RFH .... Reichsfinanzhof
RGBl. .... Reichsgesetzblatt
RMinBl. .... Reichsministerialblatt
Rössler/Troll .... Kommentar zum Bewertungsgesetz, München (Loseblatt)
Rpfleger .... Zeitschrift „Der deutsche Rechtspfleger"
RStBl. .... Reichssteuerblatt
RWP-Blattei .... Zeitschrift „Rechts- und Wirtschaftspraxis"

S. .... Seite
Schl-H. .... Schleswig-Holstein
SGB III .... Sozialgesetzbuch, Drittes Buch, Arbeitsförderung
SGB IX .... Sozialgesetzbuch, Neuntes Buch, Rehabilitation und Teilhabe behinderter Menschen
SGB XII .... Sozialgesetzbuch, Zwölftes Buch, Sozialhilfe
StÄndG .... Steueränderungsgesetz
StAnpG .... Steueranpassungsgesetz
StB .... Zeitschrift „Der Steuerberater"
StBauFG .... Städtebauförderungsgesetz
StBereinG .... Steuerbereinigungsgesetz
Stbg. .... Zeitschrift „Die Steuerberatung"
StC .... Zeitschrift „SteuerConsultant"
StEd .... Zeitschrift „Steuer-Eildienst"
StEK .... Steuer-Erlasse in Karteiform
StLex .... Zeitschrift „Steuer-Lexikon"
Stöckel/Volquardsen .... Grundsteuerrecht, Kommentar, Stuttgart 2012
StRK .... Steuerrechtsprechung in Karteiform
StStud .... Zeitschrift „Steuer und Studium"
StuW .... Zeitschrift „Steuer und Wirtschaft"
StWa .... Zeitschrift „Steuerwarte"
StWK .... Zeitschrift „Steuer- und Wirtschafts-Kurzpost"

Tipke/Kruse .... Kommentar zur Abgabenordnung und Finanzgerichtsordnung, Köln (Loseblatt)
Troll/Gebel/Jülicher .... Kommentar zum Erbschaft- und Schenkungsteuergesetz, München (Loseblatt)
Tz. .... Textziffer

u. a. .... unter anderem
u. a. m. .... und andere(s) mehr
Ubg. .... Zeitschrift „Die Unternehmensbesteuerung"
UStAE .... Umsatzsteuer-Anwendungserlass
UStDV .... Umsatzsteuer-Durchführungsverordnung
UStG .... Umsatzsteuergesetz
UStR .... Umsatzsteuer-Richtlinien
u. U. .... unter Umständen

VA .... Verwaltungsanweisung, Verwaltungsanordnung, Verwaltungsakt
VerwRspr. .... Zeitschrift „Verwaltungsrechtsprechung in Deutschland"
VG .... Verwaltungsgericht
VGH .... Verwaltungsgerichtshof
VGHE .... Entscheidungen des Verwaltungsgerichtshofes

XVIII

Abkürzungsverzeichnis

v. H.	vom Hundert
VIZ	Zeitschrift für Vermögens- und Immobilienrecht
VO	Verordnung
VOBl. (VBl.)	Verordnungsblatt
VR	Zeitschrift „Verwaltungsrundschau"
VStG	Vermögensteuergesetz
VStR	Vermögensteuer-Richtlinien
v. T.	vom Tausend
VuR	Zeitschrift „Verbraucher und Recht"
VwGO	Verwaltungsgerichtsordnung
VwVfG	Verwaltungsverfahrensgesetz
VwV-II. WoBauG	Allgemeine Verwaltungsvorschrift zum II. Wohnungsbaugesetz
WEG	Gesetz über Wohnungseigentum und Dauerwohnrecht
WFA	Zeitschrift „WertermittlungsForum Aktuell"
II. WoBauG	Zweites Wohnungsbaugesetz
WoBindG	Wohnungsbindungsgesetz
WGG	Wohnungsgemeinnützigkeitsgesetz
WoFlV	Wohnflächenverordnung
WRV	Weimarer Reichsverfassung
WÜD	Wiener Übereinkommen über diplomatische Beziehungen
WÜK	Wiener Übereinkommen über konsularische Beziehungen
WuM	Zeitschrift „Wohnungswirtschaft und Mietrecht"
z. B.	zum Beispiel
ZfBR	Zeitschrift für Baurecht
ZfIR	Zeitschrift für Immobilienrecht
Ziff.	Ziffer
ZKF	Zeitschrift für Kommunalfinanzen
ZMR	Zeitschrift für Miet- und Raumrecht
ZNotP	Zeitschrift für die Notarpraxis
ZPO	Zivilprozessordnung
ZSteu	Zeitschrift für Steuern und Recht
ZUR	Zeitschrift für Umweltrecht
ZVG	Zwangsversteigerungsgesetz
ZWE	Zeitschrift für Wohnungseigentumsrecht
ZwStG	Zweitwohnungssteuergesetz
ZwStS	Zweitwohnungssteuersatzung

GESETZESTEXT

Grundsteuergesetz (GrStG)

Vom 7. August 1973 (BGBl. 1973 I S. 965; BStBl. 1973 I S. 586)

Geändert durch Einführungsgesetz zur Abgabenordnung vom 14.12.1976 (BGBl. 1976 I S. 3341; BStBl. 1976 I S. 694); Einigungsvertrag vom 31.8.1990 (BGBl. 1990 II S. 889, 986; BStBl. 1990 I S. 654, 677); Standortsicherungsgesetz vom 13.9.1993 (BGBl. 1993 I S. 1569; BStBl. 1993 I S. 749); Eisenbahnneuordnungsgesetz vom 27.12.1993 (BGBl. 1993 I S. 2378; BStBl. 1994 I S. 138); Postneuordnungsgesetz vom 14.9.1994 (BGBl. 1994 I S. 2325; BStBl. 1995 I S. 256); Gesetz zur Fortsetzung der Unternehmenssteuerreform vom 29.10.1997 (BGBl. 1997 I S. 2590; BStBl. 1997 I S. 928); Gesetz zur Änderung des Einführungsgesetzes zur Insolvenzordnung und anderer Gesetze vom 19.12.1998 (BGBl. 1998 I S. 3836; BStBl. 1999 I S. 118); Steuerbereinigungsgesetz 1999 vom 22.12.1999 (BGBl. 1999 I S. 2601; BStBl. 2000 I S. 13), Steuer-Euroglättungsgesetz vom 19.12.2000 (BGBl. 2000 I S. 1790; BStBl. 2001 I S. 3), Gesetz zur Umbenennung des Bundesgrenzschutzes in Bundespolizei vom 21.6.2005 (BGBl. 2005 I S. 1818; BStBl. 2005 I S. 854), ÖPP-Beschleunigungsgesetz vom 1.9.2005 (BGBl. 2005 I S. 2676; BStBl. 2005 I S. 854) und Jahressteuergesetz 2009 vom 19.12.2008 (BGBl. 2008 I S. 2794; BStBl. 2009 I S. 74)

Abschnitt I. Steuerpflicht

§ 1 Heberecht

(1) Die Gemeinde bestimmt, ob von dem in ihrem Gebiet liegenden Grundbesitz Grundsteuer zu erheben ist.

(2) Bestehen in einem Land keine Gemeinden, so stehen das Recht des Absatzes 1 und die in diesem Gesetz bestimmten weiteren Rechte dem Land zu.

(3) Für den in gemeindefreien Gebieten liegenden Grundbesitz bestimmt die Landesregierung durch Rechtsverordnung, wer die nach diesem Gesetz den Gemeinden zustehenden Befugnisse ausübt.

§ 2 Steuergegenstand

Steuergegenstand ist der Grundbesitz im Sinne des Bewertungsgesetzes:
1. die Betriebe der Land- und Forstwirtschaft (§§ 33, 48a und 51a des Bewertungsgesetzes). ²Diesen stehen die in § 99 Abs. 1 Nr. 2 des Bewertungsgesetzes bezeichneten Betriebsgrundstücke gleich;
2. die Grundstücke (§§ 68, 70 des Bewertungsgesetzes). ²Diesen stehen die in § 99 Abs. 1 Nr. 1 des Bewertungsgesetzes bezeichneten Betriebsgrundstücke gleich.

§ 3 Steuerbefreiung für Grundbesitz bestimmter Rechtsträger

(1) ¹Von der Grundsteuer sind befreit
1. Grundbesitz, der von einer inländischen juristischen Person des öffentlichen Rechts für einen öffentlichen Dienst oder Gebrauch benutzt wird.

²Ausgenommen ist der Grundbesitz, der von Berufsvertretungen und Berufsverbänden sowie von Kassenärztlichen Vereinigungen und Kassenärztlichen Bundesvereinigungen benutzt wird;

1 a. *(aufgehoben)*

2. Grundbesitz, der vom Bundeseisenbahnvermögen für Verwaltungszwecke benutzt wird;

3. Grundbesitz, der von
   a) einer inländischen juristischen Person des öffentlichen Rechts,
   b) einer inländischen Körperschaft, Personenvereinigung oder Vermögensmasse, die nach der Satzung, dem Stiftungsgeschäft oder der sonstigen Verfassung und nach ihrer tatsächlichen Geschäftsführung ausschließlich und unmittelbar gemeinnützigen oder mildtätigen Zwecken dient,
   für gemeinnützige oder mildtätige Zwecke benutzt wird;

4. Grundbesitz, der von einer Religionsgesellschaft, die Körperschaft des öffentlichen Rechts ist, einem ihrer Orden, einer ihrer religiösen Genossenschaften oder einem ihrer Verbände für Zwecke der religiösen Unterweisung, der Wissenschaft, des Unterrichts, der Erziehung oder für Zwecke der eigenen Verwaltung benutzt wird. ²Den Religionsgesellschaften stehen die jüdischen Kultusgemeinden gleich, die nicht Körperschaften des öffentlichen Rechts sind;

5. Dienstwohnungen der Geistlichen und Kirchendiener der Religionsgesellschaften, die Körperschaften des öffentlichen Rechts sind, und der jüdischen Kultusgemeinden. ²§ 5 ist insoweit nicht anzuwenden;

6. Grundbesitz der Religionsgesellschaften, die Körperschaften des öffentlichen Rechts sind, und der jüdischen Kultusgemeinden, der am 1. Januar 1987 und im Veranlagungszeitpunkt zu einem nach Kirchenrecht gesonderten Vermögen, insbesondere einem Stellenfonds gehört, dessen Erträge ausschließlich für die Besoldung und Versorgung der Geistlichen und Kirchendiener sowie ihrer Hinterbliebenen bestimmt sind. ²Ist in dem in Artikel 3 des Einigungsvertrages genannten Gebiet die Zugehörigkeit des Grundbesitzes zu einem gesonderten Vermögen im Sinne des Satzes 1 am 1. Januar 1987 nicht gegeben, reicht es insoweit aus, daß der Grundbesitz zu einem Zeitpunkt vor dem 1. Januar 1987 zu einem gesonderten Vermögen im Sinne des Satzes 1 gehörte. ³Die §§ 5 und 6 sind insoweit nicht anzuwenden.

²Der Grundbesitz muß ausschließlich demjenigen, der ihn für die begünstigten Zwecke benutzt, oder einem anderen nach den Nummern 1 bis 6 begünstigten Rechtsträger zuzurechnen sein. ³Satz 2 gilt nicht, wenn der Grundbesitz von einem nicht begünstigten Rechtsträger im Rahmen einer Öffentlich Privaten Partnerschaft einer juristischen Person des öffentlichen Rechts für einen öffentlichen Dienst oder Gebrauch überlassen wird und die Übertragung auf den Nutzer am Ende des Vertragszeitraums vereinbart ist.

(2) ¹Öffentlicher Dienst oder Gebrauch im Sinne dieses Gesetzes ist die hoheitliche Tätigkeit oder der bestimmungsgemäße Gebrauch durch die Allgemeinheit. ²Ein Entgelt für den Gebrauch durch die Allgemeinheit darf nicht in der Absicht, Gewinn zu erzielen, gefordert werden.

(3) Öffentlicher Dienst oder Gebrauch im Sinne dieses Gesetzes ist nicht anzunehmen bei Betrieben gewerblicher Art von juristischen Personen des öffentlichen Rechts im Sinne des Körperschaftsteuergesetzes.

§ 4 Sonstige Steuerbefreiungen

Soweit sich nicht bereits eine Befreiung nach § 3 ergibt, sind von der Grundsteuer befreit

1. Grundbesitz, der dem Gottesdienst einer Religionsgesellschaft, die Körperschaft des öffentlichen Rechts ist, oder einer jüdischen Kultusgemeinde gewidmet ist;
2. Bestattungsplätze;
3. a) die dem öffentlichen Verkehr dienenden Straßen, Wege, Plätze, Wasserstraßen, Häfen und Schienenwege sowie die Grundflächen mit den diesem Verkehr unmittelbar dienenden Bauwerken und Einrichtungen, zum Beispiel Brücken, Schleuseneinrichtungen, Signalstationen, Stellwerke, Blockstellen;
   b) auf Verkehrsflughäfen und Verkehrslandeplätzen alle Flächen, die unmittelbar zur Gewährleistung eines ordnungsgemäßen Flugbetriebes notwendig sind und von Hochbauten und sonstigen Luftfahrthindernissen freigehalten werden müssen, die Grundflächen mit den Bauwerken und Einrichtungen, die unmittelbar diesem Betrieb dienen, sowie die Grundflächen ortsfester Flugsicherungsanlagen einschließlich der Flächen, die für einen einwandfreien Betrieb dieser Anlagen erforderlich sind;
   c) die fließenden Gewässer und die ihren Abfluß regelnden Sammelbecken, soweit sie nicht unter Buchstabe a fallen;
4. die Grundflächen mit den im Interesse der Ordnung und Verbesserung der Wasser- und Bodenverhältnisse unterhaltenen Einrichtungen der öffentlich-rechtlichen Wasser- und Bodenverbände und die im öffentlichen Interesse staatlich unter Schau gestellten Privatdeiche;
5. Grundbesitz, der für Zwecke der Wissenschaft, des Unterrichts oder der Erziehung benutzt wird, wenn durch die Landesregierung oder die von ihr beauftragte Stelle anerkannt ist, daß der Benutzungszweck im Rahmen der öffentlichen Aufgaben liegt. [2]Der Grundbesitz muß ausschließlich demjenigen, der ihn benutzt, oder einer juristischen Person des öffentlichen Rechts zuzurechnen sein;
6. Grundbesitz, der für die Zwecke eines Krankenhauses benutzt wird, wenn das Krankenhaus in dem Kalenderjahr, das dem Veranlagungszeitpunkt (§ 13 Abs. 1) vorangeht, die Voraussetzungen des § 67 Abs. 1 oder 2 der Abgabenordnung erfüllt hat. [2]Der Grundbesitz muß ausschließlich demjenigen, der ihn benutzt, oder einer juristischen Person des öffentlichen Rechts zuzurechnen sein.

§ 5 Zu Wohnzwecken benutzter Grundbesitz

(1) Dient Grundbesitz, der für steuerbegünstigte Zwecke (§§ 3 und 4) benutzt wird, zugleich Wohnzwecken, gilt die Befreiung nur für

1. Gemeinschaftsunterkünfte der Bundeswehr, der ausländischen Streitkräfte, der internationalen militärischen Hauptquartiere, der Bundespolizei, der Polizei und des sonstigen Schutzdienstes des Bundes und der Gebietskörperschaften sowie ihrer Zusammenschlüsse;

2. Wohnräume in Schülerheimen, Ausbildungs- und Erziehungsheimen sowie Prediger- und Priesterseminaren, wenn die Unterbringung in ihnen für die Zwecke des Unterrichts, der Ausbildung oder der Erziehung erforderlich ist. [2]Wird das Heim oder Seminar nicht von einem der nach § 3 Abs. 1 Nr. 1, 3 oder 4 begünstigten Rechtsträger unterhalten, so bedarf es einer Anerkennung der Landesregierung oder der von ihr beauftragten Stelle, daß die Unterhaltung des Heims oder Seminars im Rahmen der öffentlichen Aufgaben liegt;

3. Wohnräume, wenn der steuerbegünstigte Zweck im Sinne des § 3 Abs. 1 Nr. 1, 3 oder 4 nur durch ihre Überlassung erreicht werden kann;

4. Räume, in denen sich Personen für die Erfüllung der steuerbegünstigten Zwecke ständig bereithalten müssen (Bereitschaftsräume), wenn sie nicht zugleich die Wohnung des Inhabers darstellen.

(2) Wohnungen sind stets steuerpflichtig, auch wenn die Voraussetzungen des Absatzes 1 vorliegen.

§ 6 Land- und forstwirtschaftlich genutzter Grundbesitz

Wird Grundbesitz, der für steuerbegünstigte Zwecke (§§ 3 und 4) benutzt wird, zugleich land- und forstwirtschaftlich genutzt, so gilt die Befreiung nur für

1. Grundbesitz, der Lehr- oder Versuchszwecken dient;

2. Grundbesitz, der von der Bundeswehr, den ausländischen Streitkräften, den internationalen militärischen Hauptquartieren oder den in § 5 Abs. 1 Nr. 1 bezeichneten Schutzdiensten als Übungsplatz oder Flugplatz benutzt wird;

3. Grundbesitz, der unter § 4 Nr. 1 bis 4 fällt.

§ 7 Unmittelbare Benutzung für einen steuerbegünstigten Zweck

[1]Die Befreiung nach den §§ 3 und 4 tritt nur ein, wenn der Steuergegenstand für den steuerbegünstigten Zweck unmittelbar benutzt wird. [2]Unmittelbare Benutzung liegt vor, sobald der Steuergegenstand für den steuerbegünstigten Zweck hergerichtet wird.

§ 8 Teilweise Benutzung für einen steuerbegünstigten Zweck

(1) Wird ein räumlich abgegrenzter Teil des Steuergegenstandes für steuerbegünstigte Zwecke (§§ 3 und 4) benutzt, so ist nur dieser Teil des Steuergegenstandes steuerfrei.

(2) Dient der Steuergegenstand oder ein Teil des Steuergegenstandes (Absatz 1) sowohl steuerbegünstigten Zwecken (§§ 3 und 4) als auch anderen Zwecken, ohne daß eine räumliche Abgrenzung für die verschiedenen Zwecke möglich ist, so ist der Steuergegenstand oder der Teil des Steuergegenstandes nur befreit, wenn die steuerbegünstigten Zwecke überwiegen.

§ 9 Stichtag für die Festsetzung der Grundsteuer; Entstehung der Steuer

(1) Die Grundsteuer wird nach den Verhältnissen zu Beginn des Kalenderjahres festgesetzt.

(2) Die Steuer entsteht mit dem Beginn des Kalenderjahres, für das die Steuer festzusetzen ist.

§ 10 Steuerschuldner

(1) Schuldner der Grundsteuer ist derjenige, dem der Steuergegenstand bei der Feststellung des Einheitswerts zugerechnet ist.

(2) Derjenige, dem ein Erbbaurecht, ein Wohnungserbbaurecht oder ein Teilerbbaurecht zugerechnet ist, ist auch Schuldner der Grundsteuer für die wirtschaftliche Einheit des belasteten Grundstücks.

(3) Ist der Steuergegenstand mehreren Personen zugerechnet, so sind sie Gesamtschuldner.

§ 11 Persönliche Haftung

(1) Neben dem Steuerschuldner haften der Nießbraucher des Steuergegenstandes und derjenige, dem ein dem Nießbrauch ähnliches Recht zusteht.

(2) [1]Wird ein Steuergegenstand ganz oder zu einem Teil einer anderen Person übereignet, so haftet der Erwerber neben dem früheren Eigentümer für die auf den Steuergegenstand oder Teil des Steuergegenstandes entfallende Grundsteuer, die für die Zeit seit dem Beginn des letzten vor der Übereignung liegenden Kalenderjahres zu entrichten ist. [2]Das gilt nicht für Erwerbe aus einer Insolvenzmasse und für Erwerbe im Vollstreckungsverfahren.

§ 12 Dingliche Haftung

Die Grundsteuer ruht auf dem Steuergegenstand als öffentliche Last.

Abschnitt II. Bemessung der Grundsteuer

§ 13 Steuermeßzahl und Steuermeßbetrag

(1) [1]Bei der Berechnung der Grundsteuer ist von einem Steuermeßbetrag auszugehen. [2]Dieser ist durch Anwendung eines Tausendsatzes (Steuermeßzahl) auf den Einheitswert oder seinen steuerpflichtigen Teil zu ermitteln, der nach dem Bewertungsgesetz im Veranlagungszeitpunkt (§ 16 Abs. 1, § 17 Abs. 3, § 18 Abs. 3) für den Steuergegenstand maßgebend ist.

(2) *(aufgehoben)*

(3) In den Fällen des § 10 Abs. 2 ist der Berechnung des Steuermeßbetrags die Summe der beiden Einheitswerte zugrunde zu legen, die nach § 92 des Bewertungsgesetzes festgestellt werden.

§ 14 Steuermeßzahl für Betriebe der Land- und Forstwirtschaft

Für Betriebe der Land- und Forstwirtschaft beträgt die Steuermeßzahl 6 vom Tausend.

§ 15 Steuermeßzahl für Grundstücke

(1) Die Steuermeßzahl beträgt 3,5 vom Tausend.

(2) Abweichend von Absatz 1 beträgt die Steuermeßzahl

1. für Einfamilienhäuser im Sinne des § 75 Abs. 5 des Bewertungsgesetzes mit Ausnahme des Wohnungseigentums und des Wohnungserbbaurechts einschließlich des damit belasteten Grundstücks 2,6 vom Tausend für die ersten 38 346,89 Euro des Einheitswerts oder seines steuerpflichtigen Teils und 3,5 vom Tausend für den Rest des Einheitswerts oder seines steuerpflichtigen Teils;

2. für Zweifamilienhäuser im Sinne des § 75 Abs. 6 des Bewertungsgesetzes 3,1 vom Tausend.

§ 16 Hauptveranlagung

(1) ¹Die Steuermeßbeträge werden auf den Hauptfeststellungszeitpunkt (§ 21 Abs. 2 des Bewertungsgesetzes) allgemein festgesetzt (Hauptveranlagung). ²Dieser Zeitpunkt ist der Hauptveranlagungszeitpunkt.

(2) ¹Der bei der Hauptveranlagung festgesetzte Steuermeßbetrag gilt vorbehaltlich der §§ 17 und 20 von dem Kalenderjahr an, das zwei Jahre nach dem Hauptveranlagungszeitpunkt beginnt. ²Dieser Steuermeßbetrag bleibt unbeschadet der §§ 17 und 20 bis zu dem Zeitpunkt maßgebend, von dem an die Steuermeßbeträge der nächsten Hauptveranlagung wirksam werden. ³Der sich nach den Sätzen 1 und 2 ergebende Zeitraum ist der Hauptveranlagungszeitraum.

(3) Ist die Festsetzungsfrist (§ 169 der Abgabenordnung) bereits abgelaufen, so kann die Hauptveranlagung unter Zugrundelegung der Verhältnisse vom Hauptveranlagungszeitpunkt mit Wirkung für einen späteren Veranlagungszeitpunkt vorgenommen werden, für den diese Frist noch nicht abgelaufen ist.

§ 17 Neuveranlagung

(1) Wird eine Wertfortschreibung (§ 22 Abs. 1 des Bewertungsgesetzes) oder eine Artfortschreibung oder Zurechnungsfortschreibung (§ 22 Abs. 2 des Bewertungsgesetzes) durchgeführt, so wird der Steuermeßbetrag auf den Fortschreibungszeitpunkt neu festgesetzt (Neuveranlagung).

(2) Der Steuermeßbetrag wird auch dann neu festgesetzt, wenn dem Finanzamt bekannt wird, daß

1. Gründe, die im Feststellungsverfahren über den Einheitswert nicht zu berücksichtigen sind, zu einem anderen als dem für den letzten Veranlagungszeitpunkt festgesetzten Steuermeßbetrag führen oder

2. die letzte Veranlagung fehlerhaft ist; § 176 der Abgabenordnung ist hierbei entsprechend anzuwenden; das gilt jedoch nur für Veranlagungszeitpunkte,

die vor der Verkündung der maßgeblichen Entscheidung eines obersten Gerichts des Bundes liegen.

(3) [1]Der Neuveranlagung werden die Verhältnisse im Neuveranlagungszeitpunkt zugrunde gelegt. [2]Neuveranlagungszeitpunkt ist

1. in den Fällen des Absatzes 1 der Beginn des Kalenderjahres, auf den die Fortschreibung durchgeführt wird;

2. in den Fällen des Absatzes 2 Nr. 1 der Beginn des Kalenderjahres, auf den sich erstmals ein abweichender Steuermeßbetrag ergibt. [2]§ 16 Abs. 3 ist entsprechend anzuwenden;

3. in den Fällen des Absatzes 2 Nr. 2 der Beginn des Kalenderjahres, in dem der Fehler dem Finanzamt bekannt wird, bei einer Erhöhung des Steuermeßbetrags jedoch frühestens der Beginn des Kalenderjahres, in dem der Steuermeßbescheid erteilt wird.

(4) Treten die Voraussetzungen für eine Neuveranlagung während des Zeitraums zwischen dem Hauptveranlagungszeitpunkt und dem Zeitpunkt des Wirksamwerdens der Steuermeßbeträge (§ 16 Abs. 2) ein, so wird die Neuveranlagung auf den Zeitpunkt des Wirksamwerdens der Steuermeßbeträge vorgenommen.

§ 18 Nachveranlagung

(1) Wird eine Nachfeststellung (§ 23 Abs. 1 des Bewertungsgesetzes) durchgeführt, so wird der Steuermeßbetrag auf den Nachfeststellungszeitpunkt nachträglich festgesetzt (Nachveranlagung).

(2) Der Steuermeßbetrag wird auch dann nachträglich festgesetzt, wenn der Grund für die Befreiung des Steuergegenstandes von der Grundsteuer wegfällt, der für die Berechnung der Grundsteuer maßgebende Einheitswert (§ 13 Abs. 1) aber bereits festgestellt ist.

(3) [1]Der Nachveranlagung werden die Verhältnisse im Nachveranlagungszeitpunkt zugrunde gelegt. [2]Nachveranlagungszeitpunkt ist

1. in den Fällen des Absatzes 1 der Beginn des Kalenderjahres, auf den der Einheitswert nachträglich festgestellt wird;

2. in den Fällen des Absatzes 2 der Beginn des Kalenderjahres, das auf den Wegfall des Befreiungsgrundes folgt. [2]§ 16 Abs. 3 ist entsprechend anzuwenden.

(4) Treten die Voraussetzungen für eine Nachveranlagung während des Zeitraums zwischen dem Hauptveranlagungszeitpunkt und dem Zeitpunkt des Wirksamwerdens der Steuermeßbeträge (§ 16 Abs. 2) ein, so wird die Nachveranlagung auf den Zeitpunkt des Wirksamwerdens der Steuermeßbeträge vorgenommen.

§ 19 Anzeigepflicht

[1]Jede Änderung in der Nutzung oder in den Eigentumsverhältnissen eines ganz oder teilweise von der Grundsteuer befreiten Steuergegenstandes hat derjenige anzuzeigen, der nach § 10 als Steuerschuldner in Betracht kommt.

²Die Anzeige ist innerhalb von drei Monaten nach Eintritt der Änderung bei dem Finanzamt zu erstatten, das für die Festsetzung des Steuermeßbetrags zuständig ist.

§ 20 Aufhebung des Steuermeßbetrags

(1) Der Steuermeßbetrag wird aufgehoben,

1. wenn der Einheitswert aufgehoben wird oder
2. wenn dem Finanzamt bekannt wird, daß
   a) für den ganzen Steuergegenstand ein Befreiungsgrund eingetreten ist oder
   b) der Steuermeßbetrag fehlerhaft festgesetzt worden ist.

(2) Der Steuermeßbetrag wird aufgehoben

1. in den Fällen des Absatzes 1 Nr. 1 mit Wirkung vom Aufhebungszeitpunkt (§ 24 Abs. 2 des Bewertungsgesetzes) an;
2. in den Fällen des Absatzes 1 Nr. 2 Buchstabe a mit Wirkung vom Beginn des Kalenderjahres an, der auf den Eintritt des Befreiungsgrundes folgt. ²§ 16 Abs. 3 ist entsprechend anzuwenden;
3. in den Fällen des Absatzes 1 Nr. 2 Buchstabe b mit Wirkung vom Beginn des Kalenderjahres an, in dem der Fehler dem Finanzamt bekannt wird.

(3) Treten die Voraussetzungen für eine Aufhebung während des Zeitraums zwischen dem Hauptveranlagungszeitpunkt und dem Zeitpunkt des Wirksamwerdens der Steuermeßbeträge (§ 16 Abs. 2) ein, so wird die Aufhebung auf den Zeitpunkt des Wirksamwerdens der Steuermeßbeträge vorgenommen.

§ 21 Änderung von Steuermeßbescheiden

¹Bescheide über die Neuveranlagung oder die Nachveranlagung von Steuermeßbeträgen können schon vor dem maßgebenden Veranlagungszeitpunkt erteilt werden. ²Sie sind zu ändern oder aufzuheben, wenn sich bis zu diesem Zeitpunkt Änderungen ergeben, die zu einer abweichenden Festsetzung führen.

§ 22 Zerlegung des Steuermeßbetrags

(1) ¹Erstreckt sich der Steuergegenstand über mehrere Gemeinden, so ist der Steuermeßbetrag vorbehaltlich des § 24 in die auf die einzelnen Gemeinden entfallenden Anteile zu zerlegen (Zerlegungsanteile). ²Für den Zerlegungsmaßstab gilt folgendes:

1. ¹Bei Betrieben der Land- und Forstwirtschaft ist der auf den Wohnungswert entfallende Teil des Steuermeßbetrags der Gemeinde zuzuweisen, in der sich der Wohnteil oder dessen wertvollster Teil befindet. ²Der auf den Wirtschaftswert entfallende Teil des Steuermeßbetrags ist in dem Verhältnis zu zerlegen, in dem die auf die einzelnen Gemeinden entfallenden Flächengrößen zueinander stehen.
2. ¹Bei Grundstücken ist der Steuermeßbetrag in dem Verhältnis zu zerlegen, in dem die auf die einzelnen Gemeinden entfallenden Flächengrößen zu-

einander stehen. [2]Führt die Zerlegung nach Flächengrößen zu einem offenbar unbilligen Ergebnis, so hat das Finanzamt auf Antrag einer Gemeinde die Zerlegung nach dem Maßstab vorzunehmen, der nach bisherigem Recht zugrunde gelegt wurde. [3]Dies gilt nur so lange, als keine wesentliche Änderung der tatsächlichen Verhältnisse eintritt; im Falle einer wesentlichen Änderung ist nach einem Maßstab zu zerlegen, der den tatsächlichen Verhältnissen besser Rechnung trägt. [3]Einigen sich die Gemeinden mit dem Steuerschuldner über die Zerlegungsanteile, so sind diese maßgebend.

(2) Entfällt auf eine Gemeinde ein Zerlegungsanteil von weniger als fünfundzwanzig Euro, so ist dieser Anteil der Gemeinde zuzuweisen, der nach Absatz 1 der größte Zerlegungsanteil zusteht.

§ 23 Zerlegungsstichtag

(1) Der Zerlegung des Steuermeßbetrags werden die Verhältnisse in dem Feststellungszeitpunkt zugrunde gelegt, auf den der für die Festsetzung des Steuermeßbetrags maßgebende Einheitswert festgestellt worden ist.

(2) Ändern sich die Grundlagen für die Zerlegung, ohne daß der Einheitswert fortgeschrieben oder nachträglich festgestellt wird, so sind die Zerlegungsanteile nach dem Stand vom 1. Januar des folgenden Jahres neu zu ermitteln, wenn wenigstens bei einer Gemeinde der neue Anteil um mehr als ein Zehntel, mindestens aber um zehn Euro von ihrem bisherigen Anteil abweicht.

§ 24 Ersatz der Zerlegung durch Steuerausgleich

[1]Die Landesregierung kann durch Rechtsverordnung bestimmen, daß bei Betrieben der Land- und Forstwirtschaft, die sich über mehrere Gemeinden erstrecken, aus Vereinfachungsgründen an Stelle der Zerlegung ein Steuerausgleich stattfindet. [2]Beim Steuerausgleich wird der gesamte Steuermeßbetrag der Gemeinde zugeteilt, in der der wertvollste Teil des Steuergegenstandes liegt (Sitzgemeinde); an dem Steueraufkommen der Sitzgemeinde werden die übrigen Gemeinden beteiligt. [3]Die Beteiligung soll annähernd zu dem Ergebnis führen, das bei einer Zerlegung einträte.

Abschnitt III.
Festsetzung und Entrichtung der Grundsteuer

§ 25 Festsetzung des Hebesatzes

(1) Die Gemeinde bestimmt, mit welchem Hundertsatz des Steuermeßbetrags oder des Zerlegungsanteils die Grundsteuer zu erheben ist (Hebesatz).

(2) Der Hebesatz ist für ein oder mehrere Kalenderjahre, höchstens jedoch für den Hauptveranlagungszeitraum der Steuermeßbeträge festzusetzen.

(3) [1]Der Beschluß über die Festsetzung oder Änderung des Hebesatzes ist bis zum 30. Juni eines Kalenderjahres mit Wirkung vom Beginn dieses

Kalenderjahres zu fassen. [2]Nach diesem Zeitpunkt kann der Beschluß über die Festsetzung des Hebesatzes gefaßt werden, wenn der Hebesatz die Höhe der letzten Festsetzung nicht überschreitet.

(4) [1]Der Hebesatz muß jeweils einheitlich sein

1. für die in einer Gemeinde liegenden Betriebe der Land- und Forstwirtschaft;
2. für die in einer Gemeinde liegenden Grundstücke.

[2]Wird das Gebiet von Gemeinden geändert, so kann die Landesregierung oder die von ihr bestimmte Stelle für die von der Änderung betroffenen Gebietsteile auf eine bestimmte Zeit verschiedene Hebesätze zulassen.

§ 26 Koppelungsvorschriften und Höchsthebesätze

In welchem Verhältnis die Hebesätze für die Grundsteuer der Betriebe der Land- und Forstwirtschaft, für die Grundsteuer der Grundstücke und für die Gewerbesteuer zueinander stehen müssen, welche Höchstsätze nicht überschritten werden dürfen und inwieweit mit Genehmigung der Gemeindeaufsichtsbehörde Ausnahmen zugelassen werden können, bleibt einer landesrechtlichen Regelung vorbehalten.

§ 27 Festsetzung der Grundsteuer

(1) [1]Die Grundsteuer wird für das Kalenderjahr festgesetzt. [2]Ist der Hebesatz für mehr als ein Kalenderjahr festgesetzt, kann auch die jährlich zu erhebende Grundsteuer für die einzelnen Kalenderjahre dieses Zeitraums festgesetzt werden.

(2) Wird der Hebesatz geändert (§ 25 Abs. 3), so ist die Festsetzung nach Absatz 1 zu ändern.

(3) [1]Für diejenigen Steuerschuldner, die für das Kalenderjahr die gleiche Grundsteuer wie im Vorjahr zu entrichten haben, kann die Grundsteuer durch öffentliche Bekanntmachung festgesetzt werden. [2]Für die Steuerschuldner treten mit dem Tage der öffentlichen Bekanntmachung die gleichen Rechtswirkungen ein, wie wenn ihnen an diesem Tage ein schriftlicher Steuerbescheid zugegangen wäre.

§ 28 Fälligkeit

(1) Die Grundsteuer wird zu je einem Viertel ihres Jahresbetrags am 15. Februar, 15. Mai, 15. August und 15. November fällig.

(2) Die Gemeinden können bestimmen, daß Kleinbeträge wie folgt fällig werden:

1. am 15. August mit ihrem Jahresbetrag, wenn dieser fünfzehn Euro nicht übersteigt;
2. am 15. Februar und 15. August zu je einer Hälfte ihres Jahresbetrags, wenn dieser dreißig Euro nicht übersteigt.

(3) [1]Auf Antrag des Steuerschuldners kann die Grundsteuer abweichend vom Absatz 1 oder Absatz 2 Nr. 2 am 1. Juli in einem Jahresbetrag entrichtet

werden. [2]Der Antrag muß spätestens bis zum 30. September des vorangehenden Kalenderjahres gestellt werden. [3]Die beantragte Zahlungsweise bleibt so lange maßgebend, bis ihre Änderung beantragt wird; die Änderung muß spätestens bis zum 30. September des vorangehenden Jahres beantragt werden.

§ 29 Vorauszahlungen

Der Steuerschuldner hat bis zur Bekanntgabe eines neuen Steuerbescheids zu den bisherigen Fälligkeitstagen Vorauszahlungen unter Zugrundelegung der zuletzt festgesetzten Jahressteuer zu entrichten.

§ 30 Abrechnung über die Vorauszahlungen

(1) [1]Ist die Summe der Vorauszahlungen, die bis zur Bekanntgabe des neuen Steuerbescheids zu entrichten waren (§ 29), kleiner als die Steuer, die sich nach dem bekanntgegebenen Steuerbescheid für die vorausgegangenen Fälligkeitstage ergibt (§ 28), so ist der Unterschiedsbetrag innerhalb eines Monats nach Bekanntgabe des Steuerbescheids zu entrichten. [2]Die Verpflichtung, rückständige Vorauszahlungen schon früher zu entrichten, bleibt unberührt.

(2) Ist die Summe der Vorauszahlungen, die bis zur Bekanntgabe des neuen Steuerbescheids entrichtet worden sind, größer als die Steuer, die sich nach dem bekanntgegebenen Steuerbescheid für die vorangegangenen Fälligkeitstage ergibt, so wird der Unterschiedsbetrag nach Bekanntgabe des Steuerbescheids durch Aufrechnung oder Zurückzahlung ausgeglichen.

(3) Die Absätze 1 und 2 gelten entsprechend, wenn der Steuerbescheid aufgehoben oder geändert wird.

§ 31 Nachentrichtung der Steuer

Hatte der Steuerschuldner bis zur Bekanntgabe der Jahressteuer keine Vorauszahlungen nach § 29 zu entrichten, so hat er die Steuer, die sich nach dem bekanntgegebenen Steuerbescheid für die vorangegangenen Fälligkeitstage ergibt (§ 28), innerhalb eines Monats nach Bekanntgabe des Steuerbescheids zu entrichten.

Abschnitt IV. Erlaß der Grundsteuer

§ 32 Erlaß für Kulturgut und Grünanlagen

(1) Die Grundsteuer ist zu erlassen

1. für Grundbesitz oder Teile von Grundbesitz, dessen Erhaltung wegen seiner Bedeutung für Kunst, Geschichte, Wissenschaft oder Naturschutz im öffentlichen Interesse liegt, wenn die erzielten Einnahmen und die sonstigen Vorteile (Rohertrag) in der Regel unter den jährlichen Kosten liegen. [2]Bei Park- und Gartenanlagen von geschichtlichem Wert ist der Erlaß von der weiteren Voraussetzung abhängig, daß sie in dem billigerweise zu fordernden Umfang der Öffentlichkeit zugänglich gemacht sind;

2. für öffentliche Grünanlagen, Spiel- und Sportplätze, wenn die jährlichen Kosten in der Regel den Rohertrag übersteigen.

(2) [1]Ist der Rohertrag für Grundbesitz, in dessen Gebäuden Gegenstände von wissenschaftlicher, künstlerischer oder geschichtlicher Bedeutung, insbesondere Sammlungen oder Bibliotheken, dem Zweck der Forschung oder Volksbildung nutzbar gemacht sind, durch die Benutzung zu den genannten Zwecken nachhaltig gemindert, so ist von der Grundsteuer der Hundertsatz zu erlassen, um den der Rohertrag gemindert ist. [2]Das gilt nur, wenn die wissenschaftliche, künstlerische oder geschichtliche Bedeutung der untergebrachten Gegenstände durch die Landesregierung oder die von ihr beauftragte Stelle anerkannt ist.

§ 33 Erlaß wegen wesentlicher Ertragsminderung

(1) [1]Ist bei Betrieben der Land- und Forstwirtschaft und bei bebauten Grundstücken der normale Rohertrag des Steuergegenstandes um mehr als 50 Prozent gemindert und hat der Steuerschuldner die Minderung des Rohertrags nicht zu vertreten, so wird die Grundsteuer in Höhe von 25 Prozent erlassen. [3]Beträgt die Minderung des normalen Rohertrags 100 Prozent, ist die Grundsteuer in Höhe von 50 Prozent zu erlassen. [3]Bei Betrieben der Land- und Forstwirtschaft und bei eigengewerblich genutzten bebauten Grundstücken wird der Erlass nur gewährt, wenn die Einziehung der Grundsteuer nach den wirtschaftlichen Verhältnissen des Betriebs unbillig wäre. [4]Normaler Rohertrag ist

1. bei Betrieben der Land- und Forstwirtschaft der Rohertrag, der nach den Verhältnissen zu Beginn des Erlasszeitraums bei ordnungsmäßiger Bewirtschaftung gemeinhin und nachhaltig erzielbar wäre;
2. bei bebauten Grundstücken die nach den Verhältnissen zu Beginn des Erlasszeitraums geschätzte übliche Jahresrohmiete.

(2) Bei eigengewerblich genutzten bebauten Grundstücken gilt als Minderung des normalen Rohertrags die Minderung der Ausnutzung des Grundstücks.

(3) Umfaßt der Wirtschaftsteil eines Betriebs der Land- und Forstwirtschaft nur die forstwirtschaftliche Nutzung, so ist die Ertragsminderung danach zu bestimmen, in welchem Ausmaß eingetretene Schäden den Ertragswert der forstwirtschaftlichen Nutzung bei einer Wertfortschreibung mindern würden.

(4) [1]Wird nur ein Teil des Grundstücks eigengewerblich genutzt, so ist die Ertragsminderung für diesen Teil nach Absatz 2, für den übrigen Teil nach Absatz 1 zu bestimmen. [2]Umfaßt der Wirtschaftsteil eines Betriebs der Land- und Forstwirtschaft nur zu einem Teil die forstwirtschaftliche Nutzung, so ist die Ertragsminderung für diesen Teil nach Absatz 3, für den übrigen Teil nach Absatz 1 zu bestimmen. [3]In den Fällen der Sätze 1 und 2 ist für den ganzen Steuergegenstand ein einheitlicher Hundertsatz der Ertragsminderung nach dem Anteil der einzelnen Teile am Einheitswert des Grundstücks oder am Wert des Wirtschaftsteils des Betriebs der Land- und Forstwirtschaft zu ermitteln.

(5) Eine Ertragsminderung ist kein Erlaßgrund, wenn sie für den Erlaßzeitraum durch Fortschreibung des Einheitswerts berücksichtigt werden kann oder bei rechtzeitiger Stellung des Antrags auf Fortschreibung hätte berücksichtigt werden können.

§ 34 Verfahren

(1) [1]Der Erlaß wird jeweils nach Ablauf eines Kalenderjahres für die Grundsteuer ausgesprochen, die für das Kalenderjahr festgesetzt worden ist (Erlaßzeitraum). [2]Maßgebend für die Entscheidung über den Erlaß sind die Verhältnisse des Erlaßzeitraums.

(2) [1]Der Erlaß wird nur auf Antrag gewährt. [2]Der Antrag ist bis zu dem auf den Erlaßzeitraum folgenden 31. März zu stellen.

(3) [1]In den Fällen des § 32 bedarf es keiner jährlichen Wiederholung des Antrags. [2]Der Steuerschuldner ist verpflichtet, eine Änderung der maßgeblichen Verhältnisse der Gemeinde binnen drei Monaten nach Eintritt der Änderung anzuzeigen.

Abschnitt V. Übergangs- und Schlußvorschriften

§ 35 *(aufgehoben)*

§ 36 Steuervergünstigung für abgefundene Kriegsbeschädigte

(1) [1]Der Veranlagung der Steuermessbeträge für Grundbesitz solcher Kriegsbeschädigten, die zum Erwerb oder zur wirtschaftlichen Stärkung ihres Grundbesitzes eine Kapitalabfindung auf Grund des Bundesversorgungsgesetzes in der Fassung der Bekanntmachung vom 22. Januar 1982 (BGBl. I S. 21), zuletzt geändert durch die Verordnung vom 15. Juni 1999 (BGBl. I S. 1328), erhalten haben, ist der um die Kapitalabfindung verminderte Einheitswert zugrunde zu legen. [2]Die Vergünstigung wird nur so lange gewährt, als die Versorgungsgebührnisse wegen Kapitalabfindung in der gesetzlichen Höhe gekürzt werden.

(2) Die Steuervergünstigung nach Absatz 1 ist auch für ein Grundstück eines gemeinnützigen Wohnungs- oder Siedlungsunternehmens zu gewähren, wenn die folgenden Voraussetzungen sämtlich erfüllt sind:

1. Der Kriegsbeschädigte muß für die Zuweisung des Grundstücks die Kapitalabfindung an das Wohnungs- oder Siedlungsunternehmen bezahlt haben.
2. Er muß entweder mit dem Unternehmen einen Mietvertrag mit Kaufanwartschaft in der Weise abgeschlossen haben, daß er zur Miete wohnt, bis das Eigentum an dem Grundstück von ihm erworben ist, oder seine Rechte als Mieter müssen durch den Mietvertrag derart geregelt sein, daß das Mietverhältnis dem Eigentumserwerb fast gleichkommt.
3. Es muß sichergestellt sein, daß die Steuervergünstigung in vollem Umfang dem Kriegsbeschädigten zugute kommt.

(3) [1]Lagen die Voraussetzungen des Absatzes 1 oder des Absatzes 2 bei einem verstorbenen Kriegsbeschädigten zur Zeit seines Todes vor und hat

seine Witwe das Grundstück ganz oder teilweise geerbt, so ist auch der Witwe die Steuervergünstigung zu gewähren, wenn sie in dem Grundstück wohnt. [2]Verheiratet sich die Witwe wieder, so fällt die Steuervergünstigung weg.

§ 37 Sondervorschriften für die Hauptveranlagung 1974

(1) Auf den 1. Januar 1974 findet eine Hauptveranlagung der Grundsteuermeßbeträge statt (Hauptveranlagung 1974).

(2) [1]Die Hauptveranlagung 1974 gilt mit Wirkung von dem am 1. Januar 1974 beginnenden Kalenderjahr an. [2]Der Beginn dieses Kalenderjahres ist der Hauptveranlagungszeitpunkt.

(3) Bei der Hauptveranlagung 1974 gilt Artikel 1 des Bewertungsänderungsgesetzes 1971 vom 27. Juli 1971 (BGBl. I S. 1157).

(4) *(aufgehoben)*

§ 38 Anwendung des Gesetzes

Diese Fassung des Gesetzes gilt erstmals für die Grundsteuer des Kalenderjahres 2008.

§ 39 *(aufgehoben)*

Abschnitt VI. Grundsteuer für Steuergegenstände in dem in Artikel 3 des Einigungsvertrages genannten Gebiet ab dem Kalenderjahr 1991

§ 40 Land- und forstwirtschaftliches Vermögen

[1]Anstelle der Betriebe der Land- und Forstwirtschaft im Sinne des § 2 tritt das zu einer Nutzungseinheit zusammengefaßte Vermögen im Sinne des § 125 Abs. 3 des Bewertungsgesetzes. [2]Schuldner der Grundsteuer ist abweichend von § 10 der Nutzer des land- und forstwirtschaftlichen Vermögens (§ 125 Abs. 2 des Bewertungsgesetzes). [3]Mehrere Nutzer des Vermögens sind Gesamtschuldner.

§ 41 Bemessung der Grundsteuer für Grundstücke nach dem Einheitswert

[1]Ist ein im Veranlagungszeitpunkt für die Grundsteuer maßgebender Einheitswert 1935 festgestellt oder festzustellen (§ 132 des Bewertungsgesetzes), gelten bei der Festsetzung des Steuermeßbetrags abweichend von § 15 die Steuermeßzahlen der weiter anwendbaren §§ 29 bis 33 der Grundsteuerdurchführungsverordnung vom 1. Juli 1937 (RGBl. I S. 733). [2]Die ermäßigten Steuermeßzahlen für Einfamilienhäuser gelten nicht für das Wohnungseigentum und das Wohnungserbbaurecht einschließlich des damit belasteten Grundstücks.

§ 42 Bemessung der Grundsteuer für Mietwohngrundstücke und Einfamilienhäuser nach der Ersatzbemessungsgrundlage

(1) Bei Mietwohngrundstücken und Einfamilienhäusern, für die ein im Veranlagungszeitpunkt für die Grundsteuer maßgebender Einheitswert 1935 nicht festgestellt oder festzustellen ist (§ 132 des Bewertungsgesetzes), bemißt sich der Jahresbetrag der Grundsteuer nach der Wohnfläche und bei anderweitiger Nutzung nach der Nutzfläche (Ersatzbemessungsgrundlage).

(2) [1] Bei einem Hebesatz von 300 vom Hundert für Grundstücke beträgt der Jahresbetrag der Grundsteuer für das Grundstück

a) für Wohnungen, die mit Bad, Innen-WC und Sammelheizung ausgestattet sind,
   1 Euro je m^2 Wohnfläche,
b) für andere Wohnungen
   75 Cent je m^2 Wohnfläche,
c) je Abstellplatz für Personenkraftwagen in einer Garage
   5 Euro.

[2] Für Räume, die anderen als Wohnzwecken dienen, ist der Jahresbetrag je m^2 Nutzfläche anzusetzen, der für die auf dem Grundstück befindlichen Wohnungen maßgebend ist.

(3) [1] Wird der Hebesatz abweichend von Absatz 2 festgesetzt, erhöhen oder vermindern sich die Jahresbeträge des Absatzes 2 in dem Verhältnis, in dem der festgesetzte Hebesatz für Grundstücke zu dem Hebesatz von 300 vom Hundert steht. [2] Der sich danach ergebende Jahresbetrag je m^2 Wohn- oder Nutzfläche wird auf volle Cent nach unten abgerundet.

(4) [1] Steuerschuldner ist derjenige, dem das Gebäude bei einer Feststellung des Einheitswerts gemäß § 10 zuzurechnen wäre. [2] Das gilt auch dann, wenn der Grund und Boden einem anderen gehört.

§ 43 Steuerfreiheit für neugeschaffene Wohnungen

(1) [1] Für Grundstücke mit neugeschaffenen Wohnungen, die nach dem 31. Dezember 1980 und vor dem 1. Januar 1992 bezugsfertig geworden sind oder bezugsfertig werden, gilt folgendes:

1. Grundstücke mit Wohnungen, die vor dem 1. Januar 1990 bezugsfertig geworden sind, bleiben für den noch nicht abgelaufenen Teil eines zehnjährigen Befreiungszeitraums steuerfrei, der mit dem 1. Januar des Kalenderjahres beginnt, das auf das Jahr der Bezugsfertigkeit des Gebäudes folgt;
2. Grundstücke mit Wohnungen, die im Kalenderjahr 1990 bezugsfertig geworden sind, sind bis zum 31. Dezember 2000 steuerfrei;
3. Grundstücke mit Wohnungen, die im Kalenderjahr 1991 bezugsfertig werden, sind bis zum 31. Dezember 2001 steuerfrei.

[2] Dies gilt auch, wenn vor dem 1. Januar 1991 keine Steuerfreiheit gewährt wurde.

(2) Befinden sich auf einem Grundstück nur zum Teil steuerfreie Wohnungen im Sinne des Absatzes 1, gilt folgendes:

1. ¹Wird die Grundsteuer nach dem Einheitswert bemessen (§ 41), bemißt sich der Steuermeßbetrag für den sich aus Absatz 1 ergebenden Befreiungszeitraum nur nach dem Teil des jeweils maßgebenden Einheitswerts, der auf die steuerpflichtigen Wohnungen und Räume einschließlich zugehörigen Grund und Bodens entfällt. ²Der steuerpflichtige Teil des Einheitswerts wird im Steuermeßbetragsverfahren ermittelt.

2. Ist die Ersatzbemessungsgrundlage Wohn- oder Nutzfläche maßgebend (§ 42), bleibt während der Dauer des sich aus Absatz 1 ergebenden Befreiungszeitraums die Wohnfläche der befreiten Wohnungen bei Anwendung des § 42 außer Ansatz.

(3) ¹Einer Wohnung stehen An-, Aus- oder Umbauten gleich, die der Vergrößerung oder Verbesserung von Wohnungen dienen. ²Voraussetzung ist, daß die Baumaßnahmen zu einer Wertfortschreibung geführt haben oder führen.

§ 44 Steueranmeldung

(1) Soweit die Grundsteuer nach der Wohn- oder Nutzfläche zu bemessen ist, hat der Steuerschuldner eine Steuererklärung nach amtlich vorgeschriebenem Vordruck abzugeben, in der er die Grundsteuer nach § 42 selbst berechnet (Steueranmeldung).

(2) ¹Der Steuerschuldner hat der Berechnung der Grundsteuer den Hebesatz zugrunde zu legen, den die Gemeinde bis zum Beginn des Kalenderjahres bekanntgemacht hat, für das die Grundsteuer erhoben wird. ²Andernfalls hat er die Grundsteuer nach dem Hebesatz des Vorjahres zu berechnen; für das Kalenderjahr 1991 gilt insoweit ein Hebesatz von 300 vom Hundert.

(3) ¹Die Steueranmeldung ist für jedes Kalenderjahr nach den Verhältnissen zu seinem Beginn bis zu dem Fälligkeitstag abzugeben, zu dem Grundsteuer für das Kalenderjahr nach § 28 erstmals fällig ist. ²Für die Entrichtung der Grundsteuer gilt § 28 entsprechend.

§ 45 Fälligkeit von Kleinbeträgen

Hat der Rat der Stadt oder Gemeinde vor dem 1. Januar 1991 für kleinere Beträge eine Zahlungsweise zugelassen, die von § 28 Abs. 2 und 3 abweicht, bleibt die Regelung bestehen, bis sie aufgehoben wird.

§ 46 Zuständigkeit der Gemeinden

Die Festsetzung und Erhebung der Grundsteuer obliegt bis zu einer anderen landesrechtlichen Regelung den Gemeinden.

EINFÜHRUNG

Übersicht

I. Allgemeines

II. Geschichtliche Entwicklung
1. Grundsteuergesetz 1935
2. Grundsteuergesetz 1951
3. Grundsteuergesetz 1974
4. Grundsteuergesetz ab 1974

III. Grundsteueraufkommen

IV. Bedeutung der Grundsteuer

V. Verfassungsrechtliche Bedenken gegen die Grundsteuer
1. Vorbemerkung
2. Verfassungsbeschwerden sowie Äußerungen der Finanz- und Verwaltungsgerichtsbarkeit

I. Allgemeines

Die **Grundsteuer,** die auch als **Sondervermögensteuer** bezeichnet wird (*Hey/Maiterth/Houben,* Zukunft der Vermögensbesteuerung, IFSt-Schrift 483 [November 2012], S. 77 unter Hinweis auf *Ritter,* FS F. J. Haas, 1996 S. 283, 287), gehört zusammen mit der Gewerbesteuer zu den sog. **Realsteuern** (§ 3 Abs. 2 AO). Als Realsteuer knüpft die Grundsteuer an das Vorhandensein einer Sache, nämlich der wirtschaftlichen Einheiten des Grundbesitzes als Steuergegenstand, an und belastet diese ohne Rücksicht auf die persönlichen Verhältnisse und die persönliche Leistungsfähigkeit des Eigentümers (BVerfG v. 25.10.1977, BStBl. 1978 II S. 125; BFH v. 18.4.2012, BStBl. 2012 II S. 867, Anm. *Pahlke,* BFH/PR 2012 S. 286). Allerdings schließt der Charakter der Grundsteuer als Real- oder Objektsteuer nicht aus, dass der Steuergesetzgeber Grundsteuerbefreiungen an Eigenschaften des Eigentümers knüpft, die nicht Ausdruck von dessen persönlicher Leistungsfähigkeit sind (BFH v. 30.6.2010, BStBl. 2011 II S. 48). Dass die Grundsteuer grundsätzlich ohne Rücksicht auf die familiären Verhältnisse des Grundbesitzers erhoben wird, ist verfassungsrechtlich nicht zu beanstanden (BVerfG v. 18.2.2009, ZKF 2009 S. 237). Eine unter dem Gesichtspunkt des Gleichheitssatzes des Art. 3 GG maßgebliche Sachgesetzlichkeit, die eine steuermindernde Berücksichtigung persönlichen Gebrauchsvermögens erforderlich macht, besteht für die Grundsteuer nicht (siehe hierzu auch unter V.). Der bei anderen Steuerarten als der Grundsteuer zu beachtende Grundsatz der Besteuerung nach der Leistungsfähigkeit steht einer Besteuerung, die das bloße Innehaben von Grundbesitz belastet, nicht entgegen (BVerfG v. 8.1.1999, BStBl. 1999 II S. 152). Eine in besonderer Weise für die Grundsteuer eigentumsschonende und freiheitsschonende Bedeutung von Art. 14 GG und Art. 2 GG im Hinblick auf die Begünstigung von persönlichem Gebrauchsvermögen ist – nicht zuletzt angesichts der vergleichsweise geringen Belastung von Grundbesitz mit Grundsteuer – nicht gegeben (BFH v. 12.10.2005, BFH/NV 2006 S. 369).

17

Der Grundsteuer unterliegt demgemäß der – einheitswertgebundene – Grundbesitz, gleichgültig, ob er unbebaut oder bebaut ist, ob er land- und forstwirtschaftlichen, gewerblichen (freiberuflichen) oder Wohnzwecken dient, ob er mit Hypotheken usw. belastet oder frei von solchen Belastungen ist. Die Frage der Verfassungswidrigkeit von Wertverzerrungen innerhalb der Einheitsbewertung des Grundvermögens stellt sich nur noch unter dem Gesichtspunkt der Grundsteuerbelastung (BFH v. 2.2.2005, BStBl. 2005 II S. 428; v. 18.10.2006, BFH/NV 2007 S. 13; v. 4.7.2007, BFH/NV 2007 S. 1829; v. 2.4.2009, StED 2009 S. 690; v. 30.6.2010, BStBl. 2010 II S. 897; v. 7.2.2013, BFH/NV 2013 S. 697). Wertverzerrungen bei der Bemessungsgrundlage sind bei der Grundsteuer wegen der geringeren steuerlichen Belastungswirkung verfassungsrechtlich in höherem Ausmaß hinnehmbar als bei der Erbschaft- und Vermögensteuer (BFH v. 8.2.2000, BFH/NV 2000 S. 1076, v. 22.7.2005, BFH/NV 2005 S. 1979, sowie v. 21.2.2006, BFH/NV 2006 S. 1450).

Zur Rechtfertigung der Grundsteuer wurde ursprünglich das Konzept der sog. **Sollertragsteuer** bemüht. Demnach sollte die Grundsteuer den möglichen Ertrag einer Immobilie erfassen, und zwar unabhängig davon, ob ein derartiger Ertrag tatsächlich realisiert wurde. Vgl. hierzu auch *Seer,* in *Tipke/Lang,* Steuerrecht, 21. Aufl. 2013, § 16 Rz. 1. Flankiert wurde dieser Ansatz ehedem von der **Theorie des „fundierten Einkommens",** wonach mit dem Innehaben von Grundvermögen eine besondere Ertragskraft einherginge, die ihrerseits eine separate steuerliche Erfassung rechtfertige. Diese **„Fundustheorie"** wird gemeinhin als überholt eingestuft (so bereits *Kruse,* BB 1996 S. 717, 718, sowie *Schulemann,* BB 2012 S. 813, 814f.; a.A. aber *Becker,* BB 2011 S. 2391, 2395f.).

Die Grundsteuer ist zudem Ausdruck des **Äquivalenzprinzips,** wonach zwischen den Leistungen der Kommune für die Daseinsvorsorge und dem Grundsteueraufkommen ein enger Zusammenhang besteht und diese Leistungen für die Einwohner, z.B. kinderreiche Familien auf dem Gebiet der Kindergärten und Schulen, besonders ins Gewicht fallen (BFH v. 20.12.2002, BFH/NV 2003 S. 508; v. 4.7.2007, BFH/NV 2007 S. 1829). Soweit die Grundsteuer mit dem Äquivalenzprinzip gerechtfertigt wird (so z.B. das Gutachten der damaligen *Steuerreformkommission,* BMF-Schriftenreihe Heft 17 S. 714f., Bonn 1971, sowie das Gutachten des *Wissenschaftlichen Beirats beim Bundesfinanzministerium* zur Einheitsbewertung in der Bundesrepublik Deutschland, BMF-Schriftenreihe Heft 41 S. 36, Bonn 1989), soll diese Steuer – über grundstücksbezogene Gebühren und Beiträge hinaus – Infrastrukturaufwendungen der Kommune für Straßen, Grünanlagen und andere öffentliche Einrichtungen kompensieren. Vgl. hierzu auch *Schmehl,* Das Äquivalenzprinzip im Recht der Staatsfinanzierung, 2004, S. 14, 19–63. Da die offene Überwälzung der Grundsteuer auf den Mieter als Nutzer des Grundbesitzes mittlerweile der Regelfall ist, wird die **Grundsteuer** auch als **Einwohnersteuer** (*Haury,* StuW 1979 S. 51) oder **kommunale Wohnungsteuer** (*Beck/Prinz,* Wirtschaftsdienst 2011 S. 339, 344) charakterisiert.

Die Rechtfertigung der Grundsteuer mit dem **Äquivalenzprinzip** ist jedoch **nicht unumstritten.** So wird mitunter die Belastung des Wohnens mit Grundsteuer unter Hinweis auf den Äquivalenzgedanken als Verstoß gegen das Prinzip der Besteuerung nach der wirtschaftlichen Leistungsfähigkeit eingestuft. Zur Begründung wird hier angeführt, dass mit der Grundsteuer ein Teil des steuerfrei zu stellenden Existenzminimums belastet wird (*Seer,* in *Tipke/Lang,* Steuerrecht, 21. Aufl. 2013, § 16 Rz. 3). Unter Bezugnahme auf das – aus der grundrechtlichen Erwerbs- und Existenzfreiheit ableitbare – Subsidiaritätsprinzip wird der Umstand als widersprüchlich qualifiziert, dass der Fiskus vom Einkommen des Immobilieneigentümers und mittelbar des Mieters in Form der Grundsteuer etwas „wegbesteuert", was der Staat auf anderem Wege – nämlich als Wohngeld oder Wohnungsbauförderung – wieder zurücktransferiert. Die jüngeren Nichtannahmebeschlüsse des BVerfG zur Frage der Verfassungsmäßigkeit der Grundsteuer auf selbst genutztes Wohneigentum teilen diese Sichtweise der Steuerrechtswissenschaft allerdings nicht. Siehe hierzu auch die Ausführungen unter V. Dem bisweilen vernehmbaren Plädoyer für die Abschaffung der Grundsteuer (z.B. *Balke,* ZSteu 2006 S. 366; *Leuchtenberg,* DStZ 2006 S. 36; *Schulemann,* in Karl-Bräuer-Institut des Bundes der Steuerzahler, Reform der Grundsteuer – Handlungsbedarf und Reformoptionen, Heft 109 [2011] S. 12, 17) dürfte auch in Zukunft der Erfolg versagt bleiben. Im Übrigen ist – in Übereinstimmung mit dem BFH – aus der Erwähnung der Grundsteuer in Art. 106 GG zu schließen, *„dass der Verfassungsgeber sie nicht in allen Einzelheiten, aber doch in ihrer üblichen Ausgestaltung und ihrer historisch gewachsenen Bedeutung billigt und als zulässige Form des Steuerzugriffs anerkennt"* (BFH v. 30.6.2010, BStBl. 2011 II S. 48). Vgl. hierzu auch zustimmend *Schmehl,* Kritische Bestandsaufnahme der Grundsteuer, DStJG 35 (2012), S. 268 ff.

Zur **Reformdiskussion über die Grundsteuer** und zu den dabei angedachten Modellen vgl. ausführlich **Anhang V.**

II. Geschichtliche Entwicklung

Vor dem Ersten Weltkrieg war die Grundsteuer landesgesetzlich geregelt. Entsprechend den damaligen politischen Gegebenheiten wurde sie in den einzelnen Ländern in sehr unterschiedlicher Weise z. B. als Grund- oder Flächensteuer, Haus- oder Gebäudesteuer, Miet- oder Wohnungssteuer erhoben. Obwohl dieser Zustand schon sehr früh als unbefriedigend empfunden wurde, sind gesetzliche Maßnahmen für eine reichseinheitliche Regelung erstmals im Jahre 1920 getroffen worden. Durch das Landessteuergesetz v. 30.3.1920 (RGBl. 1920 S. 402) wurde den Ländern in der Gestaltung der Realsteuern insoweit eine Beschränkung auferlegt, als dafür keine Besteuerungsmerkmale mehr zugrunde gelegt werden durften, die auf die allgemeine steuerliche Leistungsfähigkeit des Steuerpflichtigen abstellten. Durch das Reichsbewertungsgesetz v. 10.8.1925 (RGBl. 1925 I S. 214) waren zwar die Rechtsgrundlagen geschaffen worden, um bei den verschiedenen Steuern, insbesondere bei der Vermögensteuer und Erbschaftsteuer, den Grundbesitz mit einheitlichen Wer-

ten, den sog. Einheitswerten, erfassen zu können. Die Länder, die ihre Grund-
und Gebäudesteuern nach dem Wert des Grundbesitzes erhoben, konnten diesen Steuern ebenfalls die Einheitswerte zugrunde legen. Sie waren aber nicht
dazu gezwungen. Außerdem konnte, wenn sie die Einheitswerte übernahmen,
von diesen in gewissem Umfang auch wieder abgewichen werden. Eine Bindung für Länder, die ihre Grundsteuer nicht nach dem Merkmal des Werts,
sondern nach dem Rohertrag oder dem Reinertrag des Grundbesitzes erhoben, bestand auch jetzt noch nicht. In der Notverordnung des Reichspräsiden-
ten zur Sicherung von Wirtschaft und Finanzen v. 1.12.1930 (RGBl. 1930 I
S. 517) war erneut ein reichseinheitliches Grundsteuerrecht vorgesehen, wenngleich auch hier den Ländern noch gewisse Sonderregelungen möglich waren.
Deshalb wurden diese Vorschriften auch als „Grundsteuerrahmengesetz" bezeichnet. Die Bindung der Länder wurde aber immer wieder aufgeschoben.
Schließlich wurde durch Gesetz v. 21.1.1935 (RGBl. 1935 I S. 23) diese Bindung ganz aufgehoben; denn gleichzeitig damit war ein reichseinheitliches
Grundsteuerrecht eingeführt worden.

1. Grundsteuergesetz 1935

Nachdem das Reichsbewertungsgesetz v. 16.10.1934 (RGBl. 1934 I
S. 1035) zur allgemeinen Feststellung der Einheitswerte des Grundbesitzes auf
den 1.1.1935 geführt hatte, brachte das Grundsteuergesetz v. 1.12.1936
(RGBl. 1936 I S. 986) endgültig ein reichseinheitliches Grundsteuerrecht.
Gleichzeitig damit wurde auch das Einführungsgesetz zu den Realsteuerge-
setzen v. 1.12.1936 (RGBl. 1936 I S. 961) erlassen. Das neue Grundsteuer-
gesetz, das sich im Übrigen eng an das Grundsteuerrahmengesetz aus dem
Jahre 1930 anlehnte, war erstmals bei der Erhebung der Grundsteuer für die
Zeit ab dem 1.4.1938 anzuwenden. Zur Durchführung des Grundsteuer-
gesetzes 1936 waren ergangen die 1. Durchführungsverordnung v. 1.7.1937
(RGBl. 1937 I S. 733), die 2. Durchführungsverordnung v. 29.3.1938
(RGBl. 1938 I S. 360) und die Verordnung zur Förderung der Arbeiter-
wohnstätten v. 1.4.1937 (RGBl. 1937 S. 437). Außerdem waren ergangen die
Grundsteuer-Richtlinien v. 19.7.1937 (RStBl. 1937 S. 869) und die Richtli-
nien für Billigkeitsmaßnahmen auf dem Gebiet der Grundsteuer v. 19.4.1938
(RStBl. 1938 S. 409), v. 11.4.1939 (RStBl. 1939 S. 585), v. 22.1.1940
(RStBl. 1940 S. 121), v. 3.1.1941 (RStBl. 1941 S. 10) und v. 28.12.1942
(RStBl. 1943 S. 2). Das Grundsteuergesetz 1936 war später gelegentlich noch
unwesentlich geändert worden, so durch § 19 des Gesetzes über das Deutsche
Rote Kreuz v. 9.12.1937 (RGBl. 1939 I S. 1330), durch Gesetz v. 7.11.1939
(RGBl. 1939 I S. 2179), sowie durch die Verordnungen v. 17.9.1941
(RGBl. 1941 I S. 572), v. 18.1.1943 (RGBl. 1943 I S. 27), v. 20.4.1943
(RGBl. 1943 I S. 267) und v. 13.5.1944 (RGBl. 1944 I S. 119).

2. Grundsteuergesetz 1951

Nach dem Zusammenbruch im Jahre 1945 sind in verschiedenen Ländern
eigene Vorschriften über die Erhebung der Grundsteuer erlassen worden.
Diese wurden jedoch später wieder aufgehoben, als der Bund, dem hierfür

nach Art. 105 Abs. 2 GG die konkurrierende Gesetzgebungsbefugnis zugeteilt worden war, das Gesetz zur Änderung des Grundsteuergesetzes v. 10.8.1951 (BGBl. 1951 S. 515) und gleichzeitig damit das Grundsteuergesetz idF v. 10.8.1951 (BGBl. 1951 I S. 519) erließ. Das Grundsteuergesetz 1951 galt wieder einheitlich für das gesamte Bundesgebiet, in Berlin (West) allerdings mit Ausnahme der Erlassvorschriften. Durch Art. II des Grundsteueränderungsgesetzes 1951 war nämlich der Senat des Landes Berlin ermächtigt, für die Zeit bis zur nächsten Hauptfeststellung der Einheitswerte des Grundbesitzes vom Bundesrecht abweichende Bestimmungen über den Erlass der Grundsteuer in Fällen wesentlicher Ertragsminderung zu treffen. Gleichzeitig mit dem Erlass einer Verordnung zur Änderung der Grundsteuer-Durchführungsverordnungen kam es zu der Neufassung der Grundsteuer-Durchführungsverordnung v. 29.1.1952 (BGBl. 1952 I S. 79). An die Stelle der früheren Grundsteuer-Billigkeitsrichtlinien war ab 1.4.1951 die Grundsteuer-Erlassverordnung v. 26.3.1952 (BGBl. 1952 I S. 209) getreten. Weiter wurden zur Durchführung des Grundsteuergesetzes die Grundsteuer-Richtlinien v. 10.4.1954 (BStBl. 1954 I S. 184 ff.) erlassen.

Eine Änderung erfuhr das Grundsteuerrecht erst wieder, als durch das Bundesbaugesetz v. 23.6.1960 (BStBl. 1960 I S. 341) eine Baulandsteuer eingeführt wurde. In den darauf folgenden Jahren ergingen das Grundsteuer-Änderungsgesetz v. 12.4.1961 (BGBl. 1961 I S. 425), das die Angleichung des Rechnungsjahres an das Kalenderjahr brachte, das Grundsteuer-Änderungsgesetz v. 10.6.1964 (BGBl. 1964 I S. 347), durch das die Baulandsteuer wieder aufgehoben wurde, das Grundsteuer-Änderungsgesetz v. 24.3.1965 (BGBl. 1965 I S. 155) mit einer Ergänzung der Erlassvorschriften und das Grundsteuer-Änderungsgesetz v. 24.8.1965 (BGBl. 1965 I S. 905) mit einer Ergänzung der Steuerbefreiungsvorschriften. Eine Änderung der Grundsteuer-Durchführungsverordnung brachte das bereits erwähnte Grundsteuer-Änderungsgesetz v. 12.4.1961 und die Verordnung zur Änderung grundsteuerlicher Vorschriften v. 31.7.1961 (BGBl. 1961 I S. 118), durch die auch die Grundsteuer-Erlassverordnung geändert wurde.

Grundsteuerliche Vorschriften, die eine ganz erhebliche Bedeutung hatten, waren auch im I. und II. Wohnungsbaugesetz enthalten, das einen Vorläufer in dem Bayerischen Gesetz über die Grundsteuerfreiheit und Gebührenfreiheit für den sozialen Wohnungsbau v. 28.11.1949 (GVBl. 1950 S. 30) iVm der Durchführungsverordnung v. 10.7.1950 (GVBl. 1950 S. 166) hatte. Danach wurde für neuerrichtete Wohnungen unter bestimmten Voraussetzungen jeweils für die Dauer von zehn Jahren eine besondere Grundsteuervergünstigung gewährt. Maßgebend waren zunächst das I. Wohnungsbaugesetz v. 24.4.1950 (BGBl. 1950 I S. 83) idF v. 25.8.1953 (BGBl. 1953 I S. 1047) mit zahlreichen weiteren Änderungen, die hier aber ohne Interesse sind. Später wurde das II. Wohnungsbaugesetz (Wohnungsbau- und Familienheimgesetz) v. 27.6.1956 (BGBl. 1956 I S. 523) erlassen, das nach zahlreichen Änderungen und Ergänzungen idF v. 19.8.1994 (BGBl. 1994 I S. 2137) grds. bis zum 31.12.2001 galt (s. u.). Diese Grundsteuervergünstigung konnte danach letztmals für Wohnungen gewährt werden, die vor dem 1.1.1990 bezugsfertig geworden sind.

Zur Durchführung der grundsteuerlichen Vorschriften des I. Wohnungsbaugesetzes erging die Verwaltungsanordnung über die Grundsteuervergünstigung nach dem I. Wohnungsbaugesetz v. 30.6.1951 (BStBl. 1951 I S.
238) und zur Durchführung der grundsteuerlichen Vorschriften des II. Wohnungsbaugesetzes die Verwaltungsanordnung über die Anerkennung steuerbegünstigter Wohnungen nach dem II. Wohnungsbaugesetz v. 20.4.1957 (BStBl.
1957 I S. 212). Diese Verwaltungsanordnung galt zuletzt idF v. 24.8.1983
(BAnz. 1983 Nr. 168a, BStBl. 1983 I S. 408, mit Berichtigung im BAnz.
1983 Nr. 212, BStBl. 1983 I S. 522).

3. Grundsteuergesetz 1974

Nach langjährigen Auseinandersetzungen war im Jahre 1965 das Gesetz
zur Änderung des Bewertungsgesetzes (BewÄndG 1965) v. 13.8.1965
(BGBl. 1965 I S. 851) erlassen worden. In diesem Gesetz wurde die Einheits-
bewertung des Grundbesitzes neu geregelt und auf den 1.1.1964 eine neue
Hauptfeststellung der Einheitswerte des Grundbesitzes angeordnet. Vgl.
Art. 2 Abs. 1 BewÄndG 1965. Die nach den Wertverhältnissen von diesem
Stichtag ermittelten Einheitswerte waren jedoch für die Grundsteuer zunächst
noch ohne jede Bedeutung. Der Zeitpunkt, von dem ab sie als Bemessungs-
grundlage für die Grundsteuer angewendet werden konnten, sollte nach
Art. 3 Abs. 1 BewÄndG 1965 durch ein besonderes Gesetz bestimmt werden.
Dies ist dann auch in Art. 1 Abs. 1 des Bewertungsänderungsgesetzes 1971
v. 27.7.1971 (BGBl. 1971 I S. 1157) geschehen. Die Einheitswerte des
Grundbesitzes der auf den 1.1.1964 durchgeführten Hauptfeststellung bei der
Grundsteuer waren danach erstmals zum 1.1.1974 anzuwenden. Diese erst-
malige Anwendung der neuen Einheitswerte erforderte jedoch eine völlige
Überarbeitung des bis dahin geltenden Grundsteuergesetzes. Vor allem war
es erforderlich, die Steuermesszahlen mit Rücksicht auf die neuen höheren
Einheitswerte nicht nur in ihrer absoluten Höhe, sondern auch in ihrer
Abstufung zueinander entsprechend zu ändern. Außerdem sollten verschiedene andere, zum Teil schon seit langem anstehende Gesetzesänderungen
durchgeführt werden. So sollte die Grundsteuer-DVO idF v. 29.1.1952
(BGBl. 1952 I S. 79) und die Grundsteuer-Erlassverordnung (GrStErlVO)
v. 26.3.1952 (BGBl. 1952 I S. 209), die zum Teil Vorschriften von grundsätzlicher Bedeutung enthielten, in das neue Grundsteuergesetz eingearbeitet
werden. Ebenso sollten, da die Bedeutung der Realsteuern im Rahmen der
Finanzverfassung nunmehr in den Art. 105 ff. GG geregelt ist, die in diesem
Zusammenhang geltenden Vorschriften des Einführungsgesetzes zu den Realsteuergesetzen v. 1.12.1936 (RGBl. 1936 I S. 961) aufgehoben werden. Die
in dem Einführungsgesetz enthaltenen Vorschriften über die Hebesätze sollten in das Grundsteuergesetz übernommen werden. Schließlich sollten einige
Vorschriften der Abgabenordnung die ausschließlich nur für die Grundsteuer
galten, in das Grundsteuergesetz eingebaut werden. Da im Übrigen auch eine
Reihe von Vorschriften sowohl ihrer Form als auch ihrem Inhalt nach den
veränderten Zeitverhältnissen anzupassen waren, erschien es unter den gegebenen Umständen geboten, das Grundsteuergesetz vollständig neu zu fassen.

Der Entwurf dieses Grundsteuergesetzes war am 10.3.1972 als Art. 3 des
2. Steuerreformgesetzes von der Bundesregierung verabschiedet und dem
Bundesrat zugeleitet worden (BR-Drucks. 140/72). Der Bundesrat hatte den
Entwurf des neuen Grundsteuergesetzes grundsätzlich gebilligt. Der Entwurf
wurde dann am 4.5.1972 mit der Stellungnahme des Bundesrats und der Ge-
genäußerung der Bundesregierung dem Bundestag zugeleitet (BT-Drucks.
VI/3418). Zu einer Beratung durch den Bundestag kam es jedoch wegen
dessen vorzeitiger Auflösung nicht mehr. Um nicht weitere Zeit zu verlieren,
brachten die Fraktionen der SPD und FDP am 25.1.1973 den unveränderten
Entwurf eines 2. Steuerreformgesetzes sofort nach Beginn der VII. Legislaturperiode als Initiativgesetz in die Beratungen ein (BT-Drucks. 7/78). Der
Bundestag beschloss dann nach zügiger Beratung im Finanzausschuss ein entsprechendes „Gesetz zur Reform des Grundsteuerrechts". Der Bundesrat
hatte zwar bei der Beratung dieses Gesetzes im 2. Durchgang den Vermitt-
lungsausschuss angerufen. Dies geschah aber nur, um zu erreichen, dass in das
Gesetz auch noch Vorschriften zur Anwendung der neuen Einheitswerte ab
1.1.1974 bei der Vermögensteuer aufgenommen werden konnten.

Das neue Grundsteuergesetz ist demgemäß als Art. 1 eines Grundsteuerreformgesetzes verabschiedet und mit Datum v. 7.8.1973 im BGBl. 1973 I
S. 965 verkündet worden. Gleichzeitig wurden in Art. 2 dieses Gesetzes die
steuerlichen Vorschriften des II. Wohnungsbaugesetzes geändert und ergänzt,
in Art. 3 und 4 die grundsteuerlichen Vorschriften der Abgabenordnung und
des Steueranpassungsgesetzes aufgehoben, soweit sie in das neue Grundsteuergesetz übernommen wurden. In Art. 5 wurde bestimmt, dass die Vorschriften des Einführungsgesetzes zu den Realsteuergesetzen ab 1974 bei der
Grundsteuer nicht mehr anzuwenden sind, und in Art. 6 wurden alle bisherigen grundsteuerlichen Vorschriften (Grundsteuergesetz, Durchführungsverordnung und Erlassverordnung) mWv 1.1.1974 aufgehoben.

Zur Durchführung des Grundsteuerreformgesetzes waren die Grundsteuer-Richtlinien 1974 v. 27.3.1974 (BStBl. 1974 I S. 164) und eine Neufassung
der Verwaltungsverordnung über die Anerkennung steuerbegünstigter Wohnungen und über die Grundsteuervergünstigung nach dem II. WoBauG v.
9.4.1974 (BStBl. 1974 I S. 186) erlassen worden.

4. Grundsteuergesetz ab 1974

Nach der Neufassung des Grundsteuergesetzes im Jahre 1973 brachte zunächst das Einführungsgesetz zur Abgabenordnung v. 14.12.1976 (BGBl.
1976 I S. 3341) nochmals verschiedene Änderungen. Sie betrafen aber weitgehend nur verfahrensrechtliche Regelungen, die als Folge der Neufassung
der Abgabenordnung 1977 v. 16.3.1976 (BGBl. 1976 I S. 613) zwangsläufig waren. Später wurde eine Neufassung der Grundsteuer-Richtlinien v.
9.12.1978 im BStBl. 1978 I S. 553 veröffentlicht.

Im Zusammenhang mit der Vereinigung der Bundesrepublik mit den Ländern der ehemaligen DDR wurde in dem Einigungsvertrag v. 31.8.1990
(BGBl. 1990 II S. 889) das Grundsteuergesetz um einen Abschnitt VI mit den
§§ 40 bis 46 erweitert, in welchem die Übernahme des Grundsteuerrechts in

diesen Ländern ab 1991 geregelt wird. Dabei wurde für diese Länder eine vereinfachte Ermittlung der Grundsteuer eingeführt und das Grundsteuerrecht von 1935 (s. o. unter Nr. 1) wieder in Kraft gesetzt.

Veranlasst durch das BFH-Urteil v. 13.5.1987 (BStBl. 1987 II S. 722) wurde mit dem Standortsicherungsgesetz v. 13.9.1993 (BGBl. 1993 I S. 1569) die Befreiungsvorschrift in § 3 Abs. 1 Nr. 5 GrStG für Dienstwohnungen und Dienstgrundstücke der Geistlichen und Kirchendiener aufgeteilt in eine solche für Dienstwohnungen (§ 3 Abs. 1 Nr. 5 GrStG) und in eine solche für Dienstgrundstücke (§ 3 Abs. 1 Nr. 6 GrStG), wobei die Befreiungsvorschrift für Dienstgrundstücke gegenüber früher etwas enger gefasst wurde. Die neue Fassung war erstmals ab 1993 anzuwenden.

Die mit dem Eisenbahnneuordnungsgesetz v. 27.12.1993 (BGBl. 1993 I S. 2378) durchgeführte Privatisierung der Deutschen Bundesbahn machte eine Anpassung der Vorschriften in § 3 Abs. 1 Nr. 2 und § 13 Abs. 2 GrStG erforderlich. Die Steuerbefreiung nach § 3 Abs. 1 Nr. 2 GrStG wurde ab 1994 auf den Grundbesitz des Bundeseisenbahnvermögens beschränkt, der Verwaltungszwecken dient; die Ermäßigung des Steuermessbetrages nach § 13 Abs. 2 GrStG für Grundbesitz, der Betriebszwecken dient, wurde ab 1994 aufgehoben.

Durch das Postneuordnungsgesetz v. 14.9.1994 (BGBl. 1994 I S. 2325) ist die Deutsche Bundespost, die zunächst als Körperschaft des öffentlichen Rechts mit ihrem dem Postdienst dienenden Grundbesitz steuerbefreit war, privatisiert worden. Damit entfiel von 1996 an die Steuerbefreiung. Die damals eingeführte Steuerbefreiungsvorschrift für den Grundbesitz der Bundespost in § 3 Abs. 1 Nr. 1a GrStG galt nur für 1995.

Mit dem Gesetz zur Fortsetzung der Unternehmenssteuerreform v. 29.10.1997 (BGBl. 1997 I S. 2590) ist § 26 GrStG, der Koppelungsvorschriften und Höchsthebesätze regelt, geändert worden. Die inhaltliche Ausgestaltung der Vorschrift trägt dem Wegfall von Gewerbekapitalsteuer (mit Wirkung ab 1.1.1998) und Lohnsummensteuer (bereits mit Wirkung ab 1.1.1980 abgeschafft) Rechnung.

Mit dem Gesetz zur Änderung des Einführungsgesetzes zur Insolvenzordnung und anderer Gesetze v. 19.12.1998 (BGBl. 1998 I S. 3836) ist § 11 Abs. 2 Satz 2 GrStG mWv 1999 inhaltlich dergestalt angepasst worden, dass die Haftungsregelung nicht für Erwerbe aus einer Insolvenzmasse und für Erwerbe im Vollstreckungsverfahren gilt. Die Bezugnahme auf den Erwerb aus einer Konkursmasse sowie aus dem Vermögen eines Vergleichsschuldners in einem gerichtlichen Vergleichsverfahren wurde aufgehoben.

Auf das Steuerbereinigungsgesetz v. 22.12.1999 (BGBl. 1999 I S. 2601) geht die Aufhebung des § 3 Abs. 1 Satz 1 Nr. 1a GrStG zurück, der den Grundbesitz der Deutschen Post AG, der Deutschen Postbank AG sowie der Deutschen Telekom AG für das Kalenderjahr 1995 von der Grundsteuer freistellte.

Die Anpassungsänderungen, die mit der Einführung des Euro erforderlich wurden, sind auf das Gesetz zur Umrechnung und Glättung steuerlicher Euro-Beträge v. 19.12.2000 (BGBl. 2000 I S. 1790) zurückzuführen. Betroffen hiervon waren insbesondere der Grenzbetrag in § 15 Abs. 2 Nr. 1 GrStG,

der die Steuermesszahl für Einfamilienhäuser in Abhängigkeit der Einheits-
werthöhe zuweist, sowie die Bagatellregelung in § 22 Abs. 2 GrStG in Zerle-
gungsfällen. Anzupassen von Reichsmark in Euro war desgleichen § 29
GrStDV (RGBl. 1937 I S. 733), der die Abstufung der Steuermesszahlen bei
bebauten Grundstücken in den neuen Ländern zum Gegenstand hat (§ 41
GrStG).

Nachdem das II. WoBauG bereits durch Art. 22 Abs. 1 des Steueränderungsgesetzes 1990 v. 25.7.1988 (BGBl. 1988 I S. 1093) in der Weise geändert worden war, dass die Grundsteuervergünstigung nur noch für solche
Grundstücke gewährt wurde, bei denen die öffentlich geförderten oder steuerbegünstigten Wohnungen vor dem 1.1.1990 bezugsfertig geworden waren,
wurde das II. WoBauG durch das Wohnraumförderungsgesetz v. 13.9.2001
(BGBl. 2001 I S. 2376) mWv 1.1.2002 abgelöst. Nach einer Übergangsregelung konnten die Länder allerdings bestimmen, ob sie für das Kalenderjahr
2002 die öffentliche Förderung von Wohnraum noch nach den bisherigen
Regelungen des II. WoBauG vornehmen wollten. Somit sind spätestens seit
dem 1.1.2003 bundeseinheitlich nur noch Förderungsregelungen des Wohnraumförderungsgesetzes anzuwenden. Infolgedessen wird hinsichtlich der
Kommentierung zum II. WoBauG auf die früheren Auflagen dieses Kommentars verwiesen.

Mit dem Gesetz zur Umbenennung des Bundesgrenzschutzes in Bundespolizei v. 21.6.2005 (BGBl. 2005 I S. 1818) ist § 5 GrStG, der sich Wohnzwecken dienendem Grundbesitz widmet, redaktionell angepasst worden.
Demgemäß wurde die besagte Umbenennung in § 5 Abs. 1 Nr. 1 GrStG
(Gemeinschaftsunterkünfte) nachvollzogen.

Durch Art. 6 des Gesetzes zur Beschleunigung der Umsetzung von Öffentlich Privaten Partnerschaften und zur Verbesserung gesetzlicher Rahmenbe-
dingungen für Öffentlich Private Partnerschaften – ÖPP-Beschleunigungsgesetz – v. 1.9.2005 (BGBl. 2005 I S. 2676) ist § 3 Abs. 1 Satz 3 in das
Grundsteuergesetz eingefügt worden. Danach ist Grundbesitz, der von einem
nicht begünstigten Rechtsträger im Rahmen einer Öffentlich Privaten Partnerschaft einer juristischen Person des öffentlichen Rechts für einen öffentlichen Dienst oder Gebrauch überlassen wird, von der Grundsteuer zu befrei-
en, wenn die Übertragung des Grundbesitzes auf den Nutzer am Ende des
Vertragszeitraums vereinbart ist. Nach Art. 10 des ÖPP-Beschleunigungsge-
setzes ist das Gesetz am 8.9.2005 in Kraft getreten.

Durch Art. 38 des Jahressteuergesetzes 2009 v. 19.12.2008 (BGBl.
2008 I S. 2794) ist § 33 Abs. 1 GrStG mWv 1.1.2008 neugefasst worden. Die
Vorschrift bestimmt die Wesentlichkeitsgrenze der Minderung, ab der ein
Erlass der Grundsteuer grundsätzlich in Betracht kommt. Ist mithin bei Betrieben der Land- und Forstwirtschaft und bei bebauten Grundstücken der
normale Rohertrag des Steuergegenstands um mehr als 50% gemindert und
hat der Steuerschuldner die Minderung des Rohertrags nicht zu vertreten,
wird die Grundsteuer in Höhe von 25% erlassen. Beträgt die Minderung des
normalen Rohertrags 100%, ist die Grundsteuer in Höhe von 50% zu erlassen. Mit der Neufassung des § 33 Abs. 1 GrStG geht zudem eine Neubestimmung des normalen Rohertrags einher. Demnach ist unter dem norma-

len Rohertrag eines bebauten Grundstücks – unabhängig davon, ob die Bewertung im Ertragswert- oder Sachwertverfahren erfolgt – die nach den Verhältnissen zu Beginn des Erlasszeitraums geschätzte übliche Jahresrohmiete zu verstehen.

III. Grundsteueraufkommen

In den Jahren vor 1950 und in den früheren Zeiten entsprach das Aufkommen an Grundsteuer ungefähr dem Aufkommen an Gewerbesteuer. Die Zeit nach 1950 brachte einerseits einen ganz erheblichen Anstieg des Aufkommens an Gewerbesteuer, andererseits jedoch nur einen ganz mäßigen Anstieg des Aufkommens an Grundsteuer. Dieses stand zum Gewerbesteueraufkommen im Rechnungsjahr 1950 noch in einem Verhältnis von rd. 100 %, sank dann aber auf ein Verhältnis von rd. 20 % ab und liegt aktuell (2013) bei rd. 29 % des Gewerbesteueraufkommens. Das relative Absinken der Grundsteuer war dadurch bedingt, dass ihre Bemessungsgrundlage zunächst noch die früheren Einheitswerte vom 1.1.1935 waren und damit die ganz erheblichen Wertsteigerungen, die seit der Währungsreform gerade beim Grundbesitz eingetreten waren, nicht berücksichtigt werden konnten. Ein zweiter Grund war, dass für Wohnungen, die nach dem Krieg neu errichtet wurden, jeweils für die Dauer von zehn Jahren keine Grundsteuer gezahlt werden brauchte. Man rechnete allein schon im Hinblick auf diese Grundsteuervergünstigung mit einem Grundsteuerausfall von 700–800 Mio. DM jährlich.

Das kassenmäßige Aufkommen der Grundsteuer zeigt die nachfolgende Übersicht, die auf Grund der vom Bundesfinanzministerium veröffentlichten Angaben zusammengestellt worden ist. Danach beträgt das Aufkommen (jeweils in Mio. €):

im Rechnungsjahr	Grundsteuer A	Grundsteuer B	Grundsteuer insgesamt
1950	148	450	598
1951	153	470	623
1952	157	470	627
1953	162	489	651
1954	167	515	682
1955	171	533	704
1956	173	545	718
1957	179	566	745
1958	184	594	778
1959	190	630	820
1960	193	641	834
1961	202	676	878
1962	206	746	952
1963	211	786	997
1964	216	804	1020

im Rechnungsjahr	Grundsteuer A	Grundsteuer B	Grundsteuer insgesamt
1965	219	860	1079
1966	221	920	1141
1967	224	984	1207
1968	225	1039	1264
1969	229	1096	1325
1970	228	1144	1372
1971	209	1224	1372
1972	203	1333	1536
1973	206	1435	1641
1974	210	1591	1801
1975	207	1915	2122
1976	220	2234	2454
1977	217	2488	2705
1978	212	2590	2802
1979	212	2705	2917
1980	216	2751	2967
1981	213	2843	3056
1982	214	3010	3224
1983	220	3240	3460
1984	222	3409	3631
1985	224	3541	3765
1986	226	3678	3904
1987	229	3814	3043
1988	231	3981	4212
1989	232	4109	4341
1990	225	4235	4460
1991	280	4793	5073
1992	289	5224	5513
1993	303	5660	5963
1994	310	6165	6475
1995	314	6714	7028
1996	320	7195	7515
1997	329	7598	7927
1998	327	7971	8298
1999	328	8308	8636
2000	333	8516	8849
2001	336	8740	9076
2002	345	8916	9261
2003	341	9317	9658
2004	348	9591	9939
2005	355	9850	10205
2006	360	10020	10380
2007	360	10360	10720
2008	359	10461	10820
2009	357	10970	11327
2010	357	11185	11542
2011	357	11400	11757
2012	375	11642	12017
2013	385	11992	12377

im Rechnungsjahr	Grundsteuer A	Grundsteuer B	Grundsteuer insgesamt
2014*	388	12 300	12 688
2015*	388	12 515	12 903
2016*	388	12 730	13 118
2017*	388	12 945	13 333
2018*	388	13 160	13 548

* Ergebnis der Steuerschätzung Mai 2014.

IV. Bedeutung der Grundsteuer

Die Grundsteuer ist eine sehr umstrittene Steuer. In der Diskussion um diese Steuer reichen die Auffassungen von der Abschaffung einerseits bis zu einem weiteren Ausbau andererseits.

Besonders wichtig ist im vorliegenden Zusammenhang die Stellungnahme der **Steuerreformkommission** aus dem Jahre **1971,** die hierzu auszugsweise (vgl. Gutachten in Heft 17 der Schriftenreihe des BMF S. 713 ff.) Folgendes ausführt:

„Gegen die Grundsteuer wird teilweise geltend gemacht, als Realsteuer sei sie mit ähnlichen Mängeln behaftet wie die Gewerbesteuer. Die Kommission ist nicht dieser Meinung. Wie darzulegen sein wird, weist die Grundsteuer wichtige Vorzüge auf, welche sie zu einer besonders geeigneten Finanzquelle der Gemeinden machen, die weiter ausgebaut werden sollte. Gewisse Mängel, die einer Realsteuer anhaften, können hierbei in Kauf genommen werden, zumal sie in Anbetracht der Belastungswirkungen der Grundsteuer nicht allzu schwerwiegend sind.

Das gegenwärtige Wachstum der Grundsteuer ist verhältnismäßig gering. Dies beruht in erster Linie auf dem Umstand, dass die Grundsteuer immer noch nach den Einheitswerten des Jahres 1935 erhoben wird. Darüber hinaus haben die Gemeinden von der Möglichkeit, einen Ausgleich durch höhere Hebesätze zu schaffen, nur teilweise Gebrauch gemacht, wobei auch die in einzelnen Bundesländern bestehenden Koppelungsvorschriften sowie die teilweise gegebene Genehmigungspflicht gewisse Grenzen setzen.

Das Aufkommen an Grundsteuer streut verhältnismäßig gleichmäßig auf die einzelnen Gemeinden. Je Einwohner bestehen zwischen den Gemeinden nur geringe Unterschiede in der Steuerkraft. Die Grundsteuer trägt damit zu einer einigermaßen gleichmäßigen Finanzausstattung der Gemeinden bei. Soweit Unterschiede bestehen, beruhen diese, abgesehen von der Gemeindestruktur, wesentlich auf einer differenzierten Anspannung der Hebesätze, entsprechend dem Finanzbedarf der einzelnen Gemeinde. Grundsteuer A und Grundsteuer B ergänzen sich. Mit steigender Größe der Gemeinde nimmt die Grundsteuer A ab, das Aufkommen an Grundsteuer B erhöht sich hingegen.

Eine Erhöhung der Grundsteuer, verbunden mit der vorgeschlagenen Senkung der Gewerbesteuer, wird daher die Streuung des Steueraufkommens zwischen den Gemeinden günstig beeinflussen. Dies gilt vor allem für Landgemeinden, die häufig auch heute noch keine größeren Gewerbesteuereinnahmen haben. Konjunkturschwankungen beeinflussen das Grundsteueraufkommen nur sehr gering. Die als Besteuerungsgrundlage dienenden Einheitswerte sind ihrer Natur nach langfristig und werden von kurzfristigen wirtschaftlichen Aufschwüngen und Krisen kaum betroffen. Eine häufigere Neubewertung brächte den erwünschten Anschluss an die wirtschaftliche Entwicklung.

Mit dem Verlangen nach Stetigkeit der Grundsteuer ist allerdings der heutige Zustand nicht mehr zu rechtfertigen, bei dem das Aufkommen hinter dem allgemeinen wirtschaftlichen Wachstum zurückbleibt. Hier handelt es sich jedoch nicht um einen strukturellen Mangel der Grundsteuer, sondern um die Folgen der verschleppten Einheitsbewertung.

Bei entsprechender Gestaltung könnte die Grundsteuer tendenziell der Bildung von Ballungsräumen entgegenwirken und die Raumordnung günstig beeinflussen. Landgemeinden würde sich die Möglichkeit bieten, durch niedrige Hebesätze gewerbliche Betriebe anzuziehen und damit andere Standortnachteile auszugleichen. Bei der heutigen Belastungswirkung allerdings dürfte die Grundsteuer bei der Standortwahl kein wesentlicher Gesichtspunkt sein.

Die Grundsteuer entspricht weitgehend dem Äquivalenzgedanken, vor allem im Bereich kleinerer, überschaubarer Gemeinden. Bei einer Abgabe, die ein großer Teil der Gemeindeeinwohner entweder unmittelbar oder mittelbar zu tragen hat, ergibt sich zwischen den Leistungen der Gemeinde für die Daseinsvorsorge und dem Steueraufkommen ein enger Zusammenhang, wobei natürlich im Einzelfall kein eindeutiges Verhältnis von Leistung und Gegenleistung besteht. Allerdings werden direkte Leistungen der Gemeinden für den Grundbesitz zum Teil durch Erschließungsbeiträge und Gebühren abgegolten, welche neben der Grundsteuer zu entrichten sind, so für den Bau von Anliegerstraßen, die Wasservorsorgung, die Müllabfuhr u. dgl. Jedoch kommen letztlich alle Verbesserungen der kommunalen Infrastruktur den Eigentümern bzw. Mietern des örtlichen Grundbesitzes zugute. Da hierfür kaum Gebühren und Beiträge, im Übrigen die Gebühren und Beiträge nicht kostendeckend erhoben werden, ist die Grundsteuer ergänzend ein äquivalentes Entgelt. Die Grundsteuer erfasst einen großen Kreis der Gemeindeeinwohner entweder unmittelbar als Grundstückseigentümer oder mittelbar, soweit sie als Kostenfaktor in die Mieten eingeht. Auch für viele Mieter, soweit sie sich bewusst sind, dass sie über die Miete zum Grundsteueraufkommen ihrer Wohnsitzgemeinde beizutragen haben, ist die Grundsteuer eine fühlbare Gemeindeabgabe. Die Grundsteuer ist infolgedessen geeignet, das Interesse der Gemeindeeinwohner an der kommunalen Selbstverwaltung zu verstärken. Die Gemeindeeinwohner werden dementsprechend auf ein sparsames Finanzgebaren ihrer Gemeinde achten, vor allem, wenn sie genötigt sind, über entsprechend erhöhte Hebesätze zur Finanzierung kommunaler Vorhaben beizutragen.

Unter Berücksichtigung der dargelegten Äquivalenzgesichtspunkte ist daher die Grundsteuer ein besonders geeigneter Bestandteil kommunaler Selbstverwaltung. Die Gemeinden können im Rahmen ihrer Steuerautonomie die Hebesätze entsprechend dem örtlichen Bedarf und der Ertragskraft des Grundbesitzes gestalten, während es die Immobilität der Grundstücke ausschließt, durch Verlagerung einer überdurchschnittlichen Steuerlast auszuweichen.

Gegen die Grundsteuer wird teilweise geltend gemacht, sie verstoße gegen den Grundsatz der Besteuerung nach der Leistungsfähigkeit. Richtig ist daran, dass eine nach Äquivalenzgesichtspunkten zu bemessende Abgabe stets mit dem Grundsatz der Besteuerung nach der Leistungsfähigkeit in gewissem Widerspruch steht. Aus einer

Reihe von Gründen vermag die Kommission diesem Umstand indessen kein besonderes Gewicht beizumessen, insbesondere, wenn man diesem Nachteil die kommunalpolitischen Vorzüge der Grundsteuer gegenüberstellt.
Im Grundeigentum kann ebenso ein Kriterium persönlicher Leistungsfähigkeit gesehen werden wie im Vermögen. Die Vermögensteuer berücksichtigt nicht die tatsächlichen aus dem Vermögen gezogenen Erträge. Auch bei den Verbrauchsteuern wird der Gedanke der Besteuerung nach der Leistungsfähigkeit nur sehr indirekt berücksichtigt. In noch größerem Widerspruch zur Leistungsfähigkeit stehen Gebühren und Beiträge, die nur in seltenen Fällen sozial gestaffelt sind.
Für einkommensschwache Gruppen und insbesondere für kinderreiche Familien mit großem Wohnbedarf und damit größerer Grundsteuerbelastung wird durch Wohngeld und Kindergeld ein gewisser Ausgleich geschaffen. Außerdem hat die Grundsteuer gegenüber anderen Kostenfaktoren, wie Zinsen und Baukosten, verhältnismäßig geringes Gewicht. Hinzuweisen ist schließlich darauf, dass mit höherem Einkommen die Ansprüche an eine angemessene Wohnung und damit die Grundsteuerbelastung steigen. "

Die Bundesregierung stellte in der Begründung zu dem Entwurf des 2. Steuerreformgesetzes (vgl. BT-Drucks. VI/3418 S. 49) ebenfalls fest, dass

„der Grundsteuer gewichtige kommunalpolitische Vorzüge zukommen, die ihre Beibehaltung rechtfertigen. Sie besteht zudem in den übrigen Ländern der EWG in ähnlicher Weise. Auf ihr Aufkommen kann im Übrigen nicht verzichtet werden. "

In einem **Gutachten zur Einheitsbewertung** (vgl. Heft 41 der Schriftenreihe des BMF vom Februar 1989 S. 35 ff.) befasst sich der **Wissenschaftliche Beirat beim BMF** u. a. auch mit dem Wesen der Grundsteuer und kommt dabei zu folgendem Ergebnis:

„IV. Grundsteuer B auf Wohngrundstücke

Die Grundsteuer entstammt dem früheren Ertragsteuersystem. Mit der Einführung der Einkommensteuer und durch die Zuweisung der Grundsteuer an die Gemeinden hat sich jedoch ihr Zweck geändert: Sie wird überwiegend mit äquivalenztheoretischen Argumenten begründet und als eine Abgabe für kommunale Leistungen angesehen. Ohne diesen Äquivalenzaspekt ließe sich die Grundsteuer heute kaum noch rechtfertigen; denn die Erträge des Grundbesitzes werden bereits von der Einkommensteuer erfasst, der Grundbesitz selbst unterliegt im Prinzip der Vermögensteuer.
Da die Grundsteuer B auf Wohngrundstücke auf eine Belastung der Wohnungsnutzung und damit der Wohnbevölkerung hinausläuft, stellt sich die zusätzliche Frage, ob sie neben der Beteiligung der Gemeinden an der Einkommensbesteuerung der Wohnbevölkerung aufrechterhalten bleiben darf. Für eine zusätzliche Belastung durch die Grundsteuer B spricht die relativ enge Beziehung zwischen bestimmten gemeindlichen Leistungen und der Nutzung von Wohngrundstücken. Allerdings ist der Wert der Grundstücke ein höchst unvollkommener Indikator für die Inanspruchnahme gemeindlicher Leistungen.
Unter Äquivalenzgesichtspunkten könnte man zunächst daran denken, eine einheitliche Pro-Kopf-Abgabe zu erheben; denn ein großer Teil der kommunalen Leistun-

*gen wird durch die Anzahl der Einwohner bestimmt. Gegen eine solche Abgabe spre-
chen jedoch massive verteilungspolitische Bedenken, so dass dieser Gedanke nicht weiter verfolgt wird.*

Als Ersatz der Grundsteuer B auf Wohngrundstücke kommen in Betracht:
- *Eine Wohn- und Grundflächensteuer;*
- *die Einbeziehung der Wohnungsnutzung in eine kommunale Wertschöpfungsteuer;*
- *eine Ertragsteuer, die an den Bruttomieten ansetzt (Grundertragsteuer);*
- *eine höhere Beteiligung der Gemeinden an der Einkommensteuer.*

*Auf die Sonderprobleme der Besteuerung unbebauter Grundstücke wird im Folgen-
den nicht eingegangen. Soweit diese nicht – wie bei flächenbezogenen Abgaben – miterfasst sind, müssten geeignete Ausgleichsregelungen getroffen werden.*

1. Wohn- und Grundflächensteuer

*Von Äquivalenzaspekten ausgehend ist vorgeschlagen worden, die Grundsteuer B
für Wohngrundstücke durch eine Abgabe zu ersetzen, die an Flächengrößen anknüpft
und auf die Erfassung von Grundstückswerten verzichtet. In Betracht käme beispielsweise eine Abgabe, die sowohl auf Wohnflächen als auch auf Grundstücksflächen abstellt. Die Grundstücksfläche allein würde als Indikator nicht genügen, da hierbei die
Intensität der Bebauung unberücksichtigt bliebe. Die Wohnfläche allein wäre nicht
zureichend, weil ein Teil der gemeindlichen Leistungen auch von der Grundstücksgröße
abhängt. Ein flächenmäßiger Ansatz soll zugleich der Steuervereinfachung dienen und
Ungleichmäßigkeiten vermeiden, die insbesondere bei der Ermittlung von Grundstücks-
und Mietwerten bei selbstgenutzten Wohnungen auftreten. Das Hebesatzrecht der
Gemeinden bliebe unangetastet.*

*Wohn- und Grundstücksflächen sind indes nur recht unvollkommene Indikatoren
für eine Besteuerung nach dem Äquivalenzprinzip. Außerdem ist unklar, wie die Indikatoren Wohnfläche und Grundfläche miteinander verknüpft werden sollen. Steuern,
die auf Wertgrößen gänzlich verzichten, geraten zudem in starken Konflikt mit verteilungspolitischen Zielen; denn in Relation zum Einkommen und zur Familiengröße
würde sich wahrscheinlich eine regressivere Belastung als bei der derzeitigen Grundsteuer einstellen. Das Gewicht der verteilungspolitischen Bedenken hängt jedoch nicht
zuletzt davon ab, welche quantitative Bedeutung eine solche Abgabe im Rahmen der
kommunalen Besteuerung haben soll.*

2. Einbeziehung der Wohnungsnutzung in eine kommunale Wertschöpfungsteuer

*Eine Steuer, die die Grundsteuer B ersetzen soll, könnte auch an den Isterträgen der
Grundstücke, also an Netto- oder an Bruttomieten ansetzen. Von der herkömmlichen
Grundsteuer würden sich diese Lösungen insofern unterscheiden, als sie unmittelbar auf
die Mieten als Stromgrößen abstellen. Ein gewisser Zusammenhang zwischen den
gemeindlichen Leistungen und der Besteuerung der Wohnbevölkerung wäre hierbei
gewahrt.*

*Die Einbeziehung der Wohnungsnutzung in eine kommunale Wertschöpfungsteuer
liefe auf eine Anknüpfung an Nettomieten hinaus. Eine solche Ausweitung der Wertschöpfungsteuer würde zu einer besseren Erfassung und gleichmäßigeren Belastung der
gesamten Wertschöpfung in den Kommunen beitragen. Zudem entfielen die Abgren-*

zungsschwierigkeiten zwischen Wohngrundstücken und betrieblich genutzten Grundstücken.

Um die Wertschöpfung des Wohnungssektors zu ermitteln, müssen von den gezahlten Bruttomieten die Vorleistungen (einschließlich der Abschreibungen) abgezogen werden. Die Wertschöpfung des Wohnungssektors entspricht, anders ausgedrückt, der Summe der dort entstehenden Einkommen. Dazu gehören die gezahlten Zinsen, die Entlohnung von Beschäftigten (zum Beispiel von Hausmeistern) sowie die verbleibenden Nettoeinkünfte aus Vermietung. Bei selbstgenutzten Wohnungen müsste von Vergleichsmieten ausgegangen werden.

Der Verwaltungsaufwand für die Ermittlung der Wertschöpfung in der Wohnungswirtschaft wäre nicht gering. Infolgedessen könnte man erwägen, sich hilfsweise mit den Bruttomieten zu begnügen. Die Vorleistungen müssten pauschal (und stark vergröbernd) durch einen entsprechend niedrigeren Steuersatz berücksichtigt werden. Steuersystematisch handelte es sich dabei um eine sehr unvollkommene Lösung, die lediglich aus Gründen der Steuervereinfachung in Betracht gezogen werden könnte. Die Idee der Wertschöpfungsteuer geht dabei weitgehend verloren.

3. Grundertragsteuer als Bruttomietsteuer

Eine Bruttomietsteuer kommt als Ersatz der Grundsteuer B vor allem dann in Betracht, wenn eine kommunale Wertschöpfungsteuer nicht eingeführt wird. Bemessungsgrundlage wären die als Mieten vereinnahmten Beträge ohne Abzüge (Bruttomieten). Diese ließen sich aus den jeweiligen Einkommensteuererklärungen der Vermieter ermitteln. Nebenkosten – wie zum Beispiel Müll- und Abwasserabgaben, Beleuchtungskosten oder die Ausgaben für Hausmeister – gehören nicht zu den Bruttomieten. In der Bemessungsgrundlage wären dann neben den Nettomieten noch die Abschreibungen enthalten. Der Vorzug dieser Bemessungsgrundlage läge darin, dass keine Nettomieten und auch keine Einheitswerte ermittelt werden müssten. Ähnlich wie bei der derzeitigen Grundsteuer könnte den Gemeinden ein Hebesatzrecht eingeräumt werden. Da sie an allen zukünftigen Mietänderungen beteiligt wären, verfügen sie mit einer solchen Steuer über eine Einnahmequelle, deren Ergiebigkeit mit dem Sozialprodukt steigt.

Beim Vergleich der Verteilungswirkungen einer Bruttomietsteuer mit denen der Grundsteuer ist zu bedenken, dass die Grundsteuer im Allgemeinen auf die Mieter überwälzt wird. (Die Mietverträge sind meist – im sozialen Wohnungsbau generell – so gestaltet, dass Grundsteuererhöhungen an die Mieter weitergegeben werden können.) Auch durch eine Mietsteuer wären Familien mit Kindern auf Grund ihres höheren Wohnbedarfs stärker belastet. Das Ziel einer angemessenen Wohnraumversorgung von Familien mit Kindern und der Bezieher niedriger Einkommen sollte mit anderen Maßnahmen – z. B. über das Wohngeld – verfolgt werden.

Nachteilig wäre bei einer Grundertragsteuer als Bruttomietsteuer, dass für selbstgenutzte Wohnungen erneut Eigenmieten ermittelt werden müssten, während dies bei der Einkommensteuer gerade abgeschafft worden ist. Um die Eigenmieten von selbstgenutzten Wohneigentum zu schätzen, könnte man von den jeweils aktuellen ortsüblichen Mieten ausgehen und dabei die für das Wohngeld aufgestellten regionalisierten Mietspiegel heranziehen. Allerdings ist einzuräumen, dass die Festlegung von Eigenmieten, die wenigstens alle drei bis fünf Jahre an die regionale Mietentwicklung ange-

passt werden müssten, mit großem Verwaltungsaufwand verbunden wäre. Bei einer Beibehaltung der Einheitsbewertung käme man jedoch ebenfalls nicht ohne die Bestimmung von Eigenmieten aus.

Ein schwer lösbares Sonderproblem bei einer Bruttomietsteuer stellen die gemischtgenutzten Grundstücke dar. Dem Grundgedanken dieser Steuer entsprechend dürften stets nur die Mieten des für Wohnzwecke genutzten Teils erfasst werden. Mieten und Mietwerte des gewerblich genutzten Teils müssten dagegen den für den gewerblichen Sektor geltenden Steuern unterliegen, und zwar unabhängig davon, ob die gewerblich genutzten Grundstücke und Gebäude Teile des Betriebsvermögens sind. Das Problem verschärft sich, wenn erhebliche Besteuerungsunterschiede zwischen gewerblichem Bereich und Wohnungssektor bestehen, weil dann Ausweichreaktionen zu erwarten sind.

4. Höhere Beteiligung der Gemeinden an der Einkommensteuer

Die Abschaffung der Grundsteuer B für die Wohnungsnutzung könnte auch durch einen höheren Anteil der Gemeinden an der Einkommensteuer ausgeglichen werden. Dadurch würde zwar eine wesentliche Steuervereinfachung erreicht; die enge Beziehung zwischen den gemeindlichen Leistungen und der Wohnungsnutzung ginge, im Gegensatz zu den anderen Lösungen, hier jedoch verloren.

Die Beteiligung der Gemeinden an der Einkommensteuer knüpft nicht an das örtliche Aufkommen insgesamt an, sondern lediglich an die Steuerzahlungen, die auf Einkommensteile unter 32 000 DM bei Ledigen und 64 000 DM bei Verheirateten entfallen. Diese Begrenzung bei der Berücksichtigung der Einkommen der Gemeindebürger lässt sich, wenn man will, als Versuch interpretieren, Äquivalenzaspekte zu beachten. Insofern ist es nicht von vornherein ausgeschlossen, als eine Alternative zur Grundsteuer B für die Wohnungsnutzung eine stärkere Beteiligung der Gemeinden an der Einkommensteuer vorzusehen. Freilich könnte man den Gemeinden für diesen Teil ihrer Steuereinnahmen kaum ein Hebesatzrecht einräumen.

V. Grundsteuer A für land- und forstwirtschaftliche Betriebe

Liegen ausreichende Angaben über die Einkommen der Land- und Forstwirte vor, käme als Ersatz für die Grundsteuer A (ähnlich wie bei der gewerblichen Wirtschaft und eventuell auch bei der Wohnungsnutzung) eine gesonderte Gemeindesteuer auf die tatsächlichen Erträge der land- und forstwirtschaftlichen Betriebe in Betracht. Es wäre aber auch möglich, die Land- und Forstwirtschaft in eine kommunale Wertschöpfungsteuer einzubeziehen. Bei der Ermittlung der Ist-Erträge oder der Wertschöpfung könnte man sich mit einem vereinfachten Verfahren begnügen, indem zu den Gewinnen der land- und forstwirtschaftlichen Betriebe die gezahlten Löhne, Pachten und Zinsen hinzugeschlagen werden. Auf diese Weise ließe sich eine weitgehend parallele Besteuerung der gewerblichen Wirtschaft und der Landwirtschaft erreichen. "

Im Jahr **1990** befasste sich eine weitere vom **Bundesminister der Finanzen eingesetzte Kommission** zur Verbesserung der steuerlichen Bedingungen für Investitionen und Arbeitsplätze ebenfalls mit der Entwicklung und machte dazu folgende Vorschläge (vgl. DStR 6/1991 S. IV):

„1. Gewerbesteuer und Grundsteuer

. . .

1.4 Die Grundsteuer bleibt bestehen. Ihre Bemessungsgrundlage wird durch eine einfache, schematische Bewertung praktikabler gestaltet und das Aufkommen um etwa 20 v. H. angehoben (vgl. 2.1).

1.5 Bei den Grundstücken sind der Bodenwert und der Umfang einer Bebauung zu berücksichtigen.

Der Bodenwert ist nach Bodenrichtwerten iSd Baugesetzbuches zu ermitteln. Der Umfang der Bebauung wird durch einen bundeseinheitlichen Durchschnittswert pro Maßeinheit erfasst, d. h. pro Quadratmeter Wohn-/Nutzfläche (bei einer Geschosshöhe bis zu 4m) oder pro Kubikmeter des umbauten Raums (bei einer Geschosshöhe von mehr als 4m). Bei land- und forstwirtschaftlichen Grundstücken ist für den Wirtschaftsteil wie bisher von der Ertragsfähigkeit auszugehen.

1.6 Die Hebesätze für die Gewerbesteuer und die Grundsteuer werden aneinandergekoppelt. . . .

2. Einheitsbewertung und Vermögensteuer

2.1 Das Verfahren der Einheitsbewertung wird abgeschafft. Es ist sehr verwaltungsaufwändig und führt wegen überholter Werte für den Grundbesitz zu ungerechten Ergebnissen. Auf diese Weise wird eine neue Hauptfeststellung entbehrlich, welche sonst für den Grundbesitz überfällig wäre.

2.2 Die Vermögensteuer wird abgeschafft. Dies ist eine Voraussetzung für den Wegfall der Einheitsbewertung, führt zu einer durchgreifenden Vereinfachung und entlastet das Eigenkapital der Unternehmen, das ganz überwiegend die Grundlage der Vermögensteuer bildet. Der Fortbestand einer Vermögensteuer nur für das übrige Privatvermögen würde die Vereinfachung verhindern. Die ungerechte Lastenverteilung würde verstärkt, weil die Unzulänglichkeiten der Bewertung des Grundvermögens in einem Massenverfahren nicht befriedigend zu lösen sind. Ein Ausgleich, insbesondere für größere Privatvermögen, ist über die vorgeschlagene Erhöhung der Grundsteuer und der Erbschaftsteuer möglich (vgl. 1.4 und 3.2).

2.3 Im Vorgriff auf diese Vorschläge sollte im Gebiet der ehemaligen DDR mit sofortiger Wirkung auf die Feststellungen von neuen Einheitswerten verzichtet werden. Damit kann sich die im Aufbau befindliche dortige Finanzverwaltung auf die Erhebung der aufkommensergiebigen Steuern konzentrieren.

3. Erbschaft- und Schenkungsteuer

3.1 Die Erbschaft- und Schenkungsteuer wird beibehalten.

3.2 Anstelle der bisherigen Einheitswerte treten folgende Werte:
- *bei privatem Grundbesitz die Verkehrswerte;*
- *bei Betriebsvermögen (Einzelunternehmen, Personengesellschaften) die Steuerbilanzwerte;*
- *bei Anteilen an Kapitalgesellschaften, für die kein Börsenkurs besteht, die unter Berücksichtigung des Betriebsvermögens und der Ertragsaussichten zu schätzenden Werte (Stuttgarter Verfahren). Dabei ist als Wert des Vermögens ebenfalls der Steuerbilanzwert zugrunde zu legen.*

Der Ansatz der Verkehrswerte für den Grundbesitz anstelle der Einheitswerte führt zu einem deutlichen Anstieg der Bemessungsgrundlage. Bei Wegfall der Vermögensteuer ist dies vertretbar, vor allem bei größeren Privatvermögen. Der Ansatz der Steuerbilanzwerte rechtfertigt sich unter anderem daraus, dass Wertzuwächse im Falle der Veräußerung den Ertragsteuern unterliegen. . . . "

V. Verfassungsrechtliche Bedenken gegen die Grundsteuer

Literatur: *Balke,* Grundsteuer unter Verfassungsdruck, ZSteu 2005 S. 322; *Balke,* Die Grundsteuer auf dem verfassungsrechtlichen Prüfstand, NWB 2005 S. 2997; *Balke,* Grundsteuer verletzt steuerliche Tabuzone, ZSteu 2006 S. 9; *Balke,* Bemerkungen zum Grundsteuer-Nichtannahmebeschluss der 2. Kammer des 1. Senats des BVerfG vom 21. Juni 2006, ZSteu 2006 S. 366; *Bäuml,* Praxis der Rechtsbehelfsverfahren zur anhängigen Verfassungsbeschwerde bei der Grundsteuer, StuB 2006 S. 302; *Beck,* Grundsteuer – die Sondervermögensteuer für Grundbesitzer, ZSteu 2006 S. 136; *Drosdzol,* Verfassungswidrige Grundsteuer?, WFA 2006 S. 26; *Eisele,* Die Grundsteuer auf verfassungsrechtlichem Prüfstand, DStR 2005 S. 1971; *Eisele,* Verfassungsmäßigkeit der Erhebung der Grundsteuer, INF 2006 S. 300; *Eisele,* Verfassungsbeschwerde zur Grundsteuer abgewiesen, NWB 2006 S. 2399; *Eisele,* Die Grundsteuer im verfassungsrechtlichen Fokus, SteuerStud 2007 S. 268; *Eisele,* Die Grundsteuer auf selbst genutzte Wohnimmobilien ist verfassungsgemäß, Der Gemeindehaushalt 2009 S. 206; *Eisenbach,* Zweifel an der Verfassungsmäßigkeit der Besteuerung von Grundvermögen, das ganz oder teilweise eigenen Wohnzwecken dient, StuB 2005 S. 975; *Heine,* Verfassungsbeschwerden wegen Grundsteuer nicht zur Entscheidung angenommen, ZKF 2006 S. 150; *Hendel/Roller,* Ist die Besteuerung eines privat genutzten Grundstücks mit Grundsteuer verfassungsgemäß?, VuR 2006 S. 14; *Hutmacher,* Verfassungsmäßigkeit der Einheitsbewertung des Grundvermögens, ZNotP 2012 S. 94; *Jachmann,* Keine Grundsteuerbefreiung für selbst genutztes Einfamilienhaus, jurisPR-SteuerRecht 45/2006 Anm. 6; *Janssen,* Zur Verfassungswidrigkeit von Grundsteuer und Einheitsbewertung, Grundeigentum 2006 S. 100; *Kreft,* Verfassungsmäßigkeit der Grundsteuer auf dem Prüfstand, GStB 2005 S. 274; *Kreft,* Muster-Einsprüche in Sachen „Grundsteuer", GStB 2005 S. 400; *Kreft,* VG Düsseldorf hat keine Zweifel an der Verfassungsmäßigkeit der Grundsteuer, GStB 2006 S. 79; *Leuchtenberg,* Grundsteuer im Brennpunkt des Verfassungsrechts, DStZ 2006 S. 36; *Leuchtenberg,* Grundsteuerklage vom VG Düsseldorf abgewiesen, NWB 2006 S. 382; *Leuchtenberg,* Die Grundsteuer und der vernachlässigte Gleichheitssatz – Ist der Korridor zur Verfassungswidrigkeit inzwischen durchschritten?, NWB 2007 S. 3845; *Leuchtenberg,* Verfassungsbeschwerde zur Erhebung der Grundsteuer nicht erfolgreich, NWB 2009 S. 1146; *Leuchtenberg,* Einheitswert bei der Grundsteuer nun unter Verfassungsdruck – Bedenken beim BVerfG, NWB 2010 S. 1897; *Meier,* Grundsteuer – quo vadis?, ZKF 2006 S. 73; *Naujok,* Zur Prüfung der Verfassungsmäßigkeit hinsichtlich der Erhebung der Grundsteuer bei einem Einfamilienhaus, ZfIR 2007 S. 327; *Schneider/Hoffmann,* Verfassungsmäßigkeit der Grundsteuer – Neues Verfahren beim BVerfG anhängig, Stbg 2007 S. 322; *Stöckel,* Zur Verfassungsmäßigkeit der Einheitswerte nach dem 1.1.2007, NWB 2010 S. 3177; *Stöckel,* Verfassungsmäßigkeit der Einheitsbewertung – Kommt nun der lang erhoffte Vorlagebeschluss des BFH?, NWB 2013 S. 3540; *Trossen,* Zur Verfassungsmäßigkeit der Einheitsbewertung des Grundvermögens und der Grundsteuer zum 1.1.2002, EFG 2012 S. 213; *Wieland,* Grundsteuer verfassungsgemäß, jurisPR-SteuerR 30/2009 Anm. 3.

1. Vorbemerkung

Nach den Einheitswertbeschlüssen des Bundesverfassungsgerichts v. 22.6.1995 zur Vermögensteuer (2 BvL 37/91, BStBl. 1995 II S. 655) sowie zur Erbschaftsteuer (2 BvR 552/91, BStBl. 1995 II S. 671) war die Grundsteuer als einzige einheitswertabhängige Steuer im engeren Sinne übrig geblieben. Ungeachtet des Umstands, dass die Grundsteuer nur einheitswertgebundenes Vermögen betrifft und daher nicht von den vorgenannten Beschlüssen des Bundesverfassungsgerichts betroffen sein konnte, mehrten sich im Schrifttum die Stimmen, die sich – unter Hinweis auf verfassungsrechtliche Aspekte – für eine Aktualisierung der grundsteuerlichen Bemessungsgrundlage aussprachen (u. a. *Drosdzol,* DStZ 1999 S. 831; *Eisele,* DStZ 2003 S. 834). Der Neuregelungsbedarf bei der Grundsteuer wird auf das Ausbleiben turnusmäßiger Anpassungen von Hauptfeststellungen der Einheitswerte des Grundbesitzes gestützt, die zu erheblichen Wertverzerrungen geführt hat und damit die Frage nach der Gleichmäßigkeit der Besteuerung im Lichte des Art. 3 Abs. 1 GG thematisiert. Die Frage der Verfassungswidrigkeit von Wertverzerrungen innerhalb der Einheitsbewertung des Grundvermögens stellt sich zwar nur noch unter dem Gesichtspunkt der Grundsteuerbelastung. Nach Auffassung des BFH (v. 2.2.2005, BStBl. 2005 II S. 428) führt das Absehen von einer neuen Hauptfeststellung noch nicht (!) zu einem Verstoß dieser Einheitswerte gegen Art. 3 Abs. 1 GG, da die im Ertragswertverfahren ermittelten Einheitswerte idR erheblich unter dem gemeinen Wert liegen. Ergänzend hierzu stellt der BFH in seiner Entscheidung v. 22.7.2005 (BFH/NV 2005 S. 1979) fest, dass Wertverzerrungen bei der Grundsteuer wegen der geringeren steuerlichen Belastungswirkungen verfassungsrechtlich in höherem Ausmaß hinnehmbar sind als bei der Vermögen- und Erbschaftsteuer.

2. Verfassungsbeschwerden sowie Äußerungen der Finanz- und Verwaltungsgerichtsbarkeit

Im August 2005 war beim Bundesverfassungsgericht eine Verfassungsbeschwerde zur Frage der Verfassungsmäßigkeit der Grundsteuer anhängig gemacht worden (1 BvR 1644/05). Die Beschwerdeführer wendeten sich gegen die Grundsteuerfestsetzung für von ihnen und ihren Familien **selbst genutztes Grundeigentum.** Sie vertraten die Auffassung, dass die Eigentumsgarantie des Art. 14 GG dem Gesetzgeber verbiete, auf Wirtschaftsgüter des persönlichen Gebrauchsvermögens zuzugreifen und bezogen sich auf den Vermögensteuer-Beschluss des Bundesverfassungsgerichts v. 22.6.1995 (aaO). Zur verfahrensmäßigen Behandlung von Einsprüchen gegen Grundsteuermessbescheide sowie von Anträgen auf Aufhebung von Grundsteuermessbescheiden unter Hinweis auf die damals anhängige Verfassungsbeschwerde siehe auch OFD Karlsruhe v. 26.9.2005 (DB 2005 S. 2218) sowie FinMin Nordrhein-Westfalen v. 25.10.2005 (DB 2005 S. 2384). Die Rechtsschutzmöglichkeiten thematisierte u. a der *Deutsche Steuerberaterverband,* Stbg 2005 S. 481 sowie *Kreft,* GStB 2005 S. 400.

Das VG Karlsruhe hatte in seiner vorinstanzlichen Entscheidung v. 18.2.2004 (DStRE 2005 S. 1221) ausgeführt, dass der Einheitswert-Beschluss des Bundesverfassungsgerichts v. 22.6.1995 im Verfahren 2 BvL 37/91 (aaO) zur Vermögensteuer und eben nicht zur Grundsteuer ergangen ist. Demgemäß könne sich die Bindungswirkung dieser Entscheidung nur auf den konkreten Streitgegenstand – d. h. die Vereinbarkeit der Vermögensteuer mit dem Grundgesetz – beziehen (siehe hierzu auch § 31 Abs. 1 BVerfGG). Darüber hinaus enthalte der Einheitswert-Beschluss des Bundesverfassungsgerichts zur Vermögensteuer keine Aussage zur verfassungsrechtlich zulässigen Höhe der steuerlichen Gesamtbelastung. Das Bundesverfassungsgericht – so das VG Karlsruhe weiter – habe im Rahmen der Prüfung der Verfassungsmäßigkeit der Vermögensteuer allein zu dieser Steuer ausgeführt, dass sie zu den übrigen Steuern auf den Ertrag nur hinzutreten dürfe, soweit die steuerliche Gesamtbelastung des Sollertrags bei typisierender Betrachtung von Einnahmen, abziehbaren Aufwendungen und sonstigen Entlastungen in der Nähe einer hälftigen Teilung zwischen privater und öffentlicher Hand verbleibe. Besondere Bedeutung im Hinblick auf die Grundsteuer kommt dem ergänzenden Hinweis des VG Karlsruhe auf den Kontext der damaligen verfassungsgerichtlichen Entscheidung zur Vermögensteuer zu: Es handelte sich dabei um Erwägungen zur Vermögensteuer als einer Steuer, die ihre Begrenzung im Merkmal der Sollertragsteuer, nämlich in dem Erfordernis finde, dass die Steuer aus dem Vermögen*ertrag* und nicht aus der Vermögens*substanz* bestritten werden müsse, also aus dem Einkommen zu tragen sei; mithin dürfe die Vermögensteuer nicht zu einer „schleichenden Vermögenskonfiskation" führen. Folglich können dem Vermögensteuer-Beschluss des Bundesverfassungsgerichts nach Überzeugung des VG Karlsruhe keine Aussagen zur Zulässigkeit oder Höhe anderer Steuern – somit auch nicht der Grundsteuer – entnommen werden.

Die Berufung gegen das Urteil des VG Karlsruhe war vom VGH Baden-Württemberg mit Beschluss v. 27.6.2005 (DStRE 2005 S. 1221) abgelehnt worden. Nach Überzeugung des Gerichts hatte das Bundesverfassungsgericht in den Gründen seines Einheitswertbeschlusses zur Vermögensteuer keine Rechtsgrundsätze aufgestellt, die zwingend für die Grundsteuer von unmittelbarer Bedeutung sind. Des Weiteren könne die von den Klägern geltend gemachte Möglichkeit einer konfiskatorischen Wirkung der Grundsteuer im Einzelfall bei der gebotenen typisierenden Betrachtung keinen Zweifel an der Verfassungsmäßigkeit der Grundsteuer begründen.

Dieser Verfassungsbeschwerde (1 BvR 1644/05) war, wie zu erwarten war, in der Sache kein Erfolg beschieden:

Bereits mit Urteil v. 11.8.1999 (BStBl. 1999 II S. 771) hatte der BFH entschieden, dass für die Entscheidung über die Verfassungsmäßigkeit der Belastung durch Einkommen- und Gewerbeertragsteuer keine Bindung an den o. a. Einheitswertbeschluss zur Vermögensteuer besteht. Nichts anderes kann für die Grundsteuer gelten.

Aus Sicht der Beschwerdeführer war es verfassungsrechtlich geboten, die Zulässigkeit der Grundsteuer (als besondere Vermögensteuer) in ihrer Ausprägung als Sollertragsteuer an der Eigentumsgarantie des Art. 14 GG zu messen; dabei sei das *persönliche Gebrauchsvermögen* zwingend freizustellen.

Stellungnahme: Art. 14 GG gewährleistet das Eigentum allgemein. Der verfassungsrechtliche Eigentumsschutz reicht zwar insofern weiter als der zivilrechtliche, als er sich auch auf dinglich nicht gesicherte vermögenswerte Rechtspositionen erstreckt. Das Vermögen an sich, das selbst kein Recht verkörpert, sondern der Inbegriff aller geldwerten Güter einer Person darstellt, ist kein Eigentum in diesem Sinne (BVerfG v. 8.4.1997, BVerfGE 95, 267, 300). Die auf die Steuertatbestände zurückgehende Geldleistungspflicht ist allgemeiner Art, da sie dem Steuerschuldner unspezifisch (!) die Zahlung eines Geldbetrages aufbürdet. Dieser Geldbetrag kann mithin aus beliebigen Einnahmequellen (z. B. aus gewerblichen Einkünften, Arbeitseinkommen oder Verkaufserlösen) erbracht werden. Nach ständiger Rechtsprechung des Bundesverfassungsgerichts wird die Eigentumsgarantie des Art. 14 GG hierdurch nicht berührt (so etwa BVerfG v. 23.6.1993, BVerfGE 89, 48, 61).

Eine Steuerpflicht ist nur in Ausnahmefällen geeignet, die Eigentumsgarantie zu berühren. Hiervon ist auszugehen, wenn sie den Pflichtigen *übermäßig belastet* und seine Vermögensverhältnisse *grundlegend beeinträchtigt*. Nach Auffassung des Bundesverfassungsgerichts ist davon nur auszugehen, wenn die Belastung über jedes Maß ansteigt und damit zu einer Existenzgefährdung im Sinne einer „Erdrosselung" führt (BVerfG v. 31.5.1990, BVerfGE 82, 159, 160). Der Grundsteuer dürfte aufgrund ihrer absoluten Höhe im Einzelfall eine solche – im Ergebnis verfassungswidrige – Wirkung abzusprechen sein. Im Übrigen liegt eine Erdrosselungssteuer nicht schon dann vor, wenn einzelne Steuerpflichtige die Steuer nicht tragen können; einer Steuer ist vielmehr erst dann Erdrosselungscharakter beizumessen, wenn die Steuerpflichtigen unter normalen Umständen die Steuer nicht aufbringen können (BayVGH v. 11.2.1976, KStZ 1976 S. 150, 153, sowie FG Berlin v. 9.11.2005 2 K 2355/05, n. v.). Aus der bundesdeutschen (Grund-)Steuerpraxis ist ein derartiger Befund – auch nicht tendenziell – nicht herleitbar. In diesem Kontext fügt sich nahtlos der BFH-Beschluss v. 12.10.2005 (BFH/NV 2006 S. 369) ein, wonach aus dem Prinzip einer eigentums- und freiheitsschonenden Besteuerung nicht abgeleitet werden kann, persönliches Gebrauchsvermögen sei von der Grundsteuer freizustellen. Auch nach Überzeugung des FG Berlin v. 9.11.2005, aaO, verstößt die Erhebung der Grundsteuer nicht gegen die Eigentumsgarantie des Art. 14 GG.

Auch aus der Sozialpflichtigkeit des Eigentums (Art. 14 Abs. 2 GG) kann eine Begrenzung der zulässigen Steuerbelastung im Sinne einer konkreten und quantifizierbaren Vorgabe nicht abgeleitet werden. So weist der BFH in seiner Entscheidung v. 11.8.1999 (aaO) darauf hin, dass Art. 14 Abs. 2 Satz 2 GG kein Gebot der annähernd hälftigen Teilung eines verfügbaren Betrags (wie etwa des Sollertrags) erkennen lässt. Neben einer unzulässigen konfiskatorischen Besteuerung als Belastungs*ober*grenze zieht nach Darlegung der Bf. der Schutzbereich des Art. 14 GG eine Belastungs*unter*grenze für Sollertragsteuern, die sich an der Höhe des persönlichen Gebrauchsvermögens orientiert (siehe hierzu auch *Leuchtenberg*, DStZ 2006 S. 36, 38).

Im Einheitswertbeschluss des Bundesverfassungsgerichts zur Vermögensteuer v. 22.6.1995 (aaO) hat das Gericht u. a. ausgeführt, dass das vom Steuerpflichtigen zur Grundlage seiner individuellen Lebensgestaltung bestimmte

Vermögen innerhalb gewisser Grenzen nicht mit einer als Sollertragsteuer ausgestatteten Vermögensteuer belastet werden dürfe. Dieser Aussage kann nach Auffassung des BFH in seiner Entscheidung v. 17.6.1998 (BFH/NV 1999 S. 76 zur Frage der Erhebung von Grunderwerbsteuer bei Erwerben von bebauten Grundstücken für eigene Wohnzwecke unter Würdigung des Halbteilungsgrundsatzes) nicht entnommen werden, dass der Erwerb einzelner beim Erwerber diesem Zweck dienender Vermögensgegenstände innerhalb der wie auch immer zu ziehenden Grenzen keiner Verkehrsteuer unterworfen werden dürfe. Diese lasse sich – so der BFH weiter – auch nicht dem Einheitswertbeschluss des Bundesverfassungsgerichts zur Erbschaftsteuer v. 22.6.1995 (aaO) entnehmen. Der BFH führt in seiner Entscheidung v. 17.6.1998 (aaO) hierzu zutreffend aus, dass die dort enthaltene Aussage, das persönliche Gebrauchsvermögen sei bei Erben der Steuerklasse I innerhalb der bereits zur Vermögensteuer angesprochenen Grenzen von der Erbschaftsteuer freizustellen, aus Art. 6 Abs. 1 GG und dem daraus für das Erbschaftsteuerrecht folgenden *Familienprinzip* abgeleitet ist. Ein derartiges Familienprinzip aber – so die Schlussfolgerung des BFH – gilt nicht für die Grunderwerbsteuer und kann auch nicht für die Grundsteuer hergeleitet werden, da nicht vereinbar mit einer als Real- bzw. Objektsteuer ausgestalteten Steuer, bei der persönliche Verhältnisse gerade unberücksichtigt bleiben (so schon BVerfG v. 25.10.1977, BStBl. 1978 II S. 125; VG Neustadt v. 26.10.2005, DWW 2006 S. 123; BFH v. 19.7.2006, BFH/NV 2006 S. 1992; FG Hamburg v. 22.9.2006, EFG 2007 S. 211 sowie BFH v. 30.6.2010, BStBl. 2011 II S. 48).

In diesen Sachzusammenhang muss auch der Beschluss des BVerfG v. 18.1.2006 (vgl. hierzu Pressemitteilung Nr. 19/2006 des BVerfG v. 15.3.2006 zum BVerfG-Beschluss v. 18.1.2006 2 BvR 2194/99 zur Frage des Halbteilungsgrundsatzes als Belastungsobergrenze bei der Einkommen- und Gewerbesteuer; *Papier*, DStR 2007 S. 973; *Di Fabio*, JZ 2007 S. 749; *Wieland*, jurisPR-SteuerR 18/2006 Anm. 1) eingeordnet werden. Das BVerfG bestätigt hierin die Annahme des BFH, dass sich dem Einheitswertbeschluss v. 22.6.1995 (aaO) keine verbindliche verfassungsrechtliche Obergrenze für die Gesamtbelastung mit der Einkommen- und Gewerbesteuer entnehmen lässt. Dieser Beschluss hatte keine verfassungsrechtliche Obergrenze für die Gesamtbelastung mit der Einkommen- und Gewerbesteuer zum Gegenstand. Vielmehr – so das BVerfG weiter – ging es allein um die Grenze der Gesamtbelastung des Vermögens durch eine *Vermögen*steuer, die neben der Einkommensteuer erhoben wird. Die daraus entstehende Belastungswirkung ist nicht ohne Weiteres mit der Belastungswirkung vergleichbar, die durch die Einkommen- und Gewerbesteuer entsteht. Nichts anderes kann für die Grundsteuer gelten.

Mit Kammerbeschluss v. 21.6.2006 hatte das BVerfG die Verfassungsbeschwerde 1 BvR 1644/05 nicht zur Entscheidung angenommen (ZKF 2006 S. 213; *Eisele*, NWB 2006 S. 2399; *Balke*, ZSteu 2006 S. 366). Zu den verfahrensrechtlichen Konsequenzen dieser Entscheidung vgl. auch die Allgemeinverfügung der obersten Finanzbehörden der Länder v. 30.3.2007 (BStBl. 2007 I S. 274). Mit Beschluss v. 9.10.2006 (BFH/NV 2007 S. 103) bekräftigte der BFH seine Auffassung, dass die Frage der Vereinbarkeit der Erhebung von Grundsteuer mit Art. 14 GG hinreichend geklärt ist und keine grundsätzliche Bedeutung hat.

Über ein Musterverfahren (vgl. hierzu *Balke,* ZSteu 2005 S. 322, 2006 S. 9) zur Frage der Verfassungsmäßigkeit der Grundsteuer als „Sonder-Vermögensteuer" hatte das VG Düsseldorf mit Urteil v. 23.1.2006 (*Städte- und Gemeinderat* 2006, Heft 3 S. 33; vgl. hierzu ausführlich *Eisele,* INF 2006 S. 300) entschieden und die Klage abgewiesen. Nach Überzeugung des Gerichts wird der Gleichheitssatz des Grundgesetzes durch die Grundsteuer nicht verletzt. Dem Vorbringen des Klägers, der die Grundsteuer als „Sonder-Vermögensteuer" nur für Grundbesitzer einstuft, weshalb insbesondere der existenznotwendige Wohnbereich von der Steuer auszunehmen sei, trat das VG mit dem Hinweis auf die Rechtsprechung des BVerfG entgegen, wonach die Grundsteuer eine sog. Objektsteuer sei, die den Grundbesitz ohne Rücksicht auf die persönlichen Verhältnisse der Beteiligten erfasse. Hieraus folgerte das VG Düsseldorf, dass die für sog. Sollertragsteuern (z.B. die frühere Vermögensteuer) entwickelten Grundsätze des BVerfG für die Grundsteuererhebung nicht gleichermaßen gelten. Das Verfahren mündete – nach der Entscheidung des OVG Münster v. 25.4.2007, KStZ 2007 S. 220 – in eine Verfassungsbeschwerde (1 BvR 1334/07; *Schneider/Hoffmann,* Stbg 2007 S. 322; OFD Karlsruhe v. 13.5.2008, DStR 2008 S. 1140), die durch Kammerbeschluss v. 18.2.2009 nicht zur Entscheidung angenommen worden war (siehe hierzu auch Pressemitteilung Nr. 33/2009 des BVerfG v. 1.4.2009; DB 2009 S. 773 sowie *Leuchtenberg,* NWB 2009 S. 1146). Die Erhebung der Grundsteuer als solche begegnet nach der ständigen Rechtsprechung des BVerfG mithin keinen Bedenken. Nach Darlegung des Gerichts ist verfassungsrechtlich nicht zu beanstanden, dass die Grundsteuer grundsätzlich ohne Rücksicht auf die familiären Verhältnisse des Grundbesitzers erhoben wird, da dies dem Charakter der Steuer als Objektsteuer entspricht. Behauptete Mängel im System der Grundstücksbewertung – so das BVerfG weiter – konnten im Rahmen der allein gegen den Grundsteuerbescheid der Gemeinde und die ihn bestätigenden Gerichtsentscheidungen erhobenen Verfassungsbeschwerde nicht berücksichtigt werden (zustimmend OVG NRW v. 10.12.2013 14 A 2451/13, n.v.).

In einem Verfahren zur Verfassungswidrigkeit der Grundsteuer auf **betriebliche Grundstücke** hatte das BVerwG mit Beschluss v. 8.11.2005 10 B 45/05, NWB EN-Nr. 149/2006, die Nichtzulassungsbeschwerde zurückgewiesen. Das BVerfG hatte die hiergegen erhobene Verfassungsbeschwerde 1 BvR 311/06 mit Kammerbeschluss v. 3.3.2006 (ZKF 2006 S. 213) nicht zur Entscheidung angenommen (vgl. hierzu OFD Münster v. 5.5.2006, DB 2006 S. 1084).

Eine Verfassungsbeschwerde zur Frage, ob Verfassungsrecht der **Erfassung des persönlichen Gebrauchsvermögens** bei der Grundsteuer entgegensteht, hatte das BVerfG mit Kammerbeschluss v. 21.6.2006 1 BvR 2351/05 (ZKF 2006 S. 213) nicht zur Entscheidung angenommen. Der BFH hatte vorgehend mit Beschluss v. 12.10.2005 (BFH/NV 2006 S. 369) festgestellt, dass aus der nach der verfassungsgerichtlichen Rechtsprechung gebotenen vermögensteuerlichen Freistellung des zur individuellen Lebensgestaltung erforderlichen Vermögens (Gebrauchsvermögen) nicht abgeleitet werden könne, dass eigengenutzter Grundbesitz bis zu einem Wert von 300000 € von der Grundsteuer freizustellen sei; im Ergebnis so auch das OVG NRW v. 22.8.2012 14 A 2132/10 (n. v.).

Einer weiteren Verfassungsbeschwerde, die die Frage der Verfassungsmäßigkeit der Einheitsbewertung nach dem Bewertungsgesetz bei Erhebung der Grundsteuer – hier wurden seitens der Beschwerdeführer insbesondere Verletzungen von Art. 3 Abs. 1 GG im Hinblick auf das Ertrags- und Sachwertverfahren sowie von Art. 6 Abs. 1 sowie Art. 14 Abs. 1 GG gerügt – zum Gegenstand hatte, blieb durch Nichtannahmebeschluss des BVerfG v. 13.4.2010 (1 BvR 3515/08, StEd 2010 S. 340) ebenfalls der Erfolg versagt.

Neuerlichen Auftrieb hatte die Diskussion über eine verfassungskonforme Ausgestaltung der **grundsteuerlichen Einheitsbewertung** des Grundbesitzes durch das **BFH-Urteil v. 30.6.2010** (II R 60/08, BStBl. 2010 II S. 897) erhalten. Demnach sind die Vorschriften über die Einheitsbewertung des Grundvermögens trotz der verfassungsrechtlichen Zweifel, die sich aus den lange zurückliegenden Hauptfeststellungszeitpunkten ergeben, jedenfalls für Stichtage bis zum 1.1.2007 noch verfassungsgemäß. Ein weiteres Unterbleiben einer allgemeinen Neubewertung ist mit den verfassungsrechtlichen Anforderungen jedoch nicht mehr vereinbar.

Hierzu führte der BFH weiter aus: Die Festschreibung der Wertverhältnisse auf den Hauptfeststellungszeitpunkt (1.1.1964) ist nur sachgerecht und aus verfassungsrechtlicher Sicht hinnehmbar, wenn der Hauptfeststellungszeitraum eine angemessene Dauer nicht überschreitet. Die über mehr als vier Jahrzehnte unveränderte Einheitsbewertung des Grundbesitzes verfehlt insbesondere die sich aus dem allgemeinen Gleichheitssatz (Art. 3 Abs. 1 GG) ergebenden Anforderungen an eine realitätsgerechte Bewertung. Auf unbegrenzte Dauer ist es auch nicht hinnehmbar, dass eine Wertminderung wegen Alters nach dem Hauptfeststellungszeitpunkt (1.1.1964) ausgeschlossen wird. Ferner führt das jahrzehntelange Unterlassen einer flächendeckenden Grundstücksneubewertung zwangsläufig zu verfassungsrechtlich nicht mehr hinnehmbaren Defiziten beim Gesetzesvollzug, weil verfahrensrechtlich nicht sichergestellt wird, dass dem Finanzamt Änderungen der tatsächlichen Verhältnisse bekannt werden. Verfassungsrechtlich geboten ist daher eine erneute Hauptfeststellung besonders im Beitrittsgebiet, wo die Wertverhältnisse auf den 1.1.1935 festgeschrieben sind. Der sich daraus ergebende gleichheitswidrige Zustand kann im Hinblick auf die verstrichene Zeit nicht mehr mit den Übergangsschwierigkeiten nach der Wiederherstellung der staatlichen Einheit Deutschlands gerechtfertigt werden (vgl. BFH-Pressemitteilung Nr. 68 v. 11.8.2010). Der BFH hatte mit einer weiteren Entscheidung v. 30.6.2010 (II R 12/09, BStBl. 2011 II S. 48), in der es aus grundsteuerlicher Sicht um die Beschränkung der Steuerbefreiung auf korporierte Religionsgesellschaften und jüdische Kultusgemeinden ging, die Aussagen zur Verfassungsmäßigkeit der Einheitsbewertung des Grundvermögens wiederholt. Die gegen diese Entscheidung eingelegte **Verfassungsbeschwerde** wird beim Bundesverfassungsgericht unter dem Az. 2 BvR 287/11 geführt. Zudem sind beim

BVerfG zur Einheitsbewertung des Grundbesitzes einschließlich der Grundsteuermessbetragsfestsetzung **zwei weitere Verfassungsbeschwerden** unter dem Az. 1 BvR 639/11 (Vorverfahren BFH v. 18.1.2011 II B 74/10 sowie FG Rheinland-Pfalz v. 6.5.2010 4 K 1417/09) und dem Az. 1 BvR 889/12 (Vorverfahren BFH v. 24.2.2012 II B 110/11 sowie FG Düsseldorf v. 13.10.2011 11 K 1484/10 Gr, BG) anhängig. Indes sind **Feststellungen der Einheitswerte für Grundstücke** (§ 19 Abs. 1, §§ 68 und 70, § 129 Abs. 2 BewG) sowie **Festsetzungen des Grundsteuermessbetrags** im Rahmen der verfahrensrechtlichen Möglichkeiten hinsichtlich der Frage, ob die Vorschriften über die Einheitsbewertung des Grundvermögens verfassungsgemäß sind, **vorläufig nach § 165 Abs. 1 Satz 2 Nr. 3 AO durchzuführen.** Siehe hierzu gleich lautende Ländererlasse v. 19.4.2012 (BStBl. 2012 I S. 490), die im Vollwortlaut in Anm. 9 zu § 27 GrStG abgedruckt sind.

Das FG Berlin-Bbg. hatte sich in seiner Entscheidung v. 20.2.2013 (EFG 2013, 914; Rev. BFH II R 16/13) mit der Frage der Rechtmäßigkeit der Einheitsbewertung des Grundvermögens eines im ehemaligen Berlin (West) gelegenen und nach den Wertverhältnissen von 1964 bewerteten Geschäftsgrundstücks zu befassen. Nach Auffassung des Gerichts sind die Vorschriften über die Einheitsbewertung bezogen auf den Stichtag 1.1.2009 verfassungsgemäß. Wertverzerrungen sind demnach bei der grundsteuerlichen Bemessungsgrundlage wegen geringerer steuerlicher Belastungswirkung verfassungsrechtlich in höherem Ausmaß hinnehmbar als bei Erbschaft-/Schenkungsteuer und Vermögensteuer. **Aber:** Auch ein geringerer jährlicher Grundsteuerbetrag kann sich über die Zeitschiene zu einer beträchtlichen Belastung summieren! Der BFH wird sich im anhängigen Verfahren II R 16/13 mit der Fragestellung auseinandersetzen müssen, ob die unterschiedliche Grundsteuerbelastung in Ost- und Westberlin gegen den Gleichheitsgrundsatz verstößt, zumal hier nicht auf die gleichen Wertverhältnisse 1935/1964 abgestellt wird. In verfahrensrechtlicher Hinsicht erscheint in diesem Kontext ein Aussetzungs- und Vorlagebeschluss des BFH wahrscheinlich, der zu einer Befassung des Bundesverfassungsgerichts mit dem Problemkreis führen würde.

KOMMENTAR

Grundsteuergesetz (GrStG)

Vom 7. August 1973

(BGBl. 1973 I S. 965, BStBl. 1973 I S. 586)

Zuletzt geändert durch JStG 2009 v. 19.12.2008 (BGBl. 2008 I S. 2794)

Abschnitt I. Steuerpflicht

§ 1 Heberecht

(1) **Die Gemeinde bestimmt, ob von dem in ihrem Gebiet liegenden Grundbesitz Grundsteuer zu erheben ist.**

(2) **Bestehen in einem Land keine Gemeinden, so stehen das Recht des Absatzes 1 und die in diesem Gesetz bestimmten weiteren Rechte dem Land zu.**

(3) **Für den in gemeindefreien Gebieten liegenden Grundbesitz bestimmt die Landesregierung durch Rechtsverordnung, wer die nach diesem Gesetz den Gemeinden zustehenden Befugnisse ausübt.**

Übersicht

Zu § 1
1. Begründung

Zu § 1 Abs. 1
2. Grundsteuer als Gemeindesteuer

Zu § 1 Abs. 2
3. Hebeberechtigung der Gemeinde

Zu § 1 Abs. 3
4. Gemeindefreier Grundbesitz

Zu § 1

Literatur: *Achatz,* Das Finanzsystem der Kommunen im Rechtsvergleich, Kommunalsteuern und -abgaben, 2012, S. 35; *Allgaier,* Grundsteuer, LSW Gruppe 4/161 S. 1; *Allgaier,* Die Grundsteuer, StWK Gruppe 10 S. 1; *Deutsche Steuerjuristische Gesellschaft,* Kommunalsteuern und -abgaben, 2012; *Eisele,* Die Grundsteuer, NWB F. 11 S. 687 und S. 713; *Feld/Fritz,* Das Finanzsystem der Kommunen aus ökonomischer Sicht, Kommunalsteuern und -abgaben, 2012, S. 61; *Gössl/Schmid,* Die Gemeinden und ihre Finanzen, BWGZ 2004 S. 582; *Halaczinsky,* Die gesetzliche Entwicklung der Grundsteuer seit 1990, KStZ 1995 S. 68; *Henneke/Pünder/Waldhoff,* Recht der Kommunalfinanzen, München 2006; *Hey/Maiterth/Houben,* Zukunft der Vermögensbesteuerung, IFSt-Schrift Nr. 483 (2012); *Janssen,* Erhöhung der Grundsteuer, Grundeigentum 2001 S. 543; *Karl-Bräuer-Institut des Bundes der Steuerzahler,* Grundsteuer, Heft 14, Bad Wörishofen 1969; *Kasper,* Die Grundsteuer, KommJur 2005 S. 241; *Kasper,* Das Gemeindesteuersystem der Bundesrepublik Deutschland, VR 2005 S. 109; *Leuchtenberg,* Die Realität der Realsteuern – Abgrenzung von Gewerbesteuer und Grundsteuer, NWB 2008 S. 3351; *Ostendorf,* Die Grundsteuer-Ergänzungsrichtlinien 1978, KStZ

1978 S. 221; *Rheindorf,* Kommunales Abgabenrecht, DVP 2002 S. 457; *Ruff,* Einführung in das Grundsteuerrecht, FiWi 1999 S. 7; *Schmehl,* Kritische Bestandsaufnahme der Grundsteuer, Kommunalsteuern und -abgaben, 2012, S. 249; *Schneider/Vieregge,* Die Grundsteuer in der Finanzreform, Münster 1969; *Schöngart/Kappelhoff,* Kommunale Steuern, StBW 2011 S. 794; *Seer* in *Tipke/Lang,* Steuerrecht, 21. Aufl. 2013, § 16 (Grund-/Vermögensteuer); *Teß,* Die Grundsteuer-Ergänzungsrichtlinien 1978, StW 1980 S. 1.

Begründung zur Regierungsvorlage

1 „Die Grundsteuer ist eine Realsteuer, deren Aufkommen den Gemeinden zusteht (Artikel 106 Abs. 6 GG). Ihre Besonderheit besteht darin, dass es den Gemeinden überlassen ist, ob sie Grundsteuer erheben wollen. Es bedarf somit einer ergänzenden Rechtsetzung der Gemeinden im Rahmen ihrer auf Artikel 28 Abs. 2 GG gegründeten Befugnisse. Die Zulässigkeit dieser ergänzenden Rechtsetzung folgt aus Artikel 106 Abs. 6 Satz 2 GG. Sie wird aber nochmals in § 1 Abs. 1 GrStG entsprechend normiert.

In einem Land, in dem keine Gemeinden bestehen, steht das Aufkommen unmittelbar dem Land zu (Artikel 106 Abs. 6 Satz 3 GG). Das ist der Fall in den Stadtstaaten Berlin und Hamburg (nicht jedoch im Land Bremen, das in die beiden Gemeinden Bremen und Bremerhaven gegliedert ist). § 1 Abs. 2 GrStG enthält demgemäß eine entsprechende Feststellung.

Die Frage, wer für gemeindefreien Grundbesitz zur Erhebung der Grundsteuer berechtigt ist, soll durch Landesgesetz geregelt werden."

In dem Bericht des Finanzausschusses des Bundestags (vgl. BT-Drucks. 7/485) wird dazu ausgeführt:

„Die Neufassung des § 1 Abs. 3 GrStG entspricht, sprachlich verbessert, einer Anregung des Bundesrates. Es soll den Ländern ermöglicht werden, auf dem einfacheren Weg der Rechtsverordnung für die gemeindefreien Gebiete zu bestimmen, wer die grundsätzlich den Gemeinden zustehenden Befugnisse ausübt."

Zu § 1 Absatz 1

Grundsteuer als Gemeindesteuer

2 Nach Art. 106 GG in seiner ursprünglichen Fassung v. 23.5.1949 (BGBl. 1949 I S. 1) waren für die Gemeinden keine eigenen Steuereinnahmen vorgesehen. Die Steuern waren nur auf Bund und Länder verteilt. Die Länder waren allerdings verpflichtet, aus den ihnen zustehenden Steuereinnahmen nach Maßgabe der Landesgesetzgebung den Gemeinden die erforderlichen Mittel zuzuteilen. Grundsteuer und Gewerbesteuer waren danach den Ländern zugewiesen. Praktisch floss aber die Grundsteuer, wie dies schon seit 1936 der Fall war, unmittelbar den Gemeinden zu. Erst durch das Gesetz zur Änderung und Ergänzung des Art. 106 GG v. 24.12.1956 (BGBl. 1956 I S. 1077) ist auch im Grundgesetz festgelegt worden, dass das Aufkommen an Grundsteuer und Gewerbesteuer nicht den Ländern, sondern den Gemeinden zusteht. Nur wenn es in einem Lande keine Gemeinden gibt, steht das Aufkommen dem Lande zu (Art. 106 Abs. 6 GG). Gemeindeverbände sind dagegen an dem Grundsteueraufkommen unmittelbar nicht beteiligt. Im Ein-

zelnen vgl. hierzu Art. 105 und 106 GG, die auszugsweise den folgenden
Wortlaut haben:

Art. 105 GG [Gesetzgebungsrecht]

(1) Der Bund hat die ausschließliche Gesetzgebung über die Zölle und
Finanzmonopole.

(2) Der Bund hat die konkurrierende Gesetzgebung über die übrigen
Steuern, wenn ihm das Aufkommen dieser Steuern ganz oder zum Teil zusteht oder die Voraussetzungen des Artikels 72 Abs. 2 vorliegen.

(2a) [1] Die Länder haben die Befugnis zur Gesetzgebung über die örtlichen
Verbrauch- und Aufwandsteuern, solange und soweit sie nicht bundesgesetzlich geregelten Steuern gleichartig sind. [2] Sie haben die Befugnis zur Bestimmung des Steuersatzes bei der Grunderwerbsteuer.

(3) Bundesgesetze über Steuern, deren Aufkommen den Ländern oder den
Gemeinden (Gemeindeverbänden) ganz oder zum Teil zufließt, bedürfen
der Zustimmung des Bundesrates.

**Art. 106 GG [Verteilung des Steueraufkommens und des Ertrages der
Finanzmonopole]**

(1) Der Ertrag der Finanzmonopole und das Aufkommen der folgenden
Steuern stehen dem Bund zu: ...

(2) Das Aufkommen der folgenden Steuern steht den Ländern zu: ...

(3)–(5a) ...

(6) [1] Das Aufkommen der Grundsteuer und Gewerbesteuer steht den Gemeinden, das Aufkommen der örtlichen Verbrauch- und Aufwandsteuern
steht den Gemeinden oder nach Maßgabe der Landesgesetzgebung den Gemeindeverbänden zu. [2] Den Gemeinden ist das Recht einzuräumen, die
Hebesätze der Grundsteuer und Gewerbesteuer im Rahmen der Gesetze
festzusetzen. [3] Bestehen in einem Land keine Gemeinden, so steht das Aufkommen der Grundsteuer und Gewerbesteuer sowie der örtlichen Ver-
brauch- und Aufwandsteuern dem Land zu. [4] Bund und Länder können
durch eine Umlage an dem Aufkommen der Gewerbesteuer beteiligt werden. [5] Das Nähere über die Umlage bestimmt ein Bundesgesetz, das der
Zustimmung des Bundesrates bedarf. [6] Nach Maßgabe der Landesgesetzgebung können die Grundsteuer und Gewerbesteuer sowie der Gemeindeanteil
vom Aufkommen der Einkommensteuer und der Umsatzsteuer als Bemessungsgrundlagen für Umlagen zugrunde gelegt werden.

(7) [1] Von dem Länderanteil am Gesamtaufkommen der Gemeinschaft-
steuern fließt den Gemeinden und Gemeindeverbänden insgesamt ein von
der Landesgesetzgebung zu bestimmender Hundertsatz zu. [2] Im übrigen
bestimmt die Landesgesetzgebung, ob und inwieweit das Aufkommen der
Landessteuern den Gemeinden (Gemeindeverbänden) zufließt.

(8) [1] Veranlaßt der Bund in einzelnen Ländern oder Gemeinden (Gemein-
deverbänden) besondere Einrichtungen, die diesen Ländern oder Gemeinden
(Gemeindeverbänden) unmittelbar Mehrausgaben oder Mindereinnahmen
(Sonderbelastungen) verursachen, gewährt der Bund den erforderlichen
Ausgleich, wenn und soweit den Ländern oder Gemeinden (Gemeindever-
bänden) nicht zugemutet werden kann, die Sonderbelastungen zu tragen.

[2] **Entschädigungsleistungen Dritter und finanzielle Vorteile, die diesen Ländern oder Gemeinden (Gemeindeverbänden) als Folge der Einrichtungen erwachsen, werden bei dem Ausgleich berücksichtigt.**

(9) **Als Einnahmen und Ausgaben der Länder im Sinne dieses Artikels gelten auch die Einnahmen und Ausgaben der Gemeinden (Gemeindeverbände).**

Die Gemeinde ist nach Art. 106 Abs. 6 GG **berechtigt,** aber nicht verpflichtet, eine Grundsteuer zu erheben. Im Allgemeinen wird jedoch jede Gemeinde auf die Ausschöpfung sämtlicher ihr zustehender Steuereinnahmen angewiesen sein. Das gilt insbesondere für die Gemeinden, die auch Zuwendungen im Finanzausgleich beantragen. Der Wille der Gemeinde, eine Grundsteuer zu erheben, muss zwar in einer besonderen Satzung seinen Ausdruck finden. Dazu genügt jedoch bereits die Festsetzung der Hebesätze. Erhebt die Gemeinde die Grundsteuer, so ist sie an die Vorschriften des Grundsteuergesetzes gebunden (BVerwG v. 12.7.1963, KStZ 1963 S. 226). Das Grundsteuergesetz gilt auch in Helgoland (BFH v. 21.7.1961, BStBl. 1962 III S. 11) und für Grundbesitz in der zum Bundesgebiet gehörenden Exklave Büsingen (*Halaczinsky,* § 1 GrStG, Rdnr. 9). Zur Hebeberechtigung der Gemeinde vgl. auch Abschnitt 1 GrStR, der den folgenden Wortlaut hat:

1 GrStR. Steuerberechtigung

Die Berechtigung zur Erhebung der Grundsteuer steht den Gemeinden zu (§ 1 GrStG). In den Ländern Berlin und Hamburg, in denen keine Gemeinden bestehen, steht die Berechtigung dem Land zu. In der Festsetzung des Hebesatzes durch die Gemeinde liegt die Entscheidung, daß Grundsteuer erhoben wird.

Im Jahre 1981 war festgestellt worden, dass in den meisten Ländern ein förmliches Landesgesetz, welches die Verwaltungszuständigkeit für die Grundsteuer auf die Gemeinden übertrug, noch fehlte. An der formellen Zuständigkeit der Gemeinden bestanden deshalb Zweifel (BVerwG v. 29.9.1982, BStBl. 1984 II S. 236). Inzwischen sind jedoch, soweit erforderlich, in den alten Bundesländern entsprechende Gesetze ergangen, so dass diese Frage heute gegenstandslos geworden ist. In den neuen Bundesländern, in denen das Grundsteuergesetz seit dem 1.1.1991 gilt, ergibt sich die Zuständigkeit der Gemeinden zur Festsetzung und Erhebung der Grundsteuer aus § 46 GrStG. Hierzu vgl. Anm. 2 zu § 46 GrStG.

Die Grundsteuer ist der **Zweitwohnungssteuer** nicht gleichartig, obwohl sich die wirtschaftlichen Auswirkungen dieser beiden Steuern etwas ähneln. Beide Steuern schöpfen unterschiedliche Quellen wirtschaftlicher Leistungsfähigkeit aus: Als Objektsteuer (Realsteuer) will die Grundsteuer diejenige Leistungskraft erfassen, die der Besitz eines sog. fundierten Einkommens vermittelt. Die Zweitwohnungssteuer hingegen trifft die in der Verwendung von Einkommen für das Innehaben einer Zweitwohnung zum Ausdruck kommende Leistungsfähigkeit des Steuerpflichtigen (BVerwG v. 26.7.1979, DStR 1980 S. 233). Mit Entscheidung v. 6.12.1983 (BStBl. 1994 II S. 72) hat das BVerfG die Einordnung und Abgrenzung dieser beiden Steuerarten bestätigt und ausgeführt, dass die Zweitwohnungssteuer als örtliche Aufwandsteuer gem. Art. 105 Abs. 2a GG den bundesgesetzlich geregelten Steuern – mithin auch der Grundsteuer – nicht gleichartig ist. Siehe auch **Anhang IV** mit einer umfangreichen Rechtsprechungs- und Literaturübersicht zur Zweitwohnungssteuer.

Die Grundsteuer ist zwar eine Gemeindesteuer. Das schließt aber nicht aus, dass die Grundsteuermessbeträge in verschiedenen Ländern auch für die Erhebung einer Kirchensteuer (sog. **Kirchengrundsteuer**) maßgebend sind. Art und Umfang der Erhebung sind in den einzelnen Ländern verschieden, u. U. ist auch nur eine der öffentlich-rechtlichen Religionsgesellschaften hebeberechtigt. Im Allgemeinen betrifft die Kirchengrundsteuer aber nur land- und forstwirtschaftliches Vermögen. Ihre Erhebung ist mit Art. 3 GG vereinbar, auch wenn sie neben einer Kirchensteuer vom Einkommen erhoben wird (BFH v. 12.1.1973, BStBl. 1973 II S. 415). Im Einzelnen vgl. hierzu Anm. 9 zu § 25 GrStG.

Nach Art. 106 Abs. 6 Satz 6 GG können die Realsteuern auch als Bemessungsgrundlage für andere **Umlagen** und **Zuschläge** (z. B. der Landwirtschaftskammern) zugrunde gelegt werden. Vgl. hierzu Anm. 11 zu § 25 GrStG.

Ein **Sondertatbestand der Finanzverfassung** ist in Art. 106 Abs. 8 GG verankert, der einen Ausgleich von Sonderbelastungen einzelner Gemeinden und Gemeindeverbände vorsieht. Die **Grundsätze für die Gewährung von Ausgleichsleistungen** nach Art. 106 Abs. 8 GG für Grundsteuermindereinnahmen, die einzelnen Gemeinden (Gemeindeverbänden) als unmittelbare Folge durch vom Bund veranlasste Einrichtungen entstehen, sind Gegenstand des BMF-Schreibens v. 4.12.1996 (GMBl. 1997 S. 26); siehe hierzu Anm. 62 zu § 3 GrStG.

Zu § 1 Absatz 2

Hebeberechtigung der Gemeinde

Die Gemeinde erhebt die Grundsteuer von dem in ihrem **Hoheitsgebiet** 3 liegenden Grundbesitz. Zum Hoheitsgebiet gehört auch eine sog. Exklave d. h. der Gebietsteil einer Gemeinde, der sich innerhalb eines anderen Gemeindegebiets befindet (BFH v. 28.3.1958, BStBl. 1958 III S. 243). Was zum Grundbesitz gehört, ergibt sich aus § 2 GrStG. Wenn sich der Grundbesitz nicht nur im Gebiet einer Gemeinde befindet, sondern sich über das Gebiet mehrerer Gemeinden erstreckt, so erfolgt, um sicherzustellen, dass jede Gemeinde die ihr gebührende Grundsteuer erhält, ein besonderes Zerlegungs- oder Ausgleichsverfahren. Hierzu vgl. §§ 22 ff. GrStG. Wird eine Gemeinde neu gebildet oder aufgelöst oder werden die Gemeindegrenzen geändert, so fließt die Steuer vom Zeitpunkt des Wirksamwerdens der Gebietsänderung der Gemeinde zu, der nunmehr auch die Hoheitsrechte über die neuen Gebiete zustehen. Die nunmehr hebeberechtigte Gemeinde muss sich gegebenenfalls vom Finanzamt die in Betracht kommenden Steuermessbeträge mitteilen lassen und die Grundsteuer unter Berücksichtigung ihres eigenen Hebesatzes auf den 1. Januar des darauf folgenden Kalenderjahres neu festsetzen. Vielfach wird für neu eingemeindete Gebiete der alte Hebesatz noch für eine Übergangszeit beibehalten. Hierzu vgl. Anm. 8 zu § 25 GrStG. Wenn sich der Grundbesitz auf mehrere Gemeindegebiete erstreckt und sich infolge der Änderung der Gemeindegrenzen auch Änderungen an den auf die beteiligten Gemeinden entfallenden Zerlegungsanteilen ergeben, ist eine Zerlegung bzw. Änderung der bisherigen Zerlegung des Steuermessbetrags auf den Beginn des folgenden Kalenderjahres durchzuführen. Hierzu vgl. Anm. 3 zu § 23 GrStG.

Zu § 1 Absatz 3

Gemeindefreier Grundbesitz

4   Die gemeindefreien Gebiete sind ebenso wie die Gemeinden zu behandeln (Art. 106 Abs. 6 Satz 3 GG). Die Regelung der Erhebung einer Grundsteuer steht deshalb auch für diese Gebiete dem Bundesgesetzgeber zu (Art. 105 Abs. 2 GG). Demgemäß ergibt sich aus § 1 Abs. 3 GrStG, dass für diese Gebiete ebenfalls eine Grundsteuer nach diesem Gesetz erhoben wird. Wer jedoch die Grundsteuer erhebt und wem sie zufließt, bleibt einer landesrechtlichen Regelung vorbehalten. Die Landesregierung trifft hierzu durch Rechtsverordnung die näheren Bestimmungen.

Grundsätzlich soll jedes Grundstück zu einer Gemeinde gehören. Grundstücke, deren Benutzung ein Gemeindeleben ausschließt, oder deren Verwaltung im Rahmen einer Gemeinde nicht gewährleistet ist, können jedoch ausnahmsweise zu gemeindefreien Grundstücken erklärt werden, wenn Gründe des öffentlichen Wohls dies erfordern und die Grundstücke im Eigentum des Bundes oder eines Landes stehen. Nach dem Stand vom 1. Januar 2011 gibt es in Deutschland 227 gemeindefreie Gebiete im Binnenland. Diese verteilen sich auf fünf Bundesländer (in Klammern die Anzahl dieser Gebiete), und zwar Baden-Württemberg (2), Bayern (194), Hessen (4), Niedersachsen (25) sowie Schleswig-Holstein (2). Die landesrechtlichen Regelungen über die Verwaltung gemeindefreier Gebiete sind somit u. a. von Bedeutung für die gemeindefreien (Guts-)Bezirke Münsingen (Baden-Württemberg), Ettaler Forst und Veldensteiner Forst (Bayern), Kaufunger Wald, Reinhardswald und Spessart (Hessen), Lohheide, Osterheide und Solling (Niedersachsen) sowie Sachsenwald (Schleswig-Holstein).

In den gemeindefreien Gebieten erfüllt der Eigentümer die öffentlichen Aufgaben; vgl. hierzu z. B. Art. 10a Bayr. Gemeindeordnung idF der Bek. v. 22.8.1998 (GVBl. 1998 S. 796), zuletzt geändert durch Gesetz v. 24.7.2012 (GVBl. 2012 S. 366). Er trägt die hierdurch entstehenden Kosten und erhält auch die Einnahmen, die sonst im Gemeindegebiet der Gemeinde zufließen. Damit wird der gemeindefreie Grundbesitz in abgabenrechtlicher Hinsicht in vollem Umfang den Gemeinden gleichgestellt. In aller Regel wird zwar keine Grundsteuer erhoben. Wenn jedoch eine Grundsteuer zu erheben ist, erlässt der Eigentümer den Steuerbescheid. Dabei ist er ebenfalls an die Vorschriften des Grundsteuergesetzes gebunden (BVerwG v. 13.11.1964, DGStZ 1965 S. 121). Auch für den gemeindefreien Grundbesitz können Gemeindeverbandsumlagen zu entrichten sein. Da deren Höhe u. a. auch von den Steuermessbeträgen abhängt, müssen, auch wenn keine Grundsteuer erhoben wird, gleichwohl regelmäßig Einheitswerte festgestellt und Steuermessbeträge ermittelt werden.

§ 2 Steuergegenstand

Steuergegenstand ist der Grundbesitz im Sinne des Bewertungsgesetzes:

1. **die Betriebe der Land- und Forstwirtschaft (§§ 33, 48a und 51a des Bewertungsgesetzes).** [2]**Diesen stehen die in § 99 Abs. 1 Nr. 2 des Bewertungsgesetzes bezeichneten Betriebsgrundstücke gleich;**
2. **die Grundstücke (§§ 68, 70 des Bewertungsgesetzes).** [2]**Diesen stehen die in § 99 Abs. 1 Nr. 1 des Bewertungsgesetzes bezeichneten Betriebsgrundstücke gleich.**

Übersicht

Zu § 2
1. Begründung
2. Allgemeines

Zu § 2 Nr. 1
3. Betriebe der Land- und Forstwirtschaft
4. Umfang des einzelnen Betriebs
5. Gemeinschaftlicher Betrieb
6. Stückländereien und Pachtbetriebe
7. Abgrenzung des Betriebs der Land- und Forstwirtschaft vom Gewerbebetrieb
8. Tierzucht und Tierhaltung
9. Bewertung des Wirtschaftsteils
10. Umfang der landwirtschaftlichen Nutzung
11. Umfang der forstwirtschaftlichen Nutzung

12. Umfang der weinbaulichen und gärtnerischen Nutzung
13. Sonstige land- und forstwirtschaftliche Nutzung
14. Bewertung des Wohnteils

Zu § 2 Nr. 2
15. Grundstücke
16. Unbebaute Grundstücke
17. Bewertung unbebauter Grundstücke
18. Bebaute Grundstücke
19. Einteilung der bebauten Grundstücke
20. Bewertung der bebauten Grundstücke
21. Ertragswertverfahren
22. Sachwertverfahren
23. Grundstücksbewertung in Sonderfällen
24. Betriebsgrundstücke

Zu § 2

Begründung zur Regierungsvorlage

„Bereits aus § 1 GrStG ergibt sich, dass nur von dem in einer Gemeinde der Bun- **1** desrepublik Deutschland gelegenen Grundbesitz Grundsteuer erhoben werden kann. Der Begriff des Grundbesitzes ist im Bewertungsgesetz festgelegt. Für die Grundsteuer ist jeweils der nach den Vorschriften des Bewertungsgesetzes festgestellte Einheitswert maßgebend (§ 13 Abs. 1 GrStG). Bei der Einheitsbewertung wird jedoch auf Gemeindegrenzen keine Rücksicht genommen. Erstreckt sich eine wirtschaftliche Einheit des Grundbesitzes auf mehrere Gemeinden, so bedarf es deshalb zur Abgrenzung des Besteuerungsrechts der beteiligten Gemeinden einer besonderen Zerlegung des Steuermessbetrags (vgl. §§ 22 ff. GrStG). . . .“

In dem Bericht des Finanzausschusses des Bundestags (vgl. BT-Drucks. 7/486) wurde dazu ausgeführt:

„Durch die Erweiterung des Klammerzusatzes soll klargestellt werden, dass auch in Ansehung der Grundsteuer die Sonderregelungen für die Einheitsbewertung bestimmter intensiv genutzter Flächen (§ 48a BewG) und für die gemeinschaftliche Tierhaltung (§ 51a BewG) Geltung haben sollen."

Allgemeines

2   Nach § 1 Abs. 1 GrStG wird die Grundsteuer für den im Gemeindegebiet liegenden Grundbesitz erhoben. Was unter **Grundbesitz** zu verstehen ist, ergibt sich aus § 2 GrStG, der allerdings nur die Definition in § 19 Abs. 1 BewG wiederholt. Es sind dies land- und forstwirtschaftliches Vermögen, Grundvermögen und Betriebsgrundstücke. Mit dieser Einteilung schließt sich das Grundsteuergesetz an das Bewertungsgesetz an.

Steuerpflichtig ist jeweils der **Steuergegenstand.** Dies ist immer die wirtschaftliche Einheit iSd § 2 BewG, soweit sie zum Grundbesitz gehört. Was im Einzelfall zur wirtschaftlichen Einheit gehört, wird bereits bei der Einheitsbewertung festgestellt. Nach § 2 GrStG werden zwei Arten von Steuergegenständen unterschieden: nämlich Betriebe der Land- und Forstwirtschaft und Grundstücke. Im Folgenden wird ein kurzer Überblick über Umfang und Bewertung dieser Steuergegenstände gebracht. Wegen weiterer Einzelheiten muss jedoch auf die einschlägigen Kommentare zum BewG (z. B. von *Rössler/Troll*) verwiesen werden. Zur verfahrensrechtlichen Abwicklung der Einheitsbewertung vgl. auch Anm. 3 ff. zu § 13 GrStG und zu den Auswirkungen der Einheitsbewertung auf die Grundsteuer vgl. Anm. 7 zu § 15 GrStG.

Wegen der Besonderheiten, die für die Bewertung des Grundbesitzes in den **neuen Bundesländern** bestehen, wird auf **Anhang II** verwiesen. Danach würde es bei der Land- und Forstwirtschaft nicht auf den einzelnen Betrieb, sondern auf die „Nutzung" ankommen. Das ist das gesamte Vermögen, das von einer Person land- und forstwirtschaftlich genutzt wird, ohne dass es auf die Eigentumsverhältnisse ankommt (§ 125 BewG). Für dieses Vermögen wird ein besonderer Ersatzwirtschaftswert festgestellt (§ 126 BewG). Hierzu vgl. Anm. 4 zu § 40 GrStG. Die unterschiedlichen Bewertungsnormen für die alten und neuen Bundesländer führen – bei zwar bestehender Ungleichbehandlung vergleichbarer Sachverhalte – nicht zu einem verfassungswidrigen Verstoß gegen den Gleichheitssatz des Art. 3 Abs. 1 GG, da der unterschiedliche Rechtszustand sachlich durch die Wiedervereinigung für eine Übergangszeit gerechtfertigt ist (BFH v. 18.10.2006 II B 11/06, n. v.).

Zu § 2 Nummer 1

Betriebe der Land- und Forstwirtschaft

3   Unter der Land- und Forstwirtschaft versteht man die mehr oder weniger planmäßige Nutzung des Grund und Bodens zur Gewinnung pflanzlicher und tierischer Erzeugnisse sowie die unmittelbare Verwertung derselben

(BFH v. 5.12.1980, BStBl. 1981 II S. 498 u. a. m.). Es gehört hier aber auch dazu der Garten- und Obstbau, die Binnenfischerei und Teichzucht, die Schäferei und Imkerei (§ 62 BewG). Die Abgrenzung des land- und forstwirtschaftlichen Betriebs vom Gewerbebetrieb erfolgt auch bei der Einheitsbewertung nach ertragsteuerlichen Grundsätzen (FinMin. Saarland v. 29.11.1995, DStR 1996 S. 21).

Zum land- und forstwirtschaftlichen Vermögen gehören **alle Wirtschaftsgüter,** die einem Betrieb der Land- und Forstwirtschaft dauernd zu dienen bestimmt sind, insbesondere der Grund und Boden, die Wohn- und Wirtschaftsgebäude, die stehenden Betriebsmittel und ein normaler Bestand an umlaufenden Betriebsmitteln (§ 33 Abs. 1 und 2 BewG). Das gilt auch dann, wenn sie zu den Betriebsgrundstücken iSd § 99 Abs. 1 Nr. 2 BewG gehören. Ob ein Wirtschaftsgut dem Betrieb der Land- und Forstwirtschaft zu dienen bestimmt ist, richtet sich nach seiner Zweckbestimmung. Wirtschaftsgüter, die dazu bestimmt sind, gleichzeitig sowohl dem Betrieb der Land- und Forstwirtschaft als auch einem gewerblichen Betrieb desselben Inhabers dauernd zu dienen, sind beiden Betrieben anteilsmäßig zuzurechnen. Wirtschaftsgüter, die außer im eigenen Betrieb dauernd auch in einem fremden Betrieb der Land- und Forstwirtschaft verwendet werden, gehören dagegen zum land- und forstwirtschaftlichen Vermögen. Vgl. hierzu Abschnitt 1.01 BewRL. Auch **Liebhabereibetriebe,** die ohne Gewinnabsicht betrieben werden, gehören zum land- und forstwirtschaftlichen Vermögen iSd Bewertungsrechts (BFH v. 18.12.1985, BStBl. 1986 II S. 282).

Zum land- und forstwirtschaftlichen Vermögen gehört in erster Linie der **Grund und Boden,** der dem Betrieb dauernd zu dienen bestimmt ist. Er kann jedoch auch dem Grundvermögen zuzurechnen sein (§ 69 BewG). Inwieweit dies der Fall ist, wird bei der Einheitsbewertung des land- und forstwirtschaftlichen Vermögens entschieden. Hierzu vgl. Anm. 17 zu § 2 GrStG. Der Grund und Boden gehört allerdings auch dann noch zum land- und forstwirtschaftlichen Vermögen, wenn er nur einem Nebenbetrieb der Land- und Forstwirtschaft zu dienen bestimmt ist, oder wenn er Abbauland, Geringstland oder Unland ist. Im Einzelnen vgl. hierzu Abschnitt 1.01 Abs. 3 und 1.02 Abs. 3 BewRL. Das gilt auch für die sog. Sozialbrache, d. h. für Flächen, an deren durchaus möglicher Nutzung aus den verschiedensten Gründen kein Interesse besteht (FG Münster v. 30.11.1973, EFG 1974 S. 192), ebenso für Feucht- und Trockenbiotope, die auf Grund öffentlicher Förderungsprogramme nicht oder nicht mehr landwirtschaftlich genutzt werden dürfen (OFD Koblenz v. 22.6.1988, DStZ/E 1988 S. 259), ebenso für Schutzstreifen und Schutzflächen (FinMin. Nds. v. 23.12.1993, DB 1994 S. 507).

Eine landwirtschaftliche **Nebenerwerbsstelle** bildet nur dann einen Betrieb der Land- und Forstwirtschaft, wenn sie einen angemessenen Rohertrag erzielt. Ein solcher liegt vor bei einem Rohertrag von mindestens 3000 DM jährlich oder bei reiner Grünlandnutzung, wenn ein ausreichender Viehbesatz vorhanden ist (BFH v. 26.1.1973, BStBl. 1973 II S. 282; a. A. FG Ba-Wü v. 23.7.1985, EFG 1986 S. 273). Gärtnerisch genutzte Grundstücke in einem Naherholungsgebiet gehören nur dann zur Land- und Forstwirtschaft, wenn sie im Hinblick auf den Arbeitseinsatz und den erzielbaren Ertrag mit einem normalen landwirtschaftlichen Betrieb vergleichbar sind (BFH v. 5.12.1980, BStBl. 1980 II S. 498).

Zum land- und forstwirtschaftlichen Vermögen gehören weiter die **Wohn- und Wirtschaftsgebäude,** die dem Betrieb der Land- und Forstwirtschaft zu dienen bestimmt sind. Das sind nicht nur die Wohngebäude, die den Arbeitskräften des Betriebs und deren Familienangehörigen zu Wohnzwecken zur Verfügung stehen. Hierzu vgl. auch Abschnitt 1.02 Abs. 4 BewRL. Auch die Wohngebäude, die dem Betriebsinhaber, den zu seinem Haushalt gehörenden Familienangehörigen sowie seinem Hauspersonal zu Wohnzwecken dienen, gehören dazu, wenn er oder mindestens ein zu seinem Haushalt gehörender Familienangehöriger durch eine mehr als nur gelegentliche Tätigkeit in dem Betrieb an diesen gebunden ist. Das gilt auch, wenn die Zugehörigkeit äußerlich nicht erkennbar ist (BFH v. 28.3.1990 BStBl. 1990 II S. 727 und v. 9.5.1990, BStBl. 1990 II S. 729). Gebäude oder Gebäudeteile, die Altenteilern zu Wohnzwecken dienen, gehören dazu, wenn ein Altenteilsvertrag vorliegt und die Altenteilswohnung nach der Anschauung des Verkehrs zum Betrieb zu rechnen ist. Hierzu vgl. auch Abschnitt 1.02 Abs. 5 BewRL. Die Wohnung des Betriebsinhabers gehört dagegen zum Grundvermögen, wenn er den Betrieb durch eine andere Person selbständig verwalten lässt (BFH v. 18.2.1982, BStBl. 1982 II S. 536). Hierzu vgl. auch Abschnitt 1.02 Abs. 6 BewRL. Das Wohngebäude einer landwirtschaftlichen Nebenerwerbsstelle ist in der Regel dem Grundvermögen zuzurechnen (BFH v. 26.1.1973, BStBl. 1973 II S. 282).

Wohnungen und Wohnräume, die **länger als sechs Wochen** im Jahr an betriebsfremde Personen **vermietet** werden, gehören zum Grundvermögen. Werden jedoch die Wohnungen oder Wohnräume an Sommer- oder Wintergäste vermietet und wird die Vermietung nur dadurch ermöglicht, dass der Betriebsinhaber seinen Wohnbedarf vorübergehend einschränkt, so gehören sie zum land- und forstwirtschaftlichen Vermögen. Hierzu vgl. auch Abschnitt 1.02 Abs. 10 BewRL. Wenn jedoch vier und mehr Zimmer oder sechs und mehr Betten zur Beherbergung von Fremden bereitgehalten werden oder außer dem Frühstück mindestens noch eine Hauptmahlzeit gewährt wird (Abschnitt 1.03 Abs. 7 BewRL), ist ein gewerblicher Pensionsbetrieb anzunehmen. Wie die Wohngebäude sind auch die jeweils dazu gehörenden Hausgärten und Parkanlagen zu behandeln.

Abweichend von der für die alten Bundesländer geltenden Sachbehandlung werden in den neuen Bundesländern Wohngebäude, die zu einem dort belegenen land- und forstwirtschaftlichen Betrieb gehören, stets und ausnahmslos dem Grundvermögen zugerechnet (§ 125 Abs. 3 BewG).

Zu den Wirtschaftsgebäuden des Betriebs gehören außer den bereits genannten Wohnungen für Arbeitskräfte (Abschnitt 1.07 Abs. 2 BewRL) die Ställe, Scheunen, Schuppen, Kesselhäuser, Arbeitsräume, Kelleranlagen usw., aber auch die Verwaltungsräume, in denen sich die Betriebsleitung befindet. Auch eine Hofstelle, von der aus nur Pachtländereien bewirtschaftet werden, kann zum land- und forstwirtschaftlichen Vermögen gehören. Hierzu vgl. auch Abschnitt 1.02 Abs. 8 BewRL.

Zum land- und forstwirtschaftlichen Vermögen gehören weiter die **stehenden und umlaufenden Betriebsmittel** (§ 33 Abs. 2 BewG). Die stehenden Betriebsmittel umfassen die zur Produktion landwirtschaftlicher Erzeugnisse erforderlichen Wirtschaftsgüter, unterteilt in totes Inventar (Maschinen, Geräte) und lebendes Inventar (Zucht- und Milchvieh). Umlaufende Betriebsmittel sind die Wirtschaftsgüter, die zum Verbrauch in der Wirtschaft oder zur Veräußerung bestimmt sind, wie z. B. die landwirtschaftlichen Erzeugnisse, Pflanzenbestände, Mastvieh usw. (BFH v. 8.5.1964, BStBl. 1964 III S. 447). Als normal gilt ein Bestand, der zur gesicherten Fortführung des Betriebs erforderlich ist. **Nicht** zum land- und forstwirtschaftlichen Vermögen gehören dagegen Zahlungsmittel, Forderungen, Wertpapiere und ein evtl. Überbestand an umlaufenden Betriebsmitteln (§ 33 Abs. 3 BewG). Sie unterliegen damit auch nicht der Grundsteuer. Die Betriebsschulden werden ebenfalls außerhalb des Einheitswerts berücksichtigt. Die Höhe der Grundsteuer ist deshalb auch völlig unabhängig davon, ob und inwieweit der Betrieb mit Schulden belastet ist.

Zum land- und forstwirtschaftlichen Vermögen gehört auch **nicht die gewerbliche Tierzucht und Tierhaltung,** selbst wenn sie im Zusammenhang mit einem landwirtschaftlichen Betrieb steht (§ 33 Abs. 3 Nr. 4 BewG). Inwieweit im Einzelfall eine landwirtschaftliche oder eine gewerbliche Tierzucht und Tierhaltung gegeben ist, bestimmt sich nach § 51 BewG. Hierzu vgl. auch Anm. 8 zu § 2 GrStG. Aber auch wenn es sich bei der Viehzucht um einen Gewerbebetrieb handelt, bleibt die Zugehörigkeit der dafür benutzten landwirtschaftlichen Flächen zum land- und forstwirtschaftlichen Vermögen und damit auch ihre entsprechende Erfassung bei der Grundsteuer unberührt. Hierzu vgl. auch Abschnitt 1.03 Abs. 5 BewRL.

Umfang des einzelnen Betriebs

Bewertet wird der einzelne Betrieb als **wirtschaftliche Einheit.** Er besteht aus der Gesamtheit der Wirtschaftsgüter, die ihm dauernd zu dienen bestimmt sind. Es wird weder eine Mindestgröße noch ein voller land- und forstwirtschaftlicher Besatz mit Wirtschaftsgebäuden und Betriebsmitteln vorausgesetzt (BFH v. 21.12.1965, BStBl. 1966 III S. 138 sowie v. 28.6.1975, BStBl. 1974 II S. 702). Hierzu vgl. auch Abschnitt 1.05 Abs. 2 BewRL. Auch ein einzelnes land- und forstwirtschaftlich genutztes Grundstück kann, sofern es nicht zum Grundvermögen gehört, als Betrieb der Land- und Forstwirtschaft zu bewerten sein (§ 34 Abs. 7 BewG). Mehrere Flächen werden ohne Rücksicht auf ihre räumliche Lage zu einer wirtschaftlichen Einheit zusammengefasst, wenn sie gemeinsam bewirtschaftet werden und deshalb zwischen ihnen ein innerer wirtschaftlicher Zusammenhang besteht. Ein Land- und Forstwirt kann, wenn dies nicht der Fall ist, auch Eigentümer mehrerer Betriebe der Land- und Forstwirtschaft sein. Hierzu vgl. auch Abschnitt 1.05 Abs. 2 BewRL.

Der Einheitswert des einzelnen Betriebs setzt sich zusammen aus dem Wert für den **Wirtschaftsteil** und dem Wert für den **Wohnteil.** Beide Werte werden jeweils selbständig ermittelt (§ 34 Abs. 1 BewG). Der Wirtschaftsteil umfasst die verschiedenen land- und forstwirtschaftlichen Nutzungen, nämlich die landwirtschaftliche, forstwirtschaftliche, weinbauliche, gärtnerische und sonstige landwirtschaftliche Nutzung, das Abbau- und Geringstland, das Unland sowie alle Nebenbetriebe (§ 34 Abs. 2 BewG). Der Wohnteil umfasst die Gebäude und Gebäudeteile, die dem Inhaber des Betriebs, seinen Familienangehörigen sowie den Altenteilern zu Wohnzwecken dienen (§ 34 Abs. 3 BewG).

Zum Betrieb der Land- und Forstwirtschaft rechnen zunächst nur die Wirtschaftsgüter, die dem Betriebsinhaber selbst als **Eigentümer** gehören. In der Regel muss er der rechtliche Eigentümer sein, der sich aus dem Grundbuch ergibt. Es genügt aber auch, wenn er der **wirtschaftliche Eigentümer** ist. Hierzu vgl. Abschnitt 1.06 BewRL. Zum land- und forstwirtschaftlichen Betrieb rechnen deshalb ausnahmsweise auch die dem Eigentümer nicht gehörenden Gebäude, soweit sie auf dem Grund und Boden des Betriebs stehen, und die ihm nicht gehörenden Betriebsmittel, die der Bewirtschaftung des Betriebs dienen (§ 34 Abs. 4 BewG). Das sind insbesondere die dem Pächter gehörenden Gebäude und das dem Pächter gehörende Inventar. Wird ein Betrieb im Ganzen verpachtet, so bildet er deshalb zusammen mit dem Inventar des Pächters eine wirtschaftliche Einheit, die zunächst dem Eigentümer zuzurechnen ist. Vgl. Abschnitt 1.05 Abs. 3 BewRL. Der Eigentümer ist deshalb auch Schuldner der Grundsteuer für den gesamten Betrieb. Hierzu vgl. auch Anm. 3 zu § 10 GrStG.

In den Betrieb ist auch der Anteil des Betriebsinhabers an einem Wirtschaftsgut einzubeziehen, das von ihm im Rahmen des Betriebs nur mitgenutzt wird (§ 34 Abs. 5 BewG). Das gilt z.B. für den Anteil an gemeinsam angeschafften Trocknungsanlagen, Lagerhäusern, Gefrieranlagen und dgl. Dabei ist es gleichgültig, ob es sich bei der Gemeinschaft (Gesellschaft), der das Wirtschaftsgut gehört, um eine Bruchteils- oder Gesamthandsgemeinschaft handelt. Vgl. Abschnitt 1.05 Abs. 5 BewRL.

Gemeinschaftlicher Betrieb

5   Auch ein Betrieb der Land- und Forstwirtschaft, der von einer **Gemeinschaft** (Gesellschaft) betrieben wird, bildet eine eigene wirtschaftliche Einheit, die selbständig zu bewerten ist. Dabei sind außer den Wirtschaftsgütern, die der Gemeinschaft selbst gehören, auch die Wirtschaftsgüter, die im Eigentum nur eines oder mehrerer Beteiligter stehen, jedoch dem Betrieb zu dienen bestimmt sind (z.B. Nutzflächen, Gebäude oder Betriebsmittel), in den Einheitswert miteinzubeziehen (§ 34 Abs. 6 BewG). In gleicher Weise werden die Wirtschaftsgüter zusammengefasst, wenn sie z.T. dem einen und z.T. dem anderen Ehegatten gehören (§ 26 BewG). Eine Aufteilung auf die Beteiligten erfolgt bei der Grundsteuer nicht. Die Beteiligten sind vielmehr jeweils Gesamtschuldner der Grundsteuer (§ 10 Abs. 3 GrStG). Hierzu vgl. auch Anm. 5 zu § 10 GrStG.

Steuergegenstand ist bei einer Gemeinschaft jeweils der Betrieb der Land- und Forstwirtschaft einschließlich aller Wirtschaftsgüter, die in dem dafür festgestellten Einheitswert mit erfasst sind (§ 34 Abs. 6 BewG). Wenn allerdings an einer Gemeinschaft ein Landwirt beteiligt ist, der ein der Gemeinschaft gehörendes Wirtschaftsgut in seinem eigenen Betrieb der Land- und Forstwirtschaft nutzt, ist es in den Einheitswert für diesen Betrieb miteinzubeziehen (§ 34 Abs. 5 BewG). Hierzu vgl. auch Anm. 4 zu § 2 GrStG. Da jedoch bei der Grundsteuer (anders als bei der bisherigen Vermögensteuer) die Anteile am Grundbesitz einer Gemeinschaft nicht den Beteiligten zugerechnet werden, sondern unmittelbar bei der Gemeinschaft zu erfassen sind, besteht hier theoretisch u.U. auch die Gefahr einer Doppelbesteuerung. Praktisch ist sie jedoch bei den sehr niedrigen Einheitswerten heute ohne jede Bedeutung.

Grundbesitz, der einer **Hauberg-, Wald-, Forst- oder Laubgenossenschaft** oder einer ähnlichen **Realgemeinde** gehört, ist so zu bewerten, als ob er den an der Realgemeinde beteiligten Personen zur gesamten Hand nach dem Verhältnis ihrer Anteile gehören würde (§ 3a BewG a.F.). Für die Grundsteuer ist aber auch hier der Einheitswert maßgebend, der für die Realgemeinde festgestellt worden ist. Hierzu vgl. auch Abschnitt 1.05 Abs. 9 BewRL.

Stückländereien und Pachtbetriebe

Stückländereien sind einzelne land- und forstwirtschaftlich genutzte Flä 6 chen, bei denen die zur Bewirtschaftung erforderlichen Wirtschaftsgebäude oder Betriebsmittel nicht dem Eigentümer des Grund und Bodens gehören. Stückländereien bilden jeweils eine wirtschaftliche Einheit für sich (§ 34 Abs. 7 BewG). Mehrere Stückländereien, die demselben Eigentümer gehören, sind zusammenzufassen, wenn sie alle auf dem Gebiete einer Gemeinde liegen. Zusammenhängende Stückländereien sind allerdings auch dann zusammenzufassen, wenn sie sich über mehrere Gemeinden erstrecken. Verpachtetes Dauerkleingartenland und verpachtetes Kleingartenland bilden jeweils eine selbständige Stückländerei. Vgl. Abschnitt 1.05 Abs. 4 BewRL. Wegen der Abgrenzung der Stückländereien vom Grundvermögen vgl. Anm. 16 zu § 2 GrStG.

Verpachtete Betriebsflächen, insbesondere auch verpachtete Stückländereien, werden dem Eigentümer zugerechnet. Handelt es sich jedoch um verpachtete Flächen, auf denen der Pächter bestimmte Sonderkulturen (Spargel- und Gemüseanbau, Baumschulen, Saatzucht) betreibt, so ist der Unterschied zwischen dem Vergleichswert der normalen landwirtschaftlichen Nutzung und dem Vergleichswert für diese Sonderkulturen nicht beim Eigentümer, sondern beim Pächter anzusetzen (§ 48a BewG). Es ist dafür ein eigener Einheitswert festzustellen und dem Pächter zuzurechnen. Demgemäß wird hier ein eigener Steuergegenstand angenommen, der beim Pächter auch der Grundsteuer unterliegt. Dies ist zwar eine Ausnahme von dem Grundsatz, dass der Einheitswert jeweils dem Eigentümer zuzurechnen ist. In § 2 Nr. 1 GrStG wird aber ausdrücklich auf den sich nach § 48a BewG ergebenden selbständigen Steuergegenstand hingewiesen. Wird jedoch für das land- und forstwirtschaftliche Vermögen des Pächters bereits ein eigener Einheitswert festgestellt, so ist der Unterschiedsbetrag in diesen miteinzubeziehen (§ 48a

Satz 2 BewG). Dies dürfte wohl meist der Fall sein. In Naherholungsgebieten liegende Gärten gehören nur dann zur Land- und Forstwirtschaft, wenn sie hinsichtlich des Arbeitseinsatzes, der Investitionen und der Ertragsfähigkeit mit einem durchschnittlichen Haupterwerbsbetrieb vergleichbar sind (BFH v. 4.3.1987, BStBl. 1988 II S. 370).

Abgrenzung des Betriebs der Land- und Forstwirtschaft vom Gewerbebetrieb

7 Beschränkt sich der Betrieb der Land- und Forstwirtschaft nicht auf die Verwertung und Veräußerung der eigenen Erzeugnisse, sondern kauft er dauernd und nachhaltig **fremde Erzeugnisse** zur Verwertung und Veräußerung hinzu, so kann es sich auch um einen Gewerbebetrieb handeln. Desgleichen kann durch Strukturwandel einer bisher der Land- und Forstwirtschaft zugeordneten Tätigkeit neben der Land- und Forstwirtschaft ein Gewerbebetrieb entstehen. Die Finanzverwaltung hat die Entscheidung des BFH v. 25.3.2009 (BStBl. 2010 II S. 113) zum Anlass genommen, die **Abgrenzungsgrundsätze** des land- und forstwirtschaftlichen Vermögens vom Betriebsvermögen zu aktualisieren. Vgl. hierzu gleich lautende Ländererlasse v. 15.12.2011 (BStBl. 2011 I S. 1213 sowie S. 1217; *Wiegand*, HLBS-Report 2012 S. 3).

Ein **land- und forstwirtschaftlicher Nebenbetrieb** liegt dagegen vor, wenn eine an sich gewerbliche Betätigung dem Betrieb der Land- und Forstwirtschaft als Hauptbetrieb zu dienen bestimmt ist (§ 42 Abs. 1 BewG). Siehe hierzu Tz. II Abs. 3 der gleich lautenden Ländererlasse v. 15.12.2011 (aaO). Dieser Nebenbetrieb ist im Einheitswert des Betriebs der Land- und Forstwirtschaft enthalten (§ 34 Abs. 2 BewG) und unterliegt damit auch der Grundsteuer.

Wird die Land- und Forstwirtschaft planmäßig im Interesse eines gewerblichen Hauptbetriebs geführt und kann diese Verbindung nicht ohne Nachteil für den Gesamtbetrieb gelöst werden, so liegt ein einheitlicher gewerblicher Betrieb vor. Hierzu vgl. auch Abschnitt 1.03 Abs. 2 BewRL. Der land- und forstwirtschaftliche Teil gehört zwar in diesem Fall zum Betriebsvermögen (BFH v. 16.12.1965, BStBl. 1966 III S. 193). Für die Bewertung des landwirtschaftlichen Betriebs und seiner Abgrenzung bei der Grundsteuer ergeben sich jedoch dadurch keine Besonderheiten (s. o.).

Wird ein gewerblicher Betrieb in einem Gebäude unterhalten, das auch dem Betrieb der Land- und Forstwirtschaft dient, so ist, wenn zwischen beiden Betrieben kein wirtschaftlicher Zusammenhang besteht, der Wert des Gebäudes **aufzuteilen.** Die einzelnen Teile sind dann jeweils dem Betriebsvermögen sowie dem land- und forstwirtschaftlichen Vermögen zuzurechnen. Für den gewerblich genutzten Teil muss in diesem Fall ein eigener Einheitswert festgestellt werden. Werden beide Betriebe von der Wohnung des Inhabers aus bewirtschaftet, so gehört diese zum land- und forstwirtschaftlichen Vermögen, wenn die dafür erforderlichen Voraussetzungen erfüllt sind. Die Wohnung eines Altenteilers gehört auch dann nicht zum Betriebsvermögen, wenn dieser sie zu gewerblichen Zwecken nutzt. Vgl. Abschnitt 1.03 Abs. 6 BewRL.

Werden stehende Betriebsmittel (z. B. Landmaschinen), die zu einem Betrieb der Land- und Forstwirtschaft gehören, gegen Entgelt einem Dritten zur Nutzung überlassen, so kann insoweit ein gewerblicher Betrieb vorliegen. Das gilt allerdings dann nicht, wenn sie auch außerhalb des eigenen Betriebs nur in landwirtschaftlichen Betrieben verwendet werden und die Einnahmen hieraus nicht mehr als ein Drittel des Gesamtumsatzes des Betriebs ausmachen. In diesem Fall sind sie noch im Einheitswert des landwirtschaftlichen Betriebs enthalten und unterliegen damit auch der Grundsteuer.

Tierzucht und Tierhaltung

Die Tierzucht und Tierhaltung kann nicht nur als Landwirtschaft, sondern 8 auch als Gewerbe betrieben werden. Dies hängt jeweils von der Zahl der Tiere im Verhältnis zur Größe der landwirtschaftlich genutzten Fläche ab. Eine **landwirtschaftliche Tierzucht und Tierhaltung** ist anzunehmen, wenn sie nach der Verkehrsauffassung als landwirtschaftliche Tätigkeit im Rahmen der landwirtschaftlichen Urproduktion ausgeübt wird (BFH v. 30.9.1980, BStBl. 1981 II S. 210). Sie ist dann in der landwirtschaftlichen Nutzung miterfasst und braucht deshalb nicht mehr besonders bewertet zu werden. Es kommt allenfalls ein Zuschlag nach § 41 Abs. 1 BewG in Betracht, der aber nach § 41 Abs. 2a BewG wieder zu halbieren ist. An einem **Vergleichswert „Null"** können Zuschläge wegen verstärkter Tierhaltung nach § 41 BewG gemacht werden (BFH v. 14.5.2004, BStBl. 2004 II S. 818; v. 16.12.2009, BStBl. 2011 II S. 808). Die gewerbliche Tierzucht und Tierhaltung ist dagegen selbständig zu erfassen. Sie unterliegt dann auch nicht mehr der Grundsteuer.

Zur **Abgrenzung** der landwirtschaftlichen Tierzucht und Tierhaltung von der gewerblichen ist es notwendig, den Tierbestand des Betriebs in Vieheinheiten umzurechnen und diese dann mit der Größe der landwirtschaftlich genutzten Fläche zu vergleichen. Die Zahl der **Vieheinheiten** (VE), die nicht überschritten werden darf, um noch eine landwirtschaftliche Tierzucht und Tierhaltung annehmen zu können (§ 51 Abs. 1a BewG), ergibt sich für Feststellungszeitpunkte ab dem 1.1.1999 aus der nachstehenden Tabelle. Danach sind je ha zulässig:

für die ersten 20 ha nicht mehr als	10 VE
für die nächsten 10 ha nicht mehr als	7 VE
für die nächsten 20 ha nicht mehr als	6 VE
für die nächsten 50 ha nicht mehr als	3 VE
für die weitere Fläche nicht mehr als	1,5 VE.

Abzustellen ist auf das Verhältnis des Tierbestandes zur regelmäßigen landwirtschaftlich genutzten eigenen und zugepachteten Fläche. Obstbaulich genutzte Flächen, auf denen eine regelmäßige landwirtschaftliche Unternutzung stattfindet, sind mit der Hälfte, Almen mit einem Viertel anzusetzen. Abbauland, Geringstland und Unland bleiben außer Betracht. Übersteigt danach die Zahl der Vieheinheiten den für die Größe des Betriebs zulässigen Höchstsatz, so gehört der darüber hinausgehende Tierbestand zur gewerblichen Tierzucht und Tierhaltung (§ 51 Abs. 2 BewG). Setzt sich der Tierbestand eines Betriebs aus mehreren Zweigen zusammen, so richtet sich die Zurechnung der einzelnen Zweige nach ihrer Flächenabhängigkeit. Der gewerblichen Tierzucht und Tierhaltung sind dabei zuerst die weniger flächenabhängigen Zweige des Tierbestandes (Gänse, Puten, Enten, Hühner) zuzurechnen, bis die zulässige Höchstgrenze überschritten wird. Mehr flächenabhängig ist die Erzeugung und Haltung von Schweinen, Schafen, Rindvieh und Pferden. Innerhalb der beiden Gruppen der weniger oder mehr flächenabhängigen Tierbestände ist jeweils zuerst der Zweig der gewerblichen Tierzucht und Tierhaltung zuzurechnen, der die größere Zahl von Vieheinheiten hat (§ 51 Abs. 3 BewG).

Die **Umrechnung** der Tierbestände **in Vieheinheiten** erfolgt nach dem Futterbedarf (§ 51 Abs. 4 BewG). Dafür ist ein bestimmter Umrechnungsschlüssel anzuwenden. Die Werte ergeben sich aus der Anlage 1 zum BewG idF von R 13.2 EStR. Folgender **Umrechnungsschlüssel** ist maßgebend:

1. Für Tiere, die nach dem **Durchschnittsbestand** zu erfassen sind:

Alpakas:	0,08 VE
Damtiere:	
Damtiere unter 1 Jahr	0,04 VE
Damtiere 1 Jahr und älter	0,08 VE
Geflügel:	
Legehennen (einschließlich einer normalen Aufzucht zur Ergänzung des Bestandes)	0,02 VE
Legehennen aus zugekauften Junghennen	0,0183 VE
Zuchtputen, -enten, -gänse	0,04 VE
Kaninchen:	
Zucht- und Angorakaninchen	0,025 VE
Lamas:	0,10 VE
Pferde:	
Pferde unter drei Jahren und Kleinpferde	0,70 VE
Pferde drei Jahre und älter	1,10 VE
Rindvieh:	
Kälber und Jungvieh unter 1 Jahr (einschließlich Mastkälber, Starterkälber und Fresser)	0,30 VE
Jungvieh 1 bis 2 Jahre alt	0,70 VE
Färsen (älter als 2 Jahre)	1,00 VE
Masttiere (Mastdauer weniger als 1 Jahr)	1,00 VE
Kühe (einschließlich Mutter- und Ammenkühe mit den dazugehörigen Saugkälbern)	1,00 VE
Zuchtbullen, Zugochsen	1,20 VE
Schafe:	
Schafe unter 1 Jahr (einschließlich Mastlämmer)	0,05 VE
Schafe 1 Jahr und älter	0,10 VE

Schweine:

Zuchtschweine (einschließlich Jungzuchtschweine über etwa 90 kg)	0,33 VE

Strauße:

Zuchttiere 14 Monate und älter	0,32 VE
Jungtiere/Masttiere unter 14 Monate	0,25 VE

Ziegen: 0,08 VE

2. Für Tiere, die nach ihrer **Erzeugung** zu erfassen sind:

Geflügel:

Jungmasthühner (bis zu 6 Durchgänge je Jahr – schwere Tiere)	0,0017 VE
(mehr als 6 Durchgänge je Jahr – leichte Tiere)	0,0013 VE
Junghennen	0,0017 VE
Mastenten	0,0033 VE
Mastputen	
– aus selbst erzeugten Jungputen	0,0067 VE
– aus zugekauften Jungputen	0,0050 VE
Jungputen (bis etwa 8 Wochen)	0,0017 VE
Mastgänse	0,0067 VE

Kaninchen:

Mastkaninchen	0,0025 VE

Rindvieh:

Masttiere (Mastdauer 1 Jahr und mehr)	1,00 VE

Schweine:

Leichte Ferkel (bis etwa 12 kg)	0,01 VE
Ferkel (über etwa 12 bis etwa 20 kg)	0,02 VE
Schwere Ferkel und leichte Läufer (über etwa 20 bis etwa 30 kg)	0,04 VE
Läufer (über etwa 30 bis etwa 45 kg)	0,06 VE
Schwere Läufer (über etwa 45 bis etwa 60 kg)	0,08 VE
Mastschweine	0,16 VE
Jungzuchtschweine bis etwa 90 kg	0,12 VE

Vgl. hierzu auch die weiteren Ausführungen in R 13.2 EStR sowie *Eisele* in *Rössler/Troll*, § 51 BewG Anm. 10 ff.

Eine **Tierhaltungskooperation** ist eine Genossenschaft, ein Verein oder eine Gesellschaft (Gemeinschaft), die eine gemeinschaftliche Tierhaltung betreibt. Ihre Besonderheit besteht darin, dass es für die Abgrenzung zwischen einer gewerblichen und einer landwirtschaftlichen Tierhaltung nach § 51 BewG nicht auf ihren tatsächlichen Tierbestand ankommt, sondern darauf, was davon den einzelnen Beteiligten anteilmäßig zugerechnet werden könnte, ohne bei diesen schon als gewerbliche Tierhaltung zu gelten. Wegen weiterer Einzelheiten vgl. § 51a BewG sowie gleich lautende Ländererlasse v. 1.9.2011 (BStBl. 2011 I S. 939). Ist danach eine gewerbliche Tierhaltung anzunehmen, so unterliegt zwar der Grundbesitz der Grundsteuer, jedoch nicht die Tierbestände. Hierzu vgl. auch Anm. 24 zu § 2 GrStG.

Bewertung des Wirtschaftsteils[1]

9   Bei der Bewertung des Wirtschaftsteils ist ein **Ertragswertverfahren** anzuwenden; denn der zu ermittelnde Wert wird durch die Ertragsfähigkeit des Betriebs bestimmt. Auszugehen ist dabei vom Reinertrag, der bei ordnungsmäßiger und schuldenfreier Bewirtschaftung mit entlohnten fremden Arbeitskräften gemeinhin und nachhaltig zu erzielen ist (§ 36 Abs. 1 und 2 BewG). Der Ertragswert entspricht dann dem Kapitalwert des Reinertrags, der sich bei einem unterstellten Zinssatz von 5,5 % ergibt (§ 36 Abs. 2 BewG). Dies bedeutet eine Vervielfachung des Reinertrags mit 18 (5,5 × 18 = rd. 100). Es wird nun aber nicht für jeden einzelnen Betrieb der zu kapitalisierende Reinertrag ermittelt. Der Gesetzgeber hat vielmehr ein vergleichendes Verfahren angeordnet, bei dem vom Reinertrag eines unterstellten Betriebs auszugehen ist (§ 37 Abs. 1 BewG). Lediglich wenn ein solches vergleichendes Verfahren nicht durchgeführt werden kann, z. B. weil geeignete Vergleichsbetriebe fehlen, ist der Ertragswert individuell im Einzelertragswertverfahren zu ermitteln (§ 37 Abs. 2 BewG). Zu den Auswirkungen der Einheitswerte auf die Grundsteuer vgl. auch Anm. 7 zu § 15 GrStG.

Ausgangswert für das **vergleichende Verfahren** ist ein gedachter landwirtschaftlicher Betrieb mit einer fast idealen Ertragsfähigkeit, der die Zahl 100 (Vergleichszahl) entspricht (§ 37 Abs. 1 BewG). Die Unterschiede in der Ertragsfähigkeit, die bei allen anderen Betrieben gegenüber diesem unterstellten Betrieb bestehen, kommen dann in einer entsprechend niedrigeren Vergleichszahl zum Ausdruck (§ 38 Abs. 1 BewG). Bei diesem Vergleich kommt es auf die natürlichen und wirtschaftlichen Ertragsbedingungen an (§ 38 Abs. 2 BewG). Um bei der Beurteilung dieser Bedingungen die Gleichmäßigkeit zu wahren, sind in einzelnen Betrieben mit gegendüblichen Ertragsbedingungen die Vergleichszahlen vorweg und individuell ermittelt worden. Es handelt sich dabei um die sog. **Hauptbewertungsstützpunkte** (§ 39 Abs. 1 BewG). Die Vergleichszahlen für die übrigen Betriebe werden dann durch Vergleich mit diesen Hauptbewertungsstützpunkten ermittelt. Diese Vergleichszahlen werden unter Anwendung der für die Vergleichszahl 100 festgesetzten Ertragswerte (§ 40 Abs. 2 BewG) in Vergleichswerte umgerechnet. Um den Betriebsverhältnissen im Einzelfall zu entsprechen, wird zwischen verschiedenen Nutzungen unterschieden. Hierzu vgl. Anm. 10 ff. zu § 2 GrStG. Diese Unterteilung in Nutzungen ist zwar für die Wertermittlung wichtig, für die Abgrenzung des land- und forstwirtschaftlichen Betriebs ist sie jedoch ohne weitere Bedeutung.

Zur **Ermittlung des Ersatzwirtschaftswerts für Nutzungen** bei Betrieben der Land- und Forstwirtschaft in den **neuen Bundesländern** (§ 126 Abs. 1 BewG) vgl. die Erläuterungen im Anhang II.

Ein besonderer **Einzelertragswert** wird ermittelt für Nebenbetriebe, für Abbauland (z. B. Sandgruben, Torfstich usw.) u. a. m. (§§ 37, 42 und 43 BewG). Bei der Ermittlung des Einzelertragswerts ist vom regelmäßig und

---

[1] Zur Durchführung der Einheitsbewertung im Einzelnen wird auf den Kommentar zum Bewertungsgesetz von *Rössler/Troll* verwiesen.

nachhaltig zu erzielenden Reinertrag auszugehen, der dann ebenfalls mit 18 zu vervielfachen ist (s. o.). Der ermittelte Einzelertrag ist allerdings zur Anpassung an die in § 40 Abs. 2 BewG festgesetzten Ertragswerte zu halbieren. Bei Nebenbetrieben ist nur von dem Ertrag auszugehen, der nicht schon bei der Bewertung des Hauptbetriebes berücksichtigt ist. Das ist der Mehrertrag, der sich durch die Bearbeitung der Erzeugnisse des Hauptbetriebs ergibt. Hierzu vgl. auch Abschnitt 1.18 BewRL.

Umfang der landwirtschaftlichen Nutzung

Zur landwirtschaftlichen Nutzung gehören alle Wirtschaftsgüter, die der **10** Nutzung von **Ackerland** und **Grünland** sowie der **landwirtschaftlichen Tierhaltung** (§ 51 BewG) dienen. Sie gliedert sich in die eigentliche landwirtschaftliche Nutzung und in die Nutzungteile Hopfen und Spargel, die jeweils selbständig zu bewerten sind (§ 52 BewG). Werden Kopfkohl, Pflückerbsen und Pflückbohnen angebaut, so gehören auch diese Anbauflächen zur landwirtschaftlichen Nutzung. Dasselbe gilt für Bagatellflächen des anderen Gemüsebaues und des Obstbaues. Hierzu vgl. Abschnitt 1.08 Abs. 3 iVm Abschnitt 1.13 BewRL. Obstbau der extensivsten Anbauform gehört ebenfalls zur landwirtschaftlichen Nutzung. Darüber hinaus werden der landwirtschaftlichen Nutzung zugerechnet die Flächen bestimmter Baumobstanlagen sowie die Hausgärten, wenn Letztere größer als 10 Ar sind (bis zu 10 Ar gehören diese zur Hof- und Gebäudefläche).

Umfang der forstwirtschaftlichen Nutzung

Zur forstwirtschaftlichen Nutzung gehören alle Wirtschaftsgüter, die der **11** **Erzeugung und Gewinnung von Rohholz** dienen. Der Grund und Boden der forstwirtschaftlichen Nutzung umfasst alle Flächen, die dauernd diesem Zweck gewidmet sind (Holzbodenfläche). Dazu rechnen auch Wirtschaftswege, Schneisen, Schutzstreifen, Flächen, die nur vorübergehend nicht bestockt sind, sowie Flächen, die dem Transport und der Lagerung des Holzes dienen. Zu den umlaufenden Betriebsmitteln gehört auch das eingeschlagene Holz (§ 53 BewG). Als normal gilt ein Bestand, der den jährlichen Nutzungssatz nicht übersteigt. Der darüber hinausgehende Überbestand ist dagegen nicht mehr im Einheitswert enthalten. Bei **aussetzenden Betrieben,** d. h. bei Betrieben, die nicht jährlich einschlagen, tritt an die Stelle des jährlichen Nutzungssatzes ein entsprechender mehrjähriger Nutzungssatz. Ein Überbestand kommt hier in aller Regel jedoch nicht vor. Hierzu vgl. Abschnitt 1.09 BewRL.

Umfang der weinbaulichen und gärtnerischen Nutzung

Zur **weinbaulichen Nutzung** gehören alle Wirtschaftsgüter, die der **Er-** **12** **zeugung von Trauben und der Gewinnung von Wein und Süßmost** aus diesen Trauben dienen. Es sind dies die im Ertrag stehenden Rebanlagen, die noch nicht ertragsfähigen Jungfelder sowie die vorübergehend nicht bestockten Flächen (sog. Brachflächen). Der Anbau von Reben zur Gewinnung von Unterlagsholz (sog. Rebmuttergärten) und die Anzucht von Pflanzreben (sog. Rebschulen) gehören zur weinbaulichen Nutzung, wenn sie zu mehr als zwei Drittel dem Eigenbedarf des Betriebs dienen. Zur weinbaulichen Nutzung gehören auch die Gebäude und Gebäudeteile, die der Gewinnung, dem Ausbau und der Lagerung des Weines dienen. Bei ausbauenden Betrieben zählen die Vorräte an Weinen aus der letzten und der vorletzten Ernte vor dem Bewertungsstichtag zum normalen Bestand an umlaufenden Betriebsmitteln. Für die Weinvorräte aus der vorletzten Ernte vor dem Bewertungsstichtag gilt dies jedoch nur, soweit sie noch nicht auf Flaschen gefüllt sind. Abschläge für einen Unterbestand an Vorräten dieser Art sind nicht zu machen (§ 56 BewG). Hierzu vgl. auch Abschnitt 5.01 BewRL.

Die **gärtnerische Nutzung** gliedert sich in die **Nutzungsteile Gemüse-, Blumen- und Zierpflanzenbau, Obstbau und Baumschulen** sowie in die selbständigen Kleingärten wie Schrebergärten und Laubenkolonien. Hierzu vgl. auch Abschnitt 6.01 BewRL. Von Bedeutung ist hier insbesondere die Abgrenzung zur landwirtschaftlichen Nutzung. So gehören der Obstbau, der Anbau von Strauchbeeren und Erdbeeren zur gärtnerischen Nutzung. Bei Baumobstanlagen mit Hoch-, Halb- oder Viertelstämmen, die zur Obstbaustufe 1,4 bis 4,0 gehören, sind nur die Pflanzenbestände zur obstbaulichen Nutzung, der Boden dagegen zur landwirtschaftlichen Nutzung zu rechnen. Daneben vorhandene plantagemäßige Niederstammanlagen in Busch-, Spindelbusch- oder Heckenform gehören sowohl mit den Pflanzenbeständen als auch mit dem Boden stets zum Nutzungsteil Obstbau. Zum Nutzungsteil Baumschulen gehören auch Saatkämpe, Rebmuttergärten und Rebschulen, es sei denn, sie dienen zu mehr als zwei Drittel dem Eigenbedarf einer im gleichen Betrieb vorhandenen forstwirtschaftlichen oder weinbaulichen Nutzung. Brach- und Gründüngungsflächen gehören stets zur landwirtschaftlichen Nutzung.

Sonstige land- und forstwirtschaftliche Nutzung

13 Zur sonstigen land- und forstwirtschaftlichen Nutzung gehören auch die Binnenfischerei, die Teichwirtschaft, die Fischzucht für Binnenfischerei und Teichwirtschaft (BFH v. 13.3.1987, BStBl. 1987 II S. 467), die Imkerei, die Wanderschäferei, der Pilzanbau, die Weihnachtsbaumkultur und die Saatzucht (§ 62 Abs. 1 BewG). Hierzu vgl. auch Abschnitt 7.01 BewRL.

Zur **Binnenfischerei** gehören die Fischerei in stehenden und in fließenden Gewässern einschließlich der Kanäle. Für die Bewertung ist es unerheblich, ob die Fischereiberechtigung dem Inhaber des Fischereibetriebes als Ausfluss seines Grundeigentums zusteht, von ihm als selbständiges besonderes Recht ausgeübt wird oder auf einer sonstigen Nutzungsüberlassung, z.B. Verleihung beruht. Hierzu vgl. auch Abschnitt 7.03 BewRL. Bei der Teichwirtschaft sowie bei der Fischzucht kommen die verschiedensten Formen und Kombinationen beider Nutzungsarten vor. Hierzu vgl. auch Abschnitt 7.09 BewRL. Für die Ermittlung des Vergleichswertes ist von der produktiven Wasserfläche auszugehen. Als produktive Wasserfläche gelten alle Flächen, auf denen ein Fischbesatz möglich ist. Die Bewertung der unproduktiven Wasserflächen, der Dämme, Uferstreifen, Hof- und Gebäudeflächen, Wege und dgl. ist mit der Bewertung der produktiven Wasserfläche abgegolten. Hierzu vgl. auch Abschnitte 7.10 bis 7.18 BewRL.

Die **Imkerei** umfasst alle Formen der Bienenhaltung, die auf ein wirtschaftliches Ziel ausgerichtet sind. Eine Bewertung erfolgt jedoch erst von einer Nutzungsgröße von 30 Bienenkästen an aufwärts. Bewertungseinheit ist dabei der mit einem Wirtschaftsvolk besetzte Bienenkasten. Hierzu vgl. auch Abschnitte 7.19 bis 7.25 BewRL.

Von allen Arten der Nutzviehhaltung ist die **Schafhaltung** innerhalb ihrer Nutzungsformen und Intensitätsstufen am stärksten aufgefächert. Ihre typischen Merkmale sind die Haltungsform der Großherde unter ständiger Aufsicht eines Schafmeisters und die Sicherstellung der Futtergrundlage zum überwiegenden Teil des Jahres oder sogar ausschließlich durch Nutzung fremder Flächen. Die Nutzungsgröße der Wanderschäferei ergibt sich aus dem Tierbestand vom Bewertungsstichtag. Hierzu vgl. auch Abschnitte 7.26 bis 7.29 BewRL.

Unter **Pilzanbau** ist der Anbau insbesondere von Kultur-Champignons in Räumen unter oder über der Erde zu verstehen. Vgl. Abschnitte 7.30 bis 7.33 BewRL.

Zur **Weihnachtsbaumkultur** als Art der sonstigen land- und forstwirtschaftlichen Nutzung gehören alle Flächen, die ausschließlich dem Anbau von Weihnachtsbäumen dienen. Hierzu vgl. auch Abschnitte 7.34 bis 7.37 BewRL.

Zur **Saatzucht** gehören die Züchtung, die Vermehrung und der Verkauf von Zuchtsaatgut. Die Saatzucht bildet entweder allein oder bei Vorhandensein weiterer land- und forstwirtschaftlicher Nutzungen desselben Eigentümers zusammen mit diesen einen Betrieb der Land- und Forstwirtschaft. Der Saatzucht sind der Grund und Boden für die Zuchtgärten und Pflanzkämpe einschließlich der Hof- und Gebäudeflächen, die Wirtschaftsgebäude (Zuchtlaboratorien, Gewächshäuser, Lagergebäude, die zur Saatgutaufbereitung, zur Verwaltung und zum Geschäftsbetrieb erforderlichen Räume sowie Werkswohnungen), die stehenden Betriebsmittel (Pflanzenbestände, Maschinen und Geräte zur Züchtung, Aufbereitung und Lagerung) und die umlaufenden Betriebsmittel zuzurechnen. Hierzu vgl. auch Abschnitte 7.38 bis 7.40 BewRL.

Bewertung des Wohnteils

Der Wohnteil wird nach den Vorschriften ermittelt, die beim Grundver- **14** mögen für die **Bewertung der Mietwohngrundstücke im Ertragswertverfahren** gelten. Hierzu vgl. Anm. 21 zu § 2 GrStG. Eine rechtsanaloge Anwendung der §§ 72 und 74 BewG auf den Wohnteil ist nicht möglich (BFH v. 18.5.1988, BStBl. 1988 II S. 719). Bei der Schätzung der üblichen Miete nach den Wertverhältnissen von 1964 sind allerdings die Besonderheiten, welche sich aus der Lage der Gebäude oder Gebäudeteile im Betrieb ergeben, zu beachten. Der ermittelte Betrag ist deshalb um 15 % zu vermindern. Hierdurch wird berücksichtigt, dass die Grundfläche der Wohngebäude bereits im Wirtschaftswert mitenthalten ist (§ 47 BewG sowie Abschnitte 8.01 ff. BewRL). Die Werte für den Wirtschaftsteil und den Wohnteil bilden zusammen den Einheitswert des Betriebes (§ 48 BewG). Wenn allerdings der Wohnteil verpachtet wird, gehört er auch nicht mehr zur Land- und Forstwirtschaft (OFD Münster v. 8.11.1995, DStR 1996 S. 509).

Wohngebäude, die zu einem land- und forstwirtschaftlichen Betrieb gehören, sind zwar durch das Wohnungseigentumsgesetz v. 15.5.1986 (BGBl. 1986 I S. 730) in das Privatvermögen und damit in das Grundvermögen überführt worden. Dies galt aber nicht für die Einheitsbewertung (BMF v. 26.9.1986, DStZ/E 1987 S. 833).

Zu § 2 Nummer 2

Grundstücke

15   Zum Grundvermögen gehören der Grund und Boden, die Gebäude, die sonstigen Bestandteile und das Zubehör (§ 68 Abs. 1 Nr. 1 BewG), das Erbbaurecht (§ 68 Abs. 1 Nr. 2 BewG) sowie das Wohnungseigentum und Teileigentum nach dem Wohnungseigentumsgesetz (§ 68 Abs. 1 Nr. 3 BewG). Das gilt auch dann, wenn sie einem Gewerbebetrieb zugerechnet werden müssen, also zu den Betriebsgrundstücken iSd § 99 Abs. 1 Nr. 1 BewG gehören. Hierzu vgl. auch Abschnitt 1 BewRGr. Nicht in das Grundvermögen einzubeziehen sind die im Grund und Boden lagernden Bodenschätze (§ 68 Abs. 2 Nr. 1 BewG) sowie die Maschinen und sonstigen Vorrichtungen aller Art, die zu einer Betriebsanlage gehören (Betriebsvorrichtungen), auch wenn sie wesentliche Bestandteile eines Gebäudes oder des Grundstücks sind. Sie sind aber nur dann Betriebvorrichtungen, wenn mit ihnen unmittelbar ein Gewerbe betrieben wird (§ 68 Abs. 2 Nr. 2 BewG). Wirtschaftsgüter, die nicht zum Grundvermögen gehören, unterliegen auch nicht der Grundsteuer.

Die wirtschaftliche Einheit des Grundvermögens ist das Grundstück (§ 70 Abs. 1 BewG). Im Gegensatz zur Land- und Forstwirtschaft bildet deshalb hier jedes einzelne Grundstück eine selbständige wirtschaftliche Einheit. Es können aber auch mehrere Einzelgrundstücke, die auf verschiedenen Grundbuchblättern eingetragen sind, zu einer wirtschaftlichen Einheit zusammengefasst werden. Das gilt z.B. für Garagen, die zu einem Wohnhaus gehören, aber räumlich davon getrennt liegen, wenn die räumliche Trennung nicht zu groß ist, ebenso für entsprechende Stellplätze (BFH v. 30.11.1984, BStBl. 1985 II S. 451). Auch Miteigentumsanteile an gemeinschaftlichen Hofräumen, Stellplätzen, Garagen, Zuwegen usw. sind in die wirtschaftliche Einheit des jeweiligen Hauptgrundstücks mit einzubeziehen, wenn alle Anteile Eigentümern von Grundstücken gehören, denen diese Anteile hinsichtlich ihrer Nutzung untergeordnet sind (§ 70 Abs. 2 BewG). Als eigene Grundstücke gelten auch das Erbbaurecht, das Gebäude auf fremdem Grund und Boden (§ 70 Abs. 2 BewG), sowie das Wohnungseigentum und das Teileigentum.

Gebäude, Gebäudeteile und Anlagen, die zum Schutz der Bevölkerung und der lebens- und verteidigungswichtigen Sachgüter vor der Wirkung von

Angriffswaffen geschaffen worden sind, bleiben bei der Ermittlung des Einheitswerts außer Betracht (§ 71 BewG). Hierzu vgl. auch Abschnitt 5 BewRGr. Sie bleiben damit auch grundsteuerfrei.

Unbebaute Grundstücke

Als unbebaut gelten Grundstücke, die nicht zum land- und forstwirtschaft- **16** lichen Vermögen gehören (§ 69 BewG) und auf denen sich keine benutzbaren (bezugsfertigen) Gebäude befinden (§ 72 Abs. 1 BewG).

Land- und forstwirtschaftlich genutzte Flächen in Gebieten, für die ein **Bebauungsplan** besteht, werden stets dem Grundvermögen zugerechnet, wenn die Flächen in dem Bebauungsplan ausdrücklich als Bauland festgesetzt sind, ihre Bebauung sofort möglich ist, und die Bebauung innerhalb des Plangebiets in benachbarten Bereichen bereits begonnen hat oder schon durchgeführt worden ist (§ 69 Abs. 3 BewG). Die Frage, ob eine Bebauung sofort möglich ist, richtet sich nach dem objektiven Grundstückszustand. Auf die persönlichen Verhältnisse des Grundstückseigentümers kommt es dabei nicht an. Eine Ausnahme gilt für die Hofstelle eines land- und forstwirtschaftlichen Betriebs (BFH v. 9.10.1985, BStBl. 1986 II S. 3) und die mit der Hofstelle in unmittelbarem räumlichen Zusammenhang stehenden Flächen bis zur Größe von insgesamt 1 ha (§ 69 Abs. 3 BewG). Diese gehören stets zum land- und forstwirtschaftlichen Vermögen, auch wenn es sich dabei um Bauland handelt.

In Gebieten, für die noch kein Bebauungsplan aufgestellt worden ist, sind dagegen land- und forstwirtschaftlich genutzte Grundstücksflächen nur dann als unbebaute Grundstücke zu behandeln, wenn nach ihrer Lage, den bestehenden Verwertungsmöglichkeiten oder den sonstigen Umständen anzunehmen ist, dass sie in absehbarer Zeit anderen als land- und forstwirtschaftlichen Zwecken dienen werden (§ 69 Abs. 1 BewG). Als absehbar soll ein Zeitraum bis etwa sechs Jahre gelten. Hierzu vgl. Abschnitt 2 Abs. 7 BewRGr. Bildet jedoch der land- und forstwirtschaftliche Betrieb die Existenzgrundlage des Betriebsinhabers, so sind die ihm gehörenden Grundstücksflächen, die von seiner Hofstelle aus ordnungsmäßig und nachhaltig bewirtschaftet werden, nur dann als unbebaute Grundstücke zu behandeln, wenn mit großer Wahrscheinlichkeit anzunehmen ist, dass sie spätestens nach zwei Jahren anderen als land- und forstwirtschaftlichen Zwecken dienen werden (§ 69 Abs. 2 BewG). Für die vom Betriebsinhaber zugepachteten Flächen bleibt es dagegen bei dem Zeitraum von sechs Jahren als absehbarer Zeit. Diese Grundsätze gelten auch bei Einleitung eines Umlegungsverfahrens (BFH v. 18.7.1984, BStBl. 1984 II S. 744). Zum Bebauungsplan vgl. das Baugesetzbuch (BauGB) idF v. 23.9.2004 (BGBl. 2004 I S. 2414), zuletzt geändert durch Gesetz v. 11.6.2013 (BGBl. 2013 I S. 1548).

Ein Grundstück **gilt** so lange **als unbebaut,** als darauf noch kein bezugsfertiges oder benutzbares Gebäude errichtet worden ist (§ 72 Abs. 1 BewG). Das Gebäude muss mindestens soweit fertiggestellt sein, dass den zukünftigen Bewohnern oder Benutzern zugemutet werden kann, die Wohnungen oder Räume zu beziehen und zu benutzen. Hierzu vgl. auch Abschnitt 6 Abs. 3

BewRGr. Wird jedoch ein Gebäude schon nach seiner Planung in Bauabschnitten errichtet, so gilt jeder in einem beendeten Bauabschnitt errichtete Teil des Gebäudes bereits als bezugsfertig (§ 74 BewG).

Solange das neu errichtete Gebäude noch nicht bezugsfertig ist, handelt es sich noch um ein Grundstück im **Zustand der Bebauung** (§ 91 BewG). Hierfür muss ein Einheitswert festgestellt werden, bei dem die noch nicht bezugsfertigen Gebäude und Gebäudeteile außer Betracht bleiben (§ 91 Abs. 1 BewG). Hierzu vgl. auch Abschnitt 47 Abs. 3 BewRGr.

Wenn auf dem Grundstück **keine** auf die Dauer **benutzbaren Räume** mehr vorhanden sind, z. B. weil das Gebäude zerstört oder dem Verfall preisgegeben ist (Ländererlass v. 26.11.1992, BStBl. 1993 I S. 104), ist es als unbebautes Grundstück zu bewerten (§ 72 Abs. 3 BewG). Grundstücke mit Gebäuden von untergeordneter Bedeutung gelten ebenfalls als unbebaut (§ 72 Abs. 2 BewG). Im Einzelnen vgl. hierzu Abschnitt 11 und 12 BewRGr. Auch ein Grundstück, auf dem sich nur Außenanlagen (z. B. Umzäunungen, Terrassen, Schwimmbecken) oder Betriebsvorrichtungen befinden, gilt noch als unbebaut. Darauf hinzuweisen ist, dass zwar der Wert der Außenanlagen in dem Einheitswert für das unbebaute Grundstück mitberücksichtigt wird (vgl. Abschnitt 7 Abs. 4 BewRGr), dass dagegen der Wert der Betriebsvorrichtungen nicht miterfasst wird.

Bewertung unbebauter Grundstücke

17   Unbebaute Grundstücke sind mit dem **gemeinen Wert** zu bewerten. Der gemeine Wert wird durch den Preis bestimmt, der im gewöhnlichen Geschäftsverkehr nach der Beschaffenheit des Grundstücks bei einer Veräußerung zu erzielen wäre. Dabei sind alle Umstände, die den Preis beeinflussen, zu berücksichtigen. Ausgenommen sind allerdings ungewöhnliche und persönliche Verhältnisse (§ 9 Abs. 2 und 3 BewG). Bei der Ermittlung des Bodenwerts eines unbebauten Grundstücks ist aber auch heute noch von dem Bodenpreis auszugehen, der 1964 dafür bei einer Veräußerung erzielt worden wäre (§ 27 BewG). Bei einem erst heute neu parzellierten Grundstück lässt sich dieser Bodenpreis von 1964 aber kaum noch zutreffend feststellen. Praktisch geschieht dies deshalb an Hand von sog. Bodenrichtwertkarten, die von den Finanzämtern in Zusammenarbeit mit den Gemeinden zum 1.1.1964 erstellt worden sind, und Richtwerte (DM/m²) ausweisen, die aus den damals angelegten Kaufpreissammlungen abgeleitet wurden. Auf Grund dieser Bodenrichtwerte für 1964 ist dann der Bodenwert für das einzelne zu bewertende Grundstück zu ermitteln. Dabei sind seine Größe sowie seine sonstigen Besonderheiten zu berücksichtigen. Hierzu vgl. auch Abschnitte 7 ff. BewRGr. Zur allgemeinen Bedeutung von Bodenrichtwerten vgl. auch § 195 BauGB sowie im steuerlichen Kontext *Eisele,* NWB 2011 S. 2289.

Bebaute Grundstücke

18   Als bebaut gelten Grundstücke, die nicht zum land- und forstwirtschaftlichen Vermögen gehören, wenn sich darauf **benutzbare** (bezugsfertige) **Gebäude** befinden. Ein Gebäude ist ein Bauwerk, das Menschen und Sachen

durch räumliche Umschließung Schutz gegen äußere Einflüsse gewährt, den Aufenthalt von Menschen gestattet, fest mit dem Grund und Boden verbunden, von einiger Beständigkeit und ausreichend standfest ist.

Maschinen und sonstige Vorrichtungen, die zu einer Betriebsanlage gehören, sind als sog. **Betriebsvorrichtungen** nicht in das Grundvermögen einzubeziehen, auch wenn sie wesentliche Bestandteile des Grundstücks sind (§ 68 Abs. 2 Nr. 2 BewG). Betriebsvorrichtungen sind allerdings nur dann gegeben, wenn mit ihnen unmittelbar ein Gewerbe betrieben wird. Hierzu vgl. Abschnitt 1 Abs. 6 BewRGr. Sie gehören zum beweglichen Anlagevermögen und unterliegen damit auch nicht der Grundsteuer. Bei der Abgrenzung ist von dem Begriff des Gebäudes auszugehen. Im Einzelnen vgl. hierzu gleich lautende Ländererlasse v. 5.6.2013 (BStBl. 2013 I S. 734, sog. „Abgrenzungserlass"; *Eisele,* NWB 2013 S. 2473).

Einteilung der bebauten Grundstücke

Die bebauten Grundstücke werden für bewertungsrechtliche Zwecke eingeteilt in Mietwohngrundstücke, Geschäftsgrundstücke, gemischtgenutzte Grundstücke, Ein- und Zweifamilienhäuser und sonstige bebaute Grundstücke (§ 75 Abs. 1 BewG). Mietwohngrundstücke sind Grundstücke, die zu mehr als 80%. Wohnzwecken dienen, mit Ausnahme der Ein- und Zweifamilienhäuser (§ 75 Abs. 2 BewG). Geschäftsgrundstücke sind bebaute Grundstücke, die zu mehr als 80% eigenen oder fremden gewerblichen (öffentlichen) Zwecken dienen (§ 75 Abs. 3 BewG). Gemischtgenutzte Grundstücke sind bebaute Grundstücke, die teils Wohnzwecken, teils gewerblichen Zwecken dienen, ohne die zuvor genannten Voraussetzungen zu erfüllen (§ 75 Abs. 4 BewG). Einfamilienhäuser sind Wohngrundstücke mit nur einer Wohnung, Zweifamilienhäuser sind Wohngrundstücke mit nur zwei Wohnungen (§ 75 Abs. 5 und 6 BewG). Zu den Zweifamilienhäusern gehören auch Wohngrundstücke, die eine Hauptwohnung und eine Einliegerwohnung enthalten. Bebaute Grundstücke, die nicht zu einer der zuvor genannten Grundstücksarten gehören, werden als sonstige bebaute Grundstücke bezeichnet (§ 75 Abs. 7 BewG). Im Einzelnen vgl. hierzu Abschnitt 15 BewRGr. Für die Bestimmung der jeweiligen Grundstücksart bleibt ein steuerbefreiter Teil des Grundstücks außer Betracht (BFH v. 26.9.1980, BStBl. 1981 II S. 208).

Für die Grundsteuer ist die Unterscheidung zwischen Einfamilienhäusern, Zweifamilienhäusern und den übrigen bebauten Grundstücken von wesentlicher Bedeutung, denn für die Ein- und Zweifamilienhäuser gilt eine von der allgemeinen Steuermesszahl abweichende besondere Steuermesszahl. Außerdem gilt auch eine unterschiedliche Steuermesszahl für Einfamilienhäuser und Zweifamilienhäuser. Hierzu vgl. auch Anm. 4 zu § 15 GrStG. Zur Abgrenzung von Ein- und Zweifamilienhäusern gibt es eine umfangreiche Rechtsprechung (BFH v. 20.6.1985, BStBl. 1985 II S. 497 mwN). Ebenso muss auf die umfangreiche Rechtsprechung zur Abgrenzung der Ein- und Zweifamilienhäuser von den gemischtgenutzten Grundstücken verwiesen werden (BFH v. 23.10.1985, BStBl. 1986 II S. 173, v. 12.11.1986,

BStBl. 1987 II S. 1047 u. a. m.). Verfassungsrechtlich ist es nicht zu beanstanden, dass der bei der Grundsteuervergünstigung festgelegte Wohnungsbegriff
für die Durchführung der Einheitsbewertung als nicht brauchbar angesehen
wird (BVerfG v. 8.8.1985, BStBl. 1985 II S. 686).

Bewertung der bebauten Grundstücke

20   Für die Bewertung der bebauten Grundstücke sind zwei Verfahren vorgesehen, das **Ertragswertverfahren** und das **Sachwertverfahren**. Welches
Verfahren im Einzelfall anzuwenden ist, richtet sich nach der Art des in Betracht kommenden Grundstücks. Grundsätzlich gilt das sogenannte Ertragswertverfahren (§ 76 Abs. 1 BewG). Nach dem Sachwertverfahren werden
jedoch bewertet Ein- und Zweifamilienhäuser, die besonders gestaltet oder
ausgestattet sind (§ 76 Abs. 3 Nr. 1 BewG), Geschäftsgrundstücke und andere
bebaute Grundstücke, für die weder eine Jahresrohmiete ermittelt noch eine
übliche Miete geschätzt werden kann (§ 76 Abs. 3 Nr. 2 BewG), Grundstücke mit Gebäuden in einer Bauart und Bauausführung, auf die das Ertragswertverfahren nicht anwendbar ist (§ 76 Abs. 3 Nr. 3 BewG) sowie schließlich alle sonstigen bebauten Grundstücke (§ 76 Abs. 2 BewG). Ein- und
Zweifamilienhäuser, die im Sachwertverfahren bewertet werden, haben u. U.
einen Einheitswert, der die mehrfache Höhe des Einheitswerts hat, der für
durchaus vergleichbare Ein- und Zweifamilienhäuser im Ertragswertverfahren
ermittelt wird. Im Beschluss v. 22.6.1995 (BStBl. 1995 II S. 655) zur Verfassungswidrigkeit der Vermögensteuer weist das Bundesverfassungsgericht darauf hin, dass „das Sachwertverfahren auch nach Feststellung der Bundesregierung teilweise zu Werten führt, die um mehr als 100% über dem Wert
des Ertragswertverfahrens liegen". Hierzu vgl. auch Anm. 6 zu § 15 GrStG.
Dies widerspricht zwar dem Gleichheitssatz des Grundgesetzes. Dagegen
konnte aber nicht mit Rechtsmitteln vorgegangen werden, denn die unterschiedliche Wertermittlung sollte nach Auffassung des Bundesverfassungsgerichts verfassungsgemäß sein (BFH v. 11.6.1986, BStBl. 1986 II S. 782 und
BVerfG v. 10.2.1987, BStBl. 1987 II S. 240). In dieser Auffassung dürfte jedoch seit dem Jahre 1995 eine Änderung eingetreten sein (BVerfG v.
22.6.1995, aaO).
       Ob bei einem Ein- und Zweifamilienhaus eine **besondere Gestaltung**
oder eine **besondere Ausstattung** vorliegt, ist nach dem Gesamtcharakter des
Grundstücks zu entscheiden. Wegen der Merkmale, die für diese Entscheidung
als Anhaltspunkte herangezogen werden können, vgl. Abschnitt 16 Abs. 4
BewRGr. Bei den Geschäftsgrundstücken, die nach dem Sachwertverfahren zu
bewerten sind, handelt es sich um Gebäude, die mit Rücksicht auf ihre Verwendung innerhalb eines gewerblichen Betriebs besonders gestaltet sind, z. B.
Fabriken, Lichtspielhäuser, Kliniken, größere Verwaltungsgebäude, Werkstätten, Tankstellen, Kühlhäuser, Ausstellungs- und Messehallen, Hallenbäder,
Hotels, Warenhäuser, Lagerhäuser u. a. m. Hierzu vgl. Abschnitt 16 Abs. 6 und
7 BewRGr sowie BFH v. 21.2.2002 (BStBl. 2002 II S. 378).
       Der für ein bebautes Grundstück ermittelte Einheitswert darf in keinem
Fall geringer sein als 50% des Wertes, mit dem der Grund und Boden allein

als unbebautes Grundstück anzusetzen sein würde. Hierzu vgl. § 77 BewG iVm Art. 7 des Steueränderungsgesetzes 1969 v. 18.8.1969 (BGBl. 1969 I S. 477). Dieser sog. **Mindestwert** kommt damit immer dann in Betracht, wenn er höher ist als der Wert, der sich nach den Vorschriften über die Bewertung bebauter Grundstücke ergibt. Etwaige Abbruchkosten sind beim Mindestwert nicht zu berücksichtigen. Vgl. hierzu auch Abschnitt 17 BewRGr.

Zur Bewertung von bebauten und unbebauten Grundstücken in den neuen Bundesländern, die noch nach den Wertverhältnissen von 1935 erfolgen soll (§§ 129 ff. BewG), vgl. Anm. 1 zu § 41 GrStG sowie Anhang II. Die unterschiedlichen Bewertungsnormen für die alten und neuen Bundesländer führen – bei zwar bestehender Ungleichbehandlung vergleichbarer Sachverhalte – nicht zu einem verfassungswidrigen Verstoß gegen den Gleichheitssatz des Art. 3 Abs. 1 GG, da der unterschiedliche Rechtszustand sachlich durch die Wiedervereinigung für eine Übergangszeit gerechtfertigt ist (BFH v. 18.10.2006 II B 11/06, n. v.; Verfassungsbeschwerde nicht zur Entscheidung angenommen, BVerfG v. 26.2.2007 1 BvR 307/07, n. v.).

Ertragswertverfahren[1]

Bei Anwendung des Ertragswertverfahrens ergibt sich der Einheitswert dadurch, dass bestimmte gesetzlich vorgeschriebene Vervielfältiger auf die Jahresrohmiete angewendet werden. Der danach ermittelte Grundstückswert umfasst den Bodenwert, den Gebäudewert und den Wert der Außenanlagen (§ 78 BewG). Hierzu vgl. Abschnitt 18 BewRGr. **21**

Die **Jahresrohmiete** ist das gesamte Entgelt (Bruttojahresmiete), das der Mieter oder Pächter für die Benutzung des Grundstücks oder Grundstücksteils zu entrichten hat (§ 79 Abs. 1 BewG). Sie besteht aus der eigentlichen Miete, den Umlagen und allen sonstigen Leistungen des Mieters (Bruttomiete). Hierzu vgl. Abschnitt 21 Abs. 4 BewRGr.

Bei Fortschreibungen und Nachfeststellungen von Einheitswerten würde es auf die Jahresrohmiete ankommen, die am 1.1.1964 für das Grundstück in seinem heutigen Zustand gezahlt worden wäre (§ 27 BewG). Da es jedoch unmöglich ist, heute noch rückwirkend diese Jahresrohmiete festzustellen, wird bei diesen Fortschreibungen und Nachfeststellungen generell von der am 1.1.1964 üblichen Miete ausgegangen. Hierzu vgl. Abschnitt 6 Abs. 3 FortschrR. Diese übliche Miete wird aus sog. Mietspiegeln abgeleitet, die von den Finanzämtern für 1964 zusammengestellt worden sind und Rahmensätze für die damaligen Mieten (DM/m²) vergleichbarer Wohnungen ausweisen (BFH v. 10.8.1984, BStBl. 1985 II S. 200 und S. 234). Die sich danach ergebenden Rahmensätze liegen je nach der Ausstattung der Wohnung und den üblichen Gegebenheiten im groben Durchschnitt zwischen 2 und 5 DM/m². Zur Ermittlung der Wohnfläche vgl. § 42 der II. BV sowie die Wohnflächenverordnung v. 25.11.2003 (BGBl. 2003 I S. 2346).

---

[1] Zur Durchführung des Ertragswertverfahrens im Einzelnen wird auf den Kommentar zum Bewertungsgesetz von *Rössler/Troll* verwiesen. Zu den Auswirkungen der Einheitswerte auf die Grundsteuer vgl. auch Anm. 7 zu § 15 GrStG.

Die auf die Jahresrohmiete oder die übliche Miete anzuwendenden **Vervielfältiger** ergeben sich aus den Anlagen 3 bis 8 des Bewertungsgesetzes. Sie beruhen auf einem Kapitalisierungszinssatz von 5 % und gehen von einer Lebensdauer von 70 Jahren aus. Im Einzelnen richten sich die Vervielfältiger nach der Größenklasse der Gemeinde, nach der Grundstücksart und der Bauart und Bauausführung sowie dem Baujahr (§ 80 Abs. 1 BewG). Sie liegen für neuerrichtete Einfamilienhäuser zwischen rd. 11 und 13, für Zweifamilienhäuser zwischen rd. 9,5 und 11,5, bei den anderen Grundstücksarten zwischen rd. 8 und 9,5, wobei der niedrigere Vervielfältiger jeweils für die Gemeinde mit der größeren Einwohnerzahl gilt. Hierzu vgl. Abschnitte 26 ff. BewRGr, Abschnitt 6 Abs. 4 ff. FortschrR sowie Anm. 9 zu § 13 GrStG. Ob die Vervielfältiger im Einzelfall zutreffen, braucht nicht weiter nachgeprüft zu werden, denn sie sind gesetzlich festgelegt.

Ist die **Lebensdauer** eines Gebäudes nach seiner Bauart und Bauausführung wesentlich verlängert oder infolge nicht behebbarer Baumängel und Bauschäden wesentlich verkürzt, so ist der Vervielfältiger nicht nach dem tatsächlichen Baujahr, sondern nach einem unterstellten, um die entsprechende Zeit vor- oder zurückdatierten Baujahr aus den Anlagen zu übernehmen (§ 80 Abs. 3 BewG). Eine Verlängerung der Lebensdauer setzt voraus, dass das Gebäude durchgreifend erneuert oder verbessert worden ist. Bauliche Maßnahmen an nicht tragenden Bauteilen (z. B. Neugestaltung der Fassade) verlängern die Lebensdauer nicht. Eine Verkürzung der Lebensdauer wird berücksichtigt, wenn Baumängel und Bauschäden vorliegen, die sich auch durch eine Ausbesserung nicht auf die Dauer beseitigen lassen. Hierzu vgl. auch Abschnitte 27 bis 29 BewRGr sowie Abschnitt 6 Abs. 4 FortschrR.

Eine vorübergehende Unbenutzbarkeit infolge von Umbau- oder Renovierungsarbeiten ist dagegen ohne Bedeutung für die Jahresrohmiete (BFH v. 14.12.1994, BStBl. 1995 II S. 360).

Der errechnete Grundstückswert kann **ermäßigt** werden, wenn wertmindernde Umstände vorliegen, die sich weder in der Höhe der Jahresrohmiete noch in der Höhe des Vervielfältigers ausgewirkt haben (§ 82 Abs. 1 BewG). Als wertmindernde Umstände können jedoch nur in Betracht kommen ungewöhnlich starke Belästigungen durch Lärm, Rauch oder Gerüche (§ 82 Abs. 1 Nr. 1 BewG), behebbare Baumängel und Bauschäden (§ 82 Abs. 1 Nr. 2 BewG) und die Notwendigkeit eines baldigen Abbruchs (§ 82 Abs. 1 Nr. 3 BewG). Hierzu vgl. Abschnitt 31 Abs. 1 bis 3 BewRGr. Eine Notwendigkeit für einen baldigen Abbruch wird nur dann durch einen Abschlag berücksichtigt, wenn das Gebäude innerhalb von 10 Jahren, gerechnet vom jeweiligen Stichtag, abgebrochen werden muss. Die Höhe dieses Abschlags richtet sich nach der noch verbleibenden Nutzungsdauer und nach der Bauart und Bauausführung des Gebäudes. Hierzu vgl. auch Abschnitt 31 Abs. 4 BewRGr sowie Abschnitt 7 Abs. 1 und 2 FortschrR.

Eine **Erhöhung** des ermittelten Grundstückswerts kommt in der Regel nur in Betracht wegen der besonderen Größe der nichtbebauten Fläche des Grundstücks (§ 82 Abs. 2 Nr. 2 BewG). Voraussetzung ist jedoch jeweils, dass dieser werterhöhende Umstand nicht bereits in der Höhe der Miete berücksichtigt worden ist. Bei Einfamilienhäusern und Zweifamilienhäusern ist in diesem Fall ein Zuschlag zu machen, wenn die Grundstücksfläche mehr als 1500 m² beträgt, und bei den übrigen bebauten Grundstücken, wenn die Grundstücksfläche mehr als das Fünffache der bebauten Fläche ausmacht. Das gilt jedoch nur, wenn es sich bei dem aufstehenden Gebäude nicht um ein Hochhaus handelt. Als Hochhaus gilt jedes Gebäude, in dem der Fußboden mindestens eines zum dauernden Aufenthalt von Menschen dienenden Raumes mehr als 22 m über dem Gelände liegt. Der Zuschlag entspricht jeweils dem Betrag, der sich als Einheitswert für die Mehrfläche als unbebautes Grundstück ergeben würde. Hierzu vgl. auch Abschnitt 32 Abs. 2 bis 4 BewRGr.

Die **Abschläge für ungewöhnlich starke Beeinträchtigungen** durch Lärm, Rauch oder Gerüche und für behebbare Baumängel und Bauschäden sowie die Zuschläge für übergroße Grundstücksflächen und wegen der Ausnutzung des Grundstücks für Reklamezwecke dürfen insgesamt 30% des Grundstückswerts nach unten oder nach oben nicht übersteigen (§ 82 Abs. 3 BewG). Hierzu vgl. auch Abschnitt 33 BewRGr.

Innerhalb der Einheitsbewertung des Grundvermögens stellt sich die Frage der Verfassungswidrigkeit von Wertverzerrungen nur noch unter dem Gesichtspunkt der Grundsteuerbelastung; da die im Ertragswertverfahren festgestellten Einheitswerte regelmäßig erheblich unter dem gemeinen Wert liegen, führte das Absehen von einer neuen Hauptfeststellung bisher noch nicht zu einem Verstoß dieser Einheitswerte gegen Art. 3 Abs. 1 GG (BFH v. 2.2.2005, BStBl. 2005 II S. 428); siehe aber BFH v. 30.6.2010 (BStBl. 2010 II S. 897; Anm. *Herlinghaus,* BFH/PR 2010 S. 392) und hierzu Einführung Abschnitt V.

Sachwertverfahren[1]

Bei der Bewertung nach dem Sachwertverfahren wird zunächst ein soge- **22** nannter **Ausgangswert** ermittelt. Dieser Ausgangswert setzt sich aus dem Bodenwert, dem Gebäudewert und dem Wert der Außenanlagen zusammen (§ 83 BewG). Er wird dann durch eine Wertzahl an den gemeinen Wert angeglichen (§ 90 BewG). Hierzu vgl. Abschnitt 34 BewRGr und den Überblick über das Verfahren in der Anlage 10 zu den BewRGr.

Als **Bodenwert** ist der gemeine Wert anzusetzen, den der Grund und Boden als unbebautes Grundstück haben würde (§ 84 BewG). Der Umstand, dass das Grundstück bebaut ist, bleibt bei der Ermittlung des Werts für den Grund und Boden außer Betracht. Hierzu vgl. Abschnitt 35 BewRGr. Maßgebend ist der gemeine Wert, den der Grund und Boden am Stichtag 1.1.1964 hatte oder gehabt hätte, wenn das Grundstück schon damals bestanden hätte. Hierzu vgl. auch Anm. 17 zu § 2 GrStG.

Zur Ermittlung des Gebäudewertes ist von den Herstellungskosten auszugehen. Dabei werden jedoch nicht die Herstellungskosten zugrunde gelegt, die sich im Einzelfall tatsächlich ergeben haben. Es kommt vielmehr auf die sogenannten **Gebäudenormalherstellungskosten** an. Es sind dies Erfah-

---

[1] Zur Durchführung des Sachwertverfahrens im Einzelnen wird auf den Kommentar zum Bewertungsgesetz von *Rössler/Troll* verwiesen.

rungswerte für bestimmte Geschäftsgrundstücke und für bestimmte Fälle von sonstigen bebauten Grundstücken, die nach den Baupreisverhältnissen vom Stichtag 1.1.1964 zusammengestellt worden und in den Anlagen 13 bis 15 BewRGr enthalten sind. Hierzu vgl. auch Abschnitt 40 BewRGr. Sie gelten auch bei Fortschreibungen und Nachfeststellungen. Hierzu vgl. Abschnitt 6 Abs. 6 FortschrR. Die danach für einen Kubikmeter umbauten Raumes maßgebenden Werte werden mit der Anzahl der Kubikmeter des Gebäudes vervielfacht. Es ergibt sich dann der sogenannte Gebäudenormalherstellungswert, bei dem schließlich noch die Wertminderungen wegen Alters durch Abschreibungen zu berücksichtigen sind. Hierzu vgl. Abschnitt 36 BewRGr.

Bei **Einfamilien- und Zweifamilienhäusern** muss der Durchschnittspreis je 1 cbm umbauten Raumes jeweils im Einzelfall besonders ermittelt werden. Das geschieht an Hand der Bauteil-Preistabelle in der Anlage 16 zu den BewRGr. Dort werden für 20 Positionen (Dach, Fassade, Außenmauerwerk, Decken, Treppen, Türen usw.), jeweils unterteilt in 5 bis 6 Ausführungsarten, die entsprechenden Preise angegeben. Besteht ein Preisrahmen, so richtet sich im Einzelfall der Preis nach der Güte der Ausstattung und nach der Anzahl der vorhandenen Bauteile. Die Summe der für die 20 Positionen ermittelten Preise ergibt dann den Preis für einen Kubikmeter umbauten Raumes, mit dem die Anzahl der Kubikmeter des Ein- oder Zweifamilienhauses zu vervielfachen ist. Hierzu vgl. Abschnitt 38 Abs. 4 BewRGr. Die angegebenen Bauteilpreise entsprechen ebenfalls den Baupreisverhältnissen vom Stichtag 1.1.1964. Hierzu vgl. Abschnitt 40 BewRGr. Sie gelten auch bei Fortschreibungen und Nachfeststellungen. Hierzu vgl. auch Abschnitt 6 Abs. 6 FortschrR.

Der **umbaute Raum** ist nach DIN 277 zu berechnen. Hierzu muss auf Anlage 12 zu den BewRGr verwiesen werden, wo an Hand zahlreicher Zeichnungen dargestellt wird, wie hierbei im Einzelfall zu verfahren ist. Hierzu vgl. Abschnitt 37 BewRGr.

Die nach durchschnittlichen Raummeterpreisen und Bauteilpreisen errechneten **Gebäudeherstellungskosten** gelten für ein entsprechendes Gebäude, das am Stichtag 1.1.1964 neu errichtet worden wäre. Um zu dem Wert zu kommen, der dem tatsächlichen Alter des Gebäudes entspricht, ist es deshalb notwendig, noch die Wertminderung wegen Alters (Abschreibungen) zu berücksichtigen. Diese bestimmen sich nach dem Alter des Gebäudes vom Stichtag 1.1.1964 und der gewöhnlichen Lebensdauer von Gebäuden gleicher Art und Nutzung (§ 86 Abs. 1 BewG). Die Wertminderung wegen Alters wird in einem Hundertsatz ausgedrückt, der auf Grund allgemeiner Erfahrungen festgelegt worden ist. Im Einzelfall darf nur von einer gleichbleibenden jährlichen Wertminderung ausgegangen werden (§ 86 Abs. 1 BewG). Wegen der Zahlen, die als Lebensdauer und als jährliche Wertminderung zugrunde zu legen sind, vgl. Abschnitt 41 Abs. 2 BewRGr. Für die Zeit der nach dem 1.1.1964 eingetretenen Gebäudealterung kommt eine Wertminderung nicht in Betracht (BFH v. 7.12.1994, BStBl. 1995 II S. 235). Hierzu vgl. auch Abschnitt 6 Abs. 8 FortschrR.

Die **gewöhnliche Lebensdauer** eines Gebäudes kann durch erhebliche Baumängel oder Bauschäden verkürzt sein, die nicht behebbar oder nur mit unverhältnismäßig hohen Kosten zu beseitigen sind. In diesem Falle wird die

Lebensdauer in der Weise errechnet, dass die voraussichtliche Restlebensdauer dem tatsächlichen Gebäudealter vom Bewertungsstichtag hinzugerechnet wird. Eine Verlängerung der Restlebensdauer ist anzunehmen, wenn das Gebäude durchgreifend erneuert oder verbessert worden ist. Hierzu vgl. auch Abschnitt 41 Abs. 8 BewRGr. Der nach Abzug der Wertminderung wegen Alters verbleibende Restwert darf grundsätzlich 30% des Gebäudenormalherstellungswertes nicht unterschreiten. Hierzu vgl. auch Abschnitt 41 Abs. 9 BewRGr. Wegen des Abschlags für Wertminderungen bei baulichen Mängeln und Schäden (§ 87 BewG) vgl. Abschnitte 42 und 43 BewRGr.

Der **Gebäudesachwert** (Herstellungskosten abzüglich der Alterswertminderung für die Zeit vor 1964) kann in Einzelfällen noch ermäßigt oder erhöht werden, wenn Umstände tatsächlicher Art vorliegen, die weder bei der Ermittlung des Gebäudenormalherstellungswerts noch durch die Wertminderungen wegen Alters berücksichtigt worden sind (§ 88 BewG). Hierzu vgl. auch Abschnitt 44 Abs. 1 und 2 BewRGr. Ist die wirtschaftliche Wertminderung größer als der Betrag, um den sich der Wert des Gebäudes wegen seines Alters vermindert, so kann eine Ermäßigung wegen wirtschaftlicher Überalterung in Betracht kommen. Die Höhe des Abschlags bemisst sich nach der Verkürzung der Lebensdauer. Hierzu vgl. auch Abschnitt 44 Abs. 5 und 6 BewRGr. Eine Ermäßigung des Gebäudesachwerts kann auch in Betracht kommen, wenn feststeht, dass das Gebäude in den nächsten 10 Jahren abgebrochen werden muss. Hierzu vgl. Abschnitt 44 Abs. 7 BewRGr sowie Abschnitt 7 Abs. 3 FortschrR.

Der Wert der **Außenanlagen** wird neben dem Gebäudewert gesondert ermittelt (§ 83 BewG). Bei Geschäftsgrundstücken kann dafür ein Pauschalwert von 2 bis 8% des Gebäudewerts angesetzt werden. In anderen Fällen ist von den Normalherstellungskosten auszugehen, die sich aus der Anlage 17 BewRGr ergeben. Von dem sich ergebenden Normalherstellungswert sind die Wertminderungen wegen Alters abzuziehen. Hierzu vgl. auch Abschnitt 45 Abs. 2 und 3 BewRGr.

Der Bodenwert, der Gebäudewert und der Wert der Außenanlagen ergeben zusammen den **Ausgangswert,** der noch an den gemeinen Wert anzugleichen ist (§ 90 BewG). Diese Angleichung erfolgt durch Wertzahlen. Im Einzelnen vgl. hierzu die Verordnung v. 2.9.1966 (BGBl. 1966 I S. 553, BStBl. 1966 I S. 885), geändert durch die Verordnung v. 25.2.1970 (BGBl. 1970 I S. 216, BStBl. 1970 I S. 252) sowie Abschnitt 46 BewRGr. Diese Verordnung ist verfassungsgemäß (BFH v. 17.5.1995, BStBl. 1995 II S. 577).

Grundstücksbewertung in Sonderfällen

Besondere Bewertungsvorschriften bestehen für eine Reihe von Sonderfäl- **23** len, nämlich für die Bewertung der Erbbaurechte (§ 92 BewG), des Wohnungs- und Teileigentums (§ 93 BewG) sowie der Gebäude auf fremdem Grund und Boden (§ 94 BewG).

Bei Grundstücken, die mit einem **Erbbaurecht** belastet sind, bilden das Erbbaurecht und das belastete Grundstück zwei selbständige wirtschaftliche Einheiten, für die jeweils ein eigener Einheitswert festzustellen ist (§ 92

Abs. 1 BewG). Dabei wird zwar für das ganze Grundstück einschließlich der Gebäude und Außenanlagen zunächst ein Gesamtwert ohne Rücksicht auf die Belastung mit dem Erbbaurecht ermittelt. Er wird dann aber auf das Erbbaurecht und das belastete Grundstück entsprechend der Dauer des Erbbaurechts aufgeteilt (§ 92 Abs. 2 und 3 BewG). Wegen weiterer Einzelheiten vgl. Abschnitt 48 BewRGr sowie Abschnitt 9 FortschrR. Diese Aufteilung ist jedoch für die Grundsteuer ohne Bedeutung; denn der Erbbauberechtigte ist gleichzeitig auch Steuerschuldner für die Grundsteuer des belasteten Grundstücks (§ 10 Abs. 2 GrStG).

Das **Wohnungseigentum** und das **Teileigentum** gelten als selbständige Grundstücke iSd Bewertungsgesetzes (§ 93 Abs. 1 BewG). Die Grundstücksart, in die das Wohnungseigentum einzuordnen ist, richtet sich nach der Nutzung des auf das Wohnungseigentum entfallenden Gebäudeteils (§ 93 Abs. 1 BewG). Gehört dazu nur eine Wohnung, so ist es ein „Einfamilienhaus" (§ 75 Abs. 5 BewG), gehören zwei Wohnungen dazu und bilden sie, weil sie unmittelbar neben- oder übereinander liegen, eine Raumeinheit (BFH v. 1.4.1987, BStBl. 1987 II S. 840), so ist es ein „Zweifamilienhaus". Das Wohnungseigentum wird jedoch auch in diesen Fällen jeweils wie ein Mietwohngrundstück bewertet (§ 93 Abs. 2 BewG). Demgemäß gilt dafür auch die allgemeine Steuermesszahl 3,5 % wie für Mietwohngrundstücke (§ 15 Abs. 1 GrStG). Das Teileigentum gehört im Allgemeinen in die Grundstücksart „Geschäftsgrundstücke". Gehören zum Wohnungseigentum einzelne im gemeinschaftlichen Eigentum stehende vermietete Wohnungen oder sonstige Räume (z. B. Laden, Garage, Hausmeisterwohnung, Dachgeschosswohnung), so ist die sich hierdurch ergebende Werterhöhung anteilsmäßig jeweils beim Einheitswert für das einzelne Wohnungseigentum zu berücksichtigen (§ 93 Abs. 3 BewG). Für das gemeinschaftliche Eigentum braucht in diesem Fall deshalb auch kein eigener Einheitswert mehr festgestellt zu werden. Hierzu vgl. Abschnitt 49 BewRGr.

Das **Gebäude auf fremdem Grund und Boden** und der Grund und Boden bilden zwei selbständige wirtschaftliche Einheiten des Grundvermögens (§ 94 Abs. 1 BewG) und damit auch bei der Grundsteuer zwei selbständige Steuergegenstände. Für beide wirtschaftliche Einheiten wird daher jeweils ein eigener Einheitswert festgestellt. Dabei gilt der Grund und Boden als bebautes Grundstück der Grundstücksart, in die es einzuordnen wäre, wenn es insgesamt bewertet werden müsste. Er wird zwar als bebautes Grundstück behandelt, wird aber gleichwohl mit dem Wert angesetzt, der sich ergeben würde, wenn das Grundstück unbebaut wäre. Für die Bewertung des Gebäudes gelten die allgemeinen Vorschriften. Die Verpflichtung, das Gebäude nach Ablauf der Miet- und Pachtzeit abzubrechen, mindert den Gebäudewert (§ 94 Abs. 3 BewG). Für Mietereinbauten oder Mieterausbauten wird allerdings kein eigener Einheitswert festgestellt.

Betriebsgrundstücke

24   Grundbesitz ist schließlich auch das Betriebsvermögen, soweit es in Betriebsgrundstücken besteht. Das ist der zu einem Gewerbebetrieb gehörende

Grundbesitz, soweit er losgelöst vom Gewerbebetrieb zum Grundvermögen gehören oder einen land- und forstwirtschaftlichen Betrieb bilden würde (§ 99 Abs. 1 BewG). Voraussetzung ist, dass der Grundbesitz dem Gewerbebetrieb dient und dem Betriebsinhaber gehört. Diente ein Grundstück, das losgelöst vom Gewerbebetrieb zum Grundvermögen gehören würde, zu mehr als der Hälfte seines Werts dem Gewerbebetrieb, galt das ganze Grundstück für Bewertungsstichtage bis einschließlich 1.1.2008 als Betriebsgrundstück. Diente es nur zur Hälfte oder zu einem noch geringeren Teil dem Gewerbebetrieb, gehörte es zum Grundvermögen (§ 99 Abs. 2 BewG a.F.). Diese Regelung nach dem „Alles-oder-nichts-Prinzip" wurde durch das Erbschaftsteuerreformgesetz v. 24.12.2008 (BGBl. 2008 I S. 3018) mWv 1.1.2009 aufgehoben, so dass die bisherige Abweichung von der einkommensteuerlichen Beurteilung (R 4.2 Abs. 7 ff. EStR) gegenstandslos geworden ist. Bei teilweise land- und forstwirtschaftlicher Nutzung und teilweiser gewerblicher Nutzung erfolgt eine Aufteilung. Grundbesitz, der zum Vermögen einer der in § 97 Abs. 1 BewG genannten Körperschaften, Personenvereinigungen und Vermögensmassen gehört, ist stets Betriebsvermögen. Siehe hierzu auch *Eisele/Kiebele,* DStZ 2005 S. 700.

Grundsteuerlich ist die Regelung in § 99 BewG ohne besondere Auswirkungen, weil hier die gleichen Steuermesszahlen und Hebesätze gelten wie für den entsprechenden Grundbesitz außerhalb des Betriebsvermögens. Die Betriebsgrundstücke bilden deshalb auch keine besondere Gruppe von Steuergegenständen mehr, sondern werden unmittelbar entweder den land- und forstwirtschaftlichen Betrieben (§ 2 Nr. 1 GrStG) oder den Grundstücken (§ 2 Nr. 2 GrStG) zugerechnet.

Die Betriebsgrundstücke unterliegen trotz ihrer Zugehörigkeit zum Betriebsvermögen nicht der Gewerbesteuer, sondern der Grundsteuer. Eine Doppelbesteuerung wird hier dadurch vermieden, dass bei der Ermittlung des Gewerbeertrages der Gewinn aus den Betriebsgrundstücken mit 1,2% des Einheitswertes unterstellt und vom Gesamtgewinn abgezogen wird (§ 9 Nr. 1 GewStG und R 9.1 GewStR/H 9.1 GewStH). Nicht zu den Betriebsgrundstücken gehören allerdings die Betriebsvorrichtungen. Es sind dies Maschinen und sonstige Vorrichtungen aller Art, die Teile einer Betriebsanlage sind. Diese Betriebsvorrichtungen gehören zum Anlagevermögen und unterliegen deshalb allein der Gewerbesteuer.

§ 3 Steuerbefreiung für Grundbesitz bestimmter Rechtsträger

(1) [1] **Von der Grundsteuer sind befreit**

1. **Grundbesitz, der von einer inländischen juristischen Person des öffentlichen Rechts für einen öffentlichen Dienst oder Gebrauch benutzt wird.** [2] **Ausgenommen ist der Grundbesitz, der von Berufsvertretungen und Berufsverbänden sowie von Kassenärztlichen Vereinigungen und Kassenärztlichen Bundesvereinigungen benutzt wird;**
1 a. *(aufgehoben)*
2. **Grundbesitz, der vom Bundeseisenbahnvermögen für Verwaltungszwecke benutzt wird;**

3. Grundbesitz, der von
   a) einer inländischen juristischen Person des öffentlichen Rechts,
   b) einer inländischen Körperschaft, Personenvereinigung oder Vermögensmasse, die nach der Satzung, dem Stiftungsgeschäft oder der sonstigen Verfassung und nach ihrer tatsächlichen Geschäftsführung ausschließlich und unmittelbar gemeinnützigen oder mildtätigen Zwecken dient,
   für gemeinnützige oder mildtätige Zwecke benutzt wird;
4. Grundbesitz, der von einer Religionsgesellschaft, die Körperschaft des öffentlichen Rechts ist, einem ihrer Orden, einer ihrer religiösen Genossenschaften oder einem ihrer Verbände für Zwecke der religiösen Unterweisung, der Wissenschaft, des Unterrichts, der Erziehung oder für Zwecke der eigenen Verwaltung benutzt wird. [2]Den Religionsgesellschaften stehen die jüdischen Kultusgemeinden gleich, die nicht Körperschaften des öffentlichen Rechts sind;
5. Dienstwohnungen der Geistlichen und Kirchendiener der Religionsgesellschaften, die Körperschaften des öffentlichen Rechts sind, und der jüdischen Kultusgemeinden. [2]§ 5 ist insoweit nicht anzuwenden;
6. Grundbesitz der Religionsgesellschaften, die Körperschaften des öffentlichen Rechts sind, und der jüdischen Kultusgemeinden, der am 1. Januar 1987 und im Veranlagungszeitpunkt zu einem nach Kirchenrecht gesonderten Vermögen, insbesondere einem Stellenfonds gehört, dessen Erträge ausschließlich für die Besoldung und Versorgung der Geistlichen und Kirchendiener sowie ihrer Hinterbliebenen bestimmt sind. [2]Ist in dem in Artikel 3 des Einigungsvertrages genannten Gebiet die Zugehörigkeit des Grundbesitzes zu einem gesonderten Vermögen im Sinne des Satzes 1 am 1. Januar 1987 nicht gegeben, reicht es insoweit aus, daß der Grundbesitz zu einem Zeitpunkt vor dem 1. Januar 1987 zu einem gesonderten Vermögen im Sinne des Satzes 1 gehörte. [3]Die §§ 5 und 6 sind insoweit nicht anzuwenden.

[2]Der Grundbesitz muß ausschließlich demjenigen, der ihn für die begünstigten Zwecke benutzt, oder einem anderen nach den Nummern 1 bis 6 begünstigten Rechtsträger zuzurechnen sein. [3]Satz 2 gilt nicht, wenn der Grundbesitz von einem nicht begünstigten Rechtsträger im Rahmen einer Öffentlich Privaten Partnerschaft einer juristischen Person des öffentlichen Rechts für einen öffentlichen Dienst oder Gebrauch überlassen wird und die Übertragung auf den Nutzer am Ende des Vertragszeitraums vereinbart ist.

(2) [1]Öffentlicher Dienst oder Gebrauch im Sinne dieses Gesetzes ist die hoheitliche Tätigkeit oder der bestimmungsgemäße Gebrauch durch die Allgemeinheit. [2]Ein Entgelt für den Gebrauch durch die Allgemeinheit darf nicht in der Absicht, Gewinn zu erzielen, gefordert werden.

(3) Öffentlicher Dienst oder Gebrauch im Sinne dieses Gesetzes ist nicht anzunehmen bei Betrieben gewerblicher Art von juristischen Personen des öffentlichen Rechts im Sinne des Körperschaftsteuergesetzes.

Übersicht

Zu § 3
1. Begründung
2. Steuerbefreiungen
3. Geltendmachung von Steuerbefreiungen
4. Stichtag für die Steuerbefreiung

Zu § 3 Abs. 1
5. Grundbesitz bestimmter Körperschaften

Zu § 3 Abs. 1 Nr. 1
6. Grundbesitz von Körperschaften des
   öffentlichen Rechts
7. Juristische Personen des öffentlichen
   Rechts
8. Gebiets- und Personalkörperschaften
9. Anstalten und Stiftungen des öffentlichen Rechts
10. Berufsvertretungen und Berufsver-
    bände
11. Ausländische Körperschaften des
    öffentlichen Rechts
12. Ausländische Botschaften und Kon-
    sulate
13. Internationale Einrichtungen
14. Öffentlicher Dienst oder Gebrauch
15. Hoheitliche Tätigkeit
16. Hoheitsbetriebe
17. Betrieb gewerblicher Art
18. Gebrauch durch die Allgemeinheit
19. Einzelfälle eines öffentlichen Diens-
    tes oder Gebrauchs
20. Grundbesitz der Bundeswehr und der
    ausländischen Streitkräfte

Zu § 3 Abs. 1 Nr. 2
21. Grundbesitz des Bundeseisenbahn-
    vermögens

Zu § 3 Abs. 1 Nr. 3
22. Grundbesitz, der gemeinnützigen
    Zwecken dient
23. Grundbesitz bei Körperschaften des
    öffentlichen Rechts
24. Grundbesitz bei anderen Körper-
    schaften
25. Allgemeine Voraussetzungen für die
    Steuerbefreiung
26. Gemeinnützige Zwecke
27. Gemeinnützige Zwecke im Einzel-
    nen

28. Wissenschaft
29. Religion
30. Öffentliches Gesundheitswesen
31. Jugend- und Altenhilfe
32. Kunst und Kultur
33. Denkmalschutz und Denkmal-
    pflege
34., 35. Erziehung, Volks- und Berufs-
    bildung einschließlich der Studen-
    tenhilfe
35 a. Naturschutz und Landschaftspflege
    sowie Umweltschutz
36. Sport
37. Heimatpflege und Heimatkunde
38. Fürsorge für bestimmte Personen-
    gruppen
39. Förderung der internationalen Ge-
    sinnung, des Völkerverständigungs-
    gedankens und von gemeinnützigen
    Zwecken im Ausland
40. Sonstige gemeinnützige Zwecke
41. Öffentliche und politische Zwecke
42. Mildtätige Zwecke
43. Benutzung des Grundstücks zu
    begünstigten Zwecken
44. Wirtschaftlicher Geschäftsbetrieb
45. Steuerunschädlicher Zweckbetrieb
46. Einrichtungen der Wohlfahrts-
    pflege
47. Selbstversorgungseinrichtungen
48. Einrichtungen der Fürsorge
49. Kulturelle Einrichtungen und
    Veranstaltungen
50. Sportveranstaltungen
50 a. Forschungseinrichtungen
51. Gesellige Veranstaltungen
52. Umfang der Steuerbefreiung des
    Grundbesitzes
53. Gemeinnützige Wohnungs- und
    Siedlungsunternehmen

Zu § 3 Abs. 1 Nr. 4
54. Grundbesitz bei Religionsgesell-
    schaften
55. Begünstigte kirchliche Zwecke

Zu § 3 Abs. 1 Nr. 5
56. Dienstwohnungen von Geistlichen
    und Kirchendienern
57. Allgemeines
58. Geistliche und Kirchendiener

Zu § 3 Abs. 1 Nr. 6
59. Dienstgrundstücke

Zu § 3 Abs. 1 Satz 2
60. Steuerbefreiung für Grundbesitz,
wenn Eigentümer und Benutzer
nicht identisch sind

Zu § 3 Abs. 1 Satz 3
60 a. Öffentlich Private Partnerschaften

Zu § 3 Abs. 2 und 3
61. Öffentlicher Dienst oder Gebrauch

Anhang zu § 3
62. Ausgleichsleistungen

Zu § 3

Literatur: *Bonefeld,* Wann entfällt die Grundsteuerbefreiung des Bundes bei Aufgabe der hoheitlichen Nutzung?, KStZ 1994 S. 129; *Drosdzol,* Grundsteuer und Einheitsbewertung im Zusammenhang mit Konversionsliegenschaften, KStZ 2003 S. 46; *Mohl/Dicken,* Steuerliche Perspektiven der kommunalen Abfall- und Abwasserentsorgung, KStZ 1994 S. 164; *Ostendorf,* Klärung von Zweifelsfragen zu grundsteuerlichen Befreiungsvorschriften, KStZ 1986 S. 106; *Ritzrow,* Befreiung von der Grundsteuer nach § 3 GrStG, FiWi 2001 S. 187.

Begründung zur Regierungsvorlage

1 „Die Vorschriften der §§ 3 bis 8 GrStG enthalten eine Reihe von Grundsteuerbefreiungen, die bisher bereits in den §§ 4 bis 6 GrStG a. F. enthalten waren. Die Neufassung dieser Vorschriften beschränkt sich auf die Beseitigung von Unstimmigkeiten, außerdem auf die Übernahme von Vorschriften der Grundsteuer-Durchführungsverordnung. Im Übrigen wurde der systematische Aufbau dieser Vorschriften neu gestaltet. Hierzu ist folgendes zu bemerken:

§ 3 GrStG enthält die sachliche Befreiung zugunsten von juristischen Personen des öffentlichen Rechts, von gemeinnützigen Körperschaften und von öffentlich-rechtlichen Religionsgesellschaften. Die in § 4 GrStG enthaltenen Steuerbefreiungen gelten dagegen für andere Grundstückseigentümer. Die §§ 5 bis 8 GrStG enthalten keine eigenen Befreiungstatbestände. Sie bringen vielmehr notwendige Ergänzungen zu §§ 3 und 4 GrStG mit überwiegend einschränkendem Charakter, die dem bisherigen Recht entsprechen."

Zu § 3 Abs. 1 Nr. 1

„Grundbesitz, der für einen „öffentlichen Dienst oder Gebrauch" benutzt wird, bleibt auch weiterhin steuerfrei. Um eine unveränderte Auslegung des Begriffs „öffentlicher Dienst oder Gebrauch" sicherzustellen, erschien es geboten, die bisherige Legaldefinition des § 4 GrStDV a. F. in das Gesetz zu übernehmen. Dabei soll der Begriff der hoheitlichen Tätigkeit in gleicher Weise wie im übrigen Steuerrecht definiert werden. Hierzu vgl. §§ 1 ff. KStDV.[1] Dementsprechend bestimmt § 3 Abs. 3 GrStG, dass ein öffentlicher Dienst oder Gebrauch nicht anzunehmen ist, wenn ein Betrieb gewerblicher Art von Körperschaften des öffentlichen Rechts im Sinne des Körperschaftsteuergesetzes vorliegt. Abweichend vom bisherigen Recht beschränkt sich jedoch der Kreis der begünstigten Eigentümer nicht nur auf Gebietskörperschaften. Er umfasst vielmehr alle juristischen Personen des öffentlichen Rechts (Körperschaften, Anstalten und Stiftungen). Die Rechtsprechung hat darin, dass bisher für solche Körperschaften eine Befreiung nicht vorgesehen war, eine Gesetzeslücke gesehen und entschieden (BFH v. 28.8.1954, BStBl. 1954 III S. 333), dass eine Benutzung für einen

---

[1] Jetzt § 4 Abs. 5 KStG sowie R 9 KStR.

öffentlichen Dienst oder Gebrauch z.B. auch bei den Trägern der Sozialversicherung zu einer Steuerbefreiung führen könne. Dem entspricht die Neufassung.

Die Ausdehnung der Befreiungsvorschrift soll jedoch nicht für Berufsvertretungen und Berufsverbände gelten, auch wenn sie den Status einer Körperschaft des öffentlichen Rechts haben. Für diese Einschränkung spricht, dass eine unterschiedliche Behandlung von Berufsverbänden je nachdem, ob sie öffentlich-rechtlichen oder privatrechtlichen Charakter haben, im Hinblick auf Artikel 3 GG bedenklich wäre. Das gilt umso mehr, als auch sonst Berufsverbände mit öffentlich-rechtlichem Charakter und Berufsverbände ohne öffentlich-rechtlichen Charakter steuerlich im Wesentlichen gleich behandelt werden (vgl. § 4 Abs. 1 Nr. 8 KStG,[1] § 3 Abs. 1 Nr. 8 VStG). Für eine generelle Befreiung aller Berufsverbände besteht jedoch kein Anlass.

Weiter sind von der Steuerbefreiung ausgenommen die kassenärztlichen (kassenzahnärztlichen) Vereinigungen sowie die kassenärztlichen Bundesvereinigungen, die nach der Reichsversicherungsordnung ebenfalls Körperschaften des öffentlichen Rechts sind. Wenn es sich hierbei auch nicht um Standesorganisationen im eigentlichen Sinne handelt, so steht doch nicht die Wahrnehmung der Interessen der Allgemeinheit, sondern die Vertretung der Interessen der Kassenärzte gegenüber den Krankenkassen im Vordergrund (BFH v. 15.7.1960, BStBl. 1960 III S. 449). Im Hinblick auf diese Rechtsprechung erscheint deshalb eine Gleichbehandlung mit den Berufsvertretungen und Berufsverbänden gerechtfertigt. Damit bleibt die bisherige Rechtslage unverändert."

Zu § 3 Abs. 1 Nr. 2[2]

„Bei der Deutschen Bundesbahn wird unterschieden zwischen Grundbesitz, der Verwaltungszwecken dient, und Grundbesitz, der Betriebszwecken dient. Soweit es sich dabei um Verkehrswege, insbesondere um Schienenwege, handelt, bleibt die bisherige Grundsteuerbefreiung bestehen (vgl. § 4 Nr. 3a GrStG). Hinsichtlich des übrigen Grundbesitzes, der unmittelbar Verwaltungszwecken oder Betriebszwecken dient, lassen sich zwei Auffassungen vertreten. Da die Deutsche Bundesbahn einen Teil der bundeseigenen Verwaltung darstellt (Artikel 87 Abs. 1 GG) und die Erfüllung der Aufgaben der Deutschen Bundesbahn öffentlicher Dienst ist, könnte man zu dem Ergebnis kommen, dass ihr Grundbesitz schon wegen Benutzung für einen öffentlichen Dienst oder Gebrauch befreit sei. Andererseits steht aber die Deutsche Bundesbahn mit anderen Verkehrsträgern im Wettbewerb. Unter dem Gesichtspunkt gleicher Wettbewerbsbedingungen könnte deshalb die Forderung erhoben werden, die Steuerbefreiung müsse ebenso wie bei den anderen Verkehrsträgern auch bei der Deutschen Bundesbahn auf die Verkehrswege beschränkt bleiben. Bei Abwägung dieser Auffassungen erscheint es zweckmäßig, zunächst an der bisherigen Rechtslage festzuhalten und die derzeitigen grundsteuerlichen Privilegien der Deutschen Bundesbahn (volle Freistellung des Verwaltungszwecken dienenden Grundbesitzes und 50%ige Befreiung des Betriebszwecken dienenden Grundbesitzes) erst im Rahmen einer umfassenden verkehrspolitischen Konzeption und im Zusammenhang mit den Befreiungsvorschriften bei anderen Steuern (§ 3 Abs. 1 Nr. 1 VStG, § 4 Abs. 1 Nr. 1 KStG,[3] § 3 Nr. 1 GewStG) zu überprüfen. aus Gründen der Gesetzessystematik wird jedoch die 50%ige Befreiung für den Betriebszwecken dienenden Grundbesitz als Tarifvorschrift in § 13 Abs. 2 GrStG übernommen."

---

[1] Jetzt § 5 Abs. 1 Nr. 5 KStG.

[2] Durch den Einigungsvertrag wurde ab 1991 eine entsprechende Sachbehandlung auch für die Deutsche Reichsbahn eingeführt.

[3] Jetzt § 5 Abs. 1 Nr. 1 KStG.

Die bisherige Befreiungsvorschrift des § 4 Ziff. 1c GrStG a. F. zugunsten des Unternehmens „Bundesautobahnen" wird nicht mehr übernommen, weil ein solches Unternehmen heute nicht mehr besteht. Die Bundesautobahnen sind vielmehr unmittelbares Eigentum des Bundes. Ihre Befreiung ergibt sich somit bereits aus § 3 Abs. 1 Nr. 1 GrStG."

Zu § 3 Abs. 1 Nr. 2 n. F.[1]

„Das Sondervermögen ‚Bundeseisenbahnvermögen' ist Nachfolger der Sondervermögen ‚Deutsche Bundesbahn' und ‚Deutsche Reichsbahn'. Es nimmt ausschließlich Verwaltungsaufgaben wahr."

Zu § 3 Abs. 1 Nr. 3

„Grundbesitz, der zu gemeinnützigen oder mildtätigen Zwecken benutzt wird, bleibt wie bisher unter der Voraussetzung befreit, dass der Benutzer eine subjektiv als gemeinnützig oder mildtätig anerkannte Körperschaft oder eine juristische Person des öffentlichen Rechts ist (wegen der notwendigen Identität von Eigentümer und Benutzer vgl. § 3 Abs. 1 letzter Satz GrStG). Entsprechend der Ausdehnung der Steuerbefreiung des § 3 Abs. 1 Nr. 1 GrStG auf alle juristischen Personen des öffentlichen Rechts soll auch hier die bisherige Beschränkung auf Gebietskörperschaften entfallen.
Die bisher in § 4 Ziff. 4 GrStG a. F. enthaltene besondere Befreiungsvorschrift zugunsten des Sports ist überflüssig geworden; denn sportliche Zwecke fallen stets unter den Begriff der Gemeinnützigkeit (vgl. hierzu § 17 Abs. 3 Nr. 1 StAnpG).[2] Die bisherige Vorschrift des § 4 Ziff. 4 GrStG a. F. brauchte deshalb nicht mehr in den Entwurf übernommen werden.
Einer besonderen Vorschrift über die Anerkennung einer Körperschaft als gemeinnützig oder mildtätig sowie über die Auslegung des Begriffs „gemeinnützige und mildtätige Zwecke" (vgl. hierzu § 6a GrStDV a. F.) bedarf es nicht mehr, denn in § 1 der Gemeinnützigkeitsverordnung (GemV) ist ausdrücklich klargestellt, dass die §§ 17 und 18 StAnpG[3] in Verbindung mit der Gemeinnützigkeitsverordnung einheitlich für alle Steuern, also auch für die Grundsteuer gelten."

Zu § 3 Abs. 1 Nr. 4

„Die Steuerbefreiung bei Benutzung des Grundbesitzes zu den im öffentlichen Interesse liegenden Aufgaben der öffentlich-rechtlichen Religionsgesellschaften und der ihnen gleichzustellenden Ordensgemeinschaften sowie der jüdischen Kultusgemeinden bleibt im bisherigen Ausmaß aufrechterhalten.
Schulen und ähnliche Einrichtungen von Religionsgesellschaften waren durch § 11 GrStDV a. F. in vollem Umfang den schulischen Einrichtungen von Gebietskörperschaften gleichgestellt. Dies ergibt sich nunmehr unmittelbar aus § 3 Abs. 1 Nr. 4 GrStG; denn neben den begünstigten Zwecken „religiöse Unterweisung" und „Verwaltung" werden nunmehr auch die Zwecke „Wissenschaft, Unterricht und Erziehung" aufgeführt. Die bisherige Bestimmung, dass der von einer öffentlich-rechtlichen Religionsgesellschaft für begünstigte Zwecke benutzte Grundbesitz auch einer anderen Körperschaft des öffentlichen Rechts gehören darf (vgl. § 13 GrStDV a. F.) ist im Hinblick auf § 3 Abs. 1 letzter Satz GrStG entbehrlich."

---

[1] Neugefasst durch Eisenbahnneuordnungsgesetz v. 27.12.1993.
[2] Jetzt § 52 Abs. 2 Nr. 21 AO.
[3] Vgl. jetzt § 51 AO.

Zu § 3 Abs. 1 Nr. 5

„Die derzeitig bestehenden und nur historisch zu erklärenden Privilegien zugunsten kirchlicher Dienstgrundstücke und Dienstwohnungen, die erst im Jahre 1965 auf das gesamte Bundesgebiet ausgedehnt wurden, bleiben unverändert erhalten. Der Deutsche Bundestag hat dazu in der Begründung zu dem Grundsteueränderungsgesetz vom 24.8.1965 (BGBl. 1965 I S. 905) die Auffassung vertreten, dass die vor dem 1.4.1938 begründeten landesrechtlichen Grundsteuerbefreiungen negative Staatsleistungen im Sinne des Artikels 140 GG in Verbindung mit Artikel 138 und 173 WRV seien und daher nur durch Ablösung, d. h. durch Zahlung einer Kapitalabfindung an die Kirchen, beseitigt werden könnten. Im Einzelnen vgl. hierzu BT-Drucks. IV/3631."

Zu § 3 Abs. 1 Nr. 5 und 6 n. F.[1]

„Die Änderung des GrStG dient einer Beseitigung der Rechtsunsicherheit, die hinsichtlich des Fortbestands der Grundsteuerfreiheit für bestimmte kirchliche Grundstücke durch ein Urteil des Bundesfinanzhofs entstanden ist.

Dieser hat durch Urteil v. 13.5.1987 (BStBl. 1987 II S. 722) entschieden, ein von der Grundsteuer befreites Dienstgrundstück eines Geistlichen oder Kirchendieners sei nur anzunehmen, wenn der betreffende Grundbesitz unmittelbar zum Unterhalt des Stelleninhabers bestimmt sei und der Stelleninhaber über Nutzungsart und Erträgnisse befinden könne. Ein solches Dienstgrundstück sei nicht mehr gegeben, wenn der Stelleninhaber Anspruch auf eine seinen Lebensunterhalt sichernde Besoldung habe und verpflichtet sei, die Reineinnahmen aus dem Grundstück zur Erstattung der Gehaltszahlungen zu verwenden. Damit wäre der derzeitige Befreiungstatbestand des § 3 Abs. 1 Nr. 5 GrStG hinsichtlich der Dienstgrundstücke ins Leere gegangen, weil die heutigen Besoldungsregelungen und der für die zeitgemäße Bewirtschaftung von Grundbesitz erforderliche Verwaltungsablauf keinen Raum mehr für den tatsächlichen Fortbestand der Eigenschaft ‚Dienstgrundstück' lassen. Davon unberührt geblieben wäre jedoch vor allem die Grundsteuerbefreiung für die sog. fiktiven Dienstgrundstücke bei der evangelischen Kirche. Insoweit wirkte eine Vorschrift des preußischen Gesetzes v. 2.7.1898 als Ausfüllung der Verfassungsgarantie für negative Staatsleistungen an die Kirchen weiter, nach der das Grundsteuerprivileg zugunsten des Stellenfonds trotz Wegfalls des Nießbrauchs des Stelleninhabers aufrechterhalten blieb. Schon aus Gründen der Gleichbehandlung der Kirchen soll deshalb unter Aufrechterhaltung des historischen Bezugs die Grundsteuerbefreiung für die kirchlichen Dienstgrundstücke weiter bestehen bleiben. Die vorgeschlagene gesetzliche Regelung, die sich auf eine Besitzstandswahrung zugunsten der Kirchen beschränkt, verlangt für die Grundsteuerfreiheit, dass der Grundbesitz bereits am 1.1.1987 zu einem Stellenfonds im Sinne der vorgesehenen gesetzlichen Umschreibung gehörte. Diese Voraussetzung muss auch noch im aktuellen Veranlagungszeitpunkt erfüllt sein. Die Zweckbindung des Stellenvermögens für Besoldungs- und Versorgungszwecke reicht aus; es kommt nicht mehr darauf an, wie die Zweckbindung im Rahmen einer modernen kirchlichen Verwaltungs- und Haushaltsführung verwirklicht wird.

Im Beitrittsgebiet, in dem der kirchliche Grundbesitz von staatlichen Eingriffen betroffen war, kann der 1.1.1987 nicht alleiniger Anknüpfungspunkt der Besitzstandswahrung sein. Neben der Zugehörigkeit zum Stellenfonds im aktuellen Feststellungs- und Veranlagungszeitpunkt soll es daher für Grundbesitz in diesem Gebiet genügen, dass er bereits zu einem früheren Zeitpunkt vor dem 1.1.1987 zum Stellenvermögen gehörte."

---

[1] IdF des Standortsicherungsgesetzes v. 13.9.1993.

Zu § 3 Abs. 1 Satz 3[1)]

„Nach geltendem Recht sind hoheitlich genutzte Grundstücke, die sich nicht im Eigentum der öffentlichen Hand oder anderer begünstigter Rechtsträger befinden, von der Grundsteuerbefreiung nach § 3 Abs. 1 Satz 1 Nr. 1 GrStG ausgeschlossen (vgl. § 3 Abs. 1 Satz 2 GrStG). Darin liegt eine Diskriminierung privater Rechtsträger (auch der Grundstücksgesellschaften unter Beteiligung der öffentlichen Hand, die zur besseren Bewirtschaftung öffentlicher Grundstücke gegründet wurden). Um die finanziellen Auswirkungen für die Gemeinden gering zu halten, beseitigt der Gesetzentwurf nicht generell diese Ausnahmeregelung. Statt einer Streichung wird sie lediglich eingeschränkt und gilt nicht für (hoheitlich genutzten) Grundbesitz, der der öffentlichen Hand im Rahmen einer ÖPP überlassen wird und dessen Übertragung zum Ende der Vertragslaufzeit vorgesehen ist. In vielen Fällen kann hier angenommen werden, dass die öffentliche Hand aufgrund des Vertragsinhalts bereits wirtschaftliche Eigentümerin ist (§ 39 Abs. 2 Nr. 1 Satz 1 AO), ihr das jeweilige Grundstück deshalb bereits während der Vertragslaufzeit steuerlich zuzurechnen ist. Insoweit dient die Änderung der Klarstellung.

Im Unterschied zur Grunderwerbsteuerbefreiung ist es für die Grundsteuerbefreiung ohne Bedeutung, ob der private Auftragnehmer das ÖPP-Objekt von der öffentlichen Hand erhalten hat oder auf dem Grundstücksmarkt selbst erworben hat.“

Steuerbefreiungen

Literatur: *Stöckel*, Wegfall der Grundsteuerbefreiung für Grundbesitz, ZSteu 2006 S. 136.

2   Das Grundsteuergesetz kennt **Steuerbefreiungen** von unbegrenzter Dauer und **Steuervergünstigungen** von zeitlich begrenzter Dauer. Während die Steuervergünstigungen in § 36 GrStG und in § 43 GrStG behandelt werden, sind die Fälle, in denen eine Steuerbefreiung in Betracht kommt, in § 3 und § 4 GrStG zusammengestellt. Außerdem gehören dazu noch die ergänzenden Vorschriften der §§ 5 bis 8 GrStG. Der Katalog der Steuerbefreiungen ist sehr umfangreich. Dies bedeutet aber nicht, dass Steuerbefreiungen großzügig gewährt werden.

Die Steuerbefreiungen in § 3 Abs. 1 GrStG sind jeweils von **zwei Voraussetzungen** abhängig. In **subjektiver Hinsicht** muss der Grundbesitz einem der dort aufgeführten Eigentümer gehören. Es sind dies Körperschaften des öffentlichen Rechts, gemeinnützige Körperschaften sowie die Religionsgesellschaften des öffentlichen Rechts, deren Orden, Genossenschaften und Verbände. Die Benutzung von Grundbesitz durch einen nicht nach § 3 Abs. 1 Nr. 1 bis 5 GrStG begünstigten Rechtsträger, der sich gegenüber einem solchen verpflichtet hat, den begünstigten Zweck herbeizuführen, ist nicht von der Grundsteuer befreit (FG München v. 22.10.2003, EFG 2004 S. 287). In **objektiver Hinsicht** muss der Grundbesitz zu den in § 3 Abs. 1 GrStG angeführten steuerbegünstigten Zwecken unmittelbar benutzt werden (§ 7 GrStG). Abzustellen ist auf die **tatsächliche Nutzung** des Grundstücks durch den begünstigten Rechtsträger. Für die Maßgeblichkeit der tatsächlichen Nutzung spricht nach Auffassung des BFH (auch) die Verwendung des

---

[1)] BT-Drucks. 15/5668 v. 14.6.2005.

Begriffs „benutzt" in § 3 Abs. 1 Satz 1 Nr. 1 Satz 1 GrStG (BFH v. 30.1.2013 II R 11 /11, n. v.).

Eigentümer iSd Steuerbefreiungsvorschriften ist in der Regel der im Grundbuch eingetragene **bürgerlich-rechtliche Eigentümer;** es kann aber außer dem bürgerlich-rechtlichen Eigentümer auch der **wirtschaftliche Eigentümer** nach § 39 Abs. 2 Nr. 1 AO in Betracht kommen (§ 1 Abs. 1 iVm § 39 AO). Zum wirtschaftlichen Eigentum vgl. Anm. 2 zu § 10 GrStG. Im Einzelnen vgl. hierzu auch Abschnitt 6 GrStR, der den folgenden Wortlaut hat:

6 GrStR. Allgemeine Voraussetzungen für die Steuerbefreiungen nach § 3 GrStG

(1) *Die Befreiung nach § 3 GrStG hängt von zwei Voraussetzungen ab:*

1. *Der Grundbesitz muß einem bestimmten Rechtsträger ausschließlich zuzurechnen sein (subjektive Voraussetzung),*

2. *der Grundbesitz muß von dem Rechtsträger, dem er zuzurechnen ist, für einen bestimmten steuerbegünstigten Zweck unmittelbar benutzt werden (objektive Voraussetzung).*

(2) *Die Befreiungen gelten auch, wenn der Rechtsträger, dem der Grundbesitz zugerechnet worden ist, seinen Grundbesitz einer anderen nach § 3 Abs. 1 GrStG begünstigten juristischen Person usw. überläßt, wenn diese den Grundbesitz für einen der dort angeführten begünstigten Zwecke benutzt. Daher ist es unerheblich, ob der Grundbesitz der anderen begünstigten juristischen Person usw. unentgeltlich oder entgeltlich, z. B. gegen Miete oder Pacht, zur Benutzung überlassen wird. Steuerfrei bleibt z. B. der mit einem Behördengebäude bebaute Grundbesitz, den der Bund zur Benutzung durch eine Landesbehörde vermietet, oder ein Grundstück mit einer Sportanlage, das eine Gemeinde einem gemeinnützigen Sportverein verpachtet.*

(3) *Diese Voraussetzungen können nicht nur vom bürgerlich-rechtlichen, sondern auch vom wirtschaftlichen Eigentümer erfüllt werden. Als Eigentümer gilt derjenige, dem der Steuergegenstand bei der Einheitsbewertung zugerechnet worden ist (§ 39 AO).*

Die Steuerbefreiung kommt nur in Betracht, wenn die in § 3 Abs. 1 GrStG angeführten Voraussetzungen erfüllt werden. Früher war von besonderer Bedeutung die Frage, ob darüber hinaus, auch wenn die Voraussetzungen nicht erfüllt waren, die Steuerbefreiung durch eine Vereinbarung mit der Gemeinde – sog. **Steuervereinbarung** – herbeigeführt werden konnte. Nachdem die Steuerbefreiungen für den Grundbesitz in § 3 und § 4 GrStG abschließend geregelt (Enumerationsprinzip) sind, können heute solche Vereinbarungen nicht mehr getroffen werden. Eine solche Steuervereinbarung wäre nichtig (BVerwG v. 12.7.1963, KStZ 1963 S. 226). Würden jedoch gleichzeitig die Voraussetzungen für eine Billigkeitsregelung nach § 163 Abs. 1 AO erfüllt sein, könnte u. U. ein Steuererlass in Betracht kommen. Das ist aber nicht möglich, wenn eine Steuervereinbarung auf Jahre hinaus geschlossen worden ist. Eine Umdeutung in einen Steuererlass wäre hier ausgeschlossen. Auch das Vertrauen des Steuerpflichtigen auf den rechtlichen Bestand einer in Wirklichkeit nichtigen Steuervereinbarung ist kein Grund, die Steuer im Umfang der Vereinbarung nach § 227 AO zu erlassen (OVG

Münster v. 1.12.1964, DGStZ 1965 S. 103). Die vorstehenden Grundsätze gelten nicht nur für Steuervereinbarungen mit der Gemeinde, sondern auch für Steuervereinbarungen mit dem Finanzamt (BFH v. 16.2.1962, BStBl. 1962 III S. 241 sowie KStZ 1963 S. 245). Wenn auch keine Steuervereinbarung zulässig ist, so ist doch immerhin ein Verständigungsverfahren mit dem Finanzamt über Fragen im Bereich der Sachverhaltsermittlung möglich, an dessen Ergebnis die Beteiligten bei späteren Rechtsstreitigkeiten gebunden sind.

Geltendmachung von Steuerbefreiungen

3   Die **Grundsteuer** gehört ebenso wie die Einkommen- und Gewerbesteuer zu den **laufend veranlagten Steuern.** Im Gegensatz zu diesen Steuern ist es jedoch bei der Grundsteuer nicht erforderlich, dass eine jährliche Steuererklärung abgegeben wird. Wenn eine Steuerbefreiung erstmals berücksichtigt werden soll, muss deshalb beim zuständigen Finanzamt ein entsprechender Antrag durch den Eigentümer gestellt werden. Andererseits besteht für ihn, wenn eine Steuerbefreiung wegfällt, eine Anzeigepflicht. War der Steuergegenstand bisher in vollem Umfang oder zu einem Teil von der Grundsteuer befreit und sind die Voraussetzungen der Befreiung ganz oder teilweise weggefallen, so hat der Eigentümer dies dem Finanzamt anzuzeigen (§ 19 GrStG). Die Anzeige ist binnen drei Monaten seit dem Wegfall der Voraussetzungen zu erstatten. Vgl. hierzu Anm. 2 zu § 19 GrStG.

Über das Vorliegen der Voraussetzungen einer Steuerbefreiung braucht zwar grundsätzlich erst im Steuermessbetragsverfahren entschieden zu werden. Tatsächlich wird die Entscheidung jedoch schon im **Einheitswertverfahren** getroffen. Hierzu vgl. auch Anm. 2 zu § 13 GrStG. Einheitswerte werden nämlich nur festgestellt, wenn und soweit sie für die Besteuerung von Bedeutung sind (§ 19 Abs. 4 BewG). Unterliegt das Grundstück nicht der Grundsteuer, so unterbleibt eine Einheitswertfeststellung (BFH v. 30.6.2010, BStBl. 2011 II S. 48). Unterliegt es ihr nur mit einem Teil, so wird auch der Einheitswert nur für diesen Teil festgestellt. Da bei der gegebenen Rechtslage ein Widerspruch zwischen § 184 Abs. 1 AO und § 19 Abs. 4 BewG besteht, kann ein Anspruch auf Befreiung von der Grundsteuer auch durch Anfechtung des Einheitswertbescheides geltend gemacht werden, sofern nicht die Finanzverwaltung die Entscheidung ausdrücklich dem Steuermessbetragsverfahren vorbehalten hat (BFH v. 24.7.1985, BStBl. 1986 II S. 128). Hierzu vgl. auch Anm. 3 zu § 16 GrStG.

Fallen die Voraussetzungen der Steuerfreiheit weg, wird das Finanzamt den Einheitswert für den Steuergegenstand oder für den nunmehr steuerpflichtigen Teil desselben nachträglich feststellen (§ 23 Abs. 1 BewG) und den Steuermessbetrag nachträglich veranlagen (§ 18 Abs. 1 GrStG). Ist bereits ein Einheitswert vorhanden, so ist lediglich der Steuermessbetrag nachträglich zu veranlagen (§ 18 Abs. 2 GrStG). Hierzu vgl. Anm. 2 zu § 18 GrStG. Wenn der Steuergegenstand nur zum Teil von der Grundsteuer befreit war und die Voraussetzungen der Befreiung für diesen Teil wegfallen, liegt eine Wertänderung iSd § 22 Abs. 1 Nr. 1 BewG vor, die zu einer **Wertfortschreibung** des

Einheitswertes führt. Die Wertgrenzen des § 22 Abs. 1 Nr. 1 BewG sind dabei zu beachten. Der Fortschreibungsbescheid ist dann auch die Grundlage für eine gleichzeitig erfolgende Neuveranlagung des Grundsteuermessbetrags (§ 17 Abs. 1 GrStG). Hierzu vgl. Anm. 2 zu § 17 GrStG. Der neue Feststellungsbescheid wird von Amts wegen erlassen, auch wenn das Finanzamt in anderer Weise als durch eine Anzeige des Eigentümers von der Änderung Kenntnis erlangt hat.

Ist ein Steuergegenstand nur noch mit einem geringeren Teil als bisher steuerpflichtig, dann erfolgt ebenfalls eine Wertfortschreibung des Einheitswertes (§ 22 Abs. 1 Nr. 1 BewG) und eine Neuveranlagung des Steuermessbetrags (§ 17 Abs. 1 GrStG). Hierzu vgl. Anm. 2 zu § 17 GrStG.

Wenn erstmals die Voraussetzungen für eine Befreiung des ganzen Steuergegenstandes von der Grundsteuer eintreten, sind der Einheitswert und damit dann auch der Steuermessbetrag aufzuheben (§ 24 Abs. 1 Nr. 2 BewG und § 20 Abs. 1 Nr. 2 GrStG). Hierzu vgl. Anm. 2 ff. zu § 20 GrStG. Auch dies hat jeweils von Amts wegen zu geschehen. Die früher vertretene Auffassung, dass es grundsätzlich Sache des Steuerschuldners sei, eine ganze oder teilweise Steuerbefreiung selbst geltend zu machen (BFH v. 8.11.1957, BStBl. 1958 III S. 48), lässt sich heute zwar nicht mehr aufrechterhalten. Ein entsprechender Antrag liegt jedoch im Interesse einer baldigen Erledigung. Solange die Festsetzungsfrist nicht abgelaufen ist, kann die Änderung auch noch auf einen zurückliegenden Zeitpunkt berücksichtigt werden. Hierzu vgl. auch Anm. 5 zu § 17 GrStG.

Stichtag für die Steuerbefreiung

Die Voraussetzungen für die Steuerbefreiung müssen jeweils an dem Stich-   **4** tag erfüllt sein, der für die Veranlagung der Grundsteuer maßgebend ist. Dieser sog. **Veranlagungszeitpunkt** ist der Beginn des Kalenderjahrs (§ 9 Abs. 1 GrStG) und stimmt, wenn gleichzeitig auch ein Einheitswert für das Grundstück festgestellt oder fortgeschrieben werden muss, mit dem Feststellungszeitpunkt bei der Einheitsbewertung überein.

Nach einer vor 1974 geltenden Regelung sollten die Voraussetzungen für die Steuerbefreiung nur dann als erfüllt angesehen werden, wenn anzunehmen war, dass die hierfür erforderlichen Voraussetzungen wenigstens auf die Dauer von zwölf Monaten vorliegen werden. Dagegen war es nicht Voraussetzung, dass die Benutzung zu einem steuerbegünstigten Zweck von unabsehbarer Dauer ist (RFH v. 16.10.1941, RStBl. 1941 S. 950). Auf die Übernahme einer dieser früheren Regelung entsprechenden Vorschrift wurde bei der Neufassung des Grundsteuergesetzes im Jahr 1974 verzichtet, weil sich diese Sachbehandlung mit dem sog. **Stichtagsprinzip,** das auch für die Grundsteuerveranlagung gilt, nicht vereinbaren lässt. Nach § 9 Abs. 1 GrStG wird die Grundsteuer nach den Verhältnissen vom **Beginn des Kalenderjahrs** festgesetzt. Es kommt deshalb auch nur allein darauf an, dass die Voraussetzungen für die Steuerfreiheit an diesem Stichtag vorliegen. Ist dies der Fall, dann ist es unerheblich, ob sie im Laufe des Kalenderjahrs wegfallen und ob sich schon an diesem Stichtag ihr Wegfall im Lauf des Kalenderjahres absehen lässt. Der Wegfall der Voraussetzungen hat dann erst Auswirkungen auf die Grundsteuerveranlagung zu Beginn des nächsten Kalenderjahrs. Hierzu vgl. auch Anm. 2 zu § 9 GrStG.

Zu § 3 Absatz 1

Grundbesitz bestimmter Körperschaften

5   In § 3 Abs. 1 GrStG sind die Steuerbefreiungen für juristische Personen des öffentlichen Rechts, für gemeinnützige Körperschaften und für Religionsgesellschaften enthalten. Die Steuerbefreiung ist hier davon abhängig, dass der Grundbesitz einer der zuvor genannten Körperschaften gehört und außerdem zu einem bestimmten Zweck benutzt wird. Der systematische Aufbau der Vorschrift ist nicht besonders geglückt. Man wollte nämlich aus bestimmten Gründen möglichst wenig vom Wortlaut der früheren Vorschrift in § 4 GrStG a. F. abweichen. Sie hätte sich jedoch auch ohne irgendwelche abweichende steuerliche Folgen klarer und zweckmäßiger fassen lassen. Hierzu vgl. Anm. 60 zu § 3 GrStG.

Zu § 3 Absatz 1 Nummer 1

Grundbesitz von Körperschaften des öffentlichen Rechts

6   Bei der Grundsteuer wird zwischen Körperschaften des privaten Rechts und Körperschaften des öffentlichen Rechts kein Unterschied gemacht. Auch der Grundbesitz von Körperschaften des öffentlichen Rechts bleibt nur dann steuerfrei, wenn eine ausdrückliche Befreiungsvorschrift dafür besteht. Dies ergibt sich aus § 3 Abs. 1 GrStG. Danach ist Grundbesitz, der einer inländischen juristischen Person des öffentlichen Rechts gehört, dann von der Grundsteuer befreit, wenn er für einen öffentlichen Dienst oder Gebrauch benutzt wird. Die Grundsteuerbefreiung für inländische juristische Personen des öffentlichen Rechts setzt voraus, dass die Nutzung unmittelbar durch den begünstigten Rechtsträger erfolgt (FG München v. 28.6.2000, EFG 2000 S. 1273). Ausgenommen hiervon ist der Grundbesitz von Berufsvertretungen und Berufsverbänden sowie der Grundbesitz kassenärztlicher Vereinigungen. Der Begriff des öffentlichen Dienstes oder Gebrauchs wird allerdings nicht in § 3 Abs. 1 Nr. 1 GrStG, sondern in § 3 Abs. 2 und 3 GrStG behandelt. Im Einzelnen vgl. hierzu Anm. 14 zu § 3 GrStG.

Juristische Personen des öffentlichen Rechts

7   Juristische Personen des öffentlichen Rechts sind nach allgemeiner Auffassung Institutionen, die als selbständige mit Hoheitsbefugnissen ausgestattete Verwaltungsträger wirken. Im Einzelnen vgl. hierzu Abschnitt 7 GrStR, der den folgenden Wortlaut hat:

7 GrStR. Juristische Personen des öffentlichen Rechts

(1) Juristische Personen des öffentlichen Rechts sind alle Gebietskörperschaften, z. B. Bund, Länder, Gemeinden, und alle Personalkörperschaften, z. B. Religionsge-

*sellschaften, denen auf Grund öffentlichen Rechts eine eigene Rechtspersönlichkeit zu-
kommt. Auch Stiftungen, Anstalten und Zweckvermögen sind juristische Personen des
öffentlichen Rechts, wenn sie auf Grund öffentlichen Rechts mit eigener Rechtspersönlichkeit ausgestattet sind.*

*(2) Ob eine juristische Person des öffentlichen Rechts vorliegt, richtet sich nach
Bundes- oder Landesrecht. Grundsätzlich muß sich die öffentlich-rechtliche Eigenschaft
aus einem Hoheitsakt (Gesetz, Verordnung oder Verwaltungsakt) ergeben. Ist ein Hoheitsakt nicht festzustellen, so kann die Eigenschaft als Körperschaft des öffentlichen
Rechts auch aus der geschichtlichen Entwicklung, durch Verwaltungsübung oder nach
allgemeinen Rechtsgrundsätzen begründet sein (BFH v. 5.9.1958, BStBl. 1958 III
S. 478). Die Finanzbehörden haben das Recht und die Pflicht, die Eigenschaft einer
juristischen Person als Körperschaft des öffentlichen Rechts nachzuprüfen. Ist diese
Eigenschaft zweifelhaft und nicht ohne weiteres nachweisbar, so ist eine Auskunft der
Bundes- oder Landesbehörde einzuholen, der die Aufsicht über die juristische Person
im Einzelfall zusteht (BFH v. 1.3.1951, BStBl. 1951 III S. 120).*

*(3) Ausländische Körperschaften des öffentlichen Rechts erfüllen die Voraussetzun-
gen des § 3 Abs. 1 GrStG regelmäßig nicht. Wegen der Anwendung der Grundsteu-
erbefreiungsvorschriften auf Grundstücke, die den ausländischen Streitkräften und den
internationalen militärischen Hauptquartieren zur Benutzung überlassen worden sind,
wird auf Abschnitt 9 Abs. 2 hingewiesen.*

*(4) Die diplomatischen und konsularischen Vertretungen ausländischer Staaten sind
nach besonderen zwischenstaatlichen Verträgen von der Grundsteuer befreit (vgl. Abschnitt 29).*

*(5) Bestimmten amtlichen zwischenstaatlichen Organisationen sowie Einrichtungen
auswärtiger Staaten und ausländischen Wohlfahrtsorganisationen wird eine Befreiung
von der Grundsteuer auf Grund besonderer gesetzlicher Regelungen oder zwischenstaatlicher Vereinbarungen gewährt.*

Wegen der bei den juristischen Personen des öffentlichen Rechts gegebenen Vielfalt lässt sich über ihren Rechtsstatus nur wenig Einheitliches feststellen. Gemeinsam ist aber allen, dass sie auf einen **Staatsakt** zurückgehen und
damit ihre öffentlich-rechtliche Eigenschaft aus dem öffentlichen Recht des
Bundes oder eines Landes ableiten. So bedarf z. B. die Errichtung einer bun-
desunmittelbaren Körperschaft eines Bundesgesetzes (Art. 87 Abs. 3 GG). In
anderen Fällen genügt die staatliche Anerkennung oder staatliche Verleihung.
Wenn ein solcher Hoheitsakt nicht vorliegt, kann sich die öffentlich-
rechtliche Eigenschaft u. U. allerdings auch aus der geschichtlichen Entwicklung, aus dem Gewohnheitsrecht, aus der Verwaltungsübung oder aus allgemeinen Rechtsgrundsätzen ergeben (BFH v. 5.9.1958, BStBl. 1958 III
S. 478). In diesem Fall muss aber eindeutig feststehen, dass die Körperschaft
auch hoheitliche Aufgaben zu erfüllen hat und damit Teil der öffentlichen
Verwaltung ist. Dass sie ihrer verbandsmäßigen Struktur nach u. U. auch einem nichtrechtsfähigen Verein ähnelt, ist dann bedeutungslos (BFH v.
5.2.1964 I 213/62, StRK § 1 KStG Nr. 48). Wechseln die Anschauungen
über die öffentlichen Aufgaben, so kann auch die Körperschaft ihren Charakter ändern und aus der Körperschaft des öffentlichen Rechts eine Körper-

schaft des privaten Rechts werden (RFH v. 6.6.1928, RStBl. 1928 S. 332). Die Finanzbehörden haben deshalb stets das Recht und die Pflicht, die Eigenschaft als Körperschaft des öffentlichen Rechts im Einzelfall nachzuprüfen. Wenn Zweifel bestehen, ist eine Entscheidung der Verwaltungsbehörde herbeizuführen, welche für die Aufsicht über die Körperschaft zuständig ist (Abschnitt 7 Abs. 2 GrStR sowie BFH v. 1.3.1951, BStBl. 1951 III S. 120). Die Frage, inwieweit deren Entscheidung für das Finanzamt verbindlich ist, war bei den Beratungen des Grundsteuerreformgesetzes 1974 im Rechtsausschuss des Bundesrats umstritten. Es wurde dort die Auffassung vertreten, dass die Bindung des Finanzamts als Landesbehörde z. B. an die Entscheidung einer Bundesbehörde zu einer verfassungsrechtlich unzulässigen Mischverwaltung führen würde. Weitere Folgen hatte diese Diskussion jedoch nicht; denn es handelt sich hier nur um die Auskunft einer anderen Behörde zu einem Sachverhalt, der für die Besteuerung von Bedeutung ist (§ 93 Abs. 1 AO). Es gelten dieselben Grundsätze wie auch sonst bei einer Amtshilfe nach §§ 111 ff. AO. Schon aus diesen Gründen wird sich das Finanzamt an diese Auskunft halten.

Eine Steuerbefreiung, die subjektiv nur für öffentlich-rechtliche Körperschaften gilt (§ 3 Abs. 1 Nr. 1 GrStG), kann von einer Kapitalgesellschaft nicht in Anspruch genommen werden, selbst wenn an derselben nur öffentlich-rechtliche Körperschaften beteiligt sind (Hess. FG v. 20.7.1978, EFG 1979 S. 41); denn hier handelt es sich um eine juristische Person des privaten Rechts. Zum Wegfall der subjektiven Voraussetzungen für eine Grundsteuerbefreiung bei Grundbesitz der Deutschen Beamten-Versicherung infolge Änderung der Rechtsstruktur siehe OFD Koblenz, Kurzinformation der Steuergruppe St 3 (Grundsteuer) Nr. 004/06 v. 10.1.2006 – G 1103 A – St 35 6 (n. v.). Bei einer BGB-Gemeinschaft, die nur aus solchen Körperschaften besteht, müsste dies jedoch möglich sein.

Gebiets- und Personalkörperschaften

8   Bei den Körperschaften des öffentlichen Rechts ist zu unterscheiden zwischen den Gebiets- und Personalkörperschaften einerseits sowie zwischen den Anstalten und Stiftungen andererseits. Der Unterschied besteht darin, dass die Gebiets- und Personalkörperschaften einen eigenen Mitgliederbestand haben, dieser jedoch bei den Anstalten und Stiftungen fehlt.

Eine **Gebietskörperschaft** hat Mitglieder, die in einer engeren Beziehung zu einem bestimmten abgegrenzten Gebiet stehen. Bei einer **Personalkörperschaft** richtet sich dagegen die Mitgliedschaft nach persönlichen Kriterien, z. B. nach dem Beruf u. a. m. Unter Umständen gehen auch beide Abgrenzungsmerkmale ineinander über. In der Regel hat die Körperschaft ein Vertretungs- oder Geschäftsführungsorgan und daneben ein besonderes beschließendes Organ, bestehend aus den meist zwangsweise angeschlossenen Mitgliedern. Sie untersteht der staatlichen Aufsicht. Diese kann sowohl eine Rechtaufsicht als auch eine Fachaufsicht sein. Im ersten Fall beschränkt sie sich auf die Einhaltung der Gesetze, im zweiten Fall auch auf die Zweckmäßigkeit der getroffenen Maßnahmen. Zu den Gebietskörperschaften gehören

Bund, Länder, Gemeinden und Gemeindeverbände. Die Gemeindeverbände stellen sich dabei als eine Zwischenstufe zwischen Ländern und den Gemeinden dar. Es sind dies z. B. Landkreise, Provinzial- und Bezirksverbände, jedoch nicht Gemeindezweckverbände, die wirtschaftliche Zwecke verfolgen.

Zu den Personalkörperschaften gehören dagegen Körperschaften, die auch andere Mitglieder haben, u. U. auch Mitgliedsbeiträge erheben (BFH v. 5.2.1964 I 213/62, StRK § 1 KStG Nr. 48). Das sind insbesondere die berufsständischen Einrichtungen wie Innungen, Handels-, Handwerks-, Landwirtschafts-, Ärzte- und sonstige Kammern. Außerdem gehören hierher Körperschaften, die im Interesse ihrer Mitglieder bestimmte Sonderaufgaben erledigen, wie z. B. Sparkassen- und Giroverbände, Flurbereinigungsverbände, Wasser- und Bodenverbände, Schulverbände, sowie Körperschaften, die bestimmte Risiken ihrer Mitglieder übernehmen, wie z. B. Berufsgenossenschaften, Feuerversicherungs- und ähnliche Anstalten. Grundbesitz eines – von der Körperschaftsteuer und Gewerbesteuer befreiten – Wasser- und Bodenverbands in der Rechtsform einer Körperschaft des öffentlichen Rechts ist gemäß § 3 Abs. 1 Satz 1 Nr. 1 GrStG von der Grundsteuer befreit, wenn er für hoheitliche Aufgaben des Verbands nach § 2 WVG benutzt wird. Die Entscheidung, ob – vorgehaltene – Flächen für eine hoheitliche Aufgabe benötigt werden, obliegt grundsätzlich dem Verband (FG Düsseldorf v. 1.9.2005, StE 2006 S. 44).

Realgemeinden sind Personenvereinigungen des älteren agrarwirtschaftlichen Genossenschaftsrechts, bei denen mit der Mitgliedschaft das Recht auf gemeinsame land- und forstwirtschaftliche Nutzung des Grund und Bodens verbunden ist (RFH v. 31.5.1938, RStBl. 1938 S. 736). Zum Teil werden sie auch heute noch als Körperschaften des öffentlichen Rechts geführt. Das gilt z. B. für Realgemeinden mit einem Statut, das objektives Recht schafft (BFH v. 17.1.1962, StRK § 4 Abs. 1 Ziff. 5 KStG Nr. 2). Diese Unterscheidung ist im vorliegenden Zusammenhang aber ohne weitere Bedeutung, weil die land- und forstwirtschaftliche Nutzung des Grundbesitzes in aller Regel eine Steuerbefreiung auch bei Körperschaften des öffentlichen Rechts ausschließt (§ 6 GrStG). Auch für Flurbereinigungsverbände ergibt sich aus § 3 Abs. 1 Nr. 1 GrStG keine Steuerbefreiung.

Anstalten und Stiftungen des öffentlichen Rechts

Eine **Abgrenzung** zwischen der Anstalt und der Stiftung des öffentlichen 9 Rechts **ist schwierig,** zumal beide Bezeichnungen u. U. für dieselbe Organisationsform gebraucht werden und Übergangs- und Mischformen häufig sind. Als **Anstalt** wird man eine Zusammenfassung von Verwaltungsvermögen und von Verwaltungsbediensteten zum Zwecke der Wahrnehmung bestimmter öffentlicher Aufgaben außerhalb der Staatsverwaltung bezeichnen können (z. B. Sparkassen, Krankenhäuser, Forschungsanstalten, Universitäten, Schulen, Rundfunkanstalten, Bibliotheken usw.). Die Benutzung der Einrichtungen dieser Anstalten sowie das Rechtsverhältnis dieser Anstalten zu den Empfängern ihrer Leistungen bestimmt sich nach einer Anstaltsordnung, die in der Regel von der zuständigen Aufsichtsbehörde aufgestellt oder genehmigt sein muss. Es gibt rechtsfähige und nichtrechtsfähige Anstalten. Der Unterschied besteht darin, dass eine rechtsfähige Anstalt zwar in das Verwaltungssystem des Staates oder einer Körperschaft des öffentlichen Rechts eingebaut ist, gleichwohl aber selbständiger Träger von Rechten und Pflichten ist. Die nichtrechtsfähige Anstalt ist dagegen ein unmittelbarer Bestandteil einer Körperschaft des öffentlichen Rechts, die dann auch Träger der Anstalt bleibt. Die bekanntesten Anstalten des öffentlichen Rechts waren die Landesversicherungsanstalten und die Bundesversicherungsanstalt für Angestellte (BfA), jetzt Deutsche Rentenversicherung Bund bzw. Länder. Verpachtet eine **öffentlich-rechtliche Rundfunkanstalt** ein für Rundfunkzwecke (vgl. hierzu auch Anm. 16) genutztes Grundstück und pachtet sie das Grundstück zugleich wieder zurück, führt dies nicht zum Wegfall der Grundsteuerbefreiung. Dabei spielt es keine Rolle, ob die Verpachtung im Rahmen der Vermögensverwaltung oder eines Betriebs gewerblicher Art iSd Körperschaftsteuergesetzes erfolgt (BFH v. 30.1.2013 II R 11 /11, n. v.; a. A. mit überzeugenden Gründen vorinstanzlich FG Düsseldorf v. 10.2.2011 11 K 2324/10 Gr.BG, n. v.).

Mit Inkrafttreten des Gesetzes über die Bundesanstalt für Immobilienaufgaben (BImAG) v. 9.12.2004 (BGBl. 2004 I S. 3235) zum 1.1.2005, zuletzt geändert durch Gesetz v. 5.2.2009 (BGBl. 2009 I S. 160), wurde die Bundesvermögensverwaltung in die **Bundesanstalt für Immobilienaufgaben** überführt. Die Bundesanstalt für Immobilienaufgaben, bei der es sich um eine bundesunmittelbare rechtsfähige Anstalt handelt, hat eigenverantwortlich die zuvor von der Bundesvermögensverwaltung übertragenen liegenschaftsbezogenen und sonstigen Aufgaben zu erfüllen. Zu den liegenschaftsbezogenen Aufgaben zählen insbesondere die Deckung des Grundstücks- und Raumbedarfs für Bundeszwecke, die Verwaltung und Verwertung von Grundstücken, die nicht für Verwaltungszwecke des Bundes benötigt werden, die Verwaltung von Dienstliegenschaften im Bereich der Bundesfinanzverwaltung sowie forstliche Dienstleistungen einschließlich forstwirtschaftlicher Bewirtschaftung und naturschutzfachliche Betreuung des Liegenschaftsvermögens des Bundes. Nach § 2 Abs. 2 des BImAG ist mWv 1.1.2005 das Eigentum an allen Grundstücken, grundstücksgleichen Rechten und beschränkt dinglichen Rechten des Bundes, die bisher zum Geschäftsbereich des Bundesfinanzministeriums gehörten, auf die Bundesanstalt für Immobilienaufgaben übergegangen. Zum 1.1.2005 sind demgemäß für bisher grundsteuerpflichtige wirtschaftliche Einheiten Zurechnungsfortschreibungen (§ 22 BewG) und Grundsteuermessbetragsveranlagungen auf die Bundesanstalt für Immobilienaufgaben durchzuführen (siehe hierzu auch Anm. 2 zu § 17 GrStG). Bei Verwertung bzw. Umnutzung bisher grundsteuerfreien Grundbesitzes obliegt die Anzeigepflicht nach § 19 GrStG der Bundesanstalt für Immobilienaufgaben. Zur Übertragung von Liegenschaften vom Bund auf die Bundesanstalt für Immobilienaufgaben siehe bereits *Stellwaag,* Rpfleger 2008 S. 293.

Im Gegensatz zur Anstalt verbindet sich mit der **Stiftung** die Vorstellung eines ruhenden Vermögens. Hier wird nur der Ertrag des Stiftungsvermögens der Allgemeinheit zur Verfügung gestellt. Das Stiftungsvermögen dient also nur mittelbar öffentlichen Aufgaben. In Betracht kommen z.B. Krankenhaus-, Waisenhausstiftungen u. a. m. Auch hier unterscheidet man zwischen rechtsfähiger und nichtrechtsfähiger Stiftung. Letztere ist Bestandteil einer Körperschaft des öffentlichen Rechts und wird von dieser mitverwaltet. Eine Trennung zwischen Stiftungen des privaten und des öffentlichen Rechts ergibt sich zwar aus § 89 BGB. Sachlich begründete Unterscheidungsmerkmale bestehen allerdings kaum. Es muss deshalb im Einzelfall jeweils geprüft werden, ob eine Stiftung als Körperschaft des öffentlichen Rechts oder als Körperschaft des privaten Rechts gelten soll. Im allgemeinen Rechtsleben hat die Unterscheidung zwischen einer Stiftung des öffentlichen Rechts und einer Stiftung des privaten Rechts keine besonderen Auswirkungen. Steuerlich kann dagegen die Unterscheidung von Bedeutung sein.

Berufsvertretungen und Berufsverbände

Literatur: *Ostendorf,* Grundsteuerliche Behandlung der Industrie- und Handelskammern, KStZ 1977 S. 107.

Berufsvertretungen und Berufsverbände sind ausdrücklich **von der** 10 **Grundsteuerbefreiung ausgeschlossen.** Bei ihnen sind damit die subjektiven Voraussetzungen für eine Steuerbefreiung nach § 3 Abs. 1 Nr. 1 GrStG in keinem Fall gegeben, gleichgültig ob es sich dabei um eine Körperschaft des öffentlichen oder des privaten Rechts handelt. Berufsverbände sind Vereinigungen von Personen oder von Unternehmen, die allgemeine, aus der beruflichen oder unternehmerischen Tätigkeit erwachsende ideelle und wirtschaftliche Interessen des Berufsstandes oder Wirtschaftszweiges wahrnehmen (R 16 Abs. 1 KStR). Dazu gehören einerseits Verbände, die Angehörige desselben Berufes oder nahe verwandter Berufe zu ihren Mitgliedern zählen, andererseits aber auch Verbände, die Angehörige verschiedener Wirtschaftszweige umfassen (BFH v. 12.7.1955, BStBl. 1955 III S. 271). Auch der Zusammenschluss mehrerer Berufsverbände zu einem Dachverband ist als Berufsverband anzusehen (R 16 Abs. 1 KStR).

Ein Berufsverband soll die ideellen und wirtschaftlichen Interessen des Berufsstandes wahrnehmen. Dadurch unterscheidet er sich vom gemeinnützigen Verein, der selbstloses Handeln verlangt und vom Liebhaberverein, der keine beruflichen, sondern private Interessen fördert. Im Einzelnen kommen als Berufsverbände in Betracht Wirtschaftsverbände, Arbeitgeberverbände, Gewerkschaften, Bauernvereine, Hausbesitzervereine usw. Zu den Berufsvertretungen gehören dagegen Handelskammern, Landwirtschaftskammern und ähnliche Einrichtungen. Als Berufsverbände sind dagegen nicht anzusehen politische Parteien und politische Vereine (BFH v. 17.5.1952, BStBl. 1952 III S. 228). Sie erfüllen aber ebenfalls nicht die subjektiven Voraussetzungen einer Grundsteuerbefreiung.

Dafür, dass Berufsverbände und Berufsvertretungen, die Körperschaften des öffentlichen Rechts sind, von den nach § 3 Abs. 1 Nr. 1 GrStG begünstigten Körperschaften ausgenommen sind, war maßgebend, dass eine unterschiedliche Behandlung von Berufsverbänden je nachdem, ob sie öffentlich-rechtlichen oder privatrechtlichen Charakter haben, im Hinblick auf Art. 3 GG bedenklich sei. Das gelte umso mehr, als auch sonst Berufsverbände mit öffentlich-rechtlichem Charakter und Berufsverbände ohne öffentlich-rechtlichen Charakter steuerlich im Wesentlichen gleich behandelt werden (vgl. § 5 Abs. 1 Nr. 5 KStG). Für eine generelle Befreiung aller Berufsverbände bestand jedoch nach Auffassung des Gesetzgebers kein Anlass.

Die Steuerbefreiung gilt auch nicht für **kassenärztliche** (kassenzahnärztliche) **Vereinigungen** sowie für kassenärztliche Bundesvereinigungen, die ebenfalls Körperschaften des öffentlichen Rechts sind, denn auch hier steht nicht die Wahrnehmung der Interessen der Allgemeinheit, sondern die Vertretung der Interessen der Kassenärzte gegenüber den Krankenkassen im Vordergrund (BFH v. 15.7.1960, BStBl. 1960 III S. 449). Obwohl Ärztekammern und Ärzteversorgung verschiedene Aufgaben haben, ist der Grundbesitz solcher Rechtsträger ausdrücklich nach § 3 Abs. 1 Nr. 1 Satz 2 GrStG von der Steuerbefreiung ausgenommen, sofern überhaupt die verschiedenen Aufgaben getrennt wahrgenommen werden. Die Doppelnatur der Aufgabenstellung kann mithin die Steuerpflicht nicht verhindern (FG München v. 3.3.2004, EFG 2004 S. 1859).

Bei den Beratungen im Finanzausschuss des Bundestages wurde durchaus erkannt, dass mit der Regelung in § 3 Abs. 1 Nr. 1 GrStG auch Institutionen, die teils im Interesse der Berufsangehörigen und teils im öffentlichen Interesse tätig sind (z.B. die Industrie- und Handelskammern, Handwerkskammern, Landwirtschaftskammern u.a.) von der Steuerbefreiung ausgeschlossen sind. Es wurde auch erwogen, als Grundgedanken der Ausnahmeregelung die Standesinteressenwahrung in die Vorschrift aufzunehmen, was jedoch nicht geschehen ist. Vgl. hierzu Protokoll Nr. 4 über die Sitzung des Finanzausschusses v. 14.3.1973. Unter diesen Umständen ist eine Grundsteuerbefreiung auch dann ausgeschlossen, wenn der Berufsvertretung hoheitliche Aufgaben übertragen worden sind (BFH v. 18.11.1955, BStBl. 1955 III S. 398 sowie FinMin. NW v. 21.4.1977, GrSt Kartei § 3 A 6). Auf den Umfang der hoheitlichen Aufgaben kommt es dabei nicht an. Die Vorschrift des § 8 Abs. 2 GrStG kann hier schon deshalb nicht angewendet werden, weil sie nicht für die subjektiven, sondern nur für die objektiven Voraussetzungen der Steuerbefreiung gilt. Demgemäß ist auch Grundbesitz einer Landwirtschaftskammer in Nordrhein-Westfalen, der für einen öffentlichen Dienst oder Gebrauch verwendet wird, nicht grundsteuerbefreit; denn die Landwirtschaftskammer ist auch Berufsvertretung (BFH v. 31.7.1985, BStBl. 1985 II S. 681).

Ausländische Körperschaften des öffentlichen Rechts

11   Die Grundsteuerbefreiungen in § 3 Abs. 1 Nr. 1 GrStG kommen nur für inländische juristische Personen des öffentlichen Rechts in Betracht. Zwar werden auch ausländische Körperschaften des öffentlichen Rechts nach deutschem Recht als rechtsfähig anerkannt. Steuerlich haben sie aber keineswegs die Stellung einer entsprechenden inländischen Körperschaft. Sie werden vielmehr, soweit gesetzlich nichts Abweichendes bestimmt ist, wie andere privatrechtliche Körperschaften behandelt. Das gilt auch für die Grundsteuer. Ausländischen Staaten wird allerdings eine besondere Steuerbefreiung für den Grundbesitz ihrer diplomatischen und konsularischen Vertretungen gewährt.

Ebenso steht bestimmten zwischenstaatlichen Organisationen eine Steuerbefreiung auf Grund besonderer zwischenstaatlicher Verträge oder besonderer gesetzlicher Regelungen zu. Hierzu vgl. auch Abschnitt 7 GrStR (abgedruckt bei Anm. 7 zu § 3 GrStG) sowie Anm. 13 zu § 3 GrStG.

Ausländische Botschaften und Konsulate

Von der Grundsteuer befreit ist Grundbesitz eines ausländischen Staates, **12** der für Zwecke von Botschaften, Gesandtschaften oder Konsulaten dieses Staates benutzt wird. Dies gilt auch, wenn die Vertretung von einem Wahlkonsul geleitet wird. Der Grundbesitz muss sich im **Eigentum** des betreffenden Staates befinden, zu dessen diplomatischen oder konsularischen Zwecken er benutzt wird.

Gemieteter oder gepachteter (auch unentgeltlich überlassener) Grundbesitz, der zu diesen Zwecken benutzt wird, ist, auch wenn er einer inländischen Körperschaft des öffentlichen Rechts, z.B. dem Bund gehört, nicht steuerfrei; denn der ausländische Staat zählt nicht zu den nach § 3 Abs. 1 GrStG begünstigten Körperschaften. Im Einzelnen vgl. hierzu Abschnitt 29 GrStR, der den folgenden Wortlaut hat:

29 GrStR. Grundsteuerrechtliche Behandlung von Grundstücken fremder Staaten

(1) Die Grundsteuerbefreiung für Grundbesitz ausländischer Staaten, der diplomatischen Zwecken dient, ist im Wiener Übereinkommen über diplomatische Beziehungen (WÜD) vom 18.4.1961 (BGBl. 1964 II S. 959), die Grundsteuerbefreiung von Grundbesitz, der konsularischen Zwecken dient, ist im Wiener Übereinkommen über konsularische Beziehungen (WÜK) vom 24.4.1963 (BGBl. 1969 II S. 1587) geregelt. Beide Übereinkommen sind auch im Verhältnis zu den Staaten anzuwenden, die ihnen nicht beigetreten sind, sofern Gegenseitigkeit gewährt wird.[1]

(2) Nach Artikel 23 Abs. 1 WÜD sind der Entsendestaat und der Missionschef hinsichtlich der in ihrem Eigentum stehenden „Räumlichkeiten der Mission" von der Grundsteuer befreit. Zu den „Räumlichkeiten der Mission" gehören die „für Zwecke der Mission verwendeten Gebäude oder Gebäudeteile mit dem hierzu gehörenden Gelände, einschließlich der Residenz des Missionschefs" (Artikel 1 Buchst. i WÜD), nicht aber Gebäude oder Gebäudeteile, die außerhalb der Mission oder der Residenz des Missionschefs den Wohnzwecken der Beamten oder Angestellten der Mission dienen. Es gehören weiter auch unbebaute Grundstücke dazu, die für eine diplomatische Nutzung in unbebautem Zustand, z.B. als Parkfläche oder für eine Bebauung mit einem Gebäude, vorgesehen sind. § 7 GrStG ist insoweit nicht anwendbar. Privater Grundbesitz ausländischer Diplomaten ist dagegen grundsteuerpflichtig, es sei denn, daß der ausländische Diplomat den Grundbesitz im Auftrag des Entsendestaats für Zwecke der Mission im Besitz hat (Artikel 34 Buchst. b WÜD).

(3) Die Grundsteuerbefreiung des Grundbesitzes, der konsularischen Zwecken dient, ist insbesondere in Artikel 32 Abs. 1 und in Artikel 60 WÜK geregelt. Die Anweisungen in Absatz 2 gelten entsprechend.

---

[1] Zu Abschnitt 29 Abs. 1 Satz 2 vgl. aber gleich lautenden Ländererlass v. 1.12.2000, BStBl. 2000 I S. 1516.

(4) *Völkerrechtliche Sonderregelungen, die über die Vorschriften des WÜD und des WÜK hinausgehende Befreiungen von Grundstücken fremder Staaten enthalten, bleiben unberührt. Vgl. die Zusammenstellung im BMF-Schreiben vom 24.1.1975 (BStBl. I S. 253), ergänzt durch BMF-Schreiben vom 23.5.1978 (BStBl. I S. 226).*[1]

(5) *Wird ein Grundstück von einem ausländischen Staat für diplomatische oder konsularische Zwecke im Laufe eines Jahres erworben, so schuldet der Veräußerer die Grundsteuer noch bis zum Schluß des Kalenderjahres. Eine Haftung des Entsendestaates als Erwerber des Grundbesitzes (§ 11 Abs. 2 Satz 1 GrStG) kommt jedoch nicht in Betracht; hierbei ist es gleichgültig, ob die Steuer auf den Zeitraum vor oder nach der Übereignung des Grundstücks entfällt.*

Nach Art. 34 WÜD wird den Diplomaten sowie den in ihrem Haushalt lebenden Angehörigen Befreiung von allen Steuern gewährt. Ausgenommen hiervon sind lediglich Steuern für ihr privates, im Empfangsstaat gelegenes unbewegliches Vermögen. Das gilt auch für die Grundsteuer. Nach Art. 49 WÜK wird den Konsularbeamten sowie den in ihrem Haushalt lebenden Familienmitgliedern Befreiung von allen Steuern gewährt. Ausgenommen hiervon sind auch hier die Steuern für ihr privates, im Empfangsstaat gelegenes unbewegliches Vermögen. Auch dies gilt für die Grundsteuer.

Wird von einem ausländischen Staat Grundbesitz für diplomatische oder konsularische Zwecke erworben, so ist der beim Veräußerer eintretende Wegfall der Steuerpflicht nach deutschem Steuerrecht abzuwickeln. Er hat deshalb die Grundsteuer noch bis zum Schluss des Kalenderjahrs zu entrichten, in welchem der Übergang erfolgt. Das gilt auch in den Fällen, in denen der ausländische Staat als Erwerber auf Grund des Kaufvertrags bereits zum Zeitpunkt des Übergangs des Grundstücks die laufenden Nutzungen und Lasten, also auch die Verpflichtung übernimmt, die Grundsteuer bis Ende des maßgebenden Kalenderjahrs zu entrichten. Durch diese Vereinbarung wird der ausländische Staat als Erwerber nicht zum Steuerschuldner. Es handelt sich vielmehr um eine privatrechtliche Vereinbarung ohne öffentlich-rechtliche Wirkung, die die Steuerzahlungspflicht des Veräußerers unberührt lässt. Eine Haftung des ausländischen Staats (§ 11 Abs. 2 GrStG) scheidet jedoch aus, gleichgültig, ob die Steuer auf die Zeit vor oder nach der Übereignung des Grundstücks entfällt (FinMin. NW v. 1.7.1971, BStBl. 1971 I S. 343). Die Gemeinde kann sich, ungeachtet der vertraglichen Abmachungen hinsichtlich des Übergangs der Lasten, wegen der rückständigen Grundsteuer nach wie vor nur an den Veräußerer halten.

Auch Grundbesitz, den eine inländische Körperschaft des öffentlichen Rechts im Rahmen ihrer diplomatischen Beziehungen einem fremden Staat zur Errichtung eines Botschaftsgebäudes zur Verfügung stellt, ist nach § 3 Abs. 1 Nr. 1 GrStG von der Grundsteuer freigestellt (BFH v. 4.10.1989, BStBl. 1990 II S. 189).

Nach einem Freundschafts-, Handels- und Konsulatsvertrag zwischen dem früheren Deutschen Reich und den Vereinigten Staaten von Amerika v.

---

[1] Vgl. jetzt BMF-Schreiben v. 18.3.2013, BStBl. 2013 I S. 404.

8.12.1923 (RGBl. 1925 II S. 795), geändert durch Abkommen v. 3.6.1935 (BGBl. 1935 II S. 743), der durch Abkommen v. 3.8.1954 (BGBl. 1954 II S. 721) wieder in Kraft gesetzt wurde, bleibt Grundbesitz der Vereinigten Staaten steuerfrei, wenn er von diesen ausschließlich zu Regierungszwecken benutzt wird. Grundbesitz, auf dem sich ein Amerikahaus befindet, gilt als für Regierungszwecke benutzt. Der Begriff „ausschließliche" Benutzung in Art. XIX dieses Vertrags ist nicht identisch mit dem Begriff „unmittelbare" Nutzung. Er schließt vielmehr auch den Zustand des bloßen Besitzes von unbebauten Grundstücken, die zur Bebauung für Regierungszwecke bestimmt sind, mit ein. Vgl. FinMin. Rh-Pf v. 12.1.1956 (DGStZ 1956 S. 55). Es handelt sich insoweit um eine Ausnahme von den sonst geltenden Voraussetzungen für die Annahme einer unmittelbaren Nutzung. Hierzu vgl. auch Anm. 2 zu § 7 GrStG.

Gebäude und Gebäudeteile, die außerhalb der Missionsgebäude den Wohnzwecken des Personals der Vertretung dienen, sind nicht ohne Weiteres steuerbefreit. Dies wäre nur der Fall, wenn das Gebäude usw. im Eigentum des Entsendestaats steht und von dem Entsendestaat auch Gegenseitigkeit gewährt wird. Dies setzt jedoch eine besondere Übereinkunft mit dem Entsendestaat voraus. Hierzu vgl. die Verordnung v. 11.11.1981 (BGBl. 1981 II S. 1002, BStBl. 1982 I S. 626), die auszugsweise den folgenden Wortlaut hat:

§ 1 VO

(1) [1]**Grundbesitz eines Entsendestaates oder einer für diesen handelnden Person, der für Wohnzwecke der Mitglieder des Personals seiner diplomatischen Mission oder der Mitglieder seiner von einem Berufskonsularbeamten geleiteten konsularischen Vertretung benutzt wird, ist unter der Voraussetzung und nach Maßgabe der Gegenseitigkeit von der Grundsteuer und ... befreit.** [2]**Einkünfte aus solchem Grundbesitz sind unter der Voraussetzung und nach Maßgabe der Gegenseitigkeit von der Einkommensteuer befreit.**

(2) **Die Gegenseitigkeit wird durch besondere Übereinkunft zwischen der Regierung der Bundesrepublik Deutschland, vertreten durch das Auswärtige Amt, das im Einvernehmen mit dem Bundesminister der Finanzen handelt, und der Regierung des Entsendestaats vereinbart.**

Nach dem gleich lautenden Ländererlass v. 1.12.2000 (BStBl. 2000 I S. 1516) ist Abschnitt 29 Abs. 1 Satz 2 GrStR nicht mehr anzuwenden. Das Erfordernis der Gegenseitigkeit besteht nur, wenn es sich um Grundbesitz handelt, der für Wohnzwecke des Personals diplomatischer Missionen und berufskonsularischer Vertretungen benutzt wird (§ 1 der VO v. 11.11.1981, aaO). In diesen Fällen ist bei Anträgen auf Grundsteuerbefreiung eine Stellungnahme des Auswärtigen Amtes einzuholen, ob und ggf. inwieweit der jeweilige Entsendestaat Gegenseitigkeit gewährt. Bei positivem Bescheid ist die antragstellende Mission auf ihre Anzeigepflicht nach § 19 GrStG hinzuweisen, wenn die Gegenseitigkeit und damit die Voraussetzung für eine Grundsteuerbefreiung entfällt. Der Ländererlass trägt dem Umstand Rechnung, dass die deutschen Auslandsvertretungen grundsätzlich gehalten sind, über Änderungen in Bezug auf Vorrechte und Befreiungen zu berichten, die auf der Grundlage des WÜD/WÜK oder von mit dem Gastland getroffenen Vereinbarungen gewährt bzw. nicht gewährt werden. Hinsichtlich einer Grundsteuerbefreiung ist danach nicht grundsätzlich davon auszugehen, dass eine einmal getroffene Gegenseitigkeitsfeststellung auf Dauer Gültigkeit behält. Gesetzesänderungen im jeweiligen Gastland oder eine unterschiedliche Anwendung oder Auslegung der Gesetze können sich unmittelbar auf die Gegenseitigkeit auswirken (FinMin. Ba-Wü v. 26.6.1998, DB 1998 S. 1372).

Nach § 1 der VO v. 11.11.1981 (aaO) würde zwar keine Möglichkeit einer Steuerbefreiung für Grundbesitz des Entsendestaats bestehen, der für den Unterricht und die Erziehung der Kinder des Personals, für die Freizeitgestaltung des Personals u. a. m. benutzt wird, denn Räumlichkeiten der Mission sind nach Art. 1 Buchst. i WÜD nur Gebäude und Gebäudeteile, die für Zwecke der Mission verwendet werden. Schulgrundstücke gehören dazu aber nicht. Immerhin könnte aber eine Steuerbefreiung nach § 4 Nr. 5 GrStG in Betracht kommen. Inwieweit dies möglich ist, hängt von den Umständen des Einzelfalles ab.

Internationale Einrichtungen

13 Zwischenstaatliche Organisationen sind auf Grund besonderer Abkommen oder auf Grund innerstaatlicher Gesetze und Verordnungen vielfach von allen direkten Steuern befreit. Das gilt z. B. für die Vereinten Nationen (UNO) und ihre Sonderorganisationen, für die Europäischen Gemeinschaften und ihre Organisationen, für die Nordatlantikpakt-Organisation (NATO) u. a. m. Da die Grundsteuer ebenfalls zu den direkten Steuern gehört (vgl. z. B. das Unterzeichnungsprotokoll zu Art. 14 des Ergänzungsabkommens zum NATO-Hauptquartier v. 17.10.1969, BGBl. 1969 II S. 1997 ff.), bleiben deshalb diese Organisationen mit ihrem Grundbesitz in der Bundesrepublik Deutschland grundsteuerfrei, soweit er unmittelbar für Aufgaben dieser Organisationen benutzt wird. Gewöhnlich wird dazu in den Abkommen bestimmt, dass die Einrichtungen mit ihren Vermögensgegenständen, also auch mit ihrem Grundbesitz nur „im Rahmen ihrer amtlichen Tätigkeit von jeder direkten Steuer befreit" sind. Es gelten deshalb die Vorschriften der §§ 7 ff. GrStG auch hier entsprechend. Meistens werden jedoch diese Organisationen keinen eigenen Grundbesitz in der Bundesrepublik Deutschland haben.

In diesem Zusammenhang ist auch hinzuweisen auf die Verordnung v. 28.11.1979 (BGBl. 1979 II S. 1213) über die Gewährung von Vorrechten und Immunitäten an das Deutsch-Französische Jugendwerk, auf die Verordnung v. 28.5.1965 (BGBl. 1965 II S. 843) über die Gewährung von Vorrechten und Befreiungen für italienische Kulturinstitute, auf die Verordnung v. 12.8.1985 (BGBl. 1985 II S. 999) über die Europäischen Schulen in Karlsruhe und München, die auf steuerlichem Gebiete den öffentlichen Unterrichtsanstalten in der Bundesrepublik Deutschland gleichgestellt sind, u. a. m. Vgl. hierzu BMF v. 18.3.2013 (BStBl. 2013 I S. 404).

Öffentlicher Dienst oder Gebrauch

Literatur: *Bonefeld*, Wann entfällt die Grundsteuerbefreiung des Bundes bei Aufgabe der hoheitlichen Nutzung?, KStZ 1994 S. 129.

Öffentlicher Dienst oder Gebrauch ist die Ausübung der öffentlichen Ge- **14** walt (hoheitliche Tätigkeit) oder der bestimmungsgemäße Gebrauch durch die Allgemeinheit (§ 3 Abs. 2 GrStG). Öffentlicher Dienst und öffentlicher Gebrauch lassen sich voneinander kaum trennen. „Öffentlicher Dienst oder Gebrauch" wird deshalb als einheitlicher Sammelbegriff verwendet. Die Annahme eines öffentlichen Dienstes oder Gebrauchs wird nicht dadurch ausgeschlossen, dass hierfür ein Entgelt erhoben wird. Das Entgelt darf jedoch nicht in der Absicht, Gewinn zu erzielen, gefordert werden (§ 3 Abs. 2 GrStG). Im Einzelnen vgl. dazu Abschnitt 8 GrStR, der den folgenden Wortlaut hat:

8 GrStR. Öffentlicher Dienst oder Gebrauch

(1) Unter „Öffentlicher Dienst oder Gebrauch" ist sowohl die hoheitliche Tätigkeit als auch der bestimmungsgemäße Gebrauch durch die Allgemeinheit zu verstehen (§ 3 Abs. 2 GrStG). Mit dem Sammelbegriff „Öffentlicher Dienst oder Gebrauch" soll die oft sehr schwierige Unterscheidung vermieden werden, ob im Einzelfall das eine oder andere vorliegt; denn beide Begriffe gehen ineinander über (BFH v. 20.5.1960, BStBl. 1960 III S. 368). Im Verwaltungsrecht werden die im Verwaltungsgebrauch oder Gemeingebrauch stehenden Grundstücke als „öffentliche Sachen" bezeichnet.

(2) Die Herstellung oder Gewinnung von Gegenständen, die für einen öffentlichen Dienst oder Gebrauch verwendet werden sollen, ist in keinem Fall als öffentlicher Dienst oder Gebrauch anzusehen. Dagegen kann in der Benutzung eines Grundstücks zur Lagerung solcher Gegenstände bereits ein öffentlicher Dienst oder Gebrauch liegen.

Es muss also schon eine **unmittelbare Nutzung** des Grundbesitzes für einen solchen öffentlichen Zweck gegeben sein.

Hoheitliche Tätigkeit

Als öffentlicher Dienst oder Gebrauch ist jede hoheitliche Tätigkeit anzu- **15** sehen. Zur Definition des Begriffs hoheitliche Tätigkeit vgl. Abschnitt 9 GrStR, der den folgenden Wortlaut hat:

9 GrStR. Hoheitliche Tätigkeit

(1) Hoheitliche Tätigkeit bedeutet die Erfüllung von Hoheitsaufgaben. Es muß sich dabei um Aufgaben handeln, die der juristischen Person des öffentlichen Rechts eigentümlich und ihr vorbehalten sind. Der Begriff der „hoheitlichen Tätigkeit" kann im Steuerrecht nur einheitlich gebraucht werden. Ein Hoheitsbetrieb liegt insbesondere dann vor, wenn er Leistungen erbringt, zu deren Annahme der Leistungsempfänger auf Grund gesetzlicher oder behördlicher Anordnung verpflichtet ist (Annahmezwang). Keine Hoheitsbetriebe sind dagegen u. a. Kreditinstitute, Versorgungsbetriebe und Verkehrsbetriebe der öffentlichen Hand sowie andere Betriebe gewerblicher Art von juristi-

schen Personen des öffentlichen Rechts. Eine bei der Körperschaftsteuer (§ 4 Abs. 5 KStG) und bei der Gewerbesteuer (§ 2 Abs. 2 GewStDV) getroffene Entscheidung, ob ein Hoheitsbetrieb vorliegt, ist für die Grundsteuer zu übernehmen.

(2) Grundbesitz, der

1. für die Zwecke von Gebietskörperschaften, Personalkörperschaften oder Anstalten des öffentlichen Rechts,

2. für die Zwecke der Bundeswehr, der ausländischen Streitkräfte und internationalen militärischen Hauptquartiere (BFH v. 14.1.1972, BStBl. 1972 II S. 314), des polizeilichen und sonstigen Schutzdienstes,

3. für die Zwecke eines Hoheitsbetriebs

benutzt wird, dient der Erfüllung von Hoheitsaufgaben.

(3) Behördenkantinen gelten als für die Zwecke eines Hoheitsbetriebs benutzt, wenn sie so eng mit der Erfüllung der hoheitlichen Tätigkeit der Behörde zusammenhängen, daß sie als ein unentbehrliches Hilfsmittel zur Erfüllung der öffentlichen Aufgaben anzusehen sind. Das gilt auch für verpachtete Kantinen und vermietete Kantinenräume (BFH v. 29.3.1968, BStBl. 1968 II S. 499).

(4) Öffentlicher Dienst oder Gebrauch ist nicht anzunehmen bei Betrieben gewerblicher Art von juristischen Personen des öffentlichen Rechts (§ 4 KStG). Die hierzu bei der Körperschaftsteuer getroffene Entscheidung ist in der Regel auch für die Grundsteuer zu übernehmen. Bei der Körperschaftsteuer wird ein Betrieb gewerblicher Art erst dann angenommen, wenn die wirtschaftliche Tätigkeit der juristischen Person des öffentlichen Rechts von einigem Gewicht ist. Dies ist der Fall, wenn der Jahresumsatz im Sinne von § 1 Abs. 1 Nr. 1 UStG nachhaltig 60 000 DM [30 678 €] übersteigt (Abschnitt 5 Abs. 5 KStR).[1] Fehlt es nur an dieser Voraussetzung oder kommt es wegen des Freibetrags des § 24 KStG nicht zu einer Körperschaftsteuerveranlagung (vgl. auch Abschnitt 104 KStR),[2] so ist für die Grundsteuer gleichwohl anzunehmen, daß der Grundbesitz nicht für einen öffentlichen Dienst oder Gebrauch benutzt wird.

Den Begriff der hoheitlichen Tätigkeit sollte man im Steuerrecht nur einheitlich gebrauchen. Die in erster Linie bei der Körperschaftsteuer zu treffende Entscheidung sollte deshalb auch hier übernommen werden. Im Einzelnen vgl. deshalb auch § 4 KStG, der folgenden Wortlaut hat:

§ 4 KStG Betriebe gewerblicher Art von juristischen Personen des öffentlichen Rechts

(1) [1]Betriebe gewerblicher Art von juristischen Personen des öffentlichen Rechts im Sinne des § 1 Abs. 1 Nr. 6 sind vorbehaltlich des Absatzes 5 alle Einrichtungen, die einer nachhaltigen wirtschaftlichen Tätigkeit zur Erzielung von Einnahmen außerhalb der Land- und Forstwirtschaft dienen und die sich innerhalb der Gesamtbetätigung der juristischen Person wirtschaftlich herausheben. [2]Die Absicht, Gewinn zu erzielen, und die Beteiligung am allgemeinen wirtschaftlichen Verkehr sind nicht erforderlich.

(2) Ein Betrieb gewerblicher Art ist auch unbeschränkt steuerpflichtig, wenn er selbst eine juristische Person des öffentlichen Rechts ist.

---

[1] Jetzt R 6 Abs. 5 KStR.
[2] Jetzt R 79 KStR.

(3) **Zu den Betrieben gewerblicher Art gehören auch Betriebe, die der Versorgung der Bevölkerung mit Wasser, Gas, Elektrizität oder Wärme, dem öffentlichen Verkehr oder dem Hafenbetrieb dienen.**

(4) **Als Betrieb gewerblicher Art gilt die Verpachtung eines solchen Betriebs.**

(5) [1] **Zu den Betrieben gewerblicher Art gehören nicht Betriebe, die überwiegend der Ausübung der öffentlichen Gewalt dienen (Hoheitsbetriebe).** [2] **Für die Annahme eines Hoheitsbetriebs reichen Zwangs- oder Monopolrechte nicht aus.**

(6) [1] **Ein Betrieb gewerblicher Art kann mit einem oder mehreren anderen Betrieben gewerblicher Art zusammengefasst werden, werden wenn**

1. **sie gleichartig sind,**
2. **zwischen ihnen nach dem Gesamtbild der tatsächlichen Verhältnisse objektiv eine enge wechselseitige technisch-wirtschaftliche Verflechtung von einigem Gewicht besteht oder**
3. **Betriebe gewerblicher Art im Sinne des Absatzes 3 vorliegen.**

[2] **Ein Betrieb gewerblicher Art kann nicht mit einem Hoheitsbetrieb zusammengefasst werden.**

Hoheitliche Tätigkeit bedeutet die Erfüllung von Hoheitsaufgaben durch die Behörden, die als Organe der Gebiets- und Personalkörperschaften die Träger der öffentlichen Verwaltung sind. In diesem Sinne sind auch die gesetzgebenden Institutionen und die Gerichte den Behörden zuzurechnen.

Der Grundbesitz einer Körperschaft des öffentlichen Rechts, der der Öffentlichkeit zur bestimmungsgemäßen Nutzung zur Verfügung steht, wird im allgemeinen Verwaltungsrecht den „öffentlichen Sachen" zugerechnet. Die bestimmungsgemäße Nutzung ergibt sich aus der Widmung, d. h. aus einem entsprechenden Gesetz, einer Satzung oder einem Verwaltungsakt, u. U. auch aus Gewohnheitsrecht. Den öffentlichen Sachen steht das sog. Finanzvermögen gegenüber. Dazu gehört der Grundbesitz einer Körperschaft des öffentlichen Rechts, der nur als Vermögenswert oder nur mit seinen Erträgen, d. h. nur mittelbar der öffentlichen Verwaltung dient, z. B. vermietete Wohn- und Geschäftsgrundstücke, Vorratsgelände, Waldungen u. a. m. Hierfür kann jedenfalls nach § 3 Abs. 1 GrStG eine Steuerbefreiung nicht in Betracht kommen. Wenn eine Gemeinde auf ihrem eigenen Gemeindegebiet solchen Grundbesitz hat, muss sie deshalb dann an sich selbst Grundsteuer zahlen.

Bei einer Körperschaft des öffentlichen Rechts ist somit zu unterscheiden zwischen Hoheitsbetrieben, Betrieben gewerblicher Art und gemeinnützigen Betrieben gewerblicher Art.

Hoheitsbetriebe

Hoheitsbetriebe sind Betriebe von Körperschaften des öffentlichen Rechts, **16** die überwiegend der Ausübung der öffentlichen Gewalt dienen. Sie gehören nicht zu den Betrieben gewerblicher Art (§ 4 Abs. 5 KStG sowie R 9 KStR) und unterliegen deshalb auch nicht der Körperschaftsteuer. Es bleibt deshalb auch ihr Grundbesitz, der für diese begünstigten Zwecke benutzt wird, grundsteuerfrei.

Ausübung der öffentlichen Gewalt ist jede Tätigkeit einer öffentlich-rechtlichen Körperschaft, mit der sie die ihr eigentümlichen und ihr vorbehaltenen Aufgaben erfüllt. Der Kreis dieser Aufgaben ist nicht festgelegt, sondern der Entwicklung unterworfen (BFH v. 4.2.1976, BStBl. 1976 II S. 355). Demgemäß ist auch der Begriff der öffentlichen Gewalt heute u. U. anders zu bestimmen als noch vor einigen Jahrzehnten. Hoheitsaufgaben sollten früher insbesondere dann gegeben sein, wenn es sich um Leistungen handelt, die der Empfänger auf Grund gesetzlicher oder behördlicher Anordnung annehmen muss. Annahmezwang ist heute jedoch nicht mehr unbedingt Voraussetzung (BFH v. 12.12.1951, BStBl. 1952 III S. 41). Umgekehrt reichen aber Zwangs- und Monopolrechte für die Annahme eines Hoheitsbetriebs nicht aus (§ 4 Abs. 5 Satz 2 KStG). Das gilt z. b. für öffentlich-rechtliche Versicherungsanstalten, die mit Zwangs- und Monopolrechten ausgestattet sind (BFH v. 18.2.1970, BStBl. 1970 II S. 519), ebenso wie für sonstige öffentlich-rechtliche Anstalten und Einrichtungen. Es kommt vielmehr darauf an, ob die Tätigkeit sich nach ihrem Inhalt und ihrer Zweckbestimmung sowie nach den gegebenen Verhältnissen überwiegend als privates Geschäft oder als Erfüllung einer hoheitlichen Aufgabe darstellt. An Letzterem fehlt es jedoch, wenn sich die Tätigkeit von der eines privaten Unternehmens nicht wesentlich unterscheidet (BFH v. 7.12.1965, BStBl. 1966 III S. 150, v. 21.11.1967, BStBl. 1968 II S. 218, v. 18.2.1970, BStBl. 1970 II S. 519, und v. 25.1.2005, BStBl. 2005 II S. 501), dieselben Aufgaben auch von einem privaten Unternehmen ausgeführt werden könnten (BFH v. 5.4.1968, BStBl. 1969 II S. 94). Gleichwohl wurde auch noch ein Werftgrundstück der Bundeswasserstraßenverwaltung, auf dem die Wasserfahrzeuge der Wasser- und Schifffahrtsämter gewartet und instandgesetzt werden, für steuerfrei erklärt, da es unmittelbar für einen öffentlichen Dienst benutzt wird (FG Schl-H v. 1.11.1979, EFG 1980 S. 195). Hierzu vgl. auch Abschnitt 8 Abs. 2 GStR (abgedruckt bei Anm. 14 zu § 3 GStG).

Einzelfälle

Hoheitsbetriebe sind z. B. Forschungsanstalten, Wetterwarten, Schlachthöfe, Friedhöfe, Anstalten zur Nahrungsmitteluntersuchung, zur Desinfektion, zur Leichenverbrennung, zur Müllbeseitigung, zur Straßenreinigung, zur Abführung von Abwässern und Abfällen, die Errichtung und Unterhaltung der Straßenbeleuchtung (BFH v. 10.7.1962, BStBl. 1962 III S. 448), die Forschungs- und Lehrtätigkeit einer Hochschule (RFH v. 2.7.1938, RStBl. 1938 S. 743), auch die Untersuchungs-, Beratungs- und Gutachtertätigkeit eines Hochschulinstituts (BFH v. 13.4.1961, BStBl. 1961 III S. 298), sofern sie im Rahmen der wissenschaftlichen Forschung ausgeübt wird, die Unterhaltung der Arbeitsbetriebe in Strafvollzugs- bzw. Untersuchungshaftanstalten zur Beschäftigung von Strafgefangenen bzw. von Untersuchungshäftlingen (BFH v. 14.10.1964, BStBl. 1965 III S. 95, sowie FinMin. NW v. 5.4.1965, DStR 1965 S. 299), die Ausführung von Krankentransporten (BFH v. 25.10.1956, BStBl. 1956 III S. 353), die Unterhaltung einer öffentlichen Schule oder eines Schülerheimes für eine öffentliche Schule, wenn dies notwendig ist, um den Unterrichts- und Erziehungszweck zu erreichen (R 10 Abs. 2 KStR), die Betreuung hilfsbedürftiger Personen in Altenheimen (BFH v. 28.10.1954, BStBl. 1954 III S. 378), in Waisenhäusern, in Heil- und Pflegeanstalten (RFH v. 31.10.1940, RFHE 49 S. 253), das Gestatten des Abladens von Schutt auf Gemeindegrund, wenn die Errichtung privater Müllkippen polizeilich verboten ist (BFH v. 14.11.1968, BStBl. 1969 II S. 274), die Verpachtung einer Mülldeponie zur Beseitigung des Abfalls (FinMin. Ba-Wü v. 25.2.1987, DStR 1987 S. 272), die Krisenvorsorge z.B. nach dem Mineralölbevorratungsgesetz (BVerfG v. 16.3.1971, BVerfGE 30 S. 292), der Betrieb von Parkuhren, soweit er im Rahmen der Straßenverkehrsordnung durchgeführt wird (R 10 Abs. 4 KStR), die Unterhaltung gemeindeeigener Schlachtviehmärkte (R 10 Abs. 3 KStR), jedoch nicht die Unterhaltung von Nutz- und Zuchtviehmärkten (BFH v. 10.5.1955, BStBl. 1955 III S. 176).

Die **Abfallentsorgung** durch Stadt- und Landkreise sowie Gemeinden und Gemeindeverbände stellt eine hoheitliche Tätigkeit dar (R 10 Abs. 6 KStR). Die von diesen öffentlich-rechtlichen Körperschaften betriebenen Deponien sind deshalb nach § 3 Abs. 1 Nr. 1 GrStG als steuerbefreit anzusehen. Von der Befreiung auszunehmen sind jedoch die Grundstücke bzw. Grundstücksteile, die der Abfallverwertung – speziell der Kompostierung – dienen oder die zur Erfüllung der Entsorgungsaufgabe privaten Betreibern überlassen wurden. In diesen Fällen fehlt es an der Erfüllung hoheitlicher Aufgaben bzw. der Voraussetzung des § 3 Abs. 1 Satz 2 GrStG (FinMin. Ba-Wü v. 1.8.1997, DStR 1997 S. 1576).

Eine Körperschaft des öffentlichen Rechts übt auch dann eine hoheitliche Tätigkeit aus, wenn sie auf Ersuchen einer funktionell gleichartigen Körperschaft des öffentlichen Rechts gegen Erstattung der Selbstkosten im Wege gesetzlich vorgesehener **Amtshilfe** bürotechnische Hilfsarbeit (z.B. Datenverarbeitung) leistet (BFH v. 1.4.1965, BStBl. 1965 III S. 339). Dasselbe gilt für einen Zweckverband zur kommunalen Datenverarbeitung, der nur für den Hoheitsbereich seiner Mitglieder tätig wird (FinMin. NW v. 7.11.1984, Betrieb 1985, S. 2435). Hoheitliche Tätigkeit übt auch eine Gemeinde aus, welche die Beseitigung der Abwässer einer anderen Gemeinde im Wege der Amtshilfe übernommen hat (BFH v. 12.12.1968, BStBl. 1969 II S. 280). Hat hingegen eine GmbH von einer Stadt Aufgaben der Abwasserbeseitigung übernommen und wird ihr dazu das Erbbaurecht an einem Grundstück eingeräumt, das bisher von einem Eigenbetrieb der Stadt für Zwecke der Abwasserentsorgung genutzt worden ist, so ist dieses Grundstück mangels einer unmittelbaren Nutzung durch die Stadt nicht nach § 3 Abs. 1 Satz 1 Nr. 1 GrStG (iVm § 7 GrStG) steuerbefreit (BFH v. 16.12.2009, BFH/NV 2010 S. 1198; *Herlinghaus,* BFH/PR 2010 S. 314). Als punktuelles Ereignis kann die Gewährung eines Erbbaurechts an die GmbH weder als unmittelbare Benutzung des Grundstücks durch die Stadt noch als tatsächliche Nutzung iSv § 7 Satz 1 GrStG gewertet werden; siehe hierzu auch Anm. 2 zu § 7 GrStG.

Bei den Arbeitsbetrieben in Einrichtungen zur **Fürsorge** für Blinde und Körperbehinderte (§ 68 Nr. 4 AO) ist zu prüfen, ob die hoheitliche Tätigkeit überwiegt. Dabei sind die verschiedenen Arbeitsbetriebe einer Anstalt als ein einheitlicher Betrieb anzusehen und die Zahl der Insassen, die im Rahmen der hoheitlichen Tätigkeit durchschnittlich beschäftigt werden, und die Zahl der Insassen, die im Rahmen der gewerblichen Tätigkeit durchschnittlich beschäftigt werden, gegenüberzustellen.

Die **Krankenhäuser** und ähnlichen Betriebe der Sozialversicherungsträger sind Hoheitsbetriebe, wenn in diesen überwiegend nur Mitglieder behandelt werden (BFH v. 13.3.1974, BStBl. 1974 II S. 391). Bei entgeltlicher Behandlung von anderen Personen können sie einen Betrieb gewerblicher Art darstellen. Wenn es sich dabei jedoch um nicht mehr als 5 % sämtlicher Fälle handelt, ist dies steuerlich unbeachtlich (R 10 Abs. 1 KStR).

Der von einer Kommune betriebene Kindergarten – **kommunale Kindertageseinrichtungen** – ist kein Hoheitsbetrieb, sondern ein Betrieb gewerblicher Art, mit der Folge, dass eine Grundsteuerbefreiung gemäß § 3 Abs. 1 Satz 1 Nr. 1 iVm § 3 Abs. 3 GrStG mangels eines öffentlichen Dienstes oder Gebrauchs ausgeschlossen ist (BFH v. 12.7.2012, BStBl. 2012 II S. 837; OFD Magdeburg v. 27.9.2012, GrSt-Kartei ST § 3 GrStG Karte 10).

Unterhält ein Hoheitsbetrieb seinerseits einen Betrieb gewerblicher Art z.B. eine Kantine, eine Verkaufsstelle oder ein Erholungsheim, so ist dieser zwar grundsätzlich steuerpflichtig (H 9 KStH „Betrieb gewerblicher Art im Rahmen eines Hoheitsbetriebs"). Bei der Grundsteuer gilt jedoch eine Kantine nur dann als für die Zwecke eines Hoheitsbetriebs benutzt (z.B. eine Behördenkantine), wenn sie so eng mit der Erfüllung der hoheitlichen Tätigkeit zusammenhängt, dass sie als ein unentbehrliches Hilfsmittel zur Erfüllung der öffentlichen Aufgaben anzusehen ist. Das gilt auch für verpachtete Kantinen und für vermietete Kantinenräume (Abschnitt 9 Abs. 3 GrStR sowie BFH v. 11.10.1963, BStBl. 1963 III S. 571 und v. 29.3.1968, BStBl. 1968 II S. 499). Hierzu vgl. auch Anm. 4 zu § 5 GrStG. Auch andere ähnliche Einrichtungen für das Behördenpersonal, z.B. Garagen, Parkplätze, können dafür in Betracht kommen.

Die Veranstaltung von Sendungen durch **Rundfunkanstalten des öffentlichen Rechts** ist Ausübung öffentlicher Gewalt (BVerfG v. 27.7.1971, BStBl. 1971 II S. 567; BFH v. 10.12.2009, BStBl. 2010 II S. 436; v. 30.1.2013 II R 11/11, n. v.). Werbesendungen sind dagegen als Betrieb gewerblicher Art anzusehen, sie sind auch keine gemeinnützige Tätigkeit (FG München v. 2.12.1969, EFG 1970 S. 189, und FG Bremen v. 21.7.1971, EFG 1971, S. 555).

Die **Wasserversorgung der Bevölkerung durch eine Gemeinde** ist keine Ausübung öffentlicher Gewalt (BFH v. 15.3.1972, BStBl. 1972 II S. 500, v. 28.1.1988, BStBl. 1988 II S. 473, sowie OFD Koblenz v. 27.7.1999, DStR 2000 S. 28). Dasselbe gilt auch für die Unterhaltung einer Kuranstalt (BFH v. 17.2.1972, BStBl. 1972 II S. 555), die Unterhaltung von Nutz- und Zuchtviehmärkten (BFH v. 10.5.1955, BStBl. 1955 III S. 176) u. a. m. Die Genehmigung zur Aufstellung von Grabdenkmälern durch eine städtische Friedhofsverwaltung ist Ausübung öffentlicher Gewalt (BFH v. 8.5.1969, BStBl. 1969 II S. 511). Die wirtschaftliche Tätigkeit beim Einsargen, Sterbewäsche- und Blumenschmuckverkauf gehört dagegen nicht mehr dazu, da sie vom Hoheitsbetrieb abgrenzbar ist (BFH v. 14.4.1983, BStBl. 1983 II S. 491).

Betrieb gewerblicher Art

Ein Betrieb gewerblicher Art ist jede Einrichtung, die einer nachhaltigen **17** **wirtschaftlichen Tätigkeit zur Erzielung von Einnahmen** außerhalb der Land- und Forstwirtschaft dient und sich innerhalb der Gesamtbetätigung der Körperschaft des öffentlichen Rechts wirtschaftlich heraushebt (BFH v. 13.3.1974, BStBl. 1974 II S. 391). Die Absicht, Gewinn zu erzielen und die Beteiligung am allgemeinen wirtschaftlichen Verkehr ist nicht erforderlich. Es muss jedoch das äußere Bild eines Gewerbebetriebs gegeben sein. Dies setzt eine wirtschaftliche Tätigkeit voraus, die sich von der eines privatrechtlichen Unternehmens nicht wesentlich unterscheidet (RFH v. 2.7.1940, RStBl. 1940 S. 797). Ob ein Betrieb gewerblicher Art einer Körperschaft des öffentlichen Rechts gegeben ist, richtet sich nach steuerlichen Merkmalen. Daran kann es fehlen, wenn die Einrichtung einem Zweck dient, bei dem die Gewinnerzielungsabsicht nicht eindeutig im Vordergrund steht (BFH v. 12.3.1985, BStBl. 1986 II S. 110).

Zu den Ertragsteuern wird die Körperschaft des öffentlichen Rechts nur mit ihren Betrieben gewerblicher Art herangezogen. Dagegen bleibt sie mit ihren übrigen Einkünften steuerfrei. Infolgedessen ist bei den Ertragsteuern auch die Abgrenzung des Betriebs gewerblicher Art von der Vermögensverwaltung und von der Land- und Forstwirtschaft von Bedeutung. Bei der Grundsteuer kommt es dagegen nur auf seine Abgrenzung vom Hoheitsbetrieb an, denn nur der dazu gehörende Grundbesitz kann steuerfrei bleiben.

Die Einrichtung, die als Betrieb gewerblicher Art behandelt werden soll, muss sich innerhalb der Gesamtbetätigung der Körperschaft des öffentlichen Rechts herausheben, d. h. eine gewisse **wirtschaftliche Selbständigkeit** haben. Diese kann in einer besonderen Leitung, in einem geschlossenen Geschäftskreis, in einer besonderen Buchführung oder in einem ähnlichen auf eine Einheit hindeutenden Merkmal bestehen. Auch ohne besondere organisatorische Merkmale kann eine wirtschaftliche Selbständigkeit dann angenommen werden, wenn der Einsatz von Betriebsmitteln und Personal gegenüber anderen Tätigkeiten abgegrenzt werden kann, oder wenn der Jahresumsatz aus der wirtschaftlichen Tätigkeit beträchtlich ist. Vgl. hierzu auch H 6 KStH „Einrichtung".

Die wirtschaftliche Tätigkeit der Körperschaft des öffentlichen Rechts muss von einigem Gewicht sein (BFH v. 26.2.1957, BStBl. 1957 III S. 146 und v. 24.10.1961, BStBl. 1961 III S. 552; H 6 KStH „Wirtschaftliches Gewicht"). Ein Betrieb gewerblicher Art liegt deshalb erst vor, wenn der bei einer solchen Tätigkeit erzielte Jahresumsatz nachhaltig 30 678 € übersteigt (R 6 Abs. 5 KStR). Damit ist aber noch nicht entschieden, dass es sich nicht doch um eine hoheitliche Tätigkeit handelt.

Eine **unmittelbare Beteiligung** am allgemeinen wirtschaftlichen Verkehr ist **nicht** erforderlich. Ein Betrieb gewerblicher Art liegt deshalb nicht nur vor, wenn er Lieferungen oder Leistungen an Außenstehende bewirkt, d. h.

in den Wettbewerb mit Privatunternehmen tritt, sondern auch dann, wenn er nur der Deckung des eigenen Bedarfs der öffentlich-rechtlichen Körperschaft dient (RFH v. 6.5.1930, RStBl. 1930 S. 637, v. 30.4.1940, RStBl. 1940 S. 625 und v. 25.3.1941, RStBl. 1941 S. 321) und deshalb auch nur eine mittelbare Beteiligung am wirtschaftlichen Verkehr vorliegt. Unter diesem Gesichtspunkt sind auch Selbstversorgungsbetriebe als Betriebe gewerblicher Art anzusehen (RFH v. 7.3.1939, RStBl. 1939 S. 449 und v. 23.4.1940, RStBl. 1940 S. 477). Ihre Besteuerung wird mit Wettbewerbsgesichtspunkten begründet, weil sie die Trägerkörperschaft, zu deren Bedarfsbefriedigung sie eingerichtet worden sind, vom freien Markt fernhalten. Wegen der davon abweichenden grundsteuerlichen Behandlung von Behördenkantinen vgl. Anm. 4 zu § 5 GrStG.

Zu den Betrieben gewerblicher Art gehören Versorgungsbetriebe, Verkehrsbetriebe und Hafenbetriebe (§ 4 Abs. 3 KStG), auch ein Yachthafen (FinMin. NW v. 7.2.1983, BB 1983 S. 885), öffentlich-rechtliche Kreditanstalten, öffentlich-rechtliche Versicherungsanstalten, Kurverwaltungen (BFH v. 15.10.1962, BStBl. 1962 III S. 542), Marktveranstaltungen, z.B. Nutz- und Zuchtviehmärkte (R 10 Abs. 3 KStR), Markthallen (OFD Stuttgart v. 30.12.1981, DStZ/E 1982 S. 94), Wochen-, Weihnachts- und sonstige Märkte (BFH v. 26.2.1957, BStBl. 1957 III S. 146 und H 10 KStH „Marktveranstaltungen"), Börseneinrichtungen (BFH v. 30.5.1958, BB 1958 S. 330), Verlage (RFH v. 16.12.1939, RStBl. 1941 S. 158), Besichtigungen (RFH v. 25.10.1938, BStBl. 1938 S. 1189 und BFH v. 1.8.1957, BStBl. 1957 III S. 355), Leihanstalten, die Überlassung von Anschlagsäulen durch die Gemeinde (BFH v. 2.3.1983, BStBl. 1983 II S. 386), Werbesendungen in Rundfunk und Fernsehen, eingerichtete Campingplätze (BFH v. 20.5.1960, BStBl. 1960 III S. 368), bewachte Parkplätze und Parkhäuser (BFH v. 22.9.1976, BStBl. 1976 II S. 793 und H 10 KStH „Parkraumbewirtschaftung"), Schwimmbäder (FinMin. Ba-Wü v. 11.1.1989, BB 1989 S. 544), Rechnungsprüfungsämter der Gemeinden, die auch Prüfungen bei Betrieben gewerblicher Art durchführen, kommunale Kindertageseinrichtungen (BFH v. 12.7.2012, BStBl. 2012 II S. 837) u.a.m. Zur Grundsteuerfreiheit der Parkplätze und Parkhäuser vgl. allerdings Anm. 4 zu § 4 GrStG.

Die **Beteiligung einer Körperschaft des öffentlichen Rechts an einer Kapitalgesellschaft** kann nicht als Betrieb gewerblicher Art angesehen werden (RFH v. 29.3.1938, RStBl. 1938 S. 471 sowie R 6 Abs. 2 Satz 6 KStR). Andererseits kann aber eine Kapitalgesellschaft, auch wenn daran nur Körperschaften des öffentlichen Rechts beteiligt sind, nicht allein schon deshalb als Körperschaft des öffentlichen Rechts behandelt werden. Infolgedessen kann von ihr auch die Steuerbefreiung nach § 3 Abs. 1 GrStG nicht in Anspruch genommen werden (FG Hessen v. 20.7.1978, EFG 1979 S. 41), selbst wenn sie auf ihrem Grundbesitz im Auftrag der Körperschaften hoheitliche Aufgaben ausführt.

Den Körperschaften des öffentlichen Rechts steht es im Wesentlichen frei, ihre Betriebe organisatorisch so **zusammenzufassen,** wie es für sie am zweckmäßigsten ist, vgl. BMF v. 12.11.2009 (BStBl. 2009 I S. 1303). Steuerlich wird jedoch eine organisatorische Zusammenfassung mehrerer Betriebe zu einem einzigen Betrieb gewerblicher Art nur dann anerkannt, wenn die Betriebe in einer engen wechselseitigen technisch-wirtschaftlichen Verflechtung zueinander stehen (BFH v. 16.1.1967, BStBl. 1967 III S. 240 und v. 12.7.1967, BStBl. 1967 III S. 679). Gegen die Zusammenfassung von Versorgungsbetrieben mit Verkehrsbetrieben bestehen z. B. keine Bedenken (BFH v. 10.7.1962, BStBl. 1962 II S. 448). Das gilt auch für die Zusammenfassung von Verkehrsbetrieben mit Hafenbetrieben (H 7 KStH „Nicht gleichartige Betriebe gewerblicher Art"). Dagegen wird die Zusammenfassung von Betrieben gewerblicher Art und von Hoheitsbetrieben in keinem Fall anerkannt, selbst wenn zwischen denselben ein innerer wirtschaftlicher Zusammenhang besteht. Vgl. hierzu H 7 KStH „Betriebe gewerblicher Art mit Hoheitsbetrieben".

Ein Betrieb gewerblicher Art ist auch dann gegeben, wenn er selbst eine juristische Person des öffentlichen Rechts ist (§ 4 Abs. 2 KStG). Es handelt sich dabei um Körperschaften, die eigens zur Führung des Unternehmens ins Leben gerufen worden sind.

Ob im Einzelfall ein Betrieb gewerblicher Art (§ 4 Abs. 1 KStG) gegeben ist, wird **in aller Regel** schon bei der **Körperschaftsteuer** entschieden. Die dort getroffene Entscheidung ist dann auch für die Grundsteuer zu übernehmen (Abschnitt 9 Abs. 4 GrStR). Eine Entscheidung fehlt allerdings, wenn bei der Körperschaftsteuer die Frage, ob ein Betrieb gewerblicher Art vorliegt, deshalb nicht geprüft werden brauchte, weil der Jahresumsatz nachhaltig 30 678 € nicht übersteigt und deshalb die Voraussetzung, dass die Tätigkeit von einigem Gewicht ist, als nicht gegeben angesehen wird (R 6 Abs. 5 KStR). Wenn es an einer entsprechenden Feststellung bei der Körperschaftsteuer fehlt oder wenn es nicht zu einer Körperschaftsteuerveranlagung gekommen ist, weil die Einkünfte unter dem Freibetrag von 5000 € liegen (§ 24 KStG), muss die Entscheidung, ob die Tätigkeit der Körperschaft als Hoheitsbetrieb oder als Betrieb gewerblicher Art anzusehen ist, für die Grundsteuer selbständig getroffen werden (Abschnitt 9 Abs. 4 GrStR). Auch eine körperschaftsteuerlich begünstigende Qualifizierung als Vermögensverwaltung muss **im Grundsteuerrecht nicht zwangsläufig übernommen** werden. So ist für die grundsteuerliche Behandlung von **entgeltlich an Bedienstete überlassenen Stellplätzen auf landeseigenen Grundstücken** entscheidend, dass die Behörde mit der Stellplatzvermietung an Bedienstete (und zwar auch im Rahmen ihrer Vermögensverwaltung) in **wirtschaftliche Konkurrenz** zu anderen Anbietern von Parkraum tritt. Zudem ist zu beachten, dass die entgeltliche Stellplatzüberlassung keine öffentliche Aufgabe ist, die der inländischen juristischen Person des öffentlichen Rechts eigentümlich und vorbehalten ist. Mithin kommt eine Grundsteuerbefreiung nach § 3 GrStG nicht in Betracht, und zwar unabhängig davon, ob ein Betrieb gewerblicher Art vorliegt oder nicht (FinMin. Sachsen-Anhalt v. 17.2.2014, GrSt-Kartei ST, § 3 GrStG Karte 5). Eine besondere Entscheidung wird sich jedoch insbesondere dann erübrigen, wenn gleichzeitig sowohl eine hoheitliche als auch eine gewerbliche Tätigkeit auf einem Grundstück ausgeübt wird und von vornherein abzusehen ist, dass die hoheitliche Tätigkeit überwiegt. In diesem Fall würde nämlich das Grundstück schon nach § 8 Abs. 2 GrStG steuerfrei bleiben. Hierzu vgl. auch Anm. 4 zu § 8 GrStG.

Burgen, Schlösser usw., die im Eigentum eines Landes stehen und durch staatliche Schlossbetriebe für steuerbegünstigte kulturelle Zwecke benutzt werden, sind auch dann nach § 3 Abs. 1 Nr. 3a GrStG befreit, wenn die Schlossbetriebe Betrieb gewerblicher Art (§ 4 KStG) und nicht als gemeinnützig anerkannt sind. Ungeachtet der ertragsteuerlichen Behandlung von Spenden ist es für die Grundsteuerbefreiung nach § 3 Abs. 1 Nr. 3a GrStG nicht erforderlich, dass die juristische Person des öffentlichen Rechts mit ihrem Betrieb gewerblicher Art als gemeinnützig anerkannt ist; für die Befreiung genügt es, dass der Grundbesitz für gemeinnützige Zwecke tatsächlich unmittelbar genutzt wird (FinMin. Schl-H v. 2.10.2002, StEd 2002 S. 720).

Gebrauch durch die Allgemeinheit

18 Ein öffentlicher Dienst oder Gebrauch ist nicht nur bei einer hoheitlichen Tätigkeit, sondern auch beim bestimmungsgemäßen Gebrauch durch die Allgemeinheit gegeben. Die Erhebung eines Entgelts für den Gebrauch ist nicht ausgeschlossen. Es darf jedoch nicht in der Absicht erhoben werden, einen Gewinn zu erzielen (§ 3 Abs. 2 GrStG). Im Einzelnen vgl. dazu Abschnitt 10 GrStR, der den folgenden Wortlaut hat:

10 GrStR. Bestimmungsgemäßer Gebrauch durch die Allgemeinheit

(1) Ein Gebrauch durch die Allgemeinheit liegt vor, wenn der Personenkreis, dem die Benutzung vorbehalten ist, als Öffentlichkeit angesehen werden kann. Er darf weder fest umgrenzt noch dauernd klein sein. Die Benutzung des Grundstücks durch die Öffentlichkeit muß grundsätzlich durch Satzung, Widmung usw. festgelegt sein. Es genügt, daß die Benutzung von der Körperschaft des öffentlichen Rechts geduldet wird und tatsächlich erfolgt.

(2) Für einen öffentlichen Gebrauch werden sowohl Grundstücke benutzt, die der Öffentlichkeit ohne besondere Zulassung zur bestimmungsgemäßen Nutzung zur Verfügung stehen, z. B. Straßen, Anlagen usw., als auch Grundstücke mit Anstalten, Einrichtungen usw., die der Öffentlichkeit nur nach besonderer Zulassung zur Verfügung stehen, z. B. Schulen, Sportplätze, Krankenhäuser usw. Die besondere Zulassung kann in einer zeitlichen Nutzungsbeschränkung, z. B. der Regelung der Benutzungszeiten oder Besuchszeiten in einem Museum, in der Erhebung eines Entgelts, z. B. eines Eintrittsgelds, oder in anderen Beschränkungen bestehen. Voraussetzung ist jedoch stets, daß die Beschränkungen nur aus Gründen des öffentlichen Interesses erfolgen. Zwar schließt die Absicht, Gewinne zu erzielen, die Annahme eines öffentlichen Dienstes oder Gebrauchs aus, umgekehrt reicht aber die fehlende Gewinnerzielungsabsicht allein nicht aus, um einen öffentlichen Dienst oder Gebrauch anzunehmen (BFH v. 20.5.1960, BStBl. 1960 III S. 368). Wird für die Benutzung ein Entgelt erhoben, das nach den Umständen des Einzelfalls als besonders hoch erscheint, so kann es an einem bestimmungsgemäßen Gebrauch durch die Allgemeinheit fehlen.

Die Steuerfreiheit für Grundbesitz von juristischen Personen des öffentlichen Rechts wegen des bestimmungsgemäßen Gebrauchs für einen öffentlichen Dienst oder Gebrauch nach § 3 Abs. 1 Nr. 1 GrStG wird sich vielfach auch mit der Steuerfreiheit nach § 3 Abs. 1 Nr. 3a GrStG wegen Benutzung zu gemeinnützigen Zwecken überschneiden. Im Einzelnen vgl. deshalb auch die Anm. 22 zu § 3 GrStG.

Einzelfälle eines öffentlichen Dienstes oder Gebrauchs

Die Fälle, in denen ein öffentlicher Dienst oder Gebrauch anzunehmen ist, **19** sind so zahlreich, dass sie kaum abschließend aufgeführt werden können. Auch bei der folgenden Zusammenstellung in alphabetischer Reihenfolge kann es sich nur um herausgegriffene Beispiele handeln, die z.T. auch mit den als Hoheitsbetrieben anzusehenden Einrichtungen identisch sind. Einem **öffentlichen Dienst oder Gebrauch dienen** z.B.:

– Anlagen zur Abfall-, Abwässer- und Müllbeseitigung (Müllverbrennung), Altenheime,
– Badeanstalten, Behörden, Bedürfnisanstalten, Blindenheime, Bodendenkmale, Botanische Gärten, Büchereien,
– BOS-Basisstationen, d.h. Gebäude, die von der Polizei und anderen Behörden als digitale Funkstationen genutzt werden (OFD Karlsruhe v. 13.4.2011, S 3106 – St 344/St 349a),
– Desinfektionsanstalten, Durchgangslager,
– Erziehungsanstalten,
– Feuerwehren, Flugsicherungsanlagen, Forschungsanstalten, Fürsorgeanstalten,
– Grün- und Parkanlagen,
– Hochschulen,
– Kindergärten, Kliniken, Konzerthäuser, Krankenhäuser,
– Lehr- und Versuchsanstalten, Lesehallen, Luftschutzanlagen,
– Trigonometrische Punkte, Museen, Schlösser, Ruinen und Bauwerke, die aus musealen Gründen unterhalten werden,
– Naturschutzflächen,
– Obdachlosenheime,
– Säuglingsheime, Schulen, Schullandheime, Schwimmbäder, Spiel- und Sportplätze, Strafvollzugsanstalten, Straßen und Plätze,
– Theater, Tierasyle, Tiergärten, Tierkörperverwertungsanlagen, Trinkerheilstätten,
– Waisenhäuser, Wetterdienstanlagen, Wissenschaftliche Institute,
– Zoologische Gärten.
Ein öffentlicher Dienst oder Gebrauch ist dagegen **nicht** anzunehmen bei:
– Ausstellungshallen, Bauhöfen, Baumschulen, Börsen, Brauereien, Druckereibetrieben, Elektrizitätswerken, Gärtnereien, Gaswerken, Heilbädern, Heizwerken, Kreditinstituten, Leihämtern, Messehallen, Milchverwertungsbetrieben, Nutzviehmärkten, Rieselfeldern, Schweinemästereien, Verkehrsunternehmen, Versicherungsanstalten, Versorgungsbetrieben, Wasserwerken.
In **Ergänzung** hierzu ist noch auf die in R 6ff. KStR bzw. H 6ff. KStH und auf die nachfolgenden in der **Rechtsprechung** und in **Verwaltungserlassen** behandelten **Fälle** hinzuweisen: Eine gemeindliche Kelter und Most-

presse dient nicht dem öffentlichen Gebrauch (FG Stuttgart v. 28.2.1956, DStZ/B 1956 S. 272). Das Gleiche gilt für landwirtschaftliche Gemeinschaftsanlagen, wie Gefrierhäuser, Kartoffellagerhallen u. Ä. sowie für handwerkliche Betriebe eines Gefängnisses, es sei denn, sie sind zur Erfüllung des Strafzwecks unerlässlich. Der Umstand, dass durch die Gefangenenarbeit auch eine Verminderung der Strafvollzugskosten erreicht wird, steht der Steuerfreiheit nicht entgegen (RFH v. 1.9.1939, RStBl. 1939 S. 1063). Heilbäder, die von der öffentlichen Hand betrieben werden, sind ebenso wenig von der Grundsteuer befreit wie die privaten Heilbäder (RFH v. 17.12.1942, RStBl. 1943 S. 300). Öffentliche Schwimmbäder sind zwar keine Hoheitsbetriebe, bleiben aber steuerfrei, weil sie dem Sport und damit einem gemeinnützigen Zweck dienen (FinMin. Nds. v. 2.3.1983, BB 1983 S. 884).

Die Anstalten der Sozialversicherungsträger gelten als Hoheitsbetrieb, wenn in diesen überwiegend (95 %) nur die Mitglieder der Sozialversicherung behandelt werden (R 10 Abs. 1 KStR). Krankenbeförderung durch eine Körperschaft des öffentlichen Rechts kann Ausübung öffentlicher Gewalt sein (BFH v. 25.10.1956, BStBl. 1956 III S. 353). Keine Ausübung öffentlicher Gewalt ist beim Betrieb eines städtischen Leihamtes angenommen worden (BFH v. 17.2.1961, BStBl. 1961 III S. 237). Markthallen und Wochenmärkte galten früher als grundsteuerfrei (RFH v. 7.11.1940, RStBl. 1940 S. 1054), werden jedoch heute nicht mehr als eine hoheitliche Verwaltungseinrichtung angesehen; denn sie können auch von einem privaten Unternehmen abgehalten werden. Außerdem steht ihre Benutzung nicht mit einer öffentlichen Aufgabe der Gebietskörperschaft in Verbindung (FinMin. NW v. 4.2.1963, DGStZ 1963 S. 60). Wegen der grundsteuerlichen Behandlung von Dorfgemeinschaftshäusern und Mehrzweckhallen vgl. DStZ/B 1964 S. 497. Das Rechnungsprüfungsamt einer Gemeinde, das auch Prüfungen bei gewerblichen Betrieben durchführt, dient insoweit nicht unmittelbar den Interessen einer Körperschaft des öffentlichen Rechts (BFH v. 13.3.1985, BStBl. 1985 II S. 544).

Ein gemeindliches **Obdachlosenheim,** das der Unterbringung von Personen auf Grund polizeilicher Einweisung dient, ist auch dann steuerfrei, wenn infolge der Wohnungsnot die Unterbringung sich auf längere Zeiträume erstreckt (RFH v. 6.3.1941, RStBl. 1941 S. 502). Das gilt allerdings nur, wenn es sich um Räume handelt, die von der Mehrzahl aller Wohnungssuchenden als Notunterkunft und nicht als Dauerwohnung angesehen werden. Im Einzelnen vgl. dazu FG Nürnberg v. 27.9.1955 (KStZ 1961 S. 106), FinMin. Bayern v. 22.1.1962 (Inf./A 1962 S. 313), FinMin. NW v. 13.11.1963 (DStZ/B 1963 S. 487) sowie KStZ 1964 S. 96.

Büroräume, Umkleideräume usw., die in dem Schlachthof einer Großstadt an die Schlächter vermietet werden, gehören zum Betrieb des **Schlachthofs** und werden für einen öffentlichen Dienst oder Gebrauch benutzt (RFH v. 6.5.1943, RStBl. 1943 S. 659). Ein mit dem Schlachthof verbundener städtischer Viehhof ist steuerfrei, wenn der räumliche und wirtschaftliche Zusammenhang so eng ist, dass für beide einheitlich eine Benutzung für einen öffentlichen Dienst oder Gebrauch anzunehmen ist (RFH v. 21.11.1940, RStBl. 1941 S. 22).

Das Angebot von **Übernachtungsmöglichkeiten** für Urlaubs- und Erholungsreisende ist keine öffentliche Aufgabe, sondern eine typische Aufgabe des Fremdenverkehrsgewerbes. Auch ein Campingplatz, der einer Gemeinde gehört, wird nicht zu einem öffentlichen Dienst oder Gebrauch benutzt und ist deshalb auch nicht steuerfrei (BFH v. 20.5.1960, BStBl. 1960 III S. 368). Dagegen sind Übernachtungsheime für Bahnpostbeamte steuerfrei, weil sie für den öffentlichen Dienst benutzt werden (RFH v. 16.10.1941, RStBl. 1941 S. 975). Vgl. auch Anm. 10 zu § 5 GrStG.

Dass die einer Gemeinde gehörenden **Grünanlagen** nicht betreten werden dürfen, steht der Steuerbefreiung nicht entgegen (FG Düsseldorf v. 22.12.1964, EFG 1965 S. 281). Kann jedoch die Bevölkerung mit der Grünanlage überhaupt nicht in Berührung kommen, so fehlt es an einem öffentlichen Gebrauch (BFH v. 24.1.1969, BStBl. 1969 II S. 324). Dasselbe gilt, wenn eine Grünanlage im Bebauungsplan als Bauland ausgewiesen ist. Schleusengrundstücke einschließlich aller Gebäude, die zum technischen Betrieb der Schleuse erforderlich sind, waren zunächst steuerpflichtig (RFH v. 27.6.1940, RStBl. 1940 S. 773), bleiben heute jedoch nach § 4 Nr. 3 Buchst. a GrStG steuerfrei.

Ehemalige **Luftschutzbunker,** die gesprengt und zu Luftschutzzwecken unbrauchbar sind, stehen dem öffentlichen Gebrauch nicht mehr zur Verfügung. Sie sind deshalb steuerpflichtig. Bunker, die der Bevölkerung noch als Luftschutzräume zur Verfügung stehen, sind unabhängig davon, ob und wie sie ihren Zweck erfüllen, steuerfrei. Steuerpflichtig sind sie nur, wenn sie zu gewerblichen oder wohnlichen Zwecken genutzt werden (FinMin. NW v. 28.6.1960 sowie *Ostendorf* in KStZ 1960, S. 191). Nach § 71 BewG bleiben Gebäude, Teile von Gebäuden und Anlagen, die zum Schutze vor Angriffswaffen errichtet worden sind, bei der Einheitsbewertung ohne Rücksicht auf die Eigentumsverhältnisse dann unberücksichtigt, wenn sie im Frieden nicht nur gelegentlich oder nur geringfügig für andere Zwecke benutzt werden. Sie bleiben damit generell grundsteuerfrei.

Grundbesitz der Bundeswehr und der ausländischen Streitkräfte

Einem öffentlichen Dienst oder Gebrauch dient auch der Grundbesitz der **20** Bundeswehr, wenn er für die der **Bundeswehr typischen Zwecke** benutzt wird (BMF v. 17.7.1957, KStZ 1957 S. 221). Dasselbe gilt für den Grundbesitz der Bundespolizei (früher Bundesgrenzschutz), der Polizei und ähnlicher Einrichtungen. Bei Bundeswehr und Bundespolizei kommt in erster Linie eine Steuerbefreiung für die sog. **Kasernengrundstücke** in Betracht. Wegen des Begriffs Kasernengrundstück vgl. RFH v. 30.11.1939 (RStBl. 1940 S. 348), v. 2.5.1941 (RStBl. 1941 S. 502), v. 23.5.1941 (RStBl. 1941 S. 819) und v. 11.6.1941 (RStBl. 1941 S. 820). Danach ist ein Kasernengrundstück ein Gelände, das der Ausbildung und Unterkunft der Truppe dient. Dieses Gelände braucht nicht lückenlos umwehrt zu sein. Teile des Geländes, die nicht in unmittelbarem innerem und äußerem Zusammenhang mit der auf dem Gelände befindlichen Kaserne stehen, sind jedoch nicht als Kasernengrundstücke anzusehen (FinMin. NW v. 10.11.1961, StEK GrStG § 4 Nr. 5).

Bei Offiziersunterkünften, die nur durch eine Straße von dem Kasernengelände getrennt werden, ist ein solcher Zusammenhang als noch gegeben angesehen worden (BFH v. 24.11.1978, BStBl. 1979 II S. 117). Wegen der Gemeinschaftsunterkünfte in den Kasernen vgl. auch Anm. 3 zu § 5 GrStG. Außer dem Kasernengelände sind nach § 3 Abs. 1 Nr. 1 GrStG auch befreit **Truppenübungsplätze, Geräte-, Munitions-, Treibstoff- und ähnliche Lager, Funkanlagen, Verwaltungsgebäude, Flugplätze** u. a. m. Für die von der Bundeswehr genutzten Grundstücke endet die Grundsteuerbefreiung (jedenfalls) dann mit der **Einstellung der militärischen Nutzung,** wenn eine anderweitige Nutzung zu begünstigten Zwecken in der Folgezeit nicht absehbar ist (FG Schl-H v. 29.1.2014, EFG 2014 S. 664). Wegen der Kantinen vgl. auch Anm. 4 zu § 5 GrStG.

In gleicher Weise wie der von der Bundeswehr benutzte Grundbesitz ist auch der von den **ausländischen Streitkräften** benutzte Grundbesitz zu behandeln. Grundbesitz des Bundes, der Länder oder sonstiger Gebietskörperschaften, der den ausländischen Streitkräften zur Verfügung gestellt wird, bleibt in dem für die Bundeswehr geltenden Rahmen steuerfrei. Grundbesitz, der von anderen nicht nach § 3 Abs. 1 GrStG begünstigten Körperschaften oder von Privatpersonen zur Verfügung gestellt wird, ist dagegen steuerpflichtig. Hierzu vgl. für die zurückliegende Zeit u. a. auch BFH v. 15.3.1957 (BStBl. 1957 III S. 183), v. 7.6.1957 (BStBl. 1957 III S. 276), v. 19.9.1958 (BStBl. 1958 III S. 440) und v. 5.2.1960 (BStBl. 1960 III S. 161). Danach konnte bei Grundbesitz einer Gebietskörperschaft oder einer gemeinnützigen Körperschaft, der von den ausländischen Streitkräften für militärische Zwecke in Anspruch genommen worden war, ebenfalls ein öffentlicher Dienst oder Gebrauch als gegeben angesehen werden. Er unterliegt damit ab dem Beginn des Kalenderjahres, das der Aufgabe der militärischen Zwecke durch die ausländischen Streitwerte folgt, auch der Grundsteuer (FinMin. Nds. v. 24.11.1993, DB 1993 S. 2460).

Die Steuerbefreiung für Grundbesitz, der heute von den ausländischen Streitkräften benutzt wird, ergibt sich aus § 3 Abs. 1 Nr. 1 GrStG; denn die Überlassung des Grundbesitzes beruht auf einer völkerrechtlichen Vereinbarung und stellt damit eine hoheitliche Tätigkeit dar. Zwar üben die ausländischen Streitkräfte Hoheitsbefugnisse ihres eigenen Staates aus. Da sie damit aber gleichzeitig auch die Interessen der Bundesrepublik Deutschland wahrnehmen, wird ihre hoheitliche Tätigkeit auch dieser zugerechnet (BFH v. 14.1.1972, BStBl. 1972 II S. 318). Dass hiervon auch der Gesetzgeber ausgegangen war, wird dadurch bestätigt, dass die ausländischen Streitkräfte in § 5 Abs. 1 und § 6 Nr. 2 GrStG ausdrücklich angeführt werden. Dasselbe gilt auch für Grundbesitz, der den NATO-Hauptquartieren überlassen wird (Art. 14 des Ergänzungsprotokolls v. 17.10.1969, BGBl. 1969 II S. 1997). Die Steuerbefreiung ist allerdings stets nur in dem gleichen Ausmaß wie bei der Bundeswehr möglich. Demgemäß sind Grundstücke auf einem Kasernengelände, das von der Bundesrepublik Deutschland unentgeltlich den US-Streitkräften überlassen worden ist, von diesen jedoch für die Zwecke von Betreuungseinrichtungen verwendet wird, nicht steuerfrei (BFH v. 14.1.1972, aaO). Dasselbe gilt dann auch für Grundbesitz mit Reparaturwerkstätten,

Tankstellen, Lichtspieltheatern, Clubs, Geschäften usw., die den Angehörigen der ausländischen Streitkräfte und ihren Familienmitgliedern zur Verfügung stehen.

Zu § 3 Absatz 1 Nummer 2

Grundbesitz des Bundeseisenbahnvermögens

Von der Grundsteuer befreit ist Grundbesitz, der zum Bundeseisenbahnver- **21** mögen gehört und von diesem für Verwaltungszwecke benutzt wird. Durch das Eisenbahnneuordnungsgesetz v. 27.12.1993 (BGBl. 1993 I S. 2378) wurden die Deutsche Bundesbahn und die Deutsche Reichsbahn privatisiert. Rechtsnachfolger hinsichtlich der Sondervermögen ist das Bundeseisenbahnvermögen. Ab 1994 ist damit nur noch der Grundbesitz von der Grundsteuer befreit, der zum Bundeseisenbahnvermögen gehört und von diesem für seine Verwaltungszwecke benutzt wird. Bei Grundbesitz, der Betriebszwecken dient, ermäßigte sich der Steuermessbetrag früher auf die Hälfte (§ 13 Abs. 2 a. F. GrStG). Ab 1994 ist diese Bestimmung aufgehoben. Die bisherigen Abgrenzungen sind aber weiter anzuwenden. Hierzu vgl. Anm. 12 zu § 13 GrStG. Im Einzelnen vgl. hierzu auch Abschnitt 11 GrStR:

11 GrStR. Grundbesitz der Deutschen Bundesbahn

(1) Grundbesitz, der von der Deutschen Bundesbahn und ihren Behörden für Verwaltungszwecke benutzt wird, ist in vollem Umfang steuerfrei (§ 3 Abs. 1 Nr. 2 GrStG). Dasselbe gilt für die dem öffentlichen Verkehr dienenden Straßen und Plätze (Ladestraßen, BFH v. 11.11.1970, BStBl. 1971 II S. 32) sowie für die Schienenwege und für die Grundflächen der unmittelbar hierzu gehörenden Einrichtungen (§ 4 Nr. 3 Buchst. a GrStG).

(2) Bei Grundbesitz, der von der Deutschen Bundesbahn für Betriebszwecke benutzt wird, ermäßigt sich der Steuermeßbetrag auf die Hälfte (§ 13 Abs. 2 GrStG). Betriebszwecken dient der Grundbesitz insoweit, als er für den Personen- und Güterverkehr benutzt wird. Dazu gehört z. B. Grundbesitz, der der Aufbewahrung, Instandhaltung und Instandsetzung der Betriebseinrichtungen und Fahrzeuge dient.

(3) Voll steuerpflichtig ist Grundbesitz, der weder für Verwaltungszwecke noch für Betriebszwecke benutzt wird. Das sind insbesondere

1. Wohnungen (§ 5 Abs. 2 GrStG),
2. Hotels, Restaurationsräume, Verkaufsstellen, Läden und ähnliche Einrichtungen,
3. der für die Neuanlagen und Erweiterungen bestimmte Grundbesitz,
4. Grundbesitz, der vermietet oder verpachtet ist, auch wenn ihn der Mieter oder Pächter für Zwecke benutzt, die bei der Bundesbahn begünstigt wären. Abschnitt 9 Abs. 3 bleibt unberührt.

Für den Grundbesitz des Bundeseisenbahnvermögens gilt die Sonderregelung in § 3 Abs. 1 Nr. 2 GrStG. Wegen der Gründe für diese Sonderregelung vgl. im Einzelnen die amtliche Begründung zum Grundsteuergesetz 1936 (RStBl. 1937 S. 717).

Zum Grundbesitz, der für Verwaltungszwecke benutzt wird, gehören die Verwaltungsgebäude des Bundeseisenbahnvermögens. Bahnhöfe sind je nach ihrer Benutzung aufzuteilen in befreite und nichtbefreite Teile. Nicht für Verwaltungszwecke benutzter Grundbesitz und damit steuerpflichtig sind in erster Linie Grundstücke mit Wohngebäuden, außerdem Bahnhofshotels, Bahnhofswirtschaften, Bahnhofsläden und sonstige Verkaufsstellen, Bahngärtnereien, auch wenn die Bestände für die Bepflanzung von steuerbegünstigtem Grundbesitz verwendet werden, der für Neuanlagen und Erweiterungen bestimmte Grundbesitz und z.B. Grundbesitz, der vermietet oder verpachtet oder für eine spätere Veräußerung bestimmt ist. Im Einzelnen vgl. auch Abschnitt 11 Abs. 3 GrStR sowie die Richtlinien für die Bewertung der Betriebsgrundstücke der Deutschen Bundesbahn (OFD Frankfurt v. 15.9.1975 S 3015 A – 1 – St III 40). Ziel der Reform war u. a., dass der grundsteuerbefreite Grundbesitz beim Bundeseisenbahnvermögen verbleibt und die Deutsche Bahn AG den übrigen Grundbesitz, der zur Erfüllung ihrer Zwecke notwendig ist, erhält.

Kantinen sind bei Vorliegen der Voraussetzungen nach § 7 (vgl. Anm. 2 zu § 7 GrStG) bzw. nach § 8 GrStG steuerbefreit. Entsprechendes gilt für die Behandlung der Bereitschaftsräume; hierzu vgl. Anm. 10 zu § 5 GrStG.

Soweit keine Sonderregelung besteht, gelten bei der Deutschen Bahn AG auch die Steuerbefreiungen in § 4 GrStG. Demgemäß bleiben nach § 4 Nr. 3 Buchst. a GrStG die Schienenwege sowie die dem öffentlichen Verkehr dienenden Straßen, Wege und Plätze steuerfrei. Vgl. Anm. 5 zu § 4 GrStG.

Die Steuerbefreiung in § 3 Abs. 1 Nr. 2 GrStG gilt nicht für Privatbahnen, auch wenn sie von Gesellschaften betrieben werden, deren sämtliche Anteile der Deutschen Bahn AG gehören. Dabei ist es dann gleichgültig, ob der Grundbesitz dieser Privatbahnen für deren eigene Verwendungszwecke oder, wenn die Privatbahn im Verbund mit der Deutschen Bahn AG betrieben wird, für deren Zwecke benutzt oder mitbenutzt wird. Bei Privatbahnen bleibt allerdings ebenso wie bei der Deutschen Bahn AG der Schienenweg steuerfrei (§ 4 Nr. 3 Buchst. a GrStG). Grundbesitz von Privatbahnen mit Verwaltungsgebäuden bleibt lediglich noch insoweit steuerfrei, als er der Verwaltung der steuerfreien Schienenwege und der dazu gehörenden Einrichtungen dient. Hierzu vgl. Anm. zu § 7 GrStG. Auch die frühere Vergünstigung des § 13 Abs. 2 GrStG für Grundbesitz, der Betriebszwecken dient, galt nur für die Deutsche Bundesbahn und Reichsbahn.

Zu § 3 Absatz 1 Nummer 3

Grundbesitz, der gemeinnützigen Zwecken dient

Literatur: *Baum,* Änderungen der AO im Jahr 2013 – Neuerungen bei der Gemeinnützigkeit und im steuerlichen Verfahrensrecht, NWB 2014 S. 600; *Becker,* Das Recht auf Scheitern einer gemeinnützigen Körperschaft, FR 2008 S. 909; *Becker,* Der Wegfall des gemeinnützigkeitsrechtlichen Status – Eine Bestandsaufnahme und Hilfestellung für die Praxis, DStR 2010 S. 953; *Desens/Winkler,* Die Gemeinnützigkeitsvoraussetzungen von Einrichtungen der Kinder- und Jugendhilfe, RdJB 2009 S. 474; *Engelsing/Lüke,* Die gemeinnützige GmbH, NWB 2010 S. 118; *Gersch,* Verfahrensrecht der gemeinnützigen Vereine, AO-StB 2004 S. 285; *Gersch,* Änderungen im Gemeinnützigkeitsrecht durch das Gesetz zur Stärkung des Ehrenamts, AO-StB 2013 S. 111; *Gersch,* Neues aus dem Gemeinnützigkeitsrecht, AO-StB 2014 S. 87; *Göttsching,* Selbstversorgungseinrichtungen gemeinnütziger Körperschaften, NWB 2009 S. 2876; *Götz,* Die gemeinnützige Stiftung im Zivil- und Steuerrecht, NWB 2008 S. 1839; *Heger,* Gemeinnützigkeit und Gemeinschaftsrecht, FR 2004 S. 1154; *Heintzen,* Steuerliche Anreize für gemeinwohlorientiertes Engagement Privater, FR 2008 S. 737; *Hüttemann,* Der geänderte Anwendungserlass zur Gemeinnützigkeit – BMF-Schreiben vom 31.1.2014, DB 2014 S. 442; *Kirchhain,* Neue Verwaltungsrichtlinien für NPOs – Der neue Anwendungserlass zur Abgabenordnung im Lichte des Ehrenamtsstärkungsgesetzes, DStR 2014 S. 289; *Krebbers,* Stärkt das Ehrenamtsstärkungsgesetz das Ehrenamt? – Steuerliche Änderungen im Gemeinnützigkeits- und Zuwendungsrecht, BB 2013 S. 2071; *Strahl,* Betriebe gewerblicher Art und Gemeinnützigkeit, NWB 2008 S. 1947; *Wallenhorst/Halaczinsky,* Die Besteuerung gemeinnütziger Vereine, Stiftungen und der juristischen Personen des öffentlichen Rechts, 6. Aufl. 2009; *Weber,* Satzungsanforderung bei Zahlungen an den Vorstand gemeinnütziger Körperschaften, NWB direkt 2009 S. 760; *Winheller,* Aktuelle Entwicklungen im Gemeinnützigkeitsrecht 2007, DStZ 2008 S. 281.

Von der Grundsteuer ist befreit der Grundbesitz, der einer inländischen ju- **22** ristischen Person des öffentlichen Rechts (§ 3 Abs. 1 Nr. 3 Buchst. a GrStG) oder einer als gemeinnützig anerkannten inländischen Körperschaft (§ 3 Abs. 1 Nr. 3 Buchst. b GrStG) gehört und für gemeinnützige oder mildtätige Zwecke benutzt wird. Wegen der inländischen juristischen Personen des öffentlichen Rechts vgl. Anm. 7 zu § 3 GrStG. Die Benützung des Grundbesitzes zu gemeinnützigen oder mildtätigen Zwecken wird der Hauptanwendungsfall einer Grundsteuerbefreiung sein. Es soll deshalb hierauf auch ausführlicher eingegangen werden.

Zur Durchführung des § 3 Abs. 1 Nr. 3 GrStG ist Abschnitt 12 GrStR ergangen, der den folgenden Wortlaut hat:

12 GrStR. Für gemeinnützige oder mildtätige Zwecke benutzter Grundbesitz

(1) *Die Befreiung des Grundbesitzes nach § 3 Abs. 1 Nr. 3 GrStG setzt voraus, daß dieser entweder einer inländischen juristischen Person des öffentlichen Rechts oder einer inländischen Körperschaft, Personenvereinigung oder Vermögensmasse gehört, die nach der Satzung oder der sonstigen Verfassung und nach ihrer tatsächlichen Geschäftsführung ausschließlich und unmittelbar gemeinnützigen oder mildtätigen Zwecken dient. Für die Begriffe „gemeinnützige Zwecke" und „mildtätige Zwecke" im Sinne des Grundsteuergesetzes gelten die §§ 52, 53, 55 bis 68 AO (§ 51 AO).*

(2) *Bei inländischen Körperschaften usw., die berechtigt sind, Spendenbescheinigungen nach § 10b EStG in Verbindung mit § 48 Abs. 2 und 3 EStDV[1] auszustellen, können die subjektiven Voraussetzungen ohne weitere Nachprüfung unterstellt werden. In Zweifelsfällen hat das Lagefinanzamt bei dem für die Körperschaft zuständigen Finanzamt anzufragen, ob und ggf. in welchem Veranlagungszeitraum die Körperschaft usw. bei der Körperschaftsteuer als gemeinnützig oder mildtätig anerkannt worden ist. Diese Entscheidung ist für die Grundsteuer zu übernehmen.*

---

[1] Vgl. jetzt § 50 EStDV.

(3) *Der Grundbesitz muß für gemeinnützige oder mildtätige Zwecke benutzt werden (objektive Voraussetzung). Ob der geltend gemachte Benutzungszweck gemeinnützig oder mildtätig im Sinne der §§ 52, 53, 55 bis 68 AO ist, muß für die Grundsteuer jeweils selbständig geprüft werden. Handelt es sich um einen Zweck, der in der Anlage 7 zu den EStR[1] als besonders förderungswürdig anerkannt ist, so ist die Voraussetzung erfüllt. In anderen Fällen kommt es darauf an, ob der Zweck auch bei der Körperschaftsteuer als gemeinnützig anerkannt worden ist. Die dort getroffene Entscheidung ist deshalb zu übernehmen.*

(4) *Grundsteuerfrei ist auch der Grundbesitz, auf dem ein Zweckbetrieb im Sinne der §§ 65 bis 68 AO unterhalten wird. Ob ein solcher Zweckbetrieb vorliegt, wird bereits bei der Körperschaftsteuer entschieden. Die dort getroffene Entscheidung ist für die Grundsteuer zu übernehmen. Wenn auf dem Grundbesitz nur eine oder mehrere zeitlich befristete Veranstaltungen stattfinden, z. B. die Tanzveranstaltung eines Sportvereins in seiner Sporthalle, kommt es für die Entscheidung, ob ein Zweckbetrieb vorliegt, darauf an, welche Nutzung überwiegt (§ 8 Abs. 2 GrStG).*

(5) *Grundsteuerfrei bleibt der Grundbesitz, auf dem die gemeinnützigen oder mildtätigen Zwecke unmittelbar verfolgt werden. Dazu rechnet auch der Grundbesitz, auf dem die Körperschaft ihre Verwaltungstätigkeit ausübt. Verwaltungsräume, die der Verwaltung von steuerpflichtigem Grundbesitz dienen, sind dagegen steuerpflichtig (BFH v. 10.12.1954, BStBl. 1955 III S. 63 und v. 6.10.1961, BStBl. 1961 III S. 571). Hat die Körperschaft auch einen oder mehrere wirtschaftliche Geschäftsbetriebe, die nicht Zweckbetriebe im Sinne der §§ 65 bis 68 AO sind, so ist der Grundbesitz oder Teil des Grundbesitzes steuerpflichtig, der für deren Verwaltung benutzt wird. Wegen der Abgrenzung ist § 8 GrStG zu beachten.*

(6) *Bei einer als gemeinnützig anerkannten Körperschaft usw. ist der Grundbesitz steuerpflichtig,*

1. *der zu Wohnzwecken benutzt wird, soweit er nicht unter § 5 Abs. 1 GrStG fällt,*
2. *auf dem ein wirtschaftlicher Geschäftsbetrieb ausgeübt wird, der nicht Zweckbetrieb im Sinne der §§ 65 bis 68 AO ist,*
3. *der land- und forstwirtschaftlich genutzt wird, soweit nicht § 6 GrStG anzuwenden ist,*
4. *der als unbebautes Grundstück bewertet ist, soweit nicht die Voraussetzungen des § 7 GrStG erfüllt sind,*
5. *der einem Dritten zur Benutzung überlassen ist. Das gilt nicht, wenn auch der Dritte zu den nach § 3 Abs. 1 GrStG begünstigten Rechtsträgern gehört und er den Grundbesitz für einen begünstigten Zweck benutzt.*

Grundbesitz bei Körperschaften des öffentlichen Rechts

23   Von der Grundsteuer befreit ist Grundbesitz, der einer inländischen juristischen Person des öffentlichen Rechts gehört und von dieser für gemeinnützige oder mildtätige Zwecke benutzt wird (§ 3 Abs. 1 Nr. 3 Buchst. a GrStG). Diese Befreiungsvorschrift ist deshalb von besonderer Bedeutung, weil zahlreiche Tätigkeiten einer Körperschaft des öffentlichen Rechts einerseits zwar die Vo-

---

[1] Vgl. jetzt § 52 Abs. 2 AO.

raussetzung für einen Betrieb gewerblicher Art erfüllen, andererseits aber auch allgemeinen Belangen dienen, ohne deshalb schon als hoheitliche Tätigkeit angesehen werden zu können. Ein Betrieb gewerblicher Art wäre steuerpflichtig. Er kann aber steuerfrei bleiben, wenn er unmittelbar und ausschließlich gemeinnützigen Zwecken dient (§ 5 Abs. 1 Nr. 9 KStG); denn die Vorschriften der Abgabenordnung (§§ 52 ff. AO) über die steuerbegünstigten gemeinnützigen und mildtätigen Zwecke gelten auch für Betriebe gewerblicher Art von Körperschaften des öffentlichen Rechts (§ 51 AO iVm § 4 KStG).

Eine Abgrenzung zwischen hoheitlicher und gemeinnütziger Tätigkeit ist im Einzelfall unter Umständen nur schwer möglich (BFH v. 31.3.1973, BStBl. 1973 II S. 690). Da aber das Grundstück sowohl steuerfrei bleibt, wenn es für eine hoheitliche, als auch wenn es für eine gemeinnützige Tätigkeit benutzt wird, ist eine weitere Abgrenzung nicht mehr erforderlich. Für die Steuerfreiheit genügt infolgedessen die Benutzung für eine hoheitliche oder eine gemeinnützige Tätigkeit oder die gleichzeitige Benutzung für beide Tätigkeiten. Wegen der Benutzung zu gemeinnützigen und mildtätigen Zwecken im Einzelnen vgl. die Anm. 26 ff. zu § 3 GrStG. Zur Steuerfreiheit für Grundbesitz einer Körperschaft des öffentlichen Rechts, der religiösen Zwecken dient, vgl. Anm. 33 zu § 3 GrStG und für Grundbesitz, der kirchlichen Zwecken dient, vgl. Anm. 2 zu § 4 GrStG.

Grundbesitz bei anderen Körperschaften

Von der Grundsteuer befreit ist Grundbesitz einer inländischen Körper- **24** schaft, Personenvereinigung oder Vermögensmasse, die nach ihrer Satzung, dem Stiftungsgeschäft oder der sonstigen Verfassung und nach ihrer tatsächlichen Geschäftsführung ausschließlich und unmittelbar gemeinnützigen oder mildtätigen Zwecken dient, wenn der Grundbesitz für gemeinnützige oder mildtätige Zwecke benutzt wird (§ 3 Abs. 1 Nr. 3 Buchst. b GrStG). Diese Steuerbefreiung gilt für alle Körperschaften und anderen in § 1 Abs. 1 KStG aufgeführten Institutionen (§ 51 AO), also auch für eine als gemeinnützig anerkannte Kapitalgesellschaft. Funktionale Untergliederungen (Abteilungen) von Körperschaften gelten nicht als selbständige Steuersubjekte (§ 51 Abs. 1 Satz 3 AO). Der Grundbesitz einer Kapitalgesellschaft, an der nur Körperschaften des öffentlichen Rechts beteiligt sind, kann deshalb zwar nicht nach § 3 Abs. 1 Nr. 1 oder 3 Buchst. a GrStG, wohl aber nach § 3 Abs. 1 Nr. 3 Buchst. b GrStG steuerfrei sein, wenn die übrigen Voraussetzungen dafür erfüllt sind.

Die Steuerbefreiung nach § 3 Abs. 1 Nr. 3 Buchst. b GrStG gilt nur für inländische Körperschaften. Bei gemeinnützigen ausländischen Körperschaften und Organisationen kommt grundsätzlich eine Steuerbefreiung nicht in Betracht. Dies verstößt weder gegen Art. 3 GG (BFH v. 18.4.1975, BStBl. 1975 II S. 595) noch gegen ein Diskriminierungsverbot, wie es vielfach in Doppelbesteuerungsabkommen enthalten ist (BFH v. 20.10.1976, BStBl. 1977 II S. 175 und v. 3.8.1983, BStBl. 1984 II S. 9).

Die Steuerbefreiung setzt subjektiv voraus, dass der Eigentümer eine **als gemeinnützig anerkannte** Körperschaft ist, und objektiv, dass der Grundbesitz vom Eigentümer für **gemeinnützige Zwecke** benutzt wird. Eine analoge Anwendung der Grundsteuerbefreiung gemäß § 3 Abs. 1 Satz 1 Nr. 3 Buchst. b GrStG in den Fällen, in denen der Inhaber eines Erbbaurechts und derjenige, der das Erbbaurecht für begünstigte Zwecke nutzt, nicht identisch sind, ist nicht zulässig (FG Düsseldorf v. 23.5.2005, EFG 2005 S. 1248). Welche Zwecke steuerbegünstigt (gemeinnützig, mildtätig oder kirchlich) sind, ergibt sich aus §§ 52 bis 54 AO idF der Bek. v. 1.10.2002 (BGBl. 2002 I S. 3866, ber. 2003 I S. 61), zuletzt geändert durch Gesetz v. 25.7.2014 (BGBl. 2014 I S. 1266). Die §§ 52 bis 54 haben den folgenden Wortlaut:

§ 52 AO Gemeinnützige Zwecke

(1) [1]**Eine Körperschaft verfolgt gemeinnützige Zwecke, wenn ihre Tätigkeit darauf gerichtet ist, die Allgemeinheit auf materiellem, geistigem oder sittlichem Gebiet selbstlos zu fördern.** [2]**Eine Förderung der Allgemeinheit ist nicht gegeben, wenn der Kreis der Personen, dem die Förderung zugute kommt, fest abgeschlossen ist, zum Beispiel Zugehörigkeit zu einer Familie oder zur Belegschaft eines Unternehmens, oder infolge seiner Abgrenzung, insbesondere nach räumlichen oder beruflichen Merkmalen, dauernd nur klein sein kann.** [3]**Eine Förderung der Allgemeinheit liegt nicht allein deswegen vor, weil eine Körperschaft ihre Mittel einer Körperschaft des öffentlichen Rechts zuführt.**

(2) [1]**Unter den Voraussetzungen des Absatzes 1 sind als Förderung der Allgemeinheit anzuerkennen:**

1. **die Förderung von Wissenschaft und Forschung;**
2. **die Förderung der Religion;**
3. **die Förderung des öffentlichen Gesundheitswesens und der öffentlichen Gesundheitspflege, insbesondere die Verhütung und Bekämpfung von übertragbaren Krankheiten, auch durch Krankenhäuser im Sinne des § 67, und von Tierseuchen;**
4. **die Förderung der Jugend- und Altenhilfe;**
5. **die Förderung von Kunst und Kultur;**
6. **die Förderung des Denkmalschutzes und der Denkmalpflege;**
7. **die Förderung der Erziehung, Volks- und Berufsbildung einschließlich der Studentenhilfe;**
8. **die Förderung des Naturschutzes und der Landschaftspflege im Sinne des Bundesnaturschutzgesetzes und der Naturschutzgesetze der Länder, des Umweltschutzes, des Küstenschutzes und des Hochwasserschutzes;**
9. **die Förderung des Wohlfahrtswesens, insbesondere der Zwecke der amtlich anerkannten Verbände der freien Wohlfahrtspflege (§ 23 der Umsatzsteuer-Durchführungsverordnung), ihrer Unterverbände und ihrer angeschlossenen Einrichtungen und Anstalten;**
10. **die Förderung der Hilfe für politisch, rassisch oder religiös Verfolgte, für Flüchtlinge, Vertriebene, Aussiedler, Spätaussiedler, Kriegsopfer, Kriegshinterbliebene, Kriegsbeschädigte und Kriegsgefangene, Zivilbeschädigte und Behinderte sowie Hilfe für Opfer von Straftaten; Förderung des Andenkens an Verfolgte, Kriegs- und Katastrophenopfer; Förderung des Suchdienstes für Vermisste;**
11. **die Förderung der Rettung aus Lebensgefahr;**

12. die Förderung des Feuer-, Arbeits-, Katastrophen- und Zivilschutzes sowie der Unfallverhütung;
13. die Förderung internationaler Gesinnung, der Toleranz auf allen Gebieten der Kultur und des Völkerverständigungsgedankens;
14. die Förderung des Tierschutzes;
15. die Förderung der Entwicklungszusammenarbeit;
16. die Förderung von Verbraucherberatung und Verbraucherschutz;
17. die Förderung der Fürsorge für Strafgefangene und ehemalige Strafgefangene;
18. die Förderung der Gleichberechtigung von Frauen und Männern;
19. die Förderung des Schutzes von Ehe und Familie;
20. die Förderung der Kriminalprävention;
21. die Förderung des Sports (Schach gilt als Sport);
22. die Förderung der Heimatpflege und Heimatkunde;
23. die Förderung der Tierzucht, der Pflanzenzucht, der Kleingärtnerei, des traditionellen Brauchtums einschließlich des Karnevals, der Fastnacht und des Faschings, der Soldaten- und Reservistenbetreuung, des Amateurfunkens, des Modellflugs und des Hundesports;
24. die allgemeine Förderung des demokratischen Staatswesens im Geltungsbereich dieses Gesetzes; hierzu gehören nicht Bestrebungen, die nur bestimmte Einzelinteressen staatsbürgerlicher Art verfolgen oder die auf den kommunalpolitischen Bereich beschränkt sind;
25. die Förderung des bürgerschaftlichen Engagements zugunsten gemeinnütziger, mildtätiger und kirchlicher Zwecke.

[2]Sofern der von der Körperschaft verfolgte Zweck nicht unter Satz 1 fällt, aber die Allgemeinheit auf materiellem, geistigem oder sittlichem Gebiet entsprechend selbstlos gefördert wird, kann dieser Zweck für gemeinnützig erklärt werden. [3]Die obersten Finanzbehörden der Länder haben jeweils eine Finanzbehörde im Sinne des Finanzverwaltungsgesetzes zu bestimmen, die für Entscheidungen nach Satz 2 zuständig ist.

§ 53 AO Mildtätige Zwecke

Eine Körperschaft verfolgt mildtätige Zwecke, wenn ihre Tätigkeit darauf gerichtet ist, Personen selbstlos zu unterstützen,

1. die infolge ihres körperlichen, geistigen oder seelischen Zustands auf die Hilfe anderer angewiesen sind oder
2. deren Bezüge nicht höher sind als das Vierfache des Regelsatzes der Sozialhilfe im Sinne des § 28 des Zwölften Buches Sozialgesetzbuch; beim Alleinstehenden oder Alleinerziehenden tritt an die Stelle des Vierfachen das Fünffache des Regelsatzes. [2]Dies gilt nicht für Personen, deren Vermögen zur nachhaltigen Verbesserung ihres Unterhalts ausreicht und denen zugemutet werden kann, es dafür zu verwenden. [3]Bei Personen, deren wirtschaftliche Lage aus besonderen Gründen zu einer Notlage geworden ist, dürfen die Bezüge oder das Vermögen die genannten Grenzen übersteigen. [4]Bezüge im Sinne dieser Vorschrift sind
a) Einkünfte im Sinne des § 2 Abs. 1 des Einkommensteuergesetzes und
b) andere zur Bestreitung des Unterhalts bestimmte oder geeignete Bezüge,
aller Haushaltsangehörigen. [5]Zu berücksichtigen sind auch gezahlte und empfangene Unterhaltsleistungen. [6]Die wirtschaftliche Hilfebedürftigkeit

im vorstehenden Sinne ist bei Empfängern von Leistungen nach dem Zweiten oder Zwölften Buch Sozialgesetzbuch, des Wohngeldgesetzes, bei Empfängern von Leistungen nach § 27a des Bundesversorgungsgesetzes oder nach § 6a des Bundeskindergeldgesetzes als nachgewiesen anzusehen. [7]Die Körperschaft kann den Nachweis mit Hilfe des jeweiligen Leistungsbescheids, der für den Unterstützungszeitraum maßgeblich ist, oder mit Hilfe der Bestätigung des Sozialleistungsträgers führen. [8]Auf Antrag der Körperschaft kann auf einen Nachweis der wirtschaftlichen Hilfebedürftigkeit verzichtet werden, wenn auf Grund der besonderen Art der gewährten Unterstützungsleistung sichergestellt ist, dass nur wirtschaftlich hilfebedürftige Personen im vorstehenden Sinne unterstützt werden; für den Bescheid über den Nachweisverzicht gilt § 60a Absatz 3 bis 5 entsprechend.

§ 54 AO Kirchliche Zwecke

(1) Eine Körperschaft verfolgt kirchliche Zwecke, wenn ihre Tätigkeit darauf gerichtet ist, eine Religionsgemeinschaft, die Körperschaft des öffentlichen Rechts ist, selbstlos zu fördern.

(2) Zu diesen Zwecken gehören insbesondere die Errichtung, Ausschmückung und Unterhaltung von Gotteshäusern und kirchlichen Gemeindehäusern, die Abhaltung von Gottesdiensten, die Ausbildung von Geistlichen, die Erteilung von Religionsunterricht, die Beerdigung und die Pflege des Andenkens der Toten, ferner die Verwaltung des Kirchenvermögens, die Besoldung der Geistlichen, Kirchenbeamten und Kirchendiener, die Alters- und Behindertenversorgung für diese Personen und die Versorgung ihrer Witwen und Waisen.

Als weitere Voraussetzung für die Steuerfreiheit wird verlangt, dass die gemeinnützige Tätigkeit **selbstlos, ausschließlich und unmittelbar** durchgeführt wird. Zur Förderung der Allgemeinheit und zu den Satzungsbestimmungen betreffend die Ausschließlichkeit und Unmittelbarkeit siehe auch AEAO zu § 56 und zu § 57 AO sowie BFH v. 20.12.2006 (BFH/NV 2007 S. 805). Im Einzelnen vgl. hierzu §§ 55 ff. AO, die den folgenden Wortlaut haben:

§ 55 AO Selbstlosigkeit

(1) Eine Förderung oder Unterstützung geschieht selbstlos, wenn dadurch nicht in erster Linie eigenwirtschaftliche Zwecke – zum Beispiel gewerbliche Zwecke oder sonstige Erwerbszwecke – verfolgt werden und wenn die folgenden Voraussetzungen gegeben sind:
1. [1]Mittel der Körperschaft dürfen nur für die satzungsmäßigen Zwecke verwendet werden. [2]Die Mitglieder oder Gesellschafter (Mitglieder im Sinne dieser Vorschriften) dürfen keine Gewinnanteile und in ihrer Eigenschaft als Mitglieder auch keine sonstigen Zuwendungen aus Mitteln der Körperschaft erhalten. [3]Die Körperschaft darf ihre Mittel weder für die unmittelbare noch für die mittelbare Unterstützung oder Förderung politischer Parteien verwenden.
2. Die Mitglieder dürfen bei ihrem Ausscheiden oder bei Auflösung oder Aufhebung der Körperschaft nicht mehr als ihre eingezahlten Kapitalan-

teile und den gemeinen Wert ihrer geleisteten Sacheinlagen zurückerhalten.

3. Die Körperschaft darf keine Person durch Ausgaben, die dem Zweck der Körperschaft fremd sind, oder durch unverhältnismäßig hohe Vergütungen begünstigen.

4. [1]Bei Auflösung oder Aufhebung der Körperschaft oder bei Wegfall ihres bisherigen Zwecks darf das Vermögen der Körperschaft, soweit es die eingezahlten Kapitalanteile der Mitglieder und den gemeinen Wert der von den Mitgliedern geleisteten Sacheinlagen übersteigt, nur für steuerbegünstigte Zwecke verwendet werden (Grundsatz der Vermögensbindung). [2]Diese Voraussetzung ist auch erfüllt, wenn das Vermögen einer anderen steuerbegünstigten Körperschaft oder einer juristischen Person des öffentlichen Rechts für steuerbegünstigte Zwecke übertragen werden soll.

5. [1]Die Körperschaft muss ihre Mittel vorbehaltlich des § 62 grundsätzlich zeitnah für ihre steuerbegünstigten satzungsmäßigen Zwecke verwenden. [2]Verwendung in diesem Sinne ist auch die Verwendung der Mittel für die Anschaffung oder Herstellung von Vermögensgegenständen, die satzungsmäßigen Zwecken dienen. [3]Eine zeitnahe Mittelverwendung ist gegeben, wenn die Mittel spätestens in den auf den Zufluss folgenden zwei Kalender- oder Wirtschaftsjahren für die steuerbegünstigten satzungsmäßigen Zwecke verwendet werden.

(2) Bei der Ermittlung des gemeinen Werts (Absatz 1 Nr. 2 und 4) kommt es auf die Verhältnisse zu dem Zeitpunkt an, in dem die Sacheinlagen geleistet worden sind.

(3) Die Vorschriften, die die Mitglieder der Körperschaft betreffen (Absatz 1 Nr. 1, 2 und 4), gelten bei Stiftungen für die Stifter und ihre Erben, bei Betrieben gewerblicher Art von juristischen Personen des öffentlichen Rechts für die Körperschaft sinngemäß, jedoch mit der Maßgabe, dass bei Wirtschaftsgütern, die nach § 6 Absatz 1 Nummer 4 Satz 4 des Einkommensteuergesetzes aus einem Betriebsvermögen zum Buchwert entnommen worden sind, an die Stelle des gemeinen Werts der Buchwert der Entnahme tritt.

§ 56 AO Ausschließlichkeit

Ausschließlichkeit liegt vor, wenn eine Körperschaft nur ihre steuerbegünstigten satzungsmäßigen Zwecke verfolgt.

§ 57 AO Unmittelbarkeit

(1) [1]Eine Körperschaft verfolgt unmittelbar ihre steuerbegünstigten satzungsmäßigen Zwecke, wenn sie selbst diese Zwecke verwirklicht. [2]Das kann auch durch Hilfspersonen geschehen, wenn nach den Umständen des Falls, insbesondere nach den rechtlichen und tatsächlichen Beziehungen, die zwischen der Körperschaft und der Hilfsperson bestehen, das Wirken der Hilfsperson wie eigenes Wirken der Körperschaft anzusehen ist.

(2) Eine Körperschaft, in der steuerbegünstigte Körperschaften zusammengefasst sind, wird einer Körperschaft, die unmittelbar steuerbegünstigte Zwecke verfolgt, gleichgestellt.

§ 58 AO Steuerlich unschädliche Betätigungen

Die Steuervergünstigung wird nicht dadurch ausgeschlossen, dass

1. eine Körperschaft Mittel für die Verwirklichung der steuerbegünstigten Zwecke einer anderen Körperschaft oder für die Verwirklichung steuerbegünstigter Zwecke durch eine juristische Person des öffentlichen Rechts beschafft; die Beschaffung von Mitteln für eine unbeschränkt steuerpflichtige Körperschaft des privaten Rechts setzt voraus, dass diese selbst steuerbegünstigt ist,
2. eine Körperschaft ihre Mittel teilweise einer anderen, ebenfalls steuerbegünstigten Körperschaft oder einer juristischen Person des öffentlichen Rechts zur Verwendung zu steuerbegünstigten Zwecken zuwendet,
3. eine Körperschaft ihre Überschüsse der Einnahmen über die Ausgaben aus der Vermögensverwaltung, ihre Gewinne aus den wirtschaftlichen Geschäftsbetrieben ganz oder teilweise und darüber hinaus höchstens 15 Prozent ihrer sonstigen nach § 55 Absatz 1 Nummer 5 zeitnah zu verwendenden Mittel einer anderen steuerbegünstigten Körperschaft oder einer juristischen Person des öffentlichen Rechts zur Vermögensausstattung zuwendet. ²Die aus den Vermögenserträgen zu verwirklichenden steuerbegünstigten Zwecke müssen den steuerbegünstigten satzungsmäßigen Zwecken der zuwendenden Körperschaft entsprechen. ³Die nach dieser Nummer zugewandten Mittel und deren Erträge dürfen nicht für weitere Mittelweitergaben im Sinne des ersten Satzes verwendet werden,
4. eine Körperschaft ihre Arbeitskräfte anderen Personen, Unternehmen, Einrichtungen oder einer juristischen Person des öffentlichen Rechts für steuerbegünstigte Zwecke zur Verfügung stellt,
5. eine Körperschaft ihr gehörende Räume einer anderen, ebenfalls steuerbegünstigten Körperschaft oder einer juristischen Person des öffentlichen Rechts zur Nutzung zu steuerbegünstigten Zwecken überlässt,
6. eine Stiftung einen Teil, jedoch höchstens ein Drittel ihres Einkommens dazu verwendet, um in angemessener Weise den Stifter und seine nächsten Angehörigen zu unterhalten, ihre Gräber zu pflegen und ihr Andenken zu ehren,
7. eine Körperschaft gesellige Zusammenkünfte veranstaltet, die im Vergleich zu ihrer steuerbegünstigten Tätigkeit von untergeordneter Bedeutung sind,
8. ein Sportverein neben dem unbezahlten auch den bezahlten Sport fördert,
9. eine von einer Gebietskörperschaft errichtete Stiftung zur Erfüllung ihrer steuerbegünstigten Zwecke Zuschüsse an Wirtschaftsunternehmen vergibt,
10. eine Körperschaft Mittel zum Erwerb von Gesellschaftsrechten zur Erhaltung der prozentualen Beteiligung an Kapitalgesellschaften im Jahr des Zuflusses verwendet. ²Dieser Erwerb mindert die Höhe der Rücklage nach § 62 Absatz 1 Nummer 3.

§ 59 AO Voraussetzung der Steuervergünstigung

Die Steuervergünstigung wird gewährt, wenn sich aus der Satzung, dem Stiftungsgeschäft oder der sonstigen Verfassung (Satzung im Sinne dieser Vorschriften) ergibt, welchen Zweck die Körperschaft verfolgt, dass dieser Zweck den Anforderungen der §§ 52 bis 55 entspricht und dass er ausschließlich und unmittelbar verfolgt wird; die tatsächliche Geschäftsführung muss diesen Satzungsbestimmungen entsprechen.

§ 60 AO Anforderungen an die Satzung

(1) [1]Die Satzungszwecke und die Art ihrer Verwirklichung müssen so genau bestimmt sein, dass auf Grund der Satzung geprüft werden kann, ob die satzungsmäßigen Voraussetzungen für Steuervergünstigungen gegeben sind. [2]Die Satzung muss die in der Anlage 1 bezeichneten Festlegungen enthalten.

(2) Die Satzung muss den vorgeschriebenen Erfordernissen bei der Körperschaftsteuer und bei der Gewerbesteuer während des ganzen Veranlagungs- oder Bemessungszeitraums, bei den anderen Steuern im Zeitpunkt der Entstehung der Steuer entsprechen.

§ 60a AO Feststellung der satzungsmäßigen Voraussetzungen

(1) [1]Die Einhaltung der satzungsmäßigen Voraussetzungen nach den §§ 51, 59, 60 und 61 wird gesondert festgestellt. [2]Die Feststellung der Satzungsmäßigkeit ist für die Besteuerung der Körperschaft und der Steuerpflichtigen, die Zuwendungen in Form von Spenden und Mitgliedsbeiträgen an die Körperschaft erbringen, bindend.

(2) Die Feststellung der Satzungsmäßigkeit erfolgt

1. auf Antrag der Körperschaft oder

2. von Amts wegen bei der Veranlagung zur Körperschaftsteuer, wenn bisher noch keine Feststellung erfolgt ist.

(3) Die Bindungswirkung der Feststellung entfällt ab dem Zeitpunkt, in dem die Rechtsvorschriften, auf denen die Feststellung beruht, aufgehoben oder geändert werden.

(4) Tritt bei den für die Feststellung erheblichen Verhältnissen eine Änderung ein, ist die Feststellung mit Wirkung vom Zeitpunkt der Änderung der Verhältnisse aufzuheben.

(5) [1]Materielle Fehler im Feststellungsbescheid über die Satzungsmäßigkeit können mit Wirkung ab dem Kalenderjahr beseitigt werden, das auf die Bekanntgabe der Aufhebung der Feststellung folgt. [2]§ 176 gilt entsprechend, außer es sind Kalenderjahre zu ändern, die nach der Verkündung der maßgeblichen Entscheidung eines obersten Gerichtshofes des Bundes beginnen.

§ 61 AO Satzungsmäßige Vermögensbindung

(1) Eine steuerlich ausreichende Vermögensbindung (§ 55 Abs. 1 Nr. 4) liegt vor, wenn der Zweck, für den das Vermögen bei Auflösung oder Aufhebung der Körperschaft oder bei Wegfall ihres bisherigen Zwecks verwendet werden soll, in der Satzung so genau bestimmt ist, dass auf Grund der Satzung geprüft werden kann, ob der Verwendungszweck steuerbegünstigt ist.

(2) *(aufgehoben)*

(3) [1]Wird die Bestimmung über die Vermögensbindung nachträglich so geändert, dass sie den Anforderungen des § 55 Abs. 1 Nr. 4 nicht mehr entspricht, so gilt sie von Anfang an als steuerlich nicht ausreichend. [2]§ 175 Abs. 1 Satz 1 Nr. 2 ist mit der Maßgabe anzuwenden, dass Steuerbescheide erlassen, aufgehoben oder geändert werden können, soweit sie Steuern betreffen, die innerhalb der letzten zehn Kalenderjahre vor der Änderung der Bestimmung über die Vermögensbindung entstanden sind.

§ 62 AO Rücklagen und Vermögensbildung

(1) Körperschaften können ihre Mittel ganz oder teilweise

1. einer Rücklage zuführen, soweit dies erforderlich ist, um ihre steuerbegünstigten, satzungsmäßigen Zwecke nachhaltig zu erfüllen;

2. einer Rücklage für die beabsichtigte Wiederbeschaffung von Wirtschaftsgütern zuführen, die zur Verwirklichung der steuerbegünstigten, satzungsmäßigen Zwecke erforderlich sind (Rücklage für Wiederbeschaffung). ²Die Höhe der Zuführung bemisst sich nach der Höhe der regulären Absetzungen für Abnutzung eines zu ersetzenden Wirtschaftsguts. ³Die Voraussetzungen für eine höhere Zuführung sind nachzuweisen;

3. der freien Rücklage zuführen, jedoch höchstens ein Drittel des Überschusses aus der Vermögensverwaltung und darüber hinaus höchstens 10 Prozent der sonstigen nach § 55 Absatz 1 Nummer 5 zeitnah zu verwendenden Mittel. ²Ist der Höchstbetrag für die Bildung der freien Rücklage in einem Jahr nicht ausgeschöpft, kann diese unterbliebene Zuführung in den folgenden zwei Jahren nachgeholt werden;

4. einer Rücklage zum Erwerb von Gesellschaftsrechten zur Erhaltung der prozentualen Beteiligung an Kapitalgesellschaften zuführen, wobei die Höhe dieser Rücklage die Höhe der Rücklage nach Nummer 3 mindert.

(2) ¹Die Bildung von Rücklagen nach Absatz 1 hat innerhalb der Frist des § 55 Absatz 1 Nummer 5 Satz 3 zu erfolgen. ²Rücklagen nach Absatz 1 Nummer 1, 2 und 4 sind unverzüglich aufzulösen, sobald der Grund für die Rücklagenbildung entfallen ist. ³Die freigewordenen Mittel sind innerhalb der Frist nach § 55 Absatz 1 Nummer 5 Satz 3 zu verwenden.

(3) Die folgenden Mittelzuführungen unterliegen nicht der zeitnahen Mittelverwendung nach § 55 Absatz 1 Nummer 5:

1. Zuwendungen von Todes wegen, wenn der Erblasser keine Verwendung für den laufenden Aufwand der Körperschaft vorgeschrieben hat;

2. Zuwendungen, bei denen der Zuwendende ausdrücklich erklärt, dass diese zur Ausstattung der Körperschaft mit Vermögen oder zur Erhöhung des Vermögens bestimmt sind;

3. Zuwendungen auf Grund eines Spendenaufrufs der Körperschaft, wenn aus dem Spendenaufruf ersichtlich ist, dass Beträge zur Aufstockung des Vermögens erbeten werden;

4. Sachzuwendungen, die ihrer Natur nach zum Vermögen gehören.

(4) Eine Stiftung kann im Jahr ihrer Errichtung und in den drei folgenden Kalenderjahren Überschüsse aus der Vermögensverwaltung und die Gewinne aus wirtschaftlichen Geschäftsbetrieben nach § 14 ganz oder teilweise ihrem Vermögen zuführen.

§ 63 AO Anforderungen an die tatsächliche Geschäftsführung

(1) Die tatsächliche Geschäftsführung der Körperschaft muss auf die ausschließliche und unmittelbare Erfüllung der steuerbegünstigten Zwecke gerichtet sein und den Bestimmungen entsprechen, die die Satzung über die Voraussetzungen für Steuervergünstigungen enthält.

(2) Für die tatsächliche Geschäftsführung gilt sinngemäß § 60 Abs. 2, für eine Verletzung der Vorschrift über die Vermögensbindung § 61 Abs. 3.

(3) **Die Körperschaft hat den Nachweis, dass ihre tatsächliche Geschäftsführung den Erfordernissen des Absatzes 1 entspricht, durch ordnungsmäßige Aufzeichnungen über ihre Einnahmen und Ausgaben zu führen.**

(4) **Hat die Körperschaft ohne Vorliegen der Voraussetzungen Mittel angesammelt, kann das Finanzamt ihr eine angemessene Frist für die Verwendung der Mittel setzen.**

(5) [1]**Körperschaften im Sinne des § 10b Absatz 1 Satz 2 Nummer 2 des Einkommensteuergesetzes dürfen Zuwendungsbestätigungen im Sinne des § 50 Absatz 1 der Einkommensteuer-Durchführungsverordnung nur ausstellen, wenn**

1. **das Datum der Anlage zum Körperschaftsteuerbescheid oder des Freistellungsbescheids nicht länger als fünf Jahre zurückliegt oder**
2. **die Feststellung der Satzungsmäßigkeit nach § 60a Absatz 1 nicht länger als drei Kalenderjahre zurückliegt und bisher kein Freistellungsbescheid oder keine Anlage zum Körperschaftsteuerbescheid erteilt wurde.**
[2]**Die Frist ist taggenau zu berechnen.**

Zu den Vorschriften in §§ 64 ff. AO über die Behandlung des wirtschaftlichen Geschäftsbetriebs einer gemeinnützigen Körperschaft vgl. Anm. 44 ff. zu § 3 GrStG.

Allgemeine Voraussetzungen für die Steuerbefreiung

Die Steuerbefreiung setzt voraus, dass der Eigentümer des Grundbesitzes **25** als gemeinnützig anerkannt ist (subjektive Voraussetzung) und der Grundbesitz unmittelbar für gemeinnützige Zwecke verwendet wird (objektive Voraussetzung).

a) Feststellung der satzungsmäßigen Voraussetzungen der Gemeinnützigkeit

Die Anerkennung einer Körperschaft als gemeinnützig erfolgte bis zum Inkrafttreten des Gesetzes zur Stärkung des Ehrenamtes (Ehrenamtsstärkungsgesetz) v. 21.3.2013 (BGBl. 2013 I S. 556) nicht in einem besonderen Grundlagenbescheid, der dann für alle Steuern verbindlich war (BFH v. 10.1.1992, BStBl. 1992 II S. 684). Vielmehr lag die Anerkennung jeweils in der Freistellung von der zu veranlagenden Steuer. Es bedurfte also keines besonderen Feststellungsbescheides. Das Finanzamt konnte unabhängig davon einer Körperschaft allerdings auch eine vorläufige Bescheinigung darüber erteilen, dass sie gemeinnützig und zur Entgegennahme von Spenden nach § 10b Abs. 1 EStG berechtigt war. Diese Bescheinigung war ein deklaratorischer Akt, wurde nur befristet erteilt und war frei widerruflich (BFH v. 7.5.1986, BStBl. 1986 II S. 677; AEAO zu § 59 AO). Mit dem Ehrenamtsstärkungsgesetz gehen auch Änderungen des Gemeinnützigkeitsrechts einher. So wurde mit dem erstmals eingefügten § 60a AO ein Verfahren eingeführt zur Überprüfung der Frage, ob die Satzung einer Körperschaft den Erfordernissen der Abgabenordnung genügt. Mithin ermöglicht § 60a AO eine **gesonderte Feststellung** über das Vorliegen der satzungsmäßigen Voraussetzungen, die nach Maßgabe der §§ 51, 59, 60 und 61 AO von den steuerbegünstigten Körperschaften einzuhalten sind. Für die Besteuerung der Körperschaft und der Steuerpflichtigen, die Zuwendungen in Form von Mitgliedsbeiträgen und Spenden an die Körperschaft erbringen, entfaltet die Feststellung der Satzungsmäßigkeit **Bindungswirkung.** Nach § 60a Abs. 2 AO erfolgt die Feststellung der Satzungsmäßigkeit **auf Antrag der Körperschaft** oder **von Amts wegen** bei der Veranlagung zur Körperschaftsteuer, wenn bisher noch keine Feststellung erfolgt ist. Das Verfahren nach § 60a AO ist ein **Annexverfahren** zur Körperschaftsteuerveranlagung (AEAO zu § 60a Abs. 1 AO). Sofern ein berechtigtes Interesse vorliegt, kann ein Antrag auf Feststellung der Satzungsmäßigkeit jederzeit gestellt werden. Eine **berechtigtes Interesse** in diesem Sinne ist zu bejahen nach einer Änderung der Satzung oder im Falle einer Änderung von Vorschriften des Gemeinnützigkeitsrechts mit Auswirkungen auf die Satzung (so zutreffend *Gersch,* AO-StB 2014 S. 87). Aus § 60a Abs. 3 bis 5 AO sind Regelungen zum Wegfall der Bindungswirkung der Feststellung im Falle der Änderung von Rechtsvorschriften sowie zur Aufhebung der Feststellung im Falle der Änderung bei den für die Feststellung wesentlichen Verhältnissen und bei materiellen Fehlern im Feststellungsbescheid ersichtlich. Beruht z. B. die Feststellung der satzungsmäßigen Voraussetzungen auf einem materiellen Fehler, so kann sie mit Wirkung für die Zukunft aufgehoben werden (AEAO Nr. 8 zu § 60a Abs. 5 AO). Die Vorschriften zum Feststellungsverfahren sind am Tag nach der Verkündung des Ehrenamtsstärkungsgesetzes, am 29.3.2013, in Kraft getreten. Vgl. im Einzelnen *Klein/Gersch,* AO, § 60a.

Die bisher übliche „vorläufige Bescheinigung" über die Gemeinnützigkeit – zurückgehend auf eine Übung der Finanzverwaltung (vgl. hierzu AEAO zu § 59 Nr. 4ff. AO [a. F.] sowie *Krebbers,* BB 2013 S. 2071, 2072 f.) – wird durch das Verfahren nach § 60a AO ersetzt. Diese „vorläufige Bescheinigung" war ehedem grundsätzlich befristet zu erteilen und verlor im Regelfall nach 18 Monaten ihre Gültigkeit. Eine erste Überprüfung der tatsächlichen Geschäftsführung der Körperschaft erfolgte üblicherweise nach Ablauf dieser Gültigkeitsfrist. Hingegen ist der Feststellungsbescheid nach § 60a AO unbefristet zu erteilen. Die Verwendung der bisher erteilten „vorläufigen Bescheinigung" darf nur noch übergangsweise erfolgen (*Gersch,* AO-StB 2014 S. 87). Da im Übrigen die Finanzbehörde im Feststellungsverfahren nach § 60a AO nicht die tatsächliche Geschäftsführung zu würdigen hat, bleibt diese Prüfung dem Veranlagungsverfahren vorbehalten (*Kirchhain,* DStR 2014 S. 289, 291).

Grundsätzlich besteht keine Bindung an eine Anerkennung (bzw. förmliche Feststellung), die für eine bestimmte Steuerart oder Steuerveranlagung erfolgt ist; mithin könnten bei den einzelnen Steuern durchaus auch abweichende Entscheidungen möglich sein, ohne dass damit gegen Treu und Glauben verstoßen würde (BFH v. 11.8.1961 III 91/53, StRK § 17 StAnpG R. 11). In der Praxis wird aber die einmal für die Körperschaftsteuer getroffene Entscheidung in aller Regel auch für alle anderen Steuern übernommen. Das gilt auch für die Grundsteuer. Demgemäß wird in Abschnitt 12 Abs. 2 GrStR (abgedruckt bei Anm. 22 zu § 3 GrStG) bestimmt, dass bei Körperschaften, die berechtigt sind, Zuwendungsbestätigungen nach § 10b EStG iVm § 50 EStDV auszustellen, die subjektiven Voraussetzungen ohne weitere

Nachprüfung unterstellt werden können. In diesem Fall soll nämlich davon ausgegangen werden, dass die Anerkennung durch das zuständige Körperschaftsteuerfinanzamt bereits vorliegt. Dem für die Veranlagung des Steuermessbescheids zuständigen Lagefinanzamt kann deshalb von der Körperschaft entweder (übergangsweise noch) die „vorläufige Bescheinigung" des Körperschaftsteuerfinanzamts oder ein von diesem ausgestellter Feststellungsbescheid nach § 60a AO vorgelegt werden. Im Zweifelsfall hat jedoch das Lagefinanzamt bei dem zuständigen Körperschaftsteuerfinanzamt anzufragen, ob und ggf. in welchem Veranlagungszeitraum die Körperschaft usw. die erforderlichen Voraussetzungen für eine Steuervergünstigung erfüllt bzw. erfüllt hat. Die bei der Körperschaftsteuer getroffene Entscheidung ist dann auch für die Grundsteuer zu übernehmen.

Soll die gemeinnützige Körperschaft von den Ertragsteuern (Körperschaftsteuer, Gewerbesteuer) befreit werden, muss die Satzung den vorgeschriebenen Erfordernissen während des ganzen Veranlagungs- oder Bemessungszeitraums bestehen, für den sie gelten soll. Bei anderen Steuern genügt es, wenn die Voraussetzungen im Zeitpunkt der Entstehung der Steuer gegeben sind (§ 60 Abs. 2 und § 63 Abs. 2 AO). Für die Grundsteuer ist dies der Beginn des Kalenderjahres (§ 9 Abs. 2 GrStG; AEAO Nr. 7 zu § 60a AO). Demgemäß hat ein im Laufe des Kalenderjahres erteilter Feststellungsbescheid nach § 60a AO erst vom folgenden Kalenderjahr an Bedeutung, und der im Laufe des Kalenderjahres eintretende Wegfall der für die förmliche Feststellung erheblichen Verhältnisse lässt für dieses Kalenderjahr die Befreiung von der Grundsteuer noch unberührt, während es bei der Körperschaftsteuer für dieses Kalenderjahr bereits zur Steuerpflicht kommt. Für die Grundsteuer entfällt sie erst ab dem folgenden Kalenderjahr. Hierzu vgl. auch Anm. 3 zu § 3 GrStG.

b) Wegfall der Anerkennung als gemeinnützig

Sobald in der Satzung die Bestimmungen über die **Vermögensbindung** nachträglich so geändert werden, dass das Vermögen der Körperschaft bei ihrer Auflösung auch für andere nichtbegünstigte Zwecke verwendet werden kann, gilt die Satzung von Anfang an nicht als ausreichend (§ 61 Abs. 3 Satz 1 AO). In diesem Fall kann die Steuerbefreiung auch rückwirkend für die letzten zehn Kalenderjahre vor dieser Änderung entzogen werden. Es handelt sich um ein Ereignis, das steuerliche Wirkungen für die Vergangenheit hat – sog. **rückwirkendes Ereignis** (§ 175 Abs. 1 Satz 1 Nr. 2 AO). Dabei ist so zu verfahren, als ob die Körperschaft für die in Betracht kommende Zeit uneingeschränkt steuerpflichtig gewesen wäre. Zur Nacherhebung der Steuern kommt es in diesem Fall selbst dann, wenn die Bestimmungen über die Vermögensbindung erst zu einem Zeitpunkt geändert werden, in dem die Körperschaft gar nicht mehr als gemeinnützig anerkannt war. Die entsprechenden steuerlichen Folgerungen sind durch nachträgliche Steuerfestsetzungen oder nachträgliche Änderungen von Steuerfestsetzungen rückwirkend zu ziehen. Die Festsetzungsverjährung (§§ 169 ff. AO) bildet hier keine Grenze. Es können deshalb nachträglich auch noch Steuermessbescheide auf einen

Zeitpunkt erlassen oder geändert werden, der bis zu zehn Jahre zurückliegt. Im Hinblick auf das für die Grundsteuer geltende Stichtagsprinzip ist die Vorschrift des § 61 Abs. 3 AO mit der nachträglichen und rückwirkenden Steuerfestsetzung allerdings nicht unbedenklich. Hierzu vgl. *Tipke/Kruse,* § 63 AO Tz. 3. Fällt die Gemeinnützigkeit nicht wegen Verletzung des Grundsatzes der Vermögensbindung, sondern aus anderen Gründen weg, kommt es wie im Regelfall auf den Zeitpunkt des Wegfalls an. Liegt dieser schon einige Zeit zurück, wäre eine Nachversteuerung nur im Rahmen der üblichen Festsetzungsfrist möglich. Hierzu vgl. AEAO zu § 60 AO. Zur Festsetzungsfrist vgl. auch Anm. 11 zu § 27 GrStG.

Zum Wegfall der Voraussetzungen für die Steuerbefreiung kommt es auch, wenn Satzung und **tatsächliche Geschäftsführung** miteinander nicht mehr in Einklang stehen, z. B. weil die Körperschaft eine Tätigkeit ausübt, die in der Satzung nicht vorgesehen ist, oder sie nicht mehr die festgelegten Satzungszwecke verfolgt, denn auf die Geschäftsführung sind ebenfalls die für die Satzung geltenden Vorschriften in § 60 Abs. 2 AO anzuwenden (§ 63 Abs. 2 AO). Ist allerdings die Körperschaft nur vorübergehend nicht in der Lage, ihre satzungsmäßigen Zwecke zu erfüllen, so braucht eine von der Satzung abweichende Geschäftsführung nicht unbedingt zum Verlust der Steuerbefreiung zu führen. Das setzt aber voraus, dass die Körperschaft durch außergewöhnliche, von ihr nicht zu vertretende Umstände daran gehindert ist und sie sich bemüht, ihre tatsächliche Geschäftsführung so bald als möglich wieder auf ihren Satzungszweck auszurichten (BFH v. 11.12.1974, BStBl. 1975 II S. 458).

Zur tatsächlichen Geschäftsführung gehört auch die Einhaltung der in der Satzung vorgeschriebenen Vermögensbindung. Wird diese Vermögensbindung nicht eingehalten, so müsste auch aus diesem Grunde die Steuerbefreiung für zehn Jahre rückwirkend entfallen (§ 63 Abs. 2 und § 61 Abs. 3 AO) mit der Folge, dass die Steuern nacherhoben werden können (s. o.). Das gilt dann auch für die Grundsteuer.

Die Schwierigkeit für das Lagefinanzamt (und für die Gemeinde) bei der Überwachung der Steuerbefreiung besteht darin, dass es die subjektiven Voraussetzungen in aller Regel gar nicht selbst überprüfen und damit auch deren Wegfall nicht feststellen kann. Gleichgültig, ob der Wegfall rückwirkend oder erst vom nächsten Stichtag an eintritt, in beiden Fällen ist es auf eine entsprechende Mitteilung des Körperschaftsteuerfinanzamts angewiesen.

Steht fest, dass am maßgeblichen Stichtag die subjektiven Voraussetzungen für die Steuerbefreiung gegeben sind, müssen auch die objektiven Voraussetzungen geprüft werden, wonach das einzelne Grundstück unmittelbar für gemeinnützige Zwecke genutzt wird. Diese besondere Prüfung der objektiven Voraussetzungen ist deshalb notwendig, weil nicht alle Grundstücke, die einer gemeinnützigen Körperschaft gehören, auch gemeinnützigen Zwecken zu dienen brauchen. Insoweit würden sie dann auch der Grundsteuer unterliegen. Die Prüfung der objektiven Voraussetzung muss allerdings vom Lagefinanzamt selbst vorgenommen werden. Im Einzelnen vgl. hierzu Anm. 52 zu § 3 GrStG.

Nach Art. 97 § 1d des EGAO v. 14.12.1976 (BGBl. I S. 3341), zuletzt geändert durch Gesetz v. 18.7.2014 (BGBl. 2014 I S. 1042), waren die durch das Vereinsförderungsgesetz v. 18.12.1989 (BGBl. 1989 I S. 2212) eingefügten Änderungen in §§ 52 ff. AO erstmals zum 1.1.1990 zu berücksichtigen. Wenn also die danach erforderlichen Voraussetzungen für die Anerkennung als gemeinnützig an diesem Stichtag erfüllt waren, trat die Steuerfreiheit des Grundbesitzes auch bei der Grundsteuer erstmals zum 1.1.1990 ein. Verfahrensrechtlich geschieht dies bei voller Steuerfreiheit durch Aufhebung des Steuermessbetrags bzw. bei teilweiser Steuerbefreiung durch eine Neuveranlagung des Steuermessbetrags.

Gemeinnützige Zwecke

Gemeinnützig ist eine Tätigkeit, durch welche die Allgemeinheit auf mate- **26** riellem, geistigem oder sittlichem Gebiet selbstlos (§ 55 AO) gefördert wird (§ 52 Abs. 1 AO). Der Begriff **„Förderung der Allgemeinheit"** in **§ 52 Abs. 2 Satz 1 AO** wird wesentlich geprägt durch die objektive Wertordnung, wie sie insbesondere im Grundrechtskatalog der Art. 1 bis 19 GG zum Ausdruck kommt (BFH v. 31.5.2005, BFH/NV 2005 S. 1741). Dass ein Zweck gemeinnützig ist, steht fest bei allen in § 52 Abs. 2 AO aufgeführten Zwecken, die dort grundsätzlich abschließend aufgezählt sind (AEAO Nr. 2 zu § 52 AO). Mit der Aufnahme der gemeinnützigen Zwecke in § 52 Abs. 2 AO ist im Übrigen keine Einengung der bisher als besonders förderungswürdig anerkannten Zwecke nach Anlage 1 zu § 48 Abs. 2 EStDV in der bis einschließlich 2006 geltenden Fassung verbunden. Im Einzelnen vgl. hierzu Anm. 24 zu § 3 GrStG.

Sofern der von der Körperschaft verfolgte Zweck nicht unter § 52 Abs. 2 Satz 1 AO fällt, aber die Allgemeinheit auf materiellem, geistigem oder sittlichem Gebiet entsprechend selbstlos gefördert wird, kann dieser Zweck für gemeinnützig erklärt werden (§ 52 Abs. 2 Satz 2 und 3 AO). Die von der Finanzbehörde (§ 52 Abs. 2 Satz 3 AO) getroffene Entscheidung ist dann auch für die Grundsteuer zu übernehmen. Hierzu vgl. im Übrigen Abschnitt 12 Abs. 2 und 3 GrStR (abgedruckt bei Anm. 22 zu § 3 GrStG), der allerdings die Rechtsänderungen (z.B. des § 10b EStG) bisher nicht nachvollzogen hat. Im Folgenden werden gemeinnützige Zwecke nur soweit angeführt, als auch Grundbesitz dazu benutzt werden und deshalb auch grundsteuerfrei bleiben kann.

Gemeinnützige Zwecke im Einzelnen

Die Mitteilung des zuständigen Körperschaftsteuerfinanzamts, dass die **27** Körperschaft als gemeinnützig anerkannt ist, besagt allein noch nicht, dass auch ihr **Grundbesitz zu gemeinnützigen Zwecken** benutzt wird; denn sie kann auch Grundbesitz haben, der anderen Zwecken dient, ohne dass deshalb ihre Anerkennung als gemeinnützig entfallen müsste. Hierzu vgl. Anm. 43 ff. zu § 3 GrStG. Unter diesen Umständen erscheint es angebracht, auf die gemeinnützigen Zwecke näher einzugehen. Im Einzelfall muss nämlich der Grundbesitz vom Lagefinanzamt daraufhin überprüft werden, ob er auch unmittelbar für einen solchen Zweck benutzt wird.

Wissenschaft

28   Unter Wissenschaft (**§ 52 Abs. 2 Satz 1 Nr. 1 AO**) versteht man im Allgemeinen Forschung und Lehre auf dem Gebiete der Geistes- und Naturwissenschaften, der theoretischen und der angewandten Wissenschaften. In aller Regel ist die Wissenschaft, insbesondere auch die Forschung, auf ein bestimmtes Ziel ausgerichtet, das jedoch alle Gebiete des Lebens umfassen kann. Vielfach werden sich deshalb auch Überschneidungen mit anderen gemeinnützigen und auch nicht gemeinnützigen Zwecken ergeben. Es kommt dann darauf an, welcher Zweck überwiegt. Von einer wissenschaftlichen Tätigkeit ist auszugehen, wenn schöpferische oder forschende Arbeit geleistet wird oder wenn das aus der Forschung resultierende Wissen und Erkennen auf konkrete Vorgänge angewendet wird (BFH v. 7.3.2007, BStBl. 2007 II S. 628). In erster Linie kommt die Durchführung von wissenschaftlichen Veranstaltungen und Forschungsvorhaben, die Unterhaltung wissenschaftlicher Sammlungen und Bibliotheken u. a. m. in Betracht. Auch eine Einrichtung zur industriellen Gemeinschaftsforschung kann gemeinnützig sein, wenn deren Ergebnisse nicht nur dem Kreis der hinter der Einrichtung stehenden Firmen, Wirtschafts- und Berufsverbände zugute kommen. Unter der Voraussetzung entsprechender Finanzierung ist die Auftragsforschung als Zweckbetrieb (§ 68 Nr. 9 AO) einzustufen. Ist hingegen die Auftragsforschung eigenständiger Zweck und die Anwendbarkeit des § 68 Nr. 9 AO ausgeschlossen, ist wegen Verletzung des Ausschließlichkeitsgebots keine Gemeinnützigkeit gegeben (BFH v. 4.4.2007, BStBl. 2007 II S. 631). Kein wissenschaftlicher Zweck ist die Unterhaltung einer auf den praktischen Lehrbetrieb ausgerichteten Fachschule (BFH v. 27.11.1963, HFR 1964 S. 382). Hierzu vgl. auch Abschnitt 22 Abs. 2 GrStR (abgedruckt bei Anm. 10 zu § 4 GrStG).

Religion

29   Religion (**§ 52 Abs. 2 Satz 1 Nr. 2 AO**) bekennt sich zum Glauben an Gott oder eine Gottheit und ist nicht gleichbedeutend mit Weltanschauung (*Klein/Gersch,* § 52 AO Rz. 17). Des Weiteren beschränkt sich Religion nicht auf bestimmte Kirchen. Religiöse Zwecke sind deshalb von den kirchlichen Zwecken zu unterscheiden, durch deren Erfüllung nur christliche Religionsgesellschaften des öffentlichen Rechts gefördert werden sollen (§ 54 AO). Vgl. hierzu Anm. 54 zu § 3 GrStG. Die Förderung der Religion geht darüber hinaus. Sie ist in jedem Fall als gemeinnützig anzuerkennen (OFH v. 12.2.1946, StRK § 1 KStG R. 4). Hingegen wird im Rahmen der Gemeinnützigkeit nicht gefordert, dass die gemeinnützige Körperschaft als öffentlich-rechtliche Körperschaft anerkannt ist; mithin unterfallen dem Förderzweck des § 52 Abs. 2 Satz 1 Nr. 2 AO auch Ordensgemeinschaften und evangelische Freikirchen. Es gehören also auch alle Religionsgesellschaften des privaten Rechts dazu, aber auch andere religiöse Vereinigungen, sofern ihre religiösen Ziele und die Art ihrer Verwirklichung nicht der abendländischen Kulturauffassung zuwiderlaufen (BFH v. 6.6.1951, BStBl. 1951 III S. 148).

Im Zweifelsfalle wird hierzu das zuständige Kultusministerium zu hören sein. Durch Art. 3 Abs. 3, Art. 4 Abs. 1 und 2 und Art. 140 GG werden auch einer religiösen nichtchristlichen Vereinigung dieselben Rechte wie einer christlichen Religionsgesellschaft zugestanden (siehe hierzu auch BFH v. 13.12.1978, BStBl. 1979 II S. 492). Bei der heute allgemein herrschenden Toleranz gegenüber religiösen Dingen dürften deshalb die zuvor gemachten Einschränkungen gegenstandslos sein. Unter diesen Umständen würde z. B. auch eine Moschee, die von einem islamischen Verein oder das Bethaus einer Sekte, das hier unterhalten wird, als für gemeinnützige Zwecke benutzt angesehen werden und damit grundsteuerfrei bleiben können. Die Vermittlung von esoterischer und praktischer Lebensweisheit durch einen esoterischen Verein soll allerdings weder als Förderung der Religion noch der Bildung und Völkerverständigung angesehen werden (FG Ba-Wü v. 4.2.1988, EFG 1988 S. 270). Sog. Jugendreligionen sind nicht gemeinnützig, da sich mit diesen nicht förderungswürdige Merkmale wie Totalitätsanspruch, Verfolgung fester Gruppenstrukturen sowie gruppenspezifische Rituale verbinden (BFH v. 26.2.1992, BFH/NV 1992 S. 695). Zur Frage der formellen Satzungsmäßigkeit beim Satzungszeck „Förderung der Religion" unter Bezugnahme auf die „Lehre Jesu Christi" siehe auch OFD Magdeburg v. 6.8.2001, DB 2001 S. 1968.

Öffentliches Gesundheitswesen

Zur Förderung des öffentlichen Gesundheitswesens (**§ 52 Abs. 2 Satz 1 30 Nr. 3 AO**) gehören alle Maßnahmen, die der Gesundheit der Bürger dienen. Hierunter fallen insbesondere die Bekämpfung von akuten und übertragbaren Krankheiten (BFH v. 27.4.2005, BStBl. 2006 II S. 198). Da der Begriff der „übertragbaren" Krankheit weitergehender ist als der Begriff „Seuche", ist folglich auch ein Verein zur Sicherstellung eines ärztlichen Bereitschaftsdienstes gemeinnützig, seine wirtschaftliche Tätigkeit ist als Zweckbetrieb einzustufen (OFD Frankfurt/M. v. 16.6.2008, BB 2008 S. 1720). Gegenstand der öffentlichen Gesundheitspflege ist die Gesundheitsvorsorge. Diese befasst sich insbesondere mit der Verhütung und Bekämpfung von übertragbaren Krankheiten, auch durch Krankenhäuser (§ 67 AO), sowie von Tierseuchen mit dem Ziel, die menschliche Gesundheit zu erhalten. Der Förderung der öffentlichem Gesundheitspflege dient auch ein Verein, der sich der Erforschung und Lehrtätigkeit im Bereich der Akupunktur widmet, sowie ein Verein, der Forschung und Lehre hinsichtlich von Heilmethoden außerhalb der Schulmedizin fördert; hierunter fällt allerdings nicht die Förderung esoterischer Heillehren (*Klein/Gersch*, § 52 AO Rz. 18). Als der Gesundheitspflege dienende Einrichtungen kommen in Betracht Krankenhäuser, Sanatorien usw.

Auch **Erholungsheime** können der Gesundheitspflege dienen. Meist wird es hier aber an den anderen Voraussetzungen der Gemeinnützigkeit fehlen. Entweder es besteht zu anderen ähnlichen kommerziellen Einrichtungen ein wirtschaftlicher Wettbewerb oder der Kreis der Personen, die für eine Aufnahme in Betracht kommen, ist relativ klein oder eng begrenzt. Ein Erholungsheim für die Angestellten eines Unternehmens ist nicht gemeinnützig

(BFH v. 22.11.1955, BStBl. 1956 III S. 29 und v. 22.11.1972, BStBl. 1973 II S. 251). Eine Anerkennung wäre nur möglich, wenn die aufgenommenen Personen in besonderem Maße erholungsbedürftig sind oder ihnen eine besonders Erfolg versprechende Erholung geboten wird. Hierher gehören insbesondere Erholungsheime der Wohlfahrtsverbände, Ferienwohnungen von gemeinnützigen Blindenvereinen (BFH v. 28.1.1976, BStBl. 1976 II S. 301) und andere ähnliche Einrichtungen. Freibäder und Hallenbäder dienen ebenfalls der öffentlichen Gesundheitspflege. Vgl. hierzu auch Anm. 8 zu § 5 GrStG.

Gemeinnützig kann die Bekämpfung des Alkoholmissbrauchs, des Nikotinmissbrauchs, des Drogenmissbrauchs usw. sein, ebenso die Seuchenbekämpfung, die Unfallverhütung, insbesondere im Straßenverkehr, der Arbeitsschutz, d. h. die Gesundheitsfürsorge für den arbeitenden Menschen, die Rettung aus Lebensgefahr, die Altenfürsorge und der Umweltschutz. Auch arbeitstherapeutische Maßnahmen können gemeinnützig sein (BFH v. 26.4.1995, BStBl. 1995 II S. 767).

Jugend- und Altenhilfe

31   Die **Jugendhilfe (§ 52 Abs. 2 Satz 1 Nr. 4 AO)** umfasst zunächst das gesamte Gebiet der Jugendwohlfahrt, geht aber auch noch darüber hinaus. Es gehören alle Einrichtungen hierher, die neben Schule und Elternhaus Erziehungsaufgaben übernehmen (Sozialpädagogik). Gemeinnützig ist deshalb die Unterhaltung von Säuglingsheimen, Kinderheimen, Jugendheimen, Schülerheimen, Lehrlingsheimen, Jugendherbergen, Studentenheimen, Ferienheimen, Jugendlagern, Jugendbildungsstätten und sonstigen entsprechenden Institutionen. Ein von einer Kommune betriebener Kindergarten ist kein Hoheitsbetrieb, sondern ein Betrieb gewerblicher Art, so dass eine Grundsteuerbefreiung nach § 3 Abs. 1 Satz 1 Nr. 1 GrStG mangels öffentlichen Dienstes oder Gebrauchs zwar ausgeschlossen ist (BFH v. 12.7.2012, BStBl. 2012 II S. 837). Da in **Kindertageseinrichtungen** – Kindertagesstätten, Horte usw. – jedoch üblicherweise die Förderung der Erziehung bzw. die Förderung der Jugendhilfe, mithin grundsätzlich gemeinnützige Zwecke (§ 52 AO) verfolgt werden, ist bei Vorliegen der subjektiven und objektiven Voraussetzungen die Grundsteuerbefreiung nach § 3 Abs. 1 Satz 1 Nr. 3a GrStG zu gewähren (OFD NRW v. 17.9.2013, DB 2013 S. 2244). Soweit es sich hierbei um Wohnräume handelt, müssen jedoch für die Steuerbefreiung des Grundbesitzes auch die Voraussetzungen des § 5 Abs. 1 Nr. 2 und 3 GrStG erfüllt sein. Hierzu vgl. auch Anm. 5 ff. zu § 5 GrStG.

Aufgaben der Jugendpflege erfüllen besonders die Jugendverbände mit ihren Unterorganisationen. Meist sind sie jedoch auf die Verwirklichung ganz bestimmter Erziehungsaufgaben abgestellt und arbeiten deshalb auf konfessioneller, weltanschaulicher, politischer oder sachlicher Basis. Ein Bekenntnis zu einer politischen, ideologischen oder religiösen Weltanschauung in der Satzung braucht die Gemeinnützigkeit noch nicht auszuschließen. Zu Vereinen, die die Jugendweihe durchführen, siehe auch OFD Frankfurt/M. v. 12.1.1999, DB 1999 S. 460.

Die **Altenhilfe** (zum Begriff siehe auch § 71 SGB XII) dient dem Zweck, altersbedingten Einschränkungen entgegenzuwirken und alten Menschen die Möglichkeit zu sichern, am Gesellschaftsleben teilzunehmen. Ein der Unterstützung alter und hilfsbedürftiger Menschen dienender Nachbarschaftshilfeverein kann gemeinnützig sein (*Klein/Gersch,* § 52 AO Rz. 19). Seniorenhilfen und Seniorengenossenschaften können gemeinnützig sein; siehe hierzu OFD Frankfurt/M. v. 9.4.2001, StEK AO 1977 § 52 Nr. 140. Begrifflich wird von der Altenhilfe auch die Altenfürsorge umfasst.

Bei der Altenhilfe ist zwischen der stationären und der ambulanten Altenhilfe zu unterscheiden. Bei der stationären Altenhilfe handelt es sich um die Errichtung und Unterhaltung von Altenheimen, Altenwohnheimen und Altenpflegeheimen. Zur stationären Altenpflege rechnet man Teilzeiteinrichtungen wie Tagespflegeheime, Altentagesstätten, Sozialstationen, Pflegestationen u. a. m. Hierher gehören auch Maßnahmen, die der Förderung der Geselligkeit, der Unterhaltung und der kulturellen Bedürfnisse alter Menschen dienen. Ihr Hauptzweck ist nicht die Geselligkeit, sondern die Altenhilfe (FinBeh. Hamburg v. 1.9.1966, DB 1966 S. 1497).

Ein Altenheim ist ein Heim für alte Leute, die keinen eigenen Haushalt mehr führen und in dem Heim Gemeinschaftsverpflegung und sonstige Dienstleistungen erhalten. In einem Altenwohnheim wird dagegen von den alten Leuten überwiegend ein selbständiger Haushalt geführt. Sie erhalten aber ebenfalls Pflege und Dienstleistungen, Gemeinschaftseinrichtungen der verschiedensten Art stehen ihnen zur Verfügung. In einem Altenpflegeheim sind bettlägerige und pflegebedürftige Personen untergebracht. Wegen weiterer Einzelheiten vgl. auch Anm. 42 zu § 3 GrStG.

Kunst und Kultur

Die Förderung von Kunst und Kultur (**§ 52 Abs. 2 Satz 1 Nr. 5 AO**)   **32** umfasst die Bereiche der Musik, der Literatur, der darstellenden und bildenden Kunst und schließt die Förderung von kulturellen Einrichtungen (z. B. Theater, Museen, Opern, Kunsthallen) sowie von kulturellen Veranstaltungen (z. B. Konzerte, Kunstausstellungen) ein. Die sog. „Zauberkunst" ist keine Kunst iSd § 52 AO (BFH v. 2.8.1989, BFH/NV 1990 S. 146). Zum Kunst- und Kulturbegriff iSd § 52 AO gehört auch die Förderung der Pflege und Erhaltung von Kulturwerten, worunter Gegenstände von künstlerischer und sonstiger kultureller Bedeutung, Kunstsammlungen und künstlerische Nachlässe, Bibliotheken, Archive und vergleichbare Einrichtungen zu verstehen sind. Grundbesitz, der für solche Zwecke benutzt wird, erfüllt damit auch die objektiven Voraussetzungen des § 3 Abs. 1 Nr. 3 GrStG.

Denkmalschutz und Denkmalpflege

Denkmalschutz und Denkmalpflege (**§ 52 Abs. 2 Satz 1 Nr. 6**) umfassen   **33** die Erhaltung (dauernde Unterhaltung) und Wiederherstellung von Grundbesitz mit allen historisch, wissenschaftlich oder künstlerisch besonders wichtigen Baudenkmälern (Burgen, Schlösser usw.) und Bodendenkmälern im Rahmen der entsprechenden landesgesetzlichen Regelungen. Ebenfalls gemeinnützig ist die Errichtung von Gedenk- oder Erinnerungsstätten für zeitgeschichtlich bedeutende Persönlichkeiten oder die Errichtung eines Denkmals aus Anlass eines denkwürdigen Ereignisses. Grundbesitz, auf dem solche Bauwerke stehen, kann demgemäß nach § 3 Abs. 1 Nr. 3 GrStG steuerfrei bleiben, sofern beim Eigentümer auch die subjektiven Voraussetzungen hierfür erfüllt sind. Andernfalls kann möglicherweise ein Erlass der Grundsteuer nach § 32 Abs. 1 Nr. 1 GrStG in Betracht kommen. Hierzu vgl. auch Anm. 4 zu § 32 GrStG.

Erziehung, Volks- und Berufsbildung einschließlich der Studentenhilfe

34   Unter **Erziehung (§ 52 Abs. 2 Satz 1 Nr. 7 AO)** ist eine planmäßige Tätigkeit zur umfassenden Entwicklung junger Menschen (ab dem Kleinkindalter) in körperlicher, geistiger und charakterlicher Hinsicht zu verstehen (BFH v. 19.6.1997, BStBl. 1997 II S. 652). Erziehung steht in engem Zusammenhang mit der Jugendpflege. Sie umfasst das gesamte Schulwesen (Art. 7 GG), während die Jugendpflege alle Einrichtungen umfasst, die sich neben Schule und Elternhaus mit Erziehungsaufgaben befassen. Der Erziehung dienen somit alle Einrichtungen, die der Wissensvermittlung sowie der Willens- und Charakterbildung von Jugendlichen dienen. Im Einzelnen kann es sich dabei um allgemeinbildende oder um höhere Schulen, um Sonderschulen, um Blinden- und Gehörlosenschulen, um Kindergärten, um Haushaltsschulen, um Fürsorgeerziehungs-Anstalten (RFH v. 4.10.1938, RStBl. 1939 S. 92) u. a. a. m. handeln. Auch Einrichtungen für einen Erholungsaufenthalt können hierher gehören, denn auch die Freizeitgestaltung der Jugendlichen dient ihrer Erziehung (BFH v. 21.11.1974, BStBl. 1975 II S. 389). Wegen der Schülerheime, Ausbildungsheime und Schullandheime vgl. auch Anm. 5 zu § 5 GrStG.

35   Der Bildungsbegriff umfasst neben der Allgemeinbildung auch die Berufsbildung, die berufliche Weiterbildung sowie das Studium (FG Schl-H v. 22.3.1996, EFG 1996 S. 940). Die **Volks- und Berufsbildung (§ 52 Abs. 2 Satz 1 Nr. 7 AO)** wird zwar vielfach mit dem übereinstimmen, was auch unter Ausbildung zu verstehen ist. Im Gegensatz zur Ausbildung beschränkt sie sich jedoch nicht auf Jugendliche. Der Volksbildung dienen die verschiedenartigsten Einrichtungen der freien und der religiös, sozial, politisch oder weltanschaulich gebundenen Erwachsenenbildung wie Volkshochschulen, katholische und evangelische Akademien, soziale Bildungsstätten, Freizeitheime, aber auch sonstige Einrichtungen, durch die interessierte Kreise zur geistigen Tätigkeit angeregt werden. Der Förderung der Volksbildung im Umgang mit elektronischen Medien können unter dem Aspekt der Gemeinnützigkeit auch sog. Internet-Vereine dienen, wenn deren Ziel darüber hinausgeht, Zugang zum Internet zu verschaffen (*Klein/Gersch*, § 52 AO Rz. 22; AEAO Nr. 3 zu § 52 AO). Zur Einordnung von Trägervereinen Offener (Hörfunk-)Kanäle, die medienpädagogisch engagiert sind, siehe OFD Hannover v. 11.3.2002, DB 2002 S. 661). Wegen der Wohnräume in solchen Einrichtungen vgl. auch Anm. 9 zu § 5 GrStG. Auch Ein-

richtungen, die schon mehr der Sozialpädagogik zuzurechnen sind, können hierher gehören, so z.B. Eltern-, Familienberatung usw.

Von besonderer Bedeutung sind in diesem Zusammenhang auch die **politischen und weltanschaulichen Bildungseinrichtungen.** Hier gilt, ebenso wie bei der Jugendbildung, dass auch eine Erwachsenenbildung mit einer bestimmten weltanschaulichen, politischen oder religiösen Grundeinstellung noch gemeinnützig sein kann. Dass z.B. eine politische Partei an der Verwirklichung des Bildungszweckes besonders interessiert ist, braucht die Gemeinnützigkeit noch nicht zu beeinträchtigen. Dies wäre aber der Fall, wenn mit der Einrichtung unmittelbar die Ziele der politischen Partei gefördert würden, z.B. durch die Abhaltung von parteipolitischen Tagungen, Besprechungen oder Sitzungen.

Bei der **Erwachsenenbildung** handelt es sich um Volksbildung außerhalb der allgemeinbildenden Schulen und der Berufserziehung. Hierher gehören z.B. die Ausbildung, Fortbildung und berufliche Weiterbildung. Für die Entscheidung im Einzelfall kommt es darauf an, dass die Erwachsenenbildung im Vordergrund steht. Sie braucht nicht kostenlos zu erfolgen, kann auch einen gewissen Zusammenhang mit Sonderinteressen haben oder sich auf bestimmte Inhalte beschränken (BFH v. 10.3.1976, BStBl. 1976 II S. 469).

Zur Bildung gehört auch die **Studentenhilfe (§ 52 Abs. 2 Satz 1 Nr. 7 AO).** Es kann deshalb auch der Hausverein einer Studentenverbindung gemeinnützig sein, wenn satzungsgemäß sichergestellt ist, dass Studierende ohne Rücksicht auf ihre Zugehörigkeit zur Verbindung in das Wohnheim aufgenommen werden. Die Studentenverbindung oder ein Altherrenverband selbst können dagegen nicht gemeinnützig sein, auch wenn sie ein solches Wohnheim unterhalten; denn sie verfolgen nicht ausschließlich gemeinnützige Zwecke.

Naturschutz und Landschaftspflege sowie Umweltschutz

In enger Verbindung mit der Heimatpflege stehen der **Naturschutz** und 35a die **Landschaftspflege (§ 52 Abs. 2 Satz 1 Nr. 8 AO).** Der Naturschutz umfasst alle Betätigungen zur Erhaltung der ursprünglichen Landschaft mit ihrer Pflanzen- und Tierwelt als Stätten der Erbauung und Erholung. Die Landschaftspflege dient dagegen mehr der Wahrung des ursprünglichen Landschaftsbildes. Die Förderung von Naturschutz und Landschaftspflege muss im Einklang mit den Naturschutzgesetzen des Bundes und der Länder stehen (*Klein/Gersch*, § 52 AO Rz. 23). Zu den Aufgaben des Naturschutzes gehört z.B. die Pflege und Erhaltung von Naturdenkmälern (Felsen, Höhlen, Wasserfällen, alten Bäumen usw.), die Errichtung von Naturschutzgebieten u.a.m. Auch den Pflanzen- und Tierschutz (z.B. Vogelschutz) wird man hierher rechnen müssen. Betreiben Anglervereine eine nichtgewerbliche Fischerei, können diese dem Naturschutz dienen; in diesem Kontext ist der Verkauf von Angelkarten an Mitglieder Zweckbetrieb, der Verkauf an Fremde hingegen wirtschaftlicher Geschäftsbetrieb. Grundbesitz, auf dem Naturdenkmäler stehen, kann nach § 3 Abs. 1 Nr. 3 GrStG steuerfrei bleiben (OFD Magdeburg v. 20.6.2012, GrSt-Kartei ST, § 3 GrStG Karte 3). Für

Naturschutzgebiete ist dies jedoch – vorbehaltlich der Ausnahmetatbestände des § 6 Nr. 1 bis 3 GrStG – ausgeschlossen, wenn sie land- und forstwirtschaftlich genutzt werden. Hierzu vgl. Anm. 2 zu § 6 GrStG. Zu den Aufgaben des Naturschutzes und der Landschaftspflege im Einzelnen vgl. auch Anm. 4 zu § 32 GrStG. Seit 1990 gehört auch die Förderung der **Kleingärtnerei** zu den gemeinnützigen Tätigkeiten (**§ 52 Abs. 2 Satz 1 Nr. 23 AO**). Weiter gehört hierher der **Umweltschutz (§ 52 Abs. 2 Satz 1 Nr. 8 AO).** Hierunter sind alle Maßnahmen zur Schaffung, Erhaltung und Verbesserung lebensgerechter Umweltbedingungen für Menschen, Tiere und Pflanzen zu verstehen. Insbesondere gehören dazu Einrichtungen zur Reinhaltung von Wasser und Luft, zur Bekämpfung des Lärms, zur Abfallbeseitigung u. a. m. Bundes- und Landesgartenschauen fördern den Umwelt- und Landschaftsschutz (OFD Frankfurt/M. v. 15.5.2002, DStZ 2002 S. 578). Zur Frage der Gemeinnützigkeit von **Umweltschutzorganisationen** siehe BFH v. 29.8.1984, BStBl. 1985 II S. 106.

Sport

36   Sport (**§ 52 Abs. 2 Satz 1 Nr. 21 AO**) ist im Wesentlichen auf körperliche Ertüchtigung gerichtet. Hierfür wird allerdings nicht vorausgesetzt, dass die körperliche Ertüchtigung durch Leibesübungen erfolgt (BFH v. 29.10.1997, BStBl. 1998 II S. 9). Der Sportbegriff erfordert eine körperliche Aktivität, die durch äußerlich wahrnehmbare Anstrengungen oder durch die einem individuellen Können zurechenbare Kunstbewegung gekennzeichnet ist (*Klein/Gersch,* § 52 AO Rz. 40). Unter den Begriff des Sports fällt der Motorsport (BFH v. 29.10.1997, aaO), ebenso Ballonfahren. Unter Sport wird jede Art von körperlicher Betätigung und Leistung ohne realen Arbeitszweck verstanden, sofern sie als Leibesübung, Spiel oder Wettkampf ohne Gewinnstreben betrieben wird. Berufssport gilt dagegen als Schaustellung, die lediglich ihr Programm aus den im Sport üblichen Tätigkeiten zusammenstellt. Hinsichtlich dessen, was im Einzelfall als Sport anzusehen ist, wird im Allgemeinen eine großzügige Auffassung vertreten; schließlich war beabsichtigt, auch alle dem Sport nahestehenden Tätigkeiten als gemeinnützig anzuerkennen.

Einzelfälle: Anerkannt wurden u. a. der Segel- und Rudersport (RFH v. 18.5.1931, RStBl. 1931 S. 553 und v. 27.4.1932, RStBl. 1932 S. 572) einschließlich des Hochseesports, der Segelflugsport, Reitsport, Tennissport und Kegelsport, der Golfsport (BFH v. 13.12.1978, BStBl. 1979 II S. 488), der Tanzsport, der turnier- und sportmäßig betrieben wird (FinMin. NW v. 8.12.1972, DB 1973 S. 30). Das Zelt- und Wohnwagenwesen (Campingwesen) wurde dagegen nicht als gemeinnützig anerkannt (BFH v. 22.10.1971 BStBl. 1972 II S. 204). Bei Minigolf wurde für die Vergnügungssteuer festgestellt, dass es zwar sportlichen Zwecken dient, dass diese jedoch nicht überwiegen (OVG Lüneburg v. 15.6.1967, DGStZ 1968 S. 9). Skat ist kein Sport iSd Gemeinnützigkeitsrechts (BFH v. 17.2.2000, BFH/NV 2000 S. 1071); Gleiches gilt für Bridge, Go, Gotcha, Paintball, Tipp-Kick und Tischfussball (BFH v. 12.11.1986, BFH/NV 1987 S. 705). Schach ist kraft gesetzlicher

Fiktion als Sport einzustufen. Kein Sport im Sinne des Gemeinnützigkeitsrechts ist der Amateurfunk sowie der Modellflug, die jedoch eigenständige gemeinnützige Zwecke sind (§ 52 Abs. 2 Satz 1 Nr. 23 AO). Schützenvereine können auch dann als gemeinnützig anerkannt werden, wenn sie nach ihrer Satzung neben dem Schießsport (als Hauptzweck) auch das Schützenbrauchtum fördern (AEAO Nr. 6 zu § 52 AO). Hingegen ist die Durchführung von volksfestartigen Schützenfesten kein gemeinnütziger Zweck.

Ein wichtiges Kriterium für die Finanzverwaltung ist es im Zweifelsfall, ob der Sportverein Mitglied des Deutschen Sportbundes ist. Mit dieser Begründung wurde z.B. die Sportfischerei als gemeinnützig anerkannt (FinMin. Nds. v. 22.7.1968, DB 1968 S. 1422). Das Fischgewässer eines solchen Vereins ist allerdings nicht befreit (FG München v. 26.2.1981, EFG 1981 S. 463 sowie BFH v. 31.7.1985, BStBl. 1985 II S. 632). Der Pferderennsport soll dagegen wegen Förderung der Tierzucht gemeinnützig sein (BFH v. 27.3.1991, BStBl. 1992 II S. 103). Pferderennen, Trabrennen und ähnliche Veranstaltungen von Leistungsprüfungen zur Förderung der Pferdezucht waren zunächst nicht gemeinnützig, können aber heute als gemeinnützig anerkannt werden (**§ 52 Abs. 2 Satz 1 Nr. 23 AO;** OFD Frankfurt/M. v. 25.2.2003, StEK AO 1977 § 52 Nr. 152). Abgelehnt wurde zunächst die Anerkennung des Hundesports (BFH v. 13.12.1978, BStBl. 1979 II S. 495). Dieser kann aber ebenfalls nach § 52 Abs. 2 Satz 1 Nr. 23 als gemeinnützig anerkannt werden.

Zur Gemeinnützigkeit wegen Benutzung zu Sportzwecken vgl. auch Anm. 50 ff. zu § 3 GrStG.

Die Förderung des bezahlten Sports ist kein gemeinnütziger Zweck, weil dadurch eigenwirtschaftliche Zwecke der bezahlten Sportler gefördert werden. Unter bestimmten Voraussetzungen (siehe hierzu §§ 58 Nr. 9 und 67a AO) kann die Förderung des bezahlten Sports allerdings unschädlich für die Gemeinnützigkeits eines Sportvereins sein.

Heimatpflege und Heimatkunde

Die Heimat ist die Umwelt, mit welcher der Einzelne durch Geburt oder 37 Lebensumstände verwachsen ist. Heimatpflege (**§ 52 Abs. 2 Satz 1 Nr. 22 AO)** umfasst alle Bestrebungen, die Heimat in ihrer natürlichen oder geschichtlichen Eigenart zu erhalten. In die Förderung der Heimatpflege sind z.B. einzubeziehen Heimatvereine sowie Freizeitwinzervereine, sofern Letztere nicht die gewerbliche Tätigkeit seiner Vereinsmitglieder fördern und die Veranstaltung von Winzerfesten nicht Satzungszweck ist (FinMin. Sachsen v. 16.7.1998, DStR 1998 S. 1306). Dem Begriff der Heimatpflege unterfällt nicht die Förderung des Fremdenverkehrs mit der Zielsetzung, die regionale Wirtschaft zu fördern (OFD Erfurt v. 26.2.1996, DStR 1996 S. 1246). Heimatkunde vermittelt das Wissen von der Heimat. Der Heimatgedanke wird auf die verschiedenste Weise gefördert, z.B. auch durch Erhaltung von Kulturdenkmälern, durch Unterhaltung von Heimatmuseen, durch Veranstaltung historischer Freilichtaufführungen, durch Errichtung eines Aussichtsturms, der das Kennenlernen der Heimat fördert (RFH v. 23.7.1938, RStBl. 1938

S. 914) u. a. m. Auch die Pflege von kulturell bedeutsamen Gegenständen und Sammlungen gehört hierher.

Fürsorge für bestimmte Personengruppen

38   Unabhängig von den Voraussetzungen der Mildtätigkeit (vgl. Anm. 42 zu § 3 GrStG) gilt als gemeinnützig die Fürsorge für Verfolgte, Flüchtlinge und Vertriebene, Kriegsopfer, Kriegshinterbliebene, Aus- und Übersiedler (BMF v. 19.12.1994, DB 1995 S. 71) u. a. m. (**§ 52 Abs. 2 Satz 1 Nr. 10 AO**). Einrichtungen, die sich der kulturellen oder persönlichen Betreuung dieser Personen annehmen oder ähnlich einem Berufsverband deren Belange gegenüber der Öffentlichkeit vertreten, können somit auch gemeinnützig sein.

Förderung der internationalen Gesinnung, des Völkerverständigungsgedankens und von gemeinnützigen Zwecken im Ausland

39   Gemeinnützig ist die Förderung der internationalen Gesinnung, der Toleranz auf allen Gebieten der Kultur und des Völkerverständigungsgedankens (**§ 52 Abs. 2 Satz 1 Nr. 13 AO**). Die in dieser Rechtsnorm gewählte Zweckbestimmung tritt an die Stelle des bisherigen Zwecks „Völkerverständigung". Toleranz und Völkerverständigung umfasst die Akzeptanz der Eigenarten fremder Völker (Nationen) im Inland und umgekehrt (FG Schl-H v. 3.9.1997, EFG 1998 S. 520). In den Anwendungsbereich der Begünstigungsnorm fallen alle Einrichtungen, die diese Ziele innerhalb der deutschen Bevölkerung zu verwirklichen suchen, aber auch für Einrichtungen, die ihre Tätigkeit auf das Ausland erstrecken. Die (damalige) Auffassung, dass gemeinnützige Zwecke stets nur innenpolitische Zwecke sein könnten (BFH v. 11.11.1966, BStBl. 1967 III S. 116), war zu eng, da dem in § 52 Abs. 2 Satz 1 Nr. 13 AO intendierten Förderzweck auch die Förderung des friedlichen Zusammenlebens zwischen den ausländischen Staaten dient, es sich mithin nicht lediglich um die Vertiefung des Friedens zwischen Deutschland und dem Ausland handeln muss (*Klein/Gersch*, § 52 AO Rz. 32). Zur Friedensforschung als Gegenstand der wissenschaftlichen Forschung siehe auch BFH v. 23.11.1980, BStBl. 1989 II S. 391. Der Grundbesitz, auf dem diese Einrichtungen unterhalten werden, kann deshalb durchaus auch unter § 3 Abs. 1 Nr. 3 GrStG fallen.

Gemeinnützig ist auch die **Entwicklungszusammenarbeit (§ 52 Abs. 2 Satz 1 Nr. 15 AO),** die dem früheren Zweck „Entwicklungshilfe" entspricht. Hierunter versteht man alle Maßnahmen, die dazu dienen, die Entwicklungsländer wirtschaftlich zu fördern, d. h. sie dem Stande der Industriestaaten näher zu bringen und sie in die gesamte wirtschaftliche Ordnung einzugliedern. Im vorliegenden Zusammenhang könnte die Befreiungsvorschrift in § 3 Abs. 1 Nr. 3 GrStG für Schulungseinrichtungen von Bedeutung sein, in denen Angehörige von Entwicklungsländern ausgebildet werden.

Sonstige gemeinnützige Zwecke

Gemeinnützig sind schließlich auch die weiteren in § **52 Abs.** 2 AO auf- **40** geführten Betätigungen wie die Tier- und Pflanzenzucht, die Pflege des traditionellen Brauchtums, die Soldaten- und Reservistenbetreuung, der Verbraucherschutz, die Kriminalprävention, die allgemeine Förderung des demokratischen Staatswesens sowie des bürgerschaftlichen Engagements u. a. m. Hierzu vgl. Anm. 24 zu § 3 GrStG.

Öffentliche und politische Zwecke

Öffentliche Zwecke d. h. Aufgaben, die zum Bereich der hoheitlichen Tä- **41** tigkeit einer **Körperschaft des öffentlichen Rechts** gehören, können den gemeinnützigen Zwecken nicht gleichgestellt werden, auch wenn gleichzeitig damit ein gemeinnütziger Zweck verfolgt wird (BFH v. 25.7.1973, BStBl. 1973 II S. 764 und v. 4.2.1976, BStBl. 1976 II S. 472). Für eine Körperschaft des öffentlichen Rechts ist diese Unterscheidung zwar ohne Bedeutung, denn ihr Grundbesitz ist sowohl befreit, wenn er zu öffentlichen Zwecken (§ 3 Abs. 1 Nr. 1 GrStG), als auch, wenn er zu gemeinnützigen Zwecken (§ 3 Abs. 1 Nr. 3 Buchst. a GrStG) benutzt wird. Das gilt jedoch nicht für eine **gemeinnützige Körperschaft.** Würde sie nämlich ihren eigenen Grundbesitz selbst zu öffentlichen Zwecken benutzen, wäre sie damit grundsteuerpflichtig. Dies wäre zwar kein befriedigendes Ergebnis, andererseits wird aber eine gemeinnützige Körperschaft kaum mit Befugnissen ausgestattet sein, die ihr die Ausübung einer hoheitlichen Tätigkeit ermöglichen. Man wird deshalb bei ihr auch dann von einer gemeinnützigen Tätigkeit ausgehen können, wenn dieselbe Tätigkeit bei einer Körperschaft des öffentlichen Rechts als hoheitlich anzusehen ist. Hierzu vgl. auch Anm. 60 zu § 3 GrStG. Ein Verein, dessen tatsächliche Geschäftsführung darauf gerichtet ist, durch Umgehung gesetzlicher Verbote Geldmittel zur Förderung kommunaler Einrichtungen zu erlangen, ist nicht gemeinnützig (BFH v. 13.7.1994, BStBl. 1995 II S. 135).

Politische Parteien und Vereine sind nicht als gemeinnützig anerkannt. Dies ergibt sich daraus, dass für sie bei verschiedenen Steuerarten eigene Befreiungsvorschriften gelten, die andernfalls nicht erforderlich sein würden. Hierzu vgl. auch die Sondervorschriften über den Spendenabzug in § 10b Abs. 2 und § 34g EStG. Für die Grundsteuer bestehen allerdings keine solchen Befreiungsvorschriften. Der Grundbesitz politischer Parteien kann deshalb in keinem Fall die Voraussetzungen für eine Steuerbefreiung nach § 3 Abs. 1 Nr. 3 GrStG erfüllen. Ist aber schon die Tätigkeit einer politischen Partei nicht gemeinnützig, so gilt dies in gleicher Weise auch für einen Verein, der die Förderung parteipolitischer Ziele zum Zweck hat. Vgl. allerdings auch Anm. 35 zu § 3 GrStG.

Mildtätige Zwecke

Mildtätig sind Zwecke, die darauf gerichtet sind, Personen selbstlos zu un- **42** terstützen, die infolge ihres körperlichen, geistigen oder seelischen Zustandes auf die Hilfe anderer angewiesen sind **(§ 53 Nr. 1 AO)** oder deren Einkünfte eine bestimmte Höhe nicht übersteigen (§ **53 Nr. 2 AO,** abgedruckt bei Anm. 24 zu § 3 GrStG). Es ist hier nicht erforderlich, dass die Tätigkeit der Allgemeinheit dient; sie kann sich deshalb auch auf einen in sich begrenzten und fest abgeschlossenen Personenkreis beschränken (RFH v. 20.1.1940, RStBl. 1940 S. 190), z.B. auf die Angehörigen einer Familie (RFH v. 29.4.1929, RStBl. 1929 S. 515) oder auf die Belegschaft eines Unternehmens. Der Begriff „mildtätige Zwecke" umfasst auch die Unterstützung von Personen, die wegen ihres seelischen Zustands hilfsbedürftig sind; dies hat beispielsweise für die Telefonseelsorge sowie die Einrichtung von Frauenhäusern Bedeutung (*Klein/Gersch*, § 53 AO Rz. 5). Eine Unterstützung bedürftiger Personen liegt allerdings nur dann vor, wenn die Hilfe nicht um eines Entgelts willen, sondern ohne Rücksicht darauf gewährt wird, ob von dem der Hilfe Bedürftigen oder von anderer Seite eine Gegenleistung dafür erwartet werden kann (RFH 18.12.1937, RStBl. 1938 S. 21).

Mildtätigen Zwecken dienen insbesondere die amtlich anerkannten Verbände der freien Wohlfahrtspflege und die ihnen angeschlossenen Organisationen, daneben aber auch zahlreiche Vereine, Stiftungen, insbesondere auch die verschiedensten Einrichtungen von Körperschaften des öffentlichen Rechts, die ausschließlich die persönliche und wirtschaftliche Hilfeleistung für bedürftige Personen zur Aufgabe haben. Zu den Einrichtungen dieser Art gehören u.a. Krankenhäuser, Altenheime, Pflegeheime usw. Die von den Verbänden der freien Wohlfahrtspflege und ihren angeschlossenen Organisationen verfolgten Zwecke sind zwar schon als gemeinnützig anerkannt (vgl. § 52 Abs. 2 Satz 1 Nr. 9 AO), so dass es insoweit gar nicht mehr der Prüfung, ob auch die besonderen Voraussetzungen der Mildtätigkeit erfüllt sind, bedarf. Das wird aber nur für den Regelfall zutreffen; denn der Umstand, dass ein Verein Mitglied eines Wohlfahrtsverbandes ist, bedeutet für sich allein noch nicht, dass seine Zwecke auch als karitativ anzuerkennen sind (BFH v. 28.8.1968, BStBl. 1969 II S. 145). Als **amtlich anerkannte Verbände der freien Wohlfahrtspflege** gelten:

1. Diakonisches Werk der Evangelischen Kirche in Deutschland e.V.
2. Deutscher Caritasverband e.V.
3. Deutscher Paritätischer Wohlfahrtsverband – Gesamtverband e.V.
4. Deutsches Rotes Kreuz e.V.
5. Arbeiterwohlfahrt Bundesverband e.V.
6. Zentralwohlfahrtsstelle der Juden in Deutschland e.V.
7. Deutscher Blinden- und Sehbehindertenverband e.V.
8. Bund der Kriegsblinden Deutschlands e.V.
9. Verband Deutscher Wohltätigkeitsstiftungen e.V.
10. Bundesarbeitsgemeinschaft Selbsthilfe von Menschen mit Behinderung und chronischer Erkrankung und ihren Angehörigen e.V.
11. Sozialverband VdK Deutschland e.V.

Hierzu vgl. auch § 23 UStDV, Abschnitt 4.18.1 UStAE.

Der eingetragene Verein „Blaues Kreuz in Deutschland" und seine Untergliederungen fördern ausschließlich mildtätige Zwecke (OFD Münster v. 3.12.1993, StEK AO 1977 § 53 Nr. 6).

a) Bedürftige Personen

Bedürftig sind Personen, die infolge ihres körperlichen, geistigen oder seelischen Zustandes auf die Hilfe anderer angewiesen sind (**§ 53 Nr. 1 AO**). Bei Personen, die das 75. Lebensjahr vollendet haben, kann dies ohne weitere Nachprüfung angenommen werden (AEAO Nr. 4 zu § 53 AO). Im Übrigen sind körperlich behindert Personen, deren Bewegungsfähigkeit oder Leistungsvermögen infolge Erkrankung, Schädigung oder anderer Umstände in erheblichem Umfange eingeschränkt ist. Geistig behindert sind Personen, deren Leistungsvermögen infolge einer Schwäche ihrer geistigen Kräfte in erheblichem Umfange beeinträchtigt ist. Seelisch behindert sind Personen, deren Leistungsvermögen durch Psychosen, durch Störungen infolge von Krankheiten und Verletzungen des Gehirns, durch Suchtkrankheiten, durch Neurosen und sonstige Persönlichkeitsstörungen in wesentlichem Umfang beeinträchtigt wird. Den Behinderten stehen die von einer Behinderung Bedrohten gleich. Das sind Personen, bei denen der Eintritt der Behinderung nach allgemeiner ärztlicher oder sonstiger fachlicher Erkenntnis mit großer Wahrscheinlichkeit zu erwarten ist. Hierzu vgl. § 53 Abs. 2 SGB XII v. 27.12.2003 (BGBl. 2003 I S. 3022), zuletzt geändert durch VO v. 15.10.2013 (BGBl. 2013 I S. 3856). Ob eine Person dauernd oder ob sie nur vorübergehend auf die Hilfe anderer angewiesen ist, braucht nicht weiter geprüft zu werden. Es kommt nur darauf an, dass die Voraussetzungen in dem Zeitpunkt erfüllt sind, in welchem ihr die Hilfe gewährt wird.

b) Regelsätze bei der Sozialhilfe

Eine Körperschaft verfolgt auch dann mildtätige Zwecke, wenn sie finanziell oder materiell Personen unterstützt, deren Bezüge nicht höher sind als das Vierfache des Regelsatzes der Sozialhilfe iSd § 28 SGB XII. Bei einer alleinstehenden Person und bei einem Haushaltsvorstand tritt an die Stelle des Vierfachen das Fünffache des Regelsatzes. Bei Personen, deren wirtschaftliche Lage aus besonderen Gründen zu einer Notlage geworden ist, dürfen allerdings diese Bezüge auch die genannten Grenzen übersteigen.

Darauf hinzuweisen ist, dass sich bei über 65 Jahren alten, bei erwerbsunfähigen und bei bestimmten anderen Personen der Regelsatz noch um einen Betrag für Mehrbedarf erhöht (§ 30 SGB XII).

Auf die sich nach den Regelsätzen ergebende jährliche Einkunftsgrenze kommt es nicht an bei Personen, deren Vermögen zur nachhaltigen Verbesserung ihres Unterhalts ausreicht und denen zugemutet werden kann, es auch dafür zu verwenden (§ 53 Nr. 2 AO). Dies soll dann nicht gelten, wenn es sich um geringfügiges Vermögen bis zu einem Verkehrswert von 15 500 € handelt (R 33 a.1 Abs. 2 EStR). Im Einzelnen hierzu siehe AEAO Nr. 5 ff. zu § 53 AO.

Benutzung des Grundstücks zu begünstigten Zwecken

Für die Steuerfreiheit eines Grundstücks nach § 3 Abs. 1 Nr. 1 Buchst. b   **43** GrStG muss neben der subjektiven Voraussetzung, dass die Körperschaft als gemeinnützig anerkannt ist, auch die objektive Voraussetzung erfüllt sein, wonach das Grundstück unmittelbar für gemeinnützige oder mildtätige Zwecke benutzt wird (§ 7 GrStG).

Die Körperschaft ist nur dann gemeinnützig, wenn sie selbst **ausschließlich gemeinnützige Zwecke** verfolgt. Dies ist der Fall, wenn in der Satzung keine anderen Zwecke vorgesehen sind und nach der tatsächlichen Geschäftsführung auch keine anderen als diese begünstigten Zwecke verfolgt werden (§ 56 AO). Grundsätzlich können mehrere begünstigte Zwecke gleichzeitig nebeneinander verfolgt werden, ohne dass dadurch die Ausschließlichkeit verletzt wird. Die gleichzeitige Verfolgung begünstigter und nicht begünstigter Zwecke schließt dagegen die Anerkennung aus. Dabei ist es gleichgültig, ob der nichtbegünstigte Zweck bereits in der Satzung vorgesehen ist oder ob abweichend davon nur die tatsächliche Geschäftsführung auch auf einen nichtbegünstigten Zweck ausgerichtet ist (BFH v. 29.1.1964, HFR 1964 S. 248). Die Abgrenzung zwischen begünstigt und nichtbegünstigt hängt im Einzelfall auch davon ab, ob der Zweck ein selbständiger Hauptzweck oder nur ein unentbehrlicher Nebenzweck des an sich begünstigten Hauptzwecks ist. Dazu gehört z. B. jede Tätigkeit, die, ohne selbst begünstigt zu sein, die Erfüllung des Hauptzwecks erst ermöglicht.

Verstößt die Körperschaft **gegen den Grundsatz der Ausschließlichkeit,** dann entfallen die subjektiven Voraussetzungen der Steuerfreiheit. Ihr Grundbesitz wird in diesem Fall selbst dann steuerpflichtig, wenn er für Zwecke benutzt wird, die an sich gemeinnützig sind. Der Grundsatz der Ausschließlichkeit erfordert aber nicht, dass auch der gesamte Grundbesitz einer gemeinnützigen Körperschaft nur für gemeinnützige Zwecke verwendet wird. Er kann z. B. zum Bereich der Vermögensverwaltung oder zu einem wirtschaftlichen Geschäftsbetrieb gehören. Er unterliegt dann zwar der Grundsteuer. Dies lässt aber die Anerkennung der Körperschaft als gemeinnützig unberührt. Er bleibt jedoch steuerfrei, wenn er zu einer der nach § 58 AO unschädlichen Betätigungen benutzt wird. Wenn z. B. die Körperschaft gemeinnützig ist, weil sie Mittel für die Verwirklichung der steuerbegünstigten Zwecke einer anderen Körperschaft sammelt (§ 58 Nr. 1 AO), bleibt ihr zu Verwaltungszwecken benutzter Grundbesitz ebenfalls steuerfrei.

Für die Steuerbefreiung eines Grundstücks ist es nicht erforderlich, dass dieses ausschließlich für begünstigte Zwecke verwendet wird. Wenn es von der gemeinnützigen Körperschaft sowohl zu gemeinnützigen als auch zu anderen nicht begünstigten Zwecken benutzt wird (BFH v. 10.12.1954, BStBl. 1955 III S. 63), gilt die Vorschrift in § 8 Abs. 2 GrStG. Danach kommt es in einem solchen Fall darauf an, welche Nutzung überwiegt. Hierzu vgl. Anm. 4 zu § 8 GrStG. Die Steuerfreiheit würde allerdings auch hier entfallen, wenn wegen der Nutzung zu dem nicht begünstigten Zweck die subjektiven Voraussetzungen für die Anerkennung der Körperschaft nicht mehr gegeben sein sollten (s. o.).

Die begünstigten Zwecke müssen **unmittelbar** verfolgt werden. Das gilt zunächst als Voraussetzung für die Anerkennung als gemeinnützig. Die Körperschaft muss deshalb grundsätzlich die steuerbegünstigten satzungsmäßigen

Zwecke selbst verwirklichen (§ 57 Abs. 1 AO), z.B. selbst die Schule oder das Krankenhaus betreiben. Dass auch der Grundbesitz unmittelbar zu einem begünstigten Zweck genutzt werden muss, ergibt sich aus § 7 GrStG. Hierzu vgl. Anm. 2 zu § 7 GrStG. Die gemeinnützige Körperschaft kann sich aber bei ihrer Tätigkeit auch irgendwelcher Hilfspersonen bedienen. So kann sie z.B. die Führung eines Krankenhauses einem angestellten Arzt übertragen (BFH v. 31.10.1957, BStBl. 1958 III S. 170). Dabei handelt es sich stets um Fälle, in denen die begünstigte Tätigkeit noch für Rechnung der Körperschaft ausgeübt wird.

Unschädlich ist es auch, wenn die gemeinnützige Körperschaft ihren Grundbesitz einer **anderen gemeinnützigen Körperschaft** zur Benutzung für deren begünstigte Zwecke entgeltlich oder unentgeltlich **überlässt.** Auch dieser Grundbesitz bleibt steuerfrei. Soweit es sich um Räume handelt, ergibt sich dies aus § 58 Nr. 4 AO. Zu den Räumen i. S. dieser Vorschrift sollten dabei auch Sportanlagen und Freibäder gehören. Hierzu vgl. AEAO zu § 58 AO. Ganz generell gilt diese Steuerfreiheit aber für den überlassenen Grundbesitz schon nach § 3 Abs. 1 Satz 2 GrStG. Hierzu vgl. Anm. 60 zu § 3 GrStG.

Wirtschaftlicher Geschäftsbetrieb

Auch gemeinnützige Körperschaften können ohne einen gewissen Geschäftsbetrieb nicht auskommen. Es bedarf der Führung der laufenden Geschäfte, der Leitung durch die Organe, der Beschaffung der finanziellen Mittel usw. Insoweit spricht man vom **inneren Geschäftsbetrieb,** d.h. der **Verwaltung.** An sich ist die Verwendung eines Gebäudes zu Verwaltungszwecken keine unmittelbare Verwendung für einen gemeinnützigen Zweck (BFH v. 4.2.1976, BStBl. 1976 II S. 472). Verwaltungsräume sind jedoch für dessen Erfüllung unentbehrlich. Sie werden deshalb bei der Grundsteuer so angesehen, als ob sie ebenfalls unmittelbar dazu benutzt würden (BFH v. 10.12.1954, BStBl. 1955 III S. 63 und v. 6.10.1961, BStBl. 1961 III S. 571). Dies gilt nicht nur für die Räume, in denen der Betrieb der steuerbegünstigten Einrichtung geleitet wird, sondern auch für die Räume, die zur Verwaltung von steuerfreiem Grundbesitz benötigt werden.

Vielfach lässt sich auch bei einer gemeinnützigen Körperschaft eine weitergehende wirtschaftliche Betätigung nicht vermeiden. Insoweit spricht man dann von einem **wirtschaftlichen Geschäftsbetrieb (§ 14 AO).** Wird ein solcher wirtschaftlicher Geschäftsbetrieb unterhalten, so schließt dies zwar die Anerkennung als gemeinnützig nicht aus, die gemeinnützige Körperschaft wird jedoch damit steuerpflichtig (§ 5 Abs. 1 Nr. 9 KStG). Demgemäß dient auch der Grundbesitz der gemeinnützigen Körperschaft, auf dem ein solcher wirtschaftlicher Geschäftsbetrieb unterhalten wird, nicht unmittelbar gemeinnützigen Zwecken. Er ist infolgedessen auch grundsteuerpflichtig. Hierzu vgl. AEAO § 64 AO. Dies gilt z.B. auch für den Forstbetrieb einer gemeinnützigen Stiftung, den sie selbst bewirtschaftet (FinMin. Ba-Wü v. 18.1.1988, StEK KStG § 5 Nr. 84).

Ein wirtschaftlicher Geschäftsbetrieb ist eine selbständige nachhaltige, über den Rahmen einer Vermögensverwaltung hinausgehende Tätigkeit, durch die

Einnahmen oder andere wirtschaftliche Vorteile erzielt werden (§ 14 AO). Es kann dies ein Gewerbebetrieb, ein Betrieb der Land- und Forstwirtschaft oder auch jede andere wirtschaftliche Betätigung (sonstiger wirtschaftlicher Geschäftsbetrieb) sein. Die Abgrenzung von der Vermögensverwaltung ist deshalb von Bedeutung, weil die gemeinnützige Körperschaft zwar mit dem wirtschaftlichen Geschäftsbetrieb im Rahmen des § 64 Abs. 1 AO steuerpflichtig wird, im Übrigen aber steuerfrei bleibt. Es ist insoweit wie bei einem anderen Eigentümer voll steuerpflichtig. Wichtig ist hier die Abgrenzung des steuerschädlichen wirtschaftlichen Geschäftsbetriebs vom steuerunschädlichen Zweckbetrieb (§§ 65 ff. AO); denn insoweit wird noch eine gemeinnützige Betätigung der Körperschaft angenommen. Grundbesitz der Körperschaft, der für einen solchen Zweckbetrieb benutzt wird, bleibt deshalb auch grundsteuerfrei.

Die Frage, ob ein steuerschädlicher wirtschaftlicher Geschäftsbetrieb oder steuerunschädlicher Zweckbetrieb vorliegt, ist nach den Vorschriften der §§ 64 ff. AO zu beurteilen. Sie haben den folgenden Wortlaut:

§ 64 AO Steuerpflichtige wirtschaftliche Geschäftsbetriebe

(1) Schließt das Gesetz die Steuervergünstigung insoweit aus, als ein wirtschaftlicher Geschäftsbetrieb (§ 14) unterhalten wird, so verliert die Körperschaft die Steuervergünstigung für die dem Geschäftsbetrieb zuzuordnenden Besteuerungsgrundlagen (Einkünfte, Umsätze, Vermögen), soweit der wirtschaftliche Geschäftsbetrieb kein Zweckbetrieb (§§ 65 bis 68) ist.

(2) Unterhält die Körperschaft mehrere wirtschaftliche Geschäftsbetriebe, die keine Zweckbetriebe (§§ 65 bis 68) sind, werden diese als ein wirtschaftlicher Geschäftsbetrieb behandelt.

(3) Übersteigen die Einnahmen einschließlich Umsatzsteuer aus wirtschaftlichen Geschäftsbetrieben, die keine Zweckbetriebe sind, insgesamt nicht 35 000 Euro im Jahr, so unterliegen die diesen Geschäftsbetrieben zuzuordnenden Besteuerungsgrundlagen nicht der Körperschaftsteuer und der Gewerbesteuer.

(4) Die Aufteilung einer Körperschaft in mehrere selbständige Körperschaften zum Zweck der mehrfachen Inanspruchnahme der Steuervergünstigung nach Absatz 3 gilt als Missbrauch von rechtlichen Gestaltungsmöglichkeiten im Sinne des § 42.

(5) Überschüsse aus der Verwertung unentgeltlich erworbenen Altmaterials außerhalb einer ständig dafür vorgehaltenen Verkaufsstelle, die der Körperschaftsteuer und der Gewerbesteuer unterliegen, können in Höhe des branchenüblichen Reingewinns geschätzt werden.

(6) Bei den folgenden steuerpflichtigen wirtschaftlichen Geschäftsbetrieben kann der Besteuerung ein Gewinn von 15 Prozent der Einnahmen zugrunde gelegt werden:
1. Werbung für Unternehmen, die im Zusammenhang mit der steuerbegünstigten Tätigkeit einschließlich Zweckbetrieben stattfindet,
2. Totalisatorbetriebe,
3. Zweite Fraktionierungsstufe der Blutspendedienste.

§ 65 AO Zweckbetrieb

Ein Zweckbetrieb ist gegeben, wenn

1. der wirtschaftliche Geschäftsbetrieb in seiner Gesamtrichtung dazu dient, die steuerbegünstigten satzungsmäßigen Zwecke der Körperschaft zu verwirklichen,
2. die Zwecke nur durch einen solchen Geschäftsbetrieb erreicht werden können und
3. der wirtschaftliche Geschäftsbetrieb zu nicht begünstigten Betrieben derselben oder ähnlicher Art nicht in größerem Umfang in Wettbewerb tritt, als es bei Erfüllung der steuerbegünstigten Zwecke unvermeidbar ist.

§ 66 AO Wohlfahrtspflege

(1) Eine Einrichtung der Wohlfahrtspflege ist ein Zweckbetrieb, wenn sie in besonderem Maß den in § 53 genannten Personen dient.

(2) [1] Wohlfahrtspflege ist die planmäßige, zum Wohle der Allgemeinheit und nicht des Erwerbs wegen ausgeübte Sorge für notleidende oder gefährdete Mitmenschen. [2] Die Sorge kann sich auf das gesundheitliche, sittliche, erzieherische oder wirtschaftliche Wohl erstrecken und Vorbeugung oder Abhilfe bezwecken.

(3) [1] Eine Einrichtung der Wohlfahrtspflege dient in besonderem Maße den in § 53 genannten Personen, wenn diesen mindestens zwei Drittel ihrer Leistungen zugute kommen. [2] Für Krankenhäuser gilt § 67.

§ 67 AO Krankenhäuser

(1) Ein Krankenhaus, das in den Anwendungsbereich des Krankenhausentgeltgesetzes oder der Bundespflegesatzverordnung fällt, ist ein Zweckbetrieb, wenn mindestens 40 Prozent der jährlichen Belegungstage oder Berechnungstage auf Patienten entfallen, bei denen nur Entgelte für allgemeine Krankenhausleistungen (§ 7 des Krankenhausentgeltgesetzes, § 10 der Bundespflegesatzverordnung) berechnet werden.

(2) Ein Krankenhaus, das nicht in den Anwendungsbereich des Krankenhausentgeltgesetzes oder der Bundespflegesatzverordnung fällt, ist ein Zweckbetrieb, wenn mindestens 40 Prozent der jährlichen Belegungstage oder Berechnungstage auf Patienten entfallen, bei denen für die Krankenhausleistungen kein höheres Entgelt als nach Absatz 1 berechnet wird.

§ 67a AO Sportliche Veranstaltungen

(1) [1] Sportliche Veranstaltungen eines Sportvereins sind ein Zweckbetrieb, wenn die Einnahmen einschließlich Umsatzsteuer insgesamt 45 000 Euro im Jahr nicht übersteigen. [2] Der Verkauf von Speisen und Getränken sowie die Werbung gehören nicht zu den sportlichen Veranstaltungen.

(2) [1] Der Sportverein kann dem Finanzamt bis zur Unanfechtbarkeit des Körperschaftsteuerbescheids erklären, dass er auf die Anwendung des Absatzes 1 Satz 1 verzichtet. [2] Die Erklärung bindet den Sportverein für mindestens fünf Veranlagungszeiträume.

(3) [1] Wird auf die Anwendung des Absatzes 1 Satz 1 verzichtet, sind sportliche Veranstaltungen eines Sportvereins ein Zweckbetrieb, wenn

1. kein Sportler des Vereins teilnimmt, der für seine sportliche Betätigung oder für die Benutzung seiner Person, seines Namens, seines Bildes oder seiner sportlichen Betätigung zu Werbezwecken von dem Verein oder einem Dritten über eine Aufwandsentschädigung hinaus Vergütungen oder andere Vorteile erhält und

2. kein anderer Sportler teilnimmt, der für die Teilnahme an der Veranstaltung von dem Verein oder einem Dritten im Zusammenwirken mit dem Verein über eine Aufwandsentschädigung hinaus Vergütungen oder andere Vorteile erhält.

[2] Andere sportliche Veranstaltungen sind ein steuerpflichtiger wirtschaftlicher Geschäftsbetrieb. [3] Dieser schließt die Steuervergünstigung nicht aus, wenn die Vergütungen oder andere Vorteile ausschließlich aus wirtschaftlichen Geschäftsbetrieben, die nicht Zweckbetriebe sind, oder von Dritten geleistet werden.

§ 68 AO Einzelne Zweckbetriebe

Zweckbetriebe sind auch:

1. a) Alten-, Altenwohn- und Pflegeheime, Erholungsheime, Mahlzeitendienste, wenn sie in besonderem Maß den in § 53 genannten Personen dienen (§ 66 Abs. 3),

    b) Kindergärten, Kinder-, Jugend- und Studentenheime, Schullandheime und Jugendherbergen,

2. a) landwirtschaftliche Betriebe und Gärtnereien, die der Selbstversorgung von Körperschaften dienen und dadurch die sachgemäße Ernährung und ausreichende Versorgung von Anstaltsangehörigen sichern,

    b) andere Einrichtungen, die für die Selbstversorgung von Körperschaften erforderlich sind, wie Tischlereien, Schlossereien,

    wenn die Lieferungen und sonstigen Leistungen dieser Einrichtungen an Außenstehende dem Wert nach 20 Prozent der gesamten Lieferungen und sonstigen Leistungen des Betriebs – einschließlich der an die Körperschaften selbst bewirkten – nicht übersteigen,

3. a) Werkstätten für behinderte Menschen, die nach den Vorschriften des Dritten Buches Sozialgesetzbuch förderungsfähig sind und Personen Arbeitsplätze bieten, die wegen ihrer Behinderung nicht auf dem allgemeinen Arbeitsmarkt tätig sein können,

    b) Einrichtungen für Beschäftigungs- und Arbeitstherapie, in denen behinderte Menschen aufgrund ärztlicher Indikationen außerhalb eines Beschäftigungsverhältnisses zum Träger der Therapieeinrichtung mit dem Ziel behandelt werden, körperliche oder psychische Grundfunktionen zum Zwecke der Wiedereingliederung in das Alltagsleben wiederherzustellen oder die besonderen Fähigkeiten und Fertigkeiten auszubilden, zu fördern und zu trainieren, die für eine Teilnahme am Arbeitsleben erforderlich sind, und

    c) Integrationsprojekte im Sinne des § 132 Abs. 1 des Neunten Buches Sozialgesetzbuch, wenn mindestens 40 Prozent der Beschäftigten besonders betroffene schwerbehinderte Menschen im Sinne des § 132 Abs. 1 des Neunten Buches Sozialgesetzbuch sind,

4. Einrichtungen, die zur Durchführung der Blindenfürsorge und zur Durchführung der Fürsorge für Körperbehinderte unterhalten werden,

5. Einrichtungen über Tag und Nacht (Heimerziehung) oder sonstige betreute Wohnformen,

6. von den zuständigen Behörden genehmigte Lotterien und Ausspielungen, wenn der Reinertrag unmittelbar und ausschließlich zur Förderung mildtätiger, kirchlicher oder gemeinnütziger Zwecke verwendet wird,
7. kulturelle Einrichtungen, wie Museen, Theater, und kulturelle Veranstaltungen, wie Konzerte, Kunstausstellungen; dazu gehört nicht der Verkauf von Speisen und Getränken,
8. Volkshochschulen und andere Einrichtungen, soweit sie selbst Vorträge, Kurse und andere Veranstaltungen wissenschaftlicher oder belehrender Art durchführen; dies gilt auch, soweit die Einrichtungen den Teilnehmern dieser Veranstaltungen selbst Beherbergung und Beköstigung gewähren,
9. Wissenschafts- und Forschungseinrichtungen, deren Träger sich überwiegend aus Zuwendungen der öffentlichen Hand oder Dritter oder aus der Vermögensverwaltung finanziert. [2]Der Wissenschaft und Forschung dient auch die Auftragsforschung. [3]Nicht zum Zweckbetrieb gehören Tätigkeiten, die sich auf die Anwendung gesicherter wissenschaftlicher Erkenntnisse beschränken, die Übernahme von Projektträgerschaften sowie wirtschaftliche Tätigkeiten ohne Forschungsbezug.

Ob ein steuerschädlicher wirtschaftlicher Geschäftsbetrieb oder ein steuerunschädlicher Zweckbetrieb gegeben ist, muss für die Grundsteuer in gleicher Weise wie bei der Körperschaftsteuer entschieden werden. Vgl. Abschnitt 12 Abs. 4 GrStR (abgedruckt bei Anm. 25 zu § 3 GrStG). Die bei der Körperschaftsteuer getroffene Entscheidung ist deshalb zu übernehmen. Fehlt es jedoch an einer solchen Entscheidung, z.B. weil die Erträge der gemeinnützigen Körperschaft eine so geringe Höhe haben, dass sie noch unter dem Freibetrag von 5000 € liegen (§ 24 KStG) und deshalb die Körperschaft steuerfrei bleibt oder weil die Einnahmen aus den wirtschaftlichen Geschäftsbetrieben insgesamt nicht mehr als 35 000 € betragen und deshalb nach § 64 Abs. 3 AO nicht der Körperschaftsteuer unterliegen, so muss die Entscheidung bei der Grundsteuerveranlagung selbständig getroffen werden.

Unterhält die gemeinnützige Körperschaft sowohl einen wirtschaftlichen Geschäftsbetrieb als auch einen Zweckbetrieb, so muss klargestellt werden, welches Grundstück der Körperschaft jeweils dem einen oder dem anderen dient. Wenn ein Grundstück sowohl dem wirtschaftlichen Geschäftsbetrieb als auch dem Zweckbetrieb dient oder sowohl zum Bereich der Vermögensverwaltung als auch zu einem Zweckbetrieb gehört, kommt es darauf an, welche Nutzung überwiegt. Hierzu vgl. auch Anm. 4 zu § 8 GrStG.

Steuerunschädlicher Zweckbetrieb

Wird ein wirtschaftlicher Geschäftsbetrieb unterhalten, so wird die ge- **45** meinnützige Körperschaft mit diesem bzw. mit seinen Erträgen grundsätzlich steuerpflichtig (§ 64 Abs. 1 AO). Bei der Körperschaftsteuer und Gewerbesteuer gilt dies vorbehaltlich einer **Besteuerungsgrenze** von insgesamt 35 000 € (§ 64 Abs. 3 AO). Ungeachtet dieser Besteuerungsgrenze ist der für einen wirtschaftlichen Geschäftsbetrieb verwendete Grundbesitz stets grundsteuerpflichtig.

Die Steuervergünstigung bleibt allerdings dann unberührt, wenn der wirtschaftliche Geschäftsbetrieb in seiner Gesamtrichtung dazu dient, die steuerbegünstigten satzungsmäßigen Zwecke der Körperschaft zu verwirklichen, diese Zwecke nur mit seiner Hilfe erfüllt werden können und er mit gleichen oder ähnlichen Unternehmen nur insoweit in Wettbewerb tritt, als es zur Erfüllung der steuerbegünstigten Zwecke unvermeidbar ist, wenn es sich also um einen steuerunschädlichen Zweckbetrieb handelt (**§ 65 AO**). Demgemäß ist auch ein Grundstück grundsteuerfrei, wenn darauf unmittelbar ein solcher Zweckbetrieb unterhalten wird oder für die Verwirklichung des gemeinnützigen Zwecks unentbehrliche Hilfstätigkeiten erfüllt werden (BFH v. 30.1.1974, BStBl. 1974 II S. 410).

Die begünstigten Zwecke dürfen sich **unmittelbar** nur durch den Geschäftsbetrieb verwirklichen lassen (**§ 65 Nr. 2 AO**). Steuerschädlich ist deshalb ein wirtschaftlicher Geschäftsbetrieb auch dann, wenn er nur mittelbar den begünstigten Zwecken dient oder durch ihn der Zweck nur mittelbar gefördert wird (BFH v. 10.5.1955, BStBl. 1955 III S. 177) oder er zur Erfüllung der begünstigten Zwecke nicht zwingend erforderlich ist (BFH v. 28.11.1961, BStBl. 1962 III S. 73). Die Tatsache, dass der wirtschaftliche Geschäftsbetrieb ein wesentlicher materieller und krisenfester Rückhalt für die Körperschaft ist, reicht noch nicht aus, um einen steuerunschädlichen Zweckbetrieb annehmen zu können (BFH v. 20.9.1963, BStBl. 1963 III S. 532).

Eine nur mittelbare Förderung gemeinnütziger Zwecke wurde bei der Grunderwerbsteuer angenommen z. B. bei einem Grundstück zur Unterbringung des Lehrpersonals eines gemeinnützigen Schulträgers (BFH v. 30.1.1974, BStBl. 1974 II S. 410), beim Gästehaus einer Hochschule zur Unterbringung von Wissenschaftlern (BFH v. 8.5.1974, BStBl. 1974 II S. 633), bei einem Heim zur Unterbringung der Teilnehmer an Kursen (BFH v. 10.3.1976, BStBl. 1976 II S. 469). Abgesehen von den in § 68 Nr. 8 AO angeführten Fällen (abgedruckt bei Anm. 44 zu § 3 GrStG) bleibt deshalb der hierfür benutzte Grundbesitz grundsteuerpflichtig. Hierzu vgl. auch Anm. 9 zu § 5 GrStG.

Steuerpflichtig ist auch ein Grundstück, das der Verwaltung des Vereinsvermögens dient (BFH v. 10.3.1976, aaO). Unterhält der Verein eine besondere gemeinnützige Einrichtung, so gehört ein Grundstück, auf dem die Verwaltung dieser Einrichtung ausgeübt wird, zu den unerlässlichen Hilfsmitteln (BFH v. 5.7.1972, BStBl. 1972 II S. 911). Ein solches Grundstück bleibt deshalb steuerfrei. Dasselbe gilt dann auch für das Grundstück mit einer Zufahrt zu dieser Einrichtung (BFH v. 29.5.1974, BStBl. 1974 II S. 689). Dagegen genügt es nicht, dass ein Grundstück für andere Zwecke genutzt wird und nur die Erträge dieser Nutzung der gemeinnützigen Einrichtung, z. B. einem Altenheim zugutekommen (BFH v. 8.10.1975, BStBl. 1976 II S. 129) oder dass das Grundstück verpachtet wird, um mit den Pachteinnahmen kirchlich veranlasste Aufwendungen zu bestreiten (FG Münster v. 11.12.1969, EFG 1970 S. 412).

Weitere Voraussetzung für die Annahme eines steuerunschädlichen Zweckbetriebs ist, dass dieser zu nicht begünstigten Betrieben derselben oder ähnlichen Art nicht in größerem Umfang in **Wettbewerb** tritt, als es bei Erfüllung der steuerbegünstigten Zwecke unvermeidbar ist (**§ 65 Nr. 3 AO**).

Eine tatsächliche, konkrete Konkurrenz- und Wettbewerbslage zu steuerpflichtigen Betrieben derselben oder ähnlichen Art ist nicht erforderlich (BFH v. 27.10.1993, BStBl. 1994 II S. 573). Mithin kann ein steuerunschädlicher Zweckbetrieb angenommen werden, wenn es entweder überhaupt keine anderen Betriebe dieser Art gibt oder wenn es so viele Betriebe dieser Art gibt, dass die Konkurrenz durch den Zweckbetrieb sich nur noch ganz minimal auswirken kann. Ein wirtschaftlicher Geschäftsbetrieb, der in seiner Gesamtrichtung der Eingliederung von behinderten Menschen dient, ist ohne Rücksicht auf die Wettbewerbswirkung ein Zweckbetrieb isd § 68 Nr. 3 AO (BFH v. 4.6.2003, BStBl. 2004 II S. 660). Der uneingeschränkte Wettbewerb zwischen Zweckbetrieben, die demselben steuerbegünstigten Zweck dienen und ihn in der gleichen oder ähnlichen Form verwirklichen, ist unschädlich (AEAO Nr. 4 zu § 65 AO).

Wenn ein wirtschaftlicher Geschäftsbetrieb zugleich **teils steuerschädlich,** teils steuerunschädlich ist, bleibt er **insgesamt steuerpflichtig.** Eine Aufteilung ist nicht möglich. Das gilt z.B. für eine Stadthalle, in der außer kulturellen Veranstaltungen auch Tagungen stattfinden (BFH v. 19.6.1974, BStBl. 1974 II S. 664). Vielfach wird aber der steuerschädliche Teil der Tätigkeit nur geringfügig sein. In diesem Fall bleibt dann der wirtschaftliche Geschäftsbetrieb steuerfrei. So wurde z.B. bei den Mensabetrieben der Studentenwerke verfahren, bei denen die Abgabe von Speisen, Getränken usw. an das Hochschulpersonal als steuerschädliche Betätigung anzusehen sein würde.

Für eine Reihe von wirtschaftlichen Geschäftsbetrieben ist die Abgrenzung zum steuerunschädlichen Zweckbetrieb bereits in § 68 AO, d.h. im Gesetz selbst geregelt. Es handelt sich dabei zum einen Teil um typische Fälle, in denen der begünstigte Zweck nur durch den wirtschaftlichen Geschäftsbetrieb verwirklicht werden kann und zum anderen Teil um Grenzfälle, für die auf diese Weise eine eindeutige Rechtslage geschaffen werden soll. Die Aufzählung ist jedoch, wie sich aus § 68 AO ergibt, keineswegs abschließend. Aus **§ 68 AO** ist ein **gesetzlicher Katalog** einzelner Zweckbetriebe ersichtlich; diese Vorschrift geht als spezielle Norm der Regelung des § 65 AO vor (BFH v. 4.6.2003, BStBl. 2004 II S. 660). Die in § 68 AO geregelten Fälle werden in den nachfolgenden Abschnitten behandelt.

Einrichtungen der Wohlfahrtspflege

Wohlfahrtspflege ist die planmäßige zum Wohle der Allgemeinheit und **46** nicht des Erwerbs wegen ausgeübte Sorge für notleidende oder gefährdete Mitmenschen. Die Sorge kann sich auf das gesundheitliche, sittliche, erzieherische oder wirtschaftliche Wohl erstrecken und Vorbeugung oder Abhilfe bezwecken (§ 66 Abs. 2 AO). Die Einrichtungen der Wohlfahrtspflege sind steuerunschädliche Zweckbetriebe, wenn sie in besonderem Maße den in § 53 AO genannten Personen dienen (§ 66 Abs. 1 AO). Es sind dies Personen, die entweder wegen ihres körperlichen, geistigen oder seelischen Zustandes der Hilfe anderer bedürfen (§ 53 Nr. 1 AO) oder deren Einkünfte eine bestimmte Höhe nicht übersteigen (§ 53 Nr. 2 AO). Hierzu vgl. Anm. 42 zu § 3 GrStG.

In besonderem Maße dient eine Einrichtung den in § 53 AO genannten Personen, wenn diesen **mindestens zwei Drittel** der von ihr erbrachten Leistungen zugute kommen (§ 66 Abs. 3 AO). Es ist dabei auf den Umfang der Leistungen und nicht darauf abzustellen, ob zwei Drittel der betreuten Personen diese Voraussetzung erfüllen. Meistens werden aber beide Maßstäbe übereinstimmen. Hierzu vgl. AEAO zu § 65 AO.

Die Steuerunschädlichkeit der Einrichtung muss durch den Nachweis der Einkommens- und Vermögensverhältnisse der betreuten Personen dargetan werden. Aufzeichnungen über deren finanzielle Verhältnisse brauchen jedoch nur zu erfolgen, wenn nicht schon nach der Art des Geschäftsbetriebs und nach der Höhe der erhobenen Entgelte angenommen werden kann, dass die Voraussetzungen erfüllt sind. Auf die Berufsbezeichnung der betreuten Personen kommt es dabei nicht an; denn diese lässt nicht erkennen, ob diese Personen auch in jedem Fall die erforderlichen Voraussetzungen erfüllen (BFH v. 28.10.1960, BStBl. 1961 III S. 109).

Der Grundbesitz, auf dem Einrichtungen der Wohlfahrtspflege unterhalten werden, ist nur dann steuerfrei, wenn unmittelbar bei seiner Nutzung die Voraussetzungen der §§ 66 ff. AO gegeben sind. Die auf dem Grundbesitz erbrachten Leistungen müssen mindestens zu zwei Dritteln den genannten Personen zugute kommen. Es genügt also z. B. nicht, dass eine gemeinnützige Institution zwar insgesamt einen steuerunschädlichen Zweckbetrieb bildet, weil ihre gesamten Leistungen zu mehr als zwei Dritteln diesen Personen zugutekommen, sie jedoch diese Personen alle in einem einfachen Heim und alle anderen Personen in einem zweiten aufwändigeren Heim unterbringt. Der Grundbesitz mit dem zweiten Heim wäre in diesem Fall steuerpflichtig. Voraussetzung ist auch hier, dass das Grundstück selbst zu gemeinnützigen bzw. mildtätigen Zwecken genutzt wird. Zur grundsteuerlichen Behandlung der Wohnräume in den Einrichtungen der Wohlfahrtspflege vgl. auch Anm. 6 ff. zu § 5 GrStG.

In **§ 68 Nr. 1 AO** werden Einrichtungen der Wohlfahrtspflege angeführt, die als Zweckbetrieb anzusehen sind. Es sind dies Altenheime, Altenwohnheime, Pflegeheime, Erholungsheime sowie Mahlzeitendienste (§ 68 Nr. 1 Buchst. a AO), Kindergärten, Kinderheime, Jugend- und Studentenheime, Schullandheime und Jugendherbergen (§ 68 Nr. 1 Buchst. b AO). Für die in § 68 Nr. 1 Buchst. a AO genannten Altenheime usw. wird ausdrücklich verlangt, dass sie in besonderem Maße den in § 53 AO genannten Personen dienen, bei den in § 68 Nr. 1 Buchst. b AO genannten Jugendheimen usw. braucht dies nicht der Fall zu sein, obwohl es sich hier ebenfalls um Einrichtungen der Wohlfahrtspflege (§ 66 Abs. 2 AO) handelt. Hierzu vgl. AEAO zu § 68 AO. In diesen Fällen genügt es vielmehr, dass die Voraussetzungen des § 65 AO erfüllt sind. Hierzu vgl. Anm. 45 zu § 3 GrStG.

Bei Altenheimen, Altenwohnheimen, Pflegeheimen, Erholungsheimen sowie Mahlzeitendiensten (§ 68 Nr. 1 Buchst. a AO) müssen also mindestens zwei Drittel der dort untergebrachten Personen zu diesem Kreis gehören. Sie müssen wegen ihrer körperlichen oder geistigen Verfassung hilfsbedürftig sein (§ 53 Nr. 1 AO) oder ihre Einkünfte und Bezüge dürfen eine bestimmte Grenze nicht übersteigen (§ 53 Nr. 2 AO). Erfüllt das Altenheim usw. eine dieser beiden Voraussetzungen, so kommt es auf die andere nicht mehr an (FinMin. NW v. 25.10.1978, BStBl. 1979 I S. 86). Es ist dann ein steuerunschädlicher Zweckbetrieb und bleibt steuerfrei. Bei einem Altenwohnheim ist in diesem Fall allerdings die Abgrenzung zur Vermietung von Wohnungen bedeutsam; denn Wohnungen sind stets grundsteuerpflichtig. Hierzu vgl. Anm. 2 zu § 5 GrStG. Einzelwohnräume und Funktionsräume bleiben aber auch bei diesem Altenwohnheim steuerfrei. Ein Altenpflegeheim kann andererseits auch die Voraussetzungen erfüllen, um als Krankenhaus ein steuerunschädlicher Zweckbetrieb zu sein (§ 67 AO).

Für das Krankenhaus gelten jedoch nicht die Voraussetzungen des § 66 AO, sondern die Sonderregelung in § 67 AO. Wegen der weiteren Einzelheiten vgl. hierzu Anm. 16 ff. zu § 4 GrStG.

Ein Erholungsheim, das von einem gemeinnützigen Verein unterhalten wird, ist als steuerschädlicher Geschäftsbetrieb angesehen worden (BFH v. 28.10.1960, BStBl. 1961 III S. 109), weil hier der Wettbewerb zu Pensionen und Gasthäusern eine zu große Rolle spielt. Das gilt auch bei einem Erholungsheim zur Aufnahme von Personen mit geringem Einkommen (BFH v. 22.11.1972, BStBl. 1973 II S. 251). Der Betrieb des Erholungsheims wäre allerdings dann ein steuerunschädlicher Zweckbetrieb, wenn es überwiegend nur „stark erholungsbedürftige" Personen (§ 53 Nr. 1 AO) aufnimmt oder überwiegend nur Gäste aufnimmt, die zu dem in § 53 Nr. 2 AO genannten Personenkreis gehören. Die Einkünfte und Bezüge der Gäste werden sich u. U. kaum feststellen lassen. Eine direkte Befragung der Gäste könnte andererseits aber als unzumutbarer Eingriff in deren Privatsphäre angesehen werden. Es wird also wesentlich darauf ankommen, dass nach der Gestaltung der Preise die Förderung der Gesundheit minderbemittelter Personen ermöglicht wird, dass also nur kostendeckende Pensionspreise verlangt werden. Bietet ein Verein den Teilnehmern einer im Übrigen steuerunschädlichen Veranstaltung Unterkunft und Verpflegung in eigenen Heimen, so ist insoweit ein steuerschädlicher wirtschaftlicher Geschäftsbetrieb anzunehmen (BFH v. 10.3.1976, BStBl. 1976 II S. 469). Hierzu vgl. allerdings auch Anm. 8 ff. zu § 5 GrStG.

Selbstversorgungseinrichtungen

Steuerunschädlich sind landwirtschaftliche Betriebe und Gärtnereien, die **47** der Selbstversorgung der gemeinnützigen Körperschaft dienen, wenn dadurch die sachgemäße und ausreichende Versorgung von Anstaltsangehörigen gesichert werden soll, sowie andere Einrichtungen, insbesondere handwerklicher Art, die für deren Selbstversorgung erforderlich sind (**§ 68 Nr. 2 AO**). Land- und forstwirtschaftlich genutzter Grundbesitz ist jedoch abgesehen von diesen Fällen von einer Grundsteuerbefreiung generell ausgeschlossen (§ 6 GrStG). Vgl. hierzu Anm. 2 zu § 6 GrStG. Insgesamt dürfte die Vorschrift heute keine allzu große Bedeutung mehr haben.

Andere Einrichtungen iSd § 68 Nr. 2 AO sind z.B. handwerkliche Betriebe eines Jugenderziehungsheimes, die Reparaturwerkstatt eines Sportvereins, die Schreinerei eines Theaters, Tischlereien, Schlossereien u. a. m. In diesen

Fällen handelt es sich um Zweckbetriebe, die nicht der Einnahmeerzielung, sondern als notwendiges Hilfsmittel unmittelbar der Verwirklichung der begünstigten Zwecke dienen. Die Einrichtungen können aber zu steuerschädlichen wirtschaftlichen Geschäftsbetrieben werden, wenn sie Erzeugnisse an Dritte verkaufen oder sonstige Leistungen für Dritte ausführen und damit in Wettbewerb mit anderen Unternehmen treten. Dies wird allerdings so lange noch nicht angenommen, als diese Lieferungen und sonstigen Leistungen an Dritte geringfügig sind, d.h. nicht mehr als 20% des Wertes der gesamten Lieferungen und sonstigen Leistungen betragen (§ 68 Nr. 2 AO; BFH v. 18.10.1990, BStBl. 1991 II S. 157). Die Entscheidung darüber, ob hier ein steuerschädlicher Geschäftsbetrieb oder ein steuerunschädlicher Zweckbetrieb vorliegt, wird bereits bei der Körperschaftsteuer getroffen. Sie ist auch für die Grundsteuer zu übernehmen. Hierzu vgl. Abschnitt 12 Abs. 4 GrStR (abgedruckt bei Anm. 25 zu § 3 GrStG). Danach richtet sich dann auch die Grundsteuer für den Grundbesitz, auf dem der Geschäftsbetrieb bzw. Zweckbetrieb unterhalten wird.

Einrichtungen der Fürsorge

48   Steuerunschädliche Zweckbetriebe sind auch Betriebe usw., die nach dem **SGB III** v. 24.3.1997 (BGBl. 1997 I S. 594), zuletzt geändert durch Gesetz v. 19.10.2013 (BGBl. 2013 I S. 3836), **förderungsfähig** sind und Arbeitsplätze für Personen bieten, die wegen ihrer Behinderung nicht auf dem allgemeinen Arbeitsmarkt tätig sein können. Hierzu vgl. auch § 136 SGB IX v. 19.6.2001 (BGBl. 2001 I S. 1046), zuletzt geändert durch Gesetz v. 14.12.2012 (BGBl. 2012 I S. 2598). Auch Einrichtungen für arbeitstherapeutische Zwecke usw. gehören hierher (**§ 68 Nr. 3 AO** und BFH v. 26.4.1995, BStBl. 1995 II S. 767). Umsätze an Außenstehende können hier zwar in unbegrenztem Umfang ausgeführt werden, allerdings mit der Einschränkung, dass sie keinen größeren Umfang erreichen, als zur Erfüllung der begünstigten Zwecke erforderlich ist. Als Teil des Zweckbetriebs gilt auch die von dem Werk betriebene Kantine, wenn die Behinderten auch während der Mahlzeit einer Betreuung bedürfen. Hierzu vgl. AEAO zu § 68 AO.

Ist der Betrieb so umfangreich, dass außer einem gewissen notwendigen Stammpersonal und den zu betreuenden Personen auch noch weitere Arbeitskräfte eingesetzt werden, so entfällt die Steuerbegünstigung. Steuerunschädlich ist es jedoch, wenn die Zahl der zu betreuenden Personen zeitweise zwar gering ist, die beschäftigten Arbeitskräfte aber zur Aufrechterhaltung des Betriebs erforderlich sind. Schließlich lässt sich auch von vornherein kaum genau absehen, welchen Umfang der Betrieb zu jeder Zeit haben müsste (OFH v. 13.9.1947, StRK § 4 Ziff. 6 KStG R. 1).

Hierher gehören auch Einrichtungen, die zur Durchführung der Blindenfürsorge und der Fürsorge für Körperbehinderte unterhalten werden, insbesondere Werkstätten, Verkaufsstellen usw. (**§ 68 Nr. 4 AO**), Einrichtungen der Heimerziehung und sonstige betreute Wohnformen (**§ 68 Nr. 5 AO**), wobei es sich ebenfalls um handwerkliche, landwirtschaftliche oder gärtnerische Betriebe handeln kann. Auch die Betriebe eines psychiatrischen Landeskrankenhauses sind gemeinnützige Zweckbetriebe (BMF v. 19.3.1987, StEK § 5 KStG Nr. 77).

Kulturelle Einrichtungen und Veranstaltungen

Kulturelle Einrichtungen und Veranstaltungen sind zwar wirtschaftliche **49** Geschäftsbetriebe, nach **§ 68 Nr. 7 AO** sind sie jedoch ohne Einschränkung als steuerunschädliche Zweckbetriebe anzusehen. Unter Einrichtungen sind dabei Museen, Theater, Bibliotheken, Sammlungen usw. zu verstehen. Veranstaltungen sind dagegen Konzerte, Theateraufführungen, Vorträge, Kunstausstellungen, Führungen, Besichtigungen usw., also kulturelle Leistungen, die von vorübergehender Natur sind (§ 68 Nr. 7 AO). Wegen der Breite des Spektrums, die die Förderung von Kunst und Kultur umfasst, ist die im Gesetz enthaltene Aufzählung der kulturellen Einrichtungen nicht abschließend (AEAO Nr. 11 zu § 68 AO).

Grundbesitz, auf dem sich kulturelle Einrichtungen befinden oder der zu kulturellen Veranstaltungen benützt wird, bleibt nach § 3 Abs. 1 Nr. 3 GrStG steuerfrei, weil er unmittelbar gemeinnützigen Zwecken dient. Die Grundsätze, die für Sportveranstaltungen gelten, sind auch hier zu beachten (BFH v. 4.5.1994, BStBl. 1994 II S. 886).

Sportveranstaltungen

Die Förderung des Sports ist gemeinnützig. Hierzu vgl. Anm. 30 zu § 3 **50** GrStG. Die Finanzierung der sportlichen Veranstaltungen ist jedoch dem Sportverein mit seinen Einnahmen aus Mitgliedsbeiträgen usw. meist nicht möglich. Die sportlichen Veranstaltungen dienen deshalb in wesentlichem Umfange gleichzeitig auch der Erzielung von Einnahmen. Damit wird zwar noch nicht die Gemeinnützigkeit des Sportvereins in Frage gestellt, die sportlichen Veranstaltungen werden jedoch zum wirtschaftlichen Geschäftsbetrieb. Sportliche Veranstaltungen sind alle sich unmittelbar auf den Sport beziehenden Betätigungen eines Sportvereins, insbesondere Spiele, Wettkämpfe, Sportlehrgänge, Sportreisen u. a. m. (BMF v. 8.3.1978, BStBl. 1978 I S. 202 und FinMin. Nds. v. 8.3.1978, DB 1978 S. 857). Die Anwesenheit von Publikum bei den Veranstaltungen wird nicht vorausgesetzt. Auch Veranstaltungen gehören hierher, bei denen Nichtmitglieder sich sportlich betätigen. Gleichgültig ist es auch, ob die Sportler an den Veranstaltungen gegen Entgelt oder unentgeltlich teilnehmen.

Sportliche Veranstaltungen bleiben bei einem Sportverein, der keine Fußballveranstaltungen unter Einsatz von Lizenzspielern durchführt, ein steuerunschädlicher Zweckbetrieb, wenn die in § 67a AO verlangten Voraussetzungen vorliegen. Hierzu vgl. § 67a AO, abgedruckt bei Anm. 44 zu § 3 GrStG.

Bei einem Sportverein, der nach dem Bundesligastatut Fußballveranstaltungen unter Einsatz von Lizenzspielern durchführt **(Lizenzspielverein),** bleibt zwar die Gemeinnützigkeit unberührt, wenn die Lizenzspieler nicht zu den Vereinsmitgliedern gehören. Sämtliche sportliche Veranstaltungen sind jedoch bei ihm von vornherein als ein einziger steuerschädlicher wirtschaftlicher Geschäftsbetrieb zu behandeln (§ 67a AO). Das gilt deshalb auch für alle anderen sportlichen Veranstaltungen, auch soweit es sich dabei nicht um Fußballveranstaltungen handelt.

a) Steuerfreier Grundbesitz

Die Steuerfreiheit für Grundbesitz, der zu sportlichen Zwecken benutzt wird, ist in Abschnitt 13 GrStR geregelt, der den folgenden Wortlaut hat:

13 GrStR. *Für sportliche Zwecke benutzter Grundbesitz*

(1) *Der sportlichen Zwecken dienende Grundbesitz, der nach § 3 Abs. 1 Nr. 1 oder 3 GrStG begünstigten Rechtsträgern zuzurechnen ist, bleibt grundsteuerfrei, wenn er für die begünstigten Zwecke zur Verfügung gestellt wird (vgl. auch Abschnitt 12 Abs. 5 Satz 1).*

(2) *Als für sportliche Zwecke benutzt gelten außer den sportlichen Anlagen auch Unterrichts- und Ausbildungsräume, Umkleide-, Bade- und ähnliche Räume, ferner Unterkunfts- und Schutzhütten von Bergsteiger-, Ski- und Wandervereinen. Nicht dazu gehören jedoch Räume, die überwiegend der Erholung und der Geselligkeit dienen (§ 8 Abs. 2 GrStG).*

Steuerfrei ist nicht der gesamte Grundbesitz des Sportvereins, sondern nur der Grundbesitz, der **unmittelbar** zu sportlichen Zwecken benutzt wird, einschließlich der für die Zuschauer bestimmten Flächen mit oder ohne Tribünenaufbauten. Der Grundbesitz muss für die Sportarten, die auf ihm betrieben werden sollen, besonders hergerichtet sein. Das Maß der dazu erforderlichen Aufwendungen wird von Fall zu Fall verschieden sein. Die gelegentliche Benutzung einer Wiese als Sportplatz wird jedoch nicht ausreichen. Campingplätze sind keine sportlichen Anlagen und unterliegen deshalb der Grundsteuer.

Das Vermieten von Räumen, die der Aufbewahrung des Sportgeräts dienen, an Vereinsmitglieder ist unschädlich. Bei einer Vermietung an andere Personen würde es dagegen darauf ankommen, ob die steuerbegünstigten oder die steuerschädlichen Zwecke überwiegen. Entsprechend sind z. B. auch die Stallgebäude von Reit- und Fahrvereinen zu behandeln. Hierzu vgl. das Protokoll über die 80. BT-Sitzung v. 15.2.1974, S. 5217.

Räume, die überwiegend der **Geselligkeit** dienen, sind nicht zu den sportlichen Anlagen zu rechnen. Gegen die Befreiung kleinerer, einfach ausgestatteter Räume, die der Erfrischung der Sporttreibenden dienen, bestehen jedoch keine Bedenken. Im Einzelnen vgl. hierzu auch Anm. 44 zu § 3 GrStG. Voraussetzung für die Steuerfreiheit der Unterkunfts- und Schutzhütten von Bergsteiger-, Ski- und Wandervereinen ist, dass es sich um Häuser einfacher Art handelt, die nicht im Wettbewerb mit dem privaten Gaststättengewerbe stehen, und auch nicht mit Gasthäusern, Pensionen usw. zu vergleichen sind. Bewirtschaftete Hütten von Wandervereinen, die damit verglichen werden können, sind allerdings wirtschaftliche Geschäftsbetriebe und damit auch steuerpflichtig (OFD Koblenz v. 2.12.1987, DB 1988 S. 86). Hierzu vgl. auch Anm. 9 zu § 5 GrStG.

Werkstatträume gehören dann zu den sportlichen Anlagen, wenn sich die in ihnen durchgeführten Arbeiten auf die laufende Instandhaltung des Sportgeräts beschränken; denn insoweit sind sie ein notwendiges Hilfsmittel zur Erreichung des begünstigten Zwecks. Vgl. hierzu Anm. 2 zu § 7 GrStG.

Abschnitt 13 GrStR geht davon aus, dass der Grundbesitz bei unmittelbarer Benutzung zu sportlichen Zwecken in jedem Fall steuerfrei bleibt. Die Frage, ob diese Benutzung im Rahmen eines wirtschaftlichen Geschäftsbetriebs oder eines Zweckbetriebs erfolgt, bleibt dabei zunächst offen. Nach Abschnitt 12 Abs. 4 GrStR (abgedruckt bei Anm. 22 zu § 3 GrStG) bleibt Grundbesitz, der für einen Zweckbetrieb verwendet wird, steuerfrei. Ob ein Zweckbetrieb vorliegt, ist in gleicher Weise wie bei der Körperschaftsteuer zu entscheiden. Dies kann aber nur für den Regelfall gelten. Die Anweisungen in Abschnitt 12 Abs. 4 GrStR führen jedoch dann zu keinem Ergebnis, wenn dieselbe Benutzung sowohl im Rahmen eines wirtschaftlichen Geschäftsbetriebs als auch im Rahmen eines Zweckbetriebs erfolgen kann. In einem solchen Fall kommt es nach § 3 Abs. 1 Nr. 3 Buchst. b und § 7 Abs. 1 GrStG allein darauf an, ob der Grundbesitz selbst unmittelbar zu sportlichen Zwecken benutzt wird. Wenn diese objektive Voraussetzung erfüllt wird, ist es auch gleichgültig, ob dies im Rahmen eines wirtschaftlichen Geschäftsbetriebs oder eines Zweckbetriebs erfolgt; denn in beiden Fällen sind auch die subjektiven Voraussetzungen für die Steuerfreiheit gegeben. Die Gemeinnützigkeit des Sportvereins bleibt nämlich unberührt, auch wenn er mit einem wirtschaftlichen Geschäftsbetrieb steuerpflichtig wird (§ 64 AO). Auf der anderen Seite bleibt Grundbesitz des Sportvereins, der zu geselligen Zwecken benutzt wird, regelmäßig steuerpflichtig, selbst wenn dies im Rahmen eines Zweckbetriebs (§ 68 AO) erfolgt. In den meisten Fällen bleibt der Grundbesitz aber auch hier steuerfrei, weil er überwiegend zu begünstigten Zwecken und nur daneben zu geselligen Zwecken benutzt wird (§ 8 Abs. 2 GrStG). Unter diesen Umständen ist davon auszugehen, dass Grundbesitz eines gemeinnützigen Sportvereins, der zu sportlichen Zwecken genutzt wird, ungeachtet der Behandlung des Vereins nach § 67a AO stets grundsteuerfrei bleibt. Im Einzelnen vgl. auch BMF v. 10.7.1995 (BB 1995 S. 1782).

b) Gepachteter Grundbesitz

Die Steuerbefreiung des für sportliche Zwecke genutzten Grundbesitzes setzt voraus, dass Eigentümer eine Körperschaft des öffentlichen Rechts oder eine gemeinnützige Körperschaft ist. Der Grundbesitz, der von einem Sportverein benutzt wird, muss deshalb, wenn er steuerfrei bleiben soll, entweder ihm selbst oder einer anderen gemeinnützigen Körperschaft oder einer Körperschaft des öffentlichen Rechts gehören. Die Steuerbefreiung entfällt dagegen, wenn der Grundbesitz einem Verpächter usw. gehört, der nicht diesem Personenkreis zuzurechnen ist. Dieser wird aber in aller Regel seine Grundsteuerbelastung in die Pacht miteinrechnen. Damit wird der Sportverein belastet, obwohl er, würde er selbst Eigentümer sein, keine Grundsteuer dafür zu zahlen braucht. Er ist also insoweit benachteiligt. Bei Golfplätzen, die wegen ihrer Größe, und bei Tennisplätzen, die wegen ihrer Lage einen relativ hohen Bodenwert haben, und in ähnlichen Fällen kann dies u. U. zu nicht unbeträchtlichen Auswirkungen auf die Pachthöhe führen.

Zwar kann für **Sportplätze privater Eigentümer** die Grundsteuer erlassen werden, wenn sie der Öffentlichkeit zur Verfügung gestellt sind und die jährlichen Kosten durch die Einnahmen nicht gedeckt werden (§ 32 Abs. 1 Nr. 2 GrStG). In Abschnitt 36 Abs. 3 GrStR (abgedruckt bei Anm. 7 zu § 32 GrStG) wird jedoch darauf hingewiesen, dass es bei einer Beschränkung der Nutzung eines solchen Sportplatzes auf die Mitglieder eines bestimmten Vereins an der Benutzung durch die Öffentlichkeit fehlt. Man sollte aber gleichwohl auch die Auffassung vertreten können, dass ein gemeinnütziger Sportverein stets die Allgemeinheit repräsentiert; denn nur unter dieser Voraussetzung konnte er auch als gemeinnützig anerkannt worden sein. Hierzu vgl. Anm. 30 zu § 3 GrStG. Das gilt umso mehr, als in Abschnitt 13 Abs. 1 GrStR der darin zunächst ebenfalls enthaltene Hinweis auf die Benutzung durch die Allgemeinheit weggelassen werden musste, weil sonst z. B. das Hauptfeld der meisten größeren Fußballplätze gar nicht mehr steuerfrei bleiben könnte; denn es steht in aller Regel kaum noch der Allgemeinheit für Schulsport, Breitensport usw., sondern allein dem Fußballverein zur Durchführung seiner Spiele zur Verfügung. Unter diesen Umständen sollte bei der Verpachtung an einen gemeinnützigen Sportverein unter der Voraussetzung, dass die Pacht nur die Unkosten des Verpächters deckt, ebenfalls noch ein Rechtsanspruch auf Erlass der Grundsteuer bestehen. Hierzu vgl. auch FinMin. NW v. 20.3.1974 (BStBl. 1974 I S. 125).

In anderen Fällen ist es nicht ausgeschlossen, dass die Gemeinde die Grundsteuer nach § 227 Abs. 1 AO aus Billigkeitsgründen erlässt. Dies wird bei ländlichen Sportplätzen, die nur einen geringen Bodenwert haben, auch ohne Weiteres möglich sein; denn hier würde auch die Grundsteuer nur einen entsprechend geringen Betrag ausmachen. Eine gesetzliche Lösung, wonach die Grundsteuerbefreiung auch dem Verpächter zugute kommt, ist zwar 1974 diskutiert, dann jedoch nicht weiter verfolgt worden, weil es nach Auffassung der Finanzverwaltung nicht möglich sei nachzuprüfen, ob die Grundsteuerbefreiung im Endergebnis auch dem Sportverein als Pächter zugutekommt.

c) Sportliche Anlagen

In Ergänzung zu Abschnitt 13 GrStR ist der **gleich lautende Ländererlass v. 15.3.1984** (BStBl. 1984 I S. 323) zur grundsteuerlichen Behandlung von Sportanlagen ergangen. Dessen Ausführungen stimmen zwar weitgehend mit den in Abschnitt 13 GrStR enthaltenen Anweisungen überein. Wegen seiner Bedeutung für die Praxis soll hier jedoch dieser Erlass gleichwohl auszugsweise abgedruckt werden:

„1. Sportliche Anlagen von inländischen juristischen Personen des öffentlichen Rechts

Sportliche Anlagen, die der Öffentlichkeit zur bestimmungsgemäßen Benutzung zur Verfügung stehen, sind nach § 3 Abs. 1 Nr. 1 GrStG von der Grundsteuer befreit.

Sportliche Anlagen, die einem Sportverein zur Benutzung überlassen sind, sind unter den Voraussetzungen des § 3 Abs. 1 Nr. 3 GrStG steuerfrei.

2. Sportliche Anlagen von Sportvereinen

Ist ein Sportverein einschließlich seiner sportlichen Veranstaltungen gemeinnützig, sind die sportlichen Anlagen einschließlich der Zuschauerflächen mit oder ohne Tribünenaufbauten von der Grundsteuer befreit (§ 3 Abs. 1 Nr. 3b GrStG).

Bilden die sportlichen Veranstaltungen des Sportvereins einen wirtschaftlichen Geschäftsbetrieb, der nicht Zweckbetrieb im Sinne des § 65 und § 68 Nr. 7 AO[1] ist, und werden die sportlichen Anlagen ganz oder überwiegend für diese Veranstaltungen benutzt, so unterliegen sie der Grundsteuer.

Bei einem Sportverein, der Fußballveranstaltungen unter Einsatz seiner Lizenzspieler nach dem Bundesligastatut[2] des Deutschen Fußballbundes e. V. durchführt, sind sämtliche sportlichen Veranstaltungen gegen Entgelt als ein wirtschaftlicher Geschäftsbetrieb im Sinne von § 14 AO zu behandeln (Abschn. 11 KStR). Die sportlichen Anlagen dienen grundsteuerfreien Zwecken, soweit sie überwiegend von Amateur- und Jugendmannschaften zu Trainings- und Übungszwecken oder zu Amateursportveranstaltungen, bei denen kein Eintrittsgeld erhoben wird, benutzt werden.[3]

3. Sportliche Anlagen auf Grundbesitz von privaten Eigentümern

Grundbesitz, den ein privater Eigentümer an einen gemeinnützigen Sportverein zur Benutzung für sportliche Zwecke verpachtet hat, unterliegt der Grundsteuer. Wenn sportliche Anlagen öffentliche Sportplätze sind (Abschnitt 36 Abs. 2 und 3 GrStR), ist die Grundsteuer durch die Gemeinde zu erlassen, falls die jährlichen Kosten in der Regel den Rohertrag übersteigen (§ 32 Abs. 1 Nr. 2 GrStG). In anderen Fällen können Billigkeitsmaßnahmen der Gemeinden nach § 227 AO in Betracht kommen.

4. Umfang der Steuerbefreiung

Zu den sportlichen Anlagen rechnen auch Unterrichts- und Ausbildungsräume, Übernachtungsräume für Trainingsmannschaften, Umkleide-, Bade-, Dusch- und Waschräume sowie Räume zur Aufbewahrung von Sportgeräten, auch wenn sie für diesen Zweck an Vereinsmitglieder ganz oder teilweise vermietet sind. Zu den sportlichen Anlagen gehören ferner Unterkunfts- und Schutzhütten von Bergsteiger-, Ski- und Wandervereinen. Die Grundsteuerbefreiung erstreckt sich auch auf die Befreiung kleinerer, einfach ausgestatteter Räume, die der Erfrischung der Sporttreibenden dienen.

Zu den sportlichen Anlagen rechnen solche Räume nicht, die der Erholung oder der Geselligkeit dienen. Die geselligen Veranstaltungen eines als gemeinnützig anerkannten Sportvereins, die sich in dem durch § 68 Nr. 7[4] AO gezogenen Rahmen halten, bilden jedoch einen Zweckbetrieb. Räume, die überwiegend einem solchen Zweckbetrieb dienen, sind daher grundsteuerfrei.

---

[1] Jetzt § 67a AO.

[2] Jetzt Lizenzspielerstatut.

[3] Wegen weiterer Einzelheiten zur Durchführung des § 67a AO, insbesondere zum Begriff der sportlichen Veranstaltung, zur Abgrenzung zwischen sportlichen Veranstaltungen und anderen Tätigkeiten und zwischen steuerbegünstigten und steuerpflichtigen Veranstaltungen vgl. AEAO zu § 67a AO.

[4] Jetzt § 64 Abs. 3 AO.

5. Bewertungsrechtliche Einordnung als Grundvermögen als Voraussetzung der Grundsteuerpflicht

Grundsteuerpflicht besteht nach Nr. 1 bis 4 nur insoweit, als die sportlichen Anlagen als Grundvermögen einzuordnen sind. Für Sportstätten ist die Abgrenzung des Grundvermögens von den Betriebsvorrichtungen durch Erlasse der obersten Finanzbehörden der Länder geregelt.[1)] *Diese Abgrenzungs-Regelung ist auch in der Anlage zu dem die Umsatzsteuer-Befreiung nach § 4 Nr. 12 UStG betreffenden BMF-Schreiben v. 16.1.1984 (BStBl. 1984 I S. 40)*[2)] *enthalten. "*

Forschungseinrichtungen

50a Durch das Jahressteuergesetz 1997 v. 20.12.1996 (BGBl. 96 I S. 2049) ist in § 68 AO eine neue **Nr. 9** eingefügt worden, wonach die Auftragsforschung von gemeinnützigen Forschungseinrichtungen als steuerbegünstigte Tätigkeit zu behandeln ist. In der Gesetzesbegründung (BR-Drucks. 390/96) wird dazu auszugsweise Folgendes ausgeführt:

„Die Finanzverwaltung hat die Auftragsforschung der gemeinnützigen Forschungseinrichtungen bisher in der Regel als Zweckbetrieb im Sinne des § 65 AO behandelt. Sie hat nur dann einen steuerpflichtigen wirtschaftlichen Geschäftsbetrieb angenommen, wenn die Einrichtung dem Auftraggeber Exklusivrechte bei der Verwertung der Forschungsergebnisse übertragen hat. Nach einem BFH-Urteil v. 30.11.1995 (DB 1996 S. 967) ist die Auftragsforschung jedoch generell als steuerpflichtiger wirtschaftlicher Geschäftsbetrieb zu behandeln.

Das BFH-Urteil führt, wenn nicht durch eine Zweckbetriebsfiktion abgeholfen wird, zu großen Problemen. Dabei geht es nur am Rande um die zu zahlenden Steuern, sondern in erster Linie um schwierige Abgrenzungsfragen und Planungssicherheit. Die Auftragsforschung ist in den Einrichtungen mit der gesamten Forschungstätigkeit verzahnt und vernetzt. Dadurch ist es schwierig und mit großem Arbeitsaufwand verbunden, die Einnahmen und Ausgaben der Einrichtung den einzelnen Tätigkeitsbereichen zuzuordnen. Die Zuordnungen würden bei späteren Prüfungen regelmäßig Anlass zu Diskussionen geben. Durch den bei der Auftragsforschung unverzichtbaren Transfer von Geld und Sachmitteln vom steuerbegünstigten in den steuerpflichtigen Bereich wäre häufig auch die Gemeinnützigkeit insgesamt gefährdet.

Für eine wirksame und sinnvolle Erfüllung des gemeinnützigen Zwecks der Forschungseinrichtungen ist es unverzichtbar, dass die im steuerbegünstigten Bereich (Grundlagenforschung) gefundenen Ergebnisse in der Praxis überprüft und der Wirtschaft zugänglich gemacht werden. Dies geschieht weit überwiegend im Rahmen der Auftragsforschung. Eine Behandlung sämtlicher Auftragsforschung als steuerpflichtiger wirtschaftlicher Geschäftsbetrieb würde den Transfer der Forschungsergebnisse in die Wirtschaft erheblich behindern. Es ist deshalb gerechtfertigt und auch unter Wettbewerbsgesichtspunkten vertretbar, die Auftragsforschung als Zweckbetrieb zu behandeln.

Die neue Regelung gilt für alle gemeinnützigen Forschungseinrichtungen ... Dazu gehören neben Gesellschaften mit beschränkter Haftung, Vereinen und Stiftungen auch die gemeinnützigen Betriebe gewerblicher Art von juristischen Personen des öffentlichen Rechts (z. B. die Forschungseinrichtungen von staatlichen Hochschulen). Nach § 1 Abs. 1 Nr. 6 iVm § 4 KStG stellt der Betrieb gewerblicher Art aus steuerli-

---

[1)] Gleich lautende Erlasse v. 5.6.2013, BStBl. 2013 I S. 734.
[2)] Jetzt Abschnitt 4.12.11 UStAE.

cher Sicht eine eigenständige Körperschaft dar. Diese ist gemeinnützig, wenn sie die Voraussetzungen der §§ 51 bis 68 AO erfüllt. Dazu muss sie insbesondere eine eigene Satzung haben.

Die Zweckbetriebsfiktion wird auf Forschungseinrichtungen beschränkt, deren Träger sich überwiegend aus Zuwendungen der öffentlichen Hand oder Dritter oder aus Vermögensverwaltung finanzieren. Dies trägt dem Grundsatz Rechnung, dass Forschungseinrichtungen wegen ihrer Eigen- oder Grundlagenforschung gemeinnützig sind und Steuervergünstigungen nur zu rechtfertigen sind, wenn das Schwergewicht der Tätigkeit in diesem Bereich liegt. Die Auftragsforschung kann nur als für den Transfer der Forschungsergebnisse notwendige Nebentätigkeit in die Steuervergünstigung einbezogen werden. Ohne die Begrenzung der Zweckbetriebsfiktion wären, im Gegensatz zum geltenden Recht, auch Forschungseinrichtungen gemeinnützig und insgesamt steuerbegünstigt, die ausschließlich Auftragsforschung für Unternehmen betreiben. Dies ist aus Wettbewerbsgründen nicht hinnehmbar.

Nicht in die Zweckbetriebsfiktion einbezogen werden die Tätigkeiten der Forschungseinrichtungen, die für die Erfüllung des gemeinnützigen Zwecks nicht notwendig sind oder die in erster Linie der Beschaffung von (zusätzlichen) Mitteln für den steuerbegünstigten Bereich dienen. Dazu gehören neben wirtschaftlichen Geschäftsbetrieben ohne Forschungsbezug, wie Kantinen, auch Dienstleistungen, wie Projektträgergesellschaften, Materialprüfungen, Verwaltungstätigkeiten für andere Forschungseinrichtungen und Blutalkoholuntersuchungen im Auftrag von Strafverfolgungsbehörden. Diese Tätigkeiten bleiben steuerpflichtige wirtschaftliche Geschäftsbetriebe."

Zur gemeinnützigkeitsrechtlichen Behandlung von Forschungseinrichtungen des privaten Rechts siehe auch ausführlich BMF v. 22.9.1999 (BStBl. 1999 I S. 944) sowie ergänzend FinMin. Bayern v. 13.4.2000 (DB 2000 S. 954).

Der Grundbesitz, mit dem die Forschungseinrichtung eine begünstigte Tätigkeit ausübt, bleibt danach auch grundsteuerfrei.

Gesellige Veranstaltungen

Wirtschaftliche Geschäftsbetriebe sind auch die geselligen Veranstaltungen **51** einer gemeinnützigen Körperschaft. Sie gelten jedoch als steuerunschädlich, wenn der Überschuss der Einnahmen über die Unkosten sämtlicher im Laufe eines Jahres durchgeführter Veranstaltungen nicht mehr als insgesamt 35 000 € beträgt. Diese Besteuerungsgrenze ist aber nur für die Körperschaft- und Gewerbesteuer von Bedeutung (§ 64 Abs. 3 AO). Der Grundbesitz, auf dem diese geselligen Veranstaltungen stattfinden, ist deshalb ohne Rücksicht auf diese Besteuerungsgrenze stets grundsteuerpflichtig. Wird Grundbesitz eines gemeinnützigen Vereins zu geselligen Veranstaltungen benutzt, fehlt es insoweit an einer unmittelbaren Benutzung zu einem gemeinnützigen Zweck (§ 7 GrStG). Dabei ist es gleichgültig, ob die geselligen Veranstaltungen nach dem erzielten Überschuss für die Ertragsteuern als steuerunschädlicher Zweckbetrieb oder als steuerschädlicher wirtschaftlicher Geschäftsbetrieb zu behandeln sind. Eine unmittelbare Benutzung zum gemeinnützigen Zweck könnte nur angenommen werden, wenn die geselligen Veranstaltungen ein notwendiges Hilfsmittel sind, um auf diesem Wege für die begünstigten Zwecke der Körperschaft zu werben. Meist wird aber der Grundbesitz überwiegend zu begünstigten Zwecken verwendet, während die Benutzung zu geselligen Zwecken von untergeordneter Bedeutung bleibt, so dass sich die Steuerfreiheit des Grundbesitzes schon nach § 8 Abs. 2 GrStG ergibt.

Umfang der Steuerbefreiung des Grundbesitzes

52   Grundsteuerfrei bleibt der Grundbesitz einer gemeinnützigen Körperschaft, der unmittelbar (§ 7 GrStG) zu gemeinnützigen oder mildtätigen Zwecken (§ 3 Abs. 1 Nr. 3 Buchst. b GrStG) oder zu einem anderen der in § 3 Abs. 1 GrStG begünstigten Zwecke benützt wird (§ 3 Abs. 1 GrStG). Unter diesen Umständen ist bei einer als gemeinnützig anerkannten Körperschaft nur noch der Grundbesitz steuerpflichtig, der zu Wohnzwecken benutzt wird, soweit er nicht unter § 5 Abs. 1 GrStG fällt, Grundbesitz, auf dem ein steuerschädlicher wirtschaftlicher Geschäftsbetrieb ausgeübt wird, Grundbesitz, der land- und forstwirtschaftlich genutzt wird, soweit er nicht unter § 6 GrStG fällt, unbebaute Grundstücke, solange sie noch nicht zur Benutzung für einen begünstigten Zweck hergerichtet werden und damit die Voraussetzungen des § 7 GrStG erfüllen, sowie Grundbesitz, der vermietet und verpachtet ist, es sei denn, dass auch der Mieter oder Pächter zu den nach § 3 Abs. 1 GrStG begünstigten Rechtsträgern gehört und den Grundbesitz für einen begünstigten Zweck benutzt.

Grundsätzlich kann zwar die gemeinnützige Körperschaft mehrere begünstigte Zwecke gleichzeitig nebeneinander verfolgen. In vielen Fällen werden sich auch gemeinnützige und mildtätige, gemeinnützige und kirchliche Zwecke oder mildtätige und kirchliche Zwecke überschneiden. Die gleichzeitige Verfolgung begünstigter und nicht begünstigter Zwecke schließt aber die Anerkennung einer Körperschaft als gemeinnützig aus. Das würde auch bei Ausübung einer hoheitlichen Tätigkeit möglicherweise der Fall sein (BFH v. 31.3.1973, BStBl. 1973 II S. 690). Infolgedessen darf die gemeinnützige Körperschaft auf ihrem Grundbesitz zwar gemeinnützige, aber keine hoheitlichen Zwecke verfolgen, auch nicht gleichzeitig nebeneinander, weil sie sonst selbst die Anerkennung und damit auch die subjektive Voraussetzung für die Steuerfreiheit des Grundbesitzes verlieren würde. Hierzu vgl. allerdings auch Anm. 41 zu § 3 GrStG. Die gemeinnützige Körperschaft kann aber den Grundbesitz einer Körperschaft des öffentlichen Rechts überlassen, damit diese denselben für einen öffentlichen Dienst oder Gebrauch verwendet. Für den gemeinnützigen Verein handelt es sich dann um eine steuerunschädliche Vermögensverwaltung, bei der die subjektiven Voraussetzungen für die Steuerfreiheit unberührt bleiben. Die objektiven Voraussetzungen für die Grundsteuerfreiheit des überlassenen Grundstücks ergeben sich dagegen aus § 3 Abs. 1 Satz 1 Nr. 1 iVm § 3 Abs. 1 Satz 2 GrStG.

Verwaltungsräume, die zur Erfüllung der steuerbegünstigten Zwecke der Körperschaft unentbehrlich sind, können als unmittelbar zu diesen Zwecken benutzt angesehen werden (BFH v. 10.12.1954, BStBl. 1955 III S. 63). Das ist insbesondere von Bedeutung für sog. **Dachverbände.** Schließen sich nämlich mehrere begünstigte Körperschaften zusammen und gründen sie einen Dachverband, so wird auch dieser als den begünstigten Zwecken unmittelbar dienend angesehen (§ 57 Abs. 2 AO). Er wird einer begünstigten Körperschaft gleichgestellt, auch wenn er nicht selbst und unmittelbar den begünstigten Zweck verfolgt, sondern nur die Belange der ihm angeschlossenen Körperschaften vertritt. Demgemäß kann auch der Grundbesitz, den er für seine Aufgaben, in der Regel also für Verwaltungszwecke benutzt, steuerfrei bleiben.

Begünstigt soll auch Grundbesitz sein, wenn er für Hilfsmaßnahmen verwendet wird, die für die Erfüllung der Aufgaben der begünstigten Körperschaft unentbehrlich sind. Es sollte deshalb auch das Alten- und Erholungsheim, das ein Diakonissenmutterhaus für seine Schwestern unterhält, steuerfrei bleiben. Nachdem das Mutterhaus ohne Bereitstellung des Heimes seine Aufgaben nicht erfüllen konnte, habe ein enger Zusammenhang mit den steuerbegünstigten Aufgaben des Mutterhauses bestanden (BFH v. 22.10.1954, BStBl. 1954 III S. 369). Diese Auffassung geht jedoch zu weit und erscheint deshalb nicht unbedenklich. Ein Alten- und Erholungsheim kann allenfalls nach § 5 Abs. 1 Nr. 3 GrStG iVm §§ 66ff. AO steuerfrei bleiben. Hierzu vgl. auch Anm. 6ff. zu § 5 GrStG. Auch dass nach § 68 Nr. 8 AO bei einer Bildungseinrichtung die Unterbringung (Beherbergung und Beköstigung) der Teilnehmer einen steuerunschädlichen Zweckbetrieb bildet, vermag nicht zu überzeugen, ist allerdings gesetzlich festgelegt.

Gemeinnützige Wohnungs- und Siedlungsunternehmen

Ein Wohnungsunternehmen war dann gemeinnützig, wenn es auf Grund **53** des Gesetzes über die Gemeinnützigkeit im Wohnungswesen (WGG) v. 29.2.1940 (RGBl. 1940 I S. 438), zuletzt geändert durch Gesetz v. 8.12.1986 (BGBl. 1986 I S. 2191), und der dazu ergangenen DVO idF v. 24.11.1969 (BGBl. 1969 I S. 2141), zuletzt geändert durch Verordnung v. 18.4.1975 (BGBl. 1975 I S. 967), als gemeinnützig anerkannt worden war (§ 1 Abs. 1 WGG). Wohnungsunternehmen, an denen Bund oder Länder maßgeblich beteiligt sind, konnten als Organe der staatlichen Wohnungspolitik anerkannt werden. Mit dieser Anerkennung erhielten sie dann dieselbe Rechtsstellung wie die gemeinnützigen Wohnungsunternehmen (§ 28 Abs. 1 WGG).

Die Steuerbefreiungen für die gemeinnützigen Wohnungs- und Siedlungsunternehmen galten allerdings nur noch bis einschließlich 1990; denn die Gemeinnützigkeit ist durch das Steuerreformgesetz 1990 v. 25.7.1988 (BGBl. 1988 I S. 1093) mWv 1.1.1990 aufgehoben worden. In bestimmten Fällen konnte allerdings dafür optiert werden (§ 54 Abs. 3 KStG), dass sie noch bis 1991 weitergalt. Entsprechend war dann auch bei der Grundsteuer zu verfahren und die Steuerfreiheit noch zum 1.1.1991 zu gewähren.

Zu § 3 Absatz 1 Nummer 4

Grundbesitz bei Religionsgesellschaften

Literatur: *Herlinghaus,* Beschränkung der Grundsteuerbefreiung auf korporierte Religionsgemeinschaften und jüdische Kultusgemeinden verfassungsgemäß, BFH/PR

2010 S. 494; *Ostendorf,* Grundsteuerliche Behandlung von Wohnräumen der Angehörigen von Orden, Ordensgemeinschaften und Diakonieverbänden, KStZ 1977 S. 67; *Ostendorf,* Abgrenzung des grundsteuerpflichtigen Grundbesitzes und dessen Bewertung bei Mutterhäusern der Diakonieverbände usw. und bei Klöstern, KStZ 1979 S. 229.

54   Von der Grundsteuer befreit ist Grundbesitz, der von einer Religionsgesellschaft, die Körperschaft des öffentlichen Rechts ist, einem ihrer Orden, einer ihrer religiösen Genossenschaften oder einem ihrer Verbände für Zwecke der religiösen Unterweisung, der Wissenschaft, des Unterrichts, der Erziehung oder für Zwecke der eigenen Verwaltung benutzt wird. Den Religionsgesellschaften stehen die jüdischen Kultusgemeinden gleich, auch wenn sie nicht Körperschaften des öffentlichen Rechts sind (§ 3 Abs. 1 Nr. 4 GrStG). Die derzeitige Fassung der Vorschrift vermag nicht zu befriedigen.

Zunächst ist festzustellen, dass man ohne Weiteres auch auf den in § 54 Abs. 1 AO umfassend definierten Begriff der „kirchlichen Zwecke" hätte abstellen können (vgl. Anm. 55 zu § 3 GrStG), um sachlich zum gleichen Ergebnis zu kommen. Abgesehen davon würde die Vorschrift, jedenfalls nach ihrem Wortlaut, z.B. die Steuerfreiheit für Grundbesitz ausschließen, auf dem die Religionsgesellschaft eine karitative Tätigkeit ausübt. Er bleibt nur dann steuerfrei, wenn man auch bei der Religionsgesellschaft davon ausgeht, dass sie eine gemeinnützige Körperschaft ist (vgl. Anm. 33 zu § 3 GrStG); denn nur unter dieser Voraussetzung erfüllt sie auch die subjektiven Voraussetzungen für eine Steuerbefreiung nach § 3 Abs. 1 Nr. 3 GrStG. Kommt man aber zu diesem Ergebnis, so wäre gleichzeitig damit auch erwiesen, dass die besondere Befreiungsvorschrift in § 3 Abs. 1 Nr. 4 GrStG völlig überflüssig ist. Vgl. hierzu Anm. 60 zu § 3 GrStG.

Zur Durchführung des § 3 Abs. 1 Nr. 4 GrStG ist Abschnitt 14 GrStR ergangen, der folgenden Wortlaut hat:

14 GrStR. Religionsgesellschaften des öffentlichen Rechts

(1) *Ob eine Religionsgesellschaft, ein Orden, eine religiöse Genossenschaft oder ein religiöser Verband eine Körperschaft des öffentlichen Rechts ist, richtet sich nach Landesrecht. Im Zweifelsfall ist der Nachweis durch die Vorlage entsprechender Verleihungsurkunden zu führen. Läßt sich dieser Nachweis nicht führen oder steht fest, daß eine Körperschaft des öffentlichen Rechts nicht vorliegt, kann es sich immer noch um eine gemeinnützige Körperschaft im Sinne des § 3 Abs. 1 Nr. 3 Buchst. b GrStG handeln. Zur Feststellung der Gemeinnützigkeit vgl. Abschnitt 12. Die Anerkennung einer Religionsgesellschaft als Körperschaft des öffentlichen Rechts durch ein Land hat keine Wirkungen für die übrigen Länder. Hat die Religionsgesellschaft in einem anderen Land Grundbesitz, der für ihre begünstigten Zwecke benutzt wird, kann unterstellt werden, daß die Voraussetzungen für die Anerkennung als gemeinnützig erfüllt sind.*

(2) *Der Grundbesitz einer Religionsgesellschaft des öffentlichen Rechts, der dem Gottesdienst dient, ist nach § 4 Nr. 1 GrStG steuerfrei. Grundbesitz einer als gemeinnützig anerkannten religiösen Vereinigung, der dem Gottesdienst dient, ist nach § 3 Abs. 1 Nr. 3 Buchst. b GrStG steuerfrei (vgl. Abschnitt 17 Abs. 1).*

(3) *Bei einer Religionsgesellschaft des öffentlichen Rechts ist vorbehaltlich des § 3 Abs. 1 Nr. 5 GrStG steuerpflichtig der Grundbesitz,*

1. *der für Wohnzwecke benutzt wird, soweit nicht § 5 Abs. 1 GrStG anzuwenden ist,*
2. *auf dem ein steuerpflichtiger Betrieb gewerblicher Art unterhalten wird,*
3. *der land- und forstwirtschaftlich genutzt wird,*
4. *der als unbebautes Grundstück bewertet ist, soweit nicht § 7 GrStG anzuwenden ist,*
5. *der einem Dritten zur Benutzung überlassen ist. Das gilt nicht, wenn auch der Dritte zu den nach § 3 Abs. 1 GrStG begünstigten Rechtsträgern gehört und er den Grundbesitz für einen begünstigten Zweck benutzt.*

(4) *Religiöse Unterweisung ist Unterricht zur Förderung des Wissens in religiösen Fragen, insbesondere die Erteilung des Religionsunterrichts, die Abhaltung von Bibelstunden und die Ausbildung des geistlichen Nachwuchses. Auch die kirchlichen Bildungsheime oder Akademien und die Exerzitienheime sind als für die Zwecke der religiösen Unterweisung benutzt anzusehen. Das Zusammenleben allein nach einer bestimmten Ordensregel gilt nicht als religiöse Unterweisung.*

(5) *Den Verwaltungszwecken dient insbesondere der Grundbesitz, der für die amtliche Tätigkeit der Kirchenbehörden, die Verwaltungstätigkeit eines Ordens usw. benutzt wird. Abschnitt 12 Abs. 5 gilt entsprechend.*

a) Inländische Religionsgesellschaften

Die evangelischen Kirchen mit ihren Dekanaten, Kirchengemeinden usw., die katholische Kirche mit ihren Bistümern, Diözesanverbänden, Kirchengemeinden usw. sind in allen Ländern der Bundesrepublik Körperschaften des öffentlichen Rechts. Vgl. hierzu Art. 140 GG iVm Art. 136 ff. WRV. Der Begriff der Körperschaft des öffentlichen Rechts ist hier zwar ein anderer als im staatsrechtlichen Sinn (Art. 137 Abs. 5 WRV), denn die Religionsgesellschaften sind nicht in die Organisation des Staates eingegliedert (BVerfG v. 4.10.1965, BVerfGE 19 S. 129, 133). Darauf kommt es hier jedoch nicht an. Nach Landesrecht können auch noch andere als die genannten Kirchen als Körperschaften des öffentlichen Rechts anerkannt sein. Die Anerkennung in einem Land hat zwar keine Wirkung für die übrigen Länder. Für die Grundsteuer wird sie jedoch auch dort unterstellt (Abschnitt 14 Abs. 1 GrStR). In **Bayern** sind z.B. als **Religionsgemeinschaften des öffentlichen Rechts** anerkannt (FinMin. Bayern v. 13.9.1965, StEK GrESt. Bayr. Nr. 3):

1. die Römisch-Katholische Kirche
2. die Evangelisch-Lutherische Kirche
3. die Evangelisch-Reformierte Kirche
4. die Altkatholische Glaubensgesellschaft
5. die Methodistenkirche
6. die Vereinigung der bayr. Mennonitengemeinden
7. die Russisch-Orthodoxe Kirche
8. die Israelitische Kultusgemeinde

9. die Freireligiöse Landesgemeinde
10. die Christian Science
11. die Neuapostolische Kirche
12. die Gemeinschaft der Adventisten.

Die Religionsgesellschaften, die in den **neuen Bundesländern** als Körperschaften des öffentlichen Rechts gelten, ergeben sich aus § 2 des Kirchensteuergesetzes v. 31.8.1990 (BGBl. 1990 II S. 889, 1194) und Anlage II Kap. IV des Einigungsvertrages v. 23.9.1990 (BGBl. 1990 II S. 885).

Religionsgesellschaften, die **keine Körperschaften des öffentlichen Rechts** sind, können u. U. als gemeinnützig anerkannt werden. Vgl. hierzu Anm. 33 zu § 3 GrStG. Sie stehen damit im Ergebnis den Religionsgesellschaften gleich, die als Körperschaft des öffentlichen Rechts gelten.

Für **jüdische Kultusgemeinden** wird in § 3 Abs. 1 Nr. 4 Satz 2 GrStG ausdrücklich bestimmt, dass sie auch dann, wenn sie nicht als Körperschaft des öffentlichen Rechts anerkannt sind, wie eine solche zu behandeln sind. Die Privilegierung einer Religionsgesellschaft – wie für jüdische Kultusgemeinden geschehen – ist im Hinblick auf den allgemeinen Gleichheitssatz des Art. 3 Abs. 1 GG nach der Rechtsprechung des BVerfG zulässig, wenn ein sachgerechter Grund hierfür besteht (BVerfG v. 28.4.1965 1 BvR 346/61, BVerGE 19,1). Für die Privilegierung der jüdischen Kultusgemeinden ist aufgrund der historischen Vorgeschichte ein solcher sachlicher Grund vorhanden. Die altpreußischen jüdischen Synagogengemeinden hatten durch das preußische Gesetz über Juden v. 23.7.1847 die Stellung einer öffentlich-rechtlichen Körperschaft erhalten. Nach dem Gesetz über die Rechtsverhältnisse der jüdischen Kultusvereinigungen v. 28.3.1938 hatten die jüdischen Kultusvereinigungen und ihre Verbände mit Ablauf des 31.3.1938 ihre Stellung als Körperschaften des öffentlichen Rechts, soweit sie diese bisher besaßen, verloren. In Ansehung dieser historischen Vorgeschichte sowie der Verfolgung und Ermordung der Juden im Dritten Reich war der Gesetzgeber berechtigt, jüdische Kultusgemeinden vergleichbar der evangelischen und katholischen Kirche ohne ein Anerkennungsverfahren einer öffentlich-rechtlichen Körperschaft gleichzustellen (FG Düsseldorf v. 28.6.2007, EFG 2007 S. 1463).

Die Grundsteuerbefreiung für jüdische Kultusgemeinden in § 3 Abs. 1 Nr. 4 GrStG gilt nicht für Verbände **islamischer Kulturzentren,** da diese keine Körperschaften des öffentlichen Rechts sind. Auch kann eine Grundsteuerbefreiung nicht auf § 3 Abs. 1 Nr. 4 Satz 2 GrStG gestützt werden, da der Steuergesetzgeber ausweislich der Gesetzesformulierung den Regelungsbereich der Norm dermaßen präzise umschrieben (und auf jüdische Kultusgemeinden konzentriert) hat, dass für eine Erstreckung der Steuerbefreiung auf andere Adressaten kein Raum verbleibt (Nds. FG v. 4.9.2007, EFG 2007 S. 1980 sowie FG Münster v. 16.3.2008, EFG 2008 S. 1321). Gegen die Entscheidung des FG Düsseldorf v. 14.11.2008 11 K 3633/07 BG zur Frage, ob eine Religionsgemeinschaft, die nicht Körperschaft des öffentlichen Rechts ist, die Grundsteuerbefreiung nach § 3 Abs. 1 Satz 1 Nr. 4 GrStG in Anspruch nehmen kann, hatte sich der BFH im Revisionsverfahren II R 12/09 auseinanderzusetzen. Mit Urteil v. 30.6.2010 (BStBl. 2011 II S. 48,

Verfassungsbeschwerde eingelegt, BVerfG 2 BvR 287/11; *Herlinghaus*, BFH/
PR 2010 S. 494; *Pahlke*, NWB 2010 S. 361; *Krause*, NWB-EV 2010 S.
361) hat der BFH zutreffend entschieden, dass die Beschränkung der vom
Grundsteuergesetz gewährten Steuerbefreiung auf solche Religionsgemeinschaften, die Körperschaften des öffentlichen Rechts sind, sowie auf jüdische
Kultusgemeinden, verfassungsgemäß ist. Mithin war einem islamischen Kulturverein, dem nicht der Status einer Körperschaft des öffentlichen Rechts
verliehen wurde, die Grundsteuerbefreiung zu versagen. Nach Darlegung des
BFH ist der Gesetzgeber berechtigt, die besondere Stellung der öffentlich-
rechtlichen Religionsgemeinschaften zum Anlass (Anknüpfungspunkt) für
eine Befreiung von der Grundsteuer zu nehmen. Weder liege darin – so der
BFH weiter – ein Verstoß gegen den grundgesetzlichen Gleichheitssatz noch
gegen den Grundsatz der religiösen und weltanschaulichen Neutralität des
Staates, da der Körperschaftsstatus grundsätzlich allen Religionsgemeinschaften offenstehe (vgl. hierzu auch OFD Magdeburg v. 23.8.2010, GrSt-Kartei
ST, § 3 GrStG Karte 9). Im Streitfall schied auch die Grundsteuerbefreiung
nach § 3 Abs. 1 Satz 1 Nr. 3 Buchst. b GrStG (Verfolgung gemeinnütziger
Zwecke) aus, weil der islamische Kulturverein seinen Gemeinnützigkeitsstatus
verloren hatte.

Religionsgesellschaften haben nur dann einen Anspruch auf Grundsteuerbefreiung gemäß § 3 Abs. 1 Nr. 4 Satz 1 und 2 GrStG für den von ihnen für
Zwecke der religiösen Unterweisung genutzten Grundbesitz, wenn sie
rechtstreu sind. So müssen diese die Gewähr dafür bieten, dass sie das geltende Recht beachten, insbesondere die ihr übertragene Hoheitsgewalt nur im
Einklang mit den verfassungsrechtlichen und den sonstigen gesetzlichen Bestimmungen ausüben (BVerfG v. 19.12.2000, BVerfGE 102, 370). So kann
die Aberkennung der Gemeinnützigkeit wegen Steuerhinterziehung die Gewähr rechtstreuen Verhaltens in Frage stellen und zur Versagung der Grundsteuerbefreiung führen (FG Köln v. 5.9.2007, EFG 2007 S. 1981).

b) Klöster und Ordensgemeinschaften

Hinsichtlich der Rechtsform der klösterlichen Verbände, Ordensgemeinschaften, geistlichen Genossenschaften usw. bestehen, bedingt durch die historische Entwicklung, erhebliche regionale Unterschiede. Hier unterscheidet
man Körperschaften des öffentlichen Rechts sowie rechtsfähige und nichtrechtsfähige Körperschaften des privaten Rechts. Klöster und Ordensgemeinschaften können somit trotz gleicher Satzung und Aufgaben einen durchaus unterschiedlichen Rechtsstatuts haben. In aller Regel haben sie dann
die Rechtsform eines rechtsfähigen oder nichtrechtsfähigen Vereins. Andere
Rechtsformen wie Stiftung, Genossenschaft, GmbH usw. werden dagegen
kaum vorkommen, sind aber nicht auszuschließen. Im Einzelnen vgl. hierzu
BFH v. 22.7.1987 (BStBl. 1987 II S. 725) mit Hinweis auf BVerfG v.
25.3.1980 (BVerfGE 53 S. 366). Eine Kapitalgesellschaft, die von einem Orden lediglich zur Erleichterung des Rechtsverkehrs mit Grundstücken gegründet wurde, ist bei der Zurechnung der auf ihren Namen eingetragenen
Grundstücke als Treuhänderin des Ordens anzusehen. Die Grundstücke kön-

nen deshalb nach § 39 Abs. 2 AO bei der Einheitswertfeststellung dem Orden als Treugeber zugerechnet werden (RFH v. 27.2.1941, RStBl. 1941 S. 243).

Gleichgültig welche Rechtsform die Orden, Genossenschaften und Verbände haben, sie gehören stets zu den nach § 3 Abs. 1 Nr. 4 GrStG begünstigten Körperschaften, wenn sie einer Religionsgesellschaft angeschlossen sind, die als Körperschaft des öffentlichen Rechts gilt. Auf ihre rechtlichen Beziehungen kommt es dabei nicht an. Es ist lediglich darauf abzustellen, ob ihre Tätigkeit Zwecke erfüllt, durch die eine Religionsgesellschaft des öffentlichen Rechts ausschließlich und unmittelbar gefördert wird (§ 54 Abs. 1 AO). Unter diesen Umständen ist deshalb auch Abschnitt 14 Abs. 1 GrStR missverständlich, wenn dort ausgeführt wird, dass sich die Feststellung, ob ein Orden usw. eine Körperschaft des öffentlichen Rechts ist, nach Landesrecht richtet. Aber selbst wenn diese Voraussetzung nicht erfüllt wird, bleibt ihre steuerliche Behandlung weitgehend dieselbe, weil sie dann wegen ihrer Tätigkeit immer noch als gemeinnützig anerkannt werden können (§ 52 Abs. 1 AO), so dass der für ihre Aufgaben genutzte Grundbesitz dann nach § 3 Abs. 1 Nr. 3 Buchst. b GrStG steuerfrei bleiben kann.

c) Ausländische Religionsgesellschaften

Ausländische Religionsgesellschaften haben in der Bundesrepublik nicht die Rechtsstellung einer öffentlich-rechtlichen Körperschaft. Dennoch kann eine Steuerbefreiung für sie dann in Betracht kommen, wenn sie als gemeinnützig anerkannt worden sind. Hierzu vgl. Anm. 33 zu § 3 GrStG. Dasselbe gilt auch, wenn ihre Tätigkeit als eine unentbehrliche Hilfsmaßnahme für die Stationierungsstreitkräfte anzusehen ist (FinMin. Ba-Wü v. 2.1.1963, DStZ/B 1963 S. 55).

Begünstigte kirchliche Zwecke

55   Kirchlich sind Zwecke, durch deren Erfüllung eine Religionsgesellschaft des öffentlichen Rechts ausschließlich und unmittelbar gefördert wird. Im Einzelnen vgl. **§ 54 AO** (abgedruckt bei Anm. 24 zu § 3 GrStG). Die Vorschrift gilt für jede Religionsgemeinschaft, sofern es sich um eine solche des öffentlichen Rechts handelt (BFH v. 6.6.1951, BStBl. 1951 III S. 148).

Zu den Aufgaben, die als kirchliche Zwecke gelten, gehören insbesondere die Errichtung, Ausschmückung und Unterhaltung von Gotteshäusern und kirchlichen Gemeindehäusern, die Abhaltung des Gottesdienstes, die Ausbildung von Geistlichen, die Erteilung von Religionsunterricht, die Beerdigung und die Pflege des Andenkens der Toten, ferner die Verwaltung des Kirchenvermögens, die Besoldung der Geistlichen, Kirchenbeamten und Kirchendiener, die Alters- und Invalidenversorgung für diese Personen und die Versorgung ihrer Witwen und Waisen (§ 54 Abs. 2 AO). Die Aufzählung ist nicht abschließend. Es kann sich deshalb auch um andere Aufgaben handeln. Diese müssen aber stets für eine Kirche typisch sein und mit ihrem Auftrag in Zusammenhang stehen. Keine für einen kirchlichen Zweck typische Aufgabe ist z. B. der Verkauf von Messwein durch eine Messweinstiftung (OFH v.

12.2.1946, StRK § 1 Abs. 1 KStG R. 4), der Verkauf von Devotionalien u. a. m.

Nach § 3 Abs. 1 Nr. 4 GrStG wird den kirchlichen Organisationen über § 54 Abs. 2 AO hinaus eine weitere Steuerbefreiung gewährt für Grundbesitz, der für die Wissenschaft, zum Unterricht, zur Erziehung und für die eigene Verwaltung genutzt wird. Für Kirchen und Bestattungsplätze ergibt sich daneben die Grundsteuerbefreiung auch aus § 4 Nr. 1 GrStG. Dagegen fehlt eine ausdrückliche Steuerbefreiung bei der Benutzung des Grundbesitzes zu gemeinnützigen oder mildtätigen Zwecken. Hierzu vgl. auch Anm. 60 zu § 3 GrStG. Tatsächlich hat jedoch an der Steuerfreiheit auch des für diese Zwecke benutzten Grundbesitzes der Religionsgesellschaften noch nie ein Zweifel bestanden; denn die Religionsgesellschaften gehören gleichzeitig auch zu den als gemeinnützig anerkannten Körperschaften. Hierzu vgl. Anm. 54 zu § 3 GrStG.

Religiöse Unterweisung bedeutet Unterricht zur Förderung des Wissens um religiöse Fragen (RFH v. 3.6.1939, RStBl. 1939 S. 877) und sonstige Vermittlung von religiösem Wissen. Unter religiöser Unterweisung ist insbesondere die Erteilung des Religionsunterrichts, die Abhaltung von Bibelstunden und die Heranbildung des geistlichen Nachwuchses in der Seelsorge, z. B. Prediger- und Priesterseminaren sowie die Ausbildung des geistlichen Ordensnachwuchses zu verstehen. Auch die religiöse Belehrung und Fortbildung von Laien in kirchlichen Bildungsanstalten und Akademien (BFH v. 14.11.1958, BStBl. 1959 III S. 81) ist als religiöse Unterweisung anzusehen. Wegen des Grundbesitzes, der für wissenschaftliche Zwecke benutzt wird, vgl. Anm. 31 zu § 3 GrStG, wegen des Grundbesitzes, der für Zwecke des Unterrichts und der Erziehung benutzt wird vgl. Anm. 34 zu § 4 GrStG.

Auch ein direkt an das Gemeindezentrum der Religionsgemeinschaft angrenzendes unbebautes Wiesengrundstück, das als Freifläche im Rahmen der Kinder- und Jugendarbeit der Gemeinde genutzt wird, wird für Zwecke der religiösen Unterweisung und Erziehung unmittelbar genutzt und ist damit nach § 3 Abs. 1 Satz 1 Nr. 4 GrStG von der Grundsteuer befreit (FG Düsseldorf v. 23.11.1999, EFG 2000 S. 187).

Den Verwaltungszwecken der Religionsgesellschaften dient insbesondere Grundbesitz, der für die kirchenamtliche Tätigkeit der Kirchenbehörden benutzt wird. Zu den Kirchenbehörden gehören auch Bauämter, Steuerkassen, Registerämter, Besoldungsämter u. a. m. Von der Grundsteuer sind auch die Räume befreit, in denen die Verwaltungstätigkeit eines Ordens, einer religiösen Genossenschaft oder eines Verbandes ausgeübt wird, der kirchlichen Zwecken dient.

In Abschnitt 14 Abs. 3 GrStR (abgedruckt bei Anm. 54 zu § 3 GrStG) wird der Grundbesitz aufgeführt, der überhaupt noch steuerpflichtig ist. In aller Regel handelt es sich dabei um den Grundbesitz, der zu Wohnzwecken benutzt wird, auf dem ein steuerpflichtiger Betrieb gewerblicher Art ausgeübt wird, der land- und forstwirtschaftlich genutzt wird, der als unbebautes Grundstück bewertet ist, soweit nicht die Voraussetzungen des § 7 GrStG gegeben sind, und der vermietet oder verpachtet ist, es sei denn, der Pächter gehört zu den begünstigten Personen des § 3 Abs. 1 GrStG und benützt ihn ebenfalls für begünstigte Zwecke.

Die vorstehenden Ausführungen stimmen weitgehend mit den Anweisungen in einem **koordinierten Ländererlass** über die Einheitsbewertung und die grundsteuerliche Behandlung von Klöstern usw. (FinMin. NW v. **31.8.1979,** DStZ/E 1980 S. 6) überein. Gleichwohl sollen diese Anweisungen über die Abgrenzung des steuerfreien vom steuerpflichtigen Grundbesitz hier auszugsweise abgedruckt werden. Sie haben den folgenden Wortlaut:

„2. Abgrenzung

2.1. Wohnungen und Wohnräume

Wohnungen sind stets steuerpflichtig (§ 5 Abs. 2 GrStG). Der Begriff ‚Wohnung‘ ergibt sich aus Abschnitt 24 Abs. 2 GrStR. Die Befreiungsvorschrift des § 3 Abs. 1 Nr. 5 GrStG zugunsten kirchlicher Dienstwohnungen gilt nur für Wohnungen im Eigentum von Religionsgesellschaften, die Körperschaften des öffentlichen Rechts sind.

Wohnräume sind steuerfrei, wenn sie unter die Ausnahmevorschriften des § 5 Abs. 1 Nr. 2 bis 4 GrStG fallen. Im Übrigen sind Wohnräume (einschl. der Zellen der Ordensangehörigen) steuerpflichtig. Das Zusammenleben nach einer Ordensregel kann nicht als religiöse Unterweisung angesehen werden (Abschn. 14 Abs. 4 GrStR). Es fehlt damit auch an einem begünstigten Zweck, der nur durch die Benutzung der Wohnräume des Ordens erreicht werden könnte.

Wird ein Schülerheim, ein Ausbildungsheim (Noviziat), ein Erziehungsheim, ein Predigerseminar und/oder ein Priesterseminar unterhalten, so sind die Wohnräume für die Teilnehmer an dem Unterricht oder der Ausbildung in die Befreiung nach § 3 Abs. 1 Nr. 4 GrStG einzubeziehen (§ 5 Abs. 1 Nr. 2 GrStG). Nicht befreit sind dagegen Wohnräume in Exerzitienheimen und anderen kirchlichen und außerkirchlichen Einrichtungen der außerberuflichen Erwachsenenbildung (Abschn. 27 Abs. 3 GrStR).[1]

Wird ein Krankenhaus, ein Altenheim, ein Pflegeheim oder ein Kinderheim unterhalten, so ist der diesen Einrichtungen dienende Grundbesitz einschließlich der für die Aufnahme der Patienten, der alten Menschen oder der Kinder bestimmten Wohnräume von der Grundsteuer befreit, wenn – wie in aller Regel – die Voraussetzungen für eine Befreiung wegen Benutzung zu gemeinnützigen oder mildtätigen Zwecken vorliegen (§ 3 Abs. 1 Nr. 3 GrStG, § 5 Abs. 1 Nr. 3 GrStG, Abschn. 27 Abs. 2 GrStR). Steuerfreiheit besteht auch, wenn das Krankenhaus oder das Altenheim nur Angehörige der Genossenschaft oder des Verbandes aufnimmt, von dem es unterhalten wird. Werden nicht mehr dienstfähige Angehörige von Orden in einem räumlich abgegrenzten besonderen Teil des Mutterhauses, Klosters, usw. betreut, so ist dieser Teil wie ein Altenheim zu behandeln.

Die vorstehenden Anweisungen gelten unter den Voraussetzungen des Abschn. 27 Abs. 2 Satz 2 GrStR für die Erholungsheime entsprechend.

Für die begünstigten Heime, Seminare, Altenheime, Pflegeheime und Kinderheime kann von den Wohnräumen des Mutterhauses, Klosters usw. die Zahl als steuerfrei iSd § 5 Abs. 1 Nr. 4 GrStG anerkannt werden, die 10 v. H. der im Bereitschaftsdienst tätigen Angehörigen entspricht. Wird ein Krankenhaus unterhalten, so ist

---

[1] Hierzu vgl. allerdings Anm. 9 zu § 5 GrStG.

von den Wohnräumen die Zahl als steuerfreie Bereitschaftsräume anzuerkennen, die 20 v. H. der im Bereitschaftsdienst des Krankenhauses tätigen Angehörigen entspricht.

Den Angehörigen des Mutterhauses, Klosters usw. vorbehaltene Kapellen (z. B. Abtskapellen, Oratorien, Hauskapellen), der Kreuzgang, der Kapitelsaal sowie Sprechzimmer sind nicht dem Wohnbereich, sondern dem Grundbesitz zuzurechnen, der der religiösen Unterweisung dient oder dem Gottesdienst gewidmet und daher nach § 3 Abs. 1 Nr. 4 oder § 4 Nr. 1 GrStG befreit ist. Dagegen sind dem Wohnbereich zuzurechnen und daher steuerpflichtig: Speiseräume (Refektorium) und die dem Wirtschafts- und Küchenbetrieb dienenden Räume, sonstige Aufenthaltsräume wie Fernseh- oder Lesezimmer, die mit den Wohnräumen (Zellen) der Angehörigen in räumlichem Zusammenhang stehenden Sanitärräume (Toiletten, Bäder, Duschen), Werkstätten zur Selbstversorgung (z. B. Schneiderei, Wäscherei, Bäckerei). Verkehrsflächen (insbesondere Flure) sind dem steuerpflichtigen Wohnteil zuzurechnen, soweit an ihnen ausschließlich oder überwiegend steuerpflichtige Räume liegen. Im Übrigen sind Nebenräume (namentlich Speiseräume und die dem Wirtschafts- und Küchenbetrieb dienenden Räume), die zugleich steuerfreien Räumen dienen (z. B. Schülerheim, Lehrlingsheim, Altenheim) nur dann steuerpflichtig, wenn der steuerpflichtige Wohnteil überwiegt § 8 Abs. 2 GrStG).

2.2. Gewerblich genutzte Gebäude

Zu den steuerpflichtigen gewerblich genutzten Gebäuden bzw. Teilen von Gebäuden rechnen insbesondere Brauerei- und Brennereigebäude einschließlich aller Nebengebäude, sofern kein landwirtschaftlicher Nebenbetrieb vorliegt, Druckerei- und Verlagsräume, Werkstätten in eigener Regie, Räume für Pensionsgäste in eigener Regie, Verkaufsräume (und Lagerräume) jeder Art.

Steuerfrei ist dagegen der Grundbesitz, der Zweckbetrieben iSd §§ 65 bis 68 AO dient (Abschn. 12 Abs. 4 GrStR).

2.3. Vermietete und verpachtete Räume und Flächen

Sind Räume oder Flächen einem Dritten zur Benutzung überlassen, so sind sie steuerpflichtig. Das gilt nicht, wenn auch der Dritte zu den nach § 3 Abs. 1 GrStG begünstigten Rechtsträgern gehört und er den Grundbesitz für einen begünstigten Zweck benutzt (§ 3 Abs. 1 GrStG, Abschn. 14 Abs. 3 Nr. 5 GrStR).

2.4. Land- und forstwirtschaftlich genutzte Gebäude und Flächen

Land- und forstwirtschaftlich genutzter Grundbesitz ist nur grundsteuerfrei, wenn er Lehr- oder Versuchszwecken dient (§ 6 Nr. 1 GrStG).

2.5. Büro- und Verwaltungsräume

Gebäude und Teile von Gebäuden, die der Leitung des Betriebs der Land- und Forstwirtschaft und der Verwaltung des land- und forstwirtschaftlich genutzten Grundbesitzes dienen, sind in die wirtschaftliche Einheit des land- und forstwirtschaftlichen Vermögens einzubeziehen.

Gebäude und Teile von Gebäuden, die als Büro- und Verwaltungsräume ganz oder überwiegend einem Gewerbebetrieb oder sonstigen wirtschaftlichen Geschäftsbetrieb (§ 14 AO) dienen, sind dem gewerblichen Betriebsvermögen zuzurechnen.

Gebäude und Teile von Gebäuden, die unmittelbar der Verwaltung des Mutterhauses, des Klosters usw. sowie des steuerfreien Grundbesitzes dienen, bleiben nach § 3

Abs. 1 Nr. 3 oder 4 GrStG grundsteuerfrei (vgl. Abschn. 14 Abs. 5 und 12 Abs. 5 GrStR, außerdem Abschn. 31 Abs. 1 GrStR). Steuerfrei bleiben jedoch nur solche Räume, die nicht zugleich Wohnzwecken dienen, so z. B. zugleich Schlafraum eines Angehörigen sind (vgl. hierzu auch BFH v. 23.2.1979, BStBl. II S. 524).

2.6. Sonstige Gebäude bzw. Teile von Gebäuden

Dem Gottesdienst gewidmeter Grundbesitz ist nach § 4 Nr. 1 GrStG von der Grundsteuer befreit. Das gilt z. B. für Klosterkirchen, die dem Gottesdienst der örtlichen Pfarrei dienen. Die Steuerbefreiung für die Klosterkirche erstreckt sich auch auf den sog. Kirchplatz einschließlich der zum Abstellen der Kraftfahrzeuge und Fahrräder der Gottesdienstbesucher bestimmten Fläche.

2.7. Abgrenzung der steuerpflichtigen und steuerfreien Teile beim Grund und Boden

Die Steuerpflicht oder Steuerfreiheit von Gebäuden oder Teilen von Gebäuden (insbesondere Räumen) erstreckt sich jeweils auf den zugehörigen Grund und Boden. Im Ertragswertverfahren umfasst der sich ergebende Wert pauschal den zugehörigen Bodenwert. Treffen beim Sachwertverfahren für den nicht abgegrenzten Teil des Grund und Bodens (§ 8 Abs. 2 GrStG) auf demselben Grundstück steuerpflichtige und steuerfreie Gebäude (Gebäudeteile) zusammen, so ist der Teil des Grund und Bodens steuerpflichtig, der sich nach dem Verhältnis der Nutzfläche der steuerpflichtigen Gebäude (Gebäudeteile) zu der Nutzfläche der steuerfreien Gebäude (Gebäudeteile) ergibt."

Zu § 3 Absatz 1 Nummer 5

Dienstwohnungen von Geistlichen und Kirchendienern

56   Die früher in § 3 Abs. 1 Nr. 5 GrStG a. F. geregelte Grundsteuerbefreiung von Dienstgrundstücken und Dienstwohnungen der Geistlichen und Kirchendiener der Religionsgesellschaften, die Körperschaften des öffentlichen Rechts sind, und der jüdischen Kultusgemeinden ist durch das Standortsicherungsgesetz v. 13.9.1993 (BGBl. 1993 I S. 1569) neu geregelt worden. Nach § 3 Abs. 1 Nr. 5 GrStG sind seitdem, insofern unverändert, von der Grundsteuer befreit Dienstwohnungen der Geistlichen und Kirchendiener von Religionsgesellschaften des öffentlichen Rechts und von jüdischen Kultusgemeinden, § 5 GrStG ist insoweit nicht anzuwenden (§ 3 Abs. 1 Nr. 5 GrStG). Die Vorschrift enthält eine Ausnahme von dem Grundsatz, dass Grundbesitz, der zu Wohnzwecken benutzt wird, immer steuerpflichtig ist. Systematisch würde sie deshalb besser zu § 5 und § 6 GrStG gehören.

Allgemeines

57   Bis 1938 war der Grundbesitz öffentlich-rechtlicher Religionsgesellschaften insoweit steuerfrei, als er auch nach früherem Landesrecht steuerfrei war und diese **Steuerfreiheit** als eine **negative Staatsleistung** iSd Art. 173 der Weimarer Reichsverfassung (WRV) angesehen werden musste. Bei Erlass des Grundsteueränderungsgesetzes v. 10.8.1951 (BGBl. 1951 I S. 515) wurde vom Gesetzgeber die Auffassung vertreten, dass diese negativen Staatsleistun-

gen im Jahre 1938 nicht ohne Entschädigung hätten abgelöst werden dürfen. Demgemäß wurde die Vorschrift des § 4 Ziff. 5c GrStG 1951 eingeführt, wonach die Dienstgrundstücke und Dienstwohnungen wieder in dem Umfang von der Grundsteuer befreit wurden, in dem sie vor dem 1.4.1938 nach landesgesetzlichen Vorschriften befreit waren. Zwangsläufig ergab sich damit aber eine ungleichmäßige Behandlung nicht nur zwischen einzelnen Ländern, sondern u. U. auch innerhalb eines Landes zwischen einzelnen Landesteilen. So waren z. B. nicht befreit die Dienstwohnungen und Dienstgrundstücke in Bayern, in der früheren Pfalz, in den ehemaligen oldenburgischen Gebietsteilen, in Lübeck, im Gebiet des früheren Großherzogtums Hessen-Darmstadt und im ehemaligen Gebiet von Braunschweig. Wegen der Befreiung in den früheren preußischen Gebietsteilen vgl. das Preuß. Kommunalabgabengesetz v. 14.7.1893 (GS 1893 S. 152 ff.) sowie das Gesetz über die Erhebung einer vorl. Steuer vom Grundvermögen v. 14.2.1923 (GS 1923 S. 29). Auch die Rechtsprechung hatte sich mit den durch diese Rechtslage bedingten Schwierigkeiten zu befassen. Vor allem musste dabei jeweils die vor dem 1.4.1938 nach Landesrecht geltende Rechtslage geprüft werden, so z.B. für Pastoralland in Schleswig-Holstein (BFH v. 23.7.1954, BStBl. 1954 III S. 283), für Dienstwohnungen im früheren oldenburgischen Landesteil Lübeck (BFH v. 23.7.1954, BStBl. 1954 III S. 285) und im Gebiet der ehemaligen Provinz Hannover (BFH v. 30.7.1965, BStBl. 1965 III S. 566). Steuerbefreiungen für Dienstwohnungen usw., die schon vor dem 1.4.1938 durch landesgesetzliche Vorschriften rechtswirksam beseitigt worden waren, sind durch das Änderungsgesetz v. 1951 nicht wieder eingeführt worden. Ebenso waren auch Dienstgrundstücke, die vor dem 1.4.1938 zwar von der Staatsgrundsteuer, nicht aber von der Gemeindegrundsteuer befreit waren, durch das genannte Grundsteueränderungsgesetz von 1951 nicht mehr freigestellt worden (BFH v. 16.9.1955, BStBl. 1955 III S. 327). Dagegen blieb Grundbesitz, der erst nach dem 31.3.1938 erstmalig als Dienstwohnung usw. benutzt worden ist oder benutzt wird, dann steuerfrei, wenn er in einem Gebietsteil lag, in dem vor dem 1.4.1938 nach Landesrecht die Grundsteuerfreiheit gewährt worden war (BFH v. 16.9.1955, aaO).

Diese unterschiedliche Rechtslage wurde von den Kirchen, deren Dienstgrundstücke und Dienstwohnungen von der Grundsteuerbefreiung ausgeschlossen waren, als Härte empfunden (BFH v. 1.2.1963, BStBl. 1963 III S. 266). Ein im Jahre 1965 von allen Bundestagsfraktionen gestellter Initiativantrag (BT-Drucks. IV/3351) führte schließlich zum Grundsteueränderungsgesetz v. 24.8.1965 (BGBl. 1965 I S. 905) und damit zur Beseitigung dieser unterschiedlichen Behandlung. Durch dieses Gesetz ist die Steuerbefreiung des § 4 Nr. 5c GrStG 1951 von 1966 an auch auf alle anderen Dienstgrundstücke und Dienstwohnungen ausgedehnt worden. Dies geschah jedoch mit der Einschränkung, dass die Steuerbefreiung nur bis zum Ende des Kalenderjahres gilt, in dem die schon vor dem 1.4.1938 nach landesgesetzlichen Vorschriften geltenden Grundsteuerbefreiungen abgelöst werden. Diese Ablösung sollte durch ein besonderes Gesetz geregelt werden. Die erneute Ausdehnung der Steuerbefreiung konnte allerdings eine solche Ablösung nur erschweren; denn gerade im Falle einer Ablösung würde sich die unterschiedliche Behandlung dann erneut zeigen. Außerdem wäre die Frage völlig offen, wer das besondere Gesetz erlässt und wer nachher die Ablösung zu finanzieren hätte. Unter diesen Umständen konnte kaum jemals mehr mit einer Ablösung gerechnet werden.

Zwar wurde in der Begründung zu dem 2. Steuerreformgesetz (BR-Drucks. 140/72 S. 79) darauf hingewiesen, dass die schon zuvor bestehenden und nur historisch zu erklärenden Privilegien zugunsten kirchlicher Dienstwohnungen, die noch im Jahre 1965 auf das gesamte damalige Bundesgebiet ausgedehnt wurden, unverändert erhalten bleiben. Der Deutsche Bundestag hat dazu noch in der Begründung zu dem Grundsteueränderungsgesetz v. 24.8.1965 (BGBl. 1965 I S. 905) die Auffassung vertreten, dass die vor dem 1.4.1938 begründeten landesrechtlichen Grundsteuerbefreiungen negative Staatsleistungen iSd Art. 140 GG iVm Art. 138 und 173 WRV seien und daher nur durch Ablösung, d. h. durch Zahlung einer Kapitalabfindung an die Kirchen, beseitigt werden könnten (vgl. hierzu BT-Drucks. IV/3631). Auch bei den erneuten Beratungen im Finanzausschuss bestand Einvernehmen darüber, dass eine Änderung der Vorschrift nur im größeren Rahmen einer Neuregelung des Verhältnisses von Staat und Kirche möglich ist. Vgl. hierzu Protokoll Nr. 4 über die Sitzung des Finanzausschusses v. 14.3.1973. Gleichwohl ist der Hinweis auf die Ablösung (§ 4 Nr. 5c GrStG 1951) nicht mehr übernommen worden. Besondere Gründe für die Streichung des Hinweises wurden nicht angegeben. Maßgebend dafür dürfte jedoch die Tatsache gewesen sein, dass dieser Hinweis staatsrechtlich äußerst problematisch war. Gegen den Stichtag 1.4.1938 bestanden Bedenken, weil Art. 138 WRV nur solche Staatsleistungen schützte, die bereits am 11.8.1919 rechtswirksam begründet waren. Danach eingegangene Staatsleistungen brauchten nicht mehr abgelöst zu werden. Außerdem war es umstritten, ob die Grundsteuerbefreiung als negative Staatsleistung überhaupt unter das Ablösungsgebot des Art. 138 Abs. 2 WRV fällt, denn sie betrifft hier nicht, wie dort gefordert, unmittelbar Kultus-, Unterrichts- und Wohltätigkeitszwecke.

Eine weitere Bedeutung des Wegfalls des Hinweises dürfte darin bestehen, dass die in der Befreiungsvorschrift verwendeten Begriffe, zumal sie heute uneingeschränkt für alle Dienstwohnungen von Geistlichen und Kirchendienern gelten, so ausgelegt werden müssen, wie es den heutigen Gegebenheiten und Entwicklungen entspricht. Jedenfalls kann es nicht mehr darauf ankommen, wie sie einmal in landesrechtlichen Vorschriften aus dem vergangenen Jahrhundert definiert worden sind. Im Einzelnen vgl. dazu Abschnitt 15 GrStR, der folgenden Wortlaut hat:

15 GrStR. Dienstgrundstücke und Dienstwohnungen der Geistlichen und Kirchendiener

(1) *Für den Begriff „Dienstgrundstück" ist neben der Zugehörigkeit zu einem Stellenfonds, ggf. in Form einer kirchlichen Stiftung, erforderlich, daß der Stelleninhaber, dem es verliehen ist, wie ein Nießbraucher über Nutzungsart und Erträgnisse des Grundstücks, z. B. Miete, Pacht usw., verfügen kann (BFH v. 23.7.1954, BStBl. 1954 III S. 283, v. 30.7.1965, BStBl. 1965 III S. 566, und v. 9.7.1971,*

BStBl. 1971 II S. 781). Es genügt also nicht, daß das Grundstück zu dem der Besoldung des Stelleninhabers gewidmeten Vermögen gehört und seine Erträge für die Besoldung verwendet werden (BFH v. 10.7.1959, BStBl. 1959 III S. 368). Ebenso reicht es nicht aus, daß lediglich dem Stellenfonds der Nießbrauch an dem Grundbesitz zusteht. Als Dienstgrundstück gilt ausnahmsweise auch solcher Grundbesitz, an dem ein Nießbrauch des Stelleninhabers nicht mehr besteht, bei dem aber durch Landesrecht ausdrücklich das Grundsteuerprivileg aufrechterhalten wurde (fiktives Dienstgrundstück, BFH v. 9.7.1971, BStBl. 1971 II S. 781 und 785).

(2) Eine „Dienstwohnung" setzt voraus, daß ihre Benutzung dem Stelleninhaber auf Grund eines öffentlich-rechtlichen Dienstverhältnisses als Teil des Diensteinkommens zugewiesen worden und die Benutzung der Wohnung zur ordnungsmäßigen Wahrnehmung der dienstlichen Obliegenheiten erforderlich ist (BFH v. 12.1.1973, BStBl. 1973 II S. 377). Diese Voraussetzung liegt nicht vor, wenn die Räume nicht mehr einem bestimmten Stelleninhaber zugewiesen, sondern an Dritte vermietet werden (BFH v. 10.7.1959, BStBl. 1959 III S. 368). Dasselbe gilt für kircheneigene Wohnungen, die anderen Beamten und Angestellten überlassen sind. Kircheneigene Wohnungen, die Geistlichen und Kirchendienern auf Grund eines Mietvertrages überlassen werden, sind auch dann nicht befreit, wenn der Mietzins auf ihre Gehaltsbezüge angerechnet wird. Steuerpflichtig sind auch die Wohnungen, die andere juristische Personen des öffentlichen Rechts Geistlichen, z. B. Krankenhaus- oder Gefängnisgeistlichen, überlassen haben. Das gilt auch dann, wenn die überlassene Wohnung im wirtschaftlichen Ergebnis einer Dienstwohnung gleicht.

(3) Geistliche sind Personen, die zur Besorgung des Gottesdienstes und zum Unterricht in der Religion bestellt sind. Sie müssen ein in den Organismus einer Kirche eingegliedertes geistliches Amt versehen, dessen Obliegenheiten zu den religiösen Zwecken und Aufgaben der Kirche gehört.

(4) Kirchendiener sind Personen, die, ohne als Geistliche tätig zu sein, an der sakralen Gestaltung des Gottesdienstes unmittelbar mitwirken; z. B. Küster, Organisten. Keine Kirchendiener sind Rendanten, beamtete Lehrkräfte eines kirchlichen Gymnasiums, sonstige weltliche Kirchenbeamte und die von einer öffentlich-rechtlichen Religionsgesellschaft angestellten Pförtner, Kraftfahrer, Hausmeister, Gärtner usw.

Die Steuerbefreiung für Dienstwohnungen ist auf Religionsgesellschaften, die **Körperschaften des öffentlichen Rechts** sind, und auf **jüdische Kultusgemeinden** beschränkt. Es kann sein, dass früher nach den landesrechtlichen Regelungen auch Religionsgemeinschaften in den Genuss der Steuerbefreiung gekommen sind, bei denen es heute zweifelhaft ist, ob sie zu den Körperschaften des öffentlichen Rechts gehören. Dies führt dazu, dass auch die Steuerbefreiung nicht mehr gewährt werden kann. Verfassungsrechtliche Bedenken, die hier wegen der bevorzugten Behandlung der Religionsgesellschaften des öffentlichen Rechts geltend gemacht wurden (vgl. KStZ 1965 S. 158 ff.), dürften allerdings nicht bestehen; denn es ist mit dem Grundgesetz vereinbar, Steuerbefreiungen nur auf Religionsgesellschaften zu beschränken, die Körperschaften des öffentlichen Rechts sind (BVerfG v. 4.10.1965, HFR 1965 S. 575).

Die Steuerbefreiung in § 3 Abs. 1 Nr. 4 GrStG gilt nicht nur für die Religionsgesellschaft des öffentlichen Rechts, sondern auch für ihre Orden, Genossenschaften und Verbände. Die Steuerbefreiung für Dienstwohnungen in § 3 Abs. 1 Nr. 5 GrStG ist dagegen auf die Religionsgesellschaft beschränkt. Damit kann zwar die Dienstwohnung eines Weltgeistlichen steuerfrei bleiben, dagegen nicht die Wohnung eines Klostergeistlichen, die durchaus auch mit einer Dienstwohnung verglichen werden kann. Dieses wenig verständliche Ergebnis ist deshalb von Bedeutung, weil auch sonst keine Rechtsgrundlage für eine generelle Steuerbefreiung der Wohnungen und Wohnräume der Ordensmitglieder gegeben ist. Als Bereitschaftsräume bleiben sie steuerpflichtig, weil sie zugleich die Wohnung des Inhabers darstellen (§ 5 Abs. 1 Nr. 4 GrStG). Da das Zusammenleben nach einer Ordensregel nicht unbedingt als religiöse Unterweisung angesehen werden kann, fehlt es auch an einem kirchlichen Zweck iSd § 3 Abs. 1 Nr. 4 GrStG, der nur durch die Benutzung der Wohnräume im Kloster verwirklicht werden könnte (§ 5 Abs. 1 Nr. 3 GrStG). Die Steuerfreiheit nach § 5 Abs. 1 Nr. 3 GrStG wäre zwar möglich, soweit die Ordensmitglieder als minderbemittelt anzusehen sind. Vgl. hierzu Anm. 9 zu § 5 GrStG. Solange sie aber ihre Arbeitskraft und damit auch die Erträge ihrer Arbeitskraft dem Kloster überlassen, müssten diese Erträge in vorliegendem Zusammenhang voll als eigene Einkünfte betrachtet werden. Damit sind in aller Regel die Wohnräume der noch aktiven Ordensmitglieder auch grundsteuerpflichtig. Hierzu vgl. auch Anm. 8 zu § 5 GrStG.

Geistliche und Kirchendiener

58   Der Begriff „**Geistlicher**" wird in § 3 Abs. 1 Nr. 5 GrStG nicht näher erläutert. Nach der Rechtsprechung zu § 4 Nr. 5c GrStG 1951 sollte im Zweifelsfall auf das jeweils früher geltende Landesrecht zurückgegangen werden (BFH v. 12.2.1954, BStBl. 1954 III S. 100). Nach § 24 Abs. 1 des früheren Preuß. Kommunalabgabengesetzes war Geistlicher, wer ein in den Organismus der Kirche eingegliedertes geistliches Amt, dessen Obliegenheiten zu den religiösen Zwecken und Aufgaben der Kirche gehören, versieht. In Anlehnung hieran und unter Berücksichtigung heutiger Gegebenheiten wird deshalb in Abschnitt 15 Abs. 3 GrStR (abgedruckt bei Anm. 57 zu § 3 GrStG) als Geistlicher eine Person bezeichnet, die zur Besorgung des Gottesdienstes, zur religiösen Unterweisung oder sonstigen seelsorgerischen Betreuung bestellt ist und ein entsprechendes Amt innerhalb der Organisation der Religionsgesellschaft ausübt. Es können heute auch Laienprediger und weltliche Religionslehrer dazugehören, wenn sie zu der Religionsgesellschaft in einem entsprechenden Dienstverhältnis stehen. Ob es sich dabei um ein öffentlich-rechtliches oder privatrechtliches Dienstverhältnis handelt, dürfte nach den heutigen Gegebenheiten dann allerdings ohne Bedeutung sein. Keine Geistlichen im Sinne dieser Regelung sind jedenfalls Lehrkräfte in kirchlichen Gymnasien (BFH v. 12.1.1973, BStBl. 1973 II S. 377). Das gilt auch für einen Gymnasiallehrer, der als Angestellter mit beamtenähnlichem Status in der Schule einer Religionsgesellschaft des öffentlichen Rechts beschäftigt ist (BFH v. 16.2.1979, BStBl. 1979 II S. 286). Auch Kirchenbeamte, die in der Verwaltung tätig sind, können nicht als Kirchendiener angesehen werden, auch wenn es sich dabei um Priester handelt.

Der Begriff „**Kirchendiener**" ist ebenfalls nach dem Gesamtbild seiner Tätigkeit unter Berücksichtigung der Entwicklung der Verhältnisse auszulegen (FG Köln v. 30.1.1962, EFG 1962 S. 409). Es sind dies danach Personen, die – ohne als Geistliche tätig zu sein – an der sakralen Gestaltung des Gottesdienstes unmittelbar mitwirken. Fehlt es an dieser Voraussetzung, so kann eine Befreiung für ihre Dienstwohnung nicht gewährt werden (VG Berlin v. 24.10.1956, EFG 1957 S. 133). Darauf, ob sie zu der Religionsgesellschaft in einem öffentlich-rechtlichen oder privatrechtlichen Dienstverhältnis stehen, kann es dagegen heute nicht mehr ankommen. Ebensowenig ist es von Bedeutung, wie der Begriff des Kirchendieners in den Grundsteuer-Richtlinien 1954 oder in Verwaltungserlassen aus der Zeit vor 1974 abgegrenzt worden ist; denn frühere Verwaltungsanweisungen, die zu den heutigen Grundsteuer-Richtlinien in Widerspruch stehen, sind nicht mehr anzuwenden. Demgemäß kommt es auch nicht mehr darauf an, wie der Begriff des „Kirchendieners" im vorvorigen Jahrhundert vom Preußischen Oberverwaltungsgericht abgegrenzt worden ist oder wie der Begriff des „kirchlichen Beamten" in den heutigen Kirchengesetzen abgegrenzt wird. Nach anderer Auffassung soll allerdings bereits das Innehaben eines kirchlichen Amtes genügen, um die Voraussetzungen zu erfüllen, die zur Annahme eines Kirchendieners ausreichen (BFH v. 16.5.1975, BStBl. 1975 II S. 746). Es müsste sich dabei aber um ein Anstellungsverhältnis iSd Berufsbeamtentums handeln. Eine nur beamtenähnliche Stellung würde nicht genügen. Wer innerhalb der Religionsgesellschaften den entsprechenden Status eines Kirchenbeamten hat, dürfte allerdings nur schwer feststellbar sein. In Abschnitt 15 Abs. 3 GrStR wird deshalb auch weiterhin an der anderen Auffassung festgehalten. Die Kirchen können zwar bestimmte Bedienstete wegen ihrer Tätigkeit als Kirchendiener ausweisen. Sie können aber nicht jeden ihrer Mitarbeiter zum Kirchendiener machen (FG Düsseldorf v. 9.3.1982, EFG 1983 S. 570). Unter diesen Umständen besteht hier eine ziemlich unklare Rechtslage.

Eine Grundsteuerbefreiung nach § 3 Abs. 1 Satz 1 Nr. 5 GrStG ist auch zu gewähren, wenn die Wohnung im Pfarrhaus der Kirchengemeinde zur Wahrnehmung seelsorgerischer Aufgaben von einem Pastoral- oder Gemeindereferenten bezogen wird und eine Anrechnung des Mietwerts dieser Wohnung auf die Vergütung im Rahmen des Dienstverhältnisses erfolgt. Pastoral- und Gemeindereferenten sind insoweit dem Kirchendiener iSd Befreiungsvorschrift gleichzusetzen (FinMin. Schl-H v. 9.11.2001, NWB-EN Nr. 1701/2001).

Der Begriff „**Dienstwohnung**" wird in Abschnitt 15 Abs. 2 GrStR näher erläutert. Inwieweit die dort geforderten Voraussetzungen erfüllt sind, ist nach dem Gesamtbild unter Berücksichtigung der Entwicklung der Verhältnisse zu beurteilen (FG Köln v. 30.1.1962, EFG 1962 S. 409). Die Wohnung muss dem Geistlichen oder Kirchendiener auf Grund seines Dienstverhältnisses zugewiesen worden und zur ordnungsgemäßen Wahrnehmung seiner dienstlichen Obliegenheiten erforderlich sein (BFH v. 12.1.1973, BStBl. 1973 II S. 377 und v. 18.10.1989, BStBl. 1990 II S. 190). Auf der Grundlage der getroffenen Aufgabenzuweisung unterliegt es der Nachprüfung durch die zuständigen staatlichen Stellen, ob es zur ordnungsgemäßen

Wahrnehmung der dienstlichen Obliegenheiten – so wie diese durch den Dienstgeber tatsächlich geregelt worden sind – erforderlich ist, dass der Inhaber der zugewiesenen Wohnung sich an der betreffenden Stelle dauernd aufhalten muss. Die einem sog. Nur-Dekan der Evangelischen Kirche, der nicht auch gleichzeitig die Aufgaben eines Gemeindepfarrers wahrzunehmen hat, als Dienstwohnung zugewiesene Wohnung ist nicht gemäß § 3 Abs. 1 Satz 1 Nr. 5 GrStG von der Grundsteuer befreit (Hess. FG v. 18.1.2009, EFG 2009 S. 1144). Gelegentlich wurde allerdings auch die Auffassung vertreten, dass heute eine besondere Einweisung in eine bestimmte Wohnung nicht mehr verlangt werden könne (BFH v. 16.5.1975, BStBl. 1975 II S. 746). Danach würde es genügen, dass die Wohnung dem Stelleninhaber unter Anrechnung auf seine Dienstbezüge zur Nutzung zugeteilt worden ist. In Abschnitt 15 Abs. 2 GrStR ist diese Rechtsprechung noch nicht übernommen worden, obwohl sie später durch ein weiteres BFH-Urteil erneut bestätigt worden ist (BFH v. 16.2.1979, BStBl. 1979 II S. 286).

Auch wenn eine Kirchengemeinde sich gegenüber einer Ordensgemeinschaft verpflichtet hat, den in ihrer Gemeinde tätigen Ordensangehörigen eine Wohnung zu überlassen, würde die Frage, ob eine Dienstwohnung angenommen werden kann, nach den vorstehenden Grundsätzen zu beantworten sein. Als Stelleninhaber wäre hier allerdings die Ordensgemeinschaft anzusehen.

Man kann durchaus die Auffassung vertreten, dass es bei der heutigen Mobilität der Bevölkerung, von der auch die Geistlichen und Kirchendiener nicht ausgenommen sind, weder zur Abhaltung eines Gottesdienstes, noch zur Erteilung von Religionsunterricht, noch zur individuellen Betreuung von Angehörigen der Kirchengemeinde notwendig ist, eine ganz bestimmte Wohnung zu benutzen. Unter den gegebenen Umständen stellt sich deshalb die Frage, ob für Dienstwohnungen von Geistlichen und Kirchendienern heute überhaupt noch ein berechtigter Grund für eine Steuerbefreiung besteht.

Eine Garage, die nicht Bestandteil einer Dienstwohnung ist, kann weder als selbständige Dienstwohnung noch als selbständiges Dienstgrundstück steuerfrei bleiben. Sie kann allerdings, wenn sie zur Unterstellung eines für die Aufgaben des Geistlichen benötigten Kraftwagens benutzt wird, dem steuerbefreiten Zweck der Religionsgesellschaft dienen und deshalb steuerfrei sein (BFH v. 16.7.1965, BStBl. 1965 III S. 568). Hierzu vgl. auch Anm. 2 zu § 7 GrStG.

Zu § 3 Absatz 1 Nummer 6

Literatur: *Eisele,* Die grundsteuerliche Behandlung der Dienstgrundstücke der Geistlichen und Kirchendiener, StWa 1996 S. 73; *Loskand,* Zur Grundsteuerbefreiung bei einem Dienstgrundstück gem. § 3 Abs. 1 Nr. 5 GrStG, ZevKr 28 S. 304 (1983); *Stöckel,* Grundsteuerbefreiung für kirchliche Dienstgrundstücke, D-spezial 1995 Nr. 15/16 S. 8.

Dienstgrundstücke

59   § 3 Abs. 1 Nr. 6 GrStG, eingefügt durch das Standortsicherungsgesetz v. 13.9.1993 (BGBl. 1993 I S. 1569; vgl. hierzu auch *Eisele,* StWa 1996

S. 73), enthält nunmehr eine eigenständige Befreiungsregelung für Dienstgrundstücke von Religionsgesellschaften, die Körperschaften des öffentlichen Rechts sind, und von jüdischen Kultusgemeinden.

Ausgelöst wurde die Neuregelung durch das BFH-Urteil v. 13.5.1987 (BStBl. 1987 II S. 722). Hierzu vgl. Gesetzesbegründung in Anm. 1 zu § 3 GrStG. Danach war ein grundsteuerbefreites Dienstgrundstück eines Geistlichen nur gegeben, wenn dieser Grundbesitz unmittelbar zum Unterhalt des Stelleninhabers bestimmt war und dieser über dessen Nutzungsart und Erträgnisse selbst befinden konnte.

Diese enge Auslegung durch das BFH-Urteil v. 13.5.1987 (aaO) hätte wegen der derzeit üblichen Besoldung von Geistlichen und Kirchendienern dazu geführt, dass die Grundsteuerbefreiung für Dienstgrundstücke ins Leere gelaufen wäre. Denn im Allgemeinen dient heute kirchlicher Grundbesitz nicht mehr unmittelbar dem Unterhalt des Stelleninhabers, auch wenn er zu dem der Besoldung des Stelleninhabers gewidmeten Vermögen gehört und seine Erträge auch tatsächlich für seine Besoldung verwendet werden.

Nunmehr muss das Dienstgrundstück sowohl **am 1.1.1987** als auch im Veranlagungs- bzw. Feststellungszeitpunkt zu einem nach Kirchenrecht **gesonderten Vermögen,** insbesondere einem **Stellenfonds,** gehören, dessen Erträge ausschließlich für die Besoldung und Versorgung der Geistlichen und Kirchendiener und ihrer Hinterbliebenen bestimmt sind. Nach dem 1.1.1987 erworbene Grundstücke sind in keinem Fall mehr steuerbefreit, selbst wenn sie durch Tausch oder Ersatzkauf erworben wurden; vgl. BFH v. 10.7.2002 (BFH/NV 2003 S. 202). So unterfällt ein im Jahre 2001 von einer Kirchengemeinde zurückerworbenes Mauergrundstück im Beitrittsgebiet, das in 1964 Gegenstand einer Grundstücksenteignung zum Zwecke der Errichtung und des Erhalts der innerdeutschen Grenzanlagen war, nicht der Befreiungsvorschrift (FG Berlin-Bbg. v. 24.2.2010, EFG 2010 S. 1157). Für die früher entstandenen fiktiven Dienstgrundstücke gilt allerdings eine Ausnahme für die Zuteilung von Grundstücken aus der Verteilungsmasse im Umlegungsverfahren, da die neue Grundstücksfläche – unter Fortsetzung des Eigentums – als Surrogat an die Stelle der hingegebenen Flächen tritt (BFH v. 9.7.1971, BStBl. 1971 II S. 781 und 785).

Die Zugehörigkeit zu einem Stellenfonds ergibt sich in der Regel aus dem Grundbuch. Veränderungen, die diese Zugehörigkeit unberührt lassen, z.B. Belastung mit einem Erbbaurecht, Bebauung eines unbebauten Grundstücks, wirken sich auf die Grundsteuerbefreiung nicht aus.

Ausschließlich bestimmt für die Besoldung der Geistlichen und Kirchendiener sind die Erträge auch dann, wenn der Grundbesitz zentral verwaltet wird. Entscheidend und ausreichend ist die Zweckbindung des Stellenfondsvermögens für Besoldungs- und Versorgungszwecke.

Es besteht keine Bestimmung, wonach das Dienstgrundstück im Eigentum einer bestimmten Person stehen muss. In aller Regel werden zwar die Dienstgrundstücke einem Pfarrfonds oder einem anderen Stellenfonds der Kirchengemeinde gehören. Benutzer und Eigentümer brauchen jedoch nicht identisch zu sein. Da hier ein vom übrigen Grundsteuerrecht völlig losgelöster Tatbestand geregelt wird, sollte man die Auffassung vertreten können, dass § 3 Abs. 1 Satz 2 GrStG auf Dienstgrundstücke nicht anwendbar ist. Dem Wortlaut nach ist dies jedoch keineswegs zweifelsfrei. Das Dienstgrundstück würde aber, wenn die Vorschrift wirklich gilt, auch im Eigentum jeder anderen nach § 3 Abs. 1 GrStG begünstigten Körperschaft stehen können. Der Grundbesitz einer GmbH, die Rechtsträgerin einer Ordensgenossenschaft ist, kann auch insoweit nicht von der Grundsteuer befreit werden, als er zu Wohnzwecken verwendet wird (BFH v. 22.7.1987, BStBl. 1987 II S. 725).

Unerheblich ist es, wie das Dienstgrundstück **genutzt** wird. Es kann landwirtschaftlich oder forstwirtschaftlich genutzt sein. Es kann aber auch auf dem Dienstgrundstück ein Geschäftshaus oder ein Mietwohnhaus errichtet und vermietet werden (VG Berlin v. 2.9.1960, EFG 1961 S. 67). Bei einem Dienstgrundstück kann es sich infolgedessen um land- und forstwirtschaftliches Vermögen (BFH v. 10.7.1959, BStBl. 1959 III S. 368), aber auch um Grundvermögen, also um alle Steuergegenstände iSd § 2 GrStG handeln.

Die Grundsteuerbefreiung nach § 3 Abs. 1 Nr. 6 GrStG für Dienstgrundstücke ist im Ergebnis damit weiter gefasst als die frühere Regelung in § 3 Abs. 1 Nr. 5 GrStG. Denn auch Dienstgrundstücke, bei denen die Grundsteuerbefreiung allein an dem fehlenden persönlichen Nießbrauch des Stelleninhabers gescheitert war, dürften nunmehr ab 1.1.1993 bei Vorliegen der übrigen Voraussetzungen zu befreien sein.

In den **neuen Bundesländern** war der kirchliche Grundbesitz staatlichen Eingriffen ausgesetzt. Für die Grundsteuerbefreiung von Dienstgrundstücken in diesem Gebiet genügt es, neben der Zugehörigkeit im aktuellen Feststellungs- und Veranlagungszeitpunkt, dass sie zu irgendeinem früheren Zeitpunkt vor dem 1.1.1987 zu einem Stellenvermögen gehörten.

Zu § 3 Absatz 1 Satz 2

Steuerbefreiung für Grundbesitz, wenn Eigentümer und Benutzer nicht identisch sind

60   Die Vorschriften in § 3 Nr. 1 bis 6 GrStG gehen davon aus, dass der Grundbesitz vom Eigentümer selbst zu den begünstigten Zwecken benutzt wird. Diese Einschränkung wird jedoch durch § 3 Abs. 1 Satz 2 GrStG praktisch wieder aufgehoben. Eigentümer und Benutzer brauchen danach nicht identisch zu sein. Beide müssen aber die subjektiven Voraussetzungen des § 3 Abs. 1 GrStG erfüllen, d. h. zu den danach begünstigten Rechtsträgern gehören. Der Benutzer darf den ihm überlassenen Grundbesitz nur zu einem der in § 3 Abs. 1 GrStG aufgeführten, auch für seine Person begünstigten Zwecke benutzen. So ist die Grundsteuerbefreiung nach § 3 Abs. 1 Satz 1 Nr. 3 Buchst. b GrStG auf den dort gesetzlich bestimmten Personenkreis beschränkt. Die Steuerbefreiung scheidet daher auch aus, wenn ein Erbbauberechtigter, dem das wirtschaftliche Eigentum zuzurechnen ist, nicht gemeinnützig ist, das Grundstück aber einer gemeinnützigen Einrichtung pachtweise überlässt (FG Düsseldorf v. 23.5.2005, EFG 2005 S. 1248). Die Vorschrift des § 3 Abs. 1 Satz 2 GrStG soll damit sowohl eine Verbindung zwischen den

einzelnen Nummern als auch innerhalb der einzelnen Nummern zwischen den einzelnen Buchstaben herstellen. Die Steuerbefreiung wird auch nicht dadurch ausgeschlossen, dass die Überlassung an die ebenfalls begünstigte Körperschaft auf Grund eines Miet-, (Untermiet-) oder Pachtverhältnisses, d.h. entgeltlich erfolgt. Hierzu vgl. auch Abschnitt 6 Abs. 2 GrStR (abgedruckt bei Anm. 2 zu § 3 GrStG).

Die Vorschriften des § 3 Abs. 1 GrStG hätten einen wesentlich einfacheren Aufbau haben und etwa wie folgt lauten können:

„(1) Steuerfrei bleibt Grundbesitz von Körperschaften des öffentlichen Rechts (ausgenommen ...) sowie von Körperschaften usw., die ausschließlich und unmittelbar gemeinnützigen, mildtätigen oder kirchlichen Zwecken dienen, wenn er von einer dieser Körperschaften usw. unmittelbar
a) zu einem öffentlichen Dienst oder Gebrauch oder
b) für einen gemeinnützigen, mildtätigen oder kirchlichen Zweck benutzt wird."

Die Vorschrift in § 3 Abs. 1 Nr. 2 GrStG gehört systematisch zu § 4 Nr. 3 Buchst. a GrStG und die Vorschrift in § 3 Abs. 1 Nr. 5 und 6 GrStG zu § 5 GrStG. Damit wäre auch § 3 Abs. 1 Satz 2 GrStG überflüssig und gleichzeitig würde erreicht, dass **Eigentümer und Benutzer** innerhalb des nach § 3 Abs. 1 GrStG begünstigten Personenkreises ohne Einschränkung austauschbar sind. Nach dem derzeitigen Wortlaut wäre dies nur in eingeschränktem Umfang möglich. Es bleibt nämlich nur steuerfrei

a) Grundbesitz einer Körperschaft des öffentlichen Rechts, wenn er benutzt wird
   – von ihr selbst für öffentliche Zwecke (Nr. 1) oder
   – zu gemeinnützigen Zwecken (Nr. 3 Buchst. a)
   – vom Bundeseisenbahnvermögen für Verwaltungzwecke (Nr. 2)
   – von einer gemeinnützigen Körperschaft für gemeinnützige Zwecke (Nr. 3 Buchst. b)
   – von einer Religionsgesellschaft usw. für kirchliche Zwecke, zu Unterrichtszwecken (Nr. 4), für gemeinnützige Zwecke, auch für Krankenanstalten (§ 4 Nr. 6 GrStG)
b) Grundbesitz des Bundeseisenbahnvermögens wenn er benutzt wird
   – von ihm selbst für Verwaltungszwecke (Nr. 2)
   – von einer Körperschaft des öffentlichen Rechts
   – für öffentliche oder gemeinnützige Zwecke (Nr. 1 und 3 Buchst. a)
   – (im Übrigen wie Buchstabe a)
c) Grundbesitz einer gemeinnützigen Körperschaft, wenn er benutzt wird
   – von ihr selbst für gemeinnützige Zwecke (Nr. 3 Buchst. b)
   – von einer Körperschaft des öffentlichen Rechts für öffentliche oder gemeinnützige Zwecke (Nr. 1 und 3 Buchst. a)
   – vom Bundeseisenbahnvermögen für Verwaltungzwecke (Nr. 2)
   – von einer Religionsgesellschaft usw. für kirchliche Zwecke, für Unterrichtszwecke (Nr. 4), für gemeinnützige Zwecke, dagegen nicht für Krankenanstalten, da nach § 4 Nr. 6 GrStG für diesen Fall der gepachtete Grundbesitz im Eigentum einer Körperschaft des öffentlichen Rechts stehen muss

d) Grundbesitz einer Religionsgesellschaft usw., wenn er benutzt wird
- von ihr selbst für kirchliche Zwecke, für Unterrichtszwecke usw. (Nr. 4), für gemeinnützige Zwecke, oder für Krankenanstalten (§ 4 Nr. 6 GrStG)
- von einer Körperschaft des öffentlichen Rechts für öffentliche oder gemeinnützige Zwecke (Nr. 1 und 3 Buchst. a)
- vom Bundeseisenbahnvermögen für Verwaltungszwecke (Nr. 2)
- von einer gemeinnützigen Körperschaft für gemeinnützige Zwecke (Nr. 3 Buchst. b), auch für Krankenanstalten.

Die Steuerbefreiung in § 3 Abs. 1 Nr. 5 und 6 GrStG lässt sich überhaupt nicht in dieses Schema einordnen. Sie gehört nämlich nicht hierher, sondern allein zu § 5 GrStG.

Die Steuerbefreiungen in § 3 Abs. 1 GrStG gelten nicht, wenn der Grundbesitz der genannten, subjektiv steuerfreien Körperschaften für die Zwecke der hoheitlichen oder gemeinnützigen Tätigkeit einer entsprechenden ausländischen Körperschaft überlassen wird. So kann z. B. ein gemeinschaftlich mit der ausländischen Zollverwaltung genutztes Zoll- und Grenzabfertigungsgebäude nur dann in vollem Umfang steuerfrei bleiben, wenn die Räume, die von dieser benutzt werden, nicht abgrenzbar sind oder die von der inländischen Zollverwaltung genutzten Räume überwiegen oder die Steuerfreiheit in einem Gegenseitigkeitsabkommen besonders vereinbart wird. Auf jeden Fall bleibt aber steuerfrei der Grundbesitz, den eine inländische Körperschaft des öffentlichen Rechts, d. h. die dafür allein in Betracht kommende Bundesrepublik, im Rahmen ihrer diplomatischen Beziehungen einem ausländischen Staat zur Errichtung eines Botschaftsgebäudes zur Verfügung stellt (BFH v. 4.10.1989, BStBl. 1990 II S. 189). Die Pflege der Beziehungen zu einem auswärtigen Staat gehört eindeutig zu ihren hoheitlichen Tätigkeiten (Art. 32 Abs. 1 GG).

Zu § 3 Absatz 1 Satz 3

Öffentlich Private Partnerschaften

    Literatur: *Bausback,* Public Private Partnerships im deutschen Öffentlichen Recht und im Europarecht – Spannungsfeld zwischen Daseinsvorsorge, Liberalisierung und Risikomanagement, DÖV 2006 S. 901; *Berger,* ÖPP-Beschleunigungsgesetz, Dissertation 2009; *Camakou,* Die Öffentlich-Private Partnerschaft als neues Handlungsinstrument zwischen öffentlichem Recht und Zivilrecht, Dissertation 2012; *Drosdzol,* Steuerrechtsänderungen durch das ÖPP-Beschleunigungsgesetz, UVR 2006 S. 21; *Eisele,* Öffentlich Private Partnerschaften – Verbesserung der grundsteuerlichen Rahmenbedingungen, NWB F. 11 S. 729; *Eisele,* Public Private Partnership und Grundsteuer, Der Gemeindehaushalt 2007 S. 25; *Fleckenstein,* Abbau von Hemmnissen für Public Private Partnership: das ÖPP-Beschleunigungsgesetz, DVBl. 2006 S. 75; *Hilger/ Utermann,* Die steuerrechtlichen Rahmenbedingungen ausgewählter Public Private Partnership-Modelle im Rechtsvergleich zu Großbritannien und Frankreich, Ubg 2009 S. 326; *Nickel/Kopf,* Public Private Partnerships: Ein Ausweg aus der Finanzkrise der öffentlichen Hand? Private Finanzierung öffentlicher Hochbaumaßnahmen in Deutschland, ZfBR 2004 S. 9; *Schenke/Gebhardt,* Steuerrechtliche Probleme der Public

Private Partnership (PPP), DStZ 2005 S. 213; *Schwarting,* Öffentlich-private Partnerschaften – Modell mit Hindernissen, ZKF 2006 S. 217; *Uechtritz / Otting,* Das „ÖPP-Beschleunigungsgesetz": Neuer Name, neuer Schwung für „öffentlich-private Partnerschaften"?, NVwZ 2005 S. 1105; *Weitemeyer,* Die Änderungen im Steuerrecht nach dem ÖPP-Beschleunigungsgesetz, NVwZ 2006 S. 1376.

Öffentlich Private Partnerschaften (ÖPP) – gebräuchlich ist auch die aus   **60a** dem anglo-amerikanischen Raum stammende Bezeichnung **Public Private Partnership** (PPP) – ist eine sich mittlerweile stärker formierende Zusammenarbeit zwischen öffentlicher Hand und Privatunternehmen, bei der die erforderlichen Ressourcen von den Partnern zum gegenseitigen Nutzen in einen gemeinsamen Organisationszusammenhang gestellt werden. Nach *Fleckenstein* (DVBl. 2006 S. 75, 76) dürften allen „Modellen" von ÖPP – Betreiber- und Konzessionsmodelle, Inhaber- und Erwerbermodelle, gemischtwirtschaftliche Gesellschaften – folgende gemeinsame **Definitionsmerkmale** zuzuordnen sein: Demnach „handelt es sich um einen zwischen einem öffentlichen Auftraggeber iSd § 98 Nr. 1 bis 5 GWB und einem Unternehmen zur Wahrnehmung öffentlicher Aufgaben geschlossenen langfristigen Vertrag, aufgrund dessen das Unternehmen für eine Gegenleistung Bau- und Dienstleistungen eigenverantwortlich und unter Übernahme leistungstypischer Risiken durchführt." Angesichts der Situation der öffentlichen Haushalte wird mit der Vereinbarung von ÖPP-Projekten das Erzielen von Effizienzgewinnen und damit Kosteneinsparungen gegenüber traditionellen Beschaffungsansätzen und der Eigenrealisierung durch den Staat verbunden (siehe hierzu auch *Jacob-Kochendörfer,* Effizienzgewinn bei privatwirtschaftlicher Realisierung von Infrastrukturvorhaben, 2002). Nach der Gesetzesbegründung werden die Finanzierungs- und Liquiditätsengpässe des Staates allerdings als zweitrangig eingestuft (BT-Drucks. 15/5668 S. 17).

Als **ÖPP-Anwendungsbereiche** kommen unter grundsteuerlichem Aspekt Immobilienprojekte (z. B. Einzelimmobilien, Immobilien-Portfolios) unterschiedlichster Art in Betracht: Bau und Sanierung von Verwaltungsgebäuden, Schulen, Hochschulen, Krankenhäusern, Justizvollzugsanstalten, Polizeigebäuden und Sportstätten. Öffentlich Private Partnerschaften dienen im Städtebau und bei der Stadtentwicklung der Beplanung, Erschließung und Bebauung einzelner Grundstücke und größerer Flächen sowie der wirtschaftlichen und kulturellen Revitalisierung ganzer Stadtteile. Auf Bundesebene treibt das Bundesministerium für Verkehr, Bau- und Stadtentwicklung (BMVBS) den Ausbau von Autobahnen im Rahmen von ÖPP-Projekten voran (siehe hierzu Monatsbericht des BMF/September 2005 S. 71).

Durch das ÖPP-Beschleunigungsgesetz v. 1.9.2005 (BGBl. I S. 2676) wurde § 3 Abs. 1 um einen neuen Satz 3 ergänzt. Das ÖPP-Beschleunigungsgesetz ist gemäß seinem Art. 10 am Tag nach seiner Verkündung, und zwar am 8.9.2005, in Kraft getreten (vgl. *Fleckenstein,* DVBl. 2006 S. 75). Danach gilt die Einschränkung des § 3 Abs. 1 Satz 2 GrStG nicht, wenn der Grundbesitz von einem nicht begünstigten Rechtsträger im Rahmen einer Öffentlich Privaten Partnerschaft einer juristischen Person des öffentlichen Rechts für einen öffentlichen Dienst oder Gebrauch überlassen wird und die Übertragung auf den Nutzer am Ende des Vertragszeitraums vereinbart ist (siehe hierzu auch FinMin. Saarland v. 20.10.2005, DStR 2005 S. 1941). Den Vorstellungen des Gesetzgebers lag dabei die Annahme zugrunde, dass die öffentliche Hand bei dieser Ausgangslage bereits in vielen Fällen wirtschaftliche Eigentümerin (§ 39 Abs. 2 Nr. 1 Satz 1 AO) der ÖPP-Immobilie ist; insoweit diene die Gesetzesänderung in § 3 Abs. 1 GrStG der Klarstellung (BT-Drucks. 15/5668 S. 32). Die Grundsteuerbefreiung dürfte ausgeschlossen sein, wenn ein Erbbaurecht überlassen wird, jedoch keine Rückübertragung des Grundbesitzes vereinbart ist; mithin ist der Ablauf des Erbbaurechts nicht mit einer Übertragung des Grundbesitzes nach Ende der Vertragslaufzeit isd § 3 Abs. 1 Satz 3 GrStG gleichzusetzen. Desgleichen reicht allein die Option der öffentlichen Hand, am Ende des Vertragszeitraums das Eigentum zu erwerben, für eine Grundsteuerbefreiung nicht aus (FinMin. Ba-Wü v. 17. 6 2006, DB 2006 S. 1588), zu vor dem 1.9.2005 begonnenen Vertragslaufzeiten vgl. OFD Koblenz v. 29.9.2006, ZSteu 2006 S. 500. Ebenso ist eine Grundsteuerbefreiung zu verneinen, wenn ein privater Rechtsträger auf einem ihm gehörenden Grundstück öffentliche Aufgaben als Beliehener ausübt; hier mangelt es an einer Überlassung des Grundbesitzes an einen begünstigten Rechtsträger.

Der Gesetzgeber hätte die „diskriminierende" Wirkung der Grundsteuerpflicht bei hoheitlich genutzten Grundstücken, die dem privaten Auftragnehmer zuzurechnen sind, durch die Aufhebung des § 3 Abs. 1 Satz 2 GrStG beseitigen können und damit die Befreiung von der Grundsteuer nach § 3 GrStG – vergleichbar den Sachverhaltskonstellationen nach § 4 GrStG – von der Art der Nutzung abhängig machen können. Der Gesetzgeber beschränkte sich auf die Formulierung einer „Rückausnahme" von der Ausnahmeregelung des § 3 Abs. 1 Satz 2 GrStG und trug damit nicht zuletzt den zu erwartenden Steuerausfällen der Kommunen Rechnung. Im Unterschied zur Grunderwerbsteuerbefreiung nach § 4 Nr. 9 GrEStG (siehe hierzu *Drosdzol*, UVR 2006 S. 21) ist es für die Grundsteuerbefreiung nach § 3 Abs. 1 Satz 3 GrStG ohne Relevanz, ob der private Auftragnehmer das ÖPP-Objekt von einer juristischen Person des öffentlichen Rechts erhalten hat oder auf dem Immobilienmarkt selbst erworben hat.

Beispiel: (*Eisele*, NWB F. 11 S. 729, 732)

Auf einem Grundstück des privaten Auftragnehmers soll im Rahmen von PPP nach den Vorgaben des Landkreises L ein Gebäude errichtet und für Schulzwecke genutzt werden. Der private Auftragnehmer verpflichtet sich für den Zeitraum von 25 Jahren zur Durchführung der Baumaßnahme bestehend aus Planung Bau, Vorfinanzierung und dergl. sowie dem anschließenden Betrieb der Immobilie (= Grundstücksüberlassung an den Landkreis L für Schulzwecke). Das zivilrechtliche Eigentum am Grundstück nebst Gebäude geht zum Vertragsende auf den öffentlichen Auftraggeber über; wirtschaftliches Eigentum beim Landkreis L ist nicht anzunehmen. Das vom Landkreis L an den privaten Auftragnehmer regelmäßig zu zahlende Entgelt wird bei Vertragsabschluss festgelegt und setzt sich aus den Bestandteilen Facility Management (Planung, Bau, Betrieb) einerseits sowie Finanzierung und Erwerb der Immobilie andererseits zusammen.

Aufgrund des § 3 Abs. 1 Satz 2 GrStG entstünde hier Grundsteuer, da zwar nach Abschluss der Baumaßnahme eine Nutzung für einen öffentlichen Dienst oder Gebrauch (Schulzwecke) durch die öffentliche Hand vorliegt. Allerdings mangelt es an dem (subjektiven) Erfordernis, dass sich das in Rede stehende Grundstück im Eigentum eines begünstigten Rechtsträgers befindet. Die Vorschrift des § 3 Abs. 1 Satz 3 GrStG heilt diesen Mangel, da die dortigen Voraussetzungen (u. a. Rückübertragung des Grundstücks an den öffentlichen Auftraggeber zum Vertragsende) erfüllt sind. Mithin resultiert hieraus für die wirtschaftliche Einheit eine Grundsteuerbefreiung, obwohl die Zurechnung infolge zivilrechtlichen und wirtschaftlichen Eigentums an einen nicht begünstigten Rechtsträger erfolgt.

Die Rechtsanwendung nach dem ÖPP-Beschleunigungsgesetz wird durch den Umstand erschwert, dass der Gesetzgeber Öffentlich Private Partnerschaften nicht näher definiert hat. Deshalb ist nicht auszuschließen, dass die Vergünstigung des § 3 Abs. 1 Satz 3 GrStG auch in den Fällen des „Sale-and-Lease-back" der öffentlichen Hand eingefordert wird; siehe hierzu auch Hess. FG v. 14.11.2008, ZKF 2009 S. 84. Da hier die Behebung von Liquiditätsengpässen im Vordergrund steht und gerade nicht die Schaffung und Verbesserung öffentlicher Infrastruktur, sollte § 3 Abs. 1 GrStG entsprechend restriktiv angepasst werden (so auch *Drosdzol,* UVR 2006 S. 21, 22).

Für den Fall, dass die besonderen **Voraussetzungen** für die Grundsteuerbefreiung von ÖPP-Immobilien nach § 3 Abs. 1 Satz 3 GrStG später **entfallen,** enthält das Gesetz keine ausdrückliche Bestimmung, insbesondere fehlt es an einer über die allgemeine Anzeigepflicht nach § 19 GrStG hinausgehende Regelung. Wird demnach die hoheitliche Nutzung des Grundstücks aufgegeben oder die Vereinbarung über den Erwerb (Rückerwerb) der Immobilie durch die öffentliche Hand aufgehoben oder kommt es überhaupt nicht zur Rückübertragung, führt dies zur Nachfeststellung des Einheitswerts (§ 23 Abs. 1 Nr. 2 BewG) sowie zur Nachveranlagung des Grundsteuermessbetrags (§ 18 Abs. 1 GrStG). Ob es sich bei diesen (steuerschädlichen) Sachverhaltskonstellationen um ein rückwirkendes Ereignis iSd § 175 Abs. 1 Satz 1 Nr. 2 AO handelt, mit der Folge dass die Grundsteuerbefreiung rückwirkend entfällt, lässt sich weder dem Wortlaut der Norm noch den Gesetzesmaterialien entnehmen. Hier wäre eine gesetzliche Klarstellung bei nächster Gelegenheit wünschenswert, zumal nach der Gesetzesbegründung die finanziellen Auswirkungen für den Steuergläubiger gering gehalten werden sollen. Da die Änderung des § 3 Abs. 1 GrStG durch das ÖPP-Beschleunigungsgesetz nur in die subjektive Tatbestandsvoraussetzung (Zurechnung) eingreift, bleibt das Erfordernis des objektiven Tatbestands ebenso unberührt wie die Voraussetzung der unmittelbaren Nutzung durch eine juristische Person des öffentlichen Rechts (§ 7 GrStG). Unter diesem Gesichtspunkt besteht gesetzlicher Klärungsbedarf, ob mit der Überlassung an die öffentliche Hand verbundene weitere Leistungen des privaten Eigentümers befreiungsschädlich wirken. Sollte der Gesetzgeber diese Rechtsfolge nicht beabsichtigt haben, wäre ein einschränkender Hinweis auf die Anwendbarkeit des § 7 GrStG angezeigt.

Zu § 3 Absätze 2 und 3

Öffentlicher Dienst oder Gebrauch

In § 3 Abs. 2 GrStG wird der Begriff des „öffentlichen Dienstes oder Ge- **61** brauchs" und in § 3 Abs. 3 GrStG der Begriff des „Betriebs gewerblicher Art" definiert. Im Einzelnen vgl. hierzu die Anm. 14 ff. zu § 3 GrStG.

Anhang zu § 3

Ausgleichsleistungen

62   Nach § 26 GrStG 1951 war für Grundbesitz, der nach § 4 Ziff. 1 GrStG 1951 von der Grundsteuer befreit war, in Gemeinden mit nicht mehr als 10 000 Einwohnern an Stelle der Grundsteuer ein Ersatzbetrag zu entrichten, wenn die Grundsteuer für diesen Grundbesitz 10% des gesamten Grundsteuersolls in der Gemeinde überstiegen hätte und infolge der Steuerfreiheit dieses Grundbesitzes der Haushaltsausgleich der Gemeinden gefährdet war. Zur Leistung des Ersatzbetrags war verpflichtet, wer im Falle einer Steuerpflicht der Steuerschuldner gewesen wäre. Der jeweilige Ersatzbetrag wurde durch die Landesregierung oder die von ihr dazu ermächtigten Stellen festgesetzt. Die Bundesregierung hatte durch Rechtsverordnung mit Zustimmung des Bundesrates die zur Durchführung dieser Vorschrift erforderlichen Bestimmungen zu erlassen.

Es bestanden jedoch erhebliche Zweifel, ob durch einfaches Bundesgesetz dem Bund auferlegt werden konnte, den Haushaltsausgleich von Gemeinden durch Zuweisungen solcher Art sicherzustellen; denn nach dem Grundgesetz ist es Sache der Länder, den Haushaltsausgleich der Gemeinden erforderlichenfalls durch Finanzzuweisungen herbeizuführen. In Art. 106 Abs. 8 GG ist allerdings eine Entschädigungspflicht des Bundes zugunsten von Gemeinden vorgesehen, in denen durch vom Bund veranlaßte Einrichtungen (Bundeswehr usw.) besondere Belastungen, d.h. Mehrausgaben oder Mindereinnahmen verursacht werden. Danach wäre der Bund auch verpflichtet, einen Grundsteuerausfall zu ersetzen, der einer Gemeinde durch entsprechende Einrichtungen des Bundes entsteht. Diese Verpflichtung nach Art. 106 Abs. 8 GG geht zum Teil weiter, ist zum Teil aber auch enger als die Verpflichtung nach § 26 GrStG 1951. Die frühere Regelung des § 26 GrStG 1951 konnte somit auch nicht als Ausführungsvorschrift zu Art. 106 Abs. 8 GG beibehalten werden. Sie ist deshalb ab 1974 aufgehoben worden. Zur Durchführung des Ausgleichs nach Art. 106 Abs. 8 GG vgl. heute **BMF-Rundschreiben v. 4.12.1996** (GMBl. 1997 S. 26). Dieses Rundschreiben hat auszugsweise den folgenden Wortlaut:

Grundsätze für die Gewährung von Ausgleichsleistungen des Bundes an Gemeinden nach Art. 106 Abs. 8 GG als Folge von Grundsteuermindereinnahmen (GGrStMi)

Art. 106 Abs. 8 GG

Veranlaßt der Bund in einzelnen Ländern oder Gemeinden (Gemeindeverbänden) besondere Einrichtungen, die diesen Ländern oder Gemeinden (Gemeindeverbänden) unmittelbar Mehrausgaben oder Mindereinnahmen (Sonderbelastungen) verursachen, gewährt der Bund den erforderlichen Ausgleich, wenn und soweit den Ländern oder Gemeinden (Gemeindeverbänden) nicht zugemutet werden kann, die Sonderbelastungen zu tragen. Entschädigungsleistungen Dritter und finanzielle Vorteile, die diesen Ländern und Gemeinden (Gemeindeverbänden) als Folge der Einrichtungen erwachsen, werden bei dem Ausgleich berücksichtigt.

Anwendungsgrundsätze

1. Anwendungsbereich

1.1. *Artikel 106 Abs. 8 GG regelt einen Sondertatbestand der Finanzverfassung, der einen Ausgleich von Sonderbelastungen einzelner Gemeinden und Gemeindeverbände (GV) durch den Bund vorsieht. Unberührt bleibt der im Grundgesetz enthaltene Grundsatz, nach dem die Finanzverantwortung für die Gemeinden (GV) bei den Ländern liegt. Sie haben mit Hilfe des kommunalen Finanzausgleichs dafür zu sorgen, daß alle Gemeinden (GV) die Finanzausstattung erhalten, die sie zur Finanzierung der regelmäßigen Aufwendungen für die üblichen kommunalen Leistungen benötigen. Die Sonderstellung des Art. 106 Abs. 8 GG erfordert deshalb die strikte Beachtung der Anspruchsvoraussetzungen, die insbesondere auch unter dem Gesichtspunkt der Subsidiarität dieser Verfassungsvorschrift gewertet werden müssen.*

1.2. *Die Grundsätze für die Gewährung von Ausgleichsleistungen regeln die Behandlung von Ansprüchen nach Art. 106 Abs. 8 GG für Grundsteuermindereinnahmen, die einzelnen Gemeinden (GV) als unmittelbare Folge durch vom Bund veranlaßte Einrichtungen entstehen.*

1.3. *Die Grundsätze sind in der Regel auf die Einrichtungen der Sondervermögen des Bundes (z. B. Deutsche Bundesbahn, Deutsche Reichsbahn und Deutsche Bundespost) nicht anzuwenden, da diese Einrichtungen allgemein üblich sind, d. h. keinen bestimmten Ausnahmecharakter aufweisen (z. B. Postämter, Bahnhöfe) und damit keine besonderen Einrichtungen sind.*

2. Besondere Voraussetzungen

Ausgleichsfähig sind Grundsteuermindereinnahmen durch Grundbesitz des Bundes, der nach § 3 Abs. 1 Nr. 1 Grundsteuergesetz von der Grundsteuer befreit ist. Ausgleichsfähigkeit ist bei Grundsteuermindereinnahmen auch gegeben, wenn der Bund Grundbesitz von einem steuerbegünstigten Rechtsträger iSd § 3 Abs. 1 GrStG gemietet oder gepachtet hat.

Ausgleichsfähig sind ebenfalls Grundsteuermindereinnahmen aufgrund von Bewertungsabschlägen, die als Folge der Einwirkungen von Bundeseinrichtungen gewährt werden (§ 82 Abs. 1 Nr. 1, § 88 Abs. 2 und § 47 BewG; im Beitrittsgebiet nach § 33 Abs. 2, § 37 RBewDV iVm § 129 Abs. 2 Nr. 2 BewG).

Anträge, die sich auf vom Bund vor dem Inkrafttreten des Art. 106 Abs. 8 GG (1.4.1957) veranlaßte Einrichtungen beziehen, sind abzulehnen (keine Rückwirkung der Verfassungsvorschrift). Zur Wahrung des Besitzstandes sind jedoch die Fälle davon ausgenommen, in denen der Bund Ersatzbeträge nach § 26 GrStG a. F. gezahlt hat, sofern die übrigen Voraussetzungen des Art. 106 Abs. 8 GG vorliegen.

3. Ermittlung der Grundsteuermindereinnahmen

Ausgleichsfähige Grundsteuermindereinnahmen aufgrund von steuerbefreitem Grundbesitz des Bundes werden wie folgt ermittelt:

3.1. *Bei Grundbesitz des Bundes, der bei nicht öffentlicher Nutzung unter die Grundsteuer A fallen würde, ist das Durchschnittssoll des Aufkommens der Gemeinde an Grundsteuer A pro ha Flächeneinheit der grundsteuerpflichtigen Grundstücke als Grundsteuerausfall pro ha Flächeneinheit Bundesbesitz anzusetzen.*

Bei Grundbesitz des Bundes, der bei nicht öffentlicher Nutzung unter die Grundsteuer B fallen würde, ist das Durchschnittssoll des Aufkommens der Gemeinde an Grundsteuer B pro ha Flächeneinheit der grundsteuerpflichtigen Grundstücke als Grundsteuerausfall pro ha Flächeneinheit Bundesbesitz anzusetzen.

3.2. *Die ausgleichsfähige Mindereinnahme wird durch Multiplikation des Durchschnittssolls an Grundsteuer A oder B pro ha grundsteuerpflichtiger Grundbesitz der Gemeinde mit der in ha ausgedrückten Fläche des steuerbefreiten Grundbesitzes ermittelt.*

3.3. *Bei der Beurteilung der Frage, ob das Grundstück unter die Grundsteuer A oder B fällt, ist von der letzten steuerlichen Einordnung des Grundstücks vor dem Zeitpunkt auszugehen, in dem der Bund die Einrichtungen veranlaßt hat. In den Fällen der Nr. 2, letzter Satz, ist im Zweifel davon auszugehen, daß das Grundstück unter die Grundsteuer A fällt.*

3.4. *Für Grundstücke, die in dem nach der Nr. 3.3 maßgebenden Zeitpunkt als Geringstland im Sinne des Bewertungsgesetzes anzusehen waren, ist die Grundsteuermindereinnahme abweichend von Nr. 3.1 auf der Grundlage des im Bewertungsgesetz für Geringstland ausgewiesenen Hektarwertes zu ermitteln (z. Z. 50 DM).*

3.5. *Die Grundsteuermindereinnahmen aufgrund von Bewertungsabschlägen sind von der Gemeinde auf der Grundlage der Summe der Steuermeßbeträge zu ermitteln, die im jeweiligen Ausgleichsjahr für die bebauten Grundstücke und die Wohnungswerte der Betriebe der Land- und Forstwirtschaft iSd Bewertungsgesetzes maßgebend sind, die in einem Gebiet mit bewertungsrechtlich bedeutsamer (Lärm-)Einwirkung von ausgleichspflichtigen Bundeseinrichtungen liegen. Zur Durchführung dieser Ermittlungen werden die Finanzminister der Länder die betroffenen Finanzämter anweisen, den Gemeinden Amtshilfe durch folgende Angaben zu leisten:*

3.5.1. *Bezeichnung und Abgrenzung der Gebiete, in denen Bewertungsabschläge (§ 82 Abs. 1 Nr. 1, § 88 Abs. 2 und § 47 BewG; im Beitrittsgebiet nach § 33 Abs. 2, § 37 RBewDV iVm § 129 Abs. 2 Nr. 2 BewG) als Folge der Lärmeinwirkungen von Bundeseinrichtungen (z. B. Militärflugplätze, Truppenübungsplätze) gewährt werden, und Angabe des maßgebenden Vomhundertsatzes, mit dem der Abschlag bei der Ermittlung des Einheitswerts von bebauten Grundstücken und des Wohnungswerts von Betrieben der Land- und Forstwirtschaft gewährt wird.*

3.5.2. *Bezeichnung der in diesen Gebieten liegenden Grundstücke, bei denen Bewertungsabschläge nicht gewahrt werden.*

4. Berechnung und Zahlung des Ausgleichs[1]

4.1. *Ausgleichsleistungen des Bundes haben subsidiären Charakter. Sie sind erst zu gewähren, wenn die Finanzierungsmöglichkeiten des Gemeindehaushalts ausgeschöpft sind, insbesondere die in Betracht kommenden Zuweisungen und Darlehen des Bundes, des Landes und anderer Gemeinden (GV) in Anspruch genommen wurden. Entschädigungsleistungen Dritter werden bei dem Ausgleich berücksichtigt.*

4.2. *Der Gemeinde sind alle aus der Bundeseinrichtung erwachsenden unmittelbaren und mittelbaren finanziellen Vorteile anzurechnen. Diese Vorteile werden mit mindestens 10 v. H. der nach Nr. 3 errechneten Grundsteuermindereinnahmen angesetzt,*

---

[1] Siehe hierzu auch BayVGH v. 12.1.2000 (ZKF 2000 S. 87).

sofern die Gemeinde nicht nachweist, daß diese Vorteile niedriger zu veranschlagen sind.

4.3. *Die nach Nr. 3 ermittelte Grundsteuermindereinnahme ist durch den Bund nur auszugleichen, wenn und soweit sie der Gemeinde nicht zugemutet werden kann. Der Entscheidung über die Zumutbarkeit ist der Betrag zugrunde zu legen, der sich nach Abzug der unter der Nr. 4.2 ermittelten Werte ergibt. Ob die Sonderbelastung unzumutbar ist, wird nach den Verhältnissen des Einzelfalles durch das zuständige Fachressort des Bundes festgestellt. In diese Feststellung sind auch der Gemeinde zustehende Ansprüche nach Art. 106 Abs. 8 GG infolge von Mehrausgaben einzubeziehen.*

4.3.1. *Bei der Prüfung der Zumutbarkeit ist u. a. zu berücksichtigen, ob die Gemeinde*

4.3.1.1. *die Grundsätze der Gemeindewirtschaft in den Gemeindeordnungen der Länder, insbesondere die Grundsätze der Sparsamkeit und Wirtschaftlichkeit bei der Haushaltsplanung, Haushaltsführung und Rechnungslegung streng beachtet hat,*

4.3.1.2. *die Einnahmemöglichkeiten aus Steuern, Gebühren und Beiträgen ausgeschöpft hat,*

4.3.1.3. *aus dem Einnahmeüberhang des Verwaltungshaushalts die Pflichtzuführungen an den Vermögenshaushalt vornehmen kann,*

4.3.1.4. *den nach dem Gemeindehaushaltsrecht vorgeschriebenen Mindestbetrag der allgemeinen Rücklage bilden kann,*

4.3.1.5. *auf Dauer in der Lage ist, den Haushalt auszugleichen und die Grundausstattung mit kommunalen Einrichtungen zu gewährleisten.*

4.3.2. *Vorbehaltlich des Ergebnisses der Prüfung nach Nr. 4.3.1 wird die Zumutbarkeit der Grundsteuermindereinnahme gemäß Nrn. 3 und 4 unterstellt, wenn sie die in der Anlage angeführten Anteile an der Summe aus Steuereinnahmekraft, Schlüssel- und Bedarfszuweisungen unterschreitet oder erreicht.*

4.4. *Die Ausgleichsleistung wird für ein Haushaltsjahr festgesetzt und in Form einer Zuweisung gezahlt.*

5. Verfahren

5.1. *Die Ausgleichsleistungen des Bundes werden jeweils von dem Ressort gewährt, das die zur Errichtung und Unterhaltung der die Sonderbelastung auslösenden Bundeseinrichtung erforderlichen Mittel bereitstellt oder die fachliche Verantwortung trägt:*

Das ist bei Einrichtungen	
der Bundesfinanzverwaltung	*das BMF,*
des Bundesgrenzschutzes	*das BMI,*
des Zivildienstes	*das BMFSFJ,*
der Bundeswehrverwaltung	*das BMVg,*
des Verkehrs	*das BMV,*

der Forschung und des Zivilschutzes das die fachliche Verantwortung tragende Ressort.

5.2. *Anträge auf Gewährung von Ausgleichsleistungen des Bundes sind von der Gemeinde schriftlich bei mehreren Zuständigkeiten jeweils getrennt – an das zuständige Bundesressort oder die von diesem bestimmte Stelle, in Zweifelsfällen an den Bundesminister der Finanzen, zu richten. Sind mehrere Ressorts betroffen, so hat der An-*

tragsteller zur Herstellung der notwendigen Abstimmungen auf Bundesebene darauf in den einzelnen Anträgen hinzuweisen. Dem Antrag sind beizufügen:

5.2.1. die zur Beschreibung der Sonderbelastung erforderlichen Unterlagen über Art und Umfang der Sonderbelastung (u. a. Grundstücksbeschreibung und -nutzung sowie Flächenfeststellung nach Nr. 3),

5.2.2. der Haushaltsplan, der Finanzplan, Unterlagen der Jahresrechnungsstatistik sowie weitere Angaben, die zur Beurteilung der Zumutbarkeit geeignet sind (insbesondere Rücklagenbildung, Schuldenstand und Schuldendienst, Zuweisungen aus dem kommunalen Finanzausgleich, Steuereinnahmen und Realsteuerhebesätze)

5.2.3. eine allgemeine Darstellung der Finanzlage der Gemeinde.

5.3. Zu Vergleichszwecken für die Berechnung nach der Nr. 4.3.2 werden die Ergebnisse der vierteljährlichen Kassenstatistik und des Realsteuervergleichs des betreffenden Bundeslandes herangezogen.

5.4. Statt Antragsunterlagen nach Nr. 5.2.2 kann auch eine eingehende Darstellung der zuständigen Kommunalaufsichtsbehörde beigefügt werden, die alle nach Nr. 4.3.1 für die Beurteilung des Anspruchs erforderlichen Angaben enthält.

5.5. Dem Antragsteller ist das Ergebnis der Prüfungen schriftlich mitzuteilen. Sind für die Gewährung von Ausgleichszahlungen nach Art. 106 Abs. 8 GG mehrere Stellen des Bundes zuständig, so haben sie vor der schriftlichen Mitteilung Einvernehmen über die Höhe der Ausgleichsleistungen und ihre Aufteilung herzustellen. Der Bundesminister der Finanzen ist in diesen Fällen zu beteiligen.

5.6. Ergeben sich bei der Anwendung der vorstehenden Grundsätze Auslegungsfragen von grundsätzlicher Bedeutung, ist vor der Entscheidung über den Antrag Einvernehmen mit dem Bundesminister der Finanzen herbeizuführen.

5.7. Die vorstehenden Grundsätze sind erstmals für Anträge anzuwenden, die sich auf das Haushaltsjahr 1992 beziehen.

Grundsätze
für die Gewährung von Ausgleichsleistungen des Bundes an Gemeinden nach Art. 106 Abs. 8 GG als Folge von Grundsteuermindereinnahmen

Bei einer Abweichung der Summe aus Steuereinnahmekraft, Einnahmen aus Schlüsselzuweisungen und Bedarfszuweisungen (DM je Einwohner) vom Landesdurchschnitt der kreisangehörigen Gemeinden bzw. der kreisfreien Städte um ... v. H.	*ergibt sich als zumutbare Eigenbelastung ein Anteil von ... v. H. an der Summe aus Steuereinnahmekraft, Einnahmen aus Schlüsselzuweisungen und Bedarfszuweisungen (in DM)*
30 und mehr	*2,5*
20 bis unter 30	*2,0*
10 bis unter 20	*1,5*
0 bis unter 10	*1,0*
– 10 bis unter 0	*0,8*
– 20 bis unter – 10	*0,6*
– 30 bis unter – 20	*0,4*
weniger als – 30	*0,2*

§ 4 Sonstige Steuerbefreiungen

Soweit sich nicht bereits eine Befreiung nach § 3 ergibt, sind von der Grundsteuer befreit

1. Grundbesitz, der dem Gottesdienst einer Religionsgesellschaft, die Körperschaft des öffentlichen Rechts ist, oder einer jüdischen Kultusgemeinde gewidmet ist;
2. Bestattungsplätze;
3. a) die dem öffentlichen Verkehr dienenden Straßen, Wege, Plätze, Wasserstraßen, Häfen und Schienenwege sowie die Grundflächen mit den diesem Verkehr unmittelbar dienenden Bauwerken und Einrichtungen, zum Beispiel Brücken, Schleuseneinrichtungen, Signalstationen, Stellwerke, Blockstellen;
   b) auf Verkehrsflughäfen und Verkehrslandeplätzen alle Flächen, die unmittelbar zur Gewährleistung eines ordnungsgemäßen Flugbetriebes notwendig sind und von Hochbauten und sonstigen Luftfahrthindernissen freigehalten werden müssen, die Grundflächen mit den Bauwerken und Einrichtungen, die unmittelbar diesem Betrieb dienen, sowie die Grundflächen ortsfester Flugsicherungsanlagen einschließlich der Flächen, die für einen einwandfreien Betrieb dieser Anlagen erforderlich sind;
   c) die fließenden Gewässer und die ihren Abfluß regelnden Sammelbecken, soweit sie nicht unter Buchstabe a fallen;
4. die Grundflächen mit den im Interesse der Ordnung und Verbesserung der Wasser- und Bodenverhältnisse unterhaltenen Einrichtungen der öffentlich-rechtlichen Wasser- und Bodenverbände und die im öffentlichen Interesse staatlich unter Schau gestellten Privatdeiche;
5. Grundbesitz, der für Zwecke der Wissenschaft, des Unterrichts oder der Erziehung benutzt wird, wenn durch die Landesregierung oder die von ihr beauftragte Stelle anerkannt ist, daß der Benutzungszweck im Rahmen der öffentlichen Aufgaben liegt. [2] Der Grundbesitz muß ausschließlich demjenigen, der ihn benutzt, oder einer juristischen Person des öffentlichen Rechts zuzurechnen sein;
6. Grundbesitz, der für die Zwecke eines Krankenhauses benutzt wird, wenn das Krankenhaus in dem Kalenderjahr, das dem Veranlagungszeitpunkt (§ 13 Abs. 1) vorangeht, die Voraussetzungen des § 67 Abs. 1 oder 2 der Abgabenordnung erfüllt hat. [2] Der Grundbesitz muß ausschließlich demjenigen, der ihn benutzt, oder einer juristischen Person des öffentlichen Rechts zuzurechnen sein.

Übersicht

Zu § 4
1. Begründung

Zu § 4 Nr. 1
2. Grundbesitz, der dem Gottesdienst gewidmet ist

Zu § 4 Nr. 2
3. Friedhöfe

Zu § 4 Nr. 3 Buchst. a
4. Öffentliche Straßen, Wege usw.
5. Schienenwege
6. Künstliche Wasserläufe und Häfen

Zu § 4 Nr. 3 Buchst. b
7. Verkehrsflughäfen und Verkehrslandeplätze

187

Zu § 4 Nr. 3 Buchst. c
8. Fließende Gewässer usw.

Zu § 4 Nr. 4
9. Grundbesitz von öffentlich-rechtlichen Wasser- und Bodenverbänden

Zu § 4 Nr. 5
10. Grundbesitz für Zwecke der Wissenschaft, des Unterrichts usw.
11. Grundbesitz für Unterrichtszwecke
12. Grundbesitz für Erziehungszwecke
13. Grundbesitz für Zwecke der Wissenschaft
14. Eigentümer des Grundbesitzes
15. Anerkennung durch die zuständige Landesbehörde

Zu § 4 Nr. 6
16. Grundbesitz von Krankenhäusern
17. Voraussetzungen für die Steuerbefreiung
18. Eigentümer des Grundbesitzes
18a. Gebührenpflichtige Besucher- und Personalparkplätze von Krankenhäusern
19. Altenheime

Anhang zu § 4
20. Zusammenstellung der landesrechtlichen Regelungen über eine Anerkennung nach § 4 Nr. 5, § 5 Abs. 1 Nr. 2 und § 32 Abs. 2 GrStG

Zu § 4

Begründung zur Regierungsvorlage

1 „Die Steuerbefreiungen nach § 4 GrStG sind subsidiärer Natur. Sie haben in der Regel nur für solche Eigentümer Bedeutung, die nicht schon nach § 3 GrStG begünstigt sind. Es kann sich dabei auch um private Eigentümer handeln. Die bisherige Rechtslage bleibt somit unverändert.

Die bisherigen Befreiungsvorschriften in § 4 Ziff. 10 GrStG 1951, §§ 21 und 22 GrStDV 1951 zugunsten des Grundbesitzes eines fremden Staates, der für diplomatische oder konsularische Zwecke benutzt wird, sind überflüssig und werden deshalb nicht mehr übernommen. Diese Befreiungen ergeben sich nunmehr aus Artikel 23 in Verbindung mit Artikel 1e des Wiener Übereinkommens v. 18.4.1961 über diplomatische Beziehungen (BGBl. 1964 II S. 957ff., 1965 II S. 147) sowie aus Artikel 32 und 60 in Verbindung mit Artikel 1 Abs. 1j des Wiener Übereinkommens v. 24.4.1963 über konsularische Beziehungen (BGBl. 1969 II S. 1585ff., BGBl. 1971 II S. 1285). Die erwähnten Vereinbarungen gelten zwar nur im Verhältnis zu den Staaten, die den beiden Wiener Übereinkommen beigetreten sind und diese ratifiziert haben. Nach der derzeitigen Verwaltungsübung wird aber auch der Grundbesitz anderer Staaten, die den Wiener Übereinkommen noch nicht beigetreten sind, entsprechend behandelt; denn die Regelung in den Wiener Übereinkommen sind als Völkerrecht im Sinne des Artikel 25 GG ganz allgemein verbindlich."

Zu § 4 Nr. 1 und 2

„Die bisherigen Vorschriften werden unverändert übernommen."

Zu § 4 Nr. 3

„Straßen, Wege, Plätze, Schienenwege, Wasserstraßen, Häfen usw. bleiben nach § 4 Nr. 3 Buchst. a GrStG auch weiterhin in gleichem Umfang wie bisher steuerfrei, ohne dass es auf die Eigentumsverhältnisse ankommt. Bauwerke und Einrichtungen, die unmittelbar dazu erforderlich sind, den Verkehr zu ermöglichen und ihn zu sichern, sollen jedoch abweichend von der bisherigen Rechtslage nicht nur bei den Schienenwegen, sondern generell auch bei Straßen, Wasserwegen usw. in die Befreiung einbezogen werden. Bauwerke und Einrichtungen, die darüber hinaus zum Betrieb des Verkehrsunternehmens erforderlich sind, z.B. Verwaltungsgebäude, Betriebsgebäude,

Bahnsteige, Bahnsteighallen, Wagenhallen, Instandsetzungsbetriebe, Abfertigungsgebäude, Flugzeughallen usw., unterliegen dagegen der Grundsteuer. Wegen der davon abweichenden weitergehenden Befreiung der Deutschen Bundesbahn vgl. § 3 Abs. 1 Nr. 2 GrStG.

In § 4 Nr. 3 Buchst. b GrStG wird die bisherige Steuerbefreiung für Verkehrsflughäfen (vgl. § 4 Ziff. 9b GrStG 1951) übernommen. Die Abgrenzung folgt dabei den Begriffen des Luftverkehrsrechts. Danach gehören alle Flugplätze des allgemeinen Verkehrs (Verkehrsflughäfen und Verkehrslandeplätze) dazu. Vgl. § 6 des Luftverkehrsgesetzes idF v. 4.11.1968 (BGBl. I S. 1113). Als steuerbefreite Verkehrsfläche kommt zunächst der Teil des Verkehrsflughafens oder Verkehrslandeplatzes in Betracht, der unmittelbar dem Start, der Landung und der Abfertigung der Luftfahrzeuge dient. Es müssen aber auch die zwischen, neben und am Ende der Start- und Landebahnen gelegenen und unbebauten Flächen des Flugplatzes mit in die Befreiung einbezogen werden; denn diese sind zur Unterhaltung und Sicherung eines ordnungsmäßigen Flugbetriebs unentbehrlich. Der bisher in § 4 Ziff. 9b GrStG 1951 verwendete Begriff des Rollfeldes, der im Wesentlichen nur die Grundflächen der befestigten Start- und Landebahnen erfasst, ist deshalb heute zu eng. In § 4 Nr. 3b GrStG war insoweit eine neue Abgrenzung erforderlich. Auch die ortsfesten Flugsicherungsanlagen müssen in die Steuerbefreiung mit einbezogen werden.

In § 4 Nr. 3c GrStG wird von dem bisherigen § 4 Ziff. 9c GrStG 1951 nur der erste Halbsatz übernommen. Der zweite Halbsatz, der eine Befreiung für Seen und Teiche mit Eigentum von Gebietskörperschaften vorsah, wurde dagegen unter dem Gesichtspunkt der Gleichbehandlung des Grundbesitzes der öffentlichen und der privaten Hand gestrichen. In der Regel wird sich für Grundstücke der öffentlichen Hand, auf denen sich Seen und Teiche befinden, schon die Steuerbefreiung auf Grund des § 3 Abs. 1 Nr. 1 GrStG ergeben."

Zu § 4 Nr. 4

„Grundbesitz von juristischen Personen des öffentlichen Rechts, der für hoheitliche Zwecke benutzt wird, ist bereits nach § 3 Abs. 1 Nr. 1 GrStG befreit. Das gilt auch für die Einrichtungen der Wasser- und Bodenverbände. Für sie ist eine besondere Befreiungsvorschrift aber deshalb erforderlich, weil hier u. U. ein Betrieb gewerblicher Art im Sinne des Körperschaftssteuerrechts gegeben sein kann, der nicht unter die zuvor genannte Befreiungsvorschrift fällt. Außerdem sollen auch die staatlich unter Schau gestellten Privatdeiche weiterhin befreit bleiben. Die bisherige Rechtslage wird insoweit unverändert übernommen."

Zu § 4 Nr. 5

„Grundbesitz, der für Zwecke der Wissenschaft, des Unterrichts oder der Erziehung benutzt wird, ist bei einer juristischen Person des öffentlichen Rechts befreit, weil er für einen öffentlichen Dienst oder Gebrauch benutzt wird (§ 3 Abs. 1 Nr. 1 GrStG), bei einer gemeinnützigen Körperschaft, weil er für gemeinnützige Zwecke benutzt wird (§ 3 Abs. 1 Nr. 3 GrStG), und bei einer öffentlich-rechtlichen Religionsgesellschaft unmittelbar bereits nach § 3 Abs. 1 Nr. 4 GrStG. Die Befreiungsvorschrift in § 4 Nr. 5 des GrStG hat deshalb nur noch Bedeutung für andere, nicht zu diesen Körperschaften gehörende, d. h. für private Eigentümer. Insoweit wird die bisherige Rechtslage beibehalten."

Zu § 4 Nr. 6

„Krankenanstalten der öffentlichen Hand und Krankenanstalten der gemeinnützigen Körperschaften bleiben bereits nach § 3 Abs. 1 Nr. 1 und 3 GrStG steuerfrei. Die

Vorschrift des § 4 Nr. 6 GrStG hat deshalb nur Bedeutung für sonstige, d. h. für private Krankenanstalten. Durch die Bezugnahme auf § 10 GemVO[1]) kommen aber nur solche Privatkrankenanstalten in Betracht, die in ihrer Preisgestaltung und in ihrem Patientenkreis den öffentlichen oder gemeinnützigen Krankenanstalten vergleichbar sind.

Die bisher in § 4 Ziff. 8 GrStG 1951 enthaltene Steuerbefreiung für Bewahrungsanstalten, d. h. für Altersheime, Fürsorgeanstalten, Erziehungsanstalten usw., war nach § 16 Abs. 2 GrStG 1951 auf Gebietskörperschaften, Religionsgesellschaften und die Verbände der freien Wohlfahrtspflege und deren angeschlossene Körperschaften, also auf gemeinnützige Institutionen, beschränkt. Insoweit ergibt sich diese Steuerbefreiung bereits aus § 3 Abs. 1 GrStG. Auf die Einbeziehung von Bewahrungsanstalten in § 4 Nr. 6 GrStG konnte deshalb verzichtet werden. Eine Ausdehnung dieser Befreiungsvorschrift auf private Altenheime entsprechend der gewerbesteuerlichen Regelung (vgl. § 35c Nr. 2b GewStG, § 11 GewStDV) konnte zur Vermeidung von Steuerausfällen nicht in Betracht gezogen werden.“

Zu § 4 Nummer 1

Grundbesitz, der dem Gottesdienst gewidmet ist

2   Von der Grundsteuer befreit ist Grundbesitz, der dem Gottesdienst einer als Körperschaft des öffentlichen Rechts anerkannten Religionsgesellschaft oder einer jüdischen Kultusgemeinde gewidmet ist (§ 4 Nr. 1 GrStG). Die Steuerbefreiung ist nicht davon abhängig, dass der Grundbesitz der Religionsgesellschaft gehört. Eigentümer kann auch eine Privatperson sein (z. B. die Privatkapelle in einem Schloss, einem Krankenhaus usw.). Es würde auch unschädlich sein, wenn der Grundbesitz an die Religionsgesellschaft vermietet worden ist. Auch die Höhe des Mietpreises ist dabei ohne Bedeutung. Im Einzelnen vgl. Abschnitt 17 GrStR, der folgenden Wortlaut hat:

17 GrStR. Dem Gottesdienst gewidmeter Grundbesitz

(1) Der Grundbesitz muß dem Gottesdienst einer öffentlich-rechtlichen Religionsgesellschaft gewidmet sein. Grundbesitz, der dem Gottesdienst einer anderen religiösen Vereinigung dient, kann nach § 3 Abs. 1 Nr. 3 Buchstabe b GrStG steuerfrei bleiben. Ein Grundstück ist dem Gottesdienst gewidmet, wenn es für diesen Zweck hergerichtet (§ 7 Satz 2 GrStG) und dauernd bereitgehalten wird. Ob der Gottesdienst ständig oder nur gelegentlich ausgeübt wird, ist ohne Bedeutung. Die Begriffe „widmen“ und „benutzen“ sind insoweit identisch. § 7 GrStG gilt deshalb entsprechend. Wird das Grundstück gelegentlich auch zu anderen Zwecken benutzt, muß die Benutzung für den steuerbegünstigten Zweck überwiegen (§ 8 GrStG).

(2) Die Befreiung nach § 4 Nr. 1 GrStG ist nicht davon abhängig, daß der Grundbesitz einer bestimmten Person zuzurechnen ist. Sie gilt deshalb zunächst für die Religionsgesellschaft des öffentlichen Rechts selbst. Sie wird aber auch gewährt, wenn der Grundbesitz einer Privatperson zuzurechnen ist. Voraussetzung ist jedoch, daß er einer Religionsgesellschaft des öffentlichen Rechts zur Benutzung für den Gottesdienst entgeltlich oder unentgeltlich überlassen wird.

---

[1]) Jetzt § 67 AO.

Als Gottesdienst ist eine Veranstaltung anzusehen, bei der die Teilnehmer in feierlichen, überlieferten Formen ein Gemeinschaftsbekenntnis zu Gott ablegen (RFH v. 9.6.1938, RStBl. 1938 S. 877). Der Gottesdienst muss in einer Form vollzogen werden, die den liturgischen Erfordernissen der Religionsgesellschaft entspricht. Bloße religiöse Übungen, Vorträge, fromme Besprechungen sind kein Gottesdienst. Eine Abgrenzung dürfte allerdings manchmal schwierig sein. Wer den Gottesdienst abhält, ist gleichgültig. In der Regel wird dies ein Geistlicher oder Prediger sein. Auch Laien können einen Gottesdienst abhalten. Darauf, dass diese Person von einer Religionsgesellschaft des öffentlichen Rechts oder einer jüdischen Kultusgemeinde dazu besonders berufen worden ist, kommt es nicht an.

Räume, die anderen kirchlichen Zwecken dienen, können nur nach § 3 Abs. 1 Nr. 3 oder 4 GrStG steuerfrei bleiben. Das setzt aber voraus, dass der Grundbesitz auch einer der nach § 3 Abs. 1 GrStG begünstigten Körperschaften als Eigentümer zuzurechnen ist. Wegen der öffentlich-rechtlichen Religionsgesellschaften vgl. Anm. 54 zu § 3 GrStG.

Bei dem Grundbesitz, der dem Gottesdienst gewidmet ist, handelt es sich in erster Linie um Kirchen und Kapellen, also um selbständige Grundstücke. Dabei erstreckt sich die Steuerbefreiung auch auf den Vorplatz, den Zugangsweg sowie den Parkplatz für die Kirchenbesucher. Hierzu vgl. Anm. 4 zu § 4 GrStG. Es gehören aber auch unbebaute Grundstücke dazu, wenn sie entsprechend hergerichtet sind und überwiegend für diesen Zweck genutzt werden. Befindet sich der für den Gottesdienst gewidmete Raum in einem größeren Gebäudekomplex, der steuerpflichtig ist, weil er einer Privatperson gehört, so kann unter Umständen eine Aufteilung nach § 8 Abs. 1 GrStG erforderlich werden; denn die Steuerfreiheit des Raums wird dadurch nicht beeinträchtigt. Hierzu vgl. Anm. 3 zu § 8 GrStG.

Ein für den Bau einer Kirche bestimmtes Grundstück würde zwar erst von dem Zeitpunkt an dem Gottesdienst gewidmet sein, an dem erstmals ein Gottesdienst stattgefunden hat oder die kirchlichen Weihen vorgenommen worden sind (FinMin. NW v. 8.6.1961, DB 1961 S. 963). Nach Abschnitt 17 Abs. 1 GrStR ist hier der Begriff „widmen" ebenso wie der Begriff „benutzen" nach § 7 GrStG auszulegen. Es kommt deshalb auf den Zeitpunkt an, an dem der Grundbesitz für die Zwecke des Gottesdienstes hergerichtet wird. Hierzu vgl. Anm. 3 zu § 7 GrStG. Die Nutzung eines im Bebauungsplan als kirchliches Zentrum vorgesehenen, noch unbebauten Grundstückes zu gelegentlichen Andachten usw. reicht dazu jedoch noch nicht aus (FG Schl-H v. 22.11.1963, EFG 1964 S. 235).

Wie sich aus Abschnitt 17 Abs. 1 GrStR ergibt, bleibt das Kirchengrundstück solange steuerfrei, als es für die Benutzung zum Gottesdienst hergerichtet ist und hierfür dauernd bereitgehalten wird. Dass es nicht mehr oder nur noch gelegentlich zum Gottesdienst benutzt wird (RFH v. 27.6.1940, RStBl. 1940 S. 830), steht dem nicht entgegen. Eine Benutzung zu anderen, nicht steuerbegünstigten Zwecken darf jedoch nicht überwiegen (§ 8 Abs. 2 GrStG).

Zu § 4 Nummer 2

Friedhöfe

3   Von der Grundsteuer befreit sind Bestattungsplätze, Friedhöfe u. Ä. ohne Rücksicht auf die Eigentumsverhältnisse. Im Allgemeinen werden jetzt die Friedhöfe von den Gemeinden unterhalten. Sie gehören deshalb zu den Hoheitsbetrieben, die schon nach § 3 Abs. 1 Nr. 1 GrStG steuerfrei bleiben. Hierzu vgl. Anm. 16 zu § 3 GrStG. Die Vorschrift hat deshalb in erster Linie nur noch Bedeutung für Bestattungsplätze außerhalb solcher öffentlicher Friedhöfe. So bleiben z. B. auch Privatgräber steuerfrei, in denen nur einzelne Personen oder Angehörige bestimmter Familien bestattet werden.

Zum Friedhof gehören auch die Kapellen, Leichenhallen, Krematorien und andere Gebäude, die der Beerdigung der Toten dienen, sowie die Grünanlagen. Die Steuerbefreiung erstreckt sich auch auf die Verwaltungsgebäude. Die Aufenthaltsräume für Friedhofspersonal sind als sog. Bereitschaftsräume steuerfrei, nicht dagegen die Wohnung des Friedhofsverwalters (RFH v. 28.9.1939, RStBl. 1939 S. 1117). Ein Friedhof ist solange steuerfrei, als den Angehörigen der Toten ein Anspruch auf Aufrechterhaltung der Grabstätten zusteht oder die Weiterbenutzung der bereits vorhandenen Grabstätten zugelassen ist. Ein aufgelassener Friedhof kann jedoch aus anderen Gründen steuerfrei bleiben, z. B. als Parkanlage, wegen seiner historischen Bedeutung u. a. m., soweit auch die dafür erforderlichen Voraussetzungen gegeben sind.

Zu § 4 Nummer 3 Buchstabe a

Öffentliche Straßen, Wege usw.

Literatur: *Drosdzol,* Grundsteuerliche Behandlung von Parkplätzen und Parkhäusern, KStZ 1994 S. 170; *Drosdzol,* Gleich lautende Ländererlasse betr. grundsteuerliche Behandlung von Straßen, Wegen und Plätzen v. 15.1.2002, KStZ 2002 S. 145; *Eisele,* Die grundsteuerliche Behandlung von Straßen, Wegen und Plätzen, NWB F. 11 S. 683; *Leinweber,* Grundsteuerbefreiung von dem öffentlichen Verkehr dienendem Grundbesitz, NWB F. 11 S. 623; *List,* Grundsteuerfreiheit für öffentliche Straßen, Wege, Plätze usw., DB 1990 S. 962; *Ostendorf,* Grundsteuer und Vermögensteuer bei Parkplätzen und Parkhäusern, KStZ 1977 S. 176; *Stöckel,* Grundsteuerbefreiung oder Grundsteuerpflicht für Parkhäuser, Parkplätze und Tiefgaragen, DStZ 1989 S. 279.

4   Von der Grundsteuer befreit sind die dem öffentlichen Verkehr dienenden Straßen, Wege, Plätze, Brücken, Wasserstraßen, Häfen und Schienenwege sowie die dazugehörenden Bauwerke und Einrichtungen (§ 4 Nr. 3 Buchst. a GrStG). Zur Durchführung dieser Vorschrift ist Abschnitt 18 GrStR ergangen, der den folgenden Wortlaut hat:

18 GrStR. Dem öffentlichen Verkehr dienender Grundbesitz

(1) Dem öffentlichen Verkehr dient ein Grundstück, wenn es der Öffentlichkeit zur Benutzung offensteht und tatsächlich auch von ihr benutzt wird. Straßen, Wege, Plätze usw. sind demnach von der Grundsteuer befreit, wenn sie ohne Beschränkung auf einen bestimmten, mit dem Verfügungsberechtigten in enger Beziehung stehenden Per-

sonenkreis allgemein zugänglich sind. Eine öffentlich-rechtliche Widmung ist weder erforderlich noch für sich allein ausreichend (BFH v. 11.11.1970, BStBl. 1971 II S. 32). Wegen der Steuerfreiheit von Grundstücken, auf denen eine Straße gebaut werden soll, vgl. § 7 Satz 2 GrStG. Nicht dem öffentlichen Verkehr dienen Parkplätze, Parkhäuser, Tiefgaragen usw., die nur gegen Entgelt benutzt werden können.

(2) Zu den öffentlichen Straßen und Wegen gehören auch die Seitengräben, Böschungen, Schutzstreifen und Mittelstreifen sowie Rast- und Parkplätze, wenn sie von jedem benutzt werden können. Zu den Schutzstreifen zählen nicht Waldungen längs der Bundesfernstraßen, die nach § 10 des Bundesfernstraßengesetzes idF der Bekanntmachung v. 1.10.1974 (BGBl. 1974 I S. 2413) zu Schutzwaldungen erklärt worden sind.

(3) Öffentliche Kinderspielplätze und öffentliche Grünanlagen dienen nicht dem öffentlichen Verkehr (BFH v. 6.10.1961, BStBl. 1962 III S. 51). Sie sind jedoch von der Grundsteuer befreit, wenn sie von einer Körperschaft des öffentlichen Rechts oder von einer Körperschaft unterhalten werden, die als gemeinnützig anerkannt ist, und die Voraussetzungen des § 3 Abs. 1 Nr. 1 oder des § 3 Abs. 1 Nr. 3 GrStG erfüllt sind. Wenn sie von anderen Personen unterhalten werden, kann ein Grundsteuererlaß nach § 32 Abs. 1 Nr. 2 GrStG in Betracht kommen.

(4) Wasserstraßen sind Flüsse, Seen und Kanäle, die dem öffentlichen Verkehr dienen. Fließende Gewässer, die nicht dem öffentlichen Verkehr dienen, sind nach § 4 Nr. 3 Buchstabe c GrStG befreit.

(5) Häfen im Sinne des § 4 Nr. 3 Buchstabe a GrStG sind sowohl Seehäfen als auch Binnenhäfen. Ein Hafen oder ein Teil eines Hafens, der nur einem beschränkten Benutzerkreis zur Verfügung steht, z. B. ein Werkshafen, dient nicht dem öffentlichen Verkehr und ist daher nicht von der Grundsteuer befreit. Zu den Häfen rechnen nicht nur die mit Wasser bedeckten Flächen, sondern auch die Böschungen und Grundflächen der Kaimauern und anderer zum Betrieb des Hafens unmittelbar erforderlichen Einrichtungen.

(6) Schienenwege, die dem öffentlichen Verkehr dienen, sind befreit, ohne daß es darauf ankommt, wer den Verkehr auf ihnen betreibt. Hierher gehören insbesondere die Schienenwege städtischer Straßenbahnen, der Deutschen Bundesbahn usw. Zu den Schienenwegen gehören die Grundflächen des eigentlichen Bahnkörpers und die Grundflächen der dazugehörenden Seitengräben, Böschungen und Schutzstreifen, Schneedämme und der zwischen den Gleisen gelegenen Geländestreifen sowie die mit den Schienen einschließlich der Rangier-, Neben-, Aufstell-, Abstell- und Ladegleise bedeckten Grundflächen der Betriebshöfe und der Bahnhöfe, auch wenn sie durch Bahnsteighallen überdeckt sind. Die Grundstücksflächen, über die Hochbahnen, Schwebebahnen und Seilbahnen hinwegführen, sind wie Schienenwege zu behandeln, soweit ihre Benutzbarkeit dadurch wesentlich beeinträchtigt wird.

(7) Bauwerke und Einrichtungen, die unmittelbar dem öffentlichen Verkehr dienen, bleiben steuerfrei. Bauwerke und Einrichtungen, die darüber hinaus zum Betrieb eines Verkehrsunternehmens erforderlich sind, z. B. Verwaltungsgebäude, Betriebsgebäude, Bahnsteighallen, Wagenhallen, Abfertigungsgebäude, unterliegen dagegen der Grundsteuer. Wegen der besonderen Befreiung für den Grundbesitz der Deutschen Bundesbahn vgl. § 3 Abs. 1 Nr. 2 und § 13 Abs. 2 GrStG.

Dem öffentlichen Verkehr dienen Straßen, Wege und Plätze, die der Öffentlichkeit zum allgemeinen Verkehr mit Fahrzeugen oder zur Benutzung durch Fußgänger zur Verfügung stehen. Die Straße usw. muss **für den öffentlichen Verkehr bestimmt** sein und auch **tatsächlich** dazu **benutzt** werden können. Straßen usw. stehen der Öffentlichkeit zur Verfügung, wenn sich ihre Benutzung nicht nur auf einen mit dem Verfügungsberechtigten in mehr oder weniger enger Beziehung stehenden Personenkreis beschränkt. Dies wird gelegentlich bei Seitenstraßen und Nebenwegen der Fall sein, die nur von den Anliegern benutzt werden dürfen. Andererseits können aber auch sog. Privatwege dem öffentlichen Verkehr dienen, wenn sie von jedermann benutzt werden können und keine Benutzungsgebühren erhoben werden.

Auf einer dem öffentlichen Verkehr dienenden Straße usw., die im Eigentum einer Privatperson steht, muss tatsächlich auch ein öffentlicher Verkehr mit ausdrücklicher oder stillschweigender Zustimmung des Eigentümers stattfinden, und die dafür zuständige Wegepolizei muss dem auch ausdrücklich zugestimmt haben (FG Düsseldorf v. 30.4.1957, EFG 1957 S. 414). Nach anderer Auffassung muss dagegen die Widmung für den öffentlichen Verkehr durch einen besonderen obrigkeitlichen Akt vollzogen worden sein (FinMin. NW v. 16.5.1962, DB 1962 S. 722). Nach Abschnitt 18 Abs. 1 GrStR soll es zwar auf eine öffentliche Widmung iSd Verkehrsrechts nicht ankommen (BFH v. 11.11.1970, BStBl. 1971 II S. 32). Heute wird jedoch die Auffassung vertreten, dass Voraussetzung für die Steuerfreiheit Widmung und Indienststellung der Straße usw. ist (BFH v. 7.12.1988, BStBl. 1989 II S. 302 und v. 9.5.1990, BFH/NV 1991 S. 414); denn in der Regel entsteht nur damit eine öffentliche Straße iSd Straßenrechts. Die **Widmung** ist ein nach straßenrechtlichen Bestimmungen erfolgender Verwaltungsakt, d. h. eine Allgemeinverfügung der jeweils zuständigen Behörde, die mit Rechtsbehelfsbelehrung bekanntgemacht wird und mit der Bekanntmachung wirksam wird. Die **Indienststellung** ist das Zurverfügungstellen der Straße usw. zur Benutzung durch die Allgemeinheit. Der Teil einer öffentlichen Straße, der nur einem Privatunternehmen zur Benutzung für gewerbliche Zwecke überlassen und damit dem öffentlichen Verkehr entzogen ist, bleibt jedoch immer steuerpflichtig (RFH v. 19.1.1939, RStBl. 1939 S. 596). Auch die Verkehrsübungsplätze des ADAC sind keine öffentlichen Straßen. Dasselbe gilt für Rennstrecken, die nur gegen Zahlung einer Gebühr benutzt werden dürfen. Öffentliche Kinderspielplätze und öffentliche Grünanlagen dienen nicht dem öffentlichen Verkehr. Sie sind daher nicht befreit (BFH v. 6.10.1961, BStBl. 1962 III S. 51). Vgl. hierzu jedoch Anm. 6 zu § 32 GrStG.

Bei Parkplätzen, Parkhäusern usw. hängt die Steuerfreiheit davon ab, dass eine Widmung erfolgt ist, und sie von der Allgemeinheit uneingeschränkt benutzt werden können. Die Steuerfreiheit sollte bisher allerdings dann ausgeschlossen sein, wenn die Benutzung nur gegen eine Gebühr möglich ist (Abschnitt 18 Abs. 1 GrStR).

Mit Urteil v. 25.4.2001 (BStBl. 2002 II S. 54) hatte der BFH zur Grundsteuerbefreiung nach § 4 Nr. 3 Buchst. a GrStG entschieden, dass Widmung und Indienststellung nur für solche Grundstücke erforderlich sind, die zwar dem öffentlichen Verkehr dienen, mit denen mittelbar aber ein verkehrsfremder Zweck (z. B. Parkhaus eines Warenhausunternehmens) verfolgt wird. Im Urteilsfall hatte der BFH ausgeführt, dass ein Grundstück, auf dem im Rahmen des kombinierten Ladeverkehrs Straße-Schiene unmittelbar und ausschließlich Verkehrsleistungen für eine unbeschränkte Zahl von Verkehrsunternehmen erbracht werden, dem öffentlichen Verkehr iSd § 4 Nr. 3 Buchst. a GrStG dient, ohne dass es darauf ankommt, ob das Grundstück durch Widmung zu einer (rechtlich) öffentlichen Sache iSd des Straßenrechts geworden ist.

Der BFH weicht mit seiner Entscheidung v. 25.4.2001 von den BFH-Urteilen v. 21.6.1989 (BStBl. 1989 II S. 740, ergangen zur Frage der Grundsteuerbefreiung eines Abstellplatzes in einem Seehafen; siehe hierzu auch *List*, DB 1990 S. 962) sowie v. 6.3.1991 (BStBl. 1994 II S. 123, ergangen zur Grundsteuerbefreiung eines von einem Unternehmen genutzten Teils eines öffentlichen Hafens) ab. Die geänderte Rechtsprechung machte eine Überarbeitung der koordinierten Ländererlasse v. 6.12.1993 (BStBl. 1993 I S. 989; siehe hierzu auch *Drosdzol*, KStZ 1994 S. 170) zur grundsteuerlichen Behandlung von Parkplätzen und Parkhäusern erforderlich, die durch die **gleich lautenden Ländererlasse v. 15.1.2002** (BStBl. 2002 I S. 152) ersetzt wurden und folgenden Wortlaut haben:

„1. Grundsteuerbefreiung wegen Benutzung für einen öffentlichen Dienst oder Gebrauch nach § 3 Abs. 1 Nr. 1 GrStG (nur bei inländischen juristischen Personen des öffentlichen Rechts)

1.1. Bei Straßen, Wegen und Plätzen, die der Öffentlichkeit ohne besondere Zulassung zur bestimmungsgemäßen Nutzung zur Verfügung stehen, liegt „bestimmungsgemäßer Gebrauch durch die Allgemeinheit" vor (§ 3 Abs. 2 GrStG; Abschnitt 10 GrStR). Dieser Grundbesitz ist daher wegen Benutzung für einen „öffentlichen Dienst oder Gebrauch" von der Grundsteuer befreit (§ 3 Abs. 1 Nr. 1 GrStG).

Befreit sind auch die Parkflächen auf Straßen, Wegen und Seitenstreifen, auf denen das Parken nur zeitlich begrenzt erlaubt ist (Kurzzeitparkplätze). Das Gleiche gilt für Zonen mit Anwohnerparkrechten.

1.2. Nicht befreit sind gebührenpflichtige öffentliche Parkplätze und Parkhäuser (einschließlich Parkpaletten, Tiefgaragen sowie „Park and Ride"-Plätze). Hier liegt kein „öffentlicher Dienst oder Gebrauch" (§ 3 Abs. 3 GrStG), sondern ein Betrieb gewerblicher Art von Körperschaften des öffentlichen Rechts vor (BFH-Urteil v. 22.9.1976, BStBl. II S. 793). Dies gilt selbst dann, wenn der Parkraum jedermann zur Verfügung steht und die Absicht, Gewinn zu erzielen, fehlt.

1.3. Die Grundsteuerbefreiung nach § 4 Nr. 3 Buchst. a GrStG bleibt hiervon unberührt.

2. Grundsteuerbefreiung für Verkehrsflächen nach § 4 Nr. 3 Buchst. a GrStG; BFH-Urteil vom 25.4.2001 BStBl. 2002 II S. 54 (bei allen Eigentümern)

2.1. Nach § 4 Nr. 3 Buchst. a GrStG sind die „dem öffentlichen Verkehr dienenden Straßen, Wege, Plätze" von der Grundsteuer befreit. Nicht hierunter fallen Parkhäuser, Parkpaletten und Tiefgaragen. Für die Grundsteuerbefreiung ist es ohne Bedeutung, ob die Straßen, Wege und Plätze nur gegen eine Gebühr oder ein privatrechtli-

ches Entgelt benutzt werden können. Abschnitt 18 Abs. 1 letzter Satz GrStR ist insoweit nicht mehr anzuwenden.

2.2. Ein Grundstück dient dem öffentlichen Verkehr, wenn es der Öffentlichkeit zugänglich ist, d. h. ohne Beschränkung auf einen bestimmten, mit dem Verfügungsberechtigten in enger Beziehung stehenden Personenkreis benutzt werden kann. Das ist nicht der Fall beim Betriebshof eines Verkehrsunternehmens, der zwar dem Personenverkehr dient, aber nicht der Öffentlichkeit zugänglich ist.

Ohne Bedeutung sind Einschränkungen, die sich aus dem Wesen und der Art des Verkehrs ergeben. So sind Fußgängerzonen dem Fußgängerverkehr und Parkplätze dem Autoverkehr vorbehalten; Anlagen für den Güterumschlag dienen dem öffentlichen Güterverkehr.

2.3. Die Grundsteuerbefreiung ist ausgeschlossen für Grundstücke, die der Öffentlichkeit zugänglich sind, jedoch einem gewerblichen Zweck dienen (z. B. Parkplätze, die für Zwecke eines Warenhaus- oder Gastronomiebetriebs unterhalten werden), es sei denn, das Grundstück ist durch Widmung und Indienststellung zu einer (rechtlich) öffentlichen Sache geworden (BFH-Urteil vom 7.12.1988, BStBl. 1989 II S. 302, und vom 25.4.2001, aaO).

3. Unterhaltung von Parkplätzen und Parkhäusern als unentbehrliche Hilfstätigkeit zur Verwirklichung des begünstigten Zwecks

3.1. Die Befreiung nach den §§ 3 und 4 GrStG tritt nur ein, wenn der Grundbesitz für den steuerbegünstigten Zweck unmittelbar benutzt wird (§ 7 Satz 1 GrStG). Eine unmittelbare Benutzung für einen bestimmten begünstigten Zweck liegt vor, wenn dieser auf dem Grundstück verfolgt wird. Es genügt aber auch, dass auf dem Grundstück nur eine Hilfstätigkeit zur Verwirklichung des begünstigten Zwecks ausgeübt wird, sofern diese hierfür unentbehrlich ist (Abschnitt 31 Abs. 1 GrStR). Als eine solche Hilfstätigkeit ist auch die Unterhaltung von Parkplätzen und Parkhäusern anzusehen, die der unentgeltlichen Nutzung für Bedienstete und Besucher bestimmt sind und die zu dem Grundbesitz gehören, auf dem der begünstigte Zweck verfolgt wird. Dies gilt auch für Parkplätze und Parkhäuser, die bewertungsrechtlich nicht zur wirtschaftlichen Einheit des steuerbefreiten Grundbesitzes gehören, wenn zwischen ihnen und dem Grundbesitz ein enger räumlicher Zusammenhang besteht.

3.2. Eine unentbehrliche Hilfstätigkeit zur Verwirklichung des begünstigten Zwecks kann nicht mehr angenommen werden bei Parkplätzen und Parkhäusern, die jedermann gegen Gebühr oder privatrechtliches Entgelt zur Verfügung stehen. Gleiches gilt für Stellplätze, die an Bedienstete oder Studierende vermietet werden.

4. Schlussbestimmungen

Dieser Erlass ergeht im Einvernehmen mit den obersten Finanzbehörden des Bundes und der anderen Länder. Er tritt an die Stelle des Erlasses vom 6.12.1993 (BStBl. I S. 989)."

Bei Grundbesitz von Körperschaften des öffentlichen Rechts oder von gemeinnützigen Körperschaften, der für einen nach § 3 Abs. 1 GrStG begünstigten Zwecke benutzt wird und deshalb steuerfrei ist, erstreckt sich diese Steuerfreiheit auch auf den zum Grundbesitz gehörenden **Parkplatz.** Dies gilt auch, wenn der Parkplatz zwar nicht zu dem Grundbesitz selbst gehört, aber zwischen ihm und dem Grundbesitz ein enger räumlicher Zusammenhang besteht. Die gleiche Rechtslage besteht für Parkplätze, wenn sie zum Grundbesitz gehören, der nach § 4 GrStG steuerfrei bleibt. Von Bedeutung ist diese Regelung z. B. für Parkplätze von Behörden, Schulen, Kirchen, Sportplätzen usw. Hierzu vgl. auch Anm. 2 zu § 7 GrStG. Dasselbe gilt auch für die Zufahrt zum Parkplatz.

In § 4 Nr. 3 Buchst. a GrStG wird kein Unterschied zwischen fließendem und ruhendem Verkehr, sondern ein Unterschied zwischen öffentlichem und nicht öffentlichem Verkehr gemacht. Auch Parkplätze usw. können deshalb steuerfrei bleiben, wenn ein öffentlicher Verkehr auf ihnen stattfindet. Der Begriff „öffentlicher Verkehr" wird bei allen Steuerarten in der Weise definiert, dass „die Benutzung jedermann offensteht" (BFH v. 8.11.1961, BStBl. 1962 III S. 68 und v. 15.10.1975, BStBl. 1976 II S. 219). Auf eine besondere Widmung sollte es dabei zunächst nicht ankommen (BFH v. 11.11.1970, BStBl. 1971 II S. 32 und v. 14.11.1980, BStBl. 1981 II S. 356). Danach konnte auch der Parkplatz eines Restaurants oder eines Einkaufscenters dem öffentlichen Verkehr dienen (BGH v. 9.3.1961, NJW 1961 S. 1124 u. a.). Selbst bei der Beurteilung, ob ein Hafen dem öffentlichen Verkehr dient, sollten diese Grundsätze des Straßenverkehrsrechts gelten (BFH v. 14.11.1980, aaO). Heute wird jedoch mindestens im Zweifelsfall eine besondere **Widmung** nach Straßenrecht vorausgesetzt. Es handelt sich bei der Widmung um eine sog. Allgemeinverfügung, die öffentlich bekannt zu geben ist und die Benutzung der Straße durch jedermann freigibt. Eine öffentliche Straße kann allerdings auch ohne eine besondere Widmung gegeben sein, wenn sie schon seit Jahrzehnten öffentlich genutzt wird.

Wenn eine Widmung erfolgt ist, schließt die Erhebung einer **Parkgebühr** die Steuerfreiheit nicht aus (BFH v. 7.12.1988, BStBl. 1989 II S. 302). Die gegenteilige Auffassung in Abschnitt 18 Abs. 1 GrStR (FG Schl-H v. 20.6.1984, EFG 1985 S. 140) ist damit überholt. Dass die Steuerfreiheit bei bestimmungsgemäßem Gebrauch durch die Allgemeinheit nicht ausgeschlossen ist, auch wenn ein Entgelt dafür als Parkgebühr erhoben wird, ergibt auch aus der Vorschrift des § 3 Abs. 2 GrStG; denn diese Vorschrift bestimmt, dass ein Entgelt nur nicht gefordert werden darf, um Gewinne zu erzielen. Die Erhebung einer Benutzungsgebühr beim Gebrauch durch die Allgemeinheit lässt somit die Steuerfreiheit unberührt. Dies gilt auch bei der Benutzung zum öffentlichen Verkehr nach § 4 Nr. 3 Buchst. a GrStG und ergibt sich auch aus der früheren BFH-Rechtsprechung (BFH v. 14.11.1980, aaO). Dabei ist es dann auch gleichgültig, ob die Parkgebühr in bar oder in anderer Weise erhoben wird, z. B. beim Parkplatz eines Kaufhauses durch Verrechnung mit dem gezahlten Einkaufspreis. Zwar ist in den Fällen des § 3 Abs. 2 GrStG die Steuerfreiheit ausgeschlossen, wenn das Entgelt in Gewinnerzielungsabsicht erhoben wird. Bei § 4 Nr. 3 Buchst. a GrStG fehlt aber eine entsprechende Einschränkung.

Nach § 4 Nr. 3 Buchst. a GrStG bleibt nicht nur ein Parkplatz, sondern auch ein Grundstück mit dem daraufstehenden Bauwerk steuerfrei, wenn dieses dem öffentlichen Verkehr dient. Bei dem Bauwerk kann es sich um ein Gebäude oder auch um eine Betriebsvorrichtung handeln. Wird nur der Grund und Boden oder nur das Gebäude oder jeweils nur ein Teil davon für den öffentlichen Verkehr benutzt, so muss eine entsprechende Aufteilung in einen steuerfreien und steuerpflichtigen Teil erfolgen. Hierzu vgl. Anm. 2 ff. zu § 8 GrStG.

Zu den öffentlichen Straßen rechnen auch die dazugehörenden Böschungen, Schutzstreifen usw. Vgl. hierzu Anm. 5 zu § 6 GrStG. Es gehört aber auch der Grund und Boden für Einrichtungen dazu, die dem öffentlichen Verkehr auf der Straße unmittelbar dienen. Es sind dies Brücken, Straßentunnel, Fußgängertunnel, Hochstraßen, besonders hergerichtete Fußgängerzonen, Warnanlagen, Wildsperrzäune u. a. m. Dasselbe gilt auch für Gebäude von Straßenmeistereien, die der Verwaltung und Unterhaltung der Straßen dienen. Tankstellen, Reparaturwerkstätten, Rasthäuser und ähnliche Rastanlagen dienen nicht unmittelbar dem öffentlichen Verkehr, auch wenn sie dem einzelnen Verkehrsteilnehmer jederzeit zur Verfügung stehen. Der dazu gehörende Grundbesitz ist deshalb steuerpflichtig. Soweit es sich bei den dazu gehörenden Einrichtungen um Gebäude handelt, erstreckt sich die Steuerbefreiung auch hierauf, soweit es sich dabei um Betriebsvorrichtungen handelt, nur auf den Grund und Boden; denn Betriebsvorrichtungen unterliegen nicht der Grundsteuer. Vgl. hierzu Anm. 15 zu § 2 GrStG. In welchem Ausmaß der Grund und Boden jeweils steuerfrei bleibt, richtet sich nach den Umständen des Einzelfalls. Beim Grund und Boden unter einer Hochstraße wird es ebenso wie bei einer Hochbahn, Seilbahn oder Schwebebahn (vgl. hierzu Abschnitt 18 Abs. 6 GrStR) darauf ankommen, ob und inwieweit seine Benutzbarkeit dadurch wesentlich beeinträchtigt wird.

Für **Diensträume der Bundespolizei in Bahnhöfen** scheidet eine Grundsteuerbefreiung nach § 4 Nr. 3 Buchst. a GrStG aus, da die Diensträume der Bundespolizei nicht unmittelbar dem öffentlichen Verkehr dienen (OFD Karlsruhe v. 1.7.2010, StEK GrStG § 4 Nr. 92) und die dort ausgeübten Tätigkeiten auch für diesen nicht unentbehrlich sind (FG Berlin-Bbg. v. 5.12.2013 3 K 3230/10, n. v.). Die Aufgabe der Bundespolizei ist es, Gefahren für die öffentliche Sicherheit und Ordnung abzuwehren. Durch die Anwesenheit der Bundespolizei wird der öffentliche Verkehr nicht erst ermöglicht, vielmehr dient sie dem bereits bestehenden öffentlichen Verkehr, der auch ohne Wirken der Bundespolizei stattfinden würde (OFD Magdeburg v. 21.4.2010, GrSt-Kartei S-Anh § 4 GrStG Karte 8).

Schienenwege

5 Schienenwege sind befreit, wenn sie dem öffentlichen Verkehr dienen ohne dass es darauf ankommt, wer den Verkehr betreibt. Die Steuerbefreiung hat deshalb Bedeutung sowohl für die Deutsche Bahn AG als auch für alle Privatbahnen. Es muss die Allgemeinheit, d. h. jeder, der die Beförderungsbedingungen erfüllt, die darauf verkehrende Eisenbahn oder Straßenbahn benutzen können (**Betriebs- und Beförderungspflicht;** vgl. auch OFD Frankfurt/M. v. 15.10.2010, Bew/GrSt-Kartei HE, § 4 Nr. 3a GrStG Karte 5). Dies ist aber nicht der Fall bei Werks-, Gruben- oder Feldbahnen, die nur einem beschränkten Personenkreis zur Verfügung stehen. Desgleichen scheidet eine Grundsteuerbefreiung für Grundstücke, die dem Betrieb von **Draisinenbahnen** dienen, grundsätzlich aus. Draisinenbahnen fallen nämlich

nicht unter die Begriffsbestimmung „Eisenbahnen", da hierunter nur öffentliche Einrichtungen oder privatrechtlich organisierte Unternehmen zu verstehen sind, die Eisenbahnverkehrsleistungen erbringen oder eine Eisenbahninfrastruktur isd § 2 des Allgemeinen Eisenbahngesetzes betreiben (FinMin. Nds. v. 26.10.2009, StEK GrStG § 4 Nr. 91). Der Draisinenbetrieb dient nicht dem öffentlichen Verkehr; für den Betreiber der Draisinenbahn als touristische Freizeitattraktion besteht kein Kontrahierungszwang, d.h. keine rechtliche Verpflichtung, mit einem anderen ein Rechtsverhältnis zu begründen (OFD Magdeburg v. 24.3.2010, GrSt-Kartei S-Anh § 4 GrStG Karte 7). Zum Schienenweg gehört vor allem die mit den Schienen bedeckte Fläche, auf der sich der Verkehr abspielt. Was darüber hinaus noch weiter dazugehört, ergibt sich aus Abschnitt 18 Abs. 6 GrStR (abgedruckt bei Anm. 4 zu § 4 GrStG). Es sind dies die Grundfläche des Bahnkörpers sowie die zugehörigen Seitengräben, Böschungen, Schutzstreifen, Schneedämme und die zwischen den Gleisen gelegenen Geländestreifen. Weiter gehören dazu die mit Schienen einschließlich der Rangier-, Neben-, Aufstell-, Abstell- und Ladegleise bedeckten Flächen, schließlich auch die Bahnsteige, gleichgültig, ob sie überdacht oder durch Bahnsteighallen überdeckt sind. Den Schienenwegen sind dagegen nicht zuzurechnen die Schienenstrecken, die zur Abstellung von dauernd aus dem Verkehr gezogenen Wagen (z.B. in und neben Wagenhallen, in Straßenbahndepots) bestimmt sind sowie Schienenstrecken, die zu einem besonderen, von dem Verkehrsbetrieb getrennten Betriebsteil (z.B. Instandsetzung) gehören. Ein Gleislager, in dem Schienen, Ersatzteile für den Gleisoberbau usw. lagern oder wieder instandgesetzt werden und das von den Gleisanlagen des öffentlichen Verkehrs getrennt ist, stellt eine solche von dem Verkehrsbetrieb getrennte Einrichtung dar (FG Kassel v. 3.10.1961, DStZ/B 1963 S. 103). Bei Hochbahnen, Schwebebahnen und Seilbahnen liegt zwar kein Schienenweg vor. Wenn jedoch die Benutzbarkeit des darunterliegenden Grund und Bodens durch die Bahn wesentlich beeinträchtigt wird (RFH v. 23.5.1939, RStBl. 1939 S. 876), ist dieser ebenso wie ein Schienenweg zu behandeln.

Während beim Bundeseisenbahnvermögen der Grundbesitz, der für **Verwaltungszwecke** genutzt wird, steuerfrei bleibt (§ 3 Abs. 1 Nr. 2 GrStG), ist bei Privatbahnen der entsprechende Grundbesitz voll steuerpflichtig. Allenfalls können bei einer Privatbahn Verwaltungsgebäude soweit steuerfrei bleiben, als darin der steuerfreie Grundbesitz (Schienenwege usw.) verwaltet wird. Hierzu vgl. Anm. 2 zu § 7 GrStG. Wegen weiterer Einzelheiten vgl. die Richtlinien für die Bewertung der Betriebsgrundstücke der öffentlichen Verkehrsunternehmen der OFD Frankfurt v. 15.9.1975 – S 3015 A – 1 – St III 40 sowie die Richtlinien für die Bewertung der Betriebsgrundstücke von Schwebebahnen, Seilbahnen usw. der OFD München v. 1.8.1972 S 3015 – 4/8 – St 31.

Künstliche Wasserläufe und Häfen

Wasserstraßen und Häfen sind steuerfrei, wenn sie dem öffentlichen Verkehr dienen. Wasserstraßen (**Binnenwasserstraßen und Seewasserstra-** 6

ßen) sind teils natürliche, teils künstliche Wasserläufe, teils Meeresbuchten. Insbesondere gehören die Kanäle dazu. Sie dienen aber nur dann dem Verkehr, wenn sie auch mit Schiffen befahrbar sind. Zum Kanal gehören die Schleuseneinrichtungen, ohne die ein Kanal u. U. gar nicht betriebsfähig ist, die Speicherbecken, die Ufergrundstücke (Böschungen), die Tonnen-, Bau- und Schirrhöfe usw. Vgl. § 1 des Bundeswasserstraßengesetzes idF v. 23.5.2007 (BGBl. 2007 I S. 962), zuletzt geändert durch Gesetz v. 7.8.2013 (BGBl. 2013 I S. 3154). Weitere Voraussetzung soll jedoch sein, dass der Kanal nicht kommerziell genutzt wird. Kanäle, die sich auf einem Werksgelände befinden oder nur für die Zwecke eines Industriewerks angelegt sind, sollen deshalb nicht unter § 4 Nr. 3 Buchst. c GrStG fallen.

Dem öffentlichen Verkehr dienen Häfen **(See- und Binnenhäfen),** die jedermann, ohne Beschränkung auf einen bestimmten, mit dem Verfügungsberechtigten in enger Beziehung stehenden Personenkreis zugänglich sind und auch so benutzt werden. Dabei ist es unerheblich, wessen Interesse die Benutzung des Hafens dient und ob für seine Benutzung eine festgesetzte Gebühr entrichtet werden muss (BFH v. 14.11.1980, BStBl. 1981 II S. 355). Die Steuerfreiheit für Hafengrundstücke setzt schließlich voraus, dass sie durch Widmung und Indienststellung zu einer öffentlichen Sache geworden sind (BFH v. 21.6.1989, BStBl. 1989 II S. 740 und v. 6.3.1991, BStBl. 1994 II S. 123); vgl. hierzu jedoch BFH v. 25.4.2001 (BStBl. 2002 II S. 54) sowie Anm. 4 zu § 4 GrStG. Kann der Hafen oder ein Teil eines Hafens nicht von jedermann benutzt werden, sondern steht er z. B. nur einem einzigen Benutzer zur Verfügung, z. B. als Werkshafen, so ist er nicht befreit (RFH v. 31.3.1942, RStBl. 1942 S. 582). Dem öffentlichen Verkehr können auch Schutz- und Sicherheitshäfen dienen. Jacht- und Bootshäfen sind dagegen nicht befreit (FinMin. NW v. 7.2.1983, StEK § 3 GrStG Nr. 15).

Zu dem Hafen rechnen die mit Wasser bedeckten Flächen, die Böschungen sowie die Grundflächen der Kaimauern und der anderen zur Benutzung des Hafens erforderlichen Einrichtungen. Dies können Straßen und Plätze, aber auch Gebäude sein, wenn sie die Voraussetzungen des § 4 Nr. 3 Buchst. a GrStG erfüllen (BFH v. 21.6.1989, BStBl. 1989 II S. 740). Die Kaimauern selbst kommen als Betriebsvorrichtungen für die Heranziehung zur Grundsteuer nicht in Betracht. Lagerhallen und andere Gebäude, die dem Hafenverkehr dienen, unterliegen dagegen der Grundsteuer. Das gilt auch für Hafengrundstücke, die der Umschlagslagerei dienen (FinMin. Nds. v. 26.3.1985, DB 1985 S. 1212). Wegen weiterer Einzelheiten vgl. die Richtlinien zur Bewertung von Seehäfen (OFD Hamburg v. 9.2.1971 S 3014 – 4/70 – St 31), die Richtlinien zur Bewertung von Binnenhäfen (OFD Karlsruhe v. 20.11.1970 S 3015 A – 1 – St 321) und die Richtlinien für die Bewertung von Jacht- und Bootshäfen (OFD Kiel v. 20.12.1977 S 3015 – St 21/211). Eine Überarbeitung dieser Richtlinien in Ansehung des BFH-Urteils v. 25.4.2001 (BStBl. 2002 II S. 54, vgl. auch Anm. 4 zu § 4 GrStG) ist noch nicht erfolgt.

Grundstücksflächen eines öffentlichen Hafens, auf denen **Bauwerke eines privaten Unternehmers** zu dessen eigenem Gebrauch errichtet worden sind, werden nicht unmittelbar für einen dem öffentlichen Verkehr dienenden Hafen benutzt. Sie sind deshalb grundsteuerpflichtig (BFH v. 7.2.1969,

BStBl. 1969 II S. 496). Dasselbe gilt, wenn die Ufer mit dem dahinterliegenden Gelände langfristig an bestimmte Firmen zur ausschließlichen Nutzung vermietet bzw. im Erbbaurecht vergeben sind, so dass Schiffe, die von den Firmen nicht geordert sind, keine Verlademöglichkeit finden. Es kommt dann auch nicht darauf an, dass der Hafen nach dem allgemeinen Ordnungsrecht als öffentlicher Hafen anzusehen ist und in Notfällen auch andere Schiffe ihn ausnahmsweise anlaufen dürfen (FG Düsseldorf v. 20.10.1977, EFG 1978 S. 284).

Dient ein Hafen sowohl dem öffentlichen Verkehr als auch anderen Zwecken, so regelt sich die Befreiung nach § 8 GrStG. Kein öffentlicher Verkehr ist die Lagerei, auch nicht die Umschlagslagerei (s. o.).

Für auf dem Wasser **ortsfest gemachte Schwimmkörper** wie Hausboote, Restaurantschiffe o. ä., die den bewertungsrechtlichen Gebäudebegriff (§ 68 BewG) erfüllen, kommt eine Grundsteuerbefreiung (§ 4 Nr. 3 Buchst. a GrStG) hinsichtlich der Wassergrundstücke nicht (mehr) in Betracht, weil die Teile von Wasserstraßen und Häfen, die für die schwimmenden Bauten bereitgehalten werden, nicht mehr dem öffentlichen Verkehr dienen können und insoweit der unmittelbare Zusammenhang gemäß § 7 GrStG mit dem begünstigen Zweck fehlt (OFD Koblenz v. 28.4.2008, Kurzinformation der Steuergruppe St 3 Nr. ST 3–2008K047).

Zu § 4 Nummer 3 Buchstabe b

Verkehrsflughäfen und Verkehrslandeplätze

Von der Grundsteuer befreit sind Verkehrsflugplätze und Verkehrslande- 7 plätze mit allen Flächen, die unmittelbar zur Gewährleistung eines ordnungsgemäßen Flugbetriebs notwendig sind und von Hochbauten und sonstigen Luftfahrthindernissen freigehalten werden müssen, die Grundflächen mit den Bauwerken und Einrichtungen, die unmittelbar dem ordnungsgemäßen Flugbetrieb dienen, sowie die Grundflächen ortsfester Flugsicherungsanlagen einschließlich der Flächen, die für einen einwandfreien Betrieb dieser Anlagen erforderlich sind (§ 4 Nr. 3 Buchst. b GrStG). Hierzu vgl. auch Abschnitt 19 GrStR, der folgenden Wortlaut hat:

19 GrStR. Verkehrsflughäfen und Verkehrslandeplätze

Die Steuerbefreiung (§ 4 Nr. 3 Buchst. b GrStG) gilt nur für Verkehrsflughäfen und Verkehrslandeplätze. Sie kommt nicht in Betracht für Flugplätze, die nicht dem öffentlichen Verkehr dienen. Hierfür kann sich allerdings eine Befreiung aus § 3 Abs. 1 Nr. 1 oder 3 GrStG ergeben.

Die Abgrenzung des Verkehrsflughafens folgt den Begriffen des Luftverkehrsrechts. Danach gehören alle Flugplätze des allgemeinen Verkehrs (Verkehrsflughäfen und Verkehrslandeplätze) dazu. Vgl. § 6 des LuftVG idF v. 10.5.2007 (BGBl. 2007 I S. 698), zuletzt geändert durch Gesetz v. 7.8.2013 (BGBl. 2013 I S. 3154), wonach die Flugplätze eingeteilt werden in Flughäfen, Landeplätze und Segelfluggelände. Als steuerbefreite Grundfläche kommt zunächst der Teil des Verkehrsflughafens oder Verkehrslandeplatzes in Betracht, der unmittelbar dem Start, der Landung und der Abfertigung der

Luftfahrzeuge dient. Es sind aber auch die zwischen, neben und am Ende der Start- und Landebahnen gelegenen unbebauten Flächen des Flugplatzes mit in die Befreiung einbezogen; denn diese sind zur Unterhaltung eines ordnungsgemäßen Flugbetriebs unentbehrlich. In Anlehnung an § 12 Abs. 1 LuftVG rechnen dazu die Sicherheitsflächen, die am Ende der Start- und Landeflächen je 1000 m und seitlich derselben je 350 m breit sein sollen, das Abfertigungsvorfeld, die Abstell- und Wendeflächen, die Rollbahnen und die Flugplatzbetriebsstraßen.

Der **Bauschutzbereich,** d. h. der Bereich, in dem für die Grundstücke wegen des Flugbetriebs Baubeschränkungen gelten, geht in den An- und Abflugsektoren bis zu 15 km. Die Steuerfreiheit kommt hierfür jedoch nur insoweit in Betracht, als das Gelände noch zum Verkehrsflughafen gehört und von Hochbauten freigehalten werden muss. Das Gelände im Bauschutzbereich außerhalb des Verkehrsflughafens ist dagegen steuerpflichtig, kann jedoch mit Rücksicht auf die Baubeschränkungen oder wegen des Fluglärms niedriger zu bewerten sein (siehe hierzu *Halaczinky* in *Rössler/Troll,* § 82 BewG Anm. 9 ff.).

Bauwerke und die Grundflächen von Einrichtungen, die notwendig sind, um auf dem Verkehrsflugplatz einen ordnungsgemäßen Flugbetrieb durchzuführen, sind ebenfalls steuerfrei. Dazu gehören Sende- und Empfangsanlagen, Baubüro, Betriebstankstellen, Gebäude für Polizei und Feuerwehr, Flugplatzgärtnerei, Flugwetterdienst, Parkhäuser und -plätze, Heizwerk, Kantine für das Personal, Lärmschutzhallen u. a. m. Die Steuerfreiheit gilt jeweils auch für die Straßen, Flächen oder Plätze, die zu den steuerbefreiten Bauwerken oder Einrichtungen führen (FinMin. NW v. 28.10.1981, StEK § 4 GrStG Nr. 68) Die Steuerfreiheit kommt auch für die Verwaltungsgebäude in Betracht, in denen die steuerfreien Grundflächen des Verkehrsflughafens verwaltet werden. Vgl. hierzu Anm. 2 zu § 7 GrStG. Dagegen unterliegen Gebäude und Einrichtungen auf dem Verkehrsflughafen, die unmittelbar der Abwicklung des Personen- und Güterverkehrs dienen oder für den Betrieb der Flugverkehrsunternehmen erforderlich sind, z. B. Abfertigungsgebäude, Verwaltungsgebäude, Betriebsgebäude, Flugzeughallen, Reparaturwerkstätten usw., der Grundsteuer. Die Grundflächen ortsfester Flugsicherungsanlagen bleiben dagegen steuerfrei, ohne dass es darauf ankommt, ob sie sich auf dem Verkehrsflughafen oder außerhalb eines solchen befinden (FinMin. NW v. 29.11.1978, DStZ/B 1979 S. 34).

Die Grundsteuerbefreiung ist ohne Bedeutung für die Bodenbefestigungen auf dem Rollfeld (Betonpisten usw.). Diese gehören nämlich zu den Betriebsvorrichtungen (vgl. Anm. 18 zu § 2 GrStG sowie BFH v. 23.2.1962, BStBl. 1962 III S. 179).

Die Steuerbefreiung für Verkehrsflughäfen und Verkehrslandeplätze nach § 4 Nr. 3 Buchst. b GrStG ist Gegenstand eines **gleich lautenden Ländererlasses v. 28.11.1995** (BStBl. 1996 I S. 14), der folgenden Wortlaut hat:

„Die Steuerbefreiung nach § 4 Nr. 3 Buchstabe b GrStG gilt nur für Verkehrsflughäfen und Verkehrslandeplätze. Für Flugplätze, die nicht dem öffentlichen Verkehr mit Luftfahrzeugen dienen (Militär-, Sport- oder Privatflugplätze), kommt diese Rege-

lung nicht in Betracht; allerdings kann sich für diese eine Befreiung nach § 3 Abs. 1 Nr. 1 oder 3 GrStG ergeben.
Die Befreiungsvorschrift des § 4 Nr. 3 Buchstabe b GrStG umfasst

1. *alle Flächen, die unmittelbar zur Gewährleistung eines ordnungsgemäßen Flugbetriebs notwendig sind und von Hochbauten und sonstigen Luftfahrthindernissen freigehalten werden müssen.*
2. *die Grundflächen mit den Bauwerken und Einrichtungen, die unmittelbar dem ordnungsgemäßen Flugbetrieb dienen, und*
3. *alle Grundflächen mit ortsfesten Flugsicherungsanlagen einschließlich der Flächen, die für einen einwandfreien Betrieb dieser Anlagen erforderlich sind.*

Die beigefügte tabellarische Zusammenstellung enthält Beispiele für die o.g. drei Teilbereiche. In Spalte 2 dieser Tabelle ist die jeweils für oder gegen eine Grundsteuerbefreiung getroffene Entscheidung wiedergegeben; zum besseren Verständnis der Zusammenhänge sind auch Hinweise darüber aufgenommen, ob es sich um Betriebsvorrichtungen handelt (vgl. Bewertungserlass vom 31.3.1992, BStBl. 1992 I S. 342). Spalte 3 gibt Auskunft darüber, ob das jeweilige Objekt unmittelbar dem öffentlichen Verkehr mit Luftfahrzeugen iSd § 2 Abs. 1 A Nr. 6 der Verordnung zur Durchführung des § 90 BewG dient. Sie gilt nicht im Beitrittsgebiet.

Anlage

Zusammenstellung der unbebauten und bebauten Grundflächen und Gebäude auf Verkehrsflughäfen und Verkehrslandeplätzen
Grundsteuerliche Behandlung und Abgrenzung zu Betriebsvorrichtungen

Bezeichnung bzw. Funktion	*Grundsteuerliche Behandlung*	*Gebäude oder Gebäudeteile, die unmittelbar dem öffentlichen Verkehr mit Luftfahrzeugen dienen*
A. Flächen, die unmittelbar zur Gewährleistung eines ordnungsgemäßen Flugbetriebs notwendig sind und von Hochbauten und sonstigen Luftfahrthindernissen freigehalten werden müssen		
1. Start- und Landebahnen	*Grundflächen befreit;[1] bauliche Bestandteile (Bodenbefestigungen) sind Betriebsvorrichtungen*	*entfällt[2]*
2. Rollbahnen	*befreit; bauliche Bestandteile (Bodenbefestigungen) sind Betriebsvorrichtungen*	*entfällt*

Bezeichnung bzw. Funktion	Grundsteuerliche Behandlung	Gebäude oder Gebäudeteile, die unmittelbar dem öffentlichen Verkehr mit Luftfahrzeugen dienen
3. Schutzstreifen und Sicherheitsflächen	befreit	entfällt
4. Abfertigungsvorfelder und darunter liegende Fluggasttunnel und Gepäckverteileranlagen	Grundflächen befreit; bauliche Bestandteile (Bodenbefestigungen und Fluggasttunnel, die die Flugsteige – siehe Absatz B Nr. 17 – unmittelbar miteinander verbinden) sind Betriebsvorrichtungen	entfällt
5. Abstellflächen und Wendeflächen (befestigt und unbefestigt), die dem öffentlichen Verkehr mit Luftfahrzeugen dienen	befreit; bauliche Bestandteile (Bodenbefestigungen) sind Betriebsvorrichtungen	entfällt
6. Rollbrücken (für kreuzungsfreien Verkehr auf dem Flughafen)	befreit; bauliche Bestandteile (Bodenbefestigungen) sind Betriebsvorrichtungen	entfällt
7. Flugplatzbetriebsstraßen innerhalb des Flugplatzgeländes	befreit	entfällt
B. Grundflächen mit Bauwerken und Einrichtungen, die unmittelbar dem ordnungsgemäßen Flugbetrieb dienen[3)]		
1. Abfertigungsgebäude	nicht befreit	ja
2. ASR[4)]-Gebäude, Gebäude für Sende- und Empfangsanlage, Gebäude für Flugmonitore (Sendeeinrichtungen für Fernfeldmonitore)	befreit	ja
3. Baubüros	befreit, wenn sie überwiegend der Herstellung oder Herrichtung steuerfreien Grundbesitzes dienen	ja

Bezeichnung bzw. Funktion	Grundsteuerliche Behandlung	Gebäude oder Gebäudeteile, die unmittelbar dem öffentlichen Verkehr mit Luftfahrzeugen dienen
4. Betriebstankstellen	befreit	ja
5. Bordverpflegungsküchen der Luftverkehrsgesellschaften und Cateringgebäude	nicht befreit	ja
6. Büros und Verwaltungsgebäude des Flugplatzhalters	befreit, soweit überwiegend steuerfreier Grundbesitz verwaltet wird	ja
7. Büros und Verwaltungsgebäude der Luftverkehrsgesellschaften	nicht befreit	ja
8. Büros der Mietwagenunternehmen	nicht befreit	nein
9. Diensträume der Polizei	nicht befreit; soweit begünstigtem Rechtsträger zuzuordnen, Befreiung nach § 3 Abs. 1 Nr. 1	nein
10. Diensträume des Bundesgrenzschutzes	befreit	ja
11. Räume für Einwanderungs- und Asylbehörden	nicht befreit; soweit begünstigtem Rechtsträger zuzuordnen, Befreiung nach § 3 Abs. 1 Nr. 1	nein
12. Empfangsgebäude	nicht befreit	ja
13. Feuerwehrgebäude	befreit	ja
14. Flugplatzgaststätten	nicht befreit	ja, wenn sie nur für Fluggäste zugänglich sind
15. Flugplatzgärtnereien, die überwiegend damit beschäftigt sind, das Rollfeld zu säubern und den Bewuchs aus Gründen der Flugsicherheit zu überwachen	befreit	ja
16. Flugsicherungsgebäude	befreit	ja

Bezeichnung bzw. Funktion	Grundsteuerliche Behandlung	Gebäude oder Gebäudeteile, die unmittelbar dem öffentlichen Verkehr mit Luftfahrzeugen dienen
17. *Flugsteige, wenn sie der allgemeinen Öffentlichkeit nicht zugänglich sind*	*befreit sind nur die reinen Zugangsflächen zu den Flugzeugen (nicht befreit sind die in den Flugsteigen enthaltenen sonstigen Räume wie Verkaufsläden, Sozialeinrichtungen, Büros o. Ä.). Die begünstigten Flugsteige sind aus den nicht befreiten Abfertigungsgebäuden auszusondern*	*ja*
18. *Flugwetterdienstgebäude (Außenstellen des Deutschen Wetterdienstes)*	*befreit*	*ja*
19. *Flugzeughallen für Flugzeuge, die gewerbsmäßig gegen Entgelt für die Beförderung von Personen und / oder Waren eingesetzt werden, sowie für Privatflugzeuge*	*nicht befreit*	*ja, mit Ausnahme der Hallen und Werkstätten für Privatflugzeuge*
20. *Frachthallen und Transitgepäckhallen*	*nicht befreit*	*ja*
21. *Garagen, Parkplätze und Parkhäuser für Fluggäste und Flugplatzpersonal*	*befreit unter den Voraussetzungen des gleichlautenden Erlasses zur grundsteuerlichen Behandlung von Parkplätzen und Parkhäusern v. 6.12.1993 (BStBl. I S. 989)[5]*	*ja*
22. *Garagen für Kraftfahrzeuge des Flugplatzbetriebes*	*befreit*	*ja*
23. *Geräteschuppen für den Flugplatzbetrieb*	*befreit*	*ja*

Bezeichnung bzw. Funktion	Grundsteuerliche Behandlung	Gebäude oder Gebäudeteile, die unmittelbar dem öffentlichen Verkehr mit Luftfahrzeugen dienen
24. Heizwerk	befreit, wenn überwiegend steuerfreier Grundbesitz beheizt wird	ja, wenn überwiegend Gebäude beheizt werden, die unmittelbar dem öffentlichen Verkehr mit Luftfahrzeugen dienen
25. Kantinen für Personal der Flugplatzgesellschaft	befreit in sinngemäßer Anwendung des Abschnitts 9 (3) GrStR	ja
26. Kontrollturm	befreit	ja
27. Lagerräume für Materialien des Flugplatzbetriebs	befreit	ja
28. Lagerräume des Fundamtes und der Luftverkehrsgesellschaften	nicht befreit	ja
29. Lärmschutzhallen	befreit, Lärmschutzwände sind Betriebsvorrichtungen	ja
30. Luftpostgebäude und andere Diensträume der Post	nicht befreit, jedoch Befreiung bei Eigentum eines begünstigten Rechtsträgers nach § 3 Abs. 1 Nr. 1 und Nr. 1a GrStG	Luftpostgebäude ja, sonst nein
31. Pförtnergebäude	befreit	ja
32. Pumpenhaus	befreit	ja
33. Rampengerätestationen	befreit	ja
34. Sanitätsgebäude und Quarantänestation	befreit	ja
35. Simulationskammern (zur Untersuchung von Fracht- und Gepäckstücken)	befreit	ja
36. Sozialräume der Flugplatzgesellschaft	nicht befreit	ja

Bezeichnung bzw. Funktion	Grundsteuerliche Behandlung	Gebäude oder Gebäudeteile, die unmittelbar dem öffentlichen Verkehr mit Luftfahrzeugen dienen
37. Schulungsräume (für Abfertigungs- und Betriebspersonal)	befreit	ja
38. Streusandgebäude	befreit	ja
39. Tankdienstgebäude	befreit, die ortsfesten und zum Teil unterirdischen	ja (soweit Gebäude)
40. Tanklager	Tankanlagen sind Betriebsvorrichtungen	
41. Tankstellengebäude für Pkw und Pkw-Waschanlagen	nicht befreit	nein
42. Technische Stationsgebäude (z. B. für Verkehrsleitung und Luftaufsicht)	befreit	ja
43. Trafogebäude	befreit, wenn überwiegend steuerfreier Grundbesitz versorgt wird	ja, wenn überwiegend Gebäude versorgt werden, die unmittelbar dem öffentlichen Verkehr mit Luftfahrzeugen dienen
44. Umzäunung des gesamten Flugplatzgeländes	befreit, sie dienen der Sicherung des Flugplatzgeländes und stellen Außenanlagen dar	entfällt
45. Wartungshallen für Flugzeuge	nicht befreit	ja, mit Ausnahme der Werkstätten für Privatflugzeuge und für die Versuchsanstalt für Luft- und Raumfahrt
46. Werkstattgebäude für Einrichtungen und Fahrzeuge des Flugplatzbetriebes	befreit	ja
47. Wohnungen des Bereitschaftspersonals	nicht befreit, jedoch Befreiung einzelner Bereitschaftsräume nach § 5 Abs. 1 Nr. 4 GrStG	ja

Bezeichnung bzw. Funktion	Grundsteuerliche Behandlung	Gebäude oder Gebäudeteile, die unmittelbar dem öffentlichen Verkehr mit Luftfahrzeugen dienen
48. Zollabfertigung	nicht befreit, jedoch Befreiung bei Eigentum eines begünstigten Rechtsträgers nach § 3 Abs. 1 Nr. 1 GrStG	ja

C. Flugsicherungsanlagen³⁾

1. Schutzzonen für Gleitwegsender	befreit	entfällt
2. Schutzzonen für Landekurssender	befreit	entfällt
3. Grundflächen für RVR,⁴⁾ Transmissionsmeter, Ceilometer, Windmesser und Messfeld	befreit	entfällt
4. Grundfläche für Haupteinflugzeichen	befreit	entfällt
5. Grundfläche für Voreinflugzeichen	befreit	entfällt
6. Grundfläche für Befeuerungsanlagen	befreit	entfällt
7. Grundfläche für ASR-Anlage	befreit	entfällt
8. Grundflächen für Sende- und Empfangsanlagen sowie Flugmonitore (Sendeeinrichtungen für Fernfeldmonitore)	befreit	entfällt

¹⁾ „Befreit" bedeutet gemäß § 4 Nr. 3 Buchstabe b GrStG.
²⁾ Gilt nur, falls nicht in die wirtschaftliche Einheit eines bebauten Grundstücks einbezogen.
³⁾ Die unter B und C vorgesehenen Befreiungen erstrecken sich jeweils auch auf die angrenzenden Straßen, Flächen und Plätze, die zu dem steuerbefreiten Bauwerk oder der steuerbefreiten Einrichtung gehören.
⁴⁾ ASR (Airport Surveillance Radar) = Flughafen-Rundsicht-Radar.
⁵⁾ Jetzt Erlass v. 15.1.2002 (BStBl. 2002 I S. 152).
⁶⁾ RVR (Runway Visual Range) = Start-/Landebahnsicht.

Anhang

Gebäude oder Gebäudeteile, die in vorstehender Zusammenstellung nicht enthalten sind, da sie von vornherein für eine Grundsteuerbefreiung ausscheiden, und die nicht unmittelbar dem öffentlichen Verkehr mit Luftfahrzeugen dienen

1. *Borddienstgebäude der Luftverkehrsgesellschaften, die den Bediensteten Einkaufsmöglichkeiten bieten*
2. *Büros und Lagerräume, die an Spediteure vermietet sind*
3. *Büros, Verwaltungsgebäude und Werkstätten der Deutschen Versuchsanstalt für Luft- und Raumfahrt*
4. *Fallschirmlagergebäude*
5. *Flugschulen*
6. *Friseursalons*
7. *Hotels*
8. *Kinos*
9. *Reisebüros*
10. *Vereinsclubhäuser*
11. *Verkaufsläden und Verkaufskioske*
12. *Wechselstuben*
13. *Wohnungen, soweit es sich nicht um Wohnräume für das Bereitschaftspersonal handelt*
14. *Zuschaueranlagen.* "

Flugsicherungsgebäude sind stets von der Grundsteuer zu befreien, unabhängig davon, wer vom Bundesminister für Verkehr mit der Flugsicherung beauftragt wurde (FinMin. Saarland v. 22.7.1997, StEd 1997 S. 602). Grundstücke bzw. Grundstücksteile, die von der Deutschen Flugsicherung GmbH (DFG) genutzt werden, sind nach § 4 Nr. 3 Buchst. b GrStG auch dann befreit, wenn sie sich außerhalb der Flughäfen befinden. Nicht befreit sind dagegen die Grundstücksteile, die von der DFG für Verwaltungszwecke genutzt werden (FinMin. Ba-Wü v. 11.12.2000, DB 2000 S. 2560).

Für die grundsteuerliche Behandlung von Diensträumen der Bundespolizei in Bahnhöfen kommt eine analoge Anwendung der gleich lautenden Ländererlasse v. 28.11.1995 (aaO) nicht in Betracht, da diese Verwaltungsregelung zu § 4 Nr. 3 Buchst. b GrStG ergangen ist und diese Vorschrift ausschließlich für Verkehrsflughäfen und Verkehrslandeplätze relevant ist (OFD Magdeburg v. 21.4.2010, GrSt-Kartei S-Anh § 4 GrStG Karte 8).

Zu § 4 Nummer 3 Buchstabe c

Fließende Gewässer usw.

8   Von der Grundsteuer befreit sind die fließenden Gewässer und die deren Abfluss regelnden Sammelbecken, soweit sie nicht bereits zu den nach § 4 Nr. 3 Buchst. a GrStG befreiten Wasserstraßen und Häfen gehören (§ 4 Nr. 3 Buchst. c GrStG). Es ist gleichgültig, ob sie dem öffentlichen Verkehr dienen und wer ihr Eigentümer ist. Fließende Gewässer sind Ströme, Flüsse und Bäche einschließlich der Altwasser, d.h. alle natürlichen Wasserläufe, auch so-

weit sie kanalisiert sind. Es gehören aber auch Gewässer dazu, die in einem künstlich angelegten Bett fließen (BFH v. 23.7.1982, BStBl. 1983 II S. 57 sowie FinMin. Nds. v. 22.6.1983, BB 1984 S. 391). Voraussetzung ist nur, dass die Gewässer ständig oder zeitweise fließen. Sie bleiben auch dann steuerfrei, wenn die Wasserfläche mit Bauwerken oder mit Betriebsvorrichtungen überbaut ist. Unter den gegebenen Umständen können deshalb auch Werkskanäle steuerfrei bleiben, gleichgültig welchem Zweck sie dienen.

Nicht unter § 4 Nr. 3 Buchst. c GrStG fallen dagegen Häfen, die künstlich angelegt und nicht Teil eines fließenden Gewässers sind, z. B., weil sie in das Landesinnere hineingebaut sind. Sie bleiben nur dann steuerfrei, wenn sie dem öffentlichen Verkehr dienen (§ 4 Nr. 3 Buchst. a GrStG). Hierzu vgl. Anm. 6 zu § 4 GrStG. Die von den Wasser- und Schifffahrtsdirektionen unterhaltenen Betriebs-, Schutz- und Sicherheitshäfen können nach § 3 Abs. 1 Nr. 1 GrStG befreit sein (FinMin. NW v. 6.10.1965, KStZ 1965 S. 223). Zu § 4 Nr. 3 Buchst. c GrStG gehört Abschnitt 20 GrStR, der folgenden Wortlaut hat:

20 GrStR. *Fließende Gewässer*

(1) *Fließende Gewässer und die ihren Abflußweg regelnden Sammelbecken bleiben ohne Rücksicht auf die Eigentumsverhältnisse steuerfrei. Zu den fließenden Gewässern gehören auch die Altwasser der Flüsse.*

(2) *Die den Abfluß fließender Gewässer regelnden Sammelbecken sind künstliche Anlagen zur Ansammlung oder Stauung des Wassers zur Verhinderung von Überschwemmungen oder zur Speicherung des Wassers, z. B. Stauanlagen, Talsperren. Die Steuerbefreiung erstreckt sich nicht auf Sammelbecken, die unmittelbar nur den Zwecken bestimmter Personen, z. B. eines Fischereiberechtigten, oder bestimmter Betriebe, z. B. zur Energiegewinnung dienen.*

Die Steuerbefreiung bei fließenden Gewässern usw. erstreckt sich nur auf die Grundfläche und das darüberstehende Wasser, nicht jedoch auf die darauf betriebene Fischerei (Fischereirecht), die einen landwirtschaftlichen Betrieb darstellt (BFH v. 20.11.1959, BStBl. 1960 III S. 205). Diese Fischereibetriebe sind deshalb grundsteuerpflichtig. Wenn das fließende Gewässer überbaut ist, erstreckt sich die Steuerbefreiung auch nicht auf das Gebäude. Der Einheitswert bzw. Steuermessbetrag ist deshalb entsprechend aufzuteilen.

Keine fließenden Gewässer sind **Teiche** und **Seen.** Die Abgrenzung ist deshalb von Bedeutung, weil für Seen und Teiche keine Steuerbefreiung gewährt wird. Eine früher für Seen und Teiche im Eigentum von Gebietskörperschaften gewährte Steuerbefreiung wurde 1974 unter dem Gesichtspunkt der Gleichbehandlung des Grundbesitzes der öffentlichen und der privaten Hand gestrichen. In der Regel wird sich allerdings für Seen und Teiche, die sich im Eigentum der öffentlichen Hand befinden, schon eine Steuerbefreiung auf Grund des § 3 Abs. 1 Nr. 1 GrStG ergeben, sofern sie dem Gebrauch durch die Allgemeinheit zur Verfügung stehen (§ 3 Abs. 2 GrStG). Dies dürfte der Fall sein, soweit sie die Voraussetzungen des § 25 des Wasserhaushaltsgesetzes idF v. 31.7.2009 (BGBl. 2009 I S. 2585) hinsichtlich des Gemeingebrauchs erfüllen. Danach darf jedermann die oberirdischen Gewässer in einem Umfang benutzen, wie dies nach Landesrecht gestattet ist. Den Umfang im Einzelnen (z. B. Baden, Befahren mit Booten, Entnehmen von Wasser usw.) bestimmen die Wassergesetze der einzelnen Länder. Sie bestimmen auch die Gewässer, an denen ein Gemeinbrauch nicht zulässig ist, z. B. an Talsperren, Fischteichen, Gewässern in Parkanlagen u. a. m.

Die Eigentümer ehemaliger **Tagebaurestlöcher** gehen immer häufiger dazu über, diese nicht zu kultivieren, sondern zu fluten und der Allgemeinheit zu Freizeit- und Erholungszwecken zur Verfügung zu stellen. Bewertungsrechtlich ist das so entstandene Gewässer (See) mit den angrenzenden Landflächen – Grünflächen, Wege, Wald, Gehölz etc. – dem Grundvermögen und nicht dem land- und forstwirtschaftlichen Vermögen zuzurechnen. Eine Grundsteuerbefreiung nach § 3 GrStG scheidet insoweit aus, als diese Flächen nicht einem nach § 3 Abs. 1 GrStG begünstigten Rechtsträger gehören. Für die Landflächen kommt eine Grundsteuerbefreiung nach § 4 GrStG nicht in Betracht. Da die Seen regelmäßig weder dem öffentlichen Verkehr dienen (§ 4 Nr. 3 Buchst. a GrStG) noch zu den fließenden Gewässern zählen (§ 4 Nr. 3 Buchst. c GrStG iVm Abschnitt 20 GrStR), besteht Grundsteuerpflicht (OFD Magdeburg v. 13.9.2007, Bew-Kartei S-Anh § 53 BewG DDR Karte 4).

Das von einem gemeinnützigen Sportfischereiverein z. B. in einem Baggersee unterhaltene Fischgewässer ist ein stehendes Gewässer. Es kann u. U. wegen Benutzung zu einem gemeinnützigen Zweck befreit sein (§ 3 Abs. 1 Nr. 3 Buchst. b GrStG). Da es sich jedoch bei der Fischerei um einen Betrieb der Land- und Forstwirtschaft handelt, soll nach § 6 GrStG hier diese Befreiung ausgeschlossen sein (FG München v. 26.2.1981, EFG 1981 S. 463 sowie BFH v. 3.7.1985, HFR 1987 S. 572).

Zwischen einem stehenden Gewässer und einem fließenden Gewässer steht das **Sammelbecken.** Seine Steuerfreiheit hängt davon ab, dass es den Abfluss eines fließenden Gewässers regelt. Dient das Sammelbecken sowohl dem Abfluss als auch einem anderen Zweck, so kommt es darauf an, welcher Zweck überwiegt. Ist der Hauptzweck der Schutz vor Überschwemmungen oder die Verhinderung von Trockenheit und kommt eine andere Aufgabe nur noch als Nebenzweck hinzu, z. B. die Energiegewinnung oder Wasserreinigung, so bleibt das Sammelbecken steuerfrei. Bei den Beratungen im Finanzausschuss des Bundestags (vgl. hierzu Protokoll Nr. 6 über die Sitzung v. 21.3.1973) wurde hierzu festgestellt, dass jede Talsperre eine den Abfluss regulierende Einrichtung sei. Für Sammelbecken, die nicht der Regelung des Abflusses von Gewässern, sondern der Energiegewinnung, der Trinkwasserversorgung oder der Reinigung des Wassers von chemischen Abfallprodukten u. a. m. dienen, besteht dagegen keine Steuerbefreiung. Es sind dies Sammelbecken, die unmittelbar kommerziellen Zwecken dienen (Abschnitt 20 Abs. 2 GrStR). Stauseen und Talsperren, die der Trinkwasserversorgung dienen, sind nicht von der Grundsteuer befreit (BFH v. 23.6.1993 BStBl. 1993 II S. 768). Dass z. B. eine Talsperre in erster Linie der Trinkwasserversorgung dient, kann vermutet werden, wenn sie von einem Wasserversorgungsunternehmen betrieben wird.

Die Steuerbefreiungen in § 4 GrStG für die Grundfläche der Gewässer sind sehr unübersichtlich geregelt, teilweise überschneiden sie sich auch. Im Einzelnen sind steuerfrei:

a) die Grundfläche von Bundeswasserstraßen iSd Art. 89 Abs. 1 GG (§ 4 Nr. 3 Buchst. a GrStG),

b) die Grundfläche aller übrigen Flüsse und Bäche (§ 4 Nr. 3 Buchst. c GrStG),

c) die Grundfläche von Kanälen und Häfen, soweit sie dem öffentlichen Verkehr dienen (§ 4 Nr. 3 Buchst. a GrStG),

d) die Grundfläche von Staubecken und Talsperren, soweit sie der Regulierung fließender Gewässer dienen (§ 4 Nr. 3 Buchst. c GrStG),

e) die Grundfläche von Staubecken, Kanälen und sonstigen Einrichtungen soweit sie der Verbesserung der Wasser- und Bodenverhältnisse dienen und von öffentlich-rechtlichen Wasser- und Bodenverbänden unterhalten werden (§ 4 Nr. 4 GrStG),

f) die Grundfläche von Seen, Teichen und anderen stehenden Gewässern, soweit sie dem Gebrauch durch die Allgemeinheit zur Verfügung stehen und einer Körperschaft des öffentlichen Rechts oder einer gemeinnützigen Körperschaft gehören (§ 3 Abs. 2 GrStG).

Die Grundfläche anderer Kanäle, Häfen, Staubecken, Talsperren, Seen und Teiche ist dagegen steuerpflichtig. Das gilt z.B. auch für unterirdische verrohrte Wasserläufe.

Wegen der Behandlung der mit einem Sammelbecken verbundenen Anlagen, die unmittelbar nur den Zwecken bestimmter Personen oder Betriebe dienen, sowie wegen der öffentlich-rechtlichen Wasser- und Bodenverbände vgl. Anm. 9 zu § 4 GrStG.

Zu § 4 Nummer 4

Grundbesitz von öffentlich-rechtlichen Wasser- und Bodenverbänden

Von der Grundsteuer befreit sind die Grundflächen der im Interesse der 9 Ordnung und Verbesserung der Wasser- und Bodenverhältnisse unterhaltenen Einrichtungen der öffentlich-rechtlichen Wasser- und Bodenverbände und die im öffentlichen Interesse staatlich unter Schau gestellten Privatdeiche (§ 4 Nr. 4 GrStG). Hier ist eine besondere Befreiungsvorschrift deshalb erforderlich, weil es sich bei diesen Einrichtungen u. U. um einen Betrieb gewerblicher Art handeln kann, so dass die Befreiungsvorschriften des § 3 Abs. 1 GrStG nicht immer ausreichen. Zur Durchführung der Vorschriften in § 4 Nr. 4 GrStG ist Abschnitt 21 GrStR ergangen, der den folgenden Wortlaut hat:

21 GrStR. *Öffentlich-rechtliche Wasser- und Bodenverbände*

(1) *Befreit sind die Grundflächen mit den Einrichtungen, die zur Ordnung und Verbesserung der Wasser- und Bodenverhältnisse unterhalten werden. Es genügt nicht, daß die Einrichtungen der Ordnung und Verbesserung nur der Wasserverhältnisse oder*

nur der Bodenverhältnisse dienen. So sind z. B. die Einrichtungen eines Wasserverbandes, die lediglich dazu dienen, Trink- und Brauchwasser dem Boden zu entnehmen, für den Genuß zuzubereiten, zu speichern und zu verteilen, nicht nach § 4 Nr. 4 GrStG befreit (BFH v. 5.12.1967, BStBl. 1968 II S. 387). Die Steuerbefreiung tritt nur ein, wenn die Einrichtungen von einem öffentlich-rechtlichen Wasser- und Bodenverband unterhalten werden. Die Befreiung erstreckt sich nicht auf Einrichtungen, die unmittelbar nur den Zwecken bestimmter Personen oder Betriebe dienen. Wird z. B. das aus einem Staubecken abfließende Wasser als Energiequelle benutzt, so dient das Staubecken insoweit keinem steuerbegünstigten Zweck und unterliegt damit der Grundsteuer.

(2) Unter „Einrichtungen" sind nicht nur die durch menschliche Tätigkeit geschaffenen Werke zu verstehen, z. B. Dämme, Deiche, Uferböschungen, Ent- und Bewässerungsanlagen, Kläranlagen, Talsperren, sondern auch die durch das Zusammenwirken der Kräfte der Natur und des Menschen entstandenen Sachen, wie das Deichvorland (BFH v. 21.7.1967, BStBl. 1968 II S. 16). Auch beim Deichvorland ist es ohne Bedeutung, wem es zuzurechnen ist. Die Steuerbefreiung für Deichvorland wird grundsätzlich nicht durch seine Nutzung für landwirtschaftliche Zwecke ausgeschlossen (§ 6 Nr. 3 GrStG). Die Steuerbefreiung kann aus verschiedenen Gründen wegfallen. So kann Deichvorland z. B. durch die Errichtung eines regulären Deiches zum nicht mehr steuerbefreiten Hinterland werden (BFH v. 21.7.1967 aaO). Es muß in jedem Einzelfall geprüft werden, ob das Deichvorland dem steuerbegünstigten Zweck des § 4 Nr. 4 GrStG tatsächlich dient. Das wird z. B. dann nicht der Fall sein, wenn der Deich von vornherein weit zurück im Hinterland errichtet wurde und das Deichvorland weder im Interesse der Verbesserung der Wasser- und Bodenverhältnisse angelegt noch dafür unterhalten wird. Das gilt im besonderen Maße für die Flächen, die mit einem Netz von befestigten Straßen durchzogen sind und intensiv landwirtschaftlich oder gärtnerisch, z. B. durch Obstbau, genutzt werden. Deichvorlandflächen, die gewerblich genutzt werden, sind ebenfalls nicht steuerbefreit.

Ein bei den Beratungen im Finanzausschuss des Bundestags gestellter Antrag, die Steuerbefreiung nicht nur auf die Einrichtungen von öffentlich-rechtlichen Wasser- und Bodenverbänden zu beschränken, sondern auch auf die entsprechenden Einrichtungen von **privatrechtlichen Institutionen** oder von Privatpersonen auszudehnen, wurde abgelehnt, weil dies bei privaten Gewerbetreibenden zu unerwünschten Ergebnissen führen könne. Vgl. hierzu Protokoll Nr. 4 über die Sitzung v. 14.3.1973. Es soll damit sichergestellt bleiben, dass nur Einrichtungen befreit werden, die der Allgemeinheit und nicht einzelnen Personen oder Betrieben dienen. Dies wird vom Gesetzgeber bei öffentlich-rechtlichen Wasser- und Bodenverbänden unterstellt, denn sie dürfen nicht nur einzelnen Mitgliedern, sondern müssen der allgemeinen Ordnung und der Verbesserung der Wasser- und Bodenverhältnisse eines ganzen, räumlich bestimmten Gebiets dienen. Der Grundbesitz, auf dem sich die begünstigten Einrichtungen befinden, ist dagegen unabhängig davon steuerfrei, welchem Eigentümer er gehört.

Die Einrichtungen, die von einem öffentlich-rechtlichen Wasser- und Bodenverband unterhalten werden, müssen der Ordnung und Verbesserung der Wasser- und Bodenverhältnisse dienen. Nach Abschnitt 21 Abs. 1 GrStR würde es nicht genügen, dass sie entweder nur die Wasser- oder nur die Bodenverhältnisse verbessern sollen. Es kann bezweifelt werden, ob die sich hieraus ergebenden steuerlichen Folgen vom Gesetzgeber gewollt sind. Man sollte deshalb, um zu einem auch wirtschaftlich vernünftigen Ergebnis zu kommen, in allen Fällen unterstellen können, dass mit einer Ordnung und Verbesserung der Wasserverhältnisse stets auch eine gleichzeitige Verbesserung der Bodenverhältnisse verbunden ist. Die Vorschrift in § 4 Nr. 4 GrStG hätte besser von einer Verbesserung der Wasser- *oder* Bodenverhältnisse gesprochen.

Einrichtungen sind die durch menschliche Tätigkeit geschaffenen Werke wie z. B. Dämme, Deiche, Uferböschungen, Ent- und Bewässerungsanlagen, Kläranlagen, Abwasserreinigungsanlagen, Talsperren u. a. m. Unter Einrichtungen sind aber nicht nur Werke zu verstehen, die ausschließlich durch menschliche Tätigkeit geschaffen worden sind. Es können dies auch durch das Zusammenwirken der Kräfte der Natur und des Menschen entstandene Einrichtungen sein (BFH v. 21.7.1967, BStBl. 1968 II S. 16). Immer müssen aber Maßnahmen des Menschen zumindest mitgewirkt haben. Ein unbebautes Grundstück, auf oder unter dem sich noch keinerlei Anlagen der vorgenannten Art befinden, ist deshalb noch keine Einrichtung (BFH v. 5.12.1967, BStBl. 1968 II S. 387). Ebensowenig kann es ein Wald sein, auch wenn er die Sammlung und Erzeugung des der Wasserversorgung dienenden Wassers überhaupt erst ermöglicht (RFH v. 20.1.1944, RStBl. 1944 S. 571).

Die Befreiung erstreckt sich nicht auf Einrichtungen, die unmittelbar nur den Zwecken bestimmter Personen oder Betriebe dienen. Wird z. B. das aus einem Sammelbecken abfließende Wasser als Kraftquelle zur Energiegewinnung benutzt, so dient das Sammelbecken insoweit keinem steuerbegünstigten Zweck. Handelt es sich bei der Energiegewinnung darum, eine bei der Erfüllung des eigentlichen Zweckes des Sammelbeckens entstehende Kraftquelle nicht ungenutzt zu lassen, so ist dies nur ein Nebenzweck, der nach § 8 Abs. 2 GrStG für die Steuerbefreiung unschädlich ist, auch wenn bei dem Sammelbecken eine räumliche Abgrenzung des der Energiegewinnung dienenden Teiles nicht möglich ist (RFH v. 4.6.1940, RStBl. 1940 S. 828). Die Grundsteuerpflicht des Kraftwerkes selbst bleibt davon unberührt.

Die Steuerfreiheit gilt auch nicht für **Talsperren** und für andere Einrichtungen eines öffentlich-rechtlichen Wasserverbandes, die lediglich dazu dienen, Trink- und Brauchwasser dem Boden zu entnehmen, für den Genuss zuzubereiten, zu speichern und zu verteilen; denn die Versorgung der Bevölkerung und der Betriebe mit Trink- und Brauchwasser dient nicht der Ordnung und Verbesserung der Wasser- und Bodenverhältnisse (BFH v. 23.11.1973, BStBl. 1974 II S. 177). Die Versorgung mit Trink- und Brauchwasser steht aber einer Steuerbefreiung dann nicht entgegen, wenn mit der Talsperre in erster Linie der Abfluss eines fließenden Gewässers geregelt wird und die Wasserversorgung nur ein Nebenzweck ist (§ 8 Abs. 2 GrStG). Eine andere Beurteilung ergibt sich dagegen, wenn das Sammelbecken eigens für die Versorgung mit Trink- und Brauchwasser angelegt worden ist (BFH v. 5.12.1967, aaO und v. 23.6.1993, BStBl. 1993 II S. 768).

Steuerbefreit sind auch die im öffentlichen Interesse staatlich unter Schau gestellten **Privatdeiche.** Dazu gehören zwar die Dämme, Böschungen usw.,

215

nicht aber die innerhalb des Deiches liegenden geschützten Flächen. Dagegen soll für das Deichvorland eine Steuerbefreiung möglich sein. Eine landwirtschaftliche Nutzung steht dem nicht entgegen, wenn das Deichvorland im Einzelfall als eine Einrichtung iSd § 4 Nr. 4 GrStG anzusehen ist. Dies ist auch dann der Fall, wenn es nur durch einen provisorischen Sommerdeich und nicht durch einen regulären Deich geschützt ist und damit zum Hinterland wird (BFH v. 26.7.1967, BStBl. 1968 II S. 16 sowie FinSen. Bremen v. 18.3.1968, StEK GrStG § 4 Nr. 30). Beim Deichvorland muss stets geprüft werden, ob es den begünstigten Zwecken dient, d. h. ob es im Interesse der Verbesserung der Boden- und Wasserverhältnisse von einem öffentlich-rechtlichen Wasser- oder Bodenverband unterhalten und in erster Linie für die Zwecke eines solchen Verbandes benutzt wird. Wenn beim Deichvorland die in Abschnitt 21 Abs. 2 GrStR angeführten Verhältnisse vorliegen, spricht alles dafür, dass dies nicht mehr zutrifft.

Die Dienst- und Verwaltungsräume eines Deich- und Hauptsielverbandes sind steuerfrei (FG Schl-H v. 18.8.1964, EFG 1965 S. 188). Dagegen ist das Baubüro eines Wasser- und Bodenverbandes, das zur Errichtung von Anlagen des Verbandes dient, selbst dann nicht befreit, wenn die Anlagen nach ihrer Fertigstellung grundsteuerfrei bleiben (BFH v. 1.2.1963, BStBl. 1963 III S. 190). Hierzu vgl. allerdings auch Anm. 2 zu § 7 GrStG. Zur Grundsteuerfreiheit von Wasserverbänden vgl. auch BB 1963 S. 304.

Zu § 4 Nummer 5

Grundbesitz für Zwecke der Wissenschaft, des Unterrichts usw.

Literatur: *Belstler,* Verfahrensrechtliche Fragen der Grundsteuerfreiheit von Lehrwerkstätten, INF 1980 S. 279; *Köbl,* Inwieweit liegt industrielle Forschung im Rahmen öffentlicher Aufgaben im Sinne des § 4 Nr. 5 GrStG?, DGStZ 1978 S. 18; *Köbl,* Grundsteuerbefreiung für private Kinderheime?, ZKF 1980 S. 137; *Köbl,* Die Grundsteuerbefreiung für Werkschulen und Lehrwerkstätten, ZKF 1981 S. 186; *Köbl,* Grundsteuerbefreiung für Schulungsheime der Gewerkschaften, ZKF 1983 S. 104; *Loberg,* Grundsteuerbefreiung des Grundbesitzes von Werkschulen und Lehrwerkstätten nach § 4 Nr. 5 GrStG, ZKF 1980 S. 59; *Stöckel,* Grundsteuerbefreiung für Ausbildungs- und Lehrwerkstätten gewerblicher Unternehmen, KStZ 1996 S. 14.

10   Von der Grundsteuer ist befreit Grundbesitz, der für Zwecke der Wissenschaft, des Unterrichts oder der Erziehung benutzt wird und nicht bereits nach § 3 Abs. 1 GrStG befreit ist. Außerdem muss durch die Landesregierung anerkannt worden sein, dass der Benutzungszweck im Rahmen der öffentlichen Aufgaben liegt. Schließlich muss der Grundbesitz vom Eigentümer selbst für einen der genannten Zwecke benutzt werden. Auf diese Voraussetzung kommt es lediglich dann nicht an, wenn der Eigentümer eine Körperschaft des öffentlichen Rechts ist (§ 4 Nr. 5 GrStG).

Die Vorschrift ist erst dann anzuwenden, wenn die Befreiung nicht schon aus § 3 Abs. 1 GrStG hergeleitet werden kann. Sie ist infolgedessen ohne Bedeutung für die entsprechenden Einrichtungen von Körperschaften des öffentlichen Rechts (§ 3 Abs. 1 Nr. 1 GrStG), von Religionsgesellschaften, Orden usw. (§ 3 Abs. 1 Nr. 4 GrStG) und von gemeinnützigen Körperschaften (§ 3 Abs. 1 Nr. 3 GrStG). Hierzu vgl. besonders auch Anm. 50a zu § 3 GrStG. Von Bedeutung ist sie somit nur für entsprechende Einrichtungen, die von Privatpersonen unterhalten werden. Zu ihrer Durchführung ist Abschnitt 22 GrStR ergangen, der den folgenden Wortlaut hat:

22 GrStR. Für Zwecke der Wissenschaft, des Unterrichts, der Erziehung benutzter Grundbesitz

(1) Grundbesitz, der für Zwecke der Wissenschaft, des Unterrichts oder der Erziehung benutzt wird, ist bei einer juristischen Person des öffentlichen Rechts nach § 3 Abs. 1 Nr. 1 GrStG, bei einer gemeinnützigen Körperschaft, Personenvereinigung oder Vermögensmasse nach § 3 Abs. 1 Nr. 3 GrStG und bei einer öffentlich-rechtlichen Religionsgesellschaft nach § 3 Abs. 1 Nr. 4 GrStG befreit. Die Befreiungsvorschrift in § 4 Nr. 5 GrStG hat deshalb nur noch Bedeutung für andere Eigentümer, insbesondere also für Privatschulen.

(2) Zur Wissenschaft gehört auch die Forschung. Wird jedoch die Forschung von einem Industrieunternehmen betrieben, so kann nicht ohne weiteres davon ausgegangen werden, daß sie im Rahmen der öffentlichen Aufgaben liegt, auch wenn es sich dabei um Grundlagenforschung handelt und das Unternehmen eng mit wissenschaftlichen Instituten oder Universitäten zusammenarbeitet.

(3) Dem Unterricht dienen nicht nur die allgemeinbildenden Schulen, sondern auch berufsbildende Schulen, z. B. Berufs-, Berufsfach- und Fachschulen. Die Ausbildung in hausfraulichen Arbeiten, z. B. Kochen, Nähen, Kinderpflege usw., ist als Ausbildung für einen Beruf anzusehen (BFH v. 23.12.1955, BStBl. 1956 III S. 28). Dem Unterricht dienen auch Werkschulen und Lehrwerkstätten, die auf einen Beruf oder eine vor einer Körperschaft des öffentlichen Rechts abzulegende Prüfung ordnungsgemäß vorbereiten sowie Bildungseinrichtungen, die der beruflichen Fortbildung dienen.

(4) Zur Erziehung i. S. von § 4 Nr. 5 GrStG gehört auch die Erziehung in Waisenhäusern, in privaten Kindergärten und Kinderhorten. Bei Säuglingsheimen und Kindererholungsheimen oder bei Heimen, in denen Kinder nur vorübergehend aufgenommen werden, steht der Erziehungszweck nicht im Vordergrund. Sie sind deshalb nicht befreit. Sie sind jedoch dann steuerfrei, wenn sie die Voraussetzungen des § 3 Abs. 1 GrStG erfüllen.

(5) Die Landesregierung oder die von ihr beauftragte Stelle muß anerkannt haben, daß der Benutzungszweck im Rahmen der öffentlichen Aufgaben liegt. Diese Voraussetzung kann bei den in Absatz 3 genannten Werkschulen und Lehrwerkstätten auch dann gegeben sein, wenn sie von einem gewerblichen Unternehmen unterhalten werden. Das Anerkennungsverfahren wird landesrechtlich geregelt. Bei den privaten Unterrichts- und Erziehungseinrichtungen, deren Grundbesitz schon bisher nach § 4 Nr. 7 GrStG a. F. steuerfrei war, kann unterstellt werden, daß diese Anerkennung vorliegt. Die Befreiung des Grundbesitzes kann aus der Anerkennung allein nicht hergeleitet werden. Es müssen auch die übrigen Voraussetzungen erfüllt sein.

(6) Der Grundbesitz muß ausschließlich dem Träger der Einrichtung oder einer juristischen Person des öffentlichen Rechts zuzurechnen sein.

Grundbesitz für Unterrichtszwecke

11   Bei den Beratungen im Finanzausschuss des Bundestages wurde festgestellt, dass der Begriff „Unterricht" in einem umfassenden Sinn zu verstehen sei. Vgl. hierzu Protokoll Nr. 4 über die Sitzung des Finanzausschusses v. 14.3.1973. Es gehören dazu sowohl allgemeinbildende Privatschulen (Volks-, Sonder-, Real-, Oberschulen usw.) als auch berufsbildende Privatschulen (Berufs-, Fachschulen usw.). Anders als bisher bei der Einkommensteuer braucht deshalb hier auch kein Unterschied zwischen Ausbildung und Fortbildung gemacht werden. Auch Haushaltsschulen bilden für einen Beruf aus (BFH v. 23.12.1955, BStBl. 1956 III S. 28). Dasselbe kann auch bei Musik-, Gesang-, Kunst- und sonstigen damit vergleichbaren Privatschulen der Fall sein, ebenso bei Instituten, die einen Fernunterricht bieten (FinMin. NW v. 9.7.1979, ZKF 1980 S. 43), schließlich auch bei Werkschulen und Lehrwerkstätten. Hierzu vgl. auch *Loberg* in ZKF 1980 S. 59 und *Köbl* in ZKF 1981 S. 186. Auch ausländische Privatschulen sind nicht ausgeschlossen.

Bei allen privat betriebenen Schuleinrichtungen sollte jedoch stets vorausgesetzt werden, dass sie in ihren Lehr- und Erziehungszielen einer öffentlichen Schule entsprechen. Das gilt z.B. nicht für Fahrschulen, die auf die Führerscheinprüfung vorbereiten, auch nicht für sog. Verkehrsübungsplätze (FinMin. Schl-H v. 18.8.1964, DStZ/B 1964 S. 371).

Letztlich hängt die Entscheidung über die Steuerfreiheit von der **Anerkennung** der zuständigen Landesbehörde ab, dass der Benutzungszweck im Rahmen öffentlicher Aufgaben liegt. Unter welchen Voraussetzungen dies der Fall ist, bleibt in § 4 Nr. 5 GrStG offen. Man hätte hier ebenso wie bei § 3 Nr. 13 GewStG darauf abstellen sollen, dass die Privatschule nach § 4 Nr. 21 UStG mit ihren Leistungen auch von der Umsatzsteuer befreit ist. Danach bleiben nämlich umsatzsteuerfrei die unmittelbar dem Schul- und Bildungszweck dienenden Leistungen privater Schulen, die als Ersatzschulen (Art. 7 Abs. 4 GG) staatlich genehmigt oder nach Landesrecht erlaubt sind oder auf eine vor einer öffentlichen Schule abzulegenden Prüfung vorbereiten (§ 4 Nr. 21 Buchst. a UStG). Eine Schule gilt als Ersatzschule, wenn sie in ihren Lehr- und Erziehungszielen den öffentlichen Schulen entspricht, Prüfungen abhalten und Zeugnisse ausstellen kann. Allgemeinbildende und berufsbildende Einrichtungen sind zwar keine Ersatzschulen. Ihre Leistungen bleiben aber ebenfalls umsatzsteuerfrei, wenn sie nach Landesrecht erlaubt („staatlich anerkannt") sind oder durch eine Bescheinigung der zuständigen Landesbehörde nachweisen, dass sie auf einen Beruf oder eine vor einer juristischen Person des öffentlichen Rechts abzulegende Prüfung ordnungsgemäß vorbereiten (§ 4 Nr. 21 Buchst. b UStG). Die Umsatzsteuerfreiheit gilt deshalb auch für die Leistungen von Schulen, die auf die Gesellen- und Meisterprüfung vorbereiten, Buchhaltungslehrgänge abhalten usw., für Werkschulen und Lehrwerkstätten von Privatbetrieben. Die Anerkennung durch die zuständige Landesbehörde, die nach § 4 Nr. 5 GrStG verlangt wird, kann unter den gegebenen Umständen im Ergebnis nur nochmals eine Wiederholung dieser bereits nach § 4 Nr. 21 UStG erteilten Bescheinigung sein. Demgemäß sollte der nach § 4 Nr. 5 GrStG erforderliche Nachweis als erbracht gelten, wenn eine für die Umsatzsteuerfreiheit erforderliche Bescheinigung vorliegt (FinMin. NW v. 5.2.1979, BStBl. 1979 I S. 199). Zur Anerkennung in formeller Hinsicht vgl. auch Anm. 15 zu § 4 GrStG.

Nicht hierher gehört die **Erwachsenenbildung,** weil es sich dabei jedenfalls in der Regel nicht um eine typische Berufsausbildung handelt. Die Erwachsenenbildung kann allerdings gemeinnützig sein. Hierzu vgl. dann Anm. 35 zu § 3 GrStG.

Sind die Voraussetzungen für die Steuerfreiheit erfüllt, umfasst diese die Schul- und Unterrichtsräume (§ 4 Nr. 5 GrStG), die Wohnräume der Auszubildenden (§ 5 Abs. 1 Nr. 2 GrStG), die Bereitschaftsräume für das Lehrpersonal sowie die Verwaltungsräume.

Grundbesitz für Erziehungszwecke

Privater Grundbesitz, der für Erziehungszwecke benutzt wird, kann eben- **12** falls nach § 4 Nr. 5 GrStG steuerfrei bleiben. Dies ist von besonderer Bedeutung für private Erziehungsheime, Schülerheime, Jugendheime, Kindergärten, Kinderheime u. a. m. Auch hier ist Voraussetzung für die Steuerfreiheit, dass der Benutzungszweck im Rahmen der öffentlichen Aufgaben liegt, die Benutzung zu diesem Zweck ausschließlich durch den Eigentümer erfolgt und die Erziehung der Hauptgrund für die Unterbringung der Jugendlichen ist. Vielfach werden hier Erziehungs- und Unterrichtszwecke zusammen treffen. Eine besondere Abgrenzung ist deshalb insoweit nicht erforderlich. Im Einzelnen vgl. hierzu auch Anm. 34 zu § 3 GrStG sowie Anm. 5 zu § 5 GrStG.

Kinderheime sind steuerfrei, wenn die Erziehung der Hauptgrund für die Unterbringung der Kinder ist. Davon kann ausgegangen werden, wenn sie der Heimaufsicht nach dem SGB VIII idF v. 11.9.2012 (BGBl. 2012 I S. 2022) unterstehen. Nach Abschnitt 22 Abs. 2 GrStR sollen zwar private Kindergärten und Kinderhorte der Erziehung dienen, nicht jedoch private Säuglingsheime, Kindererholungsheime und Kinderheime, die nur kranke Kinder aufnehmen. Bei Heimen, in denen Kinder nur vorübergehend untergebracht werden, stünde der Erziehungszweck nicht im Vordergrund. Dies ist jedoch nicht überzeugend; denn auch in einem Kindererholungsheim muss die Betreuung der Kinder weit über deren bloße Unterbringung hinausgehen. Abgesehen davon werden sowohl Säuglingsheime als auch Kindererholungsheime, selbst wenn sie nicht nur kranke Kinder aufnehmen, einer intensiven ärztlichen Aufsicht unterliegen, so dass sie möglicherweise auch als Krankenhäuser nach § 4 Nr. 6 GrStG angesehen werden und können. Man kann deshalb davon ausgehen, dass auch diese Heime steuerfrei bleiben.

Auf die Erziehungsideale, die in dem privaten Kindergarten, Kinderheim usw. verfolgt werden, kommt es nicht an. Über die Voraussetzungen, die für die Steuerfreiheit erforderlich sind, wird auch hier im Anerkennungsverfahren entschieden. Hierzu vgl. Anm. 15 zu § 4 GrStG. Sind die Voraussetzungen erfüllt, umfasst die Steuerbefreiung die Heimräume (§ 4 Nr. 5 GrStG), die Wohnräume der Kinder (§ 5 Abs. 1 Nr. 2 GrStG) und die Bereitschaftsräume für das Betreuungspersonal.

Grundbesitz für Zwecke der Wissenschaft

13 Privater Grundbesitz kann steuerfrei bleiben, wenn er für Zwecke der Wissenschaft benutzt wird (§ 4 Nr. 5 GrStG). Zum Begriff „Wissenschaft" vgl. Anm. 31 zu § 3 GrStG. Danach gehört zur Wissenschaft auch die Forschung, die heute infolge der wirtschaftlichen Entwicklung vielfach auch von Industrieunternehmen oder von privaten Instituten durchgeführt wird. Zwar wurde zunächst die Auffassung vertreten, dass für diese Fälle die Steuerfreiheit nach § 4 Nr. 5 GrStG ausgeschlossen sei, weil die Forschung in erster Linie dem Unternehmen selbst diene, auch wenn es sich dabei um Grundlagenforschung handelt und deren Ergebnisse der interessierten Öffentlichkeit zugänglich gemacht werden. In Abschnitt 22 Abs. 2 GrStR wird jedoch eine weniger strenge Auffassung vertreten. Danach kann zwar nicht davon ausgegangen werden, dass die Forschung auch stets im Rahmen der öffentlichen Aufgaben liegt. Wenn dies aber der Fall ist, worüber ebenfalls in dem Anerkennungsverfahren entschieden wird, kann die Steuerbefreiung auch für den dazu benutzten Grundbesitz gelten. Dass die industrielle Forschung im Rahmen öffentlicher Aufgaben liegt, kann angenommen werden, wenn sie überwiegend uneigennützig erfolgt und an dem Ergebnis auch die Allgemeinheit interessiert ist. Das wird im Einzelfall insbesondere von der Art der Entwicklungsprogramme, der Verwertungsmöglichkeit des Endprodukts u. a. m. abhängen. Da Industriebetriebe auch bei ihren Entwicklungsvorhaben in erster Linie von erwerbswirtschaftlichen Grundsätzen geleitet werden, dürften die genannten Voraussetzungen jedoch nur in Ausnahmefällen vorliegen. Hierzu vgl. auch DGStZ 1978 S. 18. Im Ergebnis entscheidet hierüber die zuständige Landesbehörde in dem Anerkennungsverfahren. Zur Zusammenarbeit von gemeinnützigen Körperschaften und Industrieunternehmen auf dem Gebiete der Forschung vgl. auch BB 1985 S. 116, 395 und 792. Hierzu vgl. die durch das Jahressteuergesetz 1997 eingefügte Zweckbetriebsregelung in § 68 Nr. 9 AO für Wissenschafts- und Forschungseinrichtungen (abgedruckt bei Anm. 44 und dargestellt bei Anm. 50a zu § 3 GrStG).

Eigentümer des Grundbesitzes

14 Die Steuerbefreiung hängt in der Regel davon ab, dass der Eigentümer selbst den Grundbesitz zu den nach § 4 Nr. 5 GrStG begünstigten Zwecken benutzt, d. h. der Träger der Einrichtung muss gleichzeitig auch der Eigentümer des Grundbesitzes sein. Sind Eigentümer des Grundbesitzes und Träger der Einrichtung nicht identisch, so gilt die Steuerfreiheit nur dann, wenn der Eigentümer des genutzten Grundbesitzes eine Körperschaft des öffentlichen Rechts ist. Wegen weiterer Einzelheiten vgl. Anm. 18 zu § 4 GrStG, die hier in gleicher Weise gelten.

Anerkennung durch die zuständige Landesbehörde

15 Die Steuerbefreiung hängt davon ab, dass der Benutzungszweck im Rahmen der öffentlichen Aufgaben liegt und dies von der Landesregierung oder der von ihr beauftragten Stelle anerkannt worden ist. Die im Einzelfall ausgesprochene Anerkennung ist für das Finanzamt verbindlich. Das Anerkennungsverfahren wird jeweils landesrechtlich geregelt. Hierzu vgl. die Zusammenstellung der einschlägigen Verordnungen und Erlasse der einzelnen Länder, abgedruckt bei Anm. 20 zu § 4 GrStG.

Das **Anerkennungsverfahren** ist danach in den einzelnen Ländern unterschiedlich geregelt. Der Antrag auf Anerkennung ist entweder beim zuständigen Finanzamt oder bei der zuständigen Gemeinde einzureichen. Jedenfalls wird der Antrag gemeinsam von Finanzamt und Gemeinde geprüft und mit einer Stellungnahme dann der Oberfinanzdirektion bzw. dem Landesamt für Steuern oder dem Regierungspräsidenten als der dafür zuständigen Anerkennungsbehörde vorgelegt. Soweit diese Stellen nach der landesrechtlichen Regelung die Anerkennung nicht selbst aussprechen können, muss der Antrag von ihnen den zuständigen Fachministern des Landes zur endgültigen Entscheidung vorgelegt werden. Damit dürfte das Anerkennungsverfahren teilweise mit einem recht großen bürokratischen Aufwand verbunden sein. Zur Beschleunigung des Anerkennungsverfahrens in Fällen, in denen die Anträge des Steuerpflichtigen an das Finanzamt und nicht an die zuständige Gemeinde gerichtet wurden, siehe auch FinMin. Schl-H v. 26.6.2000 (DB 2000 S. 1542).

Die Landesregierung oder die von ihr beauftragte Stelle muss anerkennen, dass die Benutzung des Grundstücks für den genannten Zweck im Rahmen der öffentlichen Aufgaben liegt (§ 4 Nr. 4 GrStG). Wann dies der Fall ist, wird allerdings in den einzelnen landesrechtlichen Anerkennungsregelungen nicht gesagt. Hierzu vgl. Anm. 11 zu § 4 GrStG. In mehreren Ländern ist für bestimmte Einrichtungen eine allgemeine Anerkennung ausgesprochen worden. Soweit eine solche nicht erfolgt ist, bedarf es allerdings einer besonderen Einzelanerkennung. Der Antrag auf Einzelanerkennung ist jeweils bei dem Finanzamt einzureichen, in dessen Bezirk das betroffene Grundstück liegt (FinMin. NW v. 20.5.1983, BStBl. 1983 I S. 385). Zur Durchführung des Anerkennungsverfahrens vgl. auch Anm. 20 zu § 4 GrStG. Entsprechendes gilt, wenn der Antrag bei der Gemeindebehörde gestellt werden muss.

Eine allgemeine Anerkennung gilt z.B. für Bildungskurse und **Fernlehrgänge,** die von der jeweils für den Fernunterricht zuständigen Stelle zugelassen worden sind. Hierzu vgl. §§ 12 und 19 des Fernunterrichtsschutzgesetzes v. 4.12.2000 (BGBl. 2000 I S. 1670), zuletzt geändert durch Gesetz v. 20.9.2013 (BGBl. 2013 I S. 3642). Die Durchführung von Fernlehrgängen, die nach Inhalt und Ziel ausschließlich der Freizeitgestaltung oder der Unterhaltung dienen (sog. Hobbykurse), liegt nicht im Rahmen der öffentlichen Aufgaben. In der Regel kommt deshalb dafür auch keine Einzelanerkennung in Betracht (FinMin. NW v. 9.7.1979, BStBl. 1979 I S. 597).

Bei den privaten Unterrichts- und Erziehungseinrichtungen, die schon vor 1974 nach § 4 Nr. 7 GrStG 1951 steuerfrei waren, konnte unterstellt werden, dass die Anerkennung vorliegt (Abschnitt 22 Abs. 4 GrStR). Damit kann auch heute noch die allgemeine Anerkennung von Bedeutung sein, die durch einen gemeinsamen Runderlass der früheren zuständigen Reichsminister v. 1.6.1938 (RStBl. 1938 S. 533) ausgesprochen wurde für:

1. Privatschulen, die als höhere Schulen anerkannt sind, staatlich zugelassene private Mittelschulen, Rektoratsschulen, Volksschulen;
2. staatlich anerkannte Berufs-, Berufsfach- und Fachschulen;
3. staatlich anerkannte Volkspflegeschulen oder staatlich anerkannte Schulen für Kindergärtnerinnen, Hortnerinnen und Jugendleiterinnen (Sozialpädagogische Seminare);
4. Kindergärten, die an eine Oberschule für Mädchen (hauswirtschaftliche Form) angeschlossen sind oder der Ausbildung von Kindergärtnerinnen und Hortnerinnen dienen,

und durch Runderlass der früheren zuständigen Reichsminister v. 8.10.1940 (RStBl. 1940 S. 897) für:

1. Berufsfachlehrgänge (z. B. Lehrwerkstätten der Innungen),
2. Fachlehrgänge (z. B. Buchführungskurse, betriebswirtschaftliche Kurse, Meisterprüfungsvorbereitungskurse), die von den Industrie- und Handelskammern, Handwerkskammern, Innungsverbänden, Kreishandwerkerschaften und Innungen unterhalten werden.

Soweit Einrichtungen dieser Art bestehen, bedurfte es deshalb für die Zeit ab 1974 keiner neuen Anerkennung mehr. Bei anderen Einrichtungen sollte man ebenfalls auf eine besondere Anerkennung verzichten können, wenn sie bereits nach § 4 Nr. 21 UStG von der Umsatzsteuer befreit sind. Hierzu vgl. Anm. 11 zu § 4 GrStG. Zwar ist eine entsprechende allgemein geltende Regelung bisher nicht getroffen worden. Es gilt aber z. B. in Nordrhein-Westfalen eine allgemeine Anerkennung für Werkschulen und Lehrwerkstätten (FinMin. NW v. 5.2.1979, BStBl. 1979 I S. 199) und für private Ersatzschulen (FinMin. NW v. 12.8.1974, BStBl. 1974 I S. 932).

Zu § 4 Nummer 6

Grundbesitz von Krankenhäusern

Literatur: *Böhme,* Grundlagen und Grenzen der Steuervergünstigungen für Krankenhäuser, DStZ 1987 S. 552; *Eisele,* Die grundsteuerliche Behandlung von Krankenhausgrundstücken nach § 4 Nr. 6 GrStG, StWa 1998 S. 235; *Lemaire,* Voraussetzungen einer Grundsteuer-Befreiung für Krankenhauszwecke, EFG 2006 S. 1194.

16 Von der Grundsteuer befreit ist Grundbesitz, der für die Zwecke eines Krankenhauses benutzt wird, wenn dieses in dem Kalenderjahr, das dem Veranlagungszeitpunkt (§ 13 Abs. 1 GrStG) vorangeht, die Voraussetzungen des § 67 Abs. 1 oder 2 AO erfüllt hat. Der Grundbesitz muss ausschließlich demjenigen, der ihn benutzt, oder einer juristischen Person des öffentlichen Rechts zuzurechnen sein (§ 4 Nr. 6 GrStG). Zur Durchführung dieser Vorschrift ist Abschnitt 23 GrStR ergangen, der den folgenden Wortlaut hat:

23 GrStR. Für Zwecke eines Krankenhauses benutzter Grundbesitz

(1) Grundbesitz, der für die Zwecke eines Krankenhauses benutzt wird, ist bei einer juristischen Person des öffentlichen Rechts nach § 3 Abs. 1 Nr. 1 GrStG und bei einer gemeinnützigen Körperschaft nach § 3 Abs. 1 Nr. 3 GrStG steuerfrei. Die Befreiungsvorschrift des § 4 Nr. 6 GrStG hat deshalb nur Bedeutung für sonstige,

d. h. für private Krankenhäuser. Ob die Voraussetzungen erfüllt sind, kann für das gesamte Steuerrecht nur einheitlich entschieden werden. Eine bereits bei der Umsatzsteuer (§ 4 Nr. 16 Buchst. b UStG), bei der Einkommensteuer (§ 7f EStG) oder bei der Gewerbesteuer (§ 3 Nr. 20 Buchst. b GewStG) getroffene Entscheidung ist für die Grundsteuer zu übernehmen.

(2) Zu den subjektiven Voraussetzungen für die Befreiung nach § 4 Nr. 6 GrStG gehört, daß der Grundbesitz ausschließlich dem Inhaber des Krankenhauses oder einer juristischen Person des öffentlichen Rechts zuzurechnen ist. Die Befreiung steht dem Grundstückseigentümer nur dann zu, wenn das Krankenhaus von ihm selbst betrieben wird, nicht aber, wenn es sein Ehegatte betreibt (BFH v. 9.10.1970, BStBl. 1971 II S. 63). Ist der Grundbesitz mehreren Personen zuzurechnen oder betreiben mehrere Personen in der Rechtsform einer Personengesellschaft ein Krankenhaus, so muß zwischen den Benutzern und denjenigen, denen der Grundbesitz zuzurechnen ist, volle Personengleichheit bestehen. Diese Voraussetzung ist dann nicht erfüllt, wenn der Grundbesitz, auf dem eine juristische Person des privaten Rechts ein Krankenhaus betreibt, den Gesellschaftern zuzurechnen ist.

(3) Die Grundsteuerbefreiung erstreckt sich auch auf die Verwaltungsräume und auf den Krankenhausgarten, soweit dieser der Erholung des Genesenden dient.

§ 4 Nr. 6 GrStG ist durch das AO-Einführungsgesetz v. 14.12.1976 (BGBl. 1976 I S. 3341) neugefasst worden. Dies war im Hinblick auf die damalige Neufassung des § 67 AO notwendig geworden. § 67 AO ist abgedruckt bei Anm. 44 zu § 3 GrStG.

Zur Abgrenzung des Begriffs des Krankenhauses von anderen ähnlichen Einrichtungen erscheint es zweckmäßig, auf die Anweisungen in der zu § 7f EStG ergangenen Richtlinie 82 EStR 1999 hinzuweisen. R 82 EStR 1999 ist weiter anzuwenden (R 7f EStR 2012) und hat auszugsweise folgenden Wortlaut:

R 82 EStR 1999. *Bewertungsfreiheit für abnutzbare Wirtschaftsgüter des Anlagevermögens privater Krankenhäuser*

(1) Der Begriff des Krankenhauses bestimmt sich nach § 2 Nr. 1 KHG. Eine Einrichtung ist als Krankenhaus anzusehen, soweit sie als Krankenhaus in den Krankenhausbedarfsplan aufgenommen ist oder soweit in ihr auf Grund eines Vertrags mit einem Sozialleistungsträger oder einem sonstigen öffentlich-rechtlichen Kostenträger ausschließlich zum Zweck stationärer oder teilstationärer medizinischer Behandlung ärztliche Leistungen, Pflege, Verpflegung, Unterkunft, Nebenleistungen, z. B. die Versorgung mit Arzneimitteln, Heilmitteln oder Hilfsmitteln, und gegebenenfalls sonstige Leistungen, z. B. nichtärztliche psychotherapeutische oder sozialtherapeutische Leistungen, soziale Betreuung und Beratung der Patienten, erbracht werden. Ein Hochschulkrankenhaus ist stets als Krankenhaus anzusehen.

(2) Soweit ein Fall nach Absatz 1 nicht vorliegt, sind die Voraussetzungen für das Vorliegen eines Krankenhauses im Einzelfall zu prüfen. Danach ist die Einrichtung ein Krankenhaus, wenn sie folgende Merkmale erfüllt:

1. Die ärztliche und die pflegerische Hilfeleistung nach Absatz 1 müssen in der Einrichtung gegenüber den zu versorgenden Personen planmäßig und regelmäßig er-

bracht werden, dem einzelnen Patienten gewidmet sein und die Versorgung in der Einrichtung wesentlich mitbestimmen.

2. Die Einrichtung darf nur Patienten und deren Begleitpersonen offenstehen. Begleitperson ist eine nicht in der Einrichtung beschäftigte Person, die im Einzelfall an der Versorgung des Patienten – in der Regel durch pflegerische Hilfeleistung – beteiligt ist und deren Unterbringung in der Einrichtung für die Erbringung von Leistungen im Sinne der Begriffsbestimmung des § 2 Nr. 1 KHG (Behandlung) oder für den Behandlungserfolg medizinisch notwendig oder medizinisch zweckmäßig ist; davon ist stets auszugehen bei Kindern bis zu 14 Jahren und bei Schwerbehinderten.

3. Mit der Aufnahme in die Einrichtung muß die Lebensweise der aufgenommenen Patienten und Begleitpersonen den medizinisch begründeten Verhaltensregeln unterworfen sein.

4. Ein wesentlicher Teil der Gesamtleistung der Einrichtung muß auf stationäre oder teilstationäre Leistung im Sinne der Begriffsbestimmung des § 2 Nr. 1 KHG entfallen. Dabei ist auf das Verhältnis der Entgelte abzustellen. Teilstationäre Leistungen liegen vor, soweit die in die Einrichtung aufgenommenen Patienten dort zur Behandlung nicht ständig, sondern z. B. nur während des Tages für mehrere Stunden, während der Nacht oder an Wochenenden untergebracht und gegebenenfalls verpflegt werden.

5. Die Einrichtung muß zur stationären oder teilstationären Behandlung der Personen, die nach der Zweckbestimmung der Einrichtung in ihr versorgt werden sollen, geeignet sein. Sie muß auf die dazu notwendige Betreuung durch jederzeit rufbereite Ärzte und qualifiziertes Pflegepersonal eingerichtet sein und über die dazu notwendige medizinisch-technische Ausstattung verfügen.

Treffen die genannten Voraussetzungen nur auf einen Teil der Einrichtung zu, ist die Einrichtung insoweit als Krankenhaus anzusehen, wenn dieser Teil räumlich oder nach seiner Versorgungsaufgabe als Einheit, z. B. als Abteilung oder besondere Einrichtung, abgrenzbar ist.

(3) Zu den Krankenhäusern gehören unter den genannten Voraussetzungen z. B. auch:

1. Krankenhäuser, die nur Kranke bestimmter Krankheitsarten oder bestimmter Altersstufen aufnehmen (Fach- oder Sonderkrankenhäuser),

2. Anstalten, in denen unheilbar Erkrankte untergebracht sind, die der ständigen ärztlichen Beaufsichtigung bedürfen,

3. Krankenhäuser, in denen ärztliche Hilfeleistung durch niedergelassene Ärzte erbracht wird (Belegkrankenhäuser),

4. Säuglingsheime, in denen nur kranke Kinder aufgenommen werden und die unter verantwortlicher ärztlicher Leitung stehen,

5. Entbindungsheime, die unter verantwortlicher ärztlicher Leitung stehen,

6. Diagnosekliniken,

7. Einrichtungen zur Erbringung teilstationärer Leistungen, z. B. Tages-, Nacht- und Wochenendkliniken,

8. Kurkrankenhäuser,

9. Vorsorge- und Rehabilitationseinrichtungen.

(4) Nicht zu den Krankenhäusern gehören z. B. Alten- und Pflegeheime sowie Einrichtungen, in denen nur ambulante Leistungen erbracht werden, z. B. Röntgeninstitute.

Voraussetzungen für die Steuerbefreiung

Ist bereits bei der Umsatzsteuer (§ 4 Nr. 14 Buchst. b UStG) oder bei der **17**
Einkommensteuer (§ 7f Abs. 2 EStG) eine Entscheidung getroffen, dass ein
Krankenhaus vorliegt und auch die Voraussetzungen des § 67 Abs.
1 oder 2 AO erfüllt sind, so ist diese Entscheidung auch für die Grundsteuer zu übernehmen (Abschnitt 23 Abs. 1 GrStR). Die Sonderabschreibungen nach § 7f
EStG können auch für ein Krankenhaus in Anspruch genommen werden,
wenn ein wesentlicher Teil der Gesamtleistung, mindestens ein Drittel, auf
stationäre oder teilstationäre Leistungen entfällt (BFH v. 29.6.1994, BStBl.
1995 II S. 249 und BMF v. 24.3.1995, BStBl. 1995 I S. 248). Die Sonderabschreibungen gelten aber auch dann in vollem Umfang, wenn das abzuschrei-
bende Wirtschaftsgut im Rahmen ambulanter Leistungen des Krankenhauses
zum Einsatz kommt (BFH v. 29.6.1994, aaO). Entsprechendes sollte auch
hier für die Steuerbefreiung des Grundbesitzes gelten.

Die Steuerbefreiung eines Krankenhauses erstreckt sich nicht nur auf die
Gebäude mit den Krankenzimmern, Bereitschaftsräumen usw. (§ 5 Abs. 1
Nr. 3 und 4 GrStG), sondern auch auf die Verwaltungs- und Betriebsgebäude, die für den Krankenhausbetrieb erforderlich sind. Die Befreiung umfasst
auch den Krankenhausgarten, soweit dieser der Erholung der Genesenden
dient. Ohne Einfluss auf die Steuerfreiheit des Erholungsgeländes sollte es
sein, wenn auf einem Teil dieses Geländes Gemüse angebaut wird (RFH v.
10.10.1940, RStBl. 1941 S. 6).

Eigentümer des Grundbesitzes

Ein **Privatkrankenhaus** ist jedes Krankenhaus, das nicht von der öffentli- **18**
chen Hand betrieben wird. Sein Träger kann eine Einzelperson, eine Personengesellschaft oder auch eine juristische Person sein. Träger ist jeweils derjenige, der das finanzielle Risiko trägt, das kann auch ein Pächter sein. Für die
Steuerfreiheit des zum Krankenhaus gehörenden Grundbesitzes ist es allerdings Voraussetzung, dass der **Träger** des Krankenhauses und der **Eigentümer** des Grundbesitzes, auf dem dieses betrieben wird, **identisch** sind. Dazu
genügt es, dass der Träger wirtschaftlicher Eigentümer des Grundbesitzes ist
(BFH v. 9.10.1970, BStBl. 1971 II S. 63). Gehört der Grundbesitz nicht dem
Träger, tritt die Befreiung nur ein, wenn der Eigentümer eine Körperschaft
des öffentlichen Rechts ist (BFH v. 22.4.1955, BStBl. 1955 III S. 186).
Die Steuerbefreiung ist somit ausgeschlossen, wenn Eigentümer und Träger
des Krankenhauses zwei verschiedene Privatpersonen sind, auch wenn Eigentümer des Grundbesitzes eine Privatperson und Träger des Krankenhauses
eine Körperschaft des öffentlichen Rechts oder eine gemeinnützige Institution ist. Wenn allerdings eine gemeinnützige Stiftung Eigentümer des Krankenhauses ist und dieses der Stadtgemeinde als Träger überlässt, ist die
Steuerbefreiung nicht ausgeschlossen (RFH v. 5.5.1944, RStBl. 1944 S. 653).
Dasselbe würde auch gelten, wenn sie es einer anderen Körperschaft des
öffentlichen Rechts oder einer anderen gemeinnützigen Institution überlässt. Dies ergibt sich zwar nicht aus § 4 Nr. 6 GrStG, jedoch aus § 3

Abs. 1 Satz 2 GrStG iVm § 58 Nr. 4 AO. Hierzu vgl. auch Anm. 51 zu § 3 GrStG.

Die Steuerfreiheit ist auch dann ausgeschlossen, wenn Eigentümerin des Grundstückes die Ehefrau ist und das Krankenhaus vom Ehemann betrieben wird (FG Stuttgart v. 3.10.1961, EFG 1962 S. 120 und BFH v. 9.10.1970, BStBl. 1971 II S. 63) oder wenn eine gemeinnützige GmbH ein Krankenhaus auf einem Grundstück betreibt, das dem alleinigen Gesellschafter gehört (FG Nds. v. 20.2.1970, EFG 1970 S. 515). Dasselbe gilt auch, wenn eine andere Kapitalgesellschaft Träger des Krankenhauses und einer ihrer Gesellschafter Eigentümer des Grundbesitzes ist (oder umgekehrt). Wenn Träger des Krankenhauses eine Personengesellschaft ist, soll die Steuerfreiheit nur gewährt werden, wenn sämtliche Gesellschafter sowohl Eigentümer als auch Benutzer sind (Abschnitt 23 Abs. 2 GrStR und FG Ba-Wü v. 15.12.1983, EFG 1984 S. 567). Nach früherer Rechtsauffassung war allerdings die Steuerfreiheit ausgeschlossen, wenn eine Kommanditgesellschaft den in ihrem Eigentum stehenden Grundbesitz in der Weise nutzt, dass sie denselben ihrem persönlich haftenden Gesellschafter überlässt und dieser darauf eine Privatkrankenanstalt betreibt. Dies galt selbst dann, wenn auch der Nutzer eine Personengesellschaft ist und an beiden Gesellschaften dieselben natürlichen Personen teils unmittelbar, teils mittelbar beteiligt sind (BFH v. 9.12.1987, BStBl. 1988 II S. 298). Die angeführte Rechtsauffassung ist heute allerdings weitgehend überholt, denn das Krankenhaus braucht nicht vom Eigentümer selbst benutzt zu werden. Eine Vermietung oder Verpachtung steht der Grundsteuerfreiheit dann nicht entgegen, wenn der Krankenhausbetreiber zugleich Zurechnungsträger des Grundbesitzes ist und Teile davon an einen Dritten vermietet oder verpachtet, der sie in einer Art und Weise nutzt, die für den Betrieb des Krankenhauses unentbehrlich ist (BFH v. 16.1.1991, BStBl. 1991 II S. 535). Werden demgemäß Räume eines Krankenhauses als Praxisräume an selbständig tätige Fachärzte vermietet, die allein für die medizinische Betreuung der in dem Krankenhaus untergebrachten Patienten verantwortlich sind und in den Praxisräumen diese Patienten behandeln, so sind auch die diesen Räumen zuzurechnenden Grundstücksteile grundsteuerfrei, auch wenn die Fachärzte darin ambulante Patienten behandeln.

Der BFH äußerte mit Beschluss v. 16.1.2002 (BFH/NV 2002 S. 814) jedoch Zweifel daran, ob der Belastungsgrund der Grundsteuer und der Entlastungsgrund des § 4 Nr. 6 GrStG, Krankenanstalten der privaten Besitzer den Krankenanstalten der öffentlichen Hand und den gemeinnützigen Anstalten gleichzustellen, eine Differenzierung danach rechtfertigt, ob der Grundstückseigentümer in eigener Rechtsperson oder in der Rechtsform einer Gesellschaft, an der er allein beteiligt ist, das Krankenhaus betreibt. Nach einem weiteren Urteil des BFH v. 26.2.2003 (BStBl. 2003 II S. 485) ist die Grundsteuerbefreiung für Grundbesitz, der für die Zwecke eines Krankenhauses benutzt wird, gem. § 4 Nr. 6 Satz 2 GrStG auch dann nicht zu gewähren, wenn der Grundstückseigentümer und der Klinikbetreiber – bei fehlender Identität – durch Identität ihrer Gesellschafter oder der hinter ihnen stehenden Personen miteinander verbunden sind. So ergibt sich die für die Grundsteuerbefreiung nach § 4 Nr. 6 Satz 2 GrStG erforderliche Identität zwischen dem Grundstückseigentümer und dem Klinikbetreiber auch nicht daraus, dass das Grundstück im Eigentum des alleinigen Kommanditisten einer Klinik-KG steht und dieser gleichzeitig alleiniger Inhaber der Anteile an der Komplementär-GmbH der Klinik ist (BFH v. 25.4.2007, BFH/NV 2007 S. 1924; OFD Koblenz v. 25.10.2007, Kurzinformation der Steuergruppe St 3, Nr. St 3–2007K213). Die Nichtberücksichtigung eines mit der Krankenhaus-Betreibergesellschaft lediglich gesellschaftsrechtlich verbundenen Grundstückseigentümers („Besitzgesellschaft") ist zur Sicherstellung des gesetzgeberischen Ziels sachlich gerechtfertigt, die Steuervergünstigung der Betreibergesellschaft tatsächlich zugute kommen zu lassen (VG Chemnitz v. 29.1.2007, KStZ 2007 S. 159).

Nach einer Entscheidung des BVerfG v. 10.11.1999 (BStBl. 2000 II S. 160) verbietet es das Gleichbehandlungsgebot des Art. 3 Abs. 1 GG, eine vom Gesetz vorgesehene Steuervergünstigung allein wegen der Rechtsform, in der der Steuerpflichtige tätig wird, zu versagen. Eine derartige Differenzierung ist nur bei Vorliegen eines sachlichen Grundes gerechtfertigt. Die Vorschrift des § 4 Nr. 6 GrStG stellt nicht darauf ab, welche Rechtsform der zu begünstigende Grundstückseigentümer hat, sie ist mithin **rechtsformneutral.** Nach § 4 Nr. 6 GrStG ist der Grundstückseigentümer nur in seiner Eigenschaft als Krankenhausträger begünstigt; die Befreiungsvorschrift zielt auf die Förderung der Einrichtung Krankenhaus als solcher ab. Diese Regelung trägt dem Umstand Rechnung, dass das Betreiben eines Krankenhauses im öffentlichen Interesse liegt. Dieses Interesse fördert der Gesetzgeber durch Entlastung des Grundstückseigentümers als Klinikbetreiber vom Kostenfaktor Grundsteuer. Mit der erforderlichen Sicherheit kann dieses Regelungsziel nur bei einer Identität zwischen dem Grundstückseigentümer und dem Krankenhausbetreiber erreicht werden, nicht hingegen bei einem Grundstückseigentümer, der selbst das Krankenhaus nicht betreibt, sondern sein Grundstück lediglich einem Krankenhausträger zur Verfügung stellt (vgl. hierzu auch OFD Erfurt v. 9.11.1999 – G 1107 A – 01 – St 263, n. v.). Die Nichtgewährung der Steuerbefreiung nach § 4 Nr. 6 GrStG in den Fällen, in denen der Grundstückseigentümer und der Klinikbetreiber bei fehlender Identität lediglich durch die Identität der Gesellschafter oder der hinter ihnen stehenden Personen miteinander verbunden sind, ist damit Ausdruck einer sachlichen Differenzierung.

Gebührenpflichtige Besucher- und Personalparkplätze von Krankenhäusern

Gebührenfrei nutzbare Besucher- und Personalparkplätze von Krankenhäu-   **18a** sern sind nach § 4 Nr. 6 GrStG steuerfrei, wenn das Krankenhaus die Voraussetzungen des § 67 Abs. 1 oder 2 AO erfüllt. Hinsichtlich dieser Parkplätze wird von einer Hilfstätigkeit zur Verwirklichung des begünstigten Zwecks ausgegangen (Abschnitt 31 Abs. 1 GrStR).

Für Parkplätze, die Krankenhäuser als Besucher- und Personalparkplätze gebührenpflichtig zur Verfügung stellen, kann eine Grundsteuerbefreiung nicht gewährt werden. Eine Steuerbefreiung nach § 4 Nr. 6 GrStG iVm Abschnitt 31 Abs. 1 GrStR scheidet aus, weil die Entgeltlichkeit im Zusammenhang mit einer lediglich über den Hilfszweck vermittelten Befreiung als schädlich einzustufen ist (siehe hierzu auch gleich lautende Ländererlasse v. 15.1.2002, BStBl. 2002 I S. 152, Tz. 3.2, abgedruckt zu Anm. 4 zu § 4 GrStG).

Eine Grundsteuerbefreiung nach § 4 Nr. 3 Buchst. a GrStG kommt ebenfalls nicht in Betracht. Die Parkplatzgrundstücke können zwar ohne Beschränkung auf einen bestimmten, mit dem Verfügungsberechtigten in enger Beziehung stehenden Personenkreis genutzt werden. Als steuerschädlich ist der Umstand einzustufen, dass der öffentliche Verkehr einem wirtschaftlichen Zweck, nämlich dem des Krankenhausbetriebs, untergeordnet ist. Für die Grundsteuerbefreiung von Grundstücken, die zwar unmittelbar dem öffentlichen Verkehr dienen, bei denen das „Dienen" aber mittelbar einen übergeordneten verkehrsfremden Zweck auf einem anderen (benachbarten) Grundstück verfolgt, fordert die Rechtsprechung, dass das Grundstück durch Widmung und Indienststellung zu einer rechtlichen (öffentlichen) Sache geworden ist (BFH v. 25.4.2001, BStBl. 2002 II S. 54 mwN; gleich lautende Ländererlasse v. 15.1.2002, aaO, Tz. 2.3). In den genannten Fällen liegt jedoch regelmäßig keine Widmung vor, so dass die Verbindung zur Nutzung für ein verkehrsfremdes Unternehmen – Krankenhausbetrieb – nicht gelöst und folglich Grundsteuerpflicht gegeben ist (FinMin. Schl-H v. 23.11.2005, DStZ 2006 S. 206).

Altenheime

19   Von gleicher sozialpolitischer Bedeutung wie die privaten Krankenhäuser sind heute auch die **privaten Altenheime.** Seitdem die öffentliche Hand und die Wohlfahrtsverbände nicht mehr in der Lage sind, der Nachfrage nach Heimplätzen für alte Personen zu entsprechen, bieten immer mehr Privatunternehmer solche Heimplätze zu denselben Bedingungen wie die öffentliche Hand usw. an. Eine Gleichbehandlung der privaten Altenheime mit den von der öffentlichen Hand betriebenen Altenheimen einerseits und mit den Privatkrankenhäusern andererseits hätte deshalb auch bei der Grundsteuer nahegelegen. Das gilt umso mehr, als sie bei der Umsatzsteuer (§ 4 Nr. 16 UStG) bereits erfolgt ist. Die Freistellung der privaten Altenheime ist jedoch zur „Vermeidung von Steuerausfällen" nicht erfolgt. Dahinter steht die Überlegung, dass jede Wohnung steuerpflichtig ist, auch wenn ältere Personen darin leben. Solche Wohnungen müssten dann auch außerhalb eines Altenheims freigestellt werden. Bei der gegebenen Rechtslage hat auch die Rechtsprechung die Grundsteuerfreiheit für private Altenheime abgelehnt (FG Münster v. 5.6.1973, EFG 1973 S. 608; BFH v. 7.6.1973, BStBl. 1973 II S. 712 und v. 20.6.1975, BStBl. 1975 II S. 838).

Ein **Altenpflegeheim** kann allerdings als Krankenhaus zu behandeln sein, wenn es überwiegend Personen aufnimmt, die an ernsten Alterserkrankungen leiden oder dem Alterssiechtum verfallen sind. Vgl. hierzu Anm. 16 zu § 4 GrStG. Die Abgrenzung zwischen einem privaten Altenheim und einem privaten Krankenhaus dürfte damit unter Umständen schwierig sein. Eine innerhalb eines Alten- und Pflegeheims betriebene Station zur Betreuung von

Wachkoma- und beatmungspflichtigen Patienten ist nach § 4 Nr. 6 GrStG von der Grundsteuer zu befreien, da die Abteilung die Kriterien eines Krankenhauses (R 82 EStR 1999 – abgedruckt bei Anm. 16 zu § 4 GrStG –; § 2 Nr. 1 KHG) erfüllt und nach ihrem äußeren Charakter der Intensivstation eines Krankenhauses entspricht (Thüringer FG v. 18.6.2008 II 770/05, n. v.). Zur Abgrenzung von Wohnungen und Wohnräumen in Altenheimen vgl. Anm. 2 zu § 5 GrStG.

Anhang zu § 4

Zusammenstellung der landesrechtlichen Regelungen über eine Anerkennung nach § 4 Nr. 5, § 5 Abs. 1 Nr. 2 und § 32 Abs. 2 GrStG

Bestimmte Grundsteuerbefreiungen sind u. a. davon abhängig, dass die **20** Landesregierung oder die von ihr beauftragte Stelle anerkannt hat, dass der Zweck, für den der Grundbesitz benutzt wird, im Rahmen der öffentlichen Aufgaben liegt. Das gilt nach § 4 Nr. 5 GrStG für Grundbesitz, der für Zwecke der Wissenschaft, des Unterrichts oder der Erziehung benutzt wird und nach § 5 Abs. 1 Nr. 2 GrStG für den Grundbesitz eines Schülerheimes usw. Außerdem muss für einen Grundsteuererlass nach § 32 Abs. 2 GrStG von der Landesregierung usw. anerkannt werden, dass die Gegenstände, die auf dem Grundstück untergebracht sind, von wissenschaftlicher, künstlerischer oder geschichtlicher Bedeutung sind. Da das Anerkennungsverfahren in den einzelnen Ländern unterschiedlich geregelt ist, sind nachfolgend die einzelnen dazu ergangenen Verordnungen und Erlasse jeweils auszugsweise abgedruckt.

Baden-Württemberg:

Verordnung v. 9.11.1976 (GBl. 1976 S. 602, BStBl. 1977 I S. 316), zuletzt geändert durch VO v. 19.3.1984 (GBl. 1984 S. 281); Erlass v. 15.3.1977 (BStBl. 1977 I S. 317)

§ 1

Die Anerkennungen,

1. *daß der Benutzungszweck von Grundbesitz, der für Zwecke der Wissenschaft, des Unterrichts oder der Erziehung benutzt wird (§ 4 Nr. 5 GrStG), und*
2. *daß die Unterhaltung des Heims oder Seminars (§ 5 Abs. 1 Nr. 2 GrStG) im Rahmen der öffentlichen Aufgaben liegen, werden den Oberfinanzdirektionen übertragen. Dies entscheiden im Benehmen mit den Regierungspräsidien. Die für das Fachgebiet zuständige Behörde ist vor der Entscheidung über die Anerkennung zu hören.*

§ 2

Die Anerkennung

der wissenschaftlichen, künstlerischen oder geschichtlichen Bedeutung von Gegenständen, insbesondere Sammlungen oder Bibliotheken, die in Gebäuden untergebracht und dem Zwecke der Forschung oder Volksbildung nutzbar gemacht sind (§ 32 Abs. 2 GrStG) wird den Regierungspräsidien übertragen. Die für das Fachgebiet zuständige Behörde ist vor der Entscheidung über die Anerkennung zu hören.

Bayern:

Verordnung v. 9.12.1975 (BayRS 611-7-1-F; BStBl. 1976 I S. 71), zuletzt geändert durch VO v. 30.8.2005 (GVBl. 2005 S. 468); Erlass v. 13.10.1976 (MABl. 1977 S. 5; BStBl. 1976 I S. 746)

§ 1

(1) *In den Fällen des § 4 Nr. 5 GrStG wird die Anerkennung hiermit allgemein erteilt für*

1. *staatlich genehmigte private Volksschulen, Realschulen und Gymnasien,*

2. *staatlich genehmigte berufliche Schulen (Berufsschulen, Berufsaufbauschulen, Berufsfachschulen einschließlich der Wirtschaftsschulen, Fachschulen, Fachoberschulen, Berufsoberschulen und Fachakademien) sowie Berufsfach- und Fachlehrgänge – mit Einschluß der fachlichen Unterrichtseinrichtungen, die auf Grund der Vorschriften der Handwerksordnung (HwO) oder von einer Industrie- und Handelskammer, der Berufsorganisation der Landwirtschaft oder einer entsprechenden Körperschaft errichtet sind –,*

3. *staatlich genehmigte Soziale Frauenschulen sowie Seminare für Kindergärtnerinnen und Hortnerinnen und für Jugendleiterinnen, ferner Kindergärten, die der Ausbildung von Kindergärtnerinnen und Hortnerinnen dienen,*

4. *Einrichtungen, die der Berufsausbildung in einem nach dem Berufsbildungsgesetz (BBiG) anerkannten Ausbildungsberuf dienen und deren Ausbildungsverhältnisse in das Verzeichnis nach § 32 BBiG bzw. § 29 HwO eingetragen sind.*

(2) *Soweit eine allgemeine Anerkennung nach Absatz 1 nicht erteilt worden ist, kann auf Antrag eine Einzelanerkennung durch das Bayerische Landesamt für Steuern im Einvernehmen mit der zuständigen Regierung erfolgen. Der Antrag ist bei dem Belegenheitsfinanzamt einzureichen; dabei ist anzugeben*

1. *der Steuerschuldner (§ 10 GrStG),*

2. *die Art der Schule oder Lehrgänge,*

3. *der Träger der Schule oder der Lehrgänge,*

4. *die Anzahl der Schüler oder der Lehrgangsteilnehmer,*

5. *die Anzahl der Lehrkräfte oder der Aufsichtspersonen.*

§ 2

In den Fällen des § 5 Abs. 1 Nr. 2 GrStG kann eine Einzelanerkennung durch das Bayerische Landesamt für Steuern im Einvernehmen mit der zuständigen Regierung erfolgen. Der Antrag ist bei dem Belegenheitsfinanzamt einzureichen; dabei ist anzugeben

1. *der Steuerschuldner (§ 10 GrStG),*

2. *die Art des Heimes oder des Seminars,*

3. *der Träger des Heimes oder des Seminars,*

4. *die Anzahl der im Heim oder Seminar untergebrachten Schüler, Jugendlichen, Studierenden oder sonstigen Personen, die eine berufliche Bildungseinrichtung besuchen,*

5. *die Anzahl der Lehrkräfte oder der Aufsichtspersonen.*

§ 3

Die Anerkennung der wissenschaftlichen, künstlerischen oder geschichtlichen Bedeutung von Gegenständen, insbesondere Sammlungen oder Bibliotheken, die in Gebäuden untergebracht und dem Zwecke der Forschung oder Volksbildung nutzbar gemacht sind (§ 32 Abs. 2 GrStG), erteilt die zuständige Regierung. Der Antrag ist bei der grundsteuerhebeberechtigten Gemeinde zu stellen; dabei ist anzugeben

1. *der Grundbesitz, für den der Erlaß der Steuer beantragt wird,*
2. *der Steuerschuldner (§ 10 GrStG),*
3. *die Gebäude, in denen Gegenstände von wissenschaftlicher, künstlerischer oder geschichtlicher Bedeutung, insbesondere Sammlungen oder Bibliotheken, untergebracht sind,*
4. *die Art der Gegenstände und ihre wissenschaftliche, künstlerische oder geschichtliche Bedeutung,*
5. *der Zweck der Forschung oder die Nutzung zur Volksbildung.*

§ 4

(1) ...

(2) Einzelanerkennungsbescheinigungen, die auf Grund des bis zum 31.12.1973 geltenden Grundsteuerrechts ausgestellt worden sind, gelten weiter.

(3) Einer Einzelanerkennung nach § 3 bedarf es nicht, wenn ein Erlaß der Grundsteuer nach § 26a Nr. 3 GrStG 1951 für die Zeit vor dem 1.1.1974 gewährt worden ist.

Berlin:

Erlass des FinSen. v. 18.3.1975 (StZBl. 1975 S. 956) und v. 28.11.2012 (StEd 2013 S. 44)

... ist die Anerkennung in den Fällen des § 4 Nr. 5, § 5 Abs. 1 Nr. 2 und § 32 Abs. 2 GrStG dem Senator für Finanzen gemeinsam mit der jeweils für das in Betracht kommende Fachgebiet zuständigen Senatsverwaltung übertragen worden.

Der Antrag auf Anerkennung ist bei dem Finanzamt einzureichen, bei dem der Grundbesitz steuerlich erfaßt ist, für den die Steuerbefreiung oder der Steuererlaß angestrebt wird.

Der Antrag ist zu begründen. Er soll die Bezeichnung des in Betracht kommenden Grundbesitzes nach Art, Lage, Größe, steuerlicher Zurechnung, grundbuchlicher Bezeichnung und Steuernummer enthalten.

Das Finanzamt prüft die tatsächlichen Angaben des Antrags und legt diesen der Senatsverwaltung für Finanzen mit einer Sachverhaltsdarstellung sowie Stellungnahme vor, ob auch die übrigen Voraussetzungen für die Grundsteuerbefreiung bzw. den Grundsteuererlass gegeben sind.

Der Senator für Finanzen leitet die Vorgänge an die für das in Betracht kommende Fachgebiet zuständige Senatsverwaltung zur Stellungnahme zu der Frage, ob der Benutzungszweck des Grundbesitzes oder ob die Unterhaltung des Heims oder Seminars im Rahmen der öffentlichen Aufgaben liegt oder ob die wissenschaftliche, künstlerische oder geschichtliche Bedeutung der untergebrachten Gegenstände anerkannt ist. Der Senator für Finanzen teilt dem Antragsteller und den beteiligten Behörden die Entscheidung mit.

Brandenburg:

Erlass v. 21.12.1993 (ABl. 1994 S. 22)

Anerkennungen nach § 4 Nr. 5 GrStG sowie Anerkennungen nach § 5 Abs. 1 Nr. 2 GrStG, daß die Unterhaltung eines Heimes oder Seminars im Rahmen der öffentlichen Aufgaben liegt, werden auf Antrag durch die Oberfinanzdirektion Cottbus im Einvernehmen mit dem Ministerium des Innern und dem für das Fachgebiet zuständigen Ministerium erteilt.

Der Antrag auf Anerkennung ist bei dem Belegenheitsfinanzamt einzureichen. Er ist zu begründen.

Der Antrag muß folgende Angaben enthalten:

1. *die Bezeichnung des in Betracht kommenden Grundbesitzes nach Art, Lage, Größe, steuerlicher Zurechnung und grundbuchlicher Bezeichnung,*
2. *den Träger der Einrichtung,*
3. *die Art der Einrichtung (z. B. die Art der Schule oder der Lehrgänge, des Heimes oder des Seminars), Nutzungszweck des Grundbesitzes,*
4. *bei Schulen zusätzlich:*
   a) *die Anzahl der Schüler oder der Lehrgangsteilnehmer,*
   b) *die Anzahl der Lehrkräfte oder der Aufsichtspersonen,*
5. *bei Heimen zusätzlich:*
   a) *die Anzahl der im Heim oder Seminar untergebrachten Schüler, Jugendlichen,*
      Studierenden oder sonstigen Personen, die eine berufliche Bildungseinrichtung besuchen,
   b) *die Anzahl der Lehrkräfte oder der Aufsichtspersonen.*

Das Belegenheitsfinanzamt prüft die Angaben in dem Antrag und legt ihn unter Beifügung der Einheitswertakten mit einer eigenen Stellungnahme der Oberfinanzdirektion vor. Das Finanzamt hat zu den Eigentumsverhältnissen, zu den Verhältnissen der Trägerschaft der Einrichtung und zu der Frage Stellung zu nehmen, ob das Grundstück im Zeitpunkt der Vorlage noch für den Zweck benutzt wird, für den die Anerkennung begehrt wird. Weiter ist anzugeben, ob und in welchem Umfang der Grundbesitz noch zu anderen Zwecken, als die die Anerkennung nicht in Betracht kommt, genutzt wird.

Änderungen in der Nutzung oder in den Eigentumsverhältnissen des von der Grundsteuer befreiten Grundbesitzes sind innerhalb von drei Monaten nach Eintritt der Änderungen dem Belegenheitsfinanzamt anzuzeigen.

Anerkennungen nach § 32 Abs. 2 GrStG werden auf Antrag durch das Ministerium für Wissenschaft, Forschung und Kultur im Einvernehmen mit dem Ministerium des Innern und dem Ministerium für Bildung, Jugend und Sport erteilt.

Der Antrag auf Anerkennung ist bei der hebeberechtigten Gemeinde zu stellen.

Der Antrag muß folgende Angaben enthalten:

1. *die Bezeichnung des in Betracht kommenden Grundbesitzes nach Art, Lage, Größe, steuerlicher Zurechnung und grundbuchlicher Bezeichnung,*
2. *die Bezeichnung der Gebäude oder Gebäudeteile, in denen Gegenstände von wissenschaftlicher, künstlerischer oder geschichtlicher Bedeutung, insbesondere Sammlungen oder Bibliotheken, untergebracht sind,*

3. *die Art der Gegenstände und ihre wissenschaftliche, künstlerische oder geschichtliche Bedeutung,*
4. *den Zweck der Forschung oder die Nutzung zur Volksbildung.*

Die hebeberechtigte Gemeinde prüft den Antrag unter Beteiligung des Belegenheitsfinanzamts und legt ihn mit dessen und einer eigenen Stellungnahme dem Ministerium für Wissenschaft, Forschung und Kultur vor.

Hamburg:

Anordnung v. 9.11.1976 (Amtl. Anz. 1976 S. 1135), zuletzt geändert durch Anordnung v. 21.6.2004 (Amtl. Anz. 2004 S. 1309)

I

Die beauftragte Stelle für Anerkennungen nach § 4 Nr. 5 und § 5 Abs. 1 Nr. 2 GrStG ist

für den Bereich der Wissenschaft
    die Behörde für Wissenschaft und Gesundheit,
für den Bereich der Erziehung
    die Behörde für Soziales und Familie,
für den Bereich des Unterrichts
    die Behörde für Bildung und Sport.

II

Beauftragte Stelle für Anerkennungen nach § 32 Abs. 2 GrStG ist
1. *bei Grundbesitz, in dessen Gebäuden Gegenstände von wissenschaftlicher Bedeutung untergebracht sind*
    die Behörde für Wissenschaft und Gesundheit,
2. *im übrigen*
    die Kulturbehörde.

Hessen:

Anordnung v. 3.12.1974 (GVBl. I S. 581; BStBl. 1975 I S. 71), geändert durch Anordnung v. 3.6.1986 (GVBl. I S. 205); Erlass v. 3.2.1975 (BStBl. 1975 I S. 226)

§ 1

Die Anerkennungen,

1. *daß der Benutzungszweck von Grundbesitz, der für Zwecke der Wissenschaft, des Unterrichts oder der Erziehung benutzt wird (§ 4 Nr. 5 GrStG), und*
2. *daß die Unterhaltung eines Schülerheims, Ausbildungs- oder Erziehungsheims, Prediger- oder Priesterseminars mit Wohnräumen, wenn die Unterbringung in ihnen für die Zwecke des Unterrichts, der Ausbildung oder der Erziehung erforderlich ist (§ 5 Abs. 1 Nr. 2 GrStG),*

im Rahmen der öffentlichen Aufgaben liegen, werden dem Minister der Finanzen übertragen. Dieser entscheidet im Einvernehmen mit dem Minister des Innern und dem jeweiligen Fachminister.

§ 2

Die Anerkennung der wissenschaftlichen, künstlerischen oder geschichtlichen Bedeutung von Gegenständen, insbesondere Sammlungen oder Bibliotheken, die in Gebäuden untergebracht sind und dem Zwecke der Forschung oder Volksbildung nutzbar gemacht werden (§ 32 Abs. 2 GrStG), wird dem Minister für Wissenschaft und Kunst übertragen. Dieser entscheidet im Einvernehmen mit dem Minister des Innern.

Mecklenburg-Vorpommern:

Erlass v. 20.5.1996 (AmtsBl. M-V 1996 S. 539)

Anerkennungen nach § 4 Nr. 5 GrStG sowie Anerkennungen nach § 5 Abs. 1 Nr. 2 GrStG werden auf Antrag durch die Oberfinanzdirektion Rostock im Einvernehmen mit dem für das Fachgebiet zuständigen Ministerium erteilt.

Der Antrag auf Anerkennung ist bei dem Belegenheitsfinanzamt einzureichen. Er ist zu begründen.

Der Antrag muß folgende Angaben enthalten:

1. die Bezeichnung des in Betracht kommenden Grundbesitzes nach Art, Lage, Größe, steuerlicher Zurechnung und grundbuchlicher Bezeichnung,
2. den Träger der Einrichtung,
3. die Art der Einrichtung (z. B. die Art der Schule oder der Lehrgänge, des Heimes oder des Seminars), Nutzungszweck des Grundbesitzes,
4. bei Schulen zusätzlich:
   a) die Anzahl der Schüler oder der Lehrgangsteilnehmer,
   b) die Anzahl der Lehrkräfte oder der Aufsichtspersonen,
5. bei Heimen zusätzlich:
   a) die Anzahl der im Heim oder Seminar untergebrachten Schüler, Jugendlichen, Studierenden oder sonstigen Personen, die eine berufliche Bildungseinrichtung besuchen,
   b) die Anzahl der Lehrkräfte oder der Aufsichtspersonen.

Das Belegenheitsfinanzamt prüft die Angaben in dem Antrag unter Beteiligung der hebeberechtigten Gemeinde in tatsächlicher Hinsicht und legt ihn unter Beifügung der Einheitswertakten mit einer eigenen Stellungnahme der Oberfinanzdirektion Rostock vor. Das Finanzamt hat zu den Eigentumsverhältnissen, zu den Verhältnissen der Trägerschaft der Einrichtung und zu der Frage Stellung zu nehmen, ob das Grundstück im Zeitpunkt der Vorlage noch für den Zweck benutzt wird, für den die Anerkennung begehrt wird. Weiter ist anzugeben, ob und in welchem Umfang der Grundbesitz noch zu anderen Zwecken, für die die Anerkennung nicht in Betracht kommt, genutzt wird.

Die Oberfinanzdirektion Rostock prüft die vorgelegten Unterlagen und holt die notwendigen Stellungnahmen der beteiligten Fachministerien ein.

Nach Vorliegen aller erforderlichen Stellungnahmen entscheidet sie über den Antrag.

Durchschriften des Bescheides an den Antragsteller sind
– dem Belegenheitsfinanzamt,
– der hebeberechtigten Gemeinde und

– *den beteiligten Ministerien*
zu übersenden.

Änderungen in der Nutzung oder in den Eigentumsverhältnissen des von der Grundsteuer befreiten Grundbesitzes sind innerhalb von drei Monaten nach Eintritt der Änderungen dem Belegenheitsfinanzamt anzuzeigen.

Anerkennungen nach § 32 Abs. 2 GrStG werden auf Antrag durch das Kultusministerium erteilt.

Der Antrag auf Anerkennung ist bei der hebeberechtigten Gemeinde zu stellen.

Der Antrag muß folgende Angaben enthalten:

1. *die Bezeichnung des in Betracht kommenden Grundbesitzes nach Art, Lage, Größe, steuerlicher Zurechnung und grundbuchlicher Bezeichnung,*
2. *die Bezeichnung der Gebäude oder Gebäudeteile, in denen Gegenstände von wissenschaftlicher, künstlerischer oder geschichtlicher Bedeutung, insbesondere Sammlungen oder Bibliotheken, untergebracht sind,*
3. *die Art der Gegenstände und ihre wissenschaftliche, künstlerische oder geschichtliche Bedeutung,*
4. *den Zweck der Forschung oder die Nutzung zur Volksbildung.*

Die hebeberechtigte Gemeinde prüft den Antrag unter Beteiligung des Belegenheitsfinanzamts und legt ihn mit dessen und einer eigenen Stellungnahme dem Kultusministerium vor.

Niedersachsen:

Runderlass v. 30.11.1976 (BStBl. 1976 I S. 688)

In den Fällen des § 4 Nr. 5, § 5 Abs. 1 Nr. 2 und § 32 Abs. 2 GrStG erteilt die Oberfinanzdirektion Hannover (OFD) die Anerkennung. Der Antrag auf Anerkennung ist bei dem Belegenheitsfinanzamt einzureichen.

Der Antrag muß folgende Angaben enthalten:

a) *die Art, Lage und Größe sowie die grundbuchmäßige Bezeichnung des Grundbesitzes, für den die Grundsteuerbefreiung angestrebt wird,*
b) *die Art und den Träger der Schule, der Lehrgänge, des Heimes oder des Seminars,*
c) *die Anzahl der Schüler, der Lehrgangsteilnehmer oder der im Heim oder Seminar untergebrachten Personen,*
d) *die Anzahl der Lehrkräfte oder der Aufsichtspersonen.*

Das Belegenheitsfinanzamt prüft den Antrag unter Beteiligung der hebeberechtigten Gemeinde(n) in tatsächlicher Hinsicht und legt ihn mit einer eigenen Stellungnahme der OFD vor. Die Stellungnahme(n) der Gemeinde(n) ist (sind) beizufügen.

Die OFD entscheidet über den Antrag im Einvernehmen mit dem zuständigen Regierungspräsidenten/Präsidenten des Verwaltungsbezirks (RP/VP) durch förmlichen Bescheid.

Die Anerkennung der wissenschaftlichen, künstlerischen oder geschichtlichen Bedeutung von Gegenständen, die in Gebäuden untergebracht und dem Zweck der Forschung oder Volksbildung nutzbar gemacht sind, erteilt der zuständige RP/VP. Der Antrag auf Anerkennung ist bei der hebeberechtigten Gemeinde zu stellen. In dem Antrag sind anzugeben

a) die Art, Lage und Größe sowie die grundbuchliche Bezeichnung des steuerpflichtigen Grundbesitzes,

b) das Gebäude bzw. der Gebäudeteile, der den begünstigten Zwecken dient,

c) die Art der Gegenstände und ihre wissenschaftliche, künstlerische oder geschichtliche Bedeutung.

Die hebeberechtigte Gemeinde prüft den Antrag unter Beteiligung des Belegenheitsfinanzamts und legt ihn mit dessen und einer eigenen Stellungnahme auf dem Dienstweg dem RP/VP vor.

Der RP/VP entscheidet über den Antrag im Einvernehmen mit der OFD durch förmlichen Bescheid.

Nordrhein-Westfalen:

Verordnung v. 26.4.1983 (GV. NRW 1983 S. 160, BStBl. 1983 I S. 384), geändert durch Gesetz v. 5.4.2005 (GV. NRW 2005 S. 274); Erlass v. 20.5.1983 (MBl. 1983 S. 1163; BStBl. 1983 I S. 385)

§ 1

Die Anerkennungen,

1. daß der Benutzungszweck von Grundbesitz, der für Zwecke der Wissenschaft, des Unterrichts oder der Erziehung benutzt wird (§ 4 Nr. 5 GrStG), und

2. daß die Unterhaltung des Heims oder Seminars (§ 5 Abs. 1 Nr. 2 GrStG)

im Rahmen der öffentlichen Aufgaben liegen, werden den Oberfinanzdirektionen übertragen. Sie sind dabei an das Einvernehmen mit dem Regierungspräsidenten oder, sofern dessen Geschäftsbereich betroffen ist, dem Schulkollegium gebunden. Örtlich zuständig ist jeweils die Behörde, in deren Bezirk der Grundbesitz liegt. Für bestimmte Arten von Einrichtungen nach Satz 1 kann der Finanzminister eine allgemeine Anerkennung aussprechen; er ist dabei an das Einvernehmen mit dem Innenminister und dem für das Fachgebiet zuständigen Minister gebunden.

§ 2

Die Anerkennung der wissenschaftlichen, künstlerischen oder geschichtlichen Bedeutung der untergebrachten Gegenstände (§ 32 Abs. 2 GrStG) wird dem Kultusminister übertragen, der an das Einvernehmen mit dem Minister für Wissenschaft und Forschung und dem Minister für Landes- und Stadtentwicklung gebunden ist, sofern deren Geschäftsbereich berührt wird.

Rheinland-Pfalz:

Verordnung über Zuständigkeiten nach dem EStG und anderen Steuergesetzen v. 4.4.1996 (GVBl. 1996 S. 197), zuletzt geändert durch VO v. 25.11.2009 (GVBl. 2009 S. 381)

§ 3

Zuständige Stelle nach § 4 Nr. 5 Satz 1, § 5 Abs. 1 Nr. 2 Satz 2, § 25 Abs. 4 Satz 2 und § 32 Abs. 2 Satz 2 GrStG ist die Aufsichts- und Dienstleistungsdirektion.

Saarland:

Verordnung v. 16.8.1976 (Amtsbl. 1976 S. 873; BStBl. 1976 I S. 644), zuletzt geändert durch VO v. 24.1.2006 (Amtsbl. 2006 S. 174)

§ 1

(1) *In den Fällen des § 4 Nr. 5 GrStG wird bei der Benutzung von Grundbesitz durch staatlich genehmigte Ersatzschulen und staatlich anerkannte Ergänzungsschulen i. S. des Gesetzes Nr. 751 „Privatschulgesetz" allgemein anerkannt, dass der Benutzungszweck im Rahmen der öffentlichen Aufgaben liegt. Das Gleiche gilt bei der Benutzung durch andere Ergänzungsschulen, solange das Ministerium für Bildung, Kultur und Wissenschaft genehmigt hat, dass während des Besuchs dieser Schulen die Pflicht zum Besuch der Berufsschule entfällt oder durch den Besuch dieser Schulen die Berufsschulpflicht erfüllt wird (§ 17 des Privatschulgesetzes).*

(2) *Einzelanerkennungen nach § 4 Nr. 5 GrStG sowie Anerkennungen nach § 5 Abs. 1 Nr. 2 GrStG, dass die Unterhaltung eines Heimes oder Seminars im Rahmen der öffentlichen Aufgaben liegt, werden auf Antrag durch das Ministerium der Finanzen im Einvernehmen mit dem Ministerium für Bildung, Kultur und Wissenschaft erteilt. Der Antrag ist bei dem Lagefinanzamt einzureichen; er soll Angaben enthalten über*

den Steuerschuldner (§ 10 GrStG),

die Art und den Träger der Schule, der Lehrgänge, des Heimes oder Seminars,

die Anzahl der Schüler, Lehrgangsteilnehmer oder der im Heim oder Seminar als Schüler, Jugendlicher oder Studierende durchschnittlich untergebrachten Personen,

die Anzahl der Lehrkräfte oder Aufsichtspersonen.

Antragsberechtigt ist neben dem Steuerschuldner auch der Benutzer (Mieter, Pächter) des Grundbesitzes.

§ 2

Die Anerkennung der wissenschaftlichen, künstlerischen oder geschichtlichen Bedeutung von Gegenständen, insbesondere Sammlungen oder Bibliotheken, die in Gebäuden untergebracht und dem Zwecke der Forschung oder Volksbildung nutzbar gemacht sind (§ 32 Abs. 2 GrStG), erteilt das Ministerium für Inneres, Familie, Frauen und Sport im Einvernehmen mit dem Ministerium für Bildung, Kultur und Wissenschaft nach Anhörung der Landesdenkmalbehörde. Der Antrag kann bei der für den Grundsteuererlaß nach § 32 Abs. 2 GrStG zuständigen Gemeinde eingereicht werden; er soll Angaben enthalten über

den Grundbesitz, für den der Steuererlaß beantragt wird,

den Steuerschuldner,

die Gebäude, in denen die Gegenstände untergebracht sind,

die Art der Gegenstände und ihre wissenschaftliche, künstlerische oder geschichtliche Bedeutung,

die Art der Nutzbarmachung für Zwecke der Forschung und Volksbildung.

Antragsberechtigt ist neben dem Steuerschuldner auch der Benutzer der Gebäude.

§ 3

Änderungen in der Nutzung oder in den Eigentumsverhältnissen des befreiten Grundbesitzes sind innerhalb von drei Monaten nach Eintritt der Änderung dem

Finanzamt anzuzeigen, das für die Festsetzung des Steuermeßbetrags zuständig ist. Bei Änderungen in der Nutzung trifft die Anzeigepflicht neben dem Steuerschuldner (§ 19 GrStG) auch den Benutzer der Gebäude.

§ 4

(1) ...

(2) *Soweit nach dem bis zum 31.12.1973 geltenden Grundsteuerrecht Einzelanerkennungen vorliegen, gelten diese weiter. Einer Anerkennung nach § 2 bedarf es nicht, wenn ein Erlaß der Grundsteuer nach § 26a Nr. 3 GrStG 1951 für die Zeit vor dem 1.1.1974 gewährt ist.*

Sachsen:

Verordnung v. 4.6.1996 (GVBl. 1996 S. 237), zuletzt geändert durch VO v. 18.9.2013 (GVBl. 2013 S. 780)

§ 1 Anerkennung des öffentlichen Benutzungszwecks

(1) *Die Anerkennungen nach § 4 Nr. 5 GrStG und § 5 Abs. 1 Nr. 2 Satz 2 GrStG werden durch das Landesamt für Steuern und Finanzen erteilt.*

(2) *In Fällen des § 42 GrStG werden die Anerkennungen nach § 1 Abs. 1 durch die Landesdirektion Sachsen erteilt.*

§ 2 Anerkennung von Kulturgütern

Die Anerkennungen nach § 32 Abs. 2 Satz 2 GrStG werden durch die untere Denkmalschutzbehörde erteilt.

§ 3 Verfahren der Anerkennung

(1) *In den Fällen des § 1 Abs. 1 ist der Antrag auf Anerkennung nach § 4 Nr. 5 GrStG oder nach § 5 Abs. 1 Nr. 2 Satz 2 GrStG bei dem Finanzamt einzureichen, in dessen Bezirk der Grundbesitz belegen ist. Das Finanzamt prüft den Antrag in tatsächlicher Hinsicht und legt ihn dem Landesamt für Steuern und Finanzen zur Entscheidung vor. Das Landesamt für Steuern und Finanzen entscheidet über den Antrag im Einvernehmen mit der für das Fachgebiet jeweils zuständigen Behörde.*

(2) *In den Fällen des § 1 Abs. 2 und § 2 ist der Antrag auf Anerkennung bei der Gemeinde einzureichen, in deren Bezirk der Grundbesitz belegen ist. Die Gemeinde prüft den Antrag in tatsächlicher Hinsicht und legt ihn der zuständigen Behörde zur Entscheidung vor. Diese entscheidet über den Antrag im Einvernehmen mit der für das Fachgebiet jeweils zuständigen Behörde.*

§ 4 ...

Sachsen-Anhalt:

Erlass v. 28.2.1992 (MBl. 1992 S. 393, ber. S. 527; BStBl. 1992 I S. 235)

Anerkennungen nach § 4 Nr. 5 GrStG sowie Anerkennungen nach § 5 Abs. 1 Nr. 2 GrStG, daß die Unterhaltung eines Heimes oder Seminars im Rahmen der öffentlichen Aufgaben liegt, werden auf Antrag durch die Oberfinanzdirektion Magdeburg im Einvernehmen mit der zuständigen Bezirksregierung erteilt. Der Antrag ist beim Belegenheitsfinanzamt einzureichen. Gegen eine Ablehnung der Anerkennung ist als Rechtsbehelf die Beschwerde gegeben.

In den Fällen des § 4 Nr. 5 GrStG ist anzugeben

a) die Bezeichnung des Grundbesitzes, für den Grundsteuerbefreiung begehrt wird,

b) der Steuerschuldner (§ 10 GrStG),

c) die Art der Schule oder der Lehrgänge,

d) die Anzahl der Schüler oder der Lehrgangsteilnehmer,

e) die Anzahl der Lehrkräfte oder der Aufsichtspersonen.

In den Fällen des § 5 Abs. 1 Nr. 2 GrStG ist anzugeben

a) die Bezeichnung des Grundbesitzes, für den Grundsteuerbefreiung begehrt wird,

b) der Steuerschuldner (§ 10 GrStG),

c) die Art des Heimes oder des Seminars,

d) der Träger des Heimes oder des Seminars,

e) die Anzahl der im Heim oder Seminar untergebrachten Schüler, Jugendlichen, Studierenden oder sonstigen Personen, die eine berufliche Bildungseinrichtung besuchen.

Das Belegenheitsfinanzamt prüft die Angaben im Antrag und legt diesen mit den Einheitswertakten der Oberfinanzdirektion vor. Aus der Stellungnahme muß hervorgehen, ob die übrigen Voraussetzungen für die Steuerbefreiung gegeben sind (Eigentumsverhältnisse, Ausmaß der Steuerbefreiung, Feststellungszeitpunkt für die Befreiung, Dauer der Voraussetzung).

Antragsberechtigt ist im Einvernehmen mit dem Steuerschuldner auch der Benutzer (Mieter, Pächter) des Grundbesitzes.

Änderungen in der Nutzung oder in den Eigentumsverhältnissen des befreiten Grundbesitzes sind innerhalb von drei Monaten nach Eintritt der Änderung dem Finanzamt anzuzeigen, das für die Festsetzung des Steuermeßbetrags zuständig ist. Bei Änderung der Nutzung trifft die Anzeigepflicht neben dem Steuerschuldner (§ 19 GrStG) auch den Nutzer des Besitzes.

Die Anerkennung der wissenschaftlichen, künstlerischen oder geschichtlichen Bedeutung von Gegenständen, insbesondere Sammlungen oder Bibliotheken, die in Gebäuden untergebracht und dem Zwecke der Forschung oder Volksbildung nutzbar gemacht sind (§ 32 Abs. 2 GrStG), erteilt die zuständige Bezirksregierung im Einvernehmen mit der Oberfinanzdirektion Magdeburg. Der Antrag ist bei der hebeberechtigten Gemeinde zu stellen, dabei ist anzugeben

a) der Grundbesitz, für den der Erlaß der Steuer beantragt wird,

b) der Steuerschuldner,

c) die Gebäude, in denen Gegenstände von wissenschaftlicher, künstlerischer oder geschichtlicher Bedeutung, insbesondere Sammlungen oder Bibliotheken, untergebracht sind,

d) die Art der Gegenstände und ihre wissenschaftliche, künstlerische oder geschichtliche Bedeutung,

e) der Zweck der Forschung oder die Nutzung zur Volksbildung.

Schleswig-Holstein:

Verordnung v. 28.7.1976 (GVOBl. 1976 S. 213, BStBl. 1977 I S. 426) und Erlass v. 15.4.1977 (BStBl. 1977 I S. 427)

§ 1

(1) *Zuständige Behörde nach § 4 Nr. 5 und § 5 Abs. 1 Nr. 2 GrStG ist der Finanzminister. Dieser entscheidet im Einvernehmen mit dem Innenminister und dem für das Fachgebiet zuständigen Minister.*

(2) *Zuständige Behörde nach § 32 Abs. 2 GrStG ist der Kultusminister. Dieser entscheidet im Einvernehmen mit dem Innenminister.*

Thüringen:

Erlass v. 4.4.2001 (StAnz. Nr. 18/2001 S. 902)

1. Grundsteuerbefreiung nach § 4 Nr. 5 GrStG
1.1. In den Fällen des § 4 Nr. 5 GrStG wird die Anerkennung hiermit allgemein erteilt für

    1. staatlich genehmigte private Volksschulen, Realschulen und Gymnasien,

    2. staatlich genehmigte berufliche Schulen (Berufsschulen, Berufsaufbauschulen, Fachoberschulen, Berufsoberschulen)

    3. staatlich genehmigte soziale Frauenschulen, ferner Kindergärten, die der Ausbildung von Kindergärtnerinnen und

    4. Einrichtungen, die der Berufsausbildung in einem nach dem Berufsbildungsgesetz anerkannten Ausbildungsberuf dienen.

1.2. Soweit eine allgemeine Anerkennung nach Tz. 1.1 nicht zu erteilen ist, kann die Oberfinanzdirektion Erfurt auf Antrag eine Einzelanerkennung erteilen. Der Antrag ist bei dem Belegenheitsfinanzamt einzureichen und muss folgende Angaben enthalten:

    1. den Steuerschuldner (§ 10 GrStG),

    2. die Art der Schule oder Lehrgänge,

    3. der Träger der Schule oder der Lehrgänge,

    4. die Anzahl der Schüler oder der Lehrgangsteilnehmer,

    5. die Anzahl der Lehrkräfte.

Das Belegenheitsfinanzamt prüft den Antrag unter Beteiligung der hebeberechtigten Gemeinde(n) in tatsächlicher Hinsicht und legt ihn mit einer eigenen Stellungnahme der Oberfinanzdirektion vor. Die Stellungnahme(n) der Gemeinde(n) ist (sind) beizufügen.

Die Oberfinanzdirektion entscheidet über den Antrag im Einvernehmen mit dem Landesverwaltungsamt.

2. Grundsteuerbefreiung nach § 5 Abs. 1 Nr. 2 GrStG

In den Fällen des § 5 Abs. 1 Nr. 2 GrStG kann die Oberfinanzdirektion eine Einzelanerkennung im Einvernehmen dem Landesverwaltungsamt bzw. dem Landesjugendamt erteilen. Der Antrag ist beim Belegenheitsfinanzamt unter Angabe

    1. des Steuerschuldners (§ 10 GrStG),

    2. der Art des Heimes oder des Seminars,

    3. der Träger des Heimes oder des Seminars,

    4. der Anzahl der im Heim oder Seminar untergebrachten Schüler, Jugendlichen oder Studierenden sowie

5. der Anzahl der Lehrkräfte

einzureichen.

Das Belegenheitsfinanzamt prüft den Antrag unter Beteiligung der hebeberechtigten Gemeinde(n) in tatsächlicher Hinsicht und legt ihn mit einer eigenen Stellungnahme der Oberfinanzdirektion vor. Die Stellungnahme(n) der Gemeinde(n) ist (sind) beizufügen.

Die Oberfinanzdirektion entscheidet über den Antrag im Einvernehmen mit dem Landesverwaltungsamt.

3. Anerkennung nach § 32 Abs. 2 GrStG

Die Anerkennung der wissenschaftlichen, künstlerischen oder geschichtlichen Bedeutung von Gegenständen, insbesondere Sammlungen oder Bibliotheken, die in Gebäuden untergebracht und dem Zwecke der Forschung und Volksbildung nutzbar gemacht sind (§ 32 Abs. 2 GrStG), erteilt das zuständige Ministerium (bzw. im Einzelfall die zuständigen Ministerien).

Der Antrag ist bei der grundsteuerhebeberechtigten Gemeinde zu stellen; dabei ist anzugeben

1. der Grundbesitz, für den der Erlass der Steuer beantragt wird,

2. der Steuerschuldner (§ 10 GrStG),

3. die Gebäude, in denen Gegenstände von wissenschaftlicher, künstlerischer oder geschichtlicher Bedeutung, insbesondere Sammlungen oder Bibliotheken, untergebracht sind,

4. die Art der Gegenstände und ihre wissenschaftliche, künstlerische oder geschichtliche Bedeutung,

5. der Zweck der Forschung oder die Nutzung zur Volksbildung.

4. Änderung der maßgeblichen Verhältnisse

Änderungen in der Nutzung oder in den Eigentumsverhältnissen des von der Grundsteuer befreiten Grundbesitzes sind innerhalb von drei Monaten nach Eintritt der Änderungen dem Belegenheitsfinanzamt anzuzeigen.

5. Gültigkeit

Dieser Erlass gilt erstmals für Anträge für das Kalenderjahr 2000 und tritt anstelle des Erlasses vom 18.4.1996, veröffentlicht im ThürStAnz Nr. 20/1996, S. 1063–1064.

Das Anerkennungsverfahren ist ein **selbständiges Verfahren.** Demgemäß ist auch die Ablehnung einer beantragten Anerkennung selbständig anfechtbar. Der Rechtsmittelweg richtet sich danach, welche Behörde den Ablehnungsbescheid erteilt hat. Wenn dies die Oberfinanzdirektion oder eine andere Finanzbehörde war, ist dagegen das Rechtsmittel des Einspruchs (§ 347 AO) gegeben. Für die Festsetzung des Grundsteuermessbetrags hat die Anerkennung die Bedeutung eines Grundlagenbescheids (§ 175 Abs. 1 Satz 1 Nr. 1 AO).

§ 5 Zu Wohnzwecken benutzter Grundbesitz

(1) Dient Grundbesitz, der für steuerbegünstigte Zwecke (§§ 3 und 4) benutzt wird, zugleich Wohnzwecken, gilt die Befreiung nur für

1. Gemeinschaftsunterkünfte der Bundeswehr, der ausländischen Streitkräfte, der internationalen militärischen Hauptquartiere, der Bundespolizei, der Polizei und des sonstigen Schutzdienstes des Bundes und der Gebietskörperschaften sowie ihrer Zusammenschlüsse;
2. Wohnräume in Schülerheimen, Ausbildungs- und Erziehungsheimen sowie Prediger- und Priesterseminaren, wenn die Unterbringung in ihnen für die Zwecke des Unterrichts, der Ausbildung oder der Erziehung erforderlich ist. [2] Wird das Heim oder Seminar nicht von einem der nach § 3 Abs. 1 Nr. 1, 3 oder 4 begünstigten Rechtsträger unterhalten, so bedarf es einer Anerkennung der Landesregierung oder der von ihr beauftragten Stelle, daß die Unterhaltung des Heims oder Seminars im Rahmen der öffentlichen Aufgaben liegt;
3. Wohnräume, wenn der steuerbegünstigte Zweck im Sinne des § 3 Abs. 1 Nr. 1, 3 oder 4 nur durch ihre Überlassung erreicht werden kann;
4. Räume, in denen sich Personen für die Erfüllung der steuerbegünstigten Zwecke ständig bereithalten müssen (Bereitschaftsräume), wenn sie nicht zugleich die Wohnung des Inhabers darstellen.

(2) Wohnungen sind stets steuerpflichtig, auch wenn die Voraussetzungen des Absatzes 1 vorliegen.

Übersicht

Zu § 5
1. Begründung
2. Abgrenzung von Wohnung und Wohnraum

Zu § 5 Abs. 1 Nr. 1
3. Gemeinschaftsunterkünfte der Bundeswehr, Polizei usw.
4. Kantinen, gemeinschaftliche Speiseräume

Zu § 5 Abs. 1 Nr. 2
5. Schülerheime usw.

Zu § 5 Abs. 1 Nr. 3
6. Wohnraum für begünstigte Zwecke
7. Altenheime
8. Ferien- und Erholungsheime
9. Sonstige Wohnräume

Zu § 5 Abs. 1 Nr. 4
10. Bereitschaftsräume

Zu § 5 Abs. 2
11. Wohnungen

Zu § 5

Literatur: *Köbl,* Zur Grundsteuerbefreiung für private Kinderheime, ZKF 1980 S. 13; *Leinweber,* Grundsteuerbefreiung von Wohnzwecken dienendem Grundbesitz, NWB F. 11 S. 617; *Ostendorf,* Pauschalierung für die Anerkennung grundsteuerfreier Bereitschaftsräume in Krankenhäusern usw., KStZ 1976 S. 190; *Viskorf,* Einschränkung der Grundsteuerbefreiung bei gemeinnützigen Organisationen, KFR F. 13 GrStG § 5, 1/99, S. 333.

Begründung zur Regierungsvorlage

1   „In § 5 Abs. 2 GrStG wird der Grundsatz aufgestellt, dass Grundbesitz, der Wohnzwecken dient, stets steuerpflichtig ist. Dies gilt uneingeschränkt für Wohnungen.

Steuerfrei sind lediglich die in § 5 Abs. 1 GrStG aufgezählten Wohnräume. Die bisherige Rechtslage bleibt damit unverändert.

Wohnungen können auch dann nicht befreit werden, wenn sie vom Eigentümer, z. B. einer gemeinnützigen Stiftung oder einer gemeinnützigen Wohnungsbaugesellschaft, zu besonders günstigen Mieten an sozialschwache Bevölkerungskreise vermietet werden. Es ist nicht Sache der Gemeinden, durch Verzicht auf die Grundsteuer die Mietpreisgestaltung zu beeinflussen. Es muss vielmehr durch die Wohngeldgesetzgebung auch den einkommensschwachen Mietern die Aufbringung der Miete für eine angemessene Wohnung ermöglicht werden."

Abgrenzung von Wohnung und Wohnraum

In § 8 GrStG ist die Steuerbefreiung für Grundbesitz geregelt, der sowohl 2 zu begünstigten als auch zu anderen Zwecken benutzt wird. Sind diese Teile räumlich abgrenzbar, so ist der Teil, der für steuerbegünstigte Zwecke benutzt wird, steuerfrei. Der andere Teil ist steuerpflichtig (§ 8 Abs. 1 GrStG). Ist eine räumliche Abgrenzung nicht möglich, so kommt es darauf an, welche Nutzung überwiegt (§ 8 Abs. 2 GrStG). Eine Ausnahme von diesem Grundsatz enthält § 5 GrStG, wenn eine Benutzung zu begünstigten Zwecken gleichzeitig mit einer Benutzung zu Wohnzwecken zusammentrifft. Dabei ist es gleichgültig, welche Nutzung überwiegt. Für die Behandlung dieser Fälle ist allein § 5 GrStG maßgebend.

Grundbesitz, der zu Wohnzwecken dient, ist, selbst wenn er im Übrigen die Voraussetzungen für eine Steuerbefreiung erfüllt, nach § 5 GrStG steuerpflichtig; denn das Wohnen ist grundsätzlich kein nach § 3 oder § 4 GrStG begünstigter Zweck (BFH v. 6.10.1961, BStBl. 1961 III S. 571). Während jedoch eine Steuerbefreiung für Wohnungen generell ausgeschlossen ist (§ 5 Abs. 2 GrStG), ist für Wohnräume unter bestimmten Voraussetzungen ausnahmsweise eine Steuerbefreiung möglich (§ 5 Abs. 1 GrStG). Damit kommt der Abgrenzung des Wohnraums von der Wohnung besondere Bedeutung zu. Im Einzelnen vgl. hierzu Abschnitt 24 GrStR, der den folgenden Wortlaut hat:

24 GrStR. Grundbesitz, der Wohnzwecken dient

(1) Grundbesitz, der gleichzeitig für Wohnzwecke und für steuerbegünstigte Zwecke benutzt wird, ist vorbehaltlich der Ausnahmen in § 5 Abs. 1 GrStG nicht befreit. Beim Grundbesitz, der Wohnzwecken dient, ist zu unterscheiden zwischen Wohnräumen und Wohnungen. Während Wohnungen, von dem Ausnahmefall des § 3 Abs. 1 Nr. 5 GrStG abgesehen, stets steuerpflichtig sind, können Wohnräume, die gleichzeitig auch für steuerbegünstigte Zwecke benutzt werden, in den Fällen des § 5 Abs. 1 GrStG steuerfrei bleiben. Bevor die weiteren Voraussetzungen für eine Steuerbefreiung geprüft werden, ist deshalb festzustellen, ob es sich um eine Wohnung oder um einen Wohnraum handelt.

(2) Als Wohnung sind einzelne oder mehrere Räume anzusehen, die zur Führung eines Haushalts geeignet und zu diesem Zweck jeweils mit Küche oder Kochgelegenheit, Wasserversorgung und Toilette ausgestattet sind. In der Regel muß ein erkennbarer Abschluß der Wohnung vorhanden sein. Ob im Einzelfall eine Wohnung anzunehmen ist, richtet sich nach der baulichen Gestaltung und der Zweckbestimmung.

Dabei sind auch die örtlichen Gegebenheiten zu berücksichtigen. Es kann sich auch um eine Einraumwohnung, z. B. ein Appartement, handeln. Ein einzelner Wohnraum ist dann keine Wohnung, wenn er zur Führung eines selbständigen Haushalts nicht geeignet ist (BFH v. 9.12.1970, BStBl. 1971 II S. 230).

Abschnitt 24 Abs. 2 GrStR lehnt sich in seinem Wortlaut stark an Abschnitt 15 Abs. 3 BewRGr an, wonach „eine Wohnung eine Zusammenfassung von Wohnraum und Nebengelass ist." Der Inhaber der Wohnung muss in der Lage sein, in den ihm zur Verfügung stehenden Räumen einen eigenen Haushalt zu führen. Diese Voraussetzung kann aber auch bei einer sog. Einraumwohnung („Appartement") erfüllt sein. Damit hat für die Grundsteuer insbesondere auch die Abgrenzung der Wohnung vom Wohnraum Bedeutung. Hierzu vgl. Anm. 11 zu § 5 GrStG.

Wenn eine **Wohnung** gegeben ist, kommt eine Steuerbefreiung in keinem Fall in Betracht, auch wenn sie in erster Linie zu begünstigten Zwecken verwendet werden sollte. Das gilt für Dienstwohnungen auf sonst steuerbefreiten Grundstücken, z. B. für die Dienstwohnung des Behördenvorstehers, Krankenhausarztes, Friedhofverwalters (RFH v. 28.9.1939, RStBl. 1939 S. 1117), des Brücken- oder Kanalwärters, des Flughafenpersonals, des Klärmeisters eines Kläranlagebetriebs (RFH v. 25.1.1940, RStBl. 1940 S. 492) u. a. m. Die Steuerpflicht erstreckt sich in diesen Fällen auch auf die zur Wohnung gehörenden Hofräume und Hausgärten; denn zur Wohnung gehören alle Grundstücksteile, die unmittelbar Wohnzwecken dienen. Bei unbebauten Grundstücksteilen kommt es dafür insbesondere auf ihren räumlichen Zusammenhang, ihre Gestaltung und ihre tatsächliche Nutzung an (BFH v. 10.8.1972, BStBl. 1973 II S. 10). Befindet sich z. B. in einem steuerbefreiten Schulgebäude eine Hausmeisterwohnung, so ist diese Wohnung mit dem zugehörenden Hausgarten steuerpflichtig; das Schulgebäude und der Schulhof dagegen sind steuerfrei. Möglicherweise ist in einem solchen Fall auch eine Aufteilung des Grund und Bodens notwendig. Hierzu vgl. Anm. 3 zu § 8 GrStG.

Von dem Grundsatz, dass Grundbesitz, der Wohnzwecken dient, nicht nach § 3 oder § 4 GrStG steuerfrei sein kann, bestehen für Wohnräume eine Reihe von **Ausnahmen** (§ 5 Abs. 1 GrStG). So können steuerfrei bleiben Wohnräume, wenn der steuerbegünstigte Zweck nur durch ihre Überlassung erreicht werden kann (§ 5 Abs. 1 Nr. 3 GrStG), mit dem Unterfall von Wohnräumen in Schülerheimen, Ausbildungsheimen und Erziehungsheimen (§ 5 Abs. 1 Nr. 2 GrStG), außerdem Bereitschaftsräume, d. h. Räume, in denen sich Personen zur Erfüllung steuerbegünstigter Zwecke stets bereithalten müssen (§ 5 Abs. 1 Nr. 4 GrStG), mit dem Unterfall der Gemeinschaftsunterkünfte der Bundeswehr und anderer militärischer und polizeilicher Einrichtungen (§ 5 Abs. 1 Nr. 1 GrStG). Bei einzelnen dieser Fälle kann es durchaus zweifelhaft sein, ob das „Wohnen" Voraussetzung zur Erreichung des begünstigten Zweckes ist. Hier handelt es sich dann mehr um eine gesetzliche Klarstellung. Auch der Grundbesitz, der nach § 5 Abs. 1 GrStG steuerfrei bleiben soll, muss zunächst erst einmal alle Voraussetzungen erfüllen, die nach § 3 oder § 4 GrStG in subjektiver und objektiver Hinsicht für die Steuerbefreiung gefordert werden. Zur Abgrenzung von Wohnung und Wohnraum vgl. auch Anm. 11 zu § 5 GrStG.

Zu § 5 Absatz 1 Nummer 1

Gemeinschaftsunterkünfte der Bundeswehr, Polizei usw.

Unter den weiteren Voraussetzungen des § 3 GrStG sind befreit die Gemeinschaftsunterkünfte der Bundeswehr, der ausländischen Streitkräfte, der Bundespolizei (ehemals Bundesgrenzschutz), der Polizei und des sonstigen Schutzdienstes des Bundes, der Länder, der Gemeinde sowie ihrer Zusammenschlüsse (§ 5 Abs. 1 Nr. 1 GrStG). Wegen der weiteren Voraussetzungen der Steuerfreiheit vgl. Anm. 20 zu § 3 GrStG. Bei den hier in Frage stehenden Wohnräumen handelt es sich im Grunde um Bereitschaftsräume (§ 5 Abs. 1 Nr. 4 GrStG), so dass die Sonderregelung an sich gar nicht mehr erforderlich gewesen wäre. Zur Behandlung der Gemeinschaftsunterkünfte im Einzelnen vgl. jedoch Abschnitt 25 GrStR, der den folgenden Wortlaut hat:

25 GrStR. Gemeinschaftsunterkünfte der Bundeswehr usw.

(1) Gemeinschaftsunterkünfte sind die zur Unterbringung der Angehörigen der Bundeswehr bestimmten Einzel- und Gemeinschaftswohnräume unter der Voraussetzung, daß ihre Unterbringung erforderlich ist, um einen geordneten Dienstbetrieb aufrechtzuerhalten. Entsprechendes gilt für die Gemeinschaftsunterkünfte der ausländischen Streitkräfte und internationalen militärischen Hauptquartiere und der anderen Schutzdienste.

(2) Steuerfrei bleiben die zu den Gemeinschaftsunterkünften gehörenden Aufenthaltsräume, Speiseräume, Küchen und Wirtschaftsräume. Das gleiche gilt für Kantinen auch dann, wenn sie verpachtet sind. Ein unmittelbarer räumlicher Zusammenhang mit den Gemeinschaftsunterkünften ist nicht erforderlich. Voraussetzung ist aber, daß auch diese Räume notwendig sind, um den militärischen Dienstbetrieb aufrechtzuerhalten. Demnach kann ein Offizierskasino befreit sein, wenn es aus Gründen der Dienstzeitregelung unterhalten wird und die Offiziere zur Einnahme der Mahlzeiten in diesen Räumen verpflichtet sind.

(3) Die Steuerbefreiung erstreckt sich nicht auf Grundstücke oder Grundstücksteile, die weder unmittelbar der militärischen Tätigkeit dienen, noch erforderlich sind, um einen geordneten Dienstbetrieb aufrechtzuerhalten. Das gilt z. B. für Räume, in denen sich Ladengeschäfte, Friseursalons, Bankinstitute oder ähnliche Einrichtungen zur Truppenbetreuung befinden (BFH v. 14.1.1972, BStBl. 1972 II S. 318).

Gemeinschaftsunterkünfte können sowohl Einzelwohnräume, in denen jeweils nur eine Person untergebracht ist, als auch gemeinschaftliche Wohnräume sein, in denen gleichzeitig mehrere Personen untergebracht sind. Voraussetzung ist jedoch stets, dass die Unterbringung der Angehörigen der Bundeswehr (dasselbe gilt auch für das Personal der anderen Schutzdienste) darin erforderlich ist, um einen geordneten Dienstbetrieb aufrechtzuerhalten. Dies ist z.B. auch bei Einzelwohnräumen für Offiziere und Unteroffiziere innerhalb des Kasernengeländes der Fall. Dies gilt aber auch noch, wenn sich solche Einzelwohnräume außerhalb des Kasernengeländes befinden, von diesem jedoch nur durch eine Straße getrennt sind (BFH v. 24.10.1978, BStBl. 1979 II S. 117). So soll z. B. auch ein Offiziersheim, das der Unterbringung von Offizieren ausländischer Streitkräfte dient, steuerfrei bleiben können (BFH v. 10.5.1968 und v. 21.6.1968, BStBl. 1968 II S. 610 und 719). Dagegen sind Wohnungen wie alle anderen Dienstwohnungen stets steuerpflichtig, gleichgültig, ob sie sich innerhalb oder außerhalb des Kasernengeländes befinden. Wegen des Begriffs „Kasernengeländes" und „Kasernengrundstücke" vgl. Anm. 20 zu § 3 GrStG.

Kantinen, gemeinschaftliche Speiseräume

4   Zu den Gemeinschaftsunterkünften gehören auch Speiseräume (z. B. Kantinen, Kasinos) und sonstige gemeinschaftliche Aufenthaltsräume (z. B. Lese-, Schreib- und Spielzimmer). Auch sie bleiben steuerfrei, wenn sie für die Verpflegung und den Aufenthalt von Personen bestimmt sind, die in den nach § 5 Abs. 1 Nr. 1 GrStG steuerbefreiten Wohnräumen untergebracht sind und auch die übrigen Voraussetzungen erfüllt sind, von denen nach § 3 Abs. 1 Nr. 1 GrStG die Befreiung von der Grundsteuer abhängt. Auch Speiseräume usw. sind notwendig, um den Dienstbetrieb aufrecht zu erhalten. In diesem Fall kommt es z. B. auch nicht darauf an, dass der Kantinenbetrieb verpachtet ist. Im Einzelnen vgl. hierzu Anm. 2 zu § 7 GrStG.

Bei einem Kasino oder einer Kantine der Bundeswehr kann unterstellt werden, dass die Voraussetzungen für die Steuerbefreiung erfüllt sind, wenn sie sich auf dem Kasernengelände befinden. Wenn sie sich außerhalb des Kasernengeländes befindet, müsste der Nachweis erbracht werden, dass sie überwiegend zum öffentlichen Dienst oder Gebrauch benutzt wird. Ein Kasino, das vor allem der Kontaktpflege der Offiziere und Reserveoffiziere dient, erfüllt nicht unmittelbar hoheitliche Aufgaben, auch wenn die Kontaktpflege zweckmäßig und dem Dienstbetrieb förderlich ist. Die Voraussetzungen für eine Steuerfreiheit sind deshalb nicht erfüllt (BFH v. 21.6.1968, BStBl. 1968 II S. 719). Dasselbe gilt auch für ein Kasino, das zwar für Offiziersbesprechungen und zu Unterrichtszwecken benutzt wird, wenn diese Art der Benutzung jedoch im Verhältnis zur anderweitigen Benutzung als Speisesaal und bloßer Aufenthaltsraum in den Hintergrund tritt (BFH v. 25.10.1968, BStBl. 1969 II S. 197). Das Kasino kann jedoch wie eine Behördenkantine zu behandeln sein, wenn es aus Gründen der Dienstzeitregelung unterhalten wird und die Offiziere zur Einnahme der Mahlzeiten in diesen Räumen verpflichtet sind.

Zu § 5 Absatz 1 Nummer 2

Schülerheime usw.

5   Grundsteuerfrei bleiben die Wohnräume in Schülerheimen, Ausbildungs- und Erziehungsheimen sowie Prediger- und Priesterseminaren, wenn die Unterbringung in ihnen für die Zwecke des Unterrichts, der Ausbildung oder der Erziehung erforderlich ist. Wird das Heim oder Seminar nicht von

einem der nach § 3 Abs. 1 Nr. 1, 3 oder 4 GrStG begünstigten Rechtsträger unterhalten, so bedarf es einer Anerkennung der Landesregierung oder der von ihr beauftragten Stelle, dass die Unterhaltung des Heims oder Seminars im Rahmen der öffentlichen Aufgaben liegt (§ 5 Abs. 1 Nr. 2 GrStG). Zur Durchführung des § 5 Abs. 1 Nr. 2 GrStG ist Abschnitt 26 GrStR ergangen, der den folgenden Wortlaut hat:

26 GrStR. *Wohnräume in Schülerheimen usw.*

(1) *Wohnräume in Schülerheimen, Ausbildungs- und Erziehungsheimen sowie in Prediger- und Priesterseminaren sind befreit, wenn die darin erfolgende Unterbringung von Schülern, Jugendlichen oder sonstigen Personen für die Zwecke des Unterrichts, der Ausbildung oder der Erziehung erforderlich ist. Die Aufzählung der danach in Betracht kommenden Wohnräume ist zwar abschließend, Wohnräume in anderen ähnlichen Heimen können jedoch nach § 5 Abs. 1 Nr. 3 GrStG befreit sein.*

(2) *Ein Schülerheim ist ein Wohnheim, in dem Jugendliche untergebracht sind, die eine Schule oder ähnliche Ausbildungseinrichtungen besuchen. Es ist nicht notwendig, daß zwischen dem Heim und der Schule oder der Ausbildungseinrichtung ein räumlicher Zusammenhang besteht. Beide müssen aber organisatorisch so miteinander verbunden sein, daß die Ziele der Schule unmittelbar gefördert werden. Es kommt nicht darauf an, ob die Schüler in dem Heim nur vorübergehend, z. B. nur jeweils eine Woche in dem einer Schule gehörenden Schullandheim, oder für dauernd, z. B. in einem Internat für das ganze Schuljahr, untergebracht sind.*

(3) *Mit der Unterbringung in einem Erziehungsheim werden in erster Linie sozialpädagogische Aufgaben verfolgt, die von Schule und Elternhaus heute vielfach nicht mehr erfüllt werden können. Erziehungsheime können zwar ebenso wie Schülerheime auch mit einer Schule oder ähnlichen Ausbildungseinrichtungen organisatorisch verbunden sein. Dies ist jedoch nicht Voraussetzung für die Steuerbefreiung der Wohnräume in den Erziehungsheimen.*

(4) *Ausbildungsheime dienen der Unterbringung von Personen, die eine berufliche Bildungseinrichtung besuchen. Sie sind ebenso wie Schülerheime zu behandeln.*

(5) *Gehört das Heim einem der nach § 3 Abs. 1 Nr. 1, 3 oder 4 GrStG begünstigten Rechtsträger, so kann in der Regel unterstellt werden, daß die Unterbringung in dem Heim für die Zwecke des Unterrichts, der Erziehung oder Ausbildung erforderlich ist. Gehört das Heim zu einer Privatschule usw., so bedarf es außerdem der Anerkennung durch die zuständige staatliche Stelle, daß seine Unterhaltung im Rahmen der öffentlichen Aufgaben liegt. Bei Heimen, die schon bisher befreit waren, kann unterstellt werden, daß diese Anerkennung bereits vorliegt.*

Die Steuerbefreiung für Wohnräume in einem Schülerheim usw. nach § 5 Abs. 1 Nr. 2 GrStG kommt nur in Betracht, wenn bei dem dafür benutzten Grundbesitz sowohl die **subjektiven** als auch die **objektiven Voraussetzungen** des **§ 3 oder § 4 GrStG** erfüllt sind. Das Schülerheim muss entweder einer Körperschaft des öffentlichen Rechts, einer gemeinnützigen Körperschaft oder einer öffentlich-rechtlichen Religionsgesellschaft gehören (§ 3 Abs. 1 GrStG). In diesem Falle gilt hinsichtlich der Eigentumsverhältnisse § 3

Abs. 1 Satz 2 GrStG, d. h. Träger des Heimes und Eigentümer des Grundbesitzes brauchen zwar nicht identisch zu sein, beide müssen jedoch zum Kreis der vorgenannten Körperschaften gehören. Eine Steuerbefreiung ist iVm § 4 Nr. 5 GrStG zwar auch für die Wohnräume in einem privaten Schülerheim möglich, wenn anerkannt worden ist, dass dessen Unterhaltung im Rahmen der öffentlichen Aufgaben liegt (§ 5 Abs. 1 Nr. 2 GrStG). Hinsichtlich des Eigentums kommt es aber beim privaten Schülerheim usw. darauf an, dass der Grundbesitz ausschließlich dem Träger selbst gehört, oder wenn es von einem Pächter betrieben wird, dass Eigentümer eine Körperschaft des öffentlichen Rechts ist. Dies ergibt sich aus § 4 Nr. 5 GrStG, der insoweit auch die Grundlage für die Befreiung der Schülerheime usw. darstellt. Wegen weiterer Einzelheiten vgl. hierzu Anm. 18 zu § 4 GrStG.

Die Begriffe Schülerheim, Erziehungsheim und Ausbildungsheim stehen keineswegs eindeutig fest. In Abschnitt 26 GrStR wird zwar eine Abgrenzung versucht, im Ergebnis führt sie aber auch nicht viel weiter. Das **Schülerheim** soll nach Abschnitt 26 Abs. 1 GrStR ein Wohnheim sein, in dem Jugendliche untergebracht sind, die eine Schule oder ähnliche Ausbildungseinrichtung besuchen. Es ist zwar nicht notwendig, dass zwischen dem Heim und der Schule ein räumlicher Zusammenhang besteht, sie müssen aber organisatorisch so miteinander verbunden sein, dass die Ziele der Schule unmittelbar gefördert werden. Wieweit die organisatorische Verbindung gehen muss, um diese Voraussetzung zu erfüllen, bleibt offen. Ist das Schülerheim (Internat) bereits Teil einer Schule, so ist dieser organisatorische Zusammenhang ohne Weiteres gegeben. Abschnitt 26 Abs. 2 GrStR stellt wohl auf diesen Fall ab. Es gibt aber auch Internate, die Schüler der verschiedensten sich am Ort befindenden Schulen, u. U. neben Schülern auch Lehrlinge usw. aufnehmen. Hier wird eine organisatorische Verbindung mit einer bestimmten Schule kaum unterstellt werden können. Soll hier die Steuerbefreiung nicht ausgeschlossen sein, wird man dem Erfordernis der „organisatorischen Verbindung" kaum eine allzu große Bedeutung beimessen dürfen.

Ein **Erziehungsheim** dient in erster Linie sozialpädagogischen Aufgaben (Abschnitt 26 Abs. 3 GrStR), die von Schule und Elternhaus heute vielfach nicht mehr erfüllt werden können. Es sind dies vor allem Heime für Jugendliche, deren Erziehung gewisse Schwierigkeiten bereitet. Die Steuerbefreiung ist jedoch nicht auf solche Heime beschränkt. Auch Schülerheime können hierher gehören. Dies kann insbesondere dann von Bedeutung sein, wenn eine organisatorische Verbindung zwischen dem Schülerheim und einer bestimmten Schule fehlt; denn hier ist diese Verbindung nicht notwendig. Das Erziehungsheim muss jedoch stets einen eigenen besonderen Erziehungszweck verfolgen, „der im Rahmen der öffentlichen Aufgaben" liegt. Die in Abschnitt 26 Abs. 3 GrStR angeführten sozialpädagogischen Aufgaben, die hier erfüllt werden sollen, beschränken sich nicht auf die Erziehung in schwierigen Fällen, sondern gelten ganz allgemein. Die bloße Überlassung von Wohnraum und die Gewährung von Unterkunft und Verpflegung allein genügt zwar noch nicht. Die Tatsache, dass Jugendliche stets noch einer gewissen Aufsicht und Erziehung bedürfen und diese auch gewährt wird, sollte jedoch ausreichen, um diese Voraussetzung zu erfüllen. Dies gilt jedenfalls dann, wenn sie nicht hinter der Unterbringung und Verköstigung als Nebenzweck zurücktritt.

Während in einem Schülerheim in erster Linie Jugendliche untergebracht werden, können dies bei einem **Ausbildungsheim** auch Erwachsene sein (Abschnitt 26 Abs. 4 GrStR). Die Ausführungen zum Schülerheim gelten entsprechend. Die Steuerfreiheit nach § 5 Abs. 1 Nr. 2 GrStG ist allerdings auf Ausbildungsheime beschränkt, die der Berufsausbildung dienen. Berufsausbildung ist der Erwerb der für die Ausübung eines Berufs notwendigen fachlichen Fähigkeiten und Kenntnisse. Dazu gehört auch die Weiterbildung, Umschulung usw., vgl. H 10.9 EStH. Nach Abschnitt 27 Abs. 3 GrStR (abgedruckt bei Anm. 6 zu § 5 GrStG) würde es jedoch für die Steuerbefreiung nicht genügen, dass in dem Wohnheim nur deshalb Erwachsene untergebracht werden, um ihnen die Teilnahme an einem Lehrgang in einer Ausbildungsstätte zu ermöglichen; denn insoweit kann die Unterbringung nicht als notwendige Voraussetzung für die Erreichung des Ausbildungszweckes angesehen werden. Damit würden aber bei einem Ausbildungsheim nur die Räume steuerfrei bleiben, in denen die Berufsausbildung selbst erfolgt. Die Wohnräume würden dagegen in aller Regel steuerpflichtig sein. Diese enge Auffassung dürfte heute jedoch weitgehend überholt sein. Hierzu vgl. Anm. 9 zu § 5 GrStG.

Priester- und Predigerseminare dienen ebenfalls der Ausbildung für einen Beruf. Zwar kann für die dazugehörenden Wohnräume, in denen die Seminaristen untergebracht sind, nichts anderes gelten als für die Wohnräume in Ausbildungsheimen. Hier wird aber schon im Gesetz selbst für diese Wohnräume ein besonderer Ausbildungs- und Erziehungszweck unterstellt (§ 5 Abs. 1 Nr. 2 GrStG).

Die Entscheidung darüber, ob bei einem privaten Schülerheim usw. die Voraussetzungen für die Steuerfreiheit erfüllt sind, ist vom Finanzamt auf eine andere staatliche Stelle verlagert worden; denn die Steuerfreiheit wird hier nur gewährt, wenn die **Landesregierung** oder die von ihr beauftragte Stelle **anerkannt** hat, dass die Unterhaltung des Heims im Rahmen der öffentlichen Aufgaben liegt. Bei einem Schülerheim dürfte dies der Fall sein, wenn es für die Unterbringung von Schülern usw. zweckmäßig ist, die Erziehung und schulische Ausbildung fördert und die Schule oder die zuständige Schulaufsichtsbehörde hierauf, den Umständen entsprechend, Einfluss nehmen kann. Bei einem Erziehungsheim wird es darauf ankommen, dass es für die Unterbringung Jugendlicher zweckmäßig ist, einen eigenen erzieherischen Zweck verfolgt und die Schulaufsichtsbehörde oder die zuständige Behörde der Jugendwohlfahrtspflege hierauf, den Umständen entsprechend, Einfluss nehmen kann. Schülerheime und Erziehungsheime unterliegen in aller Regel bereits einer gewissen Aufsicht durch die zuständigen Behörden. Mindestens besteht eine Anzeigepflicht über ihre Errichtung. Man kann also davon ausgehen, dass Schülerheime usw., die dieser Aufsicht unterliegen, auch die Voraussetzungen für die Anerkennung nach § 5 Abs. 1 Nr. 2 GrStG erfüllen. Hierzu vgl. auch Anm. 15 zu § 4 GrStG. Bei Schülerheimen usw., die auch schon vor 1974 steuerfrei waren, wird unterstellt, dass diese Anerkennung bereits schon vor 1974 vorgelegen hat (Abschnitt 26 Abs. 5

GrStR) und auch heute noch gilt. Entsprechendes dürfte in den neuen Bundesländern gelten, wenn eine Anerkennung schon vor 1991 vorgelegen hat. Hierzu vgl. § 4 Nr. 7 GrStG-DDR. Zur Durchführung des Anerkennungsverfahrens bei einem neu errichteten Schülerheim usw. vgl. Anm. 20 zu § 4 GrStG.

Eine nach § 4 Nr. 5 GrStG ausgesprochene Anerkennung einer Privatschule erstreckt sich nicht ohne Weiteres auch auf das dazu gehörende Schülerheim. Dieses Schülerheim bedarf also stets einer besonderen Anerkennung, gleichgültig ob der Träger der Privatschule auch der Träger des Schülerheims ist oder dieses als selbständige Einrichtung unterhalten wird.

Zu § 5 Absatz 1 Nummer 3

Wohnraum für begünstigte Zwecke

6   Wohnräume können steuerfrei bleiben, wenn der begünstigte Zweck nur durch ihre Benutzung erreicht werden kann. Voraussetzung ist auch hier, dass sie einer Körperschaft des öffentlichen Rechts, einer gemeinnützigen Körperschaft oder einer öffentlich-rechtlichen Religionsgesellschaft gehören (§ 3 Abs. 1 Nr. 1, 3 oder 4 GrStG). Außerdem muss der Wohnraum den in § 3 Abs. 1 GrStG genannten Zwecken, d. h. den Zwecken der Allgemeinheit (öffentlicher Dienst oder Gebrauch), gemeinnützigen, mildtätigen oder kirchlichen Zwecken dienen (siehe hierzu auch OFD Karlsruhe v. 26.4.2012, DB 2012 S. 1358). Im Einzelnen vgl. Abschnitt 27 GrStR, der den folgenden Wortlaut hat:

27 GrStR. Wohnraum, der unmittelbar begünstigten Zwecken dient

(1) Kann der steuerbegünstigte Zweck unmittelbar nur durch die Unterbringung von Personen in Wohnräumen erfüllt werden, so gilt die Befreiung auch für die Wohnräume. Voraussetzung ist ferner, daß der Rechtsträger, dem der Grundbesitz zuzurechnen ist, eine juristische Person des öffentlichen Rechts (§ 3 Abs. 1 Nr. 3a GrStG) oder eine als gemeinnützig anerkannte Körperschaft usw. (§ 3 Abs. 1 Nr. 3b GrStG) ist (BFH v. 7.6.1973, BStBl. 1973 II S. 712) und die Wohnräume für einen öffentlichen Dienst oder Gebrauch oder für gemeinnützige oder mildtätige Zwecke benutzt werden.

(2) Für einen öffentlichen Dienst oder Gebrauch werden unmittelbar benutzt z. B. die der Unterbringung von Straf- und Untersuchungsgefangenen dienenden Räume in einer Justizvollzugsanstalt und die der Unterbringung von Patienten dienenden Räume in einem Krankenhaus. Für gemeinnützige oder mildtätige Zwecke werden unmittelbar benutzt z. B. Wohnräume zur Unterbringung alter Personen in einem Altenheim oder Altenpflegeheim sowie Wohnräume zur Unterbringung erholungsbedürftiger Personen in einem Erholungsheim, wenn diese Heime zu mindestens zwei Dritteln (§ 66 Abs. 3 AO) den in § 53 AO genannten Personen dienen (vgl. § 68 Nr. 1a AO).

(3)[1] Nicht steuerbefreit sind Wohnräume zur Unterbringung von Personen, die zur Verfolgung eines bestimmten begünstigten Zwecks zusammenkommen, z. B. als Teil-

---

[1] Abschnitt 27 Abs. 3 GrStR ist durch § 68 Nr. 8 AO weitgehend überholt. Hierzu vgl. Anm. 9 zu § 5 GrStG.

nehmer an einem Lehrgang für Erwachsene in einer Ausbildungsstätte und dergl.; denn in diesen Fällen ist die Unterbringung in den Wohnräumen nicht notwendige Voraussetzung für die Erreichung des begünstigten Zwecks. Daß wegen der örtlichen Gegebenheiten oder aus anderen Gründen eine anderweitige Unterbringung nicht möglich ist, steht dem nicht entgegen. Vgl. hierzu BFH v. 14.11.1958 (BStBl. 1959 III S. 81) und BFH v. 7.10.1966 (BStBl. 1967 III S. 30).

Das Wohnen selbst ist für sich allein niemals ein begünstigter Zweck (§ 5 Abs. 2 GrStG). Die Unterbringung in einem Wohnraum kann jedoch u. U. die einzige Möglichkeit sein, um überhaupt einen bestimmten begünstigten Zweck zu erreichen. In Abschnitt 27 Abs. 2 GrStR werden als Beispiel hierfür die Zellen in einer Strafvollzugsanstalt und die Krankenzimmer in einem Krankenhaus angeführt, die notwendig sind, um einen „öffentlichen Dienst oder Gebrauch" zu verwirklichen (§ 3 Abs. 1 GrStG). Zu den gemeinnützigen Zwecken, die durch die Unterbringung von Personen in Wohnräumen verwirklicht werden, gehören z. B. die Krankenfürsorge (Unterbringung in einem Krankenhaus usw.), die Jugendfürsorge (Unterbringung in Jugendheimen, Jugendherbergen, Erziehungsheimen, Kinderheimen usw.), die Fürsorge für Körperbehinderte (Unterbringung in Erholungsheimen, Rehabilitationszentren usw.), die Altenfürsorge (Unterbringung in Altenheimen, Altenpflegeheimen), die Fürsorge für bedürftige Personen (Unterbringung in Erholungsheimen usw.), die Studentenhilfe (Unterbringung in Studentenheimen) u. a. m. Nach § 68 Nr. 8 AO bleiben Volkshochschulen und andere ähnliche Institutionen auch mit ihren Einrichtungen zur Beherbergung und Beköstigung der Teilnehmer ihrer Veranstaltungen steuerfrei. Diese Tätigkeit wird somit als steuerunschädlicher Geschäftsbetrieb behandelt. Dies führt dann bereits kraft Gesetzes zur Grundsteuerfreiheit für die Wohnräume, in welchen die Teilnehmer untergebracht werden. Im Einzelnen vgl. hierzu Anm. 9 zu § 5 GrStG.

Die vorläufige Unterbringung von Aus- und Übersiedlern in Einrichtungen von Körperschaften des öffentlichen Rechts soll, wenn das Entgelt dafür von einer öffentlichen Kasse gezahlt wird, aus Billigkeitsgründen dem hoheitlichen Bereich zugerechnet werden. Die Unterbringung in Einrichtungen eines Betriebes gewerblicher Art regelt sich dagegen nach allgemeinen steuerlichen Vorschriften (BMF v. 18.4.1990, DB 1990 S. 1063). Bei der Anerkennung als gemeinnützig ist auch BMF v. 19.12.1989 (DB 1990 S. 152) zu beachten. Entsprechend sollte auch bei der Grundsteuer verfahren werden.

In Abschnitt 27 Abs. 2 GrStR werden zwar die Räume zur Unterbringung von Patienten in Krankenhäusern von Körperschaften des öffentlichen Rechts oder gemeinnützigen Körperschaften, nicht jedoch von privaten Krankenhäusern als begünstigt angeführt, obwohl auch hier die Unterbringung zur Erreichung des begünstigten Zwecks erforderlich ist. Tatsächlich werden auch in § 5 Abs. 1 Nr. 3 GrStG nur die begünstigten Zwecke des § 3 GrStG, nicht aber die des § 4 Nr. 6 GrStG aufgeführt. Es dürfte wohl anzunehmen sein, dass man es nur übersehen hat, auch einen Hinweis auf § 4 Nr. 6 GrStG zu bringen, dass deshalb diese Räume ebenso, wie es auch schon vor 1974 selbstverständlich gewesen war, weiterhin steuerfrei bleiben. Man hätte hier besser in § 5 Abs. 2 Nr. 3 GrStG den Hinweis auf § 3 Abs. 1 Nr. 1, 2 und 4 GrStG weggelassen und ganz allgemein nur von begünstigten Zwecken gesprochen.

Altenheime

7   Im Vordergrund des Interesses stehen heute die Wohnräume in einem Altenheim, Altenwohnheim oder Altenpflegeheim, das von einer gemeinnützigen Körperschaft oder von einer Körperschaft des öffentlichen Rechts unterhalten wird. Im Einzelnen vgl. dazu das Heimgesetz v. 5.11.2001 (BGBl. 2001 I S. 2970), zuletzt geändert durch Gesetz v. 29.7.2009 (BGBl. 2009 I S. 2319). Danach sind dies Heime, die entgeltlich betrieben werden und alte Menschen sowie pflegebedürftige und behinderte Volljährige nicht nur vorübergehend aufnehmen. Die Unterbringung umfasst neben der Überlassung der Unterkunft die Gewährung oder Vorhaltung von Verpflegung und Betreuung (§ 1 Abs. 1 des Heimgesetzes). Ein Altenheim usw. gilt als steuerunschädlicher Zweckbetrieb, wenn es in besonderem Maße den in § 53 AO genannten Personen dient (§ 66 Abs. 3 und § 68 Nr. 1 Buchst. a AO). Bei der Prüfung dieser Voraussetzung wird es jedoch kaum auf die Einkommensverhältnisse dieser Personen (§ 53 Nr. 2 AO) ankommen; denn die meisten dürften schon wegen ihres körperlichen, geistigen oder seelischen Zustandes auf die Hilfe anderer angewiesen sein (§ 53 Nr. 1 AO). Zu dem danach in Betracht kommenden Personenkreis vgl. auch Anm. 42 zu § 3 GrStG.

Gelegentlich kann auch die **Abgrenzung** zwischen Altenheim, Altenwohnheim und Altenpflegeheim von Bedeutung sein. Meist werden allerdings die hierfür charakteristischen Merkmale ineinander übergehen. Ein **Altenwohnheim** ist eine Einrichtung, in der alte Menschen, die zur Führung eines eigenen Haushalts noch in der Lage sind, Unterkunft in abgeschlossenen Wohnungen erhalten. Hier steht die entgeltliche Überlassung der Wohnung einschließlich der üblichen Nebenleistungen im Vordergrund. Das **Altenheim** ist dagegen eine Einrichtung, in der alte Menschen, die nicht pflegebedürftig, jedoch zur Führung eines eigenen Haushalts außerstande sind, Unterkunft, Verpflegung und Betreuung erhalten. Dem steht das **Altenpflegeheim** gegenüber, in welchem alte pflegebedürftige Menschen untergebracht werden. Dabei kann es sich auch schon um ein Krankenhaus handeln, das nach § 67 AO als Zweckbetrieb anzusehen ist. Zur Abgrenzung gegenüber einem Krankenhaus vgl. auch Anm. 19 zu § 4 GrStG.

Während Wohnräume in bestimmten Fällen steuerfrei bleiben können, sind Wohnungen stets steuerpflichtig (§ 5 Abs. 2 GrStG). Eine **Wohnung** ist in der Regel eine Zusammenfassung von mehreren Räumen und einer eingerichteten Küche. Ein Wohnraum kann demgegenüber immer nur ein einzelner Raum sein. Er kann zwar zu einer Wohnung gehören, kann aber auch eine selbständige Wohnung sein. Eine Wohnung wird aber nicht dadurch zu einem Wohnraum, dass sie sich in einem Altenheim usw. befindet, in dem auch Gemeinschaftseinrichtungen und Betreuungsdienste angeboten werden. Bei einem Altenwohnheim spricht eine Vermutung dafür, dass es sich bei den angebotenen Wohneinheiten um Wohnungen handelt. Im Übrigen ist jedoch die Frage, ob die einzelne Wohneinheit in einem Altenheim als Wohnraum oder als Wohnung anzusehen ist, ausschließlich nach objektiven Gesichtspunkten zu beurteilen. Hierzu vgl. Abschnitt 24 Abs. 2 GrStR (abgedruckt bei Anm. 2 zu § 5 GrStG). Eine Wohneinheit mit mehreren Räumen wird bei der Einheitsbewertung und demzufolge auch hier erst dann als Wohnung angesehen, wenn sie mindestens eine Wohnfläche von 20 m² hat (BFH v. 24.11.1978, BStBl. 1979 II S. 255; v. 20.6.1985, BStBl. 1985 II S. 582 und v. 17.5.1990, BStBl. 1990 II S. 705). Bei einer geringeren Wohnfläche wäre danach, ungeachtet der jeweiligen Ausstattung, nicht von einer Wohnung, sondern von einem Wohnraum auszugehen. Die Abgrenzung von Wohnraum und Wohnung hat wegen der Steuerpflicht gerade in Altenheimen besondere Bedeutung erlangt. Vgl. dazu auch Anm. 11 zu § 5 GrStG.

Nach dem früheren § 40 Abs. 1 des II. WoBauG wurde für die Abgrenzung einer Einraumwohnung gegenüber einem bloßen Wohnraum z.B. folgende Mindestausstattung verlangt: Wohnungsabschluss, Kochraum mit ausreichender Entlüftungsmöglichkeit, Wasserzapfstelle mit Spülbecken, sanitäre Anlagen, eingerichtetes Bad oder Dusche, ausreichender Keller oder Ersatzraum. Auf Bad oder Dusche soll allerdings auch verzichtet werden können, wenn ein größeres Waschbecken vorhanden ist. Nach den Vorschriften der DIN 18022 von 1967 soll eine Küche vorhanden sein, bei der es sich allerdings auch um eine Kleinküche handeln kann. Aber auch dazu gehört als Ausstattung eine Spüle, ein Unterschrank mit Arbeitsplatz, ein Kühlschrank, ein Herd mit Backofen, eine ausreichende Bewegungsfläche vor den genannten Ausstattungsteilen, sowie direkte Belichtung und Belüftung. Danach würde jedenfalls eine einfache mobile Kochplatte zum gelegentlichen Kaffeekochen und die Benutzung der sanitären Anlagen als Spülbecken nicht ausreichen, um schon von einer Kleinküche sprechen zu können. Ein Balkon oder eine Loggia ist dagegen kein geeignetes Abgrenzungsmerkmal.

Bei der Einheitsbewertung ist ein wichtiges Kriterium für die Abgrenzung die Größe der Gesamtfläche des Wohnraums oder der Wohnung. Um in einem Alten- oder Altenwohnheim eine Wohnung annehmen zu können, muss sie eine Gesamtfläche von mindestens 20 m² haben (BFH v. 30.4.1982, BStBl. 1982 II S. 671 sowie v. 24.11.1978, aaO, v. 20.6.1985, aaO und v. 17.5.1990, aaO).

Grundsätzlich soll jeder Einwohner der Gemeinde über die Grundsteuerpflicht seiner Wohnung zu den gemeindlichen Lasten beitragen. Die in § 5 Abs. 1 GrStG enthaltenen Ausnahmen von der Steuerpflicht des Wohnraums können deshalb nicht auf Wohnungen ausgedehnt werden. Auch mit **sozialen Gesichtspunkten** kann daher eine Freistellung von Wohnungen in Altenheimen nicht gerechtfertigt werden. Sie würde nämlich sofort die Forderung nach sich ziehen, auch auf alle übrigen Wohnungen, deren Inhaber sich im Rentenalter befinden, übertragen zu werden. Die Grundsteuer ist aber wie andere Betriebskosten Bestandteil der Miete, deren Aufbringung sozial Schwachen durch die Wohngeldgesetzgebung erleichtert wird. Dies hat zur Folge, dass auch Altenheime, bei denen sonst alle Voraussetzungen für die Steuerfreiheit gegeben sind, mit kleineren Wohnungen nicht steuerfrei bleiben können. Eine Befreiung kommt hier nur noch für die sog. Funktionsräume, Gemeinschaftsräume und die Wohnräume in Betracht, die nicht als Wohnungen anzusehen sind (BFH v. 30.4.1982, aaO).

Bei bis 1989 neuerrichteten Altenheimen fiel die Steuerpflicht zunächst nicht ins Gewicht, weil für die ersten 10 Jahre sowohl für Wohnungen als auch für Wohnräume die Steuervergünstigung nach § 92a Abs. 5 des II. WoBauG ausgenutzt werden konnte. Nach Ablauf von 10 Jahren wurde die Frage der Abgrenzung jedoch wichtig, weil die dann eintretende Grundsteuerpflicht zwangsläufig zu einer Erhöhung des Pensionspreises führen musste, der für viele Rentner heute sowieso schon ein Problem darstellt. Für Wohnungen und Wohnräume, die ab 1990 bezugsfertig wurden, war allerdings die Grundsteuervergünstigung nach § 92a Abs. 1 des II. WoBauG von vornherein ausgeschlossen. Dasselbe galt nach § 43 GrStG für die Steuerfreiheit für Wohnungen in den neuen Bundesländern. Hierzu vgl. Anm. 3 zu § 43 GrStG.

Ferien- und Erholungsheime

8   Der Zweck eines Ferien- oder Erholungsheimes besteht darin, den aufgenommenen Personen für kürzere oder längere Zeit einen Erholungsaufenthalt zu ermöglichen. Dieser Zweck kann ebenfalls nur dadurch erreicht werden, dass diesen Personen eine Wohnung oder ein Wohnraum zur Verfügung gestellt wird. Wegen des vorübergehenden Aufenthalts der Besucher war früher das Erholungsheim in aller Regel nur mit getrennten Einzel-Wohnräumen ausgestattet. Heute sind es jedoch vielfach auch abgeschlossene Appartements oder einzelne Ferienhäuser, so dass auch hier die Abgrenzung von Wohnraum und Wohnung von Bedeutung werden kann. Im Einzelnen vgl. hierzu Anm. 11 zu § 5 GrStG.

Die Steuerfreiheit eines **Erholungsheimes** hängt davon ab, dass mehr als zwei Drittel der darin untergebrachten Personen die Voraussetzungen des § 53 AO erfüllen (§ 66 Abs. 3 AO). Es müssten deshalb auch die Einkommens- und Vermögensverhältnisse der untergebrachten Personen geprüft werden. Die Heimleitung sollte entsprechende Auskünfte verlangen und darauf achten, dass möglichst nur Personen aufgenommen werden, die nicht zum Verlust der Gemeinnützigkeit führen (BMF v. 6.10.1969, DB 1969 S. 2012). Bei den heute geltenden sehr großzügigen Einkommensgrenzen für die aufzunehmenden Personen sollte es allerdings genügen, wenn sich bei einer Gesamtbetrachtung zeigt, dass die Gäste überwiegend zu diesem Personenkreis gehören. Hierzu vgl. auch Anm. 42 zu § 3 GrStG. Dass die Voraussetzungen des § 68 Nr. 1 Buchst. a AO erfüllt sind, kann in diesem Fall ohne Weiteres unterstellt werden.

Hierher gehören auch die Alten- und Erholungsheime nicht mehr dienstfähiger Angehöriger von Orden, Ordensgenossenschaften, Diakonieverbänden usw. Die Steuerbefreiung kann hier gewährt werden, wenn diese Heime einem nach § 3 Abs. 1 Nr. 3 GrStG begünstigten Rechtsträger gehören. Diesen Heimen sollte auch die gesonderte Abteilung eines Mutterhauses zur Unterbringung alter, nicht mehr dienstfähiger Ordensmitglieder zugerechnet werden können.

Sonstige Wohnräume

Ebenso wie ein Schülerheim kann auch ein **Studentenheim** ein steuerun- 9
schädlicher Zweckbetrieb sein (§ 68 Nr. 1 Buchst. b AO). Abweichend von
einem Alten- oder Erholungsheim kommt es hier jedoch nicht darauf an, dass
es auch in besonderem Maß den in § 53 AO genannten Personen dient.
Hierzu vgl. Anm. 44ff. zu § 3 GrStG. Bei der Errichtung von Studentenwohnheimen wird heute ebenfalls die Appartementbauweise bevorzugt. Diese Appartements erfüllen vielfach alle Voraussetzungen, die zur Führung eines
selbständigen Haushalts erforderlich sind. Auch hier ist deshalb die Abgrenzung von Wohnraum und Wohnung von Bedeutung. Dabei ist in gleicher
Weise wie bei einem Altenheim zu verfahren. Eine Wohnung wird auch hier
erst ab einer Größe von 20 m² angenommen (BFH v. 17.5.1990, BStBl. 1990
II S. 705). Hierzu vgl. auch Anm. 7 und 11 zu § 5 GrStG.

In Abschnitt 27 Abs. 3 GrStR wird noch ausgeführt, dass Wohnräume zur
Unterbringung von Personen dann nicht steuerbefreit sind, wenn diese zur
Verfolgung eines bestimmten begünstigten Zwecks zusammenkommen, z.B.
Teilnehmer an einem Lehrgang; denn in diesen Fällen sei die Unterbringung
in den Wohnräumen nicht notwendige Voraussetzung für die Erreichung des
begünstigten Zwecks. Dass wegen der örtlichen Gegebenheiten oder aus anderen Gründen eine anderweitige Unterbringung nicht möglich ist, stehe
dem nicht entgegen. Diese Auffassung ist jedoch nicht mehr haltbar; denn
nach § 68 Nr. 8 AO ist seit 1980 bei Volkshochschulen und bei ähnlichen
Einrichtungen, soweit sie selbst Vorträge, Kurse und andere Veranstaltungen
wissenschaftlicher oder belehrender Art durchführen, die Beherbergung und
Beköstigung der Teilnehmer als steuerunschädlicher Zweckbetrieb anzusehen.
Ein wirtschaftlicher Geschäftsbetrieb kann aber nur dann ein solcher Zweckbetrieb sein, wenn der begünstigte Zweck allein durch ihn erreicht werden
kann (§ 65 Nr. 2 AO). Damit wird gesetzlich, wenn auch nur mittelbar, festgestellt, dass der begünstigte Zweck der Einrichtung nur durch Überlassung
der Wohnräume an die Teilnehmer erreicht werden kann, so dass nach § 5
Abs. 1 Nr. 3 GrStG auch die Voraussetzungen für deren Grundsteuerfreiheit
erfüllt sind. Das gilt selbst dann, wenn die Teilnehmer anderweitig untergebracht werden könnten. Aber auch hier darf es sich nicht um Wohnungen
handeln.

Voraussetzung für die Steuerfreiheit nach § 68 Nr. 8 AO ist, dass die
Volkshochschule oder die ähnliche Einrichtung als gemeinnützig anerkannt
ist und sie auch Eigentümerin der Wohnräume ist. Weiter wird verlangt, dass
sie selbst die Veranstaltungen durchführt und auch selbst die Teilnehmer be-
herbergt. Sie muss beide Tätigkeiten für eigene Rechnung ausüben. Die Anerkennung als gemeinnützig wird aber nicht dadurch beeinträchtigt, dass sie
ihre Räume auch für die Veranstaltungen anderer begünstigter Einrichtungen
oder ihre Wohnräume den Teilnehmern dieser Veranstaltungen zur Verfügung
stellt. Davon, dass die Beherbergung und die Beköstigung der Teilnehmer
einen steuerunschädlichen Zweckbetrieb bildet, hängt dann wiederum auch
die Grundsteuerfreiheit der Wohnräume ab. Hierüber wird deshalb schon bei
der Anerkennung als gemeinnützig entschieden.

Die Steuerbefreiung nach § 68 Nr. 8 AO iVm § 5 Abs. 1 Nr. 3 GrStG gilt für Volkshochschulen (Heimvolkshochschulen) und ähnliche Einrichtungen, wozu in erster Linie wohl Einrichtungen der Erwachsenenbildung rechnen. Dazu gehören u. a. auch die kirchlichen Bildungseinrichtungen wie evangelische Akademien, katholische Exerzitienhäuser u. a. mehr (FinMin. NW v. 29.5.1980, DB 1980 S. 1185). Ebenso gehören Bildungseinrichtungen dazu, die der beruflichen Fortbildung dienen (Abschnitt 22 Abs. 3 GrStR). Heime für Besucher solcher Einrichtungen sind deshalb den „Ausbildungsheimen" (§ 5 Abs. 1 Nr. 2 GrStG und Abschnitt 26 Abs. 4 GrStR) zuzuordnen. Für die Steuerfreiheit von Wohnräumen in Schülerheimen usw. bleibt es weiter bei den Vorschriften in § 5 Abs. 1 Nr. 2 GrStG.

Zu § 5 Absatz 1 Nummer 4

Bereitschaftsräume

10   Steuerfrei bleiben Räume, in denen sich Personen für die Erfüllung der steuerbegünstigten Zwecke ständig bereithalten müssen, wenn sie nicht zugleich die Wohnung des Inhabers darstellen (§ 5 Abs. 1 Nr. 4 GrStG). Im Einzelnen vgl. dazu Abschnitt 28 GrStR, der den folgenden Wortlaut hat:

28 GrStR. Bereitschaftsräume

(1) Bereitschaftsräume sind Räume, die für das Bereitschaftspersonal benötigt und von diesem benutzt werden. Bereitschaftspersonal ist das Personal, dessen ständige Anwesenheit erforderlich ist, um den begünstigten Zweck zu erfüllen. Ständige Anwesenheit bedeutet, daß das Personal bei Tag und Nacht zur Verfügung stehen muß. Das ist z. B. der Fall bei Krankenschwestern und Ärzten in einem Krankenhaus und bei Erziehern in Schülerheimen. Eine nur gelegentliche Beanspruchung des Personals genügt nicht.

(2) Bei dem Bereitschaftspersonal braucht es sich nicht immer um dieselben Personen zu handeln. Unerheblich ist auch, ob sich das Personal in den Räumen ständig oder nur vorübergehend, z. B. nur zur Nachtzeit, aufhält. Die Zahl der im Einzelfall als steuerbefreit anzuerkennenden Bereitschaftsräume richtet sich nach dem Umfang des für den Bereitschaftsdienst notwendigen Personals.

(3) Die Bereitschaftsräume müssen sich entweder auf dem Grundstück, auf welchem der begünstigte Zweck verfolgt wird, oder in der unmittelbaren Nähe des Grundstücks befinden. Bei der heutigen Motorisierung ist es zwar nicht ausgeschlossen, daß Bereitschaftspersonal, das in größerer räumlicher Entfernung vom Grundstück untergebracht ist, ebenfalls kurzfristig zur Verfügung steht. Das reicht aber nicht aus, um die in Absatz 1 genannten Voraussetzungen zu erfüllen.

(4) Wohnräume können nur dann als Bereitschaftsräume angesehen werden, wenn der Wohnzweck nicht überwiegt.

Nach Abschnitt 28 Abs. 1 GrStR sind Bereitschaftsräume die Wohnräume, die für die Unterbringung des Bereitschaftspersonals benötigt werden. Bereitschaftspersonal sind Personen, deren ständige Anwesenheit erforderlich ist, um den begünstigten Zweck zu erfüllen. Das ist z. B. der Fall bei Krankenschwestern und Ärzten in einem Krankenhaus, bei Erziehern in einem Schülerheim, Betreuern in einem Altenheim oder einem Kinderheim u. a. mehr. Eine nur gelegentliche Beanspruchung der Personen genügt nicht. Bei dem Bereitschaftspersonal braucht es sich nach Abschnitt 28 Abs. 2 GrStR nicht immer um dieselben Personen zu handeln. Unerheblich ist auch, ob diese sich in den Räumen ständig oder nur vorübergehend, z. B. nur zur Nachtzeit, aufhalten. Als Bereitschaftsräume können nur Wohnräume steuerfrei bleiben. Wohnungen, z. B. Dienstwohnungen sind selbst dann nicht befreit, wenn der Inhaber zum Bereitschaftspersonal gehört, d. h. von der Wohnung aus einen Bereitschaftsdienst ausübt. Die Bereitschaftsräume müssen sich entweder auf dem Grundstück, auf dem der begünstigte Zweck verfolgt wird, oder in unmittelbarer Nähe desselben befinden, so dass die dort untergebrachte Person in kürzester Frist zur Verfügung stehen kann.

Für die Beurteilung im Einzelfall kommt es wohl weniger auf die in Abschnitt 28 GrStR angeführten Merkmale an. Auch wenn diese nicht alle oder nur teilweise vorliegen, können noch Bereitschaftsräume gegeben sein. Ausschlaggebend ist stets, wie in § 5 Abs. 1 Nr. 4 GrStG nochmals ausdrücklich klargestellt wird, dass die Räume nicht zugleich die Wohnung des Benutzers darstellen. Der **Begriff „Wohnung"** kann hier nicht räumlich wie in Abschnitt 26 GrStR ausgelegt werden, sondern es soll damit gesagt werden, dass der Wohnraum nicht der Ort sein darf, an dem die Person, die den Bereitschaftsdienst ausführt, auch den Mittelpunkt ihres täglichen privaten Lebens hat, dass also der Wohnzweck des Raumes nicht überwiegen darf (Abschnitt 28 Abs. 4 GrStR). Die Person, die in dem Wohnraum den Bereitschaftsdienst ausübt, muss also noch eine andere eigene Wohnung haben, zu der sie, wenn sie keinen Dienst hat bzw. dienstfrei hat, immer wieder zurückkehrt. Es darf also nicht der Wohnsitz iSd polizeilichen Melderechts sein. Damit sind z. B. Schwesternwohnheime, die zu einer Krankenanstalt gehören, voll steuerpflichtig, gleichgültig, ob sie nur mit Einzelwohnräumen, mit Appartements oder mit Wohnungen ausgestattet sind.

Die Zahl der im Einzelfall als steuerfrei anzuerkennenden Bereitschaftsräume richtet sich jeweils nach dem Umfang des für den Bereitschaftsdienst erforderlichen Personals. Die Finanzverwaltung hat zur Ermittlung der Zahl der Bereitschaftsräume eine **Pauschalregelung** vorgesehen. Danach können bei einem Krankenhaus von den Wohnräumen, die objektiv als Bereitschaftsraum geeignet sind, höchstens so viele steuerfrei bleiben, als für 20 % des Soll-Bestandes an Bereitschaftspersonal (Ärzte, Schwestern, Pfleger und das Personal des medizinisch-technischen Dienstes) benötigt werden. Auf die Anzahl der danach möglichen Bereitschaftsräume sind zunächst die in räumlichem Zusammenhang mit Operationssälen, Intensivstationen, Krankenzimmern usw. liegenden Räume und erst dann die weiteren Räume (z. B. in selbständigen Gebäuden) anzurechnen. Damit ist gewährleistet, dass für jedes Krankenhaus, bezogen auf seinen Bedarf an Bereitschaftspersonal, die gleiche Anzahl von Bereitschaftsräumen steuerfrei bleibt, gleichgültig, in welchem Umfang von ihm insgesamt Wohnräume zur Verfügung gestellt werden. Eine entsprechende Pauschalregelung gilt auch für andere steuerbegünstigte Einrichtungen mit Bereitschaftsräumen, z. B. für Altenheime, Kinderheime, Schülerheime u. a. m. In diesen Fällen beträgt allerdings die Höchstgrenze nur 10% des Soll-Bestandes an Bereitschaftspersonal.

Werden Altenheime, Schülerheime usw. von einem Orden oder einer ähnlichen Gemeinschaft unterhalten, so können die Wohnräume der Ordensangehörigen ebenfalls als Bereitschaftsräume anerkannt werden, soweit sie 10% der im Bereitschaftsdienst tätigen Ordensangehörigen ausmachen. Die übrigen Wohnräume der Ordensangehörigen sind dagegen steuerpflichtig. Hierzu vgl. auch Anm. 8 zu § 5 GrStG.

Der Nachweis, dass insgesamt eine über die angegebenen Prozentsätze hinausgehende Anzahl von Bereitschaftsräumen vorhanden ist und auch benötigt wird, bleibt zulässig. In diesen Fällen ist dann von der Zahl der tatsächlich nachgewiesenen Bereitschaftsräume auszugehen. Zum Umfang der Bereitschaftsräume vgl. auch FinMin. Ba-Wü v. 24.9.1976, StEK § 5 GrStG Nr. 6.

Zu § 5 Absatz 2

Wohnungen

Literatur: *Ebling,* Abgeschlossene Appartements in Altenheimen als Wohnungen nicht grundsteuerbegünstigt, BB 1982 S. 1971; *Glier,* Steuerrechtliche Abgrenzung bei Ein- und Zweifamilienhäusern – Auswirkungen auf die Grundsteuer und die Grunderwerbsteuer, BlGBW 1981 S. 221; *Leinweber,* Grundsteuerbefreiung von Wohnzwecken dienendem Grundbesitz, NWB F. 11 S. 615; *Mannek,* Altenheime, StLex 13 S. 1; *Ostendorf,* Keine Grundsteuerbefreiung für Wohnungen in Altenwohnheimen, KStZ 1976 S. 67.

11   Wohnungen, die zu Wohnzwecken benutzt werden, sind grundsätzlich steuerpflichtig, auch wenn sie zu begünstigten Zwecken mitbenutzt werden (§ 5 Abs. 2 GrStG). Räume, die objektiv als Wohnung zu beurteilen sind, verlieren diese Eigenschaft nicht dadurch, dass ihre Überlassung zu Wohnzwecken im Rahmen einer pflegerischen und therapeutischen Gesamtkonzeption erfolgt (BFH v. 21.4.1999, BStBl. 1999 II S. 496). Erfüllt die Zusammenfassung einer in einem Heim befindlichen Mehrheit von Räumen, in denen schwerbehinderte Kinder und Jugendliche untergebracht sind, die Anforderungen an den bewertungsrechtlichen Wohnungsbegriff, verbleibt auch insoweit kein Raum für eine Grundsteuerbefreiung des Heims, wenn der Heimträger ausschließlich und unmittelbar gemeinnützigen oder mildtätigen Zwecken dient (FG Ba-Wü v. 27.2.2014 EFG 2014 S. 892, Rev. BFH II R 20/14). Ob eine Steuerbefreiung bei der Überlassung von Wohnungen in diesen Fällen sozial- oder finanzpolitisch wünschenswert wäre, unterliegt nicht der Beurteilung der Finanzgerichtsbarkeit (BFH v. 11.4.2006, BFH/NV 2006 S. 1707). Dass dagegen Wohnräume, die zu begünstigten Zwecken benutzt werden, unter bestimmten weiteren Voraussetzungen steuerfrei bleiben (§ 5 Abs. 1 GrStG), verstößt nicht gegen den Gleichheitssatz des Art. 3 GG (FG München v. 26.2.1981, EFG 1981 S. 463; BFH v. 30.4.1982, BStBl. 1982 II S. 671 und BVerfG v. 4.4.1984, HFR 1984 S. 437).

In § 5 Abs. 2 GrStG wird unterstellt, dass bei einer Wohnung der Wohnzweck stets überwiegt, ohne dass dies noch besonderer Feststellungen bedarf. Damit ist nach § 5 Abs. 2 GrStG die Steuerfreiheit stets ausgeschlossen für Dienstwohnungen der Bundeswehr, der ausländischen Streitkräfte usw. (§ 5 Abs. 1 Nr. 1 GrStG), für Wohnungen in Altenheimen, für Wohnungen in Studentenwohnheimen, für Wohnungen in Rehabilitationszentren für Körperbehinderte usw., für Wohnungen des Bereitschaftspersonals (§ 5 Abs. 1 Nr. 4 GrStG), für Wohnungen in Ferienhäusern u.a.m. Die Steuerbefreiung kann dagegen gegeben sein bei Dienstwohnungen für Geistliche und Kirchendiener (hierzu vgl. Anm. 56 ff. zu § 3 GrStG) und bei Wohnungen für das Personal einer ausländischen Botschaft, Gesandtschaft oder eines ausländischen Konsulats (hierzu vgl. Anm. 12 zu § 3 GrStG). Der Begriff der Wohnung iSd § 5 Abs. 2 GrStG stimmt mit dem für die Einheitsbewertung geltenden Begriff überein. Es kommt jedoch nicht darauf an, welcher Grundstücksart das Wohnhaus bei der Einheitsbewertung zugeordnet worden ist (OFD München v. 17.4.1985, DStZ/E 1985 S. 260).

In den **„SOS-Kinderdörfern"** erfolgt die Unterbringung der Kinder in familienähnlichen Gemeinschaften, d.h. in Wohnungen, die von einer Kinderdorfmutter betreut werden. Jede solche Wohnung ist als selbständiges Erziehungsheim anzusehen. Die dazu gehörenden Wohnräume sind Gemeinschaftsräume, das Zimmer der Kinderdorfmutter ist Bereitschaftsraum. Die Wohn- und Gemeinschaftsräume des übrigen Personals können jedoch nicht als Bereitschaftsräume angesehen werden (OFD Kiel v. 21.12.1976, StEK § 3 GrStG Nr. 6). Soweit der Wohnungsbegriff im bewertungsrechtlichen und damit auch grundsteuerrechtlichen Sinne erfüllt ist, bestehen gegen diese sehr großzügige Sachbehandlung rechtliche Bedenken (siehe hierzu auch BFH v. 11.4.2006, BFH/NV 2006 S. 1707). Entsprechendes gilt für die (gerichtlich) zugebilligte Steuerbefreiung bei (einzelnen) Wohnräumen eines Zweifamilienhauses zu Therapiezwecken im Rahmen eines Projekts „Betreutes Wohnen" (vgl. hierzu FG Bremen v. 1.8.1995 293152 K 5, n. v.).

Kleinstappartements in **Studentenwohnheimen** usw. sind keine Wohnungen iSd § 5 Abs. 2 GrStG (BFH v. 11.2.1987, BStBl. 1987 II S. 306; vgl. hierzu auch FinMin. Hessen v. 17.11.1987, StEK GrStG § 5 Nr. 16). Wohnungen sind sie erst ab einer Wohnfläche von 20 m² (OFD Karlsruhe v. 26.4.2012, DB 2012 S. 1358 sowie FG Ba-Wü v. 27.2.2014 EFG 2014 S. 892, Rev. BFH II R 20/14). Bei einer geringeren Wohnfläche handelt es sich ungeachtet ihrer Ausstattung um Wohnräume. Bei der Berechnung der Wohnfläche sind die Vorschriften der II. BVO ohne die Vorschriften in § 44 Abs. 2 und 3 der II. BVO zu beachten (OFD München v. 8.10.1987, DStR 1988 S. 189). Ab 1.1.2004 siehe die Wohnflächenverordnung v. 25.11.2003 (BGBl. 2003 I S. 2346); bei der Einheitsbewertung bleibt weiter die Berechnung der Wohnfläche nach der II. BVO maßgeblich, da die – auf die Wohnfläche bezogene – übliche Miete (Vergleichsmiete oder Spiegelmiete) nach der II. BVO ermittelt wurde, vgl. FinMin Ba-Wü v. 14.4.2004, DB 2004 S. 905. Bei Erweiterungen/Anbauten sollte die Bezugnahme auf die neue WohnflächenVO nicht beanstandet werden.

Eine Wohneinheit, bestehend aus einem Wohnschlafraum, Bad/WC und einem Flur, von mindestens 20 m², die sich in einem Studentenwohnheim befindet, ist eine Wohnung iSd § 5 Abs. 2 GrStG (BFH v. 17.5.1990, BStBl. 1990 II S. 705).

Eine Wohneinheit, bestehend aus zwei nebeneinanderliegenden Zimmern, Vorraum, Kochnische und Dusche/WC, die gegen den Hausflur des **Studentenwohnheims** abschließbar ist, ist auch dann eine Wohnung iSd § 5 Abs. 2 GrStG, wenn sie an zwei Studenten getrennt vermietet wird. Angesichts der Zusammenfassung beider Zimmer zu einer Wohneinheit mit gemeinsamen Bad/WC und gemeinsamer Kochnische kommt es nicht mehr auf die Mindestgröße der einzelnen Zimmer an (BFH v. 30.5.1990, BFH/NV 1991 S. 268). Ein in einem Studentenwohnheim gelegenes Zwei-Zimmer-Appartement, bestehend aus zwei ca. 11 m² großen Wohn-/Schlafräumen, einem Flur mit Kochecke und einem Sanitärraum mit Dusche und Toilette, das durch eine Flurabschlusstür von anderen Räumen getrennt ist, ist auch dann als Wohnung iSd § 5 Abs. 2 GrStG anzusehen, wenn es an zwei Studenten getrennt vermietet ist (BFH v. 21.7.1993, BFH/NV 1994 S. 410).

Ein während des ganzen Jahres nutzbares **Ferienhaus,** dessen Wohnfläche 49 m² beträgt und das neben einem Aufenthaltsraum mit Küchenzeile ein Bad und drei Schlafräume enthält, stellt eine Wohnung iSd § 5 Abs. 2 GrStG dar. Dabei ist ohne Belang, dass die jeweiligen Bewohner bedürftigen Bevölkerungskreisen angehören, häufig wechseln und das Ferienhaus nur vorübergehend – zu Erholungszwecken – nutzen (BFH v. 22.9.1993, BStBl. 1994 II S. 415).

Der Einordnung als Wohnung steht es nicht entgegen, dass die Überlassung der Räume in Erfüllung einer öffentlichen Aufgabe erfolgt (BFH v. 15.3.2001, BFH/NV 2001 S. 1449).

Ob eine Mehrheit von Räumen die Führung eines selbständigen Haushalts ermöglicht, ist zur Prüfung des Wohnungsbegriffs nach der Verkehrsauffassung zu entscheiden. Dabei können an eine Wohnung in einer **Soldatenunterkunft** nicht die gleichen Anforderungen gestellt werden wie an eine Wohnung in einem Ein- oder Zweifamilienhaus. Zwei durch eine gemeinsam zu benutzende Küche verbundene Appartements in einer Soldatenunterkunft, von denen jedes über einen separaten Zugang zum Kasernenflur verfügt, sind nicht als Doppelappartements, sondern als zwei Einzelappartements einzustufen. Die Notwendigkeit, die Küche zwischen den jeweils abgeschlossenen Einzelappartements mit dem Appartementnachbarn teilen zu müssen bzw. eine Nutzung nur in jeweiliger Absprache mit dem Appartementnachbarn vornehmen zu können, steht einer selbständigen Haushaltsführung entgegen; der Wohnungsbegriff ist in diesem Fall mithin nicht erfüllt (FG Rh-Pf v. 1.10.2009, EFG 2009 S. 2047).

§ 6 Land- und forstwirtschaftlich genutzter Grundbesitz

Wird Grundbesitz, der für steuerbegünstigte Zwecke (§§ 3 und 4) benutzt wird, zugleich land- und forstwirtschaftlich genutzt, so gilt die Befreiung nur für

1. Grundbesitz, der Lehr- oder Versuchszwecken dient;

2. Grundbesitz, der von der Bundeswehr, den ausländischen Streitkräften, den internationalen militärischen Hauptquartieren oder den in

§ 5 Abs. 1 Nr. 1 bezeichneten Schutzdiensten als Übungsplatz oder Flugplatz benutzt wird;
3. Grundbesitz, der unter § 4 Nr. 1 bis 4 fällt.

Übersicht

Zu § 6
1. Begründung
2. Allgemeines

Zu § 6 Nr. 1
3. Land- und forstwirtschaftlich genutzter Grundbesitz, der Lehr- oder Versuchszwecken dient

Zu § 6 Nr. 2
4. Militärische Übungs- und Flugplätze

Zu § 6 Nr. 3
5. Grundbesitz, der unter § 4 Nrn. 1 bis 4 GrStG fällt

Zu § 6

Literatur: *Eisele,* Grundsteuerliche Behandlung land- und forstwirtschaftlich genutzter Naturschutzflächen, StWa 1997 S. 234; *List,* Keine Grundsteuerbefreiung für Grundbesitz, der Vereinsmitgliedern zum Sportfischen zur Verfügung gestellt wird, StRK-A GrStG 1973 § 6 R. 1; *Ostendorf,* Grundsteuerbefreiung für land- und forstwirtschaftlich genutzten Grundbesitz, der Lehr- und Versuchszwecken dient, KStZ 1976 S. 66.

Begründung zur Regierungsvorlage

„Land- und forstwirtschaftlich genutzter Grundbesitz muss im Interesse des **1** Grundsteueraufkommens der kleinen ländlichen Gemeinden grundsätzlich steuerpflichtig sein. Die von diesem Grundsatz nach bisherigem Recht bestehenden begrenzten Ausnahmen sollen allerdings beibehalten werden."

Allgemeines

Zur Durchführung des § 6 GrStG ist Abschnitt 30 GrStR ergangen, der **2** den folgenden Wortlaut hat:

30 GrStR. Land- und forstwirtschaftlich genutzter Grundbesitz

(1) Land- und forstwirtschaftlich genutzter Grundbesitz ist steuerpflichtig, auch wenn er gleichzeitig für begünstigte Zwecke benutzt wird oder die land- und forstwirtschaftliche Nutzung der unmittelbaren Verwirklichung begünstigter Zwecke dient. Die Gärtnerei eines Sozialversicherungsträgers ist deshalb auch dann steuerpflichtig, wenn sie ausschließlich Blumen und Pflanzen für die Heilstätten des Versicherungsträgers erzeugt (BFH v. 7.2.1958, BStBl. 1958 III S. 185).

(2) Ausnahmen von dem Grundsatz, daß land- und forstwirtschaftlich genutzter Grundbesitz stets steuerpflichtig ist, enthält § 6 GrStG. Danach bleibt land- und forstwirtschaftlich genutzter Grundbesitz eines nach § 3 oder § 4 GrStG begünstigten Eigentümers steuerfrei, wenn er Lehr- oder Versuchszwecken dient. Die Nutzung für diesen Zweck muß nachhaltig und darf nicht nur vorübergehend sein. Weiter sind befreit Grundflächen innerhalb eines militärischen Übungsplatzes oder Militärflugplatzes. Das gilt auch dann, wenn sie verpachtet sind (BFH v. 15.3.1957, BStBl. 1957 III S. 183).

Nach § 8 Abs. 2 GrStG ist Grundbesitz, der sowohl steuerbegünstigten Zwecken (§§ 3 und 4 GrStG) als auch anderen Zwecken dient, ohne dass eine räumliche Abgrenzung möglich ist, nur befreit, wenn die steuerbegünstigten Zwecke überwiegen. Das würde an sich auch für Grundbesitz gelten, der außer zu steuerbegünstigten Zwecken auch zu land- und forstwirtschaftlichen Zwecken genutzt wird. Insoweit geht jedoch § 6 GrStG als **Sondervorschrift** dem § 8 Abs. 2 GrStG vor. Nach seinem Wortlaut kommt eine Steuerbefreiung „nur für" die in § 6 Nr. 1 bis 3 GrStG aufgeführten Fälle in Betracht. Dabei ist es dann auch gleichgültig, ob die steuerbegünstigte oder ob die land- und forstwirtschaftliche Nutzung überwiegt. In allen anderen Fällen einer gleichzeitigen land- und forstwirtschaftlichen Nutzung ist dagegen die Steuerbefreiung ausgeschlossen, selbst wenn das Grundstück gleichzeitig begünstigten Zwecken dient (RFH v. 25.7.1935, RStBl. 1935 S. 1493). Die gleiche Rechtsfolge tritt ein, wenn der tatsächlichen land- und forstwirtschaftlichen Nutzung gegenüber der Verfolgung steuerbegünstigter Zwecke eine nur untergeordnete Bedeutung zukommt (BFH v. 16.10.1996, BStBl. 1997 II S. 228). Demgemäß ist z. B. auch die Gärtnerei eines Sozialversicherungsträgers steuerpflichtig, obwohl sie ausschließlich Blumen und Dauerpflanzen für die Ausschmückung von Krankenzimmern usw. in den Heilstätten des Versicherungsträgers erzeugt (BFH v. 7.2.1958, BStBl. 1958 III S. 185). Steuerpflichtig ist auch das Fischgewässer eines Sportfischereivereins; denn dieses ist ebenfalls dem land- und forstwirtschaftlichen Vermögen zuzurechnen (FG München v. 26.2.1981, EFG 1981 S. 463 und BFH v. 31.7.1985, BStBl. 1985 II S. 632). Das Gleiche gilt für landwirtschaftlich genutzte Rieselfelder, die der Abwässerbeseitigung dienen (RFH v. 14.2.1941, RStBl. 1941 S. 382), ebenso wie für Dauerkleingärten, auch wenn die Kleingärtner- und Siedlervereine als deren Eigentümer gemeinnützig sind (R 44 Abs. 2 KStR). Auch für diese Dauerkleingärten wurde in § 6 GrStG keine Ausnahme zugelassen, obwohl die Kleingärtnerei durch das Vereinsförderungsgesetz (vgl. § 52 Abs. 2 Nr. 23 AO) ausdrücklich als gemeinnütziger Zweck anerkannt worden ist.

Da der Begriff „Grundbesitz" nicht nur Betriebe der Land- und Forstwirtschaft, sondern auch Grundstücke (Betriebsgrundstücke) umfasst (§ 19 BewG), in § 6 GrStG aber einheitlich von „land- und forstwirtschaftlich genutztem Grundbesitz" gesprochen wird, kann es auf seine bewertungsrechtliche Zuordnung nicht ankommen. Zwar liegt in der Festsetzung des Einheitswertes für einen Betrieb der Land- und Forstwirtschaft gleichzeitig auch die Feststellung, dass der dazugehörende Grundbesitz in der Hauptsache land- und forstwirtschaftlich genutzt wird (BFH v. 11.1.1957, BStBl. 1957 III S. 54). Entscheidend ist aber allein, ob **tatsächlich eine land- und forstwirtschaftliche Nutzung** vorliegt. Im Unterschied zu § 33 Abs. 1 BewG, wonach auch in den Fällen auf die Zweckbestimmung zur land- und forstwirtschaftlichen Nutzung abzustellen ist, in denen das Grundstück auf bestimmte (oder unbestimmte) Zeit nicht bewirtschaftet wird (siehe hierzu auch BFH v. 9.4.2008, BStBl. 2008 II S. 951), muss im Anwendungsbereich des § 6 GrStG eine land- und forstwirtschaftliche Nutzung tatsächlich vorliegen (BFH v. 16.10.1996, BStBl. 1997 II S. 228). Es kann deshalb auch Bauland, das zum Grundvermögen gehört (§ 69 BewG), land- und forstwirtschaftlich genutzt sein. Auch hierfür würde dann die Vorschrift des § 6 GrStG gelten. Eine Nutzung von Grundbesitz aufgrund von § 10 Abs. 1 Satz 1 BJagdG stellt keine landwirtschaftliche und forstwirtschaftliche Nutzung iSd § 6 GrStG dar (FG Düsseldorf v. 1.9.2005, StE 2006 S. 44).

Unter einer **land- und forstwirtschaftlichen Nutzung** ist nur eine planmäßige und nachhaltige Ausnutzung der natürlichen Kräfte des Grund und Bodens zur Gewinnung pflanzlicher oder tierischer Erzeugnisse sowie deren unmittelbare Verwertung durch Verkauf und/oder Selbstverbrauch zu verstehen (BFH v. 31.7.1985, BStBl. 1985 II S. 632 sowie v. 16.10.1996, aaO). An einer landwirtschaftlichen Nutzung fehlt es jedoch bei der sog. Sozialbrache, d.h. beim sog. Unland und Geringstland sowie bei Biotopen und Ökoflächen, bei denen eine landwirtschaftliche Nutzung sogar verboten ist. Hierzu vgl. auch DB 1989 S. 404. Bei der Einheitsbewertung werden aber diese Ländereien als land- und forstwirtschaftliches Vermögen behandelt. Hierzu vgl. Anm. 3 zu § 2 GrStG. Dies gilt dann auch hier, jedenfalls solange die Flächen keine andere Zweckbestimmung erhalten haben. Demgemäß ist eine Steuerbefreiung für ein Naturschutzgebiet ausgeschlossen (FG Nds. v. 8.2.1994, EFG 1994 S. 847; vgl. hierzu auch *Eisele,* StWa 1997 S. 234), und zwar nicht nur, wenn der Grundbesitz planmäßig zu land- und forstwirtschaftlichen Zwecken genutzt wird, sondern auch dann, wenn es sich um Ländereien handelt, die z.B. bei extensiver Nutzung als Schafweide (FinMin. NW v. 6.2.1981, DB 1981 S. 1164) genutzt oder als Sozialbrache oder Biotop überhaupt nicht mehr genutzt werden (s.o.). Abgesehen davon, dass die Grundsteuerbelastung für Ländereien dieser Art kaum ins Gewicht fällt, kann hier aber auch noch ein Rechtsanspruch auf Erlass der Grundsteuer nach § 32 Abs. 1 Nr. 1 GrStG gegeben sein (BayVGH v. 20.10.1982, KStZ 1983 S. 55; vgl. hierzu auch *Günther,* KStZ 1992 S. 166 und S. 221), da § 6 GrStG lediglich für die Steuerbefreiung von Bedeutung ist und folglich kein Ausschluss von einem Grundsteuererlass aufgrund land- und forstwirtschaftlicher Nutzung der Flächen besteht (OFD Magdeburg v. 20.6.2012, GrSt-Kartei ST § 3 GrStG Karte 3). Hierzu vgl. auch Anm. 3 zu § 32 GrStG.

Besonderheiten im Kontext des § 6 GrStG sind bei sog. **aussetzenden Forstbetrieben** zu beachten. Während bei der Landwirtschaft die planmäßige Nutzung des Grund und Bodens durch Fruchtziehung regelmäßig Jahr für Jahr der Jahreszeit entsprechende Arbeiten erfordert und mithin jedes Jahr Erträge erwirtschaftet werden können, sind die Verhältnisse bei der Forstwirtschaft insoweit andere, als zwischen der Aufforstung einer Waldfläche und der Holzernte – je nach Umtriebszeit und Holzart – mehrere Jahrzehnte vergehen können (BFH v. 18.3.1976, BStBl. 1976 II S. 482). Dies gilt insbesondere für Waldungen, deren Bestände nur aus einer oder wenigen Altersklassen (z.B. Bauernwaldungen) bestehen (BFH v. 18.5.2000, BFH/NV 2000 S. 1455). Ein aussetzender Forstbetrieb ist auch Forstbetrieb in der Hand eines Eigentümers oder (im Anwendungsbereich des § 125 Abs. 2 BewG) eines Nutzers, der die Waldfläche in der Zeit zwischen Aufforstung und Ernte erwirbt und wieder veräußert bzw. das Nutzungsrecht an der Waldung erlangt und wieder verliert. Die Annahme eines aussetzenden Forstbetriebs scheidet indessen aus, wenn zum maßgeblichen Bewertungsstichtag aufgrund objektiver Kriterien feststeht, dass eine Ernte des zu diesem Stichtag vorhandenen Baumbestandes künftig unterbleiben wird (BFH v. 18.11.2009, BFH/NV 2010 S. 466 zu Waldflächen bei einem aussetzenden Forstbetrieb, die Zwecken des Naturschutzes dienen; vgl. hierzu auch OFD Karlsruhe v. 22.7.2010 – G 1108/4/1 – St 344). Desgleichen liegt ein zum land- und forstwirtschaftlichen Vermögen gehörender aussetzender Forstbetrieb nicht vor, „wenn eine objektiv erkennbare Zwecksetzung, ein ehemaliges sog. Mauergrundstück als Forstgrundstück zu nutzen fehlt, weil der Baumbewuchs des Mauerstreifens lediglich durch Naturverjüngung und nicht durch gezielte Aufforstungsmaßnahmen entstanden ist und insbesondere keine fortwirtschaftliche Nutzung nachgewiesen wird" (FG Berlin-Bbg. v. 24.2.2010, EFG 2010 S. 1157). Bei Grundstücken, die nicht rechtsförmlich als Naturschutzgebiet ausgewiesen sind, kann die bloße Absicht, die Holzernte künftig zu unterlassen, nicht als feststehende Tatsache gewertet werden. Dies gilt auch dann, wenn die Satzung der Körperschaft, die Eigentümerin/Nutzerin des fraglichen Grundbesitzes ist, ausdrücklich eine künftige Ernte untersagt. In einem derartigen Fall muss hinzukommen, dass sowohl der Fortbestand der Körperschaft als auch deren Stellung als Eigentümerin/Nutzerin bis zum spätestmöglichen Zeitpunkt einer gedachten Ernte gesichert ist (BFH v. 18.11.2009, aaO).

Steuerfrei bleibt land- und forstwirtschaftlich genutzter Grundbesitz, der Lehr- oder Versuchszwecken dient (§ 6 Nr. 1 GrStG), der zu militärischen Übungsplätzen oder Flugplätzen gehört (§ 6 Nr. 2 GrStG), der als Schutzstreifen zu den dem öffentlichen Verkehr dienenden Straßen, Wasserstraßen oder Schienenwegen gehört (§ 6 Nr. 3 GrStG iVm § 4 Nr. 3 Buchst. a GrStG), der zu Verkehrsflughäfen und Verkehrsfluglandeplätzen gehört (§ 6 Nr. 3 iVm § 4 Nr. 3 Buchst. b GrStG), der zu Flüssen, Häfen, Staubecken und Talsperren gehört (§ 6 Nr. 3 iVm § 4 Nr. 3 Buchst. c GrStG), der zu bestimmten Einrichtungen von öffentlich-rechtlichen Wasser- und Bodenverbänden gehört (§ 6 Nr. 3 iVm § 4 Nr. 4 GrStG). Schließlich gehören auch die Dienstgrundstücke von Geistlichen und Kirchendienern dazu (§ 3 Abs. 1 Nr. 6 GrStG), bei denen ausdrücklich festgestellt wird, dass § 6 GrStG nicht anzuwenden ist. Hierzu vgl. auch Anm. 60 zu § 3 GrStG.

Zu § 6 Nummer 1

Land- und forstwirtschaftlich genutzter Grundbesitz, der Lehr- oder Versuchszwecken dient

3   Land- und forstwirtschaftlich genutzter Grundbesitz bleibt steuerfrei, wenn er Lehr- oder Versuchszwecken dient. Damit eine Steuerbefreiung in Betracht kommen kann, muss er allerdings in erster Linie für steuerbegünstigte Zwecke benutzt werden (§ 8 Abs. 2 GrStG). Es müssen die Voraussetzungen der §§ 3 oder 4 GrStG sowohl in subjektiver als auch in objektiver Hinsicht erfüllt sein. Eigentümer muss also eine Körperschaft des öffentlichen Rechts, eine gemeinnützige Körperschaft oder eine Religionsgesellschaft usw. sein. Der landwirtschaftlich genutzte Grundbesitz, der Lehr- und Versuchszwecken dient, kann aber auch im Eigentum einer Privatperson stehen, wenn er für

die Zwecke des Unterrichts und der Wissenschaft verwendet wird (§ 4 Nr. 5 GrStG). Ist er Teil einer danach befreiten Einrichtung, so erstreckt sich die Befreiung gleichzeitig auch hierauf. Hierzu vgl. auch Anm. 10 zu § 4 GrStG. **Lehrzwecken** dienen z. B. botanische Gärten, Freiwildgehege u. a. m. Lehrzwecke sind jedoch nicht mit Erziehungszwecken identisch. Deshalb ist die Gärtnerei einer öffentlichen Erziehungsanstalt nicht schon deshalb steuerfrei, weil sie auch Erziehungszwecken dient (RFH v. 28.9.1939, RStBl. 1939 S. 1232). Dagegen dient ein Betrieb, der einen oder mehrere landwirtschaftliche Lehrlinge oder Praktikanten ausbildet, genauso Lehrzwecken wie z. B. der Gutshof, der einer Landwirtschaftsschule angegliedert ist. Eine Abgrenzung des zu Lehrzwecken benötigten Grundbesitzes ist hier schwierig, weil die Zahl der auszubildenden Personen kaum Rückschlüsse auf eine flächenmäßige Begrenzung zulässt. Schließlich kann es auch nicht darauf ankommen, wie die gewonnenen landwirtschaftlichen Erzeugnisse verwertet werden.

Steuerfrei ist auch der land- und forstwirtschaftlich genutzte Grundbesitz, der **Versuchszwecken** dient, z. B. bei den Bundesforschungsanstalten mit ihren Versuchsstationen, bei Versuchsgütern von landwirtschaftlichen Universitäten und Fakultäten u. a. m. Die Steuerbefreiung gilt dementsprechend außer für die Versuchsflächen auch für alle Gebäude (Teile von Gebäuden), die unmittelbar dem begünstigten Zweck dienen, so z. B. Labor-, Büro-, Unterrichts-, Lager- und Geräteräume (FinMin. NW v. 12.3.1976, StEK § 4 GrStG Nr. 56).

Die **Wohngebäude** bleiben auch hier steuerpflichtig (§ 5 Abs. 2 GrStG). Das gilt nicht nur für den im Einheitswert enthaltenen Wohnteil, sondern auch soweit Wohnungen im Wirtschaftsteil des Einheitswerts enthalten sind. Hierzu vgl. Anm. 3 zu § 2 GrStG. Ergibt sich ein Überbestand an Wirtschaftsgebäuden, so wird dieser bei der Einheitsbewertung durch einen Zuschlag nach § 41 BewG erfasst. Praktisch wird damit für die zum Wirtschaftsteil gehörenden Wohnungen auch nur dieser Zuschlag grundsteuerpflichtig.

Bei **Pflanzenzuchtanstalten** ist nicht nur die tatsächlich nachhaltig genutzte Versuchsfläche, sondern auch die Fläche befreit, die unter Berücksichtigung der Fruchtfolge für eine praxisnahe Durchführung der Versuche zwingend erforderlich ist (Rotationsfläche). Die begünstigte Fläche kann deshalb bis zum Dreifachen der Fläche ausmachen, die im nachhaltigen Durchschnitt für Versuche in Anspruch genommen wird. Bei Dauerkulturen, z. B. beim Weinbau, ist allerdings nur das einfache der jeweils nachhaltig genutzten Versuchsfläche befreit. Bei Versuchsanstalten, die sich mit der Tierzucht befassen, sind auch die Flächen, die zur Ernährung der Versuchstiere erforderlich sind, befreit. Erforderlich ist in der Regel eine Futterfläche von einem Hektar für jede im nachhaltigen Durchschnitt gehaltene Vieheinheit. Hierzu vgl. Anm. 28 zu § 2 GrStG.

Zu § 6 Nummer 2

Militärische Übungsplätze und Flugplätze

Militärische Übungsplätze und Flugplätze sind nach § 3 Abs. 1 Nr. 1 **4** GrStG befreit. Meist gehört ein sehr umfangreicher Grundbesitz dazu, der allenfalls nur noch land- und forstwirtschaftlich genutzt werden kann. Eine solche Nutzung steht der Steuerbefreiung nicht entgegen. Solange die Übungs- und Flugplätze für militärische Zwecke benutzt werden, bleiben auch die dazugehörenden land- und forstwirtschaftlich genutzten Grundstücksflächen steuerfrei. So ist das Gelände eines Truppenübungsplatzes auch dann von der Grundsteuer befreit, wenn die für den Betrieb eines solchen Truppenübungsplatzes erforderlichen Schutz- und Sicherheitszonen land- und forstwirtschaftlich genutzt werden (BFH v. 27.8.2008, BFH/NV 2008 S. 2056). Auf das Ausmaß der land- und forstwirtschaftlichen Nutzung einerseits und das der militärischen Nutzung andererseits kommt es nicht an. Die Steuerfreiheit gilt deshalb auch, wenn die Flächen für eine eingeschränkte landwirtschaftliche Nutzung verpachtet sind (BFH v. 15.3.1957, BStBl. 1957 III S. 183). Militärische Übungsplätze sind auch kleinere Standortübungsplätze. Nach der Größe braucht hier nicht differenziert zu werden. Ob das Gelände eines Übungsplatzes usw. eingezäunt ist, bleibt zunächst ohne Bedeutung, ist aber ein Anhaltspunkt für die Abgrenzung. Werden außerhalb eines Übungsplatzes usw. Teile des Geländes einer militärischen Einrichtung, z.B. eines Munitionslagers, land- oder forstwirtschaftlich genutzt, so fehlt es insoweit an der Voraussetzung für eine Steuerbefreiung. Zum Ende (Ausschluss) der Grundsteuerbefreiung für von der Bundeswehr genutzten Grundstücken in Fällen, in denen mit **Einstellung der militärischen Nutzung** eine anderweitige steuerbegünstigte Nutzung in der Folgezeit nicht absehbar ist, siehe auch FG Schl-H v. 29.1.2014, EFG 2014 S. 664; vgl. Anm. 4 zu § 3 GrStG.

Zu § 6 Nummer 3

Grundbesitz, der unter § 4 Nrn. 1 bis 4 GrStG fällt

5   Die Vorschrift dürfte keine besondere Bedeutung haben, soweit sie auf § 4 Nr. 1 und 2 GrStG verweist. Denn Grundbesitz, der dem Gottesdienst gewidmet ist oder der als Friedhof benutzt wird, dürfte gleichzeitig kaum noch zu land- und forstwirtschaftlichen Zwecken geeignet sein. Die Steuerbefreiung kann jedoch wichtig sein für Böschungen und Schutzstreifen, bei Straßen, Schienenwegen, Wasserstraßen und Kanälen, für die Rollfelder der Verkehrsflughäfen und Verkehrsflugplätze, für die Böschungen und Dämme bei fließenden Gewässern, Talsperren und Staubecken sowie für die Einrichtungen der öffentlich-rechtlichen Wasser- und Bodenverbände, z.B. für das Deichvorland (§ 4 Nr. 3 und 4 GrStG). Im Einzelnen vgl. hierzu auch Anm. 4 ff. zu § 4 GrStG.

§ 7 Unmittelbare Benutzung für einen steuerbegünstigten Zweck

[1] **Die Befreiung nach den §§ 3 und 4 tritt nur ein, wenn der Steuergegenstand für den steuerbegünstigten Zweck unmittelbar benutzt wird.** [2] **Unmittelbare Benutzung liegt vor, sobald der Steuergegenstand für den steuerbegünstigten Zweck hergerichtet wird.**

Übersicht

Zu § 7   3. Beginn der unmittelbaren Nutzung
1. Begründung   4. Regelmäßige Nutzung
2. Unmittelbare Nutzung

Zu § 7

Literatur: *Ostendorf,* Grundsteuerbefreiung (Teilbefreiung) unbebauter Grundstücke während der Herrichtung zu dem begünstigten Zweck, KStZ 1976 S. 189.

Begründung zur Regierungsvorlage

„Die Vorschrift ist eine Ergänzung zu den Befreiungsvorschriften der §§ 3 und 4   **1** GrStG. Die Vorschrift des § 7 Satz 1 GrStG entspricht voll dem bisherigen Recht. Satz 2, der die Frage behandelt, von wann ab in zeitlicher Hinsicht eine begünstigte Benutzung vorliegt, weicht dagegen von der bisherigen Regelung nicht unwesentlich ab. Bisher war der Zeitpunkt maßgebend, in dem der Grundbesitz dem begünstigten Zweck tatsächlich zugeführt worden war, z. B. wenn eine neue Straße dem Verkehr übergeben wurde oder wenn ein Erholungsheim für bedürftige Personen eröffnet wurde. Künftig genügt es jedoch, dass das Grundstück für den begünstigten Zweck hergerichtet wird. Bei Neubauten ist dies in der Regel der Zeitpunkt, an welchem die ausführenden Bauunternehmen mit der Durchführung der Bauarbeiten auf dem Grundstück beginnen."

Die Vorschrift des § 7 GrStG regelt nur, zu welchem Zeitpunkt objektiv eine unmittelbare Nutzung zu dem begünstigten Zweck vorliegt. Die Frage, ob auch die subjektiven Voraussetzungen für die Steuerbefreiung gegeben sind, ob z. B. der Eigentümer den Grundbesitz selbst benutzen muss oder diese Nutzung auch einer anderen Person überlassen kann, richtet sich ausschließlich nach den jeweiligen Vorschriften in § 3 und § 4 GrStG.

Unmittelbare Nutzung

Die Steuerbefreiung in allen Fällen der §§ 3 und 4 GrStG setzt voraus, dass   **2** der Steuergegenstand unmittelbar für die dort jeweils bezeichneten steuerbegünstigten Zwecke benutzt wird. Gelegentlich wird die Auffassung vertreten, dass sich dies bereits aus den beiden Vorschriften selbst ergibt, so dass § 7 GrStG an sich überflüssig sei (BFH v. 30.6.1967, BStBl. 1967 II S. 659). Sollte dies zutreffen, so dient die Vorschrift in § 7 GrStG mindestens der Klarstellung.

Eine unmittelbare Benutzung liegt dann vor, wenn der Steuergegenstand tatsächlich dem Benutzungszweck zugeführt wird und eine enge Verbundenheit zwischen dem Steuergegenstand, der Person des Nutzenden und dem steuerbegünstigten Zweck besteht (RFH v. 28.11.1940, RStBl. 1941 S. 12). Eine unmittelbare Benutzung für einen begünstigten Zweck liegt nicht vor, wenn eine GmbH von einer Stadt Aufgaben der Abwasserbeseitigung übernommen hat und ihr dazu das Erbbaurecht an einem Grundstück eingeräumt worden ist, das bisher von einem Eigenbetrieb der Stadt zur Abwasserentsorgung genutzt worden ist; die Gewährung des Erbbaurechts an die GmbH kann – als punktuelles Ereignis – weder als unmittelbare Benutzung des Grundstücks durch die Stadt noch als tatsächliche Nutzung iSv § 7 Satz 1 GrStG eingestuft werden (FG Bremen v. 16.4.2008, ZKF 2009 S. 21; nachgehend BFH v. 16.12.2009, BStBl. 2010 II S. 829). Eine unmittelbare Benutzung iSv § 7 Satz 1 GrStG durch einen nach dieser Vorschrift begünstigten Rechtsträger ist nur gegeben, wenn sie tatsächlich geschieht. Hiervon ist nicht auszugehen, wenn einem Dritten die tatsächliche Benutzung eines Grundstücks durch Rechtsgeschäfte, die ihm die Verfügungsmöglichkeit über das Grundstück verschaffen, ermöglicht wird. Vom Eigentümer vermieteter oder verpachteter Grundbesitz wird von diesem regelmäßig nicht für eigene steuerbegünstigte Zwecke (§§ 3 und 4 GrStG) genutzt. Im Einzelnen vgl. dazu Abschnitt 31 GrStR, der den folgenden Wortlaut hat:

31 GrStR. Unmittelbare Benutzung für einen begünstigten Zweck

(1) *Eine unmittelbare Benutzung für einen bestimmten begünstigten Zweck liegt vor, wenn dieser auf dem Grundstück verfolgt wird. Es genügt aber auch, daß auf dem Grundstück nur eine Hilfstätigkeit zur Verwirklichung des begünstigten Zwecks ausgeübt wird, sofern diese hierfür unentbehrlich ist. Steuerfrei bleiben deshalb auch Verwaltungsräume in einem zur Erfüllung des begünstigten Zwecks erforderlichen Ausmaß (BFH v. 10.12.1954, BStBl. 1955 III S. 63).*

(2) *Die unmittelbare Benutzung für einen steuerbegünstigten Zweck beginnt in dem Zeitpunkt, in dem das Grundstück für diesen Zweck hergerichtet wird. Ist hierzu die Errichtung eines Gebäudes oder sonstigen Bauwerks, z. B. Betriebsvorrichtung, erforderlich, so kommt es in der Regel auf den Zeitpunkt an, in welchem das Grundstück den ausführenden Bauunternehmen zur Durchführung der Bauarbeiten überlassen wird (BFH v. 17.1.1969, BStBl. 1969 II S. 346). Wird die Benutzung eines bereits in vollem Umfang steuerbefreiten Grundstücks vorübergehend unterbrochen, z. B. durch Abbruch, Umbau oder Neubau des Gebäudes, damit es für einen anderen steuerbegünstigten Zweck hergerichtet wird, bleibt die Steuerbefreiung unberührt. Verändert sich aus dem gleichen Grund der Umfang des bisher steuerbefreiten Teils, ist vom Zeitpunkt der Herrichtung an auf das Ausmaß der Nutzung für den neuen steuerbegünstigten Zweck abzustellen.*

Eine unmittelbare Benutzung setzt voraus, dass das Grundstück auch tatsächlich zu dem begünstigten Zweck benutzt wird. Infolgedessen kann bei der Nutzung nur eines Teils der Grundstücksfläche auch nur dieser Teil befreit sein. Wegen der Aufteilung vgl. Anm. 3 zu § 8 GrStG.

Der Grundbesitz muss zwar **unmittelbar** zu dem begünstigten Zweck benutzt werden. Dieser Grundsatz wird allerdings keineswegs auch konsequent durchgehalten. Es würde nämlich dem Sinn und Zweck der Steuerbefreiung widersprechen, wollte man unentbehrliche Hilfsmaßnahmen und Hilfsmittel vom Kreise der Aufgaben einer begünstigten Person ausschließen (BFH v. 22.10.1954, BStBl. 1954 III S. 469). Demgemäß ist eine im Eigentum einer öffentlich-rechtlichen Religionsgesellschaft stehende Garage, die zur Unterstellung eines für kirchliche Aufgaben benötigten Kraftwagens benutzt wird, als ein unentbehrliches Hilfsmittel angesehen worden und deshalb steuerfrei geblieben (BFH v. 16.7.1965, BStBl. 1965 III S. 568). Dasselbe gilt für den Parkplatz einer Behörde, der für die Besucher und eigenen Bediensteten bestimmt ist (FG Münster v. 30.3.1965, BB 1965 S. 1220), ebenso wie für den Parkplatz, der zu einer Kirche, Sportstätte oder anderen begünstigten Einrichtung gehört und von deren Besuchern benutzt wird. Hierzu vgl. auch Anm. 4 zu § 4 GrStG. Dagegen ist das Baubüro, das zur Errichtung von steuerbefreiten Gebäuden und Anlagen dient, nicht steuerfrei (BFH v. 1.2.1963, BStBl. 1963 III S. 190), obwohl es sich auch hier um ein unentbehrliches Hilfsmittel handeln kann.

An sich ist die Verwendung von **Büroräumen** zu Verwaltungszwecken keine unmittelbare Verwendung für einen steuerbegünstigten Zweck. Verwaltungsräume sind jedoch für die Erfüllung der steuerbegünstigten Zwecke unentbehrlich. Sie müssen deshalb als unmittelbar dazu benutzt angesehen werden (BFH v. 10.12.1954, BStBl. 1955 III S. 63). Dies gilt nicht nur insoweit, als in den Räumen der Betrieb der steuerbegünstigten Einrichtungen geleitet wird, sondern auch für die Räume, die zur Verwaltung von steuerfreiem Grundbesitz benötigt werden. Diese Verwaltungsräume sind als zu den Zwecken unmittelbar benutzt anzusehen, zu denen auch der verwaltete steuerfreie Grundbesitz selbst benutzt wird.

Eine verpachtete **Behördenkantine** kann steuerfrei bleiben, wenn die unmittelbare Beziehung zwischen dem Eigentümer der Kantinenräume und dem steuerbegünstigten Zweck, den er mit seiner Tätigkeit verfolgt, trotz der Verpachtung weiterbesteht. Für eine Kantine der Deutschen Bundespost galt dies, wenn sie nach den Postkantinenrichtlinien verpachtet worden ist (BFH v. 29.3.1968, BStBl. 1968 II S. 499). Entsprechend ist auch bei anderen Behördenkantinen zu verfahren (FinMin. Nds. v. 22.11.1968, DB 1968 S. 2153). Eine genaue Abgrenzung wäre hier sowieso schwierig, denn zwischen dem Betrieb einer Behördenkantine in eigener Regie und einer Verpachtung gegen Entgelt gibt es zahlreiche Möglichkeiten einer Kantinenführung, die sich nicht ohne Weiteres den von der Rechtsprechung entschiedenen Fällen zuordnen lassen.

Beginn der unmittelbaren Nutzung

Nach § 7 GrStG liegt eine unmittelbare Nutzung für den begünstigten 3 Zweck vor, sobald der Steuergegenstand für diesen Zweck hergerichtet wird. Zwar reichen Bauplanung und Beginn der vorbereitenden Arbeiten für eine Steuerbefreiung noch nicht aus. Auch die Absicht, ein steuerbegünstigtes Gebäude zu erstellen, und die Gründe dafür, weshalb dies noch nicht geschehen ist, sind hier ohne Bedeutung (BFH v. 30.6.1967, BStBl. 1967 III S. 659). Die Voraussetzungen für die Steuerbefreiung sind jedoch erfüllt, sobald das Grundstück dem ausführenden Bauunternehmen zur Durchführung der Bauarbeiten überlassen worden ist (BFH v. 17.1.1969, BStBl. 1969 II S. 346), also mit den **Bauarbeiten begonnen** wird (BFH v. 13.11.1985, BStBl. 1986 II S. 191). Geht diesen der Abbruch eines auf dem Grundstück stehenden Gebäudes voraus, so ist bereits der Abbruch als Beginn der Herrichtung anzusehen, wenn dieser in einem unmittelbaren zeitlichen Zusammenhang mit dem Baubeginn steht, eine Zwischennutzung für steuerpflichtige Zwecke (z. B. als gewerblicher Lagerplatz) somit ausgeschlossen ist (FinMin. NW v. 24.7.1975, StEK § 7 GrStG Nr. 1). Das bloße Aufstellen eines Bauschildes mit dem Hinweis, dass auf dem Grundstück ein bestimmtes Gebäude errichtet wird, reicht dazu noch nicht aus. Dasselbe gilt für sonstige Vorbereitungen wie Bauplanung und Planung der Finanzierung, weil es sich insoweit nicht um unmittelbare Einwirkungen auf das Grundstück handelt (FG Münster v. 9.2.1984, EFG 1984 S. 410). Ausreichen könnte allerdings die Ablagerung von Bauschutt zum Zwecke des Baues einer Pferderennbahn (FG Saarland v. 18.3.1987, EFG 1987 S. 334).

Während der Bauzeit ist das Grundstück in dem gleichen Umfang befreit, wie das Grundstück mit dem fertiggestellten Gebäude im ersten Kalenderjahr nach seiner Bezugsfertigkeit oder erstmaligen Benutzbarkeit (FinMin. NW v. 3.9.1976, StEK § 7 GrStG Nr. 3). Das gilt auch in den Fällen, in denen die Befreiung von Voraussetzungen abhängig ist, die nur unter Zugrundelegung eines bestimmten Zeitraums geprüft werden können, wie z. B. bei der Befreiung eines Krankenhauses nach § 4 Nr. 6 GrStG u. a. m. Ist das Grundstück im ersten Kalenderjahr nach seiner Bezugsfertigkeit oder Benutzbarkeit nicht in vollem Umfang befreit, so bestimmt sich auch die Befreiung für die Zeit, während der es hergerichtet wird, nach diesem Umfang. Sind für den begünstigten Zweck keine Gebäude erforderlich, so tritt an Stelle des Zeitpunkts des Baubeginns der Zeitpunkt, an dem mit der zweckentsprechenden Herrichtung des Grundstücks begonnen wird. An die Stelle des Zeitpunkts der Bezugsfertigkeit tritt der Zeitpunkt der Benutzbarkeit.

Bleibt nach den vorstehenden Ausführungen das Grundstück während der Bauzeit in vollem Umfange steuerfrei, so ist der **Einheitswert** von dem Feststellungszeitpunkt ab, der dem Beginn der Herrichtung folgt, aufzuheben. Dies führt gleichzeitig auch zur Aufhebung des Steuermessbetrags (§ 20 Abs. 1 und 2 GrStG). Ergibt sich eine Befreiung nur für einen Teil des Grundstücks, so ist der Einheitswert bei Überschreitung der Wertfortschreibungsgrenzen auf den Feststellungszeitpunkt, der dem Beginn der Herrichtung folgt, fortzuschreiben. Dabei wird nur die Fläche bewertet, die nicht befreit ist. Die Wertfortschreibung führt zu einer Neuveranlagung des Steuermessbetrags mit Wirkung vom gleichen Zeitpunkt an (§ 17 Abs. 1 und 3 GrStG). Voraussetzung für die sofortige Aufhebung oder Fortschreibung des Einheitswerts usw. ist allerdings, dass sich der Umfang der Steuerbefreiung bereits an Hand der Planungsunterlagen hinreichend feststellen lässt (FinMin. NW v. 3.9.1976, aaO). Ist die Frage der Steuerfreiheit umstritten, soll darüber nicht im Einheitswertverfahren, sondern erst im Steuermessbetragsverfahren entschieden werden können (FG Münster v. 9.2.1984, aaO). Zweckmäßig wäre es jedoch in diesem Fall, die Aufhebung oder Fortschreibung des Einheitswerts zunächst nur vorläufig durchzuführen, bis der Umfang der tatsächlichen Nutzung zu den begünstigten Zwecken feststeht.

Regelmäßige Nutzung

4   Unter Benutzung eines Grundstückes versteht man seine mit einer gewissen Regelmäßigkeit erfolgende Verwendung zu einem bestimmten Zweck.

Eine nur vorübergehende oder einstweilige Benutzung zu steuerbegünstigten Zwecken reicht deshalb noch nicht für eine Steuerbefreiung aus (RFH v. 21.11.1940, RStBl. 1941 S. 11). Hierzu vgl. Anm. 2 zu § 9 GrStG.

Eine nur **vorübergehende Unterbrechung** einer sonst für dauernd bestehenden begünstigten Nutzung lässt die Steuerbefreiung unberührt. Wenn es nach § 9 Abs. 1 GrStG jeweils auf die Verhältnisse vom Beginn des Kalenderjahres ankommt, lässt sich auch die Auffassung vertreten, dass eine Unterbrechung, die im Laufe des Kalenderjahres eintritt und bis zum folgenden 1. Januar wieder beseitigt ist, die Steuerfreiheit überhaupt nicht berührt. Aber auch wenn sie über diesen Stichtag hinaus andauert, braucht dies noch nicht zum Ausschluss der Steuerbefreiung führen. Das wäre z. B. der Fall, wenn die Benutzung eines bereits steuerbefreiten Grundstücks vorübergehend unterbrochen wird, weil das Gebäude umgebaut oder weil es abgebrochen und wieder neu aufgebaut wird (RFH v. 16.11.1939, RStBl. 1940 S. 491). Verändert sich nach dem Umbau oder nach der Neuerrichtung des Gebäudes der Umfang der begünstigten Nutzung und damit auch der Umfang des steuerbefreiten Grundstücksteils, so ist vom Beginn des Kalenderjahres an, das dem Zeitpunkt der Herrichtung oder dem Beginn des Umbaus folgt, der neue Umfang für die Steuerbefreiung maßgebend. Hierzu vgl. Anm. 3 zu § 8 GrStG.

Eine Unterbrechung der Steuerbefreiung tritt nicht ein, wenn an die Stelle des bisher begünstigten Eigentümers oder Benutzers eine andere begünstigte Person tritt oder wenn der steuerbegünstigte Zweck wechselt.

Eine unmittelbare Benutzung zu begünstigten Zwecken kann solange angenommen werden, als diese nicht endgültig eingestellt oder durch eine andere nicht begünstigte Nutzung ersetzt worden ist (so auch FG Schl-H v. 29.1.2014, EFG 2014 S. 664).

§ 8 Teilweise Benutzung für einen steuerbegünstigten Zweck

(1) **Wird ein räumlich abgegrenzter Teil des Steuergegenstandes für steuerbegünstigte Zwecke (§§ 3 und 4) benutzt, so ist nur dieser Teil des Steuergegenstandes steuerfrei.**

(2) **Dient der Steuergegenstand oder ein Teil des Steuergegenstandes (Absatz 1) sowohl steuerbegünstigten Zwecken (§§ 3 und 4) als auch anderen Zwecken, ohne daß eine räumliche Abgrenzung für die verschiedenen Zwecke möglich ist, so ist der Steuergegenstand oder der Teil des Steuergegenstandes nur befreit, wenn die steuerbegünstigten Zwecke überwiegen.**

Übersicht

Zu § 8
1. Begründung
2. Allgemeines

Zu § 8 Abs. 1
3. Teilweise Benutzung zu steuerbegünstigten Zwecken

Zu § 8 Abs. 2
4. Gleichzeitige Benutzung zu steuerbegünstigten und zu anderen Zwecken

Zu § 8

Begründung zur Regierungsvorlage

1 „Übereinstimmend mit dem bisherigen Recht wird hier geregelt, wie die Befreiungsvorschriften der §§ 3 und 4 GrStG anzuwenden sind, wenn bei einem Grundstück begünstigte und nichtbegünstigte Zwecke zusammentreffen. Für Grundbesitz, der begünstigten Zwecken, gleichzeitig aber auch Wohnzwecken oder land- und forstwirtschaftlichen Zwecken dient, gehen allerdings die Vorschriften der §§ 5 und 6 GrStG vor."

Allgemeines

2 In § 8 GrStG wird der Fall geregelt, dass der Steuergegenstand gleichzeitig sowohl begünstigten, als auch nichtbegünstigten Zwecken dient. Zur Durchführung der Vorschrift ist Abschnitt 32 GrStR ergangen, der den folgenden Wortlaut hat:

32 GrStR. Teilweise Benutzung für einen steuerbegünstigten Zweck

(1) Die räumliche Aufteilung eines Steuergegenstandes nach seiner Benutzung für steuerbegünstigte Zwecke und für nichtsteuerbegünstigte Zwecke (§ 8 Abs. 1 GrStG) wird bereits bei der Einheitsbewertung des Grundbesitzes vorgenommen.

(2) Wenn eine räumliche Aufteilung nicht möglich ist (§ 8 Abs. 2 GrStG), kommt es darauf an, ob der Steuergegenstand überwiegend steuerbegünstigten oder nichtsteuerbegünstigten Zwecken dient. Ob dabei die Benutzung für steuerbegünstigte und nichtsteuerbegünstigte Zwecke gleichzeitig nebeneinander oder zeitlich hintereinander erfolgt, ist ohne Bedeutung. Eine Stadthalle, die sowohl für öffentliche Veranstaltungen, z. B. für Bürgerversammlungen, als auch für private Veranstaltungen, z. B. für Konzerte, benutzt wird, bleibt deshalb steuerfrei, wenn der Gebrauch durch die Allgemeinheit überwiegt.

(3) Die Regelung in § 8 Abs. 2 GrStG ist nicht anzuwenden, wenn Räume sowohl Wohnzwecken als auch steuerbegünstigten Zwecken dienen. Hier gilt allein § 5 GrStG.

Zu § 8 Absatz 1

Teilweise Benutzung zu steuerbegünstigten Zwecken

3 Wenn der Steuergegenstand nicht nur steuerbegünstigten, sondern auch anderen Zwecken dient und für die steuerbegünstigten Zwecke ein räumlich abgrenzbarer Teil benutzt wird, so ist nur dieser Teil steuerfrei. Im Allgemeinen wird in diesen Fällen der **Einheitswert** von vornherein nur für den steuerpflichtig bleibenden Teil festgestellt. Die Entscheidung über die Steuerfreiheit wird damit nicht erst im Steuermessbetragsverfahren, sondern bereits bei der Feststellung des Einheitswerts getroffen. Hierzu vgl. auch Anm. 3 zu § 3 und Anm. 2 zu § 13 GrStG. In diese Aufteilung ist auch der Grund und Boden mit einzubeziehen. Das gilt auch, wenn das Gebäude auf Grund eines Erbbaurechts errichtet worden ist; denn bei der Grundsteuer wird der Erb-

bauberechtigte so behandelt, als ob er auch Eigentümer des Grund und Bodens wäre (§ 10 Abs. 2 GrStG). Bei einem Gebäude auf fremdem Grund und Boden (§ 94 BewG) würde dies allerdings nicht der Fall sein.

Bei der **Aufteilung des Gebäudes** in einen befreiten und einen nicht befreiten Teil ist der Maßstab anzuwenden, der zu einem vertretbaren Ergebnis führt. Das dürfte in aller Regel das Verhältnis der jeweiligen Nutz- oder Wohnfläche sein. Wenn der Einheitswert im Ertragswertverfahren ermittelt wird, kann u. U. auch von dem Verhältnis der dabei auf die einzelnen Teile entfallenden Miete oder, wenn er im Sachwertverfahren ermittelt wird, von dem Verhältnis des dabei auf die einzelnen Teile entfallenden umbauten Raums ausgegangen werden. Ist nur ein Teil des Grund und Bodens steuerfrei, muss der Einheitswert in den Gebäudewertanteil und den Bodenwertanteil zerlegt werden. Der Bodenwertanteil wird dann nach dem Verhältnis der steuerfreien zur steuerpflichtigen Fläche aufgeteilt.

Zu § 8 Absatz 2

Gleichzeitige Benutzung zu steuerbegünstigten und zu anderen Zwecken

Wird der Steuergegenstand sowohl zu steuerbegünstigten als auch zu anderen Zwecken benutzt, ohne dass eine räumliche Abgrenzung für die verschiedenen Zwecke möglich ist, so kommt es für die steuerliche Behandlung darauf an, ob die steuerbegünstigten oder ob die anderen Zwecke überwiegen (FG Schl-H v. 29.1.2014, EFG 2014 S. 664). Das gilt sowohl für die Fälle, in denen der Steuergegenstand für die verschiedenen Zwecke gleichzeitig benutzt wird, als auch für die Fälle, in denen der Steuergegenstand zeitweilig dem einen und zeitweilig dem anderen Zweck dient. Nach welchem Maßstab festzustellen ist, welche Nutzung überwiegt, lassen die Anweisungen in Abschnitt 32 GrStR offen. Für die Frage, wann etwas überwiegt, wird in aller Regel darauf abgestellt, ob dies für mehr als 50 % gilt. Man wird deshalb auch hier von diesem Maßstab ausgehen können. Man sollte allerdings auch dann, wenn die begünstigte und die nichtbegünstigte Nutzung jeweils genau 50 % ausmachen, das Grundstück steuerfrei lassen. Bei der Feststellung, welches Ausmaß jeweils die einzelne Nutzung hat, können durchaus auch unterschiedliche Ermittlungsmethoden anzuwenden sein.

Wenn die verschiedenen Nutzungen zeitlich hintereinander liegen, kommt es darauf an, welche Nutzung innerhalb eines Kalenderjahres die längere Zeit bestanden hat. Abzustellen ist dabei jeweils auf das Kalenderjahr, das dem Veranlagungszeitpunkt vorangeht. Hierzu vgl. auch Anm. 2 zu § 9 GrStG. Für Zwischenzeiten, in denen das Grundstück weder für begünstigte noch für nichtbegünstigte Zwecke genutzt wird, z. B. weil die Räume leerstehen, sollte unterstellt werden können, dass die begünstigte Nutzung fortbesteht. Letztlich kommt es darauf an, dass die Zeit, während der eine begünstigte Nutzung erfolgt, insgesamt mehr als die Hälfte des Kalenderjahres ausmacht.

Bei gleichzeitig nebeneinander erfolgender unterschiedlicher Nutzung wird es dagegen für die Feststellung, welche der Nutzungen überwiegt, wesentlich auf die Umstände des Einzelfalles ankommen, z. B. bei Verwaltungsräumen, in denen sowohl begünstigte als auch nichtbegünstigte Grundstücke verwaltet werden, auf den Wert der einzelnen Grundstücke oder bei Verwaltungsräumen, in denen sowohl Hoheitsbetriebe als auch Betriebe gewerblicher Art, oder steuerschädliche wirtschaftliche Geschäftsbetriebe und steuerunschädliche Zweckbetriebe verwaltet werden, auf die jeweilige Höhe der Einnahmen u. a. m. Bei der gemeinsam mit einem ausländischen Nachbarstaat genutzten Grenz- und Zollabfertigungsstation auf deutschem Grund und Boden soll davon auszugehen sein, dass die hoheitliche Tätigkeit der deutschen Behörde überwiegt. Das Grundstück bleibt daher in vollem Umfang steuerfrei.

Wird das Grundstück (Gebäude) eines nach § 3 Abs. 1 Nr. 3 GrStG begünstigten Rechtsträgers auch zu nichtsteuerbegünstigten Zwecken benutzt, ist die Grundsteuerbefreiung gemäß § 8 Abs. 2 GrStG nur zu gewähren, wenn die Nutzung zu steuerbegünstigten Zwecken überwiegt; dabei scheiden Zeiten der Nichtnutzung (des Leerstehens) des Grundstücks (Gebäudes) für den zeitanteiligen Maßstab aus (BFH v. 27.11.1991, BStBl. 1992 II S. 563). Handelt es sich um unterschiedliche Gebäudeteile, die jeweils teils zu begünstigten, teils zu nichtbegünstigten Zwecken benutzt werden, ist bei der Gewichtung, ob die steuerbegünstigten Zwecke überwiegen, neben der zeitlichen Abgrenzung auch der räumliche Umfang der unterschiedlichen Nutzung nach Maßgabe des Flächenanteils zu berücksichtigen.

Im Zweifelsfall kann es für die Beurteilung auch darauf ankommen, zu welchem Zweck die Räumlichkeiten hergerichtet sind, inwieweit die Bauart Schlüsse auf die Zweckbestimmung zulässt, z. B. ob ein Saal überwiegend dem Gottesdienst gewidmet ist (RFH v. 27.6.1940, RStBl. 1940 S. 830), oder ob ein größerer Raum als Turnhalle anzusehen ist u. a. m.

Wenn Räume, die nach ihrer objektiven Ausstattung zu Wohnzwecken bestimmt sind, gleichzeitig auch zu steuerbegünstigten Zwecken benutzt werden, ist grundsätzlich die Benutzung zu Wohnzwecken ausschlaggebend, ohne dass es darauf ankommt, welche Nutzung überwiegt. Die Ausnahmen, für die dies nicht gilt, ergeben sich aus § 5 Abs. 1 GrStG. Dass die Benutzung zu Wohnzwecken die Anwendung des § 8 Abs. 2 GrStG ausschließt, gilt nicht nur, wenn die Wohnräume selbst, sondern auch dann, wenn andere Teile des Wohngebäudes außerhalb der Wohnungen zu begünstigten Zwecken genutzt werden, dabei jedoch eine räumliche Aufteilung nicht möglich ist.

§ 9 Stichtag für die Festsetzung der Grundsteuer; Entstehung der Steuer

(1) **Die Grundsteuer wird nach den Verhältnissen zu Beginn des Kalenderjahres festgesetzt.**

(2) **Die Steuer entsteht mit dem Beginn des Kalenderjahres, für das die Steuer festzusetzen ist.**

Übersicht

Zu § 9
1. Begründung
Zu § 9 Abs. 1
2. Stichtagsprinzip

Zu § 9 Abs. 2
3. Entstehung der Steuerschuld

Zu § 9

Begründung zur Regierungsvorlage

„Die Vorschrift enthält das auch schon bisher für die Grundsteuer geltende Stich- **1**
tagsprinzip. Dies besagt, dass sich die Höhe der Grundsteuer ausschließlich nach den Verhältnissen zu Beginn eines Kalenderjahres richtet. Änderungen während des Kalenderjahres können sich erst für die Grundsteuer des nächsten Kalenderjahres auswirken. Dem Stichtagsprinzip entsprechend soll hier auch die Frage geregelt werden, zu welchem Zeitpunkt die Grundsteuerschuld entsteht. . . .“

Zu § 9 Absatz 1

Stichtagsprinzip

Die Grundsteuer wird nach den Verhältnissen vom Veranlagungszeitpunkt **2**
festgesetzt. Veranlagungszeitpunkt ist jeweils der **Beginn eines Kalenderjahres,** auf den eine Haupt-, Neu- oder Nachveranlagung des Steuermessbetrags durchgeführt wird (§§ 16 ff. GrStG). Die Verhältnisse vom Veranlagungszeitpunkt sind insbesondere maßgebend für den Umfang der Steuerpflicht und einer etwaigen Steuerfreiheit und für die anzuwendende Steuermesszahl. Ein Teil dieser Feststellungen wird allerdings schon bei der Einheitsbewertung getroffen. Hierzu vgl. Anm. 3 zu § 3 GrStG. Wegen weiterer Einzelheiten vgl. auch Abschnitt 33 GrStR, der den folgenden Wortlaut hat:

33 GrStR. Stichtag für die Festsetzung der Grundsteuer

Entscheidend für die Anwendung der Befreiungsvorschriften sind die Verhältnisse zu Beginn des jeweiligen Kalenderjahres. Für die Beurteilung der Frage, ob die steuerbegünstigte Benutzung zeitlich überwiegt, sind die Verhältnisse in dem Kalenderjahr maßgebend, das dem Kalenderjahr vorangeht, auf dessen Beginn der Steuermeßbetrag festgesetzt wird. Beschränkt sich die tatsächliche Benutzung des Grundstücks für steuerbegünstigte Zwecke nur auf bestimmte wiederkehrende Zeitabschnitte eines Kalenderjahres, während in der übrigen Zeit das Grundstück nicht benutzt wird, so ist zu unterstellen, daß die Benutzung für steuerbegünstigte Zwecke in der Zwischenzeit fortbesteht.

Wenn es auf die Verhältnisse vom Beginn des Kalenderjahres ankommt, müssen Änderungen im Umfang der Steuerpflicht oder Steuerbefreiung, die erst im Laufe des Kalenderjahres eintreten, für dieses Kalenderjahr noch unberücksichtigt bleiben. Sie führen zu einer Neu- oder Nachveranlagung erst auf den Beginn des nächsten Kalenderjahres. Das würde selbst dann der

Fall sein, wenn sie schon kurz nach dem 1. Januar eintreten. Werden z. B. die Voraussetzungen für die Steuerbefreiung erst am 10. Januar erfüllt, so muss demgemäß noch für das ganze laufende Kalenderjahr Grundsteuer entrichtet werden. Nach einem früher geltenden § 16 Abs. 1 GrStG 1951 brauchte in diesem Fall die Grundsteuer nur noch bis zum Ablauf des Kalendervierteljahres gezahlt zu werden, in welchem wegen des Eintritts der Steuerbefreiung ein Antrag auf Freistellung von der Steuer gestellt worden ist. Eine entsprechende Ausnahmevorschrift besteht jedoch heute nicht mehr. Fallen umgekehrt am 10. Januar die Voraussetzungen für die Steuerbefreiung weg, so braucht gleichwohl für das ganze laufende Kalenderjahr noch keine Grundsteuer entrichtet zu werden. Die ausnahmslose Verwirklichung des Stichtagsprinzips in § 9 Abs. 1 GrStG bringt damit zwar eine eindeutige Rechtslage. Ob sie allerdings immer befriedigt, dürfte zweifelhaft sein.

Es gibt zahlreiche Fälle, in denen die Steuerbefreiung davon abhängt, dass die Voraussetzungen über einen längeren Zeitraum gegeben sind. Das gilt z. b., wenn es darauf ankommt, ob bei zeitlich verschiedenartiger Nutzung während des Kalenderjahres die begünstigte Nutzung überwiegt, ob während des Kalenderjahres die Benutzung des Grundstücks in besonderem Maße bestimmten Personen zugute kommt u. a. m. Hier sollen dann die Verhältnisse des Kalenderjahres maßgebend sein, das dem Stichtag vorangeht (Abschnitt 33 GrStR). Dies ist zwar ebenfalls eine eindeutige Regelung. Sie wird aber dann den Gegebenheiten kaum gerecht, wenn mit dem Beginn des Kalenderjahres, für das die Veranlagung durchgeführt wird, die Verhältnisse sich grundlegend ändern. Die Regelung sollte deshalb mit der Einschränkung gelten, dass am Veranlagungszeitpunkt mit einiger Sicherheit vorauszusehen ist, dass die Voraussetzungen ohne wesentliche Änderungen auch weiterhin bestehen bleiben. Entsprechend würde umgekehrt zu verfahren sein, wenn die Voraussetzungen zwar noch nicht im Kalenderjahr vor dem Veranlagungszeitpunkt erfüllt waren, nach den Verhältnissen vom Veranlagungszeitpunkt jedoch mit einiger Sicherheit vorauszusehen ist, dass sie in dem damit beginnenden Kalenderjahr gegeben sein werden. Lassen sich solche Feststellungen nicht sofort sondern erst nachträglich treffen, so sollte es möglich sein, im Wege einer rückwirkenden Neuveranlagung (§ 17 Abs. 2 GrStG) oder Aufhebung (§ 20 GrStG) des Steuermessbetrags auch die tatsächlichen Verhältnisse des Kalenderjahres, das mit dem Veranlagungszeitpunkt beginnt, noch nachträglich zu berücksichtigen. Eine Verletzung des Stichtagsprinzips dürfte insoweit, auch unter den zuvor genannten Umständen, nicht anzunehmen sein.

Zu § 9 Absatz 2

Entstehung der Steuerschuld

3   Der Anspruch aus einem Steuerschuldverhältnis entsteht, sobald der Tatbestand verwirklicht ist, an den das Gesetz die Leistungspflicht knüpft (§ 38 AO). Die Grundsteuer entsteht mit dem Beginn des Kalenderjahres, für das sie festzusetzen ist (§ 9 Abs. 2 GrStG). Die Entstehung setzt somit voraus, dass an diesem Zeitpunkt der erforderliche Tatbestand verwirklicht worden ist. Der grundsteuerliche Tatbestand für die Entstehung der Steuerschuld ist folg-

lich mit dem Vorhandensein von steuerpflichtigem Grundbesitz am maßgebenden Stichtag realisiert (*Halaczinsky,* GrStG, § 9 Rz. 4). Dagegen ist es ohne Einfluss, wann die Steuer festgesetzt wird und wann sie fällig wird. Normalerweise ist die Entstehung der Steuer Voraussetzung für ihre Festsetzung und nicht umgekehrt die Festsetzung für die Entstehung. Insoweit wirkt deshalb der Wortlaut der Vorschrift des § 9 Abs. 2 GrStG etwas unverständlich. Anlass für ihre Fassung dürfte § 27 Abs. 2 GrStG gewesen sein, wonach auch eine Steuerfestsetzung für mehrere Jahre möglich ist. Hier erfolgt dann die Festsetzung der Steuer noch vor ihrer Entstehung.

§ 10 Steuerschuldner

(1) **Schuldner der Grundsteuer ist derjenige, dem der Steuergegenstand bei der Feststellung des Einheitswerts zugerechnet ist.**

(2) **Derjenige, dem ein Erbbaurecht, ein Wohnungserbbaurecht oder ein Teilerbbaurecht zugerechnet ist, ist auch Schuldner der Grundsteuer für die wirtschaftliche Einheit des belasteten Grundstücks.**

(3) **Ist der Steuergegenstand mehreren Personen zugerechnet, so sind sie Gesamtschuldner.**

Übersicht

Zu § 10
1. Begründung
Zu § 10 Abs. 1
2. Steuerschuldner
2a. Herrenlose Grundstücke

3. Steuerschuldner beim verpachteten land- und forstwirtschaftlichen Betrieb
Zu § 10 Abs. 2
4. Steuerschuldner beim Erbbaurecht
Zu § 10 Abs. 3
5. Gesamtschuldnerschaft

Zu § 10

Literatur: *Ehlenz/Hell,* Die Aufgabe des Eigentums an einem Grundstück aus Gläubigersicht, ZfIR 2014 S. 171; *Engelbrecht,* Wohnungseigentümergemeinschaften und kommunale Grundabgaben, KommJur 2006 S. 369; *Kreuter,* Die Gesellschaft des bürgerlichen Rechts (GbR) als Schuldnerin von Kommunalabgaben, NVwZ 2008 S. 360.

Begründung zur Regierungsvorlage

„Die Vorschrift regelt die Frage der Steuerschuldnerschaft. Sie entspricht der bishe- 1 rigen Rechtslage. Danach ist grundsätzlich derjenige Steuerschuldner, dem der Gegenstand bei der Einheitsbewertung zugerechnet worden ist. Entsprechend dem bisherigen § 7 Abs. 1 Ziff. 2 GrStG 1951 bleibt der Eigentümer des Grund und Bodens eines Betriebs der Land- und Forstwirtschaft auch insoweit Schuldner der Grundsteuer, als Betriebsmittel oder Gebäude des Pächters in den Einheitswert einbezogen wurden (§ 34 Abs. 4 BewG). Durch eine entsprechende Formulierung des § 10 Abs. 1 GrStG wurde diese Vorschrift jedoch überflüssig, ohne dass sich an der bisherigen Rechtslage etwas ändert.

In § 10 Abs. 2 und 3 GrStG werden unter Berücksichtigung einiger redaktioneller Änderungen die bisherigen Sonderregelungen in § 7 Abs. 1 Ziff. 3 und Abs. 2 GrStG 1951 übernommen."

Wegen der Person des Steuerschuldners für Grundbesitz in den neuen Bundesländern vgl. Anm. 3 zu § 40 GrStG und Anm. 6 zu § 42 GrStG.

Zu § 10 Absatz 1

Steuerschuldner

2   Steuerpflichtiger ist, wer eine Steuer schuldet oder für eine Steuer haftet (§ 33 Abs. 1 AO). Bei der Grundsteuer ist Steuerschuldner derjenige, dem der Steuergegenstand zugerechnet worden ist. Die Feststellungen hierüber werden zwar im Steuermessbescheid getroffen (OVG Münster v. 30.7.1958, KStZ 1958 S. 220). Sie sind aber ihrerseits wiederum von den Feststellungen abhängig, die im Einheitswertbescheid der Zurechnung zugrunde gelegt worden sind. Demgemäß bestimmt § 10 Abs. 1 GrStG, dass Schuldner der Grundsteuer derjenige ist, dem der Steuergegenstand bei der Feststellung des Einheitswertes zugerechnet worden ist.

Der Einheitswert wird dem Eigentümer des Grundbesitzes zugerechnet (§ 39 Abs. 1 AO). Als Eigentümer und damit als Steuerschuldner kommen nicht nur natürliche und juristische, inländische und ausländische Personen in Betracht, sondern auch nichtrechtsfähige Vereine und Stiftungen (RFH v. 19.4.1939, RStBl. 1939 S. 725), Gesellschaften des Handelsrechts (OHG, KG und ähnliche Gesellschaften) und BGB-Gesellschaften, soweit sie selbst als Eigentümer des Grundbesitzes in das Grundbuch eingetragen worden sind. Die an der Gesellschaft oder an der Gemeinschaft beteiligten Personen sind zwar nicht unmittelbare Steuerschuldner, sie haften aber als Gesamtschuldner (§ 10 Abs. 3 GrStG und § 44 Abs. 1 AO). Hierzu vgl. Anm. 5 zu § 10 GrStG. Zur Adressierung und Bekanntgabe von Einheitswertbescheiden bei Gesellschaften des bürgerlichen Rechts unter Berücksichtigung des BFH-Beschlusses v. 22.2.2001 (BStBl. 2001 II S. 476; Anm. 5 zu § 10 GrStG) siehe auch OFD Düsseldorf v. 7.4.2004 (DB 2005 S. 1029).

Der jeweilige Eigentümer ist auch dann Steuerschuldner, wenn er das Grundstück usw. nicht selbst nutzt, sondern es vermietet oder verpachtet. Ohne Bedeutung ist dabei, dass bei einer Vermietung die Grundsteuer als Unkostenfaktor bei der Mietpreisbildung berücksichtigt und damit im Ergebnis auf die Mieter umgelegt werden kann, oder dass bei einer Verpachtung nach dem Pachtvertrag der Pächter die Grundsteuer zu entrichten hat. Ebenso kommt es nicht darauf an, dass der Pächter oder Mieter, wäre dieser selbst der Eigentümer, z.B. als gemeinnütziger Verein mit dem Grundbesitz steuerfrei bleiben würde.

In den Fällen, in denen bei der Einheitsbewertung der Steuergegenstand nicht dem bürgerlich-rechtlichen Eigentümer, sondern einer anderen Person als wirtschaftlichem Eigentümer zugerechnet wird, ist diese andere Person der Steuerschuldner. Die hier in Betracht kommenden Fälle ergeben sich aus § 39 AO, der folgenden Wortlaut hat:

§ 39 AO Zurechnung

(1) **Wirtschaftsgüter sind dem Eigentümer zuzurechnen.**

(2) **Abweichend von Absatz 1 gelten die folgenden Vorschriften:**

1. **¹Übt ein anderer als der Eigentümer die tatsächliche Herrschaft über ein Wirtschaftsgut in der Weise aus, dass er den Eigentümer im Regelfall für die gewöhnliche Nutzungsdauer von der Einwirkung auf das Wirtschaftsgut wirtschaftlich ausschließen kann, so ist ihm das Wirtschaftsgut zuzurechnen. ²Bei Treuhandverhältnissen sind die Wirtschaftsgüter dem Treugeber, beim Sicherungseigentum dem Sicherungsgeber und beim Eigenbesitz dem Eigenbesitzer zuzurechnen.**

2. **Wirtschaftsgüter, die mehreren zur gesamten Hand zustehen, werden den Beteiligten anteilig zugerechnet, soweit eine getrennte Zurechnung für die Besteuerung erforderlich ist.**

Es handelt sich um die Zurechnung des wirtschaftlichen Eigentums, das nicht immer mit dem bürgerlich-rechtlichen Eigentum in einer Person zusammenzutreffen braucht. Für die Zurechnung des Einheitswerts eines Grundstücks kommt es auf das wirtschaftliche Eigentum an. Die Grundsteuer richtet sich nach der Einheitsbewertung. Demgemäß kommt es auch bei der Grundsteuer auf das wirtschaftliche Eigentum an. Steuerschuldner ist in diesem Fall nicht der bürgerlich-rechtliche Eigentümer, sondern der wirtschaftliche Eigentümer. Vgl. dazu Abschnitt 6 Abs. 3 GrStR, abgedruckt bei Anm. 2 zu § 3 GrStG. Die Vorschrift des § 39 Abs. 2 Nr. 1 AO ist Ausdruck der wirtschaftlichen Betrachtungsweise. Diese gilt zwar für Steuerarten, die wirtschaftlichen Gesichtspunkten folgen, nicht aber für Steuerarten, die an bürgerlich-rechtliche Vorgänge anknüpfen (BFH v. 22.9.1982, BStBl. 1983 II S. 179). Eine sich nach dem wirtschaftlichen Eigentum richtende Zuordnung bei der Einheitsbewertung ist deshalb nicht unproblematisch. Dasselbe muss dann auch für die Anwendung der Vorschrift in § 10 Abs. 1 GrStG gelten.

Ein „bebautes Grundstück im Erbbaurecht" wird auch für Zwecke der Grundsteuer nach dem wirtschaftlichen Eigentum zugerechnet. Wichtige Indizien hierfür stellen die Verfügungsmöglichkeit über das Grundstück oder die Wertlosigkeit des Herausgabeanspruchs dar. Bei einem Mietkaufvertrag hängt das wirtschaftliche Eigentum des Ankaufsberechtigten vom Wahrscheinlichkeitsgrad der Ausübung des Ankaufsrechts ab (FG Düsseldorf v. 23.5.2005, EFG 2005 S. 1248). Vgl. hierzu auch Anm. 4 zu § 10 GrStG.

Ungeklärte Eigentumsverhältnisse (in den neuen Bundesländern), Ansprüche nach dem Gesetz zur Regelung offener Vermögensfragen sowie eine nicht erteilte staatliche Genehmigung zur Eigentumsübertragung können unter dem Gesichtspunkt des wirtschaftlichen Eigentums den Nutzer bzw. Verwalter, der über das Grundstück verfügt, zum Schuldner der Grundsteuer machen (OFD Cottbus v. 23.9.1992, DB 1992 S. 2321).

Herrenlose Grundstücke

Hat der Eigentümer eines Grundstücks gem. § 928 Abs. 1 BGB das Eigen- 2a tum dadurch aufgegeben, dass er dem Grundbuch gegenüber den **Verzicht** erklärt hat und der Verzicht im Grundbuch eingetragen wurde, so steht das Recht der Aneignung des aufgegebenen Grundstücks gem. § 928 Abs. 2 BGB dem Fiskus des Landes zu, in dessen Gebiet das Grundstück liegt. Der

Fiskus erwirbt das Eigentum dadurch, dass er sich als Eigentümer in das Grundbuch eintragen lässt. Verzichtet der Fiskus auf sein Aneignungsrecht, bleibt das Grundstück „herrenlos".

Mit dem Eigentumsverzicht ist das Grundstück dem bisherigen Eigentümer nicht mehr zuzurechnen, mit der Folge, dass er nicht mehr Schuldner der Grundsteuer gem. § 10 Abs. 1 GrStG ist. Da eine gesetzliche Regelung, wie bei der Einheitsbewertung und der Grundsteuermessbetragsveranlagung mit solchen herrenlosen Grundstücken zu verfahren ist, nicht existiert, ist dem bisherigen Eigentümer nach Auffassung der Finanzverwaltung (OFD Magdeburg v. 19.2.2003, StEK BewG 1965 § 22 Nr. 42) mitzuteilen, dass ihm das Grundstück auf den dem Verzicht folgenden 1.1. des Kalenderjahres nicht mehr zuzurechnen ist und die Steuerpflicht endet. Bei der erforderlichen Zurechnungsfortschreibung des Einheitswerts sowie der Neuveranlagung des Grundsteuermessbetrags (nach o. a. OFD-Verfügung vorzunehmen auf: „ohne Eigentümer – Eigentumsverzicht nach § 928 BGB") bleiben die Grundstücksart, die Höhe des Einheitswerts und des Grundsteuermessbetrags unverändert. Da die Finanzbehörde regelmäßig erst auf Antrag des bisherigen Eigentümers von dem herrenlosen Grundstück Kenntnis erlangt, werden die Bescheide dem bisherigen Eigentümer bekannt gegeben. Die zuständige Gemeinde erhält eine Ausfertigung der Grundsteuermessbetragsveranlagung.

Steuerschuldner beim verpachteten land- und forstwirtschaftlichen Betrieb

3 **Betriebsmittel** und Gebäude, die der Bewirtschaftung eines landwirtschaftlichen Betriebs dienen, sind bei der Einheitsbewertung auch dann in den Betrieb miteinzubeziehen, wenn sie nicht dem Eigentümer des Grund und Bodens gehören (§ 34 Abs. 4 BewG). Vgl. Anm. 4 zu § 2 GrStG. Von Bedeutung wird diese Zurechnungsvorschrift meist bei der Verpachtung eines landwirtschaftlichen Betriebs sein, der vom Pächter mit eigenem oder wenigstens teilweise mit eigenem Inventar bewirtschaftet wird. In diesem Fall wird ein den ganzen Betrieb umfassender **Gesamteinheitswert** festgestellt. Soweit dieser Einheitswert für andere Steuern benötigt wird, muss er u. U. auf die Beteiligten aufgeteilt werden. Dies gilt jedoch nicht für die Grundsteuer, die hiervon ausdrücklich ausgenommen bleibt (§ 49 Abs. 1 BewG a. F.; § 49 BewG wurde durch Art. 14 StÄndG 2001 v. 20.12.2001, BGBl. 2001 I S. 3794, aufgehoben). Der Einheitswert wird deshalb in vollem Umfang dem Verpächter zugerechnet. Demgemäß ist er auch allein der Steuerschuldner für die gesamte auf den Betrieb entfallende Grundsteuer. Dies gilt auch dann, wenn sich der Pächter im Pachtvertrag verpflichtet hat, die gesamte Grundsteuer zu entrichten. In diesem Fall hat allerdings der Pächter im Innenverhältnis zum Verpächter die auf die Betriebsmittel entfallende Grundsteuer zu tragen (AG Hamburg v. 7.2.1952, KStZ 1953 S. 32). Dass er sich dazu vertraglich verpflichten kann, ergibt sich auch aus § 48 Abs. 2 AO. Der Pächter wird damit zwar nicht Steuerschuldner, er kann aber als Haftungsschuldner in Anspruch genommen werden (§ 192 AO). Hierzu vgl. Anm. 6 zu § 11 GrStG. Seine Haftung im Innenverhältnis bleibt unberührt.

Zur Behandlung des Nutzers von land- und forstwirtschaftlichen Betrieben in den neuen Bundesländern vgl. Anm. 3 zu § 40 GrStG.

Zu § 10 Absatz 2

Steuerschuldner beim Erbbaurecht

Bei dem Erbbaurecht ist der **Erbbauberechtigte** auch Schuldner der 4 Grundsteuer für das belastete Grundstück (§ 10 Abs. 2 GrStG). Er schuldet die auf den Grund und Boden entfallende Grundsteuer ohne Rücksicht darauf, ob schon ein Gebäude auf Grund des Erbbaurechts errichtet worden ist oder nicht. Die Besonderheit besteht hier darin, dass normalerweise zwei Einheitswerte festgestellt werden, ein Einheitswert für das Erbbaurecht und ein weiterer für das belastete Grundstück (vgl. hierzu Anm. 23 zu § 2 GrStG), dass aber der Erbbauberechtigte als Steuerschuldner für das gesamte Grundstück behandelt wird, auch wenn der Einheitswert für den belasteten Grund und Boden dem Erbbauverpflichteten als Eigentümer zugerechnet worden ist. Die bewertungsrechtliche wirtschaftliche Einheit „bebautes Grundstück im Erbbaurecht" ist einem Ankaufsberechtigten statt dem Erbbauberechtigten gemäß § 39 Abs. 2 Nr. 1 Satz 1 AO nur zuzurechnen, wenn dem Ankaufsberechtigten zum Bewertungsstichtag Substanz und Ertrag des Erbbaurechts zustehen (FG Düsseldorf v. 23.5.2005, EFG 2005 S. 1248).

Bei einem **Gebäude auf fremdem Grund und Boden** bilden Gebäude einerseits sowie Grund und Boden andererseits jeweils einen selbständigen Steuergegenstand (§ 94 Abs. 1 BewG), für den ein eigener Einheitswert festgestellt wird. Vgl. Anm. 23 zu § 2 GrStG. Mangels einer dem § 10 Abs. 2 GrStG entsprechenden Vorschrift ist hier jedoch der Eigentümer des Gebäudes Steuerschuldner für die auf das Gebäude entfallende Grundsteuer und der Eigentümer des Grund und Bodens Steuerschuldner für die hierauf entfallende Grundsteuer.

Beim **Nießbrauch** bleibt der Eigentümer Steuerschuldner sowohl für die Grundsteuer des damit belasteten Grund und Bodens als auch für die Grundsteuer der auf Grund des Nießbrauchs errichteten Gebäude.

Zu § 10 Absatz 3

Gesamtschuldnerschaft

Ist ein Steuergegenstand mehreren Miteigentümern zugerechnet worden, 5 so sind sie Gesamtschuldner (§ 10 Abs. 3 GrStG). Zum Verständnis der Vorschrift muss auf § 3 BewG verwiesen werden. Danach wird der Einheitswert für ein Grundstück, das mehreren Personen gehört, in gleicher Weise ermittelt wie bei einer Einzelperson. Wenn die Gemeinschaft der Beteiligten nicht selbständig steuerpflichtig ist, muss der Einheitswert auf die beteiligten Personen verteilt werden (§ 19 Abs. 3 BewG sowie § 39 Abs. 2 Nr. 2 AO, abgedruckt bei Anm. 2 zu § 10 GrStG). Für die Grundsteuer ist jedoch eine Aufteilung nicht erforderlich; denn die Gemeinschaft ist als Eigentümer selbst Steuerschuldner. Dabei ist es gleichgültig, ob die Beteiligten Miteigentümer nach Bruchteilen sind oder ob ihnen das Eigentum gemeinschaftlich zur gesamten Hand zusteht (siehe hierzu auch BFH v. 22.2.2001, BStBl. 2001 II S. 476). Die Beteiligten sind nach § 10 Abs. 3 GrStG Gesamtschuldner der Steuer, so haftet z.B. jeder Gesellschafter einer BGB-Gesellschaft auch für deren Grundsteuerschulden (BFH v. 23.10.1985, BStBl. 1986 II S. 156). Das **Wesen der Gesamtschuldnerschaft** ergibt sich auch aus **§ 44 AO,** der folgenden Wortlaut hat:

§ 44 AO Gesamtschuldner

(1) [1]**Personen, die nebeneinander dieselbe Leistung aus dem Steuerschuldverhältnis schulden oder für sie haften oder die zusammen zu einer Steuer zu veranlagen sind, sind Gesamtschuldner.** [2]**Soweit nichts anderes bestimmt ist, schuldet jeder Gesamtschuldner die gesamte Leistung.**

(2) [1]**Die Erfüllung durch einen Gesamtschuldner wirkt auch für die übrigen Schuldner.** [2]**Das Gleiche gilt für die Aufrechnung und für eine geleistete Sicherheit.** [3]**Andere Tatsachen wirken nur für und gegen den Gesamtschuldner, in dessen Person sie eintreten.** [4]**Die Vorschriften der §§ 268 bis 280 über die Beschränkung der Vollstreckung in den Fällen der Zusammenveranlagung bleiben unberührt.**

Gegen die Gesamtschuldner kann ein einheitlicher Steuermessbescheid und Steuerbescheid erlassen werden. Vgl. § 184 Abs. 1 AO, abgedruckt bei Anm. 3 zu § 16 GrStG. Zum Erlass eines zusammengefassten Abgabenbescheids an einen von zwei Gesamtschuldnern siehe OVG Münster v. 27.2.2001 (KStZ 2001 S. 216). Der Gemeinde steht es dann frei, welchen der Beteiligten sie als Gesamtschuldner für die Steuerschuld in Anspruch nehmen will, sofern weder Willkür noch unsachliche Erwägungen dabei eine Rolle spielen (Hessischer VGH v. 31.10.1963, DGStZ 1964 S. 123). Die Gemeinde hat diese Entscheidung nach pflichtgemäßem Ermessen und unter Beachtung der durch Recht und Billigkeit gezogenen Grenzen zu treffen (BFH v. 21.1.1972, BStBl. 1972 II S. 364), wobei sie alle Umstände des Einzelfalles gerecht abzuwägen hat. Hierzu vgl. auch Anm. 5 zu § 12 GrStG. Bei einem Grundsteuerbescheid bedarf die Auswahlentscheidung, wer von mehreren Gesamtschuldnern zur Zahlung herangezogen wird, in der Regel keiner näheren Begründung (Sächs. OVG v. 11.1.1999, NVwZ-RR 1999 S. 788).

Zahlt einer der Gesamtschuldner die Grundsteuer, so kommt dies den anderen Gesamtschuldnern zustatten. Dagegen kommen ihnen nicht zustatten Stundung, Zahlungsaufschub und Erlass, die zugunsten eines Gesamtschuldners gewährt werden. Ob die Gesamtschuldner im Innenverhältnis zum Ausgleich verpflichtet sind, richtet sich nach § 426 BGB.

Beim **Wohnungseigentum** liegt eine Gesamtschuldnerschaft nicht vor. Dies gilt auch insoweit, als der einzelne Wohnungseigentümer am Grund und Boden sowie an den gemeinschaftlichen Anlagen des Gebäudes anteilsmäßig beteiligt ist; denn sein Anteil am gemeinschaftlichen Eigentum ist im Wohnungseigentum mitenthalten. Es ist infolgedessen jeder Wohnungseigentümer unmittelbar nur Steuerschuldner für die Grundsteuer, die auf sein Wohnungseigentum entfällt. Das schließt jedoch nicht aus, dass auch das einzelne Wohnungseigentum sich im Eigentum mehrerer Personen befinden kann und diese insoweit Gesamtschuldner sind.

Beantragt eine Erbengemeinschaft für ein in ihrem Gesamthandseigentum stehendes Grundstück die Feststellung des Einheitswerts und ist der Einheitswert nur noch für die Grundsteuer von Bedeutung, so ist die Erbengemeinschaft formell- wie materiell-rechtlich der richtige Inhaltsadressat. Als solcher ist sie durch die Bezeichnung Erbengemeinschaft mit dem Zusatz der Familiennamen der Erben („Erbengemeinschaft NN/NN") gemäß § 119 Abs. 1 AO ausreichend bezeichnet (BFH v. 7.7.2004, BFH/NV 2005 S. 73).

§ 11 Persönliche Haftung

(1) **Neben dem Steuerschuldner haften der Nießbraucher des Steuergegenstandes und derjenige, dem ein dem Nießbrauch ähnliches Recht zusteht.**

(2) [1] **Wird ein Steuergegenstand ganz oder zu einem Teil einer anderen Person übereignet, so haftet der Erwerber neben dem früheren Eigentümer für die auf den Steuergegenstand oder Teil des Steuergegenstandes entfallende Grundsteuer, die für die Zeit seit dem Beginn des letzten vor der Übereignung liegenden Kalenderjahres zu entrichten ist.** [2] **Das gilt nicht für Erwerbe aus einer Insolvenzmasse und für Erwerbe im Vollstreckungsverfahren.**

Übersicht

Zu § 11
1. Begründung
Zu § 11 Abs. 1
2. Allgemeines
3. Haftung des Nießbrauchers

Zu § 11 Abs. 2
4. Haftung des Erwerbers
5. Haftung nach der Abgabenordnung
6. Haftung nach außersteuerlichen Vorschriften

Zu § 11

Literatur: *App,* Haftung des Insolvenzverwalters für nach Freigabe eines Grundstücks aus der Insolvenzmasse fällig werdende Grundsteuer, KKZ 2005 S. 50; *Becker,* Wahrnehmung öffentlicher Abgabenpflichten, ZWE 2014 S. 14; *Fichtelmann,* Geltendmachung von Steuerforderungen im Insolvenzverfahren, StLex 2, AO §§ 249 bis 346, S. 215 (10/2004); *Hackenberg,* Die Grundsteuer in der Insolvenz, ZfIR 2007 S. 264; *Hagen,* Erlass von Steuerverwaltungsakten im Insolvenzverfahren, StBp 2004 S. 217, 254, 281; *Heß,* Die Festsetzung und Erhebung der Grundsteuer im Fall der Zwangsversteigerung: Steuerschuld, Haftung, Duldungspflicht, KStZ 1991 S. 161; *Hoven,* Persönliche Haftung bei der Grundsteuer, DGStZ 1979 S. 98; *Kasper,* Haftung für Gemeindesteuern, DStZ 2006 S. 509; *Rhein/Matthies,* Gemeindesteuern und Insolvenz, ZKF 2009 S. 265; *Riering,* Grundsteuer im Konkurs, KStZ 1987 S. 105; *Schmid,* Zu einer unter Ausspruch eines Leistungsgebots erfolgten Grundsteuerfestsetzung gegenüber dem Insolvenzschuldner für ein aus dem Insolvenzbeschlag freigegebenes Grundstück, das auch einer Zwangsverwaltung unterlag, jurisPR-InsR 7/2010 Anm. 2.

Begründung zur Regierungsvorlage

1 „§ 11 Abs. 1 GrStG übernimmt die bisherige Regelung des § 8 Ziff. 1 GrStG 1951. Der Hinweis auf das familienrechtliche Nutznießungsrecht wurde beibehalten, weil es nach der Höfeordnung auch heute noch solche Rechte zugunsten des überlebenden Ehegatten geben kann. § 11 Abs. 2 GrStG stimmt inhaltlich mit der bisherigen Regelung des § 116 Abs. 2 und 3 AO[1]) überein. Die Vorschrift regelt die persönliche Haftung desjenigen, der einen Steuergegenstand erwirbt.

Nach dem bisherigen § 8 Ziff. 2 GrStG 1951 besteht für die Fälle, in denen Betriebsmittel oder Gebäude des Pächters oder eines anderen Nutzungsberechtigten in den Einheitswert eines Betriebs der Land- und Forstwirtschaft einbezogen werden (§ 34 Abs. 4 BewG), eine Haftung des Pächters für die auf die Betriebsmittel oder Gebäude entfallende Grundsteuer. Diese Haftung des Pächters geht von der Annahme aus, dass die Grundsteuer zwischen ihm und dem Eigentümer aufgeteilt wird. Mit der Regelung des § 49 BewG, wonach dem Eigentümer des Betriebs der volle Einheitswert zugerechnet werden muss, sollte aber gerade eine Aufteilung des Einheitswerts vermieden werden. Es ist deshalb davon auszugehen, dass unter diesen Umständen auch eine Haftung des Pächters entfällt. Auf sie kann auch schon deshalb verzichtet werden, weil sie in der Praxis kaum jemals eine Rolle gespielt hat."

Zu § 11 Absatz 1

Allgemeines

2 Von einer Haftung spricht man, wenn jemand für die Steuerschuld eines anderen einstehen muss. Man unterscheidet dabei zwischen der persönlichen Haftung und der Sachhaftung. Die persönliche Haftung kann unbeschränkt sein, die Person haftet dann mit ihrem gesamten Vermögen. Die Haftung kann aber auch beschränkt sein, wenn sie nur einen bestimmten Teil ihres Vermögens erfasst. Bei der Sachhaftung haftet ein bestimmter Gegenstand ohne Rücksicht auf entgegenstehende Rechte Dritter an diesem Gegenstand. Hierher gehört z.B. auch die dingliche Haftung nach § 12 GrStG. Bei der Grundsteuer ist zu unterscheiden zwischen der Haftung nach § 11 und § 12 GrStG, der Haftung nach den Vorschriften der AO, der Haftung auf Grund außersteuerlicher Vorschriften und der vertraglichen Haftung.

Haftung des Nießbrauchers

3 Nach § 11 Abs. 1 GrStG haftet der Nießbraucher neben dem Eigentümer des mit dem Nießbrauch belasteten Grundstücks. Dabei ist es gleichgültig, ob ihm ein Vorbehalts- oder ein Zuwendungsnießbrauch zusteht. Hierzu vgl. im Einzelnen BMF v. 30.9.2013 (BStBl. 2013 I S. 1184). Dem Eigentümer gegenüber ist er sowieso schon verpflichtet, die auf dem Grundstück ruhenden öffentlichen Lasten (§ 1047 BGB), wozu auch die Grundsteuer gehört (§ 12 GrStG), zu tragen. Der Nießbrauch ist das an einem Grundstück bestellte Recht, in vollem oder beschränktem Umfang die Nutzungen des Grundstücks zu ziehen (§§ 1030 ff. BGB). Der Nießbrauch muss im Grundbuch eingetragen sein. Die Haftung erstreckt sich stets auf die Grundsteuer für den

---

[1]) Jetzt § 75 AO.

gesamten Steuergegenstand. Auch bei einem eingeschränkten Nießbrauch bleibt der Umfang der Haftung unberührt. Das gilt auch, wenn sich der Nießbrauch auf einen Miteigentumsanteil beschränkt; denn der Miteigentümer haftet ebenfalls als Gesamtschuldner. Besteht dagegen ein Nießbrauch an einem real abgrenzbaren Teil des Steuergegenstandes, sollte sich auch die Haftung des Nießbrauchers auf einen entsprechenden Teil der Grundsteuer beschränken können.

Ein dem Nießbrauch ähnliches Recht ist nach der Gesetzesbegründung das Recht des überlebenden Ehegatten zur Verwaltung und Nutznießung am Hof bis zur Vollendung des 25. Lebensjahres des Hoferben. Vgl. hierzu § 14 Abs. 1 der Höfeordnung idF v. 26.7.1976 (BGBl. 1976 I S. 1933), zuletzt geändert durch Gesetz v. 17.12.2008 (BGBl. 2008 I S. 2586). Ob ein Nutzungsrecht des öffentlichen Rechts unter § 11 Abs. 1 GrStG fällt, ist Frage des Einzelfalles (RFH v. 27.11.1941, RStBl. 1942 S. 380). Miete und Pacht sind allerdings kein dem Nießbrauch ähnliches Recht. Problematisch ist dagegen die Frage, ob dies auch für ein dingliches Wohnrecht gilt; denn in seiner wirtschaftlichen Bedeutung ist es durchaus mit einem Nießbrauch vergleichbar, der auf die Nutzung einer Wohnung beschränkt ist (s. o.). Nach der Gesetzesbegründung müsste man davon ausgehen, dass das dingliche Wohnrecht für den Berechtigten noch keine Haftung nach § 11 Abs. 1 GrStG begründet. Dasselbe würde dann auch für den wirtschaftlichen Eigentümer eines Gebäudes auf fremdem Grund und Boden (§ 94 Abs. 1 BewG) hinsichtlich seiner Haftung für die Grundsteuer gelten, die auf den Grund und Boden entfällt, es sei denn, er nutzt das Grundstück als Nießbraucher.

Zu § 11 Absatz 2

Haftung des Erwerbers

Wird ein Grundstück ganz oder zu einem Teil einer anderen Person über- **4** eignet, so haftet der Erwerber neben dem früheren Eigentümer für die auf den Steuergegenstand (Teil des Steuergegenstandes) entfallende Grundsteuer, die für die Zeit seit dem Beginn des letzten vor der Übereignung liegenden Kalenderjahres zu entrichten ist (§ 11 Abs. 2 GrStG). Es bleibt dem Erwerber überlassen, sich vor den Folgen der Haftung dadurch zu schützen, dass er einen entsprechenden Teil des Kaufpreises zunächst noch zurückbehält. Die dingliche Haftung des Steuergegenstands bleibt unberührt. Die Steuerbehörde muss nicht alle Vollstreckungsmöglichkeiten gegenüber dem Steuerschuldner ausschöpfen, bevor sie den Grundstückserwerber als Haftungsschuldner in Anspruch nimmt (VG Dresden v. 30.3.2010 2 K 351/08, n. v.). Im Übrigen stellt der Erwerber keinen Ersatzschuldner zum Steuerschuldner dar, sondern steht von Gesetzes wegen als Gesamtschuldner neben diesem. Die Gemeinde ist nicht verpflichtet, den möglicherweise haftenden Erwerber auf Steuerrückstände hinzuweisen (BVerwG v. 13.2.1987, BStBl. 1987 II S. 475).

Die Haftung des Erwerbers ist allerdings **zeitlich eingeschränkt.** Die durch § 11 Abs. 2 Satz 1 GrStG angeordnete Haftung des Grundstückserwerbers ist auf diejenigen Grundsteuerbeträge begrenzt, die für das Kalenderjahr, in dem der Erwerb erfolgt, sowie die für das diesem Jahr vorausgegangene

Kalenderjahr festgesetzt werden. Es kommt nicht darauf an, zu welchem Zeitpunkt die Steuerfestsetzung tatsächlich erfolgt ist (VG Dessau v. 9.11.2001, KKZ 2006 S. 34). Wird das Grundstück mehrmals hintereinander übereignet, so haften u. U. mehrere Erwerber für den gleichen Zeitraum (OFD Hannover v. 12.6.1961, StEK § 116 AO a. F. Nr. 1). Die Haftung tritt nur bei einer Übereignung ein. Auf die Gründe, die zur Übereignung geführt haben, kommt es nicht an (RFH v. 7.11.1934, RStBl. 1934 S. 1571). Ebenso ist es unerheblich, ob sie entgeltlich oder unentgeltlich erfolgt ist. Wird nur ein räumlich abgrenzbarer oder nur ein ideeller Teil eines Grundstücks übereignet, beschränkt sich die Haftung auch nur auf einen entsprechenden Teil der Grundsteuer. Wegen der hier erforderlichen Aufteilung der Grundsteuer, die wohl nur im Wege der Schätzung erfolgen kann, vgl. Anm. 3 zu § 8 GrStG. Ein Erwerb von Todes wegen kann zwar nicht als Übereignung angesehen werden. Die Erben haften jedoch in diesem Fall für die Grundsteuer nach § 45 AO.

Haftungsbegründend ist jeweils die bürgerlich-rechtliche Übereignung, d. h. die Eintragung des Übernehmers im Grundbuch (BFH v. 17.12.1970, BStBl. 1971 II S. 553). Danach richtet sich auch die zeitliche Dauer der Haftung. Andererseits soll aber auch die Übertragung des wirtschaftlichen Eigentums zur Haftung des Erwerbers führen. Es wird deshalb auch bei einer Übereignung unter Eigentumsvorbehalt die Haftung des Erwerbers begründet (BFH v. 25.7.1957, BStBl. 1957 III S. 309); denn der Erwerber erlangt damit das wirtschaftliche Eigentum. Die bloße Besitzeinräumung genügt dazu noch nicht. Die Haftung gilt jedoch nicht für den Treuhänder oder eine Person, der das Grundstück nur zur Sicherungsübereignung übertragen wird (BFH v. 30.8.1962, BStBl. 1962 III S. 455).

Der Erwerber eines Grundstücks, dessen eigene Steuerpflicht noch nicht in einem auf seinen Namen lautenden Steuermessbescheid festgestellt ist, entrichtet seine Zahlungen im Zweifel gleichwohl schon auf seine eigene und nicht auf die für den Voreigentümer festgesetzte Steuerschuld. Das kann aber nur für Steuerschulden gelten, die in den auf die Übereignung folgenden Kalenderjahren entstehen.

Die Haftung des Erwerbers gilt nicht beim Erwerb des Grundstücks aus einer **Insolvenzmasse,** beim Erwerb im Rahmen eines Vergleichsverfahrens (bis 1.1.1999) oder eines Vollstreckungsverfahrens (§ 11 Abs. 2 Satz 2 GrStG). In diese Kategorie fällt auch der Zuschlag im **Zwangsversteigerungstermin** (§§ 866 Abs. 1, 869 ZPO iVm § 90 ZVG; vgl. hierzu auch BayVGH v. 6.12.2010, ZKF 2011 S. 95). Mit dieser Ausschlussregelung soll die Abwicklung dieser Verfahren erleichtert werden (so auch VG Lüneburg v. 26.2.2014 2 A 220/13, n. v.). Bei einem Vergleichsverfahren musste es sich um ein Verfahren nach § 7 Abs. 4 der Vergleichsordnung v. 26.2.1935 (RGBl. 1935 I S. 321), zuletzt geändert durch Gesetz v. 28.10.1996 (BGBl. 1996 I S. 1546) und aufgehoben ab 1.1.1999 durch Einführungsgesetz zur Insolvenzordnung v. 5.10.1994 (BGBl. 1994 I S. 2911), handeln. Das war dann der Fall, wenn der Schuldner seinen Gläubigern das Vermögen ganz oder teilweise zur Verwertung mit der Abrede zur Verfügung gestellt hatte, dass die darüber hinausgehenden nicht gedeckten Forderungen von ihnen erlassen werden. Voraussetzung hierfür war jedoch wiederum, dass diese Forderungen mindestens zu 35 % gedeckt waren. Zur Behandlung der Grundsteuer im Befriedigungssystem der Insolvenzordnung siehe *Hackenberg*, ZfIR 2007 S. 264. Als Vollstreckungsverfahren kommt jedes gerichtliche oder behördliche Verfahren zur Verwirklichung eines Anspruchs durch staatlichen Zwang in Betracht. Im vorliegenden Zusammenhang ist das Zwangsversteigerungsverfahren von besonderer Bedeutung, bei dem die Veräußerung auf Grund einer Sicherungshypothek erfolgt.

Ob die Haftung des Erwerbers sich auch auf **Nebenleistungen** erstreckt, kann zweifelhaft sein. Zwar sind die Vorschriften der Abgabenordnung auf solche Nebenleistungen bei den Realsteuern sinngemäß anzuwenden (§ 1 Abs. 2 und 3 AO). Für § 11 Abs. 2 GrStG fehlt jedoch eine entsprechende Anwendungsvorschrift. Zur Inanspruchnahme des Grundstückserwerbers im Einzelnen vgl. auch *Hatopp*, KStZ 1981 S. 45 ff.

Haftung nach der Abgabenordnung

Der gesetzliche Vertreter (§ 34 AO) und der Verfügungsberechtigte (§ 35 AO) haften, soweit Ansprüche aus einem Steuerschuldverhältnis infolge vorsätzlicher oder grob fahrlässiger Verletzung der ihnen auferlegten Pflichten nicht oder nicht rechtzeitig festgesetzt oder erfüllt werden. Die Haftung umfasst auch die infolge der Pflichtverletzung zu zahlenden Säumniszuschläge (§ 69 AO). Die aufgeführten Haftungsvorschriften dürften allerdings bei der Grundsteuer nur von geringer Bedeutung sein. Gehören Gegenstände, die einem Unternehmen dienen, nicht dem Betriebsinhaber, sondern einer anderen an dem Unternehmen wesentlich beteiligten Person, so haftet diese auch für alle betrieblichen Steuern des Unternehmens, die während des Bestehens der wesentlichen Beteiligung entstanden sind (§ 74 Abs. 1 AO). Zu den betrieblichen Steuern gehören nur Steuern, die nicht auch außerhalb eines Betriebs anfallen können. Die Grundsteuer kann auch außerhalb eines Betriebs entstehen. Sie gehört deshalb nicht dazu, auch soweit sie auf Betriebsgrundstücke entfällt. Hat die beteiligte Person ihrerseits dem Unternehmen ein Grundstück zur Verfügung gestellt, so ist sie für die Grundsteuer, die hierauf entfällt, nach wie vor selbst der Steuerschuldner.

Wird ein Unternehmen oder ein selbständiger Unternehmensteil im Ganzen übereignet, so haftet der Erwerber für die Steuern des Unternehmens, die seit dem Beginn des letzten, vor der Übereignung liegenden Kalenderjahres entstanden sind und spätestens innerhalb eines Jahres nach Anmeldung der Betriebsübernahme festgesetzt werden. Dabei ist es gleichgültig, ob der Übergang des Unternehmens entgeltlich oder unentgeltlich erfolgt ist. Die Haftung beschränkt sich auf den Bestand des übernommenen Vermögens (§ 75 Abs. 1 AO). Sie gilt nicht für den Erwerb aus einer Insolvenzmasse und für den Erwerb im Vollstreckungsverfahren (§ 75 Abs. 2 AO). Bei der Übernahme eines Betriebes der Land- und Forstwirtschaft haftet ebenso wie bei der Übernahme eines Gewerbebetriebs der Übernehmer nur für die Steuer, die bis zum Ablauf eines Jahres nach der Anmeldung der Übernahme festgesetzt worden ist (§ 75 Abs. 1 AO). Hierzu vgl. auch Anm. 4 zu § 11 GrStG.

Die Haftung nach § 75 Abs. 1 AO unterscheidet sich von der Haftung nach § 11 Abs. 2 GrStG dadurch, dass sie stets die Übertragung eines Betriebs voraussetzt, dass das Grundstück zu den wesentlichen Grundlagen des Betriebs gehört, im Eigentum des Betriebsinhabers steht und nach den Vorschriften des bürgerlichen Rechts übereignet wird. Eine bloße Vermietung oder Verpachtung vermag noch keine Haftung zu begründen (BFH v. 18.3.1986, BStBl. 1986 II S. 589). Nach § 75 Abs. 1 AO wird dann eine Haftung für sämtliche betrieblichen Steuern begründet. In § 11 Abs. 2 GrStG kommt es dagegen auf die Veräußerung des einzelnen Grundstücks innerhalb und außerhalb eines Betriebs an. Die Haftung gilt hier aber nur für die Grundsteuer, die auf das veräußerte Grundstück entfällt.

Haftung nach außersteuerlichen Vorschriften

6   Neben der Abgabenordnung enthält auch das Bürgerliche Recht und das Handelsrecht Haftungsvorschriften, die für Steuerschulden gelten können. So haftet z. b. der Erbe als Gesamtrechtsnachfolger des Erblassers für dessen Steuerschulden (§ 1967 Abs. 2 BGB), der Erwerber eines Handelsgeschäfts (§ 25 HGB) für die im Zusammenhang damit stehenden Steuerschulden, schließlich haftete auch der Vermögensübernehmer (§ 419 BGB a. F.) u. a. m. Ein Dritter kann sich auch vertraglich verpflichten, für Leistungen aus einem Steuerschuldverhältnis, z. B. auch für die Grundsteuer des Steuerschuldners, einzustehen. Im Einzelnen vgl. hierzu § 48 AO, der den folgenden Wortlaut hat:

§ 48 AO Leistung durch Dritte, Haftung Dritter

(1) **Leistungen aus dem Steuerschuldverhältnis gegenüber der Finanzbehörde können auch durch Dritte bewirkt werden.**

(2) **Dritte können sich vertraglich verpflichten, für Leistungen im Sinne des Absatzes 1 einzustehen.**

Der Übernehmer eines Vermögens (§ 419 BGB a. F.) haftete nur dann, wenn er auch wusste, dass es sich bei den übernommenen Gegenständen um das ganze oder jedenfalls so gut wie um das ganze Vermögen handelte. Die Kenntnis hiervon musste er schon bei der Übernahme des Vermögens gehabt haben. Bestand das Vermögen im Wesentlichen aus Grundbesitz, so kam es hierfür auf den Zeitpunkt der Stellung des Antrags auf Umschreibung des Eigentums im Grundbuch oder auf Eintragung einer Auflassungsvormerkung an (BGH v. 18.12.1970, BB 1971 S. 151). Er haftete dann für alle bis zur Eintragung im Grundbuch entstandenen Schulden des Übergebers (BFH v. 17.12.1970, BStBl. 1971 II S. 553), also auch für dessen Grundsteuerschulden, soweit sie noch nicht verjährt waren. Eine zeitliche Befristung wie in § 11 Abs. 2 GrStG bestand hier nicht. Die Haftung nach § 419 BGB a. F. griff nicht ein, wenn dem Veräußerer eine dem hingegebenen Aktivvermögen entsprechende Gegenleistung gewährt wurde und die Gläubiger des Veräußerers dieselben Sicherheiten hatten wie vor der Vermögensübertragung. Dies traf aber in der Regel dann nicht zu, wenn der Kaufpreis unter Berücksichtigung übernommener Schulden gekürzt wurde (BFH v. 5.2.1986, BStBl.

1986 II S. 504). Die Haftungsvorschrift des § 419 BGB wurde durch Art. 33 Nr. 16 des Einführungsgesetzes zur Insolvenzordnung (EGInsO) v. 5.10.1994 (BGBl. 1984 I S. 2866) mWv 1.1.1999 aufgehoben. Auf Vermögensübernahmen aus der Zeit vor dem 1.1.1999 ist § 419 BGB a.F. jedoch weiter anzuwenden (Art. 223a EGBGB).

Nach den zuvor genannten Vorschriften haftet auch der Pächter, der nach dem Pachtvertrag verpflichtet ist, die Grundsteuer für den ganzen landwirtschaftlichen Betrieb zu entrichten. In diesem Fall müsste deshalb die Gemeinde ihren Steueranspruch ihm gegenüber nach den Vorschriften der Zivilprozessordnung verfolgen.

Die außersteuerliche Haftung lässt die Haftung nach steuerlichen Vorschriften unberührt. Sie ist deshalb nur dann von Bedeutung, sowie sie über die Haftung nach steuerlichen Vorschriften hinausgeht.

§ 12 Dingliche Haftung

Die Grundsteuer ruht auf dem Steuergegenstand als öffentliche Last.

Übersicht

1. Begründung
2. Allgemeines
3. Geltendmachung der dinglichen Haftung
4. Durchführung der Zwangsversteigerung
5. Haftungsbescheid
6. Exkurs: Grundsteuern als Masseverbindlichkeiten

Zu § 12

Literatur: *App,* Prüfung von Gewerbesteuer und Grundsteuer im Insolvenzfall, KKZ 2009 S. 25; *Becker,* Wahrnehmung öffentlicher Abgabenpflichten, ZWE 2014 S. 14; *Beermann,* Haftungsbescheid nach der AO und Entschließungsermessen, FS für Franz Klein 1994, S. 453; *Drieschler,* Die Grundsteuer in der Zwangsversteigerung, Rechtspfleger 1984 S. 340; *Elsner,* Die Grundsteuer bei der Zwangsversteigerung, BB 1985 S. 452; *Hackenberg,* Die Grundsteuer in der Insolvenz, ZfIR 2007 S. 264; *Hartung,* Grundsteuer und weitere öffentliche Grundstückslasten in der Zwangsverwaltung, Rpfleger 2013 S. 661; *Hatopp,* Die Inanspruchnahme des Grundstückserwerbers nach §§ 11 und 12 GrStG, KStZ 1981 S. 45; *Heß,* Die Festsetzung und Erhebung der Grundsteuer im Fall der Zwangsversteigerung: Steuerschuld, Haftung, Duldungspflicht, KStZ 1991 S. 161; *Hoven,* Persönliche und dingliche Haftung bei der Grundsteuer, KStZ 1976 S. 15 und 1979 S. 107; *Hoven,* Dingliche Haftung bei der Grundsteuer, DGStZ 1978 S. 66; *Huken,* Zur Aufteilung eines entstandenen Grundsteueranspruchs nach Abschluss eines Zwangsversteigerungsverfahrens, KKZ 1985 S. 145; *Kinzl,* Zur Frage der dinglichen Grundsteuerhaftung (§ 12 GrStG), ZKF 1987 S. 31; *Klomfaß,* Die anfechtende Treuhänderin – praktischer Fall zur Verbraucherinsolvenz, KKZ 2014 S. 5; *Kutter,* Grundstückseigentum und öffentliche Lasten – Reicht bei dem Erwerb von Grundstücken der Blick in das Grundbuch?, ZMR 1998 S. 601; *Mayer,* Grundsteuer im Insolvenzverfahren, in der Zwangsversteigerung und der Zwangsverwaltung, Rechtspfleger 2000 S. 260; *Reif,* Grundsteuer und Anliegerbeiträge als öffentliche Lasten, BWGZ 1986 S. 704; *Rhein/Matthies,* Gemeindesteuern und

Insolvenz – Zum Anwendungsbereich des § 251 AO, ZKF 2009 S. 265; *Riening,* Grundsteuer im Konkurs, KStZ 1987 S. 105; *Schmid,* Zu einer unter Ausspruch eines Leistungsgebots erfolgten Grundsteuerfestsetzung gegenüber dem Insolvenzschuldner für ein aus dem Insolvenzbeschlag freigegebenes Grundstück, das auch einer Zwangsverwaltung unterlag, jurisPR-InsR 7/2010 Anm. 2; *Steenbock,* Wesen und Inhalt von öffentlichen Lasten, KStZ 1977 S. 209; *Völlmeke,* Das Entschließungsermessen beim Haftungsbescheid, DStR 1991 S. 1001.

Begründung zur Regierungsvorlage

1   „Die dingliche Haftung des Grundbesitzes für die Grundsteuer wird beibehalten. Sie kann gegen den jeweiligen Eigentümer des Grundstücks geltend gemacht werden. Die dingliche Haftung bedeutet eine wesentliche Verwaltungsvereinfachung; denn bei einer Stundung oder Aussetzung der Vollziehung kann auf eine Prüfung der Gefährdung des Anspruchs und damit auf Sicherheitsleistungen verzichtet werden. Schließlich sind die Steueransprüche bei einer Zwangsversteigerung und Zwangsverwaltung durch den bevorzugten Befriedigungsrang und beim Konkurs und Vergleich durch das Recht auf abgesonderte Befriedigung aus dem Grundbesitz weitgehend gesichert."

Allgemeines

2   Bei der dinglichen Haftung steht dem Berechtigten das Recht zu, sich wegen seines Anspruchs unmittelbar aus dem haftenden Gegenstand zu befriedigen. Im bürgerlichen Recht gilt dies u. a. für Hypotheken, Grund- und Rentenschulden. Besteht die **dingliche Haftung für eine öffentlich-rechtliche Abgabe,** so spricht man von einer **öffentlichen Last.** Sie entsteht kraft Gesetzes und ist im Grundbuch nicht eingetragen (§ 54 GBO). In § 12 GrStG wird für die Grundsteuer eine solche öffentliche Last begründet. Ihre besondere Bedeutung liegt in der bevorrechtigten Befriedigung der Gemeinde bei einer Zwangsversteigerung des Grundstücks (§ 10 ZVG) und in einem Absonderungsrecht im Konkursverfahren (§ 4 und § 47 KO a. F.). Die Konkursordnung wurde durch Art. 2 Nr. 4 des Einführungsgesetzes zur Insolvenzordnung (EGInsO) v. 5.10.1994 (BGBl. 1994 I S. 2866) mWv 1.1.1999 aufgehoben. Auf Konkurs-, Vergleichs- und Gesamtvollstreckungsverfahren, die vor dem 1.1.1999 beantragt worden sind, und deren Wirkungen sind die bisherigen gesetzlichen Vorschriften jedoch weiter anzuwenden (Art. 103 EGInsO). Sie sichert damit die rückständige Grundsteuer und umfasst auch die zur Grundsteuer erhobenen Säumniszuschläge. Vgl. Anm. 11 zu § 28 GrStG. Die Entstehung der öffentlichen Last richtet sich nach öffentlichem Recht, ihre weitere Behandlung jedoch nach Privatrecht. Der Inhaber einer öffentlichen Last gemäß § 12 GrStG kann dann, wenn der Insolvenzverwalter das belastete Grundstück freihändig veräußert hat, keine abgesonderte Befriedigung aus dem Veräußerungserlös verlangen (BGH v. 18.2.2010, NVwZ-RR 2010, S. 535).

Der dinglichen Haftung unterliegt nur der betroffene **Steuergegenstand,** nicht aber das übrige Vermögen des Eigentümers (VG Wiesbaden v. 28.3.1980, ZKF 1980 S. 124). Steuergegenstand ist jeweils nur das einzelne Grundstück, das Erbbaurecht (BVerwG v. 7.9.1984, KStZ 1985 S. 14), das Wohnungseigentum, der landwirtschaftliche Betrieb usw. Vgl. Anm. 2 zu § 2

GrStG. Der landwirtschaftliche Betrieb setzt sich aber in der Regel aus mehreren Einzelgrundstücken zusammen. Es besteht infolgedessen eine dingliche Gesamthaftung an sämtlichen dazugehörenden Grundstücken, soweit sie in den Einheitswert einbezogen sind und nicht z. B. als unbebaute Grundstücke einen eigenen Steuergegenstand bilden.

Die dingliche Haftung setzt stets das Bestehen einer Steuerschuld voraus. Gegenüber dem Erwerber eines Grundstücks setzt sie weiter voraus, dass der Steueranspruch festgesetzt, fällig und vollstreckbar ist. Die Gemeinde ist aber nicht verpflichtet, einen Erwerber auch über die Grundsteuerrückstände des Voreigentümers oder über vergebliche Beitreibungsversuche zu unterrichten (BVerwG v. 13.2.1987, BStBl. 1987 II S. 475). Die dingliche Haftung ist nur **akzessorisch.** Der Steuerschuldner nach § 10 GrStG und der persönlich Haftende nach § 11 GrStG werden durch das Bestehen der dinglichen Haftung von ihrer persönlichen Haftung nicht befreit. Es handelt sich infolgedessen um eine zusätzliche Sachhaftung. Ihre Bedeutung ergibt sich aus § 77 AO, der den folgenden Wortlaut hat:

§ 77 AO Duldungspflicht

(1) **Wer kraft Gesetzes verpflichtet ist, eine Steuer aus Mitteln, die seiner Verwaltung unterliegen, zu entrichten, ist insoweit verpflichtet, die Vollstreckung in dieses Vermögen zu dulden.**

(2) [1] **Wegen einer Steuer, die als öffentliche Last auf Grundbesitz ruht, hat der Eigentümer die Zwangsvollstreckung in den Grundbesitz zu dulden.** [2] **Zugunsten der Finanzbehörde gilt als Eigentümer, wer als solcher im Grundbuch eingetragen ist.** [3] **Das Recht des nicht eingetragenen Eigentümers, die ihm gegen die öffentliche Last zustehenden Einwendungen geltend zu machen, bleibt unberührt.**

Die Haftungstatbestände nach § 11 und § 12 GrStG sind voneinander unabhängig. Der Wegfall der persönlichen Haftung des Erwerbers des Grundstücks in der Zwangsversteigerung (§ 11 Abs. 2 Satz 2 GrStG) schließt die dingliche Haftung des Grundstückes für den Erwerber nicht aus (VG Wiesbaden v. 28.3.1980, aaO; *Hackenberg,* ZfIR 2007 S. 264, 266).

Geltendmachung der dinglichen Haftung

Die dingliche Haftung wird gegen den bürgerlich-rechtlichen Eigentümer 3 geltend gemacht. Hat der Eigentümer das Grundstück zwischenzeitlich veräußert, wird sie gegenüber dem Erwerber geltend gemacht (BVerwG v. 20.9.1974, KStZ 1975 S. 10). Zugunsten der Gemeinde gilt als Eigentümer, wer als solcher im Grundbuch eingetragen ist. Das kann aber nur der bürgerlich-rechtliche Eigentümer sein. Insoweit besteht eine gesetzliche Fiktion, die nicht widerlegbar ist. Damit ist zugunsten des Finanzamtes der Grundsatz, dass der Schutz des öffentlichen Glaubens des Grundbuchs nicht für die Vollstreckung gilt, für die öffentliche Last aufgehoben. Die Vorschriften des § 77 AO gelten nicht nur für die Finanzbehörden, sondern, wie sich aus § 1 Abs. 2 AO ergibt, auch für die Gemeinden.

Die dingliche Haftung kann nach § 77 Abs. 2 AO **gegen den bürger-lich-rechtlichen Eigentümer,** jedoch nicht gegen den wirtschaftlichen Eigentümer geltend gemacht werden. Dabei ist es gleichgültig, ob der bür-gerlich-rechtliche Eigentümer, gegen den die dingliche Haftung geltend ge-macht wird, Steuerschuldner oder persönlich Haftender oder weder das eine noch das andere ist. So können z. b. Steuerschuldner und Eigentümer insbe-sondere in den Fällen des wirtschaftlichen Eigentums auseinanderfallen. Bei Gebäuden auf fremdem Grund und Boden bilden Gebäude einerseits und Grund und Boden andererseits jeweils einen selbständigen Steuergegenstand. Das Gebäude ist aber auch hier wesentlicher Bestandteil des Grund und Bo-dens und wird bürgerlich-rechtlich dem Eigentümer des Grund und Bodens zugerechnet. Er braucht aber die Vollstreckung wegen der auf dem Gebäude ruhenden dinglichen Last nicht zu dulden (BFH v. 23.10.1959, BStBl. 1960 III S. 9). Damit ist die Realisierung der dinglichen Haftung bei einem Gebäude auf fremdem Grund und Boden nach der gegenwärtigen Rechtslage praktisch ausgeschlossen.

Beim Erbbaurecht ist der Berechtigte auch Schuldner der auf den Grund und Boden entfallenden Grundsteuer (§ 10 Abs. 2 GrStG). Die auf dem Erb-baurecht ruhende dingliche Last umfasst deshalb auch den auf den Grund und Boden entfallenden Grundsteueranteil. Sie kann deshalb auch dem bür-gerlich-rechtlichen Eigentümer, d. h. dem Erbbauverpflichteten gegenüber geltend gemacht werden.

Durchführung der Zwangsversteigerung

4 Die Zwangsvollstreckung auf Grund einer öffentlichen Last erfolgt im Wege der Zwangsversteigerung der betroffenen Grundstücke. Die öffentliche Last ist zwar nicht im Grundbuch eingetragen, hat infolgedessen auch keinen besonderen Grundbuchrang (§ 54 GBO), sie hat aber bei der Zwangsverstei-gerung gleichwohl eine bevorzugte Stellung. Im Einzelnen vgl. hierzu § 10 des Gesetzes über die Zwangsversteigerung und Zwangsverwaltung (ZVG) v. 20.5.1898 (RGBl. 1898 S. 713, BGBl. III/FNA 310-14), zuletzt geändert durch Gesetz v. 7.12.2011 (BGBl. 2011 I S. 2582), der folgenden Wortlaut hat:

§ 10 ZVG Rangordnung der Rechte

(1) **Ein Recht auf Befriedigung aus dem Grundstücke gewähren nach fol-gender Rangordnung, bei gleichem Range nach dem Verhältnis ihrer Be-träge:**

1. **der Anspruch eines die Zwangsverwaltung betreibenden Gläubigers auf Ersatz seiner Ausgaben zur Erhaltung oder nötigen Verbesserung des Grundstücks, im Falle der Zwangsversteigerung jedoch nur, wenn die Verwaltung bis zum Zuschlage fortdauert und die Ausgaben nicht aus den Nutzungen des Grundstücks erstattet werden können;**

1 a. **im Falle einer Zwangsversteigerung, bei der das Insolvenzverfahren über das Vermögen des Schuldners eröffnet ist, die zur Insolvenzmasse gehörenden Ansprüche auf Ersatz der Kosten der Feststellung der beweg-lichen Gegenstände, auf die sich die Versteigerung erstreckt; diese Kosten**

sind nur zu erheben, wenn ein Insolvenzverwalter bestellt ist, und pauschal mit vier vom Hundert des Wertes anzusetzen, der nach § 74a Abs. 5 Satz 2 festgesetzt worden ist;

2. bei Vollstreckung in ein Wohnungseigentum die daraus fälligen Ansprüche auf Zahlung der Beiträge zu den Lasten und Kosten des gemeinschaftlichen Eigentums oder des Sondereigentums, die nach § 16 Abs. 2, § 28 Abs. 2 und 5 des Wohnungseigentumsgesetzes geschuldet werden, einschließlich der Vorschüsse und Rückstellungen sowie der Rückgriffsansprüche einzelner Wohnungseigentümer. [2]Das Vorrecht erfasst die laufenden und die rückständigen Beträge aus dem Jahr der Beschlagnahme und den letzten zwei Jahren. [3]Das Vorrecht einschließlich aller Nebenleistungen ist begrenzt auf Beträge in Höhe von nicht mehr als 5 vom Hundert des nach § 74a Abs. 5 festgesetzten Wertes. [4]Die Anmeldung erfolgt durch die Gemeinschaft der Wohnungseigentümer. [5]Rückgriffsansprüche einzelner Wohnungseigentümer werden von diesen angemeldet;

3. die Ansprüche auf Entrichtung der öffentlichen Lasten des Grundstücks wegen der aus den letzten vier Jahren rückständigen Beträge; wiederkehrende Leistungen, insbesondere Grundsteuern, Zinsen, Zuschläge oder Rentenleistungen, sowie Beträge, die zur allmählichen Tilgung einer Schuld als Zuschlag zu den Zinsen zu entrichten sind, genießen dieses Vorrecht nur für die laufenden Beträge und für die Rückstände aus den letzten zwei Jahren. Untereinander stehen öffentliche Grundstückslasten, gleichviel ob sie auf Bundes- oder Landesrecht beruhen, im Range gleich ...;

4. die Ansprüche aus Rechten an dem Grundstück, soweit sie nicht infolge der Beschlagnahme dem Gläubiger gegenüber unwirksam sind, einschließlich der Ansprüche auf Beträge, die zur allmählichen Tilgung einer Schuld als Zuschlag zu den Zinsen zu entrichten sind; Ansprüche auf wiederkehrende Leistungen, insbesondere Zinsen, Zuschläge, Verwaltungskosten oder Rentenleistungen, genießen das Vorrecht dieser Klasse nur wegen der laufenden und der aus den letzten zwei Jahren rückständigen Beträge;

5. der Anspruch des Gläubigers, soweit er nicht in einer der vorhergehenden Klassen zu befriedigen ist;

6. die Ansprüche der vierten Klasse, soweit sie infolge der Beschlagnahme dem Gläubiger gegenüber unwirksam sind;

7. die Ansprüche der dritten Klasse wegen der älteren Rückstände;

8. die Ansprüche der vierten Klasse wegen der älteren Rückstände.

(2) Das Recht auf Befriedigung aus dem Grundstücke besteht auch für die Kosten der Kündigung und der die Befriedigung aus dem Grundstücke bezweckenden Rechtsverfolgung.

(3) [1]Zur Vollstreckung mit dem Range nach Absatz 1 Nr. 2 müssen die dort genannten Beträge die Höhe des Verzugsbetrages nach § 18 Abs. 2 Nr. 2 des Wohnungseigentumsgesetzes übersteigen; liegt ein vollstreckbarer Titel vor, so steht § 30 der Abgabenordnung einer Mitteilung des Einheitswerts an die in Absatz 1 Nr. 2 genannten Gläubiger nicht entgegen. [2]Für die Vollstreckung genügt ein Titel, aus dem die Verpflichtung des Schuldners zur Zahlung, die Art und der Bezugszeitraum des Anspruchs sowie seine Fälligkeit zu erkennen sind. [3]Soweit die Art und der Bezugszeitraum des Anspruchs sowie seine Fälligkeit nicht aus dem Titel zu erkennen sind, sind sie in sonst geeigneter Weise glaubhaft zu machen.

Die Rangordnung in § 10 Abs. 1 ZVG ist die Grundlage für die Ermittlung des geringsten Gebots, für die Verteilung des Versteigerungserlöses und für die Reihenfolge, in der die einzelnen Gläubiger befriedigt werden. Die öffentliche Last gehört danach zur Rangklasse 3. Im Falle des Konkurses sicherte sie ein Absonderungsrecht (§ 47 KO a. F.); vgl. hierzu auch Anm. 2 zu § 12 GrStG. Die dingliche Last sichert zwar grundsätzlich die Rückstände der letzten vier Jahre, bei der Grundsteuer jedoch nur die Rückstände der letzten zwei Jahre und die laufenden Leistungen. Für die Berechnung der zwei Jahre kommt es auf den Zeitpunkt der Beschlagnahme an. Zu den laufenden Leistungen gehören bei der Grundsteuer der letzte vor der Beschlagnahme fällige Betrag und die Beträge, die bis zum Ablauf von zwei Wochen nach dem Versteigerungstermin zu entrichten sind (§ 13 ZVG). Es kann sich insoweit um endgültige Steuerbeträge, aber auch um Vorauszahlungsbeträge handeln. Dabei kommt es jeweils auf den **Zeitpunkt der Fälligkeit,** jedoch nicht auf den Zeitabschnitt an, für den die Steuer zu entrichten ist. Rückstände, die danach älter als zwei Jahre sind, gehören zur Rangklasse 7, laufende Leistungen, die erst nach Ablauf von zwei Wochen nach dem Versteigerungstermin fällig werden, sind ebenfalls nicht mehr durch die bei der Versteigerung berücksichtigte dingliche Last gedeckt. Sie gehen damit im Klagefall unter. Im Kontext der Grundsteuerfestsetzung gegenüber einem Zwangsverwalter nach Beschlagnahme ist zu beachten, dass Neufestsetzungen einer bereits vor dem Zeitpunkt der Zwangsverwaltungsbeschlagnahme festgesetzten und fälligen Grundsteuerforderung gegen einen anderen Steuerschuldner – unter Aufhebung der bisher festgesetzten Steuerforderung nach dem Beschlagnahmezeitpunkt – die Abgrenzung laufender Beträge von den Rückständen gemäß § 13 Abs. 1 ZVG, wie sie sich im Beschlagnahmezeitpunkt darstellt, nicht mehr verändern können (OVG NRW v. 9.8.2012, DÖV 2013 S. 77).

Umstritten ist, wie ein Steueranspruch zu behandeln ist, der zwar in der nach § 10 Abs. 1 Nr. 3 ZVG maßgebenden Zeit entstanden ist, jedoch nicht rechtzeitig angemeldet wird oder werden kann, weil noch **kein Einheitswert** bzw. **Steuermessbescheid** vorliegt und deshalb auch Höhe und Fälligkeit der Steuer noch nicht feststehen. In § 52 Abs. 1 ZVG wird bestimmt, dass rückständige Ansprüche, die nicht rechtzeitig angemeldet werden, ausfallen. Die Vorschrift bezweckt damit den Schutz des Erwerbers. Es ist deshalb sachgerecht, das Risiko des Ausfalls der Gemeinde und nicht dem Eigentümer anzulasten (VG Hannover v. 16.12.1980, ZKF 1981 S. 154; OVG Münster v. 14.10.1981, ZKF 1982 S. 195 und OVG Rh-Pf v. 8.12.1981, ZKF 1982 S. 213). Auch § 12 GrStG enthält keine gesetzliche Anordnung einer Ausnahme. Demgemäß haftet das in der Zwangsversteigerung erworbene Grundstück nicht für die Grundsteuer, die erst infolge einer nachträglichen Erhöhung des Steuermessbetrags rückwirkend entsteht (OVG Rh-Pf v. 2.4.1981, KStZ 1982 S. 37). Es wurde allerdings auch die gegenteilige Auffassung vertreten (VG Wiesbaden v. 28.3.1980, ZKF 1980 S. 124; VG Trier v. 29.7.1980, ZKF 1981 S. 55, u. a. m.). Schließlich wurde jedoch entschieden, dass der Anspruch der Gemeinde erlischt, wenn sie diesen im Versteigerungstermin nicht angemeldet hat, selbst wenn sie ihn möglicherweise gar nicht anmelden konnte, weil das Finanzamt bis dahin den höheren Steuermessbe-

trag noch nicht festgesetzt hatte (BVerwG v. 7.9.1984, BStBl. 1985 II S. 25).
Die Frage wurde aktuell, als ab 1974 erstmals die Einheitswerte 1964 anzuwenden waren und diese zu erheblichen Verschiebungen in der Grundsteuerbelastung führten. Die damals anzuwendenden Einheitswerte und Grundsteuermessbeträge sind aber von den Finanzämtern zum Teil erst mehrere Jahre nach 1974 festgesetzt worden. Kam es in der Zwischenzeit zu einer Zwangsversteigerung, konnte die genaue Höhe der nachzuzahlenden Grundsteuer von der Gemeinde noch nicht angemeldet werden. Der Fall ist heute jedoch ohne größere Bedeutung. Normalerweise stehen nämlich die Grundsteuerbeträge, für die das Grundstück nach § 12 GrStG haftet, fest. Falls ihre Höhe noch umstritten sein sollte, kann die Gemeinde den umstrittenen Steueranspruch anmelden. Im Übrigen könnte sie die Festsetzung eines vorläufigen Steuermessbetrags durch das Finanzamt veranlassen, danach eine vorläufige Steuerfestsetzung vornehmen (§ 165 AO) und dann den dabei festgesetzten vorläufigen Steuerbetrag anmelden.

Führt die Zwangsversteigerung nicht zur Deckung der Grundsteuer, bleibt dafür zwar die persönliche Haftung des Steuerschuldners oder Haftungsschuldners, d.h. des früheren Eigentümers, jeweils bestehen. Diese persönliche Haftung ist aber ohne praktische Bedeutung, weil er dann auch kein anderes Vermögen mehr haben wird, in welches vollstreckt werden könnte.

Die eigene Grundsteuerschuld für den Erwerber entsteht erst zum 1. Januar des auf den Zuschlag folgenden Kalenderjahres. Im Verhältnis zum bisherigen Eigentümer trägt er aber schon vom Tag des Zuschlags an die Lasten des Grundstücks (§ 56 ZVG). Das gilt auch für die von diesem Tag an fällige Grundsteuer ebenso wie für Nachzahlungen, die auf diese Zeit entfallen. Insoweit haftet der Erwerber nach außersteuerlichen Grundsätzen. Hierzu vgl. Anm. 6 zu § 11 GrStG. Daneben beginnt aber auch wieder eine erneute dingliche Haftung des Grundstücks. Das gilt auch bei einem in der Zwangsversteigerung erworbenen Erbbaurecht (BVerwG v. 7.9.1984, KStZ 1985 S. 14, BStBl. 1985 II S. 25).

Im Anschluss an die Entscheidung des BVerwG v. 7.9.1984 (aaO) war eine rechtlich zweifelhafte Lage insoweit entstanden, als bei einer Zwangsversteigerung die Haftung des bisherigen Eigentümers und die Haftung des Erstehers für die Grundsteuerraten bestritten wurden, die im Jahr nach dem Zuschlag fällig wurden. Hierzu hat das BVerwG im Urteil v. 14.8.1992 (NJW 1993 S. 871) entschieden, dass der Ersteher nach § 56 Satz 2 ZVG dinglich für die Grundsteuer haftet, die auf die Zeit vom Zuschlag bis zum Ende des Kalenderjahres entfällt (so auch BayVGH v. 6.12.2010, ZKF 2011 S. 95).

Da die Zwangsversteigerung eines Grundstücks grundsätzlich möglich ist, wenn der Grundstückseigentümer die rechtskräftig festgesetzten Grundbesitzabgaben (hier: Grundsteuer B) nicht beglichen hat und eine Vollstreckung in das bewegliche Vermögen aussichtslos ist, können auch relativ geringe Forderungen im Wege der Zwangsvollstreckung in das unbewegliche Vermögen durchgesetzt werden (VG Köln v. 5.11.2009 23 L 1660/09, n.v.). Häufig wird es jedoch vorkommen, dass die Zwangsvollstreckung von dritter Seite betrieben wird und die Gemeinde bei dieser Gelegenheit ihre zur Rangklasse 3 gehörenden Steueransprüche beim Versteigerungsgericht anmelden muss.

Eine Anmeldung muss rechtzeitig erfolgen. Da die dingliche Last nicht aus dem Grundbuch ersichtlich ist (§ 54 GBO), wird sie dem Versteigerungsgericht u. U. nicht sofort bekannt. Dieses bestimmt deshalb einen Versteigerungstermin mit der gleichzeitigen Aufforderung, die nicht im Grundbuch eingetragenen Rechte spätestens beim Versteigerungstermin geltend zu machen (§ 37 Nr. 4 ZVG). Die Gemeinde hat dies von sich aus zu beachten, denn bei einer unterlassenen Anmeldung werden die Ansprüche nicht berücksichtigt. Sie fallen dann in die Rangklasse 7. Dieser Rangverlust, der meist mit der Folge eines Ausfalls verbunden ist, wäre aber endgültig. Das Bestehen der angemeldeten Rechte muss glaubhaft gemacht werden. Bei der Geltendmachung der Grundsteuer als öffentliche Last genügt es, wenn die Anmeldung eine detaillierte Aufstellung der rückständigen Beträge und der bereits fälligen laufenden Leistungen enthält.

Die Zwangsvollstreckung aus der dinglichen Last kann auch in der Weise erfolgen, dass die **Ansprüche des Eigentümers** aus den Miet- und Pachtverträgen des haftenden Grundbesitzes **gepfändet** werden. Auf Antrag des Eigentümers ist allerdings die Vollstreckung wieder insoweit aufzuheben, als die Einnahmen hieraus zum laufenden Unterhalt des Grundstücks, zur Vornahme notwendiger Instandsetzungsarbeiten und zur Befriedigung von Ansprüchen unentbehrlich sind, die bei einer Zwangsversteigerung des Grundstücks nach § 10 ZVG dem Anspruch des Gläubigers vorgehen würden. Dasselbe gilt für eine Pfändung von Barmitteln und Guthaben, die aus Miet- und Pachtzahlungen herrühren (§ 851b Abs. 1 ZPO). Die Pfändung soll unterbleiben, wenn offenkundig ist, dass die zuvor genannten Voraussetzungen für die Aufhebung der Zwangsvollstreckung vorliegen (§ 851b Abs. 2 ZPO).

Haftungsbescheid

5 Wer kraft Gesetzes für eine Steuer haftet (Haftungsschuldner), kann durch **Haftungsbescheid,** wer kraft Gesetzes verpflichtet ist, die Vollstreckung zu dulden, durch **Duldungsbescheid** in Anspruch genommen werden (vgl. hierzu auch *Heß*, KStZ 1991 S. 161 sowie BayVGH v. 6.12.2010, ZKF 2011 S. 95). Zur Inanspruchnahme des Haftungsschuldners vgl. § 191 und § 192 AO, die auszugsweise den folgenden Wortlaut haben.

§ 191 AO Haftungsbescheide, Duldungsbescheide

(1) [1] **Wer kraft Gesetzes für eine Steuer haftet (Haftungsschuldner), kann durch Haftungsbescheid, wer kraft Gesetzes verpflichtet ist, die Vollstreckung zu dulden, kann durch Duldungsbescheid in Anspruch genommen werden.** [2] **Die Anfechtung wegen Ansprüchen aus dem Steuerschuldverhältnis außerhalb des Insolvenzverfahrens erfolgt durch Duldungsbescheid, soweit sie nicht im Wege der Einrede nach § 9 des Anfechtungsgesetzes geltend zu machen ist; bei der Berechnung von Fristen nach den §§ 3 und 4 des Anfechtungsgesetzes steht der Erlass eines Duldungsbescheids der gerichtlichen Geltendmachung der Anfechtung nach § 7 Abs. 1 des Anfechtungsgesetzes gleich.** [3] **Die Bescheide sind schriftlich zu erteilen.**

(2) ...

(3) ¹Die Vorschriften über die Festsetzungsfrist sind auf den Erlass von Haftungsbescheiden entsprechend anzuwenden. ²Die Festsetzungsfrist beträgt vier Jahre, in den Fällen des § 70 bei Steuerhinterziehung zehn Jahre, bei leichtfertiger Steuerverkürzung fünf Jahre, in den Fällen des § 71 zehn Jahre. ³Die Festsetzungsfrist beginnt mit Ablauf des Kalenderjahrs, in dem der Tatbestand verwirklicht worden ist, an den das Gesetz die Haftungsfolge knüpft. ⁴Ist die Steuer, für die gehaftet wird, noch nicht festgesetzt worden, so endet die Festsetzungsfrist für den Haftungsbescheid nicht vor Ablauf der für die Steuerfestsetzung geltenden Festsetzungsfrist; andernfalls gilt § 171 Abs. 10 sinngemäß. ⁵...

(4) Ergibt sich die Haftung nicht aus den Steuergesetzen, so kann ein Haftungsbescheid ergehen, solange die Haftungsansprüche nach dem für sie maßgebenden Recht noch nicht verjährt sind.

(5) ¹Ein Haftungsbescheid kann nicht mehr ergehen,

1. soweit die Steuer gegen den Steuerschuldner nicht festgesetzt worden ist und wegen Ablaufs der Festsetzungsfrist auch nicht mehr festgesetzt werden kann,
2. soweit die gegen den Steuerschuldner festgesetzte Steuer verjährt ist oder die Steuer erlassen worden ist.

²Dies gilt nicht, wenn die Haftung darauf beruht, dass der Haftungsschuldner Steuerhinterziehung oder Steuerhehlerei begangen hat.

§ 192 AO Vertragliche Haftung

Wer sich auf Grund eines Vertrags verpflichtet hat, für die Steuer eines anderen einzustehen, kann nur nach den Vorschriften des bürgerlichen Rechts in Anspruch genommen werden.

Die Geltendmachung der Haftung richtet sich nach deren Rechtsgrund. Wer auf Grund Vertrags verpflichtet ist, für die Steuerschuld eines anderen einzustehen, kann nur nach den Vorschriften des bürgerlichen Rechts in Anspruch genommen werden (§ 192 AO). Wer dagegen auf Grund gesetzlicher Vorschriften steuerlicher oder auch außersteuerlicher Art haftet, kann durch Haftungsbescheid in Anspruch genommen werden. Steuern iSd § 191 Abs. 1 AO sind auch Nebenleistungen wie Säumniszuschläge (§ 240 AO) u. a. m.

Voraussetzung für den Erlass des Haftungsbescheids ist eine entstandene und noch bestehende Steuerschuld. Ob sie endgültig, nur unter Vorbehalt der Nachprüfung (§ 164 AO) oder nur vorläufig festgesetzt worden ist (§ 165 Abs. 1 AO), ist dabei unbeachtlich. Die Steuerschuld muss noch bestehen, sie darf noch nicht getilgt, verjährt oder erlassen worden sein. Der Haftungsschuldner kann also stets nur soweit in Anspruch genommen werden, als dies auch beim Steuerschuldner möglich ist. Die Auffassung, dass diese Einschränkung nicht gelten würde, wenn der Steuerschuldner höchstpersönliche Erlassgründe geltend machen könnte, weil ein solcher Erlass nur für ihn zum Erlöschen der Steuerschuld führe (BVerwG v. 5.2.1960, KStZ 1960 S. 87), wird durch § 44 Abs. 2 AO (abgedruckt bei Anm. 5 zu § 10 GrStG) bestätigt. Danach wirkt für die anderen Gesamtschuldner nur die Erfüllung, Aufrechnung oder Sicherheitsleistung. Andere Tatsachen wirken dagegen nur für und gegen den Gesamtschuldner, bei dem sie eintreten.

Ob der Steuerschuldner oder der Haftungsschuldner in Anspruch genommen werden soll, ist in das **Ermessen der Gemeinde** gestellt. Sie „kann" den Haftungsschuldner in Anspruch nehmen (§ 191 Abs. 1 AO), „muss" es aber nicht. Bei ihrer Entscheidung hat sie die durch Recht und Billigkeit gezogenen Grenzen des Ermessens (§ 5 AO) zu beachten (BFH v. 21.1.1972, BStBl. 1972 II S. 364). Man spricht hier vom sog. „Auswahlermessen" (BFH v. 13.4.1978, BStBl. 1978 II S. 508). Grundsätzlich sind Steuerschuldner und Haftungsschuldner nebeneinander **Gesamtschuldner** (§ 44 AO). Da aber der Haftungsschuldner nur in Anspruch genommen werden kann, soweit eine Vollstreckung in das bewegliche Vermögen des Steuerschuldners ohne Erfolg geblieben ist oder bleiben würde (§ 219 AO), handelt es sich um ein unechtes Gesamtschuldverhältnis. Die Gemeinde muss sich deshalb in erster Linie doch an den Steuerschuldner halten.

Der **Haftungsbescheid** ist ein **Verwaltungsakt** iSd § 118 AO. Er ist schriftlich zu erteilen und muss nach seinem Inhalt hinreichend bestimmt sein (BFH v. 31.7.1990, BFH/NV 1991 S. 286). Er muss den Haftungsgrund angeben, d.h. die Steuerschuld und den Steuerschuldner, außerdem muss er Angaben zu den tatsächlichen und rechtlichen Grundlagen sowie zu den Gründen enthalten, die für das getroffene Auswahlermessen entscheidend waren. Hierzu vgl. auch FG Nds. v. 27.7.1982, EFG 1983 S. 155 und FG Köln v. 12.8.1982, EFG 1983 S. 214. Der Haftungsbescheid erfasst auch die steuerlichen Nebenleistungen wie Säumniszuschläge usw. (BFH v. 24.2.1987, BStBl. 1987 II S. 363).

Vor Erlass des Haftungsbescheides sollte zweckmäßigerweise dem Haftungsschuldner Gelegenheit gegeben werden, sich dazu zu äußern (§ 91 Abs. 1 AO sowie BFH v. 13.9.1972, BStBl. 1973 II S. 119). Damit wird vermieden, dass der Haftungsschuldner seine Einwendungen erst im Rechtsmittelverfahren vorträgt. Gegen den Haftungsbescheid der Gemeinde kann nämlich der Haftungsschuldner die üblichen Rechtsmittel einlegen. Hierzu vgl. Anm. 14 zu § 27 GrStG. Dabei kann er nicht nur Einwendungen gegen seine Inanspruchnahme, sondern auch gegen den Steueranspruch vorbringen, z.B. dass er getilgt, verjährt, erlassen oder aus anderen Gründen ganz oder teilweise erloschen sei. Die Gemeinde als Steuergläubiger kann ihre Rechte nach dem Anfechtungsgesetz durch Duldungsbescheid geltend machen (BFH v. 10.2.1987, BStBl. 1988 II S. 313). Hierzu vgl. auch BB 1989 S. 885.

Auch für die Haftung ist die **Festsetzungsfrist** (§§ 169 ff. AO) zu beachten. Bei einer außersteuerlichen Haftung ist allerdings für die Verjährung von den dafür maßgebenden Vorschriften auszugehen (§ 191 Abs. 3 AO). Die steuerlich maßgebende Festsetzungsfrist für den Haftungsbescheid beginnt mit dem Ablauf des Kalenderjahres, in dem der Tatbestand mit der Haftungsfolge verwirklicht worden ist, z.B. der Erwerb des Grundstücks. Die Frist beträgt regelmäßig 4 Jahre (§ 191 Abs. 3 AO). Wenn die Steuer noch nicht festgesetzt ist, endet sie für den Haftungsbescheid nicht vor Ablauf der für die Steuerfestsetzung geltenden Frist. Weder darf für den zugrunde liegenden Steueranspruch die Festsetzungsfrist (§§ 169 ff. AO), noch für die festgesetzte Steuer die Zahlungsfrist (§ 228 AO) abgelaufen sein (§ 191 Abs. 5 AO).

Die Inanspruchnahme wegen der dinglichen Last setzt nicht einen Haftungsbescheid, sondern einen **Duldungsbescheid** voraus (§ 191 Abs. 1 AO). Zur dinglichen Last vgl. Anm. 2 ff. zu § 12 GrStG. Die Ausführungen zum Haftungsbescheid gelten für den Duldungsbescheid entsprechend. Während aber für den Haftungsbescheid in § 191 Abs. 2 bis 5 AO eine Reihe von Einschränkungen enthalten ist, fehlen entsprechende Vorschriften für den Duldungsbescheid. Für die Haftung bei der Grundsteuer sind diese jedoch weitgehend ohne größere praktische Bedeutung. Zusätzlich zu dem Duldungsbescheid braucht zwar kein besonderer Haftungsbescheid mehr zu ergehen. Die endgültige Inanspruchnahme des Haftenden setzt aber stets ein Leistungsgebot, d. h. die Zahlungsaufforderung und die Androhung der Zwangsvollstreckung voraus. Sie können sich aus dem Haftungs- oder Duldungsbescheid ergeben, können aber auch unabhängig davon in einem eigenen Bescheid enthalten sein. Der Haftungsschuldner kann aber nur dann in Anspruch genommen werden, wenn die Vollstreckung in das bewegliche Vermögen des Steuerschuldners ohne Erfolg geblieben oder von vornherein aussichtslos ist (§ 219 AO). Hierzu vgl. auch Anm. 12 zu § 28 GrStG. Der durch Duldungsbescheid in Anspruch genommene Steuerpflichtige ist von Einwendungen gegen den bestandskräftig gewordenen Steuer- oder Haftungsbescheid ausgeschlossen (BFH v. 1.3.1988, BStBl. 1988 II S. 408). In Fällen, in denen im Rahmen der Verwaltungsvollstreckung die Zwangsversteigerung des Grundstücks eines Schuldners, über dessen Vermögen das Insolvenzverfahren eröffnet ist, zum Zwecke abgesonderter Befriedigung aus einer öffentlichen Last – Grundsteuerforderung – betrieben wird, bedarf es gegenüber dem Insolvenzverwalter einer Duldungsverfügung (d. h. eines Duldungsbescheids iSd § 191 Abs. 1 Satz 1 AO), und zwar ungeachtet der erfolgten Eintragung der durch Bescheid festgestellten Forderung in die Insolvenztabelle sowie ungeachtet der Identität von Schuldner und Eigentümer (OVG NRW v. 19.6.2012 14 B 1137/11, n. v.).

Die Vollstreckung wegen rückständiger Grundsteuerschulden durch die Gemeinde richtet sich nicht nach §§ 249 ff. AO, sondern nach den landesrechtlichen Verwaltungsvollstreckungsgesetzen oder den entsprechenden Regelungen in anderen einschlägigen Landesgesetzen. Hierzu vgl. Anm. 12 zu § 28 GrStG. Diese Gesetze erklären die Vorschriften der §§ 249 ff. AO für sinngemäß anwendbar oder stimmen, soweit dies nicht der Fall ist, jedenfalls in den Grundzügen damit überein.

Vollstreckungsbehörde ist bei der Grundsteuer die **Gemeindekasse.** Voraussetzung für die Vollstreckung ist ein Leistungsgebot, in welchem der Steuerpflichtige zur Zahlung aufgefordert wird. Es kann auch mit dem Steuerbescheid verbunden sein. Außerdem muss die Steuerschuld schon fällig sein (§ 254 Abs. 1 AO). Schließlich muss vor Beginn der Vollstreckung auch noch eine Mahnung erfolgt sein, in der eine letzte Zahlungsfrist von einer Woche gesetzt wird (§ 254 Abs. 2 AO). Eine Vollstreckung in unbewegliches Vermögen darf allerdings auch danach nur erfolgen, wenn feststeht, dass die Steuer nicht durch Pfändung anderer Vermögenswerte oder in anderer Weise (§ 322 AO) beigetrieben werden kann. In einzelnen Ländern ist die Zwangsvollstreckung in Kleinsiedlungen, Eigenheime und Eigentumswohnungen außerdem auch noch von der Zustimmung des Eigentümers abhängig. Im Übrigen wäre eine Zwangsversteigerung in ein Hausgrundstück wegen eines Bagatellbetrags verfassungswidrig und müsste deshalb abgelehnt werden (BVerfG v. 27.9.1978, BB 1979 S. 16). Auch die Zwangsvollstreckung in Miet- und Pachtansprüche ist nur mit Einschränkungen zulässig (§ 851b ZPO).

Exkurs: Grundsteuern als Masseverbindlichkeiten

6   Die Grundsteuerschuld ruht auf dem Grundstück (Steuergegenstand) als öffentliche Last (§ 12 GrStG), womit die dingliche Haftung des Grundstücks einhergeht. Die gleichzeitig bestehende persönliche Haftung nach § 11 GrStG wird nur in dem Fall durchbrochen, wenn die Veräußerung eines Grundstücks, welches mit einer öffentlichen Last belastet ist, in der Insolvenz erfolgt. Der Haftungsausschluss des Erwerbers geht hier auf § 11 Abs. 2 Satz 2 GrStG zurück. Ungeachtet dessen ist die Gemeinde sowohl dinglicher als auch persönlicher Gläubiger (*Hackenberg*, ZfIR 2007 S. 264, 266). Nach **Eröffnung des Insolvenzverfahrens** über das Vermögen des Schuldners ist die Befugnis der Gemeinde zum Erlass von Grundsteuerbescheiden und sonstigen Verwaltungsakten über Ansprüche aus dem Grundsteuerschuldverhältnis grundsätzlich eingeschränkt (*App*, NZI 1999 S. 478 ff.). Die Erhebung der Grundsteuer durch Verwaltungsakt ist nur zulässig, wenn es sich dabei um eine Masseverbindlichkeit iSd § 55 InsO handelt und nicht um eine Insolvenzforderung (OVG S-Anh v. 5.11.2009, LKV 2010 S. 40). Für die steuererhebende Gemeinde ist die Abgrenzung zwischen Masse- und Insolvenzforderungen von erheblicher Relevanz. Während Insolvenzforderungen (§ 38 InsO) bei Eröffnung des Insolvenzverfahrens schon begründet waren, ist der Masseanspruch (§ 55 Abs. 1 InsO) erst nach Verfahrenseröffnung entstanden. Insolvenzforderungen werden allenfalls nur quotal befriedigt (d. h. in der Regel findet keine Befriedigung statt); dagegen werden Masseforderungen privilegiert vorab, d. h. vor Befriedigung der Insolvenzgläubiger, aus der Masse bedient (§§ 53 ff. InsO). Siehe hierzu auch *Rhein/Matthies*, ZKF 2009 S. 265. Scheidet ein Grundstück durch Freigabe aus dem Insolvenzbeschlag aus, ist der Insolvenzverwalter (oder der Treuhänder) nicht mehr verfügungsbefugt und die Grundsteuerforderung kann nicht mehr der Insolvenzmasse zur Last gelegt werden (OVG Bbg. v. 21.12.2005 9 B 23.05, n. v.). Zum Erlass von Einheitswert- und Grundsteuermessbescheiden nach Eröffnung des Insolvenzverfahrens siehe auch FG Bbg. v. 14.9.2006, EFG 2007 S. 708 sowie Anm. 3 zu § 16 GrStG.

Abschnitt II. Bemessung der Grundsteuer

§ 13 Steuermeßzahl und Steuermeßbetrag

(1) ¹Bei der Berechnung der Grundsteuer ist von einem Steuermeßbetrag auszugehen. ²Dieser ist durch Anwendung eines Tausendsatzes (Steuermeßzahl) auf den Einheitswert oder seinen steuerpflichtigen Teil zu ermitteln, der nach dem Bewertungsgesetz im Veranlagungszeitpunkt (§ 16 Abs. 1, § 17 Abs. 3, § 18 Abs. 3) für den Steuergegenstand maßgebend ist.

(2) *(aufgehoben)*

(3) In den Fällen des § 10 Abs. 2 ist der Berechnung des Steuermeßbetrags die Summe der beiden Einheitswerte zugrunde zu legen, die nach § 92 des Bewertungsgesetzes festgestellt werden.

Übersicht

Zu § 13
1. Begründung

Zu § 13 Abs. 1
2. Bedeutung des Einheitswerts
3. Hauptfeststellung der Einheitswerte
4. Fortschreibung des Einheitswerts
5. Nachfeststellung des Einheitswerts
6. Aufhebung des Einheitswerts
7. Berichtigung des Einheitswerts
8. Wertverhältnisse und tatsächliche Verhältnisse

9. Einzelfälle einer Fortschreibung
10. Beteiligung der Gemeinden am Einheitswertverfahren
11. Ermittlung des Steuermessbetrags

Zu § 13 Abs. 2 a. F.
12. Grundbesitz für Betriebszwecke der Deutschen Bundesbahn und der Deutschen Reichsbahn

Zu § 13 Abs. 3
13. Erbbaurecht

Zu § 13

Literatur: *Carl,* Rechtsschutz der Gemeinden gegen Steuermessbescheide der Finanzverwaltung, ZKF 1992 S. 199.

Begründung zur Regierungsvorlage

„Für die Veranlagung des Steuermessbetrags ist das Finanzamt zuständig, das auch **1** den Einheitswert festgestellt hat. Die Erhebung der Grundsteuer ist dagegen in der Regel den Gemeinden übertragen (Artikel 108 Abs. 4 Satz 2 GG). Diese Aufspaltung des Verfahrens in ein Einheitswert-, Steuermessbetrags- und Grundsteuerveranlagungsverfahren ist erforderlich, damit einerseits die Grundlagen für die Grundsteuer nach einheitlichen Grundsätzen ermittelt werden, andererseits aber die Autonomie der Gemeinden bei der Festsetzung des Hebesatzes und der Steuererhebung gewahrt bleibt. Der Steuermessbetrag wird vom Finanzamt durch besonderen Bescheid (Steuermessbescheid) festgesetzt. Der Steuermessbescheid wird dann der hebeberechtigten Gemeinde zugesandt. Die bisherige Rechtslage bleibt insoweit unverändert.

Die Zwischenschaltung des Steuermessbetragsverfahrens gibt dem Gesetzgeber die Möglichkeit, durch die Festlegung von Steuermesszahlen (§§ 14 und 15 GrStG) auf die Höhe der Grundsteuerbelastung und damit auch auf das Grundsteueraufkommen der Gemeinden Einfluss zu nehmen.

Zu § 13 Abs. 2 GrStG vgl. die Begründung zu § 3 Abs. 1 Nr. 2 GrStG; zu § 13 Abs. 3 GrStG vgl. die Begründung zu § 10 GrStG."

Zu § 13 Absatz 1

Bedeutung des Einheitswerts

2   Die Ermittlung der Grundsteuer erfolgt in **drei selbständigen,** aufeinanderfolgenden **Verfahrensstufen** (BVerwG v. 2.4.1955, DGStZ 1955 S. 127), nämlich im Einheitswertverfahren, dem auf dem Einheitswert aufbauenden Steuermessbetragsverfahren (vgl. Anm. 10 zu § 13 GrStG) und dem auf dem Steuermessbetrag aufbauenden Steuerfestsetzungsverfahren (vgl. Anm. 2 zu § 27 GrStG). Die Vorschrift des **§ 13 GrStG** stellt die **Verbindung zwischen dem Einheitswertverfahren und dem Steuermessbetragsverfahren** her. Sie ist damit eine der wichtigsten Vorschriften des ganzen Grundsteuerrechts. Wegen der hiervon abweichenden Ermittlung der Grundsteuer für Grundstücke in den neuen Bundesländern vgl. Anm. 3 zu § 42 GrStG.

Der Einheitswert ist ein Wert, der für bestimmte Steuergegenstände in einem gesonderten Verfahren nach den Vorschriften des Bewertungsgesetzes festgestellt wird (§ 19 BewG). Seine Bedeutung liegt darin, dass er für verschiedene Steuern einheitlich wirksam und verbindlich sein kann. Er muss erkennen lassen, für welche Stichtage und für welche Steuerart er gilt (BFH v. 11.1.1995, BStBl. 1995 II S. 302). Er wird deshalb als **Grundlagenbescheid** bezeichnet (§§ 180 Abs. 1 Nr. 1, 171 Abs. 10 AO). Die Bindung der Gemeinde, d. h. des Steuergläubigers, aufgrund dieses **gestuften Besteuerungsverfahrens** bewirkt, dass diese keine Prüfungspflicht und auch kein Prüfungsrecht hinsichtlich des durch die Finanzbehörde (Bewertungsstelle) erlassenen Einheitswert- und Grundsteuermessbescheids haben (Sächs. OVG v. 25.8.2010 5 A 754/08, n. v.). Für die Grundsteuer sind von Interesse die Einheitswerte für Betriebe der Land- und Forstwirtschaft, die Einheitswerte für Grundstücke und die Einheitswerte für Betriebsgrundstücke (§ 20 BewG). Im Einzelnen vgl. hierzu Anm. 2 zu § 2 GrStG. Die verfahrensrechtlichen Vorschriften für die Feststellung der Einheitswerte sind in §§ 179 ff. AO enthalten, die auszugsweise den folgenden Wortlaut haben:

§ 179 AO Feststellung von Besteuerungsgrundlagen

(1) **Abweichend von § 157 Abs. 2 werden die Besteuerungsgrundlagen durch Feststellungsbescheid gesondert festgestellt, soweit dies in diesem Gesetz oder sonst in den Steuergesetzen bestimmt ist.**

(2) [1]**Ein Feststellungsbescheid richtet sich gegen den Steuerpflichtigen, dem der Gegenstand der Feststellung bei der Besteuerung zuzurechnen ist.** [2]**Die gesonderte Feststellung wird gegenüber mehreren Beteiligten einheitlich vorgenommen, wenn dies gesetzlich bestimmt ist oder der Gegenstand der Feststellung mehreren Personen zuzurechnen ist.** [3]**Ist eine dieser Personen an dem Gegenstand der Feststellung nur über eine andere Person beteiligt, so kann insoweit eine besondere gesonderte Feststellung vorgenommen werden.**

(3) **Soweit in einem Feststellungsbescheid eine notwendige Feststellung unterblieben ist, ist sie in einem Ergänzungsbescheid nachzuholen.**

§ 180 AO Gesonderte Feststellung von Besteuerungsgrundlagen

(1) Gesondert festgestellt werden insbesondere:
1. die Einheitswerte nach Maßgabe des Bewertungsgesetzes,
2., 3. ...

(2)–(5) ...

§ 181 AO Verfahrensvorschriften für die gesonderte Feststellung, Feststellungsfrist, Erklärungspflicht

(1) [1]Für die gesonderte Feststellung gelten die Vorschriften über die Durchführung der Besteuerung sinngemäß. [2]Steuererklärung im Sinne des § 170 Abs. 2 Nr. 1 ist die Erklärung zur gesonderten Feststellung. [3]Wird eine Erklärung zur gesonderten Feststellung nach § 180 Abs. 2 ohne Aufforderung durch die Finanzbehörde abgegeben, gilt § 170 Abs. 3 sinngemäß.

(2) [1]Eine Erklärung zur gesonderten Feststellung hat abzugeben, wem der Gegenstand der Feststellung ganz oder teilweise zuzurechnen ist. [2]... [3]Hat ein Erklärungspflichtiger eine Erklärung zur gesonderten Feststellung abgegeben, sind andere Beteiligte insoweit von der Erklärungspflicht befreit.

(2a) ...

(3) [1]Die Frist für die gesonderte Feststellung von Einheitswerten (Feststellungsfrist) beginnt mit Ablauf des Kalenderjahrs, auf dessen Beginn die Hauptfeststellung, die Fortschreibung, die Nachfeststellung oder die Aufhebung eines Einheitswerts vorzunehmen ist. [2]Ist eine Erklärung zur gesonderten Feststellung des Einheitswerts abzugeben, beginnt die Feststellungsfrist mit Ablauf des Kalenderjahrs, in dem die Erklärung eingereicht wird, spätestens jedoch mit Ablauf des dritten Kalenderjahrs, das auf das Kalenderjahr folgt, auf dessen Beginn die Einheitswertfeststellung vorzunehmen oder aufzuheben ist. [3]Wird der Beginn der Feststellungsfrist nach Satz 2 hinausgeschoben, wird der Beginn der Feststellungsfrist für die weiteren Feststellungszeitpunkte des Hauptfeststellungszeitraums jeweils um die gleiche Zeit hinausgeschoben.

(4) In den Fällen des Absatzes 3 beginnt die Feststellungsfrist nicht vor Ablauf des Kalenderjahrs, auf dessen Beginn der Einheitswert erstmals steuerlich anzuwenden ist.

(5) [1]Eine gesonderte Feststellung kann auch nach Ablauf der für sie geltenden Feststellungsfrist insoweit erfolgen, als die gesonderte Feststellung für eine Steuerfestsetzung von Bedeutung ist, für die die Festsetzungsfrist im Zeitpunkt der gesonderten Feststellung noch nicht abgelaufen ist; hierbei bleibt § 171 Abs. 10 außer Betracht. [2]Hierauf ist im Feststellungsbescheid hinzuweisen. [3]§ 169 Abs. 1 Satz 3 gilt sinngemäß.

§ 182 AO Wirkungen der gesonderten Feststellung

(1) [1]Feststellungsbescheide sind, auch wenn sie noch nicht unanfechtbar sind, für andere Feststellungsbescheide, für Steuermessbescheide, für Steuerbescheide und für Steueranmeldungen (Folgebescheide) bindend, soweit die in den Feststellungsbescheiden getroffenen Feststellungen für diese Folgebescheide von Bedeutung sind. [2]...

(2) [1]Ein Feststellungsbescheid über einen Einheitswert (§ 180 Abs. 1 Nr. 1) wirkt auch gegenüber dem Rechtsnachfolger, auf den der Gegenstand der

Feststellung nach dem Feststellungszeitpunkt mit steuerlicher Wirkung übergeht. [2] Tritt die Rechtsnachfolge jedoch ein, bevor der Feststellungsbescheid ergangen ist, so wirkt er gegen den Rechtsnachfolger nur dann, wenn er ihm bekannt gegeben wird. [3]...

(3) Erfolgt eine gesonderte Feststellung gegenüber mehreren Beteiligten einheitlich (§ 179 Abs. 2 Satz 2) und ist ein Beteiligter im Feststellungsbescheid unrichtig bezeichnet worden, weil Rechtsnachfolge eingetreten ist, kann dies durch besonderen Bescheid gegenüber dem Rechtsnachfolger berichtigt werden.

Die **Feststellung des Einheitswerts** selbst ist in §§ 19 ff. BewG geregelt. Die hierfür maßgebenden Vorschriften haben auszugsweise den folgenden Wortlaut:

§ 19 BewG Feststellung von Einheitswerten

(1) Einheitswerte werden für inländischen Grundbesitz, und zwar für Betriebe der Land- und Forstwirtschaft (§§ 33, 48a und 51a), für Grundstücke (§§ 68 und 70) und für Betriebsgrundstücke (§ 99) festgestellt (§ 180 Abs. 1 Nr. 1 der Abgabenordnung).

(2) *(aufgehoben)*

(3) In dem Feststellungsbescheid (§ 179 der Abgabenordnung) sind auch Feststellungen zu treffen

1. über die Art der wirtschaftlichen Einheit und bei Grundstücken auch über die Grundstücksart (§§ 72, 74 und 75) oder die Grundstückshauptgruppe (§ 32 der weiter anzuwendenden Durchführungsverordnung zum Reichsbewertungsgesetz vom 2. Februar 1935, RGBl. I S. 81, zuletzt geändert durch die Verordnung zur Änderung der Durchführungsverordnung zum Vermögensteuergesetz, der Durchführungsverordnung zum Reichsbewertungsgesetz und der Aufbringungsumlage-Verordnung vom 8. Dezember 1944, RGBl. I S. 338),
2. über die Zurechnung der wirtschaftlichen Einheit und bei mehreren Beteiligten über die Höhe ihrer Anteile.

(4) Feststellungen nach den Absätzen 1 und 3 erfolgen nur, wenn und soweit sie für die Besteuerung von Bedeutung sind.

§ 20 BewG Ermittlung des Einheitswerts

[1] Die Einheitswerte werden nach den Vorschriften dieses Abschnitts ermittelt. [2] Bei der Ermittlung der Einheitswerte ist § 163 der Abgabenordnung nicht anzuwenden; dies gilt nicht für Übergangsregelungen, die die oberste Finanzbehörde eines Landes im Einvernehmen mit den obersten Finanzbehörden der übrigen Länder trifft.

§ 21 BewG Hauptfeststellung

(1) Die Einheitswerte werden in Zeitabständen von je sechs Jahren allgemein festgestellt (Hauptfeststellung).

(2) [1] Der Hauptfeststellung werden die Verhältnisse zu Beginn des Kalenderjahrs (Hauptfeststellungszeitpunkt) zugrunde gelegt. [2] Die Vorschriften in § 35 Abs. 2 und den §§ 54 und 59 über die Zugrundelegung eines anderen Zeitpunkts bleiben unberührt.

§ 22 BewG Fortschreibungen

(1) Der Einheitswert wird neu festgestellt (Wertfortschreibung), wenn der in Deutscher Mark ermittelte und auf volle hundert Deutsche Mark abgerundete Wert, der sich für den Beginn eines Kalenderjahrs ergibt, von dem entsprechenden Wert des letzten Feststellungszeitpunkts nach oben um mehr als den zehnten Teil, mindestens aber um 5000 Deutsche Mark, oder um mehr als 100 000 Deutsche Mark, nach unten um mehr als den zehnten Teil, mindestens aber um 500 Deutsche Mark, oder um mehr als 5000 Deutsche Mark, abweicht.

(2) Über die Art oder Zurechnung des Gegenstandes (§ 19 Abs. 3 Nr. 1 und 2) wird eine neue Feststellung getroffen (Artfortschreibung oder Zurechnungsfortschreibung), wenn sie von der zuletzt getroffenen Feststellung abweicht und es für die Besteuerung von Bedeutung ist.

(3) ¹Eine Fortschreibung nach Absatz 1 oder Absatz 2 findet auch zur Beseitigung eines Fehlers der letzten Feststellung statt. ²§ 176 der Abgabenordnung ist hierbei entsprechend anzuwenden. ³Dies gilt jedoch nur für die Feststellungszeitpunkte, die vor der Verkündung der maßgeblichen Entscheidung eines obersten Gerichts des Bundes liegen.

(4) ¹Eine Fortschreibung ist vorzunehmen, wenn dem Finanzamt bekannt wird, daß die Voraussetzungen für sie vorliegen. ²Der Fortschreibung werden vorbehaltlich des § 27 die Verhältnisse im Fortschreibungszeitpunkt zugrunde gelegt. ³Fortschreibungszeitpunkt ist

1. bei einer Änderung der tatsächlichen Verhältnisse der Beginn des Kalenderjahrs, das auf die Änderung folgt;
2. in den Fällen des Absatzes 3 der Beginn des Kalenderjahrs, in dem der Fehler dem Finanzamt bekannt wird, bei einer Erhöhung des Einheitswerts jedoch frühestens der Beginn des Kalenderjahrs, in dem der Feststellungsbescheid erteilt wird.

⁴Die Vorschriften in § 35 Abs. 2 und den §§ 54 und 59 über die Zugrundelegung eines anderen Zeitpunkts bleiben unberührt.

§ 23 BewG Nachfeststellung

(1) Für wirtschaftliche Einheiten, für die ein Einheitswert festzustellen ist, wird der Einheitswert nachträglich festgestellt (Nachfeststellung), wenn nach dem Hauptfeststellungszeitpunkt (§ 21 Abs. 2)

1. die wirtschaftliche Einheit neu entsteht;
2. eine bereits bestehende wirtschaftliche Einheit erstmals zu einer Steuer herangezogen werden soll.
3. *(aufgehoben)*

(2) ¹Der Nachfeststellung werden vorbehaltlich des § 27 die Verhältnisse im Nachfeststellungszeitpunkt zugrunde gelegt. ²Nachfeststellungszeitpunkt ist in den Fällen des Absatzes 1 Nr. 1 der Beginn des Kalenderjahrs, das auf die Entstehung der wirtschaftlichen Einheit folgt, und in den Fällen des Absatzes 1 Nr. 2 der Beginn des Kalenderjahrs, in dem der Einheitswert erstmals der Besteuerung zugrunde gelegt wird. ³Die Vorschriften in § 35 Abs. 2 und den §§ 54 und 59 über die Zugrundelegung eines anderen Zeitpunkts bleiben unberührt.

§ 24 BewG Aufhebung des Einheitswerts

(1) Der Einheitswert wird aufgehoben, wenn dem Finanzamt bekannt wird, daß

1. die wirtschaftliche Einheit wegfällt;
2. der Einheitswert der wirtschaftlichen Einheit infolge von Befreiungsgründen der Besteuerung nicht mehr zugrunde gelegt wird.
3. *(aufgehoben)*

(2) Aufhebungszeitpunkt ist in den Fällen des Absatzes 1 Nr. 1 der Beginn des Kalenderjahrs, das auf den Wegfall der wirtschaftlichen Einheit folgt, und in den Fällen des Absatzes 1 Nr. 2 der Beginn des Kalenderjahrs, in dem der Einheitswert erstmals der Besteuerung nicht mehr zugrunde gelegt wird.

§ 24a BewG Änderung von Feststellungsbescheiden

[1] Bescheide über Fortschreibungen oder Nachfeststellungen von Einheitswerten des Grundbesitzes können schon vor dem maßgebenden Feststellungszeitpunkt erteilt werden. [2] Sie sind zu ändern oder aufzuheben, wenn sich bis zu diesem Zeitpunkt Änderungen ergeben, die zu einer abweichenden Feststellung führen.

§ 25 BewG Nachholung einer Feststellung

(1) [1] Ist die Feststellungsfrist (§ 181 der Abgabenordnung) bereits abgelaufen, kann eine Fortschreibung (§ 22) oder Nachfeststellung (§ 23) unter Zugrundelegung der Verhältnisse vom Fortschreibungs- oder Nachfeststellungszeitpunkt mit Wirkung für einen späteren Feststellungszeitpunkt vorgenommen werden, für den diese Frist noch nicht abgelaufen ist. [2] § 181 Abs. 5 der Abgabenordnung bleibt unberührt.

(2) Absatz 1 ist bei der Aufhebung des Einheitswerts (§ 24) entsprechend anzuwenden.

§ 26 BewG Umfang der wirtschaftlichen Einheit bei Ehegatten oder Lebenspartnern

Die Zurechnung mehrerer Wirtschaftsgüter zu einer wirtschaftlichen Einheit (§ 2) wird beim Grundbesitz im Sinne der §§ 33 bis 94, 99 und 125 bis 133 nicht dadurch ausgeschlossen, daß die Wirtschaftsgüter zum Teil dem einen, zum Teil dem anderen Ehegatten oder Lebenspartner gehören.

§ 27 BewG Wertverhältnisse bei Fortschreibungen und Nachfeststellungen

Bei Fortschreibungen und bei Nachfeststellungen der Einheitswerte für Grundbesitz sind die Wertverhältnisse im Hauptfeststellungszeitpunkt zugrunde zu legen.

§ 28 BewG ...

§ 29 BewG *(abgedruckt bei Anm. 10 zu § 13 GrStG)*

§ 30 BewG Abrundung

[1] Die in Deutscher Mark ermittelten Einheitswerte werden auf volle hundert Deutsche Mark nach unten abgerundet und danach in Euro umgerechnet. [2] Der umgerechnete Betrag wird auf volle Euro abgerundet.

Eine Beschränkung der Rechtsfolgen, die sich nach dem Grundsteuergesetz aus der Einheitswertfeststellung ergeben, ist rechtsunwirksam. Auf die gesetzlichen Wirkungen eines Feststellungsbescheides kann deshalb für die Grundsteuer nicht rechtswirksam verzichtet werden (BFH v. 16.2.1962, BStBl. 1962 III S. 241). Die Feststellung des Einheitswerts kann jedoch dann unterbleiben, wenn er für die Grundsteuer ohne Bedeutung sein würde (§ 19 Abs. 4 BewG). Dabei ist es gleichgültig, ob dies der Fall ist, weil überhaupt keine Grundsteuerpflicht besteht oder weil Steuerfreiheit auf Grund besonderer Befreiungsvorschriften gegeben ist (RFH v. 21.3.1935, RStBl. 1935 S. 1022). Wenn der Steuergegenstand nur mit einem räumlich abgrenzbaren Teil den Steuern unterliegt, so ist auch nur für diesen Teil ein Einheitswert festzustellen. Nach § 13 Abs. 1 GrStG ist in diesem Fall die Steuermesszahl „auf den Einheitswert oder seinen steuerlichen Teil" anzuwenden (vgl. hierzu den schriftlichen Bericht des Finanzausschusses BT-Drucks. 7/485).

Wenn umstritten ist, ob das Grundstück in vollem Umfang steuerfrei bleibt oder ob es nur zum Teil steuerfrei bleibt oder welchen Umfang dieser Teil hat, soll hierüber erst im Steuermessbetragsverfahren entschieden werden (FG Münster v. 9.2.1984, EFG 1984 S. 410). Soll jedoch die **Steuerfreiheit** bereits beim Einheitswert berücksichtigt werden (s. o.), muss diese Entscheidung schon im Einheitswertverfahren getroffen werden. Zweckmäßigerweise wird man hier zunächst eine nur vorläufige Einheitswertfeststellung durchführen (§ 165 Abs. 1 und § 181 Abs. 1 AO) und abwarten, wie danach in dem Steuermessbetragsverfahren entschieden wird; der Einheitswertbescheid ist zwar Grundlagenbescheid für den Steuermessbetrag, nicht aber der Steuermessbescheid für den Einheitswert. Versagt das Finanzamt bereits mit dem Einheitswertbescheid eine Grundsteuerbefreiung, so kann die Grundsteuerbefreiung mit der Klage gegen den Einheitswertbescheid geltend gemacht werden (BFH v. 15.3.2001, BFH/NV 2001 S. 1499).

Der **Einheitswertbescheid** enthält außer Angaben über den **Wert** des Steuergegenstandes auch Angaben über seine **Art** und seine **Zurechnung.** Bei einem Grundstück enthält er deshalb auch die Feststellungen, die für die Anwendung der Steuermesszahlen von Bedeutung sind z. B. Einfamilienhaus, unbebautes Grundstück usw. (§ 19 Abs. 3 Nr. 1 BewG). Ebenso enthält er auch Feststellungen, ob der Einheitswert nur einer oder mehreren Personen zuzurechnen ist (§ 19 Abs. 3 Nr. 2 BewG). Wegen der Ermittlung des Wertes des Grundbesitzes im Einzelnen vgl. die Anm. 2 ff. zu § 2 GrStG.

Eine **Billigkeitsregelung** kann im Einheitswertbescheid nicht getroffen werden (§ 20 Satz 2 BewG). Darüber kann allenfalls in dem jeweils davon abhängigen **Folgebescheid,** hier also bei der Festsetzung des Grundsteuermessbetrags bzw. der Grundsteuerveranlagung, entschieden werden (BFH v. 6.8.1986, HFR 1987 S. 9).

Für **Grundstücke in den neuen Bundesländern** gelten noch die Einheitswerte, die nach den Wertverhältnissen von 1935 ermittelt worden sind oder werden (§ 41 GrStG). War in bestimmten Fällen bisher kein Einheitswert festgestellt worden, so bemisst sich die Grundsteuer zunächst nach einem Ersatzwert (Ersatzbemessungsgrundlage nach § 42 Abs. 1 GrStG), der aber ebenfalls noch auf den Wertverhältnissen von 1935 beruht. Für Betriebe der Land- und Forstwirtschaft in den neuen Bundesländern werden an Stelle von Einheitswerten in einem vereinfachten Verfahren besondere Ersatzwirtschaftswerte festgestellt (§ 125 Abs. 2 BewG) und danach die Grundsteuer ermittelt (§ 40 GrStG). Dies schließt aber die Anwendungen der im Folgenden erläuterten Vorschriften über Fortschreibungen und Nachfeststellungen nicht aus. Hierzu vgl. Anm. 4 zu § 40 GrStG und Anm. 3 zu § 42 GrStG.

Hauptfeststellung der Einheitswerte

3   Die Einheitswerte werden jeweils auf den Beginn eines Kalenderjahres festgestellt – **Feststellungszeitpunkt.** Man unterscheidet dabei zwischen der Hauptfeststellung, der Fortschreibung und der Nachfeststellung der Einheitswerte. Bei der Hauptfeststellung werden die Einheitswerte allgemein festgestellt. Die letzte auch heute noch für die Grundsteuer maßgebliche Hauptfeststellung hat zum 1.1.1964 stattgefunden. Der Zeitpunkt, von dem an die dabei festgestellten Einheitswerte dem Steuermessbetrag zugrunde gelegt werden sollten, blieb zunächst noch offen und musste erst durch ein besonderes Gesetz festgelegt werden. Dies geschah durch Art. 1 Abs. 1 BewÄndG 1971 iVm § 37 GrStG. Danach wurden diese damals festgestellten Einheitswerte erstmals von 1974 an bei der Grundsteuer angewendet. Hierzu vgl. § 37 Abs. 3 GrStG.

Nach § 21 Abs. 1 BewG soll die Hauptfeststellung der Einheitswerte für den Grundbesitz jeweils in Zeitabständen von sechs Jahren durchgeführt werden. Dieser Zeitabstand ist bisher jedoch noch niemals eingehalten worden mit der Folge, dass selbst heute noch, nach rund 50 Jahren, diese alten Einheitswerte für die Grundsteuer anzuwenden sind und es auch noch völlig ungewiss ist, ob bzw. wann die nächste Hauptfeststellung der Einheitswerte stattfinden wird. Hierzu vgl. auch Anm. 7 zu § 14 GrStG. In den neuen Bundesländern handelt es sich sogar um Einheitswerte, die schon fast 80 Jahre alt sein können. Hier ist insbesondere eine erneute Hauptfeststellung der Einheitswerte geboten. Der sich durch die Festschreibung der Wertverhältnisse auf den 1.1.1935 ergebende gleichheitswidrige Zustand kann im Hinblick auf die verstrichene Zeit nicht mehr mit den Übergangsschwierigkeiten nach der Wiederherstellung der staatlichen Einheit Deutschlands gerechtfertigt werden (BFH v. 30.6.2010, BStBl. 2010 II S. 897; Anm. *Herlinghaus,* BFH/PR 2010 S. 392).

Die Ermittlung des Einheitswertes nach § 21 Abs. 1 BewG für Zwecke der Grundsteuer ist verfassungsrechtlich unbedenklich, da keine bevorzugte Bewertung von Grundvermögen gegenüber anderen Vermögensarten gegeben ist. Auf Grund des sich durch die Einheitswertermittlung ergebenden niedrigen Wertes des Grund und Bodens als Bemessungsgrundlage für die Grundsteuer im Vergleich zum tatsächlichen Wert kann aus der Grundsteuer keine Übermaßbesteuerung abgeleitet werden (FG Ba-Wü v. 6.11.2002, DStRE 2003 S. 1172).

Behauptete Mängel im System der Grundstücksbewertung können nicht im Rahmen einer allein gegen den Grundsteuerbescheid der Gemeinde und die ihn bestätigenden Gerichtsentscheidungen erhobenen Verfassungs-

beschwerde berücksichtigt werden. Die Gemeinde ist bei Erlass des Grundsteuerbescheids an den Inhalt der Grundlagenbescheide, die die Grundstücksbewertung abschließend regeln, gebunden (BVerfG v. 18.2.2009, ZKF 2009
S. 237).

Fortschreibung des Einheitswerts

Bei den Fortschreibungen unterscheidet man je nach dem Anlass Wert-, **4**
Zurechnungs- und Artfortschreibungen, die u. U. auch gleichzeitig auf einen
Stichtag durchgeführt werden müssen (§ 22 BewG, abgedruckt bei Anm. 2
zu § 13 GrStG).

Eine **Wertfortschreibung** wird durchgeführt, wenn sich auf Grund tatsächlicher Umstände die Höhe des Einheitswerts ändert. Um jedoch nicht
durch jede geringfügige Änderung schon zu einer Wertfortschreibung veranlasst zu sein, wird ein neuer Einheitswert nur dann festgestellt, wenn er in
einem bestimmten Umfang von dem bisherigen abweicht. Ist dies nicht der
Fall, so bleibt der bisherige Einheitswert weiter bestehen. Für den Umfang
der Abweichung sind bestimmte Wertgrenzen festgelegt. Bei einer Wertabweichung nach oben gelten als Bruchteilsgrenze $^1/_{10}$ des alten Einheitswerts,
als Mindestgrenze 5000 DM und als absolute Grenze 100000 DM, und bei
einer Wertabweichung nach unten als Bruchteilsgrenze $^1/_{10}$ des alten Einheitswerts, als Mindestgrenze 500 DM und als absolute Grenze 5000 DM
(§ 22 Abs. 1 BewG). Zur Prüfung der Wertgrenzen muss jeweils ein Vergleich zwischen dem alten Einheitswert und dem Wert durchgeführt werden,
der sich als neuer Einheitswert ergeben würde. Dabei sind sowohl der alte
wie auch der neue Einheitswert nach den Wertverhältnissen von 1964, bzw.
in den neuen Bundesländern nach den Wertverhältnissen von 1935, zu ermitteln (§ 27 BewG). Es ist jeweils von dem auf volle 100 DM nach unten abgerundeten Wert auszugehen. Der Unterschied der abgerundeten Beträge muss
die Bruchteilsgrenze oder die absolute Grenze überschreiten, auf jeden Fall
aber die Mindestgrenze erreichen. Im Einzelnen ist dabei wie in den folgenden Beispielen vor der Umrechnung auf Euro und abschließender Abrundung (§ 30 BewG) zu rechnen:

Bisheriger Einheitswert DM	neuer Wert DM	Differenz- betrag DM	maßgebende Wertgrenze DM	neuer Einheitswert DM
a) 40000	44500	+ 4500	5000	40000
	45500	+ 5500	5000 und $^1/_{10}$	45500
b) 70000	76500	+ 6500	$^1/_{10}$	70000
	77599	+ 7500	$^1/_{10}$	77500
c) 1,5 Mio	1,62 Mio	+ 120000	100000	1,62 Mio
d) 4000	3600	./. 400	500 und $^1/_{10}$	4000
	3400	./. 600	500 und $^1/_{10}$	3400
e) 30000	27500	./. 2500	$^1/_{10}$	30000
	25000	./. 5000	$^1/_{10}$	25000

Betrachtet man die **Auswirkungen der Wertgrenzen** auf die Grundsteuer, so ergibt sich bei der Steuermesszahl 3,5‰ und einem Hebesatz von 300% Folgendes:
- bei einer Wertabweichung nach unten können, wenn weder die Bruchteilsgrenze von 10% noch die absolute Wertgrenze von 5000 DM überschritten wird, jährlich bis zu 5000 × 3,5‰ = 17,5 × 300% = rd. 50 DM Grundsteuer zu viel zu entrichten sein;
- bei einer Wertabweichung nach oben brauchen, wenn weder die Bruchteilsgrenze von 10% noch die absolute Wertgrenze von 100000 DM überschritten wird, jährlich bis zu 100000 × 3,5‰ = 350 × 300% = 1050 DM Grundsteuer nicht entrichtet zu werden. Da mit einer neuen Hauptfeststellung vorläufig nicht zu rechnen ist, kann im letzteren Fall dieser Steuervorteil auf Jahre hinaus bestehen und sich, insbesondere bei Großobjekten, zu beachtlichen Beträgen summieren.

Die Wertgrenzen in § 22 Abs. 1 BewG wirken sich zwar in aller Regel zugunsten der Grundstückseigentümer aus. Bei Wertabweichungen nach unten lassen sich allerdings nicht alle Härten vermeiden. Bei Prüfung der Wertgrenzen kommt es nicht darauf an, ob die einzelnen neuen Umstände jeweils für sich allein die Fortschreibungsgrenzen überschreiten, vielmehr reicht es aus, wenn die neuen Umstände in ihrer Gesamtheit zu einer die Wertgrenzen überschreitenden Änderung führen (BFH v. 30.1.2002, BFH/NV 2002 S. 1015). Die Wertgrenzen sind zwar relativ niedrig, sie würden sich aber trotzdem nur dann auf Dauer vertreten lassen, wenn der in § 21 Abs. 1 BewG vorgesehene Turnus von sechs Jahren für eine Hauptfeststellung der Einheitswerte auch tatsächlich eingehalten würde. Dies ist jedoch nicht der Fall.

Eine **Artfortschreibung** ist durchzuführen, wenn sich die Grundstücksart ändert (§ 22 Abs. 2 BewG). Das ist z.B. der Fall, wenn land- und forstwirtschaftliches Vermögen zu Grundvermögen, innerhalb des Grundvermögens ein Einfamilienhaus zu einem Mietwohngrundstück oder gemischtgenutzten Grundstück wird u.a.m. Weitere Voraussetzung ist, dass diese Änderung auch steuerliche Auswirkungen hat, z.B. für das Bewertungsverfahren oder für die Anwendung der Steuermesszahl. Die Fortschreibung der Grundstücksart ist auch dann zulässig, wenn die Artfeststellung auf einer Billigkeitsmaßnahme nach § 163 AO beruht (BFH v. 12.7.2000, BStBl. 2000 II S. 563). Die Artfortschreibung ist selbst nicht von Wertgrenzen abhängig. Sie kann allerdings mit einer gleichzeitigen Wertfortschreibung zusammentreffen, wenn auch die hierfür geltenden Voraussetzungen hinsichtlich der Wertgrenzen erfüllt sind. Die Fortschreibung der festgestellten Grundstücksart nach § 22 Abs. 2 BewG kommt auch in den Fällen in Betracht, in denen die auf einen früheren Stichtag vorgenommene (Art-)Feststellung auf einer Billigkeitsmaßnahme des Finanzamts nach § 163 AO beruht; Voraussetzung ist, dass sich die für die frühere Billigkeitsmaßnahme maßgeblichen tatsächlichen Verhältnisse im Fortschreibungszeitpunkt geändert haben.

Eine **Zurechnungsfortschreibung** wird durchgeführt, wenn sich die Eigentumsverhältnisse ändern, wobei es gleichgültig ist, ob der Eigentumsübergang durch Erbfolge, durch entgeltliche oder unentgeltliche Übertragung erfolgt. Die Zurechnungsfortschreibung kann auch mit einer Wertfortschreibung oder Artfortschreibung zusammentreffen. Zu den Auswirkungen der Zurechnungsfortschreibung auf den Steuermessbescheid vgl. auch KStZ 1974 S. 109.

Eine Fortschreibung findet auch **zur Beseitigung eines Fehlers** der letzten Einheitswertfeststellung statt (§ 22 Abs. 3 BewG). Worauf er beruht, ist gleichgültig (BFH v. 29.11.1989, BStBl. 1990 II S. 149). **Fehler** iSd § 22 Abs. 3 Satz 1 BewG ist **jede objektive Unrichtigkeit.** Für die Zulässigkeit der fehlerberichtigenden Fortschreibung ist nicht Voraussetzung, dass ein klarliegender, einwandfrei feststellbarer Fehler vorliegt. Es kann sich deshalb sowohl um eine falsche Tatsachenbeurteilung als auch um eine falsche Rechtsbeurteilung handeln. Unter den Fehlerbegriff iSv § 22 Abs. 3 Satz 1 BewG fällt auch die Berichtigung der auf Grund des BFH-Urteils in BStBl. 1987 II S. 201 als falsch anerkannten Ableitung der Jahresrohmiete für freifinanzierten Wohnraum aus der üblichen Miete für grundsteuerbegünstigten Wohnraum (BFH v. 17.2.1999, BFH/NV 1999 S. 1452). Anders als bei einer nachträglichen Berichtigung nach § 173 Abs. 1 Nr. 2 AO kommt es bei einer fehlerberichtigenden Wertfortschreibung auch nicht darauf an, ob und inwieweit den Steuerpflichtigen an dem verspäteten Bekanntwerden des Fehlers ein Verschulden trifft. Bei der fehlerbeseitigenden Wertfortschreibung ist hinsichtlich der Wertgrenzen des § 22 Abs. 1 Nr. 1 BewG auch dann auf den Einheitswert vom letzten Feststellungszeitpunkt abzustellen, wenn dieser betragsmäßig zu Gunsten des Steuerpflichtigen fehlerhaft, nämlich zu niedrig, war und nur deshalb die Wertgrenze überschritten worden ist (BFH v. 21.2.2002, BStBl. 2002 II S. 456).

Es kann sich bei der Fortschreibung zum Zwecke der Fehlerbeseitigung auch um eine Artfortschreibung handeln (BFH v. 17.12.1991, BFH/NV 1992 S. 469). Fehlerbeseitigende Fortschreibungen des Einheitswertes für den Grundbesitz sind ohne Rücksicht auf die Zahl der betroffenen Fälle zulässig, es sei denn, dass durch die Fortschreibung eine Änderung der allgemeinen wirtschaftlichen, politischen und Verkehrsverhältnisse, die sich in dem allgemeinen Markt- und Preisniveau niedergeschlagen haben, oder einer anderen Beurteilung dieser allgemeinen Wertverhältnisse Rechnung getragen werden soll (BFH v. 5.5.1993, BStBl. 1993 II S. 745; *Halaczinsky,* KFR F. 9 BewG § 22, 1/93). Mit dieser Entscheidung nimmt der BFH klarstellend zum **Verbot der sog. Kollektivfortschreibung** Stellung.

Mit der Fortschreibung wird nicht der fehlerhafte Einheitswertbescheid berichtigt. Dieser wird vielmehr auf einen späteren Zeitpunkt fortgeschrieben. Bis dahin bildet noch der alte fehlerhafte Einheitswert die Besteuerungsgrundlage. Aber auch die Fortschreibung zur Fehlerbeseitigung ist nur möglich, wenn die Wertgrenzen (§ 22 Abs. 1 BewG) erreicht werden.

Bei einer Fortschreibung zur Fehlerberichtigung müssen u. U. auch die in der Zwischenzeit ergangenen BFH-Urteile und Verwaltungsanweisungen berücksichtigt werden, soweit sie von der bisherigen Rechtslage abweichen und damit im Einzelfall zu einem anderen Einheitswert führen. Zuungunsten des Steuerpflichtigen kann allerdings eine Änderung der Rechtslage erst für die Zeit nach dieser Änderung zu einer solchen Fortschreibung führen (§ 22

Abs. 3 BewG und § 176 Abs. 3 AO). Zugunsten des Steuerpflichtigen könnte sie jedoch auch rückwirkend berücksichtigt werden.

Von Bedeutung ist der **Zeitpunkt,** auf den die fehlerberichtigende Fortschreibung durchgeführt werden kann. Soweit diese Fortschreibung zu einer Erhöhung des Einheitswerts führt, ist es der Beginn des Kalenderjahres, in welchem der Fortschreibungsbescheid ergeht, soweit sich die Fortschreibung zugunsten des Steuerpflichtigen auswirkt, ist es der Beginn des Kalenderjahres, in welchem der Fehler dem Finanzamt bekannt wird (§ 22 Abs. 4 Nr. 2 BewG). Dies gilt auch bei einer fehlerberichtigenden Artfortschreibung, wenn sich dadurch die Höhe des Einheitswerts ändert (BFH v. 19.2.1992, BFH/NV 1993 S. 353). Da aber der Zeitpunkt, an welchem der Fehler dem Finanzamt bekannt wird, für einen Außenstehenden nur schwer feststellbar ist, wird es in aller Regel auf den Beginn des Kalenderjahres ankommen, in welchem der Steuerpflichtige einen Antrag auf Fortschreibung stellt und dabei das Finanzamt auf den Fehler aufmerksam macht.

Wird ein bestehender Fortschreibungsbescheid geändert und werden deshalb die für eine erneute Wertfortschreibung auf einen späteren Stichtag erforderlichen Wertgrenzen nicht mehr erreicht, so ist der Fortschreibungsbescheid nach § 175 Abs. 1 Satz 1 Nr. 2 AO aufzuheben (BFH v. 9.11.1994, BStBl. 1994 II S. 93).

Nachfeststellung des Einheitswerts

5 Während des Hauptfeststellungszeitraums können Umstände eintreten, die erstmalig eine Einheitsbewertung erfordern. In diesem Fall kommt es zu einer Nachfeststellung (§ 23 Abs. 1 BewG). Sie wird z.B. durchgeführt, wenn ein Grundstück neu gebildet worden ist, eine Stückländerei in ein unbebautes Grundstück umgewandelt wird (BFH v. 4.2.1987, BStBl. 1987 II S. 326), eine neue Eigentumswohnung errichtet wird oder für ein bereits bestehendes Grundstück eine bisher geltende Steuerbefreiung weggefallen ist und deshalb erstmals ein Einheitswert benötigt wird. Ist ein bisher als Grundvermögen bewertetes Grundstück dem land- und forstwirtschaftlichen Vermögen zuzurechnen, so muss dies im Wege der Nachfeststellung geschehen, da – ebenso wie im umgekehrten Fall – eine wirtschaftliche Einheit neu entsteht (BFH v. 5.5.1999, BFH/NV 2000 S. 8). Zum Unterschied im Regelungsgehalt eines Wertfortschreibungs- und eines Nachfeststellungsbescheids vgl. BFH v. 31.5.1995 (BFH/NV 1996 S. 17). Zur (ausnahmsweisen) Umdeutung eines Wertfortschreibungsbescheids in einen Nachfeststellungsbescheid siehe BFH v. 19.7.2012, BFH/NV 2012 S. 1942.

Der häufigste Fall einer Nachfeststellung ist der, dass von einem größeren Grundstück eine Bauparzelle abgetrennt wird. Das alte Grundstück bleibt als wirtschaftliche Einheit weiterbestehen, für die abgetrennte Bauparzelle ist dagegen eine Nachfeststellung durchzuführen. Das gilt selbst dann, wenn eine Wertfortschreibung des Einheitswerts für das alte Grundstück deshalb nicht möglich ist, weil die Mindestgrenze oder Bruchteilsgrenze hierfür nicht erreicht wird. Die Nachfeststellung selbst ist von Wertgrenzen unabhängig. Hierzu vgl. Abschnitt 3 Abs. 1 FortschrR.

Aufhebung des Einheitswerts

Das Gegenstück zur Nachfeststellung bildet die Aufhebung des Einheits- **6**
werts. Dazu kommt es, wenn der Einheitswert für die Besteuerung keine
Bedeutung mehr hat (§ 24 Abs. 1 BewG), weil z. B. das Grundstück bei einer
Umlegung weggefallen ist oder eine Steuerbefreiung dafür eingetreten ist.
Auf irgendwelche Wertgrenzen kommt es bei der Aufhebung des Einheitswerts nicht an. Hierzu vgl. auch Abschnitt 4 FortschrR. Von der Aufhebung
ist jedoch die Wertfortschreibung des Einheitswerts auf 0 € zu unterscheiden,
zu der es dann kommt, wenn die wirtschaftliche Einheit zwar nicht wegfällt,
jedoch auch keinen Wert mehr oder nur einen Wert von weniger als 100 DM
hat. In diesem Fall müssen auch die Wertgrenzen des § 22 Abs. 1 BewG beachtet werden.

Nach § 9 Abs. 1 GrStG kommt es für die Steuerfreiheit jeweils auf die
Verhältnisse vom Beginn eines Kalenderjahres an. In zahlreichen Fällen können die Voraussetzungen hierfür zum Beginn des einen Kalenderjahres erfüllt,
zum Beginn des nächsten Kalenderjahres wieder nicht erfüllt sein. In solchen
Fällen wäre es sicher kaum zweckmäßig, den Einheitswert jedes Mal sofort
aufzuheben, um dann zum Beginn des nächsten Kalenderjahres schon wieder
eine Nachfeststellung durchführen zu müssen. Vgl. hierzu auch Anm. 2 zu
§ 13 GrStG, wo bereits darauf hingewiesen wurde, dass es verfahrensrechtlich
nicht immer befriedigt, wenn über die Steuerfreiheit praktisch schon bei der
Einheitsbewertung entschieden werden muss.

Berichtigung des Einheitswerts

Während die Fortschreibung zur Fehlerbeseitigung den ursprünglichen **7**
fehlerhaften Einheitswertbescheid unberührt lässt, betrifft eine Berichtigung
nach den Vorschriften der Abgabenordnung unmittelbar diesen Einheitswertbescheid selbst. Diese Berichtigung ist verständlicherweise von Wertgrenzen
unabhängig. Das schließt jedoch nicht aus, dass im Zusammenhang mit ihr
auch die Wertgrenzen mittelbar von Bedeutung sind, z. B. wenn sie für eine
spätere Wertfortschreibung nach dem Einheitswert vor seiner Berichtigung
erreicht, nach seiner Berichtigung aber nicht mehr erreicht werden (oder
umgekehrt). Für die Berichtigung eines Einheitswertbescheids gelten die Vorschriften über die Berichtigung von Steuerbescheiden entsprechend (§ 181
Abs. 1 AO). Hierzu vgl. auch Anm. 12 zu § 27 GrStG. Ein Einheitswertbescheid kann gemäß § 181 Abs. 5 AO nach Ablauf der Feststellungsfrist
insoweit erlassen oder korrigiert werden, als die Festsetzungsfrist für die
Grundsteuer noch nicht abgelaufen ist. Die Regelung des § 25 BewG ermöglicht nicht nur die Nachholung erstmaliger gesonderter Feststellungen
mit Wirkung auf einen späteren Feststellungszeitpunkt, sondern auch die
Berichtigung, Änderung und Aufhebung solcher Feststellungen (BFH v.
11.11.2009, BFH/NV 2010 S. 711).

Der Fortschreibungs- oder Nachfeststellungsbescheid kann zeitlich auch
schon vor dem Feststellungszeitpunkt erteilt werden, auf den an sich die Einheitswertfeststellung erfolgt. Der Steuerpflichtige sollte nämlich sobald als

möglich den Einheitswertbescheid in Händen haben, damit er sich auf etwaige Verschiebungen in der steuerlichen Belastung, die bei der Anwendung des neuen Einheitswertes eintreten, entsprechend einstellen kann. Zwar kann davon ausgegangen werden, dass in den meisten Fällen sich zwischen der Bescheiderteilung und dem künftigen Stichtag keine Wertänderungen mehr ergeben. Diese sind aber nicht ausgeschlossen. Wenn sich zwischen der Bescheiderteilung und dem Feststellungszeitpunkt noch solche Änderungen ergeben, müssen deshalb auch diese noch berücksichtigt werden (§ 24a BewG, abgedruckt bei Anm. 2 zu § 13 GrStG). Hierzu vgl. Abschnitte 2 und 3 FortschrR. In einem solchen Fall ist deshalb der Fortschreibungs- oder Nachfeststellungsbescheid auf Antrag oder von Amts wegen nach den am Feststellungszeitpunkt gegebenen tatsächlichen Verhältnissen zu berichtigen, gleichgültig, ob sich dies zu Gunsten oder zu Ungunsten der Steuerpflichtigen auswirkt. Für diese Berichtigung kommt es auch nicht auf Wertgrenzen an. Der hier behandelte Sachverhalt dürfte jedoch z. Zt. kaum von praktischer Bedeutung sein.

Wertverhältnisse und tatsächliche Verhältnisse

8 Bei Fortschreibung und Nachfeststellung des Einheitswertes ist jeweils auf die **tatsächlichen Verhältnisse vom Fortschreibungs- oder Nachfeststellungszeitpunkt,** dagegen auf die **Wertverhältnisse vom Hauptfeststellungszeitpunkt** abzustellen (§ 27 BewG). Heute kommt es somit auf die tatsächlichen Verhältnisse vom jeweiligen Feststellungszeitpunkt (1. Januar des betreffenden Jahres), stets aber auf die Wertverhältnisse vom 1.1.1964 an. In den neuen Bundesländern sind für Grundstücke die Wertverhältnisse von 1935 (§ 129 Abs. 1 BewG), für land- und forstwirtschaftliche Betriebe allerdings die Wertverhältnisse von 1964 maßgebend (§ 125 Abs. 5 BewG). Im Einzelnen vgl. hierzu Anm. 1 zu § 40 und Anm. 1 zu § 41 GrStG.

Die Wertverhältnisse umfassen vor allem die wirtschaftlichen Verhältnisse, die ihren Niederschlag in den Grundstücks- und Baupreisen und im allgemeinen Mietniveau gefunden haben. Bei unbebauten Grundstücken ist deshalb von den Bodenwerten auszugehen, die zum 1.1.1964 für vergleichbare Grundstücke ermittelt worden sind. Wertänderungen, die auf einem Bebauungsplan, auf Erschließungsmaßnahmen oder auf einer Änderung der besonderen Verkehrsverhältnisse beruhen, sind als tatsächliche Verhältnisse zu berücksichtigen. Hierzu vgl. Abschnitt 6 Abs. 2 FortschrR. Bei der Bewertung bebauter Grundstücke im Ertragswertverfahren ist nicht die gezahlte Miete vom Feststellungszeitpunkt, sondern die Miete zugrunde zu legen, die für das Grundstück am 1.1.1964 unter Berücksichtigung seines tatsächlichen Zustandes vom Feststellungszeitpunkt anzusetzen gewesen wäre. Für öffentlich geförderte Wohnungen ist von der preisrechtlich zulässigen Miete auszugehen, die am 1.1.1964 gegolten hätte. Hierzu vgl. Abschnitt 6 Abs. 3 FortschrR. Bei der Bewertung bebauter Grundstücke im Sachwertverfahren sind die für die Hauptfeststellung 1964 maßgebenden Normalherstellungspreise zugrunde zu legen. Für die seit dem 1.1.1964 abgelaufene Zeit kann eine Alterswertminderung (AfA) nicht berücksichtigt werden. Hierzu vgl. Abschnitt 6 Abs. 6

FortschrR. Wegen der Auswirkungen dieser Erstarrung der Wertverhältnisse von 1964 bzw. 1935 vgl. Anm. 7 zu § 14 GrStG.

Einzelfälle einer Fortschreibung

Von praktischer Bedeutung ist heute im Wesentlichen nur die Fortschrei- 9 bung des Einheitswerts. Nachfolgend soll deshalb eine Reihe typischer, dafür in Betracht kommender Fälle behandelt werden.[1]

Wird auf einem unbebauten Grundstück ein **Gebäude errichtet,** so kommt es zu einer Artfortschreibung und in aller Regel gleichzeitig auch zu einer Wertfortschreibung. Meist wird der Wert für das bebaute Grundstück über dem bisherigen Einheitswert für das unbebaute Grundstück liegen. Das braucht aber nicht immer der Fall zu sein. Es ist ohne Weiteres auch möglich, dass der fortgeschriebene Einheitswert unter dem alten Einheitswert für das unbebaute Grundstück liegt. Es kommt dann u. U. sogar zur sog. Mindestbewertung.

Der Einheitswert kann auch deshalb fortzuschreiben sein, weil ein unbebautes Grundstück zu **baureifem Bauland** wird, die Erschließung eines Grundstücks erfolgt ist, über das Grundstück Baubeschränkungen verhängt werden, sich seine Ausnutzbarkeit z. B. durch **Herauf- oder Herabzonung** ändert u. a. m. Hier ist dann von dem Bodenwert auszugehen, der 1964 bzw. 1935 für das Grundstück unter Berücksichtigung der Änderung gegolten hätte. Hierzu vgl. Anm. 16 zu § 2 GrStG.

Ist auf einem als bebaut bewerteten Grundstück die **Bausubstanz erweitert** worden, z. B. durch Ausbau, Aufstockung, Anbau usw., so kann dies ebenfalls Anlass zu einer Wertfortschreibung sein. Bei Aus- und Anbauten soll die Miete aus der bei der Einheitsbewertung 1964 für die damals bereits vorhandenen Wohnungen und Räume maßgebenden Jahresrohmiete (Fin-Min. Nds. v. 14.1.1972, BStBl. 1972 I S. 30), im Übrigen aus den damals geltenden Mietspiegeln abgeleitet werden. Bei An- und Ausbauten kann u. U. auch eine Artfortschreibung erforderlich sein, weil das Grundstück nunmehr einer anderen Grundstücksart zugeordnet werden muss. So kann z. B. ein Einfamilienhaus zum Zweifamilienhaus oder zum Mietwohngrundstück werden, weil jetzt mehr als nur eine Wohnung vorhanden sind.

Wenn das Gebäude **anderweitig** als bisher **genutzt** wird, kann dies zunächst Anlass für eine Artfortschreibung sein. Es ist auch eine Wertfortschreibung möglich, wenn infolge der Änderung von einer anderen Jahresrohmiete oder von einem anderen Vervielfältiger ausgegangen werden muss. Wenn z. B. ein Mietwohngrundstück oder ein Einfamilienhaus nunmehr ausschließlich für gewerbliche Zwecke genutzt wird, ist die höhere Miete für Geschäftsräume anzusetzen, andererseits ist dafür aber auch wieder der niedrigere Vervielfältiger für Geschäftsgrundstücke anzuwenden.

Wird ein Gebäude **abgebrochen,** ohne dass an seiner Stelle ein Neubau errichtet wird, so ist bei der Wertfortschreibung das Grundstück als unbebaut zu bewerten. Ist wieder ein Neubau errichtet worden, so ist auch der Ein-

---

[1] Zur Ermittlung des Einheitswerts im Einzelfall wird auf den Kommentar zum Bewertungsgesetz von *Rössler / Troll* verwiesen.

heitswert dafür wieder fortzuschreiben. Muss ein heute noch benutzbares Gebäude innerhalb von zehn Jahren abgebrochen werden, so ist ein Abschlag zu machen, der ebenfalls Anlass für eine Wertfortschreibung sein kann.

Wird ein Gebäude **grundlegend erneuert** oder verbessert, so führt dies zu einer verlängerten Lebensdauer. Der Vervielfältiger wird deshalb nicht mehr nach dem tatsächlichen Baujahr, sondern nach einem fiktiven späteren Baujahr bestimmt. Bei Gebäuden, die nach dem 20.6.1948 errichtet wurden, lässt dagegen die Verlängerung der Lebensdauer den Vervielfältiger unverändert. Sind Baumängel und Bauschäden beseitigt worden, deretwegen bei der Ermittlung des bisherigen Einheitswerts ein Abschlag gemacht oder von einer verkürzten Lebensdauer ausgegangen worden war, so wird diese Korrektur im Wege einer Fortschreibung aufgehoben, wenn die Wertgrenzen erreicht werden.

Zeigen sich **Bauschäden und Baumängel,** die im bisherigen Einheitswert noch nicht berücksichtigt wurden, so kann das Grund für eine Wertfortschreibung sein. Dabei ist zu unterscheiden zwischen behebbaren und zwischen nicht mehr behebbaren Bauschäden und Baumängeln. Bei den nicht behebbaren Bauschäden usw. ist von einer kürzeren Lebensdauer auszugehen, d. h. es ist ein früheres, zeitlich vor dem tatsächlichen Baujahr liegendes fiktives Baujahr zu unterstellen. Nicht behebbar sind Bauschäden und Baumängel, wenn sie auch durch eine Ausbesserung nicht auf die Dauer beseitigt werden können. Das gilt z. B. für Risse im Mauerwerk (Setzrisse, Bergschäden, Erschütterungsschäden u. a. m.).

Für **Verkehrslärm,** Fluglärm, Lärm von Truppenübungsplätzen, für Geruchsbelästigungen u. a. m. können Abschläge gemacht werden. Zwar genügt die in den letzten Jahren allgemein festzustellende Zunahme des Verkehrslärms nicht für einen Abschlag. Wenn sich jedoch durch die Neuanlage eines Flugplatzes, durch Umstellung des Flugplatzes auf Düsenbetrieb, durch Neubau einer stark befahrenen Straße, durch Ausbau einer S- oder U-Bahn für das Grundstück eine außergewöhnlich starke Belästigung ergibt, kann dies gleichwohl Anlass für eine Wertfortschreibung sein.

Bei der Ermittlung des Einheitswerts für Grundstücke mit steuerbegünstigten Wohnungen müsste, wenn dafür das Ertragswertverfahren angewendet wurde, die anzusetzende Jahresrohmiete oder übliche Miete jeweils um 12 % erhöht werden (§ 79 Abs. 3 BewG). Dies ist deshalb erforderlich, weil die Grundsteuer in den maßgeblichen Vervielfältigern (§ 80 Abs. 1 BewG) pauschal durch einen Abschlag von 12 % berücksichtigt worden ist, hier aber gar keine Grundsteuer gezahlt zu werden braucht. Zum Ausgleich dafür erfolgte hier ein Zuschlag. Er wurde allerdings nicht beim Vervielfältiger sondern bei der Miete gemacht. Nach Auslaufen im Jahr 1998 oder bei vorzeitigem Wegfall der Grundsteuervergünstigung ist jedoch die Grundsteuer wieder voll zu entrichten. Damit entfallen auch die Voraussetzungen für diesen Zuschlag (FinMin. NW v. 27.11.1974, DB 1975 S. 26). Der Wegfall der Voraussetzungen für den Zuschlag wird durch eine Wertfortschreibung berücksichtigt, wenn die Wertgrenzen überschritten werden.

Im Ertragswertverfahren haben auch die zur Deckung der Aufwendungen gewährten öffentlichen Mittel Einfluss auf die Einheitsbewertung. Dies gilt allerdings nicht für die nach § 88 des II. WoBauG gewährten Mittel. Sie bleiben ohne Bedeutung, denn sie sind erst nach 1964 eingeführt worden (BFH v. 26.7.1990, BStBl. 1990 II S. 147). Dies gilt dann auch für ihre Rückzahlung.

Nach § 15 Abs. 1 WoBindG kommt es mit Ablauf des Kalenderjahres, in welchem die öffentlichen Mittel vollständig zurückgezahlt sind, zum Wegfall der Eigenschaft „öffentlich gefördert". Werden die öffentlichen Mittel vorzeitig abgelöst oder freiwillig zurückgezahlt (§ 69 des II. WoBauG), so gilt die Wohnung noch bis zum Ablauf des 8. Jahres nach der Rückzahlung, höchstens jedoch bis zum Ablauf des Kalenderjahres der planmäßigen Rückzahlung als öffentlich gefördert (§ 16 Abs. 1 WoBindG). Da die Eigenschaft „öffentlich gefördert" zu den tatsächlichen Verhältnissen gehört (BFH v. 18.12.1985, BStBl. 1986 II S. 445), würde ihr Wegfall zu einer Wertfortschreibung nach oben führen, denn es wäre auf die Miete abzustellen, die 1964 für freifinanzierte Wohnungen gegolten hätte. Zum Wegfall des II. WoBauG und den Übergangsregelungen vgl. das Wohnraumförderungsgesetz v. 13.9.2001 (BGBl. 2001 I S. 2376), zuletzt geändert durch Gesetz v. 9.12.2010 (BGBl. 2010 I S. 1885).

Beteiligung der Gemeinden am Einheitswertverfahren

Literatur: *Stöckel,* Grundsteuer-Mindereinnahmen durch verfahrensfreie Baumaßnahmen – Die „zufällige" Festsetzung von Einheitswerten bei Aus- und Neubauten, NWB 2013 S. 3386.

Da der neue Steuermessbetrag erst im Anschluss an die Fortschreibung **10** oder Nachfeststellung des Einheitswerts ermittelt werden kann, müsste vor allem auch den **Gemeinden** an einer rechtzeitigen Durchführung der Fortschreibung oder Nachfeststellung viel gelegen sein. Nachdem sie in ihrer **Eigenschaft als Bauaufsichtsbehörde** am schnellsten und umfassendsten Kenntnis von Änderungen am Grundbesitz erlangen, liegt hier eine Zusammenarbeit mit dem Finanzamt in ihrem eigenen Interesse. Allerdings „krankt" dieses grundsteuerliche Meldewesen an dem Umstand, dass die Bauordnungen der Länder mittlerweile großzügige Regelungen für verfahrensfreie und nicht genehmigungspflichtige Baumaßnahmen enthalten, mit der Folge, dass die Besteuerungspraxis in diesem Kontext zulasten des Grundsteueraufkommens der Kommunen große Erfassungsdefizite beim tatsächlichen Gebäudebestand aufweist. Vgl. hierzu ebenso kritisch wie instruktiv *Stöckel,* NWB 2013 S. 3386. Die Einzelheiten für diese Zusammenarbeit ergeben sich aus Abschnitt 5 GrStR, der den folgenden Wortlaut hat:

5 GrStR. Meldewesen

(1) *Erhält die Gemeinde Kenntnis von der Eröffnung oder der Einstellung eines Betriebs der Land- und Forstwirtschaft, hat sie dies dem zuständigen Finanzamt mitzuteilen.*

(2) *Die für die Aufsicht über die Bebauung eines unbebauten Grundstücks und die Vornahme von baulichen Veränderungen zuständige Stelle unterrichtet das Finanzamt*

sowohl über die Erteilung einer Baugenehmigung als auch über die Gebrauchsabnahme unter Angabe des Zeitpunkts der Bezugsfertigkeit und von Merkmalen der Ausstattung des Gebäudes. Auch den Abbruch von Gebäuden hat sie den Finanzämtern mitzuteilen. Die Meldungen sind möglichst rechtzeitig den Finanzämtern zu übersenden, weil dann die Grundsteuermeßbeträge alsbald nach Fertigstellung der Gebäude den Gemeinden mitgeteilt werden können. Ferner haben die Gemeinden die Finanzämter über rechtskräftige Bebauungspläne und über Flächennutzungspläne zu unterrichten (§ 111 AO).

(3) Es liegt im Interesse der Gemeinden, daß sie auch sonstige Tatsachen, die für die Festststellung der Einheitswerte und die Festsetzung der Steuermeßbeträge von Bedeutung sind, z. B. Änderung der Nutzungsart, dem Finanzamt mitteilen.

(4) Soweit bauliche Maßnahmen des Bundes und der Länder im bauaufsichtlichen Zustimmungsverfahren durch die staatlichen Baubehörden durchgeführt werden und deshalb nicht der Baugenehmigung, Überwachung und Abnahme der örtlich zuständigen Bauaufsichtsbehörde bedürfen, haben die staatlichen Baubehörden die Finanzämter über die Errichtung von Neubauten und über die Vornahme baulicher Veränderungen an bebauten Grundstücken zu unterrichten.

Eine besondere über § 111 Abs. 1 AO mit seiner allgemeinen Amtshilfepflicht hinausgehende gesetzliche Regelung für eine Beteiligung der Gemeinde am Einheitswert- und Steuermessbetragsverfahren besteht zunächst nicht. Nach Abschnitt 5 GrStR soll jedoch die Gemeinde dem Finanzamt folgende **Mitteilungen** machen:

a) Vorlage des Bebauungsplans und Flächennutzungsplans sowie Mitteilung über die Erteilung einer Baugenehmigung zur Abgrenzung des Baulandes von dem land- und forstwirtschaftlichen Grundbesitz;

b) Mitteilung über den Abbruch von Gebäuden zur Abgrenzung des Baulandes vom bebauten Grundstück;

c) Mitteilung über den Zeitpunkt der Bezugsfertigkeit eines Gebäudes zur Abgrenzung des bebauten Grundstücks vom Bauland;

d) Angaben über Ausstattungsmerkmale zur Ermittlung des Einheitswerts bzw. zur Nachprüfung der vom Eigentümer hierzu gemachten Angaben;

e) Angaben über eine Nutzungsänderung wegen der sich möglicherweise ergebenden Auswirkungen auf Einheitswert und Steuermessbetrag;

f) Eröffnung und Einstellung eines land- und forstwirtschaftlichen Betriebs zur Abgrenzung des land- und forstwirtschaftlichen Vermögens vom Grundvermögen.

Es handelt sich jeweils um Angaben, die der Gemeinde schon auf Grund anderer Feststellungen und Erhebungen bekannt geworden und für sie deshalb nicht mit weiteren Ermittlungsarbeiten verbunden sind. Es wird jeweils zwischen Finanzamt und Gemeinde abzustimmen sein, was an Angaben und Mitteilungen im Einzelfall erforderlich ist, welchen Umfang sie haben und in welcher Form sie gemacht werden sollen. Zur **Unterrichtung der Finanzämter über Baumaßnahmen durch die Bauaufsichtsbehörden** (insbesondere auch bei genehmigungsfreien Baumaßnahmen) siehe auch OFD Hannover v. 29.9.2005 (Bew-Kartei Nds. § 29 BewG Karte 7).

Heute gilt dafür als Rechtsgrundlage die Vorschrift des § 29 BewG, die den folgenden Wortlaut hat:

§ 29 BewG Auskünfte, Erhebungen und Mitteilungen

(1) [1]Die Eigentümer von Grundbesitz haben der Finanzbehörde auf Anforderung alle Angaben zu machen, die sie für die Sammlung der Kauf-, Miet- und Pachtpreise braucht. [2]Bei dieser Erklärung ist zu versichern, daß die Angaben nach bestem Wissen und Gewissen gemacht sind.

(2) [1]Die Finanzbehörden können zur Vorbereitung einer Hauptfeststellung und zur Durchführung von Feststellungen der Einheitswerte des Grundbesitzes örtliche Erhebungen über die Bewertungsgrundlagen anstellen. [2]Das Grundrecht der Unverletzlichkeit der Wohnung (Art. 13 des Grundgesetzes) wird insoweit eingeschränkt.

(3) [1]Die nach Bundes- oder Landesrecht zuständigen Behörden haben den Finanzbehörden die rechtlichen und tatsächlichen Umstände mitzuteilen, die ihnen im Rahmen ihrer Aufgabenerfüllung bekannt geworden sind und die für die Feststellung von Einheitswerten des Grundbesitzes, für die Feststellung von Grundbesitzwerten oder für die Grundsteuer von Bedeutung sein können; mitzuteilen sind auch diejenigen Umstände, die für die Erbschaftsteuer oder die Grunderwerbsteuer von Bedeutung sein können, sofern die Finanzbehörden dies anordnen. [2]Den Behörden stehen die Stellen gleich, die für die Sicherung der Zweckbestimmung der Wohnungen zuständig sind, die auf der Grundlage des Zweiten Wohnungsbaugesetzes, des Wohnungsbaugesetzes für das Saarland oder auf der Grundlage des Wohnraumförderungsgesetzes gefördert worden sind.

(4) [1]Die Grundbuchämter teilen den für die Feststellung des Einheitswerts zuständigen Finanzbehörden für die in Absatz 3 bezeichneten Zwecke mit
1. die Eintragung eines neuen Eigentümers oder Erbbauberechtigten sowie bei einem anderen als rechtsgeschäftlichen Erwerb auch die Anschrift des neuen Eigentümers oder Erbbauberechtigten; dies gilt nicht für die Fälle des Erwerbs nach den Vorschriften des Zuordnungsrechts,
2. die Eintragung der Begründung von Wohnungseigentum oder Teileigentum,
3. die Eintragung der Begründung eines Erbbaurechts, Wohnungserbbaurechts oder Teilerbbaurechts.
[2]In den Fällen der Nummern 2 und 3 ist gleichzeitig der Tag des Eingangs des Eintragungsantrags beim Grundbuchamt mitzuteilen. [3]Bei einer Eintragung aufgrund Erbfolge ist das Jahr anzugeben, in dem der Erblasser verstorben ist. [4]Die Mitteilungen können der Finanzbehörde über die für die Führung des Liegenschaftskatasters zuständige Behörde oder über eine sonstige Behörde, die das amtliche Verzeichnis der Grundstücke (§ 2 Abs. 2 der Grundbuchordnung) führt, zugeleitet werden.

(5) [1]Die mitteilungspflichtige Stelle hat die Betroffenen vom Inhalt der Mitteilung zu unterrichten. [2]Eine Unterrichtung kann unterbleiben, soweit den Finanzbehörden Umstände aus dem Grundbuch, den Grundakten oder aus dem Liegenschaftskataster mitgeteilt werden.

Wichtig ist in diesem Zusammenhang noch § 196 BauGB idF v. 23.9.2004 (BGBl. 2004 I S. 2414), zuletzt geändert durch Gesetz v. 15.7.2014 (BGBl. 2014 I S. 954), der den folgenden Wortlaut hat:

§ 196 BauGB Bodenrichtwerte

(1) [1]Auf Grund der Kaufpreissammlung sind flächendeckend durchschnittliche Lagewerte für den Boden unter Berücksichtigung des unterschiedlichen Entwicklungszustands zu ermitteln (Bodenrichtwerte). [2]In bebauten Gebieten sind Bodenrichtwerte mit dem Wert zu ermitteln, der sich ergeben würde, wenn der Boden unbebaut wäre. [3]Es sind Richtwertzonen zu bilden, die jeweils Gebiete umfassen, die nach Art und Maß der Nutzung weitgehend übereinstimmen. [4]Die wertbeeinflussenden Merkmale des Bodenrichtwertgrundstücks sind darzustellen. [5]Die Bodenrichtwerte sind jeweils zum Ende jedes zweiten Kalenderjahres zu ermitteln, wenn nicht eine häufigere Ermittlung bestimmt ist. [6]Für Zwecke der steuerlichen Bewertung des Grundbesitzes sind Bodenrichtwerte nach ergänzenden Vorgaben der Finanzverwaltung zum jeweiligen Hautfeststellungszeitpunkt oder sonstigen Feststellungszeitpunkt zu ermitteln. [7]Auf Antrag der für den Vollzug dieses Gesetzbuchs zuständigen Behörden sind Bodenrichtwerte für einzelne Gebiete bezogen auf einen abweichenden Zeitpunkt zu ermitteln.

(2) [1]Hat sich in einem Gebiet die Qualität des Bodens durch einen Bebauungsplan oder andere Maßnahmen geändert, sind bei der nächsten Fortschreibung der Bodenrichtwerte auf der Grundlage der geänderten Qualität auch Bodenrichtwerte bezogen auf die Wertverhältnisse zum Zeitpunkt der letzten Hauptfeststellung oder dem letzten sonstigen Feststellungszeitpunkt für steuerliche Zwecke zu ermitteln. [2]Die Ermittlung kann unterbleiben, wenn das zuständige Finanzamt darauf verzichtet.

(3) [1]Die Bodenrichtwerte sind zu veröffentlichen und dem zuständigen Finanzamt mitzuteilen. [2]Jedermann kann von der Geschäftsstelle Auskunft über die Bodenrichtwerte verlangen.

Ermittlung des Steuermessbetrags

11   Bei der Ermittlung der Grundsteuer ist zwischen das Einheitswertverfahren (vgl. Anm. 1 zu § 13 GrStG) und das Steuerfestsetzungsverfahren (vgl. Anm. 2 zu § 27 GrStG) das Steuermessbetragsverfahren geschaltet. Dies geschieht deshalb, weil man gewisse Abstufungen in der Grundsteuerbelastung sicherstellen wollte. Im Steuerfestsetzungsverfahren würde zwar die Abstufung durch eine entsprechende Ausgestaltung der Hebesätze erreicht werden können. Dem steht jedoch entgegen, dass für die Gemeinde die Hebesätze möglichst einheitlich und in einfachster Form festgesetzt werden sollen und außerdem ein unmittelbarer Vergleich zwischen den Gewerbesteuer- und Grundsteuerhebesätzen möglich sein soll. Die notwendige Abstufung wird hier durch das zwischengeschaltete Steuermessbetragsverfahren mit seinen unterschiedlichen Steuermesszahlen erreicht. Hierzu vgl. Anm. 2 ff. zu § 15 GrStG. Die Steuermesszahl wird jeweils in einem bestimmten Promillesatz ausgedrückt und auf den Einheitswert angewendet.

Beispiel:

Der Einheitswert eines Grundstücks (Mietwohngrundstück) beträgt umgerechnet 100 000 €; die Steuermesszahl ist 3,5 ‰. Es ergibt sich damit ein Steuermessbetrag 3,5 ‰ von 100 000 = 350 €. Auf diesen Betrag wird dann der gemeindliche Hebesatz (ausgedrückt in einem Prozentsatz) angewendet. Beträgt der Hebesatz z. B. 300 %, so ist jährlich eine Grundsteuer von 350 × 300 % = 1050 € zu entrichten.

Die in Deutscher Mark ermittelten Einheitswerte werden nach § 30 Satz 1 BewG auf volle 100 DM nach unten abgerundet und danach in Euro umgerechnet. Der umgerechnete Betrag wird auf volle Euro nach unten abgerundet (§ 30 Satz 2 BewG). Weitere Abrundungen sind für die Grundsteuer nicht vorgesehen, bleiben der jeweiligen hebeberechtigten Gemeinde jedoch freigestellt.

Zu § 13 Absatz 2 a. F.

Grundbesitz für Betriebszwecke der Deutschen Bundesbahn und der Deutschen Reichsbahn

Nach der Vorschrift ermäßigte sich früher der Steuermessbetrag, der für **12** Betriebszwecke der Deutschen Bundesbahn genutzt wurde, auf die Hälfte. Diese Vorschrift wurde durch das Gesetz zur Neuordnung des Eisenbahnwesens (Eisenbahnneuordnungsgesetz) v. 27.12.1993 (BGBl. 1993 I S. 2378) ab 1994 aufgehoben. In der Gesetzesbegründung heißt es dazu:

„Das Bundeseisenbahnvermögen nutzt keine Grundstücke zu Betriebszwecken. Ein ermäßigter Steuermeßbetrag für den Grundbesitz, den die Eisenbahnen des Bundes für Betriebszwecke nutzen, ist im Hinblick auf die Besteuerung vergleichbaren Grundbesitzes von Unternehmen anderer Verkehrsträger nicht gerechtfertigt. Die Vorschrift kann daher entfallen."

Der Grundbesitz der Deutschen Bahn ist ab 1995 voll steuerpflichtig bzw. nach § 4 Nr. 3 Buchst. a GrStG steuerbefreit. Hierzu vgl. Anm. 5 zu § 4 GrStG.

Allgemein zur Behandlung des Bundeseisenbahnvermögens vgl. Anm. 1 zu § 3 GrStG.

Zu § 13 Absatz 3

Erbbaurecht

Im Fall der Belastung des Grundbesitzes mit einem **Erbbaurecht** ist für **13** die Festsetzung des Steuermessbetrags der Gesamtwert für den Grund und Boden einschließlich der Gebäude maßgebend. Dabei ist es gleichgültig ob dem Erbbauberechtigten der Gesamtwert oder ob der belastete Grund und Boden noch dem Erbbauverpflichteten zugerechnet worden ist (§ 92 Abs. 3 BewG). Dies entspricht der Regelung in § 10 Abs. 2 GrStG, wonach der Erbbauberechtigte auch Schuldner der Steuer für das mit dem Erbbaurecht belastete Grundstück ist. Hierzu vgl. Anm. 4 zu § 10 GrStG. Wegen der Bewertung des Erbbaurechts vgl. Anm. 23 zu § 2 GrStG. Obwohl die derzeit noch geltende Wertermittlungsmethode nach § 92 BewG für das Erbbaurecht (Ansatz des Kapitalwerts des Erbbauzinses) zu einem wesentlich höheren Einheitswert führt als bei der Wertermittlung für ein vergleichbares, jedoch unbelastetes Grundstück, wurde sie als verfassungskonform angesehen (BVerfG v. 17.7.1995, BStBl. 1995 II S. 810).

Liegt beim Erbbauberechtigten ein Befreiungsgrund vor, so kann gleichwohl immer noch ein Steuermessbetrag nach § 13 Abs. 3 GrStG für das belastete Grundstück festgesetzt werden. Dies führt dann dazu, dass z. B. der gemeinnützige Sportverein, der ein Sportgelände auf Grund eines Erbbaurechts besitzt, die Grundsteuer zu entrichten hat, die sich für den nach § 92 Abs. 3 BewG dem Erbbauverpflichteten zugerechneten Grund und Boden ergibt.

Beim **Gebäude auf fremdem Grund und Boden** wird sowohl für das Gebäude als auch für den Grund und Boden ein Einheitswert, u. U. jeweils nach voneinander abweichenden Grundsätzen, festgestellt (§ 94 Abs. 2 BewG). Es können sich damit auch voneinander abweichende Steuermessbeträge ergeben.

§ 14 Steuermeßzahl für Betriebe der Land- und Forstwirtschaft

Für Betriebe der Land- und Forstwirtschaft beträgt die Steuermeßzahl 6 vom Tausend.

Zu § 14

Begründung zur Regierungsvorlage

1 „Die bisher geltenden Steuermesszahlen sind sowohl in ihrer absoluten Höhe als auch in ihrer Abstufung auf das engste mit dem System der alten Einheitswerte (1935) verknüpft. Die Neubewertung des Grundbesitzes zum 1.1.1964 zwingt deshalb dazu, sich von dem bisherigen Steuermesszahlsystem zu lösen. …"

Die Begründung zu der 1974 erfolgten Änderung der Steuermesszahlen ist sehr umfangreich. Da sie heute nur noch von geringem Interesse ist, jedenfalls für die Anwendung der § 14 und § 15 GrStG nicht mehr benötigt wird, kann auf ihren Abdruck verzichtet werden. Insoweit wird auf die dritte Auflage dieses Kommentars, Anm. 1 zu § 14 und § 15 GrStG verwiesen.

Steuermesszahl für die Land- und Forstwirtschaft

2 Die Steuermesszahl für die Land- und Forstwirtschaft beträgt 6‰. Zwar gingen starke Bestrebungen seitens der Land- und Forstwirtschaft dahin, die Steuermesszahl ebenso wie beim Grundvermögen auf 3,5‰ herabzusetzen, mindestens jedoch auf 5,5‰ zu senken. Dies hätte aber zur Folge gehabt, dass ländliche Gemeinden, wenn sie das frühere vor 1974 erzielte Grundsteueraufkommen hätten halten wollen, ihre Hebesätze erheblich hätten heraufsetzen, u. U. sogar mehr als verdoppeln müssen. Um dies zu verhindern, war im Zusammenhang damit der weitere Vorschlag gemacht worden, im Grundsteuergesetz eine Höchstgrenze für die Hebesätze der Gemeinden festzulegen. Dies wiederum hätte aber bedeutet, dass Bund und Länder das sich dann ergebende Defizit an Grundsteuer im Rahmen des Finanzausgleichs hätten decken müssen. Vorschläge dieser Art haben sich deshalb nicht realisieren lassen.

Im Einheitswert des land- und forstwirtschaftlichen Betriebs ist auch das dazu gehörende Wohnhaus des Betriebsinhabers erfasst (§ 48 BewG). Der dafür anzusetzende Wohnungswert wird zwar wie bei einem Mietwohngrundstück ermittelt (§ 47 BewG). Es gilt aber auch dafür die Steuermesszahl 6‰. Der Vorschlag, wenigstens für den Wohnungswert die Steuermesszahl vorzusehen, die für die entsprechenden Wohngebäude des Grundvermögens gilt, hätte insbesondere im Interesse der kleineren land-wirtschaftlichen Betriebe gelegen, bei denen der Wohnungswert gegenüber dem Wirtschaftswert einen wesentlich größeren Teil des Einheitswerts ausmacht als etwa bei großen Betrieben. Der Vorschlag wurde jedoch bei den Beratungen des Finanzausschusses des Bundestages nicht weiter diskutiert. Wegen der Auswirkungen der Steuermesszahlen vgl. auch Anm. 7 zu § 15 GrStG.

Die Steuermesszahl 6‰ ist auch auf die Ersatzwirtschaftswerte anzuwenden, die nach § 125 BewG für das land- und forstwirtschaftliche Vermögen in den neuen Bundesländern bereits im Steuermessbetragsverfahren (§ 126 Abs. 1 BewG) ermittelt werden. Im Einzelnen vgl. hierzu Anm. 2 zu § 40 GrStG.

§ 15 Steuermeßzahl für Grundstücke

(1) **Die Steuermeßzahl beträgt 3,5 vom Tausend.**

(2) **Abweichend von Absatz 1 beträgt die Steuermeßzahl**

1. **für Einfamilienhäuser im Sinne des § 75 Abs. 5 des Bewertungsgesetzes mit Ausnahme des Wohnungseigentums und des Wohnungserbbaurechts einschließlich des damit belasteten Grundstücks 2,6 vom Tausend für die ersten 38 346,89 Euro des Einheitswerts oder seines steuerpflichtigen Teils und 3,5 vom Tausend für den Rest des Einheitswerts oder seines steuerpflichtigen Teils;**
2. **für Zweifamilienhäuser im Sinne des § 75 Abs. 6 des Bewertungsgesetzes 3,1 vom Tausend.**

Übersicht

Zu § 15 Abs. 1
1. Steuermesszahl für das Grundvermögen

Zu § 15 Abs. 2
2. Steuermesszahl für Ein- und Zweifamilienhäuser
3. Steuermesszahl für unbebaute Grundstücke
4. Baulandsteuer

5. Auswirkungen der Einheitswerte und der Steuermesszahlen auf die Grundsteuerbelastung

Anhang zu § 15
6. Bedenken gegen die Einheitswerte
7. Neue Einheitsbewertung
8. Ertragswertverfahren oder Sachwertverfahren
9. Abschaffung der Einheitswerte

Zu § 15 Absatz 1

Steuermesszahl für das Grundvermögen

Nach Art. 3 Abs. 2 BewÄndG 1965 v. 13.8.1965 (BGBl. 1965 I S. 851)   **1**
sollte bei erstmaliger Anwendung der Einheitswerte 1964 das Gesamtvolu-

men der Steuermessbeträge für die Betriebe der Land- und Forstwirtschaft (Grundsteuer A) und für die bebauten Grundstücke (Grundsteuer B), jedoch nicht für die unbebauten Grundstücke, annähernd das Gleiche wie zuvor bleiben. Die Einheitswerte 1964 sollten sich also für die Grundsteuer neutral auswirken. Andererseits sollte aber auch nicht unbeachtet bleiben, dass den Gemeinden im Rahmen der Gemeindefinanzreform eine Verstärkung des Grundsteueraufkommens vom Zeitpunkt der erstmaligen Anwendung der neuen Einheitswerte ab in Aussicht gestellt worden war (BT-Drucks. V/ 3876). Es sollte also der Grundsatz der Steuerneutralität gelten und dadurch verwirklicht werden, dass ab 1974 die Steuermesszahlen in dem Verhältnis herabgesetzt werden, in dem sich die Einheitswerte 1964 gegenüber den Einheitswerten 1935 erhöhten. Demgemäß werden derzeit als Steuermesszahlen festgesetzt:

– für Einfamilienhäuser bis zu 38 346,89 € Einheitswert 2,6‰, für den Mehrwert 3,5‰
– für Zweifamilienhäuser einheitlich 3,1‰
– für das übrige Grundvermögen einheitlich 3,5‰

Diese Regelung besagt aber noch nicht, dass auch bei allen Grundstücken die Grundsteuerbelastung, die vor 1974 gegolten hatte, danach auch unverändert geblieben ist. Im Einzelfall haben sich sogar ganz erhebliche Abweichungen ergeben. Das hing einerseits davon ab, inwieweit der Einheitswert nach den Wertverhältnissen 1964 jeweils über oder unter dem zuvor geltenden Einheitswert lag und andererseits davon, in welchem Verhältnis die wesentlich stärker differenzierten früheren Steuermesszahlen zu den neuen ab 1974 geltenden Steuermesszahlen standen.

Diese Steuermesszahlen sind auch auf die Einheitswerte anzuwenden, die für Grundstücke in den neuen Bundesländern festgestellt werden. Im Einzelnen vgl. hierzu Anm. 2 zu § 41 GrStG. Zur Veranlagung der Grundsteuer für Wohngrundstücke in einem vereinfachten Verfahren vgl. Anm. 2 zu § 42 GrStG.

Zu § 15 Absatz 2

Steuermesszahl für Ein- und Zweifamilienhäuser

2   Für Einfamilienhäuser beträgt die Steuermesszahl 2,6‰ für die ersten 38 346,89 € des Einheitswerts, darüber hinaus 3,5‰. Für Zweifamilienhäuser beträgt die Steuermesszahl einheitlich 3,1‰. Da die Zweifamilienhäuser zwischen dem Einfamilienhaus und Mietwohngrundstück einzuordnen sind, sollte die Steuermesszahl in einem angemessenen Verhältnis zu den beiden dafür geltenden Steuermesszahlen stehen. Dies ist aber zunächst nur auf den ersten Blick hin der Fall. Tatsächlich ist nämlich die in § 15 GrStG gefundene Lösung unbefriedigend, wie der Vergleich verschiedener Grundstücke mit gleichen Einheitswerten (in DM vor Umrechnung nach § 30 Satz 1 BewG) zeigt.

Einheitswert (DM)	Steuermesszahl in ‰		
	Einfamilienhaus	Zweifamilienhaus	Mietwohngrund- stück
50 000	2,6	3,1	3,5
100 000	2,8	3,1	3,5
170 000	3,1	3,1	3,5
300 000	3,27	3,1	3,5
500 000	3,36	3,1	3,5
1 000 000	3,44	3,1	3,5

Die Steuermesszahl für Einfamilienhäuser nähert sich bei steigender Höhe des Einheitswerts der allgemeinen Steuermesszahl von 3,5‰ immer stärker an. Die Steuermesszahl für Zweifamilienhäuser bleibt dagegen konstant. Zweifamilienhäuser werden also ab einem Einheitswert von etwa 200 000 DM gegenüber allen anderen Grundstücksarten eindeutig begünstigt, ohne dass hierfür ein sachlicher Grund zu erkennen ist. **Eigentumswohnungen** werden als selbständige Grundstücke behandelt. Sie werden der ihrer Nutzung entsprechenden jeweiligen Grundstücksart zugerechnet (§ 93 Abs. 1 BewG). Danach handelt es sich im Regelfall um ein Einfamilienhaus, kann z.B. aber auch ein Zweifamilienhaus sein. Gleichwohl erfolgt die Wertermittlung jeweils wie bei einem Mietwohngrundstück (§ 93 Abs. 2 BewG). Dementsprechend gilt dafür stets auch die Steuermesszahl 3,5‰ (§ 15 Abs. 1 GrStG). Insoweit sind sie von der für Ein- und Zweifamilienhäusern geltenden Regelung ausgenommen (BFH v. 3.12.1982, BStBl. 1983 II S. 338), sind also eindeutig benachteiligt. Nach anderer Auffassung ist die **Anwendung unterschiedlicher Steuermesszahlen** bei **Einfamilienhäusern** einerseits und **Eigentumswohnungen** andererseits aufgrund der unterschiedlichen Höhe der maßgebenden Vervielfältiger bei der vorgreiflichen Einheitsbewertung (§ 80 BewG) **verfassungsrechtlich unbedenklich** (BFH v. 29.6.2011, BFH/NV 2011 S. 1726, vorinstanzlich so bereits FG Hbg. v. 24.8.2010, EFG 2011 S. 119).

Reihenhäuser werden des Öfteren in der Rechtsform des Wohnungseigentums errichtet. Dabei wird für alle Räume jedes einzelnen Reihenhauses Sondereigentum ausgewiesen. Solche Reihenhäuser können auch eine nicht abgeschlossene Einliegerwohnung enthalten. In diesen Fällen ist zwar jedes Reihenhaus als Wohnungseigentum iSd Wohnungseigentumsgesetzes und damit als selbständige wirtschaftliche Einheit anzusehen. Für die Bestimmung der Grundstücksart ist jedoch allein die Nutzung des auf das Wohnungseigentum entfallenden Gebäudeteils maßgebend (§ 93 Abs. 1 Satz 2 BewG). Da Wohngrundstücke, die eine Hauptwohnung und eine Einliegerwohnung enthalten, zu der Grundstücksart „Zweifamilienhaus" gehören, sind auch die in der Form des Wohnungseigentums errichteten Reihenhäuser mit Einliegerwohnung dieser Grundstücksart zuzurechnen, jedoch wie Mietwohngrundstücke zu bewerten. Für Zweifamilienhäuser beträgt die Steuermesszahl 3,1‰ (§ 15 Abs. 2 Nr. 2 GrStG). Eine für Einfamilienhausgrundstücke im Wohnungseigentum getroffene Ausnahmeregelung (§ 15 Abs. 2 Nr. 1 GrStG) besteht für Zweifamilienhausgrundstücke nicht; folglich ist für diese Grundstücksart im Wohnungseigentum die Steuermesszahl 3,1‰ einschlägig (*Halaczinsky,* GrStG, § 15 Rz. 4).

Steuermesszahl für unbebaute Grundstücke

3   Für unbebaute Grundstücke gilt ebenfalls die einheitliche Steuermesszahl 3,5‰. Bei den unbebauten Grundstücken waren die Einheitswerte nach den Wertverhältnissen 1964 nicht nur gegenüber den Einheitswerten nach den Wertverhältnissen 1935, sondern auch im Verhältnis zu den Einheitswerten der anderen Grundstücksarten relativ hoch. Dazu kam, dass die vor 1974 geltende Steuermesszahl für unbebaute Grundstücke relativ niedrig war. Sie betrug nur 5‰. Wenn die Steuermesszahl 3,5‰ auf den Einheitswert 1964 angewendet wird, so bedeutete dies, dass die Grundsteuer um mindestens das Siebenfache höher wurde als vor 1974. Damit war im Prinzip eine ähnliche Situation gegeben, die man mit der 1960 eingeführten, jedoch 1964 wieder aufgehobenen Baulandsteuer erreichen wollte. Hierzu vgl. auch Anm. 6 zu § 15 GrStG. Gegenüber der Baulandsteuer war der Belastungseffekt in vielen Fällen noch größer; denn die Erhöhung der Einheitswerte galt auch für die Vermögensteuer und Erbschaftsteuer. Außerdem galt sie nicht nur für baureifes Bauland, sondern für unbebaute Grundstücke ganz allgemein. Bodenpolitisch war diese Situation deshalb von Interesse, weil damit, ebenso wie es 1960 mit der Einführung einer Baulandsteuer beabsichtigt war, ein gewisser Druck auf die Eigentümer ausgeübt werden sollte, unbebaute Grundstücke auf den Bodenmarkt zu bringen. Tatsächlich war diese Maßnahme aber „bodenpolitisch" genauso wirkungslos wie die Einführung der Baulandsteuer; denn die Baulandpreise waren zwischen 1964 und 1974 so exorbitant gestiegen, dass die Grundsteuerbelastung in keiner Relation mehr zu dem zwischenzeitlichen Wertzuwachs steht. Im Einzelnen vgl. hierzu auch Anm. 6 zu § 14 GrStG.

Für die Einheitswerte für unbebaute Grundstücke in den neuen Bundesländern, die noch auf den Wertverhältnissen von 1935 beruhen, gelten die Steuermesszahlen in §§ 33 ff. GrStDV. Im Einzelnen vgl. dazu Anm. 4 zu § 41 GrStG.

Baulandsteuer

4   Im Zusammenhang mit der Steuermesszahl für unbebaute Grundstücke ist auch auf die sog. **Baulandsteuer** einzugehen, die im Jahre 1960 eingeführt, aber schon kurz danach wieder aufgehoben worden war. Sie ist heute zwar ohne weitere Bedeutung. Da aber im politischen Raum aus „bodenpolitischen" Gründen immer wieder einmal Vorschläge zu Regelungen in mehr oder weniger abgewandelter Form gemacht wurden, so z.B. in einem Initiativentwurf eines „Teilhauptfeststellungsgesetzes 1983" (BT-Drucks. 9/1648), soll nachfolgend nochmals kurz auf die Einzelheiten dieser Baulandsteuer eingegangen werden.

Das Bundesbaugesetz (BBauG) v. 23.6.1960 (BGBl. 1960 I S. 341) enthielt eine Reihe von Maßnahmen, die zu einer Vermehrung des Baulandangebots führen und damit wieder einen funktionsfähigen Bodenmarkt herstellen sollten. Es handelte sich dabei um die Aufhebung sämtlicher noch bestehender Preisbindungen für unbebaute Grundstücke (§ 185 BBauG), die Vorverlegung der Fälligkeit der Erschließungsbeiträge, die bis dahin erst bei der Bebauung des Grundstücks zu entrichten waren, auf den Zeitpunkt der Herstellung der Erschließungsanlagen (§ 133 BBauG) und die Einführung der Baulandsteuer für baureife unbebaute Grundstücke (§ 172 BBauG). Die Einführung der Baulandsteuer war in erster Linie als bodenordnungspolitische Maßnahme gedacht, hinter der die steuerpolitische und fiskalische Bedeutung von vornherein zurücktrat. Es wurde höchstens mit einem jährlichen Aufkommen von 10 Mio. DM gerechnet, wobei nicht berücksichtigt war, dass ein Teil der entrichteten Baulandsteuer später u. U. wieder zu erstatten gewesen wäre. Die Baulandsteuer war im Einzelnen in den §§ 12a bis 12c sowie in § 21 Abs. 3 GrStG a. F. geregelt, die im Jahre 1960 durch § 172 BBauG eingeführt worden waren (s. o.). Danach sollte die Baulandsteuer für baureife unbebaute Grundstücke erhoben werden (§ 12a Abs. 1 GrStG a. F.). Baureif waren Grundstücke, die

a) in dem von der Gemeinde beschlossenen Bebauungsplan als Bauland festgesetzt waren (§§ 8 ff. BBauG),
b) durch Verkehrsanlagen iSd § 127 BBauG (Straßen, Wege usw.) sowie durch Versorgungseinrichtungen (Kanalisation usw.) für die Bebauung in ortsüblicher Weise ausreichend erschlossen waren und
c) sofort bebaut werden konnten.

Wurde ein Bebauungsplan von der Gemeinde nicht aufgestellt, so war ein unbebautes Grundstück dann baureif, wenn es die unter b) genannten Voraussetzungen erfüllte, nach der Verkehrsauffassung als Bauland galt und nach der geordneten baulichen Entwicklung der Gemeinde zur Bebauung anstand. Nicht als baureif galten unbebaute Grundstücke, die als Baugrundstücke für den Gemeinbedarf vorgesehen waren oder aber in einem Bebauungsplan als reines Industrie- oder Gewerbeland ausgewiesen waren. Weiter blieben von der Baulandsteuer befreit baureife Grundstücke, die im Rahmen eines landwirtschaftlichen oder forstwirtschaftlichen Betriebs bewirtschaftet wurden, wenn der Betrieb seinem Inhaber als Erwerbsgrundlage diente und eine Veräußerung oder anderweitige Nutzung des Grundstücks die Erhaltung der Wirtschaftlichkeit seines Betriebs beeinträchtigt hätte (§ 12a Abs. 6 GrStG a. F.). Es konnte sich dabei um ein betriebseigenes, aber auch um ein zugepachtetes baureifes Grundstück handeln. War ein Bebauungsplan aufgestellt und lag das baureife Grundstück innerhalb dieses Bebauungsplans, so war es von der Baulandsteuer befreit, wenn dem Inhaber des Betriebs geeignetes Ersatzland nicht nachgewiesen werden konnte. Insgesamt bedeuteten diese Ausnahmevorschriften eine fast vollständige Befreiung des land- und forstwirtschaftlich genutzten Baulandes; denn eine gewisse Beeinträchtigung der Wirtschaftlichkeit hätte sich bei Bebauung einer solchen Grundstücksfläche immer feststellen lassen und geeignetes Ersatzland wäre meist nur schwer nachzuweisen gewesen.

Für unbebaute Grundstücke betrug die Steuermesszahl grundsätzlich 5 ‰ (§ 33 Ziff. 2 GrStDV a. F.). Für baureife unbebaute Grundstücke sollte sie sich ab 1.1.1961 auf 20‰, nach Ablauf von weiteren zwei Jahren auf 25‰ und nach Ablauf von nochmals zwei Jahren auf 30‰, d. h. auf das 4-, 5- und 6-fache erhöhen (§ 12a Abs. 2 GrStG a. F.). Außerdem konnten die Gemeinden für die Baulandsteuer zusätzlich noch einen besonderen, von den übrigen Hebesätzen abweichenden Hebesatz (Grundsteuer C) festsetzen (§ 21 Abs. 3 GrStG a. F.). Wurde jedoch auf einem baureifen Grundstück ein Gebäude (Wohngebäude) errichtet, so sollte die entrichtete Baulandsteuer, soweit sie über die normale Grundsteuer für ein unbebautes Grundstück hinausging, wieder zurückerstattet werden (§ 12a Abs. 5 GrStG a. F.).

Bei der Erhebung der Baulandsteuer ergaben sich sehr bald Schwierigkeiten. Eine Unzahl von Rechtsmitteln, die mit der Verfassungswidrigkeit der Baulandsteuer begründet wurden, führte zur vorläufigen Aussetzung der Steuerbescheide und damit zu einer allgemeinen Rechtsunsicherheit. Diese wurde noch weiter gefördert durch ein damals neu erlassenes Gesetz zur Einschränkung der Bautätigkeit (Baustoppgesetz) v. 8.6.1962 (BGBl. 1962 I S. 365). Es bestand nämlich ein offensichtlicher Widerspruch zwischen der Baulandsteuer und diesem Gesetz. Es wurde deshalb gefordert, die Erhebung der Baulandsteuer allgemein für zwei Jahre auszusetzen. Die Vorschriften der §§ 12a bis 12c und § 21 Abs. 3 GrStG a. F. wurden daraufhin durch das Gesetz zur Änderung grundsteuerlicher Vorschriften v. 10.6.1964 (BGBl. 1964 I S. 344) wieder aufgehoben bzw. entsprechend geändert. Die Aufhebung der Baulandsteuer galt rückwirkend v. 1.1.1963 an. Für die Kalenderjahre 1961 und 1962 blieb dagegen die Erhebung der Baulandsteuer unberührt.

Die **Baulandsteuer** wurde damit **nur für zwei Jahre** erhoben. Diese Zeit war aber viel zu kurz, um überhaupt ein Urteil darüber abgeben zu können, ob die Baulandsteuer, wie es behauptet wurde, als bodenpolitisches Druckmittel tatsächlich versagen musste. Die Resonanz bei den betroffenen Grundstückseigentümern lässt eher vermuten, dass das gewollte Ziel des Gesetzgebers, nämlich einen gewissen Druck zur Veräußerung auszuüben, mindestens teilweise hätte erreicht werden können. Bei den auch nach 1960 weiter steigenden Bodenpreisen wäre es jedoch in den meisten Fällen ohne Weiteres möglich gewesen, auch die Baulandsteuer auf den Käufer abzuwälzen.

Die verfassungsrechtlichen Bedenken, die von interessierter Seite gegen die Baulandsteuer geltend gemacht wurden, sind später von der Rechtsprechung nicht akzeptiert worden. Diese stellte nämlich fest, dass die Baulandsteuer nicht verfassungswidrig war (BFH v. 19.4.1968, BStBl. 1968 II S. 620). Zwar wurde gegen dieses BFH-Urteil Verfassungsbeschwerde beim Bundesverfassungsgericht eingereicht. Diese wurde jedoch nicht zur Entscheidung angenommen, weil nach Aufhebung der Baulandsteuer eine Klärung weiterhin bedeutsamer verfassungsrechtlicher Fragen nicht mehr zu erwarten war (BB 1969 S. 438).

In dem bereits erwähnten, dann aber nicht mehr weiterverfolgten Entwurf eines „Teilhauptfeststellungsgesetzes 1983" (aaO) war vorgesehen, dass für unbebaute baureife Grundstücke iSd § 73 BewG die Einheitswerte auf den Beginn des Kalenderjahres 1983 allgemein nach den dann gegebenen Wertverhältnissen festgestellt werden, während es für die bebauten Grundstücke bei den alten Einheitswerten d. h. bei den Wertverhältnissen von 1964 verbleiben sollte. Die Einheitswerte der Teilhauptfeststellung 1983 sollten ab 1983 anzuwenden sein.

Bei Bebauung eines baureifen Grundstücks sollte die Möglichkeit eröffnet werden, die entstandene Grundsteuer der letzten drei Jahre vor Bezugsfertigkeit zu erstatten.

Veranlasst war diese Gesetzesinitiative durch die Annahme, dass in den Gemeinden genügend baureife Grundstücke vorhanden sind und auch bebaut werden könnten, wenn sie auf den Markt gebracht würden. Nach einer vom Bundeswohnungsbauminister in Auftrag gegebenen Untersuchung seien durchschnittlich rd. 10 % der Wohnsiedlungsflächen noch Baulücken. Nur ein Viertel der befragten Eigentümer sei aber bereit, in den nächsten vier Jahren ihr Grundstück baulich zu nutzen. Wesentlicher Beweggrund vieler Grundstückseigentümer, nicht zu bauen oder zu verkaufen, sei die Tatsache, dass unbebautes Grundeigentum als sichere Kapitalanlage angesehen wird und kaum steuerliche oder sonstige wesentliche Aufwendungen erfordert. Entsprechende Gesetzesinitiativen sind zwar auch später noch gelegentlich diskutiert worden, bislang aber ohne jeden Erfolg geblieben.

Auswirkungen der Einheitswerte und der Steuermesszahlen auf die Grundsteuerbelastung

Untersucht man die effektive Grundsteuerbelastung, der heute das einzelne 5 Grundstück unterliegt, so wird man feststellen, dass diese selbst bei völlig gleichwertigen Grundstücken stark voneinander abweichen kann. Diese Abweichungen können dabei bis zu 100 % und mehr betragen. Sie sind im Wesentlichen bedingt durch die Ungleichmäßigkeit der zugrunde gelegten Einheitswerte, durch die bis heute fortgeltende Erstarrung der Wertverhältnisse des Jahres 1964 und auch durch die unterschiedlichen Steuermesszahlen.

Dass sich bei der Einheitsbewertung 1964 erhebliche Wertabweichungen ergeben würden, war dem Gesetzgeber schon bei Erlass des Bewertungs-Änderungsgesetzes 1965 bekannt. Ihr Ausmaß ließ sich allerdings erst nach Beginn der Bewertungsarbeiten im Jahre 1967 absehen. Die Steuerreformkommission hat deshalb in den Jahren 1970/71 auch die Frage untersucht, wie man hier noch zu einem besseren Ergebnis kommen könne. Nach eingehender Prüfung aller denkbaren Möglichkeiten stellte sie dazu in ihrem Gutachten (Schriftenreihe des BMF, Heft 17 S. 616 ff.) fest, dass eine Lösung auf der Basis der Einheitswerte von 1964 nicht durchführbar sei. Die Steuerreformkommission prüfte deshalb auch die Frage, ob die Einheitswerte nicht überhaupt abgeschafft werden könnten, um statt dessen z. B. bei der Grundsteuer einen Mietwert oder bei der Erbschaftsteuer den Verkehrswert anzusetzen. Sie hielt jedoch auch diese Lösung nicht für zweckmäßig, sondern schlug eine Neubewertung nach einer Methode vor, welche die Gleichmäßigkeit der Bewertung mehr beachtet, als dies bei der Einheitsbewertung 1964 der Fall war. Ein für 1971 festgelegter, dann erneut für 1975 vorgesehener Termin für eine Neubewertung ist nicht eingehalten worden. Hierzu vgl. Art. 2 Abs. 1 BewÄndG 1965 v. 13.8.1965 (BGBl. 1965 I S. 851) und Art. 4 BewÄndG 1970 v. 22.7.1970 (BGBl. 1970 I S. 1118) sowie die

Begründung zur Regierungsvorlage des 2. Steuerreformgesetzes (abgedruckt bei Anm. 1 zu § 16 GrStG). Dabei ist es für die Grundsteuer bis heute geblieben.

Anhang zu § 15

Bedenken gegen die Einheitswerte

6   Entgegen den damals durchaus bekannten Bedenken gegen die Einheitswerte von 1964 wurden diese dann doch ab 1974 der Besteuerung zugrunde gelegt (Art. 1 BewÄndG 1971 v. 27.7.1971, BGBl. 1971 I S. 1157). Wertabweichungen wurden zunächst von Rechtsprechung und Verwaltung als Einzelfälle abgetan, die bei einer typisierten Massenbewertung in Kauf genommen werden müssten. Tatsächlich sind aber diese Wertabweichungen systemimmanent.

Für die Grundsteuer ist in diesem Zusammenhang wichtig, dass zwischen dem Grundvermögen und dem land- und forstwirtschaftlichen Vermögen, und beim Grundvermögen auch zwischen den einzelnen Grundstücksarten ganz unterschiedliche Wertrelationen bestehen. Selbst innerhalb der jeweiligen Grundstücksart wurden noch signifikante Abweichungen festgestellt. Dies muss zwangsläufig auch bei der Grundsteuer zu einer ungleichmäßigen Besteuerung führen.

Das Ausmaß der Abweichungen zeigt die nachfolgende Zusammenstellung, die auf Grund einer im Jahr 1992 in den alten Bundesländern durchgeführten und von der Bundesregierung angeordneten Untersuchung erstellt worden ist. Dabei wurden annähernd 100 000 Grundstücksveräußerungen aus dem ersten Halbjahr 1992 ausgewertet, wobei dem damals gezahlten Kaufpreis, also dem Verkehrswert des Grundstücks, jeweils der dafür geltende Einheitswert gegenübergestellt wurde. Danach ergaben sich die folgenden Relationen:

	% des Verkehrswertes
– Einfamilienhäuser im Ertragswertverfahren (EWV)	12,49
– Einfamilienhäuser im Sachwertverfahren (SWV)	20,58
– Zweifamilienhäuser (EWV)	11,67
– Zweifamilienhäuser (SWV)	25,51
– Mietwohnungen (EWV)	11,50
– Mietwohnungen (SWV)	15,56
– Geschäftsgrundstücke (EWV)	15,23
– Geschäftsgrundstücke (SWV)	20,60
– Mischgrundstücke unter 50 % betrieblicher Nutzung (EWV)	13,11
– Mischgrundstücke unter 50 % betrieblicher Nutzung (SWV)	16,81
– Mischgrundstücke über 50 % betrieblicher Nutzung (EWV)	14,83
– Mischgrundstücke über 50 % betrieblicher Nutzung (SWV)	19,01
– Eigentumswohnungen (EWV)	12,68
– Eigentumswohnungen (SWV)	13,21
– unbebaute Grundstücke	8,95

Die Erhebung beschränkte sich auf das Grundvermögen; für das land- und forstwirtschaftliche Vermögen wird mit folgenden Relationen gerechnet:

	% des Verkehrswertes
– Landwirtschaft	1,5
– Intensivkulturen	15,0
– Forstwirtschaft	0,4

Im Einzelfall ergeben sich allerdings noch erhebliche Abweichungen von den angegebenen Durchschnittswerten je nach Bundesland, Gemeindegröße, Baualtersgruppe und weiteren Umständen. Auch bei anderen im Lauf der Zeit durchgeführten Untersuchungen war man zu ähnlichen Ergebnissen gekommen.

Die Einheitswerte, die in den neuen Bundesländern maßgebend sind, werden noch auf der Grundlage der Wertverhältnisse von 1935 ermittelt. Hier werden differenzierte Zuschläge gemacht (§ 133 BewG). So sind die Einheitswerte für

	% des Einheitswertes
– Mietwohngrundstücke mit	100
– Einfamilienhäuser mit	250
– Geschäftsgrundstücke mit	400
– unbebaute Grundstücke mit	600

anzusetzen. Die sich danach ergebenden Einheitswerte dürften zu den heutigen Verkehrswerten in einem ähnlichen Verhältnis stehen wie die Einheitswerte in den alten Bundesländern. Für das land- und forstwirtschaftliche Vermögen gilt ein besonderer Ersatzwirtschaftswert (§ 126 BewG).

Ähnliche Zahlen wurden auch von anderer Seite vorgetragen. Auf eine weitere Hochrechnung nach den Wertverhältnissen, die sich für 1996 ergeben würden, kann verzichtet werden. Insoweit sollte der Hinweis genügen, dass der Baukostenindex von 1992 bis 1996 im Schnitt um weitere 10 % gestiegen ist.

Bei der Grundsteuer entfällt zwar ein Vergleich mit den heutigen Verkehrswerten anderer Vermögensgegenstände. Hier wirken sich aber immer noch die Abweichungen zwischen den Einheitswerten der einzelnen Grundstücksarten aus. So betragen z.B. die auf der Grundlage des Einheitswerts ermittelten Steuermessbeträge für ein Objekt mit einem Verkehrswert von 500 000 DM:

	Einheits- wert DM	Steuer- messzahl ‰	Steuermess- betrag DM
a) Unbebaute Grundstücke	50 000	3,5	165
b) Im Ertragswertverfahren bewertet:			
Einfamilienhaus	75 000	2,6	195
Zweifamilienhaus	100 000	3,1	310
Mietwohn- grundstück	100 000	3,5	350

	Einheits- wert DM		Steuer- messzahl ‰	Steuermess- betrag DM
Geschäfts- grundstück	125 000		3,5	437
c) Im Sachwertverfahren bewertet:				
Einfamilienhaus		bis 75 000 =	2,6	
	150 000	darüber =	3,5	457
Zweifamilienhaus	150 000		3,1	465
Geschäfts- grundstück	150 000		3,5	515
d) Land- und Forst- wirtschaftlicher				
Betrieb	10 000		6,0	60

Zur unterschiedlichen Grundsteuerbelastung, die sich ab 1991 für den Grundbesitz in den neuen Bundesländern ergibt, vgl. Anm. 1 ff. zu § 41 GrStG.

Neue Einheitsbewertung

7   Die Frage, warum man mit einer Neubewertung nicht weitergekommen ist, lässt sich ziemlich einfach beantworten. Ein neuer Termin muss vom Gesetzgeber festgelegt werden. Darüber haben die Politiker zu entscheiden. Politiker entschließen sich aber in aller Regel erst dann zur Verabschiedung eines Gesetzes, wenn sie glauben, dass in der zu regelnden Sache nicht nur ein „Entscheidungsbedarf" gegeben ist, sondern ihnen das zu lösende Problem bereits „auf den Nägeln brennt". Dies ist aber hier nicht der Fall (s. o.). Zwar wurde immer wieder einmal auch von dem einen oder anderen Politiker betont, dass es nunmehr höchste Zeit für eine neue Einheitsbewertung sei. Bisher sind solche Bekundungen aber stets nur ein „Strohfeuer" geblieben. Man kann ruhig unterstellen, dass Politiker, gleich welcher Partei sie auch angehören mögen, sich scheuen, das Projekt „neue Einheitswerte" ernsthaft anzupacken; denn irgendwelche Wahlen stehen immer vor der Tür, und Wahlen sind damit nicht zu gewinnen. Auf das Stichwort „Einheitswert" reagiert nämlich das breite Publikum sehr sensibel. Jeder befürchtet, dass bei einer Neubewertung irgendwelche Steuererhöhungen auf ihn zukommen. Die Stimmungslage des Publikums und seine zu erwartende Reaktion auf die Ankündigung neuer Einheitswerte würden Politiker aber kaum außer Betracht lassen können. Zunächst wartete man im politischen Raum auf eine Entscheidung des Bundesverfassungsgerichts, wonach die bisherigen Einheitswerte nicht mehr zu halten sind. Unter diesen Umständen wären es allenfalls die Gemeinden, die Interesse an einer neuen Einheitsbewertung haben müssten. Vermutlich sprechen aber auch dort dieselben zuvor angeführten Überlegungen dafür, das Thema möglichst gar nicht anzurühren. Insgesamt bleibt somit festzuhalten, dass kaum jemand für eine Initiative in Sachen neuer Einheitsbewertung zu gewinnen war.

   Andererseits erfordert aber eine neue Einheitsbewertung eine Entscheidung des Gesetzgebers, die bis heute noch aussteht. Für Grundbesitz hat also die letzte Hauptfeststellung der Einheitswerte auf den Beginn 1964 stattgefunden. Der Zeitpunkt der auf die Hauptfeststellung 1964 folgenden nächsten Hauptfeststellung der Einheitswerte des Grundbesitzes muss abweichend von § 21 Abs. 1 Nr. 1 BewG durch besonderes Gesetz bestimmt werden (Art. 2 Abs. 1 BewÄndG 1965 v. 13.8.1965, BGBl. 1965 I S. 851 idF des Art. 2 BewÄndG 1970 v. 22.7.1970, BGBl. 1970 I S. 1118).

Bei den bestehenden Wertverzerrungen zwischen den Einheitswerten des Grundbesitzes und den Wertansätzen des übrigen Vermögens stellte endlich im Jahr 1995 das Bundesverfassungsgericht fest, dass die Einheitswerte verfassungswidrig sind. Die beiden Entscheidungen ergingen zwar nicht unmittelbar zur Einheitsbewertung, sondern zur Vermögensteuer und zur Erbschaftsteuer (hierzu vgl. BVerfG v. 22.6.1995 2 BvL 37/91, BStBl. 1995 II S. 655 und 2 BvR 552/91, BStBl. 1995 II S. 671). Sie verlangen aber beide, dass als Einheitswerte für den Grundbesitz verkehrswertnahe Werte angesetzt werden.

Zur **Vermögensteuer** hat das BVerfG (2 BvL 37/91) wie folgt entschieden:

„**Bestimmt der Gesetzgeber für das gesamte steuerpflichtige Vermögen einen einheitlichen Steuersatz, so kann eine gleichmäßige Besteuerung nur in den Bemessungsgrundlagen der je für sich zu bewertenden wirtschaftlichen Einheiten gesichert werden. Die Bemessungsgrundlage muß deshalb auf die Ertragsfähigkeit der wirtschaftlichen Einheiten sachgerecht bezogen sein und deren Werte in ihrer Relation realitätsgerecht abbilden.**
1. § 10 Nr. 1 VStG ist jedenfalls seit dem Veranlagungszeitraum 1983 mit Art. 3 Abs. 1 GG insofern unvereinbar, als er den einheitswertgebundenen Grundbesitz, dessen Bewertung der Wertentwicklung seit 1964/74 nicht mehr angepaßt worden ist, und das zu Gegenwartswerten erfaßte Vermögen mit demselben Steuersatz belastet.
2. Der Gesetzgeber ist verpflichtet, eine Neuregelung spätestens bis zum 31. Dezember 1996 zu treffen. Längstens bis zu diesem Zeitpunkt ist das bisherige Recht weiterhin anwendbar.
Setzt die Neuregelung eine allgemeine Neubewertung von Besteuerungsgrundlagen voraus, so kann der Gesetzgeber für deren Dauer – längstens für fünf Jahre seit der Verkündung des Gesetzes – Übergangsregelungen treffen, die die vermögensteuerliche Belastung an die verfassungsrechtlichen Maßstäbe dieser Entscheidung annähern; dabei darf er eine teilweise Fortgeltung der bisherigen Vorschriften anordnen.“

Zur **Erbschaftsteuer** hat das BVerfG (2 BvR 552/91) wie folgt entschieden:

„**1. § 12 Abs. 1 und 2 ErbStG ist jedenfalls seit 1987 in allen seinen seitherigen Fassungen insofern mit Art. 3 Abs. 1 GG unvereinbar, als er bei gleichem Steuertarif als Bemessungsgrundlagen für Grundbesitz den seit 1964/74 der Wertentwicklung nicht mehr angepaßten Einheitswert und für das Vermögen im übrigen den Gegenwartswert zugrunde legt.**
2., 3. ...
4. Der Gesetzgeber ist verpflichtet, eine Neuregelung spätestens bis zum 31.12.1996 zu treffen. Das bisherige Recht ist längstens bis zum 31.12.1995 anwendbar. Ab diesem Zeitpunkt verbleibt es bei der Regelung des § 165 Abs. 1 Satz 2 Nr. 2 AO.“

Auf Grund der beiden BVerfG-Entscheidungen v. 22.6.1995 (aaO) kam es zum Erlass des **Jahressteuergesetzes 1997** v. 20.12.1996 (BGBl. 1996 I S. 2049), das zur Nichtanwendung der Vermögensteuer und zur Überarbeitung des Erbschaftsteuergesetzes, vor allem aber zu einer neuen sog. „Bedarfsbewertung" des Grundbesitzes führte.

Nachdem Besteuerungsgrundlagen für die Grundsteuer nur der Grundbesitz mit den Einheitswerten 1964, nicht aber wie bei den anderen genannten Steuerarten die Verkehrswerte der anderen Wirtschaftsgüter von heute sind, ein Vergleich damit also nicht zu erfolgen braucht, wird die Grundsteuer weder in den BVerfG-Entscheidungen noch im Jahressteuergesetz 1997 angesprochen. In der Begründung zu diesem Gesetz wird lediglich darauf hingewiesen, dass die Grundsteuer wie bisher, d. h. nach den Einheitswerten von 1964 und 1935 weiter erhoben wird. Nunmehr stehen sich also ein Einheitswert für die Grundsteuer nach altem Recht und ein Grundbesitzwert für die Erbschaft- und Schenkungsteuer (und ggf. Grunderwerbsteuer) nach neuem Recht gegenüber.

Die Frage der Verfassungswidrigkeit stellt sich bei den alten für die Grundsteuer geltenden Einheitswerten nur noch wegen der **Wertabweichungen** innerhalb des Grundbesitzes. Es sollen deshalb nachfolgend auch die Ausführungen der beiden BVerfG-Entscheidungen v. 22.6.1995 (aaO) zum **Gleichheitssatz** in Art. 3 GG abgedruckt werden, die hier eventuell von Bedeutung sein können. Sie haben auszugsweise den folgenden Wortlaut:

„Der Gleichheitssatz verlangt für das Steuerrecht, dass die Steuerpflichtigen durch ein Steuergesetz rechtlich und tatsächlich gleichmäßig belastet werden. Das danach – unbeschadet verfassungsrechtlich zulässiger Differenzierungen – gebotene Gleichmaß verwirklicht sich in dem Belastungserfolg, den die Anwendung der Steuergesetze beim einzelnen Steuerpflichtigen erreicht.

Der Gleichheitssatz des Art. 3 Abs. 1 GG ist bereichsspezifisch anzuwenden. Im Sachbereich des Steuerrechts gewinnt die Besteuerungsgleichheit allerdings nicht schon aus dem Zweck der Besteuerung, den staatlichen Haushalt mit Finanzmitteln auszustatten, deutliche Konturen, sondern erst aus der Eigenart der Steuer: Die Steuer ist eine Gemeinlast, die alle Inländer je nach ihrem Einkommen, Vermögen und ihrer Nachfragekraft zur Finanzierung der allgemeinen Staatsaufgaben heranzieht. Der steuerliche Eingriff in die Vermögens- und Rechtssphäre des Einzelnen gewinnt seine Rechtfertigung auch und gerade aus der Gleichheit dieser Lastenzuteilung.

In der freiheitlichen Ordnung des Grundgesetzes deckt der Staat seinen Finanzbedarf grundsätzlich durch steuerliche Teilhabe am Erfolg privaten Wirtschaftens. Er belastet durch die Besteuerung von Einkommen und Ertrag den privaten Vermögenserwerb und durch die Besteuerung von Umsatz, Verkehrs- und Verbrauchsvorgängen die private Verwendung von Vermögen.

Auch der ruhende Bestand des Vermögens kann Anknüpfungspunkt für eine Steuerbelastung sein, wie dies insbesondere bei der Vermögensteuer und den Realsteuern der Fall ist. Sie werden vom Grundgesetz bei Regelung der Ertragshoheit (Art. 106 Abs. 2 Nr. 1 und Abs. 6 GG) in ihrer historisch gewachsenen Bedeutung aufgenommen und als zulässige Form des Steuerzugriffs anerkannt. Die Gesamtbelastung durch eine Besteuerung des Vermögenserwerbs, des Vermögensbestandes und der Vermögensverwendung ist vom Gesetzgeber so aufeinander abzustimmen, dass das Belastungsgleichmaß gewahrt und eine übermäßige Last vermieden wird. Dabei ist zu beachten, dass auch der Steuergesetzgeber nicht beliebig auf Privatvermögen zugreifen darf, der Berechtigte vielmehr von Verfassungs wegen einen Anspruch darauf hat, dass ihm die Privatnützigkeit des Erworbenen und die Verfügungsbefugnis über geschaffene vermögenswerte Rechtspositionen jedenfalls im Kern erhalten bleiben.

Der Gesetzgeber hat zwar bei der Auswahl des Steuergegenstandes und bei der Bestimmung des Steuersatzes einen weitreichenden Entscheidungsspielraum. Nach Regelung dieses Ausgangstatbestandes aber hat er die einmal getroffene Belastungsentscheidung folgerichtig im Sinne der Belastungsgleichheit umzusetzen. In der Regel wird der Steuergegenstand zunächst in der Bemessungsgrundlage so verdeutlicht und zählbar gemacht, dass sich die Steuerschuld durch Anwendung des Steuersatzes berechnen lässt. Gelingt diese Umsetzung des Belastungsgrundes in Zahlen nicht, muss der Gesetzgeber die Gleichheit im Belastungserfolg in anderer Weise – insbesondere durch differenzierte Bemessung der Steuersätze – gewährleisten.

Bestimmt der Gesetzgeber für das gesamte steuerpflichtige Vermögen einen einheitlichen Steuersatz, so kann eine gleichmäßige Besteuerung nur in den Bemessungsgrundlagen der je für sich zu bewertenden wirtschaftlichen Einheiten gesichert werden. Die Bemessungsgrundlage muss deshalb auf die Ertragsfähigkeit der wirtschaftlichen Einheiten sachgerecht bezogen sein und deren Werte in ihrer Relation realitätsgerecht abbilden. Haben sich die steuererheblichen Werte für bestimmte Gruppen wirtschaftlicher Einheiten deutlich auseinanderentwickelt, so darf das der Gesetzgeber nicht auf sich beruhen lassen. Dabei muss der Gesetzgeber auch Wertverschiebungen zwischen den einzelnen Vermögensarten und innerhalb des Grundvermögens beachten.

Wenn die Vermögensteuer das einheitswertgebundene Vermögen in den Vergangenheitswerten von 1964 belastet, das nicht einheitswertgebundene Vermögen hingegen in Gegenwartswerten, so ergeben sich schon daraus deutliche Wertverzerrungen und Belastungsungleichheiten. (...)

Durch die Entwicklung der tatsächlichen Werte des Grundbesitzes sind mithin Belastungsunterschiede eingetreten, die mit dem Erfordernis einer gleichmäßigen steuerlichen Erfassung der wirtschaftlichen Einheiten unvereinbar sind, obwohl der Gesetzgeber das Zusammenwirken von Vermögensteuer und Bewertungsgesetz auf eine solche Erfassung angelegt hat.

Das Auseinanderfallen der Wertrelation von einheitsbewerteten und nicht einheitsbewerteten wirtschaftlichen Einheiten mindert die Vermögensteuerbelastung des Grundbesitzes, ohne dass diese Steuerverschonung tatbestandlich auf das persönliche, der individuellen Lebensgestaltung dienende Gebrauchseigentum beschränkt wäre. Die Niedrigbewertung des Grundbesitzes entlastet dieses Vermögen auch dann, wenn sein Wert den des gesetzlich zu typisierenden persönlichen Gebrauchsvermögen übersteigt. Außerdem beschränkt sich diese Entlastung auf das einheitswertgebundene Vermögen, verschont also die vermögensrechtliche Grundlage individueller Freiheit nicht, soweit der Berechtigte diese Grundlage ganz oder teilweise in nicht einheitswertgebundenem Vermögen gebildet hat. Auch insoweit ist den Erfordernissen des Gleichheitssatzes nicht genügt".

Ertragswertverfahren oder Sachwertverfahren

Bei der letzten Hauptfeststellung zum 1.1.1964 sind die Einheitswerte für 8 rd. 90 % aller Grundstücke in einem Ertragswertverfahren, für den Rest in einem Sachwertverfahren ermittelt worden. Da die Begriffe Ertragswertverfahren und Sachverfahren im Folgenden mehrfach wiederkehren, sollen hier die beiden Bewertungsmethoden (bezogen auf ein Wohnhaus) ganz kurz skizziert und nebeneinander gestellt werden.

Ertragswertverfahren:	Sachwertverfahren:
Wohnfläche	a) Gebäudewert:
× übliche Miete/m²	Wohnfläche
× Vervielfältiger	× üblicher Baupreis/m²
= Grundstückswert	./. Abschreibungen
	b) + Bodenwert
	c) + Wert der Außenanlagen
	= Grundstückswert

Jede der beiden Bewertungsmethoden lässt Abweichungen zu, auch eine Kombination beider Methoden wäre denkbar. Auf Grund der Mängel der Einheitsbewertung 1964, die schon sehr bald registriert werden mussten, entschloss man sich Anfang der 70er Jahre, an Stelle eines Ertragswertverfahrens bei einer neuen Einheitsbewertung ganz allgemein nur noch die Anwendung eines Sachwertverfahrens vorzusehen. Man arbeitete zunächst ein Sachwertverfahren aus, das als Geschossflächenverfahren bezeichnet wurde, weil an Stelle der sonst üblichen Wohnfläche nach der II. Berechnungs-Verordnung die davon etwas abweichende Fläche der einzelnen Geschosse des zu bewertenden Hauses treten sollte. Es hätte aber genauso gut auch von der Wohnfläche ausgegangen werden können. Dieses Sachwertverfahren fand jedoch keine Zustimmung. Es setzte sich vielmehr die Auffassung durch, dass an dem schon 1964 praktizierten Ertragswertverfahren festgehalten werden müsse, vor allem weil es einfacher sei, sowohl für den Steuerpflichtigen bei Abgabe der von ihm verlangten Grundstücksbeschreibung, als auch für das Finanzamt bei der Bearbeitung des Falles. Hierzu vgl. auch *Mark* in „Werte und Wertermittlung im Steuerrecht", Köln 1984. Man kann darüber streiten, ob dies zutrifft; denn die Probe aufs Exempel steht noch aus. Die Erfahrungen von 1964 sprechen jedenfalls nicht unbedingt für ein Ertragswertverfahren.

In Wirklichkeit steht jedoch hinter dem zunächst nur vordergründig ausgetragenen Expertenstreit über die Einfachheit oder Kompliziertheit des anzuwendenden Verfahrens ein ganz anderes Problem. Dieses lässt sich bereits durch einen kurzen Blick auf die zuvor skizzierte Darstellung der beiden in Betracht kommenden Verfahren unschwer erkennen. Es ist die Frage, wie der **Bodenwert** im Einheitswert berücksichtigt werden soll. Dieser wirkt sich zwar unmittelbar und uneingeschränkt im Sachwertverfahren aus, nicht jedoch im Ertragswertverfahren. Man könnte zwar, wie dies bei Anwendung eines Ertragswertverfahrens für außersteuerliche Zwecke der Fall ist (hierzu vgl. § 17 der Immobilienwertermittlungsverordnung – ImmoWertV v. 19.5.2010, BGBl. 2010 I S. 639), diesen Bodenwert auch in das Ertragswertverfahren in voller Höhe mit einbeziehen, und würde damit auch zum gleichen Ergebnis wie bei Anwendung eines Sachwertverfahrens kommen. Abgesehen davon, dass dann die so stark in den Vordergrund gestellte Einfachheit des Ertragswertverfahrens nicht mehr gegeben ist, will man aber gerade dieses Ergebnis unter allen Umständen vermeiden. Dafür kann man durchaus Verständnis haben; denn der volle Ausweis des Bodenwerts nach heutigen Wertverhältnissen müsste, unterstellt es würden bei den einzelnen einheitswertabhängigen Steuern die derzeitigen Besteuerungsgrundlagen wie Steuermesszahl, Steuersatz, Freibeträge u. a. m. beibehalten und nicht entsprechend geändert, zu kaum vertretbaren steuerlichen Folgen führen. An sich wäre es Sache des Gesetzgebers, die davon abhängenden Besteuerungsgrundlagen so zu ändern, dass die sich ergebende Steuerbelastung in einem vernünftigen Rahmen bleibt. Vom Gesetzgeber ist aber, wie die Erfahrung zeigt, kaum eine vernünftige Lösung zu erwarten. Das Problem soll also möglichst schon im Vorfeld der politischen Entscheidung über das anzuwendende Bewertungsverfahren gelöst werden. Damit steht man aber wieder vor demselben Dilemma wie 1964; auch die künftigen Werte werden wieder schon von vornherein mehr oder weniger „falsch" sein. Unter diesen Umständen geht die Diskussion teilweise in eine ganz andere Richtung, ohne dass allerdings insoweit schon ein Abschluss mit einem konkreten Ergebnis abzusehen ist.

Abschaffung der Einheitswerte

So wurde immer wieder die Frage diskutiert, ob man nicht auf die Einheitswerte ganz verzichten kann. Vorschläge dieser Art sind zwar schnell gemacht. Ihre Realisierung würde aber bei den einheitswertabhängigen Steuern ganz wesentliche Strukturveränderungen voraussetzen. Sie sind bei den verschiedenen Steuern durchaus unterschiedlich und reichen von Ersatzlösungen bis zum Wegfall der Steuer selbst. Es soll deshalb hier kurz auf die bei den einzelnen Steuern bestehende Situation eingegangen werden. Hierzu vgl. auch *Kruse*, BB 1989 S. 1350. **9**

Bei der **Vermögensteuer** stand seit Längerem die Frage zur Diskussion, ob sie nicht ganz abgeschafft werden kann. Durch das Steuerentlastungsgesetz 1984 v. 22.12.1983 (BStBl. 1983 I S. 1583) war nämlich ab 1984 das Steueraufkommen bereits auf 70% des früheren gesenkt worden. Auf der anderen Seite stellte sich allerdings die Frage, ob die Länder, denen das Vermögensteueraufkommen in vollem Umfang zufloss, bei der angespannten Haushaltslage zu einem weiteren Verzicht auf Steuereinnahmen bereit sind. Außerdem wurde vorgebracht, dass die Vermögensteuer als angebliche Steuer der reichen Leute so „ideologiebefrachtet" sei, dass man auf sie aus politischen Gründen nicht verzichten könne. Zwar ist die Vermögensteuer noch nicht formell abgeschafft worden; sie kann aber auf Grund des BVerfG-Beschlusses v. 22.6.1995, BStBl. 1995 II S. 655 (vgl. Anm. 7 zu § 15) für Veranlagungszeitpunkte nach dem 31.12.1996 nicht mehr erhoben werden, denn der Gesetzgeber hat die Frist verstreichen lassen.

Bei der **Erbschaftsteuer** wurde die Auffassung vertreten, dass die Weitererhebung der Erbschaftsteuer nicht unbedingt auch die Beibehaltung der Einheitswerte erfordere. Man geht vielmehr davon aus, dass hier ohne größere Schwierigkeiten die im Einzelfall geltenden Verkehrswerte des Grundbesitzes übernommen werden könnten. Mehr oder weniger seien diese den Beteiligten ziemlich genau bekannt. Offen ist allerdings, inwieweit damit auch eine Arbeitsvereinfachung verbunden ist.

Bei der **Einkommensteuer** hingen früher vom Einheitswert die Durchschnittssätze zur Ermittlung des Gewinns nichtbuchführender Land- und Forstwirte (§ 13a EStG) und der Grundbetrag zur Ermittlung des Nutzungswertes des eigengenutzten Wohnhauses (§ 21a EStG) ab. Nachdem aber durch das Gesetz zur steuerlichen Förderung des selbstgenutzten Wohneigentums v. 15.5.1985 (BGBl. 1985 I S. 730) die Besteuerung des Nutzungswertes, abgesehen von einer längerfristigen Übergangsregelung, abgeschafft worden ist, würde insoweit, von der Einkommensteuer her gesehen, die Abschaffung der Einheitswerte vermutlich ohne allzu große Schwierigkeiten zu realisieren sein.

Somit bleibt als einzige Steuer, für die beim Wegfall des Einheitswerts eine besondere Lösung gefunden werden müsste, die **Grundsteuer**. Sie ist mit über 11 Mrd. € Jahresaufkommen eine wichtige kommunale Plangröße. Während in Literatur und Wissenschaft ihre Existenzberechtigung umstritten ist (hierzu vgl. Einführung III), wurde jedenfalls im bisherigen Verlauf der politischen Diskussion noch von keiner Seite ihre Abschaffung gefordert. Wenn die Grundsteuer aber trotz Wegfalls der Einheitswerte beibehalten werden soll, bleibt die Frage, welche Bemessungsgrundlage als Ersatz für die Einheitswerte in Frage kommen soll. So wurde z. B. vorgeschlagen, die Besteuerung auf der Grundlage der Mieten durchzuführen. Ein anderer Vorschlag sah den Bodenwert als Maßstab vor. Bei der für die neuen Bundesländer in § 42 GrStG vorgesehenen Ersatzbewertung sollte auf die Wohn- und Nutzfläche mit einheitlichen Durchschnittsbeträgen abgestellt werden. Hierzu vgl. Anm. 1 zu § 42 GrStG. Man stelle sich aber im Extremfall nur das relativ kleine Einfamilienhaus auf einem 1000 m² großen Grundstück vor, um zu erkennen, dass man bei allen Methoden sehr schnell wieder vor ähnlichen Problemen steht wie bei der Einheitsbewertung, selbst wenn man von einer Kombination aus Bodenrichtwert und pauschaliertem Gebäudewert ausgeht.

Es wurde auch die Auffassung vertreten, dass die bisher vom Finanzamt erledigten Bewertungsarbeiten ähnlich wie die Arbeiten zur Ersatzbewertung in den neuen Bundesländern nach § 41 GrStG auf die Gemeinde übergehen sollten. Eine neue Bewertungsbürokratie bei der Gemeinde würde sich damit nicht mehr vermeiden lassen. Darauf hinzuweisen bleibt allerdings, dass für bestimmte Fälle des Wohnbesitzes in den neuen Bundesländern bereits ein Ersatzwert von den Gemeinden ohne Zwischenschaltung eines besonderen Steuermessbetragsverfahrens ermittelt wird. Hierzu vgl. im Einzelnen Anm. 1 zu § 42 GrStG.

Mit dem Erlass des Jahressteuergesetzes 1997 v. 20.12.1996 (BGBl. I S. 2049) sind die hier anstehenden Fragen in der Weise entschieden worden, dass für die **Grundsteuer** die Einheitswerte von 1964 weitergelten und unabhängig davon für die Erbschaft- und Schenkungsteuer (sowie für die Grunderwerbsteuer mWv 1.1.1997) eine selbständige Grundbesitzbewertung eingeführt wird. Das Bewertungsgesetz regelt heute sowohl die herkömmliche Einheitsbewertung (§§ 33 ff. BewG) als auch die Grundbesitzbewertung. Für Zwecke der **Grunderwerbsteuer** (vgl. hierzu § 8 Abs. 2 GrEStG sowie *Pahlke*, GrEStG, 5. Aufl., München 2014) ist § 138 Abs. 2 bis 4 BewG weiterhin anwendbar. Hingegen wurde – zurückgehend auf das Erbschaftsteuerreformgesetz v. 24.12.2008 (BGBl. 2008 I S. 3018) – die Grundbesitzbewertung für Zwecke der **Erbschaft- und Schenkungsteuer** mWv 1.1.2009 auf ein neues Fundament gestellt: Für die Bewertung der wirtschaftlichen Einheiten des land- und forstwirtschaftlichen Vermögens gelten die §§ 158 bis 175 BewG (s. *Eisele,* NWB 2009 S. 3997 sowie unter Berücksichtigung der ErbStR 2011 *Eisele,* NWB 2012 S. 373), für die Bewertung der wirtschaftlichen Einheiten des Grundvermögens sind die §§ 176 bis 198 BewG einschlägig (*Eisele,* NWB 2009 S. 4087). Beide Werte müssen vom Finanzamt **im Bedarfsfall** festgestellt werden. Wegen der Einzelheiten dieser Verfahren wird auf den ebenfalls im Vahlen-Verlag erschienenen Kommentar zum Bewertungsgesetz von *Rössler/Troll* verwiesen. Bei dieser nunmehr gegebenen Mehrgleisigkeit der Bewertungsarbeiten, die ausschließlich vom Finanzamt durchgeführt werden müssen, war es nur eine Frage der Zeit, dass die zuvor angesprochenen Probleme bei der Einheitsbewertung erneut in den Fokus von Rechtsprechung und Fachschrifttum gerückt wurden. So hatte der BFH bereits in den Urteilen v. 30.6.2010 (BStBl. 2010 II S. 897; Anm. *Herlinghaus,* BFH/PR 2010 S. 494; *Pahlke,* NWB 2010 S. 3172; *Krause,* NWB-EV 2010 S. 361, *Bruschke,* StC 9/2010 S. 25) zwar ausgeführt, dass das Normengefüge zur Einheitsbewertung des Grundvermögens – trotz der verfassungsrechtlichen Zweifel, die aus den lange zurückliegenden Hauptfeststellungszeitpunkten resultieren – jedenfalls (!) noch für Stichtage bis zum 1.1.2007 verfassungsgemäß sei, hat jedoch den Hinweis gegeben, dass ein weiteres Unterbleiben einer allgemeinen Neubewertung – nicht anderes wäre eine neue Hauptfeststellung – mit den verfassungsrechtlichen Anforderungen nicht mehr vereinbar wäre. Siehe hierzu auch *Bruschke* (ErbStB 2010 S. 348), der die Einheitsbewertung als Bemessungsgrundlage der Grundsteuer thematisiert und Wege zur Neustrukturierung aufzeigt.

Zur aktuellen **Grundsteuerreform-Debatte** und den dabei diskutierten Reformansätzen vgl. eingehend **Anhang V.**

§ 16 Hauptveranlagung

(1) [1]**Die Steuermeßbeträge werden auf den Hauptfeststellungszeitpunkt (§ 21 Abs. 2 des Bewertungsgesetzes) allgemein festgesetzt (Hauptveranlagung).** [2]**Dieser Zeitpunkt ist der Hauptveranlagungszeitpunkt.**

(2) [1]**Der bei der Hauptveranlagung festgesetzte Steuermeßbetrag gilt vorbehaltlich der §§ 17 und 20 von dem Kalenderjahr an, das zwei Jahre nach dem Hauptveranlagungszeitpunkt beginnt.** [2]**Dieser Steuermeßbetrag bleibt unbeschadet der §§ 17 und 20 bis zu dem Zeitpunkt maßgebend, von dem an die Steuermeßbeträge der nächsten Hauptveranlagung wirksam werden.** [3]**Der sich nach den Sätzen 1 und 2 ergebende Zeitraum ist der Hauptveranlagungszeitraum.**

(3) **Ist die Festsetzungsfrist (§ 169 der Abgabenordnung) bereits abgelaufen, so kann die Hauptveranlagung unter Zugrundelegung der Verhältnisse vom Hauptveranlagungszeitpunkt mit Wirkung für einen späteren Veranlagungszeitpunkt vorgenommen werden, für den diese Frist noch nicht abgelaufen ist.**

Übersicht

Zu § 16
1. Begründung
2. Allgemeines
3. Festsetzung des Steuermessbetrags
4. Rechtsbehelf gegen den Steuermessbescheid
5. Rechtsbehelf der Gemeinde

Zu § 16 Abs. 1
6. Hauptveranlagung der Steuermessbeträge

Zu § 16 Abs. 2
7. Hauptveranlagungszeitraum

Zu § 16 Abs. 3
8. Nachgeholte Hauptveranlagung

Zu § 16

Begründung zur Regierungsvorlage

1 „Dass die neuen Einheitswerte 1964 erst im Jahre 1974 zur Anwendung kommen, war durch eine Reihe von Umständen bedingt. ... Bei einer künftigen Hauptfeststellung der Einheitswerte sollte es jedoch möglich sein, die Masse der Fälle in einem Zeitraum von zwei Jahren, gerechnet vom Hauptfeststellungszeitpunkt ab, zu bewältigen. Unter dieser Voraussetzung könnte dann auch die Hauptveranlagung der Grundsteuermessbeträge mit der Hauptfeststellung der Einheitswerte verbunden werden. Es würde dann ein kombinierter Bescheid zu erteilen sein, der neben dem Einheitswert auch schon den Grundsteuermessbetrag ausweist. Dieses Verfahren würde eine ganz wesentliche Verwaltungsvereinfachung bedeuten.

Die für eine künftige, nach 1974 durchzuführende Hauptveranlagung vorgesehene Regelung in § 16 des Entwurfs setzt voraus, dass gleichzeitig mit den Änderungen des Bewertungsrechts, die für eine neue Hauptfeststellung der Einheitswerte erforderlich sind, auch eine erneute Anpassung der Steuermesszahlen erfolgt. Die nächste Hauptfeststellung der Einheitswerte des Grundbesitzes ist für den 1.1.1975 vorgesehen. Eine Hauptfeststellung zum nächstmöglichen Zeitpunkt ist schon allein deshalb notwendig, weil die Einheitswerte (1964) infolge eines Zeitablaufs von über zehn Jahren auch schon wieder weitgehend überholt sind. Einen Gesetzesentwurf mit den für die Durchführung der Hauptfeststellung 1975 erforderlichen Vorschriften wird die Bundesregierung im Anschluss an den vorliegenden Gesetzentwurf den gesetzgebenden Körperschaften zuleiten."

Der für eine neue Hauptfeststellung und neue Hauptveranlagung vorgesehenen Termin vom 1.1.1975 ist nicht eingehalten worden. Ein neuer Termin steht auch heute noch nicht fest. Hierzu vgl. auch Anm. 9 zu § 15 GrStG.

Allgemeines

2 Die Ermittlung der Grundsteuer erfordert normalerweise **drei selbständige, aufeinander folgende Verfahrensstufen,** nämlich das Einheitswertverfahren (vgl. Anm. 1 zu § 13 GrStG), das auf dem Einheitswert aufbauende Steuermessbetragsverfahren (vgl. die folgenden Erläuterungen zu § 16 GrStG) und das auf dem Steuermessbetrag aufbauende Steuerfestsetzungsverfahren (vgl. Anm. 1 zu § 25 GrStG). Siehe hierzu auch BFH v. 24.7.1985, BStBl. 1986 II S. 128 sowie v. 11.11.2009, BFH/NV 2010 S. 711. Wegen der Fälle, für die nach § 42 GrStG eine Ausnahme gilt, vgl. Anm. 1 ff. zu § 42 GrStG.

Da der Steuermessbetrag auf den im Einheitswertbescheid enthaltenen Feststellungen beruht, kann der Steuermessbescheid erst im Anschluss an den Einheitswertbescheid, allenfalls gleichzeitig mit diesem erteilt werden. In der Regel sind deshalb Einheitswert und Steuermessbetrag in einem Bescheid enthalten. Das ändert aber nichts daran, dass es sich auch in diesem Fall um zwei getrennt anfechtbare Festsetzungsbescheide handelt. Auf die gesetzliche Bindung an den Einheitswertbescheid kann rechtswirksam nicht verzichtet werden (BFH v. 16.2.1962, BStBl. 1962 III S. 241).

Bei einer Hauptveranlagung des Steuermessbetrags wird der Einheitswert vom Hauptveranlagungszeitpunkt (vgl. Anm. 6 zu § 16 GrStG), bei einer Neuveranlagung des Steuermessbetrags der Einheitswert vom Neuveranlagungszeitpunkt (vgl. Anm. 2 zu § 17 GrStG) und bei einer Nachveranlagung des Steuermessbetrags der Einheitswert vom Nachveranlagungszeitpunkt (vgl. Anm. 2 zu § 18 GrStG) zugrunde gelegt. Maßgebend ist jeweils der am Veranlagungszeitpunkt festgestellte Einheitswert. Er braucht aber nicht immer auf diesen Veranlagungszeitpunkt auch neu festgestellt worden zu sein. Ein Einheitswertbescheid kann im Übrigen gemäß § 181 Abs. 5 AO nach Ablauf der Feststellungsfrist insoweit erlassen oder korrigiert werden, als die Festsetzungsfrist für die Grundsteuer noch nicht abgelaufen ist (BFH v. 11.11.2009, BFH/NV 2010 S. 711).

In den Fällen, in denen es wegen der Abrundungsvorschrift des § 30 BewG zu einem Einheitswert von Null € kommt, ist wegen der Möglichkeit einer künftigen Wertfortschreibung und der dabei zu beachtenden Wertgrenzen (§ 22 Abs. 1 BewG) ein Einheitswert festzustellen (BFH v. 27.2.1970, BStBl. 1970 II S. 300). Ein Steuermessbetrag von Null € braucht jedoch nicht festgesetzt zu werden, denn für eine Neuveranlagung kommt es hier nicht auf Wertgrenzen an.

Festsetzung des Steuermessbetrags

Der Steuermessbetrag wird ebenso wie der Einheitswert vom **Lagefinanz-** 3
amt festgesetzt. Lagefinanzamt ist das Finanzamt, in dessen Bezirk der Betrieb der Land- und Forstwirtschaft oder das Grundstück liegt, oder wenn dieses sich über die Bezirke mehrerer Finanzämter erstreckt, das Finanzamt, in dessen Bezirk sich der wertvollste Teil befindet (§ 22 Abs. 1 und § 18 Abs. 1 Nr. 1 AO).

Das Verfahren zur Veranlagung des Steuermessbetrags ist in § 184 AO geregelt, der auszugsweise folgenden Wortlaut hat:

§ 184 AO Festsetzung von Steuermessbeträgen

(1) [1] **Steuermessbeträge, die nach den Steuergesetzen zu ermitteln sind, werden durch Steuermessbescheid festgesetzt.** [2] **Mit der Festsetzung der Steuermessbeträge wird auch über die persönliche und sachliche Steuerpflicht entschieden.** [3] **Die Vorschriften über die Durchführung der Besteuerung sind sinngemäß anzuwenden.** [4] **Ferner sind § 182 Abs. 1 und für Grundsteuermessbescheide auch Abs. 2 und § 183 sinngemäß anzuwenden.**

(2) [1] **Die Befugnis, Realsteuermessbeträge festzusetzen, schließt auch die Befugnis zu Maßnahmen nach § 163 Satz 1 ein, soweit für solche Maß-**

nahmen in einer allgemeinen Verwaltungsvorschrift der Bundesregierung oder einer obersten Landesfinanzbehörde Richtlinien aufgestellt worden sind. [2] ...

(3) **Die Finanzbehörden teilen den Inhalt des Steuermessbescheids sowie die nach Absatz 2 getroffenen Maßnahmen den Gemeinden mit, denen die Steuerfestsetzung (der Erlass des Realsteuerbescheids) obliegt.**

Der Steuermessbescheid ist nach § 184 AO iVm § 157 AO schriftlich zu erteilen. Er hat nicht nur die Höhe des Steuermessbetrages anzugeben, sondern auch Angaben über die anderen Besteuerungsgrundlagen, z. B. Steuermesszahl, Berechnung des Umfangs einer Steuervergünstigung u. Ä., zu enthalten. Nach § 184 Abs. 1 AO entscheidet das Finanzamt in dem Steuermessbescheid vor allem über die sachliche und über die persönliche **Steuerpflicht**. Wenn darüber schon im Einheitswertverfahren entschieden worden ist, was z. B. bei der Zurechnung des Steuergegenstands als Frage der persönlichen und bei der Feststellung seiner Art als Frage der sachlichen Steuerpflicht der Fall ist, übernimmt es diese Feststellungen aus dem Einheitswertbescheid. Das Finanzamt entscheidet damit auch über die Steuerschuldnerschaft (OVG Münster v. 30.7.1958, KStZ 1958 S. 220), infolgedessen auch über die Gewährung von Befreiungen und Vergünstigungen bei der Grundsteuer, soweit sie nicht in einem Erlass der Grundsteuer bestehen. Vgl. hierzu Anm. 1 ff. zu § 32 GrStG. Demgemäß kann der Steuerpflichtige eine Steuerbefreiung auch schon im Einheitswertverfahren geltend machen und eine dort getroffene Entscheidung über die Steuerbefreiung auch in diesem Verfahren anfechten (BFH v. 24.7.1985, BStBl. 1986 II S. 128). Sind an dem Steuergegenstand mehrere Personen beteiligt, so wird der Steuermessbetrag einheitlich mit Wirkung für und gegen alle Beteiligten festgestellt. Vgl. § 179 Abs. 2 und § 180 AO, abgedruckt bei Anm. 2 zu § 13 GrStG. Der Steuermessbescheid ist allerdings nur dann gegenüber dem einzelnen Beteiligten wirksam, wenn er ihm auch zugestellt wird (BFH v. 22.10.1975, BStBl. 1976 II S. 136) oder einem Empfangsbevollmächtigten zugeht (§ 184 Abs. 1 iVm § 183 Abs. 1 AO). Bei Ehegatten/Lebenspartnern als Miteigentümern geht das Finanzamt, sofern ihm nicht bekannt ist, dass sie getrennt leben, davon aus, dass die Zustellung an einen der beiden Ehegatten/Lebenspartnern als Empfangsbevollmächtigten erfolgen kann. Zur Bekanntgabe und Zustellung von Verwaltungsakten vgl. auch AEAO zu § 122 AO.

Der Steuermessbescheid enthält zwar kein Leistungsgebot und ist deshalb auch kein Steuerbescheid. Die Vorschriften über Steuerbescheide sind aber gleichwohl sinngemäß anzuwenden (§ 184 Abs. 1 AO). Seine Feststellungen sind für die Grundsteuerveranlagung bindend. Die Gemeinde erhält den Steuermessbetrag vom Finanzamt mitgeteilt (§ 184 Abs. 3 AO); denn sie gehört ebenfalls zu den Beteiligten, die von seiner Festsetzung betroffen sind (§ 122 Abs. 1 AO). Es kann aber auch die Gemeinde an Stelle des Finanzamts den Steuermessbescheid an den Steuerpflichtigen zustellen lassen. Das setzt jedoch voraus, dass die Gemeinde eine fristgerechte Absendung sicherstellt (vgl. Abschnitt 5 GrStR). Zu Gewerbesteuermessbescheiden vgl. z. B. in Nordrhein-Westfalen das Gesetz über die Zuständigkeit für die Festsetzung und Erhebung von Realsteuern v. 16.12.1981 (GVBl. 1981 S. 732). Es ist nicht bekannt, inwieweit von dieser Möglichkeit auch für Grundsteuermessbescheide Gebrauch gemacht wird.

Der Steuermessbetrag beruht auf dem **Einheitswert** des Steuergegenstandes (§ 13 Abs. 1 GrStG). Über den Einheitswert wird ein **besonderer Feststellungsbescheid** erteilt (§ 180 Abs. 1 Nr. 1 AO). Dieser Feststellungsbescheid ist deshalb als **Grundlagenbescheid** (§ 171 Abs. 10 AO) für die Festsetzung des Steuermessbetrags bindend (§ 182 Abs. 1 AO). Folge dieses **gestuften Besteuerungsverfahrens** ist, dass die Gemeinde (d. h. der Steuergläubiger) hinsichtlich des durch das Finanzamt erlassenen Einheitswert- und Grundsteuermessbescheids keine Prüfungspflicht und auch kein Prüfungsrecht hat (Sächs. OVG v. 25.8.2010 5 A 754/08, n. v.). Wird ein Einheitswertbescheid erlassen, so muss, abgesehen von dem in § 16 Abs. 2 GrStG geregelten Fall, auf den gleichen Stichtag auch ein Steuermessbescheid erlassen werden. Wird er geändert oder aufgehoben, so gilt dies entsprechend auch für den Steuermessbescheid (§ 175 Abs. 1 Satz 1 Nr. 1 AO). Ist der Einheitswertbescheid nur **vorläufig** (§ 165 Abs. 1 AO) ergangen oder steht er unter dem **Vorbehalt der Nachprüfung** (§ 164 Abs. 1 AO), so besteht insoweit zwar keine Bindung. Das Finanzamt kann aber beim Steuermessbescheid entsprechend verfahren, d. h. es kann ihn ebenfalls als vorläufigen Bescheid oder als Bescheid unter Vorbehalt der Nachprüfung erlassen, es kann aber auch den Steuermessbetrag endgültig festsetzen. Andererseits kann es den Steuermessbetrag auch dann vorläufig oder unter Vorbehalt der Nachprüfung festsetzen, wenn der Einheitswert bereits endgültig festgestellt worden ist.

Im Übrigen sind für die Festsetzung des Steuermessbetrags die Verfahrensvorschriften für die Steuerfestsetzung entsprechend anzuwenden (§ 184 Abs. 1 AO). Hierzu vgl. Anm. 5 ff. zu § 27 GrStG. Der Steuermessbescheid ist danach ebenso wie der Einheitswertbescheid ein sog. Grundlagenbescheid (§ 171 Abs. 10 AO). Dies ist von besonderer Bedeutung für die Gemeinde, denn sie ist damit bei ihrer Steuerfestsetzung an den Inhalt des Steuermessbescheids gebunden.

Durch die Eröffnung eines **Insolvenzverfahrens** wird das Steuerfestsetzungsverfahren in entsprechender Anwendung von § 240 ZPO unterbrochen (BFH v. 2.7.1997, BStBl. 1998 II S. 428 sowie v. 1.4.2003, BStBl. 2003 II S. 779; *Tipke/Kruse*, § 251 AO Tz. 42). Folglich dürfen Ansprüche aus einem Steuerschuldverhältnis, die nach § 174 InsO als Insolvenzforderung zur Eintragung in die Tabelle anzumelden sind, nach Eröffnung des Insolvenzverfahrens von den Finanzämtern nicht mehr festgesetzt werden. Für Bescheide, durch die Besteuerungsgrundlagen festgesetzt oder festgestellt werden, die Auswirkungen auf die gemäß § 174 InsO zur Tabelle anzumeldenden Steuerforderungen haben können, gilt Entsprechendes (BFH v. 18.12.2002, BStBl. 2003 II S. 630). Diese zum Erlass von Gewerbesteuermessbescheiden entwickelte Rechtsprechung ist allerdings nicht ohne Weiteres auf Einheitswert- und Grundsteuermessbescheide anwendbar. Der Grund für die Zulässigkeit, Einheitswert- und Grundsteuermessbescheide auch nach der Eröffnung eines Insolvenzverfahrens noch zu erlassen, liegt in der **dinglichen Wirkung** dieser Bescheide. Im Einheitswert- und Grundsteuermessbescheid werden die Besteuerungsgrundlagen nicht nur zu dem Zweck festgestellt, um Grundsteuerforderungen nach Eröffnung des Insolvenzverfahrens zur Insolvenztabelle anmelden zu können. Vielmehr entfalten diese Bescheide auch Wirkung gegenüber dem Rechtsnachfolger, auf den der Gegenstand der Feststellung und Festsetzung nach dem Feststellungszeitpunkt mit steuerlicher Wirkung übergeht (§§ 182 Abs. 2 Satz 1, 184 Abs. 1 Satz 4 AO). Die rechtliche Wirkung von Einheitswert- und Grundsteuermessbescheid beschränkt sich mithin nicht auf das Verhältnis zwischen Steuerpflichtigem (Insolvenzverwalter) und dem Finanzamt, sondern setzt sich – mit Bezug auf den Bewertungsgegenstand (wirtschaftliche Einheit iSd §§ 2, 19 Abs. 1 BewG) – fort gegenüber dem jeweiligen Eigentümer. Dieser Zusammenhang rechtfertigt es demnach, auch nach Eröffnung eines Insolvenzverfahrens die Bekanntgabe solcher, auf einen Stichtag vor Eröffnung des Insolvenzverfahrens erlassener Bescheide gegenüber dem Insolvenzverwalter als zulässig zu erachten (BFH v. 24.7.2002, BFH/NV 2003 S. 8). Andernfalls bestünde für die Dauer des Insolvenzverfahrens faktisch ein Bescheidverbot (FG Bbg. v. 14.9.2006, EFG 2007 S. 708, mit Anm. *Loose*).

Rechtsbehelf gegen den Steuermessbescheid

4   Nachdem der Steuermessbescheid nicht von der Gemeinde, sondern vom Finanzamt erlassen wird, richtet sich das **Rechtsbehelfsverfahren** nach den Vorschriften der **Abgabenordnung**. Gegen den Steuermessbescheid ist innerhalb eines Monats nach Bekanntgabe (§ 355 Abs. 1 AO) zunächst **Einspruch** beim Finanzamt einzulegen (§ 347 AO). Auf den Einspruch hin hat das Finanzamt die Sache erneut zu prüfen und eine Einspruchsentscheidung zu erlassen, soweit nicht durch Zurücknahme oder Änderung des Steuermessbescheids dem Antrag entsprochen wird. Gegen die ablehnende Einspruchsentscheidung des Finanzamtes steht dem Steuerpflichtigen als Rechtsbehelf die **Klage** zu (§§ 63 ff. FGO). Hierüber entscheidet das Finanzgericht (§§ 33, 35 FGO). Die Klage ist innerhalb eines Monats (§ 47 Abs. 1 FGO) beim Finanzgericht einzulegen (§ 64 FGO). In diesem Verfahren können noch neue Tatsachen und Beweise vorgebracht werden. Nach Zustellung der vollständigen Entscheidung des Finanzgerichts kann hiergegen innerhalb eines Monats (§ 120 FGO) **Revision** beim Bundesfinanzhof eingelegt werden (§ 36 Nr. 1 FGO), wenn das Finanzgericht diese zugelassen hat (vgl. § 115 Abs. 2 FGO). Ansonsten kann innerhalb eines Monats Beschwerde gegen die Nichtzulassung der Revision **(Nichtzulassungsbeschwerde)** beim BFH eingelegt werden, über die dieser durch Beschluss entscheidet (§ 116 FGO). Zu weiteren Einzelheiten, insbesondere zur Begründung und den dabei einzuhaltenden Fristen, muss auf die einschlägigen Kommentare zur FGO verwiesen werden, z.B. *Gräber.* Eine Nachprüfung tatsächlicher Verhältnisse oder eine Berücksichtigung neuer Tatsachen ist allerdings im Revisionsverfahren nicht mehr möglich.

Im Steuermessbetragsverfahren ist eine Steuerforderung unmittelbar nicht umstritten. Wirkt sich der angefochtene Einheitswert des Grundbesitzes ausschließlich auf die Grundsteuer aus, bemisst sich der **Streitwert** nach dem

Sechsfachen der jährlichen Grundsteuer (BFH v. 16.10.1996, BStBl. 1997 II
S. 228). Von einer Pauschalberechnung des Streitwertes muss allerdings abgesehen werden, wenn das steuerliche Interesse höher oder niedriger ist. Würde
z. b. eine Richtigstellung des Steuermessbetrags schon zum nächsten Veranlagungszeitpunkt zulässig sein, so würde auch nur der einfache Jahressteuerbe-
trag den Streitwert bilden. Zur Ermittlung des Streitwertes ist jeweils festzustellen, wie hoch der Hebesatz der hebeberechtigten Gemeinde ist. Vgl. dazu
Anm. 1 ff. zu § 25 GrStG. Die Methode zur pauschalierten Berechnung des
Streitwerts gilt aber nur, wenn der Steuermessbetrag und nicht wegen derselben Gründe auch schon der Einheitswert angefochten wird. In diesem Fall
würde sich zwar die Änderung des Einheitswertes ohne weiteres auch auf den
Steuermessbetrag auswirken. Der Streitwert wäre aber allein nach dem streiti-
gen Einheitswert zu bemessen.

Mit dem Einspruch gegen den Steuermessbescheid kann vorgebracht werden, dass die sachliche oder persönliche Steuerpflicht zu Unrecht angenommen worden, dass eine gesetzliche Steuerbefreiung oder Steuervergünstigung
nicht oder nicht in vollem Umfange gewährt worden oder dass der Steuermessbetrag nicht richtig errechnet worden sei. Dagegen können hier keine
Einwendungen mehr gegen den Einheitswert und die dazu getroffenen Feststellungen vorgebracht werden (§ 351 Abs. 2 AO). Solange allerdings Einheitswert und Steuermessbetrag in einem Bescheid enthalten sind, kommt
dieser Differenzierung kaum größere Bedeutung zu.

Die Wirkung des Steuermessbescheides erstreckt sich nicht nur auf den
Steuerschuldner, sondern auch auf jeden **Rechtsnachfolger,** auf den der
Grundbesitz übergegangen ist. Im Einzelnen vgl. hierzu § 353 AO, der den
folgenden Wortlaut hat:

§ 353 AO Einspruchsbefugnis des Rechtsnachfolgers

**Wirkt ein Feststellungsbescheid, ein Grundsteuermessbescheid oder ein
Zerlegungs- oder Zuteilungsbescheid über einen Grundsteuermessbetrag
gegenüber dem Rechtsnachfolger, ohne dass er diesem bekanntgegeben
worden ist (§ 182 Abs. 2, § 184 Abs. 1 Satz 4, §§ 185 und 190), so kann der
Rechtsnachfolger nur innerhalb der für den Rechtsvorgänger maßgebenden
Einspruchsfrist Einspruch einlegen.**

Tritt die Rechtsnachfolge erst nach Bekanntgabe des Steuermessbescheides,
jedoch noch vor Ablauf der Einspruchsfrist ein, so kann der Rechtsnachfolger
bis zum Ablauf der Frist selbständig einen Einspruch einlegen (§ 353 AO).
Der Rechtsvorgänger ist, falls er nicht selbst Einspruch eingelegt hat, zum
Verfahren zuzuziehen (§ 360 Abs. 3 AO). Tritt die Rechtsnachfolge zwar erst
nach Bekanntgabe des Steuermessbescheides ein, hat aber der Rechtsvorgänger den Einspruch fristgerecht eingelegt, so ist der Rechtsnachfolger, wenn er
nicht ebenfalls Einspruch einlegt, zum Verfahren zuzuziehen (§ 360 Abs. 3
AO). Tritt die Rechtsnachfolge jedoch erst nach Bestandskraft des Steuermessbescheids ein, so ist der Bescheid auch gegenüber dem Rechtsnachfolger
bestandskräftig.

Rechtsbehelf der Gemeinde

5   Nach § 184 Abs. 3 AO teilen die Finanzämter die veranlagten Steuermessbeträge der hebeberechtigten Gemeinde mit. Das gilt sowohl im Falle einer Haupt-, Neu- oder Nachveranlagung als auch bei der Berichtigung des Steuermessbetrags. Ebenso haben die Finanzämter die Aufhebung des Steuermessbetrags mitzuteilen. Die Gemeinde erhält zu diesem Zweck jeweils eine Durchschrift des Steuermessbescheides oder des Aufhebungsbescheides. Im Einzelnen vgl. hierzu auch Abschnitt 4 GrStR, der den folgenden Wortlaut hat:

4 GrStR. Bekanntgabe des Steuermeßbescheids an den Steuerpflichtigen und Mitteilung des Steuermeßbetrags an die hebeberechtigte Gemeinde

(1) Der Einheitswert und der Steuermeßbetrag werden dem Steuerpflichtigen in der Regel in einem zusammengefaßten Bescheid bekanntgegeben. Das Finanzamt kann auch getrennte Bescheide erteilen. Das gilt insbesondere für die Steuermeßbeträge, die auf den 1.1.1974 (Hauptveranlagung 1974) festgesetzt werden.

(2) Das Finanzamt teilt der hebeberechtigten Gemeinde den festgesetzten Steuermeßbetrag mit (§ 184 Abs. 3 AO). Diese wendet den für das Kalenderjahr gültigen Hebesatz auf den Steuermeßbetrag an und gibt den Jahresbetrag der Grundsteuer in einem Grundsteuerbescheid dem Steuerpflichtigen bekannt (§§ 25, 27 GrStG).

(3) Ist der Steuermeßbetrag zu zerlegen, so sind neben dem Steuerpflichtigen auch die hebeberechtigten Gemeinden Beteiligte am Zerlegungsverfahren (§ 186 AO). Dies ist bei der Bekanntgabe des Zerlegungsbescheids zu berücksichtigen.

Der Gemeinde steht gegen den ihr mitgeteilten Steuermessbescheid, soweit er nicht eigenen Grundbesitz der Gemeinde betrifft, keine Rechtsmittelbefugnis zu (vgl. hierzu auch *Carl*, ZKF 1992 S. 199). Sie kann auch nicht aus Art. 19 Abs. 4 GG abgeleitet werden, denn die Gemeinden sind im Steuermessbetragsverfahren den Finanzämtern gegenüber nicht gewaltunterworfen (BFH v. 22.11.1955, BStBl. 1956 III S. 44). Bei diesem zur Gewerbesteuer ergangenen BFH-Urteil war allerdings zu berücksichtigen, dass der Gemeinde bei der Ermittlung der Gewerbesteuermessbeträge gewisse Mitwirkungsrechte zustehen, die bei der Grundsteuer nicht gegeben sind.
    Gegen den Grundsteuermessbescheid kann die Gemeinde grundsätzlich zwar keinen Rechtsbehelf einlegen (BFH v. 30.1.1976, HFR 1976 S. 311 und DGStZ 1977 S. 58). Ausnahmsweise ist dies allerdings möglich bei einem Grundsteuermessbescheid, den das Finanzamt als Landesbehörde für ein Grundstück im Eigentum des Landes erlässt (BFH v. 7.6.1957, BStBl. 1957 III S. 276). Wenn nämlich das Land nicht nur als Steuerfestsetzungsbehörde, sondern zugleich auch als Steuerschuldner in Betracht kommt, liegt eine Interessenkollision vor, die mindestens den Eindruck erwecken kann, dass die Gefahr einer Beeinträchtigung der Belange der Gemeinde bestehe. Die sich an dieser Frage entzündende Diskussion fand einen gewissen Abschluss mit dem BFH-Urteil v. 10.11.1961 (BStBl. 1962 III S. 145). Darin wurde festgestellt, dass der Gemeinde gegen den Grundsteuermessbescheid

ein Rechtsbehelf nach Art. 19 Abs. 4 GG nicht zusteht, weil sie bei der Verwaltung der Grundsteuer dem Finanzamt nicht als Gewaltunterworfene gegenübersteht. Handelt jedoch das Finanzamt willkürlich, so verletzt es das Recht. In diesem Fall kann dann auch die Gemeinde wie eine Gewaltunterworfene den Rechtsmittelweg beschreiten. Eine Willkür des Finanzamts liegt vor, wenn dessen Entscheidung ohne Begründung oder mit offenbar falschen und unsachlichen Gründen zum Vorteil des Landes und zum Nachteil der Gemeinde ergeht (BFH v. 25.5.1962, BStBl. 1962 III S. 497 und v. 2.10.1962, BStBl. 1963 III S. 216). Über die Zulässigkeit eines solchen Rechtsbehelfs der Gemeinde sei im normalen Steuermessbetragsverfahren und nicht in einem daneben laufenden Sonderverfahren zu entscheiden. Diese Rechtsprechung hat später ihren Niederschlag in der Finanzgerichtsordnung gefunden. Danach können, wenn eine Finanzbehörde des Bundes oder eines Landes eine Abgabe ganz oder teilweise für andere Abgabeberechtigte (hier also die Gemeinden) verwaltet, diese in den Fällen Klage erheben, in denen der Bund oder das Land die Abgabe oder einen Teil der Abgabe unmittelbar oder mittelbar schulden würde (§ 40 Abs. 3 FGO). Wenn in anderen Fällen der Steuermessbetrag zu niedrig festgesetzt wird, ist diese Rechtsbehelfsmöglichkeit für die Gemeinden jedoch nicht gegeben. Hier könnte sie gegen das Finanzamt nur noch im Wege einer Dienstaufsichtsbeschwerde vorgehen. Auch wenn die Gemeinden nicht befugt sind, Steuermessbescheide anzufechten (eine Rechtsbehelfsbefugnis besteht nur im Zerlegungsverfahren), sollen die Finanzämter aber die steuerberechtigten Gemeinden über anhängige Einspruchsverfahren gegen Realsteuermessbescheide von größerer Bedeutung unterrichten (AEAO zu § 184 AO).

Zu § 16 Absatz 1

Hauptveranlagung der Steuermessbeträge

Die Steuermessbeträge werden im Anschluss an die Hauptfeststellung der **6** Einheitswerte allgemein festgestellt (Hauptveranlagung), d. h. für jeden Steuergegenstand ein eigener Steuermessbetrag. Die letzte Hauptfeststellung der Einheitswerte war zwar schon auf den 1.1.1964 erfolgt. Nach Art. 3 BewGÄndG 1965 blieb jedoch der Zeitpunkt, von dem ab diese neuen Einheitswerte der Grundsteuer zugrunde gelegt werden sollten, zunächst noch offen. Erst durch Art. 1 Abs. 1 BewG-ÄndG 1971 wurde bestimmt, dass dies der 1.1.1974 ist. Demgemäß ist auch erst auf diesen Zeitpunkt eine Hauptveranlagung der Steuermessbeträge durchgeführt worden.

Zu § 16 Absatz 2

Hauptveranlagungszeitraum

Der Zeitpunkt, auf den die Steuermessbeträge allgemein festgestellt wer- **7** den, ist der **Hauptveranlagungszeitpunkt.** Der Zeitraum, während dem diese Steuermessbeträge vorbehaltlich einer Neuveranlagung (§ 17 Abs. 1 GrStG) oder Aufhebung (§ 20 Abs. 1 GrStG) anzuwenden sind, ist der **Hauptveranlagungszeitraum.**

Der bei einer Hauptveranlagung festgesetzte Steuermessbetrag soll grundsätzlich von dem Kalenderjahr an gelten, das zwei Jahre nach dem Hauptveranlagungszeitpunkt beginnt. Diese Vorschrift geht davon aus, dass Einheitswert und Steuermessbetrag zusammen auf einen bestimmten Stichtag und zusammen in einem Bescheid festgesetzt werden. Zur Durchführung dieses Verfahrens benötigt die Finanzverwaltung bei mehr als 15 Mio. Grundstücken und Betrieben der Land- und Forstwirtschaft mehrere Jahre, nach Auffassung des Gesetzgebers mindestens zwei bis drei Jahre. Mit der Einräumung dieser Frist soll erreicht werden, dass rechtzeitig vor der erstmaligen Anwendung der Steuermessbeträge deren Volumen, wenn auch nur ungefähr, bekannt ist, damit die Gemeinden auch ihre Hebesätze möglichst termingerecht festsetzen können. Dies ist aber nur möglich, wenn auch schon ein Großteil der Steuermessbescheide vorliegt. Unter diesen Umständen wird ein zeitlicher Abstand von mindestens zwei bis drei Jahren zwischen dem Hauptfeststellungszeitpunkt und dem Beginn des Hauptveranlagungszeitraums, wie er in § 16 Abs. 2 GrStG vorgesehen ist, kaum ausreichen. Wegen etwaiger Änderungen, die sich innerhalb dieser Zeit am Steuermessbetrag ergeben, vgl. Anm. 6 zu § 17 GrStG.

Für Grundbesitz in den neuen Bundesländern wurde, obwohl in den meisten Fällen erstmals zum 1.1.1991 ein Einheitswert festgestellt werden musste, keine Hauptfeststellung und dementsprechend auch keine Hauptveranlagung, sondern nur eine Fortschreibung oder Neufeststellung des Einheitswerts und demgemäß auch nur eine Neu- und Nachveranlagung des Steuermessbetrags durchgeführt.

Zu § 16 Absatz 3

Nachgeholte Hauptveranlagung

8   Es ist durchaus möglich, dass bei einer Hauptveranlagung die Festsetzung des Steuermessbetrags für ein Grundstück aus irgendwelchen Gründen unterblieben ist, obwohl dieses am Hauptveranlagungszeitpunkt bereits existent war. In diesem Fall kann die Hauptveranlagung auch nachgeholt werden, selbst wenn die Festsetzungsfrist für die Hauptveranlagung bereits abgelaufen ist. Auswirkungen hat diese Hauptveranlagung allerdings rückwirkend nur noch für die Kalenderjahre, für welche die Festsetzungsfrist bei einer der einheitswertabhängigen Steuern noch nicht abgelaufen ist. Zur Festsetzungsfrist im Einzelnen vgl. auch Anm. 11 zu § 27 GrStG. Würde z.B. im Jahre 2014 festgestellt, dass zum 1.1.1974 eine Hauptveranlagung durchzuführen gewesen wäre, so kann diese auch heute noch nachgeholt werden. Auf Grund derselben braucht aber nur noch die Grundsteuer für die Jahre 2010 bis 2014 nachgezahlt werden.

Haben sich in der Zeit zwischen dem Hauptveranlagungszeitpunkt und dem Zeitpunkt, an dem die nachgeholte Hauptveranlagung erstmals wirksam wird, Umstände ergeben, die zu einer Neuveranlagung geführt haben würden, so sind diese ebenfalls zu beachten. Es kommt dann zwar zu einer Neuveranlagung des Steuermessbetrags auf diesen späteren Zeitpunkt. Aber auch diese Neuveranlagung ist nur für Kalenderjahre wirksam, für welche die Festsetzungsfrist noch nicht abgelaufen ist.

§ 17 Neuveranlagung

(1) **Wird eine Wertfortschreibung (§ 22 Abs. 1 des Bewertungsgesetzes) oder eine Artfortschreibung oder Zurechnungsfortschreibung (§ 22 Abs. 2 des Bewertungsgesetzes) durchgeführt, so wird der Steuermeßbetrag auf den Fortschreibungszeitpunkt neu festgesetzt (Neuveranlagung).**

(2) **Der Steuermeßbetrag wird auch dann neu festgesetzt, wenn dem Finanzamt bekannt wird, daß**

1. **Gründe, die im Feststellungsverfahren über den Einheitswert nicht zu berücksichtigen sind, zu einem anderen als dem für den letzten Veranlagungszeitpunkt festgesetzten Steuermeßbetrag führen oder**
2. **die letzte Veranlagung fehlerhaft ist; § 176 der Abgabenordnung ist hierbei entsprechend anzuwenden; das gilt jedoch nur für Veranlagungszeitpunkte, die vor der Verkündung der maßgeblichen Entscheidung eines obersten Gerichts des Bundes liegen.**

(3) **[1]Der Neuveranlagung werden die Verhältnisse im Neuveranlagungszeitpunkt zugrunde gelegt. [2]Neuveranlagungszeitpunkt ist**

1. **in den Fällen des Absatzes 1 der Beginn des Kalenderjahres, auf den die Fortschreibung durchgeführt wird;**
2. **in den Fällen des Absatzes 2 Nr. 1 der Beginn des Kalenderjahres, auf den sich erstmals ein abweichender Steuermeßbetrag ergibt. [2]§ 16 Abs. 3 ist entsprechend anzuwenden;**
3. **in den Fällen des Absatzes 2 Nr. 2 der Beginn des Kalenderjahres, in dem der Fehler dem Finanzamt bekannt wird, bei einer Erhöhung des Steuermeßbetrags jedoch frühestens der Beginn des Kalenderjahres, in dem der Steuermeßbescheid erteilt wird.**

(4) **Treten die Voraussetzungen für eine Neuveranlagung während des Zeitraums zwischen dem Hauptveranlagungszeitpunkt und dem Zeitpunkt des Wirksamwerdens der Steuermeßbeträge (§ 16 Abs. 2) ein, so wird die Neuveranlagung auf den Zeitpunkt des Wirksamwerdens der Steuermeßbeträge vorgenommen.**

Übersicht

Zu § 17
1. Begründung

Zu § 17 Abs. 1
2. Fortschreibung des Einheitswerts und Neuveranlagung des Steuermessbetrags

Zu § 17 Abs. 2
3. Neuveranlagung des Steuermessbetrags ohne Fortschreibung des Einheitswerts

4. Neuveranlagung zur Fehlerberichtigung

Zu § 17 Abs. 3
5. Neuveranlagungszeitpunkt

Zu § 17 Abs. 4
6. Neuveranlagung kurz nach einer Hauptveranlagung

Zu § 17

Literatur: *Hogrebe,* Die Fortschreibung des Einheitswertes und rückwirkende Erhöhung der Grundsteuer, Grundeigentum 2003 S. 1540; *Missy,* Neuveranlagung eines Grundsteuermessbetrages infolge Fehlerberichtigung nach § 17 Abs. 2 Nr. 2 und Abs. 3 Nr. 3 GrStG, KStZ 1976 S. 89; *Missy,* Grundsteuer-Neuveranlagungen bei verspätetem Antrag auf Gewährung der Grundsteuervergünstigung auf Grund des ab 1.1.1974 geltenden Rechts, KStZ 1976 S. 130.

Begründung zur Regierungsvorlage

1   „Die verfahrensrechtlichen Vorschriften über die Festsetzung des Steuermessbetrags müssen mit den entsprechenden Vorschriften über die Feststellung des Einheitswerts korrespondieren. Demgemäß entspricht die in § 17 GrStG behandelte Neuveranlagung des Steuermessbetrags der Fortschreibung des Einheitswerts (§ 22 BewG). Abweichend vom bisherigen Recht, das eine Änderung des Steuermessbetrags während des Hauptveranlagungszeitraums noch als eine „Fortschreibungsveranlagung" bezeichnet, wird hier in Anpassung an das Vermögensteuergesetz von einer Neuveranlagung gesprochen.

Die Vorschrift in § 17 Abs. 1 GrStG enthält den Grundsatz, dass bei einer Fortschreibung des Einheitswerts, gleichgültig, ob es sich um eine Wert-, Art- oder Zurechnungsfortschreibung handelt, automatisch auch eine Neuveranlagung des Steuermessbetrags durchgeführt wird. Dieser Neuveranlagung werden dann die im Fortschreibungsbescheid getroffenen Feststellungen zugrunde gelegt.

Die Vorschrift in § 17 Abs. 2 GrStG schließt eine im bisherigen Recht bestehende Lücke für die Fälle, in denen zwar der Einheitswert unverändert bleibt, der Steuermessbetrag aber deshalb neu festzusetzen ist, weil Änderungen eingetreten sind, die zu einer anderen Veranlagung führen. Dies ist der Fall beim Eintritt oder beim Wegfall grundsteuerlicher Vergünstigungen, z.B. nach § 92 des II. WoBauG und nach § 36 GrStG, die den Einheitswertbescheid unberührt lassen.

Nach § 22 Abs. 3 BewG kann ein Einheitswert auch dann fortgeschrieben werden, wenn bei der letzten Feststellung ein Fehler unterlaufen ist. Die Vorschrift in § 17 Abs. 3 GrStG[1] sieht vor, dass unter denselben Voraussetzungen auch eine berichtigende Neuveranlagung des Steuermessbetrags erfolgen kann, wenn sich ein Fehler im Steuermessbetragsverfahren ergeben hat.

Die Vorschrift in § 17 Abs. 4 GrStG[1] legt den jeweiligen Neuveranlagungszeitpunkt fest. Es ist dies der Zeitpunkt, von dem ab der geänderte Steuermessbetrag wirksam wird. Bei einer Neuveranlagung als Folgeänderung einer Fortschreibung des Einheitswerts ergibt er sich aus dem Fortschreibungsbescheid. Eine Neuveranlagung aus anderen Gründen wird entsprechend der bewertungsrechtlichen Regelung in § 22 Abs. 4 BewG ebenfalls auf den Beginn des Kalenderjahrs durchgeführt, das auf die Änderung folgt. Die fehlerberichtigende Neuveranlagung ist in ihrer Rückwirkung in gleicher Weise beschränkt worden, wie dies nach § 22 Abs. 4 BewG auch für die fehlerberichtigende Fortschreibung gilt.

Liegen zwischen dem Hauptveranlagungszeitpunkt und dem Wirksamwerden der Steuermessbeträge mehrere Jahre und treten in dieser Zeit Änderungen ein, so ist nach § 17 Abs. 5 GrStG[2] Neuveranlagungszeitpunkt jeweils der Zeitpunkt des Wirksamwerdens. Diese Regelung dient der Verwaltungsvereinfachung. Sie entspricht dem

---

[1] An die Stelle des § 17 Abs. 3 und 4 des Entwurfs ist § 17 Abs. 2 Nr. 2 und Abs. 3 GrStG getreten.
[2] Jetzt § 17 Abs. 4 GrStG.

Artikel 2 Abs. 2 BewÄndG 1965, der eine ähnliche Vorschrift für die Einheitsbewertung enthält."

Im Bericht des Finanzausschusses des Bundestages (BT-Drucks. 7/485) wird dazu noch Folgendes ausgeführt:

„Absatz 2 wurde klarer gefasst. Das Finanzamt soll in den genannten Fällen von Amts wegen tätig werden; das schließt nicht aus, dass Änderungen der Umstände zugunsten des Steuerpflichtigen tunlichst von diesem vorgebracht werden, weil der Ermittlungstätigkeit der Steuerbehörden faktisch Grenzen gesetzt sind. Die Aufnahme einer Nummer 2 steht im Zusammenhang mit dem späteren Inkrafttreten der AO-Reform. Satz 2 dient der Klarstellung. Absatz 4[1] war dem geänderten Absatz 2 anzupassen."

Durch das AO-Einführungsgesetz v. 14.12.1976 (BGBl. 1976 I S. 3341) ist zwar § 17 Abs. 2 Nr. 2 GrStG geändert worden. Es handelt sich dabei aber lediglich um eine Anpassung an die Abgabenordnung 1977, denn an die Stelle des früheren § 222 AO war dort der neue § 176 AO getreten.

Zur Neuveranlagung des Steuermessbetrags bei Grundbesitz in den neuen Bundesländern vgl. Anm. 1 ff. zu § 41 GrStG.

Zu § 17 Absatz 1

Fortschreibung des Einheitswerts und Neuveranlagung des Steuermessbetrags

Wird der Einheitswert für einen Steuergegenstand fortgeschrieben, so wird **2** gleichzeitig auch der Steuermessbetrag neuveranlagt. Eine Fortschreibung des Einheitswerts erfolgt bei einer Änderung im Wert (Wertfortschreibung), bei einer Änderung in der Art (Artfortschreibung) und bei einer Änderung in der Zurechnung (Zurechnungsfortschreibung). Hierzu vgl. § 22 BewG. Zur Fortschreibung des Einheitswerts im Einzelnen vgl. Anm. 4 zu § 13 GrStG.

Das Typische der **Neuveranlagung** (sie wurde früher als Fortschreibungsveranlagung bezeichnet) besteht darin, dass sie eine **Fortschreibung des Einheitswerts** voraussetzt und ihr die im Einheitswertbescheid getroffenen Feststellungen zugrunde gelegt werden. Bei einer **Wertfortschreibung** geht sie von dem neuen Einheitswert aus. Beruht die Aufforderung des Finanzamts zur Abgabe einer Erklärung zur Feststellung des Einheitswerts auf einen anderen Feststellungszeitpunkt als den Hauptfeststellungszeitpunkt auf der Möglichkeit, dass die Voraussetzungen für eine Wertfortschreibung erfüllt sind, ist diese Aufforderung nicht ermessensfehlerhaft (BFH v. 16.2.2012, BFH/NV 2012 S. 982). Im Falle einer durchzuführenden Wertfortschreibung werden dann die entsprechenden Folgewirkungen bei der Grundsteuermessbetragsveranlagung ausgelöst. Bei einer **Zurechnungsfortschreibung** beschränkt sie sich auf die Angabe des neuen Steuerschuldners, während der bisherige Einheitswert und Steuermessbetrag unverändert bleiben. Bei einer **Artfortschreibung** kann sich ein neuer Steuermessbetrag ergeben, wenn die Änderung der Art Auswirkungen auf die Höhe des Einheitswerts oder unabhängig davon Auswirkungen auf die anzuwendende Steuermesszahl hat.

Ein besonderer Antrag auf die Vornahme einer Neuveranlagung ist nicht erforderlich, wenn sie zusammen mit der Fortschreibung des Einheitswerts von Amts wegen durchgeführt wird. Wegen der Kopplung an den Einheitswert vgl. auch Anm. 2 zu § 16 GrStG. Bei einer Zurechnungsfortschreibung beschränkt sich die Neuveranlagung auf die Bestimmung des neuen Eigentümers (FinMin. NW v. 27.3.1974, StEK § 17 GrStG Nr. 1). Bei der Veräußerung eines Grundstücks erfolgt demgemäß eine Zurechnungsfortschreibung des Einheitswerts und eine entsprechende Neuveranlagung des Steuermessbetrags auf den Beginn des folgenden Kalenderjahrs (§ 17 Abs. 1 GrStG). Der neue Steuermessbescheid muss zunächst dem Erwerber, gleichzeitig aber auch dem Veräußerer bekannt gegeben werden (BFH v. 8.6.1988, BStBl. 1988 II S. 760), obwohl er für diesen keine besondere Wirkung mehr hat (BFH v. 27.4.1956, BStBl. 1956 III S. 203). Formell bleibt er auch weiterhin noch Steuerschuldner, so dass die Gemeinde auch für die Zeit nach der Veräußerung z.B. noch Vorauszahlungen von ihm erheben könnte (§ 29 GrStG). Es wird deshalb dem Veräußerer in einem besonderen Bescheid zweckmäßigerweise mitgeteilt, ab welchem Zeitpunkt seine Steuerschuldnerschaft endet (Negativbescheid).

Zu § 17 Absatz 2

Neuveranlagung des Steuermessbetrags ohne Fortschreibung des Einheitswerts

3   Im Steuermessbetragsverfahren wird über die sachliche und persönliche Steuerpflicht, über die Anwendung einer bestimmten Steuermesszahl, über die Gewährung einer Grundsteuervergünstigung u.a.m. entschieden (§ 184 Abs. 1 AO). Infolgedessen führt auch der Eintritt, die Änderung oder der Wegfall einer Steuerbefreiung oder Steuervergünstigung zu einer Änderung des Steuermessbescheides. Beim Eintritt einer Steuerbefreiung oder beim Wegfall einer Steuerbefreiung ist kraft ausdrücklicher gesetzlicher Vorschrift eine Aufhebung oder eine Nachveranlagung durchzuführen (vgl. Anm. 2 zu § 20 bzw. Anm. 2 zu § 18 GrStG). Andere Tatbestände müssen durch eine Neuveranlagung berücksichtigt werden, auch wenn es nicht zu einer Fortschreibung des Einheitswerts kommt (BFH v. 30.4.1964, BStBl. 1964 III S. 412). Die Neuveranlagung setzt schon begrifflich immer einen bereits veranlagten Steuermessbetrag voraus (BFH v. 13.6.1984, BStBl. 1984 II S. 816). Andererseits ist es aber auch möglich, dass der Einheitswert fortgeschrieben wird, ohne dass eine Neuveranlagung erforderlich ist oder dass nicht alle im Einheitswertbescheid enthaltenen Feststellungen berücksichtigt zu werden brauchen. Diese zuletzt angeführten Fälle hatten besondere Bedeutung für die Dauer der Gewährung der Grundsteuervergünstigung nach § 92a Abs. 1 des II. WoBauG.

Durch eine Neuveranlagung muss auch der Eintritt, die Änderung des Umfangs oder der Wegfall einer nur teilweisen Steuerbefreiung berücksichtigt werden, wenn der für den Steuergegenstand festgestellte Einheitswert unverändert bleibt (z.B. weil er noch für andere Steuern benötigt wird). Es ist deshalb möglich, dass in einem solchen Fall gleichzeitig auch zwei unterschiedliche Einheitswerte festgestellt werden. Vgl. hierzu auch Anm. 2 zu § 13 GrStG.

Eine Neuveranlagung nach § 17 Abs. 2 Nr. 1 GrStG liegt danach vor

a) wenn Änderungen am Steuermessbetrag völlig unabhängig von einer Fortschreibung des Einheitswerts zu berücksichtigen sind und

b) wenn zwar eine Fortschreibung des Einheitswerts vorausgeht, jedoch nicht alle im Einheitswertbescheid enthaltenen Feststellungen übernommen werden, oder wenn von diesen Feststellungen abgewichen wird. Es ist allerdings auch eine Neuveranlagung möglich, die als Folge der Fortschreibung des Einheitswerts notwendig wird (§ 17 Abs. 1 GrStG), gleichzeitig aber auch Umstände berücksichtigt, die für sich allein zu einer Neuveranlagung nach § 17 Abs. 2 Nr. 1 GrStG führen würden.

Es wäre denkbar, dass zwar der Einheitswert fortgeschrieben wird, der Steuermessbetrag jedoch unverändert bleibt. Die Frage, ob hier der alte Steuermessbetrag weiter gilt oder eine Neuveranlagung durchgeführt werden muss, bleibt offen. Vermutlich wird sie keine besondere praktische Bedeutung haben. Die Neuveranlagung nach § 17 Abs. 2 Nr. 1 GrStG setzt Gründe voraus, die im Einheitswertverfahren nicht zu berücksichtigen sind. Wenn Wertänderungen eingetreten sind, die jedoch nicht ausreichen, um die Wertgrenzen zu übersteigen, so dass der Einheitswert nicht neu festgestellt wird (§ 22 Abs. 1 BewG), könnte man u. U. die Auffassung vertreten, dass dies ebenfalls ein solcher Grund wäre. Man sollte jedoch davon ausgehen, dass Wertänderungen allein im Feststellungsverfahren berücksichtigt werden, auch wenn es nicht zu einer Wertfortschreibung gekommen ist. Gründe iSd § 17 Abs. 2 Nr. 1 GrStG sind nicht lediglich Tatsachen, sondern alle tatsächlichen und rechtlichen Umstände, die auf die Höhe des Grundsteuermessbetrages einwirken. Der Wegfall der Messbetragsermäßigung auf Grund von § 58 GrStDV 1937 rechtfertigt in den neuen Bundesländern eine Neuveranlagung (FG Thüringen v. 17.1.1996, EFG 1996 S. 668).

Steht der Zeitpunkt und das Ausmaß einer künftigen Änderung des Steuermessbetrags fest, so kann die Neuveranlagung auch schon vor diesem Zeitpunkt erfolgen. So wurde z. B. bei der Veranlagung des Steuermessbetrags, bei der erstmals die Grundsteuervergünstigung nach § 92a des II. WoBauG berücksichtigt wurde, bereits der Steuermessbetrag mitangegeben, der sich später nach Auslaufen der Grundsteuervergünstigung ergeben hat. Auch insoweit handelt es sich dann um eine Neuveranlagung. Hierzu vgl. auch Anm. 2 zu § 21 GrStG.

Neuveranlagung zur Fehlerberichtigung

Der Steuermessbetrag wird auch dann neu veranlagt, wenn die bisher gel- 4 tende Veranlagung fehlerhaft war. Es handelt sich hier um die Neuveranlagung zur Fehlerberichtigung, die der Fortschreibung des Einheitswerts zur Fehlerberichtigung (§ 22 Abs. 3 BewG) nachgebildet ist, so dass die dortigen Grundsätze auch hier übernommen werden können. Um Wiederholungen zu vermeiden, kann deshalb weitgehend auf Anm. 4 zu § 13 GrStG verwiesen werden. **Fehler** ist auch hier **jede objektive Unrichtigkeit,** gleichgültig aus welchem Grunde es dazu gekommen ist (BFH v. 29.11.1989, BStBl. 1990 II S. 149). Ebenso ist es gleichgültig, ob sie aus dem Steuermessbescheid unmittelbar ersichtlich ist (BFH v. 31.3.1987, BStBl. 1987 II S. 588). Kommt es zu einer fehlerberichtigenden Fortschreibung des Einheitswerts, so folgt automatisch mit dieser Fortschreibung auch eine Neuveranlagung des Steuermessbetrags (§ 175 Abs. 1 Satz 1 Nr. 1 AO). Insoweit handelt es sich um eine Neuveranlagung nach § 17 Abs. 1 GrStG. In § 17 Abs. 2 Nr. 2 GrStG ist dagegen der Fall geregelt, dass zwar der Einheitswert zutreffend festgestellt ist und unverändert bleibt, dass aber der darauf beruhende Steuermessbetrag fehlerhaft ist. Fehler können sich z. B. bei allen Umständen ergeben haben, die nicht im Feststellungsverfahren über den Einheitswert, wohl aber bei der Feststellung des Steuermessbetrags zu berücksichtigen sind (§ 17 Abs. 2 Nr. 1 GrStG). Dabei kann sich die Korrektur zugunsten oder zuungunsten des Steuerpflichtigen auswirken. Die Neuveranlagung ist keine Berichtigungsveranlagung, lässt deshalb den ursprünglichen fehlerhaften Steuermessbetrag unberührt. Sie kann nämlich erst auf einen späteren Zeitpunkt erfolgen. Damit muss mindestens für ein Kalenderjahr die Grundsteuer noch nach dem fehlerhaften Steuermessbetrag entrichtet werden. Wegen einer Berichtigung des fehlerhaften Steuerbescheids vgl. Anm. 3 zu § 21 GrStG.

Auch bei einer fehlerberichtigenden Neuveranlagung ist § 176 AO zu beachten. Hierzu vgl. Anm. 4 zu § 13 GrStG. Danach kann zuungunsten des Steuerpflichtigen eine zwischenzeitliche **Änderung der Rechtsprechung** nicht auf einen zurückliegenden Veranlagungszeitpunkt berücksichtigt werden. Dies wird jedoch ausdrücklich auf Veranlagungszeitpunkte zugelassen, die nach der Änderung der Rechtsprechung liegen. In § 17 Abs. 2 Nr. 2 GrStG wird zwar insoweit nur auf die Änderung der Rechtsprechung abgestellt. Der Grundsatz gilt aber ganz allgemein, also auch für Verwaltungsanweisungen, die rückwirkend zuungunsten der Steuerpflichtigen geändert worden sind.

Worauf der Fehler, der korrigiert werden soll, jeweils beruht, ist gleichgültig (BFH v. 29.11.1989, BStBl. 1990 II S. 149). Es kann sich sowohl um eine falsche Tatsachenbeurteilung als auch um eine falsche Rechtsbeurteilung oder auch um sonstige Umstände handeln. Die Neuveranlagung zum Zwecke der Fehlerberichtigung kann sich auf Einzelfälle beschränken, sie kann aber auch entgegen der früheren Rechtsprechung (BFH v. 18.10.1968, BStBl. 1969 II S. 63) für eine Vielzahl gleichgelagerter Fälle durchgeführt werden **(Kollektivfortschreibung).** Nachdem der Gesetzgeber die Fortschreibung des Einheitswerts zur Fehlerberichtigung ohne jede Einschränkung in § 17 Abs. 2 Nr. 2 GrStG zugelassen hat, kann man davon ausgehen, dass er bewusst auf irgendwelche Einschränkungen insoweit verzichtet hat.

Zu § 17 Absatz 3

Neuveranlagungszeitpunkt

5 Der Neuveranlagung werden die Verhältnisse vom **Beginn des Kalenderjahrs** zugrunde gelegt, auf den sie durchgeführt wird (Neuveranlagungszeit-

punkt). Änderungen, die während eines Kalenderjahrs eintreten, können somit erst auf den Beginn des folgenden Kalenderjahrs zu einer Neuveranlagung führen (BFH v. 18.10.1963, BStBl. 1964 III S. 2). Sie gilt dann von diesem Kalenderjahr an. Über die Neuveranlagung ist jeweils ein neuer Steuermessbescheid zu erteilen.

Neuveranlagungszeitpunkt ist in den Fällen des § 17 Abs. 1 GrStG der Beginn des Kalenderjahrs, auf den die Fortschreibung des Einheitswerts durchgeführt wird (§ 17 Abs. 3 Nr. 1 GrStG). Er ist also mit dem **Fortschreibungszeitpunkt** nach § 22 Abs. 4 BewG identisch. Die Fortschreibung eines Einheitswerts kann auch auf einen zurückliegenden Zeitpunkt erfolgen. Dasselbe gilt auch für die Neuveranlagung. Die Fortschreibung hat allerdings zu unterbleiben, wenn die Feststellungsfrist schon abgelaufen ist. Das ist der Fall, wenn die an die Fortschreibung anknüpfende Grundsteuer verjährt ist (BFH v. 25.8.1961, BStBl. 1961 III S. 498 und v. 31.10.1969, BStBl. 1970 II S. 173). Sie ist jedoch zulässig, wenn für die Grundsteuer die Festsetzungsfrist (§§ 169 ff., 170 AO) noch nicht abgelaufen und damit die Steuer noch nicht verjährt ist (§ 181 Abs. 5 AO).

Auch die Neuveranlagung nach § 17 Abs. 2 Nr. 1 GrStG kann auf einen zurückliegenden Zeitpunkt durchgeführt werden. Eine Grenze ergibt sich jedoch auch hier durch den Ablauf der Festsetzungsfrist (§§ 169 ff. AO). Eine **rückwirkende Neuveranlagung** ist somit äußerstenfalls auf den Beginn des Kalenderjahrs möglich, das vier Jahre vor dem laufenden Kalenderjahr liegt, in welchem der Neuveranlagungsbescheid ergeht. Im Jahre 2014 wäre somit noch eine Neuveranlagung auf den 1.1.2010 möglich. Wenn die Festsetzungsfrist für das Kalenderjahr, auf dessen Beginn die Neuveranlagung erfolgen müsste, bereits abgelaufen ist, kann eine rückwirkende Neuveranlagung immer noch auf den Beginn des ersten Kalenderjahrs durchgeführt werden, für das die Festsetzungsfrist noch nicht abgelaufen ist. Bei entsprechender Anwendung des § 16 Abs. 3 GrStG wäre dabei zwar von den Verhältnissen zu Beginn des Kalenderjahrs nach Eintritt der tatsächlichen Änderungen auszugehen. Wenn allerdings auch danach noch Änderungen in der Zeit bis zu dem erstmöglichen Neuveranlagungszeitpunkt eingetreten sind, wäre auf den gleichen Zeitpunkt auch noch eine zweite Neuveranlagung notwendig. Es führt jedoch zum gleichen Ergebnis, wenn bei dieser Neuveranlagung sofort auf die Verhältnisse von dem dafür maßgebenden Zeitpunkt abgestellt wird.

Es ist durchaus möglich, dass eine Neuveranlagung wegen geänderter Verhältnisse (§ 17 Abs. 2 Nr. 1 GrStG) mit einer fehlberichtigenden Neuveranlagung (§ 17 Abs. 2 Nr. 2 GrStG) in einem einheitlichen Steuermessbetragsbescheid abgewickelt wird. Diese Zusammenfassung ändert aber nichts daran, dass beide Neuveranlagungen selbständig nebeneinander stehen und deshalb u. U. auch auf unterschiedliche Zeitpunkte durchzuführen sind (BFH v. 15.10.1981, BStBl. 1982 II S. 15) und auch jeweils selbständig anfechtbar sind.

In den Fällen einer fehlberichtigenden Neuveranlagung des § 17 Abs. 2 Nr. 2 GrStG ist zu unterscheiden zwischen einer Korrektur zugunsten und einer Korrektur zuungunsten des Steuerpflichtigen. Bei der Neuveranlagung **zugunsten des Steuerpflichtigen** ist Veranlagungszeitpunkt der Beginn des

Kalenderjahrs, in welchem der Fehler des alten Steuermessbetragsbescheids dem Finanzamt bekannt wird. Von der Rechtsprechung wird dazu die Auffassung vertreten, dass die Neuveranlagung von Amts wegen durchzuführen ist, dass es weder auf einen Antrag, noch auf einen Hinweis des Steuerpflichtigen ankommt, dass es deshalb bei einem verspäteten Hinweis des Steuerpflichtigen auch keine Wiedereinsetzung in den vorigen Stand mehr geben könne (BFH v. 23.6.1978, BStBl. 1978 II S. 642). Im Ergebnis würde dies aber bedeuten, dass eine rückwirkende Neuveranlagung zur Fehlerberichtigung ausgeschlossen ist; denn ein Außenstehender wird kaum feststellen können, zu welchem Zeitpunkt der Fehler dem Finanzamt bekannt geworden ist. Dies wäre erst bei einem entsprechenden Hinweis möglich.

Führt die fehlerberichtigende Neuveranlagung zu einer Erhöhung der Grundsteuer, so ist Neuveranlagungszeitpunkt frühestens der Beginn des Kalenderjahrs, in welchem der neue Steuermessbescheid erteilt wird. Unter diesen Umständen ist auch eine rückwirkende Neuveranlagung **zuungunsten des Steuerpflichtigen** nicht mehr zulässig. Insoweit ist die Rechtslage mit der für die fehlerberichtigenden Fortschreibung des Einheitswerts (§ 22 Abs. 4 Nr. 2 BewG) identisch. Wegen weiterer Einzelheiten zur Verjährung vgl. auch Anm. 10 zu § 27 GrStG.

Zu § 17 Absatz 4

Neuveranlagung kurz nach einer Hauptveranlagung

6 Nach § 16 Abs. 3 GrStG ist der bei der Hauptveranlagung festgestellte Steuermessbetrag erst von einem späteren Kalenderjahr an wirksam, das zwei Jahre nach dem Hauptveranlagungszeitpunkt beginnt. Es ist durchaus möglich, dass in diesen beiden Zwischenjahren Änderungen eintreten, die sonst zu einer Neuveranlagung auf den Beginn des folgenden Kalenderjahrs führen würden. Diese Neuveranlagung wäre dann, weil sie für die Grundsteuer noch keine Bedeutung hat, völlig überflüssig, vor allem, wenn sich in dem folgenden Kalenderjahr nochmals erneute Änderungen ergeben, so dass auf den Zeitpunkt des Inkrafttretens des Steuermessbetrags eine abermalige Neuveranlagung erforderlich wird. Um hier unnötige Arbeit zu vermeiden, ist in § 17 Abs. 4 GrStG bestimmt, dass bei solchen Änderungen eine Neuveranlagung erst auf den Zeitpunkt durchgeführt wird, in welchem die Steuermessbeträge erstmals wirksam werden. Bei dieser Neuveranlagung sind dann sämtliche Veränderungen zu berücksichtigen, die sich in der Zwischenzeit ergeben haben. Erhöhungen und Minderungen des Steuermessbetrags sind dabei zu saldieren. Bei einer künftigen Hauptveranlagung wird diese Vorschrift deshalb Bedeutung haben, weil der Abstand zwischen dem Zeitpunkt der Hauptveranlagung und der erstmaligen Anwendung des neuen Steuermessbescheids sicher mehrere Jahre betragen wird. Mit der nächsten Hauptfeststellung der Einheitswerte, deren Zeitpunkt heute noch nicht abzusehen ist, sollte deshalb möglichst gleichzeitig auch eine Hauptveranlagung der Steuermessbeträge verbunden sein.

Wenn der Steuermessbetrag vom Hauptveranlagungszeitpunkt fehlerhaft veranlagt worden war, kann eine Berichtigung desselben durchgeführt werden. Hierzu vgl. Anm. 3 zu § 21 GrStG. Es kann aber auch eine fehlerberichtigende Neuveranlagung nach § 17 Abs. 2 Nr. 2 GrStG auf einen späteren Veranlagungszeitpunkt vorgenommen werden. Dies gilt auch dann, wenn gegen die Hauptveranlagung wegen des Fehlers ein Einspruch hätte eingelegt werden können, dies aber aus irgendwelchen Gründen nicht geschehen und auch die Rechtsbehelfsfrist bereits abgelaufen ist.

§ 18 Nachveranlagung

(1) **Wird eine Nachfeststellung (§ 23 Abs. 1 des Bewertungsgesetzes) durchgeführt, so wird der Steuermeßbetrag auf den Nachfeststellungszeitpunkt nachträglich festgesetzt (Nachveranlagung).**

(2) **Der Steuermeßbetrag wird auch dann nachträglich festgesetzt, wenn der Grund für die Befreiung des Steuergegenstandes von der Grundsteuer wegfällt, der für die Berechnung der Grundsteuer maßgebende Einheitswert (§ 13 Abs. 1) aber bereits festgestellt ist.**

(3) **¹Der Nachveranlagung werden die Verhältnisse im Nachveranlagungszeitpunkt zugrunde gelegt. ²Nachveranlagungszeitpunkt ist**

1. **in den Fällen des Absatzes 1 der Beginn des Kalenderjahres, auf den der Einheitswert nachträglich festgestellt wird;**
2. **in den Fällen des Absatzes 2 der Beginn des Kalenderjahres, der auf den Wegfall des Befreiungsgrundes folgt. ²§ 16 Abs. 3 ist entsprechend anzuwenden.**

(4) **Treten die Voraussetzungen für eine Nachveranlagung während des Zeitraums zwischen dem Hauptveranlagungszeitpunkt und dem Zeitpunkt des Wirksamwerdens der Steuermeßbeträge (§ 16 Abs. 2) ein, so wird die Nachveranlagung auf den Zeitpunkt des Wirksamwerdens der Steuermeßbeträge vorgenommen.**

Übersicht

Zu § 18
1. Begründung

Zu § 18 Abs. 1 und 2
2. Nachveranlagung des Steuermessbetrags

Zu § 18 Abs. 3
3. Nachveranlagungszeitpunkt

Zu § 18 Abs. 4
4. Nachveranlagung kurz nach der Hauptveranlagung

Zu § 18

Begründung zur Regierungsvorlage

„Die Regelung in § 18 GrStG korrespondiert mit der Institution der Nachfeststel- **1** lung des Einheitswertes nach § 23 BewG. Zur Nachfeststellung eines Einheitswerts kommt es, wenn eine wirtschaftliche Einheit neu entsteht (z. B. durch Abtrennung eines Grundstücks) oder wenn für eine bereits bestehende wirtschaftliche Einheit die Grundsteuerbefreiung wegfällt. Die Vorschriften in § 18 Abs. 1 GrStG regeln die automatisch folgende Nachveranlagung des Steuermessbetrags im Anschluss an eine Nachfeststellung des Einheitswerts. Die Vorschriften in § 18 Abs. 2 GrStG behandeln die Fälle, in denen die Nachveranlagung unabhängig von dem Einheitswertverfahren durchgeführt werden muss. Wegen weiterer Einzelheiten wird auf die Begründung zu § 17 GrStG verwiesen."

Zu § 18 Absätze 1 und 2

Nachveranlagung des Steuermessbetrags

2   Der Einheitswert wird nach § 23 BewG nachträglich festgestellt **(Nachfeststellung),** wenn nach dem Hauptfeststellungszeitpunkt ein Steuergegenstand neu entsteht oder wenn für einen bereits bestehenden Steuergegenstand der Grund für die Befreiung von der Grundsteuer wegfällt. Im Einzelnen vgl. Anm. 5 zu § 13 GrStG. Mit der Nachfeststellung des Einheitswerts wird gleichzeitig auch eine Nachveranlagung des Steuermessbetrags durchgeführt (§ 18 Abs. 1 GrStG). Nachveranlagungszeitpunkt und Nachfeststellungszeitpunkt sind somit identisch. Ein besonderer Antrag auf Nachveranlagung ist hier nicht erforderlich, sie erfolgt vielmehr von Amts wegen.

Grundsätzlich wird ein Einheitswert nicht festgestellt, wenn er für die Grundsteuer ohne Bedeutung sein würde, z. B. weil der Steuergegenstand von der Grundsteuer befreit ist. Es wäre denkbar, dass er zu einem späteren Zeitpunkt wieder grundsteuerpflichtig wird. In diesem Fall kann es aber nicht mehr zu einer Nachfeststellung des Einheitswerts kommen, denn dieser liegt bereits vor. Der Wegfall der Grundsteuerfreiheit muss deshalb allein im Steuermessbetragsverfahren berücksichtigt werden (§ 18 Abs. 2 GrStG). Ebenso wie bei der Neuveranlagung nach § 17 Abs. 2 GrStG keine Fortschreibung des Einheitswerts vorzuliegen braucht (vgl. Anm. 3 zu § 17 GrStG), muss auch der Nachveranlagung nicht immer eine Nachfeststellung des Einheitswerts vorausgehen.

Die Neuveranlagung zur Fehlerberichtigung (§ 17 Abs. 2 Nr. 2 GrStG) setzt einen bereits vorhandenen jedoch fehlerhaften Steuermessbescheid voraus. Vgl. hierzu Anm. 4 zu § 17 GrStG. Zur Nachveranlagung kommt es dagegen, wenn ein Steuermessbescheid bisher noch gar nicht vorliegt. Aus welchen Gründen dies der Fall ist, bleibt gleichgültig. Es kann deshalb auch eine fehlerhaft unterbliebene Nachveranlagung nachgeholt werden. Eine fehlerhaft unterbliebene Hauptveranlagung kann zwar nicht durch eine Nachveranlagung, sondern nur als Hauptveranlagung nachgeholt werden. Ist allerdings die Festsetzungsfrist für die Hauptveranlagung bereits abgelaufen, muss auf den erstmöglichen Zeitpunkt, für den die Festsetzungsfrist noch läuft, rückwirkend eine Nachveranlagung durchgeführt werden (BFH v. 27.2.1970, BStBl. 1970 II S. 301).

Eine Nachveranlagung, die auf einen nach der Hauptveranlagung liegenden Zeitpunkt hätte durchgeführt werden müssen, kann zwar nachgeholt werden. Rückwirkend gilt dies aber nur, soweit die Festsetzungsfrist noch nicht abgelaufen ist. Die Nachveranlagung kann dann aber auf einen späteren Zeitpunkt vorgenommen werden, an dem die Festsetzungsfrist noch läuft (BFH v. 20.12.1962, HFR 1963 S. 281).

Zu § 18 Absatz 3

Nachveranlagungszeitpunkt

Die Nachveranlagung wird, soweit sie im Zusammenhang mit der Nach- **3** feststellung des Einheitswerts erforderlich wird, auf den Nachveranlagungszeitpunkt (§ 18 Abs. 3 Nr. 1 GrStG), im Übrigen auf den Beginn des Kalenderjahres durchgeführt, das auf den Wegfall der Steuerbefreiung folgt (§ 18 Abs. 2 Nr. 2 GrStG).

Ändert sich die Rechtsprechung und stellt sie fest, dass eine Steuerbefreiung nicht mehr zulässig ist, so entfällt der Grund für die Befreiung mit der Bekanntgabe des BFH-Urteils. Die Nachveranlagung kann hier, da sie sich zum Nachteil des Steuerpflichtigen auswirkt, erst nach dem Stande vom Beginn des darauf folgenden Kalenderjahres vorgenommen werden (RFH v. 3.9.1941, RStBl. 1941 S. 770). Hierzu vgl. auch Anm. 4 zu § 17 GrStG.

Für den Fall, dass bei einer rückwirkenden Nachfeststellung die Festsetzungsfrist für die Grundsteuer bereits abgelaufen ist, soll § 16 Abs. 3 GrStG entsprechend angewendet werden. Hierzu vgl. Anm. 8 zu § 16 GrStG.

Der Nachveranlagung (§ 18 Abs. 1 GrStG) wird der Einheitswert zugrunde gelegt, der auf den Nachveranlagungszeitpunkt festgestellt worden ist. Wenn eine Nachfeststellung des Einheitswertes nicht mehr zu erfolgen braucht, weil dieser bereits vorliegt (§ 18 Abs. 2 GrStG), ist der am Nachveranlagungszeitpunkt maßgebende Einheitswert zugrunde zu legen. Dies ist in der Regel der zuletzt festgestellte Einheitswert, kann aber auch ein auf diesen Zeitpunkt noch fortzuschreibender Einheitswert sein. Es ist auch möglich, dass nicht alle im Einheitswertbescheid enthaltenen Feststellungen übernommen werden brauchen oder dass von diesen Feststellungen abgewichen werden muss. Auch in diesen Fällen handelt es sich um eine Nachveranlagung.

Die Nachveranlagung gilt von dem Kalenderjahr an, auf dessen Beginn sie durchgeführt wird. Über die Nachveranlagung ergeht ein Steuermessbescheid.

Zu § 18 Absatz 4

Nachveranlagung kurz nach der Hauptveranlagung

Treten die Voraussetzungen für eine Nachveranlagung während des Zeit- **4** raums zwischen dem Hauptveranlagungszeitpunkt und dem Zeitpunkt des erstmaligen Inkrafttretens der Steuermessbeträge ein, so wird die Nachveranlagung erst auf diesen Zeitpunkt vorgenommen (§ 18 Abs. 4 GrStG). Im Einzelnen vgl. hierzu Anm. 6 zu § 17 GrStG, die hier entsprechend gilt.

§ 19 Anzeigepflicht

[1]**Jede Änderung in der Nutzung oder in den Eigentumsverhältnissen eines ganz oder teilweise von der Grundsteuer befreiten Steuergegenstandes hat derjenige anzuzeigen, der nach § 10 als Steuerschuldner in Betracht kommt.** [2]**Die Anzeige ist innerhalb von drei Monaten nach Eintritt der Änderung bei dem Finanzamt zu erstatten, das für die Festsetzung des Steuermeßbetrags zuständig ist.**

Zu § 19

Literatur: *Wehrheim/Hohensträter,* Problembereiche der Anzeigepflicht nach § 19 GrStG bei Eigentümerwechsel, BB 2005 S. 2664.

Begründung zur Regierungsvorlage

1   „Zur Veranlagung des Steuermessbetrags bedarf es keiner besonderen Erklärung des steuerpflichtigen Eigentümers; denn die für die Höhe der Grundsteuer maßgebenden Unterlagen ergeben sich im Regelfall bereits aus dem Einheitswertbescheid. Die Veranlagung kann deshalb nach Aktenlage durchgeführt werden. Wenn jedoch Grundsteuerbefreiungen gewährt worden sind, muss sichergestellt sein, dass das Finanzamt über eine Änderung der hierfür maßgebenden Umstände unterrichtet wird. Nachdem eine allgemeine Erklärungspflicht nicht erforderlich ist, musste deshalb für diese Fälle wenigstens eine Anzeigepflicht gesetzlich vorgesehen werden. ...“

Anzeigepflicht

2   Wenn für ein Grundstück eine ganze oder teilweise Steuerbefreiung gewährt worden ist, später jedoch Nutzungsänderungen eintreten, die zum Wegfall oder zur Einschränkung derselben führen, bestehen gewisse Anzeigepflichten. Anzeigepflichtig ist jeweils der Steuerschuldner. Dies sind der **Eigentümer** (bürgerlich-rechtlicher oder wirtschaftlicher Eigentümer), dem der Einheitswert zugerechnet wurde, der **Erbbauberechtigte** (§ 10 Abs. 2 GrStG) und, wenn mehrere Miteigentümer vorhanden sind, diese als Gesamtschuldner (§ 10 Abs. 3 GrStG). Abweichend von § 10 GrStG ist im Beitrittsgebiet der **Nutzer** des land- und forstwirtschaftlichen Vermögens Schuldner der Grundsteuer (§ 40 GrStG) und damit Anzeigepflichtiger. Für Körperschaften sind der Vorstand oder die sonstigen gesetzlichen Vertreter anzeigepflichtig. Die anzeigepflichtigen Personen haben im Fall einer Säumnis alle Folgen zu tragen, die sich aus der Abgabenordnung hierfür ergeben.

Die Anzeigepflicht in § 19 GrStG entspricht der in § 153 Abs. 2 AO. Danach besteht ganz allgemein eine Anzeigepflicht, wenn die Voraussetzungen für eine Steuerbefreiung, Steuerermäßigung oder sonstige Steuervergünstigung nachträglich ganz oder teilweise wegfallen (*Klein/Rätke,* AO, § 153 Rz. 15). Die Anzeigepflicht betrifft nur Nutzungsänderungen, die zum Wegfall oder zur Einschränkung gewährter Grundsteuervergünstigungen führen (BFH v. 12.12.1990, HFR 1991 S. 290).

Anzeige ist zu erstatten, wenn die Steuerfreiheit ganz oder zum Teil wegfällt. Praktisch wird hier die Anzeige als Antrag auf eine Nachveranlagung oder eine Neuveranlagung betrachtet werden können. Die Anzeige ist formlos, kann also schriftlich oder auch mündlich (zu Protokoll) gemacht werden. Sie ist innerhalb von drei Monaten nach Eintritt der Änderung zu erstatten, und zwar an das Finanzamt, das für die Festsetzung des Steuermessbetrags zuständig ist. Zur Zuständigkeit vgl. Anm. 3 zu § 16 GrStG.

Eine Anzeige dürfte sich erübrigen, wenn von vornherein feststeht, dass eine Neu- oder Nachveranlagung nicht in Betracht kommt, z. B. weil eine begünstigte Nutzung nur durch eine andere begünstigte Nutzung ersetzt wird. Im Zweifelsfall wird man bei der Frage, inwieweit eine Anzeigepflicht besteht, in gleicher Weise wie bei der Steuererklärungspflicht verfahren müssen. Danach kann es zwar nicht ausschlaggebend sein, dass es objektiv auch zu einer Steuerfestsetzung kommt. Es besteht vielmehr auch dann schon eine Steuererklärungspflicht (§ 149 AO), wenn die bloße Möglichkeit einer Steuererhebung gegeben ist (BFH v. 10.1.1951, BStBl. 1951 III S. 209). Nur wenn einwandfrei und klar erkennbar ist, dass eine Steuerpflicht nicht gegeben sein kann (BFH v. 11.6.1958, BStBl. 1958 III S. 339), braucht auch eine Steuererklärung nicht abgegeben werden. Hier noch eine Steuererklärung zu verlangen, würde ein Verstoß gegen Recht und Billigkeit sein und damit einen Ermessensmissbrauch darstellen. Entsprechende Grundsätze gelten auch für die Anzeigepflicht nach § 19 GrStG.

Anzeigepflichtig ist auch eine **Änderung in den Eigentumsverhältnissen.** Sie kann nämlich von Bedeutung sein für die Frage, ob danach die subjektiven Voraussetzungen für die Steuerbefreiung auch noch beim Erwerber gegeben sind. Im Allgemeinen wird jedoch das Finanzamt hierüber schon von dritter Seite unterrichtet werden und kann deshalb auch von Amts wegen tätig werden.

§ 20 Aufhebung des Steuermeßbetrags

(1) Der Steuermeßbetrag wird aufgehoben,
1. wenn der Einheitswert aufgehoben wird oder
2. wenn dem Finanzamt bekannt wird, daß
   a) für den ganzen Steuergegenstand ein Befreiungsgrund eingetreten ist oder
   b) der Steuermeßbetrag fehlerhaft festgesetzt worden ist.

(2) Der Steuermeßbetrag wird aufgehoben
1. in den Fällen des Absatzes 1 Nr. 1 mit Wirkung vom Aufhebungszeitpunkt (§ 24 Abs. 2 des Bewertungsgesetzes) an;
2. in den Fällen des Absatzes 1 Nr. 2 Buchstabe a mit Wirkung vom Beginn des Kalenderjahres an, der auf den Eintritt des Befreiungsgrundes folgt. ²§ 16 Abs. 3 ist entsprechend anzuwenden;
3. in den Fällen des Absatzes 1 Nr. 2 Buchstabe b mit Wirkung vom Beginn des Kalenderjahres an, in dem der Fehler dem Finanzamt bekannt wird.

(3) Treten die Voraussetzungen für eine Aufhebung während des Zeitraums zwischen dem Hauptveranlagungszeitpunkt und dem Zeitpunkt des Wirksamwerdens der Steuermeßbeträge (§ 16 Abs. 2) ein, so wird die Aufhebung auf den Zeitpunkt des Wirksamwerdens der Steuermeßbeträge vorgenommen.

Übersicht

Zu § 20
1. Begründung

Zu § 20 Abs. 1
2. Aufhebung des Einheitswerts
3. Aufhebung des Steuermessbetrags ohne Aufhebung des Einheitswerts

Zu § 20 Abs. 2
4. Aufhebungszeitpunkt

Zu § 20 Abs. 3
5. Aufhebung zwischen Hauptveranlagungszeitpunkt und erstmaliger Anwendung

Zu § 20

Begründung zur Regierungsvorlage

1   „Die Grundsteuer entsteht mit dem Beginn eines Kalenderjahres (vgl. § 9 GrStG) und endet mit dem Ablauf des Kalenderjahres, in dem die Voraussetzungen für eine Heranziehung zur Grundsteuer in vollem Umfang entfallen. Der Wegfall der Steuerpflicht war bisher teilweise in § 16 GrStG 1951 und im Übrigen in § 226 Abs. 1 AO a.F. geregelt. Die bisherige Regelung war mangelhaft, weil es im Bewertungsrecht keine Vorschrift gab, die beim Wegfall einer wirtschaftlichen Einheit oder beim Eintritt von Befreiungsgründen eine Aufhebung des Einheitswerts vorsah. Dieser Mangel ist jedoch im neuen Bewertungsrecht durch § 24 BewG behoben worden. Die Vorschrift in § 20 GrStG schließt sich hieran an. Sie folgt im Aufbau dem § 17 GrStG."

Zu § 20 Absatz 1

Aufhebung des Einheitswerts

2   Nach § 24 Abs. 1 BewG wird der Einheitswert aufgehoben, wenn der Steuergegenstand wegfällt oder infolge von Befreiungsgründen nicht mehr der Besteuerung zugrunde gelegt wird. Der Wegfall ist denkbar, wenn ein Grundstück untergeht, z.B. ein Flurstück parzelliert oder mit einem anderen verbunden wird oder wenn ein Betrieb der Land- und Forstwirtschaft aufgelöst wird, ein Erbbaurecht erlischt u.a.m. Auf irgendwelche Wertgrenzen (§ 22 Abs. 1 BewG) kommt es bei der Aufhebung des Einheitswerts nicht an. Hiervon ist der Fall zu unterscheiden, dass nach der Veräußerung einer Teilfläche für das Restgrundstück nur noch ein Einheitswert unter 100 DM verbleibt, der nach Abrundung und Umrechnung 0 € beträgt (§ 30 BewG). Hier erfolgt eine Fortschreibung, bei der auch die Wertgrenzen beachtet werden müssen; denn die wirtschaftliche Einheit bleibt in diesem Fall weiter bestehen. Während in den zuerst genannten Fällen der Steuermessbetrag aufgehoben wird, muss er hier im Wege einer Neuveranlagung auf 0 € festgesetzt werden. Hierzu vgl. Anm. 6 zu § 13 GrStG. Um jedoch die Existenz des Grundstücks später nicht zu übersehen, wäre es zweckdienlich, wenn man, ebenso wie dies aus ähnlichen Gründen in der Steuerbilanz geschieht, den Steuermessbetrag nicht mit 0 €, sondern mit einem Erinnerungsposten von 1 € ansetzt.

Fällt die Steuerpflicht weg, weil ein Befreiungsgrund eintritt, so wird der Einheitswert in aller Regel zum Beginn des darauf folgenden Kalenderjahrs aufgehoben. Sollte jedoch der Einheitswert trotz der eingetretenen Befreiung aus irgendwelchen Gründen oder auch nur versehentlich weiter bestehen bleiben, so kann er nachträglich auch noch auf einen zurückliegenden Zeitpunkt aufgehoben werden. Mit der Aufhebung des Einheitswerts kommt es dann automatisch, d.h. zum gleichen Zeitpunkt, zur Aufhebung des Steuermessbetrags (§ 20 Abs. 1 Nr. 1 GrStG). Aber auch hier muss der Ablauf der Festsetzungsfrist beachtet werden; denn diese gilt nicht nur zugunsten, sondern auch zuungunsten des Steuerpflichtigen. Hierzu vgl. Anm. 11 zu § 27 GrStG.

Aufhebung des Steuermessbetrags ohne Aufhebung des Einheitswerts

Wenn für die Grundsteuer eine Befreiung eintritt, kommt es damit auto- **3** matisch auch zum Wegfall des Steuermessbetrags. Dieser ist deshalb aufzuheben (§ 20 Abs. 1 Nr. 2 Buchst. a GrStG). Ebenso kann der Steuermessbetrag aufgehoben werden, wenn er fehlerhaft festgesetzt worden war, z. B. wegen eines Befreiungstatbestands gar nicht hätte festgesetzt werden dürfen (§ 20 Abs. 1 Nr. 2 Buchst. b GrStG).
Die Vorschrift des § 16 Abs. 3 GrStG ist auch bei der Aufhebung des Steuermessbetrags entsprechend anzuwenden. Die Aufhebung kann zwar auf einen zurückliegenden Zeitpunkt erfolgen. Dies ist jedoch nur möglich, wenn die Festsetzungsfrist für die Grundsteuer noch nicht abgelaufen ist. Würde sie bereits abgelaufen sein, so kann die Aufhebung rückwirkend nur noch auf den Beginn des Kalenderjahrs durchgeführt werden, für das der Ablauf dieser Frist noch nicht eingetreten ist. Die für die Zeit davor zu viel gezahlte Grundsteuer kann nicht mehr erstattet werden.

Zu § 20 Absatz 2

Aufhebungszeitpunkt

Wird der Einheitswert aufgehoben, so erfolgt gleichzeitig damit auch die **4** Aufhebung des Steuermessbetrags. Maßgebender Zeitpunkt für die Aufhebung ist somit der Beginn des Kalenderjahrs, auf das der Einheitswert aufgehoben wird (§ 20 Abs. 2 Nr. 1 GrStG iVm § 24 Abs. 1 BewG). Ist der Steuermessbetrag unabhängig vom Einheitswert aufzuheben, so ist maßgebender Zeitpunkt der Beginn des Kalenderjahrs, in welchem der Einheitswert erstmals nicht mehr der Besteuerung zugrunde gelegt zu werden braucht (§ 20 Abs. 2 Nr. 2 GrStG). In der Regel ist dies der Beginn des Kalenderjahrs, das auf den Wegfall der Steuerpflicht oder den Eintritt des Befreiungsgrunds folgt. Ist der Steuermessbetrag aufzuheben, weil er fehlerhaft ist, so geschieht dies mit Wirkung zu Beginn des Kalenderjahrs, in dem der Fehler dem Finanzamt bekannt wird (§ 20 Abs. 2 Nr. 3 GrStG). Zwischen den Vorschriften in § 20 Abs. 1 und Abs. 2 Nr. 3 GrStG besteht damit ein gewisser Widerspruch, denn in beiden Fällen handelt es sich um den gleichen Sachverhalt. Man wird davon ausgehen können, dass hier die Regelung in § 20 Abs. 2 Nr. 3 GrStG vorgeht. Es ist zu empfehlen, jeweils möglichst bald einen entsprechenden Antrag auf Aufhebung des Steuermessbescheids zu stellen.

Zu § 20 Absatz 3

Aufhebung zwischen Hauptveranlagungszeitpunkt und erstmaliger Anwendung

Treten die Voraussetzungen für eine Aufhebung zwischen dem Hauptver- **5** anlagungszeitpunkt und dem Zeitpunkt des Inkrafttretens des Steuermessbetrags ein, so erfolgt die Aufhebung erst auf den letzteren Zeitpunkt, sofern bis dahin die Voraussetzungen dafür noch fortbestehen. Das gilt auch für den Fall des § 20 Abs. 1 Nr. 1 GrStG. In aller Regel wird auch der Einheitswert erst auf diesen Zeitpunkt aufgehoben werden.

§ 21 Änderung von Steuermeßbescheiden

[1] **Bescheide über die Neuveranlagung oder die Nachveranlagung von Steuermeßbeträgen können schon vor dem maßgebenden Veranlagungszeitpunkt erteilt werden.** [2] **Sie sind zu ändern oder aufzuheben, wenn sich bis zu diesem Zeitpunkt Änderungen ergeben, die zu einer abweichenden Festsetzung führen.**

Zu § 21

Begründung zur Regierungsvorlage

1 „Im Interesse des Grundstückseigentümers können künftig Bescheide über die Fortschreibung oder Nachfeststellung von Einheitswerten des Grundbesitzes auch schon vor dem maßgebenden Feststellungszeitpunkt erteilt werden. Wenn sich in einem solchen Fall in der Zeit zwischen der Bescheiderteilung und dem Feststellungszeitpunkt noch Änderungen ergeben, so ist der Bescheid entsprechend zu ändern oder u.U. aufzuheben (§ 24a BewG). Eine solche Änderung oder Aufhebung des Feststellungsbescheids führt automatisch auch zur Änderung des Steuermessbescheids und des Grundsteuerbescheids. Es gibt jedoch auch Fragen, über die im Steuermessbetragsverfahren unabhängig vom Einheitswertbescheid zu entscheiden ist. Vgl. hierzu Begründung zu § 17 GrStG. Für diese Fälle enthält § 21 GrStG eine dem § 24a BewG entsprechende Parallelvorschrift."

Änderung von Steuermessbescheiden

2 Bescheide über die Fortschreibung oder Nachfeststellung von Einheitswerten können nach § 24a BewG auch schon vor dem maßgebenden Stichtag erteilt werden. Demgemäß kann auch ein Steuermessbetrag schon vor dem maßgebenden Veranlagungszeitpunkt festgesetzt werden. Das liegt einerseits im Interesse der Gemeinde, damit diese bis zum Fälligkeitstermin möglichst schon die Grundsteuerbescheide erteilen kann, andererseits aber auch im Interesse der Eigentümer; denn nur so ist gewährleistet, dass sie rechtzeitig über ihre neue Steuerbelastung unterrichtet werden können. Es handelt sich hier um eine Kannvorschrift.

Ein schon vorweg erteilter **Einheitswertbescheid** ist zu ändern oder aufzuheben, wenn sich zwischen dem Zeitpunkt der Bescheiderteilung und dem Bewertungsstichtag noch Änderungen ergeben, die zu einer abweichenden Feststellung führen würden (§ 24a BewG); denn der Einheitswertbescheid muss, auch wenn er schon vorher ergeht, gleichwohl auf die Verhältnisse des Stichtags abstellen. Zwar kann davon ausgegangen werden, dass in den allermeisten Fällen eine Änderung nicht mehr eintritt, ausgeschlossen ist dies aber nicht. Sie müssen deshalb noch berücksichtigt werden (vgl. Abschnitt 2 Abs. 7 und Abschnitt 3 Abs. 4 FortschrR). Der Bescheid ist dann von Amts wegen nach den tatsächlichen Verhältnissen vom Stichtag zu berichtigen, gleichgültig, ob sich dies zu Gunsten oder zu Ungunsten des Steuerpflichtigen auswirkt. Auf irgendwelche Wertgrenzen kommt es dabei nicht an. Wichtig ist jedoch, dass es eine Änderung der tatsächlichen Verhältnisse sein muss, die in dieser Zwischenzeit eingetreten ist. Die Vorschrift in § 24a BewG ist dagegen nicht anzuwenden bei Bewertungsfehlern und auch nicht bei Änderungen, die erst nachträglich bekannt werden, jedoch schon vor dem Zeitpunkt der Bescheiderteilung eingetreten waren. Dafür gelten dann die allgemeinen Berichtigungsvorschriften. Hierzu vgl. Anm. 3 zu § 21 GrStG.

Kommt es nach § 24a BewG zu einer Änderung des Einheitswertbescheids oder Aufhebung desselben, so folgt automatisch auch eine Änderung oder Aufhebung des hierauf beruhenden Steuermessbetrags (§ 175 Abs. 1 Satz 1 Nr. 1 AO).

Nach § 21 GrStG können auch Bescheide über die Veranlagung von Steuermessbeträgen schon vorweg erteilt werden. Diese sind dann zu ändern oder aufzuheben, wenn bis zum maßgebenden Veranlagungszeitpunkt Änderungen eintreten, die zu einer abweichenden Veranlagung führen. Es handelt sich hierbei um Veranlagungen, die unabhängig vom Einheitswert erfolgen (§ 17 Abs. 2 und § 18 Abs. 2 GrStG). Eine Korrektur des Steuermessbescheides nach § 21 GrStG gilt aber nicht nur, wenn der Steuermessbescheid erst kurz vor dem Veranlagungszeitpunkt ergeht. Es kann dazwischen durchaus auch ein mehrjähriger Zeitraum liegen. So war z. B. bei der Veranlagung des Steuermessbetrages, bei dem erstmals die Grundsteuervergünstigung nach § 92a des II. WoBauG berücksichtigt wurde, bereits der Steuermessbetrag mit anzugeben, der sich nach Auslaufen der Grundsteuervergünstigung ergibt. Auch insoweit handelte es sich um eine Neuveranlagung, die nach § 21 GrStG berichtigt werden konnte, wenn bis zum Zeitpunkt des Auslaufens der Grundsteuervergünstigung Umstände eintreten, die zu einer davon abweichenden Beurteilung führen.

Aufhebungsbescheide fallen nicht unter § 21 GrStG. Wenn also im Voraus ein Aufhebungsbescheid wegen Eintritt einer Steuerbefreiung erteilt wurde, dann aber doch bis zum Veranlagungszeitpunkt die Steuerpflicht wieder eintritt, ist keine Aufhebung des Aufhebungsbescheids möglich, sondern eine Nachveranlagung (§ 18 Abs. 2 GrStG) auf den Veranlagungszeitpunkt durchzuführen.

Weitere Berichtigungs- und Änderungsmöglichkeiten

Während die Neuveranlagung zur Fehlerberichtigung (§ 17 Abs. 2 Nr. 2 **3** GrStG) den ursprünglichen fehlerhaften Steuermessbetrag unberührt lässt (hierzu vgl. Anm. 4 zu § 17 GrStG), betrifft eine Berichtigung/Änderung nach den Vorschriften der Abgabenordnung unmittelbar diesen ursprünglichen Steuermessbetrag. Wird der Einheitswert berichtigt bzw. geändert, so führt dies automatisch auch zu einer Korrektur des Steuermessbetrags (§ 175 Abs. 1 Satz 1 Nr. 1 AO). Es kann der Steuermessbetrag aber auch unabhängig vom Einheitswert berichtigt bzw. geändert werden. Berichtigungs- und Änderungsmöglichkeiten bieten die Vorschriften in §§ 129, 172 Abs. 1 Nr. 2a, 173 sowie 175 ff. AO, die nach § 184 Abs. 1 AO sinngemäß auch für die

Festsetzung von Steuermessbeträgen gelten. Hierzu vgl. im Einzelnen Anm. 12 zu § 27 GrStG.

In allen Fällen, in denen eine Berichtigung/Änderung nach den Vorschriften der Abgabenordnung nicht mehr möglich ist, bleibt deshalb zu prüfen, ob nicht eine Neuveranlagung zur Fehlerbeseitigung nach § 17 Abs. 2 GrStG in Betracht kommen kann; denn diese ist von den Voraussetzungen des § 173 AO unabhängig. Hierzu vgl. auch Anm. 12 zu § 17 GrStG.

§ 22 Zerlegung des Steuermeßbetrags

(1) ¹**Erstreckt sich der Steuergegenstand über mehrere Gemeinden, so ist der Steuermeßbetrag vorbehaltlich des § 24 in die auf die einzelnen Gemeinden entfallenden Anteile zu zerlegen (Zerlegungsanteile).** ²**Für den Zerlegungsmaßstab gilt folgendes:**

1. ¹**Bei Betrieben der Land- und Forstwirtschaft ist der auf den Wohnungswert entfallende Teil des Steuermeßbetrags der Gemeinde zuzuweisen, in der sich der Wohnteil oder dessen wertvollster Teil befindet.** ²**Der auf den Wirtschaftswert entfallende Teil des Steuermeßbetrags ist in dem Verhältnis zu zerlegen, in dem die auf die einzelnen Gemeinden entfallenden Flächengrößen zueinander stehen.**

2. ¹**Bei Grundstücken ist der Steuermeßbetrag in dem Verhältnis zu zerlegen, in dem die auf die einzelnen Gemeinden entfallenden Flächengrößen zueinander stehen.** ²**Führt die Zerlegung nach Flächengrößen zu einem offenbar unbilligen Ergebnis, so hat das Finanzamt auf Antrag einer Gemeinde die Zerlegung nach dem Maßstab vorzunehmen, der nach bisherigem Recht zugrunde gelegt wurde.** ³**Dies gilt nur so lange, als keine wesentliche Änderung der tatsächlichen Verhältnisse eintritt; im Falle einer wesentlichen Änderung ist nach einem Maßstab zu zerlegen, der den tatsächlichen Verhältnissen besser Rechnung trägt.**

³**Einigen sich die Gemeinden mit dem Steuerschuldner über die Zerlegungsanteile, so sind diese maßgebend.**

(2) **Entfällt auf eine Gemeinde ein Zerlegungsanteil von weniger als fünfundzwanzig Euro, so ist dieser Anteil der Gemeinde zuzuweisen, der nach Absatz 1 der größte Zerlegungsanteil zusteht.**

Übersicht

Zu § 22
1. Begründung

Zu § 22 Abs. 1
2. Allgemeines

Zu § 22 Abs. 1 Satz 2 Nr. 1
3. Zerlegungsmaßstab für die Land- und Forstwirtschaft

Zu § 22 Abs. 1 Satz 2 Nr. 2
4. Zerlegungsmaßstab für das Grundvermögen

Zu § 22 Abs. 1 Satz 3
5. Vereinbarter Zerlegungsmaßstab
6. Tabellarischer Überblick
7. Zerlegungsverfahren
8. Zerlegungsbescheid
9. Rechtsbehelf gegen den Zerlegungsbescheid
10. Zuteilungsverfahren

Zu § 22 Abs. 2
11. Mindestbetrag

Zu § 22

Literatur: *App,* Die Frist für den Erlass eines Grundsteuer-Zerlegungsbescheides des Finanzamtes, ZMR 2012 S. 852; *Gefaeller,* Mitteilung des Steuermessbetrags oder des Steuermessbescheids an die Gemeinden, ZKF 1986 S. 4.

Zu § 22

Begründung zur Regierungsvorlage

„Die Steuerhoheit der einzelnen Gemeinde endet an ihrer Gemeindegrenze. Bei der **1** Feststellung der Einheitswerte wird jedoch auf Gemeindegrenzen keine Rücksicht genommen. Vgl. hierzu die Begründung zu § 2 GrStG. Erstreckt sich eine wirtschaftliche Einheit des Grundbesitzes über mehrere Gemeinden, so bedarf es deshalb, um jeder Gemeinde einen entsprechenden Anteil an der Grundsteuer zu sichern, der Zerlegung des Steuermessbetrags.

Diese Zerlegung, die insbesondere bei Betrieben der Land- und Forstwirtschaft in den sog. Realteilungsgebieten sehr häufig erforderlich wird, bedeutet eine erhebliche Arbeitsbelastung für die Finanzämter. Der mit der Zerlegung verbundene Verwaltungsaufwand muss deshalb auch in einem vertretbaren Verhältnis zur Forderung nach einer gerechten Verteilung der Grundsteuer stehen. Es ist daher nicht möglich, im Rahmen der Zerlegung jeweils genau festzustellen, welcher Teil des Einheitswerts wertmäßig auf die einzelne Gemeinde entfällt. Das Zerlegungsverfahren muss vielmehr stark vereinfacht werden. Bei Betrieben der Land- und Forstwirtschaft wird deshalb der Gemeinde, in der sich das Wohngebäude des Betriebsinhabers befindet, zunächst der auf den Wohnungswert entfallende Teil des Steuermessbetrags zugewiesen. Der auf den Wirtschaftswert entfallende Teil wird nach Maßgabe der Flächen zerlegt, die sich in den einzelnen Gemeinden befinden, ohne Rücksicht darauf, welchen Wert sie im Einzelnen haben. Auch bei Grundstücken, die sich über mehrere Gemeinden erstrecken, soll für die Zerlegung des Steuermessbetrags das Verhältnis der in den einzelnen Gemeinden liegenden Teilflächen zueinander maßgebend sein.

Im Ausnahmefall kann die Anwendung des gesetzlichen Zerlegungsmaßstabs zu einem Ergebnis führen, das sowohl von den beteiligten Gemeinden als auch von dem Steuerschuldner als nicht befriedigend empfunden wird. Hier eröffnet § 22 Abs. 1 letzter Satz GrStG in gleicher Weise wie § 33 Abs. 2 GewStG die Möglichkeit, einen zwischen den Gemeinden und dem Steuerschuldner vereinbarten Zerlegungsmaßstab anzuwenden. Abweichend von § 33 Abs. 2 GewStG wird jedoch verlangt, dass sich die Beteiligten jeweils auf einen ziffernmäßigen Betrag festlegen.

In Bagatellfällen soll eine Gemeinde, auf die lediglich ein Betrag von weniger als 20 DM entfallen würde, in die Zerlegung nicht einbezogen werden. Dieser Betrag wird dann der Gemeinde mit dem größten Zerlegungsanteil zugeschlagen. Das ist in der Regel die Wohnsitzgemeinde. Die Bagatellgrenze ist der in § 34 GewStG für die Gewerbesteuer geltenden Regelung angepasst worden."

In dem Bericht des Finanzausschusses des Bundestags (vgl. BT-Drucks. 7/485) wird zu § 22 GrStG Folgendes ausgeführt:

„Absatz 1 Nr. 2 wurde ergänzt, nachdem zu befürchten stand, dass der Übergang von der Zerlegung nach Wertverhältnissen auf eine Zerlegung nach Flächengrößen zwar in der Regel eine vertretbare Vereinfachung des Verfahrens darstellt, gegenüber dem bisherigen Zustand aber im Einzelfall zu offenbar unbilligen Ergebnissen führen kann. Es ist beispielsweise an ein größeres Betriebsgrundstück zu denken, bei dem sich die wesentlichen Gebäude auf dem relativ kleinen Teil einer Gemeinde, dagegen relativ große Park- oder Vorratsflächen auf dem Gebiet der Nachbargemeinde befinden. In solchen Fällen soll die Möglichkeit bestehen, auf die alten aktenkundigen Verteilungsmaßstäbe zurückzugreifen. Bei wesentlicher Änderung der Verhältnisse versagt dieser Ausweg; in diesen Fällen soll die Steuerbehörde auf Antrag einer Gemeinde unter Beachtung des vorstehend erläuterten Grundgedankens der Ausnahmeregelung nach pflichtgemäßem Ermessen zerlegen können. In Absatz 2 wurde die Bagatellgrenze für Zerlegungsfälle von 20 auf 50 DM erhöht."

Infolge der Zusammenlegung zahlreicher kleinerer Gemeinden zu Großgemeinden haben die Vorschriften über die Zerlegung des Grundsteuermessbetrags weitgehend ihre frühere Bedeutung verloren. Zur Zerlegung des Steuermessbetrags für Grundbesitz in den neuen Bundesländern, insbesondere soweit er für die zu einer Nutzungseinheit zusammengefassten Betriebe der Land- und Forstwirtschaft gilt (§§ 125 ff. BewG), vgl. die Erläuterungen im Anhang II.

Zu § 22 Absatz 1

Allgemeines

2   Der Einheitswert wird jeweils für die wirtschaftliche Einheit, z. B. für den Betrieb der Land- und Forstwirtschaft oder für das Grundstück festgesetzt. Vgl. Anm. 2 zu § 2 GrStG. Dies gilt auch dann, wenn zu dem Betrieb der Land- und Forstwirtschaft mehrere Parzellen gehören und diese in verschiedenen Gemeindebezirken liegen oder sich ein Grundstück über die Gemarkung mehrerer Gemeinden erstreckt. Demgemäß wird auch hier nur ein einziger Steuermessbetrag festgesetzt. Andererseits steht aber der Gemeinde die Steuer nur für den in ihrem Gebiet belegenen Grundbesitz zu. Vgl. Anm. 2 zu § 1 GrStG. Es ist deshalb notwendig, dass die Grundsteuer in einem solchen Fall auf die beteiligten Gemeinden aufgeteilt wird. Dies geschieht durch Zerlegung nach § 22 GrStG. Zwar wäre auch ein Steuerausgleich zwischen den beteiligten Gemeinden möglich. Dieser Steuerausgleich ist jedoch bis heute ohne jede praktische Bedeutung geblieben. Hierzu vgl. Anm. 2 zu § 24 GrStG.

Nach § 22 Abs. 1 GrStG gibt es einen gesetzlichen und einen vereinbarten **Zerlegungsmaßstab.** Während bei der Land- und Forstwirtschaft als gesetzlicher Zerlegungsmaßstab allein die Zerlegung nach den Flächenanteilen in Betracht kommt (§ 22 Abs. 1 Nr. 1 GrStG), bestehen für das Grundvermögen zwei gesetzliche Zerlegungsmaßstäbe. Für den Regelfall gilt die Zerlegung nach dem Flächenanteil, in bestimmten Fällen kann aber auch eine davon abweichende Zerlegung erfolgen (§ 22 Abs. 1 Nr. 2 GrStG). Sowohl bei der Land- und Forstwirtschaft als auch beim Grundvermögen kann aber zwischen den beteiligten Gemeinden und dem betroffenen Eigentümer auch ein vom gesetzlichen Zerlegungsmaßstab abweichender Zerlegungsmaßstab vereinbart werden (§ 22 Abs. 1 Satz 3 GrStG). Der Maßstab kann in Bruchteilen oder in Prozentsätzen festgelegt werden.

Wenn sich vor einer **Eingemeindung** ein Steuergegenstand über mehrere Gemeinden erstreckte, wird nach der Eingemeindung der Zerlegungsbescheid aufgehoben. Dies gilt auch, wenn nach § 25 Abs. 4 GrStG für die einzelnen Ortsteile verschiedene Hebesätze beibehalten werden; denn nach § 22 Abs. 1 GrStG ist Voraussetzung für eine Zerlegung, dass sich der Steuergegenstand über mehrere Gemeinden erstreckt. Diese Voraussetzung wird jedoch nicht mehr erfüllt. Ein förmliches Zerlegungsverfahren kann deshalb nicht mehr in Betracht kommen. Soweit für die einzelnen Ortsteile noch die bisherigen unterschiedlichen Hebesätze weitergelten, soll das Finanzamt der Gemeinde im Wege der Amtshilfe mitteilen, welcher Anteil nach den Zerlegungsgrundsätzen auf die verschiedenen Ortsteile entfällt (FinMin. Nds. v. 25.1.1974, BB 1974 S. 312). Der Steuerpflichtige hat gegen diese „Zerlegung" keinen besonderen Rechtsbehelf. Er kann wegen der Berechnung der Grundsteuer nur noch einen Rechtsbehelf gegen den Steuerbescheid der Gemeinde einlegen.

Zu § 22 Absatz 1 Satz 2 Nummer 1

Zerlegungsmaßstab für die Land- und Forstwirtschaft

Für die Zerlegung bei der Land- und Forstwirtschaft ist das **Verhältnis der Flächenanteile** maßgebend, die auf die beteiligten Gemeinden entfallen. Der Wohnungswert wird vorweg der Gemeinde zugerechnet, in der sich die Wohnung oder, wenn mehrere Wohngebäude vorhanden sind, der wertvollste Teil derselben befindet. Zum Wohnungswert vgl. auch Anm. 4 zu § 2 GrStG. Dieser Gemeinde wird dann der ganze Wohnungswert zugerechnet, auch soweit er Wohnungen umfasst, die in anderen Gemeinden liegen, z.B. Altenteilswohnungen. Für die Frage, in welcher Gemeinde der wertvollste Wohnteil liegt, kommt es auf den Betrag an, der im Einheitswert für die einzelnen Wohnungen jeweils ausgewiesen ist. Der Verkehrswert der einzelnen Grundstücke ist dabei belanglos. Für steuerbegünstigte oder steuerbefreite Wohnungen beträgt während der Dauer des Vergünstigungszeitraums der Anteil am Steuermessbetrag Null €. In diesem Fall können auch der Gemeinde, in der die Wohnungen liegen, dafür nur Null € zugewiesen werden. Der Wert der Wirtschaftsgebäude und der Wohnungen für Betriebsangehörige, die im Wirtschaftswert enthalten sind (hierzu vgl. Anm. 4 zu § 2 GrStG), ist für die Zerlegung ohne Bedeutung. Der Wirtschaftswert wird vielmehr nach der Größe der auf die einzelnen Gemeinden entfallenden Flächen (Parzellen) aufgeteilt. Diese Zerlegung führt allerdings nur dann zu einem zutreffenden Ergebnis, wenn die Ertragsfähigkeit der in den einzelnen Gemeinden liegenden Flächen nicht wesentlich voneinander abweicht. Ist dies der Fall, z.B. weil der Landwirt in der Gemeinde A nur die Landwirtschaft, in der Gemeinde B zwar nur einen relativ kleinen, dafür aber sehr wertvollen Weinberg besitzt, so wäre eine Aufteilung nach der Ertragsfähigkeit vielleicht zweckmäßiger. Sie ist aber nur dann zulässig, wenn sich die beteiligten Gemeinden mit dem Steuerschuldner auf einen solchen Zerlegungsmaßstab einigen. Hierzu vgl. Anm. 5 zu § 22 GrStG.

Bei Betrieben der Land- und Forstwirtschaft ist der auf den Wirtschaftswert entfallende Grundsteuermessbetrag grundsätzlich auf die einzelnen Gemeinden nach Flächengrößen zu zerlegen. Entspricht dieser Maßstab nicht der Wirtschaftskraft der Betriebsteile, ist das Finanzamt nicht verpflichtet, auf eine abweichende Einigung hinzuwirken. Ohne Einigung zwischen den Gemeinden und dem Steuerschuldner bleibt der Flächenmaßstab auch dann maßgebend, wenn dieser zu einem unbilligen Ergebnis führt (Nds. FG v. 8.12.1992, EFG 1993 S. 398).

Zu § 22 Absatz 1 Satz 2 Nummer 2

Zerlegungsmaßstab für das Grundvermögen

4   Auch beim Grundvermögen erfolgt die Zerlegung nach der jeweiligen **Größe der** auf die einzelnen Gemeinden entfallenden **Teilflächen,** ohne dass es darauf ankommt, ob es sich bei der einzelnen Teilfläche um den bebauten oder nicht bebauten Teil des Grundstücks handelt. Es ist deshalb auch nicht vorgesehen, dass der Wert des Gebäudes jeweils der Gemeinde zugerechnet wird, auf deren Gemarkung es steht. Auch hier könnte ein anderer Zerlegungsmaßstab zweckmäßiger sein und zu einem wirklichkeitsnäheren Ergebnis führen. Ein anderer Zerlegungsmaßstab, der sich nicht nach den Teilflächen richtet, müsste jedoch zwischen den beteiligten Gemeinden und dem Steuerschuldner vereinbart werden (§ 22 Abs. 1 Satz 3 GrStG). Ebenso wie bei der Gewerbesteuer (BFH v. 12.7.1960, BStBl. 1960 III S. 386, v. 13.12.1963, BStBl. 1964 III S. 47 und 51 sowie v. 9.10.1975, BStBl. 1976 II S. 123) gilt auch hier, dass der Gesetzgeber bewusst ein möglichst einfaches, wenn auch rohes Aufteilungsverfahren gewählt hat; denn eine den Verhältnissen des Einzelfalles voll gerecht werdende Zerlegung wäre mit einer nicht zu vertretenden Verwaltungsarbeit verbunden und wegen der damit verbundenen Schätzung ohnehin kaum zu erreichen. Von Verfassungs wegen ist es nicht zu beanstanden, dass der Gesetzgeber in § 22 Abs. 1 Satz 2 Nr. 2 GrStG grundsätzlich für die Zerlegung des Grundsteuermessbetrages den Aufteilungsmaßstab nach Flächengrößen vorgesehen hat (BFH v. 4.12.1991, BFH/NV 1992 S. 339). Anders als bei der Gewerbesteuer (§ 33 GewStG) ist hier auch dann kein abweichender gesetzlicher Zerlegungsmaßstab vorgesehen, wenn die Zerlegung nach Flächenanteilen zu einem offensichtlich unbilligen Ergebnis führt. Zu einer vom gesetzlichen Maßstab abweichenden Zerlegung bei der Gewerbesteuer vgl. auch BFH v. 26.8.1987, BStBl. 1988 II S. 201 und v. 28.10.1987, BStBl. 1988 II S. 292.

Für das Jahr 1974 konnte auf Antrag einer Gemeinde auch ein anderer, sich nicht nach den Flächenanteilen richtender Zerlegungsmaßstab angewendet werden. Das setzte voraus, dass die Zerlegung nach Flächenanteilen zu einem offensichtlich unbilligen Ergebnis führte. Die Zerlegung war dann nach dem Maßstab vorzunehmen, der nach dem früheren Recht, d.h. noch im Jahre 1973 angewendet worden war. Im Einzelnen vgl. hierzu Abschnitt 34 GrStR, der den folgenden Wortlaut hat:

34 GrStR. Zerlegung des Steuermeßbetrags

(1) Anstelle der Zerlegung nach Flächengrößen erfolgt eine Zerlegung nach dem bisher zuletzt für das Kalenderjahr 1973 angewendeten Zerlegungsmaßstab nur dann,

wenn die Zerlegung nach Flächengrößen zu einem offenbar unbilligen Ergebnis führt. Um dies festzustellen, ist der bisherige Zerlegungsmaßstab, ausgedrückt in einem Hundertsatz, auf den neuen von 1974 an geltenden Steuermeßbetrag anzuwenden und das Ergebnis dieser Zerlegung mit dem Ergebnis einer Zerlegung nach Flächengrößen zu vergleichen. Ergibt der Vergleich eine Abweichung von weniger als 50 DM, ist in der Regel ein offenbar unbilliges Ergebnis nicht anzunehmen. Die betroffene Gemeinde hat den Antrag spätestens bis zum Eintritt der Rechtskraft des Zerlegungsbescheids für das Kalenderjahr 1974 zu stellen. Der Antrag ist jedoch ausgeschlossen, wenn dem Zerlegungsbescheid für das Kalenderjahr 1974 ein von allen Beteiligten vereinbarter Maßstab (§ 22 Abs. 1 letzter Satz GrStG) zugrunde liegt.

(2) Die Zerlegung nach dem bisherigen Zerlegungsmaßstab gilt nur so lange, als keine wesentliche Änderung der tatsächlichen Verhältnisse eintritt. Wird infolge einer solchen Änderung der Steuermeßbetrag nach § 17 GrStG neuveranlagt oder sind die Voraussetzungen des § 23 Abs. 2 GrStG erfüllt, ist eine neue Zerlegung durchzuführen. Diese erfolgt grundsätzlich nach Flächengrößen oder, wenn sie zu einem offensichtlich unbilligen Ergebnis führt, auf Antrag der betroffenen Gemeinde nach Wertanteilen.

(3) Die verfahrensrechtlichen Vorschriften über die Zerlegung des Grundsteuermeßbetrags sind in den §§ 185 bis 189 AO enthalten. Die Zerlegung soll im unmittelbaren Anschluß an die Festsetzung des Steuermeßbetrags vorgenommen werden.

Die Zerlegung nach Wertverhältnissen bei Grundstücken gem. § 22 Abs. 1 Satz 2 Nr. 2 Satz 2 GrStG ist nur möglich, wenn die Verteilungsmaßstäbe bereits vor Inkrafttreten des Grundsteuergesetzes 1973 bekannt waren. Mithin scheitert eine entsprechende Anwendung der Norm im **Beitrittsgebiet** an der fehlenden Regelungslücke (Thüringer FG v. 23.7.2009, EFG 2009 S. 1967, DStRE 2010 S. 620). In diesem Fall bleibt es zwingend bei dem Zerlegungsmaßstab nach dem Verhältnis der auf die einzelnen Gemeinden entfallenden Flächengrößen (§ 22 Abs. 1 Satz 2 Nr. 2 Satz 1 GrStG).

War nach den Vorschriften in § 22 Abs. 1 Nr. 2 GrStG für das Jahr 1974 von einer Gemeinde noch die Beibehaltung des alten Zerlegungsmaßstabs beantragt worden, so ist dieser auch noch für die späteren Jahre jedenfalls solange beizubehalten, als keine wesentliche Änderung der tatsächlichen Verhältnisse eintritt (§ 22 Abs. 1 Nr. 2 GrStG). In welchen Fällen eine Änderung der tatsächlichen Verhältnisse als wesentlich anzusehen ist, bleibt offen. Da aber eine solche Änderung zwangsläufig auch zu einer Fortschreibung des Einheitswerts führt, mindestens jedoch zu einer Änderung der Zerlegungsgrundlagen, sollten auch hier die Vorschriften in § 23 Abs. 2 GrStG entsprechend gelten. Hierzu vgl. Anm. 3 zu § 23 GrStG. Das würde bedeuten, dass die Abweichung des neuen Anteils mehr als ein Zehntel des alten betragen müsste. Für die Ermittlung des neuen Anteils soll dann ein Zerlegungsmaßstab angewendet werden, der „den tatsächlichen Verhältnissen besser Rechnung trägt". Das kann der gesetzliche Zerlegungsmaßstab nach Flächenanteilen, kann aber auch jeder andere Maßstab sein, auf den sich die beteiligten Gemeinden mit dem Steuerschuldner einigen. Hierzu vgl. Anm. 5 zu § 22 GrStG. Die Besonderheit der hier in Frage stehenden Regelung liegt darin, dass danach ein abweichender Zerlegungsmaßstab übernommen werden muss, auch wenn er nur von einer der beteiligten Gemeinden beantragt wird.

Das kann sowohl die Gemeinde sein, die für das Jahr 1974 die Beibehaltung des zuvor geltenden Zerlegungsmaßstabs beantragt hatte, es kann aber auch jede andere der beteiligten Gemeinden sein. Hinzu kommt, dass diesem Antrag dann ohne Rücksicht auf die Belange des Steuerschuldners entsprochen werden muss. Die Vorschrift ist damit nicht unproblematisch. Das Finanzamt sollte deshalb, wenn ein solcher Antrag gestellt wird, wie im Regelfall von den Flächenanteilen ausgehen. Denn auch der Gesetzgeber unterstellt, dass der Zerlegungsmaßstab nach Flächenanteilen den tatsächlichen Verhältnissen am nächsten kommt. Im Übrigen bleibt der Gemeinde, die an der Übernahme eines abweichenden Zerlegungsmaßstabs interessiert ist, jederzeit die Möglichkeit, sich mit den anderen beteiligten Gemeinden und dem Steuerschuldner hierüber zu einigen.

Zu § 22 Absatz 1 Satz 3

Vereinbarter Zerlegungsmaßstab

5   Einigen sich die Gemeinden mit dem Eigentümer über einen Zerlegungsmaßstab, so ist dieser anzuwenden. Es kann hier jeder beliebige Maßstab in Betracht kommen außer dem gesetzlichen; denn für diesen ist eine besondere Einigung nicht erforderlich. Anders als beim gesetzlichen Zerlegungsmaßstab muss hier aber stets auch der **Steuerschuldner beteiligt** werden. Der Gesetzgeber geht davon aus, dass dem Ziel der Vorschriften in § 22 Abs. 1 GrStG, nämlich den Steuermessbetrag möglichst gerecht zu verteilen, am einfachsten und am besten durch eine Einigung der Beteiligten entsprochen wird. Die Einigung kann sich auf die betragsmäßigen Anteile, aber auch auf einen anzuwendenden prozentualen Zerlegungsmaßstab beziehen. Das Finanzamt wird aber nur tätig, wenn von allen Gemeinden und vom Steuerpflichtigen ein entsprechender Antrag gestellt wird oder der Antrag einer Gemeinde vorliegt und die anderen Gemeinden und der Steuerpflichtige diesem zustimmen. Das Finanzamt ist jedoch nicht verpflichtet, eine Einigung der beteiligten Gemeinden anzuregen oder gar herbeizuführen (Nds. FG v. 10.11.1980, EFG 1981 S. 353). Ist jedoch ein Zerlegungsmaßstab vereinbart worden, so tritt er an die Stelle des gesetzlichen. Ein Einspruch gegen den Zerlegungsbescheid ist in diesem Fall nur noch insoweit möglich, als das Finanzamt vom Antrag abweicht bzw. diesen unrichtig anwendet (BFH v. 25.9.1968, BStBl. 1968 II S. 827). Der vereinbarte Zerlegungsmaßstab gilt dann, bis ein neuer gemeinsamer Antrag auf Änderung gestellt wird. Wenn sich die Höhe des Steuermessbetrags ändert, wird auch der neue Steuermessbetrag nach dem Verhältnis des schon bisher vereinbarten Zerlegungsmaßstabs aufgeteilt. Auf die Vorschriften des § 23 Abs. 2 GrStG dürfte es hier nicht ankommen. Die beteiligten Gemeinden und der Steuerschuldner sollten vom Finanzamt über die Änderung des Steuermessbetrags noch vor Erlass des Steuermessbescheids entsprechend unterrichtet werden, damit sie gegebenenfalls eine neue Vereinbarung treffen und deren Ergebnis rechtzeitig dem Finanzamt mitteilen können.

Der vereinbarte Zerlegungsmaßstab kann nur gelten, solange **alle Beteiligten** sich hierüber **einig** sind, längstens für die Dauer eines Hauptveranlagungszeitraums. Eine Änderung des vereinbarten Zerlegungsmaßstabs während des Hauptveranlagungszeitraums bedarf aber ebenfalls einer Einigung. Andererseits ist es für jeden Beteiligten möglich, die Vereinbarung jederzeit wieder zu kündigen und zwar mit Wirkung vom Beginn des folgenden Kalenderjahrs an. Das geschieht durch eine entsprechende Mitteilung bzw. durch einen Antrag an das Finanzamt. Das Finanzamt hat dann nur die Möglichkeit, zum gesetzlichen Zerlegungsmaßstab, d. h. zur Zerlegung nach Flächenanteilen überzugehen. Die Beteiligten dagegen haben die Möglichkeit, an Stelle des bisher vereinbarten Zerlegungsmaßstabs auch einen neuen, hiervon abweichenden Zerlegungsmaßstab zu vereinbaren.

Aus der Vereinbarung muss sich der Zerlegungsmaßstab, jeweils ausgedrückt in Bruchteilen oder in Prozentsätzen, ergeben. Bei Betrieben der Land- und Forstwirtschaft muss der auf den Wohnteil entfallende Betrag in den Bruchteil oder Prozentsatz für die Gemeinde eingerechnet werden, der er zugeteilt werden soll.

Tabellarischer Überblick über die Zerlegungsmaßstäbe:

Flächenmaßstab	Vereinbarter Maßstab	6
1. Erstmalige Anwendung (von Amts wegen)	1. Erstmalige Anwendung (bei Einigung aller Beteiligten)	
2. Späterer Übergang auf einen neuen geänderten Flächenmaßstab (von Amts wegen)	2. Späterer Übergang auf einen anderen vereinbarten Maßstab (bei Einigung aller Beteiligten)	
a) bei Fortschreibung des Einheitswerts		
b) bei Änderung des Steuermessbetrags ohne Fortschreibung		
3. Späterer Übergang auf einen anderen Maßstab (bei Einigung aller Beteiligten)	3. Späterer Übergang auf Flächenmaßstab (auf Antrag eines Beteiligten)	

Zerlegungsverfahren

Die Zerlegung ist ein Teil des Verfahrens zur Ermittlung des Steuermessbetrages. Sie gehört damit zur Zuständigkeit des Finanzamtes, das auch für die Festsetzung des Steuermessbetrages örtlich zuständig ist. Dies ist das Finanzamt, in dessen Bezirk sich das Grundstück oder der Betrieb der Land- und Forstwirtschaft befindet. Erstreckt sich das Grundstück usw. über die Bezirke mehrerer Finanzämter, so kommt es darauf an, wo der wertvollste Teil liegt (§ 18 Abs. 1 Nr. 1 AO). Besteht wegen der Zuständigkeit zwischen mehreren Finanzämtern Streit, so entscheiden darüber die für diese Finanzämter zuständigen Aufsichtsbehörden (§ 28 AO). 7

Die verfahrensrechtlichen Vorschriften für die Zerlegung ergeben sich aus §§ 185 ff. AO, die den folgenden Wortlaut haben:

§ 185 AO Geltung der allgemeinen Vorschriften

Auf die in den Steuergesetzen vorgesehene Zerlegung von Steuermessbeträgen sind die für die Steuermessbeträge geltenden Vorschriften entsprechend anzuwenden, soweit im Folgenden nichts anderes bestimmt ist.

§ 186 AO Beteiligte

Am Zerlegungsverfahren sind beteiligt:
1. der Steuerpflichtige,
2. die Steuerberechtigten, denen ein Anteil an dem Steuermessbetrag zugeteilt worden ist oder die einen Anteil beanspruchen. [2]Soweit die Festsetzung der Steuer dem Steuerberechtigten nicht obliegt, tritt an seine Stelle die für die Festsetzung der Steuer zuständige Behörde.

§ 187 AO Akteneinsicht

Die beteiligten Steuerberechtigten können von der zuständigen Finanzbehörde Auskunft über die Zerlegungsgrundlagen verlangen und durch ihre Amtsträger Einsicht in die Zerlegungsunterlagen nehmen.

§ 188 AO Zerlegungsbescheid

(1) Über die Zerlegung ergeht ein schriftlicher Bescheid (Zerlegungsbescheid), der den Beteiligten bekannt zu geben ist, soweit sie betroffen sind.

(2) [1]Der Zerlegungsbescheid muss die Höhe des zu zerlegenden Steuermessbetrags angeben und bestimmen, welche Anteile den beteiligten Steuerberechtigten zugeteilt werden. [2]Er muss ferner die Zerlegungsgrundlagen angeben.

§ 189 AO Änderung der Zerlegung

[1]Ist der Anspruch eines Steuerberechtigten auf einen Anteil am Steuermessbetrag nicht berücksichtigt und auch nicht zurückgewiesen worden, so wird die Zerlegung von Amts wegen oder auf Antrag geändert oder nachgeholt. [2]Ist der bisherige Zerlegungsbescheid gegenüber denjenigen Steuerberechtigten, die an dem Zerlegungsverfahren bereits beteiligt waren, unanfechtbar geworden, so dürfen bei der Änderung der Zerlegung nur solche Änderungen vorgenommen werden, die sich aus der nachträglichen Berücksichtigung der bisher übergangenen Steuerberechtigten ergeben. [3]Eine Änderung oder Nachholung der Zerlegung unterbleibt, wenn ein Jahr vergangen ist, seitdem der Steuermessbescheid unanfechtbar geworden ist, es sei denn, dass der übergangene Steuerberechtigte die Änderung oder Nachholung der Zerlegung vor Ablauf des Jahres beantragt hatte.

§ 190 AO Zuteilungsverfahren

[1]Ist ein Steuermessbetrag in voller Höhe einem Steuerberechtigten zuzuteilen, besteht aber Streit darüber, welchem Steuerberechtigten der Steuermessbetrag zusteht, so entscheidet die Finanzbehörde auf Antrag eines Beteiligten durch Zuteilungsbescheid. [2]Die für das Zerlegungsverfahren geltenden Vorschriften sind entsprechend anzuwenden.

Bei der Durchführung des Zerlegungsverfahrens sind die Vorschriften über die Ermittlung und Festsetzung des Steuermessbetrags entsprechend anzuwenden (§ 185 AO). Das Finanzamt kann deshalb die Zerlegungsanteile auch schätzen, wenn diese sich nach den gesetzlichen Zerlegungsmaßstäben nicht genau ermitteln oder berechnen lassen (§ 162 Abs. 1 AO). Die Zerlegung ist, soweit kein Antrag gestellt wird, von Amts wegen durchzuführen.

Am Zerlegungsverfahren ist zunächst der Steuerpflichtige, d. h. der Eigentümer des Grundstücks beteiligt (§ 186 Nr. 1 AO). Er ist insbesondere dann am Ergebnis der Zerlegung interessiert, wenn die beteiligten Gemeinden unterschiedliche Hebesätze haben. Außerdem sind beteiligt alle Gemeinden, denen ein Anteil am Steuermessbetrag zugeteilt werden soll oder die einen solchen Anteil beanspruchen (§ 186 Nr. 2 AO). Dazu gehört auch eine Gemeinde, deren Anspruch auf Zuteilung aus irgendeinem Grund nicht berücksichtigt wird, z. B. weil ihr Anteil unter 25 € liegt (§ 22 Abs. 2 GrStG). Die Gemeinden werden von Amts wegen beteiligt.

Die beteiligten Gemeinden haben ein besonderes Auskunftsrecht (§ 187 AO). Danach können sie vom Finanzamt Auskunft über die Grundlagen der Zerlegung und Einsicht in die Steuerakten verlangen. Das gilt auch für eine Gemeinde, die zwar einen Anteil am Steuermessbetrag beanspruchen kann, bei der Zerlegung allerdings nicht berücksichtigt wird. Die Auskunft kann auch schon vor Erteilung des Zerlegungsbescheides verlangt werden. Für den **Steuerpflichtigen** besteht dagegen dieses Auskunftsrecht nicht. Er hat auch **kein Recht auf Akteneinsicht** (*Klein/Ratschow*, AO, § 187). Er hat aber Anspruch darauf, dass ihm die Zerlegungsunterlagen im Zerlegungsbescheid bekanntgegeben werden (§ 364 AO und § 78 FGO). Eine Verpflichtung für das Finanzamt, vor Erlass des Zerlegungsbescheids die Beteiligten, also auch die betroffenen Gemeinden zu hören, besteht nicht, dürfte aber zweckmäßig sein. Schließlich soll ganz generell, bevor das Finanzamt einen Verwaltungsakt erlässt, der in die Rechte eines Beteiligten eingreift, diesem Gelegenheit gegeben werden, sich zu den für die Entscheidung erheblichen Tatsachen zu äußern (§ 91 Abs. 1 AO). Zum Datenaustausch zwischen den Kommunen und der (Landes-)Steuerverwaltung für Zwecke der Gewerbe- und Grundsteuermessbeträge sowie der Zerlegung der Gewerbe- und Grundsteuermessbeträge siehe auch FinMin. Bayern v. 14.9.2004 35 – O 2276-007–38 732/04 (n. v.).

Zerlegungsbescheid

Über die Zerlegung muss das Finanzamt einen **schriftlichen Bescheid** 8 erteilen und diesen dem Steuerpflichtigen und den beteiligten Gemeinden bekannt geben (§ 188 Abs. 1 AO). Dem Steuerpflichtigen ist der vollständige Zerlegungsbescheid bekannt zu geben, während die einzelnen beteiligten Gemeinden nur einen kurz gefassten Bescheid mit den sie betreffenden Daten erhalten müssen (AEAO zu § 188). Die Zerlegung erfolgt in einem einheitlichen Bescheid, der gegen alle Beteiligte zu richten ist (BFH v. 12.10.1977, BStBl. 1978 II S. 160).

Der Zerlegungsbescheid muss den Steuermessbetrag und die jeweilige Höhe der auf die beteiligten Gemeinden entfallenden Anteile angeben. Er muss auch die Zerlegungsgrundlagen anführen. Soweit einer der beteiligten Gemeinden die Angaben nicht ausreichen, kann sie vom Finanzamt noch weitere Auskünfte verlangen (§ 187 AO). Der Zerlegungsbescheid wird regelmäßig zusammen mit dem Steuermessbescheid erlassen. Die Zerlegung kann allerdings auch solange zurückgestellt werden, bis der Steuermessbetrag unanfechtbar ist oder bis über einen dagegen eingelegten Rechtsbehelf rechtskräftig entschieden worden ist.

Der **Steuermessbescheid** ist für die Zerlegung eine Art **Grundlagenbescheid** (*Klein/Ratschow,* AO, § 188 Rz. 1). Eine Änderung des Steuermessbetrags führt damit automatisch auch zu einer Änderung der Zerlegung (BFH v. 4.10.1972, StRK AO § 212b R. 13). Für die neue Zerlegung besteht keine Bindung an den bei der früheren Zerlegung angewendeten Maßstab (BFH v. 30.8.1960, BStBl. 1960 III S. 468). Es ist wie bei einer erstmaligen Zerlegung zu verfahren (BFH v. 13.5.1965, BStBl. 1965 III S. 428). Hierzu vgl. auch Anm. 6 zu § 22 GrStG. Der neue Zerlegungsbescheid tritt jeweils mit seiner Bekanntgabe an die Stelle des alten. Er gilt von dem Zeitpunkt an, auf welchen auch die Änderung des Steuermessbetrags wirksam geworden ist. Liegt der Zeitpunkt zurück, so müssen die Gemeinden die bereits erfolgten Steuerzahlungen unter sich ausgleichen.

Eine besondere Regelung gilt für den Fall, dass eine **Gemeinde,** die an sich Anspruch auf einen Anteil am Steuermessbetrag hat, an dem Zerlegungsverfahren **nicht beteiligt** worden ist. Wird dies nachträglich festgestellt, so ist eine bereits erfolgte Zerlegung zu ändern, oder die Zerlegung ist noch nachzuholen (§ 189 AO). Die betroffene Gemeinde wird zweckmäßigerweise beim Finanzamt einen entsprechenden Antrag stellen. Kommt es danach zu einer Änderung der Zerlegung, so ist das Finanzamt an den Inhalt des bisherigen Zerlegungsbescheids soweit gebunden, als er für die bereits beteiligten Gemeinden unanfechtbar geworden ist. Das Finanzamt darf deshalb nur noch solche Änderungen vornehmen, die sich dadurch ergeben, dass auch die neue Gemeinde berücksichtigt werden muss. Nach Ablauf eines Jahres nach Rechtskraft des alten Zerlegungsbescheids findet keine Änderung mehr statt, es sei denn, sie ist noch während dieses Jahres beantragt worden (§ 189 AO). Dabei ist es gleichgültig, ob der Antrag vor oder nach Erlass des Zerlegungsbescheides gestellt worden war (BFH v. 22.9.1977, BStBl. 1978 II S. 120). Die Jahresfrist gilt übrigens auch für den Fall, dass nicht eine Zerlegung zu ändern, sondern eine solche nachzuholen ist (BFH v. 7.3.1957, BStBl. 1957 III S. 178). Wird der Steuermessbescheid berichtigt, so ist die Frist nicht vom ursprünglichen Zeitpunkt, sondern vom Zeitpunkt der Berichtigung des Bescheids maßgebend (BFH v. 13.1.1959, BStBl. 1959 III S. 106). Mit der Berichtigung des Steuermessbescheids beginnt eine neue Jahresfrist. Bei unverschuldeter Versäumnis der Frist besteht allerdings die Möglichkeit einer Wiedereinsetzung in den vorigen Stand (§ 110 AO).

Rechtsbehelf gegen den Zerlegungsbescheid

9 Gegen den Zerlegungsbescheid haben die Gemeinden ebenso wie der Steuerpflichtige die Möglichkeit, beim Finanzamt **Einspruch** einzulegen.

Gegen eine Ablehnung des Einspruchs sind die üblichen Rechtsmittel nach der Finanzgerichtsordnung gegeben (*Klein/Ratschow,* AO, § 185 Rz. 3). Soweit der Zerlegungsbescheid selbst angefochten wird, handelt es sich um eine Anfechtungsklage, wenn das Finanzamt es aber abgelehnt hat, überhaupt tätig zu werden, um eine Verpflichtungsklage (§ 40 Abs. 1 FGO). Hierzu vgl. auch Anm. 4 zu § 16 GrStG.

Zwar kann auch der Steuerpflichtige die Zerlegung anfechten. Bei gleichen Hebesätzen der Gemeinden würde allerdings ein Rechtsbehelf des Steuerpflichtigen mangels einer Beschwer unzulässig sein (BFH v. 16.8.1961, HFR 1963 S. 110). Zerlegungsbescheide können auch nicht mit der Begründung angefochten werden, dass der Steuermessbetrag unrichtig festgesetzt worden sei (§ 351 Abs. 2 AO). Insoweit steht auch den beteiligten Gemeinden kein Rechtsbehelf zu (BFH v. 10.11.1961, BStBl. 1962 III S. 145). Das gilt auch dann, wenn der Zerlegungsbescheid gleichzeitig und zusammen mit dem Steuermessbescheid ergangen ist. Zum Rechtsbehelfsverfahren sind alle Beteiligten beizuladen (BFH v. 24.6.1971, BStBl. 1971 II S. 714). Im Klageverfahren vor dem Finanzgericht können Kläger sowohl der Steuerpflichtige als auch die beteiligten Gemeinden sein. Beklagter ist stets nur das Finanzamt. Für die im gerichtlichen Verfahren anfallenden Kosten gelten die allgemeinen Grundsätze. Wird durch die Rechtsbehelfsentscheidung der Anteil einer Gemeinde am Steuermessbetrag vergrößert, so führt dies im Regelfall dazu, dass sich der Anteil einer anderen Gemeinde verringert. Die Kosten des gerichtlichen Verfahrens hat jedoch nicht die unterliegende Gemeinde, sondern das Finanzamt zu tragen. Die Gemeinde hat allerdings im Gegensatz zum Steuerpflichtigen keinen Anspruch auf Ersatz der Auslagen (BFH v. 6.2.1962, BStBl. 1962 III S. 341). Nach anderer Ansicht würde es der Billigkeit entsprechen, dass ihr die Auslagen ersetzt werden, wenn sie mit ihrem Antrag durchgedrungen ist (FG Freiburg v. 6.12.1968, EFG 1969 S. 191).

Zuteilungsverfahren

Ein Zuteilungsverfahren wird dann durchgeführt, wenn nicht die Höhe **10** der einzelnen Anteile am Steuermessbetrag, sondern die Frage streitig ist, welche Gemeinde überhaupt hebeberechtigt ist. Hier gelten dann die gleichen Verfahrensgrundsätze wie bei der Zerlegung (§ 190 AO, abgedruckt bei Anm. 7 zu § 22 GrStG). Auch hier entscheidet das Finanzamt von Amts wegen oder auf Antrag der betroffenen Gemeinde. Auch der Eigentümer ist antragsberechtigt; denn er kann ebenfalls beschwert sein, wenn eine falsche Gemeinde als hebeberechtigt festgestellt wird (BFH v. 12.11.1959, HFR 1963 S. 70), insbesondere, wenn die von ihm für hebeberechtigt gehaltene Gemeinde einen niedrigeren Hebesatz hat.

Zu § 22 Absatz 2

Mindestbetrag

Würde bei der Zerlegung auf eine Gemeinde ein Zerlegungsanteil von **11** weniger als 25 € entfallen, so wird sie bei der Zerlegung nicht berücksichtigt

– **Bagatellregelung.** Sie ist aber gleichwohl immer noch an dem Zerlegungsverfahren beteiligt, so dass auch ihr die üblichen Rechtsbehelfe gegen den Zerlegungsbescheid zustehen (so auch *Halaczinsky,* GrStG, § 22 Rz. 12). Der Zerlegungsanteil, der unberücksichtigt bleibt, wird der Gemeinde zugewiesen, auf die bereits der größte Zerlegungsanteil entfällt. Die effektiven steuerlichen Auswirkungen des Mindestbetrags hängen damit von dem Hebesatz der betroffenen Gemeinden ab.

Ungeachtet der Mindestgrenze können die beteiligten Gemeinden mit Zustimmung des Eigentümers jederzeit auch einen Zerlegungsmaßstab vereinbaren (§ 22 Abs. 1 Satz 3 GrStG), der einen Zerlegungsanteil unter 25 € vermeidet. Wenn aber die Dispositionsfreiheit der Beteiligten schon so weit geht, dürften auch keine Bedenken dagegen bestehen, dass sie auf die Anwendung der Vorschrift in § 22 Abs. 2 GrStG ganz verzichten.

§ 23 Zerlegungsstichtag

(1) **Der Zerlegung des Steuermeßbetrags werden die Verhältnisse in dem Feststellungszeitpunkt zugrunde gelegt, auf den der für die Festsetzung des Steuermeßbetrags maßgebende Einheitswert festgestellt worden ist.**

(2) **Ändern sich die Grundlagen für die Zerlegung, ohne daß der Einheitswert fortgeschrieben oder nachträglich festgestellt wird, so sind die Zerlegungsanteile nach dem Stand vom 1. Januar des folgenden Jahres neu zu ermitteln, wenn wenigstens bei einer Gemeinde der neue Anteil um mehr als ein Zehntel, mindestens aber um zehn Euro von ihrem bisherigen Anteil abweicht.**

Übersicht

Zu § 23
1. Begründung

Zu § 23 Abs. 1
2. Zerlegungsstichtag bei Feststellung eines Einheitswerts

Zu § 23 Abs. 2
3. Zerlegungsstichtag ohne Feststellung eines Einheitswerts

Zu § 23

Begründung zur Regierungsvorlage

1   „Die Zerlegung des Steuermessbetrags kann jeweils nur auf den Zeitpunkt durchgeführt werden, auf den auch der maßgebende Einheitswert festgestellt worden ist. Die Verhältnisse von diesem Zeitpunkt bleiben auch dann maßgebend, wenn sich zwischenzeitlich Änderungen ergeben haben, diese jedoch deshalb nicht zu einer Fortschreibung führen, weil die erforderlichen Wertgrenzen nicht erreicht werden. Eine andere Rechtslage besteht jedoch, wenn sich die Grundlagen für die Zerlegung ändern, z. B. durch Änderung der Gemeindegrenzen oder in Umlegungsfällen. Hier soll auf den Beginn des Kalenderjahrs, das der Änderung folgt, eine neue Zerlegung

durchgeführt werden, wenn wenigstens bei einer Gemeinde der neue Anteil um mehr als ein Zehntel, mindestens aber um 20 DM, von ihrem bisherigen Anteil abweicht. Die Bagatellgrenze ist gegenüber der bisherigen Regelung erhöht und der in § 22 GrStG angepasst worden.

Über eine Zerlegung wird ein besonderer Bescheid erteilt. Im Verhältnis zu diesem Zerlegungsbescheid ist der Steuermessbescheid ein Grundlagenbescheid, dessen Änderung automatisch dann auch eine entsprechende Änderung des Zerlegungsbescheids zur Folge hat. Der neuen Zerlegung sind dabei, wenn der Einheitswert fortgeschrieben wurde, die Verhältnisse im Fortschreibungszeitpunkt zugrunde zu legen."

Zu § 23 Absatz 1

Zerlegungsstichtag bei Feststellung eines Einheitswerts

Die Zerlegung erfolgt jeweils im Zusammenhang mit der Veranlagung des **2** Steuermessbetrags, die ihrerseits im Regelfall gleichzeitig wieder zusammen mit der Feststellung des Einheitswerts durchgeführt wird. Der Zerlegung sind deshalb jeweils die Verhältnisse vom Feststellungszeitpunkt zugrunde zu legen, der mit dem Veranlagungszeitpunkt identisch ist. Grundsätzlich kommt es also auf den Einheitswert an, der auf den gleichen Zeitpunkt festgestellt oder fortgeschrieben wird. Das braucht nicht immer so zu sein. Bei der Hauptveranlagung des Steuermessbetrags zum 1.1.1974 war z.B. auf den Einheitswert von 1964 abzustellen, sofern dieser nicht zum 1.1.1974 fortgeschrieben werden brauchte. Hier waren deshalb auch für die Zerlegung die Verhältnisse vom 1.1.1964 zugrunde zu legen.

Wird der Einheitswert fortgeschrieben oder nachfestgestellt, so ist der dafür maßgebende Feststellungszeitpunkt auch der Zerlegungsstichtag. Das gilt auch, wenn die Fortschreibung auf einen zurückliegenden Zeitpunkt erfolgt. Auf den Umfang, in welchem sich dadurch die Zerlegungsanteile ändern, kommt es hier nicht an. Gründe dafür, dass insoweit eine andere Rechtslage als in den Fällen des § 23 Abs. 2 GrStG gilt, sind nicht ersichtlich.

Zu § 23 Absatz 2

Zerlegungsstichtag ohne Feststellung eines Einheitswerts

Ändern sich die Grundlagen für die Zerlegung, ohne dass der Einheitswert **3** fortgeschrieben wird, so sind die Zerlegungsanteile nach dem Stand vom 1. Januar, der auf die Änderung folgt, neu zu ermitteln, wenn wenigstens bei einer Gemeinde der neue Anteil um mehr als $1/10$, mindestens aber um 10 €, vom bisherigen Zerlegungsanteil abweicht (§ 23 Abs. 2 GrStG). Nach § 34 Abs. 3 GewStG ist bei der Gewerbesteuer im Falle einer Änderung oder Berichtigung des Zerlegungsbescheides, die für eine beteiligte Gemeinde zu einem Änderungsbetrag von nicht mehr als 10 € führt, dieser Änderungsbetrag bei der Gemeinde zu berücksichtigen, in der sich die Geschäftsleitung befindet. In § 23 Abs. 2 GrStG fehlt eine vergleichbare Vorschrift. Kommt es zur Änderung der Zerlegungsgrundlagen infolge einer Fortschreibung oder Nachfeststellung des Einheitswerts, erfolgt deshalb die neue Zerlegung wie im Regelfall. Hierzu vgl. Anm. 6 zu § 22 GrStG. Auch wenn es zu einer

Änderung der Zerlegung aus anderen Gründen kommt, gilt dies. In beiden Fällen ist auch der Mindestbetrag in § 22 Abs. 2 GrStG zu beachten. Hierzu vgl. Anm. 11 zu § 22 GrStG.

Die Regelung in § 23 Abs. 2 GrStG sollte sinngemäß auch dann gelten, wenn bei einer künftigen Hauptveranlagung für die Zerlegung die Verhältnisse vom Hauptveranlagungszeitpunkt zugrunde gelegt werden, in der Zeit bis zum Inkrafttreten des dabei festgestellten Steuermessbetrags (§ 16 Abs. 2 GrStG) aber noch Änderungen an den Zerlegungsgrundlagen eintreten. Hier dürfte es sich erübrigen, lediglich zur Prüfung, ob die Mindestgrenzen nach § 23 Abs. 2 GrStG erreicht werden, auch noch eine förmliche Zerlegung auf den Hauptveranlagungszeitpunkt durchzuführen. Es sollte genügen, wenn eine überschlägige Prüfung vermuten lässt, dass die Mindestgrenze für einen Zerlegungsanteil wenigstens bei einer Gemeinde erreicht wird.

Zu den **Grundlagen der Zerlegung** gehört zunächst die **Flächengröße.** Es kann sich eine Veränderung der auf die einzelnen Gemeinden entfallenden Flächengrößen ergeben, ohne dass es auch zu einer Fortschreibung des Einheitswerts kommt. Dabei ist es dann gleichgültig, ob dies durch Vergrößerung oder Verkleinerung des einen oder anderen Grundstücksteils oder etwa durch eine Änderung des Gemeindegebiets eintritt. Ebenso kann bei einem Betrieb der Land- und Forstwirtschaft der Wohnungswert einer anderen Gemeinde zuzuordnen sein. Es kann auch zu einer Neuveranlagung des Steuermessbetrags nach § 17 Abs. 2 GrStG kommen, z. B. beim Wegfall der Grundsteuervergünstigung, ohne dass sich der Einheitswert ändert. Es sind dies also nicht nur die Fälle einer Änderung des Steuermessbetrags, sondern auch die Fälle einer Änderung des Zerlegungsmaßstabs, die nicht mit einer Änderung des Steuermessbetrags verbunden sind.

Die Änderung der Zerlegung erfolgt an sich von Amts wegen, notfalls jedoch auch auf Antrag der Gemeinde, zu deren Gunsten sich die Änderung auswirkt. Auch für das Verfahren bei Änderung des Zerlegungsmaßstabs gelten die Vorschriften der §§ 189 ff. AO. Sie sind auch dann anzuwenden, wenn bisher eine Gemeinde nicht an der Zerlegung beteiligt wurde, weil ihr Anteil die Mindestgrenzen von 25 € (§ 22 Abs. 2 GrStG) nicht erreicht hat. Die Wertgrenze (§ 23 Abs. 2 GrStG) richtet sich in diesem Fall nach dem Betrag, der ihr bisher zugestanden hätte, wenn die Mindestgrenze nicht bestehen würde. Wird auch nach der Änderung des Zerlegungsanteils diese Mindestgrenze nicht erreicht, so wird auch der neue Zerlegungsanteil der Gemeinde zugewiesen, die schon den größten Zerlegungsanteil hat. Dasselbe gilt auch für den Zerlegungsanteil einer Gemeinde, der sich so verringert, dass er unter die Mindestgrenze zu liegen kommt. Wenn jedoch diese Abweichung die Wertgrenze (§ 23 Abs. 2 GrStG) nicht erreicht, unterbleibt die Änderung, auch wenn der neue Anteil unter der Mindestgrenze liegen würde.

Die Regelung in § 23 Abs. 2 GrStG ist nur im Normalfall praktikabel, wenn die Zerlegung nach Flächenanteilen erfolgt. In den anderen Fällen einer Zerlegung dürfte sie kaum anwendbar sein; denn in § 22 Abs. 1 Nr. 2 GrStG wird unmittelbar selbst geregelt, wann es zu einer Änderung der Zerlegung kommt. Auch gilt ein vereinbarter Zerlegungsmaßstab völlig unabhängig davon weiter, ob es zu einer Fortschreibung des Einheitswerts oder

Änderung des Steuermessbetrags kommt oder ob sich die Zerlegungsgrundlagen sonstwie ändern. Hierzu vgl. Anm. zu 5 zu § 22 GrStG. Eine Änderung kann also hier nur durch eine neue Vereinbarung zwischen den Beteiligten herbeigeführt werden.

§ 24 Ersatz der Zerlegung durch Steuerausgleich

[1] **Die Landesregierung kann durch Rechtsverordnung bestimmen, daß bei Betrieben der Land- und Forstwirtschaft, die sich über mehrere Gemeinden erstrecken, aus Vereinfachungsgründen an Stelle der Zerlegung ein Steuerausgleich stattfindet.** [2] **Beim Steuerausgleich wird der gesamte Steuermeßbetrag der Gemeinde zugeteilt, in der der wertvollste Teil des Steuergegenstandes liegt (Sitzgemeinde); an dem Steueraufkommen der Sitzgemeinde werden die übrigen Gemeinden beteiligt.** [3] **Die Beteiligung soll annähernd zu dem Ergebnis führen, das bei einer Zerlegung einträte.**

Zu § 24

Begründung zur Regierungsvorlage

„Mit Rücksicht auf die Zersplitterung des landwirtschaftlichen Grundbesitzes war in **1** verschiedenen Ländern bisher anstelle der Zerlegung ein sog. Steuerausgleich vorgesehen (§ 20 GrStG a. F.). Während bei einer Zerlegung auf die Zerlegungsanteile jeweils der in der einzelnen Gemeinde maßgebende Hebesatz anzuwenden ist, hat hier der Steuerschuldner die Grundsteuer nach dem gesamten Steuermessbetrag und allein nach dem Hebesatz der Sitzgemeinde zu entrichten. Zurzeit wird der Steuerausgleich nur noch im Lande Bayern, im Saarland, in bestimmten Gebieten des Landes Baden-Württemberg sowie in bestimmten Gebieten des Landes Niedersachsen (Oldenburg) durchgeführt.

Zwar steht das Gesetzgebungsrecht für die Regelung eines Steuerausgleichs dem Bund zu. Nachdem aber nur in einigen wenigen Gebieten dieser Steuerausgleich durchgeführt wird, erscheint es zweckmäßig, die Landesregierungen zu ermächtigen, durch Rechtsverordnung nicht nur den Ersatz der Zerlegung durch den Steuerausgleich anzuordnen, sondern gleichzeitig auch Vorschriften über dessen Durchführung zu erlassen. Die Ermächtigung lässt es zu, dass dabei der Steuerausgleich auch auf bestimmte Landesteile beschränkt wird. Dagegen ist das in einigen Ländern praktizierte Verfahren, größere Flächen wieder vom Steuerausgleich auszunehmen, durch die Ermächtigung in § 20 GrStG a. F. nicht mehr gedeckt. Dieses Ausnahmeverfahren soll nicht mehr zugelassen werden, weil der mit dem Steuerausgleich erstrebte Vereinfachungseffekt dadurch wieder stark beeinträchtigt wird.

Der Steuerausgleich ist im Rahmen der Ermächtigung des § 24 GrStG nach Inhalt, Zweck und Ausmaß dadurch hinreichend bestimmt, dass er annähernd zum gleichen Ergebnis wie eine Zerlegung führen muss.“

Steuerausgleich

Anstelle der Zerlegung ist ein sog. **Steuerausgleich** möglich. Beim Steu- **2** erausgleich wird der gesamte Steuermessbetrag nur der Gemeinde zugeteilt, in welcher der wertvollste Teil des Steuergegenstandes liegt. Die anderen

Gemeinden werden an dem Steueraufkommen dieser Gemeinde **intern** beteiligt. Dieser Steuerausgleich muss durch eine **Rechtsverordnung der Landesregierung** angeordnet werden. Wegen des hohen Mindestanteils, der bei der Zerlegung auf die einzelne Gemeinde entfallen muss (vgl. hierzu Anm. 9 zu § 22 GrStG) und wegen der großen Zahl der in den Nachkriegsjahren erfolgten Zusammenlegungen von Gemeinden dürfte an dem Ersatz der Zerlegung durch den Steuerausgleich **kein besonderes Interesse** (mehr) bestehen. Von der in § 24 GrStG eingeräumten Möglichkeit hat demgemäß bisher noch keine Landesregierung Gebrauch gemacht (*Halaczinsky,* GrStG, § 24 Rz. 2). Es erübrigt sich daher, hierauf noch weiter einzugehen.

Abschnitt III.
Festsetzung und Entrichtung der Grundsteuer

§ 25 Festsetzung des Hebesatzes

(1) Die Gemeinde bestimmt, mit welchem Hundertsatz des Steuermeßbetrags oder des Zerlegungsanteils die Grundsteuer zu erheben ist (Hebesatz).

(2) Der Hebesatz ist für ein oder mehrere Kalenderjahre, höchstens jedoch für den Hauptveranlagungszeitraum der Steuermeßbeträge festzusetzen.

(3) [1] Der Beschluß über die Festsetzung oder Änderung des Hebesatzes ist bis zum 30. Juni eines Kalenderjahres mit Wirkung vom Beginn dieses Kalenderjahres zu fassen. [2] Nach diesem Zeitpunkt kann der Beschluß über die Festsetzung des Hebesatzes gefaßt werden, wenn der Hebesatz die Höhe der letzten Festsetzung nicht überschreitet.

(4) [1] Der Hebesatz muß jeweils einheitlich sein
1. für die in einer Gemeinde liegenden Betriebe der Land- und Forstwirtschaft;
2. für die in einer Gemeinde liegenden Grundstücke.

[2] Wird das Gebiet von Gemeinden geändert, so kann die Landesregierung oder die von ihr bestimmte Stelle für die von der Änderung betroffenen Gebietsteile auf eine bestimmte Zeit verschiedene Hebesätze zulassen.

Übersicht

Zu § 25
1. Begründung

Zu § 25 Abs. 1
2. Grundsteuer als Kommunalabgabe
3. Verfahren bei der Festsetzung des Hebesatzes
4. Ermessensspielraum bei der Festsetzung
5. Rechtsbehelf gegen den Hebesatz

Zu § 25 Abs. 2

6. Festsetzung für ein Jahr oder mehrere Jahre

Zu § 25 Abs. 3
7. Rückwirkende Festsetzung

Zu § 25 Abs. 4
8. Unterschiedliche Hebesätze

Anhang zu § 25
9. Kirchengrundsteuer
10. Grundsteuermehrbelastung
11. Sonstige Umlagen

Zu § 25

Literatur: *Deiseroth*, Kommunalaufsichtliche Maßnahmen gegen Absenkung der Hebesätze für die Grund- und Gewerbesteuer in einer hochverschuldeten Gemeinde, jurisPR-BVerwG 10/2011 Anm. 2; *Depereux*, Dürfen die Gemeinden Satzungen über Hebesätze erlassen?, BB 1983 S. 436; *Freisburger*, Kommunale Hebesätze – Rechtliche und tatsächliche Grenzen, KStZ 2000 S. 41; *Heine*, Zur Veröffentlichung der Hebesätze der Realsteuern 2012 durch die Statistischen Ämter des Bundes und der Länder, KStZ 2013 S. 141; *Institut „Finanzen und Steuern" e. V.*, Realsteuern 2012, IFSt-Schrift

Nr. 485 (2013); *Institut „Finanzen und Steuern"* e. V., Grundsteuer und Gewerbesteuer Update 2013 – Entwicklung der Hebesätze der Gemeinden mit 20 000 und mehr Einwohnern im Jahr 2013 gegenüber 2012, IFSt-Schrift Nr. 493 (2013); *Loberg,* Erlass einer Hebesatzsatzung, ZKF 1982 S. 187; *Mohl,* Einführung eines „zonierten Satzungsrechts" bei der Erhebung der Grundsteuer?, Gemeindehaushalt 1992 S. 229; *Nöcker,* Erhöhung des Hebesatzes für Grundsteuern, jurisPR-SteuerR 8/2014 Anm. 6; *Ruff,* Der Hebesatz für die Grundsteuer B – Erhöhung auf einer nach oben offenen Skala?, ZKF 2010 S. 222; *Ruff,* Die Erhöhung des Hebesatzes für die Grundsteuer B im Fokus der neueren Rechtsprechung, ZKF 2014 S. 6; *Spiecker (Döhmann),* Grenzen kommunalrechtlicher Weisungsbefugnis in Finanz- und Steuersachen, NVwZ 2005 S. 1276; *Weiblen/Bauder,* Praktische und rechtliche Probleme beim Erlass einer Hebesatzsatzung, Gemeindehaushalt 1985 S. 130; *Yorck,* Entwicklung der Grundsteuerhebesätze und des Grundsteueraufkommens für die Jahre 1992–2009, ZKF 2011 S. 159.

Begründung zur Regierungsvorlage

1   „In den §§ 25 und 26 GrStG werden nunmehr sämtliche bundesrechtlichen Vorschriften zusammengefasst, die von den Gemeinden bei der Festsetzung des Grundsteuerhebesatzes zu beachten sind. Bisher waren hierfür die §§ 2 bis 4 und 6 des Einführungsgesetzes zu den Realsteuergesetzen (EinfRStG) v. 1.12.1936 (RGBl. 36 S. 961), zuletzt geändert durch Gesetz v. 27.12.1951 (BGBl. 51 I S. 996) maßgebend. Die übrigen Vorschriften des Einführungsgesetzes sind größtenteils durch Zeitablauf bedeutungslos oder, soweit sie als Landesrecht weiter galten, durch die Länder aufgehoben worden. Die wenigen zur Festsetzung des Grundsteuerhebesatzes verbleibenden Vorschriften können ohne Schwierigkeit in das Grundsteuergesetz eingefügt werden. Gleichzeitig soll das Einführungsgesetz formell aufgehoben werden. Hierzu vgl. Artikel 7 des Entwurfs.

§ 25 Abs. 1 GrStG räumt den Gemeinden das Recht ein, den Hebesatz der Grundsteuer unter Berücksichtigung der örtlichen Verhältnisse autonom festzulegen (Artikel 106 Abs. 6 Satz 2 GG). Die Gemeinde kann jedoch den Hebesatz nicht völlig frei, sondern nur im Rahmen der Gesetze festlegen.

Bisher musste nach § 2 Abs. 1 EinfRStG der Hebesatz für jedes Rechnungsjahr neu festgesetzt werden. Demgegenüber sieht § 25 Abs. 2 GrStG vor, dass der Hebesatz auch für mehrere Jahre festgesetzt werden kann. Dies entspricht einer allgemeinen Entwicklung. So haben z. B. die Länder die Möglichkeit, den Haushaltsplan für zwei Haushaltsjahre aufzustellen (§ 9 des Haushaltsgrundsätzegesetzes v. 19.8.1969, BGBl. 69 I S. 1273). Die gleiche Rechtsentwicklung wird auch das Haushaltsrecht der Gemeinden nehmen. Für sie bedeutet es eine wesentliche Verwaltungsvereinfachung, wenn sie die Grundsteuer für mehrere Jahre im Voraus veranlagen können. Vgl. hierzu § 27 GrStG. Dies ist aber nur für solche Kalenderjahre zulässig, für die auch bereits ein Beschluss der Gemeinde über die Höhe des Hebesatzes vorliegt.

Die Wirkung eines Steuermessbescheides endet spätestens in dem Zeitpunkt, in dem der Steuermessbescheid der nächsten Hauptveranlagung wirksam wird. Vgl. hierzu § 16 GrStG. Damit ist auch die zeitliche Wirksamkeit des auf dem Steuermessbescheid aufbauenden Grundsteuerbescheides begrenzt. Er kann in keinem Fall über diesen Zeitpunkt hinaus wirksam bleiben.

Ebenso wie bisher ist nach § 25 Abs. 3 GrStG auch künftig eine rückwirkende Feststellung des Hebesatzes zulässig. Sie muss allerdings innerhalb eines Dreivierteljahres erfolgen. Das gilt sowohl bei der erstmaligen Festsetzung als auch dann, wenn der für das Vorjahr maßgebende Hebesatz geändert werden soll. Nach Ablauf dieser Frist kann ein neuer Hebesatz nur festgesetzt werden, wenn er den Hebesatz für das Vorjahr nicht überschreitet. Denn hier hat der Eigentümer auf der Grundlage des zuletzt festgesetzten Hebesatzes für das laufende Kalenderjahr bereits entsprechende Vorauszahlungen entrichtet.

Die Gemeinden haben die Möglichkeit, über den Hebesatz die absolute Höhe der Grundsteuer zu bestimmen. Es ist ihnen jedoch versagt, die Verteilung der Steuerlast auf die einzelnen Grundstückseigentümer zu beeinflussen. Von diesem Grundsatz lässt § 25 Abs. 4 GrStG in Übereinstimmung mit dem bisherigen Recht (§ 21 Abs. 2 GrStG a. F.) eine Ausnahme insofern zu, als die Gemeinde sowohl für die Betriebe der Land- und Forstwirtschaft (Grundsteuer A) als auch für das Grundvermögen (Grundsteuer B) jeweils einen eigenen Hebesatz festlegen kann. Diese Differenzierung des Hebesatzes erscheint insbesondere deshalb berechtigt, weil die Grundsteuer A in erster Linie die Produktionsmittel der Land- und Forstwirtschaft (Boden, Wirtschaftsgebäude, stehende und umlaufende Betriebsmittel) belastet und damit einen wesentlich anderen Charakter hat als die Grundsteuer B.

Bei Eingemeindungen kann es sich u. U. als notwendig erweisen, in dem neuen Gemeindeteil noch für eine Übergangszeit die bisherigen Hebesätze unverändert aufrecht zu erhalten. In § 25 Abs. 4 GrStG wird deshalb die Möglichkeit eröffnet, insoweit noch unterschiedliche Hebesätze festzusetzen."

In dem Bericht des Finanzausschusses des Bundestags (vgl. BT-Drucks. 7/485) wird zu § 25 GrStG Folgendes ausgeführt:

„Im Interesse der Rechtssicherheit der Bürger und wegen der zunehmenden Bedeutung, die die Grundsteuer für die Kalkulationen gewerblicher Betriebe erlangt, hat der Ausschuss in Absatz 3 die Befristung für die erstmalige Festsetzung wie auch für eine rückwirkende Erhöhung der Hebesätze verkürzt. Er will zugleich mit der Neufassung klarstellen, dass bis zu dem jetzt maßgeblichen Datum, dem 30. Juni, der Ratsbeschluss gefasst sein muss; soweit in einzelnen Ländern eine Genehmigung durch die Aufsichtsbehörde erforderlich ist, kann diese noch später erfolgen. Der Bürger kann sich danach jedenfalls schon ab Jahresmitte darauf verlassen, dass keine höhere als die vom Rat beschlossene Steuer erhoben wird. Der Ausschuss ist sich darüber klar gewesen, dass diese Änderung zu einer Umstellung der vorausschauenden finanziellen Planung bei Städten und Gemeinden führen muss, der aber keine unüberwindliche Schwierigkeiten gegenüberstehen. Andererseits bleibt zu beachten, dass jede Rückwirkung bei der Erhöhung von Abgaben nur insoweit zu rechtfertigen ist, als nach Grund und Dauer besondere Umstände dies rechtfertigen."

Zu § 25 Absatz 1

Grundsteuer als Kommunalabgabe

Die Kommunalabgaben umfassen Steuern, Gebühren und Beiträge, die zur 2 Deckung des Finanzbedarfs der Gemeinden erhoben werden. Das Recht, solche Abgaben zu erheben, wird den Gemeinden in den sog. **Kommunalabgabengesetzen** der Länder eingeräumt. Im Einzelnen handelt es sich um folgende Landesgesetze:

Baden-Württemberg: Kommunalabgabengesetz (KAG) v. 17.3.2005 (GBl. 2005 S. 206), zuletzt geändert durch Gesetz v. 19.12.2013 (GBl. 2013 S. 491).

Bayern: Kommunalabgabengesetz (KAG) v. 4.4.1993 (GVBl. 1993 S. 264), zuletzt geändert durch Gesetz v. 11.3.2014 (GVBl. 2014 S. 70).

Berlin:	Gesetz über Gebühren und Beiträge v. 22.5.1957 (GVBl. 1957 S. 516), zuletzt geändert durch Gesetz v. 18.11.2009 (GVBl. 2009 S. 674).
Brandenburg:	Kommunalabgabengesetz (KAG) v. 31.3.2004 (GVBl. 2004 S. 174), zuletzt geändert durch Gesetz v. 5.12.2013 (GVBl. I 2013 Nr. 40).
Bremen:	Bremisches Abgabengesetz v. 15.5.1962 (GBl. 1962 S. 139), zuletzt geändert durch Gesetz v. 31.1.2012 (GBl. 2012 S. 9).
Hamburg:	Abgabengesetz v. 17.2.1976 (GVBl. 1976 S. 45), zuletzt geändert durch Gesetz v. 16.11.1999 (GVBl. 1999 S. 256).
Hessen:	Gesetz über kommunale Abgaben (KAG) idF v. 24.3.2013 (GVBl. 2013 S. 134).
Mecklenburg-Vorpommern:	Kommunalabgabengesetz (KAG M-V) idF v. 12.4.2005 (GVOBl. M-V 2005 S. 146), zuletzt geändert durch Gesetz v. 13.7.2011 (GVOBl. M-V 2011 S. 777).
Niedersachsen:	Niedersächsisches Kommunalabgabengesetz (NKAG) idF v. 23.1.2007 (GVBl. 2007 S. 41), zuletzt geändert durch Gesetz v. 18.7.2012 (GVBl. 2012 S. 279).
Nordrhein-Westfalen:	Kommunalabgabengesetz (KAG) v. 21.10.1969 (GV. NRW 1969 S. 712), zuletzt geändert durch Gesetz v. 13.12.2011 (GV. NRW 2011 S. 687).
Rheinland-Pfalz:	Kommunalabgabengesetz (KAG) v. 20.6.1995 (GVBl. 1995 S. 175), zuletzt geändert durch Gesetz v. 15.2.2011 (GVBl. 2011 S. 25).
Saarland:	Kommunalabgabengesetz (KAG) v. 29.5.1998 (ABl. 1998 S. 691), zuletzt geändert durch Gesetz v. 21.11.2007 (ABl. 2007 S. 2393).
Sachsen:	Sächsisches Kommunalabgabengesetz (SächsKAG) idF v. 26.8.2004 (GVBl. 2004 S. 418, ber. 2005 S. 306), geändert durch Gesetz v. 28.11.2013 (GVBl. 2013 S. 822).
Sachsen-Anhalt:	Kommunalabgabengesetz (KAG-LSA) idF v. 13.12.1996 (GVBl. 1996 S. 405), zuletzt geändert durch Gesetz v. 17.6.2014 (GVBl. 2014 S. 288).
Schleswig-Holstein:	Kommunalabgabengesetz (KAG) idF v. 10.1.2005 (GVBl. 2005 S. 27), zuletzt geändert durch Gesetz v. 4.4.2013 (GVOBl. 2013 S. 143).
Thüringen:	Thüringer Kommunalabgabengesetz (ThürKAG) idF v. 19.9.2000 (GVBl. 2000 S. 301), zuletzt geändert durch Gesetz v. 20.3.2014 (GVBl. 2014 S. 82).

Die Kommunalabgabengesetze der Länder sind allerdings nur soweit anzuwenden, als die Abgaben nicht durch Bundesrecht geregelt sind. Dies gilt z. B. für die Grundsteuer. Die Berechtigung der Gemeinden zur Erhebung der Grundsteuer ergibt sich aus § 25 Abs. 1 GrStG iVm § 1 GrStG. Hierzu vgl. auch Anm. 3 zu § 1 GrStG. Nach Art. 108 Abs. 4 GG bedarf allerdings die Übertragung der Verwaltung auf die Gemeinden eines förmlichen Landesgesetzes, das zunächst noch nicht in allen Ländern vorgelegen hatte (BVerwG v. 29.9.1982, BStBl. 1984 II S. 236). Später sind jedoch die entsprechenden Rechtsgrundlagen geschaffen worden, z.B. in Rheinland-Pfalz durch Gesetz v. 5.3.1982 (GVBl. 1982 S. 83). Im Einzelnen kann deshalb auf die sehr umfangreiche Rechtsprechung und Literatur zu dieser Frage verwiesen werden.

Die Steuerhoheit der Gemeinde gestattet ihr, nicht nur eine Grundsteuer zu erheben, sondern auch deren Höhe in bestimmtem Umfang selbst festzulegen. Dies geschieht durch den Hebesatz, den die Gemeinde im Rahmen der Gesetze selbst festlegen kann (Art. 106 Abs. 6 GG). Seine Festsetzung ist der konkurrierenden Gesetzgebung des Bundes ausdrücklich entzogen. Der Vorbehalt, dass die Festsetzung des Hebesatzes im Rahmen der Gesetze geschehen muss, gestattet es allerdings den Ländern, in begrenztem Umfang auf die Gestaltung des Hebesatzes Einfluss zu nehmen. Danach würden sie z.B. Höchstbeträge vorschreiben (vgl. hierzu § 26 GrStG) oder die Festsetzung von einer Genehmigung abhängig machen können. Zur Aufhebung der Genehmigungspflicht z.B. in Nordrhein-Westfalen vgl. Art. IV des Gesetzes v. 2.4.1981 (GV. NRW 1981 S. 176).

Verfahren bei der Festsetzung des Hebesatzes

Die Grundsteuerschuld wird in der Weise ermittelt, dass auf den Steuer- **3** messbetrag der Hebesatz angewendet wird. Der Hebesatz ist ein für alle Grundstücke geltender Prozentsatz, dessen Festsetzung allein in die **Zuständigkeit der Gemeinde** fällt. Die Rechtsgrundlagen für seine Festsetzung sind Art. 106 Abs. 6 Satz 2 GG und § 25 Abs. 1 GrStG. Die verfahrensrechtlichen Vorschriften über die Festsetzung des Hebesatzes ergeben sich aus den Haushaltsvorschriften der jeweils maßgebenden Gemeindeordnung sowie des jeweiligen Kommunalabgabengesetzes (so z.B. für Rheinland-Pfalz § 24 GemO RP sowie §§ 2 und 5 Abs. 1 KAG RP).

Die Gemeinde kann den Hebesatz in der jährlichen Haushaltssatzung oder mehrjährig in einer besonderen Abgabensatzung festlegen (VG Halle v. 1.2.2010 4 A 304/09, n. v.). Spätere Änderungen erfordern dann eine Nachtragshaushaltssatzung. Die Festsetzung des Hebesatzes für die Grundsteuer in einer gesonderten Satzung ist rechtlich unbedenklich (BayVGH v. 21.2.2006, KommunalPraxis BY 2006 S. 188).

Die Festlegung der Hebesätze erfolgt durch das Gemeindeparlament. Dabei ist ein Gemeinderatsmitglied nicht allein schon deshalb von der Beratung und Abstimmung ausgeschlossen, weil es selbst realsteuerpflichtig ist oder eine realsteuerpflichtige Körperschaft vertritt (BayVGH v. 11.2.1976, KStZ 1976 S. 150). Die Hebesätze haben die Wirkung einer Rechtsnorm und sind damit für die betroffenen Steuerpflichtigen bindend (BayVGH v. 11.2.1976, aaO mit Hinweis auf BVerwG v. 18.3.1960, KStZ 1960 S. 104).

Ermessensspielraum bei der Festsetzung

4   In der **Festsetzung der Hebesätze** liegt zugleich die Entscheidung der Gemeinde, eine Grundsteuer zu erheben. Die Gemeinde hat dabei einen **weitgehenden Ermessensspielraum.** Er ergibt sich aus der ihr verfassungsrechtlich garantierten Steuerhoheit. Seine Grenzen findet dieser Ermessensspielraum allerdings in den Grundsätzen des Haushaltsrechts und des Steuerrechts (BayVGH v. 11.2.1976, KStZ 1976 S. 150; BVerwG v. 18.4.1969, KStZ 1969 S. 139; OVG NRW v. 22.7.2009, KStZ 2009 S. 190; FG Berlin-Bbg. v. 11.5.2011, ZKF 2011 S. 239 und VG Arnsberg v. 24.9.2013 5 K 2417/12, n. v.). Im Rahmen ihrer Haushaltswirtschaft ist es der Gemeinde überlassen, auf welche Weise sie die ihr gesetzlich übertragenen und die freiwillig übernommenen Aufgaben finanziert. Sie muss jedoch dafür sorgen, dass die Einnahmen und Ausgaben haushaltsmäßig ausgeglichen sind. Zur Beschaffung der finanziellen Mittel, die dazu erforderlich sind, muss sie die ihr zur Verfügung stehenden Einnahmequellen ausschöpfen. Nach dem in den einzelnen Gemeindeordnungen verankerten sog. **Subsidiaritätsprinzip** darf sie auf die Realsteuern allerdings nur dann zurückgreifen, wenn die sonstigen Einnahmen zur Deckung des Haushalts nicht ausreichen. Dass sie nicht ausreichen, dürfte aber bei den allermeisten Gemeinden der Fall sein. Unter diesen Umständen wird die haushaltsmäßige Ermessensgrenze erst dann überschritten, wenn ein Verbrauch von öffentlichen Mitteln festzustellen ist, der wirtschaftlich in keinem Fall mehr vertretbar ist und deshalb auch nicht mehr im Rahmen einer ordnungsgemäßen Verwaltung liegt (Hess. VGH v. 8.11.1962, KStZ 1964 S. 103; BayVGH v. 15.10.2008 4 ZB 07.2854, n. v.). Im Einzelfall wird dies aber kaum jemals nachzuweisen sein. Damit kommt dieser Einschränkung des Ermessens kaum eine praktische Bedeutung zu. Zur **grundsteuerlichen Refinanzierung eines Gewässerunterhaltungsbeitrags** statt der Weitererhebung der bisherigen Gewässerunterhaltungsumlage von den Eigentümern grundsteuerpflichtiger Grundstücke siehe OVG Berlin-Bbg. v. 23.3.2010, NVwZ-RR 2010 S. 537). Hinsichtlich der Frage der Refinanzierung von **Beiträgen einer Gemeinde zu Wasser- und Bodenverbänden** mittels Erhöhung der Grundsteuerhebesätze siehe ergänzend VG Cottbus v. 13.9.2013 1 K 694/12, n. v.

Nach steuerlichen Grundsätzen ergibt sich die Ermessensgrenze aus dem **Gebot einer sozialen Steuerpolitik** in Art. 20 Abs. 1 GG (BayVGH v. 11.2.1976, aaO). Danach darf eine Steuer die Steuerpflichtigen nicht übermäßig belasten und ihre Vermögensverhältnisse nicht grundlegend beeinträchtigen, sie darf also nicht zu einer Erdrosselungssteuer werden. Davon kann allerdings erst dann gesprochen werden, wenn nicht nur ein einzelner Steuerpflichtiger, sondern die Steuerpflichtigen ganz allgemein unter normalen Umständen die Steuer nicht mehr aufbringen können. Kann die Steuer nur in einem Einzelfall nicht mehr aufgebracht werden, so bietet sich hierfür die Möglichkeit eines Billigkeitserlasses nach § 227 AO an. In einem solchen Fall kann für die Gemeinde sogar eine verfassungsmäßige Pflicht bestehen, die Steuer zu erlassen (BFH v. 21.4.1977, BStBl. 1977 II S. 512). Umgekehrt haben die Kommunalabgabepflichtigen keinen Rechtsanspruch gegen die

Gemeinde auf Einhaltung der in Art. 62 Abs. 2 GO (hier: Bayern) vorgegenenen Grundsätze der Einnahmebeschaffung (BayVGH v. 1.2.2007, ZKF 2007 S. 164).

Im Rahmen ihres Ermessens kann die Gemeinde die Hebesätze nach ihren finanziellen Bedürfnissen festlegen. Sie darf dabei nur nicht willkürlich oder unsachlich verfahren. Mithin entscheidet die **Gemeinde autonom** darüber, wie sie die finanziellen Mittel für ihre Aufgabenerfüllung aufbringt, soweit keine gesetzlichen Bestimmungen diesen Spielraum einengen. Im Übrigen ist sie weder verpflichtet, sich an die Hebesätze anderer Gemeinden zu halten, noch ist sie an den Landesdurchschnitt der Hebesätze gebunden (BVerfG v. 21.12.1966, KStZ 1967 S. 65). Unter diesen Umständen kann deshalb hinsichtlich der Höhe der Hebesätze von Gemeinde zu Gemeinde auch eine recht unterschiedliche Situation bestehen. So war die Erhöhung des Grundsteuer-Hebesatzes auf 660% im Land Berlin rechtmäßig; sie verstieß nicht gegen die dortige Landeshaushaltsordnung, insbesondere nicht gegen das Gebot der Wirtschaftlichkeit und Sparsamkeit, das bei Aufstellung und Ausführung des Haushaltsplans zu beachten ist (FG Berlin v. 6.10.2004, EFG 2005 S. 390). Die Erforderlichkeit der verfassungsrechtlichen Prüfung des Berliner Grundsteuer-Hebesatzes kann nicht mit dem Äquivalenzprinzip begründet werden (BFH v. 4.8.2005, BFH/NV 2005 S. 2054). So war auch die nach der Einheitsbewertung 1964 erhobene Grundsteuer mit dem in Hamburg ab 2005 auf 540% erhöhten Hebesatz verfassungsrechtlich nicht zu beanstanden (FG Hamburg v. 25.5.2005, EFG 2007 S. 212). Zur Frage der Hebesatzerhöhung für die Grundsteuer B auf einer „nach oben offenen Skala" vgl. auch *Ruff,* ZKF 2010 S. 222. Auch der (in 2014 aktuelle) Grundsteuerhebesatz iHv 810% in Berlin verletzt nicht die der gerichtlichen Kontrolle unterliegenden Grenzen der haushaltsrechtlichen Entschließungsbefugnis; dieser Hebesatz ist vielmehr im Kontext der ordnungsgemäßen Aufgabenerfüllung und zwecks Konsolidierung des dortigen (Landes-)Haushalts als notwendig und angemessen zu qualifizieren (FG Berlin-Bbg. v. 11.5.2011, ZKF 2011 S. 239).

Die **Kommunalaufsicht** ist durch Bundesrecht nicht gehindert, den Beschluss eines Gemeinderates aufzuheben, mit dem die Realsteuerhebesätze haushaltsrechtswidrig gesenkt werden (OVG NRW v. 22.7.2009, KStZ 2009 S. 190; Gemeindehaushalt 2010 S. 94). Legt das Kommunalhaushaltsrecht die Gemeinden auf das Ziel eines ausgeglichenen Haushalts zum nächstmöglichen Zeitpunkt fest und verbietet eine mit diesem Ziel unvereinbare Senkung der Hebesätze, so verletzt dies weder den Kernbereich der Finanzhoheit der Gemeinde als Ausfluss des Rechts der kommunalen Selbstverwaltung (Art. 28 Abs. 2 GG) noch stellt es einen unverhältnismäßigen Eingriff in sie dar.

Vom Statistischen Bundesamt (DESTATIS) und den statistischen Landesämtern werden alljährlich **Übersichten** zum **Realsteueraufkommen,** über die Durchschnittshebesätze, über die Streuung der Hebesätze sowie über die Hebesätze einzelner Gemeinden veröffentlicht (www.destatis.de). Im Bundesgebiet ergaben sich für das **Jahr 2013** für alle Gemeinden ab 20000 Einwohnern folgende Durchschnittssätze: Grundsteuer A = 296% und Grundsteuer B = 498%.

Regional haben bei den **durchschnittlichen Hebesätzen** für die Grundsteuer A und B im Jahr 2013 für **Gemeinden ab 20 000 Einwohnern** folgende Unterschiede bestanden (*Andrae*, IFSt-Schrift Nr. 493 [2013]):

Land	Grundsteuer A	Grundsteuer B
Baden-Württemberg	380	418
Bayern	384	452
Berlin	150	810
Brandenburg	289	418
Bremen	245	571
Hamburg	225	540
Hessen	270	416
Mecklenburg-Vorpommern	309	487
Niedersachsen	389	438
Nordrhein-Westfalen	252	510
Rheinland-Pfalz	308	401
Saarland	264	393
Sachsen	317	558
Sachsen-Anhalt	286	433
Schleswig-Holstein	370	433
Thüringen	300	442

Wenn es nur auf eine grobe Berechnung der Grundsteuer ankommt, kann man wie folgt verfahren: Steuermesszahl × Hebesatz = Prozentsatz des Einheitswerts. Unterstellt man dabei als Hebesatz A einen Betrag von 250 % und als Hebesatz B einen Betrag von 300 %, so hat die Grundsteuer A eine Höhe von 6‰ × 2,5 = 1,50 % des Einheitswerts und die Grundsteuer B eine Höhe von 3,5‰ × 3,0 = 1,00 % des Einheitswerts. Wegen der abweichenden Steuermesszahlen bei Ein- und Zweifamilienhäusern vgl. Anm. 3 ff. zu § 15 GrStG.

Zu den durchschnittlichen Hebesätzen in den neuen Bundesländern vgl. auch Anm. 1 ff. zu § 40 GrStG und Anm. 1 ff. zu § 41 GrStG.

Rechtsbehelf gegen den Hebesatz

5   Unmittelbar kann der von der Gemeinde festgesetzte Hebesatz nicht in einem Rechtsbehelfsverfahren angefochten werden. Der einzelne Grundstückseigentümer hat nur die Möglichkeit, in einem **Rechtsbehelfsverfahren gegen den Steuerbescheid** auch den von der Gemeinde festgesetzten und angewendeten Hebesatz nachprüfen zu lassen. Andernfalls kann er lediglich bei der zuständigen Gemeindeaufsichtsbehörde eine Nachprüfung anregen.

Bei Anfechtung eines Steuerbescheides ist das Gericht nicht nur berechtigt, sondern sogar verpflichtet zu prüfen, ob die Haushaltssatzung, welche die Grundlage für die Hebesätze bildet, verfahrensrechtlich oder materiell-rechtlich gegen höherrangige Rechtsvorschriften verstößt, insbesondere, ob die Gemeinde insoweit die Grenzen ihres Ermessens überschritten hat. In diesem Fall würde nämlich der festgesetzte Hebesatz ganz oder teilweise rechtswidrig und ungültig sein mit der Folge, dass er als Rechtsgrundlage für den Realsteuerbescheid entfällt und dieser aufzuheben ist (BVerwG v. 18.3.1960, KStZ 1960 S. 104). Der innerhalb der Grenzen des Ermessens für die Gemeinde verbleibende Spielraum ist jedoch grundsätzlich einer gerichtlichen Nachprüfung nicht zugänglich.

Die Genehmigung der Hebesatzfestsetzung durch die Gemeindeaufsichtsbehörde betrifft landesrechtliche Vorschriften und ist deshalb im Revisionsverfahren vor dem Bundesverwaltungsgericht (§ 137 Abs. 1 VwGO) nicht nachprüfbar (BVerwG v. 5.3.1971, BStBl. 1971 II S. 443). Zu weiteren Fragen einer gerichtlichen Nachprüfung der Hebesätze vgl. VGH Ba-Wü v. 5.10.1989 (KStZ 1990 S. 35).

Zu § 25 Absatz 2

Festsetzung für ein Jahr oder mehrere Jahre

Der Hebesatz kann sowohl für ein Kalenderjahr als auch für mehrere Kalenderjahre festgesetzt werden. Im letzteren Fall ist es gleichgültig, ob dies für mehrere bestimmte Kalenderjahre geschieht oder ob er „bis auf Weiteres" gelten soll; die Festsetzung von Hebesätzen „bis auf Weiteres" führt nicht zur Unwirksamkeit der Satzung (OVG NRW v. 16.7.2013, DÖV 2013 S. 991). **6**
Ein Hebesatz für mehrere Kalenderjahre kann jedoch längstens nur für den laufenden Hauptveranlagungszeitraum der Steuermessbeträge Gültigkeit haben. Man geht davon aus, dass bei einer neuen Hauptveranlagung sich die Besteuerungsunterlagen ganz allgemein so stark ändern werden, dass auch eine Neufestsetzung der Hebesätze unvermeidlich sein wird.

Die einmal erfolgte Festsetzung des Hebesatzes für mehrere Jahre bedeutet zwar in gewisser Weise eine Selbstbindung der Gemeinde. Sie schließt jedoch, wie auch bei den Beratungen im Finanzausschuss des Bundestages festgestellt worden ist (vgl. hierzu Protokoll Nr. 5 über die Sitzung v. 16.3.1973), nicht aus, dass die Gemeinde für spätere Kalenderjahre den Hebesatz wieder durch einen neuen Beschluss ändert. Überschreitet die Gültigkeitsdauer des Hebesatzes die des Haushaltsplans, der höchstens nur für zwei Jahre beschlossen werden kann, so wird der Hebesatz außerhalb der Haushaltssatzung in einer besonderen Steuersatzung festgelegt werden müssen. Hierzu bedarf es unter Umständen aber noch einer Angleichung der geltenden landesrechtlichen Vorschriften, insbesondere soweit danach die Hebesätze für die Gemeindesteuern für jedes Rechnungsjahr neu festgesetzt werden müssen. Ist dies allerdings zulässig, so ist es auch möglich, für die einzelnen Jahre eine stufenweise Erhöhung vorzusehen. Der für mehrere Kalenderjahre festgesetzte Hebesatz wird in den späteren Haushaltssatzungen nur noch nachrichtlich erwähnt.

Zu § 25 Absatz 3

Rückwirkende Festsetzung

Grundsätzlich müsste der Beschluss über die Höhe der Hebesätze schon **7** vor Beginn des Kalenderjahres vorliegen, für das sie gelten sollen. Das wird jedoch vielfach nicht zu erreichen sein. Damit kommt der rückwirkenden

Festsetzung auf den Beginn des laufenden Kalenderjahrs besondere Bedeutung zu. Dass der Hebesatz auch noch nach Beginn des Kalenderjahrs festgesetzt werden kann, war auch früher nicht umstritten (BVerfG v. 19.12.1961, DGStZ 1962 S. 22). Es war durchaus zulässig, den Hebesatz für das laufende Kalenderjahr noch bis zum 1. Oktober festzusetzen. Heute ist jedoch spätester Termin der 30. Juni. Mit Rücksicht auf die finanziellen Auswirkungen der **Grundsteuer als Kalkulationsfaktor** soll sichergestellt werden, dass der einzelne Grundstückseigentümer spätestens bis Jahresmitte weiß, welche Maximalbelastung noch auf ihn zukommt. Zwar kann die frühzeitige Festsetzung des Hebesatzes für die Gemeinden mit gewissen Schwierigkeiten verbunden sein. Diese sind nach Auffassung des Gesetzgebers jedoch nicht unüberwindlich. Hierzu vgl. Anm. 1 zu § 25 GrStG. Jedenfalls bestehen gegen eine auf den 30. Juni erfolgende und auf den Beginn des Jahres rückwirkende Festsetzung des Hebesatzes keine verfassungsrechtlichen Bedenken (VG Düsseldorf v. 17.11.1988, DWW 1989 S. 350). Mit der den hebeberechtigten Gemeinden eingeräumten Möglichkeit, während des laufenden Erhebungszeitraums den Grundsteuerhebesatz mWv 1.1. rückwirkend zu erhöhen, geht zwar die Einschränkung des Vertrauensinteresses der Grundstückseigentümer am Fortbestand des (früher) geltenden Hebesatzes einher. Dies dürfte allerdings verhältnismäßig und damit akzeptabel sein, sofern sich die Erhöhung in einem maßvollen Rahmen bewegt. Bei einer Erhöhung des Grundsteuerhebesatzes von 600 auf 650% wird dieser Rahmen nicht überschritten (FG Bbg. v. 14.1.2009, EFG 2009 S. 772).

Der Termin **30. Juni** gilt sowohl für die erstmalige Festsetzung des Hebesatzes als auch für die Änderung eines bereits geltenden Hebesatzes. In erster Linie kommt hier eine Änderung des für mehrere Kalenderjahre festgesetzten Hebesatzes in Betracht. Es kann sich aber auch um die Änderung des ausdrücklich nur für das laufende Kalenderjahr festgesetzten Hebesatzes handeln. Theoretisch könnte auch bis zum 30. Juni nochmals ein zweiter Änderungsbeschluss gefasst werden. Diese Möglichkeit dürfte jedoch kaum praktische Bedeutung haben.

Bis zum 30. Juni muss nur der Beschluss des zuständigen Gemeindeparlaments **(Ratsbeschluss)** über die Festsetzung oder Änderung des Hebesatzes vorliegen. Auf den Zeitpunkt der formellen Veröffentlichung der Satzung kommt es nicht an. Ebenso wenig kommt es auf den Zeitpunkt der Genehmigung derselben durch die Gemeindeaufsichtsbehörde an, sofern eine solche erforderlich ist. Es wäre deshalb auch ohne Bedeutung, wenn sie ihre Genehmigung erst nach dem 30. Juni erteilt. Nachdem aber der Termin 30. Juni gesetzlich festgelegt worden ist, damit die Steuerpflichtigen rechtzeitig einen Überblick über die Höhe der auf sie zukommenden Grundsteuerbelastung haben, dürfte eine informatorische, schon vor der Erteilung der Genehmigung erfolgende Bekanntmachung der neuen Hebesätze, z.B. durch eine Mitteilung in der Ortspresse, angebracht sein. Wurde eine **Satzung** über die Erhebung der Grundsteuer nach einer **zunächst fehlerhaften Bekanntmachung** erneut bekannt gemacht, liegt hierin keine unzulässige Rückwirkung. An dieser Einschätzung ändert sich auch dann nichts, wenn die Festsetzungen in der Satzung an einen Zeitpunkt aus der ursprünglichen, zunächst fehlgeschlagenen Bekanntmachung anknüpfen (VG Gelsenkirchen v. 12.4.2013 5 K 3283/12 n. v.).

Die Gemeinde kann den Beschluss über die Festsetzung der Hebesätze für das laufende Kalenderjahr auch noch **nach dem 30. Juni** fassen. Selbst nach Ablauf des Kalenderjahres wäre dies noch möglich (BFH v. 19.12.1952, BStBl. 1953 III S. 61; v. 29.8.1969, BStBl. 1970 II S. 2 und BVerwG v. 5.3.1971, BStBl. 1971 II S. 443). Zulässig ist dies aber nur dann, wenn der Hebesatz die Höhe der letzten Festsetzung nicht übersteigt (VG Lüneburg v. 16.5.2013 2 A 97/12 n. v.). In § 25 Abs. 3 GrStG wird in diesem Zusammenhang zwar nur von der „Festsetzung des Hebesatzes" gesprochen. Es muss dies in gleicher Weise aber auch für die Änderung des Hebesatzes gelten; denn in beiden Fällen soll sichergestellt werden, dass nach dem 30. Juni der Grundstückseigentümer nicht mehr mit einer zusätzlichen Mehrbelastung an Grundsteuer zu rechnen braucht. Hier kann es sich aber, da bei gleicher Höhe des Hebesatzes eine Neufestsetzung oder Änderung nicht notwendig ist, immer nur darum handeln, dass der Hebesatz zu Gunsten der Eigentümer ermäßigt wird. Dies hätte auch die Aufsichtsbehörde zu beachten, wenn sie den Beschluss der Gemeinde nicht billigt und die Festsetzung eines höheren Hebesatzes zu einem so späten Zeitpunkt verlangt, dass dem die Gemeinde erst nach dem 30. Juni entsprechen kann. Bei Um- und Eingemeindungen könnte in sinngemäßer Anwendung des § 25 Abs. 3 GrStG nach dem 30. Juni erstmals ein neuer Hebesatz jeweils nur bis zu der Höhe festgesetzt werden, die im Vorjahr schon für die alte Gemeinde maßgebend war.

Die Festsetzung der Hebesätze erfolgt nach der Gemeindeordnung als **Teil der Haushaltssatzung.** Umstritten ist die Frage, ob sie auch außerhalb der Haushaltssatzung erfolgen kann, wenn abzusehen ist, dass diese nicht mehr vor dem 30. Juni beschlossen wird. Im Hinblick auf die Sonderregelung in § 25 Abs. 2 GrStG dürfte die Gemeindeordnung einem gesonderten Beschluss über den Hebesatz nicht entgegenstehen. Im Einzelnen vgl. *Loberg* in ZKF 1982 S. 187 und mit gegenteiliger Ansicht *Deperieux* in ZKF 1983 S. 5 sowie BB 1983 S. 436.

Sollte sich im weiteren Verlauf des Kalenderjahres zeigen, dass das tatsächliche Grundsteueraufkommen den Haushaltsansatz übersteigt, wäre die Gemeinde zwar berechtigt, den Hebesatz zu senken, sie ist jedoch nicht dazu verpflichtet. In einem solchen Fall wird die Gemeinde die Mehreinnahmen zweckmäßigerweise als Deckungsmittel für den Haushalt der nächsten Jahre zurücklegen. Im Übrigen muss sich der Gemeinderat als Satzungsgeber – anders als bei der Erhebung von Gebühren und Beiträgen – bei Steuern nicht mit einer Kalkulation befassen, da Steuern nur der allgemeinen Einnahmeerzielung, jedoch keiner konkreten Verwaltungsaufgabe dienen (VG Lüneburg v. 16.5.2013 2 A 97/12, n. v.).

Zu § 25 Absatz 4

Unterschiedliche Hebesätze

Die Gemeinden haben die Möglichkeit, über den Hebesatz die absolute   8 Höhe der Grundsteuer zu bestimmen. Die Verteilung der Steuerlast auf die einzelnen Grundstückseigentümer können sie jedoch nicht beeinflussen. Von diesem Grundsatz lässt § 25 Abs. 4 GrStG eine Ausnahme insofern zu, als die Gemeinde einerseits für die Betriebe der Land- und Forstwirtschaft (im Allgemeinen als Grundsteuer A bezeichnet) und andererseits für das Grundvermögen (im Allgemeinen als Grundsteuer B bezeichnet) jeweils einen eigenen Hebesatz festlegen kann. Diese Möglichkeit der Differenzierung des Hebesatzes wird damit begründet, dass die Grundsteuer A in erster Linie die Produktionsmittel der Land- und Forstwirtschaft (Boden, Wirtschaftsgebäude, stehende und umlaufende Betriebsmittel) belastet und damit einen wesentlich anderen Charakter habe als die Grundsteuer B.

Bei einer **kommunalen Neugliederung** kann es u. U. notwendig sein, in dem neuen Gemeindeteil noch für eine Übergangszeit die bisherigen Hebesätze unverändert aufrecht zu erhalten. In § 25 Abs. 4 GrStG wird deshalb die Möglichkeit eröffnet, insoweit noch unterschiedliche Hebesätze festzusetzen. Allerdings muss dies dann von der Landesregierung oder der von ihr beauftragten Stelle besonders zugelassen werden. In Bayern sind dies die Regierung bzw. das Landratsamt (§ 2 der VO z. Vollzug des GrStG v. 11.12.1973, GVBl. 1973 S. 651). Unterschiedliche Hebesätze innerhalb der Gemeinde sind allerdings auch in diesem Fall nur bis zu einer Dauer von fünf Jahren zulässig. Selbst wenn bei einer kommunalen Neugliederung der Hebesatz der übernehmenden Gemeinde über dem der eingegliederten liegt, schließt dies während der Übergangszeit eine weitere Erhöhung des Hebesatzes für das Gemeindegebiet der übernehmenden Gemeinde nicht aus (BVerwG v. 15.9.1981, ZKF 1982 S. 32).

Anhang zu § 25

Kirchengrundsteuer

9   In mehreren Bundesländern ist auch die Erhebung einer besonderen Kirchengrundsteuer zugelassen. **Bemessungsgrundlage** sind in diesem Fall regelmäßig die **Grundsteuermessbeträge**, u. U. richtet sich die Kirchengrundsteuer aber auch unmittelbar nach den Einheitswerten. Bei der Steuerfestsetzung werden jeweils bestimmte Hundertsätze auf die Bemessungsgrundlage angewendet. Die sich danach ergebende Kirchengrundsteuer wird in einzelnen Ländern auf die Kirchensteuer, die nach dem Einkommen erhoben wird, angerechnet, in anderen Ländern wiederum wird sie neben derselben erhoben. Voraussetzung für die Erhebung der Kirchengrundsteuer ist die persönliche Kirchensteuerpflicht des Eigentümers. Bei einem Miteigentümer kann deshalb auch nur ein entsprechender Anteil an der Bemessungsgrundlage erfasst werden. Dasselbe gilt, wenn Ehegatten, die in glaubens- oder konfessionsverschiedener Ehe leben, gemeinsam Miteigentümer eines Grundstücks sind. Gehört das Grundstück nur einem Ehegatten, so unterliegt auch nur er der Kirchengrundsteuer; denn eine Zusammenveranlagung von Ehegatten ist hier ausgeschlossen. Hierzu vgl. Anm. 2 zu § 1 GrStG. Tritt der Eigentümer aus der Kirche aus, hat er für das Jahr des Austritts auch nur noch die zeitanteilige Steuer zu zahlen. Dasselbe gilt, wenn er das Grundstück veräußert oder verschenkt (BFH v. 15.2.1984, BStBl. 1984 II S. 458). Die Kir-

chengrundsteuer gehört ebenso wie die Kirchensteuer, die nach dem Einkommen festgesetzt wird, zu den **Sonderausgaben,** die in voller Höhe bei der Ermittlung des steuerpflichtigen Einkommens abzugsfähig sind (§ 10 Abs. 1 Nr. 4 EStG; siehe hierzu auch *Schmidt/Heinicke,* EStG, § 10 Rz. 102). Die Rechtsgrundlagen für die Erhebung der Steuer ergeben sich jeweils aus den **Kirchensteuergesetzen** der einzelnen Länder. Die Kirchensteuergesetze der neuen Bundesländer, die mit geringen Änderungen jeweils auf dem Kirchensteuergesetz der (ehem.) DDR v. 31.8.1990 (BGBl. 1990 II S. 889, 1194) beruhen, sehen die Erhebung einer Kirchengrundsteuer nicht vor. Sie sind der Vollständigkeit halber mit aufgeführt. Im Einzelnen sind maßgebend in

Baden-Württemberg:	Gesetz idF v. 15.6.1978 (GBl. 1978 S. 369), zuletzt geändert durch VO v. 25.1.2012 (GBl. 2012 S. 65).
Bayern:	Gesetz idF v. 21.11.1994 (GVBl. 1994 S. 1026), zuletzt geändert durch Gesetz v. 8.7.2013 (GVBl. 2013 S. 427).
Berlin:	Gesetz v. 4.2.2009 (GVBl. 2009 S. 23).
Brandenburg:	Gesetz v. 18.12.2008 (GVBl. 2008 S. 358), geändert durch Gesetz v. 10.7.2014 (GVBl. 2014 S. 30).
Bremen:	Gesetz idF v. 23.8.2001 (GBl. 2001 S. 263), zuletzt geändert durch Gesetz v. 18.11.2008 (GBl. 2008 S. 388).
Hamburg:	Gesetz v. 15.10.1973 (GVBl. 1973 S. 431), zuletzt geändert durch Gesetz v. 16.12.2008 (GBl. 2008 S. 438).
Hessen:	Gesetz idF v. 12.2.1986 (GVBl. 1986 I S. 89), zuletzt geändert durch Gesetz v. 19.11.2008 (GVBl. 2008 S. 981).
Mecklenburg-Vorpommern:	Gesetz 20.10.2008 (GVOBl. 2008 S. 414).
Niedersachsen:	Gesetz idF v. 10.7.1986 (GVBl. 1986 S. 281), zuletzt geändert durch Gesetz v. 10.12.2008 (GVBl. 2008 S. 396).
Nordrhein-Westfalen:	Gesetz idF v. 22.4.1975 (GV.NW. 1975 S. 438), zuletzt geändert durch Gesetz v. 1.4.2014 (GV.NRW. 2014 S. 251).
Rheinland-Pfalz:	Gesetz v. 24.2.1971 (GVBl. 1971 S. 59), zuletzt geändert durch Gesetz v. 27.5.2014 (GVBl. 2014 S. 75).
Saarland:	Gesetz idF v. 1.6.1977 (ABl. 1977 S. 598), zuletzt geändert durch Gesetz v. 14.5.2014 (ABl. 2014 S. 286).
Sachsen:	Gesetz v. 14.2.2002 (GVBl. 2002 S. 82), geändert durch Gesetz v. 3.4.2009 (GVBl. 2009 S. 153).
Sachsen-Anhalt:	Gesetz v. 7.12.2001 (GVBl. LSA 2001 S. 557), zuletzt geändert durch Gesetz v. 17.12.2008 (GVBl. LSA 2008 S. 454).
Schleswig-Holstein:	Gesetz idF v. 10.3.2009 (GVOBl. 2009 S. 87).
Thüringen:	Gesetz v. 3.2.2000 (GVBl. 2000 S. 12), zuletzt geändert durch Gesetz v. 10.6.2014 (GVBl. 2014 S. 157).

Die Erhebung einer Kirchengrundsteuer ist zwar in den angeführten Kirchensteuergesetzen der **alten Bundesländer** vorgesehen. Sie wird aber auch in diesen Fällen meist nur noch **ausnahmsweise durchgeführt** (vgl. hierzu z.B. die Bekanntmachung der Kirchensteuerbeschlüsse im Freistaat Bayern für die Steuerjahre ab 2009 v. 22.12.2008, BStBl. 2009 I S. 366, sowie Art. 4 Nr. 1 und Art. 16 des bayKiStG).

Gegen den Bescheid mit der Festsetzung einer Kirchengrundsteuer ist entweder der Rechtsweg zu den Verwaltungsgerichten oder zu den Finanzgerichten gegeben. Der Widerspruch ist bei der Gemeinde oder auch bei der zuständigen Kirchenbehörde einzulegen. Es muss insoweit auf die jeweiligen landesrechtlichen Vorschriften über die Zuständigkeiten verwiesen werden.

Ob und in welcher Höhe eine Kirchengrundsteuer tatsächlich erhoben wird, bestimmen die katholischen Diözesen, die evangelischen Landeskirchen und die anderen dazu berechtigten Religionsgesellschaften in eigenen Kirchensteuerordnungen.

Grundsteuermehrbelastung

10   Mit den Hebesätzen bestimmen die Gemeinden, nach welchen Prozentsätzen des Steuermessbetrags die Grundsteuer zu erheben ist (§ 25 Abs. 1 GrStG). Der Hebesatz muss jeweils für alle Grundstücke in der Gemeinde und jeweils für alle land- und forstwirtschaftlichen Betriebe in der Gemeinde ein einheitlicher sein (§ 25 Abs. 4 GrStG). Bis Ende 1973 bestand jedoch für die Gemeinden noch die Möglichkeit, für einzelne Gruppen von Grundstücken auch einen davon abweichenden höheren Hebesatz festzulegen. Man sprach insoweit von der Grundsteuermehrbelastung. Rechtsgrundlage dafür war § 3 des Einführungsgesetzes zu den Realsteuergesetzen (EinfRStG) v. 1.12.1936 (RGBl. 1936 I S. 961) idF des Art. IV des Gewerbesteuer-Änderungsgesetzes v. 27.12.1951 (BGBl. 1951 I S. 996). Diese Vorschrift hatte den folgenden Wortlaut:

§ 3 EinfRStG Mehrbelastung

[1] Die Hebesätze für die Realsteuern können für einen Teil des Gemeindebesitzes oder für eine Gruppe von Steuergegenständen höher als die allgemeinen Hebesätze festgesetzt werden, soweit der Gemeinde Kosten durch Einrichtungen erwachsen, die ausschließlich oder in besonders hervorragendem Maße diesem Teil des Gemeindebesitzes oder dieser Gruppe von Steuergegenständen zustatten kommen und für die Beiträge nicht erhoben werden (Mehrbelastung). [2] Bei der Bemessung der Mehrbelastung ist der zur Herstellung und Unterhaltung der Einrichtungen erforderliche Bedarf nach Abzug des etwaigen Ertrages zu berücksichtigen. [3] Die Festsetzung der Mehrbelastung bedarf der Genehmigung der oberen Gemeindeaufsichtsbehörde.

Das Einführungsgesetz und damit auch die Grundsteuermehrbelastung ist durch das Vermögensteuer-Reformgesetz v. 17.4.1974 (BGBl. 1974 I S. 949) aufgehoben worden. Da seitdem aber immer wieder Vorschläge gemacht worden sind, sie erneut einzuführen, so z.B. im Landtag von Nordrhein-Westfalen am 5.9.1984 (ZKF 1984 S. 154), soll nachfolgend noch kurz darauf eingegangen werden.

Die Grundsteuermehrbelastung war ein Teil der Grundsteuer, obwohl sie einer Benutzungsgebühr gleichkam. Für ihre Berechnung war der Steuermessbetrag verbindlich (BVerwG v. 13.11.1962, KStZ 1963 S. 99). Zu den Einrichtungen, bei denen eine Kostendeckung durch eine Steuermehrbelastung zulässig war (OVG Lüneburg v. 10.11.1960, KStZ 1961 S. 36), gehörten insbesondere die Abwasserbeseitigung, die Müllabfuhr und die Straßenreinigung. Die in diesen Fällen normalerweise zu erhebende Gebühr ist an sich das Entgelt für eine Leistung der Gemeinde. Der Unterschied der Grundsteuermehrbelastung gegenüber einer solchen Gebühr bestand deshalb darin, dass sich die Leistungen der Gemeinde und die des Grundstückseigentümers im Einzelfall nicht zu decken brauchten. Sie konnte auch zugleich mit und neben einer Benutzungsgebühr erhoben werden.

Nach Aufhebung des § 3 EinfRStG erscheint es heute mindestens zweifelhaft, ob der Aufwand für den Ausbau oder Unterhalt von Feldwegen, Weinberg- und Waldwegen durch eine Erhöhung des Hebesatzes für Betriebe der Land- und Forstwirtschaft (Grundsteuer A) finanziert werden kann; denn es würde sich dabei um eine Beitrags- und nicht um eine Steuererhebung handeln. Unter dem Gesichtspunkt der Abgabengerechtigkeit kann aber die Gemeinde einen entstehenden Aufwand nur durch Beiträge, nicht durch besondere Steuern decken (OVG Rheinland-Pfalz v. 25.5.1982, KStZ 1983 S. 144).

Da der Landesgesetzgeber nicht die Kompetenz hat, die Bemessung der Hebesätze an die Ausschöpfung des Gebührenrahmens für besondere Leistungen der Gemeinden zu binden (BVerwG v. 11.6.1993 NVwZ 1994 S. 176), sind die Gemeinden berechtigt, die Kosten für die Straßenreinigung bei der Grundsteuer zu berücksichtigen und eine Erhöhung der Grundsteuerhebesätze mit dem Wegfall einer Straßenreinigungsgebühr zu verknüpfen (OVG NRW v. 26.11.2009, ZKF 2010 S. 48). Siehe hierzu auch *Meier* (ZKF 2008 S. 55) mit Grundüberlegungen zum Systemwechsel – Erhöhung der Grundsteuer statt Erhebung von Straßenreinigungsgebühren – am Beispiel Nordrhein-Westfalens.

Sonstige Umlagen

Soweit in Landesgesetzen vorgesehen, können auch Umlagen nach dem **11** **Einheitswert** oder **Steuermessbetrag** erhoben werden. Das gilt insbesondere für die Umlagen der **Landwirtschaftskammern.** In Nordrhein-Westfalen beträgt z. B. für das Haushaltsjahr 2013 die Umlage der Landwirtschaftskammer NRW 6,5‰ des Einheitswerts (§ 1 der Verordnung v. 1.3.2013, GV. NRW. 2013 S. 136). Auch erhebungstechnisch werden außersteuerliche Abgaben oftmals an die Grundsteuer gekoppelt. So werden z. B. die Landwirtschaftskammerbeiträge in Rheinland-Pfalz mit der Grundsteuer fällig; die Beiträge werden von den Gemeinden (Verbandsgemeinden) im Zusammenhang mit der Grundsteuer festgesetzt, erhoben und beigetrieben (§ 18 Abs. 1 und 2 des Landesgesetzes über die Landwirtschaftskammer Rheinland-Pfalz v. 28.7.1970, GVBl. 1970 S. 309, zuletzt geändert durch Gesetz v. 15.9.2009, GVBl. 2009 S. 333).

Des Weiteren werden der Einheitswert und seine Derivate (Wirtschaftswert, Vergleichswert) u. a. im Bereich der Agrarsozialversicherung und des Gebührenwesens verwendet. So stellt z. B. die landwirtschaftliche Krankenversicherung für Zwecke der Befreiungsmöglichkeit und Zuständigkeitsregelung (§§ 4 Abs. 1 Nr. 1, 19 Abs. 1 KVLG) auf den Wirtschaftswert (§ 46 BewG) ab. Beurkundungsgebühren für Rechtsgeschäfte mit landwirtschaftlichem Grundbesitz orientieren sich nach § 19 Abs. 2 KostO am Einheitswert (§ 48 BewG). Die Gebührenbemessung bei Zwangsversteigerungen richtet sich gemäß § 7 Abs. 1 GKG ebenfalls nach dem land- und forstwirtschaftlichen Einheitswert. Auch das Beitragswesen von Bauern- und Abwasserverbänden greift mitunter auf Kennzahlen der Einheitsbewertung zurück. Nicht zuletzt entfaltet der Einheitswert große Bedeutung für den Abfindungsmaßstab der Miterben nach dem Erbfall (§ 12 HöfeO).

§ 26 Koppelungsvorschriften und Höchsthebesätze

In welchem Verhältnis die Hebesätze für die Grundsteuer der Betriebe der Land- und Forstwirtschaft, für die Grundsteuer der Grundstücke und für die Gewerbesteuer zueinander stehen müssen, welche Höchstsätze nicht überschritten werden dürfen und inwieweit mit Genehmigung der Gemeindeaufsichtsbehörde Ausnahmen zugelassen werden können, bleibt einer landesrechtlichen Regelung vorbehalten.

Übersicht

Zu § 26   2. Koppelungsvorschriften
1. Begründung   3. Höhe der Hebesätze

Zu § 26

Begründung zur Regierungsvorlage

1   „Durch das Finanzreformgesetz vom 12.5.1969 (BGBl. 1969 I S. 359) ist klargestellt, dass die konkurrierende Gesetzgebung des Bundes auf dem Gebiet der Grundsteuer auch das Recht zum Erlass von Vorschriften umfasst, die die Gemeinden bei der Festsetzung des Hebesatzes zu beachten haben (vgl. Art. 105 Abs. 2 GG). Der Bund könnte damit auch den Ermessensspielraum der Gemeinden bei der Festlegung der Hebesätze eingrenzen. Es erscheint jedoch zweckmäßig, dass der Bund von seinem Gesetzgebungsrecht insoweit keinen Gebrauch macht, sondern es den Ländern überlässt, inwieweit entsprechende Gesetze zu erlassen sind.

Im Allgemeinen werden die Gemeinden aus Haushaltsgründen gezwungen sein, für das Jahr 1974 die Hebesätze neu festzusetzen. Das gilt vor allem dann, wenn sie durch die Anwendung der neuen Einheitswerte und Steuermessbeträge einen Rückgang des Grundsteueraufkommens erwarten, weil die durchschnittliche Erhöhung der Einheitswerte 1964 gegenüber den Einheitswerten 1935 in der Gemeinde erheblich unter dem Bundesdurchschnitt liegt. Aus diesem Grunde ist es auch nicht möglich, dass der Bund für 1974 sog. Realsteuersperrvorschriften erlässt. Die Erfahrungen zeigen im Übrigen, dass die Gemeinden eine Anhebung der Hebesätze nur beschließen, wenn es nach der Haushaltslage keine andere Lösung gibt. Man kann deshalb auch weiterhin davon ausgehen, dass Gemeinden im Rahmen ihrer politischen Verantwortung eine Erhöhung der Hebesätze nur dort einleiten, wo dies durch die Haushaltslage erzwungen wird."

In dem Bericht des Finanzausschusses des Bundestages (vgl. BT-Drucks. 7/485) wird zu § 26 GrStG Folgendes ausgeführt:

„Von Seiten des Grundbesitzes wurden Höchstbeträge für die Hebesätze, hilfsweise ein Einfrieren der bestehenden Hebesätze gefordert. Der Ausschuss hat Bedenken gegen allgemeingültige Höchstsätze, weil diese einen Anreiz zu ihrer vollen Ausnutzung durch die Gemeinden bieten. Er glaubt bei der Abwägung der widerstreitenden Interessen einen guten Mittelweg gefunden zu haben, bei dem die Schutzbedürfnisse des Bürgers verstärkt respektiert, aber auch verfassungsrechtliche Grenzen gewahrt werden mussten, die sich insbesondere aus dem Selbstverwaltungsrecht der Gemeinden (Art. 28 GG) und den Grenzen der Gesetzgebungskompetenz des Bundes ergeben. Gleichwohl bleibt es wünschenswert, dass die Länder bei Ausfüllung der ihnen durch § 26 GrStG belassenen Kompetenzen und die Gemeinden bei Ausübung ihres Heberechts auf eine stärkere Vereinheitlichung der Lebensverhältnisse im Bundesgebiet achten.
Die Kopplungsvorschrift wurde ... durch die Ermächtigung an die Länder ergänzt, Höchstsätze festzusetzen. Der Ausschuss sieht in dieser Fassung einen brauchbaren Mittelweg, durch den die konkurrierende Gesetzgebungsbefugnis nicht extensiv in Anspruch genommen wird und eine Annäherung der dem Hebesatzrecht der Gemeinden unterliegenden Gesamtsteuerbelastung innerhalb der Länder ermöglicht wird."

Nachdem die Lohnsummensteuer bereits durch das Steueränderungsgesetz v. 30.11.1978 (BGBl. 1978 I S. 1849) aufgehoben worden und der Hinweis auf diese Steuer in § 26 GrStG längst überflüssig war, ist der amtliche Gesetzestext nach Wegfall der Gewerbekapitalsteuer mWv 1.1.1998 durch das Gesetz zur Fortsetzung der Unternehmenssteuerform v. 29.10.1997 (BGBl. 1997 I S. 2590) entsprechend bereinigt worden.

Koppelungsvorschriften

Die Koppelungsvorschriften in § 26 GrStG sind **nicht unproblematisch.** 2 Einerseits wird in der Begründung zum 2. Steuerreformgesetz darauf hingewiesen, dass nach Art. 105 Abs. 2 GG dem Bund das Recht zum Erlass von Vorschriften zusteht, die auch von der Gemeinde bei der Festsetzung ihrer Hebesätze zu beachten sind. Andererseits müssen aber die verfassungsmäßigen Grenzen gewahrt bleiben, die sich aus dem Selbstverwaltungsrecht der Gemeinden (Art. 28 GG) ergeben. Ob die Ermächtigung auch allen Anforderungen des Art. 80 Abs. 1 GG genügt, braucht hier nicht weiter untersucht zu werden. Das gilt umso mehr, als die Vorschrift des § 26 GrStG gelegentlich auch gar nicht als Ermächtigung, sondern nur als ein Hinweis auf den Spielraum angesehen wird, der den Ländern im Rahmen der konkurrierenden Gesetzgebung sowieso zusteht. Nach § 26 GrStG sind landesrechtliche Regelungen zulässig über

a) das Verhältnis der Hebesätze zueinander,
b) bestimmte Höchstbeträge für die Hebesätze,
c) Ausnahmegenehmigungen durch die Gemeindeaufsichtsbehörde.

Es besteht jedoch für die Länder keine Rechtspflicht, sondern nur eine Ermächtigung für den Erlass solcher Vorschriften (VG Hannover v. 26.6.1973, KStZ 1974 S. 96). Die Rechtmäßigkeit der Festsetzung eines Steuermessbetrags wird deshalb auch nicht durch das Fehlen von Koppelungsvorschriften berührt (FG Nds. v. 18.9.1975, KStZ 1976 S. 174). Dasselbe gilt dann auch für die Steuerveranlagung. Demnach lässt auch der Verzicht des bayerischen Gesetzgebers, nach § 26 GrStG Höchstgrenzen für die Hebesätze vorzuschreiben, die Rechtmäßigkeit von Grundsteuerbescheiden unberührt (Bay-VGH v. 21.2.2006, KommunalPraxis BY 2006 S. 188).

Unter einer **landesrechtlichen Regelung** kann sowohl ein Gesetz des Landesparlaments als auch eine Rechtsverordnung der Landesregierung zu verstehen sein. Im Grunde genommen soll mit solchen landesrechtlichen Regelungen sichergestellt werden, dass bei der Hebesatzfestsetzung auch auf die Belange der Steuerpflichtigen Rücksicht genommen wird. Es sollte aber nicht übersehen werden, dass von den Gemeinden, die im Rahmen des Finanzausgleichs vom Lande Zuweisungen und Zuschüsse beantragen, vielfach verlangt wird, zunächst ihre eigenen Einnahmequellen voll auszuschöpfen. Sie müssen deshalb auch ihre Hebesätze entsprechend hoch ansetzen, weil sonst die Zuweisungen und Zuschüsse gekürzt würden. In diesem Fall sind also die Gemeinden aus haushaltsrechtlichen Gründen gezwungen, die Belange der Steuerpflichtigen zurückzustellen. Darin liegt ein Widerspruch zur Zielsetzung des § 26 GrStG, vor allem, wenn das einzelne Land keine Vorschriften zur Durchführung § 26 GrStG erlassen oder entsprechende Vorschriften in den letzten Jahren wieder aufgehoben hat.

Höhe der Hebesätze

3   Wie sich aus § 25 Abs. 4 GrStG ergibt, kann die Gemeinde bei der Grundsteuer zwei Hebesätze festsetzen, nämlich für land- und forstwirtschaftliche Betriebe (als „Grundsteuer A" bezeichnet) und für alle anderen Grundstücke (als „Grundsteuer B" bezeichnet). Eine gleich bleibende Relation zwischen diesen beiden Hebesätzen ist weder ausdrücklich vorgeschrieben noch aus Art. 3 GG zu entnehmen (OVG Lüneburg v. 18.2.1954, StRK GG Art. 3 R. 22). Die Gemeinden sind in dem Recht, die Höhe der Hebesätze selbst zu bestimmen, grundsätzlich frei. Es besteht deshalb auch keine Verpflichtung der Gemeinde, bei steigendem Aufkommen den Hebesatz zu senken (Hess. VGH v. 8.11.1962, KStZ 1964 S. 103). Im Einzelnen vgl. hierzu Anm. 2 zu § 26 GrStG. Unter diesen Umständen ist im Bundesgebiet kein einheitliches Verhältnis zwischen den Hebesätzen festzustellen, obwohl hieran in den Kreisen der Wirtschaft und des Grundbesitzes sicher ein großes Interesse bestehen würde. Hierzu vgl. auch Anm. 4 zu § 25 GrStG. Zum bisherigen Verzicht auf starre Höchstgrenzen für Hebesätze in Nordrhein-Westfalen siehe auch OVG NRW v. 16.7.2013, DÖV 2013 S. 991. Zur Rechtswidrigkeit einer kommunalaufsichtlichen Verfügung, mit der gegenüber einer Gemeinde die Erhöhung des Hebesatzes der Grundsteuer B angeordnet wird, siehe auch VG Köln v. 19.3.2004 (DVBl. 2004 S. 1500).

§ 27 Festsetzung der Grundsteuer

(1) [1] **Die Grundsteuer wird für das Kalenderjahr festgesetzt.** [2] **Ist der Hebesatz für mehr als ein Kalenderjahr festgesetzt, kann auch die jährlich zu erhebende Grundsteuer für die einzelnen Kalenderjahre dieses Zeitraums festgesetzt werden.**

(2) **Wird der Hebesatz geändert (§ 25 Abs. 3), so ist die Festsetzung nach Absatz 1 zu ändern.**

(3) [1] **Für diejenigen Steuerschuldner, die für das Kalenderjahr die gleiche Grundsteuer wie im Vorjahr zu entrichten haben, kann die Grundsteuer durch öffentliche Bekanntmachung festgesetzt werden.** [2] **Für die Steuerschuldner treten mit dem Tage der öffentlichen Bekanntmachung die gleichen Rechtswirkungen ein, wie wenn ihnen an diesem Tage ein schriftlicher Steuerbescheid zugegangen wäre.**

Übersicht

Zu § 27
1. Begründung

Zu § 27 Abs. 1
2. Steuerfestsetzung

Zu § 27 Abs. 2
3. Steuerfestsetzung für mehrere Kalenderjahre

Zu § 27 Abs. 3
4. Öffentliche Bekanntmachung anstelle des Steuerbescheids

Anhang zu § 27
5. Steuerfestsetzungsverfahren
6. Steuerfestsetzung durch die Gemeinde

7. Steuerbescheid
8. Steuerfestsetzung aus Billigkeitsgründen
9. Steuerfestsetzung unter Vorbehalt der Nachprüfung
10. Steuerfestsetzung nach geschätzten Grundlagen
11. Festsetzungsverjährung
12. Änderung und Berichtigung des Steuerbescheids
13. Außenprüfung
14. Rechtsbehelf
15. Aussetzung der Vollziehung
16. Mitteilung von Besteuerungsgrundlagen

Zu § 27

Literatur: *Allgaier,* Grundsteuer – Berechnung, Festsetzung, Gestaltung, LSW Gruppe 12 S. 1; *App/Klos,* Zum Teilnahmerecht von Gemeindebediensteten an Außenprüfungen bei der Prüfung von Gewerbesteuer, KStZ 1996 S. 84; *Gern,* Die Reichweite des Abgabengeheimnisses im Kommunalbereich, KStZ 1988 S. 157; *Hatopp,* Das Recht der Gemeinde zur Teilnahme an Außenprüfungen nach § 21 Abs. 3 FVG, DGStZ 1979 S. 150; *Hatopp,* Festsetzung der Grundsteuer durch öffentliche Bekanntmachung, KStZ 1980 S. 5; *Hatopp,* Nochmals – Grundsteuer seit 30 Jahren rechtswidrig erhoben?, DB 1981 S. 101; *Heine,* Zur Festsetzung der Grundsteuer bei noch ausstehendem Grundsteuermessbescheid, KStZ 2004 S. 239; *Komorowski,* Gemeindliche Amtshaftungsansprüche gegen das Land bei Fehlern der Finanzämter im Gewerbe- und Grundsteuerverfahren, DÖV 2002 S. 67; *Kreft,* Typische Praxisfragen zum Rechtsschutz in Sachen „Grundsteuer", GStB 2006 S. 50; *List,* Kein Klagerecht der Gemeinden gegen Grundsteuermessbetragsbescheide, DStZ/A 1976 S. 308; *Meier,* Anforderungen an den Nachweis des Zugangs von Steuerbescheiden durch die kommunalen Finanzbehörden im Falle des Bestreitens seitens des Steuerpflichtigen, KKZ 2014 S. 73; *Mohl/München,*

Städte und Steuergeheimnis, KStZ 1994 S. 28; *Mohl/Stähler,* Aussetzung der Vollziehung (AdV) von Realsteuern gemäß § 361 AO, KStZ 2000 S. 163.

Begründung zur Regierungsvorlage

1 „Erhebungszeitraum der Grundsteuer ist das Kalenderjahr. Die dafür zu zahlende Steuer bestimmt sich dabei ausschließlich nach den Verhältnissen zum Beginn des Kalenderjahrs. Vgl. § 9 GrStG. Die Jahressteuerschuld ergibt sich durch Anwendung des Hebesatzes auf den Steuermessbetrag oder den Zerlegungsanteil. Der Grundsteuerbescheid ist schriftlich zu erteilen. Dabei kann die Grundsteuer mit den Benutzungsgebühren in einem Bescheid zusammengefasst werden. Es ist auch zulässig, die Grundsteuer für mehrere Jahre festzulegen. In diesem Fall braucht die Gemeinde, solange sie den Hebesatz nicht ändert, nur dann einen neuen Grundsteuerbescheid zu erteilen, wenn der Steuermessbetrag nach §§ 17 ff. GrStG neu veranlagt oder aufgehoben wird. Die Grundsteuer kann längstens für die Kalenderjahre festgesetzt werden, für die auch der Hebesatz im Voraus festgelegt wird. Vgl. hierzu die Begründung zu § 25 GrStG. …"

Zu § 27 Absatz 1

Steuerfestsetzung

2 Die Grundsteuer wird für das Kalenderjahr veranlagt. Es wird infolgedessen wie auch bei den anderen laufenden Steuern jeweils der Jahresbetrag festgesetzt. Dieser wird in der Weise berechnet, dass der für das Kalenderjahr maßgebende Hebesatz auf den Steuermessbetrag oder bei einer Zerlegung auf den Teil des Steuermessbetrags angewendet wird, der auf die Gemeinde entfällt. Wegen des Hebesatzes vgl. Anm. 3 ff. zu § 25 GrStG.

Beispiel:

Der Steuermessbetrag für das Grundstück beträgt 300 €. Der Hebesatz für das Kalenderjahr wurde auf 250 % festgesetzt. Die Jahressteuer beträgt somit 300 € × 250 % = 750 €.

Eine Mindestgrenze, bis zu der die Steuerfestsetzung unterbleiben kann, ist nicht vorgesehen. Sie ergibt sich jedoch mittelbar dadurch, dass Einheitswerte unter 100 DM nicht festgestellt werden (§ 30 Satz 1 BewG). Zwar kann auf Grund des § 156 Abs. 1 AO eine Rechtsverordnung erlassen werden, wonach Steuern bis zu einem Mindestbetrag von 10 € nicht festzusetzen sind. Eine entsprechende Regelung fehlt jedoch für die Grundsteuer. Auch die Regelung in § 1 Abs. 1 der Kleinbetragsverordnung (KBV) v. 19.12.2000 (BGBl. 2000 I S. 1790, 1805; *Klein/Rüsken,* AO, § 156 Rz. 1), gilt **nicht** für die **Grundsteuer.** Sie sieht im Übrigen nur vor, dass die Berichtigung oder Änderung einer Steuerfestsetzung zu unterbleiben hat, wenn sie zu einer Mehrsteuer führt, die einen Mindestbetrag von 10 € nicht übersteigt.

Zu § 27 Absatz 2

Steuerfestsetzung für mehrere Kalenderjahre

3 Grundsätzlich wird die Grundsteuer jeweils immer nur für ein Kalenderjahr veranlagt. Es ist aber auch zulässig, dass sie für die einzelnen Kalenderjahre eines längeren Zeitraums im Voraus festgesetzt wird. Dies ist jedoch davon abhängig, dass auch die Hebesätze für mehrere Jahre festgesetzt worden sind. Hierzu vgl. Anm. 3 zu § 25 GrStG. Die Gemeinden sind dazu nicht verpflichtet, können aber von dieser Möglichkeit jederzeit Gebrauch machen.

Die Festsetzung der Hebesätze bedeutet zwar zunächst eine gewisse Selbstbindung der Gemeinde, schließt jedoch nicht aus, dass sie, falls es erforderlich wird, eines Tages auch die Hebesätze wieder ändert. In diesem Fall müssen dann für die Kalenderjahre, für welche die neuen Hebesätze gelten, auch die Steuerfestsetzungen geändert werden (§ 27 Abs. 2 GrStG). Eine Änderung der Grundsteuerfestsetzung aufgrund der Erhöhung des Hebesatzes rückwirkend zum Jahresbeginn ist zulässig, soweit die Neufestsetzung **bis zur Jahreshälfte** erfolgt (VG Minden v. 10.11.2004 11 K 6733/03, n. v.). Die neue Steuerveranlagung kann dann für ein einzelnes Kalenderjahr oder aber ebenfalls wieder für eine Reihe von Jahren erfolgen. Während diese Änderung alle Grundstücke betrifft, über die der Gemeinde die Steuerhoheit zusteht, erfolgt eine Änderung im Einzelfall, wenn sich der Steuermessbetrag z. B. als Folge einer Neuveranlagung ändert. Auch dieser neue Steuerbescheid kann dann für ein oder für mehrere Jahre gelten. Die Steuerfestsetzung für mehrere Jahre gilt jedoch stets nur bis zum Ende des Hauptveranlagungszeitraums; denn bei einer neuen Hauptveranlagung dürfte stets auch mit einer Änderung des Steuermessbetrags und des Hebesatzes zu rechnen sein.

Zu § 27 Absatz 3

Öffentliche Bekanntmachung anstelle des Steuerbescheids

Gleichgültig, ob der Steuermessbetrag für ein Kalenderjahr festgesetzt wird 4 oder für mehrere Kalenderjahre gilt, ein neuer Steuerbescheid braucht dann nicht erlassen zu werden, wenn die gleiche Grundsteuer wie im Vorjahr zu entrichten ist. In diesem Fall kann die Grundsteuer durch öffentliche Bekanntmachung festgesetzt werden, eine Möglichkeit, von der heute zunehmend Gebrauch gemacht wird (vgl. hierzu auch *Hatopp*, KStZ 1980 S. 5). Dabei hat die öffentliche Bekanntmachung in ortsüblicher Weise zu ergehen. Es braucht jedoch nicht angegeben zu werden, wo die öffentliche Bekanntgabe einzusehen ist (BVerwG v. 21.11.1986, BStBl. 1987 II S. 472). Was unter „ortsüblich" zu verstehen ist, bestimmt sich nach den einschlägigen landesrechtlichen Vorschriften. Nach *Klein/Ratschow*, AO, § 122 Rz. 72, handelt es sich allerdings bei der nach § 27 Abs. 3 Satz 1 GrStG zulässigen Festsetzung der Grundsteuer durch öffentliche Bekanntmachung – unter Hinweis auf BVerwG v. 21.11.1986, aaO – nicht um einen individuell existierenden Verwaltungsakt mit der Folge, dass § 122 Abs. 3 und Abs. 4 Satz 2 AO hierauf nicht anwendbar sein sollen. Zur öffentlichen Bekanntmachung vgl. auch § 122 AO, der den folgenden Wortlaut hat:

§ 122 AO Bekanntgabe des Verwaltungsakts

(1) ¹**Ein Verwaltungsakt ist demjenigen Beteiligten bekannt zu geben, für den er bestimmt ist oder der von ihm betroffen wird.** ²**§ 34 Abs. 2 ist ent-**

sprechend anzuwenden. [3] Der Verwaltungsakt kann auch gegenüber einem Bevollmächtigten bekannt gegeben werden.

(2) Ein schriftlicher Verwaltungsakt, der durch die Post übermittelt wird, gilt als bekannt gegeben

1. bei einer Übermittlung im Inland am dritten Tage nach der Aufgabe zur Post,
2. bei einer Übermittlung im Ausland einen Monat nach der Aufgabe zur Post,

außer wenn er nicht oder zu einem späteren Zeitpunkt zugegangen ist; im Zweifel hat die Behörde den Zugang des Verwaltungsakts und den Zeitpunkt des Zugangs nachzuweisen.

(2a) Ein elektronisch übermittelter Verwaltungsakt gilt am dritten Tage nach der Absendung als bekannt gegeben, außer wenn er nicht oder zu einem späteren Zeitpunkt zugegangen ist; im Zweifel hat die Behörde den Zugang des Verwaltungsakts und den Zeitpunkt des Zugangs nachzuweisen.

(3) [1] Ein Verwaltungsakt darf öffentlich bekannt gegeben werden, wenn dies durch Rechtsvorschrift zugelassen ist. [2] Eine Allgemeinverfügung darf auch dann öffentlich bekannt gegeben werden, wenn eine Bekanntgabe an die Beteiligten untunlich ist.

(4) [1] Die öffentliche Bekanntgabe eines Verwaltungsakts wird dadurch bewirkt, dass sein verfügender Teil ortsüblich bekannt gemacht wird. [2] In der ortsüblichen Bekanntmachung ist anzugeben, wo der Verwaltungsakt und seine Begründung eingesehen werden können. [3] Der Verwaltungsakt gilt zwei Wochen nach dem Tag der ortsüblichen Bekanntmachung als bekannt gegeben. [4] In einer Allgemeinverfügung kann ein hiervon abweichender Tag, jedoch frühestens der auf die Bekanntmachung folgende Tag bestimmt werden.

(5) [1] Ein Verwaltungsakt wird zugestellt, wenn dies gesetzlich vorgeschrieben ist oder behördlich angeordnet wird. [2] Die Zustellung richtet sich nach den Vorschriften des Verwaltungszustellungsgesetzes.

(6) Die Bekanntgabe eines Verwaltungsakts an einen Beteiligten zugleich mit Wirkung für und gegen andere Beteiligte ist zulässig, soweit die Beteiligten einverstanden sind; diese Beteiligten können nachträglich eine Abschrift des Verwaltungsakts verlangen.

(7) [1] Betreffen Verwaltungsakte Ehegatten oder Ehegatten mit ihren Kindern oder Alleinstehende mit ihren Kindern, so reicht es für die Bekanntgabe an alle Beteiligten aus, wenn ihnen eine Ausfertigung unter ihrer gemeinsamen Anschrift übermittelt wird. [2] Die Verwaltungsakte sind den Beteiligten einzeln bekannt zu geben, soweit sie dies beantragt haben oder soweit der Finanzbehörde bekannt ist, dass zwischen ihnen ernstliche Meinungsverschiedenheiten bestehen.

Für den Steuerschuldner treten mit dem Tag der öffentlichen Bekanntmachung die gleichen Rechtswirkungen ein, die sich sonst bei Zustellung eines schriftlichen Bescheids ergeben würden. Diese Rechtswirkungen sind jedoch nicht ganz unproblematisch. So dürfte es kaum sinnvoll sein, z. B. einen Grundstückseigentümer, der nicht ortsansässig ist, bei nicht rechtzeitiger Zahlung der Grundsteuer lediglich mit dem Hinweis auf die öffentliche Bekanntmachung mit Mahngebühren und Säumniszuschlägen zu belasten. Mindestens sollte zusätzlich zu der öffentlichen Bekanntmachung in solchen Fällen noch eine besondere Zahlungsaufforderung zugeschickt werden. Tatsächlich geschieht dies bereits ganz generell; denn die Grundsteuerfestsetzung ist Teil des Bescheides, in dem die Gemeinde sämtliche an sie abzuführende Abgaben und Gebühren ausweist. Nachdem diese Bescheide heute meist maschinell erstellt werden, ist der früher für die Gemeinde in einer gewissen Arbeitsersparnis liegende Vorteil der öffentlichen Bekanntmachung weitgehend gegenstandslos geworden.

Ändert sich der Steuermessbetrag für ein Grundstück, so muss ein neuer Steuerbescheid ergehen. Hierfür ist aber die öffentliche Bekanntmachung in keinem Fall geeignet. Eine eigene Steuerfestsetzung ist deshalb stets notwendig, wenn erst nach dem Zeitpunkt der öffentlichen Bekanntmachung die Neuveranlagung des Steuermessbetrags auf den Beginn des Kalenderjahres durchgeführt wird. Bis zum Ergehen des hierauf beruhenden neuen Steuerbescheids sind Vorauszahlungen (§ 29 GrStG) in Höhe der bisherigen Grundsteuerzahlung weiter zu entrichten. Nach Vorliegen des neuen Steuerbescheids werden diese dann abgerechnet (§ 30 GrStG).

Anhang zu § 27

Steuerfestsetzungsverfahren

Während der Steuermessbetrag vom Finanzamt festgesetzt wird, muss die 5 endgültige Veranlagung der Steuer von der Gemeinde vorgenommen werden. Dabei gelten für die Gemeinde allerdings nicht die landesrechtlichen Verwaltungsverfahrensvorschriften, sondern die Vorschriften der **Abgabenordnung**. Hierzu vgl. § 1 AO, der den folgenden Wortlaut hat:

§ 1 AO Anwendungsbereich

(1) [1]**Dieses Gesetz gilt für alle Steuern einschließlich der Steuervergütungen, die durch Bundesrecht oder Recht der Europäischen Union geregelt sind, soweit sie durch Bundesfinanzbehörden oder durch Landesfinanzbehörden verwaltet werden.** [2]**Es ist nur vorbehaltlich des Rechts der Europäischen Union anwendbar.**

(2) **Für die Realsteuern gelten, soweit ihre Verwaltung den Gemeinden übertragen worden ist, die folgenden Vorschriften dieses Gesetzes entsprechend:**
1. **die Vorschriften des Ersten, Zweiten und Vierten Abschnitts des Ersten Teils (Anwendungsbereich, Steuerliche Begriffsbestimmungen, Steuergeheimnis),**
2. **die Vorschriften des Zweiten Teils (Steuerschuldrecht),**
3. **die Vorschriften des Dritten Teils mit Ausnahme der §§ 82 bis 84 (Allgemeine Verfahrensvorschriften),**
4. **die Vorschriften des Vierten Teils (Durchführung der Besteuerung),**
5. **die Vorschriften des Fünften Teils (Erhebungsverfahren),**
6. **die §§ 351 und 361 Abs. 1 Satz 2 und Abs. 3,**
7. **die Vorschriften des Achten Teils (Straf- und Bußgeldvorschriften, Straf- und Bußgeldverfahren).**

(3) [1] Auf steuerliche Nebenleistungen sind die Vorschriften dieses Gesetzes vorbehaltlich des Rechts der Europäischen Union sinngemäß anwendbar. [2] Der Dritte bis Sechste Abschnitt des Vierten Teils gilt jedoch nur, soweit dies besonders bestimmt wird.

Die Erhebung der Grundsteuer durch die Gemeinde richtet sich somit weitgehend nach den Vorschriften der Abgabenordnung. Eine Ausnahme gilt lediglich für das Rechtsbehelfsverfahren und das Vollstreckungsverfahren. Hierzu vgl. Anm. 14 zu § 27 GrStG und Anm. 12 zu § 28 GrStG.

Soweit das Grundsteueraufkommen einem Land zusteht, erfolgt die Steuerveranlagung nicht durch die Gemeindebehörde, sondern durch das Finanzamt. Für das Finanzamt gelten die Vorschriften der Abgabenordnung, ohne dass es noch besonders auf die Vorschrift des § 1 Abs. 2 AO ankommen würde. Dies gilt für Berlin, für Hamburg und für Bremen. Hierzu vgl. auch Anm. 2 zu § 1 GrStG.

Hebeberechtigt ist jeweils die Gemeinde, in deren Gebiet der Grundbesitz liegt (§ 1 Abs. 1 GrStG). Erstreckt dieser sich über das Gebiet mehrerer Gemeinden, so erhält jede Gemeinde den Teil der Steuer, der auf sie bei der Zerlegung entfällt (§ 22 Abs. 1 GrStG). Im Einzelnen vgl. hierzu auch Abschnitt 3a GrStR, der den folgenden Wortlaut hat:

3a GrStR. Örtliche Zuständigkeit der Finanzämter für die Festsetzung und Erhebung der Grundsteuer

Soweit die Festsetzung, Erhebung und Beitreibung der Grundsteuer den Finanzämtern obliegt, ist dafür das Finanzamt zuständig, zu dessen Bezirk die hebeberechtigte Gemeinde gehört (§ 22 Abs. 2 AO). Gehört eine hebeberechtigte Gemeinde zu den Bezirken mehrerer Finanzämter, so ist das Finanzamt zuständig, in dessen Bezirk der wertvollste Teil des Betriebs der Land- und Forstwirtschaft, des Grundstücks oder des Betriebsgrundstücks liegt (§ 22 Abs. 2 i. V. m. dessen Absatz 1 und § 18 Abs. 1 Nr. 1 AO). Dies gilt sinngemäß, soweit das Aufkommen der Realsteuern einem Land zusteht (§ 22 Abs. 3 AO).

Steuerfestsetzung durch die Gemeinde

6   Die Grundsteuer wird von der Gemeinde festgesetzt. Dies geschieht auf der Grundlage des ihr vom Finanzamt mitgeteilten **Steuermessbescheids.** (§ 184 Abs. 3 AO) Besondere Steuererklärungen brauchen deshalb nicht mehr abgegeben zu werden. Die Vorschriften über Steuererklärungen (§ 149 AO) sind somit im vorliegenden Zusammenhang ohne Bedeutung.

Die Gemeinde ist zur Steuerfestsetzung **verpflichtet,** wenn sich nach den Vorschriften des Grundsteuergesetzes eine Steuerschuld ergibt. Sie hat die Steuer diesen Vorschriften entsprechend festzusetzen und zu erheben. Gleichzeitig hat sie auch sicherzustellen, dass einerseits die Steuer nicht zu Unrecht erhoben oder eine Steuererstattung nicht zu Unrecht versagt wird (§ 85 AO) und andererseits auf die Erhebung der Steuer nicht zu Unrecht verzichtet wird. Die Gemeinde kann infolgedessen auch keine Vereinbarung mit dem Steuerpflichtigen über die Höhe einer Steuerschuld treffen. Die Festsetzung der Steuer kann allerdings unterbleiben, wenn feststeht, dass ihre Einziehung keinen Erfolg haben wird, oder wenn die Kosten der Einziehung einschließlich der Festsetzung außer Verhältnis zu dem Steuerbetrag stehen (§ 156 Abs. 2 AO). Hierzu vgl. auch Anm. 3 zu § 28 GrStG. Die Gemeinde hat zwar die Besteuerungsgrundlagen von Amts wegen zu ermitteln. Der Umfang ihrer Ermittlungen richtet sich dabei nach den Umständen des Einzelfalles (§ 88 AO). Bei der Grundsteuer werden aber die Besteuerungsgrundlagen bereits vom Finanzamt festgestellt und der Gemeinde im **Steuermessbescheid** mitgeteilt. Der Steuermessbescheid ist danach ein sog. **Grundlagenbescheid** (§ 171 Abs. 10 AO). Hierzu vgl. Anm. 3 zu § 16 GrStG. Als Grundlagenbescheid ist er für die Gemeinde deshalb von besonderer Bedeutung, weil sie bei ihrer Steuerfestsetzung an dessen Inhalt gebunden ist (§ 182 Abs. 1 AO). Der Gemeindebedienstete, der bei Ausfertigung des Steuerbescheides den vom Finanzamt mitgeteilten Steuermessbetrag ungeprüft übernimmt, verletzt deshalb auch nicht seine Amtspflicht; denn er ist nicht verpflichtet, die Richtigkeit des Steuermessbescheides nachzuprüfen (LG Saarbrücken v. 19.9.1972, KStZ 1974 S. 238). Andererseits kann aber die Gemeinde ihrem Steuerbescheid auch keinen anderen Steuertatbestand zugrunde legen als den, der sich aus dem Steuermessbescheid ergibt. Dies ist weder durch öffentlich-rechtliche noch durch privatrechtliche Vereinbarungen mit dem Steuerpflichtigen möglich (BGH v. 14.4.1976, KStZ 1977 S. 32).

Das Steuerfestsetzungsverfahren richtet sich nach den Vorschriften der Abgabenordnung (§ 1 Abs. 2 Nr. 4 AO). Die Vorschriften, die hier von Bedeutung sein können (§§ 155 bis 157, 164 bis 166, 169 bis 171 AO), werden nachfolgend auszugsweise abgedruckt. Sie haben den folgenden Wortlaut:

§ 155 AO Steuerfestsetzung

(1) [1] **Die Steuern werden, soweit nichts anderes vorgeschrieben ist, von der Finanzbehörde durch Steuerbescheid festgesetzt.** [2] **Steuerbescheid ist der nach § 122 Abs. 1 bekannt gegebene Verwaltungsakt.** [3] **Dies gilt auch für die volle oder teilweise Freistellung von einer Steuer und für die Ablehnung eines Antrags auf Steuerfestsetzung.**

(2) **Ein Steuerbescheid kann erteilt werden, auch wenn ein Grundlagenbescheid noch nicht erlassen wurde.**

(3) [1] **Schulden mehrere Steuerpflichtige eine Steuer als Gesamtschuldner, so können gegen sie zusammengefasste Steuerbescheide ergehen.** [2] **Mit zusammengefassten Steuerbescheiden können Verwaltungsakte über steuerliche Nebenleistungen oder sonstige Ansprüche, auf die dieses Gesetz anzuwenden ist, gegen einen oder mehrere der Steuerpflichtigen verbunden werden.** [3] **Das gilt auch dann, wenn festgesetzte Steuern, steuerliche Nebenleistungen oder sonstige Ansprüche nach dem zwischen den Steuerpflichtigen bestehenden Rechtsverhältnis nicht von allen Beteiligten zu tragen sind.**

(4) **...**

§ 156 AO Absehen von Steuerfestsetzung

(1) [1] **Das Bundesministerium der Finanzen kann zur Vereinfachung der Verwaltung durch Rechtsverordnung bestimmen, dass Steuern und steuer-**

liche Nebenleistungen nicht festgesetzt werden, wenn der Betrag, der festzusetzen ist, einen durch diese Rechtsverordnung zu bestimmenden Betrag voraussichtlich nicht übersteigt; der zu bestimmende Betrag darf 10 Euro nicht überschreiten. [2] Die Rechtsverordnung bedarf nicht der Zustimmung des Bundesrates, soweit sie die Kraftfahrzeugsteuer, die Luftverkehrsteuer, die Versicherungsteuer, Einfuhr- und Ausfuhrabgaben oder Verbrauchsteuern, mit Ausnahme der Biersteuer, betrifft.

(2) Die Festsetzung von Steuern und steuerlichen Nebenleistungen kann unterbleiben, wenn feststeht, dass die Einziehung keinen Erfolg haben wird, oder wenn die Kosten der Einziehung einschließlich der Festsetzung außer Verhältnis zu dem Betrag stehen.

§ 157 AO Form und Inhalt der Steuerbescheide

(1) [1] Steuerbescheide sind schriftlich zu erteilen, soweit nichts anderes bestimmt ist. [2] Schriftliche Steuerbescheide müssen die festgesetzte Steuer nach Art und Betrag bezeichnen und angeben, wer die Steuer schuldet. [3] Ihnen ist außerdem eine Belehrung darüber beizufügen, welcher Rechtsbehelf zulässig ist und binnen welcher Frist und bei welcher Behörde er einzulegen ist.

(2) Die Feststellung der Besteuerungsgrundlagen bildet einen mit Rechtsbehelfen nicht selbständig anfechtbaren Teil des Steuerbescheids, soweit die Besteuerungsgrundlagen nicht gesondert festgestellt werden.

...

§ 164 AO Steuerfestsetzung unter Vorbehalt der Nachprüfung

(1) [1] Die Steuern können, solange der Steuerfall nicht abschließend geprüft ist, allgemein oder im Einzelfall unter dem Vorbehalt der Nachprüfung festgesetzt werden, ohne dass dies einer Begründung bedarf. [2] Die Festsetzung einer Vorauszahlung ist stets eine Steuerfestsetzung unter Vorbehalt der Nachprüfung.

(2) [1] Solange der Vorbehalt wirksam ist, kann die Steuerfestsetzung aufgehoben oder geändert werden. [2] Der Steuerpflichtige kann die Aufhebung oder Änderung der Steuerfestsetzung jederzeit beantragen. [3] Die Entscheidung hierüber kann jedoch bis zur abschließenden Prüfung des Steuerfalles, die innerhalb angemessener Frist vorzunehmen ist, hinausgeschoben werden.

(3) [1] Der Vorbehalt der Nachprüfung kann jederzeit aufgehoben werden. [2] Die Aufhebung steht einer Steuerfestsetzung ohne Vorbehalt der Nachprüfung gleich; § 157 Abs. 1 Satz 1 und 3 gilt sinngemäß. [3] ...

(4) [1] Der Vorbehalt der Nachprüfung entfällt, wenn die Festsetzungsfrist abläuft. [2] § 169 Abs. 2 Satz 2 und § 171 Abs. 7, 8 und 10 sind nicht anzuwenden.

§ 165 AO Vorläufige Steuerfestsetzung, Aussetzung der Steuerfestsetzung

(1) [1] Soweit ungewiss ist, ob die Voraussetzungen für die Entstehung einer Steuer eingetreten sind, kann sie vorläufig festgesetzt werden. [2] Diese Regelung ist auch anzuwenden, wenn

1. ungewiss ist, ob und wann Verträge mit anderen Staaten über die Besteuerung (§ 2), die sich zugunsten des Steuerpflichtigen auswirken, für die Steuerfestsetzung wirksam werden,

2. das Bundesverfassungsgericht die Unvereinbarkeit eines Steuergesetzes mit dem Grundgesetz festgestellt hat und der Gesetzgeber zu einer Neuregelung verpflichtet ist,

3. die Vereinbarkeit eines Steuergesetzes mit höherrangigem Recht Gegenstand eines Verfahrens bei dem Gerichtshof der Europäischen Union, dem Bundesverfassungsgericht oder einem obersten Bundesgericht ist oder

4. die Auslegung eines Steuergesetzes Gegenstand eines Verfahrens bei dem Bundesfinanzhof ist. [3] Umfang und Grund der Vorläufigkeit sind anzugeben. [4] Unter den Voraussetzungen der Sätze 1 oder 2 kann die Steuerfestsetzung auch gegen oder ohne Sicherheitsleistung ausgesetzt werden.

(2) [1] Soweit die Finanzbehörde eine Steuer vorläufig festgesetzt hat, kann sie die Festsetzung aufheben oder ändern. [2] Wenn die Ungewissheit beseitigt ist, ist eine vorläufige Steuerfestsetzung aufzuheben, zu ändern oder für endgültig zu erklären; eine ausgesetzte Steuerfestsetzung ist nachzuholen. [3] In den Fällen des Absatzes 1 Satz 2 Nr. 4 endet die Ungewissheit, sobald feststeht, dass die Grundsätze der Entscheidung des Bundesfinanzhofs über den entschiedenen Einzelfall hinaus allgemein anzuwenden sind. [4] In den Fällen des Absatzes 1 Satz 2 muss eine vorläufige Steuerfestsetzung nach Satz 2 nur auf Antrag des Steuerpflichtigen für endgültig erklärt werden, wenn sie nicht aufzuheben oder zu ändern ist.

(3) Die vorläufige Steuerfestsetzung kann mit einer Steuerfestsetzung unter Vorbehalt der Nachprüfung verbunden werden.

§ 166 AO Drittwirkung der Steuerfestsetzung

Ist die Steuer dem Steuerpflichtigen gegenüber unanfechtbar festgesetzt, so hat dies neben einem Gesamtrechtsnachfolger auch gegen sich gelten zu lassen, wer in der Lage gewesen wäre, den gegen den Steuerpflichtigen erlassenen Bescheid als dessen Vertreter, Bevollmächtigter oder kraft eigenen Rechts anzufechten.

...

§ 169 AO Festsetzungsfrist

(1) [1] Eine Steuerfestsetzung sowie ihre Aufhebung oder Änderung sind nicht mehr zulässig, wenn die Festsetzungsfrist abgelaufen ist. [2] Dies gilt auch für die Berichtigung wegen offenbarer Unrichtigkeit nach § 129. [3] Die Frist ist gewahrt, wenn vor Ablauf der Festsetzungsfrist

1. der Steuerbescheid den Bereich der für die Steuerfestsetzung zuständigen Finanzbehörde verlassen hat oder

2. bei öffentlicher Zustellung die Benachrichtigung nach § 10 Abs. 2 Satz 1 des Verwaltungszustellungsgesetzes bekannt gemacht oder veröffentlicht wird.

(2) [1] Die Festsetzungsfrist beträgt:

1. ein Jahr
für Verbrauchsteuern und Verbrauchsteuervergütungen,

2. vier Jahre
für Steuern und Steuervergütungen, die keine Steuern oder Steuervergütungen im Sinne der Nummer 1 oder Einfuhr- und Ausfuhrabgaben im Sinne des Artikels 4 Nr. 10 und 11 des Zollkodexes sind.

[2]Die Festsetzungsfrist beträgt zehn Jahre, soweit eine Steuer hinterzogen, und fünf Jahre, soweit sie leichtfertig verkürzt worden ist. [3]Dies gilt auch dann, wenn die Steuerhinterziehung oder leichtfertige Steuerverkürzung nicht durch den Steuerschuldner oder eine Person begangen worden ist, deren er sich zur Erfüllung seiner steuerlichen Pflichten bedient, es sei denn, der Steuerschuldner weist nach, dass er durch die Tat keinen Vermögensvorteil erlangt hat und dass sie auch nicht darauf beruht, dass er die im Verkehr erforderlichen Vorkehrungen zur Verhinderung von Steuerverkürzungen unterlassen hat.

§ 170 AO Beginn der Festsetzungsfrist

(1) Die Festsetzungsfrist beginnt mit Ablauf des Kalenderjahrs, in dem die Steuer entstanden ist oder eine bedingt entstandene Steuer unbedingt geworden ist.

(2) [1]Abweichend von Absatz 1 beginnt die Festsetzungsfrist, wenn

1. eine Steuererklärung oder eine Steueranmeldung einzureichen oder eine Anzeige zu erstatten ist, mit Ablauf des Kalenderjahrs, in dem die Steuererklärung, die Steueranmeldung oder die Anzeige eingereicht wird, spätestens jedoch mit Ablauf des dritten Kalenderjahrs, das auf das Kalenderjahr folgt, in dem die Steuer entstanden ist, es sei denn, dass die Festsetzungsfrist nach Absatz 1 später beginnt,

2. ...

(3) ...

(4) Wird durch Anwendung des Absatzes 2 Nr. 1 auf ... die Grundsteuer der Beginn der Festsetzungsfrist hinausgeschoben, so wird der Beginn der Festsetzungsfrist für die folgenden Kalenderjahre des Hauptveranlagungszeitraums jeweils um die gleiche Zeit hinausgeschoben.

(5), (6) ...

§ 171 AO Ablaufhemmung

(1) Die Festsetzungsfrist läuft nicht ab, solange die Steuerfestsetzung wegen höherer Gewalt innerhalb der letzten sechs Monate des Fristlaufs nicht erfolgen kann.

(2) Ist beim Erlass eines Steuerbescheids eine offenbare Unrichtigkeit unterlaufen, so endet die Festsetzungsfrist insoweit nicht vor Ablauf eines Jahres nach Bekanntgabe dieses Steuerbescheids.

(3) Wird vor Ablauf der Festsetzungsfrist außerhalb eines Einspruchs- oder Klageverfahrens ein Antrag auf Steuerfestsetzung oder auf Aufhebung oder Änderung einer Steuerfestsetzung oder ihrer Berichtigung nach § 129 gestellt, so läuft die Festsetzungsfrist insoweit nicht ab, bevor über den Antrag unanfechtbar entschieden worden ist.

(3a) [1]Wird ein Steuerbescheid mit einem Einspruch oder einer Klage angefochten, so läuft die Festsetzungsfrist nicht ab, bevor über den Rechtsbehelf unanfechtbar entschieden ist; dies gilt auch, wenn der Rechtsbehelf erst nach Ablauf der Festsetzungsfrist eingelegt wird. [2]Der Ablauf der Festsetzungsfrist ist hinsichtlich des gesamten Steueranspruchs gehemmt; dies gilt nicht, soweit der Rechtsbehelf unzulässig ist. [3]In den Fällen des § 100 Abs. 1 Satz 1, Abs. 2 Satz 2, Abs. 3 Satz 1, § 101 der Finanzgerichtsordnung ist über den Rechtsbehelf erst dann unanfechtbar entschieden, wenn ein auf Grund der genannten Vorschriften erlassener Steuerbescheid unanfechtbar geworden ist.

(4) bis (6) ...

(7) In den Fällen des § 169 Abs. 2 Satz 2 endet die Festsetzungsfrist nicht, bevor die Verfolgung der Steuerstraftat oder der Steuerordnungswidrigkeit verjährt ist.

(8) [1]Ist die Festsetzung einer Steuer nach § 165 ausgesetzt oder die Steuer vorläufig festgesetzt worden, so endet die Festsetzungsfrist nicht vor dem Ablauf eines Jahres, nachdem die Ungewissheit beseitigt ist und die Finanzbehörde hiervon Kenntnis erhalten hat. [2]In den Fällen des § 165 Abs. 1 Satz 2 endet die Festsetzungsfrist nicht vor Ablauf von zwei Jahren, nachdem die Ungewissheit beseitigt ist und die Finanzbehörde hiervon Kenntnis erlangt hat.

(9) ...

(10) [1]Soweit für die Festsetzung einer Steuer ein Feststellungsbescheid, ein Steuermessbescheid oder ein anderer Verwaltungsakt bindend ist (Grundlagenbescheid), endet die Festsetzungsfrist nicht vor Ablauf von zwei Jahren nach Bekanntgabe des Grundlagenbescheids. [2]Ist der Ablauf der Festsetzungsfrist hinsichtlich des Teils der Steuer, für den der Grundlagenbescheid nicht bindend ist, nach Absatz 4 gehemmt, endet die Festsetzungsfrist für den Teil der Steuer, für den der Grundlagenbescheid bindend ist, nicht vor Ablauf der nach Absatz 4 gehemmten Frist.

(11) [1]Ist eine geschäftsunfähige oder in der Geschäftsfähigkeit beschränkte Person ohne gesetzlichen Vertreter, so endet die Festsetzungsfrist nicht vor Ablauf von sechs Monaten nach dem Zeitpunkt, in dem die Person unbeschränkt geschäftsfähig wird oder der Mangel der Vertretung aufhört. [2]Dies gilt auch, soweit für eine Person ein Betreuer bestellt und ein Einwilligungsvorbehalt nach § 1903 des Bürgerlichen Gesetzbuchs angeordnet ist, der Betreuer jedoch verstorben oder auf andere Weise weggefallen oder aus rechtlichen Gründen an der Vertretung des Betreuten verhindert ist.

(12) Richtet sich die Steuer gegen einen Nachlass, so endet die Festsetzungsfrist nicht vor dem Ablauf von sechs Monaten nach dem Zeitpunkt, in dem die Erbschaft von dem Erben angenommen oder das Insolvenzverfahren über den Nachlass eröffnet wird oder von dem an die Steuer gegen einen Vertreter festgesetzt werden kann.

(13) Wird vor Ablauf der Festsetzungsfrist eine noch nicht festgesetzte Steuer im Insolvenzverfahren angemeldet, so läuft die Festsetzungsfrist insoweit nicht vor Ablauf von drei Monaten nach Beendigung des Insolvenzverfahrens ab.

(14) Die Festsetzungsfrist für einen Steueranspruch endet nicht, soweit ein damit zusammenhängender Erstattungsanspruch nach § 37 Abs. 2 noch nicht verjährt ist (§ 228).

(15) Soweit ein Dritter Steuern für Rechnung des Steuerschuldners einzubehalten und abzuführen oder für Rechnung des Steuerschuldners zu entrichten hat, endet die Festsetzungsfrist gegenüber dem Steuerschuldner nicht vor Ablauf der gegenüber dem Steuerentrichtungspflichtigen geltenden Festsetzungsfrist.

Steuerbescheid

7 Über die Steuerfestsetzung ist ein schriftlicher Steuerbescheid zu erteilen (§ 157 Abs. 1 AO). Ohne einen **förmlichen Steuerbescheid** ist in der Regel weder eine Einziehung noch eine Erstattung der Steuer möglich. Er ist die Grundlage für die Verwirklichung des Steueranspruchs (§ 218 Abs. 1 AO). Der Steuerbescheid muss dem Steuerpflichtigen bekanntgegeben werden (§ 122 Abs. 2 AO, abgedruckt bei Anm. 4 zu § 27 GrStG). Das ist bei der Grundsteuer jeweils die Person, die bereits im Steuermessbescheid als Steuerschuldner ausgewiesen ist (§ 184 Abs. 1 AO). Etwaige **Zweifel** an der **Bezeichnung des Inhaltsadressaten** eines Abgabenbescheides (Grundsteuerbescheides) können durch Auslegung beseitigt werden; maßgeblich ist dafür der **objektive Empfängerhorizont** des Betroffenen (VGH Hessen v. 13.1.2010, ZKF 2010 S. 210). Wegen der Möglichkeit, an die Stelle des schriftlichen Steuerbescheides eine öffentliche Bekanntmachung treten zu lassen, vgl. auch Anm. 4 zu § 27 GrStG.

Schulden mehrere Steuerpflichtige eine Steuer als **Gesamtschuldner,** z. B. bei einer Erbengemeinschaft, BGB-Gesellschaft usw., so kann gegen sie ein **zusammengefasster Steuerbescheid** ergehen. Das gilt auch dann, wenn die Steuer nach dem zwischen ihnen intern bestehenden Rechtsverhältnis nicht von allen Gesamtschuldnern zu tragen ist (§ 155 Abs. 3 AO). Es handelt sich dabei nicht um einen einheitlichen Steuerbescheid, sondern um mehrere einzelne Steuerbescheide, die lediglich inhaltsgleich sind und deshalb zu einem einzigen zusammengefasst werden. Damit können alle Gesamtschuldner ohne Verstoß gegen das Steuergeheimnis in dem Steuerbescheid auch namentlich aufgeführt werden. Bei der OHG und KG ist dagegen der Steuerbescheid an die Gesellschaft unter ihrer Firmenbezeichnung zu richten (BFH v. 21.2.1968, BStBl. 1968 II S. 279 und v. 7.8.1970, BStBl. 1970 II S. 814). Im Einzelnen vgl. hierzu auch Anm. 5 zu § 10 GrStG.

Der Steuerbescheid, der **bestandskräftig** wird, ist damit sowohl für die Gemeinde als auch für den Steuerpflichtigen verbindlich. Auch ein Gesamtrechtsnachfolger hat ihn in diesem Fall gegen sich gelten zu lassen – **dingliche Wirkung.** Dasselbe gilt auch für jeden anderen, der in der Lage gewesen wäre, den gegen den Steuerpflichtigen erlassenen Bescheid als dessen Vertreter, Bevollmächtigter oder kraft eigenen Rechts anzufechten (§ 166 AO).

Der Steuerbescheid ist ein Verwaltungsakt und muss als solcher in seinem Inhalt **hinreichend bestimmt** sein (§ 119 Abs. 1 AO). Er muss deshalb die festgesetzte Steuer nach Art und Betrag bezeichnen und angeben, wer die Steuer schuldet (§ 157 Abs. 1 AO). Werden diese Anforderungen nicht erfüllt, so ist er nichtig (§ 119 Abs. 1 AO). So ist ein Grundsteuerbescheid, der den Steuerschuldner nicht erkennen lässt, wegen inhaltlicher Unbestimmtheit nichtig (VG Meiningen v. 23.2.2006 8 K 786/01.Me, n. v.). Maßgebend ist dabei jeweils die dem Steuerpflichtigen erteilte Ausfertigung. Das Fehlen einer eigenen Begründung lässt zwar den Bestand des Steuerbescheids unberührt. Im Steuerbescheid sollte jedoch stets auch auf den Steuermessbetrag oder Zerlegungsanteil sowie auf den Hebesatz hingewiesen werden. Schließlich muss der Steuerbescheid auch eine Belehrung darüber enthalten, welcher

Rechtsbehelf zulässig ist und binnen welcher Frist und bei welcher Behörde er einzulegen ist (§ 157 Abs. 1 AO). In aller Regel wird er gleichzeitig auch das Leistungsgebot, d. h. die Zahlungsaufforderung unter Angabe des Fälligkeitstermins enthalten. Hierzu vgl. Anm. 2 zu § 28 GrStG.

Ein Steuerbescheid ist auch zu erteilen, wenn es zur vollen oder teilweisen Freistellung von der Steuer kommt (§ 155 Abs. 1 AO). Dazu genügt es, dass die **Freistellung** dem Steuerpflichtigen förmlich mitgeteilt wird. Steuerbescheide sind auch alle Verwaltungsakte, durch die eine bereits vorliegende Steuerfestsetzung aufgehoben oder geändert wird. Die Gemeinde ist jedenfalls verpflichtet, unverzüglich nach Zugang des Steuermessbescheides den Steuerbescheid zu erlassen. Dies gilt insbesondere dann, wenn die festzusetzende Steuerschuld geringer ist als die bereits entrichteten Zahlungen (OVG Münster v. 13.11.1963, KStZ 1964 S. 126).

Der Steuerbescheid wird gegenüber dem Steuerpflichtigen erst im Zeitpunkt der **Bekanntgabe** wirksam (§ 124 Abs. 1 AO). Der Zugangsnachweis des Steuerbescheides kann nicht durch Anscheinsbeweis geführt werden. Es gelten vielmehr die allgemeinen Beweisregeln, insbesondere der Indizienbeweis (BFH v. 14.3.1989, BStBl. 1989 II S. 534). Die Bekanntgabe an einen Empfangsbevollmächtigten ist zulässig. Bei Fehlen einer schriftlichen Vollmacht für den Bevollmächtigten muss der Steuerbescheid dem Steuerpflichtigen persönlich bekannt gegeben werden, es sei denn, dass die besonderen Umstände die Bevollmächtigung eindeutig erkennen lassen (BFH v. 29.7.1987, BStBl. 1988 II S. 242). Bei einer nichtrechtsfähigen Personenvereinigung (z. B. einem nichtrechtsfähigen Verein) kann der Steuerbescheid bei Fehlen eines gemeinsamen Empfangsbevollmächtigten auch einem Mitglied bekanntgegeben werden (BFH v. 23.6.1988, BStBl. 1989 II S. 979 und v. 8.11.1995, BStBl. 1996 II S. 256). Steuerpflichtige ohne Wohnsitz, Sitz oder Geschäftsleitung im Bundesgebiet haben auf Verlangen der Gemeinde einen hier ansässigen Empfangsbevollmächtigten zu benennen (§ 123 AO).

Die **Zustellung von Steuerbescheiden** richtet sich nach den Vorschriften des **Verwaltungszustellungsgesetzes** v. 12.8.2005 (BGBl. 2005 I S. 2354). Die Vorschriften dieses Gesetzes gelten allerdings für die Gemeinden nur, wenn sie durch ein Landesgesetz für anwendbar erklärt worden sind. Soweit dies nicht geschehen ist, bestehen eigene landesrechtliche Regelungen. Diese stimmen jedoch im Wesentlichen mit den Vorschriften des Verwaltungszustellungsgesetzes überein. Im Einzelnen vgl. dazu:

Baden-Württemberg:	Gesetz v. 3.7.2007 (GBl. 2007 S. 293), geändert durch Gesetz v. 30.7.2009 (GBl. 2009 S. 363).
Bayern:	Gesetz v. 11.11.1970 (GVBl. 1971 S. 1; BayRS 2010-2-I), zuletzt geändert durch Gesetz v. 24.6.2013 (GVBl. 2013 S. 370).
Berlin:	Gesetz v. 8.12.1976 (GVBl. 1976 S. 2735, ber. 2898), zuletzt geändert durch Gesetz v. 19.6.2006 (GVBl. 2006 S. 573).
Brandenburg:	Gesetz v. 18.10.1991 (GVBl. 1991 S. 457), zuletzt geändert durch Gesetz v. 28.6.2006 (GVBl. 2006 I S. 74).

Bremen:	Gesetz v. 26.1.2006 (GBl. 2006 S. 49).
Hamburg:	Gesetz v. 21.6.1954 (HmBl. 1954 I 20102-a), geändert durch Gesetz v. 25.11.2010 (GVBl. 2010 S. 614).
Hessen:	Gesetz v. 14.2.1957 (GVBl. 1957 I S. 9), zuletzt geändert durch Gesetz v. 13.12.2012 (GVBl. 2012 S. 622).
Mecklenburg-Vorpommern:	Gesetz v. 26.2.2004 (GVOBl. M-V 2004 S. 106), zuletzt geändert durch Gesetz v. 19.5.2013 (GVOBl. M-V 2014 S. 190).
Niedersachsen:	Gesetz v. 23.2.2006 (GVBl. 2006 S. 72).
Nordrhein-Westfalen:	Gesetz v. 7.3.2006 (GV. NRW 2006 S. 94), zuletzt geändert durch Gesetz v. 13.11.2012 (GV. NRW 2012 S. 508).
Rheinland-Pfalz:	Gesetz v. 2.3.2006 (GVBl. 2006 S. 56), geändert durch Gesetz v. 3.4.2014 (GVBl. 2014 S. 34).
Saarland:	Gesetz v. 13.12.2005 (ABl. 2006 S. 214).
Sachsen:	Gesetz v. 19.5.2010 (GVBl. 2010 S. 142), geändert durch Gesetz v. 12.7.2013 (GVBl. 2013 S. 503).
Sachsen-Anhalt:	Gesetz v. 9.10.1992 (GVBl. 1992 S. 715), zuletzt geändert durch Gesetz v. 17.1.2008 (GVBl. 2008 S. 2).
Schleswig-Holstein:	Gesetz idF v. 2.6.1992 (GVOBl. 1992 S. 243, ber. S. 534), zuletzt geändert durch Gesetz v. 21.6.2013 (GVOBl. 2013 S. 254).
Thüringen:	Gesetz idF v. 5.2.2009 (GVBl. 2009 S. 24), zuletzt geändert durch Gesetz v. 13.3.2014 (GVBl. 2014 S. 92).

Wegen der Zustellung eines Steuerbescheides im Ausland vgl. § 9 VwZG, wegen der öffentlichen Bekanntgabe bei der Grundsteuer vgl. Anm. 4 zu § 27 GrStG.

Steuerfestsetzung aus Billigkeitsgründen

8 Steuern können niedriger festgesetzt werden, und einzelne Besteuerungsgrundlagen können bei der Festsetzung der Steuer unberücksichtigt bleiben, wenn die Erhebung der Steuer nach Lage des einzelnen Falles für den Steuerpflichtigen unbillig wäre. Es handelt sich dabei um die abweichende Steuerfestsetzung aus Billigkeitsgründen (§ 163 Abs. 1 AO). Sie ist im vorliegenden Zusammenhang ohne Bedeutung, denn die Gemeinde ist bei ihrer Steuerfestsetzung an den Steuermessbescheid als Grundlagenbescheid gebunden, für den seinerseits wieder der Einheitswertbescheid als Grundlagenbescheid verbindlich ist. Bei der Feststellung des Einheitswerts ist aber eine Anwendung des § 163 AO ausgeschlossen (§ 20 Satz 2 BewG; vgl. hierzu auch *Halaczinsky* in *Rössler/Troll*, BewG, § 20 Rz. 5 ff.). Dagegen ist der Erlass der festgesetzten Steuer durch die Gemeinde möglich. Er wird in § 227 AO geregelt. Eine bestandskräftige Steuerfestsetzung kann allerdings im Billigkeitsverfahren

dann nachgeprüft werden, wenn sie offensichtlich und eindeutig unrichtig ist und wenn es dem Steuerpflichtigen nicht zumutbar war, sich gegen die Fehlerhaftigkeit rechtzeitig zu wehren (BFH v. 11.8.1987, BStBl. 1988 II S. 512). Wegen weiterer Einzelheiten zum Erlass vgl. Anm. 2 ff. zu § 33 GrStG.

Steuerfestsetzung unter Vorbehalt der Nachprüfung

Eine Steuer kann allgemein oder im Einzelfall auch unter dem **Vorbehalt** 9 **der Nachprüfung** festgesetzt werden, ohne dass dies einer Begründung bedarf (§ 164 Abs. 1 AO). Voraussetzung ist lediglich, dass der Steuerfall noch nicht abschließend geprüft worden ist. Der Steuerbescheid muss dann allerdings einen entsprechenden Vermerk enthalten. Der Vorbehalt kann innerhalb der Rechtsbehelfsfrist angefochten werden. Danach ist dies zwar ausgeschlossen; es kann aber gleichwohl immer noch die spätere Änderung der zunächst unter Vorbehalt erfolgten Steuerfestsetzung angefochten werden. Der Vorbehalt gilt stets für die Steuerfestsetzung insgesamt. Eine Beschränkung auf Einzelpunkte ist nicht möglich.

Solange der Vorbehalt wirksam ist, kann die Steuerfestsetzung jederzeit wieder aufgehoben oder geändert werden. Auch der Steuerpflichtige kann solange noch die Aufhebung oder Änderung der Steuerfestsetzung beantragen (§ 164 Abs. 2 AO). Wird die Steuerfestsetzung geändert, so ist auf dem neuen Steuerbescheid zu vermerken, dass der Vorbehalt aufgehoben ist oder dass er auch für diesen geänderten Steuerbescheid weitergilt. Die Aufhebung des Vorbehalts steht einer Steuerfestsetzung ohne Vorbehalt gleich. Es gelten deshalb für sie ebenfalls die Formvorschriften über Steuerbescheide. Der Vorbehalt entfällt spätestens, wenn die Festsetzungsfrist abläuft (§ 164 Abs. 4 AO). Die Festsetzung einer Vorauszahlung ist stets als eine Steuerfestsetzung unter Vorbehalt der Nachprüfung anzusehen (§ 164 Abs. 1 Satz 2 AO).

Eine Steuer kann **vorläufig** festgesetzt werden, wenn ungewiss ist, ob und inwieweit ein Tatbestand gegeben ist, der die Voraussetzungen für ihre Entstehung erfüllt. Umfang und Grund der Vorläufigkeit sind im Steuerbescheid anzugeben (§ 165 Abs. 1 AO). Zweifel über die Gesetzesauslegung reichen dazu allerdings noch nicht aus. Sobald die Ungewissheit entfällt, ist die vorläufige Steuerfestsetzung aufzuheben, zu ändern oder für endgültig zu erklären (§ 165 Abs. 2 AO). Die Festsetzungfrist endet hier nicht vor Ablauf eines Jahres, nachdem die Ungewissheit beseitigt ist (§ 171 Abs. 8 AO). Wenn der Steuerbescheid in vollem Umfang für vorläufig erklärt worden ist, kann sich auch der Steuerpflichtige zu seinen Gunsten hierauf berufen. Er kann deshalb verlangen, dass die gesamte Steuerfestsetzung nochmals geprüft wird. Eine ergehende Entscheidung kann ebenfalls angefochten werden (BVerwG v. 22.3.1974, KStZ 1974 S. 170). Die vorläufige Steuerfestsetzung kann auch mit dem Vorbehalt der Nachprüfung verbunden werden (§ 165 Abs. 3 AO). Wird ein noch nicht bestandskräftiger Steuerbescheid für vorläufig erklärt, weil in der gleichen Sache ein Musterverfahren anhängig ist, so besteht kein Anspruch darauf, dass auch bestandskräftige Steuerbescheide für vorläufig erklärt werden (BFH v. 11.2.1994, BStBl. 1994 II S. 380 sowie BMF v. 16.5.2011, BStBl. 2011 I S. 464, zuletzt geändert durch BMF v. 7.2.2014, BStBl. 2014 I

S. 160). Im Hinblick auf die anhängige Verfassungsbeschwerde 2 BvR 287/11 (Vorinstanz BFH v. 30.6.2010, BStBl. 2011 II S. 48) zur Frage, ob die Vorschriften über die Einheitsbewertung des Grundvermögens verfassungsgemäß sind, haben die obersten Finanzbehörden der Länder mit gleich lautenden Erlassen v. 19.4.2012 (BStBl. 2012 I S. 490) das Folgende bestimmt:

*„Die **Feststellung des Einheitswerts** ist gemäß § 165 Absatz 1 Satz 2 Nr. 3 AO vorläufig hinsichtlich der Frage, ob die Vorschriften über die Einheitsbewertung des Grundvermögens verfassungsgemäß sind. Die Vorläufigkeitserklärung erfolgt lediglich aus verfahrenstechnischen Gründen. Sie ist nicht dahin zu verstehen, dass die Vorschriften über die Einheitsbewertung des Grundvermögens als verfassungswidrig angesehen werden. Sollte aufgrund einer diesbezüglichen Entscheidung des Bundesverfassungsgerichts diese Einheitswertfeststellung aufzuheben oder zu ändern sein, wird die Aufhebung oder Änderung der Einheitswertfeststellung und einer darauf beruhenden Festsetzung des Grundsteuermessbetrags von Amts wegen vorgenommen; ein Einspruch ist daher insoweit nicht erforderlich. Die **Festsetzung des Grundsteuermessbetrags** ist gemäß § 165 Absatz 1 Satz 2 Nr. 3 AO vorläufig hinsichtlich der Frage, ob die Vorschriften über die Einheitsbewertung des Grundvermögens verfassungsgemäß sind. Die Vorläufigkeitserklärung erfolgt lediglich aus verfahrenstechnischen Gründen. Sie ist nicht dahin zu verstehen, dass die Vorschriften über die Einheitsbewertung des Grundvermögens als verfassungswidrig angesehen werden. Sollte aufgrund einer diesbezüglichen Entscheidung des Bundesverfassungsgerichts diese Messbetragsfestsetzung aufzuheben oder zu ändern sein, wird die Aufhebung oder Änderung der Festsetzung des Grundsteuermessbetrags von Amts wegen vorgenommen; ein Einspruch ist daher insoweit nicht erforderlich. "*

Da die Festsetzung der Grundsteuer im Regelfall nur auf der Grundlage eines Steuermessbescheids durchgeführt werden kann, ist für die Gemeinde die Möglichkeit des Vorbehalts der Nachprüfung ebenso wie die Möglichkeit einer vorläufigen Festsetzung nur von geringer Bedeutung. Eine andere Beurteilung ergibt sich allerdings bei der Festsetzung der Ersatzbemessungsgrundlage nach § 42 GrStG durch die Gemeinden in den neuen Bundesländern. Hierzu vgl. Anm. 1 ff. zu § 42 GrStG. Die Festsetzung unter Vorbehalt der Nachprüfung kann jedoch auch in den alten Bundesländern für die Steuerfestsetzung in Betracht kommen, wenn der Steuermessbescheid unter dem Vorbehalt der Nachprüfung oder nur vorläufig festgesetzt worden ist. Ist dies der Fall, wirkt eine Berichtigung oder Änderung des Steuermessbescheides als Grundlagenbescheid automatisch auch auf den Steuerbescheid (§ 175 Abs. 1 Satz 1 Nr. 1 AO), selbst wenn dieser bereits endgültig ergangen war. Für die Gemeinde erübrigt es sich deshalb, eine Festsetzung der Grundsteuer unter Vorbehalt vorzunehmen. Diese kann vielmehr sofort ohne Nachteil für die Gemeinde oder für den Steuerpflichtigen auch dann endgültig erfolgen, wenn für den Steuermessbescheid noch der Vorbehalt gilt.

Nimmt die Gemeinde ihre Zuständigkeit zur Entscheidung einer Frage in Anspruch, über die im Grundsteuermessbescheid des Finanzamts zu entscheiden ist, und kommt es hierüber zu einem Rechtsbehelfsverfahren, so wäre dieses im Steuermessbetragsverfahren durchzuführen. Bis der Grundsteuermessbescheid vorliegt, wäre der Vollzug des Grundsteuerbescheids auszusetzen. Zu einem ähnlichen Fall vgl. BFH v. 26.7.1983 (BStBl. 1984 II S. 290).

Steuerfestsetzung nach geschätzten Grundlagen

Für die Steuerfestsetzung sind die Feststellungen im Steuermessbescheid als   **10** Grundlagenbescheid bindend (§ 182 Abs. 1 AO). Früher konnte deshalb, solange der Steuermessbescheid nicht vorlag, auch noch keine Steuerfestsetzung erfolgen. Durch Gesetz v. 20.8.1980 (BGBl. 1980 I S. 1545) ist jedoch ein neuer **§ 155 Abs. 2 AO** eingeführt worden, wonach eine Steuerfestsetzung erfolgen kann, auch wenn der dafür maßgebende Grundlagenbescheid noch nicht vorliegt. In diesem Fall müssen dann im Rahmen des Steuerfestsetzungsverfahrens die sonst im Steuermessbescheid als Grundlagenbescheid festzustellenden Besteuerungsgrundlagen geschätzt werden (§ 162 Abs. 3 AO; *Klein/Rüsken*, AO, § 155 Rz. 39). Ob diese Ausnahmeregelung auch bei der Grundsteuer gilt, kann zweifelhaft sein. Vgl. hierzu jedoch VG Frankfurt v. 10.3.2004 10 E 235/02 (V), n. v., wonach die Zuständigkeit der Gemeinden zur Festsetzung und Erhebung der Grundsteuer (in Hessen) auch die Zuständigkeit zum Erlass eines Grundsteuerbescheids vor Erlass eines Grundsteuermessbescheids bzw. vor Feststellung des Einheitswerts durch das Finanzamt gemäß § 155 Abs. 2 AO umfasst. Nach Art. 106 Abs. 6 GG ist jedoch der Gemeinde nur das Recht eingeräumt, die Hebesätze der Realsteuern selbst zu bestimmen. Die den Landesfinanzbehörden zustehende Verwaltung kann zwar ganz oder teilweise den Gemeinden übertragen werden (Art. 108 Abs. 4 GG). Dies ist auch für die Festsetzung und Erhebung der Grundsteuer in allen Ländern geschehen. Hierzu vgl. Anm. 2 zu § 25 GrStG. Diese Regelungen umfassen jedoch nicht die Möglichkeit zur Ermittlung oder Schätzung der im Steuermessbescheid enthaltenen Feststellungen, die allein dem Finanzamt obliegen (§ 17 Abs. 2 FVG). Solange eine entsprechende landesrechtliche Regelung nicht auch dafür vorliegt, ist es mindestens zweifelhaft, ob sich diese Zuständigkeit allein schon aus § 155 Abs. 2 AO ableiten lässt. Diese Vorschrift dürfte deshalb rechtsdogmatisch verfehlt sein.

Sollte § 155 Abs. 2 AO auch bei der Grundsteuer anwendbar sein, so wäre dafür Voraussetzung, dass ein Steuermessbescheid nicht vorliegt. Dies bedeutet aber nicht, dass bisher überhaupt noch kein Steuermessbescheid erlassen worden ist. Es kommt vielmehr darauf an, dass der Steuermessbetrag noch nicht vorliegt, der auf den in Frage kommenden Veranlagungszeitpunkt hätte festgestellt werden müssen. Ergeht später der Steuermessbescheid auf diesen Veranlagungszeitpunkt, so wäre die Steuerfestsetzung mit den geschätzten Feststellungen, soweit sie damit nicht übereinstimmt, automatisch zu ändern (§ 175 Abs. 1 Satz 1 Nr. 1 AO). Hierzu vgl. Anm. 12 zu § 27 GrStG. Ergeht der Steuermessbescheid nicht in angemessener Frist, kann gegenüber dem Finanzamt mit dem Untätigkeitseinspruch (§ 347 AO) und der Klage wegen Unterlassens eines Verwaltungsaktes (§ 40 Abs. 1 FGO) vorgegangen werden.

Die Gemeinde ist auf die Durchführung der im Rahmen der § 162 Abs. 3 AO erforderlichen Schätzungen nicht eingerichtet. Sie würde deshalb bei ihren Ermittlungen das Finanzamt um **Amtshilfe** ersuchen. Ist aber das Finanzamt zur Amtshilfe in der Lage, kann es auch gleich bei dieser Gelegenheit den Steuermessbescheid erlassen. Mindestens könnte es einen Steuermessbetrag schätzen und hierüber einen vorläufigen Steuermessbescheid (§ 165 Abs. 1 AO) oder einen Steuermessbescheid unter Vorbehalt der Nachprüfung (§ 164 Abs. 1 AO) erlassen, an den sich dann die Gemeinde bei ihrer Steuerfestsetzung halten könnte bzw. müsste. Im Endergebnis würde damit dasselbe, jedoch mit geringerem Verwaltungsaufwand erreicht. Zurzeit dürfte deshalb kaum ein praktisches Bedürfnis für die Anwendung der Vorschriften in § 155 Abs. 2 AO und § 162 Abs. 3 AO bestehen.

Festsetzungsverjährung

11 Eine Steuerfestsetzung ist nicht mehr zulässig, wenn die Festsetzungfrist abgelaufen ist. Bei der Grundsteuer beträgt sie jeweils **vier Jahre** (§ 169 Abs. 2 AO). Die Festsetzungsfrist ist noch gewahrt, wenn vor ihrem Ablauf der Steuerbescheid mit der Steuerfestsetzung den Bereich der zuständigen Gemeindebehörde verlassen hat (§ 169 Abs. 1 AO). Die Festsetzungsverjährung führt zum Erlöschen des Steueranspruchs der Gemeinde (§ 47 AO). Ein gleichwohl noch erlassener Steuerbescheid muss wieder aufgehoben werden. Die Festsetzungsverjährung führt aber auch zum Erlöschen etwaiger Erstattungsansprüche des Steuerpflichtigen.

Die Festsetzungsfrist **beginnt** mit Ablauf des Kalenderjahres, auf dessen Beginn die Grundsteuer nach § 9 Abs. 2 GrStG entstanden ist (§ 170 Abs. 1 AO). Abweichend davon beginnt sie, wenn eine Anzeige zu erstatten ist (hierzu vgl. Anm. 2 zu § 19 GrStG), mit Ablauf des Kalenderjahres, in dem die Anzeige erstattet wird, spätestens jedoch mit Ablauf des dritten Kalenderjahres, das auf das Kalenderjahr der Entstehung der Steuerschuld folgt (§ 170 Abs. 2 AO). Dass die Anzeige nach § 19 GrStG nicht bei der Gemeinde sondern beim Finanzamt eingereicht werden muss, steht der Anwendung dieser Verjährungsvorschrift nicht entgegen. Die Festsetzungsfrist läuft nicht ab, solange die Steuerfestsetzung wegen höherer Gewalt innerhalb der letzten sechs Monate des Fristlaufs nicht erfolgen kann (§ 171 Abs. 1 AO). Diese sog. Ablaufhemmung schiebt aber das Ende der Festsetzungsfrist längstens nur für die Dauer von sechs Monaten hinaus.

Wird vor Ablauf der Festsetzungsfrist ein Antrag auf Aufhebung oder Änderung einer Steuerfestsetzung gestellt, so läuft die Festsetzungsfrist erst ab, wenn über den Antrag unanfechtbar entschieden worden ist. Dem Antrag steht die Anfechtung eines Steuerbescheids gleich. Das gilt auch dann, wenn der Rechtsbehelf nach Ablauf der Festsetzungsfrist eingelegt wird (§ 171 Abs. 3 AO). Ist eine Steuer nur vorläufig festgesetzt worden, so endet die Festsetzungsfrist erst mit Ablauf des Jahres, in dem die Ungewissheit beseitigt ist und die Finanzbehörde hiervon Kenntnis erhalten hat (§ 171 Abs. 8 AO).

Bei der Grundsteuer **endet,** da für ihre Festsetzung der Steuermessbescheid als Grundlagenbescheid bindend ist, die Festsetzungsfrist erst mit Ablauf von zwei Jahren nach Bekanntgabe des Steuermessbescheides (§ 171 Abs. 10 AO). Solange der Steuermessbescheid noch zulässig ergehen kann, ist der Ablauf der Festsetzungsfrist für die Grundsteuer gehemmt. Die Hemmung wird durch § 171 Abs. 10 AO auf die Frist von zwei Jahren nach Bekanntgabe des Steuermessbescheids ausgedehnt (vgl. BFH v. 12.8.1987, BStBl. 1988 II S. 318). Die Gemeinde muss unter diesen Umständen auch auf den Zeitpunkt der Bekanntgabe des Steuermessbescheids achten. Ein Steuermessbetrag kann deshalb auch auf einen Zeitpunkt festgesetzt werden, für den die Festsetzungsfrist bereits abgelaufen ist. Auf seiner Grundlage kann immer noch eine rückwirkende Steuerfestsetzung für die Kalenderjahre erfolgen, für die diese Frist noch nicht abgelaufen ist.

Änderung und Berichtigung des Steuerbescheids

Ein Steuerbescheid darf jederzeit aufgehoben oder geändert werden, wenn   **12** der Steuerpflichtige zustimmt oder damit einem von ihm gestellten Antrag entsprochen wird (§ 172 Abs. 1 Satz 1 Nr. 2 AO). Unter Umständen kann ein solcher Antrag auch noch als Rechtsbehelf zu behandeln sein. Andererseits schließt aber die Zustimmung des Steuerpflichtigen zur Änderung nicht ohne Weiteres auch den Verzicht auf einen Rechtsbehelf gegen den geänderten Steuerbescheid ein (BFH v. 2.8.1955, BStBl. 1955 III S. 331). Ein nach Ablauf der Feststellungsfrist ergangener Einheitswertbescheid kann nach § 172 Abs. 1 Satz 1 Nr. 2 AO nur dann um den fehlenden Hinweis gemäß § 181 Abs. 5 AO auf die eingeschränkte Wirkung bezüglich der Folgesteuern, für die die Festsetzungsfrist noch nicht abgelaufen ist, ergänzt werden, wenn der Steuerpflichtige dem ausdrücklich oder stillschweigend zustimmt; die Klagebegründung, in der der fehlende Hinweis auf die eingeschränkte Wirkung des angefochtenen Bescheids mit dem Ziel gerügt worden war, eine Aufhebung dieses Bescheids zu erreichen, kann nicht als Antrag oder als stillschweigende Zustimmung zu einer entsprechenden Änderung gewertet werden (BFH v. 24.6.1998, HFR 1999 S. 160).

Die Grundsteuer wird von der Gemeinde auf der Grundlage des Steuermessbescheids festgesetzt. Sein Inhalt ist für sie bindend. Sie kann bei der Steuerfestsetzung nicht davon abweichen. Das gilt auch, wenn der Steuermessbescheid nur vorläufig oder unter dem Vorbehalt der Nachprüfung festgesetzt worden ist. Hierzu vgl. auch Anm. 9 zu § 27 GrStG. Die Gemeinde kann andererseits aber auch bei einem bereits endgültigen Steuermessbetrag ihre Steuerfestsetzung nur vorläufig oder nur unter dem Vorbehalt der Nachprüfung vornehmen. Im Ergebnis hätte dies jedoch für die Gemeinde keine Bedeutung; denn sie kann von den Feststellungen des Steuermessbescheides sowieso nicht abweichen.

Wird ein **Steuermessbescheid nachträglich** erlassen, geändert oder aufgehoben, so muss auch die Gemeinde eine Steuerfestsetzung durchführen, eine bereits durchgeführte Steuerfestsetzung entsprechend ändern oder aufheben. Im Einzelnen vgl. hierzu § 175 AO, der den folgenden Wortlaut hat:

§ 175 AO Aufhebung oder Änderung von Steuerbescheiden in sonstigen Fällen

(1) [1]Ein Steuerbescheid ist zu erlassen, aufzuheben oder zu ändern,

1. soweit ein Grundlagenbescheid (§ 171 Abs. 10), dem Bindungswirkung für diesen Steuerbescheid zukommt, erlassen, aufgehoben oder geändert wird,

2. soweit ein Ereignis eintritt, das steuerliche Wirkung für die Vergangenheit hat (rückwirkendes Ereignis).

[2]In den Fällen des Satzes 1 Nr. 2 beginnt die Festsetzungsfrist mit Ablauf des Kalenderjahrs, in dem das Ereignis eintritt.

(2) [1]Als rückwirkendes Ereignis gilt auch der Wegfall einer Voraussetzung für eine Steuervergünstigung, wenn gesetzlich bestimmt ist, dass diese Voraussetzung für eine bestimmte Zeit gegeben sein muss, oder wenn durch Verwaltungsakt festgestellt worden ist, dass sie die Grundlage für die Gewährung der Steuervergünstigung bildet. [2]Die nachträgliche Erteilung oder Vorlage einer Bescheinigung oder Bestätigung gilt nicht als rückwirkendes Ereignis.

Dasselbe gilt auch bei einer **Änderung des Zerlegungsbescheides,** denn er gilt ebenfalls als Grundlagenbescheid. Welche Gründe die Änderung usw. beim Steuermessbescheid oder beim Zerlegungsbescheid veranlasst haben, ist im Einzelfall gleichgültig. So handelt es sich auch um eine Änderung des Folgebescheids nach § 175 Abs. 1 AO, wenn die in dem Grundlagenbescheid festgestellten Besteuerungsgrundlagen im Grundsteuerbescheid nicht zutreffend berücksichtigt worden sind (BFH v. 14.4.1988, BStBl. 1988 II S. 711). Ein Grundlagenbescheid, der einen gleichartigen dem Inhaltsadressaten wirksam bekannt gegebenen Steuerverwaltungsakt in seinem verbindlichen Regelungsgehalt nur wiederholt, löst keine Anpassungspflicht nach § 175 Abs. 1 Satz 1 Nr. 1 AO aus und wirkt auch nicht gemäß § 171 Abs. 10 AO auf den Lauf der Festsetzungsfrist für den Folgebescheid ein (BFH v. 13.10.2000, BStBl. 2001 II S. 471). Eine Änderung nach § 175 Abs. 1 Satz 1 Nr. 1 AO führt aber nicht dazu, dass der ganze Steuerfall nochmals neu aufgerollt werden kann. Sie beschränkt sich lediglich auf die Folgen, die sich aus den Änderungen im Grundlagenbescheid ergeben (BFH v. 22.7.1963, BStBl. 1963 III S. 471). Die Möglichkeit einer Änderung des Steuerbescheids besteht auch, wenn ein Ereignis eintritt, das steuerliche Wirkungen für die Vergangenheit hat (§ 175 Abs. 1 Satz 1 Nr. 2 AO). Diese Möglichkeit dürfte jedoch für die Steuerfestsetzung durch die Gemeinde kaum Bedeutung haben. Dass das Bundesverfassungsgericht ein Gesetz rückwirkend für nichtig erklärt hat, ist jedenfalls kein solches Ereignis und führt deshalb, abgesehen von dem entschiedenen Fall selbst, auch nicht zur Aufhebung rechtskräftiger Steuerbescheide (BFH v. 20.10.1964, BStBl. 1965 III S. 196).

Bei der Aufhebung oder Änderung eines Steuerbescheides darf zuungunsten des Steuerpflichtigen nicht berücksichtigt werden, dass inzwischen das Bundesverfassungsgericht die Vorschriften, auf denen die Steuerfestsetzung beruht, für nichtig erklärt hat oder dass sich die Rechtsprechung des Bundesverfassungsgerichts, des Bundesfinanzhofs oder des Bundesverwaltungsgerichts, die bei der Steuerfestsetzung angewandt worden ist, geändert hat (§ 176 Abs. 1 AO). Das ist dann der Fall, wenn ein im Wesentlichen gleichgelagerter Sachverhalt anders entschieden worden ist als bisher (BFH v. 7.12.1988, BStBl. 1989 II S. 421). Zuungunsten des Steuerpflichtigen darf auch nicht berücksichtigt werden, dass eine allgemeine Verwaltungsvorschrift von einem dieser Gerichte als nicht mit dem geltenden Recht in Einklang stehend bezeichnet worden ist (§ 176 Abs. 2 AO).

Liegen die Voraussetzungen für die Aufhebung oder Änderung eines Steuerbescheides vor, so sind, soweit die Änderung reicht, zugunsten und zuungunsten des Steuerpflichtigen auch alle **anderen Rechtsfehler** zu berichtigen, selbst wenn sie nicht Anlass der Aufhebung oder Änderung sind (§ 177 Abs. 1 und 2 AO). Soweit die Auswirkungen des Rechtsfehlers reichen, können sie mit der ursprünglich vorgesehenen Änderung saldiert werden. Der Berichtigungsrahmen kann allerdings nicht überschritten werden. Innerhalb dieses Rahmens können die Berichtigungen zugunsten und zuungunsten des Steuerpflichtigen miteinander verrechnet werden.

Schreibfehler, Rechenfehler und **ähnliche offenbare Unrichtigkeiten** können jederzeit, also auch noch nach Eintritt der Rechtskraft des Steuerbescheids, berichtigt werden (§ 129 AO). Die Berichtigung ist nur bis zum Ablauf der Festsetzungsfrist zulässig (§ 169 Abs. 1 AO; BFH v. 14.4.2011, BFH/NV 2011 S. 1289). Wenn der Steuerpflichtige ein berechtigtes Interesse daran hat, müssen sie sogar berichtigt werden. „Offenbar" iSd § 129 AO ist ein Fehler dann, wenn er auf der Hand liegt, durchschaubar, eindeutig oder augenfällig ist, er sich mithin für einen unvoreingenommenen Dritten ohne Weiteres aus der Steuererklärung, deren Anlagen sowie den in den Anlagen befindlichen Unterlagen für das betreffende Veranlagungsjahr ergibt (BFH v. 27.5.2009, BStBl. 2009 II S. 946). Daneben sind in den objektivierten Erkenntnishorizont des Dritten regelmäßig aber auch im konkreten Einzelfall einschlägige interne Dienst- und Arbeitsanweisungen einzubeziehen (BFH v. 13.6.2012, BStBl. 2013 II S. 5). Hingegen kommt es nicht darauf an, ob der Steuerpflichtige die Unrichtigkeit anhand des Bescheids und der ihm vorliegenden Unterlagen erkennen konnte. Die Fehlerberichtigung gilt sowohl zugunsten wie auch zuungunsten des Steuerpflichtigen (BFH v. 10.2.1967, BStBl. 1967 II S. 348). Bei dem Fehler darf es sich nur um ein mechanisches Versehen handeln. Dagegen kommen Denkfehler, die sich auf die unmittelbare Rechtsanwendung beziehen, sowie Fehler, die auf mangelnder Sachaufklärung oder Nichtbeachtung feststehender Tatsachen beruhen, nicht als Berichtigungsgrund in Betracht (BFH v. 24.5.1977, BStBl. 1977 II S. 853). Die Berichtigung beschränkt sich jeweils nur auf den Fehler. Ein fehlerhafter Verwaltungsakt kann allerdings auch in einen anderen Verwaltungsakt umgedeutet werden, wenn auch dieser auf dasselbe Ziel gerichtet ist und die Voraussetzungen für seinen Erlass erfüllt sind (§ 128 Abs. 1 AO).

Außenprüfung

Eine Außenprüfung ist zulässig bei Steuerpflichtigen, die einen gewerb- **13** lichen oder land- und forstwirtschaftlichen Betrieb unterhalten oder die freiberuflich tätig sind (§ 193 Abs. 1 AO). Bei anderen Steuerpflichtigen ist sie zulässig, soweit sie die Verpflichtung dieser Steuerpflichtigen betrifft, für Rechnung eines anderen Steuern zu entrichten oder Steuern einzubehalten und abzuführen oder wenn die für Besteuerung erheblichen Verhältnisse der Aufklärung bedürfen und eine Prüfung an Amtsstelle nach Art und Umfang des zu prüfenden Sachverhalts nicht zweckmäßig ist (§ 193 Abs. 2 AO). Die Außenprüfung kann sich auf bestimmte Sachverhalte beschränken.

Ob die Gemeinden zur Durchführung von Außenprüfungen befugt sind, ist umstritten. Nach dem Wortlaut der §§ 193 ff. AO iVm § 1 Abs. 2 AO wäre dies an sich möglich. Es wird allerdings auch die gegenteilige Auffassung vertreten und ein selbständiges Prüfungsrecht der Gemeinden abgelehnt. Nach *Klein/Rüsken*, AO, § 195 Rz. 7, haben die Gemeinden – unter Verweis auf BVerwG v. 27.1.1995 (BStBl. 1995 II S. 522 zur GewSt) – weder eigentliche Mitwirkungsrechte in der Außenprüfung noch ein selbstständiges Prüfungsrecht. Vielmehr können sie lediglich beobachtend an der Außenprüfung teilnehmen und müssen ihr Teilnahmerecht gegenüber der Finanzbehörde geltend machen. Die Verwaltung der Realsteuern sei nach Art. 108 Abs. 4 GG nicht so umfassend auf die Gemeinden übertragen worden, dass sie auch zu Außenprüfungen befugt wären. Für die Gemeinde könnte ein praktisches Interesse an einer Außenprüfung bestehen, wenn sie bei der Grundsteuer über einen Erlass- oder Stundungsantrag zu entscheiden hat und zu diesem Zweck die wirtschaftlichen Verhältnisse des Steuerpflichtigen oder seines Betriebs untersucht werden sollen. Hierzu vgl. Anm. 13 zu § 33 GrStG. Es würde sich dann um eine beschränkte Außenprüfung handeln (§ 194 Abs. 1 AO), bei der die Gemeinde dann ebenfalls die Vorschriften der §§ 193 ff. AO zu beachten hätte. Davon abgesehen wäre aber das Finanzamt nach § 111 Abs. 1 AO verpflichtet, in diesem Falle Amtshilfe zu leisten und der Gemeinde die erforderlichen Auskünfte zu erteilen. Das Steuergeheimnis steht dem nicht entgegen.

Ein **Mitwirkungsrecht der Gemeinde** an der Außenprüfung des Finanzamts ergibt sich aus § 21 des Finanzverwaltungsgesetzes idF v. 4.4.2006 (BGBl. 2006 I S. 846), zuletzt geändert durch Gesetz v. 25.7.2014 (BGBl. 2014 I S. 1266), der auszugsweise den folgenden Wortlaut hat:

§ 21 FVG Auskunfts- und Teilnahmerechte

(1) [1]**Soweit die den Ländern zustehenden Steuern von Bundesfinanzbehörden verwaltet werden, haben die für die Finanzverwaltung zuständigen obersten Landesbehörden das Recht, sich über die für diese Steuern erheblichen Vorgänge bei den zuständigen Bundesfinanzbehörden zu unterrichten.** [2]**Zu diesem Zweck steht ihnen das Recht auf Akteneinsicht und auf mündliche und schriftliche Auskunft zu.**

(2) **Die für die Finanzverwaltung zuständigen obersten Landesbehörden sind berechtigt, durch Landesbedienstete an Außenprüfungen teilzunehmen, die durch Bundesfinanzbehörden durchgeführt werden und die in Absatz 1 genannten Steuern betreffen.**

(3) [1]**Die in den Absätzen 1 und 2 genannten Rechte stehen den Gemeinden hinsichtlich der Realsteuern insoweit zu, als diese von den Landesfi-**

nanzbehörden verwaltet werden. [2]Die **Gemeinden sind jedoch abweichend von Absatz 2 nur dann berechtigt, durch Gemeindebedienstete an Außenprüfungen bei Steuerpflichtigen teilzunehmen, wenn diese in der Gemeinde eine Betriebsstätte unterhalten oder Grundbesitz haben und die Außenprüfungen im Gemeindebezirk erfolgen.**

(4) bis (6) ...

Bei der Grundsteuer dürfte die Beteiligung der Gemeinde an einer Außenprüfung des Finanzamts zwar kaum größere Bedeutung haben. Will allerdings die **Gemeinde** ihr **Teilnahmerecht** nach § 21 Abs. 3 FVG ausüben, so muss sie ihre Teilnahme gegenüber dem Steuerpflichtigen selbst anordnen (FG Köln v. 19.5.1981, EFG 1981 S. 256; a. A. jedoch BVerwG v. 27.1.1995, BStBl. 1995 II S. 522 zur GewSt). Die Gemeinde hat vor allem auch die Befugnis, sich z. B. an einer Ortsbesichtigung zu beteiligen, wenn diese vom Finanzamt zum Zwecke der Nachprüfung des Einheitswerts eines Grundstücks auf ihrem Gemeindegebiet durchgeführt wird. Gegebenenfalls hat sie auch einen Anspruch auf mündliche oder schriftliche Auskunft über das Ergebnis dieser Prüfung. Zur Zusammenarbeit zwischen Gemeinden und Finanzamt bei der Einheitsbewertung vgl. auch Anm. 10 zu § 13 GrStG.

Wichtiger für die Gemeinde dürfte das **Auskunftsrecht** sein, das ihr nicht nur in dem ausdrücklich erwähnten Fall des Zerlegungsverfahrens nach § 187 AO (hierzu vgl. Anm. 7 zu § 22 GrStG), sondern das ihr generell schon nach § 21 Abs. 3 FVG zusteht. Bei der Grundsteuer beschränkt sich das Auskunftsrecht nach dieser Vorschrift auf die Besteuerung des im Gemeindegebiet belegenen Grundbesitzes. Es gilt nicht nur für das Steuerermittlungs-, sondern auch für das Stundungs-, Erlass- und Beitreibungsverfahren, die ebenfalls Teil des Besteuerungsverfahrens sind. Auskunft hat deshalb nicht nur das Finanzamt zu erteilen, in dessen Bezirk das Grundstück liegt, sondern soweit es auf die Einkommens- und Vermögensverhältnisse des Eigentümers ankommt, z. B. bei einem Erlass der Grundsteuer, auch das zuständige Wohnsitzfinanzamt. Im Übrigen ist das Finanzamt im Rahmen der §§ 112 ff. AO auch gegenüber der Gemeinde zur Amtshilfe verpflichtet (§ 111 Abs. 1 AO). Einer Auskunft des Finanzamts gegenüber der Gemeinde im Grundsteuermessbetragsverfahren steht weder das Steuergeheimnis entgegen (§ 30 Abs. 4 AO), noch bedarf es der Zustimmung des steuerpflichtigen Grundstückseigentümers (OFD Hannover v. 12.11.1979, AO-Kartei zu § 30 AO Nr. 5). Auch **Mitteilungen** des Finanzamts an die Gemeinde in **Haftungs-, Stundungs- und Erlasssachen** sind zulässig (OFD Frankfurt v. 23.11.1988, StEK § 30 GrStG Nr. 59).

Rechtsbehelf

Die Vorschriften in §§ 347 ff. AO über das außergerichtliche und die Vorschriften der Finanzgerichtsordnung über das gerichtliche Rechtsbehelfsverfahren gelten nicht für die Grundsteuer, soweit sie von der Gemeinde verwaltet wird (§ 1 Abs. 2 Nr. 6 AO). Für Rechtsbehelfe gegen einen Steuerbescheid oder gegen andere Verwaltungsakte der Gemeinde, z. B. gegen die Ablehnung eines Erlassantrages, sind vielmehr die Vorschriften der Verwal- **14** tungsgerichtsordnung (VwGO) 19.3.1991 (BGBl. 1991 I S. 686), zuletzt geändert durch Gesetz v. 10.10.2013 (BGBl. 2013 I S. 3786) maßgebend. Danach ist gegen den Steuerbescheid zunächst bei der Gemeinde **Widerspruch** zu erheben (§§ 69 ff. VwGO). In einigen Bundesländern sollen von den Gemeinden Rechtsbehelfsgebühren erhoben werden, selbst wenn der Widerspruch wieder zurückgenommen wird. Hierfür kann aber genauso wenig eine Gebühr gefordert werden wie für die Bearbeitung eines Stundungsantrags (OVG Lüneburg v. 18.5.1983, ZKF 1983, S. 234).

Bei Ablehnung des Widerspruchs kann innerhalb eines Monats nach Bekanntgabe des Widerspruchsbescheides (§ 74 VwGO) die **Anfechtungsklage** (§ 42 VwGO) beim Verwaltungsgericht erhoben werden (§ 45 VwGO). Ist über den Widerspruch nicht in angemessener Frist entschieden worden, so kann die Anfechtungsklage auch ohne Widerspruchsbescheid erhoben werden. Allerdings müssen in diesem Fall seit der Einlegung des Widerspruchs mindestens drei Monate verflossen sein (§ 75 VwGO). Das Verwaltungsgericht kann über die Klage auch ohne mündliche Verhandlung durch Gerichtsbescheid entscheiden (§ 84 VwGO). Das Oberverwaltungsgericht (in Baden-Württemberg, Bayern und Hessen: der Verwaltungsgerichtshof) entscheidet über die Berufung gegen ein Urteil des Verwaltungsgerichts (§ 46 VwGO). Gegen die Entscheidung des Oberverwaltungsgerichts ist innerhalb eines Monats nach Zustellung des vollständigen Urteils **Revision** an das Bundesverwaltungsgericht zulässig, wenn das OVG oder bei Nichtzulassungsbeschwerde das BVerwG diese zugelassen hat (§ 132 VwGO). Gegen die Nichtzulassung der Revision ist innerhalb eines Monats **Beschwerde** an das BVerwG zulässig (§ 133 VwGO). Beim Bundesverwaltungsgericht und beim Oberverwaltungsgericht ist die Vertretung durch einen zugelassenen Rechtsanwalt sowohl für den Steuerpflichtigen als auch für die Gemeinde obligatorisch, in Abgabenangelegenheiten sind vor dem Oberverwaltungsgericht auch Steuerberater und Wirtschaftsprüfer als Prozessbevollmächtigte zugelassen (§ 67 Abs. 1 VwGO). Wegen weiterer Einzelheiten muss auf die einschlägigen Kommentare zur VwGO, z. B. von *Kopp/Schenke,* verwiesen werden.

Das Widerspruchsverfahren ist in den landesrechtlichen **Ausführungsgesetzen zur Verwaltungsgerichtsordnung** geregelt. Im Einzelnen vgl. dazu:

Baden-Württemberg: Gesetz v. 14.10.2008 (GBl. 2008 S. 343), zuletzt geändert durch Gesetz v. 14.1.2014 (GVBl. 2014 S. 49).

Bayern: Gesetz v. 20.6.1992 (BayRs 34-1-I, GVBl. 1992 S. 162), zuletzt geändert durch Gesetz v. 20.12.2011 (GVBl. 2011 S. 689).

Brandenburg: Gesetz v. 22.11.1996 (GVBl. 1996 I S. 317), zuletzt geändert durch Gesetz v. 10.7.2014 (GVBl. 2014 I S. 37).

Hessen: Gesetz v. 27.10.1997 (GVBl. 1997 I S. 381), zuletzt geändert durch Gesetz v. 27.6.2013 (GVBl. 2013 S. 458).

Niedersachsen:	Gesetz idF v. 1.7.1993 (GVBl. 1993 S. 175), zuletzt geändert durch Gesetz v. 25.11.2009 (GVBl. 2009 S. 437).
Nordrhein-Westfalen:	Gesetz v. 26.1.2010 (GV. NRW 2010 S. 30), zuletzt geändert durch Gesetz v. 12.6.2014 (GV. NRW. 2014 S. 348).
Rheinland-Pfalz:	Gesetz idF v. 5.12.1977 (GVBl. 1977 S. 451), zuletzt geändert durch Gesetz v. 21.7.2003 (GVBl. 2003 S. 212).
Saarland:	Gesetz v. 5.7.1960 (ABl. 1960 S. 558), zuletzt geändert durch Gesetz v. 21.11.2007 (ABl. 2008 S. 278).
Sachsen:	Gesetz v. 24.11.2000 (GVBl. 2000 S. 482, ber. 2001 S. 704), zuletzt geändert durch Gesetz v. 14.12.2012 (GVBl. 2012 S. 748).
Sachsen-Anhalt:	Gesetz v. 28.1.1992 (GVBl. 1992 S. 36), zuletzt geändert durch Gesetz v. 15.1.2010 (GVBl. 2010 S. 8).
Schleswig-Holstein:	Gesetz v. 6.3.1990 (GVBl. 1990 S. 226, ber. S. 347), zuletzt geändert durch VO v. 4.4.2013 (GVOBl. 2013 S. 143).
Thüringen:	Gesetz idF v. 15.12.1992 (GVBl. 1992 S. 576), zuletzt geändert durch Gesetz v. 23.7.2013 (GVBl. 2013 S. 194).

In Berlin, Hamburg und in der Stadtgemeinde Bremen wird die Grundsteuer vom Finanzamt verwaltet. Es gilt demgemäß das außergerichtliche Rechtsbehelfsverfahren nach der **Abgabenordnung** und das gerichtliche Rechtsbehelfsverfahren nach der **Finanzgerichtsordnung.** Hierzu vgl. Anm. 4 zu § 16 GrStG. Im Einzelnen vgl. hierzu auch:

Berlin (zur FGO):	Gesetz v. 21.12.1965 (GVBl. 1965 S. 1979, 1966 S. 718), zuletzt geändert durch Gesetz v. 10.9.2004 (GVBl. 2004 S. 380).
(zur AO):	Gesetz v. 21.6.1977 (GVBl. 1977 S. 1394), geändert durch Gesetz v. 28.11.1978 (GVBl. 1978 S. 2208).
Bremen (zur FGO):	Gesetz v. 23.12.1965 (Sa BremR 35-a-1, GBl. 1965 S. 156), zuletzt geändert durch Gesetz v. 14.10.2003 (GBl. 2003 S. 364).
(zur AO):	Gesetz v. 15.5.1962 (GBl. 1962 S. 139), zuletzt geändert durch Gesetz v. 31.1.2012 (GBl. 2012 S. 9).
Hamburg (zur FGO):	Gesetz v. 17.12.1965 (GVBl. 1965 S. 225), zuletzt geändert durch Gesetz v. 16.1.1989 (GVBl. 1989 S. 5).
(zur AO):	Gesetz v. 17.2.1976 (GVBl. 1976 S. 45), zuletzt geändert durch Gesetz v. 16.11.1999 (GVBl. 1999 S. 256).

Aber auch bei einem nach der Verwaltungsgerichtsordnung abzuwickelnden Rechtsbehelfsverfahren gegen einen Grundsteuerbescheid sind die Vorschriften der §§ 351 und 361 Abs. 3 AO zu beachten. Danach können auch in diesem Rechtsbehelfsverfahren keine Einwendungen mehr gegen Feststellungen in dem Steuermessbescheid erhoben werden. Hierzu vgl. § 351 AO, der den folgenden Wortlaut hat:

§ 351 AO Bindungswirkung anderer Verwaltungsakte

(1) **Verwaltungsakte, die unanfechtbare Verwaltungsakte ändern, können nur insoweit angegriffen werden, als die Änderung reicht, es sei denn, dass sich aus den Vorschriften über die Aufhebung und Änderung von Verwaltungsakten etwas anderes ergibt.**

(2) **Entscheidungen in einem Grundlagenbescheid (§ 171 Abs. 10) können nur durch Anfechtung dieses Bescheids, nicht auch durch Anfechtung des Folgebescheids, angegriffen werden.**

Ein bestandskräftiger Steuermessbescheid ist auch für die Verwaltungsgerichte bindend. Ist ein bereits bestandskräftiger Steuerbescheid der Gemeinde nachträglich geändert oder berichtigt worden, z.B. nach § 175 Abs. 1 Satz 1 Nr. 1 AO wegen Änderung des Steuermessbescheids, so kann selbstverständlich auch der neue Steuerbescheid angefochten werden. Dies gilt aber nur in dem Umfang, als auch diese Änderung reicht (§ 351 Abs. 1 AO). In diesen Grenzen können dann auch andere Rechtsfehler, die an sich mit der Änderung in keinem Zusammenhang stehen, sowohl zugunsten wie auch zuungunsten des Steuerpflichtigen mitberücksichtigt werden (§ 351 Abs. 1 und § 177 AO). Hierzu vgl. auch Anm. 12 zu § 27 GrStG. Zur Einlegung von Einsprüchen gegen Einheitswertbescheide und Grundsteuermessbescheide (Einspruch gegen Folgebescheid, Einspruch gegen Feststellungen, die nicht zum Regelungsgehalt des Einheitswertbescheids gehören, Selbständigkeit von mehreren in einem Einheitswertbescheid zusammengefassten Feststellungen), insbesondere durch rechtsunkundige Steuerpflichtige, siehe auch OFD Koblenz v. 21.9.1993 (StEK AO 1977 § 348 Nr. 17).

Nach § 1 KBV werden Steuerfestsetzungen zum Nachteil des Steuerpflichtigen nur geändert oder berichtigt, wenn die Abweichung mindestens 10 € beträgt. Die Regelung gilt jedoch nicht für die Grundsteuer. Hierzu vgl. Anm. 2 zu § 27 GrStG.

Aussetzung der Vollziehung

15   Die Einlegung eines Einspruchs gegen den Steuermessbescheid hemmt weder dessen Vollziehung noch die Vollziehung des hierauf beruhenden Steuerbescheids. Die Gemeinde kann deshalb den Steuerbescheid erlassen und die darin festgesetzten Steuern ohne weitere Einschränkung einziehen, wenn der Steuermessbescheid wegen eines Einspruchs noch nicht bestandskräftig geworden ist. Wenn allerdings die Vollziehung des Steuermessbescheids (Grundlagenbescheid) ausgesetzt worden ist, muss auch die Vollziehung des Steuerbescheids (Folgebescheid) ausgesetzt werden; vgl. hierzu auch AEAO Nr. 6 zu § 361 AO. Dies gilt selbst dann, wenn der erlassene Steuerbescheid bereits unanfechtbar geworden war (BFH v. 19.4.1968, BStBl. 1968 II S. 538). Im Einzelnen vgl. dazu auch den für die Aussetzung

der Vollziehung des Steuermessbescheids im außergerichtlichen Rechtsbehelfsverfahren geltenden § 361 AO und den entsprechenden im gerichtlichen Rechtsbehelfsverfahren geltenden § 69 FGO. Die Vorschriften in § 361 AO haben auszugsweise den folgenden Wortlaut:

§ 361 AO Aussetzung der Vollziehung

(1) [1]**Durch Einlegung des Einspruchs wird die Vollziehung des angefochtenen Verwaltungsakts vorbehaltlich des Absatzes 4 nicht gehemmt, insbesondere die Erhebung einer Abgabe nicht aufgehalten.** [2]**Entsprechendes gilt bei Anfechtung von Grundlagenbescheiden für die darauf beruhenden Folgebescheide.**

(2) [1]**Die Finanzbehörde, die den angefochtenen Verwaltungsakt erlassen hat, kann die Vollziehung ganz oder teilweise aussetzen; § 367 Abs. 1 Satz 2 gilt sinngemäß.** [2]**Auf Antrag soll die Aussetzung erfolgen, wenn ernstliche Zweifel an der Rechtmäßigkeit des angefochtenen Verwaltungsakts bestehen oder wenn die Vollziehung für den Betroffenen eine unbillige, nicht durch überwiegende öffentliche Interessen gebotene Härte zur Folge hätte.** [3]**Ist der Verwaltungsakt schon vollzogen, tritt an die Stelle der Aussetzung der Vollziehung die Aufhebung der Vollziehung.** [4]**Bei Steuerbescheiden sind die Aussetzung und die Aufhebung der Vollziehung auf die festgesetzte Steuer, vermindert um die anzurechnenden Steuerabzugsbeträge, um die anzurechnende Körperschaftsteuer und um die festgesetzten Vorauszahlungen, beschränkt; dies gilt nicht, wenn die Aussetzung oder Aufhebung der Vollziehung zur Abwendung wesentlicher Nachteile nötig erscheint.** [5]**Die Aussetzung kann von einer Sicherheitsleistung abhängig gemacht werden.**

(3) [1]**Soweit die Vollziehung eines Grundlagenbescheids ausgesetzt wird, ist auch die Vollziehung eines Folgebescheids auszusetzen.** [2]**Der Erlass eines Folgebescheids bleibt zulässig.** [3]**Über eine Sicherheitsleistung ist bei der Aussetzung eines Folgebescheids zu entscheiden, es sei denn, dass bei der Aussetzung der Vollziehung des Grundlagenbescheids die Sicherheitsleistung ausdrücklich ausgeschlossen worden ist.**

(4) ...

(5) **Gegen die Ablehnung der Aussetzung der Vollziehung kann das Gericht nur nach § 69 Abs. 3 und 5 Satz 3 der Finanzgerichtsordnung angerufen werden.**

Die Vollziehung des Steuermessbescheids wird vom Finanzamt nur dann ausgesetzt, wenn Einspruch dagegen eingelegt worden ist und ernstliche Zweifel an der Rechtmäßigkeit des angefochtenen Bescheids bestehen oder wenn die Vollziehung für den Steuerpflichtigen eine **unbillige,** nicht durch überwiegende öffentliche Interessen gebotene **Härte** zur Folge hätte (§ 361 Abs. 2 AO). Inwieweit ernstliche Zweifel an der Rechtmäßigkeit des Steuermessbescheids bestehen, richtet sich nach den Rechtsausführungen zu dem Einspruch. Dessen Aussichten werden allerdings nur in einem summarischen Verfahren geprüft (BFH v. 5.9.1955, BStBl. 1955 III S. 355). Dabei muss sich zeigen, dass eine Unsicherheit in der rechtlichen oder tatsächlichen Beurteilung des Falles besteht. Es ist jedoch nicht erforderlich, dass die Erfolgsaussichten überwiegen (BFH v. 24.10.1967 und v. 27.3.1968, BStBl. 1968 II

S. 229 und 491). **Ernstliche Zweifel** bestehen regelmäßig, wenn die obersten Bundesgerichte unterschiedlich entschieden haben, wenn unterschiedliche Urteile von anderen Gerichten vorliegen, ohne dass bisher das jeweils zuständige oberste Bundesgericht entschieden hat (BFH v. 10.5.1968, BStBl. 1968 II S. 610 und v. 22.11.1969, BStBl. 1970 II S. 145), wenn die gleiche Rechtsfrage bereits dem Bundesverfassungsgericht zur Entscheidung vorliegt u. a. m. Siehe hierzu auch AEAO Nr. 2.5.2 zu § 361 AO. Im Hinblick auf eine bereits anhängige Verfassungsbeschwerde soll allerdings noch keine Vollziehungsaussetzung erfolgen. Wenn sie aber trotzdem gewährt wird, sollen keine Aussetzungszinsen fällig werden (BFH v. 11.2.1987, BStBl. 1987 II S. 320).

Soll die Vollziehung ausgesetzt werden, weil sie für den Steuerpflichtigen zu einer unbilligen Härte führen würde, so muss diese Folge von ihm mindestens glaubhaft gemacht werden können (BFH v. 3.12.1968, BStBl. 1969 II S. 170). Die Aussetzung ist zeitlich nur für die Dauer des Rechtsbehelfsverfahrens zulässig (BFH v. 3.1.1978, BStBl. 1978 II S. 157).

Das Finanzamt soll in Fällen von größerer Bedeutung vor der Entscheidung über einen Aussetzungsantrag auch die **Gemeinde anhören.** Da über einen solchen Antrag in angemessener Frist entschieden werden muss, wird dies dem Finanzamt nicht immer möglich sein. In einem solchen Fall soll es deshalb die Gemeinde wenigstens darüber unterrichten, dass ein solcher Antrag vorliegt. Soweit die Gemeinde die Steuer bereits erhalten hat, soll das Finanzamt den Antrag auf Aussetzung des Vollzugs des Steuermessbescheids ablehnen, damit die Gemeinde nicht gezwungen ist, auch den Vollzug des Steuerbescheids auszusetzen und die bereits gezahlte Steuer wieder zu erstatten. Nach anderer Auffassung schließt allerdings eine Steuerzahlung die Aussetzung der Vollziehung und damit auch eine Steuererstattung nicht aus (BFH v. 22.7.1977, BStBl. 1977 II S. 838). Auch die Tatsache, dass bei Aufhebung des Steuerbescheids Erstattungszinsen gezahlt werden müssen, reicht allein noch nicht aus, um die Aussetzung abzulehnen (OVG Münster v. 28.3.1973, KStZ 1974 S. 19). In jedem Fall hat aber das Finanzamt die Gemeinde über die getroffene Entscheidung zu unterrichten. Zur Aussetzung der Vollziehung vgl. auch ZKF 1980 S. 109.

Die Aussetzung der Vollziehung kann von einer **Sicherheitsleistung** abhängig gemacht werden (§ 361 Abs. 2 Satz 5 AO). Über die Frage einer Sicherheitsleistung hat hier die Gemeinde zu entscheiden (BFH v. 19.7.1973, BStBl. 1973 II S. 782). Diese Entscheidung ist nach **pflichtgemäßem Ermessen** zu treffen (AEAO Nr. 9.2.1 zu § 361 AO). Eine Sicherheitsleistung darf jedoch von ihr dann nicht verlangt werden, wenn diese vom Finanzamt bei der Aussetzung der Vollziehung des Steuermessbescheids ausdrücklich ausgeschlossen worden ist (§ 361 Abs. 3 AO). Das Finanzamt wird bei dieser Feststellung auf den wahrscheinlichen Erfolg des Rechtsbehelfs und auf die Finanzlage des Steuerpflichtigen Rücksicht nehmen.

Das Aussetzungsverfahren läuft jeweils selbständig neben dem anhängigen Rechtsbehelfsverfahren. Wird ein Antrag auf Aussetzung vom Finanzamt abgelehnt, so ist auch diese Entscheidung mit den üblichen Rechtsbehelfen anfechtbar (BFH v. 9.12.1976, BStBl. 1977 II S. 314). Unabhängig davon, aus welchen Gründen die Aussetzung nicht schon durch das Finanzamt erfolgt ist, kann auch das Finanzgericht auf Antrag die Aussetzung der Vollziehung des Steuermessbescheids anordnen. Im Einzelnen vgl. hierzu § 69 FGO, der auszugsweise den folgenden Wortlaut hat:

§ 69 FGO Aussetzung der Vollziehung

(1) [1]Durch Erhebung der Klage wird die Vollziehung des angefochtenen Verwaltungsakts vorbehaltlich des Absatzes 5 nicht gehemmt, insbesondere die Erhebung einer Abgabe nicht aufgehalten. [2]Entsprechendes gilt bei Anfechtung von Grundlagenbescheiden für die darauf beruhenden Folgebescheide.

(2) [1]Die zuständige Finanzbehörde kann die Vollziehung ganz oder teilweise aussetzen. [2]Auf Antrag soll die Aussetzung erfolgen, wenn ernstliche Zweifel an der Rechtmäßigkeit des angefochtenen Verwaltungsakts bestehen oder wenn die Vollziehung für den Betroffenen eine unbillige, nicht durch überwiegende öffentliche Interessen gebotene Härte zur Folge hätte. [3]Die Aussetzung kann von einer Sicherheitsleistung abhängig gemacht werden. [4]Soweit die Vollziehung eines Grundlagenbescheides ausgesetzt wird, ist auch die Vollziehung eines Folgebescheides auszusetzen. [5]Der Erlass eines Folgebescheides bleibt zulässig. [6]Über eine Sicherheitsleistung ist bei der Aussetzung eines Folgebescheides zu entscheiden, es sei denn, dass bei der Aussetzung der Vollziehung des Grundlagenbescheides die Sicherheitsleistung ausdrücklich ausgeschlossen worden ist. [7]Ist der Verwaltungsakt schon vollzogen, tritt an die Stelle der Aussetzung der Vollziehung die Aufhebung der Vollziehung. [8]Bei Steuerbescheiden sind die Aussetzung und die Aufhebung der Vollziehung auf die festgesetzte Steuer, vermindert um die anzurechnenden Steuerabzugsbeträge, um die anzurechnende Körperschaftsteuer und um die festgesetzten Vorauszahlungen, beschränkt; dies gilt nicht, wenn die Aussetzung oder Aufhebung der Vollziehung zur Abwendung wesentlicher Nachteile nötig erscheint.

(3) [1]Auf Antrag kann das Gericht der Hauptsache die Vollziehung ganz oder teilweise aussetzen; Absatz 2 Satz 2 bis 6 und § 100 Abs. 2 Satz 2 gelten sinngemäß. [2]Der Antrag kann schon vor Erhebung der Klage gestellt werden. [3]Ist der Verwaltungsakt im Zeitpunkt der Entscheidung schon vollzogen, kann das Gericht ganz oder teilweise die Aufhebung der Vollziehung, auch gegen Sicherheit, anordnen. [4]Absatz 2 Satz 8 gilt entsprechend. [5]In dringenden Fällen kann der Vorsitzende entscheiden.

(4) [1]Der Antrag nach Absatz 3 ist nur zulässig, wenn die Behörde einen Antrag auf Aussetzung der Vollziehung ganz oder zum Teil abgelehnt hat. [2]Das gilt nicht, wenn

1. die Finanzbehörde über den Antrag ohne Mitteilung eines zureichenden Grundes in angemessener Frist sachlich nicht entschieden hat oder
2. eine Vollstreckung droht.

(5) . . .

(6) [1]Das Gericht der Hauptsache kann Beschlüsse über Anträge nach den Absätzen 3 und 5 Satz 3 jederzeit ändern oder aufheben. [2]Jeder Beteiligte kann die Änderung oder Aufhebung wegen veränderter oder im ursprünglichen Verfahren ohne Verschulden nicht geltend gemachter Umstände beantragen.

(7) **Lehnt die Behörde die Aussetzung der Vollziehung ab, kann das Gericht nur nach den Absätzen 3 und 5 Satz 3 angerufen werden.**

Ebenso wie das Finanzamt den Vollzug des angefochtenen Steuermessbescheides aussetzen kann, ist es auch möglich, dass die Gemeinde den Vollzug des angefochtenen Steuerbescheides aussetzt. Die Rechtsgrundlage dafür ist § 80 VwGO. Danach ist weitgehend nach denselben Grundsätzen zu verfahren wie bei der Aussetzung der Vollziehung nach § 361 AO. Da aber Rechtsmittel gegen den Grundsteuerbescheid selten sind, dürfte auch dieser Möglichkeit keine besondere Bedeutung zukommen. Wenn jedoch das Finanzamt den Vollzug des angefochtenen Steuermessbescheides ausgesetzt hat, muss die Gemeinde entsprechend mit einer Aussetzung des Vollzugs ihrer Steuerfestsetzung folgen (§ 361 Abs. 2 AO), andernfalls wäre die Maßnahme des Finanzamts völlig wirkungslos. Nachdem die Feststellungen in dem Steuermessbescheid als Grundlagenbescheid bindend sind (§ 175 Abs. 1 Satz 1 Nr. 1 AO), besteht auch insoweit eine Bindung. Würde die Gemeinde gleichwohl den Vollzug ihrer Steuerfestsetzung nicht aussetzen, wäre der vorläufige Rechtsschutz im verwaltungsgerichtlichen Verfahren nicht nach § 80 Abs. 5 VwGO, sondern nach § 123 Abs. 1 VwGO gegeben. Der aus der Aufhebung oder Änderung des Steuermessbescheides folgende Anspruch auf Änderung des Steuerbescheids bzw. auf Aussetzung der Vollziehung des Steuerbescheids wäre danach im Wege der Verpflichtungsklage zu verfolgen (BVerwG v. 27.11.1981, KStZ 1982 S. 34).

Soweit der Rechtsbehelf keinen Erfolg hat, ist der Betrag, hinsichtlich dessen die Vollziehung ausgesetzt war, vom Beginn der Aussetzung an bis zu deren Ende zu verzinsen (§§ 237 ff. AO). Hierzu vgl. auch Anm. 10 zu § 28 GrStG. Auf die **Erhebung der Zinsen** kann jedoch von der Gemeinde ganz oder teilweise **verzichtet** werden, wenn ihre Erhebung nach der Lage des Falles unbillig wäre (§ 237 Abs. 4 iVm § 234 Abs. 2 AO).

Mitteilung von Besteuerungsgrundlagen

16 Die für die Verwaltung der Grundsteuer zuständigen Behörden sind nach § 31 Abs. 3 AO berechtigt, die nach § 30 AO (Steuergeheimnis) geschützten Namen und Anschriften von Grundstückseigentümern, die bei der Verwaltung der Grundsteuer bekannt geworden sind, zur **Verwaltung anderer Abgaben** – hierunter fallen u. a. Anliegerbeiträge – sowie zur Erfüllung sonstiger öffentlicher Aufgaben (z. B. baubehördliche Aufsicht) zu verwenden oder den hierfür zuständigen Gerichten, Behörden oder juristischen Personen des öffentlichen Rechts auf Ersuchen mitzuteilen. Derartige Mitteilungen können demnach auch an **Grundbuchämter** oder an öffentlich bestellte Vermessungsingenieure, die als Beliehene fungieren, ergehen (*Klein/Rüsken*, AO, § 31 Rz. 6). Die Offenbarung der Verhältnisse ist nur zulässig, sofern nicht schutzwürdige Interessen des Betroffenen überwiegen.

§ 28 Fälligkeit

(1) Die Grundsteuer wird zu je einem Viertel ihres Jahresbetrags am 15. Februar, 15. Mai, 15. August und 15. November fällig.

(2) Die Gemeinden können bestimmen, daß Kleinbeträge wie folgt fällig werden:

1. am 15. August mit ihrem Jahresbetrag, wenn dieser fünfzehn Euro nicht übersteigt;
2. am 15. Februar und 15. August zu je einer Hälfte ihres Jahresbetrags, wenn dieser dreißig Euro nicht übersteigt.

(3) ¹Auf Antrag des Steuerschuldners kann die Grundsteuer abweichend von Absatz 1 oder Absatz 2 Nr. 2 am 1. Juli in einem Jahresbetrag entrichtet werden. ²Der Antrag muß spätestens bis zum 30. September des vorangehenden Kalenderjahres gestellt werden. ³Die beantragte Zahlungsweise bleibt so lange maßgebend, bis ihre Änderung beantragt wird; die Änderung muß spätestens bis zum 30. September des vorangehenden Jahres beantragt werden.

Übersicht

Zu § 28
1. Begründung

Zu § 28 Abs. 1
2. Fälligkeit der Steuer

Zu § 28 Abs. 2
3. Fälligkeit von Kleinbeträgen

Zu § 28 Abs. 3
4. Fälligkeit bei Zahlung in einem Jahresbetrag

Anhang zu § 28
5. Verwirklichung des Steueranspruchs
6. Entrichtung der festgesetzten Steuer
7. Stundung der festgesetzten Steuer
8. Erlass und Niederschlagung der festgesetzten Steuer
9. Verjährung der festgesetzten Steuer
10. Verzinsung der festgesetzten Steuer
11. Säumniszuschläge
12. Vollstreckung
13. Grundsteuer als Kostenfaktor
14. Grundsteuer bei anderen Steuern

Zu § 28

Begründung zur Regierungsvorlage

„Nach bisherigem Recht konnten die Gemeinden bestimmen, ob die Grundsteuer 1 in monatlichen oder vierteljährlichen Raten zu entrichten ist. Im Interesse der Verwaltungsvereinfachung ist heute die Zahlung in vierteljährlichen Raten die Regel. Demgemäß werden auch in § 28 Abs. 1 GrStG die vierteljährlichen Zahlungen am 15. Februar, 15. Mai, 15. August und 15. November verbindlich vorgeschrieben. Die genannten Zahlungstermine wurden deshalb gewählt, um Überschneidungen mit den großen Steuerterminen (10. März, 10. Juni, 10. September und 10. Dezember) zu vermeiden.

Bei der Erhebung der Realsteuern lässt sich durch den Einsatz elektronischer Datenverarbeitungsanlagen eine erhebliche Verwaltungsvereinfachung erzielen. Der Einsatz derartiger Anlagen ist aber nur dann rentabel, wenn er für eine größere Anzahl von Gemeinden gemeinsam erfolgen kann. Es ist daher notwendig, dass die Grundsteuer von allen Gemeinden an einheitlichen Terminen erhoben wird. Aus diesem

Grunde ist die bisher bestehende Möglichkeit (§ 22 Abs. 2 GrStG a. F.), dass die Gemeinden ihre Zahlungstermine abweichend bestimmen können, nicht mehr übernommen worden. Dagegen sind die bisherigen Zahlungstermine für Kleinbeträge (§ 22 Abs. 3 GrStG a. F.), die angemessen erhöht wurden, beibehalten worden.

Schon bisher haben Gemeinden gelegentlich mit den Eigentümern von größerem Grundbesitz (z. B. Wohnungsbaugesellschaften) Absprachen getroffen, wonach diese die Grundsteuer in einem Jahresbetrag entrichten können. Diese Regelung, die sowohl bei den Steuerpflichtigen als auch bei den Gemeinden zu einer erheblichen Arbeitsersparnis führt, ist nunmehr in § 28 Abs. 3 GrStG auch gesetzlich vorgesehen. Danach hat die Gemeinde dem Eigentümer auf Antrag zu gestatten, dass er seine Grundsteuer in einem Jahresbetrag am 1. Juli entrichtet. Bei dieser Zahlungsweise werden ein Teil der Vierteljahresraten zu spät, ein Teil der Vierteljahresraten aber entsprechend früher entrichtet. Zinsvorteile und Zinsnachteile gleichen sich somit aus. Es besteht deshalb in diesen Fällen auch kein Anlass für die Gewährung eines besonderen Bonus.

Eine reibungslose Abwicklung des Erhebungsverfahrens setzt voraus, dass die Gemeinden rechtzeitig über die von dem Eigentümer gewünschte Zahlungsweise unterrichtet wird. Der Antrag auf Zahlung in einem Jahresbetrag muss daher bis zum 30. September des vorangegangenen Kalenderjahres gestellt worden sein. Er gilt auch dann für alle künftigen Kalenderjahre weiter, es sei denn, dass wiederum bis zu einem 30. September eine Änderung der Zahlungsweise für das folgende Jahr beantragt wird."

Im Bericht des Finanzausschusses des Bundestags (vgl. BT-Drucks. 7/485) wird zu § 28 GrStG Folgendes ausgeführt:

„Absatz 2 wurde als Kann-Vorschrift ausgestaltet. Damit wurde einem Anliegen der Gemeinden entsprochen, die in der Kleinbetragsregelung keine Verwaltungserleichterung sehen, soweit die Grundsteuer mit Datenverarbeitungsanlagen veranlagt wird. Deshalb soll den Gemeinden hier ein Wahlrecht gewährt werden."

Zu § 28 Absatz 1

Fälligkeit der Steuer

2   Ein Steueranspruch **entsteht,** sobald der Tatbestand verwirklicht ist, an den das Gesetz die Leistungspflicht knüpft (§ 38 AO). Dabei ist es ohne Bedeutung, ob und wann sie festgesetzt und fällig wird. Bei der Grundsteuer entsteht der Anspruch mit dem Beginn des Kalenderjahres, für das sie erhoben wird (§ 9 Abs. 2 GrStG).

Vom Zeitpunkt der Entstehung ist der Zeitpunkt der Fälligkeit zu unterscheiden. **Fälligkeit** bedeutet, dass die Gemeinde die Entrichtung der Steuer verlangen kann. Dass der Steuerpflichtige die Steuerzahlungen seinerseits auch schon vorher leistet, wird dadurch nicht ausgeschlossen. Wann die Grundsteuer fällig wird, ergibt sich aus § 28 Abs. 1 GrStG. Sie wird einheitlich in Vierteljahresraten fällig, und zwar zum 15. Februar, 15. Mai, 15. August und 15. November eines Jahres. Zahlungen in Monatsraten sind nicht vorgesehen. Das schließt aber nicht aus, dass die Gemeinde im Einzelfall auch eine Stundung mit monatlicher Ratenzahlung zulässt. Hierzu bedarf es aber stets einer besonderen Stundungsverfügung. Fällt der in § 28 Abs. 1 GrStG vorgesehene Fälligkeitstag auf einen Sonntag, einen gesetzlich anerkannten Feiertag oder einen Sonnabend, so tritt die Fälligkeit erst am nächsten Werktag ein. Vgl. § 108 Abs. 1 AO und § 193 BGB.

Zu § 28 Absatz 2

Fälligkeit von Kleinbeträgen

Grundsätzlich ist die Grundsteuer in Vierteljahresraten zu entrichten (§ 28   **3**
Abs. 1 GrStG). Die Gemeinden können jedoch für Kleinbeträge die Zahlung
in einer Jahresrate oder in Halbjahresraten vorsehen. Sie sind nicht dazu verpflichtet. Wenn sie aber von dieser Möglichkeit Gebrauch machen, ist dies
nur im Rahmen des § 28 Abs. 2 GrStG möglich. Danach sind Jahresleistungen bis zu 15 € in einem Jahresbetrag am 15. August und Jahresleistungen bis
zu 30 € in zwei Halbjahresraten am 15. Februar und 15. August fällig. Die
Entscheidung hierüber kann von der Gemeinde nicht für einen Einzelfall,
sondern ebenso wie die Entscheidung über die Höhe des Hebesatzes nur
einheitlich für alle Grundstückseigentümer der Gemeinde getroffen werden.
Dazu wird es einer besonderen Satzung bedürfen.

Zur Fälligkeit von Kleinbeträgen in den neuen Bundesländern vgl.
Anm. 1 ff. zu § 45 GrStG.

Zu § 28 Absatz 3

Fälligkeit bei Zahlung in einem Jahresbetrag

Von den gesetzlichen Zahlungsterminen in § 28 Abs. 1 GrStG können die   **4**
Gemeinden nicht abweichen. Sie können auch keine eigenen Zahlungstermine
für einzelne Steuerpflichtige zulassen. Eine Ausnahme ergibt sich jedoch aus
§ 28 Abs. 3 GrStG. Danach kann auf Antrag des Steuerpflichtigen die
Grundsteuer ungeachtet ihrer tatsächlichen Höhe in einem Jahresbetrag jeweils
zum 1. Juli entrichtet werden. Hierzu muss bei der Gemeinde ein besonderer
Antrag gestellt werden, der zwar nicht an eine bestimmte Form gebunden ist,
in der Regel aber wohl schriftlich eingereicht werden muss. Die Gemeinde hat
diesem Antrag zu entsprechen. Der Steuerpflichtige hat hierauf einen Anspruch, der bei Ablehnung notfalls im Rechtsmittelverfahren durchgesetzt
werden kann. Der Antrag muss bis zum 30. September des vorangegangenen
Kalenderjahres gestellt sein, damit sich die Gemeinde in ihrer verwaltungsmä-
ßigen Behandlung darauf einstellen kann. Wird der Antrag erst nach diesem
Termin gestellt, so ist die Gemeinde zwar nicht verpflichtet, dem Antrag schon
für das nächste Jahr zu entsprechen. Ein Entgegenkommen der Gemeinde sollte
aber im beiderseitigen Interesse nicht ausgeschlossen sein. Andernfalls würde
dann der Antrag für das übernächste Kalenderjahr gelten.

Ist einmal ein Antrag gestellt und danach mit der jährlichen Zahlungsweise
begonnen worden, so gilt diese bis auf Weiteres. Sie dürfte selbst dann weitergelten, wenn inzwischen das Grundstück auf einen neuen Eigentümer
übergegangen ist, oder sich die Höhe der Grundsteuer geändert hat. Sie wird
sich erst dann wieder ändern, wenn der Steuerpflichtige dies beantragt. Dieser neue Antrag kann aber lediglich dazu führen, dass wieder die Zahlungsweise nach § 28 Abs. 1 oder 2 GrStG maßgebend ist. Der Antrag muss ebenfalls bis zum 30. September bei der Gemeinde eingehen und wirkt dann für
das darauf folgende Kalenderjahr.

Ob von der Möglichkeit der Zahlung eines Jahresbetrags viel Gebrauch gemacht wird, ist nicht bekannt.

Anhang zu § 28

Verwirklichung des Steueranspruchs

5   Der Steueranspruch entsteht zwar jeweils zu dem gesetzlich vorgesehenen Zeitpunkt, bei der Grundsteuer also mit dem Beginn des Kalenderjahrs (§ 9 Abs. 2 GrStG). Er kann jedoch erst verwirklicht werden, wenn er auch **fällig** geworden ist. Die Einzelheiten zur Verwirklichung des Steueranspruchs ergeben sich aus §§ 218 ff. AO. Grundlage für seine Verwirklichung sind danach der Steuerbescheid, der Vorauszahlungsbescheid und der Haftungsbescheid. Im Einzelnen vgl. dazu auch § 220 AO, der den folgenden Wortlaut hat:

§ 220 AO Fälligkeit

(1) **Die Fälligkeit von Ansprüchen aus dem Steuerschuldverhältnis richtet sich nach den Vorschriften der Steuergesetze.**

(2) [1] **Fehlt es an einer besonderen gesetzlichen Regelung über die Fälligkeit, so wird der Anspruch mit seiner Entstehung fällig, es sei denn, dass in einem nach § 254 erforderlichen Leistungsgebot eine Zahlungsfrist eingeräumt worden ist.** [2] **Ergibt sich der Anspruch in den Fällen des Satzes 1 aus der Festsetzung von Ansprüchen aus dem Steuerschuldverhältnis, so tritt die Fälligkeit nicht vor Bekanntgabe der Festsetzung ein.**

Die **Fälligkeitstermine** für die Grundsteuerzahlungen ergeben sich aus § 28 GrStG. Das schließt aber nicht aus, dass in einem Steuerbescheid auch ein eigener Fälligkeitstermin festgelegt wird, z.B. weil die Grundsteuer erst nachträglich für eine bereits zurückliegende Zeit festgesetzt und nacherhoben werden muss. Hier ergibt sich der Zeitpunkt der Fälligkeit unmittelbar aus dem Steuerbescheid. Die Fälligkeit kann somit nicht vor seiner Bekanntgabe eintreten (§ 220 Abs. 2 AO).

Ansprüche aus dem Steuerschuldverhältnis sind auf Seiten der Gemeinde der Steueranspruch, der Haftungsanspruch, der Anspruch auf steuerliche Nebenleistungen, auf Seiten des Steuerpflichtigen der Steuererstattungsanspruch (§ 37 Abs. 1 AO). Wenn eine Steuer oder eine steuerliche Nebenleistung ohne rechtlichen Grund gezahlt wurde, ist erstattungsberechtigt derjenige, auf dessen Rechnung die Zahlung bewirkt wurde. Dies gilt auch dann, wenn der rechtliche Grund für die Zahlung erst später wegfällt (§ 37 Abs. 2 AO). Die Ansprüche aus dem Steuerschuldverhältnis entstehen, sobald der Tatbestand verwirklicht ist, an den das Gesetz die Leistungspflicht knüpft (§ 38 AO). Das gilt dann auch für den Erstattungsanspruch des Steuerpflichtigen. Er entsteht zwar ebenfalls mit dem Beginn des Kalenderjahrs, für das die Grundsteuer festzusetzen war (§ 9 Abs. 2 GrStG). Er steht aber gleichzeitig unter der Bedingung, dass bereits ein zu hoher Betrag an Grundsteuer entrichtet worden ist. Infolgedessen kann er auch erst in diesem Zeitpunkt entstehen.

Steuerschuldner ist derjenige, der die Steuer zu entrichten hat, an den sich die Gemeinde unmittelbar halten kann (§ 43 AO). Personen, die nebeneinander dieselbe Steuer schulden oder die zusammen zu einer Steuer veranlagt wurden, sind Gesamtschuldner. Soweit nichts anderes bestimmt ist, schuldet jeder Gesamtschuldner die gesamte Steuer (§ 44 Abs. 1 AO). Die Erfüllung durch einen Gesamtschuldner wirkt auch für die übrigen Schuldner. Andere Tatsachen wirken nur für und gegen den Gesamtschuldner, in dessen Person sie eintreten (§ 44 Abs. 2 AO). Ein interner Ausgleich zwischen den Gesamtschuldnern bleibt diesen selbst überlassen. Er erfolgt nach den bürgerlich-rechtlichen Vorschriften (§§ 421 ff. BGB). Bei einer Gesamtrechtsnachfolge gehen Steuerschuld und etwaige Steuererstattungsansprüche auf den Rechtsnachfolger über (§ 45 Abs. 1 AO). Erben haften für die aus dem Nachlass zu entrichtende Steuerschuld nach den bürgerlich-rechtlichen Vorschriften über die Erbenhaftung. Vorschriften, durch die auch eine steuerrechtliche Haftung der Erben begründet wird, bleiben unberührt (§ 45 Abs. 2 AO). Im Einzelnen vgl. hierzu auch Anm. 2 ff. zu § 10 GrStG.

Steuererstattungsansprüche können abgetreten, verpfändet und gepfändet werden (§ 46 Abs. 1 AO). Die Abtretung wird jedoch der Gemeinde gegenüber erst dann wirksam, wenn sie ihr vom Steuerpflichtigen angezeigt wird (BGH v. 30.11.1977, DB 1978 S. 291). Das hat unter Angabe des Abtretungsempfängers, der Art und Höhe des abgetretenen Anspruchs und des Abtretungsgrundes zu geschehen. Die Anzeige ist sowohl vom Steuerpflichtigen als auch vom Abtretungsempfänger zu unterschreiben (§ 46 Abs. 2 und 3 AO). Die Höhe des abgetretenen Anspruchs braucht zwar nicht ziffernmäßig genau angegeben zu werden, sie muss aber wenigstens bestimmbar sein. Umschreibungen wie z.B. „in Höhe des zu erstattenden Betrages" würden somit genügen. Die Pfändung eines Erstattungsanspruches ist erst zulässig, wenn dieser entstanden ist. Die Vorschriften über die Abtretung sind auf die Verpfändung sinngemäß anzuwenden (§ 46 Abs. 6 AO). Bei der Pfändung eines Erstattungsanspruchs gilt die Gemeinde als Drittschuldner iSd Zivilprozessordnung (§ 46 Abs. 7 AO).

Entrichtung der festgesetzten Steuer

Die Ansprüche aus einem Steuerschuldverhältnis werden verwirklicht insbesondere durch Zahlung, Aufrechnung, Erlass, Verjährung, bei auflösend bedingten Ansprüchen auch durch den Eintritt der Bedingung (§ 47 AO). 6

Steuerzahlungen an die Gemeinde sind bei der zuständigen Kasse zu entrichten. Außerhalb des Kassenraums können Zahlungsmittel nur einem Amtsträger übergeben werden, der zur Annahme besonders ermächtigt ist und sich hierüber auch ausweisen kann (§ 224 Abs. 1 AO). Die Zahlung gilt als geleistet bei Übergabe oder Übersendung von Zahlungsmitteln am Tag des Eingangs, bei Überweisung oder bei Einzahlung mit Zahlschein oder Postanweisung an dem Tag, an dem der Betrag der Gemeinde gutgeschrieben wird, und bei Vorliegen einer Einzugsermächtigung am Fälligkeitstag (§ 224 Abs. 2 AO). Hat der Steuerpflichtige verschiedene Steuerschulden zu bezahlen, reicht aber der gezahlte Betrag zur Tilgung sämtlicher Schulden nicht aus, so wird die Steuerschuld getilgt, die der Steuerpflichtige bei der Zahlung bestimmt (§ 225 Abs. 1 AO). Andernfalls werden nacheinander die Steuern, die

Verspätungszuschläge, die Zinsen und die Säumniszuschläge getilgt. Innerhalb dieser Reihenfolge geht es bei den einzelnen Schulden nach der Fälligkeit (§ 225 Abs. 2 AO).

Für die **Aufrechnung** gelten sinngemäß die Vorschriften des bürgerlichen Rechts (§ 226 Abs. 1 AO). Es sind dies die Vorschriften der §§ 387 bis 396 BGB; BFH v. 13.1.2000, BStBl. 2000 II S. 246). Im Einzelnen vgl. hierzu § 226 AO, der den folgenden Wortlaut hat:

§ 226 AO Aufrechnung

(1) **Für die Aufrechnung mit Ansprüchen aus dem Steuerschuldverhältnis sowie für die Aufrechnung gegen diese Ansprüche gelten sinngemäß die Vorschriften des bürgerlichen Rechts, soweit nichts anderes bestimmt ist.**

(2) **Mit Ansprüchen aus dem Steuerschuldverhältnis kann nicht aufgerechnet werden, wenn sie durch Verjährung oder Ablauf einer Ausschlussfrist erloschen sind.**

(3) **Die Steuerpflichtigen können gegen Ansprüche aus dem Steuerschuldverhältnis nur mit unbestrittenen oder rechtskräftig festgestellten Gegenansprüchen aufrechnen.**

(4) **Für die Aufrechnung gilt als Gläubiger oder Schuldner eines Anspruchs aus dem Steuerschuldverhältnis auch die Körperschaft, die die Steuer verwaltet.**

Eine Aufrechnung ist zulässig, wenn bei Anspruch und Gegenanspruch die Voraussetzungen der Gleichartigkeit, Gegenseitigkeit, Fälligkeit und Erfüllbarkeit gegeben sind – sog. **Aufrechnungslage.** Die Aufrechnungslage wird durch eine nachträgliche rückwirkende Stundung nicht beseitigt (BFH v. 8.7.2004, BStBl. 2005 II S. 7). Die Aufrechnung bewirkt, dass Anspruch und Gegenanspruch in dem Zeitpunkt als erloschen gelten, in dem sie erstmals gegeneinander aufrechenbar waren.

Beispiel:
Die Grundsteuer wurde am 15. Mai fällig. Seit 1. April hatte der Steuerpflichtige eine unbestrittene Forderung gegen die Gemeinde. Am 25. Mai erklärt er, dass er diese Forderung mit seiner Grundsteuerschuld verrechnen wolle. Damit gilt die Steuerschuld als am 15. Mai erloschen. Säumniszuschläge können nicht erhoben werden, obwohl die Aufrechnung nicht rechtzeitig erklärt worden ist.

Bei der Grundsteuer stehen sich für die Aufrechnung als Gläubiger und Schuldner die Gemeinde und der Steuerpflichtige gegenüber (§ 226 Abs. 4 AO). Der **Steuerpflichtige** kann als Steuerschuldner mit jeder Forderung gegen die Gemeinde aufrechnen, die auf Geld gerichtet, unbestritten oder rechtskräftig festgestellt ist (BFH v. 9.12.1954, BStBl. 1955 III S. 32 und OVG Münster v. 21.6.1971, DStZ/B 1971 S. 539). Sie muss gegen die Gemeinde, wenn auch nicht gerade gegen die Steuerverwaltung der Gemeinde, gerichtet sein. Sie braucht auch nicht auf einem Steuergesetz zu beruhen. Sie darf sich aber nicht gegen einen selbständigen Betrieb der Gemeinde richten. Die Aufrechnung ist vom Steuerpflichtigen der Gemeinde schriftlich mitzuteilen. Die Ansprüche, gegen welche er aufrechnen will, kann er selbst bestimmen (BFH v. 17.11.1987, BStBl. 1988 II S. 117). Unter Hinweis auf

§ 226 Abs. 1 AO iVm § 395 BGB wird allerdings auch die Auffassung vertreten, dass für die Aufrechnung Kassenidentität gegeben sein muss. Aufrechnen kann der Steuerschuldner nur mit Ansprüchen, die rechtskräftig festgestellt sind (§ 226 Abs. 3 AO). Unsachliche oder nur formale Einwendungen der Gemeinde reichen nicht aus, um die Unstreitigkeit solcher Ansprüche zu widerlegen. Andererseits ist aber auch kein Schuldanerkenntnis der Gemeinde dazu erforderlich. Wird die Aufrechnungserklärung des Steuerschuldners von der Gemeinde nicht anerkannt, so hat sie ihm dies unter Darlegung der Gründe mitzuteilen. Die Aufrechnung durch den Steuerpflichtigen ist möglich, sobald der Steueranspruch der Gemeinde entstanden ist (BFH v. 10.10.1953, BStBl. 1954 III S. 26). Fälligkeit ist nicht erforderlich.

Die Aufrechnung kann auch von der **Gemeinde** erklärt werden, wenn der Steuerpflichtige einen Steuererstattungsanspruch hat. Hierfür gelten dieselben Grundsätze. Die Forderung, mit der die Gemeinde aufrechnet, braucht nicht aus einem Steuerverhältnis herzurühren (BFH v. 4.10.1983, BStBl. 1984 II S. 178). Will die Gemeinde mit einer gestundeten Steuerforderung aufrechnen, so setzt dies voraus, dass der Aufrechnungserklärung ein wirksamer Widerruf der Stundung vorangegangen ist (BFH v. 6.2.1973, BStBl. 1973 II S. 513). Mit Ansprüchen, die durch Verjährung oder durch Ablauf einer Ausschlussfrist erloschen sind, kann sie nicht mehr aufrechnen (§ 226 Abs. 2 AO). Die Gemeinde kann auch nicht mit einer bestrittenen Forderung aufrechnen, auch nicht unter dem Vorbehalt der Möglichkeit ihrer Verurteilung (OVG Lüneburg v. 22.3.1974, KStZ 1975 S. 73). Besteht Streit, ob ein Steueranspruch durch Aufrechnung erloschen ist, muss dies in einem besonderen Abrechnungsbescheid geklärt werden (BFH v. 21.1.1977, BStBl. 1977 II S. 396). Ein nach Eröffnung des Insolvenzverfahrens entstandener Erstattungsanspruch gehört zur Insolvenzmasse, auch wenn der Anspruch auf Steuerzahlungen zurückzuführen ist, die der Steuerpflichtige noch zuvor geleistet hat (BFH v. 9.2.1993, BStBl. 1994 II S. 207 zum Konkursrecht). Nach Aussetzung der Vollziehung ist eine Aufrechnung ausgeschlossen (BFH v. 31.8.1995, BStBl. 1995 II S. 53).

Hat der Steuerpflichtige den ihm zustehenden **Erstattungsanspruch abgetreten,** so kann die Gemeinde auch gegenüber dem neuen Gläubiger aufrechnen (§ 406 BGB), es sei denn, dass ihr im Zeitpunkt der Entstehung ihres Anspruchs die Abtretung bereits bekannt war. Der Gemeinde gegenüber liegt eine wirksame Abtretungserklärung aber nur vor, wenn der Steuerpflichtige ihr diese schriftlich mitgeteilt hat (§ 46 Abs. 3 AO). In diesem Fall kann sie sowohl mit einem Anspruch gegen den bisherigen Steuerpflichtigen als auch mit einem Anspruch gegen den Neugläubiger aufrechnen (BFH v. 20.2.1976, BStBl. 1976 II S. 549). Zu den Voraussetzungen der Aufrechnung vgl. auch OFD Hannover v. 13.3.2008, StEK AO 1977 § 226 Nr. 23.

Stundung der festgesetzten Steuer

Die Gemeinde kann die fällige Grundsteuer stunden, wenn ihre Einzie- **7**
hung mit **erheblichen Härten für den Steuerpflichtigen** verbunden ist

und der Anspruch durch die Stundung nicht gefährdet wird. Hierzu vgl. § 222 AO, der den folgenden Wortlaut hat:

§ 222 AO Stundung

[1] **Die Finanzbehörden können Ansprüche aus dem Steuerschuldverhältnis ganz oder teilweise stunden, wenn die Einziehung bei Fälligkeit eine erhebliche Härte für den Schuldner bedeuten würde und der Anspruch durch die Stundung nicht gefährdet erscheint.** [2] **Die Stundung soll in der Regel nur auf Antrag und gegen Sicherheitsleistung gewährt werden.** [3] **Steueransprüche gegen den Steuerschuldner können nicht gestundet werden, soweit ein Dritter (Entrichtungspflichtiger) die Steuer für Rechnung des Steuerschuldners zu entrichten, insbesondere einzubehalten und abzuführen hat.** [4] **Die Stundung des Haftungsanspruchs gegen den Entrichtungspflichtigen ist ausgeschlossen, soweit er Steuerabzugsbeträge einbehalten oder Beträge, die eine Steuer enthalten, eingenommen hat.**

Eine Stundung kann aus sachlichen, aber auch aus persönlichen Gründen in Betracht kommen. **Sachliche Gründe** sind z. B. bereits bestehende Ansprüche des Steuerpflichtigen gegen die Gemeinde (BFH v. 6.10.1982, BStBl. 1983 II S. 397), volle Deckung der Steuerschuld durch bereits erfolgte Vorauszahlungen, eine gewisse Wahrscheinlichkeit dafür, dass die zu zahlende Steuer alsbald wieder zu erstatten sein wird (BFH v. 14.8.1963, BStBl. 1963 III S. 445) u. a. m. **Persönliche Gründe** sind z. B. vorübergehende Zahlungsschwierigkeiten des Steuerpflichtigen infolge unverschuldeter Umstände u. a. m. Die in der Steuererhebung liegende Härte muss jedoch erheblich sein. Daran fehlt es, wenn dem Steuerpflichtigen die Aufnahme eines Kredits zugemutet werden kann. Der Steuerpflichtige kann als Stundungsgrund nicht anführen, dass er die Steuer vor Abschluss eines Rechtsbehelfsverfahrens entrichten soll. An diesem Befund ändert sich auch dann nichts, wenn der Steuerpflichtige begründete Aussicht auf einen positiven Ausgang des Rechtsbehelfsverfahrens hat; in diesem Kontext ist er vielmehr auf das AdV-Verfahren zu verweisen (so auch zutreffend *Klein/Rüsken*, AO, § 222 Rz. 41). Die Stundung kann auch in der Weise erfolgen, dass die Steuerschuld in Raten gezahlt werden muss. Im Übrigen sind auch für eine Stundung die allgemeinen Rechtsgrundsätze von Bedeutung. Mit Ablauf der Stundungsfrist tritt Fälligkeit ein, ohne dass es noch einer Mahnung bedarf (BFH v. 23.6.1993, BFH/NV 1994 S 517).

Ein **Rechtsanspruch** auf Stundung besteht nicht. Sie ist eine **reine Ermessensentscheidung** der Gemeinde (BFH v. 19.1.1965, BStBl. 1965 III S. 206 und v. 5. und 13.5.1977, BStBl. 1977 II S. 587). Diese hat deshalb nach pflichtgemäßem Ermessen über den Antrag zu entscheiden. Bei Ablehnung können die Verwaltungsgerichte nur prüfen (§ 114 VwGO), ob ein Ermessensmissbrauch vorliegt (BayVGH v. 15.3.1961, KStZ 1961, S. 126 und GmS-OGB v. 19.10.1971, BStBl. 1972 II S. 603). Hierzu vgl. auch Anm. 7 zu § 33 GrStG. Bei einem Rechtsbehelfsverfahren wegen einer Stundung ist der Streitwert, wenn keine besonderen Umstände bestehen, mit 10% des Steuerbetrages anzusetzen, dessen Stundung beantragt worden ist (BFH v. 9.12.1954, BStBl. 1955 III S. 56 und v. 9.11.1962, BStBl. 1963 III S. 76).

Eine Stundung erfolgt regelmäßig nur auf **Antrag.** Eine bestimmte Form ist für den Antrag nicht vorgesehen. Er muss vor dem Fälligkeitszeitpunkt bei der Gemeinde gestellt werden und soll Zahlungsvorschläge enthalten sowie Sicherheitsmöglichkeiten angeben. Die Gemeinde kahn sich vom Steuerpflichtigen – insbesondere bei größeren Beträgen – einen **Liquiditätsstatus** vorlegen lassen. Sie kann sich auch ohne Zustimmung des Steuerpflichtigen vom Finanzamt Auskunft über seine Vermögensverhältnisse geben lassen; denn in Realsteuersachen ist dieses auch gegenüber der Gemeinde zur Amtshilfe verpflichtet (OFD Hannover v. 12.11.1979, AO-Kartei zu § 30 Nr. 5 AO). Mit der Stundung wird die Fälligkeit auf einen späteren Zeitpunkt verschoben. Insoweit können deshalb auch keine **Säumniszuschläge** mehr erhoben werden. Wird allerdings der Stundungsantrag nicht rechtzeitig gestellt, so dass die Gemeinde erst nach Fälligkeit darüber entscheiden kann, so bleiben, auch wenn Stundung gewährt wird, die bis zur Entscheidung anfallenden Säumniszuschläge unberührt; denn die Stundung wird grundsätzlich erst für die Zeit vom Eingang des Antrags an ausgesprochen. Sie kann allerdings auch rückwirkend ausgesprochen werden. Ein Säumniszuschlag ist in der Stundungsverfügung gesondert aufzuführen und bei Fälligkeit der ersten Stundungsrate zu entrichten. Wurde die Stundung schon vor dem Fälligkeitstag beantragt, so ist sie mit Wirkung vom Fälligkeitstag an auszusprechen. Wird sie abgelehnt, so ist im Allgemeinen eine Frist zur Entrichtung der rückständigen Steuer zu bewilligen.

Die Stundung soll in der Regel nur gegen **Sicherheitsleistung** gewährt werden. Diese kann auch noch nachträglich verlangt werden, wenn sich herausstellt, dass die gestundete Steuerforderung gefährdet ist (OVG Rheinland-Pfalz v. 20.4.1961, KStZ 1962 S. 58). Als Möglichkeiten einer Sicherheitsleistung kommen nach § 241 AO in Betracht die Verpfändung von Wertpapieren und anderem Kapitalvermögen, die Belastung mit einer Hypothek, Grund- oder Rentenschuld an Grundstücken oder Erbbaurechten durch Schuldversprechen, Bürgschaft oder Wechselverpflichtung eines tauglichen Steuerbürgen (§ 244 AO). Bei der Grundsteuer ist jedoch zu berücksichtigen, dass auf dem Grundstück bereits ihretwegen eine öffentliche Last ruht, so dass in der Regel eine besondere, zusätzliche Sicherheit nicht mehr erforderlich ist. Hierzu vgl. auch Anm. 2 zu § 12 GrStG.

Wird die Grundsteuer gestundet, so müssen für die Dauer der Stundung zwar grundsätzlich auch **Stundungszinsen** erhoben werden. Die Gemeinde kann allerdings hierauf auch ganz oder teilweise verzichten (§ 234 AO). Stundungszinsen sollen nur festgesetzt werden, wenn sie mindestens 10 € ausmachen (§ 239 Abs. 2 AO). Wird diese Mindestgrenze zunächst nicht erreicht, kommt es danach jedoch zu einer Verlängerung der Stundung, so bildet diese mit der ursprünglichen Stundung hinsichtlich der Mindestgrenze eine Einheit. Wenn danach insgesamt die Stundungszinsen die Mindestgrenze erreichen, müssen sie nachträglich auch noch für die erste Stundung erhoben werden. Wegen der Zinsen vgl. auch Anm. 10 zu § 28 GrStG.

Die Entscheidung über einen Stundungsantrag ist keine Verwaltungstätigkeit, für die auf Grund einer Satzung von der Gemeinde Gebühren erhoben werden dürfen (OVG Lüneburg v. 18.5.1983, ZKF 1983 S. 234).

Erlass und Niederschlagung der festgesetzten Steuer

8   Die Gemeinde kann die fällige Grundsteuer ganz oder zum Teil erlassen, wenn deren Einziehung nach Lage des einzelnen Falles unbillig wäre. Unter den gleichen Voraussetzungen können auch bereits entrichtete Beträge wieder erstattet werden (§ 227 Abs. 1 AO). Zum Erlass im Einzelnen vgl. Anm. 2 ff. zu § 33 GrStG.

Vom Erlass ist die **Niederschlagung** zu unterscheiden, die nicht zum Erlöschen der Steuerschuld führt, sondern nur bewirkt, dass einstweilen von einer Vollstreckung abgesehen wird. Eine Niederschlagung, die im Übrigen nur einen innerdienstlichen Vorgang darstellt und kein subjektives Recht des Steuerpflichtigen begründet (BFH v. 10.8.1998, BFH/NV 1999 S. 285), ist möglich, wenn feststeht, dass die Beitreibung keinen Erfolg haben wird oder wenn die Kosten der Beitreibung außer Verhältnis zum Ertrag stehen (§ 261 AO). In diesem Fall kann die Gemeinde allerdings auch schon die Festsetzung der Steuer unterlassen (§ 156 Abs. 2 AO). Im Allgemeinen kann angenommen werden, dass die Kosten der Festsetzung und Einziehung außer Verhältnis zu der festgesetzten Steuer stehen, wenn diese weniger als 10 € beträgt. Über die Niederschlagung der Grundsteuer entscheidet die Gemeinde. Sie hat sich dabei nach den landesrechtlichen Regelungen über die Zwangsvollstreckung zu richten, die z. T. aber ausdrücklich wieder auf die Vorschrift des § 261 AO verweisen.

Verjährung der festgesetzten Steuer

9   Ansprüche aus dem Steuerschuldverhältnis unterliegen einer besonderen Zahlungsverjährung. Das gilt sowohl für die Steueransprüche der Gemeinde gegen den Steuerpflichtigen als auch für etwaige Steuererstattungsansprüche des Steuerpflichtigen gegen die Gemeinde. Die Verjährungsfrist beträgt hier fünf Jahre (§ 228 AO). Sie beginnt mit Ablauf des Kalenderjahres, in dem der Anspruch erstmals fällig wird, frühestens jedoch mit Ablauf des Kalenderjahres, in dem der Anspruch festgesetzt worden ist. Die Verjährung ist gehemmt, so lange der Anspruch wegen höherer Gewalt innerhalb der letzten sechs Monate der Verjährungsfrist nicht verfolgt werden kann. Die Verjährungsfrist verlängert sich in diesem Fall um diesen Zeitraum, höchstens jedoch um sechs Monate (§ 230 AO). Die Verjährung wird unterbrochen durch die schriftliche Geltendmachung des Anspruches, durch Zahlungsaufschub, durch Stundung, durch Aussetzung der Vollziehung, durch Verlangen einer Sicherheitsleistung, durch Vollstreckungsaufschub, durch Vollstreckungsmaßnahmen, durch Anmeldung im Insolvenzverfahren oder durch Ermittlungen der Gemeinde nach dem Wohnsitz oder dem Aufenthaltsort des Zahlungspflichtigen (§ 231 Abs. 1 AO). Die Unterbrechung dauert an, bis die einzelne Maßnahme beendet worden ist. Mit Ablauf des Kalenderjahres, in dem die Unterbrechung geendet hat, beginnt eine neue Verjährungsfrist (§ 231 Abs. 3 AO). Die Gemeinde kann allerdings jederzeit die Vollstreckung betreiben und dadurch dann auch die Verjährungsunterbrechung verlängern. Erst mit der

Verjährung erlöschen die Ansprüche aus dem Steuerschuldverhältnis und die davon abhängenden Zinsen (§ 232 AO).

Wird gegen die Gemeinde ein Erstattungsanspruch geltend gemacht, so endet die hierdurch eingetretene Unterbrechung der Verjährung erst dann, wenn über diesen Anspruch rechtskräftig entschieden worden ist (§ 231 Abs. 2 Satz 2 AO).

Verzinsung der festgesetzten Steuer

Ansprüche aus dem Steuerschuldverhältnis werden nur verzinst, soweit **10** dies gesetzlich vorgeschrieben ist. Das gilt sowohl für die Steueransprüche der Gemeinde als auch für etwaige Steuererstattungsansprüche des Steuerpflichtigen oder Haftungsschuldners gegen die Gemeinde. Ansprüche auf steuerliche Nebenleistungen (Verspätungszuschläge, Zinsen, Säumniszuschläge u. a. m.) und die entsprechenden Erstattungsansprüche werden nicht verzinst (§ 233 AO). Die Zinsen betragen für jeden Monat 0,5 %. Sie sind von dem Tag an, mit dem der Zinslauf beginnt, für volle Monate zu zahlen. Angefangene Monate bleiben außer Ansatz. Für die Berechnung der Zinsen wird der zu verzinsende Betrag jeder Steuerart auf volle 50 € nach unten abgerundet. Zinsen werden nur dann festgesetzt, wenn sie mindestens 10 € betragen. Zinsen werden auch dann erhoben, wenn seit Abgabe der Steuererklärung 14 Monate vergangen sind und der Steuerpflichtige während dieser Zeit den Nachzahlungsbetrag bereitgehalten hat (BFH v. 20.9.1995, BStBl. 1996 II S. 51).

Für die Entrichtung der Zinsen gelten im Übrigen die für die Steuern maßgebenden Vorschriften entsprechend. Im Einzelnen vgl. die Vorschriften in §§ 233 ff. AO, die auszugsweise den folgenden Wortlaut haben:

§ 233 AO Grundsatz

[1] **Ansprüche aus dem Steuerschuldverhältnis (§ 37) werden nur verzinst, soweit dies gesetzlich vorgeschrieben ist.** [2] **Ansprüche auf steuerliche Nebenleistungen (§ 3 Abs. 4) und die entsprechenden Erstattungsansprüche werden nicht verzinst.**

§ 233a AO ...

§ 234 AO Stundungszinsen

(1) [1] **Für die Dauer einer gewährten Stundung von Ansprüchen aus dem Steuerschuldverhältnis werden Zinsen erhoben.** [2] **Wird der Steuerbescheid nach Ablauf der Stundung aufgehoben, geändert oder nach § 129 berichtigt, so bleiben die bis dahin entstandenen Zinsen unberührt.**

(2) **Auf die Zinsen kann ganz oder teilweise verzichtet werden, wenn ihre Erhebung nach Lage des einzelnen Falls unbillig wäre.**

(3) ...

...

§ 236 AO Prozesszinsen auf Erstattungsbeträge

(1) [1] Wird durch eine rechtskräftige gerichtliche Entscheidung oder auf Grund einer solchen Entscheidung eine festgesetzte Steuer herabgesetzt oder eine Steuervergütung gewährt, so ist der zu erstattende oder zu vergütende Betrag vorbehaltlich des Absatzes 3 vom Tag der Rechtshängigkeit an bis zum Auszahlungstag zu verzinsen. [2] Ist der zu erstattende Betrag erst nach Eintritt der Rechtshängigkeit entrichtet worden, so beginnt die Verzinsung mit dem Tag der Zahlung.

(2) Absatz 1 ist entsprechend anzuwenden, wenn

1. sich der Rechtsstreit durch Aufhebung oder Änderung des angefochtenen Verwaltungsakts oder durch Erlass des beantragten Verwaltungsakts erledigt oder
2. eine rechtskräftige gerichtliche Entscheidung oder ein unanfechtbarer Verwaltungsakt, durch den sich der Rechtsstreit erledigt hat,
   a) zur Herabsetzung der in einem Folgebescheid festgesetzten Steuer,
   b) ...
   führt.

(3) Ein zu erstattender oder zu vergütender Betrag wird nicht verzinst, soweit dem Beteiligten die Kosten des Rechtsbehelfs nach § 137 Satz 1 der Finanzgerichtsordnung auferlegt worden sind.

(4) ...

(5) Ein Zinsbescheid ist nicht aufzuheben oder zu ändern, wenn der Steuerbescheid nach Abschluss des Rechtsbehelfsverfahrens aufgehoben, geändert oder nach § 129 berichtigt wird.

§ 237 AO Zinsen bei Aussetzung der Vollziehung

(1) [1] Soweit ein Einspruch oder eine Anfechtungsklage gegen einen Steuerbescheid ... oder gegen eine Einspruchsentscheidung über einen dieser Verwaltungsakte endgültig keinen Erfolg gehabt hat, ist der geschuldete Betrag, hinsichtlich dessen die Vollziehung des angefochtenen Verwaltungsakts ausgesetzt wurde, zu verzinsen. [2] Satz 1 gilt entsprechend, wenn nach Einlegung eines förmlichen außergerichtlichen oder gerichtlichen Rechtsbehelfs gegen einen Grundlagenbescheid (§ 171 Abs. 10) oder eine Rechtsbehelfsentscheidung über einen Grundlagenbescheid die Vollziehung eines Folgebescheids ausgesetzt wurde.

(2) [1] Zinsen werden erhoben vom Tag des Eingangs des außergerichtlichen Rechtsbehelfs bei der Behörde, deren Verwaltungsakt angefochten wird, oder vom Tag der Rechtshängigkeit beim Gericht an bis zum Tag, an dem die Aussetzung der Vollziehung endet. [2] Ist die Vollziehung erst nach dem Eingang des außergerichtlichen Rechtsbehelfs oder erst nach der Rechtshängigkeit ausgesetzt worden, so beginnt die Verzinsung mit dem Tag, an dem die Wirkung der Aussetzung der Vollziehung beginnt.

(3) ...

(4) § 234 Abs. 2 und 3 gelten entsprechend.

(5) Ein Zinsbescheid ist nicht aufzuheben oder zu ändern, wenn der Steuerbescheid nach Abschluss des Rechtsbehelfsverfahrens aufgehoben, geändert oder nach § 129 berichtigt wird.

§ 238 AO Höhe und Berechnung der Zinsen

(1) ¹Die Zinsen betragen für jeden Monat einhalb Prozent. ²Sie sind von dem Tag an, an dem der Zinslauf beginnt, nur für volle Monate zu zahlen; angefangene Monate bleiben außer Ansatz. ³Erlischt der zu verzinsende Anspruch durch Aufrechnung, gilt der Tag, an dem die Schuld des Aufrechnenden fällig wird, als Tag der Zahlung.

(2) Für die Berechnung der Zinsen wird der zu verzinsende Betrag jeder Steuerart auf den nächsten durch 50 Euro teilbaren Betrag abgerundet.

§ 239 AO Festsetzung der Zinsen

(1) ¹Auf die Zinsen sind die für die Steuern geltenden Vorschriften entsprechend anzuwenden, jedoch beträgt die Festsetzungsfrist ein Jahr. ²Die Festsetzungsfrist beginnt:

1. ...,
2. in den Fällen des § 234 mit Ablauf des Kalenderjahrs, in dem die Stundung geendet hat,
3. ...,
4. in den Fällen des § 236 mit Ablauf des Kalenderjahrs, in dem die Steuer erstattet ... worden ist,
5. in den Fällen des § 237 mit Ablauf des Kalenderjahrs, in dem ein Einspruch oder eine Anfechtungsklage endgültig erfolglos geblieben ist.
...

(2) ¹Zinsen sind auf volle Euro zum Vorteil des Steuerpflichtigen gerundet festzusetzen. ²Sie werden nur dann festgesetzt, wenn sie mindestens 10 Euro betragen.

Stundungszinsen sind vom ersten Tag an zu entrichten, für den die Stundung wirksam wird. Sie sind dann jeweils für **volle Monate** der Zeit zu entrichten, für die die Stundung in Betracht kommt.

Beispiel:

Die Grundsteuer wird gestundet vom 15. 9. bis 12. 12. Für die Zinsberechnung sind jedoch nur zwei volle Monate zugrunde zu legen, und zwar für den 15. 9. bis 14. 10. und für den 15. 10. bis 14. 11. Die Zeit vom 15. 11. bis 12. 12. ist kein voller Zinsmonat.

Die Stundungszinsen sind für die einzelnen Steuerforderungen jeweils gesondert zu berechnen, auch wenn sie zur gleichen Steuerart gehören. Eine weitere Unterteilung ist notwendig, wenn Besteuerungszeitraum oder Zinsbeginn voneinander abweichen. Es sind also zu trennen z. B. Gewerbesteuer und Grundsteuer, Grundsteuer 2013 (4. Vierteljahr) und Grundsteuer 2014 (1. Vierteljahr) usw. Auch für die Kleinbetragsgrenzen kommt es jeweils auf die einzelne Steuerforderung an.

Beispiel:

Es werden für zwei Monate gestundet:

Gewerbesteuerabschlusszahlung 2013	2040 €
Gewerbesteuervorauszahlung 2014 (1. Vierteljahr)	750 €
Grundsteuer 2014 (1. Vierteljahr)	850 €

Zinsberechnung demgemäß (2 × 0,5 %) = 1 %
1 % von 2000 = 20 €
1 % von   700 =   7 €
1 % von   800 =   8 €
Zinsen werden nur für die gestundete Gewerbesteuerabschlusszahlung 2013 in Höhe von 20 € erhoben.

Wird bei der Stundung **Ratenzahlung** gewährt, so werden die Zinsen nicht für die einzelne Rate, sondern für den gestundeten Gesamtbetrag berechnet. Die Raten sollen bei der Stundung jeweils auf einen durch 100 teilbaren Betrag festgesetzt werden. Verbleibt dabei ein Abrundungsrest, so ist dieser von der letzten Rate abzuziehen. Die sich für die einzelnen Raten ergebenden Zinsbeträge sind danach zu addieren.

Beispiel:
Es sollen 4215 € gestundet und in drei Monatsraten gezahlt werden.

	Zinsen
1. Rate: 1400 € (0,5 % von 1400)	7 €
2. Rate: 1400 € (2 × 0,5 %) von 1400)	14 €
3. Rate: 1400 € (3 × 0,5 %) von 1400)	21 €
Festzusetzende Zinsen:	42 €

Werden mehrere Steueransprüche in Raten gestundet, so sollen zunächst die entrichtet werden, für die Stundungszinsen anfallen, danach die älteste Steuerforderung, bei gleicher Fälligkeit zunächst die niedrigste. Eine andere Reihenfolge ist aber ebenfalls nicht ausgeschlossen.

Die Zinsen sollen bereits bei der Gewährung der Stundung festgesetzt werden. Sie sind für die ganze Stundungsfrist zu entrichten. Wird die gestundete Steuer vor Ablauf dieser Frist gezahlt, so entfällt die Zinsschuld zwar nicht automatisch. Die Gemeinde soll jedoch, wenn die Tilgung mehr als einen Monat vor der Fälligkeit erfolgt, für diese Zeit auf die Zinsen verzichten (§ 234 Abs. 1 AO). Wird die Stundung vorzeitig aufgehoben, so ist auch die Festsetzung der Zinsen insoweit aufzuheben. Der **Stundungsbescheid** hat für die Festsetzung der Zinsen die Wirkung eines **Grundlagenbescheides** (§ 175 Abs. 1 Satz 1 Nr. 1 und § 234 Abs. 1 AO).

Wird auf Grund einer rechtskräftigen gerichtlichen Entscheidung die Steuer herabgesetzt, so ist der dem Steuerpflichtigen zu erstattende Betrag vom Tag der Rechtshängigkeit an bis zum Auszahlungstag zu verzinsen. Ist der zu erstattende Betrag erst nach Eintritt der Rechtshängigkeit entrichtet worden, so beginnt die Verzinsung mit dem Tag der Zahlung (§ 236 Abs. 1 AO). Dasselbe gilt, wenn sich der Rechtsstreit durch Aufhebung oder Änderung des angefochtenen Verwaltungsaktes oder durch Erlass des beantragten Verwaltungsaktes erledigt (§ 236 Abs. 2 AO). Ein zu erstattender Betrag wird allerdings nicht verzinst, soweit dem Steuerpflichtigen die Kosten des Rechtsbehelfs auferlegt worden sind (§ 236 Abs. 2 AO). Es handelt sich hier um die sog. **Prozess- oder Erstattungszinsen.** Sie setzen voraus, dass das Verfahren vor einem Gericht anhängig ist. Sie gelten nicht für das Einspruchsverfahren beim Finanzamt und dementsprechend auch nicht für das Widerspruchsverfahren bei der Gemeinde. Sie kommen auch nicht in Betracht, wenn die Steuer aus Billigkeitsgründen erlassen oder erstattet wird (BFH v. 19.2.1976, BStBl. 1976 II S. 497). Hierzu vgl. auch BMF v. 9.12.1982 (BStBl. 1982 I S. 900). Zum Mitteilungsverfahren an die zuständige Gemeinde bei Prozesszinsen auf Erstattungsbeträge (§ 236 AO) siehe auch OFD Hannover v. 19.1.2006 (AO-Kartei Nds. § 236 AO Karte 2).

Erstattungszinsen werden dem Steuerpflichtigen auch dann gezahlt, wenn durch eine gerichtliche Entscheidung zunächst nur der Steuermessbetrag herabgesetzt worden ist oder wenn sich die gerichtliche Entscheidung dadurch erübrigt, dass das Finanzamt den Steuermessbescheid selbst aufhebt oder ändert und damit auch die Gemeinde zu einer entsprechenden Änderung des Steuerbescheids gezwungen ist (§ 236 Abs. 2 Nr. 2 AO). Erstattungszinsen werden nur für den danach zu viel entrichteten Betrag gezahlt. Dieser ist nach dem bisher festgesetzten Steuerbetrag zu ermitteln. Die Zinsen sind auch in diesem Fall von der Gemeinde zu zahlen.

Die vom Steuerpflichtigen zu entrichtenden Zinsen werden ebenso wie die Zinsen, die ihm von der Gemeinde zu zahlen sind, jeweils von Amts wegen festgesetzt. Das gilt sowohl bei den Stundungszinsen als auch bei den Prozesszinsen. Über die Zinsfestsetzung ist dem Steuerpflichtigen ein **förmlicher Bescheid** zu erteilen (§ 155 Abs. 1 und § 239 Abs. 1 AO). Der Bescheid muss die genaue Zinsberechnung nach Art und Betrag ausweisen und auch eine Rechtsbehelfsbelehrung enthalten. Die Festsetzungsfrist, die auch hier zu beachten ist, beträgt nur ein Jahr (§ 239 Abs. 1 AO). Sie beginnt mit dem Ablauf des Jahres, in welchem auf Grund der gerichtlichen Entscheidung usw. die Steuer erstattet wird. Auch die Prozesszinsen können aus Billigkeitsgründen gestundet oder erlassen werden.

Soweit ein außergerichtlicher oder ein gerichtlicher Rechtsbehelf keinen Erfolg gehabt hat, ist der nach einer Aussetzung der Vollziehung noch geschuldete und nachzuzahlende Betrag ebenfalls zu verzinsen (§ 237 Abs. 1 AO). Die Zinsen werden in diesem Fall erhoben vom Tag des Eingangs des außergerichtlichen Rechtsbehelfs beim Finanzamt bzw. bei der Gemeinde oder vom Tag der Rechtshängigkeit beim Gericht an. Sie werden erhoben bis zu dem Tag, an dem die Aussetzung der Vollziehung endet. Ist die Vollziehung erst später ausgesetzt worden, so beginnt die Verzinsung mit dem Tag der Aussetzung (§ 237 Abs. 2 AO). Wird ein Rechtsbehelfsverfahren gegen einen Grundsteuerbescheid durch einen Änderungsbescheid abgeschlossen, so ergibt sich erst aus dem bestands- bzw. rechtskräftigen Änderungsbescheid, inwieweit der Rechtsbehelf endgültig keinen Erfolg iSd § 237 Abs. 1 Satz 1 AO gehabt hat (Hess. VGH v. 7.10.2004, ZKF 2005 S. 41).

Säumniszuschläge

Wird eine Steuer nicht bis zum Ablauf des Fälligkeitstages entrichtet, so ist 11 für jeden angefangenen Monat der Säumnis ein Säumniszuschlag von 1 % des rückständigen, auf den nächsten durch 50 € teilbaren abgerundeten Steuerbetrages zu entrichten (§ 240 Abs. 1 AO). Die Säumniszuschläge sind ebenfalls eine öffentliche Abgabe (OVG Münster v. 31.8.1983, KStZ 1984 S. 17). Ihre

Erhebung bei der Grundsteuer verstößt nicht gegen den Gleichheitsgrundsatz des Art. 3 GG (VG Hannover v. 30.6.1960, KStZ 1961 S. 104). Im Einzelnen vgl. hierzu § 240 AO, der auszugsweise den folgenden Wortlaut hat:

§ 240 AO Säumniszuschläge

(1) [1] **Wird eine Steuer nicht bis zum Ablauf des Fälligkeitstages entrichtet, so ist für jeden angefangenen Monat der Säumnis ein Säumniszuschlag von 1 Prozent des abgerundeten rückständigen Steuerbetrages zu entrichten; abzurunden ist auf den nächsten durch 50 Euro teilbaren Betrag.** [2] ... [3] **Die Säumnis nach Satz 1 tritt nicht ein, bevor die Steuer festgesetzt oder angemeldet worden ist.** [4] **Wird die Festsetzung einer Steuer ... aufgehoben, geändert oder nach § 129 berichtigt, so bleiben die bis dahin verwirkten Säumniszuschläge unberührt; das Gleiche gilt, wenn ein Haftungsbescheid zurückgenommen, widerrufen oder nach § 129 berichtigt wird.** [5] **Erlischt der Anspruch durch Aufrechnung, bleiben Säumniszuschläge unberührt, die bis zur Fälligkeit der Schuld des Aufrechnenden entstanden sind.**

(2) **Säumniszuschläge entstehen nicht bei steuerlichen Nebenleistungen.**

(3) [1] **Ein Säumniszuschlag wird bei einer Säumnis bis zu drei Tagen nicht erhoben.** [2] **Dies gilt nicht bei Zahlung nach § 224 Abs. 2 Nr. 1.**

(4) [1] **In den Fällen der Gesamtschuld entstehen Säumniszuschläge gegenüber jedem säumigen Gesamtschuldner.** [2] **Insgesamt ist jedoch kein höherer Säumniszuschlag zu entrichten als verwirkt worden wäre, wenn die Säumnis nur bei einem Gesamtschuldner eingetreten wäre.**

Ein Säumniszuschlag wird bei einer Säumnis bis zu drei Tagen nicht erhoben (§ 240 Abs. 3 Satz 1 AO). Diese **Zahlungsschonfrist** gilt nicht für Zahlungen durch Übergabe oder Übersendung von Zahlungsmitteln (Bargeld oder Schecks, § 224 Abs. 2 Nr. 1 AO); sie beginnt mit dem Fälligkeitstag. Ist dies ein Sonnabend, Sonntag oder allgemeiner Feiertag, so beginnt die Schonfrist mit Ablauf des nächsten Werktags, soweit dieser kein Sonnabend ist. Bei Zahlungen nach Ablauf der Schonfrist sind die Zuschläge vom Ablauf des Fälligkeitstags oder, wenn dieser auf einen Sonnabend, Sonntag oder Feiertag fällt, vom nächsten Werktag an zu berechnen. Auf verspätet geleistete Vorauszahlungen sind auch dann Säumniszuschläge zu entrichten, wenn die endgültige Jahressteuerschuld niedriger ist als die Summe der Vorauszahlungen und es deshalb zu einer Steuererstattung kommt (BVerwG v. 26.10.1973, KStZ 1974 S. 71).

Von der Erhebung der Zuschläge kann nach § 227 Abs. 1 AO abgesehen werden (hierzu vgl. Anm. 4 zu § 33 GrStG) bei plötzlicher Erkrankung des Steuerpflichtigen, wenn es ihm nicht möglich war, einen Vertreter mit der Zahlung zu beauftragen, bei einem bisher pünktlichen Steuerzahler, wenn ihm offenbar ein Versehen unterlaufen ist und in sonstigen Fällen einer sachlichen oder persönlichen Härte. Die **Säumniszuschläge** sind ein **Druckmittel,** durch das der Steuerpflichtige zur rechtzeitigen Zahlung seiner Steuer angehalten werden soll. Ihre Festsetzung verliert jedoch dann ihren Sinn, wenn dieser zahlungsunfähig oder überschuldet ist. Ist dies offensichtlich, so wäre ihre Festsetzung sachlich unbillig. Die festgesetzten Säumniszuschläge würden in einem solchen Fall zu erlassen sein (BFH v. 22.4.1975, BStBl. 1975 II S. 727).

Bei der Grundsteuer fließt der Säumniszuschlag der hebeberechtigten Gemeinde zu. Schuldner des Zuschlags ist, wer zur Entrichtung der Grundsteuer verpflichtet ist. Für den vom Steuerschuldner zu entrichtenden Säumniszuschlag haftet deshalb der Haftungsschuldner grundsätzlich (siehe hierzu auch § 240 Abs. 1 Satz 2 AO). Er hat einen Säumniszuschlag auch dann zu zahlen, wenn er seiner eigenen Haftungsverpflichtung nicht nachkommt. Das ist z. B. der Fall, wenn er die Steuer aus Mitteln des Grundstückseigentümers, die seiner Verwaltung oder Verfügungsmacht unterliegen, nicht rechtzeitig entrichtet hat. Hierzu vgl. Anm. 5 zu § 11 GrStG.

Ein Erlass von Säumniszuschlägen aus sachlichen Billigkeitsgründen setzt voraus, dass ihre Einziehung, insbesondere im Hinblick auf den Zweck der Säumniszuschläge nicht mehr zu rechtfertigen ist, weil ihre Erhebung, obwohl der Sachverhalt den gesetzlichen Tatbestand erfüllt, den Wertungen des Gesetzgebers zuwiderläuft (BFH v. 23.5.1985, BStBl. 1985 II S. 489 mwN). Dies ist der Fall, wenn die Säumniszuschläge auf einen Zeitraum entfallen, in dem der Steuerpflichtige zweifelsfrei überschuldet und zahlungsunfähig war (BFH v. 8.3.1984, BStBl. 1984 II S. 415). Beim Vorliegen dieser Voraussetzungen sind die Säumniszuschläge daher aus sachlichen Billigkeitsgründen zu erlassen. Ob **Überschuldung** und **Zahlungsunfähigkeit** vorliegen, ist in Anwendung der Vorschriften der **Insolvenzordnung** zu entscheiden.

Vollstreckung

Literatur: *Engels*, Zwangsverwaltung und Steuern, ZflR 2012 S. 381; *Hartung*, Grundsteuer und weitere öffentliche Grundstückslasten in der Zwangsverwaltung, Rpfleger 2013 S. 661; *Zimmermann*, Zur Vollstreckung der Grundsteuer bei überlastetem Grundstück und ansonsten vermögenslosem Schuldner, KKZ 2001 S. 274.

Die Vollstreckung rückständiger Grundsteuer richtet sich nicht nach den **12** Vorschriften der §§ 249 ff. AO, sondern nach den landesrechtlichen Verwaltungsvollstreckungsgesetzen und den anderen entsprechenden landesrechtlichen Regelungen, auf die hier verwiesen wird. Die landesrechtlichen Gesetze erklären z. T. wiederum bestimmte Vorschriften der §§ 249 ff. AO für sinngemäß anwendbar. Aber auch soweit dies nicht der Fall ist, besteht mindestens in den wesentlichen Grundzügen Übereinstimmung.

Vollstreckungsschuldner ist, wer zur Zahlung der Grundsteuer verpflichtet ist, wer neben dem Steuerschuldner dafür haftet, wer sie aus Mitteln, die seiner Verwaltung unterliegen, zu entrichten hat, wer verpflichtet ist, wegen einer Steuerschuld die Vollstreckung in sein Vermögen zu dulden, z. B. wegen der Grundsteuer als öffentlicher Last die Vollstreckung in das Grundstück. Vollstreckungsbehörde ist bei der Grundsteuer die Gemeinde, in aller Regel die Gemeindekasse.

Erste Voraussetzung für die Vollstreckung ist ein **Leistungsgebot**, in welchem der Steuerpflichtige oder sonstige Vollstreckungsschuldner zur Zahlung der bereits fälligen Steuer aufgefordert wird. Das Leistungsgebot kann sich aus dem Steuerbescheid ergeben, in anderen Fällen muss es erst noch selbständig erlassen werden. Zum Leistungsgebot an die Erben, wenn der Steuerbescheid noch an den Erblasser ergangen ist, vgl. auch ZKF 1981 S. 57. Mit dem Leistungsgebot muss jeweils auch der Schuldgrund angegeben werden. Schließlich muss vor Beginn der Vollstreckung der Vollstreckungsschuldner auch noch eine besondere **Mahnung** erhalten. Darin ist für die Zahlung eine Frist von einer Woche zu setzen. Als Mahnung gilt auch ein Postnachnahmeauftrag. Ohne Leistungsgebot kann wegen des Säumniszuschlags und Zinsen, ohne Mahnung auch wegen der Zwangsgelder und anderer Nebenleistungen vollstreckt werden.

Zu beachten ist, dass die Vollstreckung in das **unbewegliche Vermögen** erst erfolgen darf, wenn feststeht, dass die Steuer nicht durch Pfändung anderer Vermögenswerte beigetrieben werden kann. In einzelnen Ländern ist die Vollstreckung in Kleinsiedlungen, Eigenheimen und Eigentumswohnungen auch noch von der Zustimmung des Eigentümers abhängig. Die Vollstreckung in das unbewegliche Vermögen erfolgt nach den Vorschriften des Gesetzes über die Zwangsversteigerung und Zwangsverwaltung. Hierzu vgl. auch Anm. 4 zu § 12 GrStG. Erfolgt die Zwangsvollstreckung durch eine Zwangshypothek, so entsteht diese mit der Eintragung im Grundbuch, ohne dass es darauf ankommt, ob dem Schuldner das Ersuchen auf Eintragung auch bekannt gegeben worden ist. Zum Verrechnungsvertrag, der als öffentlich-rechtlicher Vertrag nach § 60 VwVfG ausdrücklich anerkannt ist, vgl. DStR 1987 S. 616.

Soweit im Einzelfall eine **Vollstreckung unbillig** sein würde, kann sie auch einstweilen eingestellt, beschränkt oder, soweit bereits erfolgt, wieder aufgehoben werden (§ 258 AO). Man spricht insoweit vom sog. „Vollstreckungsaufschub". Unbillig wäre eine Vollstreckung, wenn sie für den Steuerpflichtigen mit unangemessenen Nachteilen verbunden sein würde, die durch kurzfristiges Zuwarten oder durch andere Maßnahmen vermieden werden könnten.

Grundsteuer als Kostenfaktor

Literatur: *Both,* Rückwirkende Umlage des Erhöhungsbetrages bei erhöhter Grundsteuer trotz bereits beendetem Mietverhältnis, jurisPR-MietR 18/2009 Anm. 4; *Both,* Wechsel zur wohnungsbezogenen Umlage der Grundsteuer im laufenden Mietverhältnis, AnwZert MietR 17/2012 Anm. 1; *Eisenschmid,* Umlage von Grundsteuern bei vermieteter Eigentumswohnung, jurisPR-Mietrecht 6/2004 Anm. 6; *Eßling,* Zur Grundsteuerumlage einer vermieteten Eigentumswohnung, WuM 2011 S. 24; *Flatow,* BK-Abrechnung für vermietete Eigentumswohnung: Gilt ein vereinbarter Umlageschlüssel auch für die Grundsteuer?, Info M 2013 S. 227; *Gather,* Die rückwirkende Erhöhung und nachträgliche Einführung von Betriebskosten, DWW 2000 S. 299; *Gather,* Das Mietrecht im Spiegel der neuesten BGH-Rechtsprechung, DWW 2014 S. 2; *Gies,* Betriebskostenabrechnung: Vorwegabzug der Grundsteuer bei gemischt genutzten Gebäuden, jurisPR-MietR 10/2009 Anm. 1; *Grundmann,* Neuregelungen zu Betriebskosten und Wohnflächenberechnung, NJW 2003 S. 3745; *Kinne,* Betriebskostenabrechnung, Grundeigentum 2005 S. 1222; *Lammel,* Notwendigkeit eines Vorwegabzugs bei Umlage der Grundsteuer, AnwZert MietR 23/2010 Anm. 2; *Maciejewski,* Die nachträgliche Abwälzung der Grundsteuer in der Betriebskostenab-

rechnung, MM 2001 S. 41; *Maciejewski*, Umlegung von Grundsteuer bei Eigentumswohnungen, MM 2004 S. 337; *Pfeifer*, Betriebskostenabrechnung für vermietete
Eigentumswohnung: Umlage der Grundsteuer, jurisPR-MietR 7/2014 Anm. 4;
v. Rechenberg, Verwalterwechsel und Grundsteuererstattung, WE 2001 S. 199; *Ruff*, Die
Umlage der Grundsteuer als Betriebskosten, WuM 2003 S. 379; *Ruff*, Die Umlage von
nachberechneter Grundsteuer auf die Mieter, DWW 2010 S. 322; *v. Seldeneck*, Rückwirkende Grundsteuerfestsetzung: Wann verjährt die Nachforderung des Vermieters?,
Info M 2012 S. 323; *Schmid*, Mietnebenkosten – Die neuere BGH-Rechtsprechung
und ihre Folgen für die Praxis, MDR 2012 S. 746; *Sommer*, BGH: Nachforderung
rückwirkend erhöhter Grundsteuer möglich!, IMR 2013 S. 52; *Streyl*, Zur Nachberechnung von Betriebskosten und zur Verjährung der Zahlungsansprüche, WuM 2011
S. 99; *Warner*, Die heimliche Erhöhung der Grundsteuer, FamRZ 1999 S. 1036.

Die Grundsteuer gehört zu den laufenden öffentlichen Lasten und damit **13**
auch zu den **Betriebskosten** eines Grundstücks, die auf die Miete **umgelegt**
werden können (§ 27 der II. BVO). Zur Grundsteuerumlage bei einer vermieteten Eigentumswohnung vgl. auch LG Hamburg v. 7.9.2010, WuM
2011 S. 24 mit Anm. *Eßling*. Hinsichtlich des **Wechsels zur wohnungsbezogenen Umlage der Grundsteuer** im laufenden Mietverhältnis siehe
Both, AnwZert MietR 17/2012 Anm. 1. Betriebskosten sind die Kosten, die
dem Eigentümer oder Erbbauberechtigten durch das Eigentum oder Erbbaurecht am Grundstück oder durch den bestimmungsgemäßen Gebrauch des
Gebäudes, der Nebengebäude, Anlagen, Einrichtungen und des Grundstücks
laufend entstehen (§ 1 Abs. 1 der Betriebskostenverordnung v. 25.11.2003,
BGBl. 2003 I S. 2346, 2347, zuletzt geändert durch Gesetz v. 3.5.2012,
BGBl. 2012 I S. 958; vgl. hierzu auch *Grundmann*, NJW 2003 S. 3745). Sie
geht damit auch in die Kostenmiete ein. Kommt es zu einer Erhöhung der
Grundsteuer, z.B. nach Auslaufen der Grundsteuervergünstigung, kann auch
der Mehrbetrag auf die Kostenmiete umgelegt werden. Vgl. hierzu § 10 des
Wohnungsbindungsgesetzes (WoBindG) v. 13.9.2001 (BGBl. 2001 I S. 2404),
zuletzt geändert durch Gesetz v. 9.11.2012 (BGBl. 2012 I S. 2291), der für
preisgebundenen Wohnraum gilt und den folgenden Wortlaut hat:

§ 10 WoBindG Einseitige Mieterhöhung

(1) [1]**Ist der Mieter nur zur Entrichtung eines niedrigeren als des nach diesem Gesetz zulässigen Entgelts verpflichtet, so kann der Vermieter dem
Mieter gegenüber schriftlich erklären, dass das Entgelt um einen bestimmten
Betrag, bei Umlagen um einen bestimmbaren Betrag, bis zur Höhe des zulässigen Entgelts erhöht werden soll. [2]Die Erklärung ist nur wirksam, wenn
in ihr die Erhöhung berechnet und erläutert ist. [3]Der Berechnung der Kostenmiete ist eine Wirtschaftlichkeitsberechnung oder ein Auszug daraus, der
die Höhe der laufenden Aufwendungen erkennen lässt, beizufügen. [4]An
Stelle einer Wirtschaftlichkeitsberechnung kann auch eine Zusatzberech-
nung zu der letzten Wirtschaftlichkeitsberechnung oder, wenn das zulässige
Entgelt von der Bewilligungsstelle auf Grund einer Wirtschaftlichkeitsberechnung genehmigt worden ist, eine Abschrift der Genehmigung beigefügt werden. [5]Hat der Vermieter seine Erklärung mit Hilfe automatischer
Einrichtungen gefertigt, so bedarf es nicht seiner eigenhändigen Unter-
schrift.**

(2) [1] Die Erklärung des Vermieters hat die Wirkung, dass von dem Ersten des auf die Erklärung folgenden Monats an das erhöhte Entgelt an die Stelle des bisher zu entrichtenden Entgelts tritt; wird die Erklärung erst nach dem Fünfzehnten eines Monats abgegeben, so tritt diese Wirkung von dem Ersten des übernächsten Monats an ein. [2] Wird die Erklärung bereits vor dem Zeitpunkt abgegeben, von dem an das erhöhte Entgelt nach den dafür maßgebenden Vorschriften zulässig ist, so wird sie frühestens von diesem Zeitpunkt an wirksam. [3] Soweit die Erklärung darauf beruht, dass sich die Betriebskosten rückwirkend erhöht haben, wirkt sie auf den Zeitpunkt der Erhöhung der Betriebskosten, höchstens jedoch auf den Beginn des der Erklärung vorangehenden Kalenderjahres zurück, sofern der Vermieter die Erklärung innerhalb von drei Monaten nach Kenntnis von der Erhöhung abgibt.

(3) Ist der Erklärung ein Auszug aus der Wirtschaftlichkeitsberechnung oder die Genehmigung der Bewilligungsstelle beigefügt, so hat der Vermieter dem Mieter auf Verlangen Einsicht in die Wirtschaftlichkeitsberechnung zu gewähren.

(4) Dem Vermieter steht das Recht zur einseitigen Mieterhöhung nicht zu, soweit und solange eine Erhöhung der Miete durch ausdrückliche Vereinbarung mit dem Mieter oder einem Dritten ausgeschlossen ist oder der Ausschluss sich aus den Umständen ergibt.

Ähnlich sind auch die Auswirkungen einer Grundsteuererhöhung bei Wohnungen, die **keinen Mietpreisbindungen** unterliegen. Hierzu vgl. §§ 556, 560 BGB, die folgenden Wortlaut haben:

§ 556 BGB Vereinbarungen über Betriebskosten

(1) [1] Die Vertragsparteien können vereinbaren, dass der Mieter Betriebskosten trägt. [2] Betriebskosten sind die Kosten, die dem Eigentümer oder Erbbauberechtigten durch das Eigentum oder das Erbbaurecht am Grundstück oder durch den bestimmungsmäßigen Gebrauch des Gebäudes, der Nebengebäude, Anlagen, Einrichtungen und des Grundstücks laufend entstehen. [3] Für die Aufstellung der Betriebskosten gilt die Betriebskostenverordnung vom 25. November 2003 (BGBl. I S. 2346, 2347) fort. [4] Die Bundesregierung wird ermächtigt, durch Rechtsverordnung ohne Zustimmung des Bundesrates Vorschriften über die Aufstellung der Betriebskosten zu erlassen.

(2) [1] Die Vertragsparteien können vorbehaltlich anderweitiger Vorschriften vereinbaren, dass Betriebskosten als Pauschale oder als Vorauszahlung ausgewiesen werden. [2] Vorauszahlungen für Betriebskosten dürfen nur in angemessener Höhe vereinbart werden.

(3) [1] Über die Vorauszahlungen für Betriebskosten ist jährlich abzurechnen; dabei ist der Grundsatz der Wirtschaftlichkeit zu beachten. [2] Die Abrechnung ist dem Mieter spätestens bis zum Ablauf des zwölften Monats nach Ende des Abrechnungszeitraums mitzuteilen. [3] Nach Ablauf dieser Frist ist die Geltendmachung einer Nachforderung durch den Vermieter ausgeschlossen, es sei denn, der Vermieter hat die verspätete Geltendmachung nicht zu vertreten. [4] Der Vermieter ist zu Teilabrechnungen nicht verpflichtet. [5] Einwendungen gegen die Abrechnung hat der Mieter dem Vermieter spätestens bis zum Ablauf des zwölften Monats nach Zugang der Abrechnung mitzuteilen. [6] Nach Ablauf dieser Frist kann der Mieter Einwendungen nicht

mehr geltend machen, es sei denn, der Mieter hat die verspätete Geltendmachung nicht zu vertreten.

(4) Eine zum Nachteil des Mieters von Absatz 1, Absatz 2 Satz 2 oder Absatz 3 abweichende Vereinbarung ist unwirksam.

§ 560 BGB Veränderungen von Betriebskosten

(1) [1]Bei einer Betriebskostenpauschale ist der Vermieter berechtigt, Erhöhungen der Betriebskosten durch Erklärung in Textform anteilig auf den
Mieter umzulegen, soweit dies im Mietvertrag vereinbart ist. [2]Die Erklärung
ist nur wirksam, wenn in ihr der Grund für die Umlage bezeichnet und erläutert wird.

(2) [1]Der Mieter schuldet den auf ihn entfallenden Teil der Umlage mit Beginn des auf die Erklärung folgenden übernächsten Monats. [2]Soweit die
Erklärung darauf beruht, dass sich die Betriebskosten rückwirkend erhöht
haben, wirkt sie auf den Zeitpunkt der Erhöhung der Betriebskosten, höchstens jedoch auf den Beginn des der Erklärung vorausgehenden Kalenderjahres zurück, sofern der Vermieter die Erklärung innerhalb von drei Monaten
nach Kenntnis von der Erhöhung abgibt.

(3) [1]Ermäßigen sich die Betriebskosten, so ist eine Betriebskostenpauschale
vom Zeitpunkt der Ermäßigung an entsprechend herabzusetzen. [2]Die Ermäßigung ist dem Mieter unverzüglich mitzuteilen.

(4) Sind Betriebskostenvorauszahlungen vereinbart worden, so kann jede
Vertragspartei nach einer Abrechnung durch Erklärung in Textform eine
Anpassung auf eine angemessene Höhe vornehmen.

(5) Bei Veränderungen von Betriebskosten ist der Grundsatz der Wirtschaftlichkeit zu beachten.

(6) Eine zum Nachteil des Mieters abweichende Vereinbarung ist unwirksam.

Soweit die mietrechtlichen Fristen, innerhalb derer nachträglich angefallene
Betriebskosten – und damit auch die Grundsteuer – auf den Mieter abgewälzt
werden können, kürzer als die Festsetzungsfrist für die Grundsteuer sind,
reicht es zur Darlegung der grundsätzlichen Bedeutung der Rechtsfragen, ob
dem steuerrechtlich Rechnung zu tragen ist, nicht aus, lediglich vorzutragen,
der „Normenkonflikt" sei im Steuerrecht begründet (BFH v. 16.7.2003,
BFH/NV 2003 S. 1609). Bei einer **nachträglichen Erhöhung der Grundsteuer** durch das Finanzamt kann der Vermieter eine schon bezahlte Betriebskostenabrechnung grds. korrigieren und die erhöhten Kosten der
Grundsteuer nachträglich auch dann umlegen, wenn das Mietverhältnis nicht
mehr besteht (LG Berlin v. 21.3.2005, Grundeigentum 2005 S. 737). Ist in
einem Wohnraummietvertrag bei den Abrechnungsposten der Betriebskostenabrechnung auch die Grundsteuer enthalten und wird die Grundsteuer
durch Bescheid rückwirkend neu festgesetzt, so kann der Vermieter den sich
daraus ergebenden Nachzahlungsbetrag auch dann von seinem Mieter verlangen, wenn der Mietvertrag zwischenzeitlich beendet wurde, allerdings nur,
soweit die Forderung nicht bereits verjährt ist (LG Rostock v. 27.2.2009,
Grundeigentum 2009 S. 1253; *Both,* jurisPR-MietR 18/2009 Anm. 4). Der
Vermieter muss innerhalb von drei Monaten nach Wegfall des Abrechnungs-

hindernisses die Nachforderung geltend machen (BGH v. 5.7.2006, NJW 2006 S. 3350). Zur Nachberechnung einer rückwirkend erhöhten Grundsteuer bei Wohnraummiete siehe auch LG Berlin v. 24.4.2006 (Grundeigentum 2006 S. 1098; *Both*, jurisPR-MietR 1/2007 Anm. 1). Hinsichtlich der Frage, wann die **Nachforderung** des Vermieters bei rückwirkender Grundsteuerfestsetzung **verjährt,** siehe auch LG Berlin v. 14.5.2012, Info M 2012 S. 323 mit Anm. *Seldeneck.*

Rechnet der Vermieter über eine **Grundsteuernachbelastung** nicht nach dem **Abflussprinzip** (Betriebskosten im Jahr der Zahlung der Nachbelastung), sondern nach dem **Leistungsprinzip** ab (also bezogen auf das Steuerjahr), kann ob dieser Wahl des Vermieters die Beantwortung der Frage, welches Prinzip der Betriebskostenabrechnung zutreffender Weise zu Grunde zu legen ist, offen bleiben (BGH v. 5.7.2006, aaO). Hinsichtlich der **Fehlerhaftigkeit einer Nebenkostenabrechnung** wegen unterbliebener Differenzierung nach Verbrauchergruppen bei Umlage der Grundsteuer siehe auch AG Münster v. 26.4.2013, WuM 2013 S. 438.

Im Kontext der Kleinen Anfrage der Fraktion BÜNDNIS 90/DIE GRÜNEN zum Thema „*Neue Bewertung und ökologische Ziele bei den Substanzsteuern*" (BT-Drucks. 16/4516 v. 2.3.2007) war die Bundesregierung mit dem Vorschlag konfrontiert worden, die Grundsteuer aus dem Betriebskostenkatalog herauszunehmen, um es dem Mietwohnungsmarkt zu überlassen, ob eine Überwälzung auf die Mieter über die Nettokaltmiete möglich ist oder nicht. Die Antwort der Bundesregierung hierzu lautete wie folgt (BT-Drucks. 16/4747 v. 21.3.2007):

„Die Bundesregierung hält den Vorschlag nicht für sachgerecht. Er ist bereits mehrfach – u. a. im Rahmen der Mietrechtsreform – ausführlich diskutiert und mehrheitlich abgelehnt worden. Aus diesem Grunde ist die Grundsteuer beim Erlass der Betriebskostenverordnung (Artikel 2 der Verordnung vom 25. November 2003) auch unverändert aus dem bis dahin geltenden Recht in den Katalog der umlegbaren Betriebskosten übernommen worden.

Bei der Grundsteuer handelt es sich nach der Definition des § 556 Abs. 1 BGB (bis 31. Dezember 2006: § 19 Abs. 2 Wohnraumförderungsgesetz) um klassische Betriebskosten, denn es sind Kosten, die dem Eigentümer durch das Eigentum am Grundstück entstehen. Ihre Umlegung auf den Mieter ist nach dem sog. Äquivalenzprinzip auch der Sache nach gerechtfertigt. Die Grundsteuer soll über Gebühren und Beiträge hinaus Aufwendungen der Gemeinde für Infrastrukturleistungen (z. B. Straßen und Grünanlagen und andere öffentliche Einrichtungen) kompensieren, die vor allem durch die Nutzung des Grundbesitzes ausgelöst werden. Da die Mieter den Grundbesitz nutzen, ist es folgerichtig, wenn das Mietrecht die Umlegung der Grundsteuer auf sie zulässt.

Eine Herauslösung der Grundsteuer aus dem Katalog der Betriebskosten hätte auch für die Mieter keine Vorteile: Die abführungspflichtigen Vermieter würden die Grundsteuer in die Miete hineinrechnen, sodass die Mieten insgesamt steigen würden. Nachteilig wäre hingegen der eintretende Verlust an Transparenz bei der Wohnkostenbelastung: Bei der nach geltendem Recht möglichen gesonderten Umlage als Betriebskosten können Mieter erkennen und überprüfen, welche Kosten dem Vermieter entstehen. Dieser darf auch nur die tatsächlich entstandenen Kosten überwälzen; sinken die

Kosten, so kommt dies dem Mieter zu Gute. Dies ist nicht der Fall, wenn der Vermieter die Grundsteuer von vornherein in die Miete einkalkuliert." Mithin ist auf absehbare Zeit nicht damit zu rechnen, dass der Betriebskostenkatalog um die Grundsteuer bereinigt wird.

Für die Wirtschaft sind die Substanzsteuern ein besonderer Belastungsfaktor, der sehr umstritten ist; denn sie wirken investitionshemmend. Zu den Substanzsteuern gehört auch die Grundsteuer. Isoliert betrachtet würde auch die Grundsteuer diese Wirkung haben. Wegen der niedrigen Einheitswerte ist jedoch die Grundsteuerbelastung kaum so hoch, dass sie sich in besonderem Maße investitionshemmend auswirken würde. In der betriebswirtschaftlichen Diskussion steht sie zwar nicht im Vordergrund des Interesses. Hierzu vgl. *Hellwig* in DB 1982 S. 553. Immerhin wird gelegentlich aber auch ein Gewerbesteuerabbau zu Lasten der Grundsteuer erwogen. Hierzu vgl. DStR 1988 S. 158.

Grundsteuer bei anderen Steuern

Bei der **Einkommensteuer** gehört die Grundsteuer als Kostenfaktor zu **14** den abzugsfähigen Aufwendungen. Gehört das Grundstück zum Betriebsvermögen, so handelt es sich um **Betriebsausgaben** (§ 4 Abs. 4 EStG), gehört es nicht zum Betriebsvermögen und werden die Einkünfte aus Vermietung und Verpachtung als Überschuss der Mieteinnahmen ermittelt (§ 21 EStG), so handelt es sich um **Werbungskosten** (§ 9 Abs. 1 Nr. 2 EStG). Möglich ist auch, dass einkommensteuerlich einzelne Teile des Grundstücks zum Betriebsvermögen und andere zum Privatvermögen gerechnet werden (R 4.2 Abs. 7 ff. EStR). In diesem Fall ist dann die Grundsteuer anteilmäßig in Betriebsausgaben und Werbungskosten aufzuteilen.

Die zu den Werbungskosten gehörende Grundsteuer ist jeweils in dem Kalenderjahr abzuziehen, in welchem sie entrichtet wird (§ 11 Abs. 2 EStG). Regelmäßig wiederkehrende Aufwendungen können allerdings dem Kalenderjahr, in welchem sie anfallen, auch dann noch zugerechnet werden, wenn sie kurz vor Beginn oder kurz nach Ende dieses Kalenderjahrs entrichtet werden. Als kurze Zeit werden in diesem Zusammenhang nur 10 Tage angesehen (H 11 EStH). Die Grundsteuer gehört zwar zu den regelmäßig wiederkehrenden Aufwendungen. Da aber für die Grundsteuer erster Fälligkeitstermin der 15. Februar und letzter der 15. November ist (§ 28 Abs. 1 GrStG), kann diese Ausnahmeregelung hier jedenfalls dann keine Bedeutung haben (BFH v. 9.5.1974, BStBl. 1974 II S. 547), wenn jeweils am Fälligkeitszeitpunkt gezahlt wird. Die erst am 2.1.2014 gezahlte Vierteljahresrate vom 15.11.2013 kann deshalb auch erst von den Mieteinkünften für 2014 abgezogen werden. Gehört das Grundstück zu einem Betrieb, dessen Gewinn durch Überschussrechnung ermittelt wird (§ 4 Abs. 3 EStG), so gelten hinsichtlich der Behandlung der Grundsteuer als Betriebsausgabe weitgehend die vorhergegangenen Ausführungen. Von einem bilanzierenden Betrieb kann für die noch nicht entrichtete, jedoch bereits fällige Grundsteuer ein Schuldposten berücksichtigt werden. Zwar entsteht die Grundsteuerschuld mit dem Beginn des Kalenderjahrs (§ 9 Abs. 1 GrStG). Vor dem Fälligkeitszeitpunkt der jeweiligen Rate bildet sie jedoch noch keine wirtschaftliche Belastung und kann deshalb auch zuvor noch nicht durch eine Rückstellung berücksichtigt werden.

Zwar unterliegt auch der gewerbliche Grundbesitz der Grundsteuer. Da jedoch der Gewerbebetrieb selbst gewerbesteuerpflichtig ist, würde es damit zu einer Doppelbesteuerung kommen können. Diese wird dadurch vermieden, dass der Gewerbeertrag entsprechend gekürzt wird (§ 9 Nr. 1 GewStG).

§ 29 Vorauszahlungen

Der Steuerschuldner hat bis zur Bekanntgabe eines neuen Steuerbescheids zu den bisherigen Fälligkeitstagen Vorauszahlungen unter Zugrundelegung der zuletzt festgesetzten Jahressteuer zu entrichten.

Zu § 29

Literatur: *Ostendorf,* Können die Grundsteuer-Vorauszahlungen nach dem bisherigen Steuermessbetrag, aber unter Anwendung eines erhöhten Hebesatzes festgesetzt werden?, KStZ 1977 S. 68.

Begründung zur Regierungsvorlage

1   „Übereinstimmend mit der bisherigen Regelung enthält § 29 GrStG den Grundsatz, dass bis zur Bekanntgabe eines neuen Grundsteuerbescheides Vorauszahlungen nach der zuletzt festgesetzten Jahressteuerschuld zu entrichten sind. Dies gilt auch für das Jahr 1974, und zwar selbst dann, wenn die Jahressteuerschuld, die sich unter Zugrundelegung der neuen Einheitswerte ergibt, erheblich von der Jahressteuerschuld für 1973 abweichen sollte. Es wird deshalb angestrebt, dass die Grundsteuerbescheide für 1974 möglichst noch vor Ablauf des Jahres 1973 in den Händen der Grundstückseigentümer sind. Vgl. hierzu die Begründung zu § 37 Abs. 1 des Entwurfs. Auf die Möglichkeit einer Anpassung der Vorauszahlungen durch die Gemeinden wird wie bisher verzichtet. Da der Gemeinde die Unterlagen für die Anpassung fehlen, müsste lediglich für diesen Zweck ein Steuermessbetrag festgesetzt werden. Vgl. hierzu die Regelung in § 19 Abs. 3 GewStG. Wenn aber das Finanzamt eingeschaltet wird, so ist es zweckmäßiger, einen vorläufigen Steuermessbescheid zu erteilen, der nach abschließender Prüfung dann u. U. auch für endgültig erklärt werden kann. Ist eine Herabsetzung der Grundsteuer zu erwarten, so kann die Gemeinde vorübergehend durch Stundung helfen."

Entrichtung von Vorauszahlungen

2   Vorauszahlungen sind zu entrichten, wenn an einem der in § 28 GrStG genannten Fälligkeitstermine die Steuerschuld für das laufende Kalenderjahr noch nicht festgesetzt ist. Aus welchen Gründen die Festsetzung der neuen Steuerschuld noch nicht erfolgte, ist dabei ohne Bedeutung. Die Zahlungen sind unter Zugrundelegung der zuletzt festgesetzten Jahressteuerschuld an den sich aus § 28 GrStG ergebenden Fälligkeitsterminen als Vorauszahlungen wei-

terzuleisten (VG München v. 3.3.2010 M 10 K 10.2293, n.v.). Eine Änderung dieser Beträge durch einen eigenen Vorauszahlungsbescheid ist zwar nicht vorgesehen. Die Gemeinde kann jedoch einen Steuerbescheid erteilen, auch wenn der Steuermessbescheid noch nicht erlassen ist (§ 155 Abs. 2 AO). Sie müsste dann die Feststellungen, die sich sonst aus dem Steuermessbescheid ergeben, selbst ermitteln bzw. schätzen (§ 162 Abs. 3 AO; *Klein/ Rüsken,* AO, § 155 Rz. 39). Hierzu vgl. Anm. 10 zu § 27 GrStG. Ob der noch ausstehende Steuermessbetrag im Wege einer Nachveranlagung (§ 18 Abs. 1 GrStG), d.h. überhaupt zum ersten Mal, oder im Wege einer Neuveranlagung (§ 17 Abs. 1 GrStG), d.h. an Stelle eines bereits vorhandenen Steuermessbetrags festgestellt werden müsste, ist dabei gleichgültig. In dem letzteren Fall kommt man zu demselben Ergebnis wie sonst bei einer Änderung der Vorauszahlungen. In diesen Fällen wäre allerdings eine vorläufige Steuerfestsetzung nach § 165 AO die zweckmäßige Lösung. Zum Verhältnis von Vorauszahlungsschuld und eigentlicher Steuerschuld bei Verjährung des Steueranspruchs vgl. Anm. 3 zu § 30 Abs. 2 GrStG. Auch für die Vorauszahlungen gelten im Übrigen die Erläuterungen zu § 27 und § 28 GrStG.

§ 30 Abrechnung über die Vorauszahlungen

(1) [1]Ist die Summe der Vorauszahlungen, die bis zur Bekanntgabe des neuen Steuerbescheids zu entrichten waren (§ 29), kleiner als die Steuer, die sich nach dem bekanntgegebenen Steuerbescheid für die vorausgegangenen Fälligkeitstage ergibt (§ 28), so ist der Unterschiedsbetrag innerhalb eines Monats nach Bekanntgabe des Steuerbescheids zu entrichten. [2]Die Verpflichtung, rückständige Vorauszahlungen schon früher zu entrichten, bleibt unberührt.

(2) Ist die Summe der Vorauszahlungen, die bis zur Bekanntgabe des neuen Steuerbescheids entrichtet worden sind, größer als die Steuer, die sich nach dem bekanntgegebenen Steuerbescheid für die vorangegangenen Fälligkeitstage ergibt, so wird der Unterschiedsbetrag nach Bekanntgabe des Steuerbescheids durch Aufrechnung oder Zurückzahlung ausgeglichen.

(3) Die Absätze 1 und 2 gelten entsprechend, wenn der Steuerbescheid aufgehoben oder geändert wird.

Übersicht

Zu § 30
1. Begründung

Zu § 30 Abs. 1
2. Nachzahlung

Zu § 30 Abs. 2
3. Erstattung

Zu § 30 Abs. 3
4. Rückwirkende Änderung einer Jahressteuerschuld

Zu § 30

Literatur: *Roggenbrodt,* Grundsteuernachzahlung zulässig, MM 1999 S. 413.

Begründung zur Regierungsvorlage

1 „In Übereinstimmung mit der bisherigen Rechtslage und mit der Regelung bei anderen Veranlagungssteuern wird bestimmt, dass ein Mehrbetrag, der sich nach dem Ergebnis der endgültigen Festsetzung gegenüber den geleisteten Vorauszahlungen ergibt, innerhalb einer Frist von einem Monat nachzuentrichten ist. Für bereits rückständige Vorauszahlungen wird dadurch jedoch keine neue Zahlungsfrist begründet. Ergibt sich eine Überzahlung, so wird diese durch Aufrechnung mit anderen Steuerschulden oder durch Zurückzahlung ausgeglichen.

Eine entsprechende Abrechnung ist auch dann erforderlich, wenn für das Kalenderjahr bereits ein Steuerbescheid erteilt war, später aber eine anderweitige Festsetzung erfolgt oder der erteilte Grundsteuerbescheid ersatzlos aufgehoben wird.“

Zu § 30 Absatz 1

Nachzahlung

2 Die Entrichtung der Vorauszahlungen ist davon abhängig, dass für ein früheres Kalenderjahr schon eine Steuerschuld festgesetzt worden war, dass aber die Steuerfestsetzung für das laufende Kalenderjahr noch nicht vorliegt. Wird die Steuerfestsetzung durchgeführt, so kommt es zu einer Abrechnung über die bisher geleisteten Vorauszahlungen. Waren diese zu niedrig, so ist der Differenzbetrag innerhalb eines Monats nach Bekanntgabe des Steuerbescheides nachzuentrichten. Das Gleiche gilt, wenn bisher überhaupt noch keine Vorauszahlungen entrichtet worden waren. Bei erheblichen Nachzahlungen kann in diesem Fall auch eine Stundung in Betracht kommen. Vgl. Anm. 7 zu § 28 GrStG. Für bereits rückständige Vorauszahlungen wird jedoch durch § 30 Abs. 1 GrStG keine neue Zahlungsfrist begründet. Diese Vorauszahlungen sind vielmehr wie jede andere Steuerzahlung an den sich nach § 28 GrStG ergebenden Terminen fällig. Säumniszuschläge, die nach der ursprünglichen Vorauszahlungsschuld bemessen worden waren, bleiben deshalb, auch wenn die Vorauszahlungsbeträge zu hoch waren, unberührt (OVG Münster v. 20.12.1971, DGStZ 1972 S. 121).

Zu § 30 Absatz 2

Erstattung

3 Hat der Steuerpflichtige mehr an Vorauszahlungen entrichtet, als er bei rechtzeitiger Bekanntgabe des neuen Steuerbescheids hätte zahlen müssen, so wird der zu viel gezahlte Betrag nach Bekanntgabe des Steuerbescheids erstattet oder verrechnet. Eine Verrechnung, d. h. eine Aufrechnung, würde nur mit anderen Rückständen an Grundsteuer und sonstigen Gemeindeforderungen, nicht aber mit den nächsten, noch nicht fälligen Vierteljahresraten zulässig sein. Es dürften jedoch auch gegen eine Gutschrift für künftige Fälligkeitstermine keine Bedenken bestehen, wenn der Steuerpflichtige damit einverstanden ist. Während die Nachzahlung nach § 30 Abs. 1 GrStG innerhalb einer bestimmten Frist erfolgen muss, ist für die Erstattung der Grundsteuer durch die Gemeinde keine Frist vorgeschrieben. Der hier entstehende Erstattungsanspruch wird sofort mit Bekanntgabe des Steuerbescheids fällig. Die

Gemeinde kann deshalb bis zur Rückzahlung der Steuer nicht erst noch seine Bestandskraft abwarten.

Die Herabsetzung des Jahressolls der Grundsteuer führt nicht notwendigerweise auch zur Herabsetzung bereits entrichteter Vorauszahlungsbeträge (BVerwG v. 22.5.1987, BStBl. 1987 II S. 698).

Die Verjährung eines Steueranspruchs löst einen Anspruch auf Erstattung geleisteter Grundsteuervorauszahlungen nach § 37 Abs. 2 Satz 2 AO aus (Sächs. OVG v. 1.4.2003, DÖV 2004 S. 260). Ein Vorauszahlungsbescheid bildet insoweit keinen Rechtsgrund für das Behaltendürfen; § 164 Abs. 1 Satz 2 und Abs. 4 Satz 1 AO ändert daran nichts.

Zu § 30 Absatz 3

Rückwirkende Änderung einer Jahressteuerschuld

Die Vorschriften in § 30 Abs. 1 und 2 GrStG über die Nachentrichtung **4** bei zu geringen Vorauszahlungen und die Erstattung bei zu hohen Vorauszahlungen gelten entsprechend auch in den Fällen, in denen rückwirkend eine neue Jahressteuerschuld festgesetzt wird, z.B. auf Grund einer rückwirkenden Änderung des Steuermessbetrags durch Berichtigungsfortschreibung, Berichtigungsveranlagung oder Rechtsmittelentscheidung. In Betracht kommen jedoch nur die rückwirkende Änderung und die rückwirkende erstmalige Festsetzung einer Jahressteuerschuld, nicht dagegen die rückwirkende Änderung von Vorauszahlungen; denn diese ist für die Grundsteuer nicht vorgesehen.

Der Erstattungsanspruch des Steuerpflichtigen entsteht zwar zu demselben Zeitpunkt, in welchem auch die Steuerschuld entstanden ist. Der Steuerpflichtige kann diesen Anspruch jedoch erst dann geltend machen, wenn ihm die neue Steuerschuld nach Maßgabe des berichtigten Bescheides eröffnet wird (VG München v. 5.3.1956, DGStZ 1956 S. 171). Erstattungsberechtigt ist der, auf dessen Kosten die Steuerüberzahlung erfolgt ist (OVG Münster v. 23.5.1956, BB 1956 S. 1061). Dies ist im Verhältnis zur Gemeinde allein der Steuerschuldner oder der Haftende, wenn die Überzahlung auf einem Haftungsbescheid beruht.

Auf die Rückzahlung zu viel oder zu Unrecht gezahlter Grundsteuer kann im Verwaltungsstreitverfahren geklagt werden (OVG Münster v. 8.9.1954, DGStZ 1955 S. 151). Auch für die Rückforderung erstatteter Steuern durch die Gemeinden ist nur der Verwaltungsrechtsweg, also nicht der Rechtsweg zu den ordentlichen Gerichten zugelassen. Für einen Erstattungsanspruch gelten die gleichen Verjährungsregeln wie für den Steueranspruch selbst Hierzu vgl. auch Anm. 9 zu § 28 GrStG.

§ 31 Nachentrichtung der Steuer

Hatte der Steuerschuldner bis zur Bekanntgabe der Jahressteuer keine Vorauszahlungen nach § 29 zu entrichten, so hat er die Steuer, die sich nach dem bekanntgegebenen Steuerbescheid für die vorangegangenen

Fälligkeitstage ergibt (§ 28), innerhalb eines Monats nach Bekanntgabe des Steuerbescheids zu entrichten.

Zu § 31

Begründung zur Regierungsvorlage

1   „Wird, ohne dass Vorauszahlungen zu entrichten waren, erstmal eine Grundsteuer angefordert, so sind die Raten, deren Fälligkeitstage bereits abgelaufen sind, übereinstimmend mit der Regelung in § 30 GrStG ebenfalls innerhalb eines Monats nach Bekanntgabe des Steuerbescheids zu entrichten."

Nachentrichtung der Steuer

2   Es ist möglich, dass bisher für ein Grundstück eine Steuer noch nicht festgesetzt war, eine Steuerschuld jedoch erstmals für das laufende oder ein schon zurückliegendes Kalenderjahr entsteht. In Betracht kommen dafür die Fälle einer Nachveranlagung des Steuermessbetrags auf einen zurückliegenden Veranlagungszeitpunkt. Solange hier noch kein Steuerbescheid vorliegt, können auch noch keine Vorauszahlungen gefordert werden. Vgl. Anm. 2 zu § 29 GrStG. Die nunmehr nachträglich fällig werdenden Jahressteuerbeträge und die bereits im laufenden Kalenderjahr fälligen Vorauszahlungsbeträge (§ 28 GrStG) sind dann vom Steuerpflichtigen innerhalb eines Monats nach Bekanntgabe des Steuerbescheides nachzuentrichten. Dieser Zeitpunkt gilt dann als Fälligkeitstermin. Für alle Fälligkeitstage nach Bekanntgabe des Steuerbescheids gilt § 28 GrStG unmittelbar (*Halaczinsky*, GrStG, § 31 Rz. 2). Hierzu vgl. Anm. 2 zu § 28 GrStG. Wegen der Möglichkeit einer Stundung der Nachzahlung vgl. Anm. 7 zu § 28 GrStG.

Abschnitt IV. Erlaß der Grundsteuer

§ 32 Erlaß für Kulturgut und Grünanlagen

(1) Die Grundsteuer ist zu erlassen

1. für Grundbesitz oder Teile von Grundbesitz, dessen Erhaltung wegen seiner Bedeutung für Kunst, Geschichte, Wissenschaft oder Naturschutz im öffentlichen Interesse liegt, wenn die erzielten Einnahmen und die sonstigen Vorteile (Rohertrag) in der Regel unter den jährlichen Kosten liegen. [2]Bei Park- und Gartenanlagen von geschichtlichem Wert ist der Erlaß von der weiteren Voraussetzung abhängig, daß sie in dem billigerweise zu fordernden Umfang der Öffentlichkeit zugänglich gemacht sind;

2. für öffentliche Grünanlagen, Spiel- und Sportplätze, wenn die jährlichen Kosten in der Regel den Rohertrag übersteigen.

(2) [1]Ist der Rohertrag für Grundbesitz, in dessen Gebäuden Gegenstände von wissenschaftlicher, künstlerischer oder geschichtlicher Bedeutung, insbesondere Sammlungen oder Bibliotheken, dem Zweck der Forschung oder Volksbildung nutzbar gemacht sind, durch die Benutzung zu den genannten Zwecken nachhaltig gemindert, so ist von der Grundsteuer der Hundertsatz zu erlassen, um den der Rohertrag gemindert ist. [2]Das gilt nur, wenn die wissenschaftliche, künstlerische oder geschichtliche Bedeutung der untergebrachten Gegenstände durch die Landesregierung oder die von ihr beauftragte Stelle anerkannt ist.

Übersicht

Zu § 32
1. Begründung
2. Erlass aus Rechtsgründen

Zu § 32 Abs. 1 Nr. 1
3. Erlass für Grundbesitz, dessen Erhaltung im öffentlichen Interesse liegt
4. Voraussetzungen für den Erlass

5. Unrentierlichkeit des Grundbesitzes
5a. Kausalzusammenhang

Zu § 32 Abs. 1 Nr. 2
6. Erlass für Grünanlagen, Spiel- und Sportplätze

Zu § 32 Abs. 2
7. Erlass für Grundbesitz mit Museen usw.

Zu § 32

Literatur: *Allgaier,* Grundsteuererlass, StWK Gruppe 14, S. 169; *Bajohr,* Die finanzielle Förderung der Denkmalpflege in Deutschland, BauR 2003 S. 1147; *Bansemer,* Denkmalschutz und Steuerrecht, RWP 1991/1211 SG 5.1 S. 347; *Boochs,* Steuervergünstigung für Grundbesitz, der unter Denkmalschutz steht, DStZ 1986 S. 500; *Boveleth/Mannek,* Steuervergünstigungen für Baudenkmale bei den einheitswertabhängigen Steuern, NWB F. 9 S. 2579; *Büchner/Fritsch,* Steuerliche Förderung von denkmalgeschütztem Eigentum, DStR 2004 S. 2169; *Bückendorf,* Grundsteuererlass nach § 33 und § 32 GrStG, KStZ 1992 S. 87; *Eisele,* Grundsteuerliche Behandlung land- und forstwirtschaftlich genutzter Naturschutzflächen, StW 1997 S. 234; *Engels,* Grundsteuer-Erlass für denkmalgeschützten Grundbesitz, ZKF 1991 S. 250; *Günther,* Der Erlass der

Grundsteuer nach § 32 Abs. 1 Nr. 1 GrStG aus Gründen des Naturschutzes, KStZ 1992 S. 166, 188; *Günther,* Grundsteuererlass nach § 32 Abs. 1 Nr. 1 GrStG für naturbelassene Grundstücke und Biotope, ZKF 1992 S. 221; *Heinen,* Denkmalschutz und -pflege unter steuerlichen Gesichtspunkten, INF 1993 S. 149; *Hundt/Nenstiel,* Grundsteuererlass für denkmalgeschützte Häuser – Erfordert § 32 Abs. 1 Nr. 1 GrStG einen Kausalzusammenhang?, ZKF 1994 S. 26; *König,* Steuerrechtliche Fördermöglichkeiten im Denkmalschutz, BuW 1998 S. 330; *Kretzer-Mossner,* Grundsteuererlass für Kulturgüter, Das Grundeigentum 2008 S. 784; *Loberg,* Antrag auf Erlass der Grundsteuer nach § 32 Abs. 1 Nr. 1 GrStG, ZKF 1980 S. 77; *Martin,* Steuererleichterungen bei Kulturdenkmälern, BB 1979 S. 831; *Neustiel,* Der Kausalzusammenhang – ein Tatbestandsmerkmal des § 32 Abs. 1 Nr. 1 GrStG, KStZ 1993 S. 41; *Nolden,* Grundsteuer-Erlass für denkmalgeschützten Grundbesitz, ZKF 1992 S. 128; *Ostendorf,* Zum Grundsteuererlass bei denkmalgeschützten Forstdienstgebäuden (§ 32 Abs. 1 Nr. 1 GrStG), KStZ 1977 S. 217; *Paus,* Steuerliche Hilfen für Baudenkmale, EStB 2009 S. 239; *Peters,* Voraussetzungen für einen Grundsteuererlass für denkmalgeschützten Grundbesitz nach § 32 Abs. 1 Nr. 1 GrStG, ZKF 1994 S. 200; *Peters/Gefäller,* Zum Erlass der Grundsteuer für „Kulturgut" (denkmalgeschützter Grundbesitz), ZKF 1986 S. 201; *Röthinger,* Der Erlass der Grundsteuer für denkmalgeschützten Grundbesitz nach § 32 Abs. 1 Nr. 1 GrStG, KStZ 1990 S. 65; *Stahlschmidt,* Der Erlass der Grundsteuer nach § 32 Abs. 1 Nr. 1 GrStG, KStZ 2000 S. 146; *Stöckel,* Steuerbegünstigungen für Baudenkmale, NWB 2009 S. 306; *Teß,* Die grundsteuerliche Behandlung von unter Denkmalschutz stehenden Gebäuden, INF 1979 S. 457; *Teß,* Erlassvorschriften bei der Grundsteuer, DStR 1979 S. 639.

Begründung zur Regierungsvorlage

1   „Die §§ 32 ff. GrStG enthalten besondere grundsteuerliche Erlassvorschriften. Im Gegensatz zu den Erlassvorschriften der Abgabenordnung gewähren sie einen Rechtsanspruch auf den Erlass, wenn die dafür geforderten Voraussetzungen erfüllt sind. Zur Durchführung der bisherigen Erlassvorschriften in § 26a GrStG 1951 war die Grundsteuererlassverordnung (GrStErlVO) v. 26.3.1952 (BGBl. I S. 209) ergangen. Diese Verordnung erscheint künftig jedoch entbehrlich; denn alle Vorschriften von grundsätzlicher Bedeutung werden in den Gesetzentwurf übernommen. Im Übrigen hat die Bundesregierung die Möglichkeit, mit Zustimmung des Bundesrates allgemeine Richtlinien über die Durchführung der Erlassvorschriften aufzustellen. Die Befugnis der Bundesregierung, auf diesem Wege Einfluss auf die Erlasspraxis der Gemeinden zu nehmen, war zwar früher umstritten, ist aber inzwischen im Rahmen der Finanzreform eindeutig klargestellt worden (Art. 108 Abs. 7 GG).

Die bisher in § 26a Ziff. 2 bis 4 GrStG 1951 enthaltenen Tatbestände für einen Grundsteuererlass sind im Wesentlichen unverändert übernommen worden. Dabei werden in § 32 Abs. 1 GrStG die Fälle eines Vollerlasses und in § 32 Abs. 2 GrStG die Fälle geregelt, in denen der Erlass am Ausmaß der Ertragsminderung auszurichten ist. Der Wortlaut des § 32 Abs. 1 Nr. 1 GrStG ist in Anlehnung an die Parallelvorschrift in § 115 BewG neu gefasst worden. Dabei wurden die bisher verwendeten Worte ‚Wissenschaft, Kunst oder Heimatschutz' durch die Worte ‚Kunst, Geschichte, Wissenschaft oder Naturschutz' ersetzt. Die Ausdehnung auf den Naturschutz entspricht der Rechtsprechung, nach der unter ‚Heimatschutz' auch der Naturschutz zu verstehen ist."

Erlass aus Rechtsgründen

2   Die Vorschriften in § 32 GrStG sehen einen Erlass aus Rechtsgründen vor, d. h. die Grundsteuer muss erlassen werden, wenn die dort genannten Voraus-

setzungen erfüllt sind. Diese Voraussetzungen stellen allein auf Umstände ab, die bei dem Grundstück gegeben sein müssen. Auf die wirtschaftlichen und persönlichen Verhältnisse des Eigentümers kommt es dabei nicht an. Im Einzelnen vgl. hierzu Abschnitt 43 GrStR, der folgenden Wortlaut hat:

43 GrStR. Rechtsanspruch auf den Erlaß der Grundsteuer

Liegen die in den §§ 32, 33 GrStG und § 78 StBauFG[1] näher bestimmten Voraussetzungen vor, besteht auf den Grundsteuererlaß ein Rechtsanspruch. In anderen Fällen können Billigkeitsmaßnahmen nach § 163 AO in Verbindung mit § 184 Abs. 2 und 3 AO sowie nach § 227 AO in Betracht kommen.

Während auf den **Erlass nach** § 32 GrStG ein **Rechtsanspruch** besteht, so dass die Gemeinde die Grundsteuer erlassen muss, wenn die Voraussetzungen dafür erfüllt sind, steht die Gewährung eines Billigkeitserlasses in ihrem Ermessen. Im Ergebnis besteht allerdings zwischen den beiden Möglichkeiten eines Erlasses kein allzu großer Unterschied. Wegen weiterer Einzelheiten vgl. Anm. 2ff. zu § 33 GrStG.

In den §§ 32, 33 GrStG ist **abschließend geregelt,** in welchen Fällen eine sachliche Unbilligkeit wegen Ertragslosigkeit vorliegt. Daher kommt eine analoge Anwendung dieser Vorschriften auf weitere, gesetzlich nicht geregelte Sachverhalte oder ein Rückgriff auf die §§ 163, 227 AO nicht in Betracht (VGH Ba-Wü v. 13.12.2001, DÖV 2002 S. 580). Zur Frage des Billigkeitserlasses nach §§ 163, 227 AO neben §§ 32ff. GrStG vgl. auch *Peters*, KStZ 1994 S. 45.

Zu § 32 Absatz 1 Nummer 1

Erlass für Grundbesitz, dessen Erhaltung im öffentlichen Interesse liegt

Nach § 32 Abs. 1 Nr. 1 GrStG ist die Grundsteuer in vollem Umfang zu 3 erlassen für Grundbesitz, wenn dessen Erhaltung wegen seiner Bedeutung für Kunst, Geschichte, Wissenschaft oder Naturschutz im öffentlichen Interesse liegt, und die jährlichen Kosten in der Regel die erzielten Einnahmen und sonstigen Vorteile übersteigen. Die Erlassvorschrift des § 32 Abs. 1 Nr. 1 GrStG ist unabhängig von der Befreiungsvorschrift des § 3 GrStG. Sie ist deshalb auch dann anzuwenden, wenn der Antragsteller nicht zu den nach § 3 Abs. 1 GrStG begünstigten Grundstückseigentümern gehört (BVerwG v. 19.10.1955, BVerwGE Bd. 2 S. 254). Die Vorschrift hat damit in erster Linie Bedeutung für Grundstücke in Privatbesitz. Ihre Anwendung ist aber auch nicht ausgeschlossen bei öffentlich-rechtlichen Körperschaften oder anderen steuerbefreiten Körperschaften, falls deren Grundbesitz zwar steuerpflichtig ist, gleichwohl aber die Voraussetzungen des § 32 Abs. 1 GrStG erfüllt (BayVGH v. 20.10.1982, KStZ 1983 S. 55). Die Voraussetzungen für den Erlass werden in Abschnitt 35 GrStR erläutert, der folgenden Wortlaut hat:

---

[1] Aufgehoben durch das Baugesetzbuch v. 8.12.1986 (BGBl. 1986 I S. 2191), jetzt idF v. 23.9.2004 (BGBl. 2004 I S. 2414).

35 GrStR. Erlaß für Grundbesitz, dessen Erhaltung im öffentlichen Interesse liegt

(1) Die Grundsteuer ist für Grundbesitz zu erlassen, wenn seine Erhaltung wegen seiner Bedeutung für Kunst, Geschichte, Wissenschaft oder Naturschutz im öffentlichen Interesse liegt und wenn der Rohertrag in der Regel unter den jährlichen Kosten liegt. Ist zweifelhaft, ob die erste dieser beiden Voraussetzungen erfüllt ist, ist eine Bestätigung der zuständigen Landesbehörde vorzulegen. Liegen danach die Voraussetzungen für einen Erlaß bei einem bebauten Grundstück vor, so umfaßt der Erlaß auch die Grundsteuer, die auf den Grund und Boden entfällt.

(2) Zum Rohertrag gehören sämtliche Einnahmen und sonstigen Vorteile, die der Grundbesitz bietet. Zu den Einnahmen rechnen z. B. die Miet- und Pachteinnahmen und die Einnahmen aus Besichtigungen und Führungen. Zu den sonstigen Vorteilen gehört auch der Nutzungswert, den die eigene Benutzung für den Eigentümer hat. Er ist mit den bei ordnungsmäßiger Bewirtschaftung zu erzielenden ortsüblichen Miet- und Pachteinnahmen anzusetzen. Wegen des Rohertrags bei Betrieben der Land- und Forstwirtschaft vgl. Abschnitt 39 Abs. 1. Zu den Kosten gehören alle im Zusammenhang mit dem Grundbesitz stehenden Verwaltungs- und Betriebsausgaben. Nicht dazu gehören die Tilgungsleistungen und die Verzinsung des Eigenkapitals. Bei Gebäuden können auch Abschreibungen und Rückstellungen für größere Reparaturen berücksichtigt werden. Zu den Kosten gehören auch die Aufwendungen, die sich aus Besichtigungen und Führungen ergeben. Der Grundbesitz darf nachhaltig keinen Reinertrag abwerfen. Das schließt nicht aus, daß ausnahmsweise in einem Jahr ein geringer Überschuß erwirtschaftet wird. Da erst rückblickend festgestellt werden kann, ob der Rohertrag in der Regel unter den jährlichen Kosten liegt, soll im Zweifelsfall die Gemeinde die Grundsteuer des laufenden Kalenderjahres und der beiden folgenden Kalenderjahre bis zum Ablauf des dritten Kalenderjahres mit dem Ziel des Erlasses stunden. Der Steuerpflichtige hat nach Ablauf der Stundungsfrist die Erlaßvoraussetzungen nachzuweisen. Wird der Nachweis nicht erbracht oder ist in mindestens 2 Jahren ein Überschuß erzielt worden, so ist die Grundsteuer rückwirkend für diese 3 Jahre zu erheben. Werden die Erlaßvoraussetzungen nachgewiesen, ist die Grundsteuer für diese 3 Jahre zu erlassen.

(3) Liegen die Voraussetzungen für den Erlaß der Grundsteuer vor, so kommt es nicht darauf an, ob der Grundbesitz der Öffentlichkeit zugänglich ist. Garten- und Parkanlagen müssen jedoch in einem billigerweise zu fordernden Umfang der Öffentlichkeit zugänglich sein. Es genügt, daß sie mindestens den interessierten Kreisen ohne weiteres zugänglich sind und dies auch allgemein erkennbar ist. Vgl. hierzu auch die Behandlung von Grünanlagen in Abschnitt 36.

(4) Liegt nur die Erhaltung eines Teils des Grundbesitzes im öffentlichen Interesse, sind für diesen Teil der Rohertrag und die jährlichen Kosten besonders zu ermitteln. Wenn für diesen Teil des Grundbesitzes der Rohertrag in der Regel unter den jährlichen Kosten liegt, ist von der Grundsteuer des gesamten Steuergegenstandes der hierauf entfallende Betrag zu erlassen.

Für **Berlin** ist zu § 32 GrStG der **Erlass v. 14.3.1994** ergangen, der auszugsweise den folgenden Wortlaut hat:

„1. Kulturgut

1.1. Nachweis des öffentlichen Interesses

    Gem. Abschnitt 35 Abs. 1 Satz 2 GrStR 1978 soll der Antragsteller den Nachweis, daß der Grundbesitz Kulturgut i. S. § 32 Abs. 1 Nr. 1 GrStG ist, durch eine Bestätigung der zuständigen Landesbehörde führen. ...

1.2. Denkmalschutz

1.2.1. Geltung des Denkmalschutzgesetzes Berlin im Beitrittsgebiet Berlins
...

1.2.2. Bindende Wirkung der Eintragung als Baudenkmal für die Grundsteuer

    Die Entscheidung über die förmliche Ausweisung von Grundbesitz als Baudenkmal nach § 2 Abs. 2 i. V. m. § 6 DSchG Bln ist dem Grunde und dem Umfang nach für die Grundsteuer zu übernehmen. Es genügt die Vorlage des entsprechenden Verwaltungsakts.

1.2.3. Begriff des Kulturguts nicht auf Baudenkmale beschränkt

    Auch Grundbesitz, der nicht förmlich als Baudenkmal i. S. § 2 Abs. 2 i. V. m. § 6 DSchG Bln eingetragen ist, kann Kulturgut sein. Der Gesetzgeber hat den Tatbestand des „Kulturguts" in § 32 Abs. 1 Nr. 1 GrStG selbständig und unabhängig von landesrechtlichen Vorschriften des Denkmalschutzes festgelegt.

    Nach dem Urteil des BVerwG vom 21. September 1984 (BStBl. II, 870) ist ein öffentliches Interesse i. S. § 32 Abs. 1 Nr. 1 GrStG jedoch nur dann gegeben, wenn für den Grundbesitz insbesondere rechtliche Bindungen zugunsten der dort bezeichneten Zwecke bestehen. Die rechtlichen Bindungen müssen in ihrer nutzungsbeschränkenden Wirkung die Grenze dessen überschreiten, was namentlich das Baurecht von Grundstückseigentümern an Rücksichtnahme auf Gemeininteressen ohnehin verlangt. Besondere rechtliche Bindungen in diesem Sinne können sich neben dem „echten" denkmalschutzrechtlichen Erhaltungsgebot für Baudenkmale aus engen denkmalschutzrechtlichen Gestaltungsgeboten ergeben. Diese Frage wird insbesondere dann eine Rolle spielen, wenn der Grundbesitz nur als Teil einer größeren Einheit (Denkmalbereich) dem Denkmalschutz unterliegt.

    Die Senatsverwaltung für Stadtentwicklung und Umweltschutz hat hierauf auf Anfrage folgende Auffassung vertreten:

    Zu unterscheiden ist zwischen Fällen, in denen die bauliche Anlage Teil eines aus mehreren Anlagen bestehenden Baudenkmals ist (Mehrheit baulicher Anlagen im Sinne des § 2 Abs. 2 DSchG Bln) und in Fällen, in denen das Objekt im Geltungsbereich einer Verordnung über Geschützte Baubereiche im Sinne des § 17 DSchG Bln liegt.

    a) Bei einem Baudenkmal, das aus mehreren selbständigen Objekten besteht, erstrecken sich die Wirkungen des Denkmalschutzes, insbesondere die Erhaltungsverpflichtung, grundsätzlich auf alle zugehörigen Einzelobjekte, unabhängig davon, ob die einzelnen baulichen Anlagen für sich gesehen eigenständigen Denkmalwert haben oder ob sich der Denkmalwert erst aus der Zugehörigkeit zu der Gesamtheit der baulichen Anlage ergibt.

    Die strengen Bindungen des Denkmalschutzes gelten jedoch nicht für solche Einzelobjekte, die zwar innerhalb des räumlichen Bereichs eines aus mehreren Anlagen be-

stehenden Baudenkmals liegen, aber nicht irgendwie positiv zum Denkmalwert der Gesamtheit beitragen, insbesondere belanglose oder sogar störende Anlagen.

b) Bei geschützten Baubereichen gilt folgendes:
Die Lage in einem geschützten Baubereich begründet keine unmittelbare denkmalrechtliche Erhaltungspflicht. § 17 DSchG Bln ermächtigt lediglich dazu, besondere Anforderungen gestalterischer Art zu stellen, die das Erscheinungsbild des geschützten Baubereichs betreffen. Die Vorschrift dient somit nur mittelbar der Erhaltung der einzelnen im Geltungsbereich belegenen baulichen Anlagen, indem sie etwaigem Veränderungsdruck durch gestalterische Anforderungen entgegenwirkt. Es handelt sich aber nicht um primäre denkmalrechtliche Gestaltungsgebote, da sie nicht unmittelbar die Erhaltung originärer Denkmalsubstanz regeln.
Die Bindungen durch die Lage in einem geschützten Baubereich entsprechen somit nicht den Anforderungen des BVerwG im Urteil vom 21. September 1984 (s. o.).
Zu beachten ist, daß Denkmale mit Gebietscharakter im Beitrittsgebiet, die nach dem DPflG DDR als Gesamtheit geschützt waren, nicht unter die Sonderregelung des geschützten Baubereichs im Sinne des § 17 DSchG Bln fallen. Für diese Denkmale galt die denkmalrechtliche Erhaltungsverpflichtung unmittelbar. Sie sind folglich als Mehrheiten baulicher Anlagen im Sinne des § 2 Abs. 2 DSchG Bln anzusehen.

1.3. Naturschutz

Die Voraussetzungen für § 32 Abs. 1 Nr. 1 GrStG sind für Naturschutz erfüllt, wenn ein bestimmtes Gebiet rechtsverbindlich unter Naturschutz gestellt ist (Naturschutzgebiet: § 13 Abs. 1 BNatSchG, § 19 NatSchG Bln) oder wenn ein Naturdenkmal (§ 17 Abs. 1 BNatSchG, § 21 NatSchG Bln) vorliegt.

Ein öffentliches Interesse ist dagegen nicht bereits dann gegeben, wenn der Grundbesitz in einem Landschaftsschutzgebiet (§ 15 Abs. 1 BNatSchG, § 20 NatSchG Bln) liegt oder vergleichbar „schwach" ausgestalteten Zweckbestimmungen (z. B. Naturpark – § 16 BNatSchG – oder geschützte Landschaftsbestandteile – § 18 BNatSchG, § 22 NatSchG Bln –) unterliegt. Die rechtlichen Bindungen haben hier wegen des Fehlens eines ausdrücklichen allgemeinen Veränderungsverbots keine dem Naturschutzgebiet oder Naturdenkmal vergleichbare Intensität.

2. Nachhaltige Unrentierlichkeit des Grundbesitzes

Weitere Voraussetzungen für den Erlaß ist, daß in der Regel der Rohertrag unter den jährlichen Kosten liegt, das Grundstück also auf Dauer unrentabel ist. Es kommt dabei jedoch nicht darauf an, daß die fehlende Rentabilität im konkreten Einzelfall durch besondere Ausgaben für die Erhaltung des Kulturguts im öffentlichen Interesse (z. B. für den Denkmalschutz) verursacht wird.

2.1. Zur Ermittlung des Rohertrags und der Kosten

Rohertrag und Kosten sind für Zwecke des § 32 Abs. 1 Nr. 1 GrStG selbständig unter Berücksichtigung des Charakters der Grundsteuer als Objektsteuer zu ermitteln.

2.1.1. Rohertrag

Es bestehen keine Bedenken, die bei der Ermittlung der Einkünfte i. S. des EStG zugrunde gelegten Mieten und sonstigen Vorteile für die Berechnung des Rohertrags zu übernehmen. Zu beachten ist, daß zu den sonstigen Vorteilen auch der Wert gehört, den die Eigennutzung des Grundbesitzes für den Eigentümer hat. Als Nutzungswert sind die bei ordnungsgemäßer Bewirtschaftung zu erzielenden Miet- und Pachteinnahmen anzusetzen (Abschnitt 35 Abs. 2 Sätze 3, 4 GrStR 1978).

2.1.2. Kosten

Kosten sind alle im Zusammenhang mit dem Grundbesitz stehenden Verwaltungs und Betriebsausgaben (Abschnitt 35 Abs. 2 Satz 6 GrStG 1978, vgl. zum Begriff der „Kosten" grundlegend das Urteil des BVerwG vom 15. Februar 1991 (BStBl. II 1992, 577). Schuld- und Eigenkapitalzinsen sind nicht zu berücksichtigen. Nicht zu den Kosten gehören ferner alle Aufwendungen, die in Abhängigkeit von der Nutzung des Grundbesitzes anfallen (Wasser- und Abwassergebühren, Kosten für Heizung, Hausbeleuchtung, Reinigung, Gartenunterhalt und Einfriedung – es sei denn, auch die Gartenanlage und die Einfriedung stehen unter Denkmalschutz –; vgl. BayVGH, Urteil vom 31. März 1993, ZKF 1993, 207).

Bei Gebäuden können nach Abschnitt 35 Abs. 2 Satz 8 GrStR 1978 Abschreibungen als Kosten i. S. § 32 Abs. 1 Nr. 1 GrStG berücksichtigt werden. Nach dem Urteil des BVerwG vom 15. Februar 1991 ist dabei jedoch nur der Wertverzehr durch Absetzung für Abnutzung oder Substanzverringerung i. S. d. § 7 Abs. 4 und 6 EStG anzusetzen. Nicht in die Berechnung einzubeziehen sind dagegen erhöhte (oder Sonder-)Abschreibungen.

2.2. Nachhaltigkeit der Unrentierlichkeit

Gem. § 32 Abs. 1 Nr. 1 GrStG muß der Rohertrag in der Regel unter den jährlichen Kosten liegen. Hierfür ist, beginnend mit dem Kalenderjahr, für das der Erlaß beantragt wird, ein Dreijahreszeitraum in Betracht zu ziehen. Daß der Grundbesitz nachhaltig keinen Reinertrag abwerfen darf, schließt nicht aus, daß ausnahmsweise in einem Jahr ein geringer Überschuß erwirtschaftet wird. Ist in mindestens zwei Jahren ein Reinertrag erzielt worden, kann die Grundsteuer nicht erlassen werden (vgl. Abschnitt 35 Abs. 2 Sätze 10 bis 15 GrStR 1978).

3. Umfang des Grundsteuer-Erlasses

Der Erlaß kommt für den einzelnen Steuergegenstand insgesamt in Betracht und erstreckt sich mit bei einem bebauten Grundstück auch auf die Grundsteuer, die auf den Grund und Boden entfallen würde.

Liegt nur die Erhaltung eines Teils des Grundbesitzes im öffentlichen Interesse, so ist auch nur die hierauf entfallende Grundsteuer zu erlassen (Abschnitt 35 Abs. 4 GrStR 1978). Für diesen Teil muß eine gesonderte Ermittlung der Rentabilität möglich sein. Unter Teile von Grundbesitz i. S. von § 32 Abs. 1 Nr. 1 GrStG fallen deshalb nur selbständig nutzbare, hinsichtlich ihrer Rentabilität separat bewertbare Grundstücksteile. Diese kann z. B. bei dem Wohnteil des Betriebes der Land- und Forstwirtschaft der Fall sein, der unter Denkmalschutz steht. Eine gesonderte Ermittlung des Rohertrags und der jährlichen Kosten ist dagegen bei unselbständigen Gebäudeteilen, z. B. der denkmalgeschützten Fassade, nicht möglich mit der Folge, daß die Grundsteuer insgesamt nicht erlassen werden kann (vgl. BayVGH vom 19. April 1989, ZKF 1989, 205).

4. Rechtsbehelf

Gegen die Ablehnung eines Antrags auf Erlaß der Grundsteuer gem. §§ 32, 33 GrStG ist als Rechtsbehelf der Einspruch gegeben (BFH-Urteil vom 10. August 1988, BStBl. II 1989, 13)."

Entsprechend dürfte auch in den anderen Bundesländern verfahren werden.

Voraussetzungen für den Erlass

4   Der Erlass kann nur gewährt werden mit Rücksicht auf die **Beschaffenheit** bzw. **Verwendung des Grundstücks** selbst oder eines mit ihm fest verbundenen Gebäudes, nicht jedoch mit Rücksicht auf die Beschaffenheit der mit dem Gebäude nicht fest verbundenen Einrichtungsgegenstände. Mit Rücksicht auf diese kann allenfalls ein Erlass nach § 32 Abs. 2 GrStG in Betracht kommen. Hierzu vgl. Anm. 7 zu § 32 GrStG. Die Erhaltung des Grundbesitzes muss wegen seiner Bedeutung für Wissenschaft, Kunst, Geschichte oder Naturschutz im öffentlichen Interesse liegen. Für die **Wissenschaft** ist ein Grundstück von Bedeutung, wenn auf ihm Funde gemacht oder erwartet werden, die für die naturwissenschaftliche, prähistorische, archäologische oder historische Forschung von Interesse sind. Für die historische oder kunsthistorische Forschung kann ein Grundstück wegen der darauf stehenden Gebäude, Ruinen usw. von Interesse sein. Bedeutung für die **Kunst** kann es haben, wenn die auf ihm befindlichen Anlagen das ästhetische Empfinden in besonderem Maße ansprechen oder mindestens den Eindruck vermitteln, dass etwas nicht Alltägliches oder eine Anlage mit Symbolgehalt geschaffen worden ist. Von Bedeutung für den **Naturschutz** ist ein Grundstück, wenn es Besonderheiten des geologischen Aufbaus, der Flora oder Fauna des umliegenden Gebietes hervortreten lässt oder in besonderer Weise mit der umgebenden Natur oder der bodenständigen Kultur des Gebietes, in dem es liegt, verbunden ist (BVerwG v. 24.6.1960, KStZ 1960 S. 170, v. 10.5.1979, KStZ 1979 S. 237 sowie BayVGH v. 20.10.1982, KStZ 1983 S. 55). Es genügt nicht, dass dem Grundbesitz eine Bedeutung für Wissenschaft usw. nicht abgesprochen werden kann, seine Bedeutung muss vielmehr besonderes Gewicht haben. Sie muss durch bestimmte Fakten erwiesen und ins Bewusstsein der Bevölkerung oder eines breiten Kreises von Sachverständigen übergegangen sein (BVerwG v. 17.4.1964, KStZ 1964 S. 204).

Dass die Erhaltung des Grundbesitzes im öffentlichen Interesse liegt, muss im Zweifelsfalle nachgewiesen werden. Zweckmäßigerweise geschieht dies durch eine **Bestätigung der zuständigen Landesbehörde.** Die Zuständigkeit ist allerdings in den einzelnen Ländern sehr unterschiedlich geregelt. Im Land Nordrhein-Westfalen wären z.B. zuständig für Kunst und Geschichte der Landeskonservator, für Wissenschaft der Minister für Wissenschaft und Forschung und für Naturschutz der Minister für Ernährung, Landwirtschaft und Forsten bzw. die jeweils vom Ministerium beauftragten Behörden. Im Gegensatz zu der Anerkennung, die in § 32 Abs. 2 GrStG gefordert wird, ist die Erteilung dieser Bestätigung verfahrensrechtlich nicht besonders geregelt. Sie ist auch für die Gemeinden nicht verbindlich. Diese hat vielmehr in eigener Zuständigkeit die Erlassvoraussetzungen zu prüfen. Sie wird allerdings die Bestätigung bei dieser Prüfung im Regelfall berücksichtigen. Dasselbe gilt für ein Sachverständigengutachten. Eine besondere Nachprüfung dürfte sich jedoch erübrigen, wenn der Grundbesitz bereits den geltenden Bestimmungen der Denkmalspflege unterstellt ist oder wenn er im Rahmen der Bauleitplanung bereits entsprechend gekennzeichnet worden ist. Hierzu vgl. auch die im Anhang I zu § 33 GrStG zitierte BVerwG-Rechtsprechung (Nr. 9) sowie *Röthinger,* KStZ 1990 S. 65.

Zurzeit gelten in den einzelnen Ländern die folgenden **Denkmalschutzgesetze:**

Baden-Württemberg:	Gesetz idF v. 6.12.1983 (GBl. 1983 S. 797), zuletzt geändert durch VO v. 25.1.2012 (GBl. 2012 S. 65).
Bayern:	Gesetz v. 25.6.1973 (GVBl. 1973 S. 328; BayRS 2242-1-WFK), zuletzt geändert durch Gesetz v. 27.7.2009 (GVBl. 2009 S. 385).
Berlin:	Gesetz v. 24.4.1995 (GVBl. 1995 S. 274), zuletzt geändert durch Gesetz v. 8.7.2010 (GVBl. 2010 S. 396).
Brandenburg:	Gesetz v. 24.5.2004 (GVBl. 2004 I S. 215).
Bremen:	Gesetz v. 27.5.1975 (GBl. 1975 S. 265), zuletzt geändert durch Gesetz v. 22.6.2004 (GBl. 2004 S. 313).
Hamburg:	Gesetz v. 5.4.2013 (GVBl. 2013 S. 142).
Hessen:	Gesetz idF v. 5.9.1986 (GVBl. 1986 I S. 262), zuletzt geändert durch VO v. 21.11.2012 (GVBl. 2012 S. 444); VO v. 15.8.2013 (GVBl. 2013 S. 534).
Mecklenburg-Vorpommern:	Gesetz idF v. 6.1.1998 (GVOBl. 1998 S. 12, ber. S. 247), zuletzt geändert durch Gesetz v. 12.7.2010 (GVOBl. 2010 S. 366).
Niedersachsen:	Gesetz v. 30.5.1978 (GVBl. 1978 S. 517), zuletzt geändert durch Gesetz v. 26.5.2011 (GVBl. 2011 S. 135).
Nordrhein-Westfalen:	Gesetz v. 11.3.1980 (GV. NRW 1980 S. 226), zuletzt geändert durch Gesetz v. 16.7.2013 (GV. NRW 2013 S. 488).
Rheinland-Pfalz:	Gesetz v. 23.3.1978 (GVBl. 1978 S. 159), zuletzt geändert durch Gesetz v. 28.9.2010 (GVBl. 2010 S. 301).
Saarland:	Gesetz v. 19.5.2004 (ABl. 2004 S. 1498), zuletzt geändert durch Gesetz v. 17.6.2009 (ABl. 2009 S. 1374).
Sachsen:	Gesetz v. 3.3.1993 (GVBl. 1993 S. 229), zuletzt geändert durch Gesetz v. 2.4.2014 (GVBl. 2014 S. 234).
Sachsen-Anhalt:	Gesetz v. 21.10.1991 (GVBl. 1991 S. 368, ber. 1992 S. 310), zuletzt geändert durch Gesetz v. 20.12.2005 (GVBl. 2005 S. 769).
Schleswig-Holstein:	Gesetz idF v. 12.1.2012 (GVBl. 2012 S. 83), geändert durch VO v. 4.4.2013 (GVOBl. 2013 S. 143); VO v. 18.6.1998 (GVOBl. 1998 S. 232).
Thüringen:	Gesetz idF v. 14.4.2004 (GVBl. 2004 S. 465, ber. S. 562), geändert durch Gesetz v. 16.12.2008 (GVBl. 2008 S. 574); VO v. 2.6.1994 (GVBl. 1994 S. 640).

Der Erlass nach § 32 Abs. 1 GrStG für ein Grundstück mit einem Baudenkmal ist unabhängig davon, wie dieses bei der Einheitsbewertung behan-

delt worden ist. Das gilt insbesondere für Schlösser und Burgen, deren eingeschränkte wirtschaftliche Verwendbarkeit bereits bei der Einheitsbewertung
durch Abschläge berücksichtigt werden kann. Zur Einheitsbewertung im
Einzelnen vgl. insbesondere den koordinierten Ländererlass v. 21.10.1985
(DB 1985 S. 2329). Schließlich ist ein Erlass in diesen Fällen von Voraussetzungen abhängig, die nicht unbedingt auch ihren Niederschlag im Einheitswert gefunden haben.

Von besonderer Bedeutung ist z. Zt. der Steuererlass für Grundbesitz, dessen Erhaltung wegen seiner **Bedeutung für den Naturschutz** im öffentlichen Interesse liegt. In Betracht kommen hierfür Naturschutzgebiete, Natur-
und Nationalparks sowie Naturdenkmale (siehe hierzu auch *Günther*, KStZ
1992 S. 166 und ZKF 1992 S. 221). Im Einzelnen vgl. hierzu das **Bundesnaturschutzgesetz** (BNatSchG) v. 29.7.2009 (BGBl. 2009 I S. 2542). Naturschutzgebiete, Natur- und Nationalparks sind danach Teile der Landschaft, in
denen ein besonderer Schutz der Natur in ihrer Ganzheit oder in einzelnen
ihrer Teile aus ökologischen, wissenschaftlichen, geschichtlichen, volks- oder
heimatkundlichen Gründen, wegen der hervorragenden Schönheit und Eigenart des Landschaftsbildes, wegen des Reichtums oder wegen der Selten-
heit der Tier- und Pflanzenwelt erforderlich ist (§§ 13 ff. BNatSchG). Sie
sollen für die Allgemeinheit zugänglich sein, soweit es der Schutzzweck erlaubt. Naturdenkmale sind Einzelschöpfungen der Natur oder Bestandteile
der Landschaft, deren Erhaltung wegen ihrer hervorragenden Schönheit oder
Eigenart oder ihrer wissenschaftlichen, landschaftsökonomischen, geschichtlichen oder heimat- und volkskundlichen Bedeutung im öffentlichen Interesse
liegt. Zu dem Naturdenkmal gehört auch die für seine Erhaltung notwendige
Umgebung (§§ 17 ff. BNatSchG). Landschaftsschutzgebiete dienen neben
dem Naturschutz auch der Erhaltung oder Wiederherstellung des Naturhaus-
halts (§ 15 BNatSchG).

Zurzeit gelten neben dem Bundesnaturschutzgesetz (s. o.) in folgenden
Ländern noch eigene **Naturschutz- und Landschaftsschutzgesetze:**

Baden-Württemberg:	Gesetz v. 13.12.2005 (GBl. 2005 S. 745, ber. 2006 S. 319), zuletzt geändert durch Gesetz v. 3.12.2013 (GBl. 2013 S. 449).
Bayern:	Gesetz v. 23.2.2011 (GVBl. 2011 S. 82), geändert durch Gesetz v. 8.4.2013 (GVBl. 2013 S. 174).
Berlin:	Gesetz v. 29.5.2013 (GVBl. 2013 S. 140).
Brandenburg:	Gesetz v. 21.1.2013 (GVBl. I Nr. 3, ber. Nr. 21).
Bremen:	Gesetz v. 27.4.2010 (GBl. 2010 S. 315), geänd. durch Bek. v. 24.1.2012 (GBl. 2012 S. 24).
Hamburg:	Gesetz v. 11.5.2010 (GVBl. 2010 S. 350), zuletzt geänd. durch Gesetz v. 13.5.2014 (GVBl. 2014 S. 167).
Hessen:	Gesetz v. 20.12.2010 (GVBl. 2010 S. 629), zuletzt geändert durch Gesetz v. 27.6.2013 (GVBl. 2013 S. 458).
Mecklenburg-Vorpommern:	Gesetz v. 23.2.2010 (GVOBl. 2010 S. 66), geändert durch Gesetz v. 12.7.2010 (GVOBl. 2010 S. 383).
Niedersachsen:	Gesetz v. 19.2.2010 (GVBl. 2010 S. 104).

Nordrhein-Westfalen: Gesetz idF v. 21.7.2000 (GV. NRW 2000 S. 568), zuletzt geändert durch Gesetz v. 16.3.2010 (GV. NRW 2010 S. 185).

Rheinland-Pfalz: Gesetz v. 28.9.2005 (GVBl. 2005 S. 387), geändert durch VO v. 22.6.2010 (GVBl. 2010 S. 106).

Saarland: Gesetz v. 5.4.2006 (ABl. 2006 S. 726), zuletzt geändert durch Gesetz v. 28.10.2008 (ABl. 2009 S. 3).

Sachsen: Gesetz v. 6.6.2013 (GVBl. 2013 S. 451), geändert durch Gesetz v. 2.4.2014 (GVBl. 2014 S. 234).

Sachsen-Anhalt: Gesetz v. 10.12.2010 (GVBl. 2010 S. 569).

Schleswig-Holstein: Gesetz v. 24.2.2010 (GVBl. 2010 S. 301), zuletzt geändert durch Gesetz v. 13.7.2011 (GVOBl. 2011 S. 225).

Thüringen: Gesetz idF v. 30.8.2006 (GVBl. 2006 S. 421), zuletzt geändert durch Gesetz v. 25.10.2011 (GVBl. 2011 S. 273).

In aller Regel wird Grundbesitz in den Naturschutzgebieten usw. land- und forstwirtschaftlich genutzt. Deshalb ist nach § 6 GrStG eine Steuerbefreiung für diesen Grundbesitz auch dann ausgeschlossen, wenn er einer nach § 3 Abs. 1 GrStG begünstigten Institution gehört und zu gemeinnützigen Zwecken (vgl. Anm. 37 zu § 3 GrStG) verwendet wird. Hierzu vgl. Anm. 2 zu § 6 GrStG. Diese **Einschränkung** besteht aber **nicht** für einen **Erlass nach § 32 Abs. 1 GrStG** (OFD Magdeburg v. 20.6.2012, GrSt-Kartei ST § 3 GrStG Karte 3). Wenn die übrigen Voraussetzungen dieser Vorschrift (z. B. Ertragslosigkeit) erfüllt sind, kann deshalb auch für Naturschutzgebiete und Naturdenkmale ein Erlass in Betracht kommen. Dabei ist es gleichgültig, ob sie sich im Besitz der öffentlichen Hand, im Besitz gemeinnütziger Körperschaften oder im Privatbesitz befinden.

Unrentierlichkeit des Grundbesitzes

Weitere Voraussetzung für den Erlass ist, dass in der Regel die jährlichen 5 Einnahmen und Vorteile (Rohertrag) unter den jährlichen Kosten liegen, das Grundstück deshalb unrentabel ist. Die Unwirtschaftlichkeit muss ein **Dauerzustand** sein. Sie kann deshalb auch erst nachträglich für einen längeren Zeitraum geprüft werden (OVG Lüneburg v. 19.7.1956, KStZ 1957 S. 38). Bis dahin soll die Steuer möglichst gestundet werden. In Anlehnung an Abschnitt 35 Abs. 2 GrStR (abgedruckt bei Anm. 3 zu § 32 GrStG) sollte man hierbei von drei Jahren ausgehen (OVG S-Anh v. 23.3.2007 4 L 22/07, n. v.). Die Unrentierlichkeit muss danach mindestens in zwei von den drei Jahren gegeben sein, um für diese drei Jahre den Erlass zu erhalten. Ein Dauerzustand soll nämlich auch dann noch angenommen werden können, wenn ausnahmsweise die Einnahmen nur in einzelnen Jahren die jährlichen Kosten übersteigen (FG Stuttgart v. 29.10.1957, EFG 1958 S. 155). Ob die Unwirtschaftlichkeit durch eine andere Bewirtschaftungsweise oder durch den Einsatz von Mitteln beseitigt werden könnte, die nicht aus dem Grundbesitz stammen, ist ohne Bedeutung.

Bei dem Vergleich sind nur Einnahmen und Kosten zu berücksichtigen, die **unmittelbar** mit dem privilegierten Grundbesitz **in wirtschaftlichem**

Zusammenhang stehen. Die früher vertretene Auffassung, wonach ein Ursachenzusammenhang zwischen der Unwirtschaftlichkeit und der Kulturguteigenschaft des Grundbesitzes nicht erforderlich ist, mithin die Kosten nicht durch die Erhaltung des Grundbesitzes zu dem begünstigten Zweck verursacht sein müssten (so noch VG Augsburg v. 10.5.1979, KStZ 1979 S. 237 sowie BayVGH v. 20.10.1982, KStZ 1983 S. 55), ist durch die Entscheidung des BVerwG v. 8.7.1998 (BStBl. 1998 II S. 590; ebenso BFH v. 8.9.2005, BFH/NV 2006 S. 128) gegenstandslos geworden. Zum Kausalzusammenhang siehe Anm. 5a zu § 32 GrStG.

Zu den sonstigen Vorteilen, die neben den erzielten tatsächlichen Einnahmen zu berücksichtigen sind, gehört insbesondere auch der **Nutzungswert,** den die eigene Benutzung des Grundstückes für den Eigentümer hat; hierdurch werden die ersparten Aufwendungen des Eigentümers wirtschaftlich erfasst (BFH v. 11.10.1995, BStBl. 1996 II S. 118). Er ist mit den erzielbaren ortsüblichen Mieteinnahmen anzusetzen. Als Kosten können die **tatsächlichen Ausgaben,** jedoch keine kalkulatorischen Aufwendungen abgezogen werden. Zu den tatsächlichen Aufwendungen gehören alle Verwaltungs- und Betriebsausgaben. Das sind insbesondere die notwendigen Aufwendungen zur Pflege, Erhaltung, Bedienung des bereits vorhandenen Grundbesitzes. Im Einzelnen kommen als Aufwendungen in Betracht Instandhaltungs- und Verwaltungskosten, Kosten für Heizung, Wasser, Straßenreinigung, Beleuchtung, Reinigung, Gartenpflege u. a. m. Auch wird man die jährlichen Rückstellungen für größere Reparaturen, die jeweils erst nach Ablauf mehrerer Jahre fällig werden, aufteilen und in angemessenem Umfang berücksichtigen können. Ebenso sollen die **Abschreibungen** vorgenommen werden können. Die Höhe der Abschreibungen ist umstritten. Ein Satz von 1% bzw., wie bei der Einkommensteuer, je nach dem Baujahr von 2 bzw. 2,5% sollte berücksichtigt werden können (ZKF 1980 S. 77). Die Abzugsbeträge nach § 82i EStDV sollen nach Auffassung des VGH Ba-Wü (v. 13.6.1991, ZKF 1993 S. 83) zu den berücksichtigungsfähigen Kosten rechnen. Letztlich wird für ihre Höhe allein auf die noch zu erwartende Nutzungsdauer abzustellen sein. Nicht zu den Kosten iSd § 32 Abs. 1 Nr. 1 Satz 1 GrStG gehören Tilgungsleistungen und die Verzinsung des eingesetzten Eigenkapitals zum Erwerb oder zur Erhaltung des denkmalgeschützten Gebäudes ebenso wie auf Anschaffungskosten des denkmalgeschützten Grundbesitzes entfallende Schuld- bzw. **Fremdkapitalzinsen** sowie Sonderabschreibungen (VG Koblenz v. 25.1.1991 2 K 1243/89.KO, n. v., und v. 11.4.1996 2 K 2483/95.KO, n. v., sowie *Peters/Gefaeller,* ZKF 1986 S. 201, 203). Nach anderer Auffassung sollen die Fremdkapitalzinsen für die Erhaltung und Modernisierung des Grundbesitzes zu berücksichtigen sein (OVG NRW v. 29.6.1983, ZKF 1984 S. 116; VG Köln v. 4.3.1988, KStZ 1988 S. 190, 192; OVG Rh-Pf v. 9.10.1989 6 B 67/89, n. v.; sowie Nds. OVG v. 18.4.1990 13 OVG A 23/88, n. v.). Der Wortlaut des § 32 Abs. 1 Nr. 1 GrStG spricht zwar nicht gegen die Einbeziehung von Fremdkapitalzinsen. Allerdings dürfte die von der Norm geforderte wirtschaftliche Unrentierlichkeit als Dauerzustand („in der Regel") bei einer vorübergehenden Finanzierungsphase zu verneinen sein.

Nicht hierher gehören desgleichen **Aufwendungen zum Neuerwerb** von unter § 32 Abs. 1 GrStG fallendem Grundbesitz; denn diese Vorschrift hat den Zweck, die Erhaltung bedeutsamer Baudehkmäler der Vergangenheit steuerlich zu begünstigen, nicht aber deren Erwerb steuerlich zu erleichtern. Ebenso ist es nicht ihre Aufgabe, die Errichtung neuer Baudenkmäler zu fördern (BayVGH v. 23.7.1959, BayVBl. 1959 S. 418). Davon abgesehen ist aber auch der Erlass für ein in der Gegenwart errichtetes und bautechnisch bemerkenswertes („modernes") Gebäude nicht schlechthin ausgeschlossen (BVerwG v. 24.6.1960, KStZ 1960 S. 170).

Die **Grundsteuer** gehört ebenfalls zu den laufenden Aufwendungen. Es wäre unter diesen Umständen denkbar, dass die Aufwendungen die Einnahmen dann übersteigen, wenn die Grundsteuer bei den Aufwendungen mitgerechnet wird, dass sie dagegen darunter bleiben, wenn die Grundsteuer nicht mitgerechnet wird. In einem solchen Fall ist die Grundsteuer bei den Aufwendungen stets mitzuberücksichigen. Mindestens ist sie dann soweit zu erlassen, bis die verbleibenden Aufwendungen den Einnahmen entsprechen.

Der Erlass wird für das einzelne Grundstück als Steuergegenstand insgesamt gewährt. Bei einem bebauten Grundstück erstreckt er sich somit auch auf die Grundsteuer, die auf den Grund und Boden entfallen würde (Abschnitt 35 Abs. 1 GrStR). Der Erlass kann sich aber auch auf einen einzelnen Teil des Steuergegenstandes beschränken. Dies setzt jedoch voraus, dass eine räumliche Abgrenzung dieses Teiles möglich ist. Hierher gehört z. B. das unter Denkmalschutz stehende Wohnhaus eines Betriebs der Land- und Forstwirtschaft. Der Erlass würde dabei nur auf das Gebäude und den dazu gehörenden Grund und Boden beschränkt sein (Abschnitt 35 Abs. 4 GrStR). Ob der Teil, für den die Steuer erlassen werden soll, schon im Einheitswert- und Steuermessbescheid besonders ausgewiesen oder erst für Zwecke des Erlasses besonders ermittelt werden soll, bleibt in Abschnitt 35 Abs. 4 GrStR offen. Der vorgeschlagene Aufteilungsmaßstab muss jedenfalls den wirtschaftlichen Gegebenheiten entsprechen. Wenn nur ein Teil des Steuergegenstandes die objektiven Voraussetzungen für einen Erlass erfüllt, kann es bei der Feststellung der Rentabilität auch nur auf die Einnahmen bzw. Ausgaben dieses Teils ankommen.

Die Feststellung der dauernden Unrentierlichkeit des Grundbesitzes dürfte, wenn man hierbei kleinlich verfahren wollte, im Einzelfall meist schwieriger sein als die Feststellung, dass an der Erhaltung des Grundbesitzes ein öffentliches Interesse besteht. Im Einzelnen vgl. dazu *Röttsinger* in KStZ 1990 S. 65 ff.

Liegen die Voraussetzungen für den Erlass vor, so kommt es nicht darauf an, dass der Grundbesitz der Öffentlichkeit zugänglich ist (BVerwG v. 17.4.1964, KStZ 1964 S. 204). Garten- und Parkanlagen machen hiervon jedoch ausdrücklich eine Ausnahme. Sie müssen in einem billigerweise zu fordernden Umfang auch der Öffentlichkeit zugänglich sein (§ 32 Abs. 1 Nr. 1 GrStG). Die Frage, wann diese Voraussetzung erfüllt ist, bleibt allerdings offen. Die Erhebung eines Eintrittsgeldes braucht den Erlass noch nicht auszuschließen.

Eine **Gegenüberstellung von Einnahmen und Kosten** könnte demnach wie folgt strukturiert sein (*Halaczinsky*, GrStG, 2. Aufl. 1995, § 3 Rdn. 11):

Einnahmen	Kosten
• Miete, Pacht	• Betriebsausgaben (z. B. laufende Instandhaltung, Verbräuche, Gebühren, Steuern und Gebäudeversicherung)
• Entgelte (Führung, Besichtigung)	
• Nutzungsvorteile (Mietwert)	
	• Rückstellung für größere Reparaturen (z. B. auch in Form von Bausparverträgen)
	• Normalabschreibung (etwa 2 % bis 2,5 %) der Erhaltungs- (Restaurierungs)aufwendungen nach § 7 Abs. 4 EStG und evtl. des Modernisierungsaufwands
	• Abzugsbeträge nach § 82i EStDV
	• evtl. Fremdkapitalzinsen für Erhaltungs- und Modernisierungsmaßnahmen (str.)
Summe	Summe

Wenn Summe Einnahmen < Summe Kosten = dauerhafter Verlust

Kausalzusammenhang

5a   Zwischen dem öffentlichen Erhaltungsinteresse und der Unrentabilität des Grundbesitzes muss ein Kausalzusammenhang bestehen. Das BVerwG hat diese – lange Zeit – umstrittene Frage mit Urteil v. 8.7.1998 (BStBl. 1998 II S. 590, dem folgend auch BFH v. 8.9.2005, BFH/NV 2006 S. 128) bejaht und u. a. ausgeführt, dass

„es nicht sachgerecht erscheint, Grundstückseigentümer auch dann von der GrSt zu befreien, wenn sie an einem privilegierten Grundbesitz allein im eigenen Interesse liegende, also nicht durch den Denkmalschutz geforderte kostenaufwändige und deshalb verlustreiche Maßnahmen durchführen, während dieselben Maßnahmen mit denselben Kostenfolgen ohne Denkmalschutz die GrSt-Pflicht nicht berühren würden. Eine am Zweck der Norm orientierte Auslegung spricht deshalb dafür, dass § 32 Abs. 1 Nr. 1 GrStG dann keinen Anspruch auf GrSt-Erlass gewähren will, wenn die durch die Kulturguteigenschaft bewirkten Einschränkungen die Unwirtschaftlichkeit nicht verursacht haben.“

Bereits das OVG Koblenz (Urteil v. 2.7.1997) hatte das Kausalitätserfordernis bejaht und zur Begründung ausgeführt, dass die im GrSt-Erlass liegende Vergünstigung nur dann gerechtfertigt ist, wenn die Unrentabilität des Grundbesitzes auf seine Denkmaleigenschaft zurückzuführen ist, da nur hier ein Bedürfnis besteht, einen Ausgleich für die durch den Denkmalschutz begründete Last zu schaffen (zum Kausalzusammenhang vgl. bereits *Neustiel*, KStZ 1993 S. 41). Die im Rahmen der Prüfung nach § 32 Abs. 1 Nr. 1

GrStG geforderte Kausalität zwischen der Denkmaleigenschaft und der Unrentabilität des Grundstücks besteht dann nicht, wenn unwirtschaftlicher Grundbesitz durch den Denkmalschutz noch unrentabler wird (OVG S-Anh v. 16.9.2009 4 L 133/09, n. v.).

Zu § 32 Absatz 1 Nummer 2

Erlass für Grünanlagen, Spiel- und Sportplätze

Die zunehmende Zusammenballung der Bevölkerung in bestimmten Ge- 6 bieten und das damit zusammenhängende Wachstum der Städte macht die Beschaffung des erforderlichen Erholungsraumes und die Anlage von Spiel- und Sportplätzen zu einer immer dringlicheren Aufgabe der Öffentlichkeit. Aus diesem Grunde soll auch die Verwendung eines Grundstücks als öffentliches Erholungsgelände der Verwendung für den öffentlichen Verkehr gleichgestellt werden; denn dadurch wird in gleicher Weise die private Nutzung für das öffentliche Wohl aufgeopfert. Zwar bleiben öffentliche Grünanlagen, Spiel- und Sportplätze im Privatbesitz nicht steuerfrei, die sich dafür ergebende Grundsteuer wird jedoch auf Antrag erlassen, wenn die jährlichen Kosten in der Regel die erzielten Einnahmen und sonstigen Vorteile übersteigen (§ 32 Abs. 1 Nr. 2 GrStG). Das soll jedoch nur für Grundstücke gelten, die von Seiten der zuständigen Behörde dem öffentlichen Erholungs-, Spiel- und Sportzweck gewidmet sind (OVG NRW v. 2.12.2011 14 A 336/11, n. v.). Die Öffnung für das Publikum durch den Eigentümer selbst reicht dazu noch nicht aus (OVG S-Anh v. 23.3.2007 4 L 309/06, n. v.). Es ist aber höchst unklar, wie das Widmungsverfahren im Einzelfall abgewickelt werden müsste. Dies war ein Grund dafür, um an Stelle einer Steuerbefreiung nur einen Erlasstatbestand zu schaffen. Regelmäßig wird es nämlich die Gemeinde sein, welche die Widmung in Form einer öffentlichen Bekanntmachung auszusprechen hätte. Wenn aber die Gemeinde gleichzeitig auch über den Grundsteuererlass entscheidet, dürfte sich in aller Regel ein besonderes Widmungsverfahren erübrigen, denn die Gemeinde vermag die Voraussetzungen für den Erlass auf Grund ihrer eigenen Kenntnis der tatsächlichen Gegebenheiten hinreichend genug zu beurteilen.

Zur Durchführung der Vorschrift des § 32 Abs. 1 Nr. 2 GrStG ist Abschnitt 36 GrStR ergangen, der folgenden Wortlaut hat:

36 GrStR. Erlaß für öffentliche Grünanlagen, Sport- und Spielplätze

(1) Für öffentliche Grünanlagen, Sport- und Spielplätze ist die Grundsteuer zu erlassen, wenn die jährlichen Kosten in der Regel den Rohertrag übersteigen. Für die Beurteilung der Frage, ob die jährlichen Kosten den Rohertrag übersteigen, gilt Abschnitt 35 Abs. 2 entsprechend.

(2) Erst durch die Widmung erlangt Grundbesitz den Status öffentlicher Grünanlagen, Spiel- und Sportplätze. Die Öffnung von Grundbesitz zu den begünstigten Zwecken reicht dagegen nicht aus.

(3) Sportplätze sind Anlagen, die zu sportlichen Zwecken von der Öffentlichkeit benutzt werden dürfen. Abschnitt 10 über den Gebrauch durch die Allgemeinheit

gilt hier entsprechend. Für die Benutzung kann auch ein Eintrittsgeld verlangt werden. Bei einer Beschränkung der Benutzung auf bestimmte Personengruppen, z. B. auf Mitglieder bestimmter Vereine, fehlt es an einer Benutzung durch die Allgemeinheit.

(4) Spielplätze sind Anlagen, die von Kindern und Jugendlichen ungehindert für ihre Spiele benutzt werden dürfen.

Da heute jeder **Wald in Stadt- und Ortsnähe** auch die Funktion eines Erholungswaldes haben dürfte, wäre nach den derzeitigen Waldgesetzen eine genaue Abgrenzung kaum möglich. Nachdem aber mindestens 60 % der Waldflächen des Bundesgebiets „nachhaltig ertraglos" und deshalb bei der Einheitsbewertung nur mit dem Mindestwert von 50 DM/ha angesetzt worden sind, was bei einem Hebesatz von 200 % einer Grundsteuer von 0,60 DM/ha jährlich entspricht, dürfte dieser Frage keine besondere Bedeutung zukommen. Bei einem Erholungswald, der einen Ertrag abwirft, würde es dagegen schon an den Voraussetzungen des § 32 Abs. 1 Nr. 2 GrStG fehlen. Für **Kleingartenland,** das möglicherweise als Grünanlage angesehen werden könnte, ist ein Erlass deshalb ausgeschlossen, weil es nicht der Öffentlichkeit zugänglich ist. Da aber seit 1990 die Kleingärtnerei zu den gemeinnützigen Zwecken gehört (vgl. § 52 Abs. 2 Nr. 23 AO, abgedruckt bei Anm. 24 zu § 3 GrStG), bleiben Vereine, die solche Kleingärten an ihre Mitglieder vergeben, steuerfrei. Dagegen wäre ein Erlass denkbar für öffentliche, im Flächennutzungsplan (§ 5 Abs. 2 BauGB) ausgewiesene **Grünanlagen** und Parkanlagen, die als Bestandteile öffentlicher Straßen und Plätze oder zur Erschließung von Baugelände notwendig sind. Für einen Baggersee, der als Badegelegenheit der Öffentlichkeit zur Verfügung steht, und deshalb ebenfalls noch als Sportanlage gelten kann, ist ein Erlass möglich, wenn auch die übrigen Voraussetzungen hierfür erfüllt sind.

Zu § 32 Absatz 2

Erlass für Grundbesitz mit Museen usw.

7   Die Grundsteuer ist zu erlassen für Grundbesitz, in dessen Gebäuden Gegenstände von wissenschaftlicher, künstlerischer oder geschichtlicher Bedeutung, insbesondere Sammlungen oder Bibliotheken, untergebracht und diese den Zwecken der Forschung oder Volksbildung nutzbar gemacht sind, soweit der Rohertrag des Grundbesitzes dadurch gemindert wird. Ein Erlass ist allerdings nur dann zu gewähren, wenn die wissenschaftliche usw. Bedeutung durch die Landesregierung oder die von ihr beauftragte Stelle anerkannt ist. Zur Durchführung dieser Erlassvorschrift ist Abschnitt 37 GrStR ergangen, der folgenden Wortlaut hat:

37 GrStR. Erlaß für Grundbesitz, in dessen Gebäuden Gegenstände von wissenschaftlicher usw. Bedeutung untergebracht sind

(1) Ein Erlaß kann für Grundbesitz in Betracht kommen, auf dem Gegenstände von wissenschaftlicher, künstlerischer oder geschichtlicher Bedeutung untergebracht sind. Bei diesen Gegenständen handelt es sich z. B. um Sammlungen, Bibliotheken oder um

die Inneneinrichtung eines Gebäudes. Die wissenschaftliche, künstlerische oder geschichtliche Bedeutung der untergebrachten Gegenstände muß durch die Landesregierung oder durch die von ihr beauftragte Stelle anerkannt sein. Die Anerkennung ist für die Gemeinde verbindlich. Soweit bisher ein Erlaß nach § 26a Ziff. 3 GrStG a. F. gewährt wurde, kann die Gemeinde unterstellen, daß eine Anerkennung bereits vorliegt.

(2) Aus der Anerkennung muß sich ergeben, daß die Gegenstände dem Zwecke der Forschung oder Volksbildung nutzbar gemacht sind. Sie müssen in einem den Verhältnissen entsprechenden Umfang der Öffentlichkeit, mindestens aber den interessierten Kreisen, ohne weiteres zugänglich sein. Dies muß auch allgemein erkennbar sein.

(3) Durch die Aufbewahrung der Gegenstände muß der Rohertrag des Grundbesitzes nachhaltig gemindert werden. Zum Begriff des Rohertrags vgl. Abschnitt 35 Abs. 2. Dabei ist jeweils auf den ganzen Steuergegenstand abzustellen, auch wenn die Gegenstände nur in einem Teil untergebracht sind. Ob der Rohertrag nachhaltig gemindert und in welchem Umfang dies der Fall ist, muß von der Gemeinde festgestellt werden. Wegen der Durchführung des Erlasses vgl. Abschnitt 35 Abs. 2.

(4) Ist der Rohertrag für ein Grundstück nur schwer festzustellen, z. B. für eigengenutzte Grundstücke, so kann wie folgt verfahren werden: Zunächst ist festzustellen, ob für die Räume, in denen die steuerbegünstigten Gegenstände untergebracht sind, noch ein Rohertrag verbleibt. Ist dies nicht der Fall, so ist unter Mitwirkung des Finanzamts der Hundertsatz zu ermitteln, mit dem dieser Grundstücksteil im Einheitswert für das gesamte Grundstück enthalten ist. Ein diesem Hundertsatz entsprechender Betrag ist dann von der Grundsteuer zu erlassen. Bei der Ermittlung des Hundertsatzes ist von dem bei der Einheitsbewertung angewendeten Verfahren auszugehen.

Der Erlass ist hier nicht davon abhängig, dass an der Erhaltung des Grundstücks selbst ein öffentliches Interesse besteht. Es kommt vielmehr allein darauf an, dass die auf dem Grundstück untergebrachten **Gegenstände** von wissenschaftlicher, künstlerischer oder geschichtlicher Bedeutung sind. Wenn gleichzeitig auch ein öffentliches Interesse an der Erhaltung des Grundstücks besteht, sollte sich der Erlass jeweils nach der sich aus § 32 Abs. 1 oder Abs. 2 GrStG ergebenden günstigeren Möglichkeit richten.

Dass die untergebrachten Gegenstände von wissenschaftlicher usw. Bedeutung sind, muss von der zuständigen Landesbehörde anerkannt worden sein. Das Anerkennungsverfahren richtet sich nach den jeweiligen landesrechtlichen Vorschriften. Hierzu vgl. im Einzelnen Anm. 20 zu § 4 GrStG. Die Anerkennung durch die zuständige Landesbehörde ist für die Gemeinde verbindlich. Ebenso wie in anderen ähnlichen Fällen, in denen es auf die Entscheidung einer anderen als der die Steuer verwaltenden Behörde ankommt (BFH v. 18.4.1980, BStBl. 1980 II S. 682), dürfte auch hier die Anerkennung der zuständigen Landesbehörde in einem Grundlagenbescheid iSd § 171 Abs. 10 und § 175 Abs. 1 Satz 1 Nr. 1 AO ausgesprochen werden und damit verbindlich sein.

Voraussetzung für einen Erlass ist allerdings auch, dass die Sammlung usw. dem **Zwecke der Forschung oder Volksbildung** nutzbar gemacht sind. Dadurch unterscheidet sich der Erlass nach § 32 Abs. 2 GrStG von dem Erlass nach § 32 Abs. 1 Nr. 1 GrStG, bei dem es auf diese Voraussetzung nicht ankommt. Hat z.B. ein Schloss nur insoweit künstlerische Bedeutung, als man die Gesamtleistung des Erbauers würdigt und die Inneneinrichtung mit in Betracht zieht, die als eine Summe von künstlerisch bedeutenden Gegenständen angesehen werden kann, so kommt nur ein Erlass nach § 32 Abs. 2 GrStG in Betracht. Dieser setzt aber voraus, dass die Inneneinrichtung des Schlosses dem Zweck der Forschung oder Volksbildung nutzbar gemacht wird (BVerwG v. 17.4.1964, KStZ 1964 S. 204). Wenn auch nicht der Allgemeinheit, so müssen die Sammlungen usw. doch allen Interessierten in einem den Verhältnissen entsprechenden Umfang ohne Weiteres zugänglich sein. Schließlich muss diese Möglichkeit in geeigneter Form auch allgemein erkennbar gemacht bzw. bekannt sein.

Im Gegensatz zu § 32 Abs. 1 GrStG, wonach die Steuer in vollem Umfang zu erlassen ist, richtet sich hier der Umfang des Erlasses nach der **Minderung des Rohertrages,** die durch die Verwendung des Grundstückes zu dem begünstigten Zweck eintritt. Zur Ermittlung dieser Minderung ist deshalb der tatsächliche Rohertrag dem Rohertrag gegenüberzustellen, der ohne die begünstigte Benutzung normalerweise als Ertrag hätte erzielt werden können. Wegen des Begriffs Rohertrag vgl. Anm. 11 zu § 33 GrStG. Entsprechend dem sich danach ergebenden Verhältnis ist auch der zu erlassende Teil der Steuer zu berechnen. Der tatsächliche und der geschätzte Rohertrag sind jeweils auf das gesamte Grundstück zu beziehen. Der Rohertrag aus den begünstigten Gegenständen, die auf dem Grundstück untergebracht sind, z.B. die Eintrittsgelder für eine Besichtigung der Gegenstände sind nicht anzusetzen, denn bei diesen handelt es sich um Erträge der Sammlung usw., auf die es jedoch im vorliegenden Zusammenhang nicht ankommt. Ein Rohertrag würde für das Grundstück oder den Teil des Gebäudes, in welchem die begünstigten Gegenstände untergebracht sind, nur dann erzielt werden, wenn dafür eine Miete oder sonstige Entschädigung gezahlt wird. Daran fehlt es aber, wenn der Eigentümer des Grundstücks auch der Eigentümer der Gegenstände ist. Hier könnte man allenfalls daran denken, einen fiktiven Rohertrag aus der ortsüblichen Miete für entsprechende Räume abzuleiten, was vielfach aber nur im Wege einer Schätzung möglich sein dürfte.

Im Gegensatz zum Erlass nach § 33 GrStG ist hier ein Erlass nicht davon abhängig, dass die Minderung des Rohertrags mehr als 50% ausmacht. Hierzu vgl. Anm. 8 ff. zu § 33 GrStG.

§ 33 Erlaß wegen wesentlicher Ertragsminderung

(1) [1]**Ist bei Betrieben der Land- und Forstwirtschaft und bei bebauten Grundstücken der normale Rohertrag des Steuergegenstandes um mehr als 50 Prozent gemindert und hat der Steuerschuldner die Minderung des Rohertrags nicht zu vertreten, so wird die Grundsteuer in Höhe von 25 Prozent erlassen.** [2]**Beträgt die Minderung des normalen Rohertrags 100 Prozent, ist die Grundsteuer in Höhe von 50 Prozent zu erlassen.** [3]**Bei Betrieben der Land- und Forstwirtschaft und bei eigengewerblich**

genutzten bebauten Grundstücken wird der Erlass nur gewährt, wenn die Einziehung der Grundsteuer nach den wirtschaftlichen Verhältnissen des Betriebs unbillig wäre. [4]Normaler Rohertrag ist

1. bei Betrieben der Land- und Forstwirtschaft der Rohertrag, der nach den Verhältnissen zu Beginn des Erlasszeitraums bei ordnungsmäßiger Bewirtschaftung gemeinhin und nachhaltig erzielbar wäre;
2. bei bebauten Grundstücken die nach den Verhältnissen zu Beginn des Erlasszeitraums geschätzte übliche Jahresrohmiete.

(2) Bei eigengewerblich genutzten bebauten Grundstücken gilt als Minderung des normalen Rohertrags die Minderung der Ausnutzung des Grundstücks.

(3) Umfaßt der Wirtschaftsteil eines Betriebs der Land- und Forstwirtschaft nur die forstwirtschaftliche Nutzung, so ist die Ertragsminderung danach zu bestimmen, in welchem Ausmaß eingetretene Schäden den Ertragswert der forstwirtschaftlichen Nutzung bei einer Wertfortschreibung mindern würden.

(4) [1]Wird nur ein Teil des Grundstücks eigengewerblich genutzt, so ist die Ertragsminderung für diesen Teil nach Absatz 2, für den übrigen Teil nach Absatz 1 zu bestimmen. [2]Umfaßt der Wirtschaftsteil eines Betriebs der Land- und Forstwirtschaft nur zu einem Teil die forstwirtschaftliche Nutzung, so ist die Ertragsminderung für diesen Teil nach Absatz 3, für den übrigen Teil nach Absatz 1 zu bestimmen. [3]In den Fällen der Sätze 1 und 2 ist für den ganzen Steuergegenstand ein einheitlicher Hundertsatz der Ertragsminderung nach dem Anteil der einzelnen Teile am Einheitswert des Grundstücks oder am Wert des Wirtschaftsteils des Betriebs der Land- und Forstwirtschaft zu ermitteln.

(5) Eine Ertragsminderung ist kein Erlaßgrund, wenn sie für den Erlaßzeitraum durch Fortschreibung des Einheitswerts berücksichtigt werden kann oder bei rechtzeitiger Stellung des Antrags auf Fortschreibung hätte berücksichtigt werden können.

Übersicht

Zu § 33
1. Begründung
2. Voraussetzungen für einen Billigkeitserlass
3. Zuständigkeit für den Erlass der Steuer
4. Erlass der festgesetzten Steuer
5. Erlass wegen persönlicher Unbilligkeit
6. Erlass wegen sachlicher Unbilligkeit
7. Durchführung des Billigkeitserlasses

Zu § 33 Abs. 1
8. Voraussetzungen für einen Erlass wegen Minderung des Rohertrags
9. Umfang des Erlasses

Zu § 33 Abs. 1 Nr. 1
10. Erlass bei der Land- und Forstwirtschaft

Zu § 33 Abs. 1 Nr. 2
11. Erlass bei bebauten Grundstücken
12. Erlass bei Wohngrundstücken
13. Ausmaß der Mietminderung
14. Geschätzte übliche Jahresrohmiete und Mietminderung
15.–19. Vertretenmüssen der Mietminderung

Zu § 33 Abs. 2
20. Erlass bei gewerblich genutzten Grundstücken
21. Verpachtete Grundstücke
22. Eigengewerblich genutzte Grundstücke

23. Minderung der Ausnutzung
23a. Minderausnutzung und Verhalten des Eigentümers
24. Unbilligkeit der Einziehung der Grundsteuer
25. Ende der eigengewerblichen Nutzung

Zu § 33 Abs. 3

26. Erlass bei der Forstwirtschaft

Zu § 33 Abs. 4
27. Erlass bei verschieden genutztem Grundbesitz

Zu § 33 Abs. 5
28. Erlass und Wertfortschreibung

Zu § 33

Literatur: *Hatopp,* Die Behandlung von Grundsteuer-Erlassanträgen, wenn Mehrbelastungen nicht mehr abgewälzt werden können, KStZ 1978 S. 203; *Hatopp,* Kein Grundsteuererlass bei Nichtabwälzbarkeit von Nachforderungen in Fällen auslaufender Steuervergünstigung, ZKF 1980 S. 167; *Hatopp,* Grundsteuererlass bei Nichtabwälzbarkeit von Nachforderungen – weiterhin unterschiedliche Rechtsprechung, KStZ 1981 S. 101; *Knobloch,* Erlass der GrSt bei wesentlicher Ertragsminderung, DGStZ 1978 S. 165; *Loberg,* Grundsteuer-Richtlinien 1978 zum Steuererlass wegen wesentlicher Ertragsminderung, DGStZ 1979 S. 34; *Ostendorf,* Grundsteuer-Ergänzungsrichtlinien, insbesondere zum Erlass, INF 1979 S. 7; *Ostendorf,* Grundsteuererlass wegen Ertragsminderung und aus Billigkeitsgründen, NWB F. 11 S. 599; *Stimpfle/Winkow,* Möglichkeiten des Grundsteuererlasses bei wesentlicher Ertragsminderung (einschließlich Sonderfragen für die neuen Bundesländer), DStZ 1994 S. 270.

Begründung zur Regierungsvorlage

1   „Ein Erlass wegen wesentlicher Ertragsminderung kann entsprechend der bisherigen Rechtslage auch künftig nur für Grundstücke in Betracht kommen, die ihrer Natur nach ertragbringend sind. Unbebaute Grundstücke sind deshalb in die Erlassregelung nicht mit einbezogen.

Der Erlass der Grundsteuer setzt eine wesentliche Ertragsminderung voraus. Als wesentlich wird wie bisher eine Ertragsminderung von mehr als 20 v. H. angesehen. Weitere Voraussetzung ist, dass der Eigentümer die Ertragsminderung nicht zu vertreten hat, diese also auf Umständen beruht, die außerhalb seiner Einflussmöglichkeit liegen. Als Beispiele sind zu nennen Ernteausfall bei Betrieben der Land- und Forstwirtschaft infolge von Naturereignissen (Hochwasser, Dürre, Hagel usw.), Leerstehen von Wohnungen oder Geschäftsräumen infolge mangelnder Mieternachfrage für die betreffenden Objekte, keine Möglichkeit zur Ausnutzung eigengewerblich genutzter Fabrikgrundstücke nach einer strukturell bedingten Aufgabe der bisherigen Produktion u. a. mehr. Bei Betrieben der Land- und Forstwirtschaft und bei eigengewerblich genutzten Grundstücken muss außerdem die Einziehung der Grundsteuer unter Berücksichtigung der wirtschaftlichen Verhältnisse des Betriebs unbillig sein. Damit soll verhindert werden, dass hier der Erlass auch dann gewährt wird, wenn die Ertragsminderung auf das gesamte Betriebsergebnis keine oder nur ganz geringfügige Auswirkungen hat. Für die Beurteilung der Unbilligkeit kommt es also auf die wirtschaftlichen Verhältnisse des Betriebs, dagegen nicht auf die sonstigen wirtschaftlichen Verhältnisse des Betriebsinhabers an.

Liegen die Voraussetzungen für einen Erlass vor, so bleibt dessen Ausmaß gesetzlich festgelegt. Der Erlass kann bei völliger Ertraglosigkeit vier Fünftel der Grundsteuer ausmachen. Bei einer Ertragsminderung ist von diesen vier Fünfteln jeweils der Teil zu erlassen, der dem Verhältnis der Ertragsminderung entspricht. Ein Fünftel der Grundsteuer ist also stets zu entrichten. Auch bei den bebauten Grundstücken muss ebenso wie bei den unbebauten Grundstücken stets der Teil der Grundsteuer erhoben werden, der auf den Grund und Boden entfällt. Auf eine besondere, dem bisherigen § 17 GrStErlVO entsprechende Vorschrift über die Erhebung einer Mindeststeuer kann deshalb verzichtet werden. Die Begrenzung des Erlasses auf vier Fünftel der Grundsteuer gilt nunmehr allerdings auch für die Betriebe der Land- und Forstwirtschaft. Das ist deshalb berechtigt, weil der auf den Wohnungswert entfallende Teil der Grundsteuer in den Erlass miteinbezogen wird, obwohl die Ertragsminderung nur den Wirtschaftswert betrifft.

Die Erlassvorschrift des § 78 des Städtebauförderungsgesetzes v. 27.7.1971 (BGBl. I S. 1125) bleibt als Sonderregelung bestehen. Soweit sich nach § 78 des genannten Gesetzes Abweichungen gegenüber § 33 GrStG ergeben, gehen diese vor. Im Übrigen gelten die Vorschriften des § 33 des Entwurfs als subsidiäres Recht.[1]

Die Ertragsminderung ergibt sich aus dem Unterschiedsbetrag zwischen dem normalen Rohertrag und dem tatsächlich erzielten Rohertrag. Sie ist in einem Vomhundertsatz festzustellen. Bei dieser Feststellung kommt es ausschließlich auf die Verhältnisse des Kalenderjahres an, für das die Grundsteuer erhoben wird. Im Gegensatz zur bisherigen Regelung gilt das auch für die Ermittlung des normalen Rohertrags. Bei den nach der Jahresrohmiete bewerteten Grundstücken wurde bisher als Ausgangsmiete die bei der Einheitsbewertung (1935) zugrunde gelegte Jahresrohmiete angesetzt (§ 12 GrStErlVO). Dies führte dazu, dass in Anbetracht der zwischenzeitlichen Mietsteigerungen im Regelfall kaum noch die Voraussetzungen für einen Erlass erfüllt wurden. Da auch zwischen dem neuen Hauptfeststellungszeitpunkt (1. Januar 1964) und dem Erlasszeitraum (erstmals das Kalenderjahr 1974) Änderungen im Mietpreisniveau eingetreten sind, erscheint es für eine sachgerechte Lösung geboten, abweichend von der bisherigen Rechtslage auch für die Feststellung des normalen Rohertrags stets auf das Kalenderjahr abzustellen, für das die Grundsteuer erhoben wird.

Bei Betrieben der Land- und Forstwirtschaft werden der normale Rohertrag des Erlasszeitraums und die eingetretene Minderung wie bisher durch örtliche Kommissionen zu schätzen sein, wobei vorhandene Buchführungsunterlagen verwendet werden können. Schäden in der Forstwirtschaft bewirken nicht nur eine Ertragsminderung für das laufende Jahr, sondern meist auch eine nachhaltige Ertragsminderung für eine Reihe von Jahren. Sie führen u. U. im Jahr des Schadens zu einer sog. Kalamitätsnutzung und damit zu einem höheren Rohertrag. Das Ausmaß der eingetretenen Schäden kann deshalb nicht nach dem Rohertrag eines einzelnen Kalenderjahres bestimmt werden. Es kommt vielmehr darauf an, in welchem Ausmaß der Ertragswert der forstwirtschaftlichen Nutzung sich bei einer Wertfortschreibung mindern würde. Der Erlass ist hier allerdings nur solange möglich, als eine Wertfortschreibung noch nicht vorgenommen werden kann, z. B. weil die hierfür erforderlichen Wertgrenzen nicht überschritten sind.

Gewisse Schwierigkeiten können sich bei einem Steuergegenstand ergeben, wenn unterschiedliche Erlassmaßstäbe anzuwenden sind. Die in diesen Fällen vorgesehene Berechnungsmethode des Absatzes 4 erläutern die nachstehenden Beispiele. ...

Wenn durch Änderungen der tatsächlichen Verhältnisse des Grundstücks eine individuelle Ertragsminderung von mehr als 20 v. H. mit Dauercharakter eingetreten ist, wird in der Regel auch eine wertmindernde Fortschreibung des Einheitswerts auf den nächsten 1. Januar möglich sein. Entsprechend der bisherigen Regelung (§ 19 GrStErlVO) wird deshalb in § 33 Abs. 5 GrStG bestimmt, dass eine Minderung des Ertrags oder der Ausnutzung dann kein Erlassgrund ist, wenn dieser Umstand für den Erlass-

---

[1] § 78 des Städtebauförderungsgesetzes ist durch das Baugesetzbuch (BauGB) v. 8.12.1986 (BGBl. 1986 I S. 2653, jetzt idF v. 23.9.2004, BGBl. 2004 I S. 2414) wieder aufgehoben worden, weil der dort behandelte Fall bereits weitgehend in § 33 GrStG mit geregelt ist.

zeitraum bereits durch eine Fortschreibung des Einheitswerts hätte berücksichtigt werden können. Die Fortschreibung setzt allerdings einen Antrag voraus. Hat es der Eigentümer versäumt, diesen rechtzeitig zu stellen, so ist es nicht mehr möglich, dass er ersatzweise das gleiche Ergebnis über einen Grundsteuererlass erreicht."

Die Neufassung des § 33 Abs. 1 GrStG mWv 1.1.2008 durch das JStG 2009 v. 19.12.2008 (BGBl. 2008 I S. 2794) führte zu einer Einschränkung des Erlassumfangs. Die Gesetzesbegründung (BT-Drucks. 16/10 494 v. 7.10.2008) führt hierzu Folgendes aus:

„Nach der bisher geltenden Regelung des § 33 GrStG ist die Grundsteuer für Betriebe der Land- und Forstwirtschaft und bebaute Grundstücke teilweise zu erlassen, wenn der normale Rohertrag um mehr als 20 Prozent gemindert ist und der Steuerschuldner diese Minderung nicht zu vertreten hat.

Nach jüngster höchstrichterlicher Rechtsprechung zu § 33 GrStG (BFH v. 24.10.2007, BStBl. 2008 II S. 384 und BVerwG v. 24.4.2007, GmS-OGB 1.07) kommt ein Erlass auch in den Fällen des strukturell bedingten Leerstands (z. B. bei mangelnder Mieternachfrage) in Betracht. Infolge der damit ausgeweiteten Anwendung des § 33 GrStG werden von den Gemeinden erhebliche Grundsteuerausfälle befürchtet.

Der Vorschlag zur inhaltlichen Änderung des § 33 GrStG soll vor diesem Hintergrund zu einer gerechten Lastenverteilung zwischen dem Grundstückseigentümer und der Gemeinde beitragen. Durch die Erhöhung des Ausmaßes der Ertragsminderung, ab dem ein Erlass in Betracht kommen kann, von derzeit mehr als 20 Prozent auf mehr als 50 Prozent werden einerseits die Mindereinnahmen für die Gemeinden in Grenzen gehalten, andererseits bleibt aber weiterhin – wenn auch eingeschränkt – ein Erlass für den Steuerschuldner grundsätzlich möglich.

Liegen die Voraussetzungen für einen Erlass wegen wesentlicher Ertragsminderung vor, bleibt dessen Höhe nach § 33 Abs. 1 GrStG gesetzlich festgelegt. Der Erlass wird in zwei Billigkeitsstufen gewährt. Bei einer Ertragsminderung von mehr als 50 Prozent ist die Grundsteuer in Höhe von 25 Prozent und bei einer Ertragsminderung von 100 Prozent in Höhe von 50 Prozent zu erlassen.

Bei Betrieben der Land- und Forstwirtschaft ergibt sich – wie bisher – die Ertragsminderung grundsätzlich aus dem Unterschiedsbetrag zwischen dem normalen Rohertrag und dem tatsächlich erzielten Rohertrag. Als normaler Rohertrag ist der Rohertrag maßgebend, der aus dem Wirtschaftsteil nach den Verhältnissen zu Beginn des Erlasszeitraums bei ordnungsmäßiger Bewirtschaftung nachhaltig erzielbar wäre.

Für die bebauten Grundstücke wird die Ermittlung der Ertragsminderung dadurch vereinfacht, dass sie generell aus dem Unterschiedsbetrag der nach den Verhältnissen zu Beginn des Erlasszeitraums geschätzten üblichen Jahresrohmiete zur tatsächlich im Erlasszeitraum erzielten Jahresmiete berechnet werden soll. Somit ist nicht mehr relevant, ob zu Beginn des Kalenderjahres eine Vermietung vorliegt bzw. welcher Mietpreis erzielt wird, abgestellt wird auf den Erlasszeitraum. Für die Ermittlung der geschätzten üblichen Jahresrohmiete ist die Nutzbarkeit der Flächen nach Wohn- und/oder gewerblicher Nutzung maßgebend."

Die **rückwirkende Inkraftsetzung** des § 33 GrStG n. F., welcher gemäß Art. 39 Abs. 5 JStG 2009 mWv 1.1.2008 in Kraft getreten ist und gemäß § 38 GrStG erstmals für die Grundsteuer des Jahres 2008 gilt, entfaltet keine „echte" Rückwirkung (VG Düsseldorf v. 7.10.2009, ZKF 2010 S. 95, sowie VG Halle/Saale v. 13.4.2011 5 A 19/10, n. v.; a. A. *Reil/Hintze,* DWW 2011 S. 42). Die Änderung des § 33 GrStG verstößt nicht gegen den aus dem

Rechtsstaatsprinzip (Art. 20 Abs. 3, Art. 28 Abs. 1 Satz 1 GG) abgeleiteten Grundsatz des Vertrauensschutzes, der es grundsätzlich verbietet, rückwirkend belastende Steuergesetze zu erlassen (FG Bremen v. 9.6.2010, StEd 2010 S. 435; bestätigt durch BFH v. 18.4.2012, BStBl. 2012 II S. 867; *Halaczinsky*, jurisPR-SteuerR 39/2012 Anm. 4). Der durch die Gesetzesänderung betroffene Tatbestand der Erfüllung der Erlassvoraussetzungen für den Erlasszeitraum 2008 war – unter Beachtung des Regelungsinhalts des § 34 GrStG – bei Verkündung des JStG 2009 noch nicht abgewickelt. Ein Erlassanspruch für die Grundsteuer 2008 konnte frühestens mit Ende des Jahres 2008 entstehen, da der Erlass gemäß § 34 Abs. 1 Satz 1 GrStG erst nach Ablauf des Kalenderjahres für die Grundsteuer ausgesprochen wird, die für das Kalenderjahr festgesetzt worden ist (Erlasszeitraum). Nach § 34 Abs. 1 Satz 2 GrStG sind für die Erlassentscheidung die Verhältnisse des gesamten Erlasszeitraums maßgebend. Siehe hierzu auch Anm. 2 zu § 34 GrStG. Die Änderung des § 33 GrStG durch das JStG 2009 liegt mithin zeitlich vor der Entstehung des Erlassanspruchs. Ist der Erlassanspruch des Steuerpflichtigen im Zeitpunkt der Gesetzesänderung noch nicht einmal entstanden, ist ein Vertrauen darauf, dass die Erlassänderungen unverändert fortgelten werden, nicht schutzwürdig (so auch im Ergebnis *Puhl*, KStZ 2010 S. 88, 91). Zur Frage der regelmäßig zulässigen sog. „unechten" Rückwirkung siehe auch *Jarass* in *Jarass/Pieroth*, Kommentar zum Grundgesetz, 13. Aufl. 2014, Art. 20 GG Rdnr. 69.

Die Erlassregelung in § 33 GrStG gilt auch, wenn die Ertragsminderung beim Grundbesitz in den neuen Bundesländern eintritt.

Voraussetzungen für einen Billigkeitserlass

Literatur: *Peters,* Zur Frage des Billigkeitserlasses bei der Grundsteuer nach §§ 163, 227 AO neben §§ 32ff. GrStG, KStZ 1994 S. 45, *Ostendorf,* Grundsteuererlass wegen Ertragsminderung und aus Billigkeitsgründen, NWB F. 11 S. 599.

Wie bei anderen Steuern können auch bei der Grundsteuer Billigkeits- **2** maßnahmen getroffen werden, wenn ihre Einziehung unbillig wäre. Auch wenn die Grundsteuer eine Objektsteuer ist, werden dadurch Billigkeitsmaßnahmen nicht ausgeschlossen (OVG Münster v. 22.9.1954, DGStZ 1958 S. 78). Die Befugnis zum Erlass ist an die Verwaltungszuständigkeit gekoppelt (BVerfG v. 8.11.1983, BStBl. 1984 II S. 249). Im vorliegenden Fall ist es die Gemeinde, die den Erlass ausspricht (BVerwG v. 21.10.1983, BStBl. 1984 II S. 244), in den Stadtstaaten allerdings das Finanzamt.

Durch Billigkeitsmaßnahmen kann die Steuer ganz oder zum Teil erlassen werden. Dies kann dadurch erfolgen, dass entweder die Steuer niedriger oder überhaupt nicht festgesetzt wird oder dadurch, dass die festgesetzte Steuer ganz oder teilweise nicht erhoben, wieder erstattet oder angerechnet wird. Die Rechtsgrundlagen für diese Billigkeitsmaßnahmen ergeben sich aus § 163 und § 227 AO, die den folgenden Wortlaut haben:

§ 163 AO Abweichende Festsetzung von Steuern aus Billigkeitsgründen

[1]**Steuern können niedriger festgesetzt werden und einzelne Besteuerungsgrundlagen, die die Steuern erhöhen, können bei der Festsetzung der Steuer**

unberücksichtigt bleiben, wenn die Erhebung der Steuer nach Lage des einzelnen Falls unbillig wäre. [2] ... [3] Die Entscheidung über die abweichende Festsetzung kann mit der Steuerfestsetzung verbunden werden.

§ 227 AO Erlass

Die Finanzbehörden können Ansprüche aus dem Steuerschuldverhältnis ganz oder zum Teil erlassen, wenn deren Einziehung nach Lage des einzelnen Falls unbillig wäre; unter den gleichen Voraussetzungen können bereits entrichtete Beträge erstattet oder angerechnet werden.

Ein **Erlass** kommt in Betracht, wenn die Einziehung der Steuer nach Lage des einzelnen Falles unbillig wäre (§ 163 oder § 227 AO). Dabei kann die Unbilligkeit sowohl in den persönlichen Verhältnissen des Steuerpflichtigen als auch in der Sache selbst liegen. Im ersten Fall spricht man von einem Erlass wegen persönlicher Unbilligkeit, im zweiten Fall von einem Erlass wegen sachlicher Unbilligkeit. Die gesetzlich angeordnete Beschränkung der steuerlichen Vergünstigung nach § 4 Nr. 6 GrStG auf den unmittelbaren Grundstückseigentümer („Betreibergesellschaft") steht auch einem Grundsteuererlass nach § 227 AO aus Billigkeitsgründen zugunsten einer bloßen „Besitzgesellschaft" entgegen (VG Chemnitz v. 29.1.2007, KStZ 2007 S. 159).

Ein Erlass, der nicht auf § 163 oder § 227 AO gestützt werden kann oder ohne Prüfung gewährt wird, ist rechtswidrig; denn der Grundsatz der Gesetzmäßigkeit der Besteuerung schließt, soweit sie das Gesetz nicht ausdrücklich zulässt, eine Steuervereinbarung aus (BVerwG v. 5.6.1959, KStZ 1959 S. 189). Auch ein Erlass, der auf unbegrenzte Zeiträume gerichtet ist, findet im Gesetz keine Stütze (BVerwG v. 28.11.1956, KStZ 1957 S. 59). Entsprechend wäre auch die Vereinbarung zwischen der Gemeinde und einem Steuerpflichtigen über eine Steuerbefreiung nichtig (BVerwG v. 18.4.1975, KStZ 1975 S. 211). Eine Erlasszusage, die einem Betrieb aus Anlass seiner Standortverlegung gemacht worden war, ist auch dann unzulässig, wenn sie nicht mit steuerlichen Erwägungen, sondern in erster Linie mit dem Eintritt gewinnmindernder Steuerbelastungen des Betriebs begründet wird, die eine Folge der Standortverlegung sind. Eine solche gesetzwidrige Erlasszusage kann jedoch gleichwohl dann noch einen Erlass rechtfertigen, wenn der Betrieb auf die Gültigkeit der Zusage vertraut und entsprechend disponiert hat (BVerwG v. 18.4.1975, aaO).

Zuständigkeit für den Erlass der Steuer

3 Wenn die Grundsteuer aus Billigkeitsgründen niedriger festgesetzt werden soll (§ 163 AO), ist zu beachten, dass hier die Steuerfestsetzung nur durch die **Gemeinde** erfolgt. Für das Finanzamt besteht damit keine Möglichkeit, im Steuermessbetragsverfahren aus Billigkeitsgründen die Besteuerungsgrundlagen niedriger festzusetzen; denn bei der Ermittlung des Einheitswerts, der die Grundlage für den Steuermessbetrag bildet, sind Maßnahmen nach § 163 AO, von Ausnahmefällen abgesehen (BFH v. 6.8.1986, DB 1986 S. 2418), unzulässig (§ 20 Satz 2 BewG; vgl. hierzu auch *Halaczinsky* in *Rössler/Troll, BewG,* § 20 Anm. 5 ff.). Der Einheitswertbescheid ist aber als Grundlagenbe-

scheid für das Steuermessbetragsverfahren verbindlich (§ 182 Abs. 1 AO), so dass das Finanzamt auch vom Einheitswertbescheid nicht abweichen kann. Wenn demgemäß das Finanzamt nicht befugt ist, im Einzelfall den Steuermessbetrag aus Billigkeitsgründen niedriger festzusetzen, so würden jedoch verfahrensrechtlich dann keine Bedenken dagegen bestehen, wenn die Gemeinde dieser Maßnahme zugestimmt hat (BFH v. 9.1.1962, BStBl. 1962 III S. 238; v. 8.11.1962, BStBl. 1963 III S. 143 und v. 24.10.1972, BStBl. 1973 II S. 233). Abgesehen davon wäre die Gemeinde durchaus befugt, trotz ihrer Abhängigkeit vom Steuermessbetrag, aus Billigkeitsgründen die Steuer auch abweichend hiervon festzusetzen (§ 163 AO).

Erlass der festgesetzten Steuer

Im Vordergrund der Billigkeitsmaßnahmen steht hier der Erlass der be- **4** reits festgesetzten Grundsteuer (§ 227 AO). Hierfür ist allein die Gemeinde zuständig (BFH v. 9.1.1962, BStBl. 1962 III S. 238; v. 9.11.1962, BStBl. 1963 III S. 143 und BVerwG v. 10.7.1964, KStZ 1964 S. 203). Unter diese Erlassmöglichkeit fallen insbesondere auch die gesetzlichen Erlassregelungen in § 32 und § 33 GrStG.

Wer bei der Gemeinde über den Erlass entscheidet, richtet sich nach der jeweils geltenden **Gemeindeordnung.** Grundsätzlich ist es der Gemeinderat. Mindestens gilt dies, wenn der Erlass für den Gemeindehaushalt von erheblicher wirtschaftlicher Bedeutung ist. In anderen Fällen ist die Entscheidung zunächst auf einen Fachausschuss oder einen Beamten des Steueramts delegiert. Die Festlegung der Zuständigkeiten erfolgt zweckmäßigerweise in der Hauptsatzung der Gemeinde.

Erlass wegen persönlicher Unbilligkeit

Ein Erlass der Grundsteuer aus persönlichen Gründen ist nur im **Aus-** **5** **nahmefall** möglich. Er ist dann gegeben, wenn durch die Erhebung der Steuer die Fortführung des gewerblichen oder landwirtschaftlichen Betriebs oder die Bestreitung des notwendigen Lebensunterhalts für vorübergehend oder dauernd erheblich gefährdet würde (BVerwG v. 28.11.1956, KStZ 1957 S. 59). Es kommt deshalb stets auch auf die wirtschaftliche Lage des Steuerschuldners an. Dabei sind seine gesamten wirtschaftlichen Verhältnisse mit in Betracht zu ziehen (BFH v. 15.10.1964, HFR 1965 S. 75). Seine Einkommens- und Vermögensverhältnisse sind umfassend zu überprüfen (FG Hamburg v. 13.5.1980, EFG 1980 S. 533). Wenn sein Einkommen zur Bestreitung des Lebensunterhaltes nicht ausreicht, muss er zunächst auf vorhandenes, verwertbares Vermögen zurückgreifen. Vorhandenes Vermögen schließt aber einen Billigkeitserlass nicht aus, wenn der Steuerpflichtige auf dieses für seinen Unterhalt angewiesen ist (BFH v. 29.4.1981, BStBl. 1981 II 726). Schulden mehrere die Steuer als Gesamtschuldner, so kann ein Erlass nur gewährt werden, wenn die den Erlass rechtfertigenden Gründe bei allen Gesamtschuldnern gegeben sind (OVG Münster v. 18.2.1959, KStZ 1959 S. 132). Weder ein privater Vermögensverlust (BFH v. 24.3.1981, BStBl. 1981 II

S. 505) noch die Tatsache einer wirtschaftlichen Notlage des Steuerpflichtigen allein führt zwangsläufig zum Billigkeitserlass, auch wenn ihn an seiner Notlage selbst kein Verschulden trifft. Das wäre erst dann der Fall, wenn sie durch die Steuerfestsetzung selbst verursacht wird (BFH v. 10.5.1972, BStBl. 1972 II S. 649 und v. 22.4.1975, BStBl. 1975 II S. 727).

Ein **Erlass ist ausgeschlossen,** wenn er nur dazu dienen soll, den Steuerpflichtigen in die Lage zu versetzen, wertvolle Vermögensteile auf unbestimmte Zeit ungenutzt zu lassen. Er kann nur ausgesprochen werden, wenn damit erreicht wird, dass sich die Verhältnisse in absehbarer Zeit wieder normalisieren (BVerwG v. 22.2.1960, KStZ 1960 S. 130). Ist die wirtschaftliche Existenz eines Grundsteuerschuldners bereits vernichtet, scheidet er aus dem Kreis der Erlassberechtigten aus. Eine Insolvenzeröffnung begründet die unwiderlegbare Vermutung einer Vernichtung der wirtschaftlichen Existenz des Grundsteuerschuldners. Nichts anderes gilt, wenn die Existenz eines Grundsteuerschuldners im Insolvenzverfahren nicht gesichert werden soll, sondern der Insolvenzschuldner nur bis zu einer endgültigen Abwicklung am Leben erhalten werden soll (VG Dresden v. 20.4.2010 2 K 1688/08, n. v.). Befindet sich der Steuerpflichtige mithin im Insolvenzverfahren oder in einer ähnlichen wirtschaftlichen Notlage, so überschreitet die Gemeinde auch dann nicht ihr Ermessen, wenn sie gleichwohl einen Erlass aus Billigkeitsgründen ablehnt (OVG Münster v. 6.6.1956, DStZ/B 1957 S. 50). Ein Erlass aus Billigkeitsgründen setzt neben der Erlassbedürftigkeit und Erlasswürdigkeit des Antragstellers voraus, dass der Erlass der Steuer dem Steuerpflichtigen und nicht einem Dritten (Gläubiger des Steuerpflichtigen) zugute kommt (BFH v. 26.10.1999, BFH/NV 2000 S. 411). Auch kann es nicht Sinn eines Erlasses sein, einem Unternehmen „Sterbehilfe" zu gewähren (VG Hannover v. 28.7.1977, KStZ 1978 S. 31).

Ob die Einziehung der Steuer unbillig ist, darf nicht nur vom Standpunkt des Steuerpflichtigen aus beurteilt werden. Auch die Interessen der Gemeinde brauchen nicht unberücksichtigt zu bleiben (VGH Ba-Wü v. 19.10.1960, DStZ/B 1961 S. 364). Andererseits darf aber die Gemeinde auch ihre wirtschaftliche oder rechtliche Machtstellung nicht unangemessen ausnutzen (BFH v. 29.4.1965, BStBl. 1965 III S. 466). Bei einem Grundsteuererlass aus Rechtsgründen (§§ 32 und 33 GrStG) kommt es dagegen nicht darauf an, ob die wirtschaftliche Lage der Gemeinde günstig oder ungünstig ist (OVG Koblenz v. 10.6.1959, KStZ 1960 S. 238 und OVG Lüneburg v. 26.11.1959, KStZ 1960 S. 15).

Erlass wegen sachlicher Unbilligkeit

6   Ein Billigkeitserlass kann auch in Betracht kommen, wenn sich die Unbilligkeit aus der Sache selbst ergibt. In diesen Fällen ist demgemäß der Erlass auch von der finanziellen Lage des Steuerpflichtigen unabhängig (BFH v. 28.10.1958, BStBl. 1959 III S. 11). Eine sachliche Unbilligkeit liegt vor, wenn der Sachverhalt unter einen gesetzlichen Tatbestand fällt, der mit dem **Sinn und Zweck des Gesetzes nicht vereinbar** ist (BFH v. 25.7.1972, BStBl. 1972 II S. 918). Die Geltendmachung eines Anspruchs aus dem Steu-

erschuldverhältnis ist vor allem als sachlich unbillig einzustufen, wenn diese im Einzelfall zwar mit dem Wortlaut einer Vorschrift korrespondiert, jedoch nach dem zugrunde liegenden Gesetzeszweck nicht zu rechtfertigen ist und dessen Wertungen zuwiderläuft. Dies ist der Fall, wenn angenommen werden kann, dass der Gesetzgeber, hätte er den Sachverhalt geregelt, ihn im Sinne der Billigkeitsregelung entschieden haben würde (BFH v. 10.5.1972, BStBl. 1972 II S. 649). Hat allerdings der Gesetzgeber von vornherein eine sachliche Härte bewusst in Kauf genommen, so ist insoweit ein Erlass ausgeschlossen (BFH v. 21.12.1961, HFR 1963 S. 306 und v. 5.10.1966, BStBl. 1967 II S. 416). Es darf sich also nicht um Umstände handeln, die dem Besteuerungszweck entsprechen oder für den Gesetzgeber bei Ausgestaltung der gesetzlichen Vorschriften voraussehbar waren (BFH v. 15.2.1973, BStBl. 1973 III S. 466). Erwägungen, die der gesetzliche Tatbestand typischerweise mit sich bringt, müssen bei der Prüfung der sachlichen Unbilligkeit grundsätzlich unbeachtet bleiben. Die Billigkeitsprüfung darf nicht zur Konsequenz haben, dass die generelle Geltungsanordnung des den Steueranspruch begründenden Gesetzes unterlaufen wird (BFH v. 7.2.2013, BFH/NV 2013 S. 697). Ein Erlass ist insbesondere auch dann nicht zulässig, wenn er an die Stelle von sozial- oder wirtschaftspolitischen Maßnahmen treten soll, die der Gesetzgeber nicht getroffen hat (BFH v. 2.9.1964, BStBl. 1964 III S. 489). Eine sachliche Unbilligkeit kann dagegen gegeben sein, wenn die festgesetzte Steuer einem Vertrauen schaffenden Verhalten der Gemeinde widerspricht und der Steuerpflichtige dadurch nicht unerhebliche wirtschaftliche Nachteile erlitten hat, die ohne dieses Verhalten der Gemeinde nicht eingetreten wären (BVerwG v. 16.9.1977, KStZ 1978 S. 29). Ebenso kann ein Erlass begründet sein, soweit ein Betrieb gewinnmindernde Aufwendungen gemacht hat, um infrastrukturelle Aufgaben, die an sich der Gemeinde obliegen, durch eigene Investitionen zu erfüllen (BVerwG v. 18.4.1975, KStZ 1975 S. 211). Dagegen rechtfertigt eine unterschiedliche Behandlung gleichartiger Betriebe, die dadurch bedingt ist, dass sie im eng verzahnten Grenzgebiet zweier Gemeinden mit verschieden hoher Steuerbelastung liegen, noch keinen Erlass wegen sachlicher Unbilligkeit (BVerwG v. 13.2.1976, KStZ 1976 S. 109). Ebenso wenig begründen die auf den lange zurückliegenden Hauptfeststellungszeitpunkten des 1. Januar 1964 bzw. in den neuen Ländern des 1. Januar 1935 beruhenden Wertverzerrungen keinen Anspruch auf Teilerlass von Grundsteuer aus sachlichen Billigkeitsgründen (BFH v. 7.2.2013, BFH/NV 2013 S. 697).

Ein Erlass ist auch wegen Leerstehen und Mietminderung für Gebäude in **Sanierungs- und Entwicklungsgebieten** möglich. Das gilt auch, wenn sich die Sanierungsmaßnahmen noch im Planungsstadium befinden. Da die Vorbereitungen der Sanierung meist längere Zeit beanspruchen, kann dies zur Folge haben, dass schon vor Beginn der Sanierungsmaßnahmen die Möglichkeiten zur Vermietung von Wohnungen und Geschäftsräumen in den betroffenen Gebieten sehr stark beeinträchtigt sind. In diesem Fall kommt es, sofern die übrigen Voraussetzungen erfüllt sind, u.U. auch schon für diese Zeit zu einem Erlass. Es dürfte aber kaum vertretbar sein, dann bei der Ermittlung der Minderung des Rohertrags für die Zeit während der Durchführung der

Sanierungsmaßnahmen von der bereits geminderten Jahresrohmiete des Kalenderjahrs als normalem Rohertrag auszugehen; denn damit würde zu Lasten der Grundstückseigentümer das Ausmaß des Erlasses viel zu gering. Man wird vielmehr auch hier auf die übliche Miete abzustellen haben, die sonst während des Erlasszeitraums für vergleichbare und nicht von den Sanierungsmaßnahmen betroffene Grundstücke gezahlt wird.

Der Erlass soll die **Sanierung fördern,** ist also ausschließlich sachbezogen. Es soll deshalb auch gar nicht auf die wirtschaftlichen Verhältnisse des Eigentümers des Grundstückes oder auf die Verhältnisse des Betriebs, zu denen es gehört, ankommen. Es braucht weder dessen Existenz gefährdet noch braucht das Betriebsergebnis negativ zu sein (BVerwG v. 21.10.1983, BStBl. 1984 II S. 244).

Bei der Grundsteuer hat der Gesetzgeber die Fälle, in denen eine sachliche Unbilligkeit vorliegen kann, in §§ 32 ff. GrStG abschließend geregelt. Ein Erlass wegen sachlicher Unbilligkeit kommt deshalb nur in Betracht, wenn auch die dort geforderten Voraussetzungen erfüllt werden.

Ertragslosigkeit für sich allein begründet noch keinen Erlass. Die Erhebung der Grundsteuer bei ertraglosen Grundstücken ergibt sich nämlich zwangsläufig aus dem Charakter der Grundsteuer als einer auf den Wert, nicht auf den Ertrag abstellenden Steuer. Der Ertrag ist unmittelbar nur für die Ermittlung des Einheitswertes von Bedeutung (BVerwG v. 23.10.1959, BB 1959 S. 1296, KStZ 1960 S. 7). Auf die Ertragslosigkeit kann es vor allem dann nicht ankommen, wenn nach der Natur des Grundstücks oder entsprechend seiner vorgesehenen Nutzung von vornherein nicht mit einem Ertrag zu rechnen ist. Das wäre z. B. der Fall bei einer verpachteten Kongresshalle, bei der der Pachtzins sich nach den Gewinnen des Pächters richtet, dieser aber, wie von vornherein zu erwarten ist, keine Gewinne macht. Auch die Unmöglichkeit, die Grundsteuer aus den Grundstückseinnahmen zu zahlen, ist für sich allein noch kein Grund für einen Erlass (OVG Münster v. 6.6.1956, DGStZ 1958 S. 141 sowie BVerwG v. 1.1.1971, KStZ 1972 S. 91). Ebenso wenig liegt eine sachliche Unbilligkeit darin, dass die Grundsteuer nicht mehr abwälzbar ist oder die Abwälzung nicht gelungen ist (BFH v. 20.3.1969, StRK AO § 131 R. 177). Zunächst wurde die Auffassung vertreten, dass hier eine Unbilligkeit vorliege, wenn das Verhalten der Steuerbehörde die Dispositionen des Steuerpflichtigen beeinträchtigt hat und damit für die Nichtabwälzbarkeit ursächlich ist (BFH v. 7.5.1968, BStBl. 1968 II S. 663), z. B. weil der Steuerbescheid so spät ergeht, dass die Fristen für eine rückwirkende Umlegung der Mehrsteuer auf die Mieter bereits abgelaufen sind. Hierzu vgl. auch Anm. 13 zu § 28 GrStG. Die Nachforderung der Grundsteuer wäre in diesem Fall unbillig (VG Frankfurt v. 19.1.1978, KStZ 1978 S. 93), ohne dass es darauf ankommt, ob die Ursachen für diese Verspätung beim Finanzamt oder bei der Gemeinde liegen. Später kam man zu dem Ergebnis, dass hier in keinem Fall die Möglichkeit für einen Billigkeitserlass gegeben ist, auch wenn der Vermieter keine Möglichkeit hat, die Mehrsteuer auf die Mieter umzulegen (BVerwG v. 4.6.1982, DÖV 1982 S. 946); ein Billigkeitserlass soll nicht gewährt werden können, um ein vom Gesetzgeber, wie hier, zulässigerweise in Kauf genommenes Ergebnis abzuwenden.

Ein Billigkeitserlass wegen sachlicher Unbilligkeit ist auch **vor Eintritt der Bestandskraft** eines Steuerbescheids nicht ausgeschlossen (BFH v. 19.11.1968, BStBl. 1969 II S. 92 sowie BayVGH v. 11.2.1976, KStZ 1976 S. 94). Wird in einem solchen Fall ein Erlass beantragt, so müsste allerdings zunächst erst noch geprüft werden, ob der Antrag nicht als Widerspruch gewertet werden kann. Andererseits ist es aber nicht möglich, bereits bestandskräftige Steuerfestsetzungen im Wege des Billigkeitserlasses nochmals überprüfen zu lassen oder neu aufzurollen (BFH v. 30.8.1957, BStBl. 1957 III S. 409, v. 4.5.1977, BStBl. 1977 II S. 771 und BVerwG v. 23.10.1955, KStZ 1960 S. 29). Auch bei einem eindeutig fehlerhaften Steuerbescheid wäre dies ausgeschlossen, wenn ihn der Steuerpflichtige in Kenntnis der Rechtslage hat unanfechtbar werden lassen (BFH v. 1.12.1966, BStBl. 1967 III S. 156, v. 3.3.1970, BStBl. 1970 II S. 503 sowie VG Hannover v. 17.2.1975, KStZ 1975 S. 214). Das würde allerdings dann nicht gelten, wenn dem Steuerpflichtigen der Erlass nur für den Fall zugesagt worden war, dass er den Steuerbescheid zuvor bestandskräftig werden lässt (BFH v. 2.2.1966, BStBl. 1966 III S. 175). Hier könnte allenfalls noch zu prüfen sein, ob nicht Nachsicht wegen Fristversäumnis gewährt und der Antrag dann als Widerspruch gewertet wird.

Rechtliche Einwendungen, die bereits im Rechtsbehelfsverfahren gegen den Steuermessbescheid oder den Steuerbescheid hätten vorgebracht werden können, rechtfertigen jedenfalls keinen Erlass wegen sachlicher Unbilligkeit. Dasselbe gilt, wenn es der Steuerpflichtige versäumt hat, beim Finanzamt die Herabsetzung des Steuermessbetrags durch eine Neuveranlagung zu beantragen, die auch zu einer Senkung der Grundsteuer geführt hätte (BVerwG v. 20.5.1960, KStZ 1960 S. 169).

Durchführung des Billigkeitserlasses

Der Steuerpflichtige hat grundsätzlich keinen Rechtsanspruch auf Gewährung eines Billigkeitserlasses (BayVGH v. 17.3.1959, BayVBl. 1959 S. 382). Er hat lediglich einen Anspruch darauf, dass die Gemeinde über seinen Antrag nach **pflichtgemäßem Ermessen** entscheidet. Wenn jedoch nach den Grundsätzen der Billigkeit ein Erlass in Betracht kommt und eine andere Entscheidung nicht mehr ermessensgerecht wäre, verdichtet sich sein Antragsrecht auch zu einem Rechtsanspruch auf den Erlass (Ermessensreduzierung auf Null). Die Entscheidung über Art und Umfang der zu treffenden Maßnahmen steht aber auch in diesem Fall allein im Ermessen der Gemeinde. Sie braucht nicht zu einem Erlass, sondern kann, sofern dies ausreicht, auch zu Erleichterungen anderer Art (z.B. Stundung oder Ratenzahlung) kommen (OVG Münster v. 20.2.1963, DGStZ 1963 S. 154). Ein Erlassantrag kann abgelehnt werden, wenn der Steuerpflichtige keine erschöpfende und glaubwürdige Auskunft über seine Einkommens- und Vermögensverhältnisse gibt (BVerwG v. 23.10.1959, KStZ 1960 S. 7).

Wird ein Erlassantrag ganz oder zum Teil abgelehnt, so ist hierüber von der Gemeinde ein **förmlicher Bescheid** zu erteilen. Dies gilt auch, wenn er mit dem Steuerbescheid zusammengefasst wird. Die Ablehnung muss hinreichend begründet sein (VG Freiburg v. 8.9.1958, KStZ 1960 S. 57); denn eine Ermessensentscheidung wäre ebenso wie jede andere Verwaltungsentscheidung ohne eine Begründung fehlerhaft (BFH v. 3.2.1981, BStBl. 1981 II S. 493). Die Entscheidung über den Erlassantrag kann vom Steuerpflichtigen angefochten werden. Hat die Gemeinde über den Erlassantrag entschieden, so richtet sich das Rechtsbehelfsverfahren nach §§ 40 ff. VwGO. Danach kommt es zum Widerspruch, und wenn dieser abgelehnt wird, zur Klage beim Verwaltungsgericht. Hierzu vgl. auch Anm. 14 zu § 27 GrStG. Gegen die Ablehnung des Erlasses hat der Steuerpflichtige allerdings nicht die Anfechtungsklage, sondern die Verpflichtungsklage nach § 42 VwGO zu erheben (OVG Münster v. 20.1.1975, BB 1975 S. 1241). Hat in den Stadtstaaten das Finanzamt den Erlassantrag abgelehnt oder nicht in angemessener Frist darüber entschieden, so ist dagegen als Rechtsbehelf der Einspruch gegeben (§ 347 Abs. 1 AO). Wenn das Finanzamt dem Einspruch nicht selbst abhilft, ist dagegen Berufung einzulegen, über die dann das Finanzgericht entscheidet.

Das Gericht kann jeweils nur prüfen, ob die Gemeinde von ihrem Ermessen den richtigen Gebrauch gemacht hat. Wenn dies nicht der Fall ist, kann es die angefochtene Entscheidung aufheben. Das Gericht muss dann allerdings in den Urteilsgründen auch Hinweise für den richtigen Gebrauch des Ermessens geben (§ 114 VwGO). Es kann jedoch nicht an die Stelle des Ermessens der Gemeinde das eigene Ermessen stellen.

Ob ein Steuererlass aus Billigkeitsgründen eine Ermessensentscheidung oder eine Rechtsentscheidung ist, war zunächst umstritten. Zunächst ging man davon aus, dass hinsichtlich der Unbilligkeit gerichtlich nur nachgeprüft werden könne, ob sich die Erlassbehörde im Rahmen ihres Ermessensspielraums gehalten habe und ihre Entscheidung insoweit vertretbar ist (BFH v. 7.10.1965, BStBl. 1965 III S. 700). Andererseits wurde aber auch die Auffassung vertreten, dass es sich um eine gerichtlich in vollem Umfange nachprüfbare Entscheidung handeln könne (BVerwG v. 13.2.1970, KStZ 1970 S. 115). Später wurde festgestellt, dass der Maßstab der Billigkeit Inhalt und Grenzen des pflichtgemäßen Ermessens bestimmt, dass demgemäß das Ermessen der Erlassbehörde an der Grenze der Unbilligkeit endet und damit die Anwendung der Erlassvorschriften als Ermessensvorschriften einer vollen Nachprüfbarkeit unterliegen (GemS-OGB v. 19.10.1971, BStBl. 1972 II S. 603 sowie BFH v. 26.7.1972, BStBl. 1972 II S. 919). Das gilt auch bei der Grundsteuer; denn auch hier findet der Ermessensspielraum seine Grenzen in den übergeordneten Grundsätzen der Steuergerechtigkeit und der Gleichmäßigkeit der Besteuerung (GemS-OGB v. 19.10.1971, aaO). Hierzu vgl. auch Anm. 4 zu § 34 GrStG.

Zu § 33 Absatz 1

Voraussetzungen für einen Erlass wegen Minderung des Rohertrags

8   Zur Durchführung der Erlassvorschriften in § 33 GrStG sind die Abschnitte 38 ff. GrStR ergangen. Im Einzelnen behandelt der nachfolgend abgedruckte Abschnitt 38 GrStR die allgemeinen Voraussetzungen für den Erlass,

der Abschnitt 39 GrStR (abgedruckt bei Anm. 10 zu § 33 GrStG) die Durchführung des Erlasses bei der Land- und Forstwirtschaft und Abschnitt 40 GrStR (abgedruckt bei Anm. 11 zu § 33 GrStG) die Durchführung des Erlasses bei bebauten Grundstücken. Die aktuelle Aussagekraft der GrStR ist mit dem Mangel behaftet, dass diese allgemeine Verwaltungsanweisung immer noch den Rechtsstand zum Zeitpunkt ihres damaligen Ergehens (Dezember 1978!) widerspiegelt und damit keine Gesetzesänderungen – wie hier beim § 33 Abs. 1 GrStG durch das JStG 2009 – nachvollzieht. Entsprechendes gilt für die Rechtsprechung der Finanz- und Verwaltungsgerichtsbarkeit.

Sowohl bei der Land- und Forstwirtschaft als auch bei bebauten Grundstücken setzt der Erlass voraus, dass eine Minderung des Rohertrags um mehr als 50% bzw. zu 100% gegeben ist und der Eigentümer die Minderung des Rohertrags nicht zu vertreten hat. Im Einzelnen vgl. dazu Abschnitt 38 GrStR, der den folgenden Wortlaut hat:

38 GrStR. Allgemeine Voraussetzungen für einen Erlaß wegen wesentlicher Ertragsminderung

(1) Der Erlaß der Grundsteuer kommt bei Betrieben der Land- und Forstwirtschaft und bei bebauten Grundstücken, nicht aber bei unbebauten Grundstücken in Betracht. Der Erlaß setzt voraus, daß

1. die Minderung des normalen Rohertrags (vgl. Abschnitte 39 ff.) mehr als 20 v. H. beträgt und

2. der Steuerschuldner die Minderung des Rohertrags nicht zu vertreten hat (vgl. Absätze 2 bis 4a).

Bei Betrieben der Land- und Forstwirtschaft und bei eigengewerblich genutzten bebauten Grundstücken muß außerdem die Einziehung der Grundsteuer nach den wirtschaftlichen Verhältnissen des Betriebs unbillig sein (vgl. Absatz 5).

(2) Der Steuerschuldner hat die Minderung des normalen Rohertrags eines Betriebs der Land- und Forstwirtschaft oder eines bebauten Grundstücks nicht zu vertreten, wenn die Umstände, die zu einer Minderung des Rohertrags führen, zwingend von außen in die Ertragslage des Betriebs der Land- und Forstwirtschaft oder des bebauten Grundstücks eingegriffen haben und der Steuerschuldner auf ihren Eintritt oder Nichteintritt keinen Einfluß hat. Der Steuerschuldner hat demnach Umstände nicht zu vertreten, die unabhängig von seinem Willen eintreten (vgl. hierzu das zur Vermögensteuer ergangene BFH-Urteil v. 7.5.1971, BStBl. 1971 II S. 696); dagegen hat er für Umstände einzustehen, die er selbst auf Grund freier Willensentschließung herbeigeführt hat (BFH v. 7.5.1971 aaO).

(3) Bei Betrieben der Land- und Forstwirtschaft hat der Steuerschuldner eine Minderung des normalen Rohertrags insbesondere dann nicht zu vertreten, wenn sie auf Naturereignisse zurückzuführen ist. Hierzu gehören Hagel, Auswinterung, Dürre, Hochwasser, Viehseuchen, Eis, Schnee- und Windbruch, Windwurf, Erdbeben, Bergrutsch, Waldbrand und andere nicht abwendbare Ereignisse ähnlicher Art. Die Nichtbewirtschaftung von Flächen hat der Steuerschuldner zu vertreten. Sie ist daher kein Erlaßgrund.

(4) *Bei Wohnungen und anderen Räumen, die leerstehen, hat der Vermieter die dadurch bedingte Minderung des normalen Rohertrags in der Regel nicht zu vertreten, wenn er sich in ortsüblicher Weise um deren Vermietung bemüht hat. Dabei darf er keine höhere als die marktgerechte Miete verlangt haben. Bei vermieteten Wohnungen und Räumen hat er einen Mietausfall nicht zu vertreten, wenn er eine marktgerechte Miete vereinbart hatte, diese jedoch aus Gründen nicht erhalten konnte, auf die er keinen Einfluß hat, z. B. bei Zahlungsunfähigkeit des Mieters. Bei Wohnungen, die von vornherein z. B. als Ferienwohnungen nur zeitweise vermietet werden können, hat er dagegen die dadurch bedingte Minderung des normalen Rohertrags selbst zu vertreten.*

(4a) *Bei eigengewerblich genutzten bebauten Grundstücken hat der Unternehmer eine Minderung der Ausnutzung (§ 33 Abs. 2 GrStG) nicht zu vertreten, wenn für ihn keine Möglichkeit bestand, auf deren Ursachen in zumutbarer Weise Einfluß zu nehmen. Zu diesen Ursachen können auch strukturelle und konjunkturelle Entwicklungen gehören, die ihn zwingen, den bisher auf dem Grundstück unterhaltenen Betrieb stillzulegen oder einzuschränken. Dagegen fällt zum Beispiel eine Minderung der Ausnutzung bei Neugründungen oder Kapazitätsausweitungen in der Regel in den Bereich des Unternehmerrisikos. Sie ist daher auch vom Unternehmer zu vertreten.*

(5) *Für einen Erlaß kommt es auf die wirtschaftlichen und persönlichen Verhältnisse des Steuerschuldners nicht an. Bei Betrieben der Land- und Forstwirtschaft und bei eigengewerblich genutzten bebauten Grundstücken ist jedoch weitere Voraussetzung für den Erlaß, daß die Einziehung der Steuer nach den wirtschaftlichen Verhältnissen des Betriebs unbillig wäre. Dabei ist allein auf die wirtschaftlichen Verhältnisse während des Kalenderjahres abzustellen, für das der Erlaß beantragt wird (§ 34 Abs. 1 Satz 2 GrStG). Wenn zum Betrieb mehrere Betriebstätten gehören, kommt es auf die wirtschaftlichen Verhältnisse des Gesamtunternehmens an. Dasselbe gilt bei Organgesellschaften. Zu den wirtschaftlichen Verhältnissen gehört insbesondere das Betriebsergebnis. Bei seiner Beurteilung ist von dem für die Einkommensteuer oder Körperschaftsteuer maßgebenden Gewinn oder Verlust auszugehen. Ist danach das Betriebsergebnis negativ, und ist auch die Entrichtung der Grundsteuer aus dem Vermögen oder durch Kreditaufnahme nicht zumutbar, so wäre die Erhebung der Grundsteuer unbillig.*

(6) *Ein Erlaßgrund liegt nicht vor, wenn die Ertragsminderung auf Umständen beruht, die für den Erlaßzeitraum durch eine Fortschreibung des Einheitswerts berücksichtigt werden können. Das gilt auch, wenn der Steuerschuldner es versäumt hat, den Fortschreibungsantrag rechtzeitig zu stellen (§ 33 Abs. 5 GrStG).*

Beispiel:

Im Juni 1978 wird das Nebengebäude eines Mietwohngrundstücks durch Brand zerstört. Die eingetretene Wertminderung des Grundstücks kann erst durch Fortschreibung des Einheitswerts auf den 1.1.1979 berücksichtigt werden. Für den Erlaßzeitraum 1978 kann demnach ein Erlaß der Grundsteuer in Betracht kommen, nicht jedoch für den Erlaßzeitraum 1979.

Die Fortschreibung des Einheitswerts für ein stillgelegtes Fabrikgrundstück wegen Anwendung einer niedrigeren Wertzahl nach § 3 Nr. 1 oder 2 der Verordnung zur Durchführung des § 90 BewG führt für sich allein noch nicht zum Ausschluß des Erlasses.

Umfang des Erlasses

Im Gegensatz zu den in § 32 Abs. 1 GrStG genannten Fällen wird hier die   9
Steuer niemals im vollen Umfang, sondern nur in zwei Stufen erlassen. Bisher
sollte mit der Erlassregelung sichergestellt werden, dass die auf den Grund
und Boden entfallende Steuer immer erhoben wird. Dieser Anteil wurde
pauschal mit einem Fünftel = 20% angenommen. Mit der Änderung des § 33
Abs. 1 GrStG durch das JStG 2009 wurde die „virtuelle Aufteilung" (*Puhl*,
KStZ 2010 S. 88, 89) der Grundsteuer auf Grund und Boden (20%) und
Gebäude (80%) aufgegeben. Aufgrund der Neufassung des § 33 Abs. 1
GrStG mWv Kalenderjahr 2008 ergibt sich nur noch folgendes Erlassvolu-
men:

Ertragsminderung > 50%:	Steuererlass 25%
Ertragsminderung 100%:	Steuererlass 50%

Der Grundsteuererlass nach § 33 GrStG ist mithin (nur noch) in zwei Stufen – und damit nicht mehr proportional – möglich in Abhängigkeit von der
Höhe der Rohertragsminderung. Praktische Folge dieser Neufassung des
§ 33 Abs. 1 GrStG ist, dass ein Grundstückseigentümer mit einer Immobilie,
die nahezu keinen Ertrag erwirtschaftet (bspw. 98%iger Leerstand), hinsichtlich der grundsteuerlichen Definitivbelastung solchen Grundstückseigentümern gleichgestellt wird, die ihre Immobilie nahezu zur Hälfte (bspw.
52%iger Leerstand) vermieten können, da der Grundsteuererlass in beiden
Fällen 25% beträgt. Unter dem Gesichtspunkt der Verteilungsgerechtigkeit
und dem aus Art. 3 GG abgeleiteten Leistungsfähigkeitsprinzip beschäftigt die
Neuregelung des § 33 Abs. 1 GrStG unter Verzicht auf eine proportionale
Staffelung des Erlassvolumens die Gerichte (so auch *Huschke/Hanisch/Wilms,*
DStR 2009 S. 2513, 2515; diesem Beitrag sind die nachfolgenden Beispiele
entnommen).

Beispiel 1:

Ein ausschließlich zu Wohnzwecken vermietetes Objekt mit einer Gesamtfläche von
2000 m^2 ist seit dem 1. 1. des Jahres teilweise vermietet. Der vermietete Teil ist
900 m^2, der Mietpreis beträgt 5 €/m^2. Die restliche Fläche von 1100m^2 stand das ganze Jahr leer. Die übliche Wohmiete für die gleiche Lage und Ausstattung beträgt
5 €/m^2.
Die Rohertragsminderung und der entsprechende Grundsteuererlass nach der neuen
und alten Rechtslage errechnen sich wie folgt:

Anzusetzende Miete	5 €/m^2
Normaler Rohertrag	2000 m^2 × 5 €/m^2 × 12 = 120000 €
Tatsächlicher Mietertrag	900 m^2 × 5 €/m^2 × 12 = 54000 €
Rohertragsminderung	55%
Grundsteuererlass	
– Altregelung bis 2007	55%
– Neuregelung ab 1.1.2008	25%

Beispiel 2 *(Abwandlung):*

Wie vorheriges Beispiel, allerdings beträgt die übliche Wohnmiete für die gleiche Lage und Ausstattung 4,50 €/m².

	Neuregelung ab 1.1.2008	Altregelung bis 2007
Anzusetzende Miete	4,50 €/m²	5 €/m²
Normaler Rohertrag	2000 m² × 4,50 €/m² × 12 = 108 000 €	2000 m² × 5 €/m² × 12 = 120 000 €
Tatsächlicher Mietertrag	900 m² × 5 €/m² × 12 = 54 000 €	900 m² × 5 €/m² × 12 = 54 000 €
Rohertragsminderung	50 %	55 %
Grundsteuererlass	**0 %**	**44 %**

Durch diese Begrenzung des Erlassvolumens in § 33 Abs. 1 GrStG, die sowohl für das Grundvermögen als auch für die Land- und Forstwirtschaft gilt, unterscheidet sich der Erlass nach § 33 GrStG vom Erlass nach § 227 AO (vgl. Anm. 2 zu § 33 GrStG) und vom Erlass nach § 32 GrStG, die beide unter Umständen auch einen Erlass von 100 % der Grundsteuer zulassen. Aus dieser Regelung ergibt sich des Weiteren, dass nach § 33 GrStG ein Erlass für ein unbebautes Grundstück auch dann nicht zulässig ist, wenn sich dafür eine Ertragsminderung oder eine Minderausnutzung ergibt.

Wenn bisher unterstellt wurde, dass 20 % der Grundsteuer stets auf den Grund und Boden entfallen, musste in den Fällen ein Erlass bis zu 100 % der Grundsteuer zulässig sein, in denen der Steuermessbetrag den Grund und Boden nicht umfasste. Das galt z. B. für Gebäude auf fremdem Grund und Boden (Abschnitt 40 Abs. 8 GrStR). Beim Erbbaurecht ist zwar der Grund und Boden u. U. nur zum Teil im Einheitswert enthalten. Da jedoch der Erbbauberechtigte Schuldner der Grundsteuer für das ganze Erbbaugrundstück ist (§ 10 Abs. 2 GrStG), musste beim Erbbaurecht wie im Normalfall verfahren werden. Der Eigentümer des Grund und Bodens, d. h. der Erbbauverpflichtete, ist nicht Steuerschuldner. Es kann deshalb für ihn auch kein Interesse an einem Erlass bestehen. Mit der Neuregelung des § 33 Abs. 1 GrStG durch das JStG 2009 ist dieser Argumentation allerdings der Boden entzogen worden.

Zu § 33 Absatz 1 Nummer 1

Erlass bei der Land- und Forstwirtschaft

Literatur: *Hoven,* Grundsteuererlass wegen Ertragsminderung bei Betrieben der Land- und Forstwirtschaft, DGStZ 1979 S. 181; *Ritzer,* Erlass von Grundsteuer für Opfer von Unwettern – wesentliche Ertragsminderung als Rechtsgrund, NWB 2013 S. 4047; *Voß,* Waldschäden und steuerliche Auswirkungen, StBp 1997 S. 187.

10   Bei der Land- und Forstwirtschaft sind es insbesondere Naturereignisse oder andere unabwendbare Ereignisse ähnlicher Art, die zu einer **Minderung des Rohertrags** führen. Zu den oben (Anm. 8) in Abschnitt 38 Abs. 3 GrStR bereits aufgeführten Naturereignissen gehören bei der Forstwirtschaft vor allem die zahlreichen Wind- und Schneebrüche als Folge der Orkane in den letzten Jahren, ebenso auch der dadurch bedingte Insektenfraß. Ein

Waldbrand ist zwar kein Naturereignis, gehört aber ebenfalls hierher. Dasselbe gilt heute auch für die Folgen des „sauren Regens". Dagegen dürften Einschlagsbeschränkungen, die mit Rücksicht auf ein Schadensereignis allgemein über Forstbetriebe verhängt werden, die selbst gar keinen Schaden erlitten haben, nicht zu berücksichtigen sein; denn sie beeinträchtigen nicht deren nachhaltig erzielbaren Reinertrag.

Eine Minderung des Rohertrags kann allerdings auch durch strukturelle oder konjunkturelle Entwicklungen bedingt sein, z. B. bei einer Blumengärtnerei wegen Änderung der Geschmacksrichtung u. a. m. In diesem Fall ist wie bei einer Minderung des Rohertrags bei eigengewerblich genutzten Grundstücken zu verfahren. Hierzu vgl. Anm. 13 zu § 33 GrStG.

Naturereignisse und ihre Folgen hat der einzelne Land- und Forstwirt sicher nicht zu vertreten. Dagegen wird man ihm die Nichtbewirtschaftung von Flächen in aller Regel anlasten müssen. Das gilt z. B. für die sog. Sozialbrache, wenn der Grund und Boden noch so gut ist, dass er bei ordnungsgemäßer Bewirtschaftung einen Ertrag abwerfen würde. Ist dies aber nicht der Fall, dann liegt von vornherein kein normaler Rohertrag mehr vor, der gemindert werden kann. Hier wäre dann eine Fortschreibung des Einheitswerts erforderlich. Bei Nichtbewirtschaftung von Flächen infolge Krankheit oder anderer ähnlicher Umstände, die in der Person des Betriebsinhabers liegen, handelt es sich um einen Fall des Erlasses aus persönlichen Gründen. Hierzu vgl. Anm. 5 zu § 33 GrStG. Zur Nichtbewirtschaftung einer Fläche aus Gründen des Naturschutzes vgl. auch Anm. 4 zu § 32 GrStG. Bei Nichtbewirtschaftung von Flächen zur Einschränkung der allgemein bestehenden Überproduktion landwirtschaftlicher Erzeugnisse ist ein Erlass nach § 33 Abs. 1 Nr. 1 GrStG nicht möglich. Sollte die Nichtbewirtschaftung jedoch durch gesetzliche Maßnahmen veranlasst werden, so würde man auch zu einer Änderung des § 33 Abs. 1 Nr. 1 GrStG kommen müssen. Hierauf braucht jedoch nicht näher eingegangen zu werden.

Weitere Voraussetzung für den Erlass ist, dass die Einziehung der Grundsteuer nach den wirtschaftlichen Verhältnissen des Betriebs **unbillig** wäre. Dabei kommt es nicht auf die wirtschaftlichen und persönlichen Verhältnisse des Inhabers, sondern nur auf die **Verhältnisse des Betriebs** an. Eine Trennung zwischen den Verhältnissen des Betriebs und denen des Inhabers wird allerdings nicht immer einfach sein. Ein Anhaltspunkt für die Beurteilung der Verhältnisse des Betriebs kann sein, dass im Erlasszeitraum die Betriebseinnahmen nicht ausreichen, um die Betriebsausgaben zu decken, sich also ein Verlust ergibt. Für diese Feststellung ist von den Grundsätzen der steuerlichen Gewinnermittlung auszugehen. Ist danach das Betriebsergebnis negativ und kann die Grundsteuer auch nicht aus dem vorhandenen Betriebsvermögen oder durch Kreditaufnahme entrichtet werden, so wäre auch ihre Entrichtung unbillig (Abschnitt 38 Abs. 5 GrStR). Wegen weiterer Einzelheiten vgl. auch Anm. 13 zu § 33 GrStG.

Zur Ermittlung des Ausmaßes der Ertragsminderung bei der Land- und Forstwirtschaft ist der Rohertrag des Betriebs, der innerhalb des Erlasszeitraums tatsächlich erzielt wurde, mit dem Rohertrag zu vergleichen der unter normalen Verhältnissen und bei ordnungsmäßiger Bewirtschaftung während des Erlasszeitraums hätte erzielt werden können (§ 33 Abs. 1 Nr. 1 GrStG). Die Ermittlung des tatsächlichen und des normalen Rohertrags und die Durchführung des Vergleichs soll nach Abschnitt 39 GrStR erfolgen, der den folgenden Wortlaut hat:

39 GrStR. *Erlaß wegen wesentlicher Ertragsminderung bei Betrieben der Land- und Forstwirtschaft*

(1) *Normaler Rohertrag im Sinne des § 33 Abs. 1 Nr. 1 GrStG ist bei Betrieben der Land- und Forstwirtschaft der Rohertrag, der aus dem Wirtschaftsteil nach den Verhältnissen zu Beginn des Erlaßzeitraums bei ordnungsmäßiger Bewirtschaftung gemeinhin und nachhaltig erzielbar wäre. Soweit Buchführungsergebnisse vorliegen, ist von diesen auszugehen. Bei nichtbuchführenden Betrieben ist der normale Rohertrag durch von der Gemeinde zu bildende örtliche Kommissionen zu schätzen; dabei können Erfahrungssätze der Finanzämter verwendet werden.*

(2) *Die Ertragsminderung ergibt sich – außer bei der forstwirtschaftlichen Nutzung (vgl. Absatz 4) – aus dem Unterschiedsbetrag zwischen dem normalen Rohertrag (§ 33 Abs. 1 Nr. 1 GrStG) und dem im Erlaßzeitraum (Kalenderjahr) tatsächlich erzielten Rohertrag. Für die Ermittlung des tatsächlich erzielten Rohertrags sind die Grundsätze für die Feststellung des normalen Rohertrags entsprechend anzuwenden. Ein Schadensausgleich, z. B. durch Versicherungsleistungen, ist dabei zu berücksichtigen.*

(3) *Bei Betrieben mit mehreren Nutzungen, z. B. Landwirtschaft, Weinbau und Gartenbau, ist dem normalen Rohertrag aller Nutzungen des Betriebs der tatsächlich erzielte Rohertrag aller Nutzungen gegenüberzustellen, auch wenn die Ertragsminderung nur bei einer Nutzung eingetreten ist.*

(4) *Die Minderung des normalen Rohertrags ist für die forstwirtschaftliche Nutzung kein geeigneter Maßstab zur Ermittlung der Ertragsminderung. Maßgebend ist vielmehr die Minderung des Reinertrags, die ihren Ausdruck in der Minderung des Ertragswerts im Sinne des § 36 Abs. 2 BewG findet (§ 33 Abs. 3 GrStG). In welchem Ausmaß eingetretene Schäden den Ertragswert (Vergleichswert) der forstwirtschaftlichen Nutzung bei einer Wertfortschreibung mindern würden, sollen die Finanzbehörden unter Hinzuziehung der Forstsachverständigen der Oberfinanzdirektionen auf Antrag der Gemeinden ermitteln. Die prozentuale Minderung des Vergleichswerts der forstwirtschaftlichen Nutzung ist als ihre Ertragsminderung anzusetzen.*

(5) *Bei Betrieben der Land- und Forstwirtschaft ist für alle Nutzungen (§ 34 Abs. 2 Nr. 1 BewG) – außer der forstwirtschaftlichen Nutzung – Erlaßmaßstab der Hundertsatz der Minderung des normalen Rohertrags.*

Beispiel 1 (Ertragsminderung bei der landwirtschaftlichen Nutzung):
Zum Wirtschaftsteil des Betriebs gehören eine landwirtschaftliche und eine weinbauliche Nutzung. Die landwirtschaftliche Nutzung ist im Kalenderjahr 1978 von Schäden infolge von Naturereignissen betroffen. Der normale Rohertrag des Wirtschaftsteils des Betriebs am 1.1.1978 wird festgestellt

für die landwirtschaftliche Nutzung	*90 000 DM*
für die weinbauliche Nutzung	*30 000 DM*
normaler Rohertrag insgesamt	*120 000 DM*

Die Rohertragsminderung bei der landwirtschaftlichen Nutzung soll 36 000 DM betragen. Die nach § 33 Abs. 1 GrStG zu ermittelnde Ertragsminderung beträgt dann für den Wirtschaftsteil des Betriebs

$$\frac{36\,000 \times 100}{120\,000} = 30 \text{ v. H.}$$

Die Grundsteuer soll 900 DM betragen. Es sind somit nach § 33 Abs. 1 GrStG zu erlassen

$$\left(\frac{30 \times 4}{5} \right) = 24 \text{ v. H. von } 900 \text{ DM} = 216 \text{ DM.}$$

(6) Bei Betrieben der Land- und Forstwirtschaft ist für die forstwirtschaftliche Nutzung Erlaßmaßstab der Hundertsatz, um den der Ertragswert der forstwirtschaftlichen Nutzung bei einer Wertfortschreibung zu mindern wäre. Sind neben der forstwirtschaftlichen Nutzung im gleichen Betrieb noch andere Nutzungen vorhanden, sind jedoch nur in der Forstwirtschaft Schäden eingetreten, so ist der in Satz 1 bezeichnete Hundertsatz entsprechend dem prozentualen Anteil der forstwirtschaftlichen Nutzung am Wirtschaftswert des Betriebs zu bemessen.

Beispiel 2 (Ertragsminderung bei der forstwirtschaftlichen Nutzung):

Zum Wirtschaftsteil des Betriebs gehören eine landwirtschaftliche und eine forstwirtschaftliche Nutzung.

Die forstwirtschaftliche Nutzung wurde im Kalenderjahr 1978 von einem Sturmschaden betroffen. Deshalb wurde der Einheitswert auf den 1. Januar 1979 fortgeschrieben und der Ertragswert der forstwirtschaftlichen Nutzung von 60 000 DM auf 40 000 DM herabgesetzt. Als Ertragsminderung im Sinne des § 33 Abs. 3 GrStG gilt der Betrag von 20 000 DM. Die nach § 33 Abs. 4 Sätze 2 und 3 GrStG in Verbindung mit § 33 Abs. 3 GrStG zu ermittelnde Ertragsminderung beträgt für die forstwirtschaftliche Nutzung

$$\frac{20\,000 \times 100}{60\,000} = 33,33 \text{ v. H.}$$

Zum Wirtschaftsteil des Betriebs gehört neben der forstwirtschaftlichen Nutzung mit einem Vergleichswert von 60 000 DM auch eine landwirtschaftliche Nutzung mit einem Vergleichswert von 20 000 DM. Der Wirtschaftswert beträgt mithin 80 000 DM. Der Anteil der forstwirtschaftlichen Nutzung am Wirtschaftswert beträgt

$$\frac{60\,000 \times 100}{80\,000} = 75 \text{ v. H.}$$

Als Ertragsminderung sind zu berücksichtigen:

$$\frac{75 \times 33,33}{100} = 25 \text{ v. H.}$$

Die Grundsteuer soll 1200 DM betragen. Somit sind nach § 33 Abs. 1 GrStG zu erlassen

$$\left(\frac{25 \times 4}{5} \right) = 20 \text{ v. H. von } 1200 \text{ DM} = 240 \text{ DM.}$$

(7) Bei Betrieben der Land- und Forstwirtschaft mit mehreren Nutzungen, bei denen im selben Jahr bei der landwirtschaftlichen oder einer anderen Nutzung (§ 34 Abs. 2 Nr. 1 Buchstaben c bis e BewG) und bei der forstwirtschaftlichen Nutzung Schäden eingetreten sind, ist auf der Grundlage der Beispiele 1 und 2 ein einheitlicher Hundertsatz der Ertragsminderung nach dem Anteil der einzelnen Teile am Wirtschaftswert des Betriebs zu ermitteln.

Beispiel 3 (Ertragsminderung bei landwirtschaftlicher und forstwirtschaftlicher Nutzung): Einheitswert des Betriebs der Land- und Forstwirtschaft:

Wohnungswert		*10 000 DM*
Wirtschaftswert		
landwirtschaftliche Nutzung	*60 000 DM*	
forstwirtschaftliche Nutzung	*20 000 DM*	*80 000 DM*
Einheitswert		*90 000 DM*

Die Grundsteuer soll 1080 DM betragen.

Im Kalenderjahr 1978 wurden die landwirtschaftliche Nutzung von einem Dürreschaden, die forstwirtschaftliche Nutzung von einem Sturmschaden betroffen.

Der normale Rohertrag der landwirtschaftlichen Nutzung soll 120 000 DM, die Rohertragsminderung 24 000 DM betragen. Die nach § 33 Abs. 4 GrStG in Verbindung mit § 33 Abs. 1 GrStG zu ermittelnde Ertragsminderung beträgt somit

$$\frac{24\,000 \times 100}{120\,000} = 20\ v.H.$$

Der Anteil der landwirtschaftlichen Nutzung am Wirtschaftswert beträgt

$$\frac{60\,000 \times 100}{80\,000} = 75\ v.H.$$

Als Ertragsminderung der landwirtschaftlichen Nutzung sind zu berücksichtigen

$$\frac{75 \times 20}{100} = 15\ v.H.$$

Wegen des Sturmschadens bei der forstwirtschaftlichen Nutzung werden der Einheitswert auf den 1.1.1979 fortgeschrieben und der Ertragswert der forstwirtschaftlichen Nutzung von 20 000 DM auf 12 000 DM herabgesetzt. Als Ertragsminderung im Sinne des § 33 Abs. 3 GrStG gilt der Betrag von 8000 DM. Die nach § 33 Abs. 4 Sätze 2 und 3 GrStG in Verbindung mit § 33 Abs. 3 GrStG zu ermittelnde Ertragsminderung beträgt für die forstwirtschaftliche Nutzung

$$\frac{8\,000 \times 100}{20\,000} = 40\ v.H.$$

Der Anteil der forstwirtschaftlichen Nutzung am Wirtschaftswert beträgt

$$\frac{20\,000 \times 100}{80\,000} = 25\ v.H.$$

Als Ertragsminderung der forstwirtschaftlichen Nutzung sind zu berücksichtigen

$$\frac{75 \times 40}{100} = 10\ v.H.$$

Insgesamt sind zu berücksichtigen als Ertragsminderung

bei der landwirtschaftlichen Nutzung	*15 v. H.*
bei der forstwirtschaftlichen Nutzung	*10 v. H.*
zusammen	*25 v. H.*

Zu erlassen sind nach § 33 Abs. 1 GrStG somit

$$\left(\frac{25 \times 4}{5} \right) = 20 \ v. H. \ von \ 1080 \ DM = 216 \ DM.$$

Zur fehlenden Aktualität der GrStR siehe Ausführungen in Anm. 9 zu § 33 GrStG.

Wegen des Umfangs des land- und forstwirtschaftlichen Betriebs und wegen der dazu gehörenden landwirtschaftlichen Nebenbetriebe, für die ebenfalls die Erlassmöglichkeit des § 33 Abs. 1 Nr. 1 GrStG gilt, vgl. Anm. 3 ff. zu § 2 GrStG. Hat ein Steuerpflichtiger **mehrere** selbständige land- und forstwirtschaftliche **Betriebe** in einer Gemeinde, so sind die Voraussetzungen für den Erlass bei jedem einzelnen Betrieb selbständig zu prüfen. Der Erlass kommt auch für den verpachteten Betrieb in Betracht. Hierzu wurde jedoch die Auffassung vertreten, es müsse sichergestellt sein, dass der Erlass dem tatsächlich wirtschaftlich Geschädigten zugute kommt. Das wäre z. B. der Pächter, wenn er nach dem Pachtvertrag die Steuer zu tragen hat. Hierzu vgl. auch BayVGH v. 25.4.1962 (DGStZ 1963 S. 28), der zu einem ähnlichen Ergebnis kommt. Danach wäre der Erlass nur möglich, wenn der Verpächter den erlassenen Betrag durch Senkung des Pachtzinses an den Pächter weitergibt. Das ist aber nicht der Fall, wenn der Pachtzins in gleich hohen Beträgen wie bisher weiter zu entrichten ist. Grundsätzlich wird man jedoch davon ausgehen müssen, dass der Erlass immer nur dem Eigentümer des Betriebs der Land- und Forstwirtschaft gewährt werden kann. Es ist nicht Aufgabe der Gemeinde, zuvor noch zu prüfen, wem nach den vertraglichen Vereinbarungen der Erlass letztlich zugute kommt. Das bedeutet im Ergebnis, dass für einen verpachteten Betrieb ein Erlass nur soweit möglich ist, als während des Erlasszeitraumes die Pachteinnahmen gemindert waren und der Verpächter dies nicht zu vertreten hat. Für den Fall von Naturereignissen muss es dem Pächter und dem Verpächter überlassen bleiben, im Pachtvertrag Vereinbarungen darüber zu treffen, wie sich ein dadurch bedingter Ertragsausfall auf den Pachtzins auswirkt. Nur wenn sich danach eine Minderung der Pachteinnahmen ergibt, ist auch ein Erlass möglich. Diese Regelung gilt auch für Zupachtflächen, also für Stückländereien, die von einem Betrieb der Land- und Forstwirtschaft gepachtet und bewirtschaftet werden. Auch hier hängt der Erlass allein davon ab, dass sich die Pachteinnahmen des Verpächters verringern. Zupachtflächen können deshalb auch nicht bei der Ermittlung der Rohertragsminderung des Betriebs des Pächters berücksichtigt werden. Andererseits ist aber auch zu prüfen, ob solche Flächen als Stückländereien (land- und forstwirtschaftliches Vermögen) oder als unbebaute Grundstücke (Grundvermögen) bewertet sind; denn im ersten Fall ist beim Verpächter ein Erlass bis zu 50% der Grundsteuer möglich, im zweiten Fall ist dagegen ein

Erlass in vollem Umfang ausgeschlossen. Zur Abgrenzung vgl. auch Anm. 2 zu § 2 GrStG.

Voraussetzung für den Erlass ist, dass der tatsächliche Rohertrag um mehr als 50% bzw. zu 100% hinter dem Normalertrag zurückbleibt. Auszugehen ist dabei jeweils von dem Rohertrag, der unter normalen Verhältnissen zu erzielen gewesen wäre (BVerwG v. 23.10.1959, KStZ 1960 S. 29 sowie DGStZ 1961 S. 73, 104). **Tatsächlicher Rohertrag** sind die gesamten Erträge des Betriebs vor Abzug der zu ihrer Erwirtschaftung erforderlichen persönlichen und sachlichen Aufwendungen. Normal ist der Rohertrag, der ohne den Schaden erwirtschaftet worden wäre. Dieser kann jeweils nur geschätzt werden. Ein besonderes Verfahren ist für die Ermittlung des normalen Rohertrags nicht vorgesehen. Es bestehen folgende Möglichkeiten:

a) Vergleich mit den Durchschnittserträgen des Betriebs in den letzten Jahren, sofern anzunehmen ist, dass sie auch im Erlasszeitraum erzielt worden wären. Ist dies nicht der Fall, so können die Erträge früherer Jahre im Rahmen der erforderlichen Ermittlungen gleichwohl mindestens noch mitberücksichtigt werden (OVG Koblenz v. 22.5.1958, KStZ 1958 S. 201). Wegen der entsprechenden Ermittlungen bei eigengewerblich genutzten Grundstücken vgl. Anm. 13 zu § 33 GrStG.

b) Vergleich mit den Erträgen anderer land- und forstwirtschaftlicher Betriebe am Ort oder in Nachbarorten, die von dem Schaden nicht betroffen sind.

Die individuellen Verhältnisse des landwirtschaftlichen Betriebs sowie eventuelle besondere Umstände des Erlasszeitraums müssen jeweils berücksichtigt werden. Zweckmäßig wäre deshalb die Beurteilung durch eine örtliche Schätzungskommission, was jedoch einen kaum vertretbaren Aufwand erfordern würde.

Der tatsächliche Rohertrag ist an Hand der Buchführung festzustellen oder, soweit bei dem Betrieb Aufzeichnungen nicht vorliegen, ebenfalls zu schätzen. Bei Weinbaubetrieben, bei denen sich der Verkauf der Ernte vielfach über mehrere Jahre erstreckt, sollte die Ermittlung des tatsächlichen Rohertrags auch nach der Menge des geernteten Mosts erfolgen können (OVG Koblenz v. 22.5.1958, aaO). In diesem Fall wäre ein Erlass auch dann zu gewähren, wenn der mengenmäßige Ausfall wertmäßig durch Steigerung der Qualität und damit des Erlöses wieder ausgeglichen wird (BVerwG v. 23.10.1959, aaO). Nachdem es jedoch nach § 33 Abs. 1 GrStG ausschließlich auf die Minderung des Rohertrags ankommt, ist ein Erlass in diesem Fall heute nicht mehr möglich; denn der Rohertrag ist nicht gemindert. Wodurch der Ausgleich herbeigeführt wurde, ist nämlich gleichgültig.

Zum Betrieb der Land- und Forstwirtschaft gehört auch der **Wohnteil.** Bei der Ermittlung des prozentualen Ausmaßes der Rohertragsminderung soll er jedoch nicht auszuscheiden sein. Es kann damit weder eine Rohertragsminderung beim Wirtschaftsteil (oder nur bei einer einzelnen Nutzung), noch eine Rohertragsminderung beim Wohnteil jeweils für sich allein zu einem Erlass führen. Es muss vielmehr stets auf den Rohertrag des gesamten

Betriebs abgestellt werden, in dem dann als Rohertrag des eigengenutzten Wohnteils die ortsübliche Miete enthalten ist. Vgl. hierzu auch die Gesetzesbegründung in Anm. 1 zu § 33 GrStG. Für die Praxis scheinen sich im Zusammenhang mit dem Grundsteuererlass für die Land- und Forstwirtschaft keine besonderen Probleme zu ergeben. Jedenfalls hat dieses Thema in den letzten Jahren weder in der Rechtsprechung einen Niederschlag gefunden, noch Anlass zu Diskussionen in der Literatur gegeben.

Zu § 33 Absatz 1 Nummer 2

Erlass bei bebauten Grundstücken

Literatur: *Balzerkiewicz / Voigt*, Grundsteuerminderung bei strukturellem Leerstand, DStZ 2004 S. 830; *Balzerkiewicz / Voigt*, Grundsteuerminderung bei strukturellem Leerstand – Hilfe durch den BFH in Sicht?, BTR 2005 S. 63; *Balzerkiewicz / Voigt*, Grundsteuererlass bei strukturellem Leerstand?, Das Grundeigentum 2006 S. 1457; *Balzerkiewicz / Voigt*, BFH ruft Gemeinsamen Senat wegen Grundsteuerminderung bei strukturellem Leerstand an, DStZ 2007 S. 286; *Barbier / Arbert*, Grundsteuererlass gemäß § 33 GrStG bei strukturell bedingtem Leerstand, BB 2007 S. 1421; *Becker*, Grundsteuererlass bei Wohnungsleerstand; Änderungen durch das JStG 2009, StWK Gruppe 11 S. 167; *Brunner*, Grundsteuererlass auch bei strukturell bedingter Ertragsminderung – Änderung der Rechtsprechung in Sachen Grundsteuererlass durch BVerwG und BFH, KSR direkt 2/2008 S. 5; *Drasdo*, Der Erlass von Grundsteuer bei verminderten Mieteinnahmen, NJW-Speziell 2014 S. 161; *Droszdol*, Grundsteuererlass nach § 33 GrStG bei strukturellem Wohnungsleerstand, KStZ 2001 S. 183; *Eich*, Grundsteuererlass nach der Rechtsprechungsänderung, KÖSDI 2008 S. 15 915; *Eisele*, Grundsteuererlass bei strukturellem Leerstand – eine unendliche Geschichte?, Der Gemeindehaushalt 2007 S. 106; *Eisele*, Erlass der Grundsteuer bei wesentlicher Ertragsminderung – Einschränkende Modifizierung des § 33 GrStG durch das Jahressteuergesetz 2009?, NWB 2008 S. 3535; *Eisele*, Erlass der Grundsteuer bei wesentlicher Ertragsminderung, NWB 2009 S. 2231; *El-Tounsy / Kühnold*, Einheitswert-Grundsteuer – Erlass wegen Ertragsminderung – Entscheidet der Gesetzgeber den Streit von Kommunen, Verwaltungsgerichten und BFH?, DStZ 2008 S. 798; *Englert / Alex*, Grundsteuererlass oder Wertfortschreibung im Falle dauerhaften Leerstands, DStR 2007 S. 95; *Först*, Die Rechtsprechung „rund um die Immobilie" der Verfassungs-, Verwaltungs- und Steuergerichtsbarkeit, NZM 2011 S. 267; *Halaczinsky*, Grundsteuererlassregelung in § 33 Abs. 1 GrStG ab 2008 verfassungsgemäß, jurisPR-SteuerR 39/2012 Anm. 4; *Hermann*, Grundsteuererlass auch bei strukturell bedingten Ertragsminderungen?, NWB direkt 47/2006 S. 11; *Hermesdörfer*, Der zivilrechtliche Eigentumswechsel im Erlasszeitraum – Zum Umfang des Vertretenmüssens in § 33 Abs. 1 S. 1 GrStG, Der Gemeindehaushalt 1985 S. 104; *Hermesdörfer*, Die Bedeutung des Eigentumswechsels für das Erlassbegehren des Grundsteuerschuldners, KStZ 1986 S. 48; *Hilbertz*, Terminsache: Antrag auf Grundsteuererlass, NWB 2010 S. 873; *Hoffmann*, Grundsteuererlass auch bei strukturell bedingten, nicht nur vorübergehenden Ertragsminderungen?, StuB 2007 S. 274; *Hosser*, Chancen auf Grundsteuererlass wegen strukturellen Leerstands gestiegen, StB 2007 S. 264; *Huschke / Hanisch / Wilms*, Der neue § 33 GrStG: Zu den Auswirkungen eines erschwerten Grundsteuererlasses und dem Reformbedarf im Grundsteuerrecht, DStR 2009 S. 2513; *Jahn*, Einkünfteerzielungsabsicht bei langjährigem Leerstand von Wohnungen, Steueranwaltsmagazin 2013 S. 168; *Kilches*, Grundsteuererlass trotz strukturell bedingter Ertragsminderung?, BFH-PR 2007 S. 33; *Köhler / Wagner*, BB-Rechtsprechungsreport Grundsteuer 2010, BB 2011 S. 477; *Kühnold*, Zum Grundsteuererlass bei strukturellem Leerstand, ZKF 2007 S. 128; *Kühnold,* Zum Grundsteuererlass bei Leerstand – Zwischenbericht, ZKF 2007 S. 272; *Kühnold,* Merkwürdigkeiten der Grundsteuer – Erlass nach § 33 GrStG, DStZ 2008 S. 152; *Kühnold,* Erlass der Grundsteuer wegen Ertragsminderung bleibt umstritten – Unterschiedliche Rechtslage in Flächenländern und Stadtstaaten?, NWB 2008 S. 1825; *Kühnold/El-Tounsy,* Grundsteuererlass nach § 33 GrStG wegen wesentlicher Ertragsminderung, ZKF 2008 S. 176; *Lamprecht,* Der normale Rohertrag bebauter Grundstücke beim Grundsteuererlass nach § 33 GrStG wegen wesentlicher Ertragsminderung, ZFF 1986 S. 258; *Meßbacher-Hönsch,* Grundsteuererlass bei bebauten Grundstücken mit mehreren getrennt vermietbaren Einheiten, jurisPR-SteuerR 3/2013 Anm. 5; *Moll,* Zum Erlass von Grundsteuer – der Begriff des Vertretenmüssens in § 33 I 1 GrStG, KStZ 1978 S. 86; *Oswald,* Grundsteuererlass wegen wesentlicher Ertragsminderung bei Gebäuden, KStZ 1979 S. 88; *Pahlke,* Verfassungsmäßigkeit der Neuregelung des Erlasses von Grundsteuer wegen wesentlicher Ertragsminderung, BFH/PR 2012 S. 286; *Peters,* Grundsteuererlass nach § 33 GrStG, ZKF 1986 S. 211; *Pondelik,* Grundsteuererlass bei ausbleibenden Mieterträgen, SteuK 2013 S. 228; *Puhl,* Grundsteuererlass bei wesentlicher Ertragsminderung, KStZ 2010 S. 88; *Reil/Hintze,* § 33 GrStG n. F. verstößt in seiner Ausgestaltung gegen das Grundgesetz und lässt die Erhebung der Grundsteuer selbst verfassungswidrig werden, DWW 2011 S. 42; *Ritzer,* Erlass von Grundsteuer für Opfer von Unwettern, NWB 2013 S. 4047; *Röder,* Grundsteuererlass nach § 33 Abs. 1 GrStG bei Pachtverzicht nach vorgenommener Betriebsaufspaltung, ZKF 1993 S. 160; *Sauren,* Neuregelung des Grundsteuererlasses wegen wesentlicher Ertragsminderung verfassungskonform, IMR 2012 S. 308; *Schumann,* Steuerliche Maßnahmen zur Beseitigung von Hochwasserschäden, EStB 2013 S. 266; *Seyes,* Zum Grundsteuererlass wegen wesentlicher Ertragsminderung bei bebauten Grundstücken, KStZ 1986 S. 30; *Stöckel,* Kein Grundsteuererlass bei strukturellem Wohnungsleerstand, NWB 2001 S. 2974; *Stöckel,* Nun doch Teilerlass der Grundsteuer bei strukturell bedingtem Leerstand – Bundesverwaltungsgericht gibt seine bisherige Rechtsprechung auf, Stbg 2007 S. 459; *Stöckel,* BVerwG schafft einheitliches Recht für den Grundsteuererlass, NWB 2008 S. 4029; *Stöckel/Kühnold,* Grundsteuererlass nach § 33 GrStG – Geänderte Rechtsprechung kann Stadtstaaten und Kommunen teuer zu stehen kommen, NWB 2008 S. 1149; *Troll,* Erlass der Grundsteuer für leerstehende Grundstücke, DWW 1986 S. 343; *Waschkies/Günther/Rotter,* Aktuelles zur Grundsteuer – Benutzbarkeit bzw. Bezugsfertigkeit von Gebäuden und Erlasstatbestände, NWB 2014 S. 1716.

11   Bei der Ermittlung des Ausmaßes des Erlasses für bebaute Grundstücke ist der tatsächliche Rohertrag des Erlasszeitraums dem normalen Rohertrag gegenüberzustellen. Normaler Rohertrag ist bei bebauten Grundstücken die nach den Verhältnissen zu Beginn des Erlasszeitraums geschätzte übliche Jahresrohmiete (§ 33 Abs. 1 Satz 4 Nr. 2 GrStG). Anweisungen zur Ermittlung der Jahresrohmiete sind in Abschnitt 40 GrStR enthalten, der den folgenden Wortlaut hat:

40 GrStR. Erlaß wegen wesentlicher Ertragsminderung bei bebauten Grundstücken

(1) *Bei bebauten Grundstücken ergibt sich die Minderung des normalen Rohertrags (§ 33 Abs. 1 Nr. 2 und 3 GrStG) aus dem Unterschiedsbetrag zwischen dem normalen Rohertrag zu Beginn des Erlaßzeitraums und dem im Erlaßzeitraum tatsächlich erzielten Rohertrag. Sie ist in einem Hundertsatz des normalen Rohertrags festzustellen.*

Beispiel:

Normaler Rohertrag am 1. Januar 1978	= 20 000 DM
Tatsächlich erzielter Rohertrag im Kalenderjahr 1978	= 15 000 DM
Unterschied	= 5 000 DM

Minderung des normalen Rohertrags

$$\frac{5000 \times 100}{20\,000} = 25 \, v.\,H.$$

Auch bei nur zeitweiser Minderung des normalen Rohertrags während eines Jahres kann ein Erlaß in Betracht kommen.

(2) Bei den nach § 76 Abs. 1 BewG im Ertragswertverfahren zu bewertenden Grundstücken ist normaler Rohertrag die Jahresrohmiete, die bei einer Hauptfeststellung der Einheitswerte des Grundbesitzes auf den Beginn des Erlaßzeitraums maßgebend wäre (§ 33 Abs. 1 Nr. 2 GrStG). Jahresrohmiete ist nach § 79 Abs. 1 BewG das Gesamtentgelt, das die Mieter oder Pächter für die Benutzung des Grundstücks nach den vertraglichen Vereinbarungen für ein Jahr zu entrichten haben (Sollmiete). Das Gesamtentgelt umfaßt auch die sonstigen Leistungen der Mieter oder Pächter für die Benutzung des Grundstücks. Dazu gehören neben der vertraglichen Übernahme der Schönheitsreparaturen durch den Mieter oder Pächter auch die Baukostenzuschüsse und Mietvorauszahlungen, die auf die Miete angerechnet werden. Wie Mietvorauszahlungen sind die Kosten für Umbauten und Einbauten zu behandeln, die von den Mietern oder Pächtern vorgenommen worden sind und nach Beendigung des Mietverhältnisses nicht beseitigt werden dürfen, den Mietwert aber erhöhen. Teil der Jahresrohmiete sind auch die Umlagen, z. B. Kosten des Wasserverbrauchs, Kosten für Treppen- und Flurbeleuchtung, Grundsteuer- und Gebührenbelastungen und Kosten der Entwässerung. Nicht zur Jahresrohmiete gehören dagegen z. B. die Kosten des Betriebs der zentralen Heizungs-, Warmwasserversorgungs- und Brennstoffversorgungsanlage sowie des Fahrstuhls (vgl. § 79 Abs. 1 Satz 4 BewG). Einzelheiten über die Ermittlung der Jahresrohmiete ergeben sich aus den Abschnitten 21 und 22 BewR Gr. In den Fällen des § 79 Abs. 2 Nr. 1 und 2 BewG gilt die übliche Miete als Jahresrohmiete; vgl. im einzelnen die Abschnitte 23 und 24 BewR Gr.

(3) Bei den nach § 76 Abs. 2 und 3 BewG im Sachwertverfahren zu bewertenden Grundstücken ist normaler Rohertrag die nach den Verhältnissen zu Beginn des Erlaßzeitraums geschätzte übliche Jahresrohmiete (§ 33 Abs. 1 Nr. 3 GrStG). Sie ist auch dann maßgebend, wenn das Grundstück vermietet ist. Die in diesen Fällen zu Beginn des Erlaßzeitraums tatsächlich erzielte Miete wird im allgemeinen der üblichen Jahresrohmiete entsprechen.

(4) Bei der Ermittlung des im Erlaßzeitraum tatsächlich erzielten Rohertrags ist Absatz 2 Sätze 3 bis 8 entsprechend anzuwenden. In den Fällen des Absatzes 2 Satz 9 und des Absatzes 3 ist die Minderung des normalen Rohertrags nach der üblichen Miete zu berechnen, die im Erlaßzeitraum insgesamt erzielbar gewesen wäre. Bei eigengenutzten Einfamilienhäusern wird danach eine Ertragsminderung nur in Ausnahmefällen vorliegen. Das kann z. B. der Fall sein, wenn aus besonderen Gründen die Mietwerte in einer bestimmten Gegend nach Beginn des Erlaßzeitraums zurückgehen. Ebenso kann eine Ertragsminderung vorliegen, wenn die Nutzung des Einfamilienhauses, z. B. durch die Zerstörung eines Teils des Gebäudes, gemindert ist.

(5) *Bei eigengewerblich genutzten bebauten Grundstücken ist für den Erlaß der Grundsteuer die Minderung der Ausnutzung des Grundstücks maßgebend (§ 33 Abs. 2 GrStG). Das gilt auch dann, wenn das Grundstück nach § 76 Abs. 1 BewG im Ertragswertverfahren zu bewerten ist. Die Minderung der Ausnutzung entspricht dem Unterschied zwischen der normalen Ausnutzung und der tatsächlichen Ausnutzung des Gebäudes. Steht das Gebäude leer, so beträgt die Minderung der Ausnutzung 100 v.H. Wenn das Gebäude nur teilweise leersteht, ist für die Bestimmung des Vomhundertsatzes der Minderung in der Regel das Verhältnis der ungenutzten Fläche zur gesamten nutzbaren Fläche maßgebend. Dasselbe gilt, wenn zu der wirtschaftlichen Einheit, für die der Einheitswert insgesamt festgestellt worden ist, mehrere Gebäude gehören und eines oder mehrere davon ganz oder teilweise leerstehen. Eine Minderung der Ausnutzung kann auch gegeben sein, ohne daß ein Gebäude ganz oder teilweise leersteht. Das kann zum Beispiel bei Kurzarbeit der Fall sein. Das Ausmaß der Minderung der Ausnutzung ist hier nach wirtschaftlichen Gesichtspunkten zu beurteilen. Im Einzelfall ist nach den besonderen Verhältnissen des Betriebs zu entscheiden, welche Merkmale dafür geeignet sind. Bei Fabrikations-, Handwerks- und Handelsbetrieben können dies die Arbeitsstunden, der Produktionsmitteleinsatz, der Produktionsausstoß, die Produktionsstunden, der Umsatz oder andere ähnliche Merkmale sein. Bei Hotels und anderen Betrieben des Beherbergungsgewerbes kann auf die Bettenbelegung oder ggf. den Umsatz abgestellt werden. Im Einzelfall kann auch eine Kombination mehrerer Merkmale in Betracht kommen. In der Regel kann das danach festzustellende Ausmaß der normalen Ausnutzung, vorausgesetzt, daß inzwischen keine Betriebsumstellung erfolgt ist, aus dem Durchschnitt der drei Kalenderjahre abgeleitet werden, die dem Erlaßzeitraum vorangehen.*

(6) *Wird nur ein Teil des Grundstücks eigengewerblich genutzt, ist für das ganze Grundstück ein einheitlicher Hundertsatz der Ertragsminderung zu ermitteln. Dabei ist von dem Anteil der einzelnen Teile am Einheitswert des Grundstücks auszugehen (§ 33 Abs. 4 GrStG).*

Beispiel:

Bei einem gemischtgenutzten Grundstück mit vermieteten Wohnungen und eigengewerblich genutzten Geschäftsräumen geht die bevorzugte Geschäftslage im Jahre 1978 verloren. Der Umsatz sinkt dadurch auf 60 v.H. Normaler Rohertrag der Wohnung am 1.1.1978 = 20 000 DM. Wegen Zahlungsunfähigkeit eines Mieters beträgt der tatsächlich erzielte Rohertrag im Kalenderjahr 1978 nur 16 000 DM. Der Hundertsatz der Ertragsminderung errechnet sich wie folgt:
Ertragsminderung der Wohnungen:

$$\frac{4\,0000 \times 100}{20000} \qquad = 20\,v.H.$$

Der Anteil der Wohnungen soll 40 v.H. des Einheitswerts betragen. Es sind somit zu berücksichtigen

$$\frac{20 \times 40}{100} \qquad = 8\,v.H.$$

Ertragsminderung der eigengewerblich genutzten Räume:
Minderung der Ausnutzung   *= 40 v.H.*

Der Anteil der eigengewerblich genutzten Räume soll 60 v. H. des Einheitswerts betragen. Es sind somit zu berücksichtigen

$$\frac{40 \times 60}{100} = 24 \, v.H.$$

Die Ertragsminderung für das gesamte Grundstück beträgt danach 8 v. H. + 24 v. H.   = 32 v. H.

(7) *Der Hundertsatz, um den die Grundsteuer zu erlassen ist, ergibt sich aus vier Fünfteln des Hundertsatzes der Ertragsminderung (§ 33 Abs. 1 Satz 1 GrStG).*

Beispiel:

Die Grundsteuer eines Mietwohngrundstücks für das Kalenderjahr 1978 soll 3000 DM betragen. Ein Teil des Gebäudes ist im Mai 1978 durch Brand zerstört worden. Der normale Rohertrag soll am 1.1.1978 = 20000 DM, der tatsächlich erzielte Rohertrag 15000 DM betragen. Die Ertragsminderung beträgt somit

$$\left(\frac{5000 \times 100}{20000} = \right) 25 \, v.H.$$

des normalen Rohertrags.

Zu erlassen sind nach § 33 Abs. 1 GrStG

$$\left(\frac{25 \times 4}{5} = \right) 20 \, v.H.\, von \, 3000 \, DM = 600 \, DM.$$

(8) *In § 33 Abs. 1 GrStG wird pauschal unterstellt, daß bei bebauten Grundstücken ein Fünftel der Grundsteuer auf den Grund und Boden entfällt, für den ebenso wie für unbebaute Grundstücke ein Erlaß der Grundsteuer ausgeschlossen ist. Bei einem Gebäude auf fremdem Grund und Boden (§ 94 BewG) umfaßt jedoch der Einheitswert und damit auch der Steuermeßbetrag nur das Gebäude ohne den Grund und Boden. Die Beschränkung des Erlasses auf vier Fünftel des Vomhundertsatzes der Ertragsminderung gilt deshalb in diesem Fall nicht.*

Infolge der Rohertragsermittlung nach § 33 Abs. 1 Satz 4 Nr. 2 GrStG n. F. sind Abschnitt 40 Abs. 2 bis 4 sowie Abs. 7 GrStR überholt.

Ob die Anweisungen in Abschnitt 40 GrStR im Einzelfall sehr viel weiterhelfen, war schon nach früherer (bis einschließlich 2007 geltender) Rechtslage fraglich; denn letztlich konnte die als normaler Bruttoertrag (Rohertrag) anzusetzende Jahresrohmiete nur aus der bisher für die Wohnung usw. gezahlten Miete abgeleitet werden (z. B. bei Mietausfall oder bei Leerstehen) oder sie musste geschätzt werden. In diesem Fall war es aber auf die Einzelheiten, die in Abschnitt 40 GrStR aufgeführt werden, kaum noch angekommen. Davon abgesehen hätte man, wenn schon die einschlägigen Begriffe des Bewertungsgesetzes übernommen werden, in § 33 Abs. 1 Nr. 3 GrStG a. F. nicht von einer „üblichen Jahresrohmiete" sprechen sollen, denn in § 79 Abs. 1 und 2 BewG gibt es nur den Begriff „Jahresrohmiete" und den Begriff „übliche Miete". Ob demgegenüber die **„geschätzte übliche Jahresrohmiete"** in § 33 Abs. 1 Satz 4 Nr. 2 GrStG n. F. ein völlig neuer Begriff ist, kann jedoch dahingestellt bleiben. Ist unter dem normalen Rohertrag eines bebauten – im Ertragswert- oder Sachwertverfahren zu bewertenden – Grundstücks die nach den Verhältnissen zu Beginn des Erlasszeitraums geschätzte übliche Jahresrohmiete zu verstehen, so ist dieser Mietbegriff unter Heranziehung des § 79 BewG zu interpretieren, da § 33 Abs. 1 Satz 4 Nr. 2 GrStG keine gesetzliche Definition enthält (*Huschke/Hanisch/Wilms*, DStR 2009 S. 2513, 2514; FG Bremen v. 9.6.2010, EFG 2010 S. 183; VG München v. 15.12.2011 M 10 K 11.2415, n. v.; VG Cottbus v. 18.4.2013 VG 1 K 398/12, n. v.). Mit üblicher Jahresrohmiete ist die übliche Miete iSd § 79 Abs. 2 BewG gemeint; diese ist in Anlehnung an die für Räume gleicher oder ähnlicher Art, Lage und Ausstattung regelmäßig gezahlte Jahresrohmiete zu schätzen. Hiernach handelt es sich um eine Bruttokaltmiete, mithin um das Entgelt, das der Mieter für die Benutzung eines Grundstücks aufgrund vertraglicher Vereinbarungen (einschließlich der Umlagen und sonstigen Leistungen des Mieters) zu entrichten hat. Auf die tatsächlich zu Beginn des Erlasszeitraums erzielte Jahresrohmiete kommt es nicht (mehr) an. Desgleichen ist der Umstand unerheblich, ob es sich um vermietete oder leerstehende Grundstücksteile handelt oder ob die erzielte Miete von der üblichen Miete um mehr als 20 % abweicht.

Der Erlass kommt, wenn die Voraussetzungen dafür erfüllt sind, nur für bebaute Grundstücke in Betracht. Für ein **unbebautes Grundstück** ist dagegen ein Erlass ausgeschlossen. Ob ein Grundstück bebaut oder unbebaut ist, richtet sich nach § 72 BewG. Danach wird ein Grundstück im Zustand der Bebauung bis zum Zeitpunkt der Bezugsfertigkeit ebenfalls als unbebautes Grundstück behandelt (§ 91 Abs. 1 BewG). Vgl. Anm. 23 zu § 2 GrStG. Demgemäß ist bis dahin, d. h. in der Regel für die gesamte Bauzeit, ein Erlass der Grundsteuer ausgeschlossen. Wegen der Ausnahme bei Sanierungsgebieten vgl. Anm. 16 zu § 33 GrStG. Die gleiche Situation kann sich ergeben, wenn ein Grundstück deshalb als unbebaut bewertet wird, weil wegen **Verfalls des Gebäudes** der vorhandene Raum auf die Dauer nicht mehr benutzbar ist (§ 72 Abs. 3 BewG). Folglich fehlt der Grundsteuer die Erlassfähigkeit iSv § 33 Abs. 1 GrStG, wenn das betreffende Grundstück durch das Finanzamt (Bewertungsstelle) – unabhängig von tatsächlich vorhandenen, aber ruinösen Baulichkeiten – als unbebautes Grundstück bewertet worden ist (VG Magdeburg v. 25.11.2009, ZKF 2011 S. 48). Kein Raum für einen Erlass verbleibt auch, wenn sich auf einem Grundstück nur Betriebsvorrichtungen befinden, die aus wirtschaftlichen Gründen stillgelegt werden müssen; denn als unbebaut sind auch die Grundstücke zu behandeln, auf denen sich nur **Außenanlagen** oder nur **Betriebsvorrichtungen** befinden. Wenn es sich dagegen um den unbebauten Teil eines an sich bebauten Grundstücks handelt und dieser im Einheitswert mitenthalten ist, muss auch hier das ganze Grundstück einheitlich als bebautes Grundstück angesehen werden. Das gilt sowohl, wenn die Fläche im Ertragswertverfahren durch einen Zuschlag berücksichtigt worden ist (§ 82 Abs. 2 BewG), als auch dann, wenn im Sachwertverfahren der Bodenwert selbständig ermittelt worden ist. Der Erlass wäre hier nur dann ausgeschlossen, wenn das Grundstück bei der Einheitsbewertung als unbebautes Grundstück behandelt wurde. Dies wäre z. B. der Fall, wenn ein bisher bebautes Grundstück in eine bebaute und eine unbebaute Fläche aufgeteilt wird, bei dem neu gebildeten unbebauten Grundstück (LVG Düsseldorf v. 5.9.1957, KStZ 1958 S. 114). Zur bewertungsrechtlichen Abgrenzung unbebauter Grundstücke gegenüber der Land- und Forstwirtschaft vgl. Anm. 16 zu § 2 GrStG.

Sind die Voraussetzungen für einen Erlass gegeben, so kommt es auf die wirtschaftlichen und **persönlichen Verhältnisse** des Eigentümers nicht an. Der Erlass ist ihm auch dann zu gewähren, wenn er die Grundsteuer aus anderen Mitteln ohne Schwierigkeiten zahlen könnte. Anders als bei der Land- und Forstwirtschaft und bei eigengewerblich genutzten Grundstücken kommt es auch nicht darauf an, ob die Werbungskosten die Einnahmen aus dem Grundstück übersteigen, ob im Hinblick hierauf die Einziehung der Grundsteuer billig oder unbillig wäre. Sie muss in jedem Fall in dem gesetzlich vorgesehenen Rahmen erlassen werden.

Erlass bei Wohngrundstücken

Bei Wohngrundstücken kommt ein Erlass wegen wesentlicher Ertragsminderung in Betracht, wenn im Erlasszeitraum der Rohertrag (Bruttomiete) um mehr als 50% bzw. zu 100% gemindert ist und der Eigentümer diese Minderung nicht zu vertreten hat. Auf seine persönlichen und wirtschaftlichen Verhältnisse kommt es dabei nicht an.   **12**

Bei vermieteten Wohnungen kann eine Minderung des Rohertrags und damit ein Erlassgrund eintreten durch Leerstehen, durch Mietrückgang und durch Mietausfall. Der typische Fall, der zur Mietminderung führt, wäre das **Leerstehen** einer Wohnung. Sollte jedoch die betroffene Wohnung nicht vermietbar sein, weil für sie nach Lage, Schnitt, Zustand und Ausstattung eine zu hohe Miete gefordert wird und deshalb kein Mieter zu finden ist, ergibt sich die Frage, wie festgestellt werden soll, welche Miete dem Eigentümer zumutbar ist. Nur dann hätte man nämlich auch einen Maßstab dafür, ob und inwieweit der Eigentümer das Leerstehen der Wohnung zu vertreten hat. Zur Frage des marktgerechten Mietzinses siehe auch Anm. 18 zu § 33 GrStG. Eine Wohnung steht leer, wenn sie nicht oder nicht mehr vermietet werden kann. Für leerstehende Neubauwohnungen stellte sich bisher die Frage eines Erlasses deshalb nicht, weil hierfür in aller Regel die Grundsteuervergünstigung nach § 92a des II. WoBauG in Betracht gekommen war und die für den Bodenwertanteil verbleibende Grundsteuer (20%) sowieso nicht erlassen werden konnte. Zwar besteht für Neubauwohnungen, die ab 1990 bezugsfertig wurden, diese Möglichkeit nicht mehr (§ 92 Abs. 1 des II. WoBauG). Bei u. U. herrschender Wohnungsnot ist es aber unwahrscheinlich, dass eine Neubauwohnung längere Zeit leer steht. Sollte dies aber gleichwohl der Fall sein, liegt die Vermutung nahe, dass dies der Eigentümer selbst zu vertreten hat, sei es, dass er bei einer neuen Mietwohnung eine unangemessen hohe Miete oder bei einer Eigentumswohnung oder einem Einfamilienhaus einen unangemessen hohen Kaufpreis verlangt.

Bei einem Erlass für leerstehende Wohnungen ist zunächst die Zeit festzustellen, während der sie im Laufe des Kalenderjahrs leer gestanden haben.

War dies während des ganzen Kalenderjahrs der Fall, so kommt es, falls das Leerstehen nicht vom Wohnungseigentümer zu vertreten ist, zu einem Erlass im zulässigen Umfang. Bei nur zeitweisem Leerstehen wäre die dadurch bedingte Minderung der Mieteinnahmen festzustellen.

Eine Mietminderung liegt vor, wenn die Mieteinnahmen für das Kalenderjahr niedriger sind als die nach den Verhältnissen zu Beginn des Erlasszeitraums geschätzte übliche Jahresrohmiete. Ein Mietausfall tritt ein, wenn zwar die Wohnung vermietet ist, die vereinbarte Miete jedoch ganz oder teilweise nicht gezahlt worden ist, z.B. bei Zahlungsunfähigkeit des Mieters oder aus anderen Gründen. Bei einer vermieteten Wohnung können die zuvor genannten Erlassgründe sowohl einzeln, aber auch gemeinsam oder nacheinander im Laufe eines Kalenderjahrs eingetreten sein.

Ausmaß der Mietminderung

13   Um das Ausmaß der Mietminderung festzustellen, müssen zunächst die **tatsächlichen Mieteinnahmen** für das Kalenderjahr ermittelt werden. Das sind alle Entgelte, die von dem Mieter für die Überlassung der Wohnung gezahlt worden sind (tatsächliche Bruttomiete). Zu berücksichtigen sind dabei auch Mietvorauszahlungen, Baukostenzuschüsse sowie Kosten für Ein- und Umbauten des Mieters, die auf die Miete anzurechnen sind. Sie sind dann entsprechend auf die Jahresbruttomiete zu verteilen. Ähnlich wie bei der Einkommensteuer sollte man auch hier von zehn Jahren als Verteilungszeitraum ausgehen. Hierzu vgl. R 21.5 EStR. Nicht zu berücksichtigen sind Entgelte für mitvermietetes Mobiliar und Einrichtungsgegenstände, die nicht zu den Bestandteilen des Grundstücks gehören.

Maßgebend sind jeweils die **Bruttomieteinnahmen** (Abschnitt 40 Abs. 2 GrStR). Werbungskosten des Vermieters können deshalb nicht abgezogen werden. Das gilt selbst dann, wenn die Betriebs- und Verwaltungskosten die tatsächlichen Einnahmen übersteigen sollten, die Vermietung also zu Verlusten geführt hat. Auch Gerichts- und Anwaltskosten, die im Zusammenhang mit der Vermietung anfallen, führen nicht zu einer Minderung des Rohertrags, sondern nur zu einer Minderung des Reinertrags. Mieteinnahmen, die im Laufe des Kalenderjahrs fällig wurden, jedoch noch ausstehen, gehören grundsätzlich zur Bruttomiete, es sei denn, dass schon mit hinreichender Sicherheit insoweit ein Mietausfall erwartet werden kann.

Auch nach Neufassung des § 33 Abs. 1 GrStG ist auf den „semantisch unglücklichen" Wortlaut (*Puhl, KStZ* 2010 S. 88, 89) der Vorschrift insoweit hinzuweisen, als die Verwendung des Begriffs des „normalen Rohertrags" missverständlich erscheint. Während § 33 Abs. 1 Satz 1 GrStG („Ist bei … der normale Rohertrag um mehr als 50 Prozent gemindert und .:.") die Voraussetzungen für einen Erlass beschreibt, definiert § 33 Abs. 1 Satz 4 Nr. 2 GrStG („… die nach den Verhältnissen zu Beginn des Erlasszeitraums geschätzte übliche Jahresrohmiete") den normalen Rohertrag. Der Gesetzgeber lässt mithin – wie schon vor Änderung des § 33 GrStG durch das JStG 2009 – offen, gegenüber welcher Referenzgröße der normale Rohertrag gemindert sein soll. Ausweislich der Gesetzesbegründung (BT-Drucks. 16/10494 v.

7.10.2008) ist abzustellen auf den Unterschied zwischen der nach den Verhältnissen zu Beginn des Erlasszeitraums – nicht geminderten – geschätzten üblichen Jahresrohmiete zur im Erlasszeitraum tatsächlich erzielten – geminderten – Jahresrohmiete. Siehe hierzu FinSen. Berlin v. 21.1.2009 mit den dortigen Beispielen 3 bis 5 (Anm. 19 zu § 33 GrStG).

Bei der Berechnung der Mietminderung ist nicht auf die einzelne Wohnung abzustellen, sondern auf das **ganze Mietobjekt.** Das bedeutet, dass sich bei großen Miethäusern z.B. das Leerstehen einzelner Wohnungen nur minimal auswirkt, damit in aller Regel unter der Mindestgrenze von 50% bleibt und deshalb auch kaum zu einem Erlass der Grundsteuer führen kann, während bei einem kleinen Gebäude für dieselbe Zahl von leerstehenden Wohnungen bereits ein Erlass möglich ist.

Es sind nicht nur die vermieteten Wohnungen zu berücksichtigen, sondern auch die vermieteten Garagen, die verpachteten Geschäftsräume, auch die vom Eigentümer selbst genutzte Wohnung sowie die von ihm eigengewerblich genutzten Räume. Hierzu vgl. auch Anm. 20ff. zu § 33 GrStG. Es kommt jedoch stets darauf an, dass die einzelnen Wohnungen und Räume auch im Einheitswert für das Grundstück enthalten sind. Wenn sie nicht im Einheitswert enthalten sind, unterliegen sie auch nicht der Grundsteuer, somit kann auch eine Grundsteuer nicht erlassen werden. Ist dagegen eine im Einheitswert enthaltene Wohnung im Laufe des Kalenderjahres weggefallen, so ist sie für die Zeit nach dem Wegfall, d.h. für den Rest des Jahres wie eine leerstehende Wohnung zu behandeln.

Wenn an einer Wohnung im Laufe des Kalenderjahrs **bauliche Veränderungen** eingetreten sind, weil sie z.B. nach dem Auszug des Vormieters im Frühjahr renoviert und modernisiert werden muss und erst wieder im Herbst vermietet wird, muss dies auch hier berücksichtigt werden. Für die Zeit einschließlich des Umbaus wäre als Vergleichsmiete noch die normale Bruttomiete vom Monat Januar anzusetzen, für die Zeit danach die normale Bruttomiete, die im Monat Januar für eine entsprechend modernisierte Wohnung gegolten hätte. Es gibt allerdings auch Wohnungen, die schon nach ihrer Zweckbestimmung nur vorübergehend vermietet werden. Dazu gehören z.B. **Ferienwohnungen,** die nur während der Sommersaison vermietet werden können, u.a.m. In diesen Fällen sind die tatsächlichen Mieteinnahmen der Miete gegenüberzustellen, die üblicherweise für vergleichbare Ferienwohnungen während des Kalenderjahres insgesamt erzielt werden kann. Im Einzelnen vgl. hierzu auch Abschnitt 40 GrStR.

Für das **eigengenutzte** Einfamilienhaus, die eigengenutzte Eigentumswohnung oder die vom Vermieter selbst genutzte Wohnung im Miethaus ist zwar ein Erlass nicht ausgeschlossen. Zur Ermittlung des Ausmaßes der Mietminderung wäre hier von der üblichen Bruttomiete als Vergleichsmiete auszugehen (§ 33 Abs. 1 Satz 4 Nr. 2 GrStG). In der Regel würde aber nur ein ganzes oder teilweises Leerstehen der Wohnung als Erlassgrund in Betracht kommen können. Es braucht infolgedessen auch nicht auf die Minderung der Jahresmiete abgestellt werden. Es genügt vielmehr festzustellen, in welchem Umfang und für welche Dauer während des Erlasszeitraums noch eine eigene Nutzung erfolgt ist.

Beispiel:

Bei einem Einfamilienhaus mit 150 m^2 Wohnfläche brennt Ende April der Dachstuhl mit 50m^2 aus. Es wird erst wieder ab dem nächsten Kalenderjahr voll benutzbar. Die Minderung berechnet sich hier wie folgt:

Normalerweise ausnutzbare Wohnfläche für 12 Monate:

150 m^2 × 12	=	1800 m^2

Tatsächlich ausgenutzte Wohnfläche für 12 Monate:

150 m^2 × 4	=	600 m^2	
100 m^2 × 8	=	800 m^2	1400 m^2
Minderung	=		400 m^2 = 22%

Wenn der Eigentümer auszieht und für das Einfamilienhaus längere Zeit keinen Mieter findet, wäre allerdings in derselben Weise wie bei Mietwohnungen zu verfahren. Hierzu vgl. auch Abschnitt 40 GrStR.

Geschätzte übliche Jahresrohmiete und Mietminderung

14   Mit der Änderung des § 33 Abs. 1 GrStG durch das JStG 2009 geht eine **Neubestimmung des normalen Rohertrags** einher. Unter normalem Rohertrag ist bei bebauten Grundstücken die nach den Verhältnissen zu Beginn des Erlasszeitraums geschätzte übliche Jahresrohmiete zu verstehen (§ 33 Abs. 1 Satz 4 Nr. 2 GrStG). Die Neufassung führt zum Abbau komplizierter Verfahrensschritte bei Anwendung der Vorschrift: Zum einen wird die Ermittlung der Ertragsminderung aus dem Differenzbetrag der nach den Verhältnissen zu Beginn des Erlasszeitraums geschätzten üblichen Jahresrohmiete zur tatsächlich im Erlasszeitraum erzielten Jahresrohmiete berechnet; mithin ist für die Bestimmung des normalen Rohertrags ohne Bedeutung, ob zu Beginn des Kalenderjahrs (Erlasszeitraums) eine Vermietung oder ein Leerstand vorliegt bzw. welcher Mietzins für die überlassenen Räume tatsächlich gezahlt wird (vgl. *Huschke/Hanisch/Wilms*, DStR 2009 S. 2513, 2514). Auch ist die Prüfung entfallen, in welchem Ausmaß die tatsächliche Miete von der üblichen Miete abweicht. Zum anderen ist die Frage gegenstandslos geworden, ob das bebaute Grundstück im Ertragswert- oder Sachwertverfahren bewertet worden ist (vgl. hierzu § 33 Abs. 1 Satz 3 Nr. 2 und 3 GrStG a. F.).

Auch wenn § 33 Abs. 1 GrStG nicht (mehr) auf § 79 BewG Bezug nimmt, ist mit Blick auf die nahezu übereinstimmende Begriffswahl davon auszugehen, dass es sich bei der geschätzten üblichen Jahresrohmiete nach § 33 Abs. 1 Satz 4 Nr. 2 GrStG um die übliche Miete iSd § 79 Abs. 2 BewG handelt (*Puhl*, KStZ 2010 S. 88, 89). Diese ist in Anlehnung an die für Räume gleicher oder ähnlicher Art, Lage und Ausstattung regelmäßig gezahlte Jahresrohmiete zu schätzen. Mithin ist eine **Bruttokaltmiete** gemeint, d. h. das Entgelt, das Mieter für die Benutzung eines Grundstücks aufgrund vertraglicher Vereinbarungen zu entrichten haben; hiervon mitumfasst sind Umlagen und sonstige Leistungen des Mieters (sog. kalte Betriebskosten).

Da nicht auf die zu Beginn des Erlasszeitraums tatsächlich erzielte Jahresrohmiete abzustellen ist, entfällt folglich auch die Prüfung der 20%-Grenze nach Maßgabe des § 79 Abs. 2 Satz 1 Nr. 2 BewG (FinSen. Berlin v. 21.1.2009, aaO Tz. II. 1): Hiernach trat an die Stelle der tatsächlichen Jahresrohmiete die übliche Miete für solche Grundstücke oder Grundstücksteile, die der Eigentümer dem Mieter zu einer mehr als 20% von der üblichen Miete abweichenden tatsächlichen Miete überlassen hatte.

Meist wird es mit gewissen Schwierigkeiten verbunden sein, für das Kalenderjahr, für das ein Erlass in Betracht kommen soll, eine **übliche Miete** als geschätzte übliche Jahresrohmiete festzulegen. Theoretisch können die Mieten für vergleichbare Objekte (unmittelbarer Vergleich) oder die Angaben in sog. Mietspiegeln (mittelbarer Vergleich) herangezogen werden. Nach einem BFH-Urteil v. 10.8.1984 (BStBl. 1985 II S. 36) soll die übliche Miete für Zwecke der Einheitsbewertung in folgender **Reihenfolge** ermittelt werden: Miete für vergleichbare Grundstücke (unmittelbarer Vergleich); Miete auf Grund von Mietspiegeln, u. U. auch durch Ableitung hiervon und Miete auf Grund von Sachverständigengutachten. Entsprechend dürfte auch hier zu verfahren sein. Zum Mietspiegel vgl. §§ 558c, 558d BGB; zur Mietdatenbank vgl. § 558e BGB. Bei der Mietdatenbank handelt es sich um eine zur Ermittlung der ortsüblichen Vergleichsmiete fortlaufend geführte Sammlung von Mieten, die von der Gemeinde oder von Interessenvertretern der Vermieter und Mieter gemeinsam geführt oder anerkannt wird, und aus der Auskünfte gegeben werden, die für einzelne Wohnungen einen Rückschluss auf die ortsübliche Vergleichsmiete zulassen.

Auch für den **Mietspiegel** kommt es auf die Verhältnisse von dem Kalenderjahr an, für das die Grundsteuer erlassen werden soll (§ 33 Abs. 1 Satz 4 Nr. 2 GrStG). Im Gegensatz zu der für den Monat Januar vereinbarten Bruttomiete, für die im Regelfall ein fester Betrag angegeben werden kann, weisen die Mietspiegel gewöhnlich nur einen mehr oder weniger breiten Rahmensatz aus. Je nachdem, ob man sich für die ortsübliche Miete an die untere oder an die obere Grenze des angegebenen Rahmens hält, kann dies rechnerisch zu einer sehr unterschiedlichen Mietminderung führen. Man sollte hier von der Miete ausgehen, die im Mietspiegel als Mittelwert angegeben ist. Es müsste dann die Gemeinde oder der Eigentümer darlegen, dass und warum im konkreten Fall eine andere ortsübliche Miete angesetzt werden muss. Fehlt es an einem örtlichen Mietspiegel, können auch die Annoncen mit Mietangeboten und Mietgesuchen in der örtlichen Presse einen Anhalt geben. Soweit die Grundsteuer für eine öffentlich geförderte Wohnung erlassen werden soll, kommt es auch für die Vergleichsmiete auf die Miete von öffentlich geförderten Wohnungen an. Im Übrigen kann in den Fällen, in denen weder ein Mietspiegel noch eine Gewerbemietenübersicht (für Gewerbeimmobilien) vorliegt und es sich bei dem Steuergegenstand um ein zumindest teilweise und an mehrere Mieter überlassenes Grundstück handelt, widerlegbar vermutet werden, dass die ortsübliche Miete in der tatsächlichen Miete ihre Entsprechung findet. Voraussetzung hierfür ist allerdings, dass die tatsächlich gezahlte Miete nicht offenkundig von der ortsüblichen Miete abweicht (*Huschke/Hanisch/Wilms*, DStR 2009 S. 2513, 2514). Zur Schätzung der üblichen Jahresrohmiete anhand des tatsächlich erzielten Mietertrages im Kontext eines Grundsteuererlasses bei Umnutzung einer großflächigen Produktionsstätte zum gewerblichen Mietobjekt vgl. VG Göttingen v. 11.4.2013 2 A 198/11, n. v.; s. a. Anm. 21 zu § 33 GrStG.

Für die Schätzung der üblichen Jahresrohmiete ist auf die Verhältnisse vom **Beginn des** für einen Erlass in Betracht kommenden **Kalenderjahrs** abzustellen (§ 33 Abs. 1 Satz 4 Nr. 2 GrStG). Es ist also das Zwölffache der Miete anzusetzen, die im Monat Januar üblicherweise hätte erzielt werden können. Demgemäß würde für diese Vergleichsmiete eine im Laufe des Jahres eintretende Veränderung des allgemein oder für bestimmte Grundstücksgruppen geltenden üblichen Mietniveaus unbeachtlich bleiben, obwohl diese Veränderung durchaus auch Auswirkungen auf die Höhe der ortsüblichen Miete haben kann. Diese könnten erst bei einem Erlassantrag für das folgende Kalenderjahr berücksichtigt werden.

Anders als in den Fällen des § 32 GrStG kommt es hier nicht darauf an, ob und in welchem Umfang dem Vermieter noch eine **Netto-Rendite** verbleibt. Es ist deshalb unerheblich, ob sich infolge der Minderung des Rohertrags für das Kalenderjahr steuerlich oder auch tatsächlich ein Überschuss oder ein Verlust ergibt. Es ist also auch gleichgültig, wie sich im Einzelfall der Grundsteuererlass auf die Rendite auswirkt. Hierzu vgl. Anm. 5 zu § 32 GrStG. Auf der anderen Seite muss dann aber aus den gleichen Gründen auch eine Mietausfallversicherung, mit der die Ertragsminderung infolge eines Mietausfalls im wirtschaftlichen Ergebnis ganz oder teilweise wieder ausgeglichen wird, ebenfalls außer Betracht bleiben. Es kommt allein auf die Höhe der Bruttomiete, dagegen nicht auf die Netto-Rendite des Grundstücks an.

Vertretenmüssen der Mietminderung

15   Liegt eine Minderung der Jahresrohmiete vor, so wird als weitere Voraussetzung für einen Erlass gefordert, dass der Eigentümer diese Minderung nicht zu vertreten hat (§ 33 Abs. 1 GrStG). Hier liegt wohl der „Pferdefuß" der ganzen Erlassregelung, denn letztlich lässt sich fast jede Mietminderung, sei es unmittelbar oder mittelbar, sei es ganz oder nur zum Teil, auf ein Verhalten des Eigentümers zurückführen. Um sich Arbeit zu ersparen, sollte man deshalb, bevor man im Einzelfall mit der Berechnung des Ausmaßes der Mietminderung beginnt, zunächst erst diese Frage prüfen. Wie in allen Fällen, in denen ein subjektives Verhalten der Beteiligten steuerlich von Bedeutung ist, wird man auch hier darauf abstellen, dass dieses nur aus einem typischen Geschehensablauf abgeleitet werden kann. Man spricht insoweit von einem sog. **„prima-facie-Beweis",** also von bestimmten Vermutungen (siehe hierzu auch BayVGH v. 18.1.2010 4 ZB 09.1962, n. v., wonach bei der Frage der Zumutbarkeit von Vermietungsbemühungen nicht auf die Grundsätze des „prima-facie-Beweises" zurückgegriffen werden kann). Wenn der Geschehensablauf des konkreten Einzelfalls dieser Vermutung entspricht, gilt sie. Die Beteiligten, die zu einem hiervon abweichenden Ergebnis kommen wollen, müssen die dafür maßgebenden Umstände dann darlegen. Hier würde es also darauf ankommen, ob und inwieweit die Mietminderung die Folge eines **typischen Geschehensablaufs** ist und ob und inwieweit dieser Geschehensablauf vom Eigentümer beeinflusst werden konnte. Dabei wird man von den Fällen ausgehen müssen, die von Gesetzgeber und Richtlinienverfas-

ser angeführt werden und in denen nach ihrer Auffassung die Mietminderung vom Eigentümer nicht zu vertreten ist, um hieraus auf einen solchen typischen Geschehensablauf schließen zu können. Aus der Vorschrift des § 33 Abs. 1 GrStG selbst ergibt sich zwar für den Wohnhausbesitz kein besonderer Hinweis. In der Gesetzesbegründung zum Grundsteuer-Reformgesetz v. 7.8.1973 (BGBl. 1973 I S. 965) werden jedoch angegeben für die Betriebe der Land- und Forstwirtschaft „Ernteausfälle infolge von Naturereignissen (Hochwasser, Dürre, Hagel usw.)", für den Hausbesitzer „das Leerstehen von Wohnungen oder Geschäftsräumen infolge mangelnder Mieternachfrage für die betreffenden Objekte", für Fabrikgrundstücke „keine Möglichkeit zur Ausnutzung nach einer strukturell bedingten Aufgabe der bisherigen Produktion u. a. mehr". Im Einzelnen vgl. dazu die Gesetzesbegründung, abgedruckt bei Anm. 1 zu § 33 GrStG. In Abschnitt 40 Abs. 4 GrStR wird weiter auf den Fall hingewiesen, dass aus besonderen Gründen die Mietwerte in einer bestimmten Gegend zurückgehen oder die Nutzung z. B. durch Zerstörung eines Teils des Gebäudes gemindert ist. Schließlich sind auch die Fälle zu erwähnen, in denen die Mietminderungen infolge städtebaulicher Sanierungs- oder Entwicklungsmaßnahmen eintreten. Fasst man diese Einzelfälle zusammen, und bezieht man sie z. B. auf das Leerstehen von Wohnungen, so würden als Ursachen, die einen Erlass rechtfertigen, folgende Umstände in Betracht kommen:

a) Leerstehen bedingt durch Naturereignisse. In Betracht kommen dafür Hochwasser, Blitzschlag, Brand usw.

b) Leerstehen als Folge der Planung und Vorbereitung von Sanierungs- und Entwicklungsmaßnahmen.

Mietminderungen wegen äußerer dauerhafter Verschlechterung der Wohnlage, die z. B. durch einen Anschluss an eine Umgehungsstraße bedingt sein kann, führen regelmäßig zu einer Minderung der Marktmiete und schließen folglich einen Grundsteuererlass aus (BVerwG v. 3.5.1991, BStBl. 1992 II S. 580).

Hingegen liegt die **Zahlungsunfähigkeit** eines Pächters außerhalb des Einflussbereichs des Eigentümers und ist ein typischer Fall für eine vom Grundstückseigentümer nicht zu vertretende Minderung des Rohertrags (OVG Saarland v. 28.9.2001, DWW 2005 S. 78). Der Grundstückseigentümer hat jedoch die Umstände zu vertreten, die er selbst auf Grund eigener Entscheidung herbeigeführt hat oder deren Eintritt er nicht verhindert hat, obwohl er in einer ihm zumutbaren Weise dazu in der Lage gewesen wäre und dies von ihm normalerweise auch hätte erwartet werden können. So hat der Steuerpflichtige die mit dem Leerstand des Gebäudes verbundene Ertragsminderung zu vertreten, wenn die Mietforderung überhöht ist und nicht der üblichen erzielbaren Miete entspricht (FG Berlin v. 17.1.2001, DStRE 2003 S. 812). Desgleichen hat der Grundsteuerschuldner eine Ertragsminderung zu vertreten, wenn er sich nicht bemüht, den Verfall von Wohnungen zu verhindern, um der Nichtvermietbarkeit entgegenzuwirken (VG Meiningen v. 4.3.2004 8 K 582/00.Me, n. v.). Er hat eine Ertragsminderung auch dann zu vertreten, wenn er sich bei einem Grundstück, für das ein Antrag auf

Rückübertragung gestellt wurde, nicht um die Zustimmung des Antragstellers zu Sanierungsmaßnahmen bezüglich des Gebäudes bzw. langfristiger Vermietung bemüht (VG Meiningen v. 23.2.2006 8 K 314/03.Me, n.v.). Das **BVerwG** hatte mit Urteil v. 4.4.2001 (BStBl. 2002 II S. 889; *Drosdzol,* KStZ 2001 S.

183) entschieden, dass ein GrSt-Erlass nicht in Betracht kommt, wenn Wohnungen wegen des **strukturell bedingten Überangebots** in einer Gemeinde nicht vermietbar sind und die Ertragsminderung darauf beruht. Von ausschlaggebender Bedeutung war dabei die systematische Stellung der GrSt als ertragsunabhängige Real- oder Objektsteuer, die nach dem Grundstückswert (d.h. Einheitswert) erhoben wird und folglich auch bei ertraglosen Grundstücken anfällt. Die Voraussetzungen eines GrSt-Erlasses iSd § 33 GrStG könnten nur erfüllt sein, wenn der geringe Ertrag eines Grundstücks auf vorübergehend vorliegende Umstände zurückzuführen ist, die im Vergleich zu den vom Gesetz erfassten Regelfällen atypisch sind (BVerwG v. 3.5.1991, BStBl. 1992 II S. 580; so auch VGH Ba-Wü v. 13.12.2002, DÖV 2002 S. 580; VG Frankfurt/Oder v. 5.12.2002, LKV 2003 S. 531; VG Dresden v. 2.2.2005 12 K 1674/03, n.v.). Beruhe die dauerhafte Ertragsminderung eines Grundstücks auf Merkmalen des Grundstücks, sei dem auf Bewertungsebene Rechnung zu tragen, soweit sich die tatsächlichen Verhältnisse seit der letzten EW-Feststellung geändert haben und eine Wertfortschreibung nach Maßgabe des § 22 BewG in Betracht kommt (§ 33 Abs. 5 GrStG; VG Minden v. 31.3.2004 11 K 1426/02, n.v.).

Mit Beschluss v. 24.4.2007 (ZKF 2007 S. 211) hat sich das BVerwG der Auffassung des **BFH** v. 13.9.2006 (BStBl. 2006 II S. 921, Beitrittsaufforderung an BMF) sowie v. 26.2.2007 (BStBl. 2007 II S. 469, Vorlagebeschluss; *Englert/Alex,* DStR 2007 S. 95) angeschlossen, dass ein Erlass der Grundsteuer nach § 33 Abs. 1 GrStG nicht nur bei atypischen und vorübergehenden Ertragsminderungen in Betracht kommt, sondern auch strukturell bedingte Ertragsminderungen nicht nur vorübergehender Natur erfassen kann (*Eisele,* NWB Fach 11 S. 759; *Barbier/Arbert,* BB 2007 S. 1421; VGH Ba-Wü v. 2.12.2010, ZKF 2011 S. 191). Im Ergebnis bedeutet dies, dass damit alle Differenzierungen nach typischen oder atypischen, nach strukturell bedingten oder nicht strukturell bedingten, nach vorübergehenden oder nicht vorübergehenden Ertragsminderungen und nach den verschiedenen Möglichkeiten, diese Merkmale zu kombinieren, hinfällig geworden sind (BFH v. 24.10.2007, BStBl. 2008 II S. 331; v. 24.10.2007, BFH/NV 2008 S. 407 betreffend den Grundsteuererlass bei bebauten und im Ertragswertverfahren bewerteten Grundstücken; v. 24.10.2007, BFH/NV 2008 S. 405 betreffend den Grundsteuererlass bei bebauten und im Sachwertverfahren bewerteten Grundstücken).

Mit dieser **Rechtsprechungsänderung des BFH** ist eine Reihe von **bisher wesentlichen Entscheidungskriterien** über einen Grundsteuererlass **gegenstandslos** geworden. So kommt es nicht mehr darauf an, ob ein Leerstand durch strukturelle Gründe bedingt ist, mit der Folge, dass ein Erlass der Grundsteuer auch zu gewähren ist, wenn der schwache Immobilienmarkt alle Grundstückseigentümer trifft. Ebenfalls ist ohne Belang, ob der Leerstand länger anhält. Der Steuerpflichtige kann damit vom Steuergläubiger nicht auf die nächste Hauptfeststellung verwiesen werden. Desgleichen ist das Kriterium der Atypizität obsolet geworden; folglich ist ein Erlass auch zu gewähren, wenn typische Erlassgründe (z. B. eine schwache Nachfrage) vorliegen (a. A. *Kühnold,* NWB 2008 S. 1825, 1826). Der Entscheidung des OVG NRW v. 16.1.2008 (ZKF 2008 S. 90), die weiterhin an dem Erfordernis der Atypizität festhält, ist nicht zu folgen, da sich dieses Urteil in seiner Wirkung auf die Frage beschränkt, ob eine Minderung des Rohertrags aufgrund von Modernisierungsarbeiten berücksichtigt werden muss. Dieses Kriterium lässt sich jedoch systemkonform unter dem Gesichtspunkt des Vertretenmüssens (§ 33 Abs. 1 Satz 1 GrStG) prüfen. Mit Ergehen des BFH-Urteils v. 24.10.2007 (aaO) ist auch die Frage unbeachtlich geworden, ob bei neu errichteten Gebäuden mit Anlaufschwierigkeiten zu rechnen ist; mithin steht der bei einer erstmaligen Vermietung typischerweise auftretende Leerstand einem Erlass der Grundsteuer nicht entgegen. Schließlich kann der über den Antrag auf Erlass der Grundsteuer befindende Steuergläubiger dem Antragsteller nicht (mehr) entgegen halten, dass ein gewisser Leerstand zu seinem Unternehmerrisiko gehöre, also hinnehmbar sei. Siehe hierzu auch Anm. 23a zu § 33 GrStG.

Hingegen steht einer Fortschreibung des EW wegen Minderung der Erträge auf Grund der Entwicklung der Wertverhältnisse bis zur Durchführung einer Hauptfeststellung der EW die Regelung des § 27 BewG entgegen (siehe hierzu auch *Drosdzol,* KStZ 2001 S. 183, *Balzerkiewicz / Voigt,* DStZ 2004 S. 830, Hess. VGH v. 7.3.2005, DÖV 2005 S. 785 sowie BFH v. 30.7.2008, DStRE 2009 S. 93). Siehe hierzu auch Anm. 28 zu § 33 GrStG.

Mit den o. g. Entscheidungen des BFH v. 24.10.2007 (aaO) ist der Maßstab, der an das Kriterium des „Vertretenmüssens" anzulegen ist, signifikant abgesenkt worden. Folglich kann auf die bisher in Bezug genommene Rechtsprechung (siehe Kommentierung zu § 33 GrStG bis einschl. 9. Aufl.) größtenteils nicht mehr verwiesen werden. Der Begriff des Vertretenmüssens iSd § 33 Abs. 1 Satz 1 GrStG ist weit auszulegen, mit der Folge, dass er nicht nur Vorsatz und Fahrlässigkeit umfasst. Vielmehr ist bei der Entscheidung über einen Erlass darüber zu befinden, ob es im Hinblick auf das Verhalten des Steuerpflichtigen im Erlasszeitraum (§ 34 Abs. 1 Satz 2 GrStG) geradewegs unbillig wäre, die vorgetragenen Umstände, die zur Ertragsminderung des Grundstücks geführt haben, unberücksichtigt zu lassen (FG Berlin v. 26.3.2003 2 K 2306/99, n. v.). Hat der Steuerpflichtige selbst durch ein ihm zurechenbares Verhalten die Ertragsminderung verursacht, liegt keine Unzumutbarkeit der Grundsteuererhebung vor. Gleiches gilt für den Fall, dass der Steuerpflichtige geeignete, von ihm zu erwartende Maßnahmen unterlassen hat, um die Ertragsminderung abzuwenden. In den Fällen, in denen der Steuerpflichtige die Minderung des normalen Rohertrags lediglich für **einzelne Raumeinheiten,** die **flächenmäßig und wertmäßig eine untergeordnete Bedeutung** haben, zu vertreten hat, rechtfertigt dieser Umstand für sich genommen allerdings nicht die Ablehnung des Grundsteuererlasses (BFH v. 27.9.2012, BStBl. 2014 II S. 117; vgl. hierzu auch *Pahlke,* BFH/PR 2013 S. 63 sowie *Roth,* SteuK 2013 S. 18).

Da für die Beurteilung des Vertretenmüssens ausschließlich und allein auf das Verhalten des Steuerpflichtigen **während des Erlasszeitraums** abzustel-

len ist (§ 34 Abs. 1 Satz 2 GrStG; BVerwG v. 15.4.1983 StRK § 33 GrStG
R. 4 und R. 5), sind alle Ereignisse, die in früheren Kalenderjahren eingetreten sind und ebenfalls die Ursache für die Mietminderung in dem Erlasszeitraum gewesen sein können, unbeachtlich. Mithin ist allein entscheidend, ob der Steuerpflichtige im Erlasszeitraum alles ihm Zumutbare unternommen hat, um (höhere) Mieterträge zu erzielen (BVerwG v. 25.6.2008, ZKF 2008 S. 233; VGH Ba-Wü v. 2.12.2010, NVwZ 2011 S. 314 sowie Sächs. OVG v. 19.6.2012 3 A 684/10, n. v.; *Puhl,* KStZ 2010 S. 88, 91). Es ist deshalb auch gleichgültig, ob diese früheren Ereignisse vom Steuerpflichtigen zu vertreten sind oder nicht. Folgt man dieser Auffassung, so kommt es allein darauf an, dass er in dem Kalenderjahr, für das der Erlass beantragt wird, auch das Ereignis zu vertreten hat, das die Mietminderung für dieses Kalenderjahr ausgelöst hat. Dagegen ist es unbeachtlich, dass er dieses Ereignis bereits in einem früheren Kalenderjahr herbeigeführt hat. Unter diesen Umständen kann es sich dann nur noch darum handeln, ob er diese Mietminderung, die schon zuvor eingetreten war, im Erlasszeitraum auch wieder hätte aufheben können.

Beispiel:

a) Der Vermieter hat dem Mieter noch im Jahr 2008 zum 31. März 2009 gekündigt. Es dauerte dann allerdings bis Oktober, bis sich ein neuer Mieter gefunden hat. Zwar hat der Eigentümer mit der Kündigung das Leerstehen im Jahr 2008 verursacht. Für die Frage, ob er das Leerstehen von April bis September 2009 zu vertreten hat, ist dies aber unerheblich. Hier würde es nur auf die Gründe ankommen, warum es nicht schon ab April zu einer neuen Vermietung gekommen ist.

b) Der Vermieter hatte erst im Januar 2009 gekündigt. Im Übrigen gilt derselbe Sachverhalt wie zuvor. Er hat damit die Ursache für das Leerstehen im Erlasszeitraum gesetzt. Damit ist der Erlass für 2009 ausgeschlossen. Hätte dagegen der Mieter gekündigt, würde wie bei a) zu verfahren sein.

Hat der Steuerpflichtige bei Investitionsentscheidungen die Lage auf dem Vermietungsmarkt falsch eingeschätzt, steht dies einem Grundsteuererlass nicht entgegen, wenn das Vermietungsobjekt bereits vor dem Erlasszeitraum fertiggestellt worden war (OFD Berlin v. 10.4.2003, DStR 2003 S. 1707, Nr. 2).

Soweit die Ertragsminderung durch einen Leerstand zu Beginn des Erlasszeitraums bedingt ist, hat der Steuerpflichtige diese nicht zu vertreten, wenn er sich nachhaltig um eine Vermietung der Räumlichkeiten bemüht hat (Abschnitt 38 Abs. 4 Satz 1 und 2 GrStR). Vom Steuerpflichtigen kann auch im Falle eines Überangebots von Wohnungen auf dem betreffenden Marktsegment nicht verlangt werden, dass er sich stets den unteren Rand der Mietpreisspanne zu eigen macht (BFH v. 24.10.2007, BFH/NV 2008 S. 405, 406; a. A. Hess. VGH v. 7.3.2005, DÖV 2005 S. 785). Nach dieser Rechtsprechung des BFH reicht es aus, dass die Räumlichkeiten dem Markt zur Verfügung stehen und nachhaltig zu einer Miete innerhalb der Spanne eines marktgerechten Mietzinses offeriert worden sind. Da dem Tatbestandsmerkmal des Nichtvertretenmüssens kein weiterer Inhalt zukommt, ist auch ohne Belang, ob und wie lange bei neuen Mietobjekten mit Anlaufschwierigkeiten zu rechnen ist und was dem Unternehmerrisiko eines Vermieters unterfällt.

Die Erlassvorschrift des § 33 GrStG ist nicht als Lenkungsnorm einzustufen. Soweit Abschnitt 38 Abs. 4a GrStR ein Unternehmerrisiko in Bezug nimmt, ist dieses Kriterium bei Prüfung des Vertretenmüssens lediglich im Zusammenhang mit eigengewerblich genutzten bebauten Grundstücken iSd § 33 Abs. 2 GrStG zu würdigen; es betrifft hingegen nicht etwa vermietete oder zur Vermietung vorgesehene Grundstücke (BFH v. 24.10.2007, aaO).

Im Sinne eines Nichtvertretenmüssens der Ertragsminderung ist es mithin ausreichend, dass die für einen Grundsteuererlass in Frage kommenden Räumlichkeiten dem Markt zur Verfügung stehen und sich der Steuerpflichtige nachhaltig um die Vermietung zu einem marktgerechten Mietzins bemüht.

Das Objekt steht am Vermietungsmarkt zur Verfügung

Ein Grundsteuererlass ist ausgeschlossen, wenn der Steuergegenstand auf-   16 grund eines Verschuldens des Steuerpflichtigen am Vermietungsmarkt nicht nachhaltig zur Verfügung steht. Hier kommen primär die Fälle der Nichtvermietbarkeit sowie der vom Steuerpflichtigen veranlassten Bauarbeiten in Betracht. So hat der Steuerpflichtige eine Ertragsminderung zu vertreten, wenn ihm fehlende Bemühungen vorgehalten werden können, den Verfall von Wohnungen/Wohnräumen zu verhindern, um eine Nichtvermietbarkeit zu vermeiden. Desgleichen hat es der Steuerpflichtige zu vertreten, wenn das Grundstück temporär infolge zuvor unterlassener Renovierungsarbeiten keine Mieterträge abwirft und baulich erst wieder hergerichtet werden muss.

Da der Steuerpflichtige eine Ertragsminderung zu vertreten hat, die auf seiner freien Entscheidung beruht, kommt ein Grundsteuererlass nicht in Betracht, wenn eine zunächst vermietete Wohnung leer steht und nach relativ kurzer Zeit **verkauft** wird. Hier dokumentiert der Steuerpflichtige durch sein tatsächliches Verhalten, dass er sich gegen ein zwischenzeitliches Vermieten entschieden hat, mit der Zielsetzung, den Veräußerungserlös zu erhöhen. Da § 33 GrStG grundsätzlich nicht für den Verkauf vorgesehene Fälle umfasst, dürfte hier regelmäßig ein Grundsteuererlass zu versagen sein (VG Freiburg v. 5.3.1982, KStZ 1982 S. 177). Da andererseits der Steuerpflichtige durch § 33 GrStG nicht an wirtschaftlich sinnvollem Handeln gehindert werden soll, sollte es einem Grundsteuererlass grundsätzlich nicht entgegenstehen, wenn der Steuerpflichtige neben seinen nachhaltigen Vermietungsbemühungen auch eine Veräußerung des Objekts in Betracht zieht (*Puhl*, KStZ 2010 S. 88, 90). Der Grundsteuererlass soll gerade einen Grundstückseigentümer entlasten, dessen Grundstück keinen (oder einen geringen) Ertrag abwirft, und ihn nicht in Schwierigkeiten stürzen, die er infolge seiner wirtschaftlichen Verhältnisse nicht bewältigen kann (BVerwG v. 25.6.2008, ZKF 2008 S. 233). Zumutbar und aus der Sicht des Steuergläubigers erwartbar dürfte indessen sein, dass der Steuerpflichtige sich vordringlich und nachhaltig um eine Vermietung des Objekts bemüht.

Während der Steuerpflichtige eine Ertragsminderung zu vertreten hat, die während eines von ihm veranlassten **Umbaus** eintritt (VG Gelsenkirchen v. 22.2.2007 5 K 1301/02, n.v.), kann dies allerdings dann nicht gelten, wenn der Umbau erforderlich ist, um überhaupt einen Mieter zu finden. Wenn das

Gebäude renoviert oder modernisiert werden soll, werden die Wohnungen u. U. schon längere Zeit vor Beginn der entsprechenden Arbeiten leer stehen, z. B. weil den Mietern frühzeitig gekündigt worden ist, sich der Beginn der Arbeiten verzögert hat u. a. m. Soweit entsprechende Maßnahmen baupolizeilich angeordnet worden sind, kann kein Zweifel daran bestehen, dass der Eigentümer in diesem Fall das Leerstehen vor und während der Durchführung der Maßnahmen nicht zu vertreten hat. Zweifelhaft könnte dies allerdings sein, wenn diese Maßnahmen auf eine eigene Initiative des Eigentümers zurückgehen; denn damit hat er die Situation selbst herbeigeführt. Zwar erfüllt er u. U. mit seinen Maßnahmen einen „wohnungspolitisch" durchaus sinnvollen Zweck, z. B. wenn er damit das „Leerstehen" der Wohnungen beenden oder die Gefahr des „Leerstehens" vermeiden kann. In § 33 Abs. 1 GrStG wird aber nicht nach dem Zweck der Maßnahmen unterschieden. Auszugehen ist vielmehr davon, dass während der Modernisierungsarbeiten eine Vermietung schon auf Grund der tatsächlichen Gegebenheiten nicht möglich ist. Für die Zeit, die sie in Anspruch nehmen, hat der Eigentümer deshalb die Mietminderung nicht zu vertreten. Dementsprechend hat der Grundstückseigentümer einen **sanierungsbedingten Leerstand** nicht zu vertreten, wenn das Gebäude gerade erworben wurde, es sich zu Beginn des Erlasszeitraums in einem unvermietbaren Zustand befindet und der Steuerpflichtige die Renovierungs- und Sanierungsarbeiten gerade deshalb durchführt, um das Gebäude wieder in einen vermietbaren Zustand zu versetzen (*Ronnecker,* ZKF 2011 S. V unter Hinweis auf VG Magdeburg v. 26.1.2011 2 A 298/09 MD, n. v.). Hingegen hat der Grundstückseigentümer eine Minderung des Rohertrags zu vertreten, die auf seine Entscheidung zurückzuführen ist, ein sanierungsfähiges Gebäude nicht mehr am Markt anzubieten und abzureißen; dies gilt zulasten des Steuerpflichtigen auch dann, wenn die Kommune die Maßnahme (Abriss des Gebäudes) aus strukturpolitischen Erwägungen planerisch begleitet hat und der Bund sowie das Land diese durch Zuwendungen gefördert haben (VG Dresden v. 20.7.2010 2 K 34/08, n. v.). Zu vertreten hätte der Grundstückseigentümer auch die unmittelbare Ursache der Mietminderung, nämlich die Kündigung, um die Wohnungen für diesen Zweck leer zu bekommen. Wenn diese Kündigung aber schon im Jahre zuvor im Hinblick auf diese Modernisierung erfolgt ist, könnte er zwar noch für dieses vorhergehende Jahr das Leerstehen zu vertreten haben, für das laufende Kalenderjahr kann aber von einem „Vertretenmüssen des Leerstehens" keine Rede mehr sein. Wenn dagegen die Wohnungen bereits leer stehen, und diese Maßnahmen erfolgen, um auf diese Weise das Leerstehen zu beenden, so kann dies umso weniger der Grund für einen Ausschluss des Erlasses sein. Im Gegenteil, man könnte dem Eigentümer sogar das Unterlassen solcher Maßnahmen als einen solchen Grund vorhalten. Das würde insbesondere dann gelten, wenn er auch nach seiner finanziellen Situation durchaus dazu in der Lage wäre. Zeigt sich z. B., dass eine Wohnung sehr ungünstig liegt oder geschnitten ist und aus diesem Grund kein Mieter gefunden werden kann, so wird es deshalb für die Frage, ob der Eigentümer das Leerstehen zu vertreten hat, auch darauf ankommen, inwieweit Umbaumaßnahmen möglich sind und von ihm auch eingeleitet werden könnten. Das

Leerstehen während der Zeit des Umbaus wäre dann aus zwingenden Gründen veranlasst; denn der Umbau erfolgt, weil sich sonst kein Mieter mehr finden würde.

Das Leerstehen von Wohnungen ist **unverschuldet,** wenn z. B. das Gebäude aus baupolizeilichen Gründen nicht mehr bewohnt werden darf oder aus zwingenden Gründen demnächst abgebrochen werden muss, so dass sich kein Mieter mehr findet. Dasselbe gilt, wenn der Vermieter aus rechtlichen oder tatsächlichen Gründen gezwungen ist, einen Umbau durchzuführen, z. B. weil die Baubehörde die Benutzung des Gebäudes untersagt hat oder weil er ohne den Umbau keinen Mieter mehr finden würde (BVerwG v. 20.5.1960, KStZ 1960 S. 151 und OVG Münster v. 18.3.1959, BB 1959 S. 844, DStZ/B 1958 S. 375). Ob der Umbau wirtschaftlich vernünftigen Überlegungen entspricht, ist in diesem Zusammenhang ohne Bedeutung.

Da sich eine Wohnung nicht immer von heute auf morgen vermieten lässt, würde es für das „Vertretenmüssen" auch darauf ankommen, welche Zeit man einem Eigentümer für den Regelfall einräumen muss, um die leerstehende Wohnung zu einem ortsüblichen Mietzins zu vermieten. Hier könnte die früher für die Einkommensteuer geltende Regelung in § 21a Abs. 1 EStG einen Hinweis geben. Danach sollen bei einem Wohnhaus mit zwei Wohnungen, von denen der Eigentümer die eine davon selbst bewohnt, die Einkünfte aus Vermietung und Verpachtung nach § 21 Abs. 2 EStG ermittelt werden, wenn die zweite Wohnung zur dauernden Nutzung vermietet ist, oder wenn sie innerhalb von sechs Monaten nach der Anschaffung oder Herstellung oder innerhalb von sechs Monaten nach Beendigung einer Vermietung oder Selbstnutzung wieder vermietet wird. Nach der Gesetzesbegründung zu dieser Vorschrift sei davon auszugehen, dass dem Eigentümer eine solche Zeitspanne zur Verfügung stehen muss, um einen neuen Mieter zu finden. Vielleicht sollte man deshalb auch im vorliegenden Zusammenhang von einer **Karenzfrist** von sechs Monaten ausgehen können. Das würde bedeuten, dass der Eigentümer das Leerstehen nicht zu vertreten hat, wenn es innerhalb dieser sechs Monate zur Neuvermietung kommt, gleichgültig was er im Einzelnen auch immer zur Vermietung unternommen hat. Bei einer späteren Vermietung müsste er allerdings schon Gründe haben, weshalb diese nicht innerhalb der genannten Frist erfolgt ist. Der Eigentümer müsste also darlegen können, dass er sich in zumutbarer Weise um deren Beseitigung bemüht hat. Steht die Wohnung leer, so müsste er sich um deren Vermietung bemühen.

Der Eigentümer **verschuldet** z. B. das Leerstehen der Wohnung, wenn er sie für sich als Zweitwohnung, Ferienwohnung usw. freihält. Dies hat er dann auch selbst zu vertreten. Anders ist es jedoch, wenn er eine typische Ferienwohnung während der Ferienzeit vermieten will, dafür jedoch keine Feriengäste als Mieter findet.

Ein Erlass ist auch ausgeschlossen, wenn **persönliche Gründe** für einen Mietausfall oder eine Mietminderung ausschlaggebend waren. Das gilt z. B. wenn der Eigentümer die Wohnung einer ihm nahestehenden Person kostenlos überlässt oder von ihr nur eine sehr niedrige Miete verlangt. Entsprechendes gilt für Dienstwohnungen, Werkswohnungen usw. Ein Mietausfall ist vom

Vermieter nicht zu vertreten, wenn ihm die Einziehung der Miete unmöglich geworden ist oder nach den Gegebenheiten des Einzelfalles unzumutbar ist, z. B. weil der Mieter im Insolvenzverfahren ist. Mietausfälle auf Grund des Kündigungsschutzgesetzes hat er ebenfalls nicht zu vertreten.

Von einem **relativen Mietrückgang** könnte man sprechen, wenn zwar die tatsächlich gezahlte Miete konstant bleibt, sich jedoch die Vergleichsmiete erhöht. Hier kommt es für das Vertretenmüssen durch den Vermieter darauf an, ob auch er eine höhere Miete verlangen könnte. Wäre er dazu in der Lage, macht er aber von einer Anhebung der Miete keinen Gebrauch, so hat er dies auch selbst zu vertreten. Eine ähnliche Situation könnte sich auch ergeben, wenn die Wohnung dem Berechtigten auf Grund eines Nießbrauchs- oder Wohnrechts oder eines langfristig vereinbarten Mietvertrags überlassen worden ist, das dafür vereinbarte Entgelt nachträglich jedoch nicht mehr der tatsächlichen Entwicklung der Mieten angepasst werden kann.

Nachhaltiges Bemühen des Steuerpflichtigen um Vermietung

17   Die Gewährung des Grundsteuererlasses setzt auch voraus, dass sich der Steuerpflichtige nachhaltig, d. h. **dauerhaft und intensiv** um eine Vermietung bemüht. Hiermit einher geht das Bemühen des Steuerpflichtigen um eine angemessene und potenziell erfolgreiche Verwertung des Objekts; mithin muss der Eigentümer alle zumutbaren Anstrengungen unternommen haben, Mieter für das Objekt zu finden (VG Oldenburg v. 16.12.2010 2 A 1149/10, n. v.; *Ronnecker,* ZKF 2011 S. VI; VG Gießen v. 7.9.2011, DWW 2012 S. 116; VG Augsburg v. 17.7.2013 Au 6 K 12.1471, n. v.). Hiervon kann z. B. nicht ausgegangen werden, wenn der Steuerpflichtige seine Bemühungen auf eine planungsrechtlich unzulässige Nutzungsüberlassung fokussiert, etwa ein in einem Gewerbegebiet gelegenes Grundstück zur Vermietung für Wohnzwecke anbietet und damit eine sich aufdrängende und rechtlich gebotene Verwertung gerade nicht anstrebt.

Der Steuerpflichtige muss seine Vermietungsbemühungen im Detail **nachweisen,** für die Ernsthaftigkeit und Nachhaltigkeit dieser Aktivitäten trägt er mithin die Beweislast (*Stein,* DStR 2009 S. 1079, 1080), zumal das Bestehen einer Vermietungsabsicht nur anhand erkennbarer äußerer Merkmale festgestellt werden kann (FG Hamburg v. 24.8.2007, StE 2007 S. 753). Der Grundstückseigentümer muss sich der herkömmlichen Medien bedienen, mit dem Ziel, sein vermietbares Objekt am Markt anzubieten (vgl. hierzu auch *Jahn,* Steueranwaltsmagazin 2013 S. 168 unter Verweis auf BFH v. 11.12.2012 IX R 14/12, BStBl. 2013 II S. 279, und IX R 68/10, BStBl. 2013 II S. 367 sowie v. 9.7.2013, BStBl. 2013 II S. 693). Das Schalten von **Vermietungsinseraten** ist grundsätzlich ein geeignetes und zumutbares Instrument, um die Vermietung eines Objektes zu erreichen (BayVGH v. 18.1.2010 4 ZB 09.1962, n. v.). Bei Vermarktungsversuchen über das **Internet** ist hinsichtlich des Nachhaltigkeitsaspekts auf die Dauer des Einstellens zu achten, auch auf das Einstellen des potentiellen Vermietungsobjekts in den einschlägigen **Online-Suchportalen** (VG Dresden v. 31.1.2012 2 K 1344/10, n. v.). Das alleinige Anbringen eines schriftlichen Hinweises auf die Vermietungsabsicht am

Wohnobjekt selbst oder an Pinnwänden in Super- bzw. Baumärkten ist als nicht ausreichend nachhaltig einzustufen, da hiermit Interessenten nicht gezielt angesprochen werden (*Puhl,* KStZ 2010 S. 88 89). Ebenso wenig ist es ausreichend, vermietbare Wohnungen ausschließlich über ein im Erdgeschoss tätiges Textilreinigungsunternehmen anzubieten (VG Dresden v. 29.3.2011 2 K 1004/10, n. v.). Desgleichen ist es bei einer seit Jahren leerstehenden Wohnung zur Darlegung der Vermietungsabsicht nicht ausreichend, wenn ein- bis zweimal im Jahr Zettel an Bäumen etc. aufgehängt werden; erforderlich ist es vielmehr, die Vermietungsbemühungen zu steigern bzw. umzustellen, wenn ersichtlich ist, dass die bisher getroffenen Maßnahmen zu keinem Erfolg führen (FG Hamburg v. 24.8.2007, aaO). Hierzu können ergänzende **nachhaltige Annoncen** gehören, die in Abhängigkeit von Objektart und Interessentenkreis in der regionalen oder überregionalen Presse geschaltet werden (VG Dresden v. 25.1.2011 2 K 1860/09, n. v.; *Ronnecker,* ZKF 2011 S. VIII). Je schwieriger die Vermietbarkeit eines Objekts einzustufen ist, desto intensiver und nachhaltiger müssen die Vermietungsbemühungen sein (VG Ansbach v. 17.8.2011 AN 11 K 10.02420, n. v.). Die **Grenze zumutbarer Vermietungsbemühungen** ist erst erreicht, wenn die Kosten für Werbemaßnahmen nicht mehr in einem vernünftigen wirtschaftlichen Verhältnis zur Vermietungchance stehen (VG Ansbach v. 18.4.2013 AN 11 K 13.00403, n. v.). Auch kann eine Umstellung der Vermietungsbemühungen auf mehr Erfolg versprechende Medien angezeigt sein. In Abhängigkeit von Größe und Wert des Objekts kann im Einzelfall die **Beauftragung eines Maklers** verlangt werden (differenzierend hierzu *Puhl,* KStZ 2010 S. 88, 89), dessen Bemühungen im Veranlagungsjahr genauso nachzuweisen sind wie eigene des Eigentümers (VG Dresden v. 31.1.2012 2 K 1344/10, n. v.). Da der Steuerschuldner die Nichtnutzung im Erlasszeitraum nicht zu vertreten haben darf, muss er sich grundsätzlich **während der gesamten Zeit** der Ertragsminderung um eine Vermarktung des Objekts bemühen. Nicht erforderlich ist allerdings, dass das Vermietungsobjekt mit wöchentlichen Anzeigen beworben wird oder ohne Unterbrechung im Internet eingestellt wird. Im Hinblick auf den kurzlebigen Informationsgehalt von Zeitungsanzeigen sollte jedoch das Schalten von entsprechenden Annoncen in gewissen periodischen Abständen für den Steuerpflichtigen zur Untermauerung seiner nachhaltigen Vermietungsbemühungen zumutbar sein.

Marktgerechter Mietzins

Die mit dem Leerstand eines Objekts einhergehende Ertragsminderung hat 18 der Steuerpflichtige zu vertreten, wenn seine Mietforderung überhöht ist. Von einer überhöhten Mietforderung ist auszugehen, wenn der untere Rand der angegebenen Spanne über der üblichen Miete liegt (BFH v. 24.10.2007, BFH/NV 2008 S. 405, 407). Im umgekehrten Fall hat der Steuerpflichtige eine Ertragsminderung nicht zu vertreten, wenn er nachweist, dass er sich um eine Vermietung zu einem marktgerechten Mietzins bemüht hat (BVerwG v. 6.9.1984, KStZ 1985 S. 11). Vom Steuerpflichtigen kann auch im Falle eines Überangebots auf dem betreffenden Marktsegment nicht verlangt werden, sich den unteren Rand der Mietpreisspanne zu eigen zu machen. Vielmehr reicht es aus, dass die Räumlichkeiten dem Markt zur Verfügung stehen und nachhaltig zu einer Miete innerhalb der Spanne eines marktgerechten Mietzinses angeboten worden sind (BFH v. 24.10.2007, BStBl. 2008 II S. 384 sowie BVerwG v. 25.6.2008, ZKF 2008 S. 233; a.A. Hess. VGH v. 7.3.2005, DÖV 2005 S. 785). Gibt der Steuerpflichtige mithin in seinen Vermietungsinseraten einen festen Mietpreis an, darf dieser nicht über der üblichen Jahresrohmiete liegen. Gibt er hingegen eine Mietspanne an, darf die untere Begrenzung nicht über der üblichen Miete liegen. Vom Steuerpflichtigen kann indessen nicht verlangt werden, seine Mietforderung soweit herunterzuschrauben, bis er einen Mieter findet. Ein Grundsteuererlass scheidet allerdings aus, wenn der geringe Ertrag bzw. der Leerstand eines Gebäudes vom Grundstückseigentümer zu vertreten ist, weil dieser nicht in ausreichender Weise auf die Mietpreisvorstellungen der Mietinteressenten eingegangen ist; hiervon ist z.B. auszugehen, wenn es durchaus Interessenten gegeben hat, ein Mietverhältnis jedoch nicht zustande kam, weil ihnen die geforderte Miete innerhalb des Preisrahmens zu hoch war (*Stöckel/Kühnold*, NWB 2008 S. 1149, 1158). Der Grundstückseigentümer hat den **Mietausfall** aufgrund eines **vertraglich vereinbarten Mietverzichts** grundsätzlich zu vertreten, mit der Folge, dass ein Anspruch auf Grundsteuererlass nicht besteht (OVG NRW v. 26.7.2013, DÖV 2014 S. 43).

19   Im Hinblick auf die Änderung des § 33 GrStG durch das JStG 2009 hat die Senatsverwaltung für Finanzen Berlin einen neuen Runderlass zum Grundsteuererlass für Kalenderjahre ab 2008 herausgegeben (FinSen. Berlin v. 21.1.2009, DStR 2009 S. 586); er stützt im Wesentlichen die vorstehende Kommentierung des neuen § 33 Abs. 1 GrStG. Die nachfolgenden Beispiele sind daraus entnommen.

Normaler Rohertrag

Beispiel 1:

Für ein Grundstück mit 1000 m^2 Nutzfläche ist am 1. 1. d.J. eine Miete von 8 EUR/m^2 vereinbart (Bruttokaltmiete). Die Miete liegt im Rahmen der Gewerbemietenübersicht des FA (s. Tz. 22 des Erlasses vom 20.3.2008, GrSt-Nr. 8, GrSt-Nr. 2-Beitrittsgebiet) und der einschlägigen Mietübersichten (z. B. angepasster IHK-Orientierungsrahmen). Sie kann daher als übliche Miete in dieser Höhe geschätzt werden. Der normale Rohertrag beträgt 1000 m^2 × 8 EUR/m^2 × 12 Monate = 96 000 EUR/m^2.

Beispiel 2:

Für ein Grundstück mit 1000 m^2 Nutzfläche ist am 1.1. eines Jahres ein Betrag von 7 EUR/m^2 als übliche Miete (Bruttokaltmiete) ermittelt worden, tatsächlich hat der Stpfl. aber eine Miete von 10 EUR/m^2 vereinbart. Als normaler Rohertrag ist die übliche Miete von 7 EUR/m^2 × 1000 m^2 × 12 Monate anzusetzen: 7000 EUR × 12 = 84 000 EUR.

Ermittlung der Ertragsminderung

Beispiel 3:

Für ein Grundstück mit 1000 m^2 Nutzfläche beträgt die übliche Miete 8 EUR/m^2/Monat (s. Bsp. 1). Der normale Rohertrag beträgt 96 000 EUR. Das Grundstück ist aber nur mit einer

Teilfläche vermietet, die zu Mieteinnahmen i. H. von 38 400 EUR führen. Die Ertragsminderung beträgt 57 600 EUR, d. h. 60 % des normalen Rohertrags. Die Wesentlichkeitsgrenze von 50 % ist überschritten. Die Grundsteuer ist zu 25 % zu erlassen.

Beispiel 4:

Der normale Rohertrag beträgt für das Grundstück mit 1000 m^2 Nutzfläche 120 000 EUR. Der erzielte Ertrag beläuft sich auf 84 000 EUR (1000 m^2 × 7 EUR/m^2 × 12 Monate). Die Ertragsminderung von 36 000 EUR beträgt 30 % des normalen Rohertrags. Die Wesentlichkeitsgrenze einer Minderung von mehr als 50 % ist nicht erreicht. Es besteht kein Anspruch auf Grundsteuererlass nach § 33 GrStG.

Der normale Rohertrag muss um 100 % gemindert sein, um einen Anspruch auf Erlass der Grundsteuer i. H. von 50 % zu begründen.

Beispiel 5:

Der normale Rohertrag für ein Grundstück mit 1000 m^2 Nutzfläche beträgt 60 000 EUR (5 EUR/m^2/Monat). Es werden ganzjährig keine Mieterträge erzielt und der Eigentümer hat dies auch nicht zu vertreten, da er alle ihm zumutbaren Maßnahmen ergriffen hat, um den Leerstand zu vermeiden (s. unten – Tz. 3 – Rz. 18f). Die Ertragsminderung beträgt 100 %. Die Grundsteuer ist i. H. von 50 % zu erlassen.

Der Runderlass des FinSen. Berlin v. 21.1.2009 entfaltet Bindungswirkung zwar nur für das Land Berlin. Es ist jedoch davon auszugehen, dass auch andere Bundesländer – Stadtstaaten wie Flächenstaaten – dieser Auslegung folgen werden (*Huschke/Hantsich/Wilms*, DStR 2009 S. 2513, 2514).

Zu § 33 Absatz 2

Erlass bei gewerblich genutzten Grundstücken

Literatur: *Bruns*, Organschaften und § 33 GrStG bei eigengewerblich genutzten bebauten Grundstücken, KStZ 1980 S. 164; *Hatopp*, Grundsteuererlass für Beherbergungsbetriebe nach neuerem Recht, KStZ 1976 S. 81; *Hatopp*, Grundsteuererlass für eigengewerblich genutzte Grundstücke unter Berücksichtigung der Grundsteuer-Richtlinien 1978, DGStZ 1979 S. 39; *Hatopp*, Grundsteuererlass bei eigengewerblich genutzten bebauten Grundstücken, KStZ 1980 S. 161; *Kretschmann*, Wie können die wirtschaftlichen Verhältnisse eines Betriebes beurteilt werden?, KStZ 1976 S. 147; *Meßbacher-Hönsch*, Grundsteuererlass bei bebauten Grundstücken mit mehreren getrennt vermietbaren Einheiten, jurisPR-SteuerR 3/2013 Anm. 5; *Missy*, Grundsteuererlass nach § 33 GrStG bei eigengewerblich genutzten Grundstücken – hier Organschaften, KStZ 1977 S. 106; *Ostendorf*, Erlass der Grundsteuer wegen wesentlicher Ertragsminderung im Hotelgewerbe, KStZ 1976 S. 67; *Peters*, Grundsteuererlass nach § 33 GrStG, ZKF 1986 S. 211; *Peters*, Erlass der Grundsteuer bei eigengewerblich genutzten bebauten Grundstücken, ZKF 1992 S. 242; *Röder*, Grundsteuererlass nach § 33 Abs. 1 GrStG bei Aufgabe der eigengewerblichen Nutzung im Laufe des Jahres, ZKF 1986 S. 65; *Röder*, Grundsteuererlass bei Vorliegen eines Organschaftsverhältnisses, ZKF 1987 S. 17; *Schröder/Kribben*, Teilerlass der Grundsteuer wegen Ertragsminderung – Der normale Rohertrag und die Ausnutzung nach § 33 GrStG, BB 1980 S. 571; *Schröder/Kribben*, Der Grundsteuererlass bei Hotelbetrieben, KStZ 1981 S. 121.

Bei den gewerblich genutzten bebauten Grundstücken sind hinsichtlich **20** eines Erlasses zwei Gruppen zu unterscheiden, nämlich die zu gewerblichen Zwecken verpachteten oder vermieteten Grundstücke und die eigengewerblich genutzten Grundstücke.

Verpachtete Grundstücke

21   Der Erlass für bebaute Grundstücke, die zu gewerblicher Nutzung verpachtet sind, erfolgt unabhängig davon, ob das Grundstück im Sach- oder Ertragswertverfahren bewertet worden ist, nach den gleichen Grundsätzen wie der Erlass für die Wohngrundstücke. Das gilt für die Ermittlung der Ertragsminderung beim Leerstehen, beim Ausfall von Pachteinnahmen wie auch bei jedem anderen Rückgang der Pachteinnahmen. Der Erlass setzt auch hier voraus, dass die **Bruttopacht** um mehr als 50% gemindert ist und diese Minderung vom Eigentümer nicht zu vertreten ist. Hierzu vgl. Anm. 12 zu § 33 GrStG. Ebenso wie bei einem privaten Verpächter kommt es auch bei einem gewerblichen Verpächter auf die Minderung der Bruttopacht, jedoch nicht auf die Minderung der Ausnutzung des Grundstücks durch den Pächter an. Das gilt auch dann, wenn der Pächter eine GmbH oder auch eine GmbH & Co. ist, an welche der Verpächter als Gesellschafter beteiligt ist (VGH Ba-Wü v. 31.1.1978, KStZ 1978 S. 151), denn bei der Grundsteuer wird die Personengesellschaft als selbständiges Steuersubjekt behandelt. Da beim Verpächter keine eigengewerbliche Nutzung des Grundstücks gegeben ist, kommt es auch auf die Voraussetzungen des § 33 Abs. 1 Satz 2 GrStG nicht an. Die Gemeinde kann deshalb den Erlass nicht von den wirtschaftlichen Verhältnissen des Verpächters, oder wenn die Verpachtung bei diesem im Rahmen eines Gewerbebetriebs erfolgt, von den wirtschaftlichen Verhältnissen dieses Gewerbebetriebs abhängig machen. Hierzu vgl. Anm. 13e zu § 33 GrStG. Eine früher vertretene gegenteilige Auffassung (OVG Hamburg v. 11.4.1957, KStZ 1957 S. 153) steht im Widerspruch zum Wortlaut des § 33 GrStG.

    Schwierigkeiten können sich hier beim **Vergleich** zwischen der für den Monat Januar vereinbarten Miete oder Pacht und der ortsüblichen Miete oder Pacht ergeben; denn für die Feststellung der ortsüblichen Miete wird es vielfach an vergleichbaren Objekten fehlen und selbst unter normalen Verhältnissen sind hier erhebliche Schwankungen in den Mieten und Pachten für sonst durchaus vergleichbare gewerblich benutzte Räume möglich. Wenn für den Monat Januar des Erlasszeitraums eine Miete oder Pacht vereinbart worden ist, wäre diese auch hier die Grundlage für die Berechnung der zum Vergleich heranzuziehenden normalen Jahresbruttomiete. Wenn dies jedoch nicht möglich ist, muss eine ortsübliche **Vergleichsmiete geschätzt** werden. Sie lässt sich u. U. ableiten aus dem Durchschnitt der Pachteinnahmen der **letzten drei Jahre** vor dem Erlasszeitraum. Letzteres wird insbesondere auch bei einer Miete oder Pacht notwendig sein, die sich nach dem Umsatz des Geschäfts oder Betriebs richtet, der in den Räumen unterhalten wird. In diesen Fällen können jedoch noch weitere Korrekturen notwendig sein. Sowohl bei der normalen Bruttomiete als auch bei der tatsächlich gezahlten Miete sind nämlich die Anteile, die von der vereinbarten Miete auf Betriebsvorrichtungen, auf Nebenleistungen usw. entfallen, jeweils wieder auszuscheiden. Ist ein ganzer Betrieb verpachtet, so ist hier jeweils nur auf die Pachtteile abzustellen, die auf das dazugehörende Grundstück entfallen. Dabei kann aber unterstellt werden, dass diese Pachtteile sich in demselben Ausmaße gemindert haben wie die Pachteinnahmen für den Betrieb insgesamt. Die Schätzung der üblichen Jahresrohmiete kann allerdings in dem tatsächlich erzielten Mietertrag seine Entsprechung finden, wenn ein Fremdvergleich aufgrund der Einzigartigkeit des Steuergegenstands ausscheidet und der Grundstückseigentümer im Erlasszeitraum alle ihm zumutbaren Anstrengungen unternommen hat, mit dem Ziel, Leerstände weitestgehend zu vermeiden (VG Göttingen v. 11.4.2013 2 A 198/11, n. v., zum Grundsteuererlass bei Umnutzung einer großflächigen Produktionsstätte zum gewerblichen Mietobjekt).

Wie bei verpachteten gewerblich genutzten Räumen ist auch zu verfahren, wenn die Nutzung der Räume durch den Berechtigten auf Grund eines **Nießbrauchs** oder sonstigen Nutzungsrechts erfolgt. Die gewerbliche Nutzung eines Grundstücks auf Grund eines Erbbaurechts ist allerdings als Eigennutzung des Erbbauberechtigten anzusehen; denn hier ist nicht der Eigentümer des Grundstücks, sondern allein der Erbbauberechtigte (§ 10 Abs. 2 GrStG) Steuerschuldner.

Ist die eigengewerbliche Nutzung völlig eingestellt, so richtet sich der Erlass nicht mehr nach § 33 Abs. 1 Satz 2 GrStG, sondern nach § 33 Abs. 1 Satz 1 GrStG; denn ein eigengewerblich genutztes Grundstück ist von der endgültigen Betriebseinstellung ab nicht mehr gegeben. Es ist deshalb wie bei einem verpachteten Betriebsgrundstück zu verfahren. Es kommt deshalb – anders als bei § 33 Abs. 1 Satz 2 GrStG – auch nicht mehr auf die wirtschaftlichen Verhältnisse des Betriebs oder des Gesamtunternehmens an, zu dem das Grundstück gehört. Für einen Erlass würde es deshalb auch unerheblich sein, ob das Gesamtunternehmen ein positives oder negatives Betriebsergebnis hat (BVerwG v. 15.4.1983, StRK § 33 GrStG R. 4). Hierzu vgl. auch Anm. 24 zu § 33 GrStG.

Eigengewerblich genutzte Grundstücke

Eigengewerblich genutzt ist ein Grundstück, auf welchem derjenige, dem **22** es bei der Einheitsbewertung zugerechnet worden ist, selbst eine gewerbliche Tätigkeit ausübt. Ob das Grundstück bewertungsrechtlich als Betriebsgrundstück (§ 99 BewG) behandelt worden ist, bleibt dagegen ohne Bedeutung. Hierzu vgl. auch Anm. 24 zu § 2 GrStG. Wenn das Grundstück zu weniger als der Hälfte eigengewerblich genutzt wird, ist es zwar kein Betriebsgrundstück, der eigengewerblich genutzte Teil wird jedoch in gleicher Weise wie ein selbständiges Grundstück behandelt (§ 33 Abs. 4 GrStG). Es kommt auch nicht darauf an, ob das Grundstück im Ertragswertverfahren oder im Sachwertverfahren bewertet worden ist.

Der Erlass für ein eigengewerblich genutztes Grundstück erfolgt sowohl unter der Voraussetzung, dass der normale Rohertrag um mehr als 50% gemindert ist, als auch unter der Voraussetzung, dass die Ausnutzung des Grundstücks entsprechend gemindert (§ 33 Abs. 2 GrStG) und diese Minderung nicht vom Eigentümer zu vertreten ist. Außerdem muss die Einziehung der Grundsteuer nach den wirtschaftlichen Verhältnissen des Betriebes unbillig sein (§ 33 Abs. 1 Satz 3 GrStG). Dabei ist jeweils auf das Kalenderjahr abzustellen, für das der Erlass beantragt wird. Im Einzelnen vgl. die Recht-sprechungsübersicht im Anhang I.

Minderung der Ausnutzung

23   Als Minderung des normalen Rohertrags gilt bei eigengewerblich genutz-ten Grundstücken die Minderung der **Ausnutzung des Grundstücks** (§ 33 Abs. 2 GrStG). Dabei handelt es sich nicht nur um eine dem Erlass nach § 227 AO vergleichbare Billigkeitsmaßnahme; vielmehr besteht bei Vorliegen der Voraussetzungen des § 33 GrStG ein Rechtsanspruch auf Erlass der Grundsteuer in der gesetzlich vorgesehenen Höhe (BFH v. 24.10.2007, BStBl. 2008 II S. 384, sowie v. 30.7.2008, BFH/NV 2009 S. 7). Eine Minde-rung der Ausnutzung liegt aber nur vor, wenn das Grundstück räumlich oder zeitlich weniger ausgenutzt wird als dies üblicherweise der Fall ist. Es kommt dagegen nicht darauf an, ob auch eine Minderung des auf dem Grundstück normalerweise erwirtschafteten Ertrags vorliegt. Wollte man hierauf abstellen, würde nicht die Minderung des Rohertrags des Grundstücks, sondern die Minderung des Rohertrags des Gewerbebetriebs zum Erlass führen. Dass in § 33 Abs. 4 GrStG auch im vorliegenden Zusammenhang von einer Ertrags-minderung gesprochen wird, steht dem nicht entgegen. Meist wird jedoch die Minderausnutzung des Grundstücks mit einer gleichzeitigen Minderung des Ertrags des Gewerbebetriebs verbunden sein. Diese kann deshalb ebenfalls zur Feststellung des Ausmaßes der Minderung herangezogen werden. Die Frage, ob die Minderung des Rohertrags oder die Minderung der Ausnut-zung im Vordergrund steht, ist allerdings umstritten.

Steht das bisher eigengewerblich genutzte Gebäude völlig leer, so beträgt die Minderung der Ausnutzung 100%. Steht es nur teilweise leer, so soll es auf das Verhältnis der leer stehenden Fläche zur Gesamtfläche ankommen. Auch eine Aufteilung des Grundstücks in die leer stehenden und die noch benutzten Bauteile wäre denkbar. Dabei wäre von den Wertanteilen auszuge-hen, mit denen diese im Einheitswert enthalten sind. Hierzu vgl. Anm. 3 zu § 8 GrStG. Bei nur zeitweisem Leerstehen würde die Minderung zeitanteilig festzustellen sein. Eine Minderausnutzung kann aber auch gegeben sein, ohne dass das Gebäude leersteht. Das wäre z.B. der Fall, wenn infolge von Kurzar-beit, längeren Streiks usw. die Maschinen in einer Fabrikhalle im Erlasszeit-raum nicht voll ausgenutzt worden sind. In diesen und in ähnlichen Fällen soll dann nach den besonderen Verhältnissen des Gewerbebetriebs entschie-den werden, welche Merkmale für die Feststellung der Minderung geeignet sind und deshalb angewendet werden können.

Geht man in dem letzten Fall von der entsprechenden Sachbehandlung bei Wohngrundstücken aus, so würde man an die Stelle der normalen Bruttojah-resmiete oder ortsüblichen Miete die normale Ausnutzung und an die Stelle der tatsächlichen Bruttomiete die tatsächliche Ausnutzung des Grundstücks setzen können. Für die normale Ausnutzung kommt es auf die Verhältnisse des Monats Januar des Erlasszeitraumes an, die dann allerdings in eine übliche Jahresausnutzung umzurechnen, d.h. mit 12 zu multiplizieren ist. Dem ist dann der Umfang der tatsächlichen Jahresausnutzung gegenüberzustellen.

Die Ausnutzung im Monat Januar als alleiniger Maßstab wäre jedoch dann unrealistisch, wenn im Laufe des Jahres sowieso erhebliche Schwankungen in der Ausnutzung eintreten, wie es nicht nur bei Saisonbetrieben der Fall ist, sondern mehr oder weniger auch bei anderen Betrieben der Fall sein kann. Solche im üblichen Betriebsablauf vorkommenden Schwankungen müssten deshalb ebenfalls mitberücksichtigt werden.

Wenn in § 33 Abs. 1 Nr. 1 GrStG im Zusammenhang mit einem Erlass für die Land- und Forstwirtschaft der Rohertrag in der Weise definiert wird, dass dies der bei ordnungsgemäßer Bewirtschaftung gemeinhin und nachhaltig erzielbare Ertrag sei, so sollte man auch hier auf eine gemeinhin und **nachhaltig übliche Ausnutzung** abstellen können. Das würde aber bedeuten, dass nicht unbedingt die Verhältnisse des Monats Januar allein maßgebend sein können. Man wird vielmehr von der durchschnittlichen Ausnutzung der **letzten drei Kalenderjahre** vor dem Erlasszeitraum ausgehen (OVG Münster v. 25.6.1976, KStZ 1976 S. 212). Der Durchschnitt dieser drei Jahre würde dann als normale Ausnutzung gelten und mit dem Ergebnis der tatsächlichen Ausnutzung während des Erlasszeitraums zu vergleichen sein. Die Verhältnisse dieser drei Jahre müssten jedoch für den Betrieb üblich gewesen sein. Sie wären kein Maßstab, wenn sich in diesen drei Jahren die Betriebsstruktur wesentlich geändert hat, wenn es sich um einen neugegründeten Gewerbebetrieb handelt u. a. m. Ausnahmsweise sollte man auch von den Verhältnissen eines Jahres ausgehen können, das als typisch gelten kann, selbst wenn es weiter zurückliegt. Es wird zwar die Auffassung vertreten, dass es nicht darauf ankommt, wann die Betriebskapazität das letzte Mal voll ausgenutzt wurde, sondern auf die Auslastungsquote in den Jahren, die dem Erlasszeitraum unmittelbar vorangehen. Dafür würden die letzten drei Jahre ausreichen (VG München v. 4.12.1979, ZKF 1980 S. 142). Ein Vergleichszeitraum von 15 Jahren wurde jedenfalls abgelehnt. So langfristige Entwicklungen müsste der Betriebsinhaber durch entsprechende Dispositionen und Gegenmaßnahmen abfangen. Er hat deshalb die Minderausnutzung zu vertreten (BVerwG v. 26.1.1973, KStZ 1973 S. 92).

Bei dem Vergleich soll von den **Merkmalen** ausgegangen werden, die dafür nach den Verhältnissen des Betriebes am besten geeignet sind. Ihre Auswahl ist damit mehr oder weniger eine Ermessensentscheidung der Gemeinde (OVG Münster v. 11.1.1961, DStZ/B 1961 S. 237), die von dieser nach pflichtgemäßem Ermessen zu treffen ist (BVerwG v. 13.7.1979, KStZ 1980 S. 11). Unter Umständen können gleichzeitig auch verschiedene Maßstäbe angewendet werden. Es empfiehlt sich deshalb für den Steuerpflichtigen, sich schon vorweg mit der Gemeinde über den anzuwendenden Maßstab zu einigen. Die Gemeinde müsste im Übrigen in der Begründung ihrer Entscheidung, zumindest wenn sie den Erlassantrag ablehnt, stets auch angeben, weshalb gerade der oder die im konkreten Fall angewendeten Maßstäbe von ihr gewählt worden sind. Im Einzelfall ist jeweils der sich danach ergebende normale bzw. durchschnittliche Ausnutzungsgrad für das Grundstück festzustellen, diesem der tatsächliche Ausnutzungsgrad für den Erlasszeitraum gegenüberzustellen und die festgestellte Minderausnutzung in einem Prozentsatz auszudrücken.

Beispiel:

Im Januar war das Grundstück noch voll ausgenutzt. Als normale Jahresausnutzung gelten deshalb 100 % × 12 = 1200 %. Die tatsächliche Ausnutzung im Kalenderjahr betrug:

von Januar bis Mai	100 % = 100 × 5 = 500 %;
Juni bis Juli	60 % = 60 × 2 = 120 %;
August bis November	25 % = 25 × 4 = 100 %;
Dezember (eingestellt)	= 0 %;
Tatsächliche Jahresausnutzung	720 %

Der Umfang der Minderausnutzung beträgt somit 1200 . /. 720 = 480 : 12 = 40 %. Ein Erlass der Grundsteuer wäre somit nicht möglich.

Der **Ausnutzungsgrad** ist ein im Wirtschaftsleben geläufiger **betriebswirtschaftlicher Begriff.** Es ist dies der Maßstab für die Leistungsfähigkeit der dem Betrieb zur Verfügung stehenden menschlichen Arbeitskräfte und Betriebsmittel. Werden die Arbeitskräfte voll beschäftigt und die Betriebsmittel voll genutzt, d. h. sind sie während der gesamten Arbeitszeit dauernd im Einsatz, so ist der Ausnutzungsgrad 100 %. Dies wäre aber nicht die normale, sondern die maximale Ausnutzung.

Bei vielen Betrieben werden bereits Unterlagen über die Kapazitätsausnutzung, sei es für eigene Kontrollzwecke oder für andere nichtsteuerliche Zwecke, vorliegen. Dabei erfolgt allerdings ein Vergleich der tatsächlichen Ausnutzung mit der maximalen Kapazität. Im vorliegenden Zusammenhang kommt es jedoch nicht auf die maximale, sondern nur auf die übliche bzw. durchschnittliche Ausnutzung als Vergleichsmaßstab an. Es sollte möglich sein, die **normale Ausnutzung** auch hieraus abzuleiten.

Im vorliegenden Zusammenhang kommt es jedoch nicht auf die Auslastung des gesamten Betriebes an, sondern auf die Ausnutzung des Grundstücks, für das der Erlass begehrt wird. Seine Ausnutzung wäre mit der des Betriebes allerdings dann identisch, wenn dieser sich ausschließlich auf dem Grundstück befindet. Es könnte hier auch auf eine geschlossene Betriebsabteilung, einen Teilbetrieb oder eine Betriebsstätte abgestellt werden, die sich ausschließlich auf dem Grundstück befinden. Dies gilt insbesondere, wenn die einzelnen Betriebsstätten usw. in verschiedenen Gemeinden liegen. Bei einem Betrieb, der über mehrere Grundstücke oder über eine große Zahl von Grundstücken verteilt ist, kann der Ausnutzungsgrad des Gesamtbetriebs aber kaum noch einen Anhalt bieten; denn die Minderausnutzung des einzelnen dazugehörenden Grundstücks kann davon auch abweichen, z. B. wenn nur einzelne Abteilungen des Betriebs stillgelegt werden oder nur in einer Zweigniederlassung Kurzarbeit notwendig war u. a. m. In solchen Fällen ist dann der Ausnutzungsgrad für das Grundstück individuell zu ermitteln, was unter Umständen nur im Wege einer Schätzung möglich ist.

Als Merkmale für die Feststellung der Ausnutzung können brauchbar sein bei **Produktionsbetrieben** z. B. der Produktionsmitteleinsatz, der Produktionsausstoß oder der Umsatz (OVG Münster v. 25.5.1981, ZKF 1982 S. 33), die Zahl der Arbeitnehmer, der Arbeitsstunden, die Maschinenstunden, die ausgelastete Nutzfläche, die Lohnsummen bei einem lohnintensiven Betrieb

(VG München v. 4.12.1979, ZKF 1980 S. 142) u.a.m. Im Zeitalter der Automation und Rationalisierung können damit allerdings nicht immer zuverlässige Daten gefunden werden. Bei **Handelsbetrieben** usw. kann z.B. auch auf den Mengenumsatz abgestellt werden, soweit er nach Gewicht, Stückzahl usw. festgelegt werden kann, bei Privattheatern, **Kinos** usw. z.B. auf die Zahl der belegten Sitzplätze (OVG Münster v. 25.6.1976, KStZ 1976 S. 212), bei **Sanatorien, Kurheimen, Hotels** usw. z.B. auf die Zahl der belegten Betten (BVerwG v. 3.7.1979, StRK § 33 GrStG R. 1) u.a.m. Der Gedanke, bei Hotels z.B. eine durchschnittliche Bettenbelegung in der jeweiligen Gemeinde als generell verbindlichen Vergleichsmaßstab festzulegen, hat sich nicht durchgesetzt. Es soll vielmehr in Übereinstimmung mit Abschnitt 40 Abs. 5 GrStR auf die durchschnittliche Bettenbelegung der letzten drei Jahre ankommen (BVerwG v. 3.7.1979, aaO). Die Rechtsprechung macht jedoch die Anwendung dieser Ermittlungsmethode davon abhängig, dass die Ausnutzung in den Vergleichsjahren nicht ebenfalls schon erheblich gemindert war, dass man deshalb für diese Jahre von einer üblichen Ausnutzung ausgehen kann (BVerwG v. 3.7.1979, aaO). Anderenfalls würden die Ergebnisse dann doch recht fragwürdig sein.

In vielen Fällen wird nur der **Umsatz** als geeigneter Vergleichsmaßstab zur Verfügung stehen. Wenn man allerdings vom durchschnittlichen Umsatz der letzten drei Kalenderjahre als Vergleichsmaßstab ausgeht, kann es notwendig sein, eine etwaige zwischenzeitliche „Inflationsrate" in geeigneter Form auszuscheiden. Der Verbraucherpreis kann, braucht aber dafür nicht unbedingt auch ein geeigneter Maßstab zu sein. Einen Anhaltspunkt könnten z.B. für Produktionsbetriebe auch die Indexzahlen für die Erzeugerpreise industrieller Produkte geben, die vom Statistischen Bundesamt veröffentlicht werden. Im Übrigen dürften die durchschnittlichen jährlichen Preissteigerungen in den einzelnen Branchen hinreichend bekannt sein. Es sollte hiervon ausgegangen werden. Es wäre dann jeweils der Wert der Produktion auf eine einheitliche Wertbasis umzurechnen.

Beispiel:

Die Minderausnutzung des Betriebsgrundstückes eines Verbrauchsgüter produzierenden Betriebs soll nach dem Umsatz berechnet werden. Es betragen:

	der tatsächliche Umsatz	der geltende Index	der bereinigte Umsatz
2009		100%	
2010	10 Mio. €	112%	9,0 Mio. €
2011	12 Mio. €	115%	10,4 Mio. €
2012	13 Mio. €	118%	11,2 Mio. €
2013	10 Mio. €	(geschätzt) 121%	8,3 Mio. €

Durchschnittlicher bereinigter Umsatz

(9,0 + 10,4 + 11,2) : 3	=	10,2 Mio. €	
Bereinigter Umsatz 2013	=	8,3 Mio. €	
Minderung der Ausnutzung		1,9 Mio. €	= 18,6%

Ebenso wie bei einem Erlass für Wohnungen nur vom Rohertrag, also nur von der Bruttomiete ausgegangen werden darf, kann auch hier nur der **Bruttoumsatz** maßgebend sein. Ob der Betrieb mit Gewinn oder Verlust arbeitet, ist in diesem Zusammenhang ohne Bedeutung. Es kann deshalb bei diesem Vergleich auch nicht auf die Ergebnisse der Gewinn- und Verlustrechnung abgestellt werden. Gegenteilige Auffassungen (BVerwG v. 26.6.1964, KStZ 1964 S. 220) vermögen nicht zu überzeugen.

Unter Umständen können für das einzelne Grundstück gleichzeitig auch mehrere Vergleichsmaßstäbe anzuwenden sein. Wenn z. B. die einzelnen Betriebsabteilungen auf demselben Grundstück sich in verschiedener Weise betätigen, z. B. ein Hotel in Verbindung mit einem Restaurant, wird man möglicherweise von der Bettenbelegung und vom Umsatz ausgehen. Die Vorschrift in § 33 Abs. 4 GrStG würde dabei entsprechend anzuwenden sein, denn auch hier kann die Minderung nur für das Grundstück insgesamt festgestellt werden. Hierzu vgl. Anm. 13 zu § 33 GrStG.

Beispiel:

Der Betrieb unterhält auf dem Grundstück neben dem Hotel noch ein Restaurant.

a) Hotel:

Übernachtungen in den Vorjahren durchschnittlich	15 000
Übernachtungen im Erlassjahr	11 000
Minderausnutzung	4 000 = rund 26 %

b) Restaurant:

Bereinigter durchschnittlicher Umsatz in den Vorjahren	1 000 000 €	
Bereinigter Umsatz des Erlasszeitraums	600 000 €	
Minderausnutzung	400 000 €	= 40 %

Vom Einheitswert des Grundstücks entfallen auf das Hotel 80 % und auf das Restaurant 20 %. Demgemäß beträgt die Minderausnutzung

für den Grundstücksanteil Hotel $\dfrac{80 \times 26}{100} = 20{,}8\,\%$

für den Grundstücksanteil Restaurant $\dfrac{20 \times 40}{100} = 8{,}0\,\%$

für das gesamte Grundstück $\quad 20{,}8 + 8 = 28{,}8\,\%$

Es wäre durchaus aber auch möglich, dass eine Kombination mehrerer Maßstäbe gleichzeitig für das einheitlich genutzte Grundstück angewendet wird. Würde man z. B. bei einem Hotel auf die Zahl der Übernachtungen abstellen, so würde zwar bei einer Umstellung auf Pauschalreisende diese Zahl möglicherweise steigen, der tatsächliche Umsatz würde wahrscheinlich jedoch geringer. Hier könnte vielleicht ein betriebsinterner Vergleich sowohl nach der Bettenbelegung als auch nach dem Umsatz weiterhelfen.

Wenn über die Kapazitätsausnutzung der vorangegangenen Jahre keinerlei Zahlen vorliegen, z. B. weil das Grundstück damals noch nicht eigengewerblich genutzt oder jedenfalls nicht für dieselben Zwecke wie im Erlasszeitraum genutzt wurde, wird die Feststellung der Ausnutzung schwierig. Hier kann vielleicht ein Vergleich mit ähnlichen Betrieben oder, falls das Grundstück zu einem Großunternehmen gehört, mit anderen Betriebsabteilungen weiterführen. Bei neugegründeten Betrieben wird diese Frage allerdings deshalb an Bedeutung verlieren, weil für Betriebe im Aufbau ein Erlass schon aus subjektiven Gründen meist nicht in Betracht kommen dürfte.

Minderausnutzung und Verhalten des Eigentümers

Die Frage, ob die Minderausnutzung vom Eigentümer **zu vertreten** oder 23a nicht zu vertreten ist (§ 33 Abs. 1 GrStG), muss hier nach denselben Grundsätzen wie bei einem Erlass für Wohnungen entschieden werden. Hierzu vgl. Anm. 12 zu § 33 GrStG. Es sind deshalb alle Umstände zu prüfen, die als Ursachen für die Minderung der Ausnutzung in Betracht kommen können (OVG Münster v. 25.6.1976, KStZ 1976 S. 212), ob er sie selbst auf Grund eigener Willensentscheidung herbeigeführt hat oder ob er deren Eintritt durch geeignete und zumutbare Maßnahmen hätte verhindern können (BVerwG v. 15.4.1983, StRK § 33 GrStG R. 5). Was die Anforderungen an die Vermietungsbemühungen des Grundstückseigentümers und damit die Frage des Vertretenmüssens anlangt, ist bei **Grundstücken mit mehreren getrennt vermietbaren Einheiten** die Entscheidung des BFH v. 27.9.2012 (BStBl. 2014 II S. 117) zu beachten. Besteht demnach eine wirtschaftliche Einheit aus zahlreichen verschieden ausgestatteten, zu unterschiedlichen Zwecken nutzbaren und getrennt vermietbaren Räumlichkeiten und sind die marktadäquaten Mieten für die einzelnen Raumeinheiten unterschiedlich hoch, hat der Steuergläubiger für jede nicht vermietete Raumeinheit **gesondert zu prüfen,** ob der Grundstückseigentümer den Leerstand iSd § 33 Abs. 1 Satz 1 GrStG zu vertreten hat. Mithin sind im Rahmen des § 33 GrStG die Anforderungen an die Vermietungsbemühungen nicht zu überspannen (*Meßbacher-Hönsch,* jurisPR-SteuerR 3/2013 Anm. 5). Nicht zu vertreten hat der Grundstückseigentümer also Umstände, auf deren Ursachen er als Betriebsinhaber keinen Einfluss hatte oder denen er sich in zumutbarer Weise nicht entziehen konnte. Man wird davon ausgehen müssen, dass in Handel und Industrie keine unvernünftigen Maßnahmen getroffen werden, sondern jede Entscheidung auf die Erzielung von Umsatz und Gewinn hin ausgerichtet ist. Man darf aber andererseits auch nicht übersehen, dass die meisten Entscheidungen im betrieblichen Bereich mit einem mehr oder weniger großen Risiko behaftet sind. Ob solche Entscheidungen im Ergebnis die Erwartungen erfüllen oder, wenn dies nicht der Fall ist, zu einer Minderausnutzung führen und diese dann auch vom Betriebsinhaber zu vertreten sind, dürfte unter diesen Umständen nur schwer festzustellen sein. Eine vorübergehende Minderung der Ausnutzung bei **Neugründung,** bei **Ausweitung** des Gewerbebetriebs oder bei einer **Produktionsumstellung** gehört allerdings zum Unternehmerrisiko und ist deshalb zunächst erst einmal vom Betriebsinhaber zu vertreten (Abschnitt 38 Abs. 4 GrStR, abgedruckt bei Anm. 4 zu § 33 GrStG). Hierzu vgl. auch VG Düsseldorf v. 13.5.1985 (ZKF 1986 S. 11). Desgleichen hat der Steuerpflichtige einen Leerstand regelmäßig zu vertreten, wenn er es unterlässt, in zumutbarem Umfang in die Bausubstanz und Infrastruktur seines (Gewerbe-)Grundstücks zu investieren und die Immobilie infolgedessen im Veranlagungsjahr einer verfallenden Industriebrache ähnelt (VG Neustadt/Weinstraße v. 16.3.2011 1 K 735/10.NW, n. v.). Die Situation, in der ein Investor ein sanierungsbedürftiges Objekt nach Aufgabe der bisherigen Nutzung erwirbt, es einer neuen Nutzung zuführen will und im Interesse einer möglichst effektiven wirtschaftlichen Verwertung zunächst marktgerecht umbaut, fällt nicht als außergewöhnlich aus dem Rahmen und ist typischerweise mit einem Leerstand verbunden. Folglich hatte hier der Grundstückseigentümer die Ertragslosigkeit des Grundstücks zu vertreten, so dass der Erlass der GrSt ausschied (BayVGH v. 31.3.2005 4 B 01. 1818, n. v.; die Nichtzulassungsbeschwerde hiergegen hat das BVerwG mit Beschluss v. 8.11.2005, NWB EN-Nr. 149/2006, zurückgewiesen; siehe hierzu aber Anm. 16 zu § 33 GrStG). Desgleichen begründete nach Auslauf eines Mietvertrags der länger andauernde Leerstand eines mit einer Halle (Hochregallager) bebauten Grundstücks, für dessen Anmietung nur ein begrenzter Interessentenkreis in Frage kam, keinen atypischen Umstand, der einen Erlass der GrSt rechtfertigt (BayVGH v. 15.12.2005 4 B 04.1948, n. v.). Der (teilweise) Leerstand auf dem Berliner Büro- und Gewerbemietenmarkt seit Mitte der neunziger Jahre entsprach der allgemeinen Situation, war mithin nicht atypisch und konnte einen GrSt-Erlass nicht begründen (FG Berlin v. 18.5.2004 2 K 2220/01, n. v.).

Diese **einschränkende Rechtsauffassung** ist jedoch mittlerweile **gegenstandslos** geworden. Das BVerwG hat seine Rechtsprechung, wonach in Fällen strukturell bedingter Ertragsminderungen von gewisser Dauer ein Grundsteuererlass nach § 33 Abs. 1 GrStG nicht in Betracht komme, durch Entscheidung v. 24.4.2007 (ZKF 2007 S. 211; *Barbier/Arbert,* BB 2007 S. 1421; *Hosser,* StB 2007 S. 264; *Kühnold,* ZKF 2007 S. 128 sowie S. 272) aufgegeben und sich der abweichenden Auffassung des BFH (Beschlüsse v. 13.9.2006, BStBl. 2006 II S. 921; hierzu *Englert/Alex,* DStR 2007 S. 95; hierzu *Balzerkiewicz/Voigt,* Das Grundeigentum 2006 S. 1457; BFH v. 26.2.2007, BStBl. 2007 II S. 469, hierzu *Stöckel,* StBg 2007 S. 459) angeschlossen. Folge dieser Rechtsprechungsänderung ist, dass alle Differenzierungen nach typischen oder atypischen, nach strukturell bedingten oder nicht strukturell bedingten, nach vorübergehenden oder nicht vorübergehenden Ertragsminderungen und nach den verschiedenen Möglichkeiten, diese Merkmale zu kombinieren, hinfällig geworden sind. Siehe hierzu auch Anm. 15 zu § 33 GrStG.

Gewöhnlich ist durch die Entwicklung der wirtschaftlichen Verhältnisse jeweils ein **ganzer Wirtschaftszweig** betroffen. Die Folgen solcher struktureller (langfristiger) oder auch konjunktureller (kurzfristiger) wirtschaftlicher Entwicklungen braucht der Betriebsinhaber allerdings nicht zu vertreten (Abschnitt 38 Abs. 4 GrStR). Früher war man allerdings der Auffassung, dass er diese Folgen zu vertreten habe (OVG Münster v. 25.6.1976, KStZ 1976 S. 212). Mit dem ausdrücklichen Hinweis in Abschnitt 38 Abs. 4 GrStR sollte dieser Auffassung widersprochen werden. Einen Betriebsinhaber, der aus solchen Entwicklungen die notwendigen Konsequenzen für sein Unternehmen zieht und z.B. eine Zweigniederlassung stilllegt, Produktionsstätten zusammenlegt u. a. m., wird man auch nicht für das dadurch bedingte Leerstehen von Gebäuden verantwortlich machen können. Wenn er allerdings bei einer langfristig voraussehbaren Entwicklung nichts unternimmt, um dem zu begegnen, bleibt zu prüfen, ob er nicht doch die dadurch bedingte Minderausnutzung zu vertreten hat (VG München v. 4.12.1979, ZKF 1980 S. 142).

Auch hier gilt der Grundsatz, dass er das Leerstehen zu vertreten hat, wenn er sich nicht in zumutbarer Weise um eine anderweitige Nutzung bemüht. Hierzu vgl. auch Anm. 12 zu § 33 GrStG. Normalerweise wird es aber, wenn das Gebäude nur für ganz bestimmte Zwecke brauchbar ist, dieses als sog. Einzweckbau anzusehen ist, u. U. gar keine andere Nutzungsmöglichkeit geben, die dafür in Betracht kommt. Im Übrigen wird der Betriebsinhaber in aller Regel auch damit rechnen, dass er über kurz oder lang die Betriebsstätte wieder selbst benötigt. Anders als bei leer stehenden Mietwohnungen würde es ihm deshalb schon aus wirtschaftlichen Gründen vielfach gar nicht zuzumuten sein, dass er sofort entsprechende Maßnahmen für eine alsbaldige Vermietung oder Verpachtung trifft. Eine andere Beurteilung könnte sich allerdings dann ergeben, wenn das Grundstück schon über mehrere Jahre ungenutzt ist, ohne dass eine Besserung der wirtschaftlichen Lage zu erwarten ist oder wenn das Grundstück auch zur Verwendung für andere Zwecke geeignet ist, jedoch keine ernsthaften Bemühungen für eine zweckmäßige Verwendung (Verpachtung, Veräußerung usw.) zu erkennen sind. War die Minderung der Ausnutzung oder das Leerstehen schon vor dem Erlasszeitraum eingetreten, kommt es nicht mehr darauf an, ob der Betriebsinhaber dies zu vertreten hat, sondern darauf, ob er es zu vertreten hat, dass die Minderung usw. im Erlasszeitraum von ihm nicht beseitigt werden konnte (BVerwG v. 15.4.1983, StRK § 33 GrStG R. 5, sowie v. 25.6.2008, ZKF 2008 S. 233).

Einzelfälle, in denen unabhängig von der wirtschaftlichen Gesamtlage eine Minderausnutzung vom Betriebsinhaber nicht zu vertreten ist, wären z. B. Hochwasserschäden, Brandkatastrophen, Unwetter (*Ritzer,* NWB 2013 S. 4047) oder ähnliche Ereignisse, die unmittelbar zu einer ganzen oder teilweisen Nichtbenutzbarkeit des Grundstücks führen. Es gehört hierher aber auch der Umsatzrückgang infolge des Baues einer U-Bahn in der Straße, an der das Geschäft liegt, oder infolge von Umbaumaßnahmen auf Grund baubehördlicher Anweisungen, oder auch infolge von Umbaumaßnahmen, die aus betrieblichen Gründen notwendig sind, um eine Minderausnutzung zu beseitigen oder zu vermeiden. Zu vertreten wären jedoch ein Umbau, der aus Gründen der Kapazitätsausweitung erfolgt (*Stöckel,* StBg 2007 S. 459, 461), eine Stilllegung aus Gründen der Rationalisierung u. a. m., also Maßnahmen, die der Betriebsinhaber selbst verursacht (BVerwG v. 26.1.1973, DB 1973 S. 566). Wird ein **Betrieb neu eröffnet,** so sind die Anlaufschwierigkeiten, die zu einer Minderausnutzung führen, nicht zu berücksichtigen, denn es wird hier niemand sofort mit einer vollen Ausnutzung rechnen. Für die Anlaufzeit, d. h. für die ersten drei Jahre, wird man deshalb davon ausgehen müssen, dass eine Minderausnutzung vom Eigentümer selbst zu vertreten ist. Dies gilt aber nicht, wenn diese Anlaufverluste durch Fehlmaßnahmen verursacht sind, die im normalen Geschäftsbetrieb nicht mehr ausgeglichen werden können (BFH v. 20.5.1965, BStBl. 1965 III S. 503 und v. 6.8.1971, BStBl. 1972 II S. 109). Entsprechend ist bei Verlusten zu verfahren, die sich als Folge einer Kapazitätsausweitung ergeben (VG Düsseldorf v. 13.5.1985, ZKF 1986 S. 11).

Der **Begriff des „Vertretenmüssens"** ist nicht gleichzusetzen mit dem bürgerlich-rechtlichen „Verschulden", also mit Vorsatz oder Fahrlässigkeit. Dass ein fahrlässiges oder gar vorsätzliches Verhalten, welches eine Ertragsminderung verursacht, nicht zum Erlass der ohnehin allein auf den Wert des Grundbesitzes gelegten und damit ertrags- und verhaltensunabhängigen Objektsteuer führen kann, versteht sich von selbst. An das „Nichtvertreten" des § 33 Abs. 1 GrStG sind deshalb wesentlich höhere Anforderungen zu stellen als die bloße Vermeidung von Vorsatz und Fahrlässigkeit im Zusammenhang mit den zur Ertragsminderung führenden Ursachen (VG Ansbach v. 17.8.2011 AN 11 K 10.02420, n. v.). Ausgehend davon, dass es sich bei § 33 Abs. 1 Satz 1 GrStG um eine Billigkeitsregelung handelt, bietet es sich an, den Begriff des „Vertretenmüssens" stets auch vor dem Hintergrund der Frage danach auszulegen, ob es auf Grund des vorangegangenen Verhaltens des Steuerpflichtigen schlechthin unbillig wäre, die geltend gemachten ertragsmindernden Umstände bei der Grundsteuerbelastung unberücksichtigt zu lassen (VG Düsseldorf v. 13.5.1985, aaO).

Unbilligkeit der Einziehung der Grundsteuer

24   Als weitere Voraussetzung für den Erlass kommt bei eigengewerblich genutzten Grundstücken schließlich noch hinzu, dass die Einziehung der Steuer nach den wirtschaftlichen Verhältnissen des Betriebes unbillig sein muss (§ 33 Abs. 1 GrStG). Es ist nicht zu übersehen, dass damit der Erlass für eigengewerblich genutzte Grundstücke, im Gegensatz zum Erlass bei anderen Grundstücken, trotz des bestehenden Rechtsanspruchs im Ergebnis doch wieder einem Erlass aus Billigkeitsgründen sehr nahe kommt. Hierzu vgl. Anm. 2 zu § 33 GrStG. Der Unterschied zum Erlass aus Billigkeitsgründen (§ 227 AO) besteht lediglich noch darin, dass bei diesem auch die wirtschaftlichen Verhältnisse des Steuerpflichtigen, hier dagegen ausschließlich nur die **wirtschaftlichen Verhältnisse des Gewerbebetriebs** in die Prüfung miteinzubeziehen sind. Ist aber letztlich der Erlass im Ergebnis doch wieder eine Ermessensentscheidung der Gemeinde, so helfen auch die Anweisungen in Abschnitt 38 Abs. 5 GrStR (abgedruckt bei Anm. 8 zu § 33 GrStG) dem Steuerpflichtigen nicht viel weiter.

Bei der Beurteilung der wirtschaftlichen Verhältnisse ist nach Abschnitt 38 Abs. 5 GrStR allein auf das Kalenderjahr abzustellen, für das der Erlass beantragt wird. Damit soll ausgeschlossen werden, dass der Erlass abgelehnt wird, weil es sich nicht um eine längere Verlustperiode handelt oder weil für die nächsten Jahre wieder mit einer Besserung der wirtschaftlichen Verhältnisse zu rechnen ist.

Für die Prüfung der Unbilligkeit kommt es im vorliegenden Zusammenhang auf die wirtschaftlichen Verhältnisse des Gesamtunternehmens an (VG Arnsberg v. 29.1.1979, ZKF 1980 S. 124). Ob der Betriebsinhaber in der Lage wäre, aus anderen Quellen die Grundsteuer zu entrichten, braucht dagegen nicht geprüft zu werden. Zu den wirtschaftlichen Verhältnissen des

Betriebs gehört die Ertragslage, die Auftragslage, die Vermögenslage, die Liquidität, die Kreditwürdigkeit u. a. m. Im Vordergrund steht dabei die **Ertragslage.** Sie kommt im Betriebsergebnis zum Ausdruck. Um hier besondere Feststellungen durch die Gemeinde zu vermeiden, soll bei der Beurteilung von dem bei der Einkommensteuer oder Körperschaftsteuer zugrunde liegenden Gewinn oder Verlust ausgegangen werden (Abschnitt 38 Abs. 5 GrStR). Es ist also das auf Grund der **Steuerbilanz** für den Erlasszeitraum festgestellte Ergebnis maßgebend. Im Regelfall sollte deshalb die Vorlage der Steuerbilanz, soweit eine solche nicht erstellt wird, die Vorlage der **Steuererklärung** oder des **Feststellungsbescheids** über den steuerlichen Gewinn oder Verlust oder auch eine entsprechende Auskunft des Finanzamts genügen. Ist der Sitz des Unternehmens nicht am Ort der Gemeinde, die über den Erlass entscheidet, so kann u. U. nur das Finanzamt, das für das Gesamtunternehmen zuständig ist, die erforderlichen Auskünfte geben. Mit den Anweisungen in Abschnitt 38 Abs. 5 GrStR soll verhindert werden, dass die Gemeinde selbst entsprechende Feststellungen treffen muss. Das schließt allerdings weitere Korrekturen an dem Steuerbilanzergebnis nicht unbedingt aus. Da es auf die Verhältnisse des Betriebs ankommt, könnten z. B. außerhalb des regelmäßigen Geschäftsbetriebs anfallende oder sonstige außerordentliche Einnahmen noch zu einer Kürzung führen. Andererseits könnten bei einem steuerlich negativen Betriebsergebnis Sonderabschreibungen, steuerfreie Rücklagen und Rückstellungen, die den Gewinn ganz wesentlich beeinflusst haben, wieder hinzuzurechnen sein. Solche Korrekturen sollten allerdings nur auf Ausnahmefälle beschränkt bleiben.

Während es bei der Feststellung der Minderausnutzung auf das einzelne Grundstück ankommt, ist für die Beurteilung der wirtschaftlichen Verhältnisse, völlig unabhängig davon, auf das **Gesamtunternehmen** abzustellen (Abschnitt 38 Abs. 5 GrStR). Das gilt auch, wenn das Grundstück nur zu einer von mehreren Betriebsstätten, Zweigniederlassungen usw. gehört (BVerwG v. 4.6.1982, StRK Allg. GrSt R. 1). Ein Gesamtunternehmen bildet hier auch der Organkreis, zu dem die Gesellschaft mit dem Betriebsgrundstück gehört. Bei durch **Organschaft** verbundenen Unternehmen ist bei der Entscheidung, ob die Einbeziehung der unverkürzten Grundsteuer unbillig ist, iSd § 33 Abs. 1 Satz 2 GrStG nicht nur auf die wirtschaftlichen Verhältnisse der Organtochter, sondern auch auf die der Muttergesellschaft abzustellen (BFH v. 19.4.1989, BStBl. 1989 II S. 804). Gleichermaßen hat der BFH für den Fall entschieden, dass eine GmbH gewerbesteuerrechtlich Organgesellschaft einer AG ist; auch hier ist nicht allein auf die wirtschaftlichen Verhältnisse in der GmbH, sondern auch auf die des Organkreises abzustellen, und zwar auch dann, wenn zwischen Organgesellschaft und Organträger ein Ergebnisabführungsvertrag nicht abgeschlossen worden ist (BFH v. 17.1.1990, BStBl. 1990 II S. 448). Hierzu vgl. auch *Missy* in KStZ 1977 S. 106 und *Bruns* in KStZ 1980 S. 164 mit Hinweis auf VG Düsseldorf v. 12.10.1978, VG Arnsberg v. 29.1.1979 und VG Gelsenkirchen v. 4.4.1979. Entsprechend müsste umgekehrt, wenn es sich um den Erlass für ein Grundstück des Organträgers handelt, auch ein Verlust der Organgesellschaft mitberücksichtigt werden. Es wäre jedoch sicher überzeugender, ähnlich wie bei der Anteilsbewertung das Betriebsergebnis für Organgesellschaft und Organträger jeweils so festzustellen und der Beurteilung zugrunde zu legen, als ob kein Ergebnisabführungsvertrag bestünde. Vgl. auch Rechtsprechungsübersicht im Anhang I.

Da es auf die wirtschaftlichen Verhältnisse des Unternehmens ankommt, müssen bei Kapitalgesellschaften die wirtschaftlichen Verhältnisse der dahinterstehenden Gesellschafter in jedem Fall unberücksichtigt bleiben. Dagegen kommt es bei einer Personengesellschaft auch auf die wirtschaftlichen Verhältnisse der Gesellschafter an; denn sie sind ebenfalls Schuldner der Grundsteuer (§ 10 Abs. 3 GrStG). Bei der inländischen Betriebstätte eines ausländischen Unternehmens wäre ebenfalls, soweit dies möglich ist, das Betriebsergebnis des Gesamtunternehmens zu berücksichtigen. Bei diesen Feststellungen würde das Personal der Betriebsstätte eine besondere Mitwirkungspflicht haben (§ 90 Abs. 2 AO).

Ist das Betriebsergebnis positiv, so ist ein Erlass ausgeschlossen, denn die Einziehung der Grundsteuer wäre hier nicht unbillig (BVerwG v. 15.4.1983, StRK § 33 GrStG R. 4). Das Gesamtunternehmen muss ein **negatives Betriebsergebnis** haben (BVerwG v. 29.9.1982, StRK § 33 GrStG R. 2). Aber auch ein negatives Ergebnis (Verlust) reicht allein noch nicht für einen Erlass aus. Es soll nämlich auch noch geprüft werden, ob die Entrichtung der Grundsteuer aus dem vorhandenen Vermögen möglich oder durch Aufnahme eines Kredits zumutbar ist (Abschnitt 38 Abs. 5 GrStR). Es ist deshalb auch der Liquiditätsstatus und die Kapitalstruktur des Betriebs von Bedeutung (VGH Ba-Wü v. 27.4.1983, ZKF 1984 S. 74). Ausschlaggebend ist, ob dem Betrieb im Hinblick auf seine Liquidität die Zahlung der Grundsteuer Schwierigkeiten bereitet. Weitere Voraussetzung ist deshalb neben dem negativen Betriebsergebnis, dass die **Grundsteuer** im Rahmen des gesamten Aufwands von einem **nicht ganz geringen Gewicht** ist und nicht unwesentlich zu dem negativen Betriebsergebnis beiträgt (BVerwG v. 4.6.1982, StRK GrStG Allg. R. 1). Vgl. Rechtsprechungsübersicht im Anhang I. Bei der Grundsteuer für ein einzelnes Grundstück dürfte dies aber kaum der Fall sein. Der Erlass ist aber andererseits auch nicht davon abhängig, dass die Erhebung der Grundsteuer für den Betrieb eine Existenzgefährdung bedeutet; denn dies hängt wiederum von den gesamten wirtschaftlichen Verhältnissen des Eigentümers ab, auf die es hier gerade nicht ankommen soll (BVerwG v. 26.6.1964, DGStZ 1964 S. 163). Ist jedoch das Unternehmen auf Dauer in seiner Existenz gefährdet, so kann ein Erlass seine Funktion, zur Sanierung des Unternehmens beizutragen, nicht mehr erfüllen. Es sei aber nicht Sinn des Erlasses, dem Unternehmen „Sterbehilfe" zu gewähren, z.B. wenn zwischenzeitlich ein Insolvenzverfahren eingeleitet worden ist; denn dies begründet die Vermutung, dass es zur Vernichtung der wirtschaftlichen Existenz des Unternehmens kommt (BVerwG v. 15.4.1983, StRK § 33 GrStG R. 3, sowie VG Dresden v. 20.4.2010 2 K 1688/08, n. v.). Der Erlass soll deshalb nicht mehr gewährt werden können (VGH Ba-Wü v. 31.1.1978, KStZ 1978 S. 151). Es wird aber auch die gegenteilige Auffassung vertreten, dass dies kein Grund für eine Ablehnung sei (VGH Ba-Wü v. 28.4.1980, KStZ 1980 S. 173).

Ende der eigengewerblichen Nutzung

Soll die Grundsteuer für ein Grundstück erlassen werden, weil die darauf **25** unterhaltene Betriebsstätte eingestellt worden ist, so erfolgt dies zunächst nach den Vorschriften über die Minderausnutzung eigengewerblich genutzter Grundstücke. Es sind demgemäß auch die wirtschaftlichen Verhältnisse des Gesamtunternehmens zu berücksichtigen (§ 33 Abs. 1 Satz 1 Satz 2 GrStG). Hat jedoch der Betriebsinhaber die eigengewerbliche Nutzung endgültig aufgegeben, z. B. wenn er sich nachweislich und in zumutbarer Weise um die Vermietung des Grundstücks bemüht, so handelt es sich bei dem Grundstück nunmehr um ein Miet- oder Pachtobjekt, jedenfalls nicht mehr um ein eigengewerblich genutztes Grundstück. Es kommt deshalb für den Erlass auch nicht mehr darauf an, ob die Einziehung der Grundsteuer nach den wirtschaftlichen Verhältnissen des Betriebs unbillig wäre (OVG Münster v. 17.4.1980, ZKF 1981 S. 17; VGH Ba-Wü v. 27.4.1983, ZKF 1984 S. 74 sowie BVerwG v. 15.4.1983, StRK § 33 GrStG R. 4). Es brauchen deshalb auch nicht mehr die wirtschaftlichen Verhältnisse des Betriebs geprüft zu werden. Ebenso würde es dann für einen Erlass auch unerheblich sein, ob das Gesamtunternehmen ein positives oder negatives Betriebsergebnis erzielt hat.

Zu § 33 Absatz 3

Erlass bei der Forstwirtschaft

Nach § 33 Abs. 1 GrStG kommt es auch für einen Erlass bei der Land- **26** und Forstwirtschaft auf die Minderung des normalen Rohertrags an. Bei Schäden in der Forstwirtschaft ist es aber typisch, dass der Rohertrag in den Jahren, die dem Schadensfall folgen, gar nicht absinkt, sondern sogar ansteigt. Der Grund dafür liegt darin, dass infolge der Schäden ein verstärkter Rohholzanfall eintritt, ohne dass deshalb schon ein allgemeiner Preisrückgang eintritt. Andererseits steigen aber im Schadensfall die Holzerntekosten und die übrigen Betriebskosten stark an, so dass der Reinertrag jedenfalls im Endergebnis erheblich gemindert ist. Da unter diesen Umständen die Minderung des Rohertrags kein geeigneter Maßstab für die Ermittlung des Erlassumfangs ist, wird in § 33 Abs. 3 GrStG bestimmt, dass die Ertragsminderung danach zu ermitteln ist, in welchem Ausmaß die Schäden den Ertragswert (Vergleichswert) der forstwirtschaftlichen Nutzung bei der Einheitsbewertung mindern würden. Man stellt also auf die **Minderung des Reinertrags** ab, die ihren Ausdruck in der Minderung des Ertragswertes (§ 36 Abs. 2 BewG) findet. Hierzu vgl. auch Anm. 11 zu § 2 GrStG. Es ist demgemäß auch nicht der tatsächliche Reinertrag mit dem Reinertrag zu vergleichen, der sich für den Erlasszeitraum normalerweise ohne die Schäden ergeben hätte. Normaler Reinertrag ist hier vielmehr der Reinertrag, der bei der Hauptfeststellung des Einheitswerts 1964 für die forstwirtschaftliche Nutzung angesetzt wurde und der Reinertrag, der dabei unter Berücksichtigung des Schadens hätte angesetzt werden müssen. Über die Unterlagen, die zur Feststellung des danach zu berücksichtigenden Reinertrags notwendig sind, verfügt nur die Finanzverwaltung. In die Ermittlungen sollen deshalb auf Antrag der Gemeinden die

Forstsachverständigen der Finanzverwaltung eingeschaltet werden (Abschnitt 39 Abs. 4 GrStR, abgedruckt bei Anm. 10 zu § 33 GrStG). Diese werden auf der Grundlage einer Erklärung des Waldbesitzers zum Waldzustand nach dem Schaden und des jeweils örtlich anzuwendenden forstwirtschaftlichen Schätzungsrahmens ihre Ermittlungen durchführen. Die Frage, in welchem Umfang die Forstsachverständigen verpflichtet sind, hier im Interesse der Gemeinden tätig zu werden, bleibt in Abschnitt 39 Abs. 4 GrStR ebenso offen wie die Frage, in welchem Umfang die Beteiligten dann an die Feststellungen der Forstsachverständigen gebunden sind.

Die Höhe des Ertragswertes (Vergleichswert) der forstwirtschaftlichen Nutzung hängt vor allem von dem **Waldzustand** unter Berücksichtigung seiner individuellen Bestandsmerkmale ab (Abschnitt 4.09 BewRL). Insoweit handelt es sich um tatsächliche Verhältnisse, bei deren Änderung es unter den Voraussetzungen nach § 22 Abs. 1 Nr. 1 BewG zu einer Wertfortschreibung kommen kann (Abschnitt 5 Abs. 3 FortschrR). Hierzu vgl. auch Anm. 4 zu § 13 GrStG. Sie ist deshalb auch bei einer Verschlechterung des Waldzustandes infolge eines Schadensereignisses möglich. Die Wertfortschreibung wird aber erst auf den Beginn des folgenden Kalenderjahrs durchgeführt (§ 22 Abs. 4 BewG). Würde der Forstbetrieb nur aus der forstwirtschaftlichen Nutzung (ohne Wohnteil und andere landwirtschaftliche Nutzungen) bestehen, so würden für Erlass und Wertfortschreibung dieselben Berechnungsgrundlagen gelten. Der Unterschied besteht lediglich darin, dass es zur Wertfortschreibung bereits bei einer Wertminderung von 10%, dagegen zu einem Erlass erst bei einer Wertminderung von mehr als 50% kommt. Je nachdem, ob der Schaden durch Erlass oder Wertfortschreibung berücksichtigt wird, können unter diesen Umständen die steuerlichen Auswirkungen im Einzelfall durchaus unterschiedlich sein. So wird ein Erlass immer günstiger sein, wenn der Forstbetrieb sowieso schon mit dem Mindestwert von 50 DM/ha bewertet worden ist. Hierzu vgl. Anm. 3ff. zu § 2 GrStG.

Wenn der Einheitswert infolge des durch den Schaden verschlechterten Waldzustandes fortgeschrieben wird, gilt der neue Einheitswert bis zur nächsten Hauptfeststellung oder bis zur Fortschreibung auf einen späteren Zeitpunkt, an dem nach Beseitigung des Schadens oder durch Zuwachs bzw. Aufrücken der Holzbestände die Voraussetzungen für eine Wertfortschreibung nach oben erfüllt sind (BVerfG v. 12.2.1969, BStBl. 1969 II S. 264). Das kann sich über Jahre hinziehen. Für einen Erlass, der auch für die dem Schadensereignis folgenden Jahre in Betracht kommen kann, müssten die Voraussetzungen dagegen alljährlich von der Gemeinde erneut geprüft werden.

Zu § 33 Absatz 4

Erlass bei verschieden genutztem Grundbesitz

27   Wenn sich auf einem Grundstück sowohl vermietete Räume als auch eigengewerblich genutzte Räume befinden, kommt es für den Umfang des Erlasses auf die Minderung des Rohertrages für das gesamte Grundstück

an. Die Minderung des Rohertrags bei den eigengewerblich genutzten Räumen richtet sich jedoch auch hier nach der Minderung der Ausnutzung. Die einzelnen Grundstücksteile müssen deshalb für die Ermittlung der jeweiligen Rohertragsminderung wie selbständige Grundstücke behandelt werden.

Beispiel:
Von dem Gebäude entfallen 70 % auf vermietete Wohnungen und 30 % auf eigengenutzte Gewerberäume. Bei den Wohnungen ergibt sich ein Mietrückgang von 20 %, bei den Gewerberäumen, die während des Erlasszeitraumes völlig leer stehen, hat die Gemeinde einen Erlass im Umfang von 76 % für berechtigt gehalten. Es ergibt sich dann, bezogen auf das gesamte Grundstück, eine Minderung von:

$$\frac{20 \times 70}{100} + \frac{30 \times 76}{100} = 14 + 18 = 32\%$$

Bei der prozentualen Aufteilung kommt es auf den Anteil der einzelnen Grundstücksteile am Einheitswert an.

Der Grundsatz, dass bei der Feststellung der Minderung des Rohertrags auf das gesamte Grundstück abzustellen ist, führt dazu, dass die Minderung bei einem Teil mit einer im gleichen Zeitraum eintretenden Erhöhung bei einem anderen Teil des Grundstücks saldiert werden muss.

Beispiel:
Von dem Gebäude entfallen 30 % auf vermietete Wohnungen und 70 % auf eigengenutzte Gewerberäume. Bei den Wohnungen ergibt sich eine Mieterhöhung von 25 %, bei den Gewerberäumen eine Minderausnutzung von 50 %. Es ergibt sich dann, bezogen auf das gesamte Grundstück, eine Minderung von:

$$\frac{30 \times 25}{100} \, . \, / . \, \frac{70 \times 50}{100} = 7,5 \, . \, / . \, 35 = . \, / . \, 27,5\%$$

Die Mindestgrenze von 50 % ist nicht schon bei der Minderung des Rohertrags des einzelnen Teils, sondern erst bei der Minderung des Rohertrags für das Grundstück insgesamt zu prüfen.

Bei der Land- und Forstwirtschaft ist das Ausmaß der Minderung stets für den Gesamtbetrieb festzustellen. Zwar ist zunächst das Ausmaß der Minderung jeweils für die einzelnen Nutzungen und den Wohnteil zu ermitteln. Diese Minderbeträge sind jedoch dann in einem auf den Gesamtbetrieb bezogenen Prozentsatz umzurechnen. Hierzu vgl. im Einzelnen Abschnitt 39 Abs. 5 GrStR (abgedruckt bei Anm. 10 zu § 33 GrStG). Dies gilt auch dann, wenn der für den Gesamtbetrieb veranlagte Steuermessbetrag nach § 22 Abs. 1 GrStG auf mehrere Gemeinden zerlegt worden ist und der Schaden nur bei Teilflächen eingetreten ist, die auf der Gemarkung von einer dieser Gemeinden liegen. Ergibt sich hier für den Gesamtbetrieb eine Minderung des Rohertrags, so müssen auch die anderen Gemeinden einen entsprechenden Teil der ihr zustehenden Grundsteuer erlassen. Ob dieses Ergebnis immer sinnvoll ist, mag bezweifelt werden. Wie bei einem Betrieb mit unterschiedlichen Nutzungen ist auch zu verfahren, wenn ein Nebenbetrieb dazugehört. Die auf ihn entfallende Minderung ist wie bei eigengewerblich genutzten Grundstücken zu ermitteln.

Zu § 33 Absatz 5

Erlass und Wertfortschreibung

28   Beruht die Minderung des Rohertrags auf einem Umstand, der für den
Erlasszeitraum durch eine Wertfortschreibung des Einheitswerts berücksichtigt werden kann, so ist ein Erlass ausgeschlossen. Voraussetzung für eine derartige Fortschreibung ist eine Änderung der **tatsächlichen Verhältnisse**
gegenüber der tatsächlichen Lage bei der letzten Hauptfeststellung. Mithin
muss das Grundstück in tatsächlicher Hinsicht eine Änderung erfahren haben,
z. B. infolge von Verfall oder Zerstörung. Hingegen ist in einer allgemeinen
Schwäche des Immobilienmarkts, sog. struktureller Leerstand, allein eine Änderung der Wertverhältnisse zu sehen (BFH v. 24.10.2007, BFH/NV 2008
S. 310; *Kühnold*, DStZ 2008 S. 152). Veränderungen der Verkehrslage und
Geschäftslage eines Grundstücks können als sichtbare Veränderungen die tatsächlichen Verhältnisse betreffen (*Halaczinsky* in *Rössler/Troll*, BewG, Anm. 23
zu § 27 BewG). Dazu müssen die Veränderungen auf besonderen Umständen
beruhen, aufgrund deren das Grundstück einen Sondertatbestand erfüllt.
Hingegen betrifft eine Veränderung der Verkehrslage und Geschäftslage, die
auf einer veränderten Einzelhandelsstruktur und veränderten Käuferströmen
sowie auf der Wirtschaftsabschwächung und der damit sinkenden Kaufkraft
einer Region beruht, die Wertverhältnisse, die der Änderungssperre des § 27
BewG unterliegen (*Stöckel/Kühnold*, NWB 2008 S. 1149). Folglich besteht
während des laufenden Hauptfeststellungszeitraums in solchen Fällen unter
den Voraussetzungen des § 33 Abs. 1 und 2 GrStG ein Anspruch auf Grundsteuererlass (BFH v. 30.7.2008, BFH/NV 2009 S. 7). Wegen der Fortschreibung des Einheitswerts vgl. Anm. 4 zu § 13 GrStG.

Mit der Regelung nach § 33 Abs. 5 GrStG soll verhindert werden, dass **Ver-
säumnisse bei der Einheitsbewertung** auf dem Umweg über den Erlass
wieder gutgemacht werden. Hierzu vgl. Anm. 1 zu § 33 GrStG. Wenn dies
aber der Grund sein sollte, wäre die Vorschrift von Anfang an völlig überflüssig
gewesen. Sie geht nämlich noch von der Rechtslage aus, die vor 1974 gegolten
hat. Danach war eine Wertfortschreibung des Einheitswerts zugunsten des
Steuerpflichtigen von einem besonderen Antrag abhängig, der innerhalb des
mit dem Fortschreibungszeitpunkt beginnenden Kalenderjahrs gestellt werden
musste. Seit 1974 ist jedoch die Wertfortschreibung in allen Fällen von Amts
wegen durchzuführen (§ 22 Abs. 4 BewG). Es bedarf somit keines Antrags
mehr, für den der Steuerpflichtige eine Frist versäumen könnte. Hierzu vgl.
Anm. 4 zu § 13 GrStG. Es wäre deshalb heute ohne Weiteres sogar möglich,
dass das Ergebnis eines Erlasses, für den die Antragsfrist versäumt worden ist,
über eine Wertfortschreibung nachgeholt werden kann. Bei der Wertfortschreibung wären zwar die Wertgrenzen des § 22 Abs. 1 BewG zu beachten,
die bei einer Wertfortschreibung nach unten relativ niedrig sind (hierzu vgl.
Anm. 4 zu § 13 GrStG). Sie wäre aber im Gegensatz zum Erlass weder von einer Minderausnutzung von mindestens 50 % noch vom Vertretenmüssen noch
von den wirtschaftlichen Verhältnissen des Betriebs abhängig, noch wäre der
Bodenwertanteil von der Wertfortschreibung ausgeschlossen.

Der Wortlaut des § 33 Abs. 5 GrStG ist insofern ungenau, als eine Ertragsminderung zwar ein Erlassgrund ist, niemals aber unmittelbar auch zu einer Wertfortschreibung führen kann, denn die spätere Mietentwicklung ist für die Einheitsbewertung ohne Bedeutung (BFH v. 12.3.1982, BStBl. 1982 II S. 431). Bei der Fortschreibung des Einheitswerts z. B. eines Mietwohngrundstücks ist stets von der Bruttomiete auszugehen, die 1964 unter Berücksichtigung des tatsächlichen Zustandes der Wohnungen vom Fortschreibungszeitpunkt gezahlt worden wäre. Es kommt also weder auf die normale Bruttomiete noch auf die tatsächlich gezahlte Bruttomiete vom Erlasszeitraum d. h. vom Fortschreibungszeitpunkt an. Hierzu vgl. Anm. 8 zu § 13 GrStG. Damit können beim Wohnhausbesitz die wichtigsten Erlassgründe niemals zu einer Wertfortschreibung führen. Das gilt sowohl für das Leerstehen als auch für eine Mietminderung und einen Mietausfall. Es könnte allenfalls eine Beeinträchtigung oder der Wegfall von Bausubstanz sowohl Grund für eine Wertfortschreibung als auch Grund für eine Mietminderung sein.

In diesem Rahmen gibt es allerdings auch Fälle, in denen die Gründe, die zu einer Ertragsminderung führen, über einen Erlass aber wesentlich günstiger für den Eigentümer abgewickelt werden könnten als durch eine Fortschreibung des Einheitswerts. Hier ist zwar ebenfalls die Wertfortschreibung durchzuführen. Sie schließt aber einen weitergehenden Erlass nach § 33 Abs. 1 GrStG nicht aus (VG Düsseldorf v. 22.11.1979, ZKF 1980 S. 141). Steht z. B. das Gebäude auf einem Grundstück, das bisher nach dem Mindestwert bewertet war, deshalb leer, weil es abgebrochen werden soll, so würde ein Erlass die Grundsteuer bis zu 50 % verringern können. Eine Wertfortschreibung würde dagegen, weil hier das Grundstück als unbebautes zu bewerten ist (vgl. hierzu Anm. 16 zu § 2 GrStG), u. U. sogar zu einer höheren Grundsteuer führen, ohne dass noch ein Erlass möglich ist; denn in diesem Fall würde ebenso wie bei anderen unbebauten Grundstücken ein Erlass ausgeschlossen bleiben. Eine Ertragsminderung, die durch ein erst im Erlasszeitraum eingetretenes Ereignis verursacht wird, kann sowieso erst auf den Beginn des darauf folgenden Kalenderjahrs zu einer Wertfortschreibung des Einheitswerts führen. In diesem Fall wäre deshalb auch nach § 33 Abs. 5 GrStG ein Erlass für das laufende Kalenderjahr, in welchem das Ereignis eingetreten ist, nicht ausgeschlossen.

Die früher umstrittene Frage, wie bei einem **stillgelegten Fabrikgebäude** die Wertfortschreibung wegen der dadurch möglichen Senkung der Wertzahl (hierzu vgl. Anm. 22 zu § 2 GrStG) zum Erlass nach § 33 Abs. 1 GrStG steht, wird in Abschnitt 38 Abs. 6 GrStR (abgedruckt bei Anm. 8 zu § 33 GrStG) geregelt. Danach schließt die Wertfortschreibung, die allenfalls zu einer Minderung des Einheitswerts um 10 % führen kann, den Erlass, der immerhin bis zu 50 % der Grundsteuer ausmachen kann, nicht mehr aus. Demgemäß beträgt der Erlass hier 50 % der infolge der Wertfortschreibung des Einheitswerts herabgesetzten Grundsteuer. Die Wertfortschreibung ist allerdings, anders als der Erlass, von den wirtschaftlichen Verhältnissen des Betriebs unabhängig.

Für den Erlass ist stets von der Grundsteuer nach dem Einheitswert und Steuermessbetrag auszugehen, der für den Erlasszeitraum maßgebend ist, auch wenn er zum 1. Januar dieses Kalenderjahres erst fortgeschrieben worden ist. Wenn z. B. mit dem Abbruch eines Wohnhauses in den nächsten fünf Jahren zu rechnen ist, rechtfertigt dies bei der Einheitsbewertung einen Abschlag von 85 bis 90% des Gebäudewertanteils (§ 82 Abs. 1 Nr. 3 BewG und Abschnitt 31 Abs. 4 BewRGr), ohne dass es darauf ankommt, ob das Gebäude schon leer steht oder ob noch eine Miete erzielt wird. Steht es aber leer oder ist im Hinblick auf den bevorstehenden Abbruch nur noch eine geringere Miete als üblich zu erzielen, kann auch noch ein Erlass bis zu 50% der Grundsteuer möglich sein, selbst wenn diese auf der Grundlage eines Einheitswerts ermittelt worden ist, der sich aus dem Bodenwertanteil und nur noch aus 10% des Gebäudewertanteils zusammensetzt. Andererseits ist wiederum ein Erlass ausgeschlossen, wenn ein Gebäude dem Verfall preisgegeben und auf Dauer nicht mehr benutzt ist; denn es ist bei der Einheitsbewertung als unbebautes Grundstück zu behandeln (§ 72 Abs. 3 BewG) und dafür ist ein Erlass generell ausgeschlossen. Dasselbe würde auch für ein Grundstück gelten, auf welchem ein Gebäude errichtet wird, solange dieses noch nicht voll bezugsfertig ist; denn in diesem Fall ist das Gebäude noch nicht im Steuermessbetrag enthalten und unterliegt damit auch noch nicht der Grundsteuer.

In der **Land- und Forstwirtschaft** könnte sowohl als Erlassgrund und gleichzeitig auch als Fortschreibungsgrund nur in Betracht kommen eine vom Betriebsinhaber nicht vertretbare Änderung der Nutzungen, eine Verringerung des Tierbestandes, der Wegfall ertragsteigernder Anlagen sowie eine Beeinträchtigung des Waldzustandes.

§ 34 Verfahren

(1) [1]Der Erlaß wird jeweils nach Ablauf eines Kalenderjahres für die Grundsteuer ausgesprochen, die für das Kalenderjahr festgesetzt worden ist (Erlaßzeitraum). [2]Maßgebend für die Entscheidung über den Erlaß sind die Verhältnisse des Erlaßzeitraums.

(2) [1]Der Erlaß wird nur auf Antrag gewährt. [2]Der Antrag ist bis zu dem auf den Erlaßzeitraum folgenden 31. März zu stellen.

(3) [1]In den Fällen des § 32 GrStG bedarf es keiner jährlichen Wiederholung des Antrags. [2]Der Steuerschuldner ist verpflichtet, eine Änderung der maßgeblichen Verhältnisse der Gemeinde binnen drei Monaten nach Eintritt der Änderung anzuzeigen.

Übersicht

Zu § 34
1. Begründung

Zu § 34 Abs. 1
2. Entscheidung über den Erlassantrag

Zu § 34 Abs. 2 und 3
3. Antrag auf Erlass
4. Rechtsbehelf gegen die Ablehnung eines Erlassantrags
5. Widerruf des Erlasses

Zu § 34

Literatur: *Lamprecht,* Frist nach § 34 GrStG für Grundsteuererlassanträge, ZKF 1980 S. 159.

Begründung zur Regierungsvorlage

„Entsprechend der bisherigen Rechtslage wird in § 34 Abs. 1 GrStG bestimmt, dass **1** über den Antrag auf Erlass jeweils erst nach Ablauf des Kalenderjahrs, für das der Erlass gelten soll (Erlasszeitraum), entschieden werden kann. Weiter wird festgelegt, dass für diese Entscheidung jeweils die Verhältnisse des Erlasszeitraums maßgebend sind. Eine Verbesserung der Ertragslage nach Ablauf des Erlasszeitraums bleibt somit in Abweichung von den allgemein geltenden Erlassvorschriften des § 131 AO[1]) außer Betracht.

Eine jährliche Antragstellung erübrigt sich in den Fällen des § 32 GrStG, in denen es sich in der Regel um Dauertatbestände handelt. Hier kann die Gemeinde den Erlass gleichzeitig bei der Erteilung des Grundsteuerbescheids aussprechen. Damit jedoch die Gemeinde über den Wegfall der Voraussetzungen für den Erlass unterrichtet wird, ist es erforderlich, dem Steuerschuldner eine entsprechende Anzeigepflicht aufzuerlegen.

Auf die Übernahme der bisherigen §§ 4 bis 6 GrStErlVO konnte verzichtet werden. Für eine Stundung der Grundsteuer bis zur Entscheidung über den Erlassantrag (§ 4 GrStErlVO) genügen die allgemeinen Stundungsvorschriften der Abgabenordnung. Ein Erlassverbot für Kleinbeträge (§ 5 GrStErlVO) erscheint sachlich nicht vertretbar. Die bisherige Regelung, dass bei einer Zwangsversteigerung schon vor Ablauf des Erlasszeitraums über den Erlass entschieden werden kann (§ 6 GrStErlVO), wurde nicht übernommen, weil im Zeitpunkt der Versteigerung noch nicht hinreichend zu übersehen ist, ob die Voraussetzungen für einen Erlass tatsächlich erfüllt sind."

Zu § 34 Absatz 1

Entscheidung über den Erlassantrag

Über den Erlassantrag kann endgültig erst nach Ablauf des Kalenderjahrs **2** entschieden werden. Im Einzelnen vgl. dazu Abschnitt 41 GrStR, der den folgenden Wortlaut hat:

41 GrStR. Erlaßverfahren

(1) Der Antrag auf Erlaß ist bis zu dem auf den Erlaßzeitraum folgenden 31. März zu stellen (§ 34 Abs. 2 GrStG). Geht der Grundsteuerbescheid für den Erlaßzeitraum dem Grundstückseigentümer nicht rechtzeitig zu oder wird die Jahressteuer durch Änderungsbescheid heraufgesetzt, so endet die Antragsfrist erst mit der Rechtsbehelfsfrist für den Grundsteuerbescheid oder den Änderungsbescheid.

(2) Die Frist für den Antrag auf Erlaß der Grundsteuer ist eine gesetzliche Frist. Sie kann deshalb nicht verlängert werden. Bei Versäumung der Frist ist jedoch auf Antrag Wiedereinsetzung in den vorigen Stand zu gewähren, wenn der Steuerschuldner ohne sein Verschulden verhindert war, die Frist einzuhalten (§ 110 AO).

(3) Der Steuerschuldner ist in den Fällen des § 32 GrStG der Gemeinde gegenüber zur Anzeige verpflichtet, wenn die Voraussetzungen für den Grundsteuererlaß wegfallen oder sich das Ausmaß des Grundsteuererlasses ändert (§ 34 Abs. 3 GrStG).

Wenn schon im Laufe des Kalenderjahrs abzusehen ist, dass die Voraussetzungen für den Erlass erfüllt sind, würde es wenig zweckmäßig sein, die Steuer zunächst zu erheben, um sie dann später wieder erstatten zu müssen. Die

---

[1]) Jetzt § 163 und § 227 AO.

Gemeinde soll deshalb den Steuerbetrag, den sie voraussichtlich erlassen muss, stunden. Zweckmäßigerweise wird hier rechtzeitig ein schriftlicher Stundungsantrag gestellt. Wegen der Stundung im Einzelnen vgl. Anm. 7 zu § 28 GrStG. In den Fällen des § 32 GrStG soll die Gemeinde sowieso die Steuer zunächst auf die Dauer von drei Jahren stunden und danach rückwirkend erlassen, sofern feststeht, dass alle Erlassvoraussetzungen für diesen Zeitraum erfüllt sind.

Im Falle einer **Zwangsversteigerung** ist über den Steuererlass bereits vor dem Versteigerungstermin zu entscheiden. Der Steuererlass ist für den Teil des Kalenderjahrs zu gewähren, der diesem Versteigerungstermin vorangeht. Führt das Zwangsversteigerungsverfahren bis zum Ablauf des Kalenderjahrs nicht zum Zuschlag, so ist unter Aufhebung einer etwa bereits getroffenen Entscheidung nach den allgemeinen Bestimmungen zu verfahren. Die Entscheidung über den vorzeitigen Erlass setzt allerdings voraus, dass im Zwangsversteigerungsverfahren die Berücksichtigung und Rangfolge der Ansprüche sowie die Berücksichtigung der öffentlichen Lasten geklärt und ein Tilgungsplan aufgestellt ist (vgl. auch Anm. 4 zu § 12 GrStG), anderenfalls nicht übersehen werden kann, ob der Erlass dem Grundstückseigentümer oder den die Zwangsversteigerung betreibenden Gläubigern zugute kommt. Im letzteren Fall wäre nämlich ein Erlass ausgeschlossen. Vgl. hierzu Anm. 5 zu § 33 GrStG. Einen Antrag auf Erlass von Grundsteuern wegen wesentlicher Ertragsminderung kann nur der Steuerschuldner (§ 10 Abs. 1 GrStG), nicht aber ein zur Duldung der Zwangsvollstreckung in das Grundstück Verpflichteter stellen (VG Dresden v. 28.10.2007 2 K 1612/06, n.v.).

Zu § 34 Absätze 2 und 3

Antrag auf Erlass

3 Der Erlass wird nur auf Antrag gewährt. Wenn für den Antrag auch eine besondere Form nicht vorgeschrieben ist, so empfiehlt es sich doch, diesen schriftlich zu stellen. Er ist bei der zuständigen Gemeinde einzureichen und muss spätestens bis zu dem auf das Kalenderjahr folgenden 31. März gestellt sein. Die **Ausschlussfrist** kann nicht verlängert werden. Diese Frist ist damit relativ kurz. Bei Versäumnis des Termins kann allerdings auch eine Wiedereinsetzung in den vorigen Stand erfolgen, wenn der Steuerpflichtige ohne Verschulden verhindert war, die Frist einzuhalten (§ 110 AO). Auf den Termin vom 31. März kommt es jedoch dann nicht an, wenn der Steuerbescheid erst zu einem späteren Zeitpunkt ergeht. Hier kann der Antrag noch bis zum Ende der Rechtsbehelfsfrist gestellt werden. Das Antragserfordernis des § 34 Abs. 2 GrStG umfasst nicht die Darlegung der Antragsgründe innerhalb der Antragsfrist (VGH Ba-Wü v. 14.11.2005 2 S 1884/03, n.v.).

Wenn einem Steuerpflichtigen erst nach dem 31. März des auf den Erlasszeitraum (§ 34 Abs. 1 Satz 1 GrStG) folgenden Kalenderjahrs ein die ursprüngliche Grundsteuerfestsetzung erhöhender Änderungsbescheid bekannt gegeben wird, kann er innerhalb einer Frist von drei Monaten den Erlass der die bisherige Steuerschuld übersteigenden Erhöhungsbeiträge beantragen; die

Antragsfrist beginnt mit der – wirksamen – Bekanntgabe des Verwaltungsakts (BFH v. 23.8.1995, BFH/NV 1996 S. 358 sowie VG Halle v. 20.11.2009 4 A 289/09, n. v.).

Die Ausschlussfrist gilt nur für einen Erlassantrag nach § 33 GrStG, nicht jedoch für einen Erlass nach § 227 AO. Es empfiehlt sich aber, auch einen Erlassantrag nach § 227 AO möglichst frühzeitig zu stellen, auch wenn hierfür weder eine Ausschlussfrist gilt noch der Erlass von einem Antrag überhaupt abhängt (OVG Münster v. 18.2.1959, KStZ 1959 S. 132). Der Erlassantrag kann auch schon vor Ablauf des Kalenderjahres gestellt werden, wenn abzusehen ist, dass die Voraussetzungen hierfür erfüllt sein werden. Im Regelfall wird hier zunächst eine Stundung zweckmäßig sein.

Grundsätzlich ist der Erlassantrag für jedes einzelne Kalenderjahr zu stellen. Bei einem Erlass nach § 32 GrStG für Grundbesitz, der unter Denkmalschutz steht oder für Museen usw. verwendet wird, erübrigt sich jedoch die jährliche Wiederholung des Antrags, weil sich hier die Verhältnisse im Allgemeinen auch für einen längeren Zeitraum kaum ändern. Diese Regelung bedeutet eine Vereinfachung für alle Beteiligten. Der Steuerschuldner ist unter diesen Umständen aber verpflichtet, eine Änderung, die zum Wegfall der Erlassvoraussetzungen oder zu einer Änderung derselben führt, der Gemeinde innerhalb von drei Monaten anzuzeigen (§ 34 Abs. 3 Satz 2 GrStG). Aus dieser Regelung kann indes nicht gefolgert werden, dass der Grundstückseigentümer per Gesetz verpflichtet wäre, jährlich nach Ablauf des Drei-Jahres-Prüfungszeitraums (vgl. Anm. 5 zu § 32 GrStG) unaufgefordert eine Rentabilitätsberechnung beim Steuergläubiger einzureichen, um der Gemeinde die Möglichkeit zur Überprüfung des Vorliegens der Erlassvoraussetzungen zu geben. Andernfalls würde die Erlassvorschrift des § 32 GrStG vollständig der des § 33 GrStG nachgebildet, ein Umstand, der aufgrund der gesetzlichen Konzeption gerade nicht dem Willen des Steuergesetzgebers entspräche (so zutreffend VG Potsdam v. 3.12.2013 11 K 1492/10, n. v.).

Wenn der Steuerpflichtige von einem rechtlich vertretbaren anderen Fristbeginn ausgeht als in § 34 Abs. 2 GrStG, trifft ihn kein Verschulden iSd § 110 Abs. 1 AO, auch wenn das Gericht diese Auslegung für unzutreffend hält (FG Hamburg v. 28.9.1992, EFG 1993 S. 356).

Rechtsbehelf gegen die Ablehnung eines Erlassantrags

Über den Antrag auf einen Erlass nach § 33 GrStG entscheidet die **Ge-** **4** **meinde.** Lehnt sie den Antrag ganz oder teilweise ab, so ist hierüber ein Bescheid zu erteilen. Die Ablehnung eines Erlassantrages muss ausreichend begründet sein. Fehlt eine Begründung oder kann der Begründung nichts Maßgebliches entnommen werden, ist der Verwaltungsakt rechtswidrig, weil er die gerichtliche Ermessenskontrolle unmöglich macht (VGH Freiburg v. 8.9.1958, KStZ 1960 S. 57 sowie FG Rh-Pf v. 10.9.1984, EFG 1985 S. 61). Gegen den Ablehnungsbescheid ist wie bei allen öffentlich-rechtlichen Streitigkeiten der **Verwaltungsrechtsweg** gegeben. Hierzu vgl. auch Anm. 14 zu § 27 GrStG sowie Anm. 7 zu § 33 GrStG. Der Ablehnungsbescheid kann allerdings nur mit der **Verpflichtungsklage** angefochten werden, auch wenn die Ablehnung mit dem Steuerbescheid verbunden ist. Die Freistellung des Steuerpflichtigen im Erlasswege bleibt nämlich gegenüber der Steuerfestsetzung stets ein selbständiger Verwaltungsakt (BVerwG v. 21.10.1983, BStBl. 1984 II S. 244).

Sachlich können der Widerspruch und die weiteren Rechtsmittel im Falle der Ablehnung eines Steuererlasses nach § 32 und § 33 GrStG nur darauf gestützt werden, dass die gesetzlichen Voraussetzungen hierfür erfüllt waren und die Gemeinde deshalb dem Erlassantrag hätte entsprechen müssen. Soweit es sich um die Frage handelt, ob die Einziehung der Grundsteuer unbillig wäre (§ 33 Abs. 1 Satz 2 GrStG), könnte vorgebracht werden, dass die Gemeinde mit der Ablehnung die gesetzlichen Grenzen des Ermessens überschritten hat oder von dem Ermessen in einer dem Zweck der Vorschrift nicht entsprechenden Weise Gebrauch gemacht hat. Ob die Einziehung der Steuer nach Lage des einzelnen Falles unbillig wäre, muss von dem Gericht nach den für die behördliche Ermessensentscheidung geltenden Grundsätzen in vollem Umfang nachgeprüft werden (GemS-OGB v. 19.10.1971, BStBl. 1972 II S. 603). Hierzu vgl. auch Anm. 7 zu § 33 GrStG.

Ist gegen die Ablehnung des Erlassantrags Klage beim Verwaltungsgericht erhoben worden, so kann, wenn ernstliche Zweifel an der Rechtmäßigkeit der Ablehnung bestehen oder wenn sie für den Steuerpflichtigen eine unbillige und nicht durch überwiegende öffentliche Interessen gebotene Härte zur Folge hat (§ 80 Abs. 2 und 4 VwGO), beim Gericht eine **einstweilige Anordnung** beantragt werden, durch die der Gemeinde untersagt wird, vor Beendigung des Hauptverfahrens den Steuerbetrag einzuziehen. Ein vorläufiger Steuererlass kann jedoch nicht begehrt werden (BFH v. 22.9.1971, BStBl. 1972 II S. 83).

Bei Ablehnung eines Erlasses können der gerichtlichen Nachprüfung keine Tatsachen zugrunde gelegt werden, die erst nach Ablehnung durch die Gemeinde entstanden sind (BFH v. 10.5.1972, BStBl. 1972 II S. 649). Entscheidend sind vielmehr bei einem Erlass nach §§ 32ff. GrStG allein die Verhältnisse im Kalenderjahr, das den Erlasszeitraum bildet (§ 34 Abs. 1 GrStG), und bei einem Erlass nach § 227 AO allein die Verhältnisse von dem Zeitpunkt, an dem die Gemeinde ihre Ermessensentscheidung zu treffen hatte (BFH v. 26.7.1972, BStBl. 1972 II S. 919). Kommt es wegen Untätigkeit der Gemeinde zu einer Verpflichtungsklage mit dem Ziel der Gewährung eines Billigkeitserlasses, so ist für die gerichtliche Prüfung auf die Verhältnisse im Zeitpunkt der letzten Behördenentscheidung abzustellen (VGH Ba-Wü v. 20.10.1987, ZKF 1988 S. 34).

Ist für die Verwaltung der Grundsteuer und damit auch für die Entscheidung über einen Erlassantrag das Finanzamt zuständig, so ist gegen eine ablehnende Entscheidung nicht der Rechtsweg zu den Verwaltungsgerichten, sondern zu den **Finanzgerichten** gegeben. Dies gilt für Berlin, Hamburg und Bremen (Stadt). Hierzu vgl. auch Anm. 14 zu § 27 GrStG. Gegen eine Ablehnung des Antrags kann in diesen Fällen als Rechtsbehelf der Einspruch eingelegt werden (BFH v. 10.8.1988, BStBl. 1989 II S. 13).

Widerruf des Erlasses

Mit dem Wirksamwerden des Erlasses erlischt die Steuerschuld. Wenn der 5 Erlass nicht für jedes Kalenderjahr neu beantragt werden muss, ist der Steuerschuldner verpflichtet, eine Änderung der Verhältnisse der Gemeinde rechtzeitig anzuzeigen. Auf Grund dieser Anzeige wird dann, soweit erforderlich, der Erlass widerrufen. Dieser Widerruf gilt von dem Zeitpunkt ab, von dem an die Voraussetzungen für den Erlass nicht mehr gegeben sind. Im Übrigen ist er nur für die Zukunft „ex nunc" möglich; denn der Steuerpflichtige muss auf die Beständigkeit der Erlassverfügung vertrauen und seine geschäftlichen Dispositionen darauf einrichten können (OVG Münster v. 22.6.1955, DGStZ 1956 S. 74). Die Erlassverfügung der Gemeinde kann allerdings „ex tunc" zurückgenommen werden, wenn sie durch unrichtige oder unvollständige Angaben des Steuerpflichtigen erwirkt worden ist oder wenn sie rechtswidrig war und dies dem Steuerpflichtigen bekannt sein musste (§ 130 Abs. 2 AO). In diesem Fall muss dann auch die Steuer nachentrichtet werden (BFH v. 7.3.1967, BStBl. 1967 III S. 381).

Kommt es nach dem Steuererlass zu einer rückwirkenden Änderung des Steuermessbetrags und der Steuerschuld (hierzu vgl. Anm. 12 zu § 27 GrStG), so hat dies, da der Steuerbescheid für die Erlassverfügung kein Grundlagenbescheid nach §§ 172 ff. AO ist, zunächst keine automatisch eintretenden Folgen. Zum Grundlagenbescheid vgl. Anm. 3 zu § 16 GrStG. Die bereits erlassene Steuer bleibt deshalb hiervon unberührt. Ein Erlass des nachzuzahlenden Mehrbetrags liegt aber nahe.

Bei einer Herabsetzung der Steuer hat der Steuerpflichtige nur insoweit einen Erstattungsanspruch, als die neu festgesetzte Steuer niedriger ist als seine tatsächlich gezahlte Steuer. Soweit die Steuer erlassen worden ist, kann sie jedenfalls nicht nochmals erstattet werden.

Abschnitt V. Übergangs- und Schlußvorschriften

§ 35 *(aufgehoben)*

§ 36 Steuervergünstigung für abgefundene Kriegsbeschädigte

(1) [1]Der Veranlagung der Steuermeßbeträge für Grundbesitz solcher Kriegsbeschädigten, die zum Erwerb oder zur wirtschaftlichen Stärkung ihres Grundbesitzes eine Kapitalabfindung auf Grund des Bundesversorgungsgesetzes in der Fassung der Bekanntmachung vom 22. Januar 1982 (BGBl. I S. 21), zuletzt geändert durch die Verordnung vom 15. Juni 1999 (BGBl. I S. 1328), erhalten haben, ist der um die Kapitalabfindung verminderte Einheitswert zugrunde zu legen. [2]Die Vergünstigung wird nur so lange gewährt, als die Versorgungsgebührnisse wegen der Kapitalabfindung in der gesetzlichen Höhe gekürzt werden.

(2) Die Steuervergünstigung nach Absatz 1 ist auch für ein Grundstück eines gemeinnützigen Wohnungs- oder Siedlungsunternehmens zu gewähren, wenn die folgenden Voraussetzungen sämtlich erfüllt sind:

1. Der Kriegsbeschädigte muß für die Zuweisung des Grundstücks die Kapitalabfindung an das Wohnungs- oder Siedlungsunternehmen bezahlt haben.
2. Er muß entweder mit dem Unternehmen einen Mietvertrag mit Kaufanwartschaft in der Weise abgeschlossen haben, daß er zur Miete wohnt, bis das Eigentum an dem Grundstück von ihm erworben ist, oder seine Rechte als Mieter müssen durch den Mietvertrag derart geregelt sein, daß das Mietverhältnis dem Eigentumserwerb fast gleichkommt.
3. Es muß sichergestellt sein, daß die Steuervergünstigung in vollem Umfang dem Kriegsbeschädigten zugute kommt.

(3) [1]Lagen die Voraussetzungen des Absatzes 1 oder des Absatzes 2 bei einem verstorbenen Kriegsbeschädigten zur Zeit seines Todes vor und hat seine Witwe das Grundstück ganz oder teilweise geerbt, so ist auch der Witwe die Steuervergünstigung zu gewähren, wenn sie in dem Grundstück wohnt. [2]Verheiratet sich die Witwe wieder, so fällt die Steuervergünstigung weg.

Übersicht

Zu § 36
1. Begründung

Zu § 36 Abs. 1
2. Kapitalabfindung
3. Persönliche Voraussetzungen
4. Sachliche Voraussetzungen
5. Verwendung der Kapitalabfindung

6. Umfang der Grundsteuervergünstigung
7. Wegfall der Grundsteuervergünstigung

Zu § 36 Abs. 2
8. Eigentümer des Grundbesitzes

Zu § 36 Abs. 3
9. Grundsteuervergünstigung für Witwen

Zu § 36

Literatur: *Ostendorf,* Grundsteuervergünstigung für Witwen abgefundener Kriegs-beschädigter nach § 36 Abs. 3 GrStG – Erstreckung auf die Erbanteile gemeinschaft-licher Abkömmlinge, KStZ 1976 S. 107.

Begründung zur Regierungsvorlage

„Die Grundsteuer richtet sich ausschließlich nach dem Wert des Steuergegenstandes, **1** ohne dass es auf die persönlichen Verhältnisse des Eigentümers ankommt. Für die Grundsteuerbelastung ist es deshalb ohne Bedeutung, wie der derzeitige Eigentümer den Erwerb des Grundstücks oder dessen Bebauung finanziert hat. Demnach ist auch die bisherige Vergünstigung in § 30 GrStG a. F. für Kriegsbeschädigte, die mit Hilfe einer Kapitalabfindung Grundbesitz erworben haben, systematisch nicht zu rechtferti-gen. Die schon bisher als Übergangsrecht angesehene Vorschrift des § 30 GrStG a. F. soll daher nicht mehr in das neue Grundsteuergesetz übernommen werden. Die bisher geltenden Vorschriften sollen zwar auch in den Fällen weitergelten, in denen nach dem 1. Januar 1974 noch eine Kapitalabfindung gewährt wird. Da Kapitalabfindungen in der Regel aber nur an Beschädigte oder Witwen gezahlt werden, die das 55. Lebens-jahr noch nicht vollendet haben (§ 73 BVG in Verbindung mit § 78a BVG), ist schon im Hinblick auf das derzeitige Alter der Beschädigten in den nächsten Jahren mit einem langsamen Auslaufen der Vergünstigung zu rechnen.

In § 30 Abs. 2 GrStG war bisher eine Neuveranlagung des Steuermessbetrags vorge-sehen, wenn die Vergünstigung des § 30 Abs. 1 GrStG a. F. ausläuft. Mit Rücksicht auf die umfassende Regelung in § 17 des Entwurfs über die Neuveranlagung konnte diese Vorschrift in § 30 Abs. 2 GrStG a. F. entfallen. Es musste jedoch dafür bestimmt wer-den, dass Bezugnahmen auf § 30 Abs. 2 GrStG a. F. künftig als Bezugnahme auf § 17 GrStG gelten."

Bei den Beratungen im Finanzausschuss des Bundestages erhielt jedoch § 36 GrStG eine Fassung, die eine Bezugnahme auf das alte Grundsteuerge-setz vermeidet, ohne dass damit jedoch eine sachliche Änderung verbunden war. Vgl. hierzu den Bericht des Finanzausschusses (BT-Drucks. 7/485).

Die Vorschrift des § 36 GrStG hat heute nur noch eine geringe Bedeutung; denn eine Kapitalabfindung wird dann nicht mehr gewährt, wenn der Be-schädigte sie erst nach Vollendung des 60. Lebensjahres beantragt. Die meis-ten Beschädigten, die nach dem Bundesversorgungsgesetz eine Rente erhal-ten könnten, haben dieses Alter aber bereits überschritten.

Zu § 36 Absatz 1

Kapitalabfindung

Wer durch Kriegseinwirkung, durch Kriegsgefangenschaft, durch Internie- **2** rung im Ausland oder durch eine militärische oder militärähnliche Dienstver-richtung eine gesundheitliche Schädigung erlitten hat, erhält nach § 1 des Bundesversorgungsgesetzes (BVG) wegen der gesundheitlichen und wirt-schaftlichen Folgen der Schädigung eine Versorgung. Die Versorgung erfolgt u. a. auch durch die Gewährung einer Beschädigtenrente. Diese besteht aus einer Grundrente, zu der unter bestimmten Voraussetzungen noch eine Aus-gleichsrente hinzukommt. Beschädigten, denen ein Anspruch auf Grundrente zusteht, kann eine Kapitalabfindung gewährt werden. Im Einzelnen vgl. hierzu §§ 72 f. Bundesversorgungsgesetz (BVG) v. 22.1.1982 (BGBl. 1982 I S. 21), zuletzt geändert durch Gesetz v. 24.5.2014 (BGBl. 2014 I S. 538), die auszugsweise den folgenden Wortlaut haben:

§ 72 BVG Gewährung von Kapitalabfindung

(1) Beschädigten, die eine Rente erhalten, kann zum Erwerb oder zur wirtschaftlichen Stärkung eigenen Grundbesitzes eine Kapitalabfindung gewährt werden.

(2) Eine Kapitalabfindung kann auch gewährt werden ...

(3) Dem Eigentum an einem Grundstück steht das Erbbaurecht, dem Wohnungseigentum das Wohnungserbbaurecht gleich.

§ 73 BVG Voraussetzungen für die Kapitalabfindung

(1) Eine Kapitalabfindung kann nur gewährt werden, wenn

1. der Beschädigte im Zeitpunkt der Antragstellung das 55. Lebensjahr noch nicht vollendet hat,
2. der Versorgungsanspruch anerkannt ist,
3. nicht zu erwarten ist, daß innerhalb des Abfindungszeitraums die Rente wegfallen wird,
4. für eine nützliche Verwendung des Geldes Gewähr besteht.

(2) Eine Kapitalabfindung kann ausnahmsweise nach dem 55. Lebensjahr gewährt werden, jedoch nicht, wenn der Antrag erst nach Vollendung des 65. Lebensjahrs gestellt wird.

§ 74 BVG Höhe der Kapitalabfindung

(1) [1]Die Kapitalabfindung kann einen Betrag bis zur Höhe der Grundrente (§ 31 Abs. 1 Satz 1) umfassen. [2]Ist eine Herabsetzung der Minderung der Erwerbsfähigkeit innerhalb des Abfindungszeitraums zu erwarten, so kann der Kapitalabfindung nur die Rente zugrunde gelegt werden, die dem zu erwartenden Grad der Schädigungsfolgen entspricht.

(2) [1]Die Abfindung ist auf die für einen Zeitraum von zehn Jahren zustehende Grundrente beschränkt. [2]Als Abfindungssumme wird das Neunfache des der Kapitalabfindung zugrunde liegenden Jahresbetrags gezahlt. [3]Der Anspruch auf die Bezüge, an deren Stelle die Abfindung tritt, erlischt für die Dauer von zehn Jahren mit Ablauf des Monats, der auf den Monat der Auszahlung folgt.

(3) [1]Abweichend von Absatz 2 ist die Abfindung auf die für einen Zeitraum von fünf Jahren zustehende Grundrente beschränkt, wenn der Antrag erst nach Vollendung des sechzigsten Lebensjahres gestellt wird. [2]Als Abfindungssumme wird das Siebenundfünfzigfache des der Kapitalabfindung zugrunde liegenden Monatsbetrages bezahlt. [3]Der Anspruch auf die Bezüge, an deren Stelle die Abfindung tritt, erlischt für die Dauer von fünf Jahren mit Ablauf des Monats, der auf den Monat der Auszahlung folgt.

...

§ 78a BVG Kapitalabfindung für Hinterbliebene

(1) [1]Eine Kapitalabfindung kann auch Witwen mit Anspruch auf Rente oder Witwenbeihilfe (§ 48) und Ehegatten Verschollener (§ 52 Abs. 1) gewährt werden. [2]Die Vorschriften der §§ 72 bis 80 gelten entsprechend.

(2) [1]Schließt eine abgefundene Witwe erneut eine Ehe, so ist nach der Eheschließung die Abfindungssumme insoweit zurückzuzahlen, als sie die Gesamtsumme der bis zu ihrer Wiederverheiratung erloschen gewesenen Versorgungsbezüge übersteigt. [2]Auf den zurückzuzahlenden Betrag ist die Abfindung nach § 44 anzurechnen. [3]Stellt sich heraus, daß der Verschollene noch lebt, so ist die Abfindung insoweit zurückzuzahlen, als sie die Summe der erloschenen Versorgungsbezüge übersteigt, die bis zur Rückkehr des Verschollenen nach diesem Gesetz und dem Gesetz über die Unterhaltsbeihilfe für Angehörige von Kriegsgefangenen zu zahlen wären.

(3) Die Absätze 1 und 2 gelten für hinterbliebene Lebenspartner entsprechend.

Zur Durchführung der §§ 72 ff. BVG ist weiter das Rentenkapitalisierungsgesetz-KOV v. 27.4.1970 (BGBl. 1970 I S. 413), zuletzt geändert durch VO v. 31.10.2006 (BGBl. 2006 I S. 2407), ergangen, das auszugsweise den folgenden Wortlaut hat:

§ 1 Ermächtigung zur Rentenkapitalisierung

(1) An Stelle einer Kapitalabfindung nach den §§ 72 bis 80 des Bundesversorgungsgesetzes kann dem Berechtigten nach Maßgabe des Bundeshaushaltsplans ein Betrag in Höhe der Kapitalabfindung durch ein Kreditinstitut gewährt werden (Rentenkapitalisierung); das gilt auch, wenn die Kapitalabfindung bereits bewilligt, aber noch nicht ausgezahlt worden ist.

(2) Der Kapitalisierungsbetrag wird auf Grund eines öffentlich-rechtlichen Vertrages zwischen dem Kreditinstitut und dem Berechtigten gegen Übertragung des Anspruchs auf Zahlung der für den nach § 74 des Bundesversorgungsgesetzes maßgebenden Zeitraum zustehenden Grundrente zahlt.

(3) Das Kreditinstitut wird vom Bundesministerium für Gesundheit und Soziale Sicherung im Einvernehmen mit dem Bundesministerium der Finanzen beauftragt.

§ 2 Voraussetzungen der Rentenkapitalisierung

(1) Für die Rentenkapitalisierung gelten die für Kapitalabfindungen nach dem Bundesversorgungsgesetz maßgebenden Vorschriften und Bestimmungen mit Ausnahme des § 74 Abs. 2 Satz 3, § 74 Abs. 3 Satz 3 und des § 76 Abs. 3 entsprechend.

(2) [1]Die Voraussetzungen der Rentenkapitalisierung stellt die Verwaltungsbehörde fest. [2]Zuständigkeit, Verwaltungsverfahren und Rechtsweg richten sich nach den bei der Gewährung von Kapitalabfindungen anzuwendenden Vorschriften und Bestimmungen.

§ 3 Steuerliche und gebührenrechtliche Vergünstigungen

Gesetzliche Vorschriften, die dem Kapitalabfindungsberechtigten steuerliche und gebührenrechtliche Vergünstigungen gewähren, gelten für die Rentenkapitalisierung entsprechend.

Die Kapitalabfindung wird heute nicht mehr unmittelbar vom Versorgungsamt, sondern durch Einschaltung der Lastenausgleichsbank mit Mitteln des Kapitalmarktes finanziert. Das Finanzamt wird hierüber jedoch nach wie vor vom Landesversorgungsamt unterrichtet, so dass es die Vergünstigung von Amts wegen berücksichtigen kann (FinMin. NW v. 10.12.1970, BStBl. 1971 I S. 3).

Als Abfindungssumme wird das Neunfache des der Kapitalabfindung zugrunde liegenden Jahresbetrages gezahlt (§ 74 Abs. 2 BVG). Dieser Jahresbetrag entspricht jeweils dem Zwölffachen der monatlichen Grundrente. Bei einer Kapitalabfindung nach dem 60. Lebensjahr beträgt sie dagegen nur noch das Siebenundfünfzigfache der monatlichen Grundrente (§ 74 Abs. 3 BVG).

Persönliche Voraussetzungen

3   Nach § 36 GrStG wird den Kriegsbeschädigten, die eine Kapitalabfindung nach dem Bundesversorgungsgesetz erhalten, eine Grundsteuervergünstigung gewährt. Diese Vorschrift schließt sich insoweit noch an die ursprüngliche Fassung des BVG v. 20.12.1950 (BGBl. 1950 I S. 791) an. Sie ist jedoch auf alle Personen anzuwenden, denen nach dem BVG eine Kapitalabfindung gewährt wird (FinMin. Nds v. 31.7.1962, DStZ/B 1962 S. 363). Der Körperschaden muss, auch wenn eine Rente kapitalisiert wird, die nach dem Bundesversorgungsgesetz gezahlt wird, für die Anwendung des § 36 GrStG auf Ereignissen des Zweiten Weltkriegs beruhen. Hierzu vgl. Abschnitt 44 GrStR:

44 GrStR. Grundsteuervergünstigung für abgefundene Kriegsbeschädigte und andere Körperbeschädigte

(1) *Die Grundsteuervergünstigung nach § 36 GrStG wird Kriegsbeschädigten und anderen Körperbeschädigten gewährt, die zum Erwerb oder zur wirtschaftlichen Stärkung ihres Grundbesitzes eine Kapitalabfindung auf Grund des Bundesversorgungsgesetzes (BVG) in der Fassung der Bekanntmachung vom 22. Juni 1976 (BGBl. I S. 1633) erhalten haben. Das gilt auch, wenn an Stelle einer Kapitalabfindung eine Grundrentenabfindung auf Grund des Rentenkapitalisierungsgesetzes (KOV) vom 27. April 1970 (Bundesgesetzbl. I S. 413) gewährt worden ist. Kapitalabfindungen nach anderen Gesetzen kommen dagegen für diese Grundsteuervergünstigung nicht in Betracht.*

(2) *Die Grundsteuervergünstigung gilt nur für das Grundstück, das mit Hilfe der Kapitalabfindung erworben oder zu dessen wirtschaftlicher Stärkung die Kapitalabfindung gebraucht worden ist. Der wirtschaftlichen Stärkung eines Grundstücks dient z. B. die Verwendung der Kapitalabfindung zur Instandsetzung und Erweiterung von Gebäuden, insbesondere auch zur Tilgung einer mit einem Erwerb in unmittelbarem Zusammenhang stehenden Hypothek. Die Voraussetzungen des § 36 GrStG können auch erfüllt sein, wenn die Kapitalabfindung zum Abschluß oder zur Auffüllung eines Bausparvertrages und erst dieser zum Erwerb des Grundstücks oder zur Hypothekentilgung verwendet wird. Die Kapitalabfindung kann auch für ein Ersatzgrundstück in*

Betracht kommen, wenn das Landesversorgungsamt einer Übertragung der Kapitalabfindung auf das Ersatzgrundstück zugestimmt hat.

(3) *Ist der Beschädigte bei dem in Frage kommenden Grundstück nur Miteigentümer nach Bruchteilen (§ 1008 BGB) oder Teilhaber an einer Gesamthandsgemeinschaft, z. B. Miterbe bei einer Erbengemeinschaft, so wird die Grundsteuervergünstigung nur für seinen Anteil gewährt. Handelt es sich um gemeinsames Eigentum des Beschädigten und seines Ehegatten, so kann die Grundsteuervergünstigung auch beim Anteil des Ehegatten berücksichtigt werden.*

(4) *Nach § 78a BVG können auch Witwen mit Anspruch auf Rente oder auf Witwenbeihilfe sowie Ehegatten von Verschollenen eine Kapitalabfindung erhalten. Auch in diesen Fällen ist die Grundsteuervergünstigung zu gewähren.*

(5) *Stirbt ein verheirateter Beschädigter, bei dem zur Zeit seines Todes die Voraussetzungen des § 36 Abs. 1 oder 2 GrStG vorgelegen haben, wird die Grundsteuervergünstigung seiner Witwe weitergewährt (§ 36 Abs. 3 GrStG). In diesem Fall ist die Grundsteuervergünstigung nicht auf den zehnjährigen Abfindungszeitraum beschränkt, sondern wird so lange gewährt, als die Witwe auf dem Grundstück wohnt und nicht wieder heiratet.*

(6) *Die Grundsteuervergünstigung nach § 36 GrStG und die Grundsteuervergünstigung nach § 92a des II. WoBauG sind zwei selbständige Vergünstigungen, die sich gegenseitig nicht schmälern dürfen. Im einzelnen vgl. hierzu ...*

Sachliche Voraussetzungen

Die Grundsteuervergünstigung setzt voraus, dass die **Kapitalabfindung 4 nach dem Bundesversorgungsgesetz** gewährt wird. Eine Kapitalabfindung nach anderen Gesetzen führt deshalb auch dann nicht zu einer Grundsteuervergünstigung, wenn die abfindungsberechtigte Person selbst kriegsbeschädigt ist und die Abfindung auch zur Beschaffung einer Wohnstätte dient (BFH v. 16.3.1956, BStBl. 1956 III S. 150). Keine Kapitalabfindung nach dem Bundesversorgungsgesetz sind die Darlehen, die von den Hauptfürsorgestellen aus Mitteln der Ausgleichsabgaben nach § 77 SGB IX v. 19.6.2001 (BGBl. 2001 S. 1046), zuletzt geändert durch Gesetz v. 14.12.2012 (BGBl. 2012 I S. 2598), zum Erwerb von Eigenheimen gewährt werden.

Kapitalabfindungen nach anderen Gesetzen (z. B. Häftlingsentschädigungsgesetz, Bundesseuchengesetz, Soldatenversorgungsgesetz, Gesetz über die Errichtung einer Stiftung „Hilfswerk für behinderte Kinder") lassen keine Grundsteuervergünstigung zu. Dass diese Gesetze keine eigenen Vorschriften über eine Kapitalabfindung enthalten, sondern insoweit auf das Bundesversorgungsgesetz verweisen, führt nicht zu einer steuerlichen Begünstigung der danach gewährten Kapitalabfindung (FG Stuttgart v. 9.1.1978 in GrStKartei der OFD Hannover zu § 36 Karte 4 sowie FinMin. Hessen v. 17.5.1978, StEK § 36 GrStG Nr. 2). Von den heute zu mehr als 50% Schwerbehinderten machen die Kriegsbeschädigten noch 6% aus und ihre Zahl nimmt immer weiter ab. Die Vorschrift des § 36 GrStG hat deshalb für die Praxis keine besondere Bedeutung mehr (vgl. hierzu auch *Halaczinsky*, GrStG, § 36 Rz. 3).

Verwendung der Kapitalabfindung

5   Die Grundsteuervergünstigung gilt nur für das Grundstück, das mit Hilfe einer Kapitalabfindung erworben oder zu dessen Stärkung eine Kapitalabfindung verwendet worden ist. Es muss ein **unmittelbarer Zusammenhang zwischen dem Grundstück und der Kapitalabfindung** bestehen, auch wenn dies dem Wortlaut des § 36 GrStG nicht unbedingt zu entnehmen ist (Abschnitt 44 Abs. 2 GrStR). Anderenfalls könnte u. U. ein sehr unterschiedliches Ergebnis eintreten.

Der Zusammenhang zwischen dem Grundstück und der Kapitalabfindung ist auch dann noch gegeben, wenn der Beschädigte zum Erwerb des Grundstücks zunächst einen Zwischenkredit in Anspruch nimmt und erst diesen Zwischenkredit dann mit der Kapitalabfindung tilgt (BFH v. 3.6.1953, BStBl. 1953 III S. 211) oder die Kapitalabfindung zunächst zum Abschluss eines Bausparvertrages und erst die Bausparsumme, in der die Kapitalabfindung enthalten ist, zum Erwerb des Grundstücks verwendet (BFH v. 20.10.1954, BStBl. 1954 III S. 384). Die Voraussetzungen für die Grundsteuervergünstigung können auch erfüllt sein, wenn die Kapitalabfindung oder die damit aufgefüllte Bausparsumme zur Tilgung einer mit dem Erwerb des Grundstücks in Zusammenhang stehenden Hypothek verwendet wird (Abschnitt 44 Abs. 2 GrStR).

Veräußert der Beschädigte das Grundstück, das er mit der Kapitalabfindung erworben hat, innerhalb des Abfindungszeitraums und verwendet er den Erlös zum Erwerb eines anderen Grundstücks, so gilt die Grundsteuervergünstigung auch für das zweite Grundstück, wenn es sich dabei um ein sog. Ersatzgrundstück handelt. Ein Ersatzgrundstück kann angenommen werden, wenn das Landesversorgungsamt der Übertragung der Kapitalabfindung auf dieses neu erworbene Grundstück zugestimmt hat. Die Grundsteuervergünstigung kann hierfür aber nur noch für die Restlaufzeit des ursprünglichen zehnjährigen Vergünstigungszeitraums gewährt werden (FinMin. Hessen v. 2.12.1971, StEK § 30 GrStG a. F. Nr. 7). Von dem Fall des Erwerbs eines Ersatzgrundstücks abgesehen, ist es jedoch nicht möglich, die Grundsteuervergünstigung auf ein anderes Grundstück des Beschädigten zu übertragen. Das gilt auch dann, wenn sie bei dem Grundstück, für das die Kapitalabfindung gewährt wurde, nicht oder nicht voll ausgenützt werden kann.

Umfang der Grundsteuervergünstigung

6   Die Grundsteuervergünstigung besteht darin, dass bei der Ermittlung des Steuermessbetrages der Einheitswert um die Kapitalabfindung gekürzt wird. Ist nur ein Teil der Grundrente kapitalisiert worden, so kann auch nur dieser kapitalisierte Teilbetrag abgezogen werden (FG München v. 22.11.1957, DVStR 1958 S. 56). Von dem verminderten Einheitswert ist bei jeder Veranlagung des Steuermessbetrags auszugehen, die während des Abfindungszeitraumes für das Grundstück durchgeführt wird. Dabei ist jeweils der gesamte Betrag der Kapitalabfindung abzuziehen, auch wenn infolge Zeitablaufs der Rückzahlungsbetrag (§ 77 Abs. 1 BVG) am Veranlagungszeitpunkt schon niedriger sein sollte. Der Abzug der Kapitalabfindung vom Einheitswert ist

für das Ausmaß der Grundsteuervergünstigung deshalb von besonderem Gewicht, weil die Kapitalabfindung mit ihrem Nennwert angesetzt wird, der Einheitswert heute jedoch nur noch einen Bruchteil der Anschaffungs- oder Herstellungskosten des Grundstücks ausmacht. Hierzu vgl. Anm. 7 zu § 14 GrStG. Die Auswirkungen der Grundsteuervergünstigung sind je nach Grundstücksart sehr unterschiedlich, da sie von der Höhe der anzuwendenden Steuermesszahl abhängig sind.

Wegfall der Grundsteuervergünstigung

Die Grundsteuervergünstigung wird solange gewährt, als die Rentenbezüge 7 wegen der Kapitalabfindung gekürzt sind. Die Rentenbezüge entfallen erstmals mit dem Beginn des auf die Auszahlung der Kapitalabfindung folgenden Monats (§ 74 Abs. 2 BVG). Da der Veranlagungszeitpunkt jeweils der Beginn des Kalenderjahres ist, wirkt sich bei der Grundsteuer das Ende der Kürzung der Rentenbezüge erst vom Beginn des folgenden Kalenderjahrs an aus.

Der Abfindungszeitraum dauert zehn bzw. fünf Jahre. Er kann zwar kürzer, jedoch nicht länger sein. Kürzer ist er z. B., wenn die Kapitalabfindung zunächst zur Finanzierung eines Bausparvertrages verwendet worden ist und das Grundstück erst einige Jahre später damit erworben wird. Ebenso ist er auch kürzer, wenn das Grundstück veräußert wird, ohne dass ein Ersatzgrundstück vorliegt (vgl. Anm. 5 zu § 36 GrStG) oder im Erbweg auf einen Dritten übergeht, ohne dass die Voraussetzungen des § 36 Abs. 2 GrStG gegeben sind. Hierzu vgl. Anm. 9 zu § 36 GrStG. Das Gleiche gilt, wenn die Kapitalabfindung, aus welchen Gründen dies auch immer erfolgen mag, vorzeitig zurückgezahlt wird.

Die Entscheidung über die Gewährung und Aufhebung der Steuervergünstigung nach § 36 GrStG erfolgt im Steuermessbetragsverfahren. Vgl. Anm. 3 zu § 16 GrStG. Bei Eintritt und bei Wegfall der Grundsteuervergünstigung kommt es zum Beginn des folgenden Kalenderjahres zu einer Neuveranlagung; denn es werden hier ohne Rücksicht auf den zugrunde liegenden Einheitswert grundsteuerliche Feststellungen getroffen. Vgl. Anm. 3 zu § 17 GrStG. Dies gilt aber nicht nur für den Wegfall und für die erstmalige Gewährung der Grundvergünstigung, sondern auch für zwischenzeitliche Änderungen an dem Abfindungsbetrag, so z. B. wenn die Grundrente nach § 56 BVG der gesamtwirtschaftlichen Entwicklung angepasst wird und der sich danach ergebende Mehrbetrag der Grundrente ebenfalls kapitalisiert wird. Diese neue Abfindung führt dann ihrerseits ebenfalls zu einer Neuveranlagung des Steuermessbetrags, mit der Folge, dass insoweit auch ein neuer Vergünstigungszeitraum beginnt. Entsprechend laufen die einzelnen Vergünstigungszeiträume auch in verschiedenen Kalenderjahren aus.

Die Gewährung der Grundsteuervergünstigung setzt zwar keinen Antrag voraus. Ein Antrag dürfte jedoch gleichwohl zweckmäßig sein. Er ist an keine besondere Form gebunden. Ob bei einem vorzeitigen Wegfall der Grundsteuervergünstigung für den Steuerpflichtigen eine Anzeigepflicht besteht, kann zweifelhaft sein; denn in § 19 GrStG wird sie für diesen Fall nicht vorgeschrieben (so auch *Halaczinsky*, GrStG, § 19 Rz. 3). Hierzu vgl. Anm. 2 zu § 19 GrStG. Da jedoch die Versorgungsämter angewiesen sind, Änderungen in der

Rentenhöhe, die im Zusammenhang mit einer Kapitalabfindung stehen, unmittelbar dem Finanzamt mitzuteilen, wird Letzteres in aller Regel von Amts wegen tätig, so dass es auf eine besondere Anzeige gar nicht ankommt.

Zu § 36 Absatz 2

Eigentümer des Grundbesitzes

8   Im Regelfall muss der Beschädigte selbst der Eigentümer des Grundstücks sein. Von diesem Grundsatz bestehen allerdings verschiedene Ausnahmen. So kann nach § 72 Abs. 2 BVG die Kapitalabfindung auch zum Erwerb der Mitgliedschaft an einem als gemeinnützig anerkannten Wohnungs- oder Siedlungsunternehmen dienen.

Eine Kapitalabfindung kann auch dann gewährt werden, wenn das Grundstück Bestandteil eines Gesamthandsvermögens ist. Sie darf allerdings den Teil des Werts des Grundstücks nicht übersteigen, der dem Anteil des Beschädigten an dem Gesamthandsvermögen entspricht. Man will hier den Beschädigten nicht lediglich deshalb schlechter stellen, weil nicht er selbst, sondern die Gemeinschaft der Eigentümer ist. Gleichgültig, ob der Beschädigte nur Miteigentümer nach Bruchteilen, oder ob er Gesamthandseigentümer ist, in beiden Fällen kann die Grundsteuervergünstigung stets nur für seinen Anteil gelten. Es kann deshalb die bei seinem Anteil nicht ausgenutzte Grundsteuervergünstigung auch nicht auf die anderen Miteigentümer übertragen werden (Abschnitt 44 Abs. 3 GrStR).

Eine Ausnahme von dem vorstehenden Grundsatz gilt allerdings, wenn der Beschädigte gemeinsam mit seinem Ehegatten Eigentümer ist. Hier kommt die Grundsteuervergünstigung nicht nur dem Eigentumsanteil des Beschädigten, sondern auch dem seines Ehegatten zugute (Abschnitt 44 Abs. 3 GrStR). Welchen Anteil der einzelne Ehegatte hat, ist dabei gleichgültig. Wenn die Ehe während des Vergünstigungszeitraums geschieden wird, kann die Grundsteuervergünstigung nur dann weitergewährt werden, wenn das Grundstück beim Beschädigten verbleibt, d. h. auch der Anteil des anderen Ehegatten auf ihn übergeht. Eine weitere Ausnahme gilt, wenn die minderjährigen Kinder des Beschädigten Miteigentümer sind. Voraussetzung dafür war jedoch, dass sie zusammen mit dem Beschädigten zur Vermögensteuer veranlagt wurden (§ 14 Abs. 2 VStG) oder jedenfalls auf Antrag hätten zusammen veranlagt werden können. Die Grundsteuervergünstigung für ein Kind läuft allerdings spätestens dann aus, wenn dieses nicht mehr die Voraussetzungen für eine Zusammenveranlagung mit dem Beschädigten erfüllt. Ob dieser Fall praktisch geworden ist, kann dahingestellt bleiben.

Zu § 36 Absatz 3

Grundsteuervergünstigung für Witwen

9   Auch der **Witwe** eines Gefallenen oder Verschollenen kann eine Grundsteuervergünstigung gewährt werden, wenn sie eine Kapitalabfindung nach § 78a BVG erhält. Hiervon ist jedoch die in § 36 Abs. 3 GrStG behandelte Grundsteuervergünstigung zu unterscheiden, die der Witwe eines Beschädig-

ten gewährt wird, bei dem zurzeit seines Todes die Voraussetzungen für die Grundsteuervergünstigung nach § 36 GrStG vorgelegen haben. Das Bundesversorgungsgesetz sieht nämlich für diesen Fall keine Kürzung der Witwenrente vor (§ 74 BVG). Die Witwe erhält vielmehr die volle Witwenrente. Für sie gilt auch deshalb nicht die für die Beschädigten maßgebende Vorschrift, dass die Steuervergünstigung nur so lange gewährt wird, als die **Versorgungsgebührnisse** wegen der Kapitalabfindung gekürzt werden. Die Grundsteuervergünstigung für die Witwe ist deshalb auch nicht auf den zehnjährigen Zeitraum beschränkt, während dessen die Versorgungsgebührnisse des verstorbenen Beschädigten zu seinen Lebzeiten wegen der Kapitalabfindung zu kürzen gewesen wären. Wenn der Beschädigte während des Vergünstigungszeitraums stirbt, ist der Witwe in diesem Fall die Grundsteuervergünstigung noch solange zu gewähren, als sie auf dem Grundstück wohnt. Der Vergünstigungszeitraum ist somit bei der Witwe nicht mehr begrenzt. Die Grundsteuervergünstigung kann ihr bis zu ihrem Lebensende zustehen. Sie entfällt allerdings, wenn die Witwe ihre Wohnung auf dem Grundstück aufgibt oder wenn sie wieder heiratet (zur Kapitalabfindung im Falle der Wiederverheiratung s. a. § 78a Abs. 2 BVG).

Die Grundsteuervergünstigung kann auch den **gemeinsamen Abkömmlingen** gewährt werden, wenn sie neben der Witwe Miterben des begünstigten Grundstücks sind und mit der Witwe nach § 14 VStG zusammen zur Vermögensteuer veranlagt wurden oder hätten veranlagt werden können. Das gilt jedoch nicht, wenn das Grundstück allein auf die minderjährigen Abkömmlinge des Beschädigten übergeht. Das sollte aber die Gemeinde nicht daran hindern, in besonderen Härtefällen nach § 163 AO eine ähnliche Regelung zu treffen. Nach anderer Auffassung soll bereits das Finanzamt bei der Festsetzung des Steuermessbetrags entsprechend verfahren; denn es würde sich nicht um eine Billigkeitsmaßnahme, sondern um die Ausfüllung einer Gesetzeslücke handeln (FinMin. Rh.-Pf v. 26.4.1976, GrSt-Kartei OFD Koblenz § 36 Nr. 1; FinMin. Nds. v. 11.5.1976, KStZ 1976 S. 107).

§ 37 Sondervorschriften für die Hauptveranlagung 1974

(1) **Auf den 1. Januar 1974 findet eine Hauptveranlagung der Grundsteuermeßbeträge statt (Hauptveranlagung 1974).**

(2) **[1]Die Hauptveranlagung 1974 gilt mit Wirkung von dem am 1. Januar 1974 beginnenden Kalenderjahr an. [2]Der Beginn dieses Kalenderjahres ist der Hauptveranlagungszeitpunkt.**

(3) **Bei der Hauptveranlagung 1974 gilt Artikel 1 des Bewertungsänderungsgesetzes 1971 vom 27. Juli 1971 (BGBl. I S. 1157).**

(4) *(aufgehoben)*

Zu § 37

Die Vorschrift ist durch Zeitablauf gegenstandslos. Eine weitere Kommentierung erübrigt sich deshalb.

§ 38 Anwendung des Gesetzes

Diese Fassung des Gesetzes gilt erstmals für die Grundsteuer des Kalenderjahres 2008.

Zu § 38

Die Anwendungsvorschrift des § 38 GrStG hat ihre aktuelle Fassung durch Art. 38 JStG 2009 v. 19.12.2008 (BGBl. 2008 I S. 2794) erhalten; hiermit wurde der neugefasste § 33 Abs. 1 GrStG mit seinen geänderten Erlassvorschriften rückwirkend für das Kalenderjahr 2008 für anwendbar erklärt. Siehe hierzu auch Anm. 1 zu § 33 GrStG.

§ 39 *(aufgehoben)*

Abschnitt VI. Grundsteuer für Steuergegenstände in dem in Artikel 3 des Einigungsvertrages genannten Gebiet ab dem Kalenderjahr 1991

Einführung zu Abschnitt VI

Nach dem Einigungsvertrag v. 31.8.1990 (BGBl. 1990 II S. 889, BStBl. **1** 1990 I S. 654) gilt ab 1.1.1991 das Grundsteuergesetz auch in den Ländern der früheren DDR. Hierzu vgl. Sachgebiet B Abschnitt II Tz. 14 und Tz. 30 des Vertrages. Gleichzeitig damit sind aber auch in das Grundsteuergesetz die neuen Vorschriften der §§ 40 bis 46 GrStG eingeführt worden. Diese wiederum stehen in engem Zusammenhang mit den neuen Vorschriften der §§ 125 bis 134 BewG, die zur Einheitsbewertung des Grundbesitzes in den neuen Bundesländern ebenfalls im Einigungsvertragsgesetz gebracht worden sind. Da für die Grundsteuer auch die geänderten bewertungsrechtlichen Vorschriften unmittelbar oder mittelbar von Bedeutung sind, sollen sie im Anhang II zu §§ 40 ff. GrStG im Auszug mit abgedruckt und kurz behandelt werden.

Die Vorschriften in Abschnitt I bis V GrStG (§§ 1–38) gelten ab 1.1.1991 auch für den Grundbesitz in den neuen Bundesländern, es sei denn, aus den §§ 40 ff. GrStG ergibt sich etwas anderes. Es gelten also ohne Einschränkung z. B. die Vorschriften über die Steuerbefreiungen (§§ 3 ff. GrStG), über die Haftung (§§ 11 f. GrStG), über Neu- und Nachveranlagungen (§§ 17 ff. GrStG), über die Zerlegung (§§ 20 ff. GrStG), über die Erhebung der Grundsteuer (§§ 27 ff. GrStG), über einen Erlass der Grundsteuer (§§ 32 ff. GrStG) und über eine Steuervergünstigung bei Gewährung einer Kapitalabfindung nach dem Bundesversorgungsgesetz (§ 36 GrStG). Soweit sich Besonderheiten ergeben, wird auch schon bei der Kommentierung der davon betroffenen Vorschriften in den Abschnitten I bis V GrStG darauf hingewiesen.

Zu Beginn jedes Paragraphen werden die amtlichen Erläuterungen zum Einigungsvertrag (BT-Drucks. 11/7817) abgedruckt.

Amtliche Erläuterungen zu Abschnitt VI

„Die Grundsteuer ist auf das engste mit der Einheitsbewertung des Grundbesitzes **2** verkoppelt. Die Grundsteuer, die ab 1.1.1991 auch im beigetretenen Teil Deutschlands Bestandteil der gemeindlichen Finanzausstattung sein soll, ist daher von der in der DDR nur teilweise weitergeführten Einheitsbewertung – unverändert auf Wertbasis 1935 – in besonderem Maße betroffen. Die §§ 125 bis 133 BewG (Bewertung des Grundbesitzes) haben daher besondere Bedeutung für die Grundsteuer. . . . Die Regelungen zur Grundsteuer lassen sich wie folgt zusammenfassen:

a) Für das im beigetretenen Teil Deutschlands liegende land- und forstwirtschaftliche Vermögen werden keine Einheitswerte festgestellt. Es wird im Grundsteuermessbetragsverfahren als dessen unselbständige Besteuerungsgrundlage lediglich ein Ersatzwirtschaftswert ermittelt, der nicht an das Eigentum am Boden, sondern an dessen

557

Nutzung anknüpft. Der Nutzer ist dementsprechend Steuerschuldner. Auf den Ersatzwirtschaftswert, der nach Wertverhältnissen 1964 in der Bundesrepublik ermittelt wird, ist die Steuermesszahl 6 v. T. (§ 14 GrStG) anzuwenden.
b) Nur für ca. 50 v. H. der Grundstücke sind Einheitswerte nach Wertverhältnissen 1935 vorhanden. Für die übrigen Grundstücke wird die Einheitsbewertung nach Maßgabe des § 132 BewG schrittweise nachgeholt. Nur soweit die genannte Vorschrift dies vorsieht, sind die Einheitswerte 1935 für die Grundsteuer maßgebend (Fälle des § 41). Insoweit können nicht die auf Einheitswerte 1964 zugeschnittenen Steuermesszahlen des § 15 GrStG angewandt werden. Vielmehr muss auf die bisher auch in der DDR weiter angewandten, auf die Einheitswerte 1935 abgestellten Steuermesszahlen der §§ 29 bis 33 GrStDV 1937 zurückgegriffen werden.

Für Mietwohngrundstücke und Einfamilienhäuser ohne Einheitswert soll die Ersatzbemessungsgrundlage Wohn- oder Nutzfläche gelten (§ 42). Diese Maßnahme ist erforderlich, um durch Einbeziehung der bisher weitgehend steuerfrei gestellten Nachkriegs-Mietwohnungen und ab Baujahr 1961 errichteten Einfamilienhäuser die Funktion der Grundsteuer als gemeindliche Finanzquelle zu sichern. Die Feststellung von Einheitswerten für diese bisher nicht bewerteten wirtschaftlichen Einheiten kann nicht abgewartet werden. Der Verzicht auf die Feststellung von Einheitswerten bei Wohngrundstücken (Mietwohngrundstücke und Einfamilienhäuser) ermöglicht es zugleich, dass sich die Bewertungsstellen der Finanzämter auf eine Aktualisierung der Einheitswerte für Betriebsgrundstücke konzentrieren können.

Soweit die Grundsteuer nach der Ersatzbemessungsgrundlage Wohn- oder Nutzfläche erhoben wird, liegt die Ermittlung dieser Besteuerungsgrundlage bei der Gemeinde; sie muss hierüber bei der Festsetzung der Grundsteuer entscheiden. Für die Bestimmung des Steuerschuldners gelten die materiellen Grundsätze, die bei der Grundsteuerfestsetzung auf der Grundlage eines Einheitswerts maßgebend sind; über die Steuerschuldnerschaft muss die Gemeinde ebenfalls bei der Festsetzung der Grundsteuer entscheiden."

§ 40 Land- und forstwirtschaftliches Vermögen

[1] **Anstelle der Betriebe der Land- und Forstwirtschaft im Sinne des § 2 tritt das zu einer Nutzungseinheit zusammengefaßte Vermögen im Sinne des § 125 Abs. 3 des Bewertungsgesetzes.** [2] **Schuldner der Grundsteuer ist abweichend von § 10 der Nutzer des land- und forstwirtschaftlichen Vermögens (§ 125 Abs. 2 des Bewertungsgesetzes).** [3] **Mehrere Nutzer des Vermögens sind Gesamtschuldner.**

Übersicht

Zu § 40

1. Amtliche Erläuterungen
2. Nutzungseinheit
3. Steuerschuldner

4. Fehlerhafte Zuordnung eines Grundstücks zum land- und forstwirtschaftlichen Vermögen
5. Feststellung des Ersatzwirtschaftswerts

Zu § 40

Literatur: *Christoffel,* Längere Verjährungsfristen bei der Grundsteuer in den neuen Bundesländern, DDR spezial 1993 Nr. 51 S. 1; *Engel,* Die Bewertung des land- und forstwirtschaftlichen Vermögens in den neuen Bundesländern, INF 1994 S. 618; *Glier,*

Bemessungsgrundlage der Grundsteuer, FiWi 1991 S. 118; *Hiller,* Der Nebenerwerbslandwirt in den alten und neuen Bundesländern, LSW Gruppe 5 S. 1651; *Karrenberg/Münstermann,* Kommunalfinanzen in den neuen Ländern 1999 und 2000, FiWi 2000 S. 121.

Amtliche Erläuterungen zu § 40

„§ 40 stellt den Betrieben der Land- und Forstwirtschaft das in einer Nutzungsein- **1** heit zusammengefasste land- und forstwirtschaftliche Vermögen im Sinne des § 125 Abs. 3 BewG und den Einheitswerten für Betriebe der Land- und Forstwirtschaft den Ersatzwirtschaftswert im Sinne des § 125 BewG gleich; Wohngebäude im Sinne des § 34 Abs. 3 BewG werden dagegen wie Grundstücke behandelt – § 125 Abs. 3 BewG. Der Nutzer wird anstelle des Eigentümers zum Schuldner der Grundsteuer erklärt. Die Verlagerung der Grundsteuer-Schuldnerschaft vom Eigentümer auf den Pächter wird bei der Bemessung des Pachtentgelts entsprechend zu berücksichtigen sein."

Nutzungseinheit

Bei der Land- und Forstwirtschaft ist abweichend von § 2 Nr. 1 GrStG **2** Steuergegenstand nicht der landwirtschaftliche Betrieb, sondern die Nutzungseinheit. Hierunter ist das **gesamte land- und forstwirtschaftliche Vermögen** zu verstehen, das einem Steuerpflichtigen zugerechnet wird. Bewertungsrechtlich wird es nicht in einzelne land- und forstwirtschaftliche Betriebe oder Betriebsteile aufgeteilt, sondern diese werden insgesamt erfasst und zusammen als eine Nutzungseinheit bezeichnet. Es werden deshalb auch keine Einheitswerte für den oder die einzelnen Betriebe festgestellt (§ 125 Abs. 1 BewG), sondern an deren Stelle wird für das gesamte land- und forstwirtschaftliche Vermögen ein sog. Ersatzwirtschaftswert ermittelt.

Steuergegenstand nach § 2 GrStG ist somit diese Nutzungseinheit, für die erstmals zum 1.1.1991 ein Ersatzwirtschaftswert festgestellt wird (§ 126 Abs. 1 BewG). Zur Ermittlung im Einzelnen vgl. § 125 BewG. Dieser Ersatzwirtschaftswert tritt ab 1.1.1991 an die Stelle des Einheitswerts. Auf ihn ist dann die Steuermesszahl 6‰ wie im Regelfall anzuwenden (§ 14 GrStG).

Steuerschuldner

Nach § 10 Abs. 1 GrStG ist Steuerschuldner derjenige, dem der Steuerge- **3** genstand bei der Feststellung des Einheitswerts zugerechnet wird. Hier ist es derjenige, dem die Nutzungseinheit zugerechnet wird (§ 40 Satz 2 GrStG). Er wird im Gesetz als **„Nutzer"** bezeichnet. Dabei ist es gleichgültig, ob es eine Einzelperson, eine Gemeinschaft, Genossenschaft oder sonstige Körperschaft ist. Auch kommt es für die Zurechnung der Nutzungseinheit nicht darauf an, ob der Nutzer rechtlicher oder wirtschaftlicher Eigentümer, ob er Nießbraucher oder nur Pächter ist. Zum wirtschaftlichen Eigentümer vgl. Anm. 2 zu § 10 GrStG mit Hinweis auf § 39 AO. Da die Grundsteuer sowieso zu den betrieblichen Aufwendungen gehört, d. h. den Ertrag des Grundstücks ohne Rücksicht auf die Eigentumsverhältnisse belastet, brauchen diese auch nicht weiter nachgeprüft zu werden (§ 126 Abs. 1 BewG). Nur soweit auch andere Steuern von dem Ersatzwirtschaftswert abhängen, wären die Eigentumsverhältnisse zu prüfen (§ 126 Abs. 1 BewG). Mehrere Nutzer des

Vermögens sind **Gesamtschuldner** (§ 40 Satz 3 GrStG; § 44 AO). Hierzu vgl. Anm. 5 zu § 10 GrStG.

Fehlerhafte Zuordnung eines Grundstücks zum land- und forstwirtschaftlichen Vermögen

4   Schuldner der Grundsteuer und alleiniger Adressat des auf dem Ersatzwirtschaftswert beruhenden Grundsteuermessbescheids ist bei in den neuen Bundesländern belegenen land- und forstwirtschaftlichen Grundstücken der Nutzer des Grundstücks (§ 40 GrStG). Bei Grundstücken, die zum Grundvermögen gehören, wird der Einheitswert der Grundsteuermessbetragsveranlagung zugrunde gelegt, Schuldner ist hier der Eigentümer des Grundstücks.

Stellt sich nachträglich heraus, dass ein Grundstück nicht zum land- und forstwirtschaftlichen Vermögen gehört, schließt die Bestandskraft des Grundsteuermessbescheids den Erlass eines anderweitigen Einheitswertbescheids aus, wenn Nutzer und Eigentümer des Grundstücks identisch sind. Sind Nutzer und Eigentümer des Grundstücks hingegen nicht identisch, entfaltet der zunächst gegen den Nutzer ergangene Grundsteuermessbescheid gegenüber dem Eigentümer keine Rechtswirkungen. Der Grundsteuermessbescheid ist damit kein Hindernis für den Erlass eines Einheitswertbescheids und anschließend eines Grundsteuermessbescheids gegen den Eigentümer; nach Erlass des zutreffenden Einheitswertbescheids gegenüber dem Eigentümer ist der gegenüber dem Nutzer erlassene Grundsteuermessbescheid nach § 174 Abs. 1 AO aufzuheben (FinMin. Thüringen v. 20.5.1998, StEd 1998 S. 463).

Feststellung des Ersatzwirtschaftswerts

5   Nach § 126 Abs. 1 BewG ist der Ersatzwirtschaftswert im Steuermessbetragsverfahren zu ermitteln. Da für die Abwicklung des Steuermessbetragsverfahrens das Finanzamt zuständig ist, obliegt ihm auch die Ermittlung des Ersatzwirtschaftswertes. Zwar wird damit ein eigenes Verfahren zur Feststellung des Einheitswerts vermieden, zu einer allzu großen Vereinfachung führt dies allerdings nicht. Hierzu vgl. Anm. 2 zu § 13 GrStG.

Unter den gegebenen Umständen musste für das Steuermessbetragsverfahren auch eine besondere Regelung über die Sachbehandlung bei Wertänderungen getroffen werden. Denn solche Wertänderungen können auch zu einer Neuveranlagung der Grundsteuer führen. Sie werden sonst allerdings nicht unmittelbar geprüft, sondern sind mittelbar abhängig von einer Wertfortschreibung des Einheitswerts (§ 17 Abs. 1 GrStG). Hierzu vgl. Anm. 2 zu § 17 GrStG. Um hier zu einer Gleichbehandlung zu kommen, bestimmt deshalb § 126 Abs. 1 BewG, dass bei einer Wertänderung im Rahmen des Steuermessbetragsverfahrens die Vorschrift des § 22 Abs. 1 Nr. 1 BewG sinngemäß anzuwenden ist. Wenn sich am Ersatzwirtschaftswert Änderungen ergeben, muss deshalb, bevor die Steuermesszahl nach § 14 GrStG angewendet wird, geprüft werden, ob die Änderung die Wertgrenzen des § 22 Abs. 1 Nr. 1 BewG erreicht bzw. übersteigt. Zu diesen Wertgrenzen vgl. Anm. 2 zu § 13 GrStG.

§ 41 Bemessung der Grundsteuer für Grundstücke nach dem Einheitswert

[1] Ist ein im Veranlagungszeitpunkt für die Grundsteuer maßgebender Einheitswert 1935 festgestellt oder festzustellen (§ 132 des Bewertungsgesetzes), gelten bei der Festsetzung des Steuermeßbetrags abweichend von § 15 die Steuermeßzahlen der weiter anwendbaren §§ 29 bis 33 der Grundsteuerdurchführungsverordnung vom 1. Juli 1937 (RGBl. I S. 733). [2] Die ermäßigten Steuermeßzahlen für Einfamilienhäuser gelten nicht für das Wohnungseigentum und das Wohnungserbbaurecht einschließlich des damit belasteten Grundstücks.

Übersicht

Zu § 41

1. Amtliche Erläuterungen
2. Bedeutung des Einheitswerts für das Grundvermögen
3. Maßgebliche Steuermesszahlen

4. Einzelfragen zu den anzuwendenden Steuermesszahlen
5. Steuermesszahl für unbebaute Grundstücke

Zu § 41

Literatur: *Christoffel,* Bewertung von Einfamilienhäusern in den neuen Ländern, DDR-spezial 1991 Nr. 45 S. 1; *Drosdzol,* Grundsteuer(teil-)Erlass für Grundstücke in eingemeindeten Ortsteilen – zur Problematik der Grundsteuer-Messzahlen in den neuen Ländern, KStZ 2005 S. 184; *Ostendorf,* Einheitswerte des Grundvermögens, NWB-DDR F. 9 S. 1; *Ostendorf,* Wiederherstellung der allgemeinen Grundsteuerpflicht im Beitrittsgebiet ab 1.1.1991, DB 1991 S. 412; *Ostendorf,* Bewertung von Einfamilienhäusern, NWB-DDR F. 9 S. 11; *Stöckel,* Übertragung der Verwaltung der Grundsteuer in den jungen Ländern ab 1.1.1996 auf die Gemeinden, KStZ 1995 S. 229; *Stöckel,* Die Einheitsbewertung und Grundsteuer für Wohngrundstücke und sonstige bebaute Grundstücke in den neuen Ländern, DStZ 1999 S. 447; *Stöckel,* Im Jahr 1 nach der Wiedervereinigung: Ermäßigung der Grundsteuer für Grundstücke im ehemaligen „Zonenrandgebiet", DStZ 2001 S. 743; *Teß,* Vermögensteuer, Erbschaftsteuer und Grundsteuer im beigetretenen Teil Deutschlands in den Jahren 1990 und 1991, DStR 1991 S. 11.

Amtliche Erläuterungen zu § 41

Weil die Erläuterungen zu § 41 GrStG auf die allgemeinen Erläuterungen **1** verweisen, wird hier ergänzend die Erläuterung zu § 129 BewG abgedruckt:

„Auch für das Grundvermögen gibt es im beigetretenen Teil Deutschlands keine den Einheitswerten 1964 vergleichbaren Besteuerungsgrundlagen. Die Rechtsentwicklung in der Deutschen Demokratischen Republik war durch die anderweitigen Finanzierungsmethoden des Staatshaushalts und die damit zusammenhängende weitgehende Steuerfreiheit der im Volks- oder Staatseigentum befindlichen Unternehmen und des Wohnhausbesitzes gekennzeichnet. Zudem sind die Einfamilienhäuser, die nach 1961 errichtet wurden, für den größten Teil der Bevölkerung steuerfrei geblieben. Dadurch verlor die Einheitsbewertung erheblich an Bedeutung. Soweit die Grund-, Vermögen- und Erbschaftsteuerpflicht beim privaten Sektor fortbestand, wurden die Einheitswerte 1935 weiter angewendet. Auch soweit diese Einheitswerte noch vorhanden sind (schätzungsweise für 50% der wirtschaftlichen Einheiten), wurden bei tatsächlichen Änderungen die notwendigen Fortschreibungen überwiegend nicht durchgeführt (Ausnahme lediglich private Gewerbetreibende und Handwerker).

Die erforderliche Gleichbehandlung des im beigetretenen Teil Deutschlands liegenden Grundvermögens mit Grundvermögen im übrigen Teil Deutschlands lässt sich am ehesten dadurch erreichen, dass die noch vorhandenen Einheitswerte 1935 weiter angewandt, ggf. entsprechend tatsächlichen Änderungen fortgeschrieben und schrittweise je nach Dringlichkeit im Wege der Nachfeststellung bei unbewerteten wirtschaftlichen Einheiten ergänzt werden. Die Aktualisierung und Vervollständigung der Einheitsbewertung 1935 wird sich über Jahre erstrecken, gleichwohl nur eine Übergangslösung sein können. Bei bisher steuerfreiem Wohnraum wären Nachzahlungen an Grundsteuer für mehrere Jahre kaum zumutbar. Auch deshalb soll die Grundsteuer für den Wohnhausbesitz, soweit keine Einheitswerte vorliegen, pauschal nach der Wohnfläche erhoben werden.

Die Deutsche Demokratische Republik hat aus dem reichsrechtlichen Bewertungsrecht lediglich die Vorschriften des Reichsbewertungsgesetzes vom 16. Oktober 1934 selbst, nicht aber die zu dessen Durchführung und Ausfüllung ergangenen Durchführungsverordnungen formell als Recht der Deutschen Demokratischen Republik in Kraft gesetzt. Infolgedessen kann bei der notwendigen Fortführung der bisherigen Grundlagen der Einheitswerte 1935 nur zum Gesetz selbst auf Recht der Deutschen Demokratischen Republik verwiesen werden, während wegen der weiter angewandten Durchführungsvorschriften auf das frühere Reichsrecht verwiesen werden muss. Da für rd. 50% der wirtschaftlichen Einheiten noch ein Einheitswert 1935 gilt, muss auch bei Nachfeststellungen für bisher unbewertete wirtschaftliche Einheiten nach den gleichen Grundsätzen verfahren werden. Anstelle des Bewertungsrechts für die Feststellung der Einheitswerte 1964, soweit es um die Wertermittlung und die mit ihr zusammenhängenden Fragen betrifft, sollen daher vorbehaltlich der §§ 130 und 131 BewG noch die für die Einheitsbewertung 1935 maßgebenden Vorschriften insgesamt gelten."

Bedeutung des Einheitswerts für das Grundvermögen

2   In den Ländern der ehemaligen DDR ist letztmals 1935 für das Grundvermögen eine Hauptfeststellung der Einheitswerte durchgeführt worden. Auf spätere Stichtage kam es, wenn überhaupt, nur zu Fortschreibungen und Nachfeststellungen entsprechend den Wertverhältnissen von 1935 und den Rechtsvorschriften, die für die Wertermittlung zum 1.1.1935 gegolten hatten. In vielen Fällen sind allerdings auch die Fortschreibungen und Nachfeststellungen unterblieben. Dies galt vor allem für den Wohnhausbesitz, nachdem dieser weitgehend von der Grundsteuer befreit war. Ab 1991 ist, von den Ausnahmefällen des § 43 GrStG abgesehen, der Grundbesitz steuerpflichtig, so dass dafür zum 1.1.1991 entsprechende Besteuerungsgrundlagen erstellt werden müssen. Hierzu soll wieder an die Einheitswerte von 1935 angeknüpft werden. Demgemäß ist von diesen bzw. von den in der Zwischenzeit fortgeschriebenen oder nachfestgestellten Einheitswerten auszugehen. Soweit sich seit dieser Feststellung Wertänderungen ergeben haben und deshalb in der Zwischenzeit Wertfortschreibungen oder Nachfeststellungen hätten durchgeführt werden müssen, diese aber aus irgendwelchen Gründen unterblieben sind, kommt es zu entsprechenden Feststellungen auf den 1.1.1991 (§ 132 Abs. 1 BewG), bei denen ebenfalls auf die Wertverhältnisse von 1935 abzustellen ist. Dasselbe dürfte auch gelten, wenn aus irgendwel-

chen anderen Gründen ein Einheitswertbescheid nicht mehr auffindbar ist. Im Übrigen ist wie im Regelfall zu verfahren. Wegen der für die Bewertung des Wohnhausbesitzes geltenden Ausnahmen vgl. § 42 GrStG. Demgemäß wurden auch die 1935 für die Festsetzung der Steuermessbeträge maßgebenden und 1964 im Bundesgebiet aufgehobenen Vorschriften in den §§ 29 ff. GrStDV und die dort angegebenen Steuermesszahlen für die Länder der ehemaligen DDR wieder in Kraft gesetzt. Die **Abstufung der Steuermesszahlen** in § 29 GrStDV 1937 ist **verfassungsrechtlich nicht zu beanstanden,** vielmehr ist sie sachlich begründet (BFH v. 20.10.2004, BFH/NV 2005 S. 577). Vgl. hierzu auch Anm. 4 zu § 41 GrStG.

Maßgebliche Steuermesszahlen

Die nach § 41 GrStG in den Ländern der ehemaligen DDR wieder anzu- **3** wendenden Vorschriften der GrundsteuerDV v. 1.7.1937 (RGBl. 1937 I S. 733), zuletzt geändert durch Gesetz v. 19.12.2000 (BGBl. 2000 I S. 1790), haben auszugsweise folgenden Wortlaut:

§ 29 GrStDV Abstufung der Steuermeßzahlen

[1] **Für bebaute Grundstücke gelten die folgenden Steuermeßzahlen:**

Grundstücksgruppen bzw. Wertgruppen	Gemeindegruppen		
	a	b	c
	bis 25 000 Einwohner	über 25 000 bis 1 000 000 Einwohner	über 1 000 000 Einwohner
	vom Tausend	vom Tausend	vom Tausend
I. Altbauten (bei Einfamilienhäuser nur für den Teil des Einheitswerts, der 15 338,76 Euro übersteigt)	10	10	10
II. Einfamilienhäuser der Altbauten für die ersten angefangenen oder vollen 15 338,76 Euro des Einheitswerts	10	8	6
III. Neubauten (bei Einfamilienhäusern nur für den Teil des Einheitswerts, der 15 338,76 Euro übersteigt)	8	7	6
IV. Einfamilienhäuser der Neubauten für die ersten angefangenen oder vollen 15 338,76 Euro des Einheitswerts	8	6	5

[2] . . .

§ 30 GrStDV Einwohnerzahl

(1) Für die Frage, welcher der im § 29 GrStDV bezeichneten Gemeindegruppen eine Gemeinde zuzurechnen ist, ist das Ergebnis der allgemeinen Volkszählung vom 16.6.1933 maßgebend.

(2) Bei Umgemeindungen, die zwischen dem 16.6.1933 und dem 1.1.1935 rechtswirksam geworden sind, ist auf Grund des Ergebnisses der allgemeinen Volkszählung 1933 zu ermitteln, wieviel Einwohner auf die Gemeinde in ihrem Gebietsumfang vom 1.1.1935 entfallen; im Zweifelsfall entscheidet hierüber die Gemeindeaufsichtsbehörde.

(3) Bei Umgemeindungen, die nach dem 1.1.1935 rechtswirksam geworden sind, rechnen die betroffenen Gemeinden oder Gemeindeteile weiterhin zu der Gemeindegruppe, der sie ohne die Umgemeindung nach den Absätzen 1 und 2 zuzurechnen sind.

(4) . . .

§ 31 GrStDV Altbauten, Neubauten

(1) Zu den Altbauten (§ 29 I und II GrStDV) gehören die Grundstücke, deren Gebäude bis zum 31.3.1924 bezugsfertig geworden sind.

(2) Zu den Neubauten (§ 29 III und IV GrStDV) gehören die Grundstücke, deren Gebäude nach dem 31.3.1924 bezugsfertig geworden sind.

(3) Ob auf ein Grundstück, auf dem sich sowohl Altbauten als auch Neubauten befinden, die Steuermeßzahl für Altbauten oder die Steuermeßzahl für Neubauten anzuwenden ist, ist danach zu entscheiden, welcher Teil wertmäßig überwiegt.

(4) Für die Frage, ob ein Gebäude bis zum oder nach dem 31.3.1924 bezugsfertig geworden ist, ist die Entscheidung zu übernehmen, die zuletzt für die bisherige Grundsteuer maßgebend gewesen ist.

§ 32 GrStDV Einfamilienhäuser

Ob auf ein Grundstück, auf dem sich sowohl ein Einfamilienhaus als auch ein Gebäude einer anderen Grundstücksgruppe befindet, die Steuermeßzahlen für Einfamilienhäuser oder die Steuermeßzahl für die andere Grundstücksgruppe anzuwenden sind, ist danach zu entscheiden, welcher Teil wertmäßig überwiegt.

§ 33 GrStDV Unbebaute Grundstücke

Für unbebaute Grundstücke beträgt die Steuermeßzahl einheitlich 10 vom Tausend.

Die Vorschriften der §§ 29 und 30 GrStDV 1937 folgen dem Grundsatz der zeitnahen Aktualisierung der Gemeindegrößenverhältnisse mit der Folge zeitnaher Vereinheitlichung der Steuermesszahlen innerhalb einer Gemeinde (SächsOVG v. 8.12.2004, KStZ 2005 S. 54).

Einzelfragen zu den anzuwendenden Steuermesszahlen

4   Bei bebauten Grundstücken ist die Steuermesszahl nach verschiedenen Gesichtspunkten abgestuft. Zunächst kommt es auf die Größe der Gemeinde

von 1935 an. Außerdem wird unterschieden zwischen Altbauten und Neubauten und hier wieder zwischen Einfamilienhäusern und sonstigen bebauten Grundstücken. Die Abstufung der Steuermesszahlen in § 29 GrStDV war erforderlich, weil sich sonst bei Einführung des Grundsteuergesetzes im Jahre 1937 für Einfamilienhäuser und Neubauten besonders in den Großstädten eine zu hohe Grundsteuerbelastung ergeben hätte.

Ein bebautes Grundstück ist ein Grundstück, auf dem ein Gebäude steht. Es ist gleichgültig, ob das Grundstück zum Grundvermögen oder zum Betriebsvermögen gehört. Als bebautes Grundstück ist auch das Wohnungseigentum zu behandeln. Ebenso wie in § 15 Abs. 2 Nr. 1 GrStG gilt auch für das Wohnungseigentum nicht die Steuermesszahl für Einfamilienhäuser, sondern die Steuermesszahl für andere bebaute Grundstücke (§ 41 Satz 2 GrStG). Das Gleiche gilt für das Erbbaurecht, wenn schon ein Gebäude auf Grund desselben errichtet worden ist. Bei einem Gebäude auf fremdem Grund und Boden bildet sowohl das Gebäude als auch der Grund und Boden eine selbständige wirtschaftliche Einheit. Während das Gebäude als bebautes Grundstück zu behandeln ist, gilt für den Grund und Boden die Steuermesszahl für unbebaute Grundstücke (§ 33 GrStDV).

Für die Anwendung der Steuermesszahlen kommt es zunächst auf die **Gemeindegröße** an. Es sind deshalb bestimmte Gemeindegruppen vorgesehen, die sich nach der Einwohnerzahl richten. Die Einwohnerzahl einer Gemeinde ist auch heute noch nach den Ergebnissen der Volkszählung von 1933 festzulegen (Sächs. FG v. 17.7.2013, ZKF 2013 S. 263). In den Fällen einer nach 1935 erfolgten Umgemeindung (§ 30 Abs. 3 GrStDV) ist es möglich, dass für verschiedene Teile der heutigen Gemeinde unterschiedliche Steuermesszahlen gelten. Damit soll verhindert werden, dass sich unmittelbar aus einer Umgemeindung eine größere Grundsteuerbelastung ergibt. Wenn auch umgekehrt nach der Umgemeindung gemäß § 30 Abs. 3 GrStDV eine höhere Grundsteuerbelastung bestehen bleibt, hat der Steuerpflichtige dennoch keinen Anspruch auf einen Teilerlass der Grundsteuer aus Billigkeitsgründen in Höhe des sich infolge der Anwendung der höheren Steuermesszahl ergebenden Differenzbetrages (BVerwG v. 5.4.2006, BFH/NV 2006 S. 527, unter teilweiser Aufgabe seiner Rechtsprechung mit Urteil v. 5.6.1959, KStZ 1959 S. 187). Zur Kritik an der vorinstanzlichen Entscheidung des SächsOVG v. 8.12.2004 (KStZ 2005 S. 54) siehe auch *Drosdzol,* KStZ 2005 S. 184. Der Rechtsfrage nach der Verfassungsmäßigkeit der Staffelung der Grundsteuermesszahlen nach Gemeindegruppen bei Grundstücken im Beitrittsgebiet kommt keine grundsätzliche Bedeutung (mehr) zu, da sie höchstrichterlich geklärt ist (BFH v. 23.11.2009, BFH/NV 2010 S. 949; Sächs. FG v. 17.7.2013, aaO). Bei Neugründung einer Gemeinde kommt es auf die Einwohnerzahl vom Zeitpunkt der Gründung an.

Altbauten sind Gebäude, die bis zum 31.3.1924, und Neubauten sind Gebäude, die nach dem 31.3.1924 bezugsfertig geworden sind. Für die Annahme, dass die Anwendung der Steuermesszahl 10‰ auf die Einheitswerte 1935 zu einer stärkeren grundsteuerlichen Belastung von Altbauten in den neuen Bundesländern führt als dies bei der Anwendung der für die alten Bundesländer maßgeblichen Messzahl von 2,6‰ der Fall ist, gibt es keine ausreichenden Hinweise (BFH v. 20.10.2004, BFH/NV 2005 S. 577).

Befinden sich auf einem Grundstück sowohl Altbauten als auch Neubauten, so kommt es für die anzuwendende Steuermesszahl darauf an, welcher Teil überwiegt. Diese Feststellung erfolgt zweckmäßigerweise nach dem gleichen Verfahren, das der Ermittlung des Einheitswerts zugrunde liegt, z. B. nach der auf die einzelnen Teile entfallenden Jahresrohmiete usw. Ist der Altbau nach 1935 umgebaut, repariert oder modernisiert worden, sollte es darauf ankommen, ob dies zu einer wesentlichen Verbesserung geführt hat. Da sich nach mehr als 50 Jahren ein Gebäude nur noch dann in einem brauchbaren Zustand befindet, wenn es entsprechend modernisiert worden ist, sollte man, wenn dies der Fall ist, stets von einem Neubau iSd § 31 GrStDV ausgehen können.

Die Einfamilienhäuser nehmen, wie sich aus § 29 GrStDV ergibt, hinsichtlich der Anwendung der Steuermesszahlen eine besondere Stellung ein. Für die in § 32 GrStDV vorgesehene wertmäßige Aufteilung ist, wenn sich außer dem Einfamilienhaus noch ein anderes Gebäude auf dem Grundstück befindet, ebenfalls von dem Verfahren auszugehen, das der Ermittlung des Einheitswerts zugrunde liegt. Es wird jedoch zu prüfen sein, ob in einem solchen Fall überhaupt noch eine einzige wirtschaftliche Einheit vorliegt und nicht schon zwei selbständige wirtschaftliche Einheiten gegeben sind.

Steuermesszahl für unbebaute Grundstücke

5   Als unbebaut gelten Grundstücke, auf denen sich kein Gebäude befindet. Unbebaut ist auch ein Grundstück nur mit Betriebsvorrichtungen sowie ein Grundstück mit Gebäuden von untergeordneter Bedeutung. Ebenso ist als unbebaut zu behandeln ein Grundstück mit einem Gebäude, das sich erst noch im Aufbau befindet (Grundstück im Zustand der Bebauung). Da der Übergang vom Grundstück im Zustand der Bebauung (§ 33a RBewDV) zum bebauten Grundstück an die **Zumutbarkeit der Gebäudenutzung** knüpft, ist es nach Auffassung des BFH folgerichtig, den Rückfall des bebauten Grundstücks in den Zustand des unbebauten Grundstücks in dem Augenblick anzunehmen, ab dem eine Gebäudenutzung nicht mehr zumutbar ist (BFH v. 18.12.2002, BFH/NV 2003 S. 540). Für die Abgrenzung zwischen unbebauten und bebauten Grundstücken – einschließlich der Beurteilung der Zumutbarkeit – sind jeweils die tatsächlichen Verhältnisse an dem Stichtag maßgebend, auf den eine Feststellung vorzunehmen ist (BFH v. 24.10.1990, BStBl. 1991 II S. 60). Auch behebbare Baumängel und Bauschäden sowie aufgestauter Reparaturbedarf auf Grund von unterlassenen Instandsetzungs- und Reparaturarbeiten schließen – selbst wenn sie sich regelmäßig nur vorübergehend auf Art und Umfang der Gebäudenutzung auswirken – eine Bewertung als unbebautes Grundstück nicht aus (BFH v. 14.5.2003, BStBl. 2003 II S. 906). Zu den unbebauten Grundstücken rechnet ebenfalls ein Erbbaurecht, solange noch kein Gebäude errichtet ist, sowie der Grund und Boden, auf dem das Gebäude eines fremden Eigentümers steht. Die Steuermesszahl für unbebaute Grundstücke beträgt nach § 33 GrStDV einheitlich 10%.

§ 42 Bemessung der Grundsteuer für Mietwohngrundstücke und Einfamilienhäuser nach der Ersatzbemessungsgrundlage

(1) Bei Mietwohngrundstücken und Einfamilienhäusern, für die ein im Veranlagungszeitpunkt für die Grundsteuer maßgebender Einheitswert 1935 nicht festgestellt oder festzustellen ist (§ 132 des Bewertungsgesetzes), bemißt sich der Jahresbetrag der Grundsteuer nach der Wohnfläche und bei anderweitiger Nutzung nach der Nutzfläche (Ersatzbemessungsgrundlage).

(2) [1] Bei einem Hebesatz von 300 vom Hundert für Grundstücke beträgt der Jahresbetrag der Grundsteuer für das Grundstück
a) für Wohnungen, die mit Bad, Innen-WC und Sammelheizung ausgestattet sind,
1 Euro je m^2 Wohnfläche,
b) für andere Wohnungen
75 Cent je m^2 Wohnfläche,
c) je Abstellplatz für Personenkraftwagen in einer Garage
5 Euro.
[2] Für Räume, die anderen als Wohnzwecken dienen, ist der Jahresbetrag je m^2 Nutzfläche anzusetzen, der für die auf dem Grundstück befindlichen Wohnungen maßgebend ist.

(3) [1] Wird der Hebesatz abweichend von Absatz 2 festgesetzt, erhöhen oder vermindern sich die Jahresbeträge des Absatzes 2 in dem Verhältnis, in dem der festgesetzte Hebesatz für Grundstücke zu dem Hebesatz von 300 vom Hundert steht. [2] Der sich danach ergebende Jahresbetrag je m^2 Wohn- oder Nutzfläche wird auf volle Cent nach unten abgerundet.

(4) [1] Steuerschuldner ist derjenige, dem das Gebäude bei einer Feststellung des Einheitswerts gemäß § 10 zuzurechnen wäre. [2] Das gilt auch dann, wenn der Grund und Boden einem anderen gehört.

Übersicht

Zu § 42
1. Amtliche Erläuterungen

Zu § 42 Abs. 1
2. Allgemeines

Zu § 42 Abs. 2
3. Ermittlung der Ersatzbemessungsgrundlage

Zu § 42 Abs. 3
4. Bedeutung des Hebesatzes
5. Abwicklung des Verfahrens nach § 42 GrStG

Zu § 42 Abs. 4
6. Steuerschuldner

Zu § 42

Literatur: *Dötsch,* Einheitswertfeststellung für Mietwohngrundstücke im Beitrittsgebiet mit nur zum Teil steuerbefreiten Wohnungen, jurisPR-SteuerR 24/2004 Anm. 2; *Hecht,* Verminderung der Grundsteuern im Beitrittsgebiet?, Grundeigentum 1999 S. 298; *Hecht,* Grundsteuern vom Einheitswert oder Ersatzbemessungsgrundlage?, BB 2000 S. 1168; *Hecht,* Grundsteuern vom Einheitswert oder Ersatzbemessungsgrundlage?, StB 2002 S. 380; *Hecht,* Jetzt endgültig – Verminderungen der Grundsteuer im Beitrittsgebiet, Grundeigentum 2004 S. 1154; *Stöckel,* Festsetzung der Grundsteuer für bisher steuerbefreite Einfamilienhäuser und Mietwohngrundstücke ab 1. Januar 1991, DStZ 1991 S. 370; *Stöckel,* Grundsteuer nach der Ersatzbemessungsgrundlage Wohn-/Nutzfläche (§ 42 GrStG) oder nach Einheitswert und Grundsteuermessbetrag (§ 132 BewG)?, DStZ 2001 S. 356; *Stöckel,* Grundsteuer für Wohngrundstücke in den neuen Ländern – Grundsteuer nach Wohnfläche oder nach Einheitswert?, NWB 2011 S. 205.

Amtliche Erläuterungen zu § 42

1   „Soweit Wohngrundstücke ab 1.1.1991 erstmals grundsteuerpflichtig werden – und eine Feststellung des Einheitswerts dementsprechend nicht vorliegt –, soll die Grundsteuer nach der Ersatzbemessungsgrundlage Wohn- oder Nutzfläche erhoben werden. Die Ersatzbemessungsgrundlage knüpft an die Wohn- oder Nutzfläche statt an der Miete an, weil es sich hier um eine wenig Streitpotential enthaltende technische Größe handelt, während die Mieten in unterschiedlichem Umfang bestimmte Kosten enthalten und gerade bei Neubauten möglicherweise verzerrt sind. Ausgehend davon, dass sich bei der Einheitsbewertung 1935 pro qm Wohnfläche modern ausgestatteter Wohnungen im Rohmietenverfahren ein Einheitswertbetrag von etwa 100 DM ergibt und die Kombination von durchschnittlicher Steuermesszahl (7 v. T.) und Hebesatz (300) zu etwa 2 v. H. führt, soll die pauschale Jahresgrundsteuer pro qm Wohnfläche 2 DM betragen. Auf eine Differenzierung dieses Pauschalbetrags nach Geschosswohnungen und Einfamilienhäusern (Letztere dann sowohl freistehende Häuser mit großen Flächen als auch Reihenhäuser umfassend) und nach Ausstattungsklassen wird im Vereinfachungsinteresse verzichtet. Lediglich für den eindeutigen Tatbestand, dass Wohnungen nicht über eine moderne Ausstattung (ausgewiesen durch Bad, Innen-WC und Sammelheizung) verfügen, soll der pauschale Jahresbetrag von 2 DM auf 1,50 DM ermäßigt werden. Diese einfache Bemessung der Grundsteuerpauschale nach der Wohnfläche macht es möglich, die Grundstückseigentümer insoweit zu einer Steuererklärung mit Selbstberechnung der Steuer (Steueranmeldung) zu verpflichten (§ 44).

Der Vertrag sieht vor, dass die Finanzartikel des Grundgesetzes ab 1.1.1991 grundsätzlich auch im beigetretenen Teil Deutschlands gelten. Somit gilt auch Artikel 106 Abs. 6 GG, nach dem den Gemeinden das Recht zusteht, die Hebesätze der Realsteuern zu bestimmen. Demgegenüber galt bisher in der DDR einheitlich ein Hebesatz von 300 v. H. für Grundstücke, der vom Minister der Finanzen festgelegt wurde. Deshalb sind die in § 42 Abs. 2 enthaltenen Pauschalsätze je qm Wohn- oder Nutzfläche auf einen Hebesatz von 300 v. H. abgestellt. Hierdurch wird das Recht der Gemeinden zur Bestimmung des Hebesatzes nicht eingeschränkt. § 42 Abs. 3 sieht für den Fall abweichender Bestimmung des Hebesatzes vor, dass sich die Pauschalbeträge im gleichen Verhältnis erhöhen oder ermäßigen und auf volle Deutsche Pfennige nach unten abgerundet werden. So ergäbe sich z. B. bei einem Hebesatz von 330 ein Betrag von 2,20 DM für Wohnungen, die mit Bad, Innen-WC und Sammelheizung ausgestattet sind. Über die Rechtsfolgen, wenn die Gemeinde einen von 300 abweichenden Hebesatz nicht bereits zu Beginn des laufenden Kalenderjahres bestimmt hat, vgl. § 44 Abs. 2 und die Begründung hierzu.

Bei Gebäuden auf fremdem Grund und Boden, z. B. bei Verleihung von Nutzungsrechten an volkseigenen Grundstücken sowie bei Errichtung eines Gebäudes auf Grund eines langfristigen Pachtvertrages oder eines Erbbaurechts ist derjenige, dem das Gebäude zugerechnet wird, zumindest Schuldner der Grundsteuer für das Gebäude. In diesen Sonderfällen soll es im Interesse der Vereinfachung möglich sein, die Frage eines anderweitigen Steuerschuldners für den Boden auszuklammern. Diese Fragen sollen auf die pauschale Grundsteuer ohne Einfluss sein."

Zu § 42 Absatz 1

Allgemeines

Die unterschiedlichen Bewertungsnormen für die alten und neuen Bun- 2
desländer führen – bei zwar bestehender Ungleichbehandlung vergleichbarer
Sachverhalte – nicht zu einem verfassungswidrigen Verstoß gegen den
Gleichheitssatz des Art 3 Abs. 1 GG, da der unterschiedliche Rechtszustand
sachlich durch die Wiedervereinigung für eine Übergangszeit gerechtfertigt
ist (FG Berlin v. 9.11.2005 2 K 2057/02, NZB unbegründet, vgl. BFH
v. 18.11.2006 II B 11/06, n. v.). Grundsätzlich erfolgt die Ermittlung der
Grundsteuer für das Grundvermögen nach dem Einheitswert des Grundstücks, der noch auf den Wertverhältnissen von 1935 beruht und nach den
Vorschriften, die damals gegolten haben, ermittelt worden ist oder heute
noch zu ermitteln ist. Hierzu vgl. Anm. 1 zu § 41 GrStG. Eine Ausnahme
gilt jedoch für Mietwohngrundstücke und für Einfamilienhäuser, für die weder zum 1.1.1935, noch auf einen späteren Stichtag ein Einheitswert festgestellt worden ist. In den meisten dieser Fälle würde jedoch ein dafür festge-
stellter Einheitswert nur für die Veranlagung zur Grundsteuer benötigt
werden. Zur Vereinfachung soll deshalb auf ein getrenntes und aufwändiges
Einheitswert- und Steuermessbetragsverfahren verzichtet werden und die
Grundsteuer unmittelbar veranlagt werden (vgl. hierzu auch *Stöckel,* DStZ
2001 S. 356, sowie *Hecht,* StB 2002 S. 380). Die Ermittlung erfolgt ohne
Zwischenschaltung eines Einheitswert- und Steuermessbetragsverfahrens im
Rahmen der Grundsteuerveranlagung. Sie wird demgemäß nicht vom Finanzamt, sondern von der Gemeinde selbst durchgeführt (§ 46 GrStG). Das
hierbei anzuwendende Verfahren ist relativ einfach. Das **Nebeneinander
verschiedener Bemessungsgrundlagen** für die Grundsteuer verstieß (jedenfalls im Jahre 2002) nicht gegen den allgemeinen Gleichheitssatz aus
Art. 3 Abs. 1 GG (FG Berlin v. 31.8.2005, EFG 2006 S. 18). Im Übrigen gibt
es – ebenfalls im Hinblick auf den allgemeinen Gleichheitssatz – keinen verfassungsrechtlichen Anspruch darauf, dass der Bemessung der Grundsteuer auf
Dauer die Ersatzbemessungsgrundlage und nicht dem Regelfall entsprechend
(§§ 13, 41 GrStG) der Einheitswert zugrunde gelegt wird (BFH v.
20.12.2006, BFH/NV 2007 S. 652).
Das Verfahren kommt nur in Betracht für Mietwohngrundstücke und für
Einfamilienhäuser. Zweifamilienhäuser gelten in diesem Zusammenhang
abweichend von der Einteilung nach § 75 Abs. 1 BewG als Mietwohngrundstücke. Grundstücke sind **Mietwohngrundstücke,** wenn das Gebäude
zu mehr als 80%. Wohnzwecken dient (§ 32 RBewDV iVm § 129 Abs. 2
BewG). Ob ein Mietwohngrundstück vorliegt, weil es zu mehr als 80%
Wohnzwecken dient, soll nach dem Verhältnis der Jahresrohmiete von 1935
ermittelt werden. Wenn schon eine Vereinfachung des Verfahrens erreicht
werden soll, wäre es jedoch für diese Feststellung zweckmäßig, wenn man
hier nicht von der Jahresrohmiete, sondern von der Wohnfläche ausgehen
würde, d. h. von dem Verhältnis der Wohnfläche zu der anderweitigen Nutzfläche. Dabei sollte man bei großzügiger Betrachtung in der Regel zu einem

Mietwohngrundstück kommen können; denn für gemischt genutzte Grundstücke und für Geschäftsgrundstücke würde man in jedem Fall ein Einheitswert- und Steuermessbetragsverfahren durchführen müssen. Der Annahme der Grundstücksart „Mietwohngrundstück" steht es nicht entgegen, dass das Objekt am Stichtag 1.1.1991 nur teilweise nach § 43 Abs. 1 Satz 1 Nr. 1 GrStG grundsteuerfrei war (BFH v. 5.5.2004, DStRE 2004 S. 1037).

Ein **Einfamilienhaus** ist im vorliegenden Zusammenhang ein Gebäude, das nach seiner baulichen Gestaltung nur eine Wohnung hat (§ 32 Abs. 1 Nr. 4 RBewDV iVm § 129 Abs. 2 BewG). Dabei dürfte die Abgrenzung zu anderen Wohngrundstücken kaum besondere Schwierigkeiten bereiten. Wichtig ist dagegen die Abgrenzung gegenüber gemischt genutzt Grundstücken und Geschäftsgrundstücken. Abweichend von der Regelung in § 75 BewG ist ein Gebäude nämlich auch dann noch als Einfamilienhaus anzusehen, wenn es zwar gewerblich genutzt wird, dadurch jedoch seine Eigenart als Einfamilienhaus nicht wesentlich beeinträchtigt wird (§ 32 Abs. 1 Nr. 4 RBewDV).

Kommt bei einem Mietwohngrundstück oder bei einem Einfamilienhaus die Sachbehandlung nach § 42 Abs. 1 GrStG zur Anwendung, umfasst die errechnete Grundsteuer auch den gesamten zu dem Grundstück gehörenden Grund und Boden. Hierzu vgl. Anm. 5 zu § 42 GrStG. Sie umfasst auch alle auf dem Grundstück befindlichen Räume, die z.B. als Nebenräume zwar zur Wohnung gehören, jedoch nicht zu Wohnzwecken genutzt werden.

Zu § 42 Absatz 2

Ermittlung der Ersatzbemessungsgrundlage

3   Bei der Ermittlung der Grundsteuer ist hier auszugehen vom Umfang der **Wohnfläche,** aber auch von der Fläche der übrigen Räume, die zum Mietwohngrundstück oder zum Einfamilienhaus gehören. Die Wohnfläche und Nutzfläche war bis zum 31.12.2003 bei eigengenutzten Wohnungen nach den Vorschriften der II. BVO zu berechnen. Hingegen ist für Ausbauten und Aufstockungen, die nach dem 31.12.2003 fertiggestellt wurden, die neu geschaffene Wohnfläche nach der **Wohnflächenverordnung** v. 25.11.2003 (BGBl. 2003 I S. 2346) zu berechnen. Für die Berechnung der Grundsteuer nach der Ersatzbemessungsgrundlage kann indes bei vermieteten Wohnungen und Räumen die dem Mietvertrag zugrunde liegende Wohn-/Nutzfläche angesetzt werden (*Stöckel/Volquardsen,* § 42 GrStG Rz. 4)

Zu beachten sind weiter die **Ausstattungsmerkmale** der Wohnung die in § 42 Abs. 2 GrStG aufgeführt sind. Sie beschränken sich jedoch darauf, ob die Wohnung mit Bad, Innen-WC und Sammelheizung ausgestattet ist. Wenn dies der Fall ist, sind 1 € je m² Wohnfläche anzusetzen, andernfalls sind es nur 75 Cent je m². Dabei ist es gleichgültig, ob alle drei Merkmale fehlen oder ob nur das eine oder andere fehlt. Es kommt auch nicht darauf an, ob sich die Wohnung in gutem oder schlechtem Zustand befindet, ob sie von besserer oder einfacher Qualität ist. Als Wohnfläche gelten hier auch die Flächen der zu anderen Zwecken genutzten Räume.

In einem Mietwohngrundstück mit mehreren Wohnungen ist auf die Ausstattung jeder einzelnen Wohnung abzustellen. Ob sie abgeschlossen ist, bleibt ebenfalls ohne Bedeutung. Bei mehreren Wohnungen in einem Gebäude ist von den Ausstattungsmerkmalen auszugehen, die für die Mehrheit der Wohnungen gilt. Es ist aber auch möglich, dass für die eine Wohnung 1 € je m² und für die andere 75 Cent je m² angesetzt werden. Sind außer der Wohnung noch andere Räume vorhanden, so gelten die Ausstattungsmerkmale, die für die Wohnung festgestellt wurden, auch für diese Räume.

Im vorliegenden Zusammenhang dürfte als Bad auch ein Duschraum anzusehen sein, von einer Sammelheizung dürfte auszugehen sein, wenn nicht alle, sondern nur einzelne Räume der Wohnung daran angeschlossen sind.

Die einfache Multiplikation der für die Wohnfläche bzw. Nutzfläche ermittelten m²-Zahl mit dem für die jeweilige Ausstattungsgruppe in § 42 Abs. 2 GrStG angegebenen Wert ergibt unmittelbar die zu zahlende Grundsteuer. Im Einzelnen vgl. Anm. 5 zu § 42 GrStG.

Die so ermittelte Grundsteuer gilt für das Grundstück, umfasst also auch den Grund und Boden, gleichgültig welche Größe und welchen Wert er hat, ebenso etwaige Außenanlagen. Es kommt also auch nicht darauf an, ob der Grund und Boden bei der Einheitsbewertung als Mindestwert (§ 40 RBewDV) angesetzt werden müsste (§ 52 Abs. 2 BewG-DDR). Würde es sich allerdings um ein unbebautes Grundstück handeln, z.B. weil das aufstehende Bauwerk nur von untergeordneter Bedeutung ist, so wäre der Steuermessbetrag wie im Normalfall nach dem Einheitswert für das unbebaute Grundstück zu ermitteln. Dies könnte unter Umständen auch zu einer wesentlich höheren Grundsteuer führen.

Zu § 42 Absatz 3

Bedeutung des Hebesatzes

Die Gemeinde hat das Recht, die Höhe des Hebesatzes, der auf den Steu- **4** ermessbetrag anzuwenden ist und zur Grundsteuer führt, selbst zu bestimmen. Hierzu vgl. Anm. 1 zu § 25 GrStG. Das gilt auch hier. Zwar fehlt hier ein besonderes Steuermessbetragsverfahren, bei welchem der Hebesatz zu berücksichtigen wäre. Es wird vielmehr unterstellt, dass der in § 42 Abs. 2 GrStG angegebene Wertansatz für die Grundsteuer unter Berücksichtigung eines Hebesatzes von 300% ermittelt worden ist. Infolgedessen muss eine Umrechnung erfolgen, wenn die Gemeinde einen von 300% abweichenden Hebesatz bestimmt hat. Der Jahresbetrag der Grundsteuer verringert oder erhöht sich deshalb jeweils in dem gleichen Verhältnis, in welchem der tatsächlich von der Gemeinde festgesetzte Hebesatz zu dem hier unterstellten Hebesatz von 300% steht.

Die so ermittelte Grundsteuer gilt für ein Kalenderjahr. Für das folgende Kalenderjahr müsste sie wieder neu veranlagt werden. Wenn sich allerdings weder eine Änderung in der Grundfläche, noch an den Ausstattungsmerkmalen und auch keine Änderungen im Hebesatz ergeben, sollte die einmal veranlagte Grundsteuer automatisch weiter gelten können. Die Vorschrift in § 27 Abs. 1 GrStG, wonach die Grundsteuer auch für einen längeren Zeitraum festgesetzt werden kann, wenn sich der Hebesatz nicht ändert, sollte allgemein gelten, also auch hier angewendet werden können.

Abwicklung des Verfahrens nach § 42 GrStG

5 Das Verfahren nach § 42 GrStG gilt nur, wenn nicht schon ein Einheitswert vorliegt oder, wenn dies nicht der Fall ist, ein solcher festgesetzt werden muss, weil er für andere Substanzsteuern, z. B. für die Vermögensteuer bis 1996 oder die Erbschaftsteuer der Zeit vor 1996, benötigt wurde. Für die Grundsteuer ist dann dieser Einheitswert ab dem auf die Bekanntgabe des Einheitswertbescheids folgenden 1. Januar maßgebend. An die Stelle der nach § 42 GrStG ermittelten Grundsteuer (§ 132 Abs. 2 BewG) tritt dann die nach dem Einheitswert ermittelte Grundsteuer.

Beispiel:

a) Ermittlung nach § 42 GrStG
   Es handelt sich um ein Mietwohngrundstück mit 3 Wohnungen, jeweils mit 60m²
   Wohnfläche. Jede Wohnung hat Bad, WC und Sammelheizung, so dass bei einem
   Hebesatz von 300% je m² 1 € anzusetzen sind.
   Wohnfläche 3 × 60 m² = 180 m² × 1 € = 180 € Grundsteuer. Bei einem Hebesatz
   von 400% beträgt die Grundsteuer 180 € × 400/300 = 240 €.

b) Ermittlung nach § 41 GrStG
   Dasselbe Mietwohngrundstück bei einer Monatsmiete von 1 €/m².
   Jahresmiete = 180 × 12 = 2160 €.
   Maßgebender Vervielfältiger nach § 130 Abs. 2 BewG = 9. Einheitswert somit
   2160 × 9 = 19 440 DM, abger. 19 400 DM ≈ 9919 €
   Anzuwendende Steuermesszahl nach § 29 GrStDV = 10‰ von 9919 € = 99,19 €.
   Die Grundsteuer beträgt somit 99,19 € × 400% (Hebesatz) = 396,76 €.

Der Zeitpunkt der Bekanntgabe des Einheitswertbescheids hängt unter Umständen von Faktoren ab, die unmittelbar mit der Wertermittlung usw. wenig oder auch gar nichts zu tun haben. Das Finanzamt kann z. B. schnell oder langsam arbeiten, der Hauseigentümer kann die erforderliche Erklärung rechtzeitig oder verspätet abgeben usw. Damit kann die Bekanntgabe des Einheitswertbescheids über den 1. Januar hinausgezögert oder auch auf einen davor liegenden Zeitpunkt vorgezogen werden. Bei der Grundsteuer kann aber, da der Einheitswertbescheid erst von dem auf die Bekanntgabe folgenden Kalenderjahr an gilt (§ 132 Abs. 3 BewG), erreicht werden, dass die Grundsteuerschuld noch für ein weiteres Jahr in der bisherigen Höhe bestehen bleibt. Daran kann ein Interesse bestehen, wenn die nach § 42 GrStG ermittelte Grundsteuer wie in dem Beispiel niedriger und damit für den Eigentümer günstiger sein würde.

Zu § 42 Absatz 4

Steuerschuldner

6 Steuerschuldner ist auch bei Anwendung des § 42 GrStG derjenige, dem bei der Einheitsbewertung das Gebäude zuzurechnen wäre. Das gilt auch dann, wenn der Grund und Boden einem anderen gehört (§ 42 Abs. 4 GrStG). Dies ergibt sich allein schon daraus, dass der Grund und Boden hier keine Rolle spielt. Es soll damit vermieden werden, dass die in vielen Fällen strittigen Eigentumsverhältnisse am Grund und Boden im vorliegenden Zu-

sammenhang vom Finanzamt entschieden werden müssen. Im Zweifel wird also der Steuerpflichtige, der wirtschaftlicher Eigentümer des Gebäudes ist, auch als Eigentümer des Grundstücks behandelt (§ 39 AO). Diese Regelung entspricht insoweit auch dem § 10 GrStG, wonach auch der Erbbauberechtigte die Steuer für das gesamte Grundstück schuldet. Hierzu vgl. Anm. 4 zu § 10 GrStG. Dasselbe gilt zwar nach § 10 GrStG nicht bei einem Gebäude auf fremdem Grund und Boden. Hier würde aber nach § 42 Abs. 4 GrStG wie bei einem Erbbaurecht zu verfahren sein. Zur Erhebung der Grundsteuer im Beitrittsgebiet für Grundstücke, die in der DDR der **staatlichen Verwaltung** unterlagen, siehe im Übrigen FinMin. Thüringen v. 16.6.1994 (VIZ 1994 S. 534).

§ 43 Steuerfreiheit für neugeschaffene Wohnungen

(1) [1] **Für Grundstücke mit neugeschaffenen Wohnungen, die nach dem 31. Dezember 1980 und vor dem 1. Januar 1992 bezugsfertig geworden sind oder bezugsfertig werden, gilt folgendes:**

1. **Grundstücke mit Wohnungen, die vor dem 1. Januar 1990 bezugsfertig geworden sind, bleiben für den noch nicht abgelaufenen Teil eines zehnjährigen Befreiungszeitraums steuerfrei, der mit dem 1. Januar des Kalenderjahres beginnt, das auf das Jahr der Bezugsfertigkeit des Gebäudes folgt;**
2. **Grundstücke mit Wohnungen, die im Kalenderjahr 1990 bezugsfertig geworden sind, sind bis zum 31. Dezember 2000 steuerfrei;**
3. **Grundstücke mit Wohnungen, die im Kalenderjahr 1991 bezugsfertig werden, sind bis zum 31. Dezember 2001 steuerfrei.**

[2] **Dies gilt auch, wenn vor dem 1. Januar 1991 keine Steuerfreiheit gewährt wurde.**

(2) **Befinden sich auf einem Grundstück nur zum Teil steuerfreie Wohnungen im Sinne des Absatzes 1, gilt folgendes:**

1. [1] **Wird die Grundsteuer nach dem Einheitswert bemessen (§ 41), bemißt sich der Steuermeßbetrag für den sich aus Absatz 1 ergebenden Befreiungszeitraum nur nach dem Teil des jeweils maßgebenden Einheitswerts, der auf die steuerpflichtigen Wohnungen und Räume einschließlich zugehörigen Grund und Bodens entfällt.** [2] **Der steuerpflichtige Teil des Einheitswerts wird im Steuermeßbetragsverfahren ermittelt.**
2. **Ist die Ersatzbemessungsgrundlage Wohn- oder Nutzfläche maßgebend (§ 42), bleibt während der Dauer des sich aus Absatz 1 ergebenden Befreiungszeitraums die Wohnfläche der befreiten Wohnungen bei Anwendung des § 42 außer Ansatz.**

(3) [1] **Einer Wohnung stehen An-, Aus- oder Umbauten gleich, die der Vergrößerung oder Verbesserung von Wohnungen dienen.** [2] **Voraussetzung ist, daß die Baumaßnahmen zu einer Wertfortschreibung geführt haben oder führen.**

Übersicht

Zu § 43	**Zu § 43 Abs. 2**
1. Amtliche Erläuterungen	4. Aufteilung bei steuerfreien und steu-
2. Allgemeines	erpflichtigen Räumen
Zu § 43 Abs. 1	**Zu § 43 Abs. 3**
3. Voraussetzungen	5. Steuerfreiheit für Ausbauten usw.

Zu § 43

Amtliche Erläuterungen zu § 43

1 „Auf Wohngrundstücken errichtete Nachkriegsbauten waren in der DDR weitgehend auf Dauer grundsteuerfrei. In der Bundesrepublik Deutschland besteht eine solche Steuerfreiheit nicht. Die Erstreckung ihres Rechtes auf den beigetretenen Teil
Deutschlands würde deshalb zur Steuerpflicht für alle Wohngrundstücke ab 1.1.1991
führen. Andererseits gab es für Neubauwohnungen mit Bezugsfertigkeit bis Ende 1989
in der Bundesrepublik eine 10jährige Grundsteuervergünstigung, die sich auf den Gebäudewert beschränkte und von der Einhaltung großzügig bemessener Wohnflächen-
grenzen abhängig war. § 43 Abs. 1 enthält eine Regelung, bei der die bisherige Steuerfreiheit in der DDR insoweit weitergeführt wird, als auch bei Grundstücken in der
Bundesrepublik Deutschland wegen der 10jährigen Grundsteuervergünstigung weitgehend Steuerfreiheit bestehen würde. Aus Gründen des Vertrauensschutzes sollen die
Baujahre 1990 und 1991 zusätzlich zur Rechtslage in der Bundesrepublik Deutschland
in die auf 10 Jahre begrenzte Grundsteuerbefreiung einbezogen werden. Aus Vereinfachungsgründen wird außerdem die bisher in der DDR bestehende volle Steuerfreiheit
(einschließlich Boden) weitergeführt, obwohl die Grundsteuervergünstigung in der
Bundesrepublik Deutschland nur den Gebäudewert umfasst.
Die Dauerbefreiung von Einfamilienhäusern war in der DDR bisher auf Arbeiter
und kinderreiche Familien beschränkt. Sie betraf etwa 90 % der Objekte. Eine solche
personenbezogene Befreiung gibt es in der Bundesrepublik Deutschland nicht. Die
– ggf. nur für einen Restzeitraum – ab 1.1.1991 zu gewährende Steuerfreiheit wird
deshalb allein an die Tatsache geknüpft, dass Wohnungen nach dem 31.12.1980 neu
geschaffen wurden. Somit können auch bisher von der Steuerfreiheit für Einfamilienhäuser ausgeschlossene Selbständige die Steuerfreiheit für den restlichen Befreiungszeitraum in Anspruch nehmen.
In seltenen Fällen, wenn z. B. der Einheitswert für Vermögensteuer- oder Erb-
schaftsteuerzwecke benötigt wird, bemisst sich die Grundsteuer für Nachkriegsbauten
von Wohngrundstücken nach dem Einheitswert. Besteht in diesen Fällen volle Befreiung von der Grundsteuer, ist der Einheitswert nur für Zwecke der Vermögensteuer
und ggf. weiterer Steuern festzustellen, solange volle Grundsteuerfreiheit besteht (§ 19
Abs. 2 Satz 2 BewG). Ist – wie in der Regel – für nach dem 20.6.1948 errichtete
Wohnbauten die Ersatzbemessungsgrundlage Wohn- oder Nutzfläche maßgebend, so
entfällt die Festsetzung der Grundsteuer und die Verpflichtung zur Steueranmeldung
nach § 44.
Absatz 2 regelt die Fälle, in denen sich auf einem Grundstück nur zum Teil steuerfreie Wohnungen befinden. Bei Bemessung der Grundsteuer nach dem Einheitswert
soll hier der Einheitswert in voller Höhe festgestellt und lediglich der für die
Grundsteuer maßgebende Messbetrag auf den Teil beschränkt werden, der sich für den
steuerpflichtigen Teil des Grundstücks ergibt. Bei Bemessung der Grundsteuer nach
der Ersatzbemessungsgrundlage Wohn- oder Nutzfläche wird während des Befreiungs-

zeitraums nur die Wohn- oder Nutzfläche für den steuerpflichtigen Teil des Gebäudes zugrunde gelegt.

Die unterschiedliche Rechtslage im Bundesgebiet und in der DDR bestand auch für An-, Aus- oder Umbauten, die der Vergrößerung oder Verbesserung von Wohnungen dienen. In diesen Fällen soll daher entsprechend Steuerfreiheit für den Mehrwert des Grundstücks gewährt werden, der durch Wertfortschreibung des Einheitswerts andernfalls zu einer höheren Grundsteuer führte."

Allgemeines

Nach Kapitel IV B Abschnitt II Nr. 14 des Einigungsvertrags trat auf allen **2** Gebieten des Steuerrechts am 1.1.1991 das Recht der früheren Bundesrepublik in Kraft. Dagegen erlosch das Recht der ehemaligen DDR, sofern nicht ausdrücklich etwas anderes bestimmt wird. Infolgedessen erloschen auch alle Grundsteuerbefreiungen und Grundsteuervergünstigungen nach dem früheren DDR-Recht mit dem 31.12.1990. Somit wurden nach § 5 Abs. 2 GrStG alle Wohnungen steuerpflichtig. Steuerfrei bleiben nach § 43 GrStG allerdings Wohnungen, die erst nach dem 31.12.1980 bezugsfertig geworden sind, für die Dauer von zehn Jahren ab dem Kalenderjahr, das der Bezugsfertigkeit folgt. Praktisch bleiben sie steuerfrei für den Rest des am 1.1.1991 noch laufenden Zeitraums von zehn Jahren (§ 43 Abs. 1 GrStG). Dabei ist es gleichgültig, ob die Wohnung bis zum 31.12.1990 unbeschränkt steuerfrei, nur für die Dauer von zehn Jahren steuerfrei oder überhaupt nicht steuerfrei gewesen war. Wenn die Wohnung also in einem Kalenderjahr zwischen 1980 und 1991 bezugsfertig geworden ist, bleibt sie nach 1991 noch steuerfrei. Die Regelung entspricht im Ergebnis weitgehend der im Bundesgebiet geltenden Grundsteuervergünstigung, die für die Dauer von zehn Jahren nach § 82 bzw. § 92 des II. WoBauG für öffentlich geförderte oder steuerbegünstigte Wohnungen gewährt wurde, allerdings im Jahr 2000 auslief. Die Steuerfreiheit nach § 43 GrStG ist im Gegensatz zu dieser Steuervergünstigung jedoch von keinem besonderen Anerkennungsverfahren abhängig, sondern gilt ganz generell und ist allein schon deshalb wesentlich einfacher.

Zu § 43 Absatz 1

Voraussetzungen

Es muss sich grundsätzlich um neu geschaffene Wohnungen handeln, die in **3** der Zeit nach dem 31.12.1980 bezugsfertig geworden sind. Zur Frage der Bezugsfertigkeit kann auf Anm. 3 zu § 7 GrStG verwiesen werden. Der Zeitraum der Steuervergünstigung ist spätestens **mit dem 31.12.2001 ausgelaufen.**

Die Steuerfreiheit setzt eine **Wohnung** voraus. Es kommt deshalb im Prinzip nur auf deren bauliche Gestaltung an. Wie die Wohnung dann und von wem sie benutzt wird, ist gleichgültig. Sie kann als Wohnung benutzt werden, kann leer stehen, kann auch gewerblich genutzt sein. Sie kann groß oder auch klein sein, sie kann eine Einraumwohnung, eine Zweitwohnung, eine Ferienwohnung, eine Mietwohnung, ein Eigenheim oder eine Eigentumswohnung sein. Auf die Voraussetzungen, die für die Grundsteuervergünstigung nach § 92 des II. WoBauG verlangt wurden, kommt es nicht an.

Die Steuerfreiheit erstreckt sich auch auf alle **Nebenräume** und den zur Wohnung gehörenden Grund und Boden, wobei für dessen Umfang keine Grenzen gesetzt sind. Er bleibt deshalb auch ohne Rücksicht auf seine Größe steuerfrei.

Zu § 43 Absatz 2

Aufteilung bei steuerfreien und steuerpflichtigen Räumen

4   Sind auf dem Grundstück nur zum Teil steuerbefreite Wohnungen, so sind auch nur diese und der dazu gehörende Grund und Boden steuerfrei. Wohnungen, für welche die Steuerfreiheit nicht oder nicht mehr gilt, weil sie nicht mehr die zeitlichen Voraussetzungen dafür erfüllen, bleiben dagegen steuerpflichtig. In jedem Fall gehören auch Gewerberäume zum steuerpflichtigen Teil, wenn sie nach ihrer baulichen Gestaltung nicht als Wohnung gelten können. In § 43 Abs. 2 GrStG wird festgelegt, wie in solchen Fällen die Aufteilung zwischen steuerfreien und steuerpflichtigen Wohnungen und Räumen vorzunehmen ist.

Wenn ein **Einheitswert** festgestellt worden ist, soll die Aufteilung nach dem Einheitswert vorgenommen werden, wenngleich die Durchführung der Aufteilung selbst im Steuermessbetragsverfahren erfolgt. Dabei ist auf das Verhältnis der steuerfreien Wohnfläche und Nutzfläche der jeweiligen Wohnung zur steuerpflichtigen Fläche der anderen Räume abzustellen. Die Wohnfläche usw. ist dabei nach der II. BVO oder der Wohnflächenverordnung zu ermitteln. Es dürfte aber auch, falls die Ermittlung des Einheitswerts im Sachwertverfahren erfolgt ist, auf das Verhältnis des umbauten Raums abgestellt werden können.

Für Grundstücke im Beitrittsgebiet, auf denen sich nur zum Teil steuerfreie Wohnungen iSv § 43 Abs. 1 GrStG befinden, ordnet § 43 Abs. 2 Nr. 2 GrStG die Berechnung und Erhebung der Grundsteuer für das gesamte Grundstück an und nicht nur für den der Besteuerung unterliegenden Teil; die Steuerbefreiung wird nur in Form eines entsprechenden Abzugs von der für die Ermittlung der Ersatzbemessungsgrundlage maßgebenden Wohn- bzw. Nutzfläche berücksichtigt (BFH v. 5.5.2004, BFH/NV 2004 S. 1376). Steuerpflichtig bleiben dagegen, außer den Wohnungen, für welche die Steuerfreiheit bereits ausgelaufen ist, auch Wohnräume und Gewerberäume. Wohnräume sind entweder Teil einer Wohnung und bleiben dann mit dieser steuerfrei, oder es sind Räume, die sich in einem Wohnheim befinden. Eine besondere Steuerbefreiung ist dafür jedoch nicht vorgesehen, es sei denn nach § 5 GrStG. Gewerberäume sind Räume, die nach ihrer baulichen Anlage nur für Gewerbezwecke oder für land- und forstwirtschaftliche Zwecke benutzt werden können. Für sie gilt deshalb keine Steuerbefreiung. Da es für die Grundsteuerfreiheit des Grund und Bodens eines Grundstücks mit neuerrichteten Gebäuden nicht auf dessen Umfang ankommt, dürfte er auch dann voll steuerfrei bleiben, wenn nur ein Teil der Wohnungen usw. steuerfrei nach § 43 GrStG ist.

Zu § 43 Absatz 3

Steuerfreiheit für Ausbauten usw.

Der Errichtung einer neuen Wohnung stehen auch An-, Aus- und Umbau 5
einer Wohnung gleich, wenn sie der Vergrößerung oder Verbesserung einer
Wohnung oder dem Umbau eines Gewerberaums usw. dienen. Voraussetzung
ist jedoch jeweils, dass die Vergrößerung oder Verbesserung zu einer **Wertfortschreibung des Einheitswerts** nach § 22 Abs. 1 Nr. 1 BewG führen.
Hierzu vgl. Anm. 2 zu § 13 GrStG. Nur in diesem Fall könnte nämlich der
Wertzuwachs, der sich als Folge der genannten Baumaßnahmen ergibt, auch
steuerpflichtig werden. Der Wertzuwachs muss dazu aber eine Mindestgrenze
von $^1/_{10}$ des bisherigen Einheitswerts, mindestens jedoch 5000 DM betragen.
Damit entfallen von vornherein alle Kleinreparaturen, die zu einer Verbesserung der Wohnung führen. Schließlich ist bezogen auf die Wertverhältnisse
von 1935 eine Mindestgrenze von 5000 DM so erheblich, dass sie auch bei
Umbauten oder Ausbauten nur in seltenen Fällen erreicht wird. Sollte dies
aber der Fall sein und es deshalb zu einer Wertfortschreibung kommen, so
könnte nur die Differenz zwischen dem Einheitswert vor und dem Einheitswert nach dem Umbau steuerfrei bleiben, gleichgültig ob die umgebaute
Wohnung steuerfrei oder steuerpflichtig war. Da für den Umfang der Steuerfreiheit die Wohnfläche maßgebend sein würde, bei einem Umbau oder Ausbau sich die Wohnfläche aber gar nicht zu ändern braucht, kann eine Auftei-
lungsmethode, die sich nach der Wohnfläche richtet, nur bei einem Anbau
und einer Erweiterung gelten. Bei einem Umbau oder bei einem Ausbau
wäre sie dagegen kaum anwendbar. Es sollte deshalb die Steuerfreiheit für die
verbesserte Wohnung wie bei einer neugeschaffenen Wohnung gelten.
Schließlich kann ein Wertzuwachs kaum in einen steuerpflichtigen und einen
steuerfreien Teil zerlegt werden.

§ 44 Steueranmeldung

(1) **Soweit die Grundsteuer nach der Wohn- oder Nutzfläche zu bemessen ist, hat der Steuerschuldner eine Steuererklärung nach amtlich
vorgeschriebenem Vordruck abzugeben, in der er die Grundsteuer nach
§ 42 selbst berechnet (Steueranmeldung).**

(2) **¹Der Steuerschuldner hat der Berechnung der Grundsteuer den
Hebesatz zugrunde zu legen, den die Gemeinde bis zum Beginn des
Kalenderjahres bekanntgemacht hat, für das die Grundsteuer erhoben
wird. ²Andernfalls hat er die Grundsteuer nach dem Hebesatz des Vorjahres zu berechnen; für das Kalenderjahr 1991 gilt insoweit ein Hebesatz von 300 vom Hundert.**

(3) **¹Die Steueranmeldung ist für jedes Kalenderjahr nach den Verhält-
nissen zu seinem Beginn bis zu dem Fälligkeitstag abzugeben, zu dem
Grundsteuer für das Kalenderjahr nach § 28 erstmals fällig ist. ²Für die
Entrichtung der Grundsteuer gilt § 28 entsprechend.**

Übersicht

Zu § 44
1. Amtliche Erläuterungen
2. Allgemeines

Zu § 44 Abs. 1
3. Steueranmeldung
4. Steuerschuldner

Zu § 44 Abs. 2
5. Hebesatz bei der Berechnung

Zu § 44 Abs. 3
6. Steueranmeldung bei späteren Stichtagen

Zu § 44

Literatur: *Christoffel,* Grundsteuer-Anmeldung 1991 für die ehemalige DDR, DDR spezial 1991 Nr. 5 S. 1; *Christoffel,* Abgabe der Grundsteuer-Anmeldung für 1992, DDR spezial 1992 Nr. 5 S. 2.

Amtliche Erläuterungen zu § 44

1   „Die einfache Ersatzbemessungsgrundlage Wohn- oder Nutzfläche, die sich für den Nutzer eines Eigenheims oder den Vermieter einer Wohnung in der Regel aus der Mietbemessung usw. erschließt, lässt es zu, die Steuerschuldner zu einer Steuererklärung mit Selbstberechnung (Steueranmeldung) gegenüber der Gemeinde zu verpflichten. Wenn es sich nicht um Kleinbeträge bis zu 30 DM handelt, die nach § 28 Abs. 2 Nr. 1 GrStG erst am 15. August eines Jahres fällig werden, ist die Steueranmeldung entsprechend dem ersten Vierteljahrestermin der Grundsteuer bis zum 15. Februar des Kalenderjahres abzugeben. Dieser Steueranmeldung sind die Verhältnisse zu Beginn des Kalenderjahres, d. h. die zu Beginn des Kalenderjahres bestehende Wohnfläche unter Berücksichtigung einer ggf. nach § 43 bestehenden Steuerfreiheit, zugrunde zu legen. Die Grundsteuer ist sodann an den maßgebenden Fälligkeitstagen – ohne Festsetzung durch die Gemeinde – zu entrichten.

Die Grundsteuererhebung nach der Ersatzbemessungsgrundlage Wohn- oder Nutzfläche im Wege des Verfahrens der Steueranmeldung setzt wegen der Abhängigkeit des Steueranspruchs von der Ausübung des Hebesatzrechts der Gemeinde voraus, dass der Hebesatz zu Beginn des Kalenderjahres festliegt. Die Gemeinde hat jedoch nach § 25 Abs. 3 GrStG das Recht, den Hebesatz bis zum 30. Juni des laufenden Kalenderjahres festzusetzen und ggf. gegenüber dem Vorjahr zu erhöhen. Soweit sich durch Hebesatzfestsetzung nach dem 1. Januar eines Kalenderjahres ein Mehranspruch an Grundsteuer ergibt, ist seine Realisierung im Steueranmeldungsverfahren nicht mehr möglich, weil dem Steuerschuldner eine berichtigte Steueranmeldung entsprechend der endgültigen Hebesatzfestsetzung nicht zugemutet werden kann. Soweit es zu Grundsteuererhöhungen durch Hebesatzfestsetzung nach dem Beginn eines Kalenderjahres kommt, kann die Gemeinde diese Mehransprüche daher bei Wohngrundstücken nur dadurch realisieren, dass sie die Steuer durch Steuerbescheid festsetzt."

Allgemeines

2   Für die Veranlagung der Grundsteuer braucht normalerweise vom Eigentümer des Grundstücks keine besondere Steuererklärung abgegeben zu werden. Sie erübrigt sich deshalb, weil Einheitswert und Steuermessbetrag zusammen vom zuständigen Finanzamt ermittelt und der zuständigen Gemeinde mitgeteilt werden, so dass auf dieser Grundlage die Grundsteuer ohne Weiteres von der Gemeinde veranlagt werden kann. Der Eigentümer ist aller-

dings verpflichtet, eine besondere Erklärung für die Ermittlung des Einheitswerts abzugeben, aus der sich alle relevanten Eigenschaften des Grundstücks für eine Ermittlung ergeben. Aber auch diese Erklärung ist nur zur Durchführung einer Hauptfeststellung des Einheitswerts obligatorisch (§ 28 Abs. 1 BewG). Für eine Fortschreibung oder Nachfeststellung des Einheitswerts geht man dann davon aus, dass die erforderlichen Unterlagen bereits dem Finanzamt vorliegen. Wenn notwendig, kann das Finanzamt immer noch eine eigene Erklärung von dem Eigentümer anfordern (§ 149 Abs. 1 Satz 2 AO). Dieser kann also abwarten, bis er dazu aufgefordert wird. Ein solches Verfahren funktioniert allerdings in den Fällen des § 42 GrStG deshalb nicht, weil hier auf eine Feststellung des Einheitswerts und Steuermessbetrags verzichtet werden soll. Nach § 44 Abs. 1 GrStG ist deshalb der Eigentümer verpflichtet, eine **besondere Erklärung,** hier als **Steueranmeldung** bezeichnet, abzugeben. Vgl. hierzu auch *Stöckel/Volquardsen,* § 44 GrStG.

Zu § 44 Absatz 1

Steueranmeldung

Nach § 44 Abs. 1 GrStG ist der Eigentümer des Grundstücks zur Abgabe **3** einer besonderen Steueranmeldung verpflichtet, in der er selbst die Grundsteuer berechnet. Diese Erklärung mit einer **Selbstberechnung** wird als Steueranmeldung (§ 150 Abs. 1 Satz 3 AO) bezeichnet, ein Begriff, der jedenfalls im Grundsteuerrecht nicht üblich ist. Zur Steueranmeldung und ihren verfahrensrechtlichen Wirkungen vgl. auch *Klein/Rätke,* AO, § 150 Rz. 7.

Die Steueranmeldung ist abzugeben, sofern nicht schon Steuerfreiheit nach § 43 GrStG gegeben ist. Sie erübrigt sich allerdings dann, wenn schon ein Einheitswert besteht. Sie erübrigte sich aber auch für Mietwohngrundstücke und Einfamilienhäuser, für welche die Ende 2001 ausgelaufene Steuerbefreiung nach § 43 GrStG noch lief. Wenn aus diesen oder auch aus anderen Gründen eine Fortschreibung oder Nachfeststellung des Einheitswerts erfolgen muss, kann der Eigentümer abwarten, bis er vom Finanzamt zur Abgabe einer Erklärung nach § 28 BewG aufgefordert wird. Üblicherweise wird entweder die Abgabe einer solchen Erklärung oder die Abgabe einer Steueranmeldung notwendig.

Steuerschuldner

Die Steueranmeldung soll vom Steuerschuldner abgegeben werden. Im **4** Zweifelsfall ist dies derjenige, dem das Gebäude zuzurechnen wäre, auch wenn der Grund und Boden einem anderen gehört. Offensichtlich soll damit die Prüfung der Frage vermieden werden, wer überhaupt der Eigentümer ist, was in vielen Fällen doch sehr zweifelhaft sein kann (§ 42 Abs. 4 GrStG). Wie die Grundsteuer dann intern zwischen dem wirtschaftlichen und dem rechtlichen Eigentümer verrechnet werden soll, braucht hier nicht weiter geprüft zu werden. Hierzu vgl. Anm. 6 zu § 42 GrStG.

Zu § 44 Absatz 2

Hebesatz bei der Berechnung

5   Die **Berechnung der Grundsteuer** erfolgt ganz **schematisch** nach § 42 GrStG. Die Wohn- und Nutzfläche wird mit den dort angegebenen Wertsätzen multipliziert und ergibt die Grundsteuer. Dabei wird von einem Hebesatz von 300% ausgegangen. Soweit der tatsächliche Hebesatz hiervon abweicht, muss dies allerdings besonders berücksichtigt werden.

Zur Bekanntmachung des jährlich maßgebenden Hebesatzes vgl. Anm. 3 zu § 25 GrStG. Der Hebesatz muss jeweils bis Mitte des Jahres festgesetzt sein, andernfalls wäre von dem Hebesatz des Vorjahres auszugehen.

Eine Steueranmeldung erübrigte sich, solange das Mietwohngrundstück oder das Einfamilienhaus nach § 43 GrStG steuerfrei blieb. Sie wird erst erforderlich nach dem Wegfall der Steuerbefreiung, d. h. wenn das Grundstück wieder steuerpflichtig wird.

Zu § 44 Absatz 3

Steueranmeldung bei späteren Stichtagen

6   Die Steueranmeldung ist für jedes Kalenderjahr neu abzugeben. Für die Angaben und für die Berechnung ist jeweils das Verhältnis vom Jahresbeginn maßgebend. Abzugeben ist die Steueranmeldung bis zum **ersten Fälligkeitstag** nach § 28 GrStG. Das ist normalerweise der 15. Februar (§ 28 Abs. 1 GrStG), bei Kleinbeträgen bis zu 15 € ist es der 15. August (§ 28 Abs. 2 GrStG). Man sollte in sinngemäßer Anwendung des § 27 Abs. 1 GrStG auf die Abgabe einer jährlichen Steueranmeldung dann verzichten können, wenn sich seit dem letzten 1. Januar weder an dem Grundstück noch an dem Hebesatz etwas geändert hat. Die nach § 29 GrStG zu entrichtenden Vorauszahlungen laufen dann in gleicher Höhe weiter wie bisher.

Die Regelung in § 44 GrStG gilt nur für die Grundsteuer.

§ 45 Fälligkeit von Kleinbeträgen

Hat der Rat der Stadt oder Gemeinde vor dem 1. Januar 1991 für kleinere Beträge eine Zahlungsweise zugelassen, die von § 28 Abs. 2 und 3 abweicht, bleibt die Regelung bestehen, bis sie aufgehoben wird.

Zu § 45

Amtliche Erläuterungen zu § 45

1   „Nach dem Grundsteuergesetz der DDR konnten die Räte der Städte und Gemeinden regeln, in welcher Weise Kleinbeträge entrichtet werden. Zur Verwaltungsvereinfachung sollen diese Regelungen so lange weitergelten, bis sie wieder aufgehoben werden."

Allgemeines

Nach § 28 Abs. 1 GrStG wird die Grundsteuer normalerweise in Viertel- 2
jahresbeträgen fällig, bei Kleinbeträgen bis zu 15 € kann sie bis zum
25. August in einem Betrag und bei Kleinbeträgen bis 30 € in zwei Raten am
15. Februar und 15. August jeweils mit 15 € entrichtet werden. Hier bringt
§ 45 GrStG eine Ausnahme. Danach können die Gemeinden, wenn sie für
kleinere Beträge eine Regelung zugelassen haben, die von der im § 28 Abs. 2
und 3 GrStG genannten abweicht, diese bis auf Weiteres bestehen lassen. Eine
entsprechende Möglichkeit für eine abweichende Zahlungsweise ist in den
alten Bundesländern 1974 aufgehoben worden, um die Erhebung der Grundsteuer durch automatischen Ausdruck zu erleichtern. Im Einzelnen vgl.
Anm. 1 § 28 GrStG. Schon aus Zweckmäßigkeitsgründen wäre heute eine
davon abweichende Regelung kaum zu empfehlen.

§ 46 Zuständigkeit der Gemeinden

**Die Festsetzung und Erhebung der Grundsteuer obliegt bis zu einer
anderen landesrechtlichen Regelung den Gemeinden.**

Zu § 46

Amtliche Erläuterungen zu § 46

„Die Zuständigkeit für die Verwaltung der Grundsteuer liegt nach Artikel 108 GG 1
bei den Landesfinanzbehörden. Diese Zuständigkeit wird, soweit es die Festsetzung
und Erhebung der Grundsteuer angeht, auf die Gemeinden übertragen. Durch Landesgesetz können die Länder im beigetretenen Teil Deutschlands diese Maßnahme
ganz oder zum Teil wieder rückgängig machen.“

Allgemeines

Zuständig für die Erhebung der Grundsteuer ist die **Gemeinde.** Das 2
Recht dazu ergibt sich für sie aus Art. 106 Abs. 6 GG. Hierzu vgl. Anm. 2 zu
§ 1 GrStG. Diese Rechtslage gilt heute auch für die neuen Bundesländer.
Wenn unter diesen Umständen in § 46 GrStG darauf hingewiesen wird, dass
die derzeitige und dem Art. 106 Abs. 6 GG entsprechende Regelung nur so
lange gelten soll, als nicht durch landesrechtliche Bestimmungen etwas anderes angeordnet wird, ist dies kaum verständlich, denn dazu wäre eine Änderung des Art. 106 GG erforderlich.

Anhang I

Rechtsprechung zum Grundsteuererlass nach §§ 32 bis 34 GrStG

– Bundesverwaltungsgericht, Bundesfinanzhof und Oberverwaltungsgerichte –

Die folgende Zusammenstellung enthält in zeitlicher Reihenfolge die zum Grundsteuer-Erlass nach den §§ 32 bis 34 GrStG veröffentlichten Leit- bzw. Orientierungssätze der neueren Entscheidungen des Bundesverwaltungsgerichts, des Bundesfinanzhofs sowie der Oberverwaltungsgerichte der Länder. Die nach Schlagwörtern alphabetisch geordnete Übersicht ermöglicht das schnelle Auffinden von Entscheidungen zu bestimmten Themen.

Inhaltsübersicht

1. Ertragsminderung bei Hotelgrundstücken (BVerwG v. 3.7.1979; § 33 GrStG)
2. Negatives Betriebsergebnis (BVerwG v. 29.9.1982; § 33 GrStG)
3. Grundbesitz im Naturschutzgebiet (BayVGH v. 20.10.1982; § 32 GrStG)
4. Erlass nach Konkurseröffnung (BVerwG v. 15.4.1983; § 33 GrStG)
5. Aufgabe der eigengewerblichen Nutzung; Denkmalschutz (BVerwG v. 15.4.1983; § 33 GrStG)
6. Aufgabe der eigengewerblichen Nutzung (BVerwG v. 15.4.1983; § 33 GrStG)
7. Baudenkmal; berücksichtungsfähige Kosten (OVG NRW v. 29.6.1983; § 32 GrStG)
8. Ertragsminderung nach Betriebsverlegung (BVerwG v. 6.9.1984; § 33 GrStG)
9. Denkmalschutz (BVerwG v. 21.9.1984; § 32 GrStG)
10. Rechtsbehelf bei Ablehnung eines Erlassantrags (BFH v. 10.8.1988; § 33 GrStG)
11. Erlass bei Organschaft (BFH v. 19.4.1989; § 33 GrStG)
12. Ertragsminderung, Ermittlung der Minderausnutzung (BVerwG v. 26.5.1989; § 33 GrStG)
13. Erlass bei Organschaft (BFH v. 17.1.1990; § 33 GrStG)
14. Erlass bei Miteigentum (OVG NRW v. 9.4.1990; § 32 GrStG)
15. Kosten für Luxusmodernisierung, Fremdkapitalzinsen (OVG Lüneburg v. 18.4.1990; § 32 GrStG)
16. Erlass bei Miteigentum (BayVGH v. 3.9.1990; § 33 GrStG)
17. Betriebsaufgabe (Nds. OVG v. 16.1.1991; § 33 GrStG)
18. Baudenkmal, berücksichtigungsfähige Kosten (BVerwG v. 15.2.1991; § 33 GrStG)
19. Minderung des Rohertrags (BVerwG v. 3.5.1991; § 33 GrStG)
20. Ermittlung des Rohertrags, Zeitraum (BayVGH v. 31.3.1993; § 33 GrStG)
21. Ertragsschwäche des vermieteten Grundstücks durch gesetzliche Regelungen (BVerwG v. 10.2.1994; § 33 GrStG)

22. Erlass bei vom Steuerpflichtigen zu vertretenden Umständen (BayVGH v. 28.11.1994; § 33 GrStG)

23. Dauerhafte Unrentierlichkeit bei Kulturdenkmal, Kausalität (Hess-VGH v. 19.1.1995; § 32 GrStG)

24. Dreimonatsfrist für Antrag auf Grundsteuererlass (BFH v. 23.8.1995; § 34 GrStG)

25. Baudenkmal; Kostenbegriff (BayVGH v. 7.2.1996; § 32 GrStG)

26. Kausalitätserfordernis zwischen Denkmaleigenschaft und Unwirtschaftlichkeit des Grundbesitzes (BVerwG v. 8.7.1998; § 32 GrStG)

27. Unvermietbarkeit von Wohnungen wegen strukturell bedingten Überangebots (BVerwG v. 4.4.2001; § 33 GrStG)

28. Ertragsminderung infolge Zahlungsunfähigkeit des Mieters (OVG Saarland v. 28.9.2001; § 33 GrStG)

29. Ertragsminderung durch Leerstand (VGH Ba-Wü v. 13.12.2001; § 33 GrStG)

30. Denkmalschutz, Berücksichtigung von Schuldzinsen und Abschreibungen (BayVGH v. 3.7.2002; § 32 GrStG)

31. Leerstand von Räumen (Nds. OVG v. 3.12.2003; § 33 GrStG)

32. Verlängerte Leerstandszeiten durch Überangebot an Büroräumen (HessVGH v. 7.3.2005; § 33 GrStG)

33. Umbauarbeiten (BayVGH v. 31.3.2005; § 33 GrStG)

34. Unwirtschaftlichkeit eines unter Denkmalschutz stehenden Grundbesitzes (BFH v. 8.9.2005; § 32 GrStG)

35. Antragserfordernis bei Anspruch auf Grundsteuererlass/Maßgeblichkeit der Wertverhältnisse 1964 (VGH Ba-Wü v. 14.11.2005; § 34 GrStG)

36. Leerstand eines Hochregallagers (BayVGH v. 15.12.2005; § 33 GrStG)

37. Kein Grundsteuererlass bei Mietausfall (BayVGH v. 12.1.2006; § 33 GrStG)

38. Grundsteuererlass bei strukturell bedingten Ertragsminderungen von nicht lediglich vorübergehender Natur (BFH v. 13.9.2006; § 33 GrStG)

39. Grundsteuererlass bei Mietausfällen aufgrund nachhaltiger, strukturell bedingter fehlender Mieternachfrage (OVG S-Anh v. 15.1.2007; § 33 GrStG)

40. Grundsteuererlass bei strukturell bedingten Ertragsminderungen (BFH v. 26.2.2007; § 33 GrStG)

41. Grundsteuererlass für öffentliche Grünanlagen, Spiel- und Sportplätze (OVG S-Anh v. 23.3.2007; § 32 GrStG)

42. Stundung der Grundsteuer bei Zweifeln am Vorliegen der Erlassvoraussetzungen (OVG S-Anh v. 23.3.2007; § 32 GrStG)

43. Grundsteuererlass wegen wesentlicher Ertragsminderung (BVerwG v. 24.4.2007; § 33 GrStG)

44. Grundsteuererlass wegen Ertragsminderung durch Vorliegen eines strukturell bedingten Leerstandes (OVG NRW v. 9.10.2007; § 33 GrStG)

45. Grundsteuererlass bei strukturell bedingter Ertragsminderung von nicht nur vorübergehender Natur (BFH v. 24.10.2007; § 33 GrStG)

46. Grundsteuererlass bei bebauten und im Sachwertverfahren bewerteten Grundstücken (BFH v. 24.10.2007; § 33 GrStG)

47. Grundsteuererlass bei bebauten und im Ertragswertverfahren bewerteten Grundstücken (BFH v. 24.10.2007; § 33 GrStG)

48. Grundsteuererlass wegen Modernisierungs- und/oder Sanierungsmaßnahmen (OVG NRW v. 16.1.2008; § 33 GrStG)

49. Grundsteuererlass wegen Leerstandes (OVG NRW v. 13.3.2008; § 33 GrStG)

50. Grundsteuererlass wegen Minderung der Ertragslage durch Pächterausfall (OVG NRW v. 18.6.2008; § 33 GrStG)

51. Verpflichtung zum Grundsteuererlass/struktureller Leerstand (BVerwG v. 25.6.2008; § 33 GrStG)
52. Zugehörigkeit der Verkehrslage und Geschäftslage zu den Wertverhältnissen/Relevanz für einen Grundsteuererlass (BFH v. 30.7.2008; § 33 GrStG)
53. Grundsteuererlass wegen Ertragsminderung/längerer Leerstand bei Gewerbeobjekt mit besonderer Ausstattung und speziellem Verwendungsprofil (OVG NRW v. 31.10.2008; § 33 GrStG)
54. Grundsteuererlass wegen Minderung des normalen Rohertrages oder wegen strukturell bedingter Ertragsminderung (OVG NRW v. 26.3.2009; § 33 GrStG)
55. Grundsteuererlass für ein Grundstück mit Gebäude unter Denkmalschutz (OVG S-Anh v. 16.9.2009; § 32 GrStG)
56. Geltendmachung der Ertraglosigkeit eines Grundstücks (OVG M-V v. 16.9.2009; § 32 GrStG)
57. Grundsteuererlass nicht nur bei atypischen und vorübergehenden Umständen (Sächs. OVG v. 23.12.2009; § 33 GrStG)
58. Insolvenzverfahren, übertragende Sanierung (OVG Rh-Pf v. 28.6.2010; § 33 GrStG)
59. Grundsteuererlass nicht nur bei atypischen und vorübergehenden Umständen (VGH Ba-Wü v. 2.12.2010; § 33 GrStG)

60. Grundsteuererlass für öffentlichen Erholungs-, Spiel- oder Sportzwecken gewidmete Grundstücke (OVG NRW v. 2.12.2011; § 32 GrStG)
61. Verfassungsmäßigkeit der Neuregelung des Erlasses von Grundsteuer wegen wesentlicher Ertragsminderung (BFH v. 18.4.2012; § 33 GrStG)
62. Grundsteuererlass bei einer Wohnungsgenossenschaft/Frage des Vertretenmüssens (Sächs. OVG v. 19.6.2012; § 33 GrStG)
63. Grundsteuererlass bei bebauten Grundstücken mit mehreren getrennt vermietbaren Einheiten (BFH v. 27.9.2012; § 33 GrStG)
64. Kein Erlass von Grundsteuer wegen Wertverzerrungen bei der Einheitsbewertung (BFH v. 7.2.2013; § 227 AO)
65. Grundsteuererlass bei vertraglich vereinbartem Mietverzicht (OVG NRW v. 26.7.2013; § 33 GrStG)
66. Vertretenmüssen einer wesentlichen Ertragsminderung (BVerwG v. 22.1.2014; § 33 GrStG)
67. Grundsteuererlass für ein zu Wohnzwecken genutztes Grundstück in unvermietbarem Zustand (Sächs. OVG v. 7.3.2014; § 33 GrStG)
68. Vertretenmüssen einer Rohertragsminderung bei ausschließlicher Online-Objektwerbung (OVG NRW v. 20.3.2014; § 33 GrStG)
69. Vertretenmüssen einer Rohertragsminderung und Zumutbarkeit einer Printanzeigenschaltung (OVG NRW v. 20.3.2014; § 33 GrStG)

Alphabetische Übersicht

Ablehnung Erlassantrag (10.)
Abschreibungen (30.)
Antragserfordernis (35.)
Atypizität des Leerstands (57.), (59.)
Aufgabe der eigengewerblichen Nutzung (5.), (6.)

Baudenkmäler (9.), (18.), (55.)
Betriebsaufgabe (17.)

Betriebsergebnis, negatives (2.)
Betriebsverlegung (8.)

Dreimonatsfrist, Antragstellung (24.)

Ertraglosigkeit, Geltendmachung (56.)
Ertragsschwäche, gesetzlich bedingte (21.)

Kausalität (23.), (26.), (34.)
Konkurseröffnung (4.)
Kostenbegriff (25.)

Leerstand
– Büroräume, Überangebot (33.)
– Hotelgrundstück (1.)
– Hochregallager (36.)
– Mietausfall (37.)
– Modernisierungsmaßnahmen (48.)
– Sanierungsmaßnahmen (48.)
– Wohnsiedlung, militärische (29.)
Luxusmodernisierung (15.)

Mietverzicht (65.)
Minderausnutzung, Ermittlung (12.)
Miteigentum (14.), (16.)

Naturschutzgebiet (3.)

Organschaft (11.), (13.)
Online-Objektwerbung (68.)

Pächterausfall (53.)
Printanzeigenschaltung (69.)

Rohertrag,
– Ermittlung (20.)
– Minderung (19.)

Schuldzinsen (15.), (30.)

Unrentierlichkeit (23.), (26.), (34.)
Unvermietbarkeit
– strukturell bedingtes Überangebot
  (27.), (31.), (38.–40.), (44.–47.), (49.),
  (51.), (54.)

Vertretenmüssen (22.), (33.)
Verwendungsprofil, besonderes (53.)

Zahlungsunfähigkeit
– des Mieters (28.)

Ertragsminderung bei Hotelgrundstücken

BVerwG v. 3.7.1979 7 B 44/78 (VerwRspr. 1980 Bd. 31 S. 708)

1 Bei der Entscheidung über einen Grundsteuererlass wegen wesentlicher Ertragsminderung eines Hotelgrundstücks kann die Minderung der Ausnutzung in der Regel nach der durchschnittlichen Bettenbelegung der dem Erlasszeitraum vorangehenden Kalenderjahre ermittelt werden.

Negatives Betriebsergebnis, Verhältnis der GrSt zu den gesamten Betriebsausgaben

BVerwG v. 29.9.1982 8 C 50/81 (NVwZ 1983 S. 159)

2 Die Einziehung der unverkürzten Grundsteuer ist nur dann unbillig iSd § 33 Abs. 1 Satz 2 GrStG, wenn das Gesamtunternehmen im Erlasszeitraum ein negatives Betriebsergebnis erzielt hat und die Position Grundsteuer innerhalb des Aufwands von nicht nur geringfügigem Gewicht ist.

Grundbesitz im Naturschutzgebiet

BayVGH v. 20.10.1982 Nr. 4 B 80 A. 526 (StRK GrStG § 32 R. 2)

3 1. Grundbesitz in einem Naturschutzgebiet ist grundsätzlich nach § 32 Abs. 1 Nr. 1 GrStG privilegiert.
2. Wird der Erlass der Grundsteuer nach § 32 Abs. 1 Nr. 1 GrStG nur für einen Teil des Grundbesitzes beantragt, so beurteilt sich auch die Frage der fehlenden Rentabilität nur für diesen Teil.

3. Der Grundsteuererlass nach § 32 Abs. 1 Nr. 1 GrStG hängt nicht davon ab, dass die fehlende Rentabilität im konkreten Einzelfall durch die Erhaltung des Grundbesitzes für die im Gesetz genannten Zwecke verursacht wird.

Erlass nach Konkurseröffnung

BVerwG v. 15.4.1983 8 C 52/81 (NVwZ 1984 S. 311)

Ein Erlassanspruch wegen wesentlicher Ertragsminderung nach § 33 GrStG kann **4** nur einem Grundsteuerpflichtigen entstehen, dessen wirtschaftliche Existenz im Erlasszeitraum noch nicht vernichtet ist.

Aufgabe der eigengewerblichen Nutzung; Denkmalschutz

BVerwG v. 15.4.1983 8 C 146/81 (StRK GrStG § 33 R. 4)

1. Die Einziehung der unverkürzten Grundsteuer kann dann nicht unbillig iSd § 33 **5** Abs. 1 Satz 2 GrStG sein, wenn das Gesamtunternehmen im Erlasszeitraum ein positives Betriebsergebnis erzielt hat.
2. Ein Grundsteuerpflichtiger hat eine Ertragsminderung nicht iSd § 33 Abs. 1 Satz 1 GrStG zu vertreten, wenn er sie weder durch ein ihm zurechenbares Verhalten herbeigeführt hat noch ihren Eintritt durch geeignete und zumutbare Maßnahmen hat verhindern können.
3. Das Entstehen eines Anspruchs auf einen Grundsteuererlass wegen einer wesentlichen Ertragsminderung wird durch § 33 Abs. 5 GrStG insoweit ausgeschlossen, als die durch den Grundsteuererlass erreichbare Grundsteuerentlastung nicht über die durch eine Fortschreibung des Einheitswerts mögliche Entlastung hinausgeht.

Orientierungssatz:

Ein öffentliches Interesse an der Erhaltung von Grundbesitz, das zum Erlass der Grundsteuer führt, kann nur dann angenommen werden, wenn die Bedeutung für Wissenschaft, Kunst oder Heimatschutz durch bestimmte Fakten erwiesen, ins Bewusstsein der Bevölkerung oder mindestens eines breiteren Kreises von Sachverständigen eingegangen ist.

Aufgabe der eigengewerblichen Nutzung

BVerwG v. 15.4.1983 8 C 150/81 (NVwZ 1984 S. 309)

1. Ein bebautes Grundstück verliert seine Eigenschaft, iSd § 33 Abs. 1 Satz 2 GrStG **6** „eigengewerblich genutzt" zu sein, wenn derjenige, dem der auf diesem Grundstück ausgeübte Betrieb bei der Einheitsbewertung zugerechnet worden ist, diese gewerbliche Tätigkeit vollständig und auf Dauer aufgibt.
2. Ein Grundsteuerpflichtiger hat eine Ertragsminderung nicht iSd § 33 Abs. 1 Satz 1 GrStG zu vertreten, wenn er sie weder durch ein ihm zurechenbares Verhalten herbeigeführt hat noch ihren Eintritt durch geeignete und zumutbare Maßnahmen hat verhindern können. Abzustellen ist dabei allein auf das Verhalten innerhalb des Erlasszeitraums.
3. Einem Grundsteuerpflichtigen, der wirtschaftlicher Eigentümer eines auf fremdem Grund und Boden stehenden Gebäudes ist, kann nach § 33 GrStG ein Anspruch auf Erlass der gesamten Grundsteuer entstehen; die Beschränkung des Anspruchs auf höchstens vier Fünftel der Grundsteuer (§ 33 Abs. 1 Satz 1 GrStG) gilt in einem solchen Fall nicht.

4. Geht die durch einen Grundsteuererlass erreichbare Grundsteuerentlastung über die durch eine Fortschreibung des Einheitswerts mögliche Entlastung hinaus, so wird der Grundsteuererlass für eine „überschießende" Entlastung durch § 33 Abs. 5 GrStG nicht ausgeschlossen.

Eine GmbH stellt auf ihrem im Eigentum eines der Gesellschafter stehenden Betriebsgrundstück bis zum Jahre 1975 Betonfertigteile her. Sie war wirtschaftliche Eigentümerin der auf dem Grundstück befindlichen baulichen Anlagen. Gegen Ende des Jahres 1974 stellte sie wegen erheblicher Verluste den Betrieb ein.

Baudenkmal; berücksichtigungsfähige Kosten

OVG NRW v. 29.6.1983 3 A 1889/81 (StRK GrStG § 32 R. 3)

7 1. Zu den berücksichtigungsfähigen Kosten iSd § 32 Abs. 1 Nr. 1 GrStG 1973 gehören auch die Zinsen, und zwar nicht nur diejenigen, die der Erhaltung des Gebäudes dienen, sondern auch aus Modernisierungsaufwand.

2. Der berücksichtigungsfähige Abschreibungsaufwand ist nur aus denjenigen Kosten zu ermitteln, die aus der Erhaltung des denkmalwürdigen Gebäudes entstanden sind. Hierzu gehören daher nicht die Kosten der Anschaffung eines solchen Gebäudes.

Ertragsminderung nach Betriebsverlegung

BVerwG v. 6.9.1984 8 C 60.83 (KStZ 1985 S. 11)

8 Endet die eigengewerbliche Nutzung eines Grundstücks beispielsweise infolge einer Betriebsverlegung, ist für die Beantwortung der Frage, ob dessen Eigentümer eine im folgenden Jahr (Erlasszeitraum) mangels Vermietung oder Verpachtung eintretende wesentliche Ertragsminderung iSd § 33 Abs. 1 Satz 1 GrStG zu vertreten hat, darauf abzustellen, ob er es zu vertreten hat, dass das Grundstück im Erlasszeitraum nicht zu einem marktgerechten Mietzins vermietet oder verpachtet worden ist.

Denkmalschutz

BVerwG v. 21.9.1984 8 C 62.82 (KStZ 1985 S. 31)

9 1. Ein Grundsteuer-Änderungsbescheid, der erst nach dem auf den Erlasszeitraum folgenden 31. März ergeht und die zuvor für den Erlasszeitraum festgesetzte Grundsteuer heraufsetzt, eröffnet (nur) für einen durch diese Grundsteuererhöhung veranlassten Erlassantrag eine (neue) dreimonatige Ausschlussfrist iSd § 34 Abs. 2 Satz 2 GrStG.

2. Die Erhaltung eines Gebäudes liegt nur dann im öffentlichen Interesse iSd § 32 Abs. 1 Nr. 1 GrStG, wenn die dem Grundbesitz wegen der Bedeutung, dieses Gebäudes etwa für die (Heimat-)Geschichte von der Rechtsordnung auferlegte Unrentierlichkeit auf Nutzungsbeschränkungen (etwa des förmlichen Denkmalschutzes) beruht, die über das hinausgehen, was Grundstückseigentümern von der Rechtsordnung, insbesondere durch das Baurecht allgemein an Rücksichtnahme auf Gemeininteressen zugemutet wird.

3. Das Merkmal „in der Regel" in § 32 Abs. 1 Nr. 1 GrStG hebt auf eine Unrentierlichkeit als Dauerzustand ab. Ihre Feststellung erfordert eine prognostizierende Beurteilung auf der Grundlage u. a. der wirtschaftlichen Daten der Vergangenheit.

Auf einem Grundstück der Kläger befand sich zunächst ein Altbau aus dem 16. Jahrhundert, der von der zuständigen Behörde als Kulturdenkmal eingestuft war. Mit Zustimmung dieser

Behörde ist an dessen Stelle ein Neubau errichtet worden unter der Auflage, soviel historische Substanz wie möglich zu erhalten und den Gesamteindruck einer in Verbindung mit einem ebenfalls denkmalgeschützten „Wolfstor" als Ensemble nicht zu beeinträchtigen. Unter Verwendung von nur ein paar alten Fachwerkhölzern wurde das neue Gebäude, ebenfalls ein Fachwerkbau, 1977 fertiggestellt.

Rechtsbehelf bei Ablehnung eines Erlassantrags

BFH v. 10.8.1988 II R 10/86 (BStBl. 1989 II S. 13)

Gegen die Ablehnung eines Antrags auf Erlass der Grundsteuer gemäß § 33 GrStG **10** ist als abgabenrechtlicher außergerichtlicher Rechtsbehelf der Einspruch gegeben.

Erlass bei Organschaft

BFH v. 19.4.1989 II R 16/89 (BStBl. 1989 II S. 804)

Bei durch Organschaft verbundenen Unternehmen ist bei der Entscheidung, ob die **11** Einziehung der unverkürzten Grundsteuer unbillig ist, iSd § 33 Abs. 1 Satz 2 GrStG nicht nur auf die wirtschaftlichen Verhältnisse der Organtochter, sondern auch auf die der Muttergesellschaft abzustellen.

Ertragsminderung, Ermittlung der Minderausnutzung

BVerwG v. 26.5.1989 8 C 20.87 (BStBl. 1989 II S. 1042)

1. Bei der Entscheidung über einen Grundsteuererlass wegen wesentlicher Ertrags- **12** minderung eines eigengewerblich genutzten bebauten Grundstücks kann die Minderung der Ausnutzung des Grundstücks nach dem Merkmal der Arbeitsstunden ermittelt werden.

2. War die Ausnutzung des Grundstücks auch in den dem Erlasszeitraum unmittelbar vorangegangenen Kalenderjahren in einem ins Gewicht fallenden Maße gemindert, ist das Maß der normalen Ausnutzung aus den Verhältnissen der letzten Kalenderjahre mit ungeminderter Ausnutzung herzuleiten.

3. Der Ermittlung der Minderausnutzung (Erlasszeitraum, Vergleichszeitraum) sind die Verhältnisse der entsprechenden Kalenderjahre auch dann zugrunde zu legen, wenn der Betrieb in vom Kalenderjahr abweichenden Geschäftsjahren rechnet.

4. Die Einziehung der unverkürzten Grundsteuer ist nur dann iSd § 33 Abs. 1 Satz 2 GrStG nach den wirtschaftlichen Verhältnissen des Betriebs unbillig, wenn das Gesamtunternehmen im Erlasszeitraum ein negatives Betriebsergebnis erzielt hat und die Position Grundsteuer innerhalb des Aufwands von nicht nur geringfügigem Gewicht ist.

Erlass bei Organschaft

BFH v. 17.1.1990 II R 97/85 (BStBl. 1990 II S. 448)

Ist eine GmbH gewerbesteuerrechtlich Organgesellschaft einer AG, so ist für die **13** Beantwortung der Frage, ob die Einziehung der Grundsteuer nach den wirtschaftlichen Verhältnissen des Betriebs unbillig wäre, nicht auf die wirtschaftlichen Verhältnisse allein der GmbH, sondern auf die des Organkreises abzustellen, und zwar auch dann, wenn zwischen Organgesellschaft und Organträger ein Ergebnisabführungsvertrag nicht abgeschlossen worden ist.

Erlass bei Miteigentum

OVG NRW v. 9.4.1990 22 A 1630/87 (NVwZ-RR 1991 S. 205)

14 1. Die nicht zur Grundsteuer herangezogenen Miteigentümer eines Grundstücks besitzen für eine auf Grundsteuererlass gerichtete Klage keine Klagebefugnis.
2. Ein Anspruch auf Erlass der Grundsteuer gemäß § 32 Abs. 1 Nr. 1 GrStG ist nicht gegeben, wenn jemand ein denkmalgeschütztes Objekt erwirbt, es unter erheblichen finanziellen Aufwendungen saniert, in Eigentumswohnungen aufteilt und diese alsbald wieder veräußert.

Kosten für Luxusmodernisierung, Fremdkapitalzinsen

OVG Lüneburg v. 18.4.1990 13 A 23/88 (StRK GrStG § 32 R. 6)

15 1. Zu den berücksichtigungsfähigen Kosten iSd § 32 Abs. 1 Nr. 1 GrStG gehören grundsätzlich die Zinsen für Darlehen, die zur Erhaltung und Modernisierung des Baudenkmals verwendet sind.
2. Zu den berücksichtungsfähigen Kosten iSd § 32 Abs. 1 Nr. 1 GrStG gehören auch diejenigen Zinsen für Baudarlehen, die zur aufwändigen Modernisierung des Baudenkmals eingesetzt worden sind, also unabhängig davon, ob sie durch die Denkmalwürdigkeit oder aus anderen Gründen veranlasst worden sind. Eine Beschränkung des berücksichtigungsfähigen Zinsaufwandes auf die durch das öffentliche Erhaltungsinteresse ausgelösten Aufwendungen (also Ausschluss aus Gründen sog. Luxussanierung) greift nicht Platz.

Erlass bei Miteigentum

BayVGH v. 3.9.1990 4 B 636/87 (StRK GrStG § 33 R. 11)

16 Haben die Miteigentümer eines Grundstücks dasselbe einer KG überlassen, der sie als Gesellschafter angehören, und hat diese KG ihre Tätigkeit als Betriebsgesellschaft aufgegeben und das Grundstück an eine GmbH weiterverpachtet, berühren die zwischen KG und GmbH getroffenen Abreden zu einer niedrigeren Pachthöhe im Vergleich zur Pachthöhe zwischen Grundstückseigentümer und KG nicht diese in ihrer Eigenschaft als Eigentümer des Grundstücks, sondern als Gesellschafter der weitervermietenden KG. Eine Ertragsminderung iSd § 33 kann hieraus nicht hergeleitet werden.

Betriebsaufgabe

Nds. OVG v. 16.1.1991 13 A 94/88 (StRK GrStG § 33 R. 12)

17 1. Der Fall einer eigengewerblichen Nutzung iSd § 33 Abs. 1 Satz 2 GrStG liegt bei einer Kapitalgesellschaft nicht mehr vor, wenn sie ihren Gewerbebetrieb vollständig und auf Dauer tatsächlich aufgegeben hat. Dass sie gewerbesteuerlich auch in der Liquidationsphase als stehender Gewerbebetrieb angesehen wird, ist grundsteuerlich ohne Belang. Ebenfalls ohne Bedeutung ist, dass eine Organgesellschaft das Betriebsgrundstück teilweise noch genutzt hat; dies ist für die Frage der Betriebseinstellung nicht zu berücksichtigen.
2. Bei der Prüfung der Unbilligkeit der Einziehung von Grundsteuer kommt es auf die wirtschaftlichen Verhältnisse des Organkreises an (Anschluss an BFH v. 19.4.1989, BStBl. II 1989 S. 804).

Baudenkmal, berücksichtigungsfähige Kosten

BVerwG v. 15.2.1991 8 C 3/89 (NJW 1991 S. 1696)

„Kosten" iSd § 32 Abs. 1 Nr. 1 GrStG (Grundsteuererlass bei Grundbesitz, dessen **18** Erhaltung wegen seiner Bedeutung für Kunst, Geschichte, Wissenschaft oder Naturschutz im öffentlichen Interesse liegt) sind auch („normale") Absetzungen für Abnutzung oder Substanzverringerung, nicht dagegen einkommensteuerrechtlich zugelassene Sonderabschreibungen und auch weder Schuld- noch Eigenkapitalzinsen.

Minderung des Rohertrags

BVerwG v. 3.5.1991 8 C 13/89 (NVwZ-RR 1992 S. 93)

Die Voraussetzungen eines Grundsteuererlasses wegen Minderung des normalen **19** Rohertrags (§ 33 Abs. 1 GrStG) können nur erfüllt sein, wenn der (geringe) Ertrag eines Grundstücks auf vorübergehend vorliegende Umstände zurückgeht, die im Vergleich zu den vom Gesetz erfassten Regelfällen atypisch sind.

Ermittlung des Rohertrages, Zeitraum

BayVGH v. 31.3.1993 4 B 968/91 (StRK GrStG § 32 R. 8)

1. Ein Grundsteuererlass kommt nur in Betracht, wenn der Grundbesitz nachhaltig **20** keinen Ertrag abwirft. Das schließt nicht aus, dass in einem Jahr ein geringer Überschuss erzielt wird.
2. Für die Beurteilung ist ein Dreijahreszeitraum heranzuziehen. Er beginnt grundsätzlich mit dem Kalenderjahr, für das der Erlass beansprucht wird.

Ertragsschwäche des vermieteten Grundstücks durch gesetzliche Regelungen

BVerwG v. 10.2.1994 8 B 229/93 (KStZ 1995 S. 34)

1. Ein Grundstückseigentümer hat keinen Anspruch auf Erlass der Grundsteuer in **21** entsprechender Anwendung des § 33 GrStG, wenn die Ertragsschwäche des Grundstücks als Folge gesetzlicher Beschränkungen der Miethöhe von vornherein besteht.
2. Die Grundsteuer fällt als ertragsunabhängige Real- oder Objektsteuer auch bei ertragslosen Grundstücken an; die mangelhafte Ertragslage begründet deshalb auch keine zum Billigkeitserlass berechtigende sachliche Härte gemäß §§ 163, 227 AO.

Erlass bei vom Steuerpflichtigen zu vertretenden Umständen

BayVGH v. 28.11.1994 4 B 93.2525

Der Grundsteuererlass wegen Rohertragsminderung ist abzulehnen, wenn die Er- **22** tragsminderung in vom Steuerpflichtigen zu vertretenden Umständen liegt.

Der Kläger ersteigerte sanierungsbedürftige Grundstücke. Sowohl notwendige Sanierungsmaßnahmen als auch eine gemeindliche Veränderungssperre verhinderten eine wirtschaftliche Verwertung.

Dauerhafte Unrentierlichkeit bei Kulturdenkmal, Kausalität

HessVGH v. 19.1.1995 5 UE 1516/92 (HGZ 1996 S. 314)

Der privilegierte Grundbesitz (vgl. § 32 Abs. 1 Nr. 1 Satz 1 GrStG) muss infolge **23** der durch das öffentliche Erhaltungsinteresse ausgelösten Nutzungsbeschränkungen und Verfügungsbeschränkungen auf Dauer unrentierlich sein. Es genügt nicht das Überwiegen der Kosten in einem begrenzten Zeitraum. Weiter ist zu fordern, dass die dauernde Unrentierlichkeit gerade durch diejenigen Nutzungsbeschränkungen bzw. Aufwendungen ausgelöst ist, zu denen das öffentliche Erhaltungsinteresse führt. Vorliegend ist die bauliche Anlage als Kulturdenkmal in das Denkmalbuch eingetragen.

Dreimonatsfrist für Antrag auf Grundsteuererlass

BFH v. 23.8.1995 II R 97/92 (BFH/NV 1996 S. 358)

24   Auch wenn einem Steuerpflichtigen erst nach dem 31. 3. des auf den Erlasszeitraum (§ 34 Abs. 1 Satz 1 GrStG) folgenden Kalenderjahres ein die ursprüngliche Grundsteuerfestsetzung erhöhender Änderungsbescheid bekannt gegeben wird, kann er innerhalb einer Frist von drei Monaten den Erlass der die bisherige Steuerschuld übersteigenden Erhöhungsbeträge beantragen; die Antragsfrist beginnt mit der – wirksamen – Bekanntgabe des Verwaltungsakts (Anschluss an die Rechtsprechung des BVerwG v. 21.9.1984 8 C 62.82, BStBl. 1984 II S. 870).

Baudenkmal; Kostenbegriff

BayVGH v. 7.2.1996 4 B 94.3727 (ZKF 1996 S. 135)

25   Der Anspruch auf Erlass der Grundsteuer gem. § 32 Abs. 1 Nr. 1 GrStG ist gerechtfertigt, wenn die Erhaltung eines Wohnhauses wegen seiner Bedeutung für Kunst und Geschichte im öffentlichen Interesse liegt.
Nicht zu den Kosten isv § 32 Abs. 1 Nr. 1 GrStG gehören Wassergebühren und Abwassergebühren, die Kosten für Heizung und Hausbeleuchtung, Müllabfuhr und Reinigung, weil es sich insoweit um Betriebskosten handelt, die von der Gewohnheit der Nutzer abhängig sind und nicht zu den Grundstückskosten im engeren Sinne gehören.

Kausalitätserfordernis zwischen Denkmaleigenschaft und Unwirtschaftlichkeit des Grundbesitzes

BVerwG v. 8.7.1998 8 C 23/97 (BStBl. 1998 II S. 590)

26   Der Anspruch auf Erlass der Grundsteuer wegen Unwirtschaftlichkeit eines unter Denkmalschutz stehenden Grundbesitzes (§ 32 Abs. 1 Nr. 1 GrStG) setzt voraus, dass die Unrentabilität auf der Kulturguteigenschaft (kausal) beruht.
Der Wortlaut der Vorschrift lässt es nicht zu, bei – aus welchen Gründen auch immer – zu niedrig vereinbarter Miethöhe anstelle der tatsächlich erzielten Miete die ortsüblich erzielbare Miete als Einnahme in die Rentabilitätsberechnung einzustellen. Den in diesem Zusammenhang befürchteten Manipulationsmöglichkeiten ist mit dem Erfordernis des Kausalzusammenhangs zwischen Kulturguteigenschaft und Unwirtschaftlichkeit zu begegnen.

Unvermietbarkeit von Wohnungen wegen strukturell bedingten Überangebots

BVerwG v. 4.4.2001 11 C 12/00 (BStBl. 2002 II S. 889)

27   Sind Wohnungen wegen des strukturell bedingten Überangebots in einer Gemeinde nicht vermietbar, rechtfertigen darauf beruhende Ertragsminderungen keinen Grundsteuererlass nach § 33 GrStG.

Ertragsminderung infolge Zahlungsunfähigkeit des Mieters

OVG Saarland v. 28.9.2001 1 Q 26/01 (NVwZ-RR 2002 S. 885)

1. Eine Ertragsminderung infolge Zahlungsunfähigkeit des Mieters hat der Eigen- **28** tümer im Verständnis des § 33 Abs. 1 Satz 1 GrStG in der Regel nicht zu vertreten; er muss allerdings alles ihm Zumutbare unternehmen, die Miete einzutreiben und/oder die Räumung des Mietobjektes herbeizuführen.
2. Eine Ertragsminderung infolge Zahlungsunfähigkeit des Mieters rechtfertigt keine Fortschreibung des Einheitswertes (§ 33 Abs. 5 GrStG).

Ertragsminderung durch Leerstand

VGH Ba-Wü v. 13.12.2001 2 S 1450/01 (KStZ 2002 S. 194)

Ertragsminderungen rechtfertigen einen Grundsteuererlass nach § 33 Abs. 1 Satz 1 **29** GrStG nur dann, wenn sie auf außergewöhnlichen, atypischen Umständen beruhen (vgl. BVerwG v. 4.4.2001, BStBl. 2002 II S. 889). Ein nachhaltiger und dauerhafter Leerstand wie hier im Falle einer ehemaligen militärischen Wohnsiedlung der US-Streitkräfte kann deshalb nicht als Erlassgrund geltend gemacht werden.

In den §§ 32, 33 GrStG ist abschließend geregelt, in welchen Fällen eine sachliche Unbilligkeit wegen Ertraglosigkeit vorliegt. Daher kommen eine analoge Anwendung dieser Vorschriften auf weitere, gesetzlich nicht geregelte Sachverhalte oder ein Rückgriff auf die §§ 163, 227 AO nicht in Betracht.

Denkmalschutz, Berücksichtigung von Schuldzinsen und Abschreibungen

BayVGH v. 3.7.2002 4 ZB 02.648 (DStRE 2004 S. 148)

Bei der Prüfung des Erlasses von Grundsteuer nach § 32 Abs. 1 Nr. 1 GrStG für **30** denkmalgeschützten Grundbesitz sind Schuldzinsen nicht als Aufwand und Abschreibungen nur in üblicher Höhe ohne Berücksichtigung von Sonderabschreibungen zu erfassen.

Leerstand von Räumen

Nds. OVG v. 3.12.2003 13 LA 213/03 (NVwZ 2004 S. 370)

Der Leerstand von Wohn- und/oder Gewerberäumen führt zu keinem Erlass der **31** Grundsteuer nach § 33 GrStG, wenn der Leerstand auf Grund der Marktverhältnisse strukturell bedingt ist und das Fehlen der Mieternachfrage alle Vermieter im jeweiligen Gemeindegebiet vergleichbar trifft.

Ein Rückgriff auf die §§ 163, 227 AO wegen sachlicher Unbilligkeit scheidet ebenfalls aus.

Verlängerte Leerstandszeiten durch Überangebot an Büroräumen

HessVGH v. 7.3.2005 5 UE 3009/02 (DÖV 2005 S. 785)

Führt ein die Nachfrage übersteigendes Angebot an gewerblich vermieteten Büro- **32** räumen zu verlängerten Leerstandszeiten, rechtfertigt dies keinen Grundsteuererlass nach § 33 Abs. 1 GrStG.

Umbauarbeiten

BayVGH v. 31.3.2005 4 B 01.1818 (NJW 2006 S. 936)

33   In Umbauarbeiten nach Erwerb eines bisher gewerblich genutzten Objekts liegt weder ein objektiver Grund, dem Erwerber die Grundsteuer zu erlassen, noch kann sich der Erwerber subjektiv auf ein Nicht-Vertretenmüssen berufen.

Der Kläger erwarb im Jahr 1996 ein sanierungsbedürftiges Grundstück, das im Bereich einer Sanierungssatzung lag. Im darauf folgenden Jahr schloss der Kläger mit der Gemeinde eine Sanierungsvereinbarung ab.

Unwirtschaftlichkeit eines unter Denkmalschutz stehenden Grundbesitzes

BFH v. 8.9.2005 II B 129/04 (BFH/NV 2006 S. 128)

34   Ein Anspruch auf Erlass der Grundsteuer wegen Unwirtschaftlichkeit eines unter Denkmalschutz stehenden Grundbesitzes setzt nach der Rechtsprechung des BVerwG voraus, dass die Unrentabilität auf der Kulturguteigenschaft beruht.

Antragserfordernis bei Anspruch auf Grundsteuererlass/Maßgeblichkeit der Wertverhältnisse 1964

VGH Ba-Wü v. 14.11.2005 2 S 1884/03

35   Das Antragserfordernis des § 34 Abs. 2 GrStG umfasst nicht die Darlegung der Antragsgründe innerhalb der Antragsfrist. Bei Fortschreibungen der Einheitswerte für Grundbesitz sind die Wertverhältnisse im Hauptfeststellungszeitraum (1.1.1964) zugrunde zu legen (§ 27 BewG).

Leerstand eines Hochregallagers

BayVGH v. 15.12.2005 4 B 04.1948 (KommunalPraxis BY 2006 S. 153)

36   Nach Auslauf eines Mietvertrags begründet auch der länger andauernde Leerstand eines mit einer Halle (Hochregallager) bebauten Grundstücks, für dessen Anmietung nur ein begrenzter Interessentenkreis infrage kommt, keinen atypischen Umstand, der einen Grundsteuererlass rechtfertigt.

Kein Grundsteuererlass bei Mietausfall

BayVGH v. 12.1.2006 4 B 04.1628 (BayVBl. 2006 S. 350)

37   Das Vorliegen einer Ertragsminderung bzw. eines Ertragsausfalls erweist sich unter Berücksichtigung des Ausnahmecharakters des § 33 GrStG sowie dessen Einordnung in die Systematik des Bewertungsrechts nur als notwendige, nicht jedoch als hinreichende Bedingung für einen Grundsteuererlass.

Grundsteuererlass nach § 33 Abs. 1 GrStG bei strukturell bedingten Ertragsminderungen von nicht lediglich vorübergehender Natur

BFH v. 13.9.2006 II R 5/05 (BStBl. 2006 II S. 921), *siehe auch Nrn. 40, 43, 45*

38   Das BMF wird aufgefordert, dem Verfahren beizutreten. Der Streitfall betrifft die Frage, ob ein Grundsteuererlass gemäß § 33 Abs. 1 GrStG nur bei atypischen und vorübergehenden Ertragsminderungen in Betracht kommt oder auch strukturell bedingte Ertragsminderungen von nicht nur vorübergehender Dauer erfassen kann.

Die durch die Rechtsprechung des BVerwG erfolgte Beschränkung des § 33 Abs. 1 GrStG auf atypische und nur vorübergehende Ertragsminderungen stellt eine teleologische Reduktion der Vorschrift dar, die nicht geboten ist.

Grundsteuererlass nach § 33 GrStG bei Mietausfällen aufgrund nachhaltiger, strukturell bedingter fehlender Mieternachfrage

OVG S-Anh v. 15.1.2007 4 L 405/04

Ein Erlass nach § 33 Abs. 1 GrStG scheidet – unabhängig von der Anwendung des **39** Ertrags- oder Sachwertverfahrens – generell dann aus, wenn die Ertragsminderung auf Veränderung der allgemeinen wirtschaftlichen Verhältnisse beruht oder auf anderen wertbeeinflussenden Umständen, die in die Hauptfeststellung des Einheitswerts eingehen.

Grundsteuererlass bei strukturell bedingten Ertragsminderungen

BFH v. 26.2.2007 II R 5/05 (BStBl. 2007 II S. 469), *siehe auch Nrn. 43, 45*

Dem Gemeinsamen Senat der obersten Gerichtshöfe des Bundes wird die Rechts- **40** frage vorgelegt, ob ein Grundsteuererlass gemäß § 33 Abs. 1 GrStG nur bei atypischen und vorübergehenden Ertragsminderungen in Betracht kommt oder auch strukturell bedingte Ertragsminderungen von nicht nur vorübergehender Natur erfassen kann.

Grundsteuererlass für öffentliche Grünanlagen, Spiel- und Sportplätze

OVG S-Anh v. 23.3.2007 4 L 309/06

§ 32 Abs. 1 Nr. 2 GrStG erfasst nur Grundstücke, die im Sinne des öffentlichen Sa- **41** chenrechts dem öffentlichen Erholungs-, Spiel- und Sportzweck gewidmet sind; eine Öffnung des Grundstücks für das Publikum durch den Nutzungsberechtigten allein ist nicht ausreichend.

Stundung der Grundsteuer bei Zweifeln am Vorliegen der Erlassvoraussetzungen

OVG S-Anh v. 23.3.2007 4 L 22/07

Bei der Prüfung einer erheblichen Härte iSd § 222 AO iVm Abschn. 35 Abs. 2 **42** Satz 8 GrStR, der die Gemeinde aus Gleichbehandlungsgründen gemäß Art. 3 GG bindet, kommt es weder auf eine abschließende Feststellung der Ertraglosigkeit noch eine abschließende Prüfung der Kausalbeziehung zwischen öffentlichem Erhaltungsinteresse und Unrentabilität an. Vielmehr soll die Gemeinde gemäß Abschn. 35 Abs. 2 Satz 8 GrStR bereits im Zweifelsfall die Grundsteuer des laufenden Kalenderjahres und der beiden folgenden Kalenderjahre bis zum Ablauf des dritten Kalenderjahres stunden, da erst rückblickend geprüft werden kann, ob der Rohertrag in der Regel unter den jährlichen Kosten liegt.

Grundsteuererlass wegen wesentlicher Ertragsminderung

BVerwG v. 24.4.2007 GemS-OGB 1/07 (HFR 2007 S. 705)

Der Senat schließt sich der Auffassung des vorlegenden II. Senats des Bundesfinanz- **43** hofs *(siehe Nr. 40)* an, dass ein Grundsteuererlass gemäß § 33 Abs. 1 GrStG nicht nur bei atypischen und vorübergehenden Ertragsminderungen in Betracht kommt, sondern auch strukturell bedingte Ertragsminderungen von nicht nur vorübergehender Natur erfassen kann.

Grundsteuererlass wegen Ertragsminderung durch Vorliegen eines strukturell bedingten Leerstandes

OVG NRW v. 9.10.2007 14 A 2985/05 (DStRE 2008 S. 366)

44   Ein Grundsteuererlass gemäß § 33 Abs. 1 GrStG kommt nicht nur bei atypischen und vorübergehenden Ertragsminderungen in Betracht, sondern auch bei strukturell bedingten Ertragsminderungen von nicht nur vorübergehender Natur.

Grundsteuererlass bei strukturell bedingter Ertragsminderung von nicht nur vorübergehender Natur

BFH v. 24.10.2007 II R 5/05 (BStBl. 2008 II S. 384)

45   1. Eine Ertragsminderung, die das nach § 33 Abs. 1 Satz 1 GrStG erforderliche Ausmaß erreicht, führt auch dann zu einem Grundsteuererlass, wenn sie strukturell bedingt und nicht nur vorübergehender Natur ist.

2. Bei bebauten Grundstücken im Sinne des § 33 Abs. 1 Satz 3 Nr. 2 GrStG ist für die Berechnung der Ertragsminderung zunächst danach zu unterscheiden, ob die von der Ertragsminderung betroffenen Räume/Raumeinheiten zu Beginn des Erlasszeitraums leer standen oder – wenn auch verbilligt – vermietet waren.

3. Bei zu diesem Zeitpunkt leer stehenden Räumen bildet die übliche Miete die Bezugsgröße, an der die Ertragsminderung zu messen ist. Bei den vermieteten Räumen bildet die vereinbarte Miete diese Bezugsgröße, solange die Miete nicht um mehr als 20 % von der üblichen Miete abweicht.

4. Ist die Ertragsminderung durch einen Leerstand bedingt, hat sie der Steuerpflichtige nicht zu vertreten, wenn er sich nachhaltig um eine Vermietung zu einem marktgerechten Mietzins bemüht hat.

Grundsteuererlass bei bebauten und im Sachwertverfahren bewerteten Grundstücken

BFH v. 24.10.2007 II R 4/05 (BFH/NV 2008 S. 405)

46   1. Bei bebauten und im Sachwertverfahren bewerteten Grundstücken ist die Ertragsminderung nur an der üblichen Jahresrohmiete zu messen, die nach den Verhältnissen zu Beginn des Erlasszeitraums zu schätzen ist.

2. Die übliche Jahresrohmiete bestimmt sich nicht nach den auf dem betroffenen Grundstück tatsächlich erzielten Mieten oder nach deren Durchschnitt; vielmehr ist darunter entsprechend § 79 Abs. 2 BewG die Jahresrohmiete zu verstehen, die für Räume gleicher Art, Lage und Ausstattung regelmäßig gezahlt wird.

3. Der Steuerpflichtige hat die Ertragsminderung dann nicht zu vertreten, wenn er sich nachhaltig um eine Vermietung zu einer Miete innerhalb der Spanne eines marktgerechten Mietzinses bemüht hat. Vom Steuerpflichtigen kann nicht verlangt werden, sich stets den unteren Rand der Mietpreisspanne zu eigen zu machen.

Grundsteuererlass bei bebauten und im Ertragswertverfahren bewerteten Grundstücken

BFH v. 24.10.2007 II R 6/05 (BFH/NV 2008 S. 407)

47   1. Liegt nach dem Wortlaut des § 33 Abs. 1 Sätze 1 und 3 Nr. 2 und Abs. 5 GrStG eine unverschuldete Ertragsminderung im erforderlichen Ausmaß vor, ist ein Grundsteuererlass unabhängig davon zu gewähren, ob die Ertragsminderung typisch oder atypisch, strukturell oder nicht strukturell bedingt, vorübergehend oder nicht vorübergehend ist. Bei neuen Objekten hindern auch Anlaufschwierigkeiten einen Grundsteuererlass nicht.

2. Der Steuerpflichtige hat die Ertragsminderung dann nicht zu vertreten, wenn er sich nachhaltig um eine Vermietung zu einer Miete innerhalb der Spanne eines marktgerechten Mietzinses bemüht hat. Vom Steuerpflichtigen kann nicht verlangt werden, sich stets den unteren Rand der Mietpreisspanne zu eigen zu machen.

3. Wegen der Verweisung des § 33 Abs. 1 Satz 3 Nr. 2 GrStG auf § 79 BewG gibt es zwei mögliche Bezugsgrößen, an denen eine etwaige Ertragsminderung zu messen ist, nämlich einmal die vereinbarte Jahresrohmiete (bei zu Beginn des Erlasszeitraums vermieteten Räumen) und zum anderen die übliche Miete (u.a. bei zu Beginn des Erlasszeitraums leer stehenden Räumen). Die jeweilige Bezugsgröße bleibt auch dann maßgebend, wenn während des Erlasszeitraums bei zunächst vermieteten Räumen ein Leerstand eintritt oder umgekehrt.

4. Soweit sich auf dem Grundstück Räume oder Raumeinheiten von unterschiedlicher Art und Ausstattung befinden, kann die übliche Miete unterschiedlich hoch ausfallen.

Grundsteuererlass wegen Modernisierungs- und/oder Sanierungsmaßnahmen

OVG NRW v. 16.1.2008 14 A 461/07 (ZKF 2008 S. 90)

1. Mit Anerkennung des strukturell bedingten Leerstandes als berücksichtigungsfä- **48** hig für einen Grundsteuererlass gemäß § 33 Abs. 1 GrStG durch das Bundesverwaltungsgericht ist kein genereller Verzicht auf das Merkmal der „Atypizität" eines Leerstandes im Übrigen verbunden.

2. Erforderlich gewordene Modernisierungs- und/oder Sanierungsmaßnahmen bei älteren Objekten bedingen in der Regel noch keine „Atypizität" eines damit verbundenen Leerstandes.

Grundsteuererlass wegen Leerstandes

OVG NRW v. 13.3.2008 14 A 2509/07

Der erkennende Senat hat sich auf den Standpunkt gestellt, es sei nicht erkennbar, **49** dass mit dem Beschluss des BVerwG v. 24.4.2007 *(siehe Nr. 43)* eine grundsätzliche Änderung der verwaltungsgerichtlichen Rechtsprechung verbunden sei in dem Sinn, dass auf den Gesichtspunkt der „Atypizität" in jedem Fall zu verzichten sei und damit im Ergebnis jeder Leerstand als für einen Grundsteuererlass berücksichtigungsfähig in Betracht kommen könnte.

Grundsteuererlass wegen Minderung der Ertragslage durch Pächterausfall

OVG NRW v. 18.6.2008 14 A 1185/07 (NWStGB 2008 S. 273)

Bei einem gewerblichen Objekt mit spezifischer Ausstattung und einem besonderen **50** Verwendungsprofil, für dessen Anmietung von vornherein nur ein begrenzter Interessentenkreis in Frage kommt, begründet ein längerer Leerstand von einer Neuvermietung keinen atypischen, einen Grundsteuererlass rechtfertigenden Umstand.

Verpflichtung zum Grundsteuererlass/struktureller Leerstand

BVerwG v. 25.6.2008 9 C 8/07 (ZKF 2008 S. 233)

1. Ein Grundsteuererlass kommt nach den in § 33 Abs. 1 GrStG bestimmten Vor- **51** aussetzungen auch in Fällen strukturellen Leerstands in Betracht, in denen die Ertragsminderung des Grundstücks weder atypisch noch vorübergehend ist.

2. Kommt es für das Maß der Minderung des normalen Rohertrags auf die übliche Miete (§ 33 Abs. 1 Satz 3 Nr. 2 GrStG, § 79 Abs. 2 BewG) oder die übliche Jahresrohmiete (§ 33 Abs. 1 Satz 3 Nr. 3 GrStG) an, so sind der erzielte Ertrag und der übliche Ertrag gegenüberzustellen. Dabei sind für die Bestimmung des „Üblichen" die Erträge von Objekten vergleichbarer Beschaffenheit gegenüberzustellen.

3. Der Steuerpflichtige hat die Minderung des Rohertrags nicht zu vertreten, wenn er im Falle eines Leerstandes die Vermietung innerhalb einer markttüblichen Preisspanne anbietet. Vermietungsangebote am unteren Rand dieser Preisspanne oder sogar darunter muss er nicht abgeben.

4. Maßnahmen, die die Ertragsminderung reduzieren oder auffangen können, müssen dem Steuerpflichtigen wirtschaftlich zumutbar sein.

Zugehörigkeit der Verkehrslage und Geschäftslage zu den Wertverhältnissen/ Relevanz für einen Grundsteuererlass

BFH v. 30.7.2008 II R 5/07 (BFH/NV 2009 S. 7)

52   Eine Veränderung der Verkehrslage und Geschäftslage, die auf einer veränderten Einzelhandelsstruktur und veränderten Käuferströmen sowie auf der Wirtschaftsabschwächung und der damit sinkenden Kaufkraft der Region beruht, betrifft die Wertverhältnisse. In solchen Fällen besteht während des laufenden Hauptfeststellungszeitraums unter den Voraussetzungen des § 33 Abs. 1 und 2 GrStG ein Anspruch auf Grundsteuererlass.

Grundsteuererlass wegen Ertragsminderung/längerer Leerstand bei Gewerbeobjekt mit besonderer Ausstattung und speziellem Verwendungsprofil

OVG NRW v. 31.10.2008 14 A 1420/07 (KStZ 2009 S. 96)

53   1. Voraussetzung für einen Grundsteuererlass wegen einer wesentlichen Ertragsminderung ist weiterhin das Vorliegen atypischer Umstände oder eines strukturell bedingten Leerstandes.

2. Auch ein längerer Leerstand bei einem gewerblichen Objekt mit spezieller Ausstattung und besonderem Verwendungsprofil begründet noch keine atypischen Umstände.

3. Eine Ertragsminderung kann auch dann zu vertreten sein, wenn sie auf einer gegebenenfalls nachvollziehbaren unternehmerischen Entscheidung beruht, ein Gesamtobjekt zu einem nur geringen Mietzins zu vermieten.

Grundsteuererlass wegen Minderung des normalen Rohertrages oder wegen strukturell bedingter Ertragsminderung

OVG NRW v. 26.3.2009 14 A 3168/07

54   1. Nach der st. Rspr. des BVerwG (v. 3.5.1991 8 C 13.89, BStBl. 1992 II S. 580), der sich das erkennende Gericht in st. Rspr. angeschlossen hat (v. 26.8.2008 14 A 2509/07), können die Voraussetzungen eines Grundsteuererlasses wegen Minderung des normalen Rohertrages (grundsätzlich) nur erfüllt sein, wenn der (geringe) Ertrag eines Grundstücks auf vorübergehend vorliegende Umstände zurückgeht, die im Vergleich zu dem vom Gesetz erfassten Regelfällen atypisch sind.

2. Dieser Grundsatz ist auch nicht dadurch in Zweifel zu ziehen, dass sich das BVerwG (v. 24.4.2007 GemS OGB 1/07, ZKF 2007 S. 211), auf die Kritik des BFH (v. 13.9.2006 II R 5/05, BStBl. 2006 II S. 921), dessen Rechtsprechung angeschlossen hat und nunmehr auch strukturell bedingte Ertragsminderungen als Erlassgrund anerkennt.

Grundsteuererlass nach § 32 Abs. 1 Nr. 1 GrStG sowie nach § 33 Abs. 1 Satz 1 GrStG für ein Grundstück mit Gebäude unter Denkmalschutz

OVG S-Anh v. 16.9.2009 4 L 133/09

1. Im Rahmen der Prüfung nach § 32 Abs. 1 Nr. 1 GrStG besteht die darin gefor- **55** derte Kausalität zwischen Denkmaleigenschaft und Unrentabilität des Grundstücks jedenfalls dann nicht, wenn unwirtschaftlicher Grundbesitz durch den Denkmalschutz noch unrentabler wird.

2. Dass der für einen Grundsteuererlass nach § 32 Abs. 1 Nr. 1 GrStG notwendige Kausalzusammenhang zwischen Denkmaleigenschaft und Unrentabilität des Grundstücks nicht besteht, weil ein ohnehin unwirtschaftlicher Grundbesitz durch den Denkmalschutz nur noch unrentabler geworden ist, lässt nicht die für einen Grundsteuererlass nach § 33 Abs. 1 GrStG zwingend vorgeschriebene Notwendigkeit entfallen, dass der Steuerschuldner die Minderung des Rohertrages nicht zu vertreten hat.

3. Die Minderung des Rohertrages nach § 33 Abs. 1 Satz 1 GrStG hat einen anderen Bedeutungsgehalt als die Unrentierlichkeit des Grundbesitzes nach § 32 Abs. 1 Nr. 1 Satz 1 GrStG.

4. Ein Steuerpflichtiger hat eine Ertragsminderung dann nicht zu vertreten, wenn sie auf Umständen beruht, die außerhalb seines Einflussbereichs liegen, d. h. wenn er die Ertragsminderung weder durch ein ihm zurechenbares Verhalten herbeigeführt noch ihren Eintritt durch geeignete und ihm zumutbare Maßnahmen hat verhindern können. Zu solchen Maßnahmen gehören nachhaltige Bemühungen zur Vermietung des Grundstücks.

Geltendmachung der Ertraglosigkeit eines Grundstücks

OVG M-V v. 16.9.2009 1 M 65/09

1. Kann im Anwendungsbereich des § 32 GrStG die Frage der Ertraglosigkeit eines **56** Grundstücks im Voraus nicht endgültig geklärt werden, bestehen vielmehr insoweit Zweifel, unterstellt Abschn. 35 GrStR eine erhebliche Härte im Sinne von § 222 Satz 1 AO und bindet das nach dieser Vorschrift eröffnete Ermessen.

2. Bei Abschn. 35 Abs. 1 Satz 12 GrStR handelt es sich um eine „Soll-Bestimmung", die in atypischen Fällen nicht die Stundung im Sinne eines Rechtsanspruchs vorgibt, sondern dann das „volle" Ermessen nach § 222 Satz 1 AO wieder eröffnet.

3. Wird von einem (Vor-)Eigentümer ein Erlassantrag gestellt und liegen insoweit die Voraussetzungen des Abschn. 35 Abs. 1 Satz 12 GrStR vor, erhält er vermittels der Stundung bis zum Ablauf des dritten Kalenderjahres Zeit, die Erlassvoraussetzungen bzw. nachzuweisen, dass das Grundstück nicht rentabel ist. Veräußert dieser Eigentümer nun während dieses Stundungszeitraums das Grundstück mit der Folge, dass der Erwerber steuerpflichtig wird, macht dies eine Verlängerung des Nachweiszeitraumes regelmäßig nicht erforderlich und rechtfertigt eine solche auch nicht, weil es auf die betreffenden Umstände des Grundstücks, nicht des Veräußerers und nicht des Erwerbers ankommt.

4. Die Ermittlung der Minderung des normalen Rohertrags erfordert grundsätzlich die Gegenüberstellung des erzielten Ertrages und des an Ertrag „Üblichen", wobei § 33 GrStG mit dem „Üblichen" auf das abhebt, was Objekte vergleichbarer Beschaffenheit an Ertrag bringen; gefordert ist ein Vergleich mit „anderen".

Grundsteuererlass nicht nur bei atypischen und vorübergehenden Umständen

Sächs. OVG v. 23.12.2009 (SächsVBl. 2010 S. 121)

Ein Grundsteuererlass nach § 33 Abs. 1 GrStG setzt nicht (mehr) voraus, dass die **57** Ertragsminderung auf atypischen und vorübergehenden Umständen beruht.

Insolvenzverfahren, übertragende Sanierung

OVG Rh-Pf v. 28.6.2010 6 A 10 376/10

58   1. Ein Anspruch auf Erlass der Grundsteuer gemäß § 33 Abs. 1 Satz 1 GrStG setzt voraus, dass die wirtschaftliche Existenz des Grundsteuerpflichtigen im Erlasszeitraum noch nicht vernichtet ist (im Anschluss an BVerwG v. 15.4.1983 8 C 52/81, NVwZ 1984, 311).

  2. Die wirtschaftliche Existenz einer KG ist jedenfalls dann vernichtet, wenn es im Zuge des Insolvenzverfahrens zu einer übertragenden Sanierung ihres Betriebs gekommen und daher die Fortsetzung der Gesellschaft auszuschließen ist.

Grundsteuererlass nicht nur bei atypischen und vorübergehenden Umständen

VGH Ba-Wü v. 2.12.2010 2 S 1729/10 (ZKF 2011 S. 191)

59   Der Erlass der Grundsteuer wegen einer Minderung des Rohertrags gemäß § 33 Abs. 1 GrStG setzt nicht voraus, dass die Ertragsminderung auf atypischen und vorübergehenden Umständen beruht (Änderung der Rechtsprechung).

Grundsteuererlass für öffentlichen Erholungs-, Spiel- oder Sportzwecken gewidmete Grundstücke

OVG NRW v. 2.12.2011 14 A 336/11

60   Der Grundsteuererlass nach § 32 Abs. 1 Nr. 2 GrStG erfasst nur Grundstücke, die im Sinne des öffentlichen Sachenrechts dem öffentlichen Erholungs-, Spiel- und Sportzweck gewidmet sind. Eine Öffnung des Grundstücks für das Publikum durch den Eigentümer allein ist nicht ausreichend.

Verfassungsmäßigkeit der Neuregelung des Erlasses von Grundsteuer wegen wesentlicher Ertragsminderung

BFH v. 18.4.2012 II R 36/10 (BStBl. 2012 II S. 867)

61   1. Die mit Wirkung ab dem Kalenderjahr 2008 erfolgte Neuregelung des Erlasses der Grundsteuer wegen wesentlicher Ertragsminderung verstößt nicht gegen die verfassungsrechtlichen Anforderungen an Steuergesetze und deren Rückwirkung.

  2. In einem auf Erlass der Grundsteuer wegen wesentlicher Ertragsminderung gerichteten Verfahren ist nicht zu prüfen, ob die Anknüpfung der Grundsteuer an die Einheitswerte für die Jahre ab 2008 noch verfassungsgemäß ist.

Grundsteuererlass bei einer Wohnungsgenossenschaft/Frage des Vertretenmüssens

Sächs. OVG v. 19.6.2012 3 A 684/10

62   1. Für einen Grundsteuererlass auch im Fall eines strukturell bedingten Leerstands von Wohnungen darf dem Steuerpflichtigen die Minderung des Rohertrags nicht zuzurechnen sein.

  2. Hat der Steuerpflichtige nämlich während des Erlasszeitraums selbst durch ein ihm zurechenbares Verhalten die Ertragsminderung verursacht, liegt ein Vertretenmüssen und keine Unzumutbarkeit der Grundsteuererhebung vor.

  3. Ein struktureller Leerstand iSv § 33 Abs. 1 Satz 1 GrStG a. F. ist dann nicht zu vertreten, wenn er auf Umständen beruht, die außerhalb des Einflussbereichs des Steu-

erpflichtigen liegen, d. h. wenn er die Ertragsminderung weder durch ein ihm zurechenbares Verhalten herbeigeführt noch ihren Eintritt durch geeignete und ihm zumutbare Maßnahmen hat verhindern können.

Grundsteuererlass bei bebauten Grundstücken mit mehreren getrennt vermietbaren Einheiten

BFH v. 27.9.2012 II R 8/12 (BStBl. 2014 II S. 117)

Besteht eine wirtschaftliche Einheit aus zahlreichen verschieden ausgestatteten, zu **63** unterschiedlichen Zwecken nutzbaren und getrennt vermietbaren Räumlichkeiten und sind die marktgerechten Mieten für die einzelnen Raumeinheiten unterschiedlich hoch, ist für jede nicht vermietete Raumeinheit gesondert zu prüfen, ob der Steuerpflichtige den Leerstand zu vertreten hat.

Kein Erlass von Grundsteuer wegen Wertverzerrungen bei der Einheitsbewertung

BFH v. 7.2.2013 II B 109/12 (BFH/NV 2013 S. 697)

Die auf den lange zurückliegenden Hauptfeststellungszeitpunkt des 1. Januar 1964 **64** bzw. im Beitrittsgebiet des 1. Januar 1935 beruhenden Wertverzerrungen begründen keinen Anspruch auf Teilerlass der Grundsteuer aus sachlichen Billigkeitsgründen.

Grundsteuererlass bei vertraglich vereinbartem Mietverzicht

OVG NRW v. 26.7.2013 14 A 1471/13 (DÖV 2014 S. 43)

Einen Mietausfall aufgrund eines vertraglich vereinbarten Mietverzichts hat ein Ver- **65** mieter grundsätzlich zu vertreten mit der Folge, dass ein Anspruch auf Grundsteuererlass nicht besteht.

Vertretenmüssen einer wesentlichen Ertragsminderung

BVerwG v. 22.1.2014 9 B 56/13

1. Ein Steuerpflichtiger hat eine Ertragsminderung dann nicht zu vertreten, wenn er **66** die Ertragsminderung weder durch ein ihm zurechenbares Verhalten herbeigeführt hat noch ihren Eintritt durch geeignete und ihm zumutbare Maßnahmen hat verhindern können.

2. Die gesetzliche Ausgestaltung der Grundsteuer als ertragsunabhängige Objektsteuer lässt eine Durchbrechung dieses Grundsatzes in Ausnahmefällen zu, in denen die Einziehung der unverkürzten Grundsteuer für den Abgabepflichtigen nicht mehr zumutbar ist.

3. Eine die Grenze der Zumutbarkeit überschreitende Belastung liegt nicht vor, wenn der Steuerpflichtige selbst durch ein ihm zurechenbares Verhalten die Ursache für die Ertragsminderung herbeigeführt oder es unterlassen hat, den Eintritt der Ertragsminderung durch solche geeigneten Maßnahmen zu verhindern, die von ihm erwartet werden konnten.

4. Ist die Ertragsminderung durch einen Leerstand des Objekts bedingt, so hat der Steuerpflichtige die Ertragsminderung dann nicht zu vertreten, wenn er sich nachhaltig um eine Vermietung der Räumlichkeiten zu einem marktgerechten Mietzins bemüht hat. Unter welchen Bedingungen dies der Fall ist, ist eine Frage des Einzelfalls, die sich einer allgemeinen Antwort entzieht.

Grundsteuererlass für ein zu Wohnzwecken genutztes Grundstück in unvermietbarem Zustand

Sächs. OVG v. 7.3.2014 3 A 173/12

67   Bleibt ein Wohngebäude iSv § 79 Abs. 2 Satz 1 Nr. 1 BewG ungenutzt, weil es sich aufgrund seines baulichen Zustands in einem unvermietbaren Zustand befindet, ist die übliche Miete mit Null anzusetzen.

Vertretenmüssen einer Rohertragsminderung bei ausschließlicher Online-Objektwerbung

OVG NRW v. 20.3.2014 14 A 1513/12

68   1. Ein Steuerpflichtiger hat eine Ertragsminderung dann nicht zu vertreten, wenn sie auf Umständen beruht, die außerhalb seines Einflussbereiches liegen, d. h. wenn er die Ertragsminderung weder durch ein ihm zurechenbares Verhalten herbeigeführt noch ihren Eintritt durch geeignete und ihm zumutbare Maßnahmen hat verhindern können.

2. Da für die Ablehnung des Erlasses nicht etwa positiv festzustellen ist, dass der Steuerschuldner die Ertragsminderung zu vertreten hat, sondern vielmehr umgekehrt für die Gewährung des Erlasses das negative Merkmal feststehen muss, dass der Steuerschuldner die Ertragsminderung nicht zu vertreten hat, kommt es nicht auf den Nachweis der Kausalität der fehlenden Vermietungsbemühungen für die eingetretene Ertragsminderung an. Das negative Merkmal kann nämlich zugunsten des Erlassbegehrens erst dann bejaht werden, wenn festgestellt worden ist, dass die fehlende Vermietungsbemühung keine Auswirkung auf die Ertragsminderung gehabt hat.

3. Es gibt Vermietungsbemühungen, deren Fehlen dazu führt, dass ein Kläger die Ertragsminderung vertreten muss. Die zusätzliche Schaltung von Anzeigen in Printmedien für die Wohnungen ist geeignet zur Erschließung weiterer Interessentenkreise und einem Kläger auch zumutbar.

Vertretenmüssen einer Rohertragsminderung und Zumutbarkeit einer Printanzeigenschaltung

OVG NRW v. 20.3.2014 14 A 2140/10

69   1. Ein Steuerpflichtiger hat eine Ertragsminderung dann nicht zu vertreten, wenn sie auf Umständen beruht, die außerhalb seines Einflussbereiches liegen, d. h. wenn er die Ertragsminderung weder durch ein ihm zurechenbares Verhalten herbeigeführt noch ihren Eintritt durch geeignete und ihm zumutbare Maßnahmen hat verhindern können.

2. Welche Vermietungsbemühungen im Einzelnen erforderlich sind, um ein Vertretenmüssen der Rohertragsminderung auszuschließen, lässt sich nur begrenzt abstrakt beschreiben. Allerdings ist es unabdingbar, dass der Grundstückseigentümer das Objekt durch Vermietungsangebote überhaupt an den Markt, d. h. den potenziellen Mietinteressenten, zur Kenntnis bringt. Welche Vermietungsbemühungen nach Art und Umfang als hinreichend anzusehen sind, um ein Vertretenmüssen der Rohertragsminderung auszuschließen, ist grundsätzlich eine Frage des Einzelfalls.

Anhang II zu §§ 40 ff. GrStG

Einheitsbewertung und Grundsteuer in den neuen Bundesländern

Übersicht

1. Einheitsbewertung des Grundbesitzes
2. Ländererlass v. 20.11.1990
3. Auszug aus dem Bewertungsgesetz
4. Auszug aus dem Bewertungsgesetz der ehem. DDR
5. Auszug aus der Reichsbewertungs-Durchführungsverordnung
6. Ersatzwirtschaftswerte für die Land- und Forstwirtschaft
7. Auszug aus den Grundsteuer-Erläuterungen vom Dezember 1990 für die neuen Bundesländer

Einheitsbewertung des Grundbesitzes

Für die Einheitsbewertung des Grundbesitzes in den Ländern der ehema- **1** ligen DDR galt früher das Reichsbewertungsgesetz v. 16.10.1934 (RGBl. 1934 I S. 1035). Dieses Gesetz gilt, soweit es die Einheitsbewertung des Grundvermögens betrifft, auch nach 1990 noch in den neuen Bundesländern weiter. Im Bundesgebiet ist das Reichsbewertungsgesetz durch das Gesetz zur Änderung des Bewertungsgesetzes v. 13.8.1965 (BGBl. 1965 I S. 851) abgelöst worden. Die Einheitswerte des Grundbesitzes sind daher zum 1.1.1964 neu festgestellt und ab 1974 den verschiedenen einheitswertabhängigen Steuern zugrunde gelegt worden. Hierzu vgl. das BewÄndG 1971 v. 27.7.1971, BGBl. 1971 S. 1157. In den Ländern der ehemaligen DDR war es dagegen bei den alten Einheitswerten von 1935 verblieben. Wie in den neuen Bundesländern ab 1991 zu verfahren ist, wird in den durch den Einigungsvertrag v. 31.8.1990 (BGBl. 1990 II S. 889) neu eingeführten §§ 125 ff. BewG geregelt. Nach diesen Vorschriften sind bei der Land- und Forstwirtschaft die Einheitswerte 1935 ab dem 1.1.1991 generell nicht mehr anzuwenden. An ihre Stelle treten besondere Ersatzwirtschaftswerte. Beim Grundvermögen gelten dagegen die Einheitswerte von 1935 weiter, soweit nicht die Sonderregelungen in § 41 und § 42 GrStG in Betracht kommen. Dazu mussten die alten Vorschriften des Reichsbewertungsgesetzes 1935 wieder in Kraft gesetzt werden.

Zur Klarstellung der danach in den neuen Bundesländern geltenden **2** Rechtslage ist ein **Ländererlass v. 20.11.1990** (BStBl. 1990 I S. 827), geändert durch Länderlass v. 21.4.1992 (BStBl. 1992 I S. 371), ergangen, der auszugsweise den folgenden Wortlaut hat:

3. Feststellung von Einheitswerten für das Grundvermögen und für Betriebs-grundstücke ab 1.1.1991

603

(...) Für Feststellungszeitpunkte vor dem 1.1.1991 ist im beigetretenen Teil Deutschlands das Bewertungsrecht der bisherigen DDR weiter anzuwenden.

(...)

3.1.1. Geschäftsgrundstücke, gemischtgenutzte Grundstücke, sonstige bebaute Grundstücke und unbebaute Grundstücke

Für Geschäftsgrundstücke, gemischtgenutzte Grundstücke, sonstige bebaute Grundstücke und unbebaute Grundstücke, die für Feststellungszeitpunkte vor dem 1.1.1991 wegen ihrer Steuerfreiheit nicht bewertet worden sind und ab 1.1.1991 erstmals grundsteuerpflichtig werden, sowie für in 1990 entstandene wirtschaftliche Einheiten ist der Einheitswert nach den Wertverhältnissen 1935 auf den 1.1.1991 nachträglich festzustellen – Nachfeststellung – (§ 23 ggf. i. V.m. § 132 Abs. 1 BewG). Gleichzeitig ist der Grundsteuermeßbetrag nachträglich zu veranlagen – Nachveranlagung – (§ 18 Abs. 1 GrStG).

3.1.2. Mietwohngrundstücke und Einfamilienhäuser

Ist für Mietwohngrundstücke und Einfamilienhäuser auf Feststellungszeitpunkte vor dem 1.1.1991 kein Einheitswert festgestellt worden oder festzustellen, unterbleibt eine Nachfeststellung des Einheitswerts auf den 1.1.1991, wenn der Einheitswert nur für Zwecke der Grundsteuer erforderlich wäre (§ 132 Abs. 2 Satz 1 BewG). Denn die Grundsteuer wird für diese Grundstücke von der Gemeinde pauschal nach der Wohn- oder Nutzfläche erhoben (vgl. § 42 GrStG).

Für die Bemessung der Grundsteuer ist stets der Einheitswert maßgebend, wenn für die wirtschaftliche Einheit (abgegrenzt nach dem ab 1.1.1991 geltenden Recht) oder einen Teil der Einheit ein Einheitswert vorhanden ist, der am 1.1.1991 weiterhin steuerwirksam war oder ruhte (zum Begriff des ruhenden Einheitswerts s. Tz. 3.2.1 Satz 3). Die Grundsteuer wird daher auch in folgenden Fällen nach dem Einheitswert bemessen:

a) Auf dem Grundstück befinden sich mehrere Gebäude, von denen infolge vor dem 1.1.1991 bestehender Steuerfreiheit nur der Altbau bewertet ist.

b) Auf dem Grundstück befinden sich ein Einfamilienhaus und eine Garage. Infolge Steuerfreiheit des Einfamilienhauses vor dem 1.1.1991 (einschließlich förderungsfähiger Grundstücksfläche von 500 m²) ist nur die Garage (ggf. einschließlich der 500 m² übersteigenden Grundstücksfläche) als sonstiges bebautes Grundstück bewertet.

c) Auf einem Grundstück mit einer Fläche von mehr als 500m² befindet sich ein Einfamilienhaus. Infolge Steuerfreiheit des Einfamilienhauses einschließlich förderungsfähiger Grundstücksfläche von 500 m² für die Zeit vor dem 1.1.1991 ist nur die Mehrfläche (z. B. von 400 m²) als unbebautes Grundstück bewertet worden.

d) Neben dem Einheitswert für den Betrieb der Land- und Forstwirtschaft, der mit dem 31.12.1990 seine Wirksamkeit verloren hat (§ 125 Abs. 1 BewG), besteht ein fortgeltender Einheitswert für eine wirtschaftliche Einheit des Grundvermögens (z. B. Mietwohngrundstück, Geschäftsgrundstück). Nachdem die Betriebsinhaber-Wohnung gem. § 125 Abs. 3 BewG ab dem 1.1.1991 ebenfalls dem Grundvermögen zuzurechnen ist, wird sie ab diesem Zeitpunkt Bestandteil dieser wirtschaftlichen Einheit.

In diesen Fällen ist der Einheitswert fortzuschreiben, sobald die Voraussetzungen hierfür vorliegen (vgl. Tz. 3.2). Sind diese mangels Änderung der Art oder der Zurechnung wegen der Wertfortschreibungssperre des § 132 Abs. 4 BewG erst zum 1.1.1994 gegeben oder scheitert eine Wertfortschreibung auch ohne diese Sperre an den Wertgrenzen des § 22 Abs. 1 Nr. 1 BewG, muß dies als eine vom Gesetzgeber gewollte Vereinfachungsmaßnahme hingenommen werden. Die Gemeinde darf daher für den Teil eines Grundstücks, der im Einheitswert nicht erfaßt ist, keine Grundsteuer nach der Ersatzbemessungsgrundlage erheben. Eine Festsetzung der Grundsteuer nach der Ersatzbemessungsgrundlage ist gegebenenfalls entsprechend zu ändern, wenn ein Steuermeßbetrag auf der Grundlage des Einheitswerts festgesetzt wird (vgl. Tz. 7.3.4 Abs. 2 der Grundsteuer-Erläuterungen vom Dezember 1990, BStBl. 1991 I S. 30, 37).

Wird der Einheitswert zum 1.1.1991 für Zwecke der Vermögen-, Erbschaft- oder Gewerbesteuer oder in Sonderfällen für Zwecke der Grunderwerbsteuer benötigt, so ist er auf diesen Zeitpunkt mit Wirkung für alle einheitswertabhängigen Steuern nachträglich festzustellen. Für die Grundsteuer gilt die Besonderheit, daß bei der Nachfeststellung für Mietwohngrundstücke und Einfamilienhäuser der Einheitswert erst von dem Kalenderjahr an gilt, das der Bekanntgabe des Feststellungsbescheids folgt (§ 132 Abs. 3 BewG). In den Erläuterungen zum Einheitswertbescheid ist auf den abweichenden Veranlagungszeitpunkt für die Grundsteuer hinzuweisen. Der für die Festsetzung des Grundsteuermeßbetrags maßgebende Nachveranlagungszeitpunkt wird entsprechend hinausgeschoben.

Beispiel:

Für A ist zum 1.1.1991 eine Hauptveranlagung zur Vermögensteuer durchzuführen. A ist Eigentümer eines bisher nicht bewerteten Einfamilienhauses. Für dieses Einfamilienhaus wird im Laufe des Jahres 1991 ein Einheitswert festgestellt und gegenüber dem Grundstückseigentümer bekanntgegeben.

Bei der Vermögensteuer ist der Einheitswert für das Einfamilienhaus bereits ab 1.1.1991 zu berücksichtigen. Für die Grundsteuer gilt der Einheitswertbescheid erst ab dem seiner Bekanntgabe folgenden Kalenderjahr 1992. Auf den 1.1.1992 ist somit eine Nachveranlagung des Grundsteuermeßbetrags durchzuführen.

Für Mietwohngrundstücke und Einfamilienhäuser von Wohnungsunternehmen sind trotz der Zurechnung zum Betriebsvermögen – von wenigen Ausnahmen abgesehen – keine Einheitswerte nachträglich festzustellen. Für diese Unternehmen ergäbe sich bei Ansatz der Einheitswerte 1935 – auch unter Berücksichtigung der Wertangleichung gemäß § 133 BewG – ein negativer Einheitswert des Betriebsvermögens, so daß keine Vermögensteuer festzusetzen ist. Bei der Gewerbeertragsteuer wird statt der Kürzung um 1,2 v.H. des Einheitswerts der Betriebsgrundstücke auf Antrag der Teil des Gewerbeertrags von der Steuerpflicht ausgenommen, der auf die Verwaltung und Nutzung des eigenen Grundbesitzes entfällt (§ 9 Nr. 1 Satz 2 GewStG). Bei der Gewerbekapitalsteuer ergibt sich trotz der Hinzurechnung der Dauerschulden regelmäßig kein positives Gewerbekapital, so daß auch für die Anwendung der Kürzungsvorschrift nach § 12 Abs. 3 Nr. 1 GewStG keine Einheitswerte benötigt werden.

3.2. *Bewertete Grundstücke und Betriebsgrundstücke; Fortschreibung auf den 1.1.1991*

3.2.1. *Sind für Grundstücke und Betriebsgrundstücke auf Zeitpunkte vor dem 1.1.1991 Einheitswerte festgestellt worden oder noch festzustellen, so sind diese Ein-*

heitswerte vorbehaltlich ihrer Fortschreibung nach Maßgabe der Tz. 3.2.2 bis 3.2.5
ab 1.1.1991 der Besteuerung zugrunde zu legen. Anstelle von „Reichsmark" oder
„Mark der Deutschen Demokratischen Republik" tritt die Währungseinheit „Deutsche
Mark" (DM). Die auf den 1.1.1935 oder auf einen späteren Zeitpunkt festgestellten
Einheitswerte sind auch dann weiter anzuwenden, wenn die Einheitswerte in der Ver-
gangenheit wegen der Befreiung von allen Steuern zeitweise keine Bedeutung hatten
(ruhende Einheitswerte). In diesen Fällen ist lediglich der Grundsteuermeßbetrag auf
den 1.1.1991 nachträglich zu veranlagen (§ 18 Abs. 2 GrStG). Dies gilt auch,
wenn das Grundstück oder Betriebsgrundstück bisher von der Grundsteuer befreit war
und der Einheitswert insbesondere für die Vermögensteuer Bedeutung hatte (z. B. bei
aufwändigen Einfamilienhäusern).

3.2.2. Alle tatsächlichen Änderungen, die gegenüber der letzten Feststellung einge-
treten sind und nicht nach dem Bewertungsrecht der bisherigen DDR durch Fortschrei-
bung noch zu erfassen sind, werden durch Fortschreibung des Einheitswerts auf den
1. Januar 1991 berücksichtigt, wenn die Voraussetzungen der Tz. 3.2.3 bis 3.2.5
vorliegen. Das gilt auch, wenn die Fortschreibung bisher mangels steuerlicher Bedeu-
tung unterblieben ist.

Änderungen der tatsächlichen Verhältnisse stehen Sachverhalte der in Tz. 3.1.2
Buchstaben a bis d genannten Art gleich. War ein Grundstück bisher nur zum Teil
steuerpflichtig und ist ein Einheitswert nur entsprechend Art und Wert des steuerpflich-
tigen Teils festgestellt worden, ist somit der Einheitswert unter den Voraussetzungen
der Tz. 3.2.3 bis 3.2.5 wegen der wiederhergestellten allgemeinen Grundsteuerpflicht
nach § 132 Abs. 1 BewG fortzuschreiben.

3.2.3. Haben sich nur die Eigentumsverhältnisse geändert, ist eine Zurechnungs-
fortschreibung durchzuführen. Das gilt auch für die Wiederverwendung bisher ruhender
Einheitswerte (vgl. Tz. 3.2.1). Die Feststellungen aus dem letzten Einheitswertbe-
scheid hinsichtlich des Werts und der Grundstücksart einschließlich der Grundstücks-
hauptgruppe wirken auch gegenüber dem Rechtsnachfolger (§ 182 Abs. 2 AO). Sie
sind dem Rechtsnachfolger im Rahmen der Zurechnungsfortschreibung auf den
1.1.1991 lediglich mitzuteilen.

Sind auch Änderungen der tatsächlichen Verhältnisse hinsichtlich der Art und des
Werts eingetreten, so werden sie in Bezug auf die Art stets und in Bezug auf den
Wert dann berücksichtigt, wenn die Wertabweichungen des § 22 Abs. 1 Nr. 1 BewG
gegeben sind. (...)

Beispiel:

B hat im Jahre 1990 ein Grundstück in der bisherigen DDR erworben. Gegenüber der bishe-
rigen Einheitswertfeststellung ergibt sich eine Wertminderung, die unter Berücksichtigung der
Wertfortschreibungsgrenzen zu einer Herabsetzung des Einheitswerts führen würde.

Da aufgrund des Eigentumserwerbs zum 1.1.1991 eine Zurechnungsfortschreibung durchzu-
führen ist, sind die bis dahin eingetretenen wertbeeinflussenden Änderungen der tatsächlichen
Verhältnisse durch eine mit der Zurechnungsfortschreibung verbundene Wertfortschreibung zu
berücksichtigen.

3.2.4. Sind die Eigentumsverhältnisse unverändert, sind aber Änderungen der tat-
sächlichen Verhältnisse hinsichtlich der Art und zugleich auch des Werts eingetreten, so
ist die Artfortschreibung mit einer Wertfortschreibung zu verbinden, wenn die Fort-
schreibungsgrenzen des § 22 Abs. 1 Nr. 1 BewG erreicht sind.

3.2.5. *Sind die tatsächlichen Verhältnisse in Bezug auf die Zurechnung und Art unverändert, liegen aber Änderungen wertbeeinflussender Tatsachen vor, so führen diese auch bei Vorliegen der erforderlichen Wertabweichungen (§ 22 Abs. 1 Nr. 1 BewG) nur dann zu einer Wertfortschreibung, wenn der Einheitswert auf den 1.1.1991 für Zwecke der Vermögen-, Erbschaft-, Gewerbe- oder Grunderwerbsteuer benötigt wird (§ 132 Abs. 4 BewG). Ansonsten erfolgt die Wertfortschreibung erst auf den 1.1.1994 (§ 132 Abs. 4 BewG). Für Betriebsgrundstücke ist regelmäßig wegen der Gewerbesteuer auf den 1.1.1991 eine Wertfortschreibung durchzuführen; wegen der Ausnahme bei Wohnungsunternehmen vgl. jedoch Tz. 3.1.2.*

3.2.6. *Die Fortschreibung auf den 1.1.1991 gilt nicht nur für die Vermögen- oder Gewerbesteuer, sondern auch für die Grundsteuer des Kalenderjahres 1991. Mit der Fortschreibung ist somit eine Neuveranlagung des Grundsteuermeßbetrags auf den 1.1.1991 zu verbinden (§ 17 Abs. 1 GrStG), wenn die Grundsteuer im Kalenderjahr 1990 nach einem festgesetzten Steuermeßbetrag erhoben wurde. Ansonsten ist eine Nachveranlagung des Steuermeßbetrags auf den 1.1.1991 durchzuführen (§ 18 Abs. 2 GrStG).*

3.3. *Einheitswertfeststellungen für Feststellungszeitpunkte ab 1.1.1992*

3.3.1. *Für Geschäftsgrundstücke, gemischtgenutzte Grundstücke, sonstige bebaute Grundstücke und unbebaute Grundstücke ist eine Nachfeststellung des Einheitswerts auf den 1.1.1992 oder auf einen späteren Zeitpunkt nur in den Fällen durchzuführen, in denen nach dem 1.1.1991 eine wirtschaftliche Einheit „Grundstück" neu entstanden ist oder eine bereits bestehende wirtschaftliche Einheit „Grundstück" erstmals zur Vermögen-, Erbschaft-, Gewerbe-, Grunderwerb- oder Grundsteuer herangezogen werden soll (§ 23 Abs. 1 Nr. 1 und 2 BewG). Der neu festgestellte Einheitswert ist bei der Grundsteuer ab dem Nachfeststellungszeitpunkt zugrunde zu legen (§ 18 Abs. 1 GrStG).*

Eine Nachfeststellung ist auch dann vorzunehmen, wenn bei Mietwohngrundstücken und Einfamilienhäusern die Voraussetzungen für die Erhebung der Grundsteuer nach der Ersatzbemessungsgrundlage (§ 42 GrStG) wegfallen. Auf den Zeitpunkt, zu dem die Voraussetzungen des § 42 GrStG nicht mehr vorliegen, ist eine Nachfeststellung des Einheitswerts – verbunden mit einer Nachveranlagung des Grundsteuermeßbetrags – durchzuführen. Dies gilt insbesondere für folgende Fälle:

a) *Die bauliche Gestaltung oder Nutzung eines Mietwohngrundstücks oder Einfamilienhauses ist in der Weise geändert worden, daß nunmehr ein Geschäftsgrundstück, gemischtgenutztes Grundstück oder sonstiges bebautes Grundstück vorliegt.*

b) *Das Gebäude eines Mietwohngrundstücks oder eines Einfamilienhauses wird abgerissen, ohne daß bereits zu Beginn des folgenden Kalenderjahres (Feststellungszeitpunkt) der Neubau bezugsfertig errichtet ist. Zu dem genannten Feststellungszeitpunkt liegt daher ein unbebautes Grundstück vor, für das der Einheitswert nachträglich festzustellen und der Grundsteuermeßbetrag nachträglich zu veranlagen ist. Mit der Bezugsfertigkeit des Neubaus ist eine Artfortschreibung und in der Regel eine Wertfortschreibung auf den der Bezugsfertigkeit folgenden Feststellungszeitpunkt vorzunehmen (Tz. 3.2.4) und der Grundsteuermeßbetrag neu zu veranlagen (Tz. 3.2.6).*

Sind die Voraussetzungen des § 42 GrStG einmal weggefallen (vgl. Fall b), verbleibt es bei der Bemessung der Grundsteuer nach dem Einheitswert; die Erhebung nach der Ersatzbemessungsgrundlage lebt nicht wieder auf.

3.3.2. *Bei Mietwohngrundstücken und Einfamilienhäusern, für die eine Nachfeststellung auf den 1.1.1991 nach Tz. 3.1.2 unterbleibt, kommt eine Nachfeststellung auf Zeitpunkte ab 1.1.1992 nur in Betracht, wenn der Einheitswert für die Vermögen-, Erbschaft-, Gewerbe- oder Grunderwerbsteuer benötigt wird (§ 132 Abs. 2 Satz 2 BewG); Tz. 3.1.2 ist insoweit entsprechend anzuwenden. Bei der Grundsteuer gilt der im Rahmen dieser Nachfeststellung ermittelte Einheitswert erst ab dem Kalenderjahr, das der Bekanntgabe des Einheitswertsbescheids folgt (§ 132 Abs. 3 BewG).*

§ 132 Abs. 2 und 3 BewG geht als Sonderregelung dem § 23 Abs. 1 Nr. 2 BewG vor. Die Regelung im vorstehenden Absatz gilt deshalb auch dann, wenn das Mietwohngrundstück oder das Einfamilienhaus am 1.1.1991 von der Grundsteuer befreit war, insbesondere als Neubau für 10 Jahre ab dem auf die Bezugsfertigkeit folgenden Kalenderjahr (§ 43 GrStG). Bereits am 1.1.1991 vorhandene und in diesem Zeitpunkt nach § 43 GrStG befreite, nicht bewertete Neubauten der Einfamilienhäuser und Mietwohngrundstücke wachsen jahrgangsweise in die Grundsteuer nach der Ersatzbemessungsgrundlage hinein (vgl. Tz. 7.2.3 der Grundsteuer-Erläuterungen des Bundesfinanzministeriums vom Dezember 1990, BStBl. 1991 I S. 30).

Die vorstehenden Absätze sind nicht anzuwenden, wenn eine wirtschaftliche Einheit nach dem 1.1.1991 neu entsteht. Maßgebend sind dann die Vorschriften des § 23 Abs. 1 Nr. 1 BewG und des § 18 Abs. 1 und 3 Nr. 1 GrStG. Deshalb ist der Einheitswert auf Feststellungszeitpunkte ab 1.1.1992 nachträglich festzustellen und der Grundsteuermeßbetrag mit Wirkung ab dem Feststellungszeitpunkt nachträglich zu veranlagen, wenn z. B. folgende Sachverhalte vorliegen:

a) Eine bisher land- und forstwirtschaftlich genutzte Fläche wird veräußert und als Bauland parzelliert. Für jede Bauparzelle entsteht eine neue wirtschaftliche Einheit „unbebautes Grundstück", für die der Einheitswert, nachträglich festzustellen und der Grundsteuermeßbetrag nachträglich zu veranlagen ist. Jeweils nach Bezugsfertigkeit des Gebäudes ist der Einheitswert zum bebauten Grundstück fortzuschreiben und der Steuermeßbetrag neu zu veranlagen.

b) Ein bebautes Grundstück mit mehreren Wohnungen (ggf. auch Gewerberaum) wird in Wohnungseigentum (ggf. auch Teileigentum) nach dem Wohnungseigentumsgesetz aufgeteilt. Durch die Teilung entsteht für jede Wohnung (gewerbliche Raumeinheit) eine eigene wirtschaftliche Einheit i. S. des Bewertungsgesetzes (§ 131 BewG). Mit dem Wirksamwerden der Aufteilung geht die bisherige wirtschaftliche Einheit (z. B. gemischtgenutztes Grundstück, Mietwohngrundstück) unter. Wurde für sie Gewerbesteuer nach dem Einheitswert erhoben, sind der Einheitswert und der Grundsteuermeßbetrag aufzuheben; wurde für sie Grundsteuer nach der Ersatzbemessungsgrundlage erhoben, endet diese mit Ablauf des Kalenderjahrs des Wirksamwerdens der Aufteilung. Für jede neu entstehende wirtschaftliche Einheit Wohnungseigentum oder Teileigentum ist der Einheitswert nachträglich festzustellen und der Grundsteuermeßbetrag mit Wirkung ab dem Feststellungszeitpunkt nachträglich zu veranlagen.

3.3.3. Ist für das Grundstück oder Betriebsgrundstück ein Einheitswert auf den 1.1.1991 oder auf einen früheren Zeitpunkt festgestellt worden oder noch festzustellen, so gilt für Wertänderungen im tatsächlichen Bereich Tz. 3.2.5 entsprechend. Durch eine Wertfortschreibung auf den 1.1.1994 sind alle bisher nicht erfassten Wertänderungen zu berücksichtigen. Die fortgeschriebenen Einheitswerte gelten ab diesem Zeitpunkt für alle einheitswertabhängigen Steuern, also auch für die Grundsteuer.

4. Bewertungsverfahren für Feststellungszeitpunkte ab 1.1.1991

Die Bewertung von Grundstücken und Betriebsgrundstücken erfolgt bei Fortschreibungen (§ 22 BewG) und Nachfeststellungen (§ 23 BewG) nach dem Bewertungsrecht der bisherigen DDR unter Berücksichtigung der weiter angewandten Durchführungsbestimmungen des früheren Reichsrechts (vgl. Tz. 2.1).

4.1. Mietwohngrundstücke und gemischtgenutzte Grundstücke

Mietwohngrundstücke und gemischtgenutzte Grundstücke sind mit einem Vielfachen der Jahresrohmiete zu bewerten (§ 33 RBewDV).

4.1.1. Unter Jahresrohmiete ist das Gesamtentgelt zu verstehen, das die Mieter für die Benutzung des Grundstücks auf Grund vertraglicher oder gesetzlicher Bestimmungen nach dem Stand vom 1.1.1935, umgerechnet auf ein Jahr, zu entrichten haben. Die Miete nach dem Stand vom 1.1.1935 ist auch für Grundstücksteile maßgebend, die gewerblichen, öffentlichen oder sonstigen Zwecken dienen. Zur Jahresrohmiete rechnen neben der eigentlichen Miete alle Umlagen und sonstigen Leistungen, die der Mieter für die Überlassung der gemieteten Räume zahlt (z. B. umgelegte Grundsteuern, Kosten der Müllabfuhr, Straßenreinigungskosten sowie Kosten der Treppen- und Flurbeleuchtung). Dagegen gehören das Entgelt für die Überlassung von Betriebsvorrichtungen, die Kosten der Heizstoffe für Sammelheizung und Warmwasserversorgung und die eigentlichen Betriebskosten für den Fahrstuhl, die Vergütungen für außergewöhnliche Nebenleistungen des Vermieters, die nicht die Raumnutzung betreffen, aber neben der Raumnutzung auf Grund des Mietvertrages gewährt werden (z. B. Bereitstellung von Wasserkraft, Dampfkraft, Preßluft und Kraftstrom), sowie die Vergütungen für Nebenleistungen, die zwar die Raumnutzung betreffen, aber nur einzelnen Mietern zugute kommen (z. B. Vergütungen für Spiegelglasversicherungen), nicht zur Jahresrohmiete.

4.1.2. An die Stelle der tatsächlichen Jahresrohmiete tritt die übliche Miete, wenn entweder keine Miete zu zahlen ist oder die zu zahlende Miete wegen persönlicher oder wirtschaftlicher Beziehungen oder mit Rücksicht auf ein Arbeits- oder Dienstverhältnis um mehr als 20 v. H. von der üblichen Miete abweicht. Die übliche Miete ist im Vergleich zu den Jahresrohmieten zu schätzen, die für Räume gleicher oder ähnlicher Art und Lage regelmäßig gezahlt werden (§ 34 Abs. 4 Satz 2 RBewDV).

4.1.3. Bei Mietwohngrundstücken und gemischtgenutzten Grundstücken, die nach dem 20. Juni 1948 bezugsfertig geworden sind (Nachkriegsbauten), ist als Jahresrohmiete für Wohnräume die ab Bezugsfertigkeit preisrechtlich zulässige Miete anzusetzen (§ 130 Abs. 2 Satz 1 BewG). Sie entspricht regelmäßig der vor dem 1.7.1990 tatsächlich gezahlten Miete; ggf. sind insbesondere Entgelte für Heizung und Warmwasser auszuscheiden. Wegen der Jahresrohmiete für Nachkriegsbauten, die nach dem 30.6.1990 bezugsfertig geworden sind, vgl. § 130 Abs. 2 Satz 2 BewG.

Aufgrund der Ermächtigung in den § 35 bis 37 RBewDV haben die Präsidenten der Landesfinanzämter in den Rechtsverordnungen vom 17.12.1934 (RMinBl. 34 S. 785 ff.) die für Mietwohngrundstücke und gemischtgenutzte Grundstücke anzuwendenden Vervielfältiger veröffentlicht. Zusätzlich zu den dort genannten Vervielfältigern ist für Nachkriegsbauten ein einheitlicher Vervielfältiger von 9 zugrunde zu legen (§ 130 Abs. 3 BewG).

4.1.4. *Der aus der Jahresrohmiete unter Ansatz des Vervielfältigers ermittelte Wert des Grundstücks ist nach § 37 RBewDV zu ermäßigen oder zu erhöhen, wenn bei dem einzelnen Grundstück besondere Umstände tatsächlicher Art vorliegen, die in der Jahresrohmiete oder im Vervielfältiger nicht zum Ausdruck kommen und darüber hinaus wesentlich von den Verhältnissen des Bezirks oder der Grundstücksgruppe abweichen, die bei der Bildung der Vervielfältiger nach § 36 RBewDV zugrunde gelegt worden sind. Die Erhöhung oder Ermäßigung darf nach Saldierung der erhöhenden und mindernden Umstände nicht mehr als 30 v. H. des aus der Jahresrohmiete und dem Vervielfältiger ermittelten Werts des Grundstücks betragen (§ 37 Abs. 3 RBewDV).*

4.1.5. *Gemäß § 52 Abs. 2 BewG-DDR ist mindestens der Wert als Einheitswert anzusetzen, mit dem der Grund und Boden allein als unbebautes Grundstück nach § 53 BewG-DDR zu bewerten wäre.*

4.1.6. *Wegen der Bewertung von gemischtgenutzten Grundstücken auf den 1.1.1991, die den Betriebsgrundstücken zuzuordnen sind, vgl. Tz. 4.4.*

4.2. *Einfamilienhäuser, Geschäftsgrundstücke und sonstige bebaute Grundstücke*

Einfamilienhäuser und sonstige bebaute Grundstücke werden im Sachwertverfahren bewertet (§ 33 Abs. 2 RBewDV). Das Sachwertverfahren gilt regelmäßig auch für Geschäftsgrundstücke. Zur Bewertung im Sachwertverfahren ergehen vorbehaltlich Tz. 4.4 noch nähere Weisungen. Die Bewertung von Einfamilienhäusern und sonstigen bebauten Grundstücken sowie von Geschäftsgrundstücken, die nicht den Betriebsgrundstücken zuzuordnen sind, ist daher zurückzustellen.

Im Gebiet des Landesfinanzamts Berlin (§ 1 der VO über die Bewertung bebauter Grundstücke im Gebiet des Landesfinanzamts Berlin vom 17.12.1934, RMinBl. 34 S. 785) und im Gebiet des Landesfinanzamts Nordmark (§ 1 der VO über die Bewertung bebauter Grundstücke im Gebiet des Landesfinanzamts Nordmark vom 17.12.1934, RMinBl. S. 808) sind bestimmte Geschäftsgrundstücke im Jahresrohmietenverfahren zu bewerten. In diesen Fällen ist für Nachkriegsbauten ebenfalls der einheitliche Vervielfältiger von 9 zugrunde zu legen.

4.3. *Unbebaute Grundstücke*

Unbebaute Grundstücke sind mit dem gemeinen Wert nach den Wertverhältnissen am 1.1.1935 unter Berücksichtigung der tatsächlichen Verhältnisse vom Feststellungszeitpunkt (hierzu rechnen z. B. Änderungen, die auf einem Bebauungsplan oder auf Erschließungsmaßnahmen beruhen) zu bewerten (§ 53 BewG-DDR i. V. m. § 44 RBewDV). Der Wert unbebauter Grundstücke umfaßt den Wert des Grund und Bodens (Bodenwert) und den Wert der Außenanlagen. Bei der Ermittlung der Bodenwerte ist im Allgemeinen von durchschnittlichen Werten auszugehen, die sich für ein Gebiet, eine Straße oder einen Straßenabschnitt ohne Beachtung der Grundstücksgren-

zen und ohne Rücksicht auf die besonderen Eigenschaften der einzelnen Grundstücke je Quadratmeter ergeben. Aus den durchschnittlichen Werten sind die Bodenwerte der Grundstücke abzuleiten, indem im Einzelfall die Größe des Grundstücks sowie seine Besonderheiten und seine Abweichungen gegenüber den durchschnittlichen Verhältnissen berücksichtigt werden. Als Besonderheiten und Abweichungen kommen vor allem der Anteil des Vorderlandes und des Hinterlandes, die besondere Lage sowie die Größe, der Zuschnitt, die Oberflächenbeschaffenheit und der Baugrund in Betracht.

4.4. *Vereinfachung bei bestimmten Betriebsgrundstücken*

Zur Vereinfachung des Bewertungsverfahrens kann der gemeine Wert von Geschäftsgrundstücken, die den Betriebsgrundstücken zuzuordnen sind, bei der Einheitswertfeststellung auf den 1.1.1991 mit 10 v.H. des Werts geschätzt werden, der in der steuerlichen Eröffnungsbilanz zum 1.7.1990 für dieses Grundstück (bestehend aus Grund und Boden, Gebäude und Außenanlagen) ausgewiesen worden ist. Entsprechend kann bei gemischtgenutzten Grundstücken, die den Betriebsgrundstücken zuzuordnen sind, verfahren werden, wenn die Ermittlung der Bewertungsgrundlagen, insbesondere der Jahresrohmiete, schwierig ist. Was zur wirtschaftlichen Einheit des Betriebsgrundstücks gehört, bestimmt sich nach § 2 BewG i.V.m. § 11 Abs. 1 und 2 und § 50 Abs. 1 BewG-DDR. Um die wirtschaftliche Einheit und den auf sie entfallenden Teil des Bilanzansatzes bestimmen zu können, sind von dem Steuerpflichtigen geeignete Unterlagen (Auszüge aus der steuerlichen Eröffnungsbilanz, aus dem Inventar und ggf. aus dem Anhang zur Eröffnungsbilanz) anzufordern. Die Einheitswertbescheide sind unter dem Vorbehalt der Nachprüfung (§ 164 AO) zu erteilen.

Sollten sich an dem Betriebsgrundstück in der Zeit vom 1.7.1990 bis 31.12.1990 tatsächliche Änderungen ergeben haben, die sich wesentlich auf den Wert des Betriebsgrundstücks auswirken, so ist statt des Eröffnungsbilanzwerts der Wert in der steuerlichen Schlußbilanz zum 31.12.1990 ohne Berücksichtigung der Abschreibungen zugrunde zu legen. Die in der 2. Jahreshälfte 1990 vorgenommenen Abschreibungen sind nicht als wesentliche Änderung der tatsächlichen Verhältnisse anzusehen. Eine wesentliche Änderung liegt vor, wenn der aus der steuerlichen Schlußbilanz zum 31.12.1990 abgeleitete Wert von dem aus der steuerlichen Eröffnungsbilanz zum 1.7.1990 abgeleiteten Wert nach oben um mehr als $^1/_{10}$, mindestens aber 5000 DM, oder um mehr als 100 000 DM, nach unten um mehr als $^1/_{10}$, mindestens aber 500 DM, oder um mehr als 5000 DM abweicht.

Sind Geschäftsgrundstücke oder gemischtgenutzte Grundstücke nach dem 30.6.1990 und vor dem 1.1.1991 dem Betriebsvermögen zugeführt worden, so ist für die Schätzung des Einheitswerts stets der Wert in der steuerlichen Schlußbilanz zum 31.12.1990 ohne Berücksichtigung der Abschreibungen zugrunde zu legen, es sei denn, daß die Betriebsgrundstücke innerhalb der 4-monatigen Frist für die Aufstellung der Eröffnungsbilanz aus ehemals volkseigenem Vermögen unentgeltlich übertragen und in der Eröffnungsbilanz ausgewiesen worden sind (§ 2 Satz 2 DMBilG).

5. *Wiederherstellung der allgemeinen Grundsteuerpflicht ab 1.1.1991; Grundsteuerbefreiungen*

5.1. *Mit dem Inkrafttreten der in Tz. 2.2 bezeichneten Rechtsgrundlagen wird die allgemeine Grundsteuerpflicht wiederhergestellt. Das bedeutet insbesondere, daß die Rechtsträgerschaft staatlicher Organe und Einrichtungen, volkseigener Betriebe (VEB),*

*volkseigener Güter (VEG), volkseigener Betriebe der Wohnungswirtschaft, von Arbei-
terwohnungsgenossenschaften, von landwirtschaftlichen Produktionsgenossenschaften
und von ähnlichen Organisationen kein Grund mehr für eine Befreiung von der
Grundsteuer ist. Auch Grundbesitz im Eigentum der Gemeinden als Steuergläubiger
ist steuerpflichtig (Selbstbesteuerung). Juristische Personen des öffentlichen Rechts (vgl.
Abschn. 7 Abs. 1 bis 3 GrStR), kirchliche Organisationen ohne diesen Status sowie
gemeinnützige und mildtätige Körperschaften sind ab dem Kalenderjahr 1991 nur
noch insoweit von der Grundsteuer befreit, als sie ihren Grundbesitz unmittelbar für
einen der in § 3 GrStG bezeichneten begünstigten Zwecke benutzen. § 4 GrStG
enthält weitere Grundsteuerbefreiungen, die unabhängig von der Person des Eigentümers gewährt werden. Sie erlangen bei den schon nach § 3 GrStG begünstigten
Rechtsträgern jedoch nur hilfsweise Bedeutung. In welchen Fällen und in welchem
Umfang eine Grundsteuerbefreiung beansprucht werden kann, ergibt sich im Einzelnen
aus den §§ 3 bis 9 GrStG und den Abschn. 6 bis 33 GrStR.*

5.2. Ab 1.1.1991 steuerpflichtig ist daher insbesondere Grundbesitz,
- *auf dem sich Wohnungen im Sinne des § 5 Abs. 2 GrStG befinden, wenn es sich
  nicht um kirchliche Dienstwohnungen im Sinne des § 3 Abs. 1 Nr. 5 GrStG und
  des Abschn. 15 Abs. 2 bis 4 GrStG 1978 handelt,*
- *auf dem ein wirtschaftlicher Geschäftsbetrieb ausgeübt wird, der weder Hoheitsbetrieb
  noch Zweckbetrieb im Sinne der §§ 65 bis 68 AO ist,*
- *der land- und forstwirtschaftlich genutzt wird, soweit nicht ein Ausnahmefall des
  § 6 GrStG vorliegt,*
- *der als unbebautes Grundstück bewertet ist und noch nicht für einen begünstigten
  Zweck hergerichtet wird (vgl. § 7 Satz 2 GrStG und Abschn. 31 Abs. 2 GrStR
  1978),*
- *der einem Dritten zur Benutzung überlassen ist, es sei denn, daß der Dritte zu den
  nach § 3 Abs. 1 GrStG begünstigten Rechtsträgern (juristische Personen des öffentlichen Rechts, gemeinnützige und kirchliche Körperschaften) gehört und er den
  Grundbesitz für einen begünstigten Zweck benutzt.*

*Auch die bisherige Dauerbefreiung für die Einfamilienhäuser bestimmter Bevölke-
rungskreise entfällt.*

*5.3. Unabhängig von der Rechtsträgerschaft und vom Eigentum wird für Grund-
stücke mit neugeschaffenen Wohnungen, die nach dem 31.12.1980 und vor dem
1.1.1992 bezugsfertig geworden sind oder bezugsfertig werden, eine zehnjährige Steuerfreiheit gewährt, deren Voraussetzungen und Umfang sich nach § 43 GrStG
bestimmen. Solange danach ein Grundstück, auf dem sich ausschließlich neugeschaffene Wohnungen befinden, in vollem Umfang steuerfrei ist, d.h.*

*a) bei Bezugsfertigkeit in den Kalenderjahren 1981 bis 1989: für den Rest des zehn-
   jährigen Befreiungszeitraums, der mit dem 1. 1. des auf das Jahr der Bezugsfertigkeit folgenden Kalenderjahres begonnen hat,*

*b) bei Bezugsfertigkeit in den Kalenderjahren 1990 und 1991: für volle zehn Jahre
   ab 1.1.1991 oder 1.1.1992,*

*unterbleibt eine Festsetzung des Grundsteuermeßbetrags. So ist z.B. der Grundsteu-
ermeßbetrag für Grundstücke mit 1981 bezugsfertig gewordenen Wohnungen auf den
1.1.1992, der Steuermeßbetrag für 1982 bezugsfertig gewordene Wohnungen auf den*

612

1.1.1993 nachträglich zu veranlagen (§ 18 Abs. 2 GrStG), sofern sich die Grundsteuer nach dem Einheitswert bestimmt (vgl. Tz. 3.1.2) und nicht die Ersatzbemessungsgrundlage gemäß § 42 GrStG maßgebend ist. Bei Teilbefreiung (§ 43 Abs. 2 Nr. 1 GrStG) wird der Grundsteuermeßbetrag auf den 1.1.1991 festgesetzt, der Steuermeßbetrag unter Zugrundelegung der maßgebenden Steuermeßzahl (§ 41 GrStG) jedoch nur vom steuerpflichtigen Teil des Einheitswerts berechnet. (...)

5.4. *Für die Grundsteuer der Grundstücke (Grundsteuer B) gelten vorbehaltlich der Tz. 5.5 die Einheitswerte 1935 (vgl. Tz. 3 und 4). In diesen Fällen bestimmt sich die Steuermeßzahl weiter nach §§ 29 bis 33 GrStDV 1937 – (RGBl. I S. 733); vgl. § 41 GrStG. Dementsprechend behalten die festgesetzten Steuermeßbeträge ihre Gültigkeit, wenn nicht eine Neuveranlagung des Steuermeßbetrags vorzunehmen ist. Eine solche kommt z. B. auf den 1.1.1991 in Betracht, wenn frühere reichsrechtliche Ermäßigungen des sich nach den §§ 29 bis 33 GrStDV 1937 ergebenden Steuermeßbetrags für Neuhausbesitz noch weitergelaufen sind oder erstmals ab 1.1.1991 Steuerfreiheit für neugeschaffene Wohnungen nach § 43 GrStG besteht (vgl. Tz. 5.3).*

Eine Ausnahme hiervon gilt für Geschäftsgrundstücke, gemischtgenutzte Grundstücke, sonstige bebaute Grundstücke und unbebaute Grundstücke, die den in Kapitalgesellschaften umgewandelten ehemaligen volkseigenen Kombinaten, Betrieben und Einrichtungen (vgl. VO vom 27.6.1990, GBl. I Nr. 41 S. 618) gehören und daher unter die besondere Regelung selbst zu berechnender Vorauszahlungen der Anlage I, Kapitel IV, Sachgebiet B, Abschnitt II, Nr. 15 des Einigungsvertrages (BGBl. 1990 II S. 885, 974) fallen; in diesen Fällen verlieren neben den Grundsteuerbescheiden auch die ihnen zugrundeliegenden Grundsteuermeßbescheide ab 1.1.1991 ihre Wirksamkeit.

Auf die Notwendigkeit der Neuveranlagung oder Nachveranlagung des Steuermeßbetrags, die sich aus der Wiederherstellung der allgemeinen Grundsteuerpflicht unter Berücksichtigung der Befreiungen – insbesondere auch der zehnjährigen Steuerfreiheit für Neubauten (vgl. Tz. 5.3) – ergibt, ist jeweils im Sachzusammenhang mit der Feststellung der Einheitswerte hingewiesen.

5.5. *Für Mietwohngrundstücke und Einfamilienhäuser, für die auf Feststellungszeitpunkte vor dem 1.1.1991 ein Einheitswert nicht festgestellt worden oder noch festzustellen ist, gilt die Ersatzbemessungsgrundlage Wohn- oder Nutzfläche (§ 42 GrStG), solange ein wegen anderer Steuern als der Grundsteuer notwendiger Einheitswert für die Grundsteuer nicht maßgebend ist (vgl. Tz. 3.1.2). Wird ein für die Grundsteuer maßgebender Steuermeßbetrag (vgl. Tz. 3.1.2) festgesetzt und der Gemeinde mitgeteilt (vgl. Tz. 6), besteht aber für das betreffende Kalenderjahr bereits eine Festsetzung der Grundsteuer nach der Ersatzbemessungsgrundlage, so hat die Gemeinde die bisherige Festsetzung unter Vorbehalt der Nachprüfung auf Grund der Steueranmeldung (§ 44 GrStG i. V. m. §§ 167, 168 AO) oder die Festsetzung durch Grundsteuerbescheid entsprechend dem festgesetzten Steuermeßbetrag zu ändern (§ 164 Abs. 2, § 175 Abs. 1 Nr. 1 AO). Entsprechendes gilt wegen § 125 BewG für Wohngrundstücke, die bisher im Einheitswert für land- und forstwirtschaftliches Vermögen erfaßt waren und nunmehr Mietwohngrundstücke oder Einfamilienhäuser sind. Festsetzung und Erhebung der Grundsteuer nach der Ersatzbemessungsgrundlage sind eine Selbstverwaltungsaufgabe der Gemeinden, die ohne Mitwirkung der Finanz-*

behörden zu erfüllen ist. Über organisatorische Vorkehrungen, die die vollständige Erfassung aller grundsteuerpflichtigen Grundstücke durch das Finanzamt oder die Gemeinde gewährleisten, bleiben besondere Weisungen vorbehalten.

6. *Aufgabenteilung zwischen Finanzbehörden und Gemeinden in den neuen Bundesländern*

Dem Finanzamt obliegt neben der Feststellung des Einheitswerts die auf dieser Grundlage vorzunehmende Festsetzung der Steuermeßbeträge. Bei der Festsetzung des Steuermeßbetrags wird auch über die Gewährung einer Grundsteuerbefreiung (vgl. Tz. 5.1 und 5.3) und über die Person des Steuerschuldners entschieden. Der Inhalt der festgesetzten Steuermeßbeträge ist der jeweils hebeberechtigten Gemeinde mitzuteilen (§ 184 Abs. 3 AO). Die Gemeinde ist bei der Festsetzung der Grundsteuer an den Steuermeßbescheid gebunden (§ 184 Abs. 1 letzter Satz i. V. m. § 182 Abs. 1 AO). Es gelten daher die Vorschriften über Grundlagenbescheide und Folgebescheide (so z. B. § 171 Abs. 10, § 175 Abs. 1 Nr. 1, § 351 Abs. 2, § 361 Abs. 3 AO).

Festsetzung und Erhebung der Grundsteuer obliegen den Gemeinden (§ 46 GrStG). Bei der Festsetzung der Grundsteuer nach Einheitswerten 1935 wendet die Gemeinde den von ihr für das betreffende Kalenderjahr festgesetzten Hebesatz der Grundsteuer B an, indem sie den Steuermeßbetrag mit dem in einem Prozentsatz ausgedrückten Hebesatz multipliziert.

Die Bewertungsvorschriften, die danach beachtet werden müssen, sind in §§ 125 ff. BewG, in §§ 51 bis 53 BewG-DDR und in § 3a und §§ 32 ff. RBewDV enthalten. Sie werden nachfolgend, soweit erforderlich, in Auszügen abgedruckt.

3 Auszug aus dem Bewertungsgesetz

§ 125 BewG Land- und forstwirtschaftliches Vermögen

(1) Einheitswerte, die für Betriebe der Land- und Forstwirtschaft nach den Wertverhältnissen vom 1. Januar 1935 festgestellt worden sind, werden ab dem 1. Januar 1991 nicht mehr angewendet.

(2) [1]Anstelle der Einheitswerte für Betriebe der Land- und Forstwirtschaft werden abweichend von § 19 Abs. 1 Ersatzwirtschaftswerte für das in Absatz 3 bezeichnete Vermögen ermittelt und ab 1.1.1991 der Besteuerung zugrunde gelegt. [2]Der Bildung des Ersatzwirtschaftswerts ist abweichend von § 2 und § 34 Abs. 1, 3 bis 6 und 7 eine Nutzungseinheit zugrunde zu legen, in die alle von derselben Person (Nutzer) regelmäßig selbstgenutzten Wirtschaftsgüter des land- und forstwirtschaftlichen Vermögens im Sinne des § 33 Abs. 2 einbezogen werden, auch wenn der Nutzer nicht Eigentümer ist. [3]§ 26 ist sinngemäß anzuwenden. [4]Grundbesitz im Sinne des § 3 Abs. 1 Satz 1 Nr. 6 und Satz 2 des Grundsteuergesetzes wird bei der Bildung des Ersatzwirtschaftswerts nicht berücksichtigt.

(3) [1]Zum land- und forstwirtschaftlichen Vermögen gehören abweichend von § 33 Abs. 2 nicht die Wohngebäude einschließlich des dazugehörigen Grund und Bodens. [2]Wohngrundstücke sind dem Grundvermögen zuzurechnen und nach den dafür geltenden Vorschriften zu bewerten.

(4) [1]Der Ersatzwirtschaftswert wird unter sinngemäßer Anwendung der §§ 35, 36, 38, 40, 42 bis 45, 50 bis 54, 56, 59, 60 Abs. 2 und § 62 in einem vereinfachten Verfahren ermittelt. [2]Bei dem Vergleich der Ertragsbedingungen sind abweichend von § 38 Abs. 2 Nr. 1 ausschließlich die in der Gegend als regelmäßig anzusehenden Verhältnisse zugrunde zu legen.

(5) Für die Ermittlung des Ersatzwirtschaftswerts sind die Wertverhältnisse maßgebend, die bei der Hauptfeststellung der Einheitswerte des land- und forstwirtschaftlichen Vermögens in der Bundesrepublik Deutschland auf den 1.1.1964 zugrunde gelegt worden sind.

(6) [1]Aus den Vergleichszahlen der Nutzungen und Nutzungsteile, ausgenommen die forstwirtschaftliche Nutzung und die sonstige land- und forstwirtschaftliche Nutzung, werden unter Anwendung der Ertragswerte des § 40 die Ersatzvergleichswerte als Bestandteile des Ersatzwirtschaftswerts ermittelt. [2]Für die Nutzungen und Nutzungsteile gelten die folgenden Vergleichszahlen:

1. Landwirtschaftliche Nutzung
   a) Landwirtschaftliche Nutzung ohne Hopfen und Spargel
   Die landwirtschaftliche Vergleichszahl in 100 je Hektar errechnet sich auf der Grundlage der Ergebnisse der Bodenschätzung unter Berücksichtigung weiterer natürlicher und wirtschaftlicher Ertragsbedingungen.
   b) Hopfen
   Hopfenbau-Vergleichszahl je Ar 40
   c) Spargel
   Spargel-Vergleichszahl je Ar 70
2. Weinbauliche Nutzung
   Weinbau-Vergleichszahlen je Ar:
   a) Traubenerzeugung (Nichtausbau) 22
   b) Fassweinausbau 25
   c) Flaschenweinausbau 30
3. Gärtnerische Nutzung
   Gartenbau-Vergleichszahlen je Ar:
   a) Nutzungsteil Gemüse-, Blumen- und Zierpflanzenbau:
      aa) Gemüsebau 50
      bb) Blumen- und Zierpflanzenbau 100
   b) Nutzungsteil Obstbau 50
   c) Nutzungsteil Baumschulen 60
   d) Für Nutzungsflächen unter Glas und Kunststoffplatten, ausgenommen Niederglas, erhöhen sich die vorstehenden Vergleichszahlen bei
      aa) Gemüsebau
          nicht heizbar .... um das 6fache,
          heizbar .... um das 8fache,
      bb) Blumen- und Zierpflanzenbau, Baumschulen
          nicht heizbar .... um das 4fache,
          heizbar .... um das 8fache.

(7) Für die folgenden Nutzungen werden unmittelbar Ersatzvergleichswerte angesetzt:

1. Forstwirtschaftliche Nutzung
   Der Ersatzvergleichswert beträgt 125 DM je Hektar.

2. Sonstige land- und forstwirtschaftliche Nutzung
Der Ersatzvergleichswert beträgt bei

a) Binnenfischerei	2 DM je kg des nachhaltigen Jahresfangs,
b) Teichwirtschaft	
aa) Forellenteichwirtschaft	20 000 DM je Hektar,
bb) übrige Teichwirtschaft	1000 DM je Hektar,
c) Fischzucht für Binnenfischerei und Teichwirtschaft	
aa) für Forellenteichwirtschaft	30 000 DM je Hektar,
bb) für übrige Binnenfischerei und Teichwirtschaft	1500 DM je Hektar,
d) Imkerei	10 DM je Bienenkasten,
e) Wanderschäferei	20 DM je Mutterschaf,
f) Saatzucht	15 Prozent der nachhaltigen Jahreseinnahmen,
g) Weihnachtsbaumkultur	3000 DM je Hektar,
h) Pilzanbau	25 DM je Quadratmeter,
i) Besamungsstationen	20 Prozent der nachhaltigen Jahreseinnahmen.

§ 126 BewG Geltung des Ersatzwirtschaftswerts

(1) [1]Der sich nach § 125 ergebende Ersatzwirtschaftswert gilt für die Grundsteuer; er wird im Steuermessbetragsverfahren ermittelt. [2]Für eine Neuveranlagung des Grundsteuermessbetrags wegen Änderung des Ersatzwirtschaftswerts gilt § 22 Abs. 1 sinngemäß.

(2) [1]Für andere Steuern ist bei demjenigen, dem Wirtschaftsgüter des land- und forstwirtschaftlichen Vermögens zuzurechnen sind, der Ersatzwirtschaftswert oder ein entsprechender Anteil an diesem Wert anzusetzen. [2]Die Eigentumsverhältnisse und der Anteil am Ersatzwirtschaftswert sind im Festsetzungsverfahren der jeweiligen Steuer zu ermitteln.

§ 127 BewG Erklärung zum Ersatzwirtschaftswert

(1) [1]Der Nutzer des land- und forstwirtschaftlichen Vermögens (§ 125 Abs. 2 Satz 2) hat dem Finanzamt, in dessen Bezirk das genutzte Vermögen oder sein wertvollster Teil liegt, eine Erklärung zum Ersatzwirtschaftswert abzugeben. [2]Der Nutzer hat die Steuererklärung eigenhändig zu unterschreiben.

(2) [1]Die Erklärung ist erstmals für das Kalenderjahr 1991 nach den Verhältnissen zum 1. Januar 1991 abzugeben. [2]§ 28 Abs. 2 gilt entsprechend.

§ 128 BewG Auskünfte, Erhebungen, Mitteilungen, Abrundung

§ 29 und § 30 gelten bei der Ermittlung des Ersatzwirtschaftswerts sinngemäß.

§ 129 BewG Grundvermögen

(1) Für Grundstücke gelten die Einheitswerte, die nach den Wertverhältnissen am 1. Januar 1935 festgestellt sind oder noch festgestellt werden (Einheitswerte 1935).

(2) Vorbehaltlich der §§ 129a bis 131 werden für die Ermittlung der Einheitswerte 1935 statt der §§ 27, 68 bis 94

1. §§ 10, 11 Abs. 1 und 2 und Abs. 3 Satz 2, §§ 50 bis 53 BewG-DDR in der Fassung vom 18. September 1970 (Sonderdruck Nr. 674 des Gesetzblattes),
2. § 3a Abs. 1, §§ 32 bis 46 RBewDV vom 2. Februar 1935 (RGBl. I S. 81), zuletzt geändert durch (...), und
3. die Rechtsverordnungen der Präsidenten der Landesfinanzämter über die Bewertung bebauter Grundstücke vom 17. Dezember 1934 (RMinBl. S. 785 ff.), soweit Teile des in Artikel 3 des Einigungsvertrages genannten Gebietes in ihrem Geltungsbereich liegen,

weiter angewandt.

§ 129a BewG Abschläge bei Bewertung mit einem Vielfachen der Jahresrohmiete

(1) Ist eine Ermäßigung wegen des baulichen Zustandes des Gebäudes (§ 37 Abs. 1, 3 und 4 der weiter anzuwendenden RBewDV) zu gewähren, tritt der Höchstsatz 50 Prozent anstelle des Höchstsatzes von 30 Prozent.

(2) [1]Der Wert eines Grundstücks, der sich aus dem Vielfachen der Jahresrohmiete ergibt, ist ohne Begrenzung auf 30 Prozent (§ 37 Abs. 3 der weiter anzuwendenden RBewDV) zu ermäßigen, wenn die Notwendigkeit baldigen Abbruchs besteht. [2]Gleiches gilt, wenn derjenige, der ein Gebäude auf fremdem Grund und Boden oder auf Grund eines Erbbaurechts errichtet hat, vertraglich zum vorzeitigen Abbruch verpflichtet ist.

§ 130 BewG Nachkriegsbauten

(1) Nachkriegsbauten sind Grundstücke mit Gebäuden, die nach dem 20. Juni 1948 bezugsfertig geworden sind.

(2) [1]Soweit Nachkriegsbauten mit einem Vielfachen der Jahresrohmiete zu bewerten sind, ist für Wohnraum die ab Bezugsfertigkeit preisrechtlich zulässige Miete als Jahresrohmiete vom 1. Januar 1935 anzusetzen. [2]Sind Nachkriegsbauten nach dem 30. Juni 1990 bezugsfertig geworden, ist die Miete anzusetzen, die bei unverändertem Fortbestand der Mietpreisgesetzgebung ab Bezugsfertigkeit preisrechtlich zulässig gewesen wäre. [3]Enthält die preisrechtlich zulässige Miete Bestandteile, die nicht zur Jahresrohmiete im Sinne des § 34 der weiter anzuwendenden RBewDV gehören, sind sie auszuscheiden.

(3) Für Nachkriegsbauten der Mietwohngrundstücke, der gemischtgenutzten Grundstücke und der mit einem Vielfachen der Jahresrohmiete zu bewertenden Geschäftsgrundstücke gilt einheitlich der Vervielfältiger neun.

§ 131 BewG Wohnungseigentum und Teileigentum, Wohnungserbbaurecht und Teilerbbaurecht

(1) [1]Jedes Wohnungseigentum und Teileigentum bildet eine wirtschaftliche Einheit. [2]Für die Bestimmung der Grundstückshauptgruppe ist die Nutzung des auf das Wohnungseigentum und Teileigentum entfallenden Gebäudeteils maßgebend. [3]Die Vorschriften zur Ermittlung der Einheitswerte 1935 bei bebauten Grundstücken finden Anwendung, soweit sich nicht aus den Absätzen 2 und 3 etwas anderes ergibt.

(2) [1] Das zu mehr als 80 Prozent Wohnzwecken dienende Wohnungseigentum ist mit dem Vielfachen der Jahresrohmiete nach den Vorschriften zu bewerten, die für Mietwohngrundstücke maßgebend sind. [2] Wohnungseigentum, das zu nicht mehr als 80 Prozent, aber zu nicht weniger als 20 Prozent Wohnzwecken dient, ist mit dem Vielfachen der Jahresrohmiete nach den Vorschriften zu bewerten, die für gemischt genutzte Grundstücke maßgebend sind.

(3) [1] Entsprechen die im Grundbuch eingetragenen Miteigentumsanteile an dem gemeinschaftlichen Eigentum nicht dem Verhältnis der Jahresrohmiete zueinander, so kann dies bei der Feststellung des Wertes entsprechend berücksichtigt werden. [2] Sind einzelne Räume, die im gemeinschaftlichen Eigentum stehen, vermietet, so ist ihr Wert nach den im Grundbuch eingetragenen Anteilen zu verteilen und bei den einzelnen wirtschaftlichen Einheiten zu erfassen.

(4) [1] Bei Wohnungserbbaurechten oder Teilerbbaurechten gilt § 46 der weiter anzuwendenden RBewDV sinngemäß. [2] Der Gesamtwert ist in gleicher Weise zu ermitteln, wie wenn es sich um Wohnungseigentum oder um Teileigentum handelte. [3] Er ist auf den Wohnungserbbauberechtigten und den Bodeneigentümer entsprechend zu verteilen.

§ 132 BewG Fortschreibung und Nachfeststellung der Einheitswerte 1935

(1) Fortschreibungen und Nachfeststellungen der Einheitswerte 1935 werden erstmals auf den 1. Januar 1991 vorgenommen, soweit sich aus den Absätzen 2 bis 4 nichts Abweichendes ergibt.

(2) [1] Für Mietwohngrundstücke und Einfamilienhäuser im Sinne des § 32 der weiter anzuwendenden RBewDV unterbleibt eine Feststellung des Einheitswerts auf den 1. Januar 1991, wenn eine ab diesem Zeitpunkt wirksame Feststellung des Einheitswerts für die wirtschaftliche Einheit nicht vorliegt und der Einheitswert nur für die Festsetzung der Grundsteuer erforderlich wäre. [2] Der Einheitswert für Mietwohngrundstücke und Einfamilienhäuser wird nachträglich auf einen späteren Feststellungszeitpunkt festgestellt, zu dem der Einheitswert erstmals für die Festsetzung anderer Steuern als der Grundsteuer erforderlich ist.

(3) Wird für Grundstücke im Sinne des Absatzes 2 ein Einheitswert festgestellt, gilt er für die Grundsteuer von dem Kalenderjahr an, das der Bekanntgabe des Feststellungsbescheids folgt.

(4) Änderungen der tatsächlichen Verhältnisse, die sich nur auf den Wert des Grundstücks auswirken, werden erst durch Fortschreibung auf den 1. Januar 1994 berücksichtigt, es sei denn, daß eine Feststellung des Einheitswerts zu einem früheren Zeitpunkt für die Festsetzung anderer Steuern als der Grundsteuer erforderlich ist.

§ 133 BewG Sondervorschrift für die Anwendung der Einheitswerte 1935

[1] Die Einheitswerte 1935 der Betriebsgrundstücke sind für die Gewerbesteuer wie folgt anzusetzen:

1. Mietwohngrundstücke mit 100 Prozent des Einheitswerts 1935,
2. Geschäftsgrundstücke mit 400 Prozent des Einheitswerts 1935,
3. gemischtgenutzte Grundstücke, Einfamilienhäuser und sonstige bebaute Grundstücke mit 250 Prozent des Einheitswerts 1935,
4. unbebaute Grundstücke mit 600 Prozent des Einheitswerts 1935.

[2] Bei Grundstücken im Zustand der Bebauung bestimmt sich die Grundstückshauptgruppe für den besonderen Einheitswert im Sinne des § 33a Abs. 3 des weiter anzuwendenden RBewDV nach dem tatsächlichen Zustand, der nach Fertigstellung des Gebäudes besteht.

Auszug aus dem Bewertungsgesetz der ehemaligen DDR 4

§ 51 BewG-DDR Abgrenzung des Grundvermögens von anderen Vermögensarten

(1) Zum Grundvermögen gehört nicht Grundbesitz, der zum land- und forstwirtschaftlichen Vermögen gehört.

(2) Land- und forstwirtschaftlich genutzte Grundstücksflächen sind dem Grundvermögen zuzurechnen, wenn nach ihrer Lage und den sonstigen Verhältnissen, insbesondere mit Rücksicht auf die bestehenden Verwertungsmöglichkeiten, anzunehmen ist, dass sie in absehbarer Zeit anderen als land- und forstwirtschaftlichen Zwecken dienen werden, z. B. wenn sie hiernach als Bauland, Industrieland oder als Land für Verkehrszwecke anzusehen sind.

(3, 4) ...

§ 52 BewG-DDR Bewertung von bebauten Grundstücken

(1) Für die Bewertung der bebauten und der im Bau befindlichen Grundstücke erlässt der Minister der Finanzen die erforderlichen Rechtsvorschriften.

(2) Mindestens ist der Wert anzusetzen, mit dem der Grund und Boden allein als unbebautes Grundstück nach § 53 zu bewerten wäre.

§ 53 BewG-DDR Bewertung von unbebauten Grundstücken

Unbebaute Grundstücke sind mit dem Wert gemäß § 10 zu bewerten.

Auszug aus der Durchführungsverordnung zum Reichsbewertungs- 5 gesetz

§ 3a RBewDV Wertverhältnisse beim Grundbesitz

(1) Bei Fortschreibungen und bei Nachfeststellungen der Einheitswerte für Grundbesitz (§§ 22 und 23 des Gesetzes) sind der tatsächliche Zustand des Grundbesitzes (Bestand, bauliche Verhältnisse usw.) vom Fortschreibungszeitpunkt oder vom Nachfeststellungszeitpunkt und die Wertverhältnisse vom 1. Januar 1935 zugrunde zu legen.

(2) ...

§ 32 RBewDV Grundstückshauptgruppen

(1) Im Sinn der nachstehenden Vorschriften sind die folgenden Grundstückshauptgruppen zu unterscheiden:

1. Mietwohngrundstücke
   Als Mietwohngrundstücke gelten solche Grundstücke, die zu mehr als 80 Prozent Wohnzwecken dienen, mit Ausnahme der Einfamilienhäuser (Ziffer 4).

2. Geschäftsgrundstücke

Als Geschäftsgrundstücke gelten solche bebauten Grundstücke, die zu mehr als 80 Prozent unmittelbar eigenen oder fremden gewerblichen oder öffentlichen Zwecken dienen.

3. Gemischtgenutzte Grundstücke

Als gemischtgenutzte Grundstücke gelten solche Grundstücke, die teils Wohnzwecken, teils unmittelbar eigenen oder fremden gewerblichen oder öffentlichen Zwecken dienen und weder nach Ziffer 1 als Mietwohngrundstücke noch nach Ziffer 2 als Geschäftsgrundstücke, noch nach Ziffer 4 als Einfamilienhäuser anzusehen sind.

4. Einfamilienhäuser

Als Einfamilienhäuser gelten solche Wohngrundstücke, die nach ihrer baulichen Gestaltung nicht mehr als eine Wohnung enthalten. Dabei sind Wohnungen, die für Hauspersonal (Pförtner, Heizer, Gärtner, Kraftwagenführer, Wächter usw.) bestimmt sind, nicht mitzurechnen. Die Eigenschaft als Einfamilienhaus wird auch dadurch nicht beeinträchtigt, dass durch Abtrennen von Räumen weitere Wohnungen (z. B. Not- oder Behelfswohnungen) geschaffen werden, wenn mit ihrem dauernden Bestand nicht gerechnet werden kann. Ein Grundstück gilt auch dann als Einfamilienhaus, wenn es teilweise unmittelbar eigenen oder fremden gewerblichen oder öffentlichen Zwecken dient und dadurch die Eigenart als Einfamilienhaus nach der Verkehrsauffassung nicht wesentlich beeinträchtigt wird.

5. Die nicht unter die Ziffern 1 bis 4 fallenden bebauten Grundstücke.

(2) Die Frage, ob die im Absatz 1 Ziffern 1 bis 3 bezeichneten Grenzen erreicht sind, ist nach dem Verhältnis der Jahresrohmiete (§ 34) zu beurteilen.

§ 33 RBewDV Grundstücke, deren Bebauung abgeschlossen ist

(1) Mietwohngrundstücke und gemischtgenutzte Grundstücke sind mit einem Vielfachen der Jahresrohmiete (§ 34) zu bewerten.

(2) [1] Alle übrigen bebauten Grundstücke sind mit dem gemeinen Wert zu bewerten. [2] Läßt sich innerhalb bestimmter Bezirke für Geschäftsgrundstücke oder für eine Untergruppe von diesen (§ 35 Absatz 2) die Jahresrohmiete in der Regel unschwer ermitteln oder schätzen, so können die Oberfinanzpräsidenten bestimmen, dass die Grundstücke dieser Gruppe oder Untergruppe innerhalb des Bezirks mit einem Vielfachen der Jahresrohmiete zu bewerten sind.

(3) Läßt sich in den Fällen des Absatzes 1 oder des Absatzes 2 Satz 2 ausnahmsweise die Rohmiete für ein Grundstück nur schwer ermitteln oder schätzen, so ist das Grundstück mit dem gemeinen Wert zu bewerten.

§ 33a RBewDV Grundbesitz im Zustand der Bebauung

(1) [1] Bei Grundstücken, die sich am Feststellungszeitpunkt (Absätze 2 der §§ 21 bis 23 des Gesetzes) im Zustand der Bebauung befinden, ist nur der Grund und Boden zu bewerten. [2] Die Kosten, die für die Baulichkeiten bis zum Feststellungszeitpunkt entstanden sind, bleiben außer Betracht.

(2) [1] Befinden sich auf einem solchen Grundstück (Absatz 1) bereits bezugsfertige Gebäude, so ist nur der Grund und Boden einschließlich der

bezugsfertigen Gebäude zu bewerten. [2]Die Kosten, die für die im Bau befindlichen Gebäude oder Gebäudeteile (z. B. Anbauten oder Zubauten) bis zum Feststellungszeitpunkt entstanden sind, bleiben außer Betracht. Ein Gebäude ist als bezugsfertig anzusehen, wenn der Bau so weit gefördert ist, dass den zukünftigen Bewohnern oder sonstigen Benutzern des Gebäudes zugemutet werden kann, das Gebäude zu beziehen.

(3, 4) ...

§ 34 RBewDV Jahresrohmiete

(1) [1]Jahresrohmiete im Sinn dieser Vorschriften ist das Gesamtentgelt (eigentliche Miete, Umlagen und alle sonstigen Leistungen abzüglich der nach Absatz 2 zu berücksichtigenden Beträge), das die Mieter (Pächter) für die Benutzung des Grundstücks auf Grund vertraglicher oder gesetzlicher Bestimmungen nach dem Stand vom Feststellungszeitpunkt, umgerechnet auf ein Jahr, zu entrichten haben. [2]Das gilt auch für den Fall, dass der Mietvertrag schon bald nach dem Feststellungszeitpunkt abläuft.

(2, 3) ...

(4) [1]Statt des sich aus den Absätzen 1 bis 3 ergebenden Betrags gilt die übliche Miete (eigentliche Miete, Umlagen und alle sonstigen Leistungen abzüglich der nach Absatz 2 zu berücksichtigenden Beträge) als Jahresrohmiete für solche Grundstücke oder Grundstücksteile,

1. die eigengenutzt, ungenutzt, zu vorübergehendem Gebrauch oder unentgeltlich überlassen sind,
2. die der Eigentümer dem Mieter mit Rücksicht auf persönliche (insbesondere verwandtschaftliche) oder wirtschaftliche Beziehungen oder mit Rücksicht auf ein Arbeits- oder Dienstverhältnis zu einem um mehr als 20 v. H. von dem üblichen Mietzins abweichenden Entgelt überlassen hat.

[2]Die übliche Miete ist in Anlehnung an die Jahresrohmieten zu schätzen, die für Räume gleicher oder ähnlicher Art und Lage regelmäßig vereinbart sind.

§ 35 RBewDV Bezirks- und Gruppenbildung

(1) [1]Für die Bewertung mit einem Vielfachen der Jahresrohmiete (§ 33 Absatz 1 und Absatz 2 Satz 2) können die Oberfinanzpräsidenten ihr Gebiet in verschiedene Bezirke einteilen. [2]Jeder Bezirk soll ein räumlich abgegrenztes Gebiet (z. B. in einer größeren Stadt einen bestimmten Stadtteil) oder auch mehrere räumlich abgegrenzte Gebiete (z. B. bestimmte oder alle Gemeinden eines Oberfinanzbezirks unter 10 000 Einwohnern) umfassen, in denen die Verhältnisse auf dem Grundstücksmarkt etwa gleichmäßig liegen.

(2) [1]Abgesehen von der Einteilung in Bezirke (Absatz 1) können die Oberfinanzpräsidenten die Hauptgruppen (§ 32) in Untergruppen teilen. [2]Für die Entscheidung, ob und welche Untergruppen zu bilden sind, sind die Verhältnisse auf dem Grundstücksmarkt maßgebend.

(3) Für die einzelnen Grundstücksgruppen können auch verschiedene Bezirke gebildet werden.

§ 36 RBewDV Regelmäßige Bewertung

(1) [1]Die Oberfinanzpräsidenten bestimmen für die Grundstücksgruppen (Hauptgruppen und Untergruppen) eines jeden Bezirks nach den Verhältnis-

sen auf dem Grundstücksmarkt die Zahl, mit der die Jahresrohmiete (§ 34) der Grundstücke zu vervielfachen ist (Vervielfältiger). [2] Der Vervielfältiger kann auch eine Dezimalstelle enthalten.

(2) [1] In Ländern, in denen ein Teil der Gemeindegrundsteuer nach landesrechtlichen Vorschriften auf die Mieter umlegbar ist, gilt der Vervielfältiger (Absatz 1) in Bezirken, die sich auf mehrere Gemeinden erstrecken und in denen die Höhe der Gemeindegrundsteuer wesentlich voneinander abweicht, nur für Gemeinden mit einer vom Oberfinanzpräsidenten bestimmten Höhe der Gemeindegrundsteuer; die Höhe ist in einem Rahmensatz auszudrücken. [2] Für Gemeinden, in denen die Gemeindegrundsteuer von diesem Rahmensatz abweicht, bestimmt der Oberfinanzpräsident, in welchem Ausmaß sich der Vervielfältiger (Absatz 1) im Hinblick auf die abweichende Höhe der Gemeindegrundsteuer vermindert oder erhöht.

(3) In Ländern, in denen die Umlegbarkeit der Grundsteuer nicht an eine bestimmte Höhe, sondern an die Erhöhung von einem gewissen Zeitpunkt ab geknüpft ist, gelten die Vervielfältiger ohne Rücksicht auf die Höhe der umlegbaren Grundsteuerbeträge.

§ 37 RBewDV Ermäßigung oder Erhöhung der Bewertung

(1) [1] Der Wert eines Grundstücks, der sich aus dem Vielfachen der Jahresrohmiete ergibt, ist zu ermäßigen oder zu erhöhen, wenn Umstände tatsächlicher Art vorliegen, die von den bei der Bildung der Vervielfältiger (§ 36) zugrunde gelegten Verhältnissen des Bezirks und der Grundstücksgruppe wesentlich abweichen. [2] Solche Umstände sind, vorbehaltlich des Absatzes 2, nur:

der bauliche Zustand, das Alter oder die Einrichtung des Gebäudes,

die Lage des Grundstücks,

die Art der Bebauung (z. B. Fachwerkbau, wo Massivbau gemeinüblich ist, oder umgekehrt; Zugehörigkeit größerer unbebauter Flächen, wo solche Flächen normalerweise fehlen),

Schadensgefahren (z. B. Berg-, Rauch-, Wasser- oder Erschütterungsschäden), ...

(2) Die Oberfinanzpräsidenten können, wenn die örtlichen Verhältnisse es dringend erfordern, weitere Umstände bestimmen, die bei wesentlicher Abweichung von den bei der Bildung der Vervielfältiger zugrunde gelegten Verhältnissen des Bezirks und der Grundstücksgruppe eine Wertermäßigung oder Werterhöhung rechtfertigen.

(3) [1] Das Ausmaß der Ermäßigung oder Erhöhung richtet sich nach der Bedeutung, die dem besonderen Umstand bei einem Verkauf des Grundstücks nach Lage des Grundstücksmarkts beigemessen werden würde. [2] Die Ermäßigung oder Erhöhung darf 30 v. H. des Werts (des Vielfachen der Jahresrohmiete) nicht übersteigen. [3] Liegen zugleich wertmindernde und werterhöhende Umstände vor, so ist der Höchstsatz erst auf das Ergebnis des Ausgleichs anzuwenden. [4] Die Oberfinanzpräsidenten können für einzelne besondere Umstände (Absatz 1 Satz 2 und Absatz 2) das Ausmaß der Ermäßigung oder Erhöhung bestimmen.

(4) Die Ermäßigung oder Erhöhung unterbleibt, soweit die außergewöhnlichen Verhältnisse bereits in der Jahresrohmiete oder in dem Vervielfältiger für den Bezirk und die Gruppe zum Ausdruck kommen.

§ 40 RBewDV Mindestwert

Der für bebaute Grundstücke anzusetzende Wert darf nicht geringer sein als der gemeine Wert, mit dem der Grund und Boden allein als unbebautes Grundstück zu bewerten wäre (§ 52 Absatz 2 des Gesetzes).

§ 44 RBewDV Bewertungsmaßstab

Unbebaute Grundstücke, insbesondere Bauland, sind mit dem gemeinen Wert zu bewerten.

§ 45 RBewDV Grundstücke mit Gebäuden von untergeordneter Bedeutung

[1]Befinden sich auf einem Grundstück Gebäude, deren Zweckbestimmung gegenüber der Zweckbestimmung des Grund und Bodens von untergeordneter Bedeutung ist, so gilt das Grundstück als unbebaut im Sinne des § 53 des Gesetzes. [2]Die Gebäude sind bei der Ermittlung des Einheitswerts mit zu berücksichtigen, soweit sie den Wert des Grundstücks erhöhen.

Ersatzwirtschaftswerte für die Land- und Forstwirtschaft

Nach §§ 125 ff. BewG müssen für die Land- und Forstwirtschaft in den **6** Ländern der ehem. DDR Ersatzwirtschaftswerte ermittelt und festgestellt werden. Die Einzelheiten hierzu ergeben sich aus einem Erlass der obersten Finanzbehörden der neuen Bundesländer. Dieser Erlass vom 11.12.1990 ist sehr umfangreich, so dass hier auf seinen Abdruck verzichtet werden muss. Er ist veröffentlicht in BStBl. 1990 I S. 833. Hierauf wird verwiesen.

Zur Festsetzung und Erhebung der Grundsteuer durch die Gemeinden in **7** den neuen Bundesländern hat im **Dezember 1990** das **BMF** Erläuterungen zum GrStG veröffentlicht (BStBl. 1991 I S. 30), geändert durch BMF v. 21.4.1992 (BStBl. 1992 I S. 373). Sie haben auszugsweise den folgenden Wortlaut:

4. Wiederherstellung der allgemeinen Grundsteuerpflicht und Grundsteuerbefreiungen

4.1. Mit dem Inkrafttreten am 1.1.1991 wird die allgemeine Grundsteuerpflicht wiederhergestellt. Das bedeutet insbesondere, daß die Rechtsträgerschaft staatlicher Organe und Einrichtungen, volkseigener Betriebe (VEB), volkseigener Güter (VEG), volkseigener Betriebe der Wohnungswirtschaft, von Arbeiterwohnungsgenossenschaften, von landwirtschaftlichen Produktionsgenossenschaften und von ähnlichen Organisationen kein Grund mehr für eine Befreiung von der Grundsteuer ist. Auch Grundbesitz im Eigentum der Gemeinden als Steuergläubiger ist steuerpflichtig (Selbstbesteuerung). Juristische Personen des öffentlichen Rechts (vgl. Abschn. 7 Abs. 1 bis 3 GrStR), kirchliche Organisationen ohne diesen Status sowie gemeinnützige und mildtätige Körperschaften sind ab dem Kalenderjahr 1991 nur noch insoweit von der Grundsteuer befreit, als sie ihren Grundbesitz unmittelbar für einen der in § 3 GrStG bezeichneten begünstigten Zwecke benutzen. § 4 GrStG enthält weitere Grundsteuerbefrei-

ungen, die unabhängig von der Person des Eigentümers gewährt werden. Sie erlangen bei den schon nach § 3 GrStG begünstigten Rechtsträgern jedoch nur hilfsweise Bedeutung. In welchen Fällen und in welchem Umfang eine Grundsteuerbefreiung beansprucht werden kann, ergibt sich im Einzelnen aus den §§ 3 bis 9 GrStG und den Abschn. 6 bis 33 GrStR.

4.2. *Ab 1.1.1991 steuerpflichtig ist daher insbesondere Grundbesitz,*
- *auf dem sich Wohnungen im Sinne des § 5 Abs. 2 GrStG befinden, wenn es sich nicht um kirchliche Dienstwohnungen im Sinne des § 3 Abs. 1 Nr. 5 GrStG und des Abschn. 15 Abs. 2 bis 4 GrStR handelt,*
- *auf dem ein wirtschaftlicher Geschäftsbetrieb ausgeübt wird, der weder Hoheitsbetrieb noch Zweckbetrieb im Sinne der §§ 65 bis 68 AO ist,*
- *der land- und forstwirtschaftlich genutzt wird, soweit nicht ein Ausnahmefall des § 6 GrStG vorliegt,*
- *der als unbebautes Grundstück bewertet ist und noch nicht für einen begünstigten Zweck hergerichtet wird (vgl. § 7 Satz 2 GrStG und Abschn. 31 Abs. 2 GrStR),*
- *der einem Dritten zur Benutzung überlassen ist, es sei denn, der Dritte gehört zu den nach § 3 Abs. 1 GrStG begünstigten Rechtsträgern (juristische Personen des öffentlichen Rechts, gemeinnützige und kirchliche Körperschaften) und benutzt den Grundbesitz für einen begünstigten Zweck.*

Auch die bisherige Dauerbefreiung für die Einfamilienhäuser bestimmter Bevölkerungskreise entfällt.

4.3. *Unabhängig von der Rechtsträgerschaft und vom Eigentum wird für Grundstücke mit neugeschaffenen Wohnungen, die nach dem 31.12.1980 und vor dem 1.1.1992 bezugsfertig geworden sind oder bezugsfertig werden, eine zehnjährige Steuerfreiheit gewährt, deren Voraussetzungen und Umfang sich nach § 43 GrStG bestimmen.*

5. *Festsetzung der Grundsteuer für Grundstücke nach Einheitswerten*

5.1. *Allgemeines*

Soweit für Grundstücke Einheitswerte festgestellt sind, wird die Grundsteuer grundsätzlich durch einen Grundsteuerbescheid festgesetzt.

Die Festsetzung obliegt den Gemeinden. Dabei sind sie an die Entscheidungen gebunden, die die Finanzämter bei der Feststellung der Einheitswerte und der Festsetzung der Grundsteuermeßbeträge getroffen haben; das gilt auch für die Entscheidungen der Finanzämter über die Gewährung einer Grundsteuerbefreiung. ...

5.2. *Grundsteuerfestsetzung bei Vorliegen eines Grundsteuermeßbetrags*

War zum 1.1.1990 ein Grundsteuermeßbetrag für Grundstücke festgesetzt, gilt folgendes:

a) Vor dem Wirksamwerden des Beitritts ergangene Verwaltungsakte der bisherigen DDR bleiben wirksam (Artikel 19 des Einigungsvertrags). Das gilt auch für die Feststellung von Einheitswerten 1935 und vorbehaltlich der Tz. 5.4 für die auf ihrer Grundlage erfolgten Festsetzungen der Steuermeßbeträge, denen bis zu ihrer Aufhebung oder Änderung Dauerwirkung zukommt. Für die auf den Steuermeßbe-

scheiden beruhenden Grundsteuerbescheide der Gemeinden gilt dies so lange, wie die Gemeinde den vor dem 1.1.1991 einheitlich geltenden Hebesatz von 300 v.H. für die Grundsteuer B beibehält. Setzt die Gemeinde für das Kalenderjahr 1991 oder spätere Kalenderjahre einen abweichenden Hebesatz fest, muß sie neue Grundsteuerbescheide erlassen.

b) Für bewertete Grundstücke, für die zum 1.1.1990 ein Grundsteuermeßbetrag festgesetzt war, nehmen die Finanzämter eine Neuveranlagung des Steuermeßbetrags auf den 1.1.1991 vor, wenn Änderungen der tatsächlichen Verhältnisse durch Fortschreibung des Einheitswerts auf den 1.1.1991 zu berücksichtigen sind. Eine Neuveranlagung des Grundsteuermeßbetrags kommt auch in Betracht, wenn sich bei Grundstücken, für die schon bisher ein Grundsteuermeßbetrag festgesetzt war, die ab 1.1.1991 geltenden neuen Befreiungsvorschriften auswirken. Die Neuveranlagung des Steuermeßbetrags verpflichtet die Gemeinde, den neuen Steuermeßbetrag – ggf. rückwirkend – ab dem Veranlagungszeitpunkt der Grundsteuer zugrunde zu legen. Ein bereits ergangener Grundsteuerbescheid ist entsprechend zu ändern; bereits geleistete Zahlungen sind entsprechend abzurechnen (§ 30 GrStG).

5.3. Grundsteuerfestsetzung bei Fehlen eines Grundsteuermeßbetrags

War für ein Grundstück zum 1.1.1990 kein Grundsteuermeßbetrag festgesetzt, gilt folgendes:

a) Ist auf einen Feststellungszeitpunkt vor dem 1.1.1991 ein Einheitswert festgestellt worden, hatte er jedoch in der Vergangenheit wegen Befreiung von allen Steuern zeitweise keine Bedeutung (ruhende Einheitswerte) oder bestand zumindest eine Grundsteuerbefreiung, wird der Grundsteuermeßbetrag unter Wiederverwendung und ggf. Fortschreibung des Einheitswerts auf den 1.1.1991 vom Finanzamt nachträglich veranlagt. Diese Regelung hat vor allem für Vorkriegsbauten (einschließlich der Mietwohngrundstücke und der Einfamilienhäuser) Bedeutung, die wegen Überführung in Volkseigentum bisher von der Grundsteuer befreit waren. Ferner wird sie für Nachkriegsbauten der Einfamilienhäuser wirksam werden, die bewertet und zunächst nur für einen begrenzten Zeitraum, dann aber auf Dauer von der Grundsteuer befreit waren.

Die Gemeinde kann gem. § 155 Abs. 2 AO die Grundsteuer durch Steuerbescheid schon festsetzen, bevor ihr der im Rahmen der Nachveranlagung ergehende Grundsteuermeßbetrag zugeht, wenn ihr der vor Eintritt der Befreiung geltende Grundsteuermeßbetrag bekannt ist. Wird der Gemeinde später der festgesetzte Grundsteuermeßbetrag mitgeteilt und weicht dieser von dem Steuermeßbetrag ab, den die Gemeinde der Festsetzung der Grundsteuer zugrunde gelegt hat, muß sie den Grundsteuerbescheid entsprechend ändern (§ 175 Abs. 1 Nr. 1 AO).

b) Ist auf einen Feststellungszeitpunkt vor dem 1.1.1991 kein Einheitswert festgestellt worden, insbesondere bei Nachkriegsbauten in der Trägerschaft vor dem 1.1.1991 grundsteuerbefreiter Körperschaften, und handelt es sich um Geschäftsgrundstücke, gemischtgenutzte Grundstücke, sonstige bebaute Grundstücke oder unbebaute Grundstücke, hat das Finanzamt den Einheitswert 1935 erstmals zu ermitteln (Nachfeststellung). Gleichzeitig hat das Finanzamt den Grundsteuermeßbetrag auf den 1.1.1991 nachträglich zu veranlagen, es sei denn, daß eine Grundsteuerbefreiung eingreift.

625

c) Ist für Mietwohngrundstücke und Einfamilienhäuser (gemeinsam als „Wohngrundstücke" bezeichnet) auf einen Feststellungszeitpunkt vor dem 1.1.1991 kein Einheitswert festgestellt worden, wird die Grundsteuer für das Kalenderjahr 1991 in jedem Falle nach der Ersatzbemessungsgrundlage gem. § 42 GrStG erhoben, wenn die zehnjährige Steuerfreiheit für neugeschaffene Wohnungen (§ 43 GrStG) abgelaufen ist. Auch soweit das Finanzamt wegen anderweitiger steuerlicher Bedeutung den Einheitswert 1935 auf den 1.1.1991 oder einen späteren Feststellungszeitpunkt festzustellen hat, wirkt sich das bei der Grundsteuer für das Kalenderjahr 1991 noch nicht aus. Denn in diesen Fällen gilt der Einheitswert gem. § 132 Abs. 3 BewG erst vom Beginn des Kalenderjahres an, der der Bekanntgabe des Einheitswertbescheids folgt.

d) In den Fällen der Buchst. a) und b) muß die Gemeinde die Grundsteuer durch Steuerbescheid in der Höhe festsetzen, die sich ab dem Beginn des Kalenderjahres ergibt, der im Grundsteuermeßbescheid zum Nachveranlagungszeitpunkt bestimmt wurde. Wird bei Wohngrundstücken die Grundsteuer ab 1.1.1991 zunächst nach der Ersatzbemessungsgrundlage erhoben (vgl. Buchst. c), kann der Nachveranlagungszeitpunkt nach dem Nachfeststellungszeitpunkt liegen. Auf den danach ab dem betreffenden Kalenderjahr geltenden Grundsteuermeßbetrag ist der für dieses Kalenderjahr geltende Hebesatz anzuwenden.

Im Anschluß an die bisherige Praxis kann es zweckmäßig sein, den Grundsteuerbescheiden Dauerwirkung bis zu einer Aufhebung oder Änderung beizulegen. Hierfür verlangt § 27 Abs. 1 Satz 2 GrStG, daß auch die Festsetzung des Hebesatzes – zweckmäßigerweise in einer besonderen Steuersatzung – für mehr als ein Kalenderjahr gilt.

5.4. Grundsteuervorauszahlungen bei Betriebsgrundstücken

Für die Betriebsgrundstücke der Körperschaften im Sinne der Verordnung über die Zahlung von Steuern der in Kapitalgesellschaften umgewandelten ehemaligen volkseigenen Kombinate, Betriebe und Einrichtungen im 2. Halbjahr 1990 vom 27.6.1990 (GBl. I Nr. 41 S. 618), die nicht als Wohngrundstücke der Regelung über die Ersatzbemessungsgrundlage unterliegen, verlieren die bisher geltenden Festsetzungen der Grundsteuer und die ihnen zugrundeliegenden Grundsteuermeßbescheide für die Zeit ab 1.1.1991 ihre Wirksamkeit. Die genannten Körperschaften haben ab 1.1.1991 bis zur Festsetzung der Grundsteuer zu den in § 28 GrStG genannten Fälligkeitstagen Vorauszahlungen auf die Grundsteuer für Betriebsgrundstücke mit Ausnahme der Mietwohngrundstücke und Einfamilienhäuser zu entrichten, ohne daß es dazu eines Steuerbescheids und einer besonderen Aufforderung bedarf. Der Jahresbetrag der Vorauszahlungen beträgt 0,2 v. H. des Wertes, mit dem das Betriebsgrundstück (bestehend aus Grund und Boden, Gebäuden und Außenanlagen) in der DM-Eröffnungsbilanz angesetzt worden ist.

5.5. Grundsteuervorauszahlungen bei Konsumgenossenschaften

Konsumgenossenschaften hatten bisher als Grundsteuer 1 v. H. der Bruttobilanzwerte zu entrichten. Die hiernach geschuldete Grundsteuer ist im Jahre 1991 zu den bisher maßgebenden Fälligkeitsterminen als Vorauszahlung auf die Jahresgrundsteuer 1991 zu zahlen (§ 29 GrStG). Für die Grundstücke von Konsumgenossenschaften bzw. ihrer Rechtsnachfolger sind auf den 1.1.1991 Einheitswerte festzustellen und Grundsteuermeßbeträge festzusetzen (§§ 129, 132 BewG). Mit dem Erlaß eines Grundsteuerbescheides 1991 auf der Grundlage des Einheitswerts (Grundsteuer-meßbetrags) sind die geleisteten Vorauszahlungen entsprechend abzurechnen (§ 30 GrStG).

6. *Festsetzung der Grundsteuer für Betriebe der Land- und Forstwirtschaft*

Grundsteuerbescheide für Betriebe der Land- und Forstwirtschaft – einschließlich der Wohnungen – verlieren für die Zeit ab 1.1.1991 ihre Wirksamkeit, da die Wirksamkeit der ihnen zugrundeliegenden Einheitswerte bis zum 31.12.1990 beschränkt wurde (§ 125 Abs. 1 BewG). Grundlage für die Festsetzung und Erhebung der Grundsteuer vom land- und forstwirtschaftlichen Vermögen (ohne Wohnungen) ist ab 1.1.1991 der Grundsteuermeßbetrag, den das Finanzamt nach dem im Steuermeß-betragsverfahren ermittelten Ersatzwirtschaftswert festsetzt und erforderlichenfalls auf die beteiligten Gemeinden zerlegt.... Die Finanzämter haben auf der Grundlage von Erklärungen, die die Nutzer (Pächter, Nutzungsberechtigte) Anfang 1991 abzugeben haben, Ersatzwirtschaftswerte und danach bemessene Steuermeßbeträge festzusetzen und den Gemeinden mitzuteilen.

Im allgemeinen kann die Gemeinde die Grundsteuer gegenüber dem Nutzer des land- und forstwirtschaftlichen Vermögens erst festsetzen, wenn ihr der Steuermeßbetrag nach § 184 Abs. 3 AO mitgeteilt worden ist. Zur Sicherung des Grundsteuerauf-kommens kann jedoch das Finanzamt den Ersatzwirtschaftswert anhand verfügbarer Daten auch ohne Erklärung – ggf. in engem Zusammenwirken mit den Gemeinden – schätzen und den Steuermeßbetrag unter Vorbehalt der Nachprüfung festsetzen (§§ 162 und 164 AO). Diesen Steuermeßbetrag legt die Gemeinde ihrer Grundsteu-erfestsetzung zugrunde. Nach Vorliegen der Erklärung und ihrer Auswertung muß das Finanzamt die unter dem Vorbehalt der Nachprüfung stehende Steuerfestsetzung durch eine endgültige Festsetzung des Steuermeßbetrags ersetzen und diesen der Gemeinde mitteilen. Diese ändert den Grundsteuerbescheid entsprechend (§ 175 Abs. 1 Nr. 1 AO).

7. *Erhebung der Grundsteuer nach der Ersatzbemessungsgrundlage*

7.1. *Allgemeines*

Für Mietwohngrundstücke und Einfamilienhäuser (im folgenden als „Wohn-grundstücke" bezeichnet), für die auf Feststellungszeitpunkte vor dem 1.1.1991 ein Einheitswert nicht festgestellt worden oder noch festzustellen ist, gilt die Ersatzbemes-sungsgrundlage von Wohn- oder Nutzfläche (§ 42 GrStG). Die Steuer wird im Steu-eranmeldungsverfahren erhoben.

Die Erhebung der Grundsteuer nach der Ersatzbemessungsgrundlage ist eine un-abhängig von Maßnahmen des Finanzamts zu erfüllende Aufgabe der Gemeinden. Die Gemeinden müssen daher organisatorische Vorkehrungen dafür treffen, daß alle Wohngrundstücke in einer Grundsteuerkartei erfaßt werden und dabei auch fest-gehalten wird, für welche Wohngrundstücke ein Steuermeßbetrag festgesetzt und für welche Wohngrundstücke die Ersatzbemessungsgrundlage maßgebend ist. Zur Erfas-sung der bisher nicht zur Grundsteuer herangezogenen Wohngrundstücke werden die für Zwecke der Wohnraumbewirtschaftung angelegten Wohnungskarteikarten und die sie ggf. ergänzenden Gebäudekarteikarten sowie Baugenehmigungen und Bauabnahmen für Nachkriegsbauten von Wohngrundstücken herangezogen werden können. . . .

7.2. Bemessung der Grundsteuer nach der Ersatzbemessungsgrundlage

7.2.1. Anwendungsbereich

Die Grundsteuer wird nach der Ersatzbemessungsgrundlage gem. § 42 GrStG erhoben, wenn für Mietwohngrundstücke und Einfamilienhäuser auf einen Feststellungszeitpunkt vor dem 1.1.1991 ein Einheitswert nicht festgestellt worden oder noch festzustellen ist und die zehnjährige Steuerfreiheit für neugeschaffene Wohnungen (§ 43 GrStG) abgelaufen ist. Zu den Mietwohngrundstücken oder Einfamilienhäusern, für die kein Einheitswert vorliegt, gehören auch Wohngrundstücke, die bisher im Einheitswert des land- und forstwirtschaftlichen Vermögens enthalten waren. Denn die Einheitswerte 1935 des land- und forstwirtschaftlichen Vermögens haben mit dem 31.12.1990 ihre Wirksamkeit verloren. Nicht dazu zählen Grundstücke mit mehr als einer Wohnung, wenn die Nutzfläche der Räume, die zu gewerblichen, freiberuflichen oder öffentlichen Zwecken benutzt werden, mindestens 20 v.H. der gesamten Wohn- oder Nutzfläche beträgt.

7.2.2. Steuerschuldner

Steuerschuldner und damit zur Zahlung der Grundsteuer verpflichtet ist derjenige, der Eigentümer des Grund und Bodens und der Gebäude oder der nur Eigentümer des Gebäudes ist. Sind mehrere Personen Eigentümer (z. B. Miteigentümer, Gesamthandseigentum einer Erbengemeinschaft), ist diese steuerliche Pflicht von demjenigen Beteiligten zu erfüllen, dem die Verwaltung des Gebäudes und der Wohnungen obliegt. Ungeklärte Eigentumsverhältnisse und Ansprüche nach dem Gesetz zur Regelung offener Vermögensfragen lassen die grundsteuerlichen Verpflichtungen desjenigen, der tatsächlich als Verwalter über das Grundstück verfügt, unberührt. Scheitert ein Eigentumsübergang derzeit an einer staatlichen Genehmigung, so ist der Nutzer des Grundstücks als wirtschaftlicher Eigentümer anzusehen und hat als solcher die Pflichten des Eigentümers.

Maßgegend für die Beurteilung der Steuerschuldnerschaft sind die Verhältnisse zu Beginn des Kalenderjahres. Derjenige, der am 1.1.1991 Eigentümer des Grundstücks war, schuldet gegenüber der Gemeinde die volle Jahressteuer 1991 auch dann, wenn er das Grundstück im Laufe des Kalenderjahres verkauft hat.

7.2.3. Steuerfreiheit für Wohnungen

Steuerfrei auf die Dauer von zehn Jahren sind gemäß § 43 GrStG neugeschaffene Wohnungen, die nach dem 31.12.1980 und vor dem 1.1.1992 bezugsfertig geworden sind. Neugeschaffen sind Wohnungen, die durch Neubau oder durch Ausbau oder Erweiterung eines bestehenden Gebäudes geschaffen wurden. Ein Ausbau ist eine unter wesentlichem Bauaufwand durchgeführte Umwandlung von Räumen, die nach ihrer baulichen Anlage und Ausstattung bisher anderen Zwecken als Wohnzwecken dienten. Durch Ausbau entstehen neugeschaffene Wohnungen insbesondere, wenn das Dachgeschoß ausgebaut wird. Als Ausbau gilt auch der unter wesentlichem Bau-

aufwand durchgeführte Umbau von Wohnräumen, die infolge einer Änderung der Wohngewohnheiten nicht mehr für Wohnzwecke geeignet waren. Wesentlich ist der Bauaufwand dann, wenn er etwa ein Drittel des für eine vergleichbare Neubauwohnung erforderlichen Aufwands erreicht; § 43 Abs. 3 Satz 2 GrStG gilt bei der Bemessung der Grundsteuer nach der Ersatzbemessungsgrundlage nicht. Werden nur einzelne Wohnräume geschaffen, die der Vergrößerung vorhandener Wohnungen dienen, bleibt nur die hierdurch geschaffene Mehrfläche steuerfrei. Gehört eine Garage zu einer steuerfreien Wohnung, bleibt auch sie steuerfrei.

Solange ein Grundstück, auf dem sich ausschließlich neugeschaffene Wohnungen befinden, in vollem Umfang steuerfrei ist, d. h.

a) bei Bezugsfertigkeit in den Kalenderjahren 1981 bis 1989; für den Rest des zehnjährigen Befreiungszeitraums, der mit dem 1. Januar des auf das Jahr der Bezugsfertigkeit folgenden Kalenderjahres begonnen hat,

b) bei Bezugsfertigkeit in den Kalenderjahren 1990 und 1991: für volle zehn Jahre ab 1. Januar 1991 oder 1. Januar 1992

unterbleibt eine Erhebung der Grundsteuer.

So ist z. B. Grundsteuer nach der Ersatzbemessungsgrundlage erstmals zu entrichten für Grundstücke mit 1981 bezugsfertig gewordenen Wohnungen für das Kalenderjahr 1992 und für Grundstücke mit 1982 bezugsfertig gewordenen Wohnungen für das Kalenderjahr 1993.

Befinden sich auf dem Grundstück nur zum Teil steuerfreie Wohnungen im Sinne des § 43 GrStG, ist die Grundsteuer bereits ab 1.1.1991 zu entrichten; bei ihrer Berechnung bleibt jedoch der Teil der Wohnfläche, der auf steuerfreie Wohnungen entfällt, außer Ansatz (§ 43 Abs. 2 Nr. 2 GrStG).

7.2.4. *Jahresbetrag der Grundsteuer*

In der bisherigen DDR galt für Grundstücke einheitlich ein Hebesatz von 300 v. H., der vom Minister der Finanzen festgelegt wurde. Deshalb sind die in § 42 Abs. 2 GrStG enthaltenen Jahresbeträge je m^2 Wohn- oder Nutzfläche auf den Hebesatz von 300 v. H. abgestellt. Setzt die Gemeinde einen abweichenden Hebesatz fest, erhöhen oder ermäßigen sich die Jahresbeträge im gleichen Verhältnis; sie werden auf volle Deutsche Pfennige nach unten abgerundet werden. So ergibt sich z. B. bei einem Hebesatz von 330 v. H. ein Betrag von 2,20 DM je m^2 für Wohnungen, die mit Bad, Innen-WC und Sammelheizung ausgestattet sind.

Die Gemeinde hat nach § 25 Abs. 3 GrStG das Recht, den Hebesatz bis zum 30. Juni des laufenden Kalenderjahres festzusetzen und ggf. gegenüber dem Vorjahr zu erhöhen. Für das Steueranmeldungsverfahren enthält § 44 Abs. 2 GrStG jedoch eine Sonderregelung, nach der es ausschließlich auf den zu Beginn des Erhebungsjahres bekannten Hebesatz – somit ggf. auf den des Vorjahres – ankommt. Soweit sich durch Hebesatzfestsetzung nach dem 1. Januar eines Kalenderjahres ein Mehranspruch an Grundsteuer ergibt, ist somit seine Realisierung im Steueranmeldungsverfahren nicht mehr möglich. Die Gemeinde muß statt dessen einen Grundsteuerbescheid erlassen und auf diese Weise die Steuer nachfordern.

7.2.5. *Berechnung der Grundsteuer*

Der Berechnung der Grundsteuer ist die Wohn- oder Nutzfläche zu Beginn des Kalenderjahres zugrunde zu legen. Bei vermieteten Wohnungen und Räumen kann die der Bemessung der Miete zugrundeliegende Wohn- oder Nutzfläche angesetzt werden.

Fehlt es daran, insbesondere bei eigengenutzten Wohnungen, ist die Wohn- oder Nutzfläche entsprechend §§ 42 bis 44 der II. BVO zu ermitteln. Danach ergibt sich:

a) *Die Wohn- oder Nutzfläche der Wohnung oder der sonstigen Räume entspricht der Grundfläche der Räume (Innenmaße, bei Rohbaumaßen abzüglich 3 v. H.), die bei der Berechnung der Wohn- oder Nutzfläche zu berücksichtigen sind. Dies sind alle auf dem Grundstück vorhandenen Räume mit Ausnahme der folgenden:*

    aa) *Hausflure, Treppen und Treppenpodeste in Wohngebäuden mit mehr als zwei Wohnungen (zum pauschalen 10-v. H.-Abzug von der Wohnfläche bei den übrigen Wohngebäuden s. Buchstabe c);*

    bb) *Zubehörräume; als solche kommen in Betracht: Keller, Waschküchen, Abstellräume außerhalb der Wohnung, Dachböden, Trockenräume, Schuppen (Holzlegen), Garagen und ähnliche Räume;*

    cc) *Wirtschaftsräume; als solche kommen in Betracht: Futterküchen, Vorratsräume, Backstuben, Räucherkammern, Ställe, Scheunen, Abstellräume und ähnliche Räume;*

    dd) *Räume und Raumteile mit einer lichten Höhe von weniger als 1 Meter.*

b) *Nur mit der Hälfte der Grundfläche sind zu berücksichtigen:*

    aa) *Räume und Raumteile mit einer lichten Höhe von mindestens 1 Meter und weniger als 2 Metern sowie Wintergärten, Schwimmbäder und ähnliche, nach allen Seiten geschlossene Räume;*

    bb) *Balkone, Loggien, Dachgärten oder gedeckte Freisitze.*

c) *Bei Wohngebäuden mit höchstens zwei Wohnungen ist – soweit bei ihnen mangels Abgeschlossenheit Hausflure usw. in vollem Umfang zur Wohnfläche rechnen – die ermittelte Grundfläche um 10 v. H. zu kürzen. Dies gilt vor allem für Einfamilienhäuser.*

Die Wohn- oder Nutzfläche ist auf volle Quadratmeter nach unten abzurunden.

Der Jahresbetrag der Grundsteuer richtet sich u. a. danach, ob die Wohnung mit einer Sammelheizung ausgestattet ist. Eine Sammelheizung ist eine Heizungsanlage, bei der an einer Stelle des Gebäudes (Zentralheizung), der Wirtschaftseinheit (Blockheizung) oder der Wohnung (Etagenheizung) ein Wärmeträger mit Hilfe beliebiger Energiearten erwärmt wird und mit diesem alle Wohn- und Schlafräume der Wohnung erwärmt werden. Als Sammelheizung gelten auch Fernwärmeversorgung, Nachtstromspeicherheizungen, Gasöfen, Kachelöfen-Mehrraumheizungen und zentral versorgte Öl-Einzelofenheizungen.

7.3. Verfahren

7.3.1. Steueranmeldung

Die Grundsteuer-Anmeldung ist eine Steuererklärung, in der der Steuerschuldner die Grundsteuer selbst berechnen muß. Die Steuer ist an den maßgebenden Fälligkeitsterminen an die Gemeinde zu entrichten, ohne daß es einer Aufforderung der Gemeinde bedarf.

Für jedes Wohngrundstück, das nur eine Wohnung enthält (Einfamilienhaus) oder das zu mehr als 80 v. H. Wohnzwecken dient (Mietwohngrundstück), ist eine eigene Grundsteuer-Anmeldung abzugeben. Mehrere Gebäude auf einem Grundstück mit einheitlich benutztem Hofraum, Garagenanlagen usw. können jedoch zusammengefaßt werden (so z. B. Vorderhaus und Hinterhaus). Bei modernen Wohnsiedlungen kann jeweils ein selbständiger zusammenhängender Baukörper (z. B. ein Baublock) als eine Einheit angesehen werden, auch wenn er mehrere selbständige Hauseingänge und Treppenhäuser hat.

7.3.2. *Erklärungspflichtiger*

Zur Abgabe einer Steueranmeldung ist verpflichtet, wer dazu, insbesondere durch Zusendung eines Steueranmeldungsvordrucks, von der Gemeinde aufgefordert wird. Eine Erklärungspflicht besteht auch dann, wenn dem Betroffenen ein Vordruck zugesandt wird, obwohl er nicht Steuerschuldner ist, obwohl für das Wohngrundstück ein Einheitswert vorliegt oder Steuerfreiheit besteht oder obwohl es sich überhaupt nicht um ein Wohngrundstück handelt. Auch in diesen Fällen ist der Vordruck auszufüllen – allerdings nur, soweit es der Vordruck vorsieht – und an die Gemeinde zurückzusenden.

Im übrigen hat der Eigentümer oder Verwalter eines Wohngrundstücks, für das ein Einheitswert auf einen Feststellungszeitpunkt vor dem 1.1.1991 nicht festgestellt wurde, auch dann eine Steueranmeldung abzugeben, wenn ihm die Gemeinde keinen Erklärungsvordruck übersandt hat. Die Gemeinden halten für solche Fälle amtliche Vordrucke für die Grundsteueranmeldung bereit. ...

Hat der Steuerschuldner für ein Kalenderjahr eine Steueranmeldung abgegeben, ist er von der Erklärungspflicht für die folgenden Kalenderjahre befreit, solange keine Änderungen bei der steuerpflichtigen Wohn- oder Nutzfläche oder dem Hebesatz eintreten, wenn in dem Vordruck der Grundsteuer-Anmeldung – entsprechend dem beigefügten Muster – darauf ausdrücklich hingewiesen wurde. Die Steueranmeldung gilt dann auch als Steuerfestsetzung für die folgenden Kalenderjahre. ...

7.3.4. *Weiteres Verfahren*

Ist die Grundsteuer in der Steueranmeldung zutreffend berechnet, wird kein Grundsteuerbescheid mehr erteilt. Denn die Steueranmeldung steht einer Steuerfestsetzung unter Vorbehalt der Nachprüfung gleich (§§ 167, 168 AO). Sie dient als Grundlage für die Sollstellung bei der zuständigen Kasse, die den Eingang der selbstberechneten Grundsteuer an den nach § 28 GrStG maßgebenden Fälligkeitsterminen zu überwachen hat. Ist die Grundsteuer unzutreffend berechnet oder soll sie geschätzt werden (§ 162 AO), ist sie durch schriftlichen Steuerbescheid (§ 155 AO) festzusetzen. In den Steuerbescheiden soll die Verpflichtung zum Ausdruck gebracht werden, die Grundsteuer für Folgejahre in gleicher Höhe zu leisten, falls keine Änderungen – auch in Bezug auf den Hebesatz – eintreten.

Wird ein für die Grundsteuer maßgebender Steuermeßbetrag festgesetzt und der Gemeinde mitgeteilt, besteht aber für das betreffende Kalenderjahr bereits eine Festsetzung der Grundsteuer nach der Ersatzbemessungsgrundlage, hat die Gemeinde die bisherige Festsetzung unter Vorbehalt der Nachprüfung auf Grund der Steueranmeldung (§ 44 GrStG i. V. m. §§ 167, 168 AO) oder die Festsetzung durch Grund-

steuerbescheid entsprechend dem festgesetzten Steuermeßbetrag zu ändern (§ 164 Abs. 2, § 175 Abs. 1 Nr. 1 AO). Entsprechendes gilt wegen § 125 BewG für Wohngrundstücke, die bisher im Einheitswert für land- und forstwirtschaftliches Vermögen erfaßt waren und nunmehr Mietwohngrundstücke oder Einfamilienhäuser sind. Gleiches gilt außerdem, wenn die Gemeinde rückwirkend den Hebesatz ändert.

Anhang III

Grundsteuern und ähnliche Steuern im internationalen Vergleich[1)]

Literatur: *Eisele,* Ein Blick ins Ausland – das Grundsteuerrecht in Serbien, Gemeindehaushalt 2008 S. 62; *Gudat,* Vergleich der Bemessungsgrundlagen der Grundsteuer in Europa, GuG 2011 S. 129; *Lobis,* Ausländische Rechtsentwicklungen: Italien – Grundsteuer auf in- und ausländische Immobilien, IStR 2012 Heft 13 S. 77; *Spengel/Heckemeyer/Zinn,* Reform der Grundsteuer: Ein Blick nach Europa, DB 2011 S. 10.

I. Vorbemerkung

Die langjährige Diskussion über eine Reform der Grundsteuer in Deutschland führt zunehmend zu Vergleichen mit der Rechtslage im Ausland. Dabei werden neben dem Stellenwert der Grundsteuer als vergleichsweise stabile Größe der Gemeindefinanzierung (bedeutsamer Anteil am kommunalen Steueraufkommen) auch Fragen der grundsteuerlichen Bemessungsgrundlage und ihrer Ausgestaltung thematisiert. So hat z. B. die Neuregelung der Grundsteuer in **Italien** ab dem Kalenderjahr 2012 und damit einhergehend die Ausdehnung der Steuerpflicht für Grundstückseigentümer, die ihren (steuerlichen) Wohnsitz in Italien haben, Auswirkung auf deren ausländisches (!) Grundvermögen – Bemessungsgrundlage ist hier der sog. Katasterwert der EU-Immobilie (FinMin. Ba-Wü v. 23.7.2013, IStR 2013 S. 756); zur Vermeidung der Doppelbesteuerung ist die auf diese Immobilie gezahlte deutsche Grundsteuer auf die italienische Steuerschuld anrechenbar – und den Fokus auch auf ausländische Entwicklungen gelenkt. In **Griechenland** kommt – als Folge der Wirtschafts- und Finanzkrise – seit Anfang 2014 eine neue „Einheitliche Immobiliensteuer" (EFA) zur Anwendung. Diese tritt an die Stelle der mittels der Stromrechnungen erhobenen Immobilien-Sonderabgabe (EETIDE bzw. EETA) und der bisherigen Immobilienvermögensteuer (FAP). Die neue Steuer wird ausnahmslos auf alle Gebäude, innerhalb eines Bebauungsplans befindliche Grundstücke und außerhalb von Bebauungsplänen belegene Ländereien erhoben. Erfasst werden mithin Einfamilienhäuser, Wohnungen, Ferienhäuser, gewerblich genutzte Gebäude, kultivierte Felder und Baumkulturen hauptberuflich tätiger Landwirte, kultivierbare Flächen nebenberuflich tätiger Landwirte, Weide- und Forstflächen, Parkplätze, sog. offene Parterreflächen, Geflügel- und Hühnerfarmen, landwirtschaftliche Lagerräume, Viehställe u. a. m. Grundsteuer-Freibeträge werden indes nicht mehr gewährt. Zu den Änderungen bei der Grundsteuer in **Norwegen** ab 2013 (u. a. Besteuerungsausnahmen für Naturreservate und Nationalparks) siehe *Zielke,* IWB 2013 S. 412, 414. Die nachfolgende Übersicht über Grundsteuern und ähnliche Steuern im internationalen Vergleich verschafft

---

[1)] Quelle: Bundesfinanzministerium (mit Ergänzungen des Verfassers).

demgemäß einen Eindruck über Wesen und Anknüpfungspunkte dieser Steuern außerhalb Deutschlands.

II. Übersicht über Grundsteuern und ähnliche Steuern im internationalen Vergleich

1	2	3
Staat	**Bezeichnung der Steuern**	**Steuergegenstand/ Steuerpflichtige**
Belgien	Keine Grundsteuer	–
	aber: Vorauszahlung auf Einkünfte aus Grundvermögen und die Bemessungsgrundlage für die Besteuerung der Einkünfte aus Grundvermögen im Rahmen der Einkommensteuer haben grundsteuerähnlichen Charakter.	Steuerpflichtig ist die Vermietung und Verpachtung von bebauten und unbebauten Grundstücken sowie der Wert selbstgenutzter oder nicht genutzter bebauter und unbebauter Grundstücke. Grundstücke des Betriebsvermögens werden als Anlage- oder Umlaufvermögen im Rahmen der normalen Gewinnermittlung erfasst.
Dänemark	Kommunal- und Amtseigentumsteuer auf den Wert des eigengenutzten Grundbesitzes	Eigengenutzter Grundbesitz natürlicher Personen (unbeschränkt Stpfl. ⇒ weltweiter Grundbesitz)
	Kommunale Grundsteuer	Sonstiges Grundvermögen, soweit nicht Kommunal- und Amtseigentumsteuer greift.

4	5	6
Bemessungsgrundlage	**Steuersätze bzw. Steuerberechnung**	**Steuerhoheit**
–	–	–
Einkünfte aus Grundvermögen werden bei Privatvermögen anhand des Katastereinkommens (geschätztes Jahreseinkommen der Immobilie) ermittelt oder auf Grund der tatsächlichen Mieteinkünfte, wenn sie betrieblich genutzt werden.	Die auf der Grundlage des Katastereinkommens bemessenen Einkünfte aus Grundvermögen werden von einer Vorauszahlung (= Quellensteuer) gemäß Steuerbescheid erfasst (Immobilienvorabzug). Diese Vorauszahlung steht den Regionen zu mit 2,5% (flämische Regionen) bzw. 1,25% (wallonische Regionen und Brüssel). Hinzu kommen Zuschläge der Provinzen und Gemeinden (die effektive Belastung liegt dann zwischen 18% und 50%). Die Quellensteuer ist endgültig (Verrechnung in begrenzter Höhe mit der ESt nur für Privatwohnung des Eigentümers).	Die Quellensteuer auf Einkünfte aus Grundvermögen fließt den Regionen zu. Die Provinzen, Gemeindeverbände und Gemeinden erheben Zuschläge auf den Steuerbetrag der Vorauszahlung auf Einkünfte aus Grundvermögen, deren Aufkommen ihnen auch zusteht.
Für in Dänemark belegenes Grundvermögen ⇒ öffentliche Festsetzung auf den 1.1. eines jeden Steuerjahres. Für im Ausland belegenes Grundvermögen ⇒ Marktwert auf den 1.1. eines jeden Steuerjahres.	1% des steuerlichen Wertes bis zu 2,65 Mio. DKK und 3% auf den übersteigenden Wert. Bei Eigentumserwerb vor dem 1.7.1998 verringern sich diese Sätze z. T. erheblich.	Steueraufkommen steht den Gemeinden zu.
Wert des Grundstücks	Steuersätze zwischen 0,6% und 2,4%	Steueraufkommen steht den Gemeinden zu.

1	2	3
Staat	**Bezeichnung der Steuern**	**Steuergegenstand/ Steuerpflichtige**
	Amtskommunale Grundsteuer	Sonstiges Grundvermögen, soweit nicht Kommunal- und Amtseigentumsteuer greift.
	Kommunale Grundsteuer auf Gebäude, die als Büros, Hotels, Fabriken, Werkstätten oder für ähnliche Zwecke genutzt werden (gewerbliche Nutzung).	Sonstiges Grundvermögen, soweit nicht Kommunal- und Amtseigentumsteuer greift. Auslandsgrundbesitz unterliegt nicht den kommunalen Steuern auf sonstiges Grundvermögen.
Deutschland	Grundsteuer	Betriebe der Land- und Forstwirtschaft (GrSt/A) und die verbleibenden Grundstücke (GrSt/B) einschl. der Betriebsgrundstücke von Gewerbebetrieben und Selbständigen.
Finnland	Grundsteuer	Jegliches in Finnland gelegene unbewegliche Vermögen, unabhängig von seiner Funktion (ausgenommen land- und forstwirtschaftliches Vermögen) sowie Gebäude auf gepachtetem Land.
Frankreich	Grundsteuer auf bebaute Grundstücke	Gebäude einschl. Grund und Boden sowie gewerblichen Zwecken dienende Grundstücke

4	5	6
Bemessungsgrundlage	**Steuersätze bzw. Steuerberechnung**	**Steuerhoheit**
Wert des Grundstücks	Steuersatz 1 %	Steueraufkommen steht den Gemeinden zu.
Wert des Gebäudes	Steuersatz darf 1 % nicht übersteigen	Steueraufkommen steht den Gemeinden zu.
Bemessungsgrundlage für den Steuermessbetrag ist der Einheitswert.	Der Steuermessbetrag wird durch Anwendung einer gesetzlich vorgeschriebenen Steuermesszahl auf den Einheitswert festgesetzt (beträgt zwischen 2,6‰ und 6‰). Die Gemeinden setzen die Grundsteuer durch Anwendung des von ihnen festgesetzten Hebesatzes auf den Steuermessbetrag fest.	Steueraufkommen steht den Gemeinden zu.
Steuerwert des Grundstücks bzw. Gebäudes	Steuersätze für unbewegliches Vermögen, das für Wohnzwecke genutzt wird, zwischen 0,22 % und 0,5 %; im Übrigen zwischen 0,5 % und 1 %; spezielle Steuersätze zwischen 1 % und 3 % werden für bestimmte unbebaute Grundstücke innerhalb von Städten erhoben.	Steueraufkommen steht ausschließlich den Gemeinden zu.
Katastermäßiger Reinertrag (ergibt sich aus dem Katastermietwert nach Abzug eines pauschalen Betrages von 50 % für Werbungskosten einschl. AfA).	Steuersätze und Departementzuschläge sind örtlich verschieden; sie werden jedes Jahr neu festgesetzt. Für Neubauten gilt allgemeine Befreiung von 2 Jahren, im sozialen Wohnungsbau von 15 Jahren.	Steueraufkommen steht den Gemeinden und Departements zu.

1	2	3
Staat	**Bezeichnung der Steuern**	**Steuergegenstand/ Steuerpflichtige**
	Grundsteuer auf unbebaute Grundstücke	Unbebaute Grundstücke jeder Art.
	Wohnsteuer	Alle Bewohner (Mieter oder Eigentümer) von möblierten Räumen (wird neben der Grundsteuer erhoben).
	Grundsteuer der Gesellschaften (sog. 3%-Jahressteuer)	In Frankreich belegene Immobilien bzw. Immobilienrechte an in Frankreich belegenen Immobilien, die von juristischen Personen (französische und ausländische) mittelbar oder unmittelbar gehalten werden.
Griechenland	Abgabe auf das unbewegliche Vermögen (Grundsteuer)	Grundvermögen
	Steuer auf griechisches Grundvermögen, Erbbaurecht etc., das sich im Eigentum einer Offshore-Gesellschaft befindet.	Offshore Gesellschaften, außer – griechische Gesellschaften mit registrierten Anteilen oder deren Anteile an einer anerkannten Börse gehalten werden – ausländische Gesellschaften mit registrierten Anteilen und dem Sitz in einem Staat, mit dem Griechenland ein Abkommen zur Bekämpfung der Steuerhinterziehung oder -vermeidung abgeschlossen hat, – Gesellschaften, deren Gewinne geringer sind als die Ge-

4	5	6
Bemessungsgrundlage	**Steuersätze bzw. Steuerberechnung**	**Steuerhoheit**
Katastermäßiger Reinertrag (ergibt sich aus Katastermietwert abzüglich eines Abschlages von 20%).	Steuersätze und Departementzuschläge sind örtlich verschieden.	Steueraufkommen steht den Gemeinden und Departements zu.
Katastermietwert der Wohnung abzüglich bestimmter Familienfreibeträge (für die beiden ersten Familienangehörigen je 10% und für jeden weiteren Familienangehörigen 15% des durchschnittlichen Mietwerts in der betreffenden Gemeinde).	Steuersätze sind örtlich verschieden	Steueraufkommen steht den Gemeinden und Departements zu.
Verkehrswert von den am 1.1. eines Kalenderjahres gehaltenen in Frankreich belegenen Immobilien bzw. Immobilienrechten.	3% des Verkehrswertes. Es bestehen weitreichende Befreiungstatbestände.	Steueraufkommen steht dem Zentralstaat zu.
Objektiver Wert des Grundvermögens (wird alle 2–3 Jahre in einem vergleichenden Verfahren neu ermittelt und in einem amtlichen Register eingetragen).	Steuersätze zwischen 0,025% und 0,035% (einheitlich für das gesamte Gemeindegebiet durch jeweilige Gemeindevertretung festgesetzt).	Steuerhoheit liegt bei den Gemeinden.
Objektiver Wert des Grundvermögens bzw. Verkehrswert	3% des objektiven Werts (Verkehrswert)	Steuer zum 1.1.2003 eingeführt.

1	2	3
Staat	**Bezeichnung der Steuern**	**Steuergegenstand/ Steuerpflichtige**
		winne aus den übrigen Einkunftsquellen – Schiffsgesellschaften mit Büros, die in Griechenland nach speziellen „incentive regimes" errichtet wurden, – Staatseigene Gesellschaften und – griechische oder EU-Gesellschaften oder Personengesellschaften, vorausgesetzt, dass die natürlichen Personen, die die tatsächlichen Anteilseigner sind, bekannt sind. Zur Erhöhung der Immobiliensteuern ab 2014 infolge der Wirtschafts- und Finanzkrise siehe die Ausführungen unter I. (Vorbemerkung).
Irland	Grundsteuer („rates")	Grundvermögen
Italien	Gemeindesteuer auf Immobilien	Der Gemeindesteuer unterliegen im Inland gelegene Gebäude, landwirtschaftliche Grundstücke und Bauland, unabhängig von der Verwendung (Steuer fällt bei Immobilien im Privatvermögen und im Betriebsvermögen an). Subjektive Steuerpflicht erstreckt sich auf Eigentümer von Immobilien oder Inhaber dinglicher Rechte

4	5	6
Bemessungsgrundlage	**Steuersätze bzw. Steuerberechnung**	**Steuerhoheit**
Vermögenswert der grundsteuerpflichtigen Gegenstände	Unterschiedliche gemeindliche Hebesätze. Steuerbelastung liegt zwischen 0,3 % und 1,2 %. In Entwicklungsregionen Steuerreduzierung für neu errichtete Industriegelände möglich (Herabsetzung der „Rates" auf $^1/_3$ für eine Dauer von 11 Jahren); in der Customs-House-Docks-Area von Dublin (IFS) gilt 10 Jahre lang eine vollständige Befreiung.	Steueraufkommen steht den Gemeinden zu.
– Bei Gebäuden und landwirtschaftlichen Grundstücken die Katastererträge (= durchschnittliche Schätzwerte der Grundstücks- und Gebäudeerträge, die in periodischen Zeitabständen mit unterschiedlichen Koeffizienten aufgewertet werden), die mit einem gewissen Faktor multipliziert werden (Faktor bei Privatwohnungen = 100, bei Büros und Industriegebäuden = 50, bei Einzelhandelsgeschäften = 34).	Normaler Steuersatz beträgt mindestens 4‰ und höchstens 7‰ (differenzierte Steuersätze sind möglich, z. B. für Erstwohnungen).	Steueraufkommen steht den Gemeinden zu.

1	2	3
Staat	**Bezeichnung der Steuern**	**Steuergegenstand/ Steuerpflichtige**
		(Nießbrauch etc.), unabhängig von der Ansässigkeit des Inhabers im Staatsgebiet. Zur Ausdehnung der Grundsteuerpflicht auf bestimmte Auslandsimmobilien (!) siehe die Ausführungen unter I. (Vorbemerkung).
Japan	Grundsteuer	Natürliche Personen und Körperschaften, die am 1.1. eines Jahres in Japan Grundstücke besitzen oder gepachtet haben.
	Stadtplanungsteuer	Eigentümer (natürliche und juristische Personen) von Grundvermögen
	(Lokale) Vermögensteuer (Steuer der Gemeinden auf das Bruttovermögen, soweit es in Grund und Boden, Gebäuden und abnutzbarem Betriebsvermögen besteht).	Inländisches Grundvermögen und inländisches betriebliches Sachvermögen. Steuerpflichtig sind die im Steuerkataster zum 1. 1. jeden Jahres eingetragenen Eigentümer der einbezogenen Sachvermögensgegenstände.
Kanada	Verschiedene Steuern auf das Grundvermögen (property taxes) in allen Provinzen/Territorien und Gemeinden.	Zum Teil reine Realsteuern (auf der Basis des Wertes oder der Fläche, ohne Berücksichtigung von Schulden), zum Teil Grundvermögensteuern (u. a. Berücksichtigung von Schulden)
Luxemburg	Grundsteuer	In Luxemburg belegener Grundbesitz (= land- und forstwirtschaftliches Vermögen, Grund-

4	5	6
Bemessungsgrundlage	**Steuersätze bzw. Steuerberechnung**	**Steuerhoheit**
– Bei Industriegebäuden, die katastermäßig noch nicht erfasst sind, die Anschaffungs- oder Herstellungskosten und Aufwertung durch Koeffizienten. – Bei Bauland der Verkehrswert.		
Der nach den Vorschriften des Erbschaftsteuergesetzes ermittelte Wert (grundsätzlich Bewertung unterhalb des Verkehrswertes).	0,15 %	Die Erhebung der Grundsteuer wurde ab 1998 zur Belebung Grundstücksmarktes ausgesetzt, bisher jedoch nicht abgeschafft.
Grundstückswert (wie bei der lokalen Vermögensteuer)	0,3 %	Die Stadtplanungsteuer wird zusammen mit der Vermögensteuer veranlagt und entrichtet; sie steht den Gemeinden zu.
Grundsätzlich Verkehrswert; für Grund und Boden sowie für Gebäude werden jedoch die im Steuerkataster registrierten Werte zugrunde gelegt (der für Wohngebäude genutzte Grund und Boden wird – je nach Größe – nur mit $1/6$ bzw. $1/3$ des Steuerkatasterwerts herangezogen).	Normalsatz 1,4 %; dieser kann von einer Gemeinde bis auf 2,1 % erhöht werden. Das im Besitz des Steuerpflichtigen befindliche Sachvermögen wird nur der Besteuerung unterworfen, wenn es folgende Grenzen übersteigt: – Grund und Boden 300 000 Yen – Gebäude 200 000 Yen – Betriebsvermögen 1 500 000 Yen	Steueraufkommen steht den Gemeinden zu.
Sehr unterschiedlich; z. T. Marktwert bzw. steuerlicher Wert (assessed value). Z. T. werden auch Teile des sonstigen Vermögens erfasst (z. B. Kraftfahrzeuge, Privatschiffe und -flugzeuge).	Sehr unterschiedlich	Steuern stehen den Provinzen/Territorien bzw. Gemeinden zu.
Die nach den Vorschriften des Bewertungsgesetzes festgestellten Einheitswerte	Grundlage für die Steuerfestsetzung ist der Steuermessbetrag (7 ‰ bis 10 ‰)	Steueraufkommen steht den Gemeinden zu.

1	2	3
Staat	**Bezeichnung der Steuern**	**Steuergegenstand/ Steuerpflichtige**
		vermögen und Betriebsvermögen, soweit es sich um Betriebsgrundstücke handelt). Steuerpflichtiger ist der Eigentümer des Grundbesitzes.
Niederlande	Grundsteuer	Die Steuer ist sowohl von den rechtlichen Eigentümern als auch von den Nutzern (Mietern, Pächtern etc.) der im Gemeindebezirk belegenen bebauten und unbebauten Grundstücke zu entrichten.
Norwegen	Grundsteuer	Grundvermögen, das in Norwegen belegen ist. Steuerpflichtig sind sowohl natürliche als auch juristische Personen. Zu Änderungen ab 2013 siehe die Ausführungen unter I. (Vorbemerkung).
Österreich	Grundsteuer	Steuergegenstand ist der inländische Grundbesitz (land- und

4	5	6
Bemessungsgrundlage	**Steuersätze bzw. Steuerberechnung**	**Steuerhoheit**
	je nach Art des Grundbesitzes). Die Steuer ergibt sich durch Anwendung eines Hebesatzes der Gemeinden auf den Steuermessbetrag (Hebesätze schwanken zwischen 180% und 500% bei LuF-Grundstücken und bei gemischt genutzten Grundstücken sowie unbebauten Grundstücken, zwischen 235% und 800% bei Geschäftsgrundstücken und zwischen 90% und 290% bei Einfamilienhäusern und Mietwohngrundstücken.	
Der von der Gemeinde festgestellte Wert (künftig nur der Einheitswert)	Die Tarife werden von den Gemeinden stufenweise für jeweils 2268 € des Wertes festgesetzt. Die Tarife können unterschiedlich sein für Wohngrundstücke und andere Grundstücke (Tarife dürfen nicht mehr als 120% voneinander abweichen) sowie für Eigentümer und Nutzer (Tarif für Eigentümer darf nicht mehr als 125% des Tarifs für Nutzer betragen). Eine Gemeinde kann bei Werten bis zu 11344,51 € auf die Erhebung der Grundsteuer verzichten.	Steueraufkommen steht den Gemeinden zu.
Steuerwert des Grundvermögens; dieser wird mindestens alle 10 Jahre neu festgesetzt. Er variiert gewöhnlich zwischen 20% und 50% des Verkaufswertes des Grundvermögens.	Steuersätze zwischen 0,2% und 0,7%. Die Grundsteuer ist bei der Ermittlung der Körperschaftsteuer sowie der Einkommensteuer (soweit das Grundvermögen betrieblich genutzt wird) abziehbar.	Steueraufkommen steht den Gemeinden zu.
Einheitswert	Maßgebend für die Steuer ist der Steuermessbetrag	

1	2	3
Staat	**Bezeichnung der Steuern**	**Steuergegenstand/ Steuerpflichtige**
		forstwirtschaftliches Vermögen, Grundvermögen und Betriebsgrundstücke). Steuerpflichtig ist der Eigentümer bzw. derjenige, dem der Steuergegenstand bei der Feststellung des Einheitswerts zugerechnet wird.
	Bodenwertabgabe	Besteuerungsgegenstand sind unbebaute Grundstücke, auch wenn es sich um Betriebsgrundstücke handelt. Die Bodenwertabgabe entfällt, soweit für unbebaute Grundstücke keine Grundsteuer zu entrichten ist.
	Abgabe von land- und forstwirtschaftlichen Betrieben	Land- und forstwirtschaftliche Betriebe sowie unbebaute Grundstücke, die nachhaltig land- und forstwirtschaftlich genutzt werden.
Portugal	Grundsteuer	Im Inland gelegene städtische und ländliche Grundstücke. Steuerpflichtig ist der Eigentümer des entsprechenden Grundstücks zum Stichtag 31. 12.
Schweden	Grundsteuer	Grundbesitz, der bei der Einheitsbewertung als Kleinhauseinheiten (Ein- oder Zweifamilienhäuser), als Kleinhäuser mit Grundstück auf Landwirtschaftseinheiten, als Miethauseinheiten und als Industrieeinheiten einschl. Elektrizitätsproduktionseinheiten qualifiziert wird. Auch Privatwohnungen im Ausland, wenn der Eigentümer seinen Wohnsitz in Schweden hat.

4	5	6
Bemessungsgrundlage	**Steuersätze bzw. Steuerberechnung**	**Steuerhoheit**
	(= Steuermesszahl auf den Einheitswert). Die Steuer ergibt sich durch Anwendung eines Hebesatzes auf den Steuermessbetrag (Hebesatz darf 500% nicht übersteigen).	Steueraufkommen steht den Gemeinden zu.
Einheitswert	1% des Einheitswerts, soweit dieser 14 600 € übersteigt (Freibetrag); befreit sind unbebaute Grundstücke, die nachhaltig land- und forstwirtschaftlich genutzt werden und deshalb der Abgabe von land- und forstwirtschaftlichen Betrieben unterliegen.	Die Bodenwertabgabe ist eine gemeinschaftliche Bundesabgabe, die durch den Bund erhoben und deren Erträge auf Bund, Länder und Gemeinden nach einem bestimmten Schlüssel aufgeteilt wird.
Hinsichtlich der land- und forstwirtschaftlichen Betriebe der für Zwecke der Grundsteuer festgesetzte Steuermessbetrag. Für unbebaute Grundstücke besonderer Messbetrag.	400% der Bemessungsgrundlage.	Die Abgabe steht ausschließlich dem Bund zu.
Einheitswert (mit bestimmten Zu- und Abschlägen)	Bei ländlichen Grundstücken 0,8% bei städtischen Grundstücken 0,7%–1,3% des Einheitswerts	Steueraufkommen steht den Gemeinden zu.
Einheitswert im Veranlagungszeitraum. Die Einheitswerte werden in regelmäßigen Abständen angepasst. Seit 2003 soll alle 6 Jahre eine ausführliche Bewertung und in dem dritten Zwischenjahr eine vereinfachte Bewertung stattfinden. Bei Privatwohnungen im Ausland beträgt die Steuerbemessungsgrundlage 75% des Marktwerts.	Steuersatz grundsätzlich 1% für Kleinhauseinheiten, Kleinhäuser auf Landwirtschaftseinheiten und unbebaute Grundstücke. Für Wohnteile in Mietshäusern 0,5%, Industrieeinheiten 0,5% und Gewerberäume in Mietshäusern 1%. Grundsteuer auf gewerblichen Grundbesitz ist bei der Berechnung der Einkünfte in der Einkommensart „gewerbliche Tätigkeit" abzugsfähig.	Es handelt sich um eine staatliche Steuer, dessen Aufkommen dem Zentralstaat zusteht.

1	2	3
Staat	**Bezeichnung der Steuern**	**Steuergegenstand/ Steuerpflichtige**
Schweiz	Grundsteuer bzw. Liegenschaftssteuer (teils von den Kantonen, teils von den Gemeinden oder von beiden erhoben). Minimalsteuer auf Liegenschaften (in einigen Kantonen auf den Grundbesitz juristischer Personen, in einigen Kantonen auch auf Liegenschaften natürlicher Personen erhoben; gewisse Verwandtschaft mit der Grundsteuer).	Steuerobjekt ist das Grundeigentum. Steuerpflichtig sind die Grundeigentümer oder die Nutznießer.
Spanien	Grundsteuer	Steuertatbestand umfasst das Eigentum an inländischen bebauten oder unbebauten Grundstücken sowie Nießbrauchsrechte und Erbbaurechte. Steuerpflichtig (natürliche und juristische Personen) sind die Eigentümer der Immobilien und die Inhaber von Nutzungsrechten und Verwaltungskonzessionen.
USA	Die meisten Bundesstaaten und lokalen Gebietskörperschaften erheben eine Steuer auf das	Grundvermögen natürlicher und juristischer Personen.

4	5	6
Bemessungsgrundlage	**Steuersätze bzw. Steuerberechnung**	**Steuerhoheit**
Vermögensteuerwert ohne Berücksichtigung der Schulden (Verkehrs- oder Ertragswert)	Proportionale Steuersätze zwischen 0,3‰ und 4‰ des Verkehrs- bzw. des Ertragswerts. Die Minimalsteuer auf Liegenschaften wird nur dann erhoben, wenn diese höher ist als die Summe der Gewinn- und Kapitalsteuern bzw. höher als die Minimalsteuer auf den Bruttoeinnahmen.	Steueraufkommen steht den Kantonen bzw. Gemeinden zu. Wo die Steuer nur von Kantonen erhoben wird, sind die Gemeinden, in denen das Grundstück liegt, in der Regel am Steuerertrag beteiligt.
Katasterwert (Einheitswert), der sich aus dem Wert des Grund und Bodens und dem Wert des Gebäudes zusammensetzt. Die Werte werden von den jeweiligen Gemeinden in gewissen Zeitabständen festgelegt und liegen meist unter dem Marktwert der Grundstücke.	0,4% auf städtische Grundstücke, 0,3% auf ländliche Grundstücke. Städtische Grundstücke = bebaubarer Grund und Boden und fertige Gebäude. Ländliche Grundstücke = nicht bebaubarer oder landwirtschaftlich genutzter Grund und Boden sowie Gebäude, die landwirtschaftlich genutzt werden. Die Gemeinden können diese Steuersätze unter Berücksichtigung der Einwohnerzahl oder der erbrachten Dienstleistungen seitens der Gemeinden innerhalb bestimmter Grenzen erhöhen (z.B. Erhöhung der Tarife auf 0,85% für städtische und 0,65% für ländliche Grundstücke in Gemeinden bis zu 5000 Einwohnern und auf 1,10% bzw. 0,9% in Gemeinden mit über 100 000 Einwohnern).	Steueraufkommen steht den Gemeinden zu.
Grundvermögenswert bzw. Steuerwert (assessed value)	Der Grundvermögenswert bzw. Steuerwert wird mit dem Hebesatz (assessment	

1	2	3
Staat	**Bezeichnung der Steuern**	**Steuergegenstand/ Steuerpflichtige**
	Grundvermögen (Grundsteuer → Real Property Tax).	
Vereinigtes Königreich	Grundsteuer („rates")	Mietwert von bewohnten oder anderweitig genutzten bebauten Grundstücken. Steuerpflichtig ist der Eigentümer, Mieter oder Pächter (occupier).
	Gemeindesteuer (council tax)	Alle bebauten Grundstücke im Gemeindebezirk mit Ausnahme der unternehmerisch genutzten (von „rates" erfasst). Steuerpflichtig ist der Eigentümer, Mieter oder Pächter (occupier).

4	5	6
Bemessungsgrundlage	**Steuersätze bzw. Steuerberechnung**	**Steuerhoheit**
	rate) und das Ergebnis mit dem Steuersatz (millage) des Bundesstaats bzw. der lokalen Gebietskörperschaft multipliziert. Durchschnittlich beläuft sich die Steuerbelastung auf etwa 0,5% bis 2,5% des Grundvermögenswertes.	Steueraufkommen steht den Bundesstaaten bzw. den lokalen Gebietskörperschaften zu.
Jahresmietwert (annual value) bzw. Grundstückswert (net annual value)	Hebesatz (uniform business rate) auf Grundstückswert in England 48% bis 48,9%, in Wales 43,4% bis 44,3%	Die „rates" gibt es nur noch in Nordirland auf **alle** Grundstücke; in England und Wales werden seit 1989/90 nur die unternehmerisch genutzten Grundstücke erfasst; Schottland hat ein eigenes System. Steueraufkommen steht den Gemeinden zu.
(Markt-)Wert des Grundstücks zum 1.4.1991 unter Berücksichtigung der danach eingetretenen wesentlichen Änderungen in Bezug auf Wert und Bestandsgröße (Preisentwicklung keine Wertänderung in diesem Sinne).	Alle steuerpflichtigen Grundstücke werden nach ihrem Wert in 8 Bandbreiten (valuation bands) eingruppiert; entscheidend für die Steuerhöhe ist somit weniger der genaue Wert eines Grundstücks, als vielmehr die Bandbreite.	Steuer wurde am 1.4.1993 in England, Schottland und Wales eingeführt und steht den Gemeinden zu.

Anhang IV

Rechtsprechung zur
Zweitwohnungssteuer

Die folgende Zusammenstellung enthält in zeitlicher Reihenfolge die zur
Zweitwohnungssteuer veröffentlichten Leit- und Orientierungssätze der Entscheidungen des Bundesverfassungsgerichts, des Bundesfinanzhofs, des Bundesverwaltungsgerichts sowie der Oberverwaltungsgerichte der Länder. Zuvor
wird nach ausführlichen Literaturhinweisen eine kurze Einführung in das
Zweitwohnungssteuerrecht (einschl. eines Überblicks über die Zweitwohnungssteuer erhebenden Städte im Bundesgebiet) gegeben und die Zweitwohnungssteuersatzung der Stadt München abgedruckt.

Übersicht

Einführung (mit Literaturübersicht und
Zweitwohnungssteuersatzung)
Rechtsprechungsübersicht
  1. Anmeldung der Zweitwohnung bei
     der Meldebehörde (BFH v.
     31.5.1995)
  2. Zweitwohnungssteuererhebung bei
     nicht ganzjähriger Vermietung
     (BVerfG v. 29.6.1995)
  3. Eigennutzung (BVerwG v.
     10.10.1995)
  4. Keine verfassungsrechtlichen Zwei-
     fel an Zweitwohnungssteuer in
     Hamburg (BFH v. 23.10.1996)
  5. Nichtheranziehung dritter und wei-
     terer Wohnungen in derselben Ge-
     meinde zur Zweitwohnungssteuer
     (BVerwG v. 6.12.1996)
  6. Verfassungsmäßigkeit der Zweit-
     wohnungssteuer (BFH v. 5.3.1997)
  7. Zweitwohnungssteuer für Feriengе-
     biets-Wohnung (BVerwG v.
     20.4.1998)
  8. Unterscheidung zwischen reiner
     Kapitalanlage und Eigennutzung bei
     Ferienwohnung (VGH Ba-Wü v.
     23.4.1998)
  9. Verstoß gegen das Gebot der Steu-
     erproportionalität bei Festsetzung
     von Zweitwohnungssteuer
     (BVerwG v. 30.6.1999)

10. Zweitwohnung aus Gründen der
    Berufstätigkeit (BVerwG v.
    12.4.2000)
11. Steuerpflichtiges Innehaben einer
    Zweitwohnung für den persönli-
    chen Lebensbedarf bei Leerstehen
    der Wohnung (OVG NRW v.
    8.6.2000)
12. Erhebung einer Zweitwohnungs-
    steuer bei nicht ganzjähriger
    Nutzung durch den Woh-
    nungsinhaber (BVerwG v.
    17.8.2000)
13. Veranlagung einer juristischen Per-
    son zur Zweitwohnungssteuer
    (BVerwG v. 27.9.2000)
14. Verfassungsmäßigkeit; kein Ermäßi-
    gungsanspruch bei Untervermie-
    tung (BFH v. 1.8.2001)
15. Vermietung als Ferienwohnung
    (BVerwG v. 26.9.2001)
16. Schätzung der Zweitwohnungssteu-
    er bei einer Ferienwohnung (OVG
    Rh-Pf v. 26.4.2002)
17. Jahresrohmiete als Steuermaßstab;
    Verfassungsmäßigkeit (BVerwG v.
    29.1.2003)
18. Steuerpflicht bei Mitbenutzung
    der Zweitwohnung zu frei-
    beruflichen Zwecken (BFH v.
    5.12.2002)

19. Steuerpflicht einer als Nebenwohnung gemeldeten Hauptwohnung (BFH v. 28.2.2003)
20. Wohnungsbegriff, Bindung an Bauordnungsrecht (BFH v. 27.8.2003)
21. Örtlichkeitsbezug und Lenkungszweck (BVerwG v. 27.10.2003)
22. Aufforderung zur Abgabe einer Steuererklärung (OVG Schl-H v. 18.2.2004)
23. Zweitwohnungssteuer für Zimmer im Studentenwohnheim (OVG NRW v. 13.5.2004)
24. Zuordnung der Leerstandszeiten (BVerwG v. 27.10.2004)
25. Festsetzung von Zweitwohnungssteuer gegen Studierende (BFH v. 11.3.2005)
26. Länderweise unterschiedliche Wohnsitzbegriffe im Zweitwohnungssteuerrecht (BFH v. 15.3.2005)
27. Zweitwohnungssteuer und Gewerbesteuer bei Mischnutzung einer Wohnung (BVerwG v. 26.7.2005)
28. Zweitwohnungssteuer für berufsbedingte Nebenwohnung eines verheirateten Berufstätigen (BVerfG v. 11.10.2005)
29. Bezugnahme einer Zweitwohnungssteuersatzung auf einen Preisindex (HessVGH v. 23.11.2005)
30. Rechtmäßigkeit der Zweitwohnungssteuersatzung einer Fremdenverkehrsgemeinde (BayVGH v. 4.4.2006)
31. Nutzungsmöglichkeit bei Vermietungsauftrag (OVG Schl-H v. 6.4.2006)
32. Nebeneinander von Zweitwohnungssteuer und Kurbeitrag (BayVGH v. 4.5.2006)
33. Zweitwohnungssteuer für Studenten (OVG NRW v. 12.6.2006)
34. Zweitwohnungssteuer für sog. „Studentenbude" (OVG NRW v. 21.6.2006)
35. Zweitwohnungssteuer für Studenten/Mindestausstattung der Wohnung (OVG S-Anh v. 11.8.2006)
36. Steuermaßstab bei Zweitwohnungssteuer (BayVGH v. 21.8.2006)
37. Zweitwohnungssteuer und Streitwert (BayVGH v. 24.10.2006)
38. Nichtige Satzung über die Erhebung der Zweitwohnungssteuer (OVG Berlin-Bbg v. 22.11.2006)
39. Zweitwohnungssteuer bei Hauptwohnung im Ausland (BayVGH v. 17.1.2007)
40. Zweitwohnungssteuer und Kapitalanlage/Eigennutzungsmöglichkeit (BayVGH v. 17.1.2007)
41. Zweitwohnungssteuer für Studenten, Bestimmtheit der Tatbestandsmerkmale (OVG Rh-Pf v. 29.1.2007)
42. Zweitwohnungssteuer/erneuter Satzungserlass (BayVGH v. 14.2.2007)
43. Zweitwohnungssteuer bei Dauercamping/Campingwagen (BayVGH v. 26.2.2007)
44. Zweitwohnungssteuer für Studenten (OVG M-V v. 27.2.2007)
45. Zweitwohnungssteuerpflicht; Anknüpfung an Melderecht (BayVGH v. 2.3.2007)
46. Zweitwohnungssteuer für Campingwagen (OVG NRW v. 20.3.2007)
47. Zweitwohnungssteuer für Studenten (BayVGH v. 20.3.2007)
48. Keine Gleichartigkeit der Zweitwohnungssteuer mit der Vermögensteuer (BVerwG v. 21.3.2007)
49. Steuermaßstab der üblichen Miete bei der Zweitwohnungssteuer, Erhebung des Jahressteuerbetrages bei absehbar geringerem Nutzungsumfang (OVG S-Anh v. 29.3.2007)
50. Zweitwohnungssteuer, Aufenthaltszweck, Freizügigkeit (BayVGH v. 13.4.2007)
51. Zweitwohnungssteuerpflicht trotz Vermietung an Gesellschaft (OVG Schl-H v. 27.4.2007)
52. Zweitwohnungssteuer, Erbengemeinschaft (BayVGH v. 3.5.2007)
53. Zweitwohnungssteuer, Gleichbehandlungsgrundsatz (BayVGH v. 15.5.2007)

54. Zweitwohnungssteuer für Zweitwohnung vor Ehescheidung (OVG NRW v. 24.5.2007)
55. Zweitwohnungssteuer für Studenten mit BAföG-Bezug (OVG M-V v. 20.6.2007)
56. Bedeutung des Innehabens einer Erstwohnung für die Zweitwohnungssteuer (OVG M-V v. 20.6.2007)
57. Zweitwohnungssteuer „Kinderzimmerfall" (OVG M-V v. 20. 6. 2007)
58. Zweitwohnungssteuer trotz ganzjährigem Leerstand (BayVGH v. 22.6.2007)
59. Zweitwohnungssteuererhebung auch bei „Dauercamping" (Nds. OVG v. 11.7.2007)
60. Zweitwohnungssteuer „Kinderzimmerfall" (OVG M-V v. 26.11.2007)
61. Leerstandszeiten bei Mischnutzung (Nds. OVG v. 3.3.2008)
62. Wohnfläche als Steuermaßstab, Steuersatz-Staffelung (BayVGH v. 5.3.2008)
63. Hauptwohnung in der Gemeinschaftsunterkunft der Bundeswehr (OVG S-Anh v. 30.4.2008)
64. Erwerbszweitwohnungen (OVG Schl-H v. 21.5.2008)
65. Fremdenverkehrsdienstbarkeit (BayVGH v. 29.5.2008)
66. Eigengenutzte Ferienwohnung/ Übernahme des finanzamtlichen Mietspiegels für Dauermietwohnungen (Nds. OVG v. 17.6.2008)
67. Zweitwohnungssteuer neben Kurbeitrag (BayVGH v. 19.6.2008)
68. Dauercamping-Wohnwagen, Wohnmobil (BayVGH v. 18.7.2008)
69. Zweitwohnungssteuer für Studierende, Anforderungen an Erst- und Zweitwohnung (BVerwG v. 17.9.2008)
70. Zweitwohnungssteuer für Studenten (BVerwG v. 17.9.2008)
71. „Kinderzimmer" als Erstwohnung/ Hauptwohnung eines am Studienort mit Nebenwohnsitz gemeldeten Studenten (BFH v. 1.10.2008)
72. Verstoß gegen Diskriminierungsverbot (OVG NRW v. 4.11.2008)
73. Umfang des Wohnungsbegriffs bei der Zweitwohnungssteuer (OVG M-V v. 4.12.2008)
74. Ferienwohnung im Eigentum einer Gesellschaft des bürgerlichen Rechts (BayVGH v. 10.12.2008)
75. Widerlegliche Vermutung für Nutzung zur persönlichen Lebensführung (BVerwG v. 19.12.2008)
76. Berufsausübung als Anlass für Innehabung einer Zweitwohnung (OVG S-Anh v. 27.1.2009)
77. Zweitwohnungssteuer beim Alleingesellschafter einer GmbH & Co. KG (Nds. OVG v. 9.2.2009)
78. Zweitwohnungssteuer für Studierende, Ausbildungsförderung (BayVGH v. 17.2.2009)
79. Ganzjährige Eigennutzungsmöglichkeit, beschränkte persönliche Dienstbarkeit (BayVGH v. 25.2.2009)
80. Erwerbszweitwohnung: Keine überwiegende Nutzung der Nebenwohnung (BayVGH v. 17.3.2009)
81. Unzulässigkeit eines allgemeinen Auskunftsersuchens zur Wohnungsnutzung (OVG NRW v. 30.3.2009)
82. Keine Zweitwohnungssteuerpflicht für Wohnungseigentümer mit nießbrauchsbelasteter Wohnung (BVerwG v. 13.5.2009)
83. Zweitwohnungssteuer für Studenten, sozialpolitische Zielsetzungen als Differenzierungskriterium (BVerwG v. 13.5.2009)
84. Zweitwohnungssteuer für Dauercamper (BayVGH v. 19.6.2009)
85. Zweitwohnungssteuererhebung bei nicht dauernd getrennt lebenden Ehegatten/Zweitwohnung und Hauptwohnung in derselben Gemeinde (OVG S-Anh v. 30.6.2009)
86. Berufliche Nutzung der Zweitwohnung (BayVGH v. 10.8.2009)
87. Berechnung der Zweitwohnungssteuer nach einem generalisierten Mietgutachten (BayVGH v. 13.8.2009)

88. Erfordernis der Hauptwohnung als einzige gemeinsame Wohnung von Eheleuten (BFH v. 19.8.2009)

89. Zweitwohnungssteuerpflicht von Polizeivollzugsbeamten bei Nebenwohnung am Dienstort (BayVGH v. 28.9.2009)

90. Zweitwohnungssteuer bei alleinerziehender Mutter mit Schulkind (BFH v. 16.12.2009)

91. Zweitwohnungssteuer für Beamte mit Residenzpflicht und Studenten in sog. „Kinderzimmerfällen" nicht verfassungswidrig (BVerfG v. 17.2.2010)

92. Zweitwohnungssteuer für Studentenwohnung in Berlin (BFH v. 17.2.2010)

93. Unterschiedliche Bemessungsgrundlagen für die Zweitwohnungssteuer (Nds. OVG v. 16.3.2010)

94. Bestimmung der Höhe der Zweitwohnungssteuer nach Mietaufwand verbietet Schätzung der jährlichen Nettokaltmiete (BayVGH v. 14.4.2010)

95. Zweitwohnungssteuerpflichtige Nebenwohnung; maßgebende Kriterien zur Steuerfreiheit (OVG NRW v. 27.4.2010)

96. Zweitwohnungssteuer für abgeschlossene Wohnung mit Bad und Möglichkeit der Einrichtung einer Küche/Kochnische (OVG NRW v. 18.5.2010)

97. Voraussetzung der Zweitwohnsitzsteuerpflicht für Campingwagen und Wohnmobile (OVG NRW v. 21.5.2010)

98. Zweitwohnungssteuer; Eigennutzungsmöglichkeit von vier bzw. zwei Wochen im Jahr (BayVGH v. 11.6.2010)

99. Wirksamkeit des Steuersatzes in einer Zweitwohnungssteuersatzung (OVG Lüneburg v. 22.11.2010)

100. Befugnis des kommunalen Satzungsgebers zur pauschalierenden Erfassung des steuerbaren Aufwands bei der Zweitwohnungssteuer (BVerwG v. 7.12.2010)

101. Zweitwohnungssteuer bei öffentlich geförderter Wohnung (BayVGH v. 17.1.2011)

102. Zweitwohnungssteuer; nichteheliche Partnerschaft, schulpflichtige Kinder des Steuerpflichtigen und Frage einer „melderechtlichen Zwangslage" (BayVGH v. 4.2.2011)

103. Zweitwohnungssteuer bei Nutzung der Wohnung durch Lebensgefährtin (VGH Ba-Wü v. 10.2.2011)

104. Zweitwohnungssteuer für Dauercamper; Steuergegenstand, -maßstab und -satz; Rückwirkung (BayVGH v. 14.4.2011)

105. Rechtmäßigkeit der Begünstigung Verheirateter bei der Erhebung einer Zweitwohnungssteuer (OVG NRW v. 28.4.2011)

106. Satzungsverschärfung bei der Zweitwohnungssteuer; Begünstigung von Verheirateten bzw. Lebenspartnern (OVG NRW v. 7.6.2011)

107. Erwerbszweitwohnung und teilweise Mitbenutzung durch Familienangehörige (OVG Schl-H v. 16.6.2011)

108. Heranziehung des Mitinhabers einer Wohnung zur Zweitwohnungssteuer (BayVGH v. 14.7.2011)

109. Erhebung der Zweitwohnungssteuer bei zweitwohnungssteuerbefreitem Miteigentümer (BayVGH v. 5.8.2011)

110. Zweitwohnungssteuer bei mietzinsreduzierender Vereinbarung (OVG NRW v. 26.9.2011)

111. Zweitwohnungssteuer für Bewohner eines Seniorenheims (HessVGH v. 5.10.2011)

112. Veranlagung eines kinderlosen Ehepaares zur Zweitwohnungssteuer für beruflich genutzte Wohnung (OVG NRW v. 17.10.2011)

113. Veranlagung zur Zweitwohnungssteuer für residenzpflichtigen Kassenarzt (OVG NRW v. 30.11.2011)

114. Rückwirkende Erhöhung der Zweitwohnungssteuer nach rückwirkender Satzungsänderung (OVG NRW v. 1.12.2011)

115. Keine Hinweis- und Belehrungspflicht zur Steuerpflicht bei Zweitwohnungssteuer (BayVGH v. 6.2.2012)
116. Wohnungsbegriff im Sinne des Zweitwohnungssteuerrechts; Wochenendhäuser als Zweitwohnung (Sächs. OVG v. 4.7.2012)
117. Zweitwohnungssteuer bei Überlassen der Wohnung ohne Entgelt an Familienangehörige oder Dritten (BVerwG v. 20.12.2012)
118. Zweitwohnungssteuer bei jeweils wechselseitigen Haupt- und Nebenwohnungen (BayVGH v. 21.12.2012)
119. Veranlagung zur Zweitwohnungssteuer bei Mitmieterschaft (OVG NRW v. 31.1.2013)
120. Verfassungskonforme Auslegung der Satzungsbestimmung zur Zweiwohnungssteuer; keine Ungleichbehandlung gegenüber Nichtverheirateten (BayVGH v. 21.2.2013)
121. Zweitwohnungssteuer bei Gartenlaube im Kleingarten (OVG M-V v. 25.2.2013)
122. Innehaben einer an Lebenspartner vermieteten Zweitwohnung (VGH Ba-Wü v. 25.2.2013)
123. Vereinbarkeit einer kommunalen Zweitwohnungssteuer mit grundrechtlicher und unionsrechtlicher Freizügigkeit (BayVGH v. 27.3.2013)
124. Erhebung von Zweitwohnungssteuer bei einer mehrere hundert Meter entfernten Einrichtung zur Trinkwasserversorgung (OVH S-Anh v. 3.4.2013)
125. Höhe der Zweitwohnungssteuer durch Schätzung (VGH Ba-Wü v. 24.6.2013)
126. Zweitwohnungssteuer bei Leerstand (BayVGH v. 27.6.2013)
127. Höhe der Zweitwohnungssteuer durch indexierte Jahresrohmiete (BayVGH v. 16.9.2013)
128. Innehaben einer Zweitwohnung bei Anmietung einer Wohnung zur Nutzung durch Kind (BayVGH v. 7.10.2013)
129. Veranlagung zur Zweitwohnungssteuer für Wohnmobil/Reisemobil (OVG NRW v. 23.12.2013)
130. Degressive Ausgestaltung einer kommunalen Zweitwohnungssteuer (BVerfG v. 15.1.2014)
131. Zweitwohnungssteuer für sog. Wohnkanzlei (BayVGH v. 18.2.2014)
132. Zweitwohnungssteuer/Wohnen als Grundbedürfnis, Ortsrecht (Sächs. OVG v. 25.3.2014)

Einführung

Literatur: *Amonn,* Zweitwohnungsbesteuerung in Deutschland, Österreich und der Schweiz, StuW 1999 S. 175; *Bayer,* 25 Jahre Zweitwohnungssteuer in Deutschland, KStZ 1998 S. 1; *Bayer,* Problematik der Festsetzung einer Zweitwohnungssteuer, DVBl. 2000 S. 274; *Bayer,* Die Zweitwohnungssteuer – eine Steuererfindung im Wandel der Zeiten, KStZ 2005 S. 41; *Bayer,* Verfassungsmäßigkeit der Zweitwohnungssteuer, JZ 2006 S. 256; *Becker,* Zweitwohnungssteuer – Neuere Rechtsprechung und aktuelle Probleme, LKV 1998 S. 13; *Benne,* Hochrechnung des Mietwerts einer Zweitwohnung und Regelung des Verfügungsgrades im Steuermaßstab einer Zweitwohnungssteuersatzung, ZKF 2006 S. 103; *Benne,* Rechtsprechung zur Zweitwohnungssteuer seit 2010, ZKF 2013 S. 145; *Benvig,* Zweitwohnungssteuererhebung im Land Brandenburg, LKV 1999 S. 304; *Birk/Täppe,* Heranziehung einer juristischen Person zur Zweitwohnungssteuer, JZ 2001 S. 604; *Birtel,* Vom Zweitwohnungssteuerrecht gestern und heute, KStZ 2013 S. 21; *Boelling,* Die Dauercamper im System der bayerischen Zweitwohnungssteuer – Zulässigkeit und Kriterien der Besteuerung ortsfester Campingwagen, BayVBl 2007 S. 513; *Buchmaier,* Bundesstaatliche, verfassungs- und europarechtliche Aspekte der Zweitwohnungssteuer, Dissertation 2010; *Claus-*

nitzer, Meldung der Nebenwohnung als Grundlage der Zweitwohnungsbesteuerung, KFR F. 13 ZwStG § 2, 1/97 S. 275; *Clausnitzer,* Bemessungsgrundlage der Zweitwohnungssteuer bei teilweiser Selbstnutzungsmöglichkeit, KFR F. 13 ZwStS § 3, 1/99 S. 447; *Daumke,* Die Berliner Zweitwohnungssteuer, Grundeigentum 1998 S. 716; *Dietz,* Die Zweitwohnungssteuer in Bayern auf dem Prüfstand der Gerichte, BayVBl 2007 S. 521; *Dohr/Mohl,* Zum Steuergegenstand im Zweitwohnungsrecht, insbesondere zu Problemen des Wohnungsbegriffs, KStZ 2001 S. 83; *Drasdo,* Die Zweitwohnungssteuer, NJW-Spezial 2007 S. 289; *Elmenhorst,* Das „Innehaben" im Sinne des Zweitwohnungssteuertatbestandes, ZKF 1999 S. 194; *Elmenhorst,* Zur Verfassungsmäßigkeit der Zweitwohnungssteuer auf sog. „Erwerbszweitwohnungen", ZKF 2001 S. 126; *Elmenhorst,* Der Weg zum „verhältnismäßigen" Zweitwohnungssteuermaßstab, NordÖR 2002 S. 45; *Engelbrecht,* Rolle rückwärts im kommunalen Steuerrecht? Zur Wiederzulassung der kommunalen Zweitwohnungssteuer in Bayern, KommunalPraxis BY 2004 S. 244; *Engelbrecht,* Die Studentenbude als besonderer persönlicher Aufwand? Schüler, Studenten und die Zweitwohnungssteuer, KommunalPraxis BY 2006 S. 11; *Engelbrecht,* Ein neuer Befreiungstatbestand im Zweitwohnungssteuerrecht?, KommJur 2009 S. 41; *Engelbrecht/Kabey,* Steuerpflicht für beruflich genutzte Zweitwohnung der Mitglieder einer eingetragenen Lebenspartnerschaft verfassungswidrig?, KommunalPraxis BY 2011 S. 25; *Gaßner,* Zur Frage der Nichtigkeit von Satzungen bayerischer Kommunen über die Erhebung einer Zweitwohnungssteuer, BayVBl 2006 S. 485; *George,* Zulässigkeit und Erhebung einer Zweitwohnungssteuer, NWB F. 12 S. 243; *Gosch,* Verfassungswidrigkeit der Zweitwohnungssteuer bei berufsbedingtem Doppelwohnsitz von Eheleuten, BFH-PR 2006 S. 43; *Gottschaller,* Rechtliche Probleme bei der Einführung der Zweitwohnungssteuer in Bayern, BayVBl 2007 S. 549; *Groh,* Zweitwohnungssteuer und Einkommensteuer, FR 2007 S. 334; *Große/Verspohl,* Räumliche Nähe von Zweit- und Hauptwohnung schließt Erhebung der Zweitwohnsteuer nicht aus, KommunalPraxis BY 2010 S. 75; *Happ,* Zur Festsetzung von Zweitwohnungssteuern für Ferienwohnungen und Wohnwagen, DWW 1999 S. 230; *Happ,* Die häufigsten Fehler bei der Erhebung der Zweitwohnungssteuer, DWW 2008 S. 253; *Happ,* Von der Zweitwohnungssteuer zur Zweitwohnsteuer, DWW 2009 S. 295; *Jaenichen/Steinrücken,* Die Besteuerung von Nebenwohnsitzen auf kommunaler Ebene – eine Analyse aus finanzwissenschaftlicher Sicht, KStZ 2003 S. 207; *Happ,* Neue Perspektiven der Zweitwohnungssteuer, DWW S. 131; *Henneke,* Kommunale Steuergestaltungsmöglichkeiten, Landkreis 2011 S. 439; *Hubert,* Zur Verfassungsmäßigkeit der Zweitwohnungssteuer, NWB 2010 S. 1416; *Hubert,* Keine unzulässige Benachteiligung von Nichtverheirateten mit Kindern durch § 2 Abs. 2 Buchst. c HmbZwStG, NWB 2011 S. 2799; *Juhre/Meier,* Aktuelle Problemfragen im Zusammenhang mit der Erhebung der Zweitwohnungssteuer bei Studierenden, KStZ 2005 S. 46 und 167; *Kanzler,* Die Zweitwohnungssteuer, NWB 2011 S. 1459; *Kasper,* Die Zweitwohnungssteuer, DStR 2006 S. 2005; *Kemper,* Rechtsprechungsübersicht zum Zweitwohnungssteuerrecht, D-spezial 2004 Nr. 10 S. 1; *Koops/Völker,* Zweitwohnungssteuer in Berlin, Grundeigentum 1998 S. 724; *Koops/Völker,* Zweitwohnungssteuer in Berlin – eine Kommunalabgabe auf dem Weg zur nationalen Mobilitätssteuer, DStR 1998 S. 1455; *Lampen,* Zweitwohnungssteuer, StWK Gruppe 14 S. 143 (22/2000); *Landel,* Zur Zweitwohnungssteuer für Campingwagen – Anmerkung, DAR 2007 S. 282; *Liebern,* Zweitwohnungssteuer, LSW Gruppe 4/375 S. 1 (10/2005); *Manten,* Zweitwohnungssteuer – von Kinderzimmer-Bewohnern?, LKRZ 2009 S. 201; *Meier,* Zur Rechtmäßigkeit der Erhebung der Zweitwohnungssteuer bei Studenten, ZKF 2002 S. 31; *Meier,* Erhebungsdefizit bei der Zweitwohnungssteuer, KStZ 2003 S. 201; *Meier,* Anwendung des § 93 Absatz 1 Abgabenordnung bei an Wohnungseigentümer gerichteten Auskunftsersuchen zur Ermittlung zweitwohnungssteuerpflichtiger Tatbestände?, KStZ 2004 S. 89; *Meier,* Zweitwohnungssteuer für Erwerbszweitwohnungen von Verheirateten verfassungswidrig, DStR 2006 S. 14; *Messner,* Zweitwohnungssteuer bei Vermietung von Ferienwohnungen, AktStR 2003 S. 330; *Nettesheim,* Zu Zweitwohnungen in Fremdenverkehrsgemeinden, BB 1996 S. 1135; *Nolte,* Zurechnung von Leerstandszeiten bei gemischt genutzten Zweitwohnungen, jurisPR-BVerwG 8/2005 Anm. 1; *Nolte,* Zulässigkeit der Zweitwohnungssteuer neben Erhebung von Gewerbesteuer, jurisPR-BVerwG 26/2005 Anm. 5; *Nolte,* Zweitwohnungssteuer – Innehaben einer Zweitwohnung , jurisPR – BVerwG 17/2009 Anm. 4; *Nolte,* Zweitwohnungssteuer für Studentenwohnung, jurisPR – BVerwG 5/2009 Anm.6; *Oelschläger,* Die Zweitwohnungssteuer: ein Abgesang – Gleichzeitig ein Beitrag zum Begriff der Aufwandsteuer im Sinne des Art. 105 Abs. 2a GG, DStR 2008 S. 590; *Pfab,* Deutschland, Deine Camper – Eine systematische Betrachtung über Wohnwagen und Wohnmobil im Zweitwohnungssteuerrecht, DStR 2008 S. 595; *Preuschen,* Zweitwohnungssteuer für gewerbliche Nebenwohnungen?, BB 1997 S. 1825; *Rhein/Zitzen,* Erhebung von Zweitwohnungssteuern bei Studierenden – Teil I; ZKF 2008 S. 272; *Rhein/Zitzen,* Erhebung von Zweitwohnungssteuern bei Studierenden – Teil 2; ZKF 2009 S. 7; *Rhein/Zitzen,* Der Steuerschuldner bei der Zweitwohnungssteuer, ZKF 2010 S. 2; *Rhein/Zitzen,* Zur Behandlung von Kapitalanlagen und Mischnutzungen bei der Zweitwohnungssteuer, ZKF 2012 S. 145; *Ronge,* Zweitwohnsteuer in Tourismusregionen, FS für Walter Maier 2012, S. 351; *Rösch/Streit,* Der praktische Fall – Eine Zweitwohnung ist ein teures Vergnügen, VR 2008 S. 276; *Rutemöller,* Zweitwohnungssteuer als Einnahmequelle für die Kommunen – Überblick und aktuelle Problemfelder, ZKF 2012 S. 121; *Schempp/Urbahns,* Die Zuordnung von Leerstandszeiten bei gemischt genutzten Ferienwohnungen, INF 1998 S. 422; *Schwarting,* Zweitwohnungssteuer – nicht für Studenten, LKRZ 2007 S. 180; *Schwarz,* Rechtsfragen der Zweitwohnungssteuer, ZKF 2006 S. 78; *Stüber,* Zweitwohnungssteuer im Lichte des Schutzes der Ehe und des Gleichbehandlungsgrundsatzes, NWVBl 2007 S. 256; *Terwiesche,* Die Nichtigkeit der Zweitwohnungssteuer auf Campingwagen, NWVBl. 2001 S. 219; *Verspohl,* Räumliche Nähe von Zweit- und Hauptwohnung schließt Erhebung der Zweitwohnungssteuer nicht aus, KommunalPraxis BY 2010 S. 75; *von Arnim,* Zweitwohnungssteuer und Grundgesetz, Schriften des Karl-Bräuer-Instituts des Bundes der Steuerzahler, Heft 49; *Wernsmann,* Verfassungsrechtliche Probleme der Heranziehung von Studierenden zur Zweitwohnungssteuer, Jura 2000 S. 175; *Wernsmann,* Möglichkeiten und Grenzen der gemeindlichen Steuerautonomie: Steuererfindungsrechte sowie örtliche Aufwand- und Verbrauchsteuern, Kommunalsteuern und -abgaben 2012 S. 95; *Weyhenmeyer,* Zweitwohnungssteuer – zum neuen Urteil des BVerwG, NVwZ 2000 S. 161; *Wieland,* Ungerechtfertigte Benachteiligung von Ehegatten durch Zweitwohnungssteuer, jurisPR-SteuerR 4/2006 Anm. 6; *Winkler,* Problemfragen bei der Erhebung der Zweitwohnungssteuer aus der Sicht Studierender, KStZ 2007 S. 5; *Wollenschläger/Lippstreu,* Referendarexamensklausur – Öffentliches Recht: Zweitwohnungssteuer, JuS 2008 S. 529; *Wollenschläger,* Kommunalabgabenrecht unter europäischem Einfluss: Die Zweitwohnungssteuer auf dem Prüfstand des Gemeinschaftsrechts, NVwZ 2008 S. 506; *Ziegelmeier,* Neue Spielregeln im Bereich der Zweitwohnungssteuer, KommunalPraxis BY 2008 S. 362.

Im Laufe der siebziger Jahre ist in einer Reihe von Gemeinden eine sog. Zweitwohnungssteuer eingeführt worden. Dazu wurden von den Gemeinden eigene Satzungen erlassen, die ihre Rechtsgrundlagen wiederum in den Kommunalabgabengesetzen der Länder hatten. Diese Zweitwohnungssteuer wurde erhoben von Personen, die in der Gemeinde eine Wohnung hatten, ohne sich jedoch dort auch überwiegend aufzuhalten. Die Steuer richtet sich in der einen Gemeinde nach der Wohnfläche der Wohnung, in der anderen

Gemeinde nach dem Mietwert der Wohnung. In der einen Gemeinde hatte sie ursprünglich eine Höhe zwischen 200 und 600 DM, in der anderen Gemeinde eine Höhe zwischen 400 und 800 DM. Anlass für die Einführung einer Zweitwohnungssteuer war, dass in der damaligen Zeit, insbesondere in Gemeinden in landschaftlich schöner Gegend, eine große Zahl von Zweitwohnungen, meist in der Form von Apartments errichtet wurde. Für den Bauherrn oder für den Erwerber waren sie als Ferienwohnung, gleichzeitig aber auch als Kapitalanlage interessant.

Während zunächst die Gemeinden über diese Entwicklung sehr erfreut waren, weil sie mit einem beträchtlichen Beitrag der Neubürger zur gemeindlichen Infrastruktur rechneten, schlug die Stimmung sehr bald um, als sich zeigte, dass sich diese Erwartungen aus den verschiedensten Gründen nicht erfüllten. Mit einer dieser Gründe war, dass auch für diese Zweitwohnungen die Grundsteuervergünstigung nach § 83 II. WoBauG gewährt wurde und damit für die ersten zehn Jahre die Gemeinden nicht einmal eine Grundsteuer dafür erhielten.

Die Zweitwohnungssteuer ist eine **kommunale Aufwandsteuer.** Das Wesen der Aufwandsteuer schließt es aus, für die Steuerpflicht von vornherein auf eine wertende Berücksichtigung der Absichten und verfolgten Zwecke, die dem Aufwand zugrunde liegen, abzustellen. Maßgeblich darf allein der isolierte Vorgang des Konsums als Ausdruck und Indikator der wirtschaftlichen Leistungsfähigkeit sein (BVerfG v. 6.12.1983, NJW 1984 S. 785).

Eine **Wohnung** ist nicht schon jeder umschlossene Raum, der zum Wohnen oder Schlafen benutzt wird. Wohnwagen und Wohnschiffe, die nicht oder nur gelegentlich bewegt werden, sind nur Wohnungen, wenn die Satzungen oder Gesetze über die Erhebung einer Zweitwohnungssteuer es ausdrücklich festlegen. Die Meldegesetze der Länder erkennen zwar jeden umschlossenen Raum, der zum Wohnen oder Schlafen benutzt wird, sowie Wohnwagen und Wohnschiffe, die nicht oder nur gelegentlich bewegt werden, als Wohnung an. Die **Bauordnungen** der Länder stellen aber die genannten höheren Anforderungen an Wohnungen. Die Satzungen oder Gesetze über die Erhebung einer Zweitwohnungssteuer knüpfen erkennbar an den Begriff Wohnung an, wie er in den Bauordnungen festgelegt ist.

Die **Erst- und Hauptwohnung** ist die vorwiegend benutzte Wohnung. Sie ist dort, wo der Bewohner seinem Beruf nachgeht oder, wenn er keinem Beruf nachgeht, dort, wo eine Person den Schwerpunkt ihrer Lebensbeziehungen hat. Ein Ehepaar hat gewöhnlich eine gemeinsame Hauptwohnung. Eine Wohnung ist nicht etwa deshalb eine Zweitwohnung, weil sie baurechtlich nicht zum dauernden Wohnen genutzt werden darf.

Eine **Wohnung hat inne,** wer Eigentümer der Wohnung ist, auch wenn er sie laufend an wechselnde Feriengäste vermietet oder, wenn er sie langfristig an einen Dauermieter vermietet, der Dauermieter. Die Rechtsprechung forderte früher neben der rechtlichen Möglichkeit, die Wohnung selbst zu nutzen, auch die Absicht hierzu, und unterstellte den ortsansässigen Inhabern von Zweitwohnungen, dass sie grundsätzlich nicht die Absicht hätten, die Wohnung selbst zu bewohnen, hingegen den ortsfremden Inhabern von

Zweitwohnungen, dass sie grundsätzlich die Absicht hätten, die Wohnung zumindest später irgendwann selbst zu bewohnen, dann allerdings nur eine von mehreren Wohnungen.

Heute knüpft die Rechtsprechung jedoch nur noch daran, ob der Eigentümer die Wohnung gelegentlich selbst bewohnt oder rechtlich hierzu in der Lage ist. Verschiedene Gemeinden bestimmen zwar, dass zur Zahlung der Zweitwohnungssteuer verpflichtet ist, wer der Meldebehörde eine Wohnung als Nebenwohnung gemeldet hat oder hätte melden müssen, weil er sie als Nebenwohnung nutzt. Diese Regelung ist unwirksam, weil sie gegen das Grundrecht aller Bürger auf Gleichbehandlung durch die öffentliche Verwaltung verstößt (Art. 3 Abs. 1, Art. 1 Abs. 3 GG). Die Gemeinde kann zwar die Steuerpflichtigen leicht ermitteln, die der Meldebehörde ihre Wohnung als Nebenwohnung meldeten. Steuergrund ist aber das Innehaben und nicht die Meldung einer Zweitwohnung. Mehrere Personen sind Inhaber einer Wohnung, wenn mehrere Eigentümer oder Dauermieter der Wohnung sind.

Die Zweitwohnungssteuer **entsteht** erst, wenn jemand eine Zweitwohnung länger als einen Monat innehat. Einige Gemeinden legen sogar eine Dauer von drei Monaten fest. Einerseits lassen sie die Steuerpflicht jeweils am Anfang eines Monats entstehen und am Ende eines Monats enden. Andererseits wollen sie die Zweitwohnungssteuer nicht für so kurze Zeit erheben, wie Feriengäste im Allgemeinen eine Ferienwohnung mieten.

Die Steuer für das Innehaben einer Zweitwohnung wird jeweils für ein Kalenderjahr berechnet, und zwar abhängig von dem Mietwert oder aus einem Prozentsatz auf den Mietwert. Der Mietwert ist entweder die ortsübliche Miete, wie sie durch einen Mietenspiegel ermittelt wird, oder eine fiktive Miete, berechnet aus einem Mietwert von 1964, wie die Finanzämter ihn für die Wohnungen zur Einheitsbewertung festsetzten, multipliziert mit der durchschnittlichen Steigerung der Mieten.

Die Steuerbeträge sind zwar im Verhältnis zu den Mietwerten allgemein hoch; es ergeben sich Steuerbeträge bis zu 30 % von der ortsüblichen Miete. Die Steuerbeträge übersteigen damit aber nicht das zulässige Maß.

In **Streitfällen** luden die Gerichte die Zweitwohnungsinhaber zur Verhandlung und befragten sie ausführlich, welchem Beruf sie nachgehen, wie sie und ihre Angehörigen ihre Urlaube in den letzten Jahren verbrachten, wie häufig und zu welchen Mietpreisen sie ihre Zweitwohnungen vermieten und wie sie als Ortsfremde sich Kenntnis über den baulichen Zustand ihrer Wohnung verschaffen. Schließlich kamen die Gerichte zu der Fangfrage: „Können Sie sich vorstellen, dass Sie nach Ihrer Pensionierung auch mal einige Tage in Ihrer Zweitwohnung verbringen?" Diese Frage beantworteten nur die anwaltlich beratenen Zweitwohnungsinhaber mit „nein". Alle übrigen Zweitwohnungsinhaber beantworteten diese Frage natürlich mit „ja"; denn kaum jemand hat so wenig Phantasie, dass er es sich nicht vorstellen könnte. Nach einem solchen „ja" erkannten die Gerichte für Recht, dass der Zweitwohnungsinhaber zur Zahlung der Zweitwohnungssteuer verpflichtet ist; denn dies galt als Bestätigung, dass der Zweitwohnungsinhaber zumindest bedingt die Absicht habe, die Wohnung doch irgendwann für seinen persönlichen Lebensbedarf zu nutzen.

Die **Verpflichtung zur Zahlung** der Zweitwohnungssteuer entsteht mit dem Beginn des Kalendermonats oder des Kalendervierteljahres, in dem der Inhaber das Innehaben beginnt und danach jeweils mit Beginn eines Kalenderjahres; und sie endet mit dem Ablauf des Kalendermonats oder Kalendervierteljahres, in dem der Inhaber das Innehaben beendet. Die Zweitwohnungssteuer wird für ein Kalendervierteljahr im Voraus festgesetzt, fällig in vier Teilbeträgen. Wenn ein Zweitwohnungsinhaber seine Wohnung während eines Kalenderjahres aufgibt, ist die Gemeinde verpflichtet, einen rechtskräftig gewordenen Steuerbescheid entsprechend zu ändern.

Die Zweitwohnungssteuer ist durch die Rechtsprechung praktikabler geworden. Sie richtig zu erheben, ist trotzdem noch schwierig, insbesondere für große Städte. Die Gemeinden erfahren schon nicht, wer wo wohnt oder wann eine Wohnung leer steht. Jeder Bürger ist zwar verpflichtet, der Meldebehörde seinen Wohnsitz anzumelden. Viele Bürger unterlassen es aber, teils aus Bequemlichkeit, teils aus der Befürchtung, dass daraus irgendwelche Kosten folgen, teils aus Unkenntnis, dass überhaupt eine Meldepflicht besteht. Es ist also völlig offen, wie die Gemeinde die Inhaber von Zweitwohnungen vollständig erfassen will.

Die **Zulässigkeit** einer gemeindlichen Zweitwohnungssteuer war in der Rechtsprechung von Anfang an umstritten. Teilweise wurde sie als unzulässig angesehen, teilweise aber auch als zulässig anerkannt (BVerwG v. 26.7.1979, KStZ 1979 S. 232). Schließlich musste über die Zulässigkeit das Bundesverfassungsgericht entscheiden. Es kam zu dem Ergebnis, dass die Zweitwohnungssteuer mit dem Grundgesetz vereinbar sei (BVerfG v. 6.12.1983, BStBl. 1984 II S. 72). Sie sei eine örtliche Aufwandsteuer (Art. 105 Abs. 2a GG) und den bundesgesetzlich geregelten Steuern wie Umsatzsteuer und Vermögensteuer nicht vergleichbar (ebenso BVerwG v. 12.1.1989, KStZ 1989 S. 138). Sie würde ihre Eigenschaft als örtliche Aufwandsteuer auch nicht dadurch verlieren, dass sie auf Grund inhaltsgleicher Satzung von nahezu sämtlichen Gemeinden eines Landes erhoben wird (BVerwG v. 26.10.1989, KStZ 1990 S. 12). Die gemeindlichen Satzungen, die den Kreis der Steuerpflichtigen bestimmen, würden allerdings gegen Art. 3 Abs. 1 GG verstoßen und hätten damit die Nichtigkeit der gesamten Satzung zur Folge (a. A. noch BVerfG v. 26.7.1979, KStZ 1979 S. 232). Der Bayr. Verfassungsgerichtshof bestätigte zwar das Steuerfindungsrecht der Gemeinden (BayVerfGH v. 15.12.1988, KStZ 1989 S. 28). Die Bayerische Staatsregierung vertrat hierzu ehedem die Auffassung, dass eine Zweitwohnungssteuer in Bayern nicht eingeführt werden sollte (Der Wohnungseigentümer 1989, Heft 3). Allerdings wurde zum 1.8.2004 in Bayern das gesetzliche Verbot der Zweitwohnungssteuer aufgehoben.

Zweitwohnungssteuer erhebende Städte

Nachfolgender **Überblick über Städte, in denen eine Zweitwohnungssteuer erhoben wird,** – differenzierend nach Bundesländern (einschl. Stadtstaaten) – erhebt keinen Anspruch auf Vollständigkeit, dokumentiert allerdings die wachsende Bedeutung der Zweitwohnungssteuer auf kommunaler Ebene (Quelle: www.zweitwohnsitzsteuer.de; Stand: April 2014):

Baden-Württemberg: Baden-Baden, Esslingen, Freiburg, Friedrichshafen, Göppingen, Heidelberg, Heilbronn, Konstanz, Ravensburg, Reutlingen, Stuttgart, Trossingen, Tübingen, Überlingen, Weingarten.

Bayern: Augsburg, Freising, Fürth, Lindau, München, Nürnberg, Oberstdorf.

Brandenburg: Cottbus, Elsterwerda, Oranienburg, Potsdam, Rheinsberg, Strausberg.

Hessen: Darmstadt, Kassel.

Mecklenburg-Vorpommern: Neubrandenburg, Rostock, Stralsund, Usedom.

Niedersachsen: Cuxhaven, Hameln, Hannover, Hildesheim, Lüneburg, Wilhelmshaven.

Nordrhein-Westfalen: Aachen, Bielefeld, Bochum, Bonn, Dortmund, Essen, Hamm, Köln, Minden, Mönchengladbach, Mülheim a. d. Ruhr, Münster, Remscheid, Solingen, Wuppertal.

Rheinland-Pfalz: Kaiserslautern, Koblenz, Ludwigshafen, Mainz, Trier.

Saarland: Homburg, Saarbrücken.

Sachsen: Chemnitz, Dresden, Görlitz, Leipzig, Pirna.

Sachsen-Anhalt: Halle (Saale), Magdeburg.

Schleswig-Holstein: Flensburg, Kiel, Lübeck, Timmendorfer Strand.

Thüringen: Eisenach, Erfurt, Nordhausen, Weimar.

Stadtstaaten: Berlin, Bremen, Hamburg.

Zur Veranschaulichung des Inhalts einer Zweitwohnungssteuersatzung wird nachfolgend die *Zweitwohnungssteuersatzung* der Landeshauptstadt München abgedruckt.

Satzung über die Erhebung einer Zweitwohnungssteuer in der Landeshauptstadt München (Zweitwohnungssteuersatzung)

Aufgrund des Art. 22 Abs. 2 der Bayerischen Gemeindeordnung in der Fassung der Bekanntmachung vom 22.8.1998 (GVBl. 1998 S. 796), zuletzt geändert am 24.12.2005 (GVBl. 2005 S. 659), und des Art. 3 Abs. 1 des Bayerischen Kommunalabgabengesetzes in der Fassung der Bekanntmachung vom 4.4.1993 (GVBl. 1993 S. 264), zuletzt geändert am 26.7.2004 (GVBl. 2004 S. 272), erlässt die Landeshauptstadt München folgende Satzung:

§ 1 Steuergegenstand

Die Landeshauptstadt München erhebt eine Zweitwohnungssteuer für das Innehaben einer Zweitwohnung im Stadtgebiet.

§ 2 Begriff der Zweitwohnung

(1) Wohnung im Sinne dieser Satzung ist jeder umschlossene Raum, der zum Wohnen oder Schlafen benutzt werden kann. Als Wohnung gelten auch Mobilheime,

Wohnmobile, Wohn- und Campingwagen, die nicht oder nur gelegentlich fortbewegt werden.

(2) Zweitwohnung im Sinne dieser Satzung ist jede Wohnung, die melderechtlich als Nebenwohnung erfasst ist. Zweitwohnung ist weiterhin jede Wohnung im Stadtgebiet der Landeshauptstadt München, die eine Person, die in einem anderen Gebäude ihre Hauptwohnung hat, zu ihrer persönlichen Lebensführung oder der ihrer Familienangehörigen innehat. Die vorübergehende Nutzung zu anderen Zwecken, insbesondere zur Überlassung an Dritte, steht der Zweitwohnungseigenschaft nicht entgegen.

(3) Als Zweitwohnungen gelten nicht:

1. Wohnungen, die von öffentlichen oder gemeinnützigen Trägern zu therapeutischen Zwecken oder für Erziehungszwecke zur Verfügung gestellt werden.
2. Wohnungen in Alten-, Altenwohn- und Pflegeheimen, Einrichtungen zur vorübergehenden Aufnahme pflegebedürftiger Personen und ähnliche Einrichtungen.
3. Wohnungen, die verheiratete und nicht dauernd getrennt lebende Personen aus beruflichen Gründen in der Landeshauptstadt München innehaben, wenn sich die Hauptwohnung der Eheleute außerhalb der Landeshauptstadt München befindet.

§ 3 Steuerpflichtiger

(1) Steuerpflichtig ist jede natürlich Person, die im Stadtgebiet eine Zweitwohnung im Sinne von § 2 inne hat.

(2) Haben mehrere Personen gemeinschaftlich eine Zweitwohnung inne, so sind sie Gesamtschuldner nach § 44 der Abgabenordnung (AO) in der jeweils geltenden Fassung.

§ 4 Steuermaßstab

(1) Die Steuer wird nach dem jährlichen Mietaufwand berechnet. Der jährliche Mietaufwand ist die Nettokaltmiete, die der Steuerpflichtige für die Benutzung der Wohnung aufgrund vertraglicher Vereinbarungen nach dem Stand im Zeitpunkt der Entstehung der Steuerpflicht für ein Jahr zu entrichten hätte (Jahresnettokaltmiete). Als Mietaufwand gelten auch alle anderen Formen eines vertraglich vereinbarten Überlassungsentgelts, beispielsweise Pachtzins, Nutzungsentgelt, Erbbauzins, Leibrente.

(2) Wenn nur eine Bruttokaltmiete (einschließlich Nebenkosten, aber ohne Heizkosten) vereinbart wurde, gilt als Nettokaltmiete die um einen Abzug von 10 % verminderte Bruttokaltmiete. Wenn nur eine Bruttowarmmiete (einschließlich Nebenkosten und Heizkosten) vereinbart wurde, gilt als Nettokaltmiete die um einen Abzug von 20 % verminderte Bruttowarmmiete.

(3) Für Wohnungen, die im Eigentum des Steuerpflichtigen stehen oder die dem Steuerpflichtigen unentgeltlich oder zu einem Entgelt unterhalb der ortsüblichen Miete überlassen sind, ist die Nettokaltmiete in der ortsüblichen Höhe anzusetzen. Sie wird von der Landeshauptstadt München in Anlehnung an die Nettokaltmiete geschätzt, die für Räume gleicher oder ähnlicher Art, Lage und Ausstattung regelmäßig gezahlt wird.

(4) Die Bemessungsgrundlage ist auf volle Euro abzurunden.

§ 5 Steuersatz

Die Steuer beträgt jährlich 9 v. H. der Bemessungsgrundlage.

§ 6 Entstehung und Ende der Steuerpflicht

(1) Die Steuer wird als Jahressteuer erhoben. Besteuerungszeitraum ist das Kalenderjahr. Besteht die Steuerpflicht nicht während des gesamten Kalenderjahres, ist Besteuerungszeitraum der Teil des Kalenderjahres, in dem die Steuerpflicht besteht.

(2) Die Steuerpflicht für ein Kalenderjahr entsteht am 1.1. Tritt die Zweitwohnungseigenschaft erst nach dem 1.1. ein, so entsteht die Steuerpflicht mit dem ersten Tag des auf diesen Zeitpunkt folgenden Monats.

(3) Die Steuerpflicht endet mit Ablauf des Kalendermonats, in dem die Zweitwohnungseigenschaft entfällt.

§ 7 Festsetzung und Fälligkeit der Steuer

(1) Die Landeshauptstadt München setzt die Steuer für ein Kalenderjahr oder – wenn die Steuerpflicht erst während des Kalenderjahres entsteht – für den Rest des Kalenderjahres durch Bescheid fest. In dem Bescheid kann bestimmt werden, dass er auch für künftige Zeitabschnitte gilt, solange sich die Bemessungsgrundlagen und der Steuerbetrag nicht ändern.

(2) Die Steuer wird erstmalig einen Monat nach der Bekanntgabe des Steuerbescheides fällig. Bis zur Bekanntgabe eines neuen Steuerbescheides ist die Steuer jeweils zum 1.7. eines Jahres fällig und ohne weitere Aufforderung zu entrichten.

(3) Endet die Steuerpflicht, so wird die zuviel gezahlte Steuer auf Antrag erstattet.

§ 8 Anzeigepflicht

(1) Wer Inhaber einer Zweitwohnung ist bzw. wird oder eine Zweitwohnung aufgibt, hat dies der Landeshauptstadt München innerhalb eines Monats schriftlich anzuzeigen. Die Anmeldung oder Abmeldung von Personen nach dem Bayerischen Meldegesetz gilt als Anzeige im Sinne dieser Vorschrift.

(2) Die Inhaber einer Zweitwohnung sind verpflichtet, der Landeshauptstadt München für die Höhe der Steuer maßgebliche Veränderungen unverzüglich zu melden und über den Umfang dieser Veränderungen auf Verlangen – auch unter Vorlage entsprechender Unterlagen – Auskunft zu erteilen.

§ 9 Steuererklärung

(1) Der Inhaber einer Zweitwohnung ist zur Abgabe einer Steuererklärung verpflichtet. Zur Abgabe einer Steuererklärung ist auch verpflichtet, wer hierzu von der Landeshauptstadt München aufgefordert wird.

(2) Der Steuerpflichtige hat innerhalb eines Monats nach Aufforderung oder bei Änderung des Steuermaßstabs nach § 4 eine Steuererklärung gemäß dem Formblatt der Landeshauptstadt München abzugeben.

(3) Die Steuererklärung ist eigenhändig zu unterschreiben.

(4) Die Angaben sind durch geeignete Unterlagen, insbesondere durch Mietverträge, Mietänderungsverträge und Mietbescheinigungen nachzuweisen.

(5) Es sind die Bestimmungen der Abgabenordnung in ihrer jeweils geltenden Fassung heranzuziehen, soweit das Kommunalabgabengesetz in seiner jeweils geltenden Fassung auf diese verweist.

§ 10 Mitwirkungspflichten

Die Mitwirkungspflichten Dritter, insbesondere desjenigen, der dem Steuerpflichtigen die Wohnung überlassen oder ihm die Mitnutzung gestattet hat – z. B. des Vermieters, des Eigentümers des Grundstücks oder der Wohnung oder des Hausverwalters nach §§ 20 ff. des Wohnungseigentumsgesetzes – ergeben sich aus § 93 AO.

§ 11 Inkrafttreten

Diese Satzung tritt am 1. Februar 2006 in Kraft.

Abweichend von § 5 und § 6 Abs. 1 und 2 gilt für das Jahr 2006: Der Besteuerungszeitraum umfasst die Monate Februar bis Dezember. Die Steuerpflicht entsteht am 1. Februar. Der Jahresbetrag beträgt $^{11}/_{12}$ der sich aus §§ 4 und 5 ergebenden Beträge.

Die Zweitwohnungssteuersatzung der Stadt München berücksichtigt die grundlegende Rechtsprechung des BVerfG aus dem Jahr 2005. Mit Entscheidung v. 11.10.2005 1 BvR 1232/00 und 1 BvR 2627/03 (vgl. hierzu die Pressemitteilung Nr. 110/2005 des BVerfG v. 10.11.2005) hatte das Gericht die Zweitwohnungssteuer für die berufsbedingte Nebenwohnung eines verheirateten Berufstätigen für unzulässig erklärt. Die Zweitwohnungssteuersatzungen der Städte Hannover und Dortmund waren danach nichtig, soweit die Innehabung einer aus beruflichen Gründen gehaltenen Wohnung eines nicht dauernd getrennt lebenden Verheirateten, dessen eheliche Wohnung sich in einer anderen Gemeinde befindet, besteuert wurde. Die Erhebung der Zweitwohnungssteuer auf die Innehabung von Erwerbszweitwohnungen durch Verheiratete diskriminiere – so das BVerfG weiter – die Ehe und verstoße gegen Art. 6 Abs. 1 GG.

Mittlerweile entdecken immer mehr Kämmerer die Zweitwohnungssteuer als lukrative **Einnahmequelle.** Im Jahre 1997 gab es lediglich neun Bundesländer, in denen die Zweitwohnungssteuer überhaupt erhoben wurde. Mit Einführung der Zweitwohnungssteuer in Saarbrücken im Jahr 2008 hat diese Steuer auch das letzte Bundesland erreicht. Von geringen Schwankungen abgesehen, ist das Aufkommen an Zweitwohnungssteuer in den vergangenen Jahren kontinuierlich gestiegen, wie aus nachfolgender Übersicht zu entnehmen ist (Quelle: Statistisches Bundesamt).

Kalenderjahr	Steueraufkommen in Mio. Euro
1996	38,1
1997	36,0
1998	36,0
1999	44,1
2000	43,8
2001	48,3
2002	54,0
2003	54,7

Kalenderjahr	Steueraufkommen in Mio. Euro
2004	53,0
2005	75,0
2006	80,9
2007	91,8
2008	91,9
2009	92,0
2010	94,0
2011	102,0
2012	109,0
2013	110,0

Rechtsprechungsübersicht

Die sich aus Entscheidungen des Bundesverfassungsgerichts, des Bundesverwaltungsgerichts, des Bundesfinanzhofs sowie der Oberverwaltungsgerichte zur Zweitwohnungssteuer ergebende Rechtslage ist für die Gemeinden verbindlich. Eine **Auswahl der wesentlichen Entscheidungen** zu verschiedenen Aspekten der Zweitwohnungssteuererhebung wird deshalb nachfolgend in Leit- bzw. Orientierungssätzen abgedruckt.

Anmeldung der Zweitwohnung bei der Meldebehörde

BFH v. 31.5.1995 II B 107/94 (BStBl. 1995 II S. 570)

1   Es ist nicht ernstlich zweifelhaft iSv § 69 Abs. 2 Satz 2 FGO, dass das Innehaben einer vom Wohnungsinhaber gegenüber der Meldebehörde als Nebenwohnung gemeldeten Wohnung in Hamburg auch dann der Zweitwohnungssteuer unterliegt, wenn es sich bei dieser Wohnung um die vorwiegend benutzte Wohnung (Hauptwohnung) handelt.

Zweitwohnungssteuererhebung bei nicht ganzjähriger Vermietung

BVerfG v. 29.6.1995 1 BvR 1800/94, 1 BvR 2480/94 (DStR 1995 S. 1270)

2   1. Die Erhebung einer Zweitwohnungssteuer ist verfassungsrechtlich unbedenklich, soweit die Zweitwohnung nicht eine reine Kapitalanlage darstellt, sondern dem persönlichen Lebensbedarf des Eigentümers dient.
2. Die Auferlegung einer Zweitwohnungssteuer ohne nähere Prüfung der Frage, ob die Zweitwohnung tatsächlich dem persönlichen Lebensbedarf des Eigentümers dient, ist verfassungswidrig.
3. Grundsätzlich sind typisierende und generalisierende Regelungen bei der Erhebung von Zweitwohnungssteuern zulässig. Das Anliegen der Verwaltungsvereinfachung rechtfertigt es aber nicht, durch eine unwiderlegbare Vermutung dem Woh-

666

nungseigentümer den Nachweis, dass er die Wohnung nicht für seine persönliche Lebensführung nutzt, schon dann abzuschneiden, wenn er nicht durchgängig das ganze Jahr eine Vermietung nachweisen kann. (Leits. n. amtl.)

Eigennutzung

BVerwG v. 10.10.1995 8 C 40.93 (BStBl. 1996 II S. 37)

Die im Begriff der Aufwandsteuer iSv Art. 105 Abs. 2a GG angelegte Abgrenzung 3 zwischen zweitwohnungssteuerfreier reiner Kapitalanlage und zweitwohnungssteuerpflichtiger Vorhaltung auch für die persönliche Lebensführung erfordert mit Blick auf die Zweckbestimmung der Zweitwohnung von Verfassungs wegen eine umfassende Würdigung aller objektiven Umstände des Einzelfalls; die bloße objektive Möglichkeit der Eigennutzung durch den Zweitwohnungsinhaber schließt die Annahme einer zweitwohnungssteuerfreien reinen Kapitalanlage nicht aus.

Keine verfassungsrechtlichen Zweifel an Zweitwohnungssteuer in Hamburg

BFH v. 23.10.1996 II B 72/96 (BFH/NV 1997 S. 455)

Die gegen einen Zweitwohnungssteuerbescheid mit der Begründung erhobene Kla- 4 ge, das Hamburgische Zweitwohnungssteuergesetz sei verfassungswidrig, hat keine hinreichenden Erfolgsaussichten, die die Gewährung von Prozesskostenhilfe rechtfertigen könnten. Denn an der Verfassungsmäßigkeit des Hamburgischen Zweitwohnungssteuergesetzes bestehen bei summarischer Prüfung keine ernstlichen Zweifel.

Die Gesetzgebungsbefugnis der Freien Hansestadt Hamburg folgt aus Art. 105 Abs. 2a GG, da die Zweitwohnungssteuer der Stadt Hamburg eine örtliche Aufwandsteuer ist, welche auf die in der Einkommensverwendung für den persönlichen Lebensbedarf zum Ausdruck kommende Leistungsfähigkeit abzielt (BVerfG v. 6.12.1983, BVerfGE 65, 325) und zudem keiner bundesrechtlich geregelten Steuer gleichartig ist. Die Zweitwohnungssteuer verstößt weder gegen das Gleichheitsgebot des Art. 3 Abs. 1 GG noch gegen das Freizügigkeitsgebot des Art. 11 GG.

Nichtheranziehung dritter und weiterer Wohnungen in derselben Gemeinde zur Zweitwohnungssteuer

BVerwG v. 6.12.1996 8 C 49.95 (KStZ 1998 S. 14)

Eine Satzungsregelung, die dritte und weitere Wohnungen eines Inhabers im 5 Gemeindegebiet von der Zweitwohnungssteuer ausnimmt, ist mit Art. 3 Abs. 1 GG vereinbar. Bei typisierender Betrachtung wird ein – einheimischer oder auswärtiger – Inhaber mehrerer Zweitwohnungen im Gebiet ein und derselben Gemeinde in der Regel allenfalls eine dieser Wohnungen für persönliche Nutzungszwecke vorhalten. Deshalb ist es mit Blick auf Art. 3 Abs. 1 GG nicht zu beanstanden, wenn eine Gemeinde diesen Erfahrungssatz im Sinne der Vereinfachung der Steuerverwaltung zum Anlass nimmt, derartige Sachverhalte – die im konkreten Fall typischerweise den Nachweis zur Nutzung als zweitwohnungssteuerfreie reine Kapitalanlage erwarten lassen – von vornherein „generalisierend" von der Besteuerung auszunehmen.

Das Verfassungsrecht gebietet es nicht, die nach der Jahresrohmiete bemessene Zweitwohnungssteuer bei lediglich zeitweiliger Vermietung nur anteilig zu erheben. Der Charakter der Zweitwohnungssteuer als örtlicher Aufwandsteuer steht aus Gründen der Praktikabilität einer Steuererhebung auch für vorübergehend anders – d. h. nicht für die eigene Lebensführung – genutzte Zeiträume nicht entgegen; insoweit kann der Eigentümer die Steuerlast auf den Mieter abwälzen, wird selbst also nicht unverhältnismäßig belastet.

Verfassungsmäßigkeit der Zweitwohnungssteuer

BFH v. 5.3.1997 II R 28/95 (BStBl. 1997 II S. 469)

6   Das Hamburger Zweitwohnungssteuergesetz verstößt nicht gegen Art. 3 Abs. 1, 11 Abs. 1, 14 Abs. 2 und 105 Abs. 2a GG.

Bei der Erschließung von Steuerquellen hat der Gesetzgeber eine weitgehende Gestaltungsfreiheit. Sie endet erst dort, wo für die gleiche oder ungleiche Behandlung kein einleuchtender Grund mehr besteht. Zu derartigen Gründen zählen auch steuertechnische Erwägungen. Soweit das Hamburger Zweitwohnungssteuergesetz zur Bevorteilung oder Benachteiligung von Steuerpflichtigen mit überwiegendem Aufenthalt im Ausland oder von Verheirateten führt, handelt es sich um Ungleichbehandlungen, die sich im Rahmen der dem Gesetzgeber eingeräumten Gestaltungsfreiheit halten.

Zweitwohnungssteuer für Feriengebiets-Wohnung

BVerwG v. 20.4.1998 8 B 25.98 (HFR 2000 S. 310)

7   Es unterliegt nach der Rechtsprechung des Bundesverfassungsgerichts und des Bundesverwaltungsgerichts keinen verfassungsrechtlichen Bedenken, wenn einschlägige gesetzliche oder satzungsrechtliche Regelungen an das Innehaben einer Zweitwohnung in einem Feriengebiet zunächst die Vermutung knüpfen, dass die Wohnung der persönlichen Lebensführung diene. Diese Vermutung muss jedoch widerlegbar sein. Zwar schließt die bloße objektive Möglichkeit der Eigennutzung die Annahme einer zweitwohnungssteuerfreien reinen Kapitalanlage nicht aus, aber eine umfassende Würdigung der Umstände im Einzelfall kann die Vermutung rechtfertigen, eine Zweitwohnung werde (auch) für Zwecke der persönlichen Lebensführung vorgehalten. Der Umstand, dass eine Eigennutzung bisher unterblieben ist, kann nur einen beachtlichen Einwand ergeben, den aber die steuererhebende Gemeinde bei Prüfung des gesamten objektiven Sachverhalts auch entkräften kann.

Hat die gemeindliche Satzung die hier fragliche Zweitwohnungssteuer nicht als Eigentümer-Steuer ausgestattet, sondern auf das Innehaben einer Wohnung abgestellt, ist Steuerpflichtiger danach, wer berechtigt die tatsächliche Verfügungsgewalt über die Wohnung hat. Deshalb können auch Mieter Schuldner der Zweitwohnungssteuer sein.

Unterscheidung zwischen reiner Kapitalanlage und Eigennutzung bei Ferienwohnung

VGH Ba-Wü v. 23.4.1998 2 S 112/97 (KStZ 1999 S. 211)

8   Die im Begriff Aufwandsteuer angelegte Abgrenzung zwischen zweitwohnungssteuerfreier reiner Kapitalanlage und zweitwohnungssteuerpflichtiger Vorhaltung auch für die persönliche Lebensführung erfordert eine umfassende Würdigung aller objektiven Umstände des Einzelfalles.

Vermietet der Inhaber seine Zweitwohnung in eigener Regie ohne Einschaltung einer Vermietungsagentur (Eigenvermietung) an wechselnde Feriengäste, darf die Gemeinde an die in diesem Fall gegebene objektive Möglichkeit der Eigennutzung zunächst die Möglichkeit knüpfen, dass die Wohnung auch für Zwecke der persönlichen Lebensführung vorgehalten wird.

Der Wohnungsinhaber kann aber auch in einem solchen Fall der Eigenvermietung durch Vortrag besonderer Umstände die tatsächliche Vermutung erschüttern; denn die bloße objektive Möglichkeit der Eigennutzung durch den Zweitwohnungsinhaber schließt die Annahme einer zweitwohnungssteuerfreien reinen Kapitalanlage nicht aus.

Verstoß gegen das Gebot der Steuerproportionalität bei Festsetzung von Zweitwohnungssteuer

BVerwG v. 30.6.1999 8 C 6.98 (KStZ 2000 S. 34)

Einer als Jahressteuer angelegten Zweitwohnungssteuer-Erhebung liegt erkennbar **9** die Annahme (annähernd) ganzjährigen privaten Aufwands in Gestalt jedenfalls einer bestehenden ganzjährigen Nutzungsmöglichkeit zugrunde. Doch wenn eingangs des Steuerjahres eindeutig feststeht, dass eine Eigennutzungsmöglichkeit nur einen erheblich geringeren zeitlichen Umfang haben kann, ist das Festhalten an dem Jahresbetrag als Bemessungsgröße für diesen Aufwand unangemessen.

Zweitwohnung aus Gründen der Berufstätigkeit

BVerwG v. 12.4.2000 11 C 12/99 (ZKF 2000 S. 231)

Eine Kommune ist befugt, sog. Erwerbszweitwohnungen der Zweitwohnungssteuer **10** zu unterwerfen. Das in Art. 6 Abs. 1 GG enthaltene Diskriminierungsverbot schützt nicht vor jeder Rechtsfolge, die sich mittelbar negativ auf das Familieneinkommen auswirken kann.

Vgl. jetzt aber BVerfG v. 11.10.2005 *(abgedruckt als Nr. 28)*.

Steuerpflichtiges Innehaben einer Zweitwohnung für den persönlichen Lebensbedarf bei Leerstehen der Wohnung

OVG NRW v. 8.6.2000 14 B 2135/99 (KStZ 2000 S. 237)

Verfügt jemand über eine weitere Wohnung, ohne dass diese tatsächlich genutzt **11** wird, beurteilt sich die Frage, ob er sie zur persönlichen Wohnnutzung und damit zu die Zweitwohnungssteuerpflicht auslösenden Zwecken vorhält, nach der subjektiv getroffenen Zweckbestimmung. Diese innere Tatsache ist aus den Umständen des objektiven Sachverhalts zu ermitteln. Wird die weitere Wohnung nicht durch Vermietung zur Gewinnerzielung genutzt, so folgt daraus nicht zwingend der Rückschluss, dass sie persönlichen Wohnzwecken diene. Wird die weitere Wohnung über Jahre hinweg vom Verfügungsberechtigten weder für sich noch für seine Familienangehörigen tatsächlich zu Wohnzwecken genutzt, so lässt dies darauf schließen, dass die Wohnung nicht zur persönlichen Wohnnutzung vorgehalten wird.
Der Aufwand, der für eine erst in künftigen Steuerzeiträumen beabsichtigte Wohnnutzung zu persönlichen Zwecken erbracht wird, rechtfertigt nicht die Erhebung von Zweitwohnungssteuer.

Erhebung einer Zweitwohnungssteuer bei nicht ganzjähriger Nutzung durch den Wohnungsinhaber

BVerwG v. 17.8.2000 11 B 43.00 (NVwZ-RR 2001 S. 682)

Der Gegenstand der Zweitwohnungssteuer besteht in dem Aufwand, der in der **12** Verwendung des Einkommens für den persönlichen Lebensbedarf sichtbar wird. Er entsteht auch dann, wenn eine Zweitwohnung nicht tatsächlich genutzt, sondern für eine persönliche Nutzung vorgehalten wird, also für Zwecke der persönlichen Lebensführung genutzt werden kann.

Veranlagung einer juristischen Person zur Zweitwohnungssteuer

BVerwG v. 27.9.2000 11 C 4.00 (KStZ 2001 S. 74)

13   Eine natürliche Person als Inhaber einer Zweitwohnung kann sich durch die Zwischenschaltung einer juristischen Person der Steuerpflicht nicht entziehen.

Verfassungsmäßigkeit; kein Ermäßigungsanspruch bei Untervermietung

BFH v. 1.8.2001 II R 71/99 (BFH/NV 2002, S. 232)

14   Das Hamburgische Zweitwohnungssteuergesetz ist verfassungsgemäß. Dies gilt auch hinsichtlich der steuerlichen Behandlung der Untermieter. Die Zweitwohnungssteuer ist nicht zu ermäßigen, wenn ein steuerpflichtiger Hauptmieter einer Wohnung einen Teil dieser Wohnung untervermietet.

Vermietung als Ferienwohnung

BVerwG v. 26.9.2001 9 C 1.01 (KStZ 2002 S. 73)

15   Verfügt der Inhaber einer Zweitwohnung über eine rechtlich gesicherte Eigennutzungsmöglichkeit von mindestens zwei Monaten, so kann die Regelung einer Zweitwohnungssteuersatzung, nach der er mit dem vollen Jahresbetrag der Steuer veranlagt wird, nicht als unverhältnismäßig beanstandet werden.

Schätzung der Zweitwohnungssteuer bei einer Ferienwohnung

OVG Rh-Pf v. 26.4.2002 6 A 11 634/01 (DWW 2002 S. 235)

16   Es ist verfassungsrechtlich unbedenklich, eine Zweitwohnung in einem bauplanungsrechtlich festgesetzten Ferienhausgebiet nach dem jährlichen Mietaufwand zur Zweitwohnungssteuer zu veranlagen, obwohl die Ferienhäuser nur zum vorübergehenden Aufenthalt, zum Zwecke der Erholung und nicht zum zeitlich unbegrenzten Aufenthalt als Dauerwohnung genutzt werden dürfen.
      Der der Zweitwohnungssteuererhebung zu Grunde zu legende jährliche Mietaufwand kann bezüglich einer Ferienwohnung auf der Grundlage des in einem Mietspiegel ausgewiesenen Mietwerts von Dauerwohnungen geschätzt werden.

Jahresrohmiete als Steuermaßstab; Verfassungsmäßigkeit

BVerwG v. 29.1.2003 9 C 3.02 (DVBl. 2003 S. 748)

17   Es widerspricht nicht dem Charakter der Aufwandsteuer, wenn eine Gemeinde aus Gründen der Verwaltungsvereinfachung und zur Verhinderung von Umgehungsgeschäften die Zweitwohnungssteuer auch gegenüber Mietern von Zweitwohnungen anhand eines realitätsnah pauschalierten Maßstabs – hier der nach dem Bewertungsgesetz ermittelten Jahresrohmiete – bestimmt. Der Mieter einer Zweitwohnung kann demgegenüber nicht eine niedrigere, nach dem von ihm tatsächlich geschuldeten Mietzins berechnete Steuerbemessung verlangen.

Steuerpflicht bei Mitbenutzung der Zweitwohnung zu freiberuflichen Zwecken

BFH v. 5.12.2002 II B 181/01 (BFH/NV 2003 S. 359)

Es ist bereits höchstrichterlich geklärt, dass es der Heranziehung des (Haupt-)Woh- **18** nungsinhabers zur Zweitwohnungssteuer nicht entgegensteht, wenn ein Teil der Wohnung nicht von ihm selbst zu Wohnzwecken genutzt wird, sondern untervermietet ist, solange nicht ein eklatantes Missverhältnis der eigenen Wohnnutzung zu der anderweitigen Nutzung besteht. Die dem zu Grunde liegenden Erwägungen gelten für jede Art der anderweitigen (Mitbe-)Nutzung der Zweitwohnung, und damit auch für eine Mitbenutzung zu freiberuflichen Zwecken.

Steuerpflicht einer als Nebenwohnung gemeldeten Hauptwohnung

BFH v. 28.2.2003 II B 9/02 (BFH/NV 2003 S. 837)

Die Frage, ob eine vom Steuerpflichtigen bewohnte Wohnung auch dann der **19** Zweitwohnungssteuer unterliegen kann, wenn er sie zwar als Nebenwohnung angemeldet hat, sie aber nach materiellem Melderecht seine Hauptwohnung bildet, ist bereits höchstrichterlich dahingehend geklärt, dass dies möglich und verfassungsrechtlich unbedenklich ist.

Voraussetzung für die Erhebung der Zweitwohnungssteuer ist nach dem Berliner Zweitwohnungssteuergesetz (BlnZwStG) neben der Meldung einer Wohnung als Zweitwohnung, dass die als Wohnung gemeldete Raumeinheit den Anforderungen des § 2 Abs. 3 BlnZwStG genügt und tatsächlich von der gemeldeten Person bewohnt wird.

Wohnungsbegriff, Bindung an Bauordnungsrecht

BFH v. 27.8.2003 II R 53/01 (BFH/NV 2004 S. 546)

„Wohnung" iSd HZwStG ist gemäß § 2 Abs. 3 Satz 1 HZwStG jede Gesamtheit **20** von Räumen, die zum Wohnen oder Schlafen benutzt wird und den Anforderungen des § 45 Abs. 3, 5 und 6 Sätze 1 und 2 HBauO genügt. Der Begriff der Wohnung in § 2 Abs. 3 Satz 1 HZwStG ist nicht wegen der Verweisung auf Einzelbestimmungen des § 45 HBauO nach Bauordnungsrecht auszulegen.

Örtlichkeitsbezug und Lenkungszweck

BVerwG v. 27.10.2003 9 B 102.03

Die einzelne Zweitwohnungssteuer verliert ersichtlich nicht ihren Ortsbezug da- **21** durch, dass mittlerweile bundesweit zahlreiche Gemeinden und Stadtstaaten eine Zweitwohnungssteuer erheben. Örtliche Aufwandsteuern dürfen jenseits des Zwecks der Einnahmeerzielung auch Lenkungsziele verfolgen.

Aufforderung zur Abgabe einer Steuererklärung; Annahme einer gesetzlichen Erklärungspflicht

OVG Schl-H v. 18.2.2004 2 LB 67/03 (ZKF 2004 S. 135)

Die Aufforderung zur Abgabe einer Steuererklärung für Zwecke der Zweitwoh- **22** nungssteuer durch die zuständige Finanzbehörde lässt eine gesetzliche Erklärungspflicht jedenfalls dann entstehen, wenn die Abgabe der Steuererklärung der Durchführung eines gesetzlich vorgeschriebenen Festsetzungsverfahrens dient, das nach Angaben des Steuerpflichtigen zu setzende Besteuerungsgrundlagen voraussetzt.

Zweitwohnungssteuer für Zimmer im Studentenwohnheim

OVG NRW v. 13.5.2004 14 B 778/04 (NVwZ-RR 2005 S. 852)

23   Die Heranziehung zur Zweitwohnungssteuer für ein Zimmer im Studentenwohnheim ist bei einer entsprechenden satzungsrechtlichen Regelung rechtmäßig.

Zuordnung der Leerstandszeiten

BVerwG v. 27.10.2004 10 C 2.04 (NVwZ 2005 S. 828)

24   Wird eine Zweitwohnung vom Wohnungsinhaber sowohl selbst genutzt als auch vermietet, sind die Zeiten eines Wohnungsleerstandes, für die eine Eigennutzungsmöglichkeit rechtlich nicht ausgeschlossen worden ist, grundsätzlich den Zeiträumen zuzurechnen, in denen die Wohnung für Zwecke des persönlichen Lebensbedarfs vorgehalten wird.

Festsetzung von Zweitwohnungssteuer gegen Studierende

BFH v. 11.3.2005 II B 50/04 (BFH/NV 2005 S. 1403)

25   Der Steuerpflichtige kann sein Begehren, wegen der von ihm angenommenen Verfassungswidrigkeit einer Steuernorm von der Besteuerung verschont zu bleiben, nicht im Billigkeitsverfahren, sondern nur im Rechtsmittelverfahren gegen die Steuerfestsetzung verfolgen, wenn der behauptete Verfassungsverstoß nicht nur wenige Einzelfälle, sondern eine bedeutende Fallgruppe aus der Gesamtmenge der von dem Gesetz Betroffenen berühren würde.

Für den Regelfall ist auszuschließen, dass die Zweitwohnungssteuer an eine gemäß Art. 14 Abs. 2 Satz 2 GG einzuhaltende Belastungsobergrenze („Halbteilungsgrundsatz") stoßen könnte.

Länderweise unterschiedliche Wohnsitzbegriffe im Zweitwohnungssteuerrecht

BFH v. 15.3.2005 II B 23/04 (BFH/NV 2005 S. 1404)

26   Die Möglichkeit einer Berufung auf den allgemeinen Gleichheitssatz ist dadurch begrenzt, dass die Verfassung in denjenigen Sachbereichen, in denen die Gesetzgebungskompetenz den Bundesländern zusteht, unterschiedliche rechtliche Ordnungen in den einzelnen Ländern zulässt.

Wenn einige Bundesländer in ihren Zweitwohnungssteuergesetzen den Begriff der Zweitwohnung in Anknüpfung an die sich aus dem Melderegister ergebende Lage, andere Bundesländer aber nach Maßgabe der tatsächlichen Nutzungsverhältnisse definieren, liegt darin kein Verstoß gegen Art. 3 Abs. 1 GG.

Zweitwohnungssteuer und Gewerbesteuer bei Mischnutzung einer Wohnung

BVerwG v. 26.7.2005 10 B 48.05 (DÖV 2005 S. 961)

27   Wird für die Vermietung einer Wohnung Gewerbesteuer erhoben, schließt dies die Veranlagung des Wohnungsinhabers zur Zweitwohnungssteuer nicht aus, wenn er die Wohnung jedenfalls zeitweise auch zu Zwecken der eigenen Lebensführung nutzt.

Zweitwohnungssteuer für berufsbedingte Nebenwohnung eines verheirateten Berufstätigen

BVerfG v. 11.10.2005 1 BvR 1232/00 und 1 BvR 2627/03 (NJW 2005 S. 3556)

Die Erhebung einer Zweitwohnungssteuer auf die Innehabung einer aus beruflichen   **28** Gründen gehaltenen Wohnung eines nicht dauernd getrennt lebenden Verheirateten, dessen eheliche Wohnung sich in einer anderen Gemeinde befindet, diskriminiert die Ehe und verstößt gegen Art. 6 Abs. 1 GG.

Bezugnahme einer Zweitwohnungssteuersatzung auf einen Preisindex

HessVGH v. 23.11.2005 5 UE 1546/05 (HGZ 2006 S. 53)

Eine kommunale Zweitwohnungssteuersatzung kann zur Bemessung der Steuer zu-   **29** lässigerweise auf einen Preisindex verweisen, der bereits vor Entstehung der Steuerschuld feststeht und aus öffentlichen Quellen entnommen werden kann. Eine Satzung, die die Hochrechnung der Jahresrohmiete zur Bemessung der Steuer bis Januar 1995 entsprechend der Steigerung der Wohnungsmieten (Bruttomiete) nach dem Preisindex der Lebenshaltung aller privaten Haushalte im früheren Bundesgebiet und ab Januar 1995 entsprechend der Steigerung der Wohnungsmieten (Nettomiete) nach dem Preisindex im gesamten Bundesgebiet ausweist, die vom Statistischen Bundesamt veröffentlicht werden, entspricht ab dem Jahr 2000 dem Bestimmtheitsgebot.

Rechtmäßigkeit der Zweitwohnungssteuersatzung einer Fremdenverkehrsgemeinde

BayVGH v. 4.4.2006 4 N 04.2798 und 4 N 05.2249

1. Die Gemeinden sind aufgrund des Art. 3 BayKAG (idF des Gesetzes vom   **30** 26.7.2004, GVBl. S. 272) berechtigt, eine Zweitwohnungssteuer zu erheben.
2. Ein nach der Höhe der Nettokaltmiete in sieben Gruppen gestaffelter Steuersatz begegnet trotz der Sprünge in der Steuerbelastung grundsätzlich keinen Bedenken.
3. Mit Blick auf die Möglichkeit gemischter Nutzung der Zweitwohnung (Vermietung als auch persönlicher Gebrauch) muss die Steuersatzung keine zeitliche Untergrenze der Eigennutzungsmöglichkeit vorsehen.

Nutzungsmöglichkeit bei Vermietungsauftrag

OVG Schl-H v. 6.4.2006 2 LB 51/05

Eine Nutzung ist dem Inhaber einer Zweitwohnung nicht schon deswegen aus   **31** Rechtsgründen verwehrt, weil einem anderen gemäß Provision ein Vermietungsauftrag erteilt worden ist und der Wohnungsinhaber – von konkret bestimmten Zeiten abgesehen – auf eigene Nutzungsrechte oder Nutzungsmöglichkeiten verzichtet hat.

Nebeneinander von Zweitwohnungssteuer und Kurbeitrag

BayVGH v. 4.5.2006 4 BV 06.341 (ZKF 2007 S. 117)

Zweitwohnungssteuer und pauschalierter Kurbeitrag für Inhaber von Zweitwoh-   **32** nungen können nebeneinander erhoben werden.

Zweitwohnungssteuer für Studenten

OVG NRW v. 12.6.2006 14 E 1045/05 (NVwZ-RR 2007 S. 271)

Inhaber einer Zweitwohnung ist derjenige, dessen melderechtliche Verhältnisse die   **33** Beurteilung der Wohnung als Zweitwohnung bewirken. Auch die aus beruflichen

Gründen oder zu Ausbildungszwecken gehaltenen Zweitwohnungen sind einer Zweitwohnungsbesteuerung zu unterwerfen. Denn für die Abgrenzung des Kreises der Steuerpflichtigen spielt es keine Rolle, aus welchen Gründen der Aufwand in Form der Haltung als Zweitwohnung betrieben wird.

Zweitwohnungssteuer für sog. „Studentenbude"

OVG NRW v. 21.6.2006 14 B 802/06

34   Die Heranziehung von Studierenden zur Zweitwohnungssteuer für ein Zimmer in Studentenwohnheimen ist rechtmäßig.

Zweitwohnungssteuer für Studenten/Mindestausstattung der Wohnung

OVG S-Anh v. 11.8.2006 4 M 319/06

35   Das Innehaben einer Zweitwohnung ist auch bei Studenten ein Zustand, der gewöhnlich die Verwendung finanzieller Mittel erfordert und in der Regel eine wirtschaftliche Leistungsfähigkeit zum Ausdruck bringt. Zweitwohnungen müssen – solange die Steuersatzung keine weitergehenden Vorgaben aufstellt – keine konkrete Mindestausstattung (wie etwa Kochgelegenheit, Trinkwasserversorgung, Abwasserbeseitigung, Stromversorgung und Heizung) aufweisen.

Steuermaßstab bei Zweitwohnungssteuer

BayVGH v. 21.8.2006 4 BV 06.331

36   Der Steuergläubiger ist nicht verpflichtet, einen Mietspiegel für die Erhebung der Zweitwohnungssteuer zu erstellen oder auf die mietrechtliche Vorschrift des § 558 Abs. 2 BGB zur ortsüblichen Vergleichsmiete zurückzugreifen. Eine Schätzung anhand der Nettokaltmiete, die im Gemeindegebiet für Räume gleicher oder ähnlicher Art, Lage und Ausstattung regelmäßig gezahlt wird, ist ausreichend.

Zweitwohnungssteuer und Streitwert

BayVGH v. 24.10.2006 4 C 06.2697

37   Für die Streitwertberechnung ist der Zeitpunkt der Klageerhebung maßgeblich. Spätere Veränderungen der Bemessungskriterien können den Streitwert weder vermindern noch erhöhen.

Nichtige Satzung über die Erhebung der Zweitwohnungssteuer

OVG Berlin-Bbg. v. 22.11.2006 9 A 68.05 (DStRE 2007 S. 1270)

38   Stellt die Satzung zur Bemessung der Zweitwohnungssteuer auf die Jahresrohmiete ab, muss sie eindeutig regeln, auf welchen Zeitpunkt für die Ermittlung der Miete (einschließlich der Nebenkosten) abzustellen ist. Eine Satzungsregelung, die für die Ermittlung der Betriebskosten der Zweitwohnungen auf die Erkenntnisse bei Beginn des Steuerjahres abstellt, verstößt gegen Art. 3 Abs. 1 GG und den landesrechtlichen Grundsatz der Steuergerechtigkeit, weil der betreffende Aufwand damit nach unterschiedlichen Kriterien (prognostisch oder nach den tatsächlichen Kosten) bemessen wird. Die satzungsgemäß bestimmte antizipierte Steuererhebung ist kein sachlicher Grund, für gleichartige Wohnungen den Aufwand nach unterschiedlichen Bemessungskriterien zu ermitteln.

Zweitwohnungssteuer bei Hauptwohnung im Ausland

BayVGH v. 17.1.2007 4 CS 06.2126 (ZKF 2007 S. 67)

Die Zweitwohnungssteuersatzung umfasst ihrem Wortlaut nach – im Gegensatz **39** zum Melderecht – auch Hauptwohnungen im Ausland. Das entspricht der Zweitwohnungssteuer als örtlicher Aufwandsteuer iSv Art. 105 Abs. 2a GG und hält sich im Rahmen des den Gemeinden durch Kommunalabgabenrecht eröffneten Kompetenzrahmens bei der Ausgestaltung des Steuergegenstandes. Die Zweitwohnungssteuer knüpft an den Konsum für den persönlichen Lebensbedarf an, der im Innehaben einer weiteren Wohnung (Zweitwohnung) neben der Hauptwohnung typischerweise zum Ausdruck kommt. Steuergegenstand ist mithin alleine die Zweitwohnung und der für sie betriebene Aufwand. Ob sich die Hauptwohnung im In- oder Ausland befindet, ist dafür unerheblich.

Zweitwohnungssteuer und Kapitalanlage/Eigennutzungsmöglichkeit

BayVGH v. 17.1.2007 4 ZB 06.2696

Eine Zweitwohnung ist dann zweitwohnungssteuerfrei, wenn sie allein zum Zwecke **40** der Kapitalanlage angeschafft und gehalten wird. Wird eine Zweitwohnung teilweise selbst genutzt und teilweise an Feriengäste vermietet, kommt es für die Abgrenzung zwischen zweitwohnungssteuerfreier reiner Kapitalanlage und zweitwohnungssteuerpflichtiger Vorhaltung auch für die persönliche Lebensführung auf eine umfassende Würdigung aller objektiven Umstände des Einzelfalles an.

Zweitwohnungssteuer für Studenten, Bestimmtheit der Tatbestandsmerkmale

OVG Rh-Pf v. 29.1.2007 6 B 11 579/06 (NVwZ-RR 2007 S. 556)

1. Zur hinreichenden Kennzeichnung des Gegenstandes der Zweitwohnungssteuer **41** sind sowohl die Tatbestandsmerkmale „Innehaben" als auch „Erst- und Zweitwohnung" bestimmtheitskonform zu umschreiben.
2. Die begriffliche Gleichsetzung der melderechtlichen Registrierung eines Haupt- und Nebenwohnsitzes mit dem abgabenrechtlichen Innehaben einer Erst- und Zweitwohnung überschreitet bei dem Personenkreis der Studierenden, der am elterlichen Wohnsitz mit Hauptwohnsitz gemeldet ist und am Studienort eine Nebenwohnung gemietet hat, die Grenzen der steuerrechtlichen Typisierungsfreiheit.

Zweitwohnungssteuer/erneuter Satzungserlass

BayVGH v. 14.2.2007 4 N 06.367 (ZKF 2007 S. 90)

Die Anbindung der Zweitwohnungssteuerpflicht an das Melderecht ist grundsätz- **42** lich nicht zu beanstanden. Das gilt auch dann, wenn dadurch Studierende, die überwiegend die elterliche Wohnung benutzen und deshalb dort ihre Hauptwohnung haben, für ihre weitere Wohnung am Studienort steuerpflichtig werden.

Zweitwohnungssteuer bei Dauercamping/Campingwagen

BayVGH v. 26.2.2007 4 BV 06.3217

Als Wohnung im Sinne des Zweitwohnungssteuerrechts gelten auch Mobilheime, **43** Wohnmobile, Wohn- und Campingwagen. Als jährlicher Mietaufwand (Bemessungsgrundlage für die Steuer) gilt in diesen Fällen die zu zahlende Nettostandplatzmiete.

Zweitwohnungssteuer für Studenten

OVG M-V v. 27.2.2007 1 M 103/06 (NordÖR 2007 S. 216)

44   1. Zur Erhebung von Zweitwohnungssteuer gegenüber Studenten, die als Hauptwohnung ihr „Kinderzimmer" in der elterlichen Wohnung angeben.
2. Das Bestehen einer Erstwohnung ist normativ Voraussetzung für die Erhebung der Zweitwohnungssteuer und keine Frage der Leistungsfähigkeit im Einzelfall bzw. ob der Aufwand im Einzelfall die Leistungsfähigkeit überschreitet.
3. Es dürfte nahe liegen, für den Begriff der Erstwohnung zu verlangen, dass der Steuerpflichtige „Inhaber" der Erstwohnung bzw. Inhaber der Verfügungsbefugnis über diese sein muss.

Zweitwohnungssteuerpflicht; Anknüpfung an Melderecht

BayVGH v. 2.3.2007 4 CS 06.2654

45   Zweitwohnung ist jede Wohnung, die melderechtlich als Nebenwohnung erfasst ist. Damit wird die melderechtliche Unterscheidung bei der Benutzung mehrerer Wohnungen zwischen Hauptwohnung und Nebenwohnung übernommen und die sachliche Zweitwohnungssteuerpflicht unmittelbar und bindend an die Meldung als solche geknüpft. Die Anbindung des steuerrechtlichen Begriffs der Zweitwohnung an das Meldegesetz ist mit höherrangigem Recht vereinbar.

Zweitwohnungssteuer für Campingwagen

OVG NRW v. 20.3.2007 14 A 4089/05 und 14 A 4090/05 (NVwZ-RR 2007 S. 488)

46   Mit der Fiktion, wonach die nicht nur vorübergehend abgestellten Campingwagen usw. als Wohnungen gelten, erfolgt gerade keine Gleichstellung mit Wohnungen. Diese Fiktion bewirkt vielmehr lediglich, dass zwei gesonderte Tatbestände, nämlich das Innehaben von Zweitwohnungen einerseits und dauerhaft aufgestellten Campingwagen usw. andererseits, statt sie in getrennten Regelungen zu verankern, dem Regime einer einzigen Satzung unterworfen werden.

Zweitwohnungssteuer für Studenten

BayVGH v. 20.3.2007 4 CS 07.478

47   Zur Wahrung des Gleichheitsgebots muss sich eine Zweitwohnungssteuer grundsätzlich auch auf die aus beruflichen Gründen oder zu Ausbildungszwecken gehaltenen Zweitwohnungen erstrecken; denn das Wesen der Aufwandsteuer schließt es aus, für die Steuerpflicht von vornherein auf eine wertende Berücksichtigung der Absichten und verfolgten ferneren Zwecke, die dem Aufwand zugrunde liegen, abzustellen. Auch wenn studierende Kinder die (Haupt-)Wohnung bei den Eltern „kostenlos" – tatsächlich freilich unter Verbrauch von Sachunterhaltsleistungen – nutzen können, erfordert die daneben am Studienort vorgehaltene Zweitwohnung einen sonst gerade nicht entstehenden finanziellen Aufwand und zwar unabhängig davon, wie sich der Aufwand für die sonstige Lebenshaltung einschließlich der Erstwohnung zusammensetzt.

Keine Gleichartigkeit der Zweitwohnungssteuer mit der Vermögensteuer

BVerwG v. 21.3.2007 10 BN 4/06 (BayVerwBl. 2007 S. 536)

48   Die Zweitwohnungssteuer ist der Vermögensteuer nicht gleichartig iSv Art. 105 Abs. 2a GG. Die Zweitwohnungssteuer verliert nicht dadurch ihren Charakter als örtliche Aufwandsteuer, dass sie in zahlreichen Gemeinden erhoben wird. Die Zweitwohnungssteuer verstößt nicht deshalb gegen den Grundsatz der Steuergleichheit (Art. 3 Abs. 1 GG), weil mit ihr nicht diejenigen belastet werden, die ihr Vermögen in anderer Weise angelegt haben; Steuern, die auf Kapitalanlagen erhoben werden und die Zweitwohnungssteuer betreffen unterschiedliche Steuerquellen.

Steuermaßstab der üblichen Miete bei der Zweitwohnungssteuer, Erhebung des Jahressteuerbetrages bei absehbar geringerem Nutzungsumfang

OVG S-Anh v. 29.3.2007 4 L 493/03

Es ist nicht zu beanstanden, wenn eine Zweitwohnungssteuersatzung einen Steuer **49** maßstab enthält, wonach die übliche Miete auf der Grundlage eines Grundstücksmarktberichtes zu ermitteln ist; denn dieser ist grundsätzlich geeignet, den mit der Nutzung einer Wohnung typischerweise betriebenen Aufwand entsprechend ihrem Nutzwert generalisierend, aber dennoch hinreichend realitätsnah darzustellen.
Nur wenn eingangs des Steuerjahres eindeutig feststeht, dass eine Eigennutzungsmöglichkeit einen erheblich geringeren zeitlichen Umfang haben kann, ist das Festhalten an dem Jahresbetrag als Bemessungsgröße für diesen Aufwand unangemessen. Hat der Steuerpflichtige grundsätzlich die Möglichkeit einer ganzjährigen Eigennutzung, so ist die Erhebung des vollen Jahressteuerbetrages unbeschadet der nur zeitweiligen Eigennutzung zulässig.

Zweitwohnungssteuer, Aufenthaltszweck, Freizügigkeit

BayVGH v. 13.4.2007 4 ZB 06.2891

Der Aufenthaltszweck ist für die Erfüllung des Steuertatbestandes bei der Zweit **50** wohnungssteuer ohne Bedeutung. Das Wesen einer Aufwandsteuer schließt es aus, für die Steuerpflicht auf eine wertende Berücksichtigung der Absichten und verfolgten ferneren Zwecke abzustellen, die dem Aufwand zugrunde liegen. Eine Ausnahme hiervon ist nur bei Erwerbszweitwohnungen von Verheirateten wegen des andernfalls vorliegenden Verstoßes gegen Art. 6 Abs. 1 GG geboten. Das in Art. 11 GG garantierte Grundrecht auf Freizügigkeit wird durch die Erhebung einer Zweitwohnungssteuer nicht berührt.

Zweitwohnungssteuerpflicht trotz Vermietung an Gesellschaft

OVG Schl-H v. 27.4.2007 2 LB 12/06 (NVwZ-RR 2008 S. 279)

Die Zweckbestimmung einer Zweitwohnung ist anhand objektiver Umstände zu **51** ermitteln. Die Eigennutzung führt zur Zweitwohnungssteuerpflicht. Die Übertragung auf eine Vermietungsgesellschaft kann einen Missbrauch rechtlicher Gestaltungsmöglichkeiten darstellen, wenn kein anerkennenswerter wirtschaftlicher Grund ersichtlich ist und allein die Vermeidung von Abgaben im Vordergrund steht.

Zweitwohnungssteuer, Erbengemeinschaft

BayVGH v. 3.5.2007 4 CS 07.642

Die persönliche und sachliche Zweitwohnungssteuerpflicht setzt u.a. voraus, dass **52** der Betroffene die Zweitwohnung – alleine oder gemeinschaftlich mit anderen – innehat. Das Merkmal des Innehabens ist nach dem Sinn und Zweck der Satzungsregelungen eigenständig und unabhängig vom Melderecht zu bestimmen, das für die Auslegung der Begriffe „Hauptwohnung" und „Zweitwohnung" heranzuziehen ist. Es setzt die tatsächliche Verfügungsmacht und die rechtliche Verfügungsbefugnis an der Zweitwohnung für einen gewissen Zeitraum voraus. Haben mehrere Personen eine

Zweitwohnung inne, so ordnet das Zweitwohnungssteuerrecht die Gesamtschuld der Steuerpflichtigen gemäß § 44 AO an.

Zweitwohnungssteuer, Gleichbehandlungsgrundsatz

BayVGH v. 15.5.2007 4 ZB 06.3415

53   Eine Besteuerungsungleichheit, mithin ein Verstoß gegen den allgemeinen Gleichheitssatz liegt nicht vor, wenn im Satzungsvollzug der Feriengast, der nur für die übliche Urlaubsdauer eine Ferienwohnung anmietet, nicht zur Zweitwohnungssteuer herangezogen wird. Denn Inhaber einer Zweitwohnung ist nur derjenige, der die alleinige oder gemeinschaftliche Verfügungsmacht an der betreffenden Zweitwohnung zumindest für einen gewissen Zeitraum ausübt.

Zweitwohnungssteuer für Zweitwohnung vor Ehescheidung

OVG NRW v. 24.5.2007 14 A 2608/05 (ZKF 2007 S. 186)

54   Auch eine Zweitwohnung, die der Trennung vor einer Ehescheidung dient, unterliegt der Zweitwohnungssteuer.

Zweitwohnungssteuer für Studenten mit BAföG-Bezug

OVG M-V v. 20.6.2007 1 L 194/06

55   Der Ortsgesetzgeber ist von Verfassungs wegen – Art. 105 Abs. 2a Satz 1 iVm Art. 3 Abs. 1 GG und dem Sozialstaatsprinzip – gehalten, Studenten, die Leistungen nach dem BAföG beziehen, im Rahmen einer Zweitwohnungssteuersatzung von der Steuerpflicht auszunehmen.

Bedeutung des Innehabens einer Erstwohnung für die Zweitwohnungssteuer

OVG M-V v. 20.6.2007 1 L 241/06 (NordÖR 2007 S. 376)

56   Eine Erstwohnung bzw. die Innehabung einer solchen rechtfertigt überhaupt erst die Annahme einer Zweitwohnung. Auch wenn die Erstwohnung keinen besonderen Aufwand darstellt, ist sie doch begriffliche Voraussetzung einer Zweitwohnung. Existiert keine Erstwohnung, gibt es keine Zweitwohnung und damit auch keinen äußerlich erkennbaren und besteuerbaren besonderen Aufwand als Ausdruck wirtschaftlicher Leistungsfähigkeit. Die Steuerpflicht setzt auch bezüglich der Erstwohnung eine Inhaberschaft voraus, die den gleichen Regeln folgt wie die Inhaberschaft hinsichtlich der Zweitwohnung. Die rechtlich gebotene vollständige Umschreibung des Steuertatbestandes bzw. der Steuerpflicht setzt die begriffliche Einbeziehung des Merkmals „Innehaben einer Erstwohnung" voraus.

Zweitwohnungssteuer „Kinderzimmerfall"

OVG M-V v. 20.6.2007 1 L 257/06

57   *(s. ausführlich Nr. 60)*

Zweitwohnungssteuer trotz ganzjährigem Leerstand

BayVGH v. 22.6.2007 4 BV 06.2954 (DStRE 2008 S. 439)

58   Die grundsätzliche Vermutung, dass eine Zweitwohnung zur persönlichen Lebensführung vorgehalten wird, wird ohne das Hinzutreten weiterer objektiver Umstände allein durch einen ganzjährigen Leerstand nicht widerlegt.

Zweitwohnungssteuererhebung auch bei „Dauercamping"

Nds. OVG v. 11.7.2007 9 LB 5/07 (NVwZ-RR 2008 S. 280)

Die Erhebung einer Zweitwohnungssteuer auch für Mobilheime, Wohnmobile so- **59** wie Wohn- und Campingwagen, die zu Zwecken des persönlichen Lebensbedarfs auf einem eigenen oder fremden Grundstück für einen nicht nur vorübergehenden Zeitraum abgestellt sind, ist rechtlich zulässig. Der für diese Mobilheime, Wohnmobile sowie Wohn- und Campingwagen an der jährlich zu zahlenden Standplatzmiete einschließlich Mietnebenkosten entsprechend § 79 Abs. 1 BewG ausgerichtete Steuermaßstab ist sachgerecht und nicht als willkürlich zu beanstanden.

Zweitwohnungssteuer „Kinderzimmerfall"

OVG M-V v. 26.11.2007 1 L 280/05 (DStRE 2008 S. 1154)

Unter Zugrundelegung des bundesrechtlichen Begriffs der Aufwandsteuer nach **60** Maßgabe von Art. 105 Abs. 2a Satz 1 GG, wie er auch in § 3 Abs. 1 Satz 1 KAG MV verwandt wird, können die typischen „Kinderzimmerfälle", also die Fälle, in denen Studenten neben ihrer Wohnung am Studienort in der elterlichen Wohnung noch ein Zimmer beibehalten, mangels Innehaben einer Erstwohnung nicht mit der Erhebung einer Zweitwohnungssteuer belegt werden; sie unterfallen tatbestandlich nicht dem Steuergegenstand des Zweitwohnungssteuerrechts.

Mit einem ortsrechtlich definierten Steuergegenstand, der das typische „Kinderzimmer" als Erstwohnung erfasste, würde der Ortsgesetzgeber den mit Blick auf Art. 3 Abs. 1 GG zulässigen Regelungsrahmen überschreiten: Die Qualifizierung der Beibehaltung eines „Kinderzimmers" in der elterlichen Wohnung als Innehaben einer Erstwohnung, die überhaupt erst die Besteuerung der „Zweitwohnung" möglich macht, entfernte sich soweit vom aufwandsteuerrechtlichen Anknüpfungspunkt der nach außen durch eine bestimmte Konsumform dokumentierten wirtschaftlichen Leistungsfähigkeit, von Sinn und Zweck der Zweitwohnungssteuer als Aufwandsteuer und den zugrunde liegenden sozialen Gegebenheiten, dass das Urteil der Willkürlichkeit bzw. die Annahme eines Verstoßes gegen den in Art. 3 Abs. 1 GG angelegten Grundsatz der Steuergerechtigkeit und einer Überschreitung der Grenzen der gesetzlichen Ermächtigung nach § 3 Abs. 1 Satz 1 KAG MV gerechtfertigt wäre.

Leerstandszeiten bei Mischnutzung

Nds. OVG v. 3.3.2008 9 LA 30/07

Auch bei einer Mischnutzung einer Zweitwohnung zur Fremdvermietung und zur **61** privaten Nutzung zählen die Leerstandszeiten zu den Zeiten, in denen die Wohnung für Zwecke des persönlichen Lebensbedarfs vorgehalten wird.

Wohnfläche als Steuermaßstab, Steuersatz-Staffelung

BayVGH v. 5.3.2008 4 BV 07.2044 (BayVBl. 2009 S. 693)

Die Zweitwohnungssteuer darf nach der Wohnfläche der Zweitwohnung bemessen **62** werden, sofern die Verhältnisse hinsichtlich des Wohnwertes in der Gemeinde hinreichend homogen sind oder wenn der Maßstab entsprechend differenziert wird. Wird die Zweitwohnungssteuer nach der Wohnfläche bemessen, ist es der Gemeinde verwehrt, die Steuersätze nach Wohnungsgrößengruppen degressiv so zu staffeln, dass im Übergangsbereich der jeweiligen Gruppen für eine kleinere Wohnung eine höhere Steuer zu entrichten ist als für eine größere.

Hauptwohnung in der Gemeinschaftsunterkunft der Bundeswehr

OVG S-Anh v. 30.4.2008 4 M 332/07 (NVwZ-RR 2008 S. 817)

63   Selbst wenn das Innehaben der Hauptwohnung in der Gemeinschaftsunterkunft in einer Kaserne der Bundeswehr nicht auf der freien Willensentscheidung des Steuerpflichtigen beruht, steht dies seiner Zweitwohnungssteuerpflicht für die von ihm bewohnte Nebenwohnung nicht entgegen. Denn das die Zweitwohnungssteuer als Aufwandsteuer tragende Merkmal der Verwendung finanzieller Mittel in einer Weise, die typischerweise wirtschaftliche Leistungsfähigkeit zum Ausdruck bringt, ist allein mit dem Innehaben einer Nebenwohnung erfüllt.

Erwerbszweitwohnungen

OVG Schl-H v. 21.5.2008 2 LB 1/08 (NVwZ-RR 2008 S. 816)

64   Auch eine aus beruflichen Gründen gehaltene Wohnung ist grundsätzlich der Zweitwohnungssteuerpflicht zu unterwerfen. Eine den Steuergegenstand bildende Zweitwohnung wird nicht innegehabt, wenn es sich dabei um die vorwiegend genutzte Wohnung eines Verheirateten handelt, der von dort aus einer örtlich gebundenen Erwerbstätigkeit nachgeht, während sich die Hauptwohnung der Familie an einem anderen Ort befindet.

Fremdenverkehrsdienstbarkeit

BayVGH v. 29.5.2008 4 B 07.641 (KommunalPraxis BY 2008 S. 307)

65   Der Erhebung der Zweitwohnungssteuer steht nicht entgegen, dass sich eine Gemeinde aus bauplanungsrechtlichen Gründen eine Fremdenverkehrsdienstbarkeit hat einräumen lassen, wonach das Ferienappartement jährlich nicht über acht Wochen vom Eigentümer oder demselben Dritten bewohnt werden darf.

Eigengenutzte Ferienwohnung/Übernahme des finanzamtlichen Mietspiegels für Dauermietwohnungen

Nds. OVG v. 17.6.2008 9 LB 8/07

66   Unterbleibt die nach der Zweitwohnungssteuersatzung vorgesehene Schätzung der üblichen Miete für ein eigengenutztes Ferienhaus nach Art, Lage und Ausstattung und führt die stattdessen unbesehene Übernahme eines Mietspiegels des Finanzamts für Dauermietwohnungen, in den der Mietaufwand für Ferienwohnungen nicht eingeflossen ist, zu einem niedrigeren Mietaufwand und damit zu einer niedrigeren Festsetzung der Zweitwohnungssteuer als bei ordnungsgemäßer Schätzung der üblichen Miete, wird der Steuerpflichtige durch die rechtsfehlerhafte Bestimmung der üblichen Miete nicht in seinen Rechten verletzt.

Zweitwohnungssteuer neben Kurbeitrag

BayVGH v. 19.6.2008 4 N 07.555 (ZKF 2009 S. 45)

67   Angesichts der unterschiedlichen Abgabentatbestände und –zwecke können Zweitwohnungssteuer und Kurbeitrag auch in pauschalierter Form nebeneinander erhoben werden. Aus ihrer Verschiedenheit folgt zugleich, dass die Heranziehung zur Zweitwohnungssteuer keinen sachlichen Grund für die Freistellung von einer zugleich bestehenden Kurbeitragspflicht darstellt; denn die Steuer steht in keinerlei Beziehung zu den Vorteilen, die mit dem Kurbeitrag abgegolten werden. Will eine Gemeinde, die sich dazu entschlossen hat, beide Abgaben nebeneinander zu erheben, die betroffenen Zweitwohnungsinhaber entlasten, so kann sie das nur durch eine entsprechende Aus-

gestaltung der jeweiligen Abgabensätze erreichen; das subjektive Empfinden einer „Doppelbelastung" lässt sich damit nicht vermeiden.

Dauercamping-Wohnwagen, Wohnmobil

BayVGH v. 18.7.2008 4 BV 07.857 (ZKF 2009 S. 114)

Zweitwohnungssteuersatzungen, die ortsfeste Campingwagen in den Steuergegen- **68** stand einbeziehen, unterliegen nicht der Genehmigungs- und Zustimmungspflicht des Art. 2 Abs. 3 KAG BY.

Zweitwohnungssteuer für Studierende, Anforderungen an Erst- und Zweitwohnung

BVerwG v. 17.9.2008 9 C 14/07 (NVwZ 2009 S. 532)

1. Länder und Gemeinden sind bundesrechtlich nicht gehindert, die Erhebung von **69** Zweitwohnungssteuer an weitere – verfassungsrechtlich durch Art. 105 Abs. 2a GG nicht gebotene – Voraussetzungen zu knüpfen, z. B. indem an die Erst- wie auch an die Zweitwohnung gleiche Anforderungen gestellt werden.

2. Bundesrecht, namentlich das Sozialstaatsprinzip (Art. 20 Abs. 1 GG), gebietet es nicht, Studierende, die Leistungen nach dem BAföG erhalten, generell von der Zahlung der Zweitwohnungssteuer auszunehmen.

Zweitwohnungssteuer für Studenten

BVerwG v. 17.9.2008 9 C 17/07 (NJW 2009 S. 1097)

1. Das Innehaben einer weiteren Wohnung für den persönlichen Lebensbedarf **70** (Zweitwohnung) neben der Hauptwohnung ist ein besonderer Aufwand, der gewöhnlich die Verwendung von finanziellen Mitteln erfordert und in der Regel wirtschaftliche Leistungsfähigkeit zum Ausdruck bringt (st. Rspr.).

2. Der Aufwand für eine Zweitwohnung darf nicht nur dann nach Art. 105 Abs. 2a GG besteuert werden, wenn eine rechtlich gesicherte Verfügungsbefugnis über eine Erstwohnung besteht. Bundesrechtlich kommt es allein darauf an, dass mit der Erstwohnung das Grundbedürfnis Wohnen als Teil des persönlichen Lebensbedarfs abgedeckt wird. Meldet sich ein Steuerpflichtiger mit einer Hauptwohnung an, erklärt er, dass er diese vorwiegend benutzt. Dies indiziert für den Regelfall, dass dort das allgemeine Wohnbedürfnis befriedigt wird.

3. Die Zweitwohnungssteuerpflicht darf an die melderechtlichen Verhältnisse anknüpfen; sind diese nachweislich unrichtig, kommt es auf die tatsächlichen Verhältnisse an.

4. Länder und Gemeinden sind nicht gehindert, das Vorliegen eines steuerbaren Aufwands an weitere verfassungsrechtlich nicht gebotene Voraussetzungen zu knüpfen. So könnten etwa an die Erst- wie auch die Zweitwohnung gleiche Anforderungen gestellt werden. Der Gleichbehandlungsgrundsatz nach Art. 3 Abs. 1 GG steht der Normierung unterschiedlicher Voraussetzungen für die Steuerpflicht in unterschiedlichen Körperschaften nicht entgegen.

„Kinderzimmer" als Erstwohnung/Hauptwohnung eines am Studienort mit Nebenwohnsitz gemeldeten Studenten

BFH v. 1.10.2008 II B 16/08 (DStRE 2009 S. 174)

Es ist nicht ernstlich zweifelhaft iSd § 69 Abs. 2 Satz 2 FGO, dass das eigene (Kin- **71** der-)Zimmer in der elterlichen Wohnung als Wohnung des auswärts studierenden

Sohnes anzusehen ist, der gegenüber am Studienort eine Zweitwohnung vorliegen kann. Es ist auch nicht ernstlich zweifelhaft, dass das Innehaben einer Wohnung am Studienort Ausdruck wirtschaftlicher Leistungsfähigkeit ist, auf die mittels einer Aufwandsteuer iSd Art. 105 Abs. 2a GG zugegriffen werden kann.

Verstoß gegen Diskriminierungsverbot

OVG NRW v. 4.11.2008 14 A 2434/08

72   Das Bundesverfassungsgericht ist der Auffassung, Zweitwohnungssteuersatzungen verstießen gegen das Diskriminierungsverbot des Art. 6 Abs. 1 GG, soweit die Innehabung einer aus beruflichen Gründen gehaltenen Wohnung eines nicht dauernd getrennt lebenden Verheirateten besteuert werde, dessen eheliche Wohnung sich in einer anderen Gemeinde befinde (BVerfG v. 11.10.2005 1 BvR 1232/00, 1 BvR 2627/03 – *siehe Nr. 28*). Regelungen in einer Zweitwohnungssteuersatzung können nicht nur dann nichtig sein wegen eines Verstoßes gegen Art. 6 Abs. 1 GG, wenn eine Diskriminierung der Ehe, sondern auch, wenn eine Diskriminierung der Familie im Übrigen vorliegt.

Umfang des Wohnungsbegriffs bei der Zweitwohnungssteuer

OVG M-V v. 4.12.2008 1 L 299/04 (NordÖR 2009 S. 166)

73   Der Begriff der Wohnung umfasst sowohl den auf einem Erholungsgrundstück errichteten Bungalow als auch das Grundstück. Die Zweitwohnungssteuer ist Ausdruck wirtschaftlicher Leistungsfähigkeit. Daher ist bei der Auslegung des satzungsmäßigen Wohnungsbegriffs eine wirtschaftliche Betrachtungsweise vorzunehmen. Bei der Pacht eines Wochenendbungalows auf einem Erholungsgrundstück kann das mitgepachtete Grundstück nicht isoliert von dem Wohngebäude betrachtet werden; ihren Erholungszweck erfüllen sie nur zusammen. Nach dem Grundsatz der gleichmäßigen Besteuerung kann ein nach Bungalow und Grundstück aufgeteilter Pachtanteil für die Höhe der Zweitwohnungssteuer nicht herausgerechnet werden.

Ferienwohnung im Eigentum einer Gesellschaft des bürgerlichen Rechts

BayVGH v. 10.12.2008 4 BV 07.1990 (BayVBl. 2009 S. 693)

74   Materiell-rechtlich steht das Eigentum – und damit das Verfügungs- und Nutzungsrecht – der zum Gesellschaftsvermögen einer Gesellschaft bürgerlichen Rechts gehörenden Wohnung nicht den Gesellschaftern, sondern der Gesellschaft selbst zu; denn die Gesellschaft bürgerlichen Rechts besitzt, ohne juristische Person zu sein, Rechtsfähigkeit, soweit sie durch Teilnahme am Rechtsverkehr eigene Rechte und Pflichten begründet. Steht eine Ferienwohnung im Eigentum einer Gesellschaft des bürgerlichen Rechts, sind die Gesellschafter nicht allein aufgrund ihrer Gesellschafterstellung zweitwohnungssteuerpflichtig.

Widerlegliche Vermutung für Nutzung zur persönlichen Lebensführung

BVerwG v. 19.12.2008 9 C 16/07 (BFH/NV 2009 S. 1072)

75   Die im Begriff der Aufwandsteuer (Art. 105 Abs. 2a GG) angelegten bundes(verfassungs)rechtlichen Anforderungen werden verkannt, wenn dem Inhaber einer Zweitwohnung eine unwiderlegliche Vermutung entgegengehalten wird, mehrtägige Aufenthalte in der Wohnung, die nach seinen Angaben der Durchführung von Renovierungsarbeiten und der Teilnahme an einer Eigentümerversammlung gedient haben

sollen, seien dem Bereich der persönlichen Lebensführung und nicht lediglich dem der zweitwohnungssteuerfreien reinen Kapitalanlage zuzuordnen. Es gibt keine unwiderlegliche Vermutung, dass der Wohnungsinhaber bei einem mehrtägigen Aufenthalt in der Zweitwohnung stets konsumtive Zwecke (z. B. Erholungssuche) verfolgt. Auch in diesem Fall ist ihm von Verfassungs wegen die Möglichkeit eröffnet, diese Vermutung zu erschüttern.

Berufsausübung als Anlass für Innehabung einer Zweitwohnung

OVG S-Anh v. 27.1.2009 4 L 238/08 (NVwZ-RR 2009 S. 536)

Eine auf dem Satzungsmuster des Ministeriums des Innern des Landes Sachsen- **76** Anhalt (MBl. LSA 2006 S. 661 f.) beruhende Ausnahmeregelung in einer Zweitwohnungssteuersatzung zu einer aus beruflichen Gründen gehaltenen Wohnung, mit der ein Verstoß der Satzung gegen Art. 6 Abs. 1 GG verhindert werden soll, erfasst nach ihrem Regelungsgehalt nicht auch Wohnungen, die zu Ausbildungszwecken unterhalten werden. Vielmehr muss dann die Ausübung eines Berufs der Anlass sein, die Zweitwohnung innezuhaben.

Zweitwohnungssteuer beim Alleingesellschafter einer GmbH & Co. KG

Nds. OVG v. 9.2.2009 9 LA 323/07 (NVwZ-RR 2009 S. 537)

Beim Alleingesellschafter einer GmbH & Co. KG kann ein die Erhebung der **77** Zweitwohnungssteuer rechtfertigendes Innehaben auch hinsichtlich einer Ferienwohnung angenommen werden, deren Eigentümer die KG ist.

Zweitwohnungssteuer für Studierende, Ausbildungsförderung

BayVGH v. 17.2.2009 4 ZB 07.2171

Auch wenn ein Studierender Ausbildungsförderung nach dem BAföG erhält, kann **78** angesichts der verfassungsrechtlichen Ermächtigung in Art. 105 Abs. 2a Satz 1 GG keine Rede davon sein, dass eine an den besonderen Aufwand der Innehabung einer Zweitwohnung anknüpfende Besteuerung gegen den Gleichheitssatz oder das Sozialstaatsgebot verstoßen könnte.

Ganzjährige Eigennutzungsmöglichkeit, beschränkte persönliche Dienstbarkeit

BayVGH v. 25.2.2009 4 ZB 08.1991

Eine grundbuchrechtlich gesicherte beschränkte persönliche Dienstbarkeit steht der **79** Heranziehung zur Zweitwohnungssteuer nicht entgegen.

Erwerbszweitwohnung: Keine überwiegende Nutzung der Nebenwohnung

BayVGH v. 17.3.2009 4 CS 09.25

Die Heranziehung zur Zweitwohnungssteuer erfolgt zu Recht, wenn der (verheira- **80** tete und nicht dauernd getrennt lebende) Steuerpflichtige eine Nebenwohnung nicht überwiegend zur Ausübung seiner beruflichen Tätigkeit, sondern nur ein- bis zweimal in der Woche nutzt, mithin sein Hauptwohnsitz auch Mittelpunkt seiner beruflichen Tätigkeit ist.

Unzulässigkeit eines allgemeinen Auskunftsersuchens zur Wohnungsnutzung

OVG NRW v. 30.3.2009 14 A 2184/07 (DWW 2009 S. 316)

81   Die von einer Kommune von allen privaten Immobilieneigentümern verlangte Auskunft über die Nutzung von Wohnungen, verbunden mit der Abfrage von Namen und Anschriften der Wohnungsnutzer, ist eine unzulässige Rasterfahndung und daher nicht rechtens.

Keine Zweitwohnungssteuerpflicht für Wohnungseigentümer mit nießbrauchsbelasteter Wohnung

BVerwG v. 13.5.2009 9 C 8/08 (KStZ 2009 S. 179)

82   Ein nach Art. 105 Abs. 2a Satz 1 GG besteuerbarer Aufwand für eine Zweitwohnung liegt nur dann vor, wenn der Steuerpflichtige die weitere Wohnung innehat. Dies setzt voraus, dass er für eine gewisse Dauer rechtlich gesichert über deren Nutzung verfügen kann. Die rein tatsächliche Möglichkeit der Nutzung genügt nicht. Bestellt der Eigentümer einer Wohnung an dieser ein Nießbrauchsrecht, ist Inhaber der Wohnung der Nießbrauchsberechtigte.

Zweitwohnungssteuer für Studenten, sozialpolitische Zielsetzungen als Differenzierungskriterium

BVerwG v. 13.5.2009 9 C 7/08 (DVBl. 2009 S. 1392)

83   1. Die Aufwandsteuer nach Art. 105 Abs. 2a GG kennzeichnet das Anknüpfen an den Aufwand, der der persönlichen Lebensführung dient und über das hinausgeht, was zur gewöhnlichen Lebensführung erforderlich ist. Die Motivation hierfür bleibt außer Betracht. Ein ungeschriebenes Tatbestandsmerkmal eines „allein vom Konsumwillen des Steuerpflichtigen" veranlassten Aufwands kennt das Recht der Aufwandsteuer nicht.

2. Der Satzungsgeber darf im Interesse der Verwaltungsvereinfachung die Zweitwohnungssteuerpflicht auch ohne Rücksicht auf die einzelnen Umstände der Wohnungsnutzung von den melderechtlichen Erklärungen des Steuerpflichtigen abhängig machen. Bundesrecht ist nur dann verletzt, wenn selbst nachweislich unrichtige melderechtliche Verhältnisse für die Steuerpflicht maßgebend sind.

3. Eine Aufwandsteuer nach Art. 105 Abs. 2a GG für das Innehaben einer Zweitwohnung setzt die rechtlich gesicherte Verfügungsmacht über eine Erstwohnung nicht voraus.

4. Das nach dem Aufwandsbegriff des Art. 105 Abs. 2a GG gebotene Innehaben einer weiteren Wohnung für die persönliche Lebensführung setzt eine dahin gehende Bestimmung des Verwendungszweckes der Zweitwohnung voraus. Eine solche Festlegung kann nur derjenige treffen, der für eine gewisse Dauer rechtlich gesichert über die Nutzung der Wohnung verfügen kann.

5. Für die Erhebung der Zweitwohnungssteuer als Aufwandsteuer kommt es nicht darauf an, ob das Innehaben der Zweitwohnung im Einzelfall die Leistungsfähigkeit überschreitet und ob der Steuerpflichtige die Mittel hierfür selbst aufbringt oder von anderen erhält. Steuergegenstand ist nicht das Einkommen oder Vermögen des Steuerpflichtigen, sondern der in dem Innehaben der Zweitwohnung liegende Aufwand.

6. Das Gebot der Steuergleichheit nach Art. 3 Abs. 1 GG ist nicht verletzt, wenn ein Satzungsgeber die Zweitwohnung Studierender der Zweitwohnungssteuer unterwirft, dem therapeutischen Wohnen dienende Nebenwohnungen aber aus der Besteuerung herausnimmt. In der sozialpolitischen Zielsetzung, bestimmte hilfebedürftige

Personengruppen von der Steuerpflicht auszunehmen, liegt ein zulässiges sachliches Differenzierungskriterium.

Zweitwohnungssteuer für Dauercamper

BayVerfGH v. 19.6.2009 Vf. 17-VII-08 (NVwZ-RR 2009 S. 709)

Die Erhebung einer Zweitwohnungssteuer für Dauercamper verstößt nicht gegen **84** die Bayerische Verfassung.

Zweitwohnungssteuererhebung bei nicht dauernd getrennt lebenden Ehegatten/Zweitwohnung und Hauptwohnung in derselben Gemeinde

OVG S-Anh v. 30.6.2009 4 M 143/09

Eine an das Melderecht anknüpfende Zweitwohnungssteuerregelung, die eine aus **85** beruflichen Gründen gehaltene Zweitwohnung eines nicht dauernd getrennt lebenden Verheirateten erfasst, kann nach dem Beschluss des BVerfG vom 11.10.2005 (1 BvR 1232/00, 1 BvR 2627/03 – *siehe Nr. 28*) von vornherein nur dann gegen Art. 6 Abs. 1 GG verstoßen, wenn diese Zweitwohnung in einer anderen Gemeinde liegt als die (familiäre) Hauptwohnung.

Berufliche Nutzung der Zweitwohnung

BayVGH v. 10.8.2009 4 ZB 09.367

Es besteht kein sachlicher Grund, Zweitwohnungsinhaber, die aus beruflichen **86** Gründen oder zu Ausbildungszwecken eine Zweitwohnung im Gemeindegebiet haben, von der Steuerpflicht auszunehmen.

Berechnung der Zweitwohnungssteuer nach einem generalisierten Mietgutachten

BayVGH v. 13.8.2009 4 ZB 08.729

Für die Beantwortung der Frage nach der Höhe der ortsüblichen Miete für Zwecke **87** der Zweitwohnungssteuer ist der Rückgriff auf ein generalisiertes Mietgutachten eines öffentlich bestellten und vereidigten Sachverständigen zulässig.

Erfordernis der Hauptwohnung als einzige gemeinsame Wohnung von Eheleuten

BFH v. 19.8.2009 II B 38/09 (BFH/NV 2009 S. 2014)

1. Gemäß § 2 Abs. 7 Satz 1 Nr. 7 BlnZwStG gilt die Zweitwohnungssteuerpflicht **88** u. a. nicht für die Innehabung einer Wohnung, die von einer verheirateten Person, die nicht dauernd getrennt von ihrem Ehepartner ist, aus beruflichen Gründen gehalten wird, wenn die gemeinsame Wohnung die Hauptwohnung ist und außerhalb des Landes Berlin liegt. Diese Vorschrift ist ohne Weiteres dahin auszulegen, dass die Hauptwohnung die einzige gemeinsame Wohnung der Eheleute sein muss.

2. Wenn Eheleute, die gemeinsam eine Wohnung am Beschäftigungsort benutzen, gleichwohl eine weitere gemeinsame Wohnung außerhalb des Beschäftigungsorts bewohnen, ist dies typischerweise Ausdruck und Indikator einer wirtschaftlichen Leistungsfähigkeit.

Zweitwohnungssteuerpflicht von Polizeivollzugsbeamten bei Nebenwohnung am Dienstort

BayVGH v. 28.9.2009 4 ZB 09.923 (KommunalPraxis BY 2009 S. 416)

89   Beamte, die wegen der für sie bestehenden Residenzpflicht am Dienstort eine Nebenwohnung unterhalten, sind zweitwohnungssteuerpflichtig. Eine Herausnahme dieser Personengruppe aus der Steuerpflicht ist mit dem Gleichheitssatz nicht vereinbar.

Zweitwohnungssteuer bei alleinerziehender Mutter mit Schulkind

BFH v. 16.12.2009 II R 67/08 (BFH/NV 2010 S. 786)

90   Der Senator der Freien und Hansestadt Hamburg wird aufgefordert, dem Verfahren beizutreten, um zu der Frage Stellung zu nehmen, ob § 2 Abs. 5 Buchst. c HmbZWStG dadurch gegen Art. 6 Abs. 1 i. V. m. Art. 3 Abs. 1 GG verstößt, dass er eine aus einem alleinerziehenden Elternteil und seinem noch in der Schulausbildung befindlichen Kind bestehende Familie nicht erfasst.

Zweitwohnungssteuer für Beamte mit Residenzpflicht und Studenten in sog. „Kinderzimmerfällen" nicht verfassungswidrig

BVerfG v. 17.2.2010 1 BvR 529/09 und 1 BvR 2664/09 (BFH/NV 2010 S. 1070)

91   Die maßgeblichen verfassungsrechtlichen Fragen zu den Anforderungen an eine Zweitwohnungssteuer als örtliche Aufwandsteuer, zu der Reichweite des Schutzes der Familie sowie zu den Voraussetzungen für die Annahme eines strukturellen Defizits bei der Steuererhebung hat das BVerfG bereits geklärt.

Unter Zugrundelegung dieser verfassungsrechtlichen Grundsätze ist die Erhebung von Zweitwohnungssteuer für „Beamte mit Residenzpflicht" (1 BvR 2664/09) und für Studenten in den sog. „Kinderzimmerfällen" (1 BvR 529/09) nicht als Verstoß gegen die Grundrechte des Art. 3 Abs. 1, Art. 6 Abs. 1 und Art. 11 GG anzusehen.

Zweitwohnungssteuer für Studentenwohnung in Berlin

BFH v. 17.2.2010 II R 5/08 (NVwZ 2010 S. 1047)

92   1. Nach dem BlnZwStG gilt sowohl für die Erst- oder Hauptwohnung als auch für die Zweit- oder Nebenwohnung der melderechtliche Wohnungsbegriff. Die Zweitwohnungssteuerpflicht ist nicht auf Inhaber einer Erstwohnung mit eigener Verfügungsbefugnis beschränkt.

2. Der Einbeziehung von Wohnungen in die Zweitwohnungssteuer, die aus Gründen der Ausbildung bewohnt werden, steht der Charakter der Zweitwohnungssteuer als Aufwandsteuer iSd Art. 105 Abs. 2a Satz 1 GG nicht entgegen.

Unterschiedliche Bemessungsgrundlagen für die Zweitwohnungssteuer

Nds. OVG v. 16.3.2010 9 LA 100/09

93   Eine Satzungsregelung, die unterschiedliche Steuermaßstäbe für vermietete Wohnungen einerseits (bei ihnen sind der Hauptfeststellungszeitpunkt 1.1.1964 und eine Hochrechnung für den Besteuerungszeitraum maßgeblich) und eigengenutzte Wohnungen andererseits (bei ihnen ist die im Besteuerungszeitraum für vergleichbare Objekte regelmäßig vereinbarte Jahresrohmiete maßgeblich) vorsieht, ist in der Regel willkürlich und daher unwirksam.

Bestimmung der Höhe der Zweitwohnungssteuer nach Mietaufwand verbietet Schätzung der jährlichen Nettokaltmiete

BayVGH v. 14.4.2010 4 B 08.3313 (KommunalPraxis BY 2010 S. 283)

Bestimmt sich die Höhe der Zweitwohnungssteuer nach dem jährlichen Mietauf- **94** wand und liegt die vertraglich vereinbarte Miete nur geringfügig unter dem durch ein generalisiertes Mietgutachten ermittelten Durchschnittswert, ist eine Schätzung der jährlichen Nettokaltmiete ausgeschlossen.

Zweitwohnungssteuerpflichtige Nebenwohnung; maßgebende Kriterien zur Steuerfreiheit

OVG NRW v. 27.4.2010 14 A 1195/08

Die Frage, ob die dem mit Hauptwohnung am Familienwohnsitz gemeldeten und **95** in einem anderen Ort beruflich tätigen Kläger als Nebenwohnung dienende Unterkunft isd § 2 Abs. 6 der Satzung über die Erhebung der Zweitwohnungssteuer aus beruflichen Gründen gehalten wird, ist zu bejahen.

Zweitwohnungssteuer für abgeschlossene Wohnung mit Bad und Möglichkeit der Einrichtung einer Küche/Kochnische

OVG NRW v. 18.5.2010 14 A 2893/09

Für die Erhebung einer Zweitwohnungssteuer ist es nicht erheblich, ob das ange- **96** mietete Objekt „in Ermangelung einer Küche und einer Waschgelegenheit nicht den Grundanforderungen an eine Wohnung" genügt. Entscheidend ist vielmehr, dass es sich bei der Wohnung um eine abgeschlossene Wohnung handelt, die ein Bad und auch einen kleinen Raum aufweist, der zur Aufnahme einer Küche/Kochnische geeignet und vom Bauträger bzw. der Vermieterin auch dazu bestimmt gewesen ist.

Voraussetzung der Zweitwohnsitzsteuerpflicht für Campingwagen und Wohnmobile

OVG NRW v. 21.5.2010 14 A 794/07

Bei Campingwagen, Wohnwagen, Wohnmobilen und Mobilheimen handelt es sich **97** nur dann um Wohnungen im Sinne des Zweitwohnungssteuerrechts, wenn eine Satzungsregelung fiktiv bestimmt, dass diese „Wohnvehikel" als Zweitwohnungen im Sinne der Satzung behandelt werden sollen. Die Nutzung eines Wohnmobils bzw. Campingwagens auf einem eigenen Wohngrundstück stellt eine nicht unter die Steuerpflicht einer Zweitwohnsitzsteuer fallende Erweiterung der Wohnnutzung dar.

Zweitwohnungssteuer; Eigennutzungsmöglichkeit von vier bzw. zwei Wochen im Jahr

BayVGH v. 11.6.2010 4 B 09.2092 (DWW 2010 S. 311)

Die Reduzierung der Eigennutzungsmöglichkeit von bis zu vier Wochen im Jahr in **98** Fällen der Mischnutzung, in denen eine Ferienwohnung vom Inhaber sowohl vermietet als auch für Zwecke der persönlichen Lebensführung vorgehalten wird, schließt die Heranziehung zur Zweitwohnungssteuer dem Grunde nach nicht aus. Auch ein kurzzeitiger Gebrauch einer Zweitwohnung für einen nicht völlig unerheblichen Zeitraum des Jahres kann mithin der Steuer unterworfen werden.

Wirksamkeit des Steuersatzes in einer Zweitwohnungssteuersatzung

OVG Lüneburg v. 22.11.2010 9 ME 76/10 (ZKF 2011 S. 23)

99   Eine Staffelung der Steuersätze, die bei zahlreichen Fallgestaltungen zu einer Zweitwohnungssteuer von deutlich über 20% der Jahresrohmiete führt, bewegt sich im Grenzbereich dessen, was im Blick auf das Erdrosselungsverbot und den Grundsatz der Verhältnismäßigkeit noch als hinnehmbar angesehen werden kann.

     Eine aus drei Stufen bestehende Staffelung des Steuersatzes, bei der die höchste Stufe schon bei einem jährlichen Mietaufwand von 3601 Euro beginnt und die meisten Zweitwohnungen in die Stufe fallen, ist mit dem allgemeinen Gleichheitssatz (Art. 3 Abs. 1 GG) sowie mit Art. 105 Abs. 2a GG unvereinbar.

Befugnis des kommunalen Satzungsgebers zur pauschalierenden Erfassung des steuerbaren Aufwands bei der Zweitwohnungssteuer

BVerwG v. 7.12.2010 9 B 59/10 (BFH/NV 2011 S. 959)

100   Bei Steuererhebungen sind Typisierungen und Pauschalierungen gerechtfertigt, solange die steuerlichen Vorteile der Typisierung in einem angemessenen Verhältnis zu den mit ihr notwendig verbundenen Nachteilen stehen.

Zweitwohnungssteuer bei öffentlich geförderter Wohnung

BayVGH v. 17.1.2011 4 ZB 10.1366 (KStZ 2011 S. 73)

101   Der Zweitwohnungssteuerpflicht unterliegen auch Wohnungen, die mit öffentlichen Fördermitteln erworben wurden und daher einer Wohnungsbindung unterliegen.

Zweitwohnungssteuer; nichteheliche Partnerschaft, schulpflichtige Kinder des Steuerpflichtigen und Frage einer „melderechtlichen Zwangslage"

BayVGH v. 4.2.2011 4 ZB 10.2987

102   *(Keine vorwiegende Nutzung der Zweitwohnung durch die unverheiratete Klägerin).*

Zweitwohnungssteuer bei Nutzung der Wohnung durch Lebensgefährtin

VGH Ba-Wü v. 10.2.2011 2 S 2400/10 (ZKF 2011 S. 191)

103   Der Eigentümer einer Zweitwohnung hat diese auch dann für seine persönliche Lebensführung inne, wenn er sich selbst in der Wohnung nur wenige Tage im Jahr aufhält und die Wohnung ansonsten während der Zeiten von seiner langjährigen Lebensgefährtin genutzt wird, in denen sich beide Lebenspartner nicht gemeinsam in der Hauptwohnung des Eigentümers aufhalten.

Zweitwohnungssteuer für Dauercamper; Steuergegenstand, -maßstab und -satz; Rückwirkung

BayVGH v. 14.4.2011 4 B 10.2557 (KStZ 2011 S. 159)

104   1. Die Festlegung des Steuergegenstandes in einer Zweitwohnungssteuersatzung dahingehend, dass als „Wohnung" auch Mobilheime, Wohn- und Campingwagen gelten, die nicht oder nur gelegentlich fortbewegt werden, verstößt nicht gegen den Grundsatz der Normbestimmtheit.

     2. Soweit in der Satzung als Steuermaßstab in diesen Fällen die Jahresnettostandplatzmiete vorgesehen ist, ist dies zulässig. Ein eigener Steuersatz für Dauercamper ist

nicht geboten. Vielmehr kann der Satzungsgeber aus Gründen der Praktikabilität pauschalieren und sich mit einer Typengerechtigkeit begnügen.

3. Hinsichtlich des Steuersatzes hält sich die Gemeinde mit der Wahl einer pauschalierenden Regelung in den Grenzen der ihr zukommenden Gestaltungsfreiheit.

4. Es ist anerkannt, dass Satzungen neu und rückwirkend in Kraft gesetzt werden dürfen, wenn eine bereits bestehende Zweitwohnungssteuersatzung vom Verwaltungsgericht als nichtig angesehen worden ist. Inhaber von Zweitwohnungen können nicht darauf vertrauen, wegen der vom Verwaltungsgericht festgestellten Nichtigkeit der Satzung auch künftig von der Zweitwohnungssteuer verschont zu werden.

Rechtmäßigkeit der Begünstigung Verheirateter bei der Erhebung einer Zweitwohnungssteuer

OVG NRW v. 28.4.2011 14 A 585/11 (Gemeindehaushalt 2011 S. 166)

In Anbetracht des dem Steuergesetzgeber zustehenden weiten Gestaltungsspielraums **105** und des durch Art. 6 Abs. 1 GG begründeten Auftrags der Förderung der Ehe ist es dem Satzungsgeber nicht verwehrt, Verheiratete gegenüber den Vertretern anderer Lebensformen zu begünstigen.

Satzungsverschärfung bei der Zweitwohnungssteuer; Begünstigung von Verheirateten bzw. Lebenspartnern

OVG NRW v. 7.6.2011 14 A 2181/10

Der Gemeinderat ist befugt, das eheliche Leben im Gegensatz zum Leben Unver- **106** heirateter generell von der zweitwohnungssteuerlichen Belastung durch eine beruflich gehaltene Zweitwohnung freizustellen, wenn die Ehegatten außerhalb der Gemeinde leben, also auch dann, wenn der Zweitwohnungsinhaber die Zweitwohnung nicht überwiegend benutzte und daher seine – eheliche – Wohnung wie bei einem Unverheirateten Hauptwohnung wegen der dortigen überwiegenden Benutzung war.

Erwerbszweitwohnung und teilweise Mitbenutzung durch Familienangehörige

OVG Schl–H v. 16.6.2011 2 LB 9/11 (NVwZ-RR 2011 S. 917)

Eine Wohnung, die aus Rechtsgründen nicht zweitwohnungssteuerpflichtig ist, wird **107** nicht dadurch Gegenstand der Zweitwohnungssteuer, dass in sie vorübergehend auch Personen aufgenommen werden, die ihren Hauptsitz in einer anderen Gemeinde haben.

Heranziehung des Mitinhabers einer Wohnung zur Zweitwohnungssteuer

BayVGH v. 14.7.2011 4 BV 10.1511 (KStZ 2011 S. 210)

Der Mitinhaber einer Wohnung kann auch dann zur Zweitwohnungssteuer heran- **108** gezogen werden, wenn der andere Wohnungsmitinhaber die Wohnung als Hauptwohnung nutzt; die Gemeinde ist nicht verpflichtet, für diesen Fall einen Ermäßigungstatbestand in ihre Steuersatzung aufzunehmen.

Erhebung der Zweitwohnungssteuer bei zweitwohnungssteuerbefreitem Miteigentümer

BayVGH v. 5.8.2011 4 BV 10.1509 (ZKF 2011 S. 288)

Der Miteigentümer einer Zweitwohnung kann auch dann zur Zweitwohnungs- **109** steuer herangezogen werden, wenn der andere Miteigentümer nach der – die Rechtsprechung des Bundesverfassungsgerichts (BVerfG 1 BvR 1232/00, BVerGE 11, 316) umsetzenden – Zweitwohnungssteuersatzung zweitwohnungssteuerbefreit ist; die Gemeinde ist nicht verpflichtet, für diesen Fall einen Ermäßigungstatbestand in ihre Steuersatzung aufzunehmen.

Zweitwohnungssteuer bei mietzinsreduzierender Vereinbarung

OVG NRW v. 26.9.2011 14 A 3002/08

110 Bestimmt eine Zweitwohnungssteuersatzung, dass sich die Steuer nach der auf Grund des Mietvertrages im Besteuerungszeitraum geschuldeten Nettokaltmiete bemisst, sind spätere Vereinbarungen über eine Änderung der Miethöhe vom Zeitpunkt ihrer Geltung an auch bei der Bemessung der Zweitwohnungssteuer zu berücksichtigen.

Zweitwohnungssteuer für Bewohner eines Seniorenwohnheims

HessVGH v. 5.10.2011 5 A 1004/11 (NVwZ-RR 2012 S. 157)

111 Der Hauptsitz eines Bewohners in einem Seniorenheim hindert die Belegung einer daneben gehaltenen Zweitwohnung mit einer Zweitwohnungssteuer nicht.

Bei der Erhebung einer Zweitwohnungssteuer ist nicht auf das Einkommen oder Vermögen des einzelnen Steuerpflichtigen abzustellen, sondern ungeachtet seiner Leistungsfähigkeit auf den in dem Innehaben der Zweitwohnung liegenden Aufwand.

Für die Erfüllung des Aufwandsbegriffs ist es unerheblich, ob das Grundbedürfnis Wohnen in einer als Hauptwohnung angemeldeten Erstwohnung dadurch erfüllt wird, dass der Steuerpflichtige über den entsprechenden Wohnraum in rechtlich abgesicherter Weise verfügen darf oder diesen etwa nur als Besitzdiener (§ 855 BGB) nutzt, ob es sich um eine abgeschlossene Wohnung, nur ein Zimmer oder gar nur eine „Mitwohnmöglichkeit" handelt.

Veranlagung eines kinderlosen Ehepaares zur Zweitwohnungssteuer für beruflich genutzte Wohnung

OVG NRW v. 17.10.2011 14 A 687/09 (Gemeindehaushalt 2011 S. 284)

112 Eine Zweitwohnungssteuerpflicht für nicht dauernd getrennt lebende kinderlose Ehepartner, die aus beruflichen Gründen unterschiedliche Wohnungen unterhalten, verstößt nicht gegen Art. 6 Abs. 1 GG.

Veranlagung zur Zweitwohnungssteuer für residenzpflichtigen Kassenarzt

OVG NRW v. 30.11.2011 14 A 2438/11

113 Die Veranlagung eines Steuerpflichtigen mit beruflicher Residenzpflicht als Kassenarzt zur Zweitwohnungssteuer ist verfassungsgemäß.

Rückwirkende Erhöhung der Zweitwohnungssteuer nach rückwirkender Satzungsänderung

OVG NRW v. 1.12.2011 14 A 1211/11 (Gemeindehaushalt 2012 S. 47)

114 Die rückwirkende Erhöhung der Zweitwohnungssteuer nach einer rückwirkenden Änderung der gemeindlichen Zweitwohnungssteuersatzung kann dann rechtsfehlerhaft sein, wenn die Satzung die rückwirkende Einschränkung des Anwendungsbereichs einer Befreiungsvorschrift zum Gegenstand hat, mithin als belastende Regelung mit

echter Rückwirkung zu qualifizieren ist, die grundsätzlich rechtsstaatswidrig und deshalb nichtig ist.

Keine Hinweis- und Belehrungspflicht zur Steuerpflicht bei Zweitwohnungssteuer

BayVGH v. 6.2.2012 4 ZB 11.1516 (ZKF 2013 S. 22)

Die Gemeinde ist über die gemeinderechtliche Publikationspflicht hinaus zu keiner **115** weiteren Veröffentlichung der Zweitwohnungssteuersatzung und (mangels Anfrage) auch zu keiner individuellen Beratung über deren Inhalt verpflichtet.

Wohnungsbegriff im Sinne des Zweitwohnungssteuerrechts; Wochenendhäuser als Zweitwohnung

Sächs. OVG v. 4.7.2012 4 A 124/10 (SächsVBl. 2013 S. 140)

1. Ein allgemeingültiger Wohnungsbegriff isd „Zweitwohnungssteuerrechts" exis- **116** tiert nicht.
2. Zweitwohnungssteuerrecht ist im Wesentlichen Ortsrecht.
3. Regelt das Ortsrecht, eine Zweitwohnung sei „jede Wohnung, die jemand außerhalb des Grundstücks seiner Hauptwohnung zu Zwecken des persönlichen Lebensbedarfs innehat, insbesondere zu Erholungszwecken" sowie „Als Wohnung in diesem Sinne gelten auch Wochenendhäuser, wenn diese größer als 24 qm sind und eine Mindestausstattung aufweisen, die aus einer Trinkwasserversorgung sowie einem WC (nicht lediglich eine Campingtoilette) besteht", liegt darin die erforderliche Regelung der Mindesterfordernisse für das Vorliegen einer Zweitwohnung.
4. Derartige Wochenendhäuser mit einer Zweitwohnungssteuer zu belegen, entspricht dem Wesen der Zweitwohnungssteuer, die wirtschaftliche Leistungsfähigkeit zu besteuern.

Zweitwohnungssteuer bei Überlassen der Wohnung ohne Entgelt an Familienangehörige oder Dritte

BVerwG v. 20.12.2012 9 B 25/12 (BFH/NV 2013 S. 895)

Der Steuertatbestand ist grundsätzlich erfüllt, wenn jemand neben seiner Haupt- **117** wohnung eine weitere Wohnung nicht für sich selbst, sondern für den persönlichen Lebensbedarf von Familienangehörigen vorhält, solange er sich nicht der Verfügungsmacht über die Wohnung begibt, sondern sie nur den Familienangehörigen tatsächlich zur Nutzung überlässt.

Zweitwohnungssteuer bei jeweils wechselseitigen Haupt- und Nebenwohnungen

BayVGH v. 21.12.2012 4 CS 12.2635 (NVwZ- RR 2013 S. 656)

Der Heranziehung einer als Nebenwohnsitz angemeldete Wohnung zur Zweitwoh- **118** nungssteuer steht nicht entgegen, dass die Anmietung dieser Wohnung nur deshalb erfolgt ist, weil die Ehegattin des Mieters dort beruflich tätig ist. Unerheblich ist, aus welchen Motiven oder Gründen heraus eine Zweitwohnung angemietet wird.

Veranlagung zur Zweitwohnungssteuer bei Mitmieterschaft

OVG NRW v. 31.1.2013 14 A 2495/11

119   Eine Veranlagung zur Zweitwohnungssteuer ist trotz behaupteter Mitmieterschaft der geschiedenen Ehefrau und unentgeltlicher Gebrauchsüberlassung der Wohnung an den Sohn rechtmäßig.

Verfassungskonforme Auslegung der Satzungsbestimmung zur Zweitwohnungssteuer; keine Ungleichbehandlung gegenüber Nichtverheirateten

BayVGH v. 21.2.2013 4 ZB 12.1040 (KommunalPraxisBY 2013 S. 191)

120   Entscheiden sich Eheleute, ihren Lebensmittelpunkt an einem anderen Ort als dem Ort der Berufsausübung beizubehalten und am Arbeitsort eine zeitlich untergeordnet genutzte Zweitwohnung zu unterhalten, sind sie gehalten, diese sich aus dieser persönlichen Entscheidung resultierenden steuerrechtlichen Folgen hinzunehmen.

Zweitwohnungssteuer bei Gartenlaube im Kleingarten

OVG M-V v. 25.2.2013 1 M 72/12 (NVwZ-RR 2013 S. 659)

121   Gartenlauben in einem Kleingarten nach § 3 Abs. 2 BKleingG können der Zweitwohnungssteuer unterliegen, wenn sie zum dauernden Wohnen geeignet sind. Auf die tatsächliche Nutzung kommt es grundsätzlich nicht an.

Innehaben einer an Lebenspartner vermieteten Zweitwohnung

VGH Ba-Wü v. 25.2.2013 2 S 2515/12 (KStZ 2013 S. 151)

122   Bei nichtehelichen Lebenspartnern ist Inhaber einer Zweitwohnung in aller Regel nur derjenige Partner, der Eigentümer, Mieter oder sonst Nutzungsberechtigter dieser Wohnung ist.

Vereinbarkeit einer kommunalen Zweitwohnungssteuer mit grundrechtlicher und unionsrechtlicher Freizügigkeit

BayVGH v. 27.3.2013 4 ZB 12.1477 (BayVBl. 2013 S. 499)

123   Die Erhebung einer kommunalrechtlichen Zweitwohnungssteuer ist mit der grundrechtlichen (Art. 11 Abs. 1 GG) ebenso wie mit der unionsrechtlichen (Art. 20 Abs. 2 Satz 2 Buchst. a iVm Art. 21 Abs. 1 AEUV) Freizügigkeit vereinbar.
    Eine an das Innehaben einer Zweitwohnung anknüpfende Steuer führt zu keiner unzulässigen Diskriminierung von EU-Ausländern oder Ortsansässigen.

Erhebung von Zweitwohnungssteuer bei einer mehrere hundert Meter entfernten Einrichtung zur Trinkwasserversorgung

OVH S-Anh v. 3.4.2013 4 L 55/13 (NVwZ 2013 S. 960)

124   Die zum Wohnen notwendigen Ver- und Entsorgungseinrichtungen für Trinkwasser, Abwasser und Strom müssen sich grundsätzlich innerhalb einer Gemeinschaftsanlage befinden und ohne größeren Aufwand genutzt werden können. Die Nutzung einer realistischerweise nur mit einem Fahrzeug erreichbaren Trinkwasserentnahmestelle erfordert einen solch erhöhten Aufwand und kann den Bedarf an einer ausreichenden Menge Trinkwasser zum Kochen, Waschen, Zähneputzen und Ähnlichem, das ein zeitweises „Wohnen" erst ermöglicht, nicht decken.

Höhe der Zweitwohnungssteuer durch Schätzung

VGH Ba-Wü v. 24.6.2013 2 S 2116/12 (DWW 2014 S. 72)

Wenn eine Gemeinde die Einheitswertfeststellung des Finanzamts, die auf der Jah- **125**
resrohmiete des Jahres 1964 basiert, heranzieht und diese anhand der seither erfolgten
Mietpreissteigerungen indexiert, um die Höhe der üblichen Miete für eine eigengenutzte Zweitwohnung zu schätzen, steht dies nicht im Einklang mit einer Satzungsbestimmung, die regelt, dass diese Schätzung in Anlehnung an die Jahresrohmiete vergleichbarer Räume zu erfolgen hat.

Zweitwohnungssteuer bei Leerstand

BayVGH v. 27.6.2013 4 B 13.592 (DVBl 2013 S. 1269)

Wird der mehrjährige Leerstand einer Zweitwohnung durch entsprechende Ver- **126**
brauchsdaten nachgewiesen, ist die Vermutung, diese Wohnung werde für Zwecke der
persönlichen Lebensführung vorgehalten, erschüttert.

Höhe der Zweitwohnungssteuer durch indexierte Jahresrohmiete

BayVGH v. 16.9.2013 4 ZB 13.908 (KommunalPraxisBY 2013 S. 424)

Im Allgemeinen werden Satzungsbestimmungen, die den jährlichen Mietaufwand **127**
nach der indexierten Jahresrohmiete ermitteln, in der Rechtsprechung als zulässig
erachtet, ohne dass noch weiter geprüft wird, in welchem Umfang diese etwa von der
ortsüblichen Vergleichsmiete abweicht.

**Innehaben einer Zweitwohnung bei Anmietung einer Wohnung zur
Nutzung durch Kind**

BayVGH v. 7.10.2013 4 ZB 13.1570

Das Innehaben einer Wohnung im zweitwohnungssteuerrechtlichen Sinne setzt vor- **128**
aus, dass der Steuerpflichtige für eine gewisse Dauer rechtlich gesichert über die Nutzung der Wohnung verfügen kann. Ist der Steuerpflichtige auf Grundlage des von ihm
unterzeichneten Mietvertrages Mitmieter der Wohnung geworden, hat er damit die
notwendige rechtliche Verfügungsbefugnis über die angemietete Wohnung erlangt.
Der Umstand, dass das Kind des Steuerpflichtigen die fragliche Wohnung bewohnt,
ändert nichts an diesem Befund und führt insbesondere nicht zum Wegfall des Nutzungsrechts des Steuerpflichtigen. Die Motivation des Steuerpflichtigen zur Unter-
zeichnung des Mietvertrages ist rechtlich unbeachtlich.

Veranlagung zur Zweitwohnungssteuer für Wohnmobil/Reisemobil

OVG NRW v. 23.12.2013 14 A 1404/11

Die Heranziehung zur Zweitwohnungssteuer für das Abstellen eines Wohnmo- **129**
bils/Reisemobils auf dem Campingplatz ist, wenn dieses zu Zwecken des persönlichen
Lebensbedarfs auf Grundstücken für einen nicht nur vorübergehenden Zeitraum abgestellt ist, rechtlich nicht zu beanstanden.

Degressive Ausgestaltung einer kommunalen Zweitwohnungssteuer

BVerfG v. 15.1.2014 1 BvR 1656/09 (DStR 2014 S. 420)

Ein degressiver Zweitwohnungssteuertarif verletzt das Grundrecht auf Gleichbe- **130**
handlung des Art. 3 Abs. 1 GG in seiner Ausprägung als Gebot der Besteuerung nach

der wirtschaftlichen Leistungsfähigkeit, wenn dies nicht durch hinreichend gewichtige sachliche Gründe gerechtfertigt ist *(betr. Konstanz)*.

Zweitwohnungssteuer für sog. Wohnkanzlei

BayVGH v. 18.2.2014 4 ZB 13.2515 (NZM 2014 S. 444)

131 Arbeits-, Geschäfts- und Büroräume können gleichzeitig Wohnungen im melderechtlichen Sinne sein, wenn sie außerhalb der Arbeitszeit tatsächlich zum Wohnen oder Schlafen benutzt werden.

Zweitwohnungssteuer/Wohnen als Grundbedürfnis, Ortsrecht

Sächs. OVG v. 25.3.2014 4 A 531/12

132 1. Nach der Rechtsprechung des BVerwG kommt es hinsichtlich der Erstwohnung bundesrechtlich nur darauf an, dass mit ihr das Grundbedürfnis „Wohnen" als Teil des persönlichen Lebensbedarfs abgedeckt wird. Das ist regelmäßig der Fall, wenn die Erstwohnung als Hauptwohnung angemeldet ist. Wird somit das Grundbedürfnis „Wohnen" bereits in der als Hauptwohnung angemeldeten Erstwohnung gedeckt, stellt das Innehaben einer weiteren Wohnung einen zusätzlichen Aufwand dar, der typischerweise eine besondere wirtschaftliche Leistungsfähigkeit indiziert.

2. Zweitwohnungssteuerrecht ist im Wesentlichen Ortsrecht. Als Ortsrecht ist es offen für vielgestaltige Regelungen in den Kommunen. Erforderlich ist allerdings, dass hinreichend bestimmt zum Ausdruck kommt, welcher Wohnungsbegriff nach dem Willen des Ortsgesetzgebers maßgeblich sein soll.

Anhang V

Reform der Grundsteuer
Debatte und Reformmodelle

Übersicht

1. Grundsteuerreform-Debatte
2. Stellungnahme zu Reformmodellen
3.–7. Gemeinsame Reforminitiative der Finanzminister der Länder Bayern und Rheinland-Pfalz
   a) Verzicht auf die Grundsteuer A
   b) Neue Bemessungsgrundlagen für die Grundsteuer B
   c) Zuständigkeitsfrage
   d) Stellungnahmen zu dem Modell
8. Parlamentarische Reformanstrengungen auf Bundesebene

9., 10. Grundsteuerreform auf der Basis von Verkehrswerten/Machbarkeitsstudie
11. Stellungnahme des Wissenschaftlichen Beirats beim Bundesministerium der Finanzen
12. Konkretisierung der Reformmodelle
13. Verkehrswertmodell
14. Wertunabhängiges Modell
15. Gebäudewertunabhängiges Kombinationsmodell
16. Ausblick

Grundsteuerreform-Debatte

Literatur: *Arbeitsgruppe der Länder Baden-Württemberg, Bayern und Hessen*, Eckpunkte für eine vereinfachte Grundsteuer nach dem Äquivalenzprinzip, NL – BzAR 2010 S. 339; *Bahrs*, Bewertungsoptionen für eine zu novellierende Grundsteuer A im Kontext der jüngsten Rechtsprechung des Bundesfinanzhofs, AGRA – EUROPE Heft 36/2010 S. 1; *Balke*, Grundsteuer unter Verfassungsdruck – über derzeitige Reformmodelle, über die Notwendigkeit der Abschaffung der Grundsteuer, über Rechtsschutzmöglichkeiten, ZSteu 2005 S. 322; *Becker*, Grundsteuerreformmodelle im Vergleich – Konzeption und Praxisfolgen, BB 2011 S. 535; *Becker*, Leitlinien zum verfassungsrechtlichen Rahmen des Steuerrechts am Beispiel des zu reformierenden Grundsteuergesetzes, BB 2011 S. 2391; *Becker*, Die Reform der Grundsteuer – wem obliegt die Gesetzgebungskompetenz?, BB 2013 S. 861; *Bizer/Joeris*, Zur Eignung der Bodenrichtwerte als Bemessungsgrundlage für die Grundsteuer, GuG 1998 S. 132; *Broer*, Eine Gemeindefinanzreform jenseits der Gewerbesteuerdiskussion – Abschaffung der Gewerbesteuerumlage und Erhöhung der Grundsteuermesszahlen, DStZ 2014 S. 352; *Brüggemann*, Reform der Grundsteuer: Quo vadis?, ErbBstg 2012 S. 111; *Bruschke*, Einheitsbewertung als Bemessungsgrundlage der Grundsteuer? – Wege zur Neustrukturierung, ErbStB 2010 S. 348; *von Cölln*, BFH-Urteil setzt Signal für Grundsteuerreform, FWW 2010 S. 159; *Coulmas/Lehmbrock*, Grundsteuerreform – Was kommt nach dem Praxistest?, vhw Forum Wohneigentum Heft 6/2001 S. 289; *Cremers*, Grundsteuermodelle und Verfassung, Berlin 2012; *Deutscher Verein für Vermessungswesen*, Zur Eignung von Bodenrichtwerten für ein neues Grundsteuermodell, GuG 2000 S. 142; *Dedy*, Offene Fragen bei der Grundsteuer, Gemeindehaushalt 2004 S. 121; *Dicken/Mohl*, Überlegungen zu einer Reform der Grundsteuer, KStZ 1996 S. 7; *Drosdzol*, Baulandsteuer und Bodenwertsteuer – Neue Perspektiven für die Grundsteuer?, DStZ 1994 S. 205; *Drosdzol*, Neuregelung der Grundsteuer als bodenwertbezogene Steuer, WFA 1998 S. 30; *Drosdzol*, Grundsteuer, Möglichkeiten einer

Neuregelung, DStZ 1999 S. 831; *Drosdzol,* Steuerliche Immobilienbewertung in Deutschland – Reformversuche ohne Erfolg?, DStZ 2001 S. 689; *Drosdzol,* Grundsteuer auf der Basis von Verkehrswerten?, immobilien & bewerten 2010 S. 100; *Drosdzol/Mürle/Treppschuh,* Bodenrichtwerte – Grundlage für ein neues Grundsteuermodell, FiWi 2001 S. 181; *Eekhoff/Lemmer,* Anreiz- und Belastungseffekte verschiedener Grundsteuersysteme, vhw Forum Wohneigentum Heft 6/2001 S. 308; *Eisele,* Grundsteuer und Gesetzgebungskompetenz, NWB 2001 S. 1725; *Eisele,* Grundsteuerreform in Deutschland – eine unendliche Geschichte?, DStZ 2003 S. 834; *Eisele,* Reform der Grundsteuer – Aktuelle Entwicklungen und Tendenzen, StW 2011 S. 175; *Esser,* Grundsteuerreform: Fragen und Antworten angesichts der Probleme des strukturellen Leerstandes, vhw Forum Wohneigentum Heft 6/2001 S. 321; *Flach,* Grundsteuer – Quo vadis?, Gemeinde und Stadt, Beilage 3/2002 zu Heft 6/2002; *Geiger,* Reform des Grundsteuerrechts, Der Gemeindehaushalt 2006 S. 145; *Glier,* Zur Neuordnung der Besteuerung des Grundbesitzes, DWW 1995 S. 229; *Groth/Streck,* Abschöpfung leistungsloser Bodenwertsteigerungen, KJ 1998 S. 318; *Groth,* Die reine Bodenwertsteuer nach Modell C, vhw Forum Wohneigentum Heft 6/2001 S. 305; *Hantzsch,* Reform der Grundsteuer durch den Bundesgesetzgeber, DStZ 2012 S. 758; *Hiller/Vogel/Lipp,* Substanzbesteuerung im Wandel – Anmerkungen zu aktuellen Entwicklungen und Reformvorschlägen, DStZ 2013 S. 692; *Homburg,* BB-Forum: Die Steuerreformvorschläge der Stiftung Marktwirtschaft, BB 2005 S. 2382; *Hüwels,* Ist das Modell einer reinen Bodenwertsteuer investorenfreundlich?, vhw Forum Wohneigentum Heft 6/2001 S. 323; *Jachmann,* Eine neue Qualität der kommunalen Steuerfinanzierung: Das Vier-Säulen-Modell der Kommission Steuergesetzbuch, StuW 2006 S. 115; *Josten,* Die Bodenwertsteuer – eine Reformmöglichkeit für die Grundsteuer?, GuG 1999 S. 321; *Karl-Bräuer-Institut des Bundes der Steuerzahler,* Reform der Grundsteuer – Handlungsbedarf und Reformoptionen, Heft 109/2011; *Klaaßen,* Folgenschwerer Wertewandel, MM 2004 S. 104; *Kleutgens/Pönicke,* Steuerrechtliche Vorhaben der Großen Koalition in der kommenden Legislaturperiode, BB 2005 S. 2715; *Köhler/Wagner,* „Die Debatte um die Reform der Grundsteuer gewinnt an Fahrt", BB 2010 S. 2483; *Krause,* Kommt jetzt die Reform der Grundsteuer? – BFH erhebt verfassungsrechtliche Zweifel an der Einheitsbewertung, NWB-EV 2010 S. 361; *Krause/Grootens,* Novellierung der Grundsteuer – Vorstellung der Reformmodelle der Länder, NWB-EV 2011 S. 231; *Krumm,* Kommunales Flächenmanagement, FiWi 2001 S. 102; *Lang,* Bestandsaufnahme der kommunalsteuerrechtlichen Reformmodelle, Kommunalsteuern und -abgaben 2012 S. 307; *Lehmbrock/Coulmas,* Grundsteuerreform im Praxistest – Verwaltungsvereinfachung, Belastungsänderung, Baulandmobilisierung, Berlin 2001; *Lehmbrock,* Zum Stand der Grundsteuerreform, WuM 2002 S. 202; *Linscheidt,* Reform des Kommunalsteuersystems, Vierteljahrhefte zur Wirtschaftsforschung 1997 S. 382; *Löhr,* Umgestaltung der Grundsteuer im Rahmen einer effizienten Flächenhaushaltspolitik, Zeitschrift für Umweltpolitik und Umweltrecht 2004 S. 587; *Löhr,* Flächenhaushaltspolitische Varianten einer Grundsteuerreform, Wirtschaftsdienst 2008 S. 121; *Löhr,* Reform der Grundsteuer – zu einem blinden Fleck in der Stellungnahme des Wissenschaftlichen Beirats beim Bundesministerium der Finanzen, Wirtschaftsdienst 2011, S. 333; *Löhr,* (Grund-)Steuerreform – Die Diskussion der länderoffenen Arbeitsgruppe der Finanzminister, Wirtschaftsdienst 2012 S. 815; *Mackscheidt,* Freiheit für die kommunale Einnahmepolitik, Gemeindehaushalt 2001 S. 241; *Maiterth,* Vermögensbesteuerung aus ökonomischer Sicht, DB 2012, Beilage zu Heft 47/2012 S. 47; *Mannek,* Grundsteuerreform, BIS 2003 S. 5; *Mathe,* Grundsteuerreform aus Sicht kommunaler Wohnungsunternehmen, vhw Forum Wohneigentum Heft 6/2001 S. 325; *Meier,* Grundsteuer – quo vadis?, ZKF 2006 S. 73; *Mohl,* Abgaben auf Grundstücke und Gebäude als bodenpolitisches Instrument, ZKF 1993 S. 170; *Mohl,* Neue Überlegungen zur Grundsteuerreform, KStZ 1999 S. 121; *Mohl,* Zum Stand der

Diskussion über Grundsteuerreform und Bodenpolitik, KStZ 2000 S. 110; *Nagel/ Lange*, Die kombinierte Bodenwert- und Gebäudewertsteuer nach dem Modell B der Finanzministerkonferenz, vhw Forum Wohneigentum Heft 6/2001 S. 301; *Nehls*, Die Reform der Grundsteuer als Anwendungsbeispiel für die Automatisierung des Besteuerungsverfahrens, Gemeindehaushalt 2013 S 205; *NN*, Grundsteuerreform und Verfassungsmäßigkeit der Einheitsbewertung, BWGZ 2012 S. 205; *Reidenbach*, Auswirkungen des Grundsteuermodells Bayern/Rheinland-Pfalz auf das Steueraufkommen der Städte – Ergebnisse einer empirischen Untersuchung, ZKF 2007 S. 73; *Richter/ Heckmann*, Die nicht umlagefähige Mietsteuer als Modell für eine Reform der Grundsteuer, StuW 2011 S. 331; *Rodi*, Die Grundsteuer als Instrument einer Flächenhaushaltspolitik, ZUR Sonderheft 2002 S. 164; *Ronnecker*, Eckpunkte des Deutschen Städtetages für eine Reform der Grundsteuer, ZKF 2010 Nr. 10 S. VII; *Schauer*, Die reine Flächensteuer nach Modell A, vhw Forum Wohneigentum Heft 6/2001 S. 296; *Schmitz*, Ausgestaltung und Vorteile eines kommunalen Mehr-Säulen-Steuersystems, Gemeindehaushalt 2006 S. 1; *Schmehl*, Kritische Bestandsaufnahme der Grundsteuer, Kommunalsteuern und -abgaben 2012 S. 249; *Schulemann*, Der Prüfungsmaßstab für die Grundsteuerreform, BB 2012 S. 813; *Sprengnetter*, „Grundsteuer wird einfacher, aber auch teurer", WFA 2004 S. 3; *Städte- und Gemeindebund NRW*, Grundsteuerreform, KStZ 2004 S. 69; *Stein*, Reform der Grundsteuer, ZKF 2000 S. 74; *Stiftung Marktwirtschaft/Frankfurter Institut*, Gute Gemeindesteuern, Berlin 2003; *Stöckel*, Vorschlag zur Neuregelung der Grundsteuer, NWB 2001 S. 3053; *Stöckel*, Die Grundsteuerreform – vom BVerfG vergessen und längst überfällig, NWB 2005 S. 2243; *Stöckel*, Wegfall der Einheitswerte und Reform der Grundsteuer? – Drei Reformmodelle auf dem Prüfstand, NWB 2011 S. 1708; *Walter*, Grundsteuer – Die „vergessene" Reform, DWW 2007 S. 136; *Wissenschaftlicher Beirat beim Bundesministerium der Finanzen*, Reform der Grundsteuer, Stellungnahme, Berlin 2011; *Zeitler*, Eine einfache Grundsteuer – die vergessene Reform, DStZ 2002 S. 131; *Zochert*, Die Reform des Grundsteuergesetzes, BB 2011 S. 3105.

Infolge der Einheitswertbeschlüsse des Bundesverfassungsgerichts v. **1** 22.6.1995 zur Vermögensteuer (2 BvL 37/91, BStBl. 1995 II S. 655) sowie zur Erbschaftsteuer (2 BvR 552/91, BStBl. 1995 II S. 671) sind die nach den Wertverhältnissen vom 1.1.1964 (§§ 27, 79 Abs. 5 BewG) ermittelten Einheitswerte für den Grundbesitz (land- und forstwirtschaftliches Vermögen, Grundvermögen einschließlich Betriebsgrundstücke) für Zwecke der Vermögensteuer und Erbschaftsteuer nicht mehr anwendbar, da das Wertniveau für Grundbesitz einem verfassungsrechtlichen Vergleich mit dem Wertniveau anderer Vermögenswerte – insbesondere Kapitalvermögen – nicht mehr standhielt. Auf Grund des Jahressteuergesetzes 1997 v. 20.12.1996 (BGBl. 1996 I S. 2049) sind für die Erbschaftsteuer (Schenkungsteuer) mWv 1.1.1996 sowie für die Grunderwerbsteuer mWv 1.1.1997 neue Grundbesitzwerte – sog. Bedarfswerte – anzusetzen, deren Wertermittlung auf §§ 138 ff. bzw. §§ 158 ff. BewG basiert; Vermögensteuer wird für Veranlagungszeitpunkte nach dem 31.12.1996 nicht mehr erhoben, vgl. im Einzelnen Anm. 7 zu § 15 GrStG.

Auch wenn die genannten Beschlüsse des Bundesverfassungsgerichts die Grundsteuer nicht unmittelbar betreffen – diese Steuerart erfasst nur einheitswertgebundenes Vermögen (siehe hierzu auch BFH v. 8.2.2000, BFH/NV 2000 S. 1076) –, ist eine **Aktualisierung der grundsteuerlichen Bemessungsgrundlagen** aus verfassungsrechtlichen Gründen geboten (*Drosdzol*,

DStZ 1999 S. 831 sowie BFH v. 30.6.2010 II R 60/08, BStBl. 2010 II
S. 897). Das Ausbleiben von Anpassungen der Einheitswerte im Wege von
Hauptfeststellungen hat nicht nur zu erheblichen Wertverzerrungen zwischen
den verschiedenen Vermögensarten geführt; vielmehr ist der Status quo innerhalb des Grundbesitzes von Wertverzerrungen geprägt, die sich nur
schwer mit den Prinzipien einer gleichmäßigen Besteuerung vereinbaren lassen. Das geltende Grundsteuerrecht beruht in konzeptioneller Hinsicht auf
der Überlegung, turnusmäßig zeitgemäße, d.h. gegenwartsnahe Werte zu
ermitteln und der Bewertung der wirtschaftlichen Einheiten zugrunde zu
legen. Dieses Konzept wurde vom Steuergesetzgeber ausgesetzt, mit der Folge, dass die Besteuerungsgrundlagen infolgedessen auf dem Wertniveau
1.1.1964 (alte Bundesländer) bzw. 1.1.1935 (neue Bundesländer) stagnieren.
Der Einigungsvertrag ordnete für die **neuen Bundesländer** mWv
1.1.1991 die allgemeine Grundsteuerpflicht (wieder) an; der Gesetzgeber
konnte hier lediglich auf die alten, nach den Wertverhältnissen 1.1.1935 festgestellten Einheitswerte zurückgreifen. Lagen solche Einheitswerte für Einfamilienhäuser und Mietwohngrundstücke zum 1.1.1991 nicht vor, ist nach
Maßgabe des § 42 GrStG die Grundsteuer nach der sog. Ersatzbemessungsgrundlage – d.h. Pauschalierung der Grundsteuer durch Rückgriff auf die
Wohn-/Nutzfläche – zu erheben; in diesen Fällen werden die grundsteuerlichen Bemessungsgrundlagen unmittelbar von den Gemeinden ermittelt. Aus
dem Nebeneinander der Grundsteuer nach Einheitswerten und nach Ersatzbemessungsgrundlage resultiert in den neuen Bundesländern eine starke Ungleichbehandlung der Grundstücke.

Die Länder **Bayern** und **Hessen** hatten bereits im Jahr 2001 den Entwurf
eines Gesetzes zur Rückholung der Gesetzgebungskompetenz bei der
Grundsteuer für die Länder (BR-Drucks. 306/01 v. 17.4.2001) im Bundesrat
eingebracht, dessen Beratung derzeit lediglich ausgesetzt ist. Der Gesetzesantrag hat zum Ziel, durch Ergänzung des § 38 GrStG um einen neuen Abs. 2
die Gesetzgebungskompetenz bei der Grundsteuer den Ländern zuzuweisen,
soweit diese von einer in dieser Vorschrift zu verankernden Öffnungsklausel
Gebrauch machen. Demnach soll das derzeitige – bundesgesetzlich geregelte
– Grundsteuergesetz keine Anwendung finden in einem Land, in dem eine
landesgesetzliche Regelung (= Landesgrundsteuergesetz) besteht. Der Gesetzesantrag geht davon aus, dass die Voraussetzungen für das konkurrierende
Gesetzgebungsrecht des Bundes (Art. 72 Abs. 2 GG) bei der Grundsteuer
nicht vorliegen; nach Auffassung von Bayern und Hessen ist vielmehr eine
bundesgesetzliche Regelung zur Herstellung gleichwertiger Lebensverhältnisse im Bundesgebiet nicht erforderlich, da das Grundgesetz den Gemeinden in
Art. 106 Abs. 6 Satz 2 GG das Recht zur Festsetzung der Hebesätze und damit zur Bestimmung der Höhe der Grundsteuer einräume und damit selbst
keine Einheitlichkeit bei der Erhebung dieser Steuer verlange.

Da bei der Grundsteuer keine die Ländergrenzen überschreitenden Sachverhalte vorliegen, die einer einheitlichen Regelung bedürfen, bestehe – so
der Gesetzesantrag weiter – auch zur Wahrung der Rechts- und Wirtschaftseinheit keine Erforderlichkeit für eine bundesgesetzliche Regelung des
Grundsteuerrechts. Folglich könne nach Art. 72 Abs. 3 GG ein Bundesgesetz

bestimmen, dass eine bundesgesetzliche Regelung durch Landesrecht ersetzt wird; diesem Anliegen diene die Ergänzung des § 38 GrStG.

Als Vorteil der vorgeschlagenen Regelung hebt der Gesetzesantrag die Rückverlagerung des Gesetzgebungsrechts auf die Länder hervor, um so auf dem (wichtigen) Gebiet des Steuerrechts wieder einen Teil der im Laufe der Jahre immer mehr – so der Begründungsteil ausdrücklich – „ausgehöhlten Kompetenzen" zurück zu erlangen. Des Weiteren könnten nach Auffassung der Länder Bayern und Hessen nach Umsetzung des Gesetzesantrags die Bestimmungen des Grundsteuerrechts dem – ohnehin landesgesetzlich geregelten – Kommunal-, Kommunalabgaben- und Baurecht angepasst werden; mithin würde dem Landesgesetzgeber die Möglichkeit eingeräumt, flexibler und gezielter auf unterschiedliche regionale Entwicklungen im Grundstücksbereich zu reagieren. Da die in § 38 Abs. 2 GrStG-E zu verankernde Öffnungsklausel es den Ländern ermöglichen würde, den Zeitpunkt der Einführung landesrechtlicher Regelungen selbst zu bestimmen, könnten damit nach der Gesetzesbegründung die unterschiedlichen, länderindividuellen Voraussetzungen für die Umsetzung einer Grundsteuerreform Berücksichtigung finden.

Stellungnahme zu Reformmodellen

Die Verankerung einer Öffnungsklausel im geltenden Grundsteuerrecht 2 zugunsten vorrangiger landesgesetzlicher Regelungen leistete einer weiteren **Rechtszersplitterung** bei der Grundsteuer im bundesweiten Vergleich Vorschub. Die bestehenden materiell-rechtlichen und verfahrensrechtlichen Unterschiede bei der grundsteuerlichen Bemessungsgrundlage in den alten und neuen Bundesländern würden verfestigt, da sich Änderungen inhaltlicher Art nur dort ergäben, wo der Landesgesetzgeber tätig würde. Mache der Landesgesetzgeber von der Öffnungsklausel des § 38 Abs. 2 GrStG-E Gebrauch, wäre auch das materielle Bewertungsrecht, das derzeit im Bewertungsgesetz, mithin bundesgesetzlich, geregelt ist, vollumfänglich in einem Landesgrundsteuergesetz zu verankern, da es hier um die Bemessungsgrundlage schlechthin und nicht (nur) um Fragen des Hebesatzes und der Steuererhebung geht.

Die mit der Öffnungsklausel einhergehende Möglichkeit des jeweiligen Landesgesetzgebers, das Grundsteuerrecht an das einschlägige Kommunal-, Kommunalabgaben- und Baurecht anzupassen, erscheint problematisch. Auch wenn die Reform der Grundsteuer turnusmäßig als Vehikel für eine Mobilisierung von Bauland instrumentalisiert wird, dürfte fraglich sein, ob sich die Grundsteuer im Hinblick auf ihre absolute Höhe im Einzelfall überhaupt als Lenkungsinstrument eignet. Vielmehr sollten städtebauliche, siedlungspolitische und ökologische Zielsetzungen primär außerhalb eines reformierten Grundsteuerrechts – z. B. im Bauplanungsrecht – verankert werden; wie umstritten derartige Vorhaben bereits im außersteuerlichen Bereich sind, zeigte die Kontroverse im Gesetzgebungsverfahren zum Bau- und Raumordnungsgesetz 1998 hinsichtlich der Einführung eines Planungswertausgleichs, als die Teilabschöpfung der planungsbedingten Wertsteigerung bei neu ausgewiesenen Bauflächen thematisiert wurde.

Nach alledem ist eine **bundesgesetzliche Reform der Grundsteuer** insgesamt erstrebenswert, um so die Einheitlichkeit des Rechts der grundsteuerlichen Bemessungsgrundlage zu gewährleisten. Die Hebesatzautonomie der Kommunen hat sich in der Vergangenheit als bewährtes und anpassungsfähiges Mittel erwiesen, regionalen Besonderheiten angemessen Rechnung zu tragen. Was die Stärkung von Länderkompetenzen – erklärtes Ziel der Länderinitiative Bayerns und Hessens – bei der Grundsteuer anlangt, sei erwähnt, dass der Gesetzesformulierungsvorschlag der vorgenannten „Arbeitsgruppe Grundsteuer" nicht ausschließt, die Feststellung der (grundsteuerlichen) Bemessungsgrundlage auf die Kommunen zu übertragen; die Verlagerung dieser Zuständigkeit auf die Gemeinden müsste durch Landesgesetz geregelt werden (Art. 108 Abs. 4 Satz 2 GG).

Anlässlich der Einheitswertbeschlüsse des Bundesverfassungsgerichts v. 22.6.1995 (aaO) hatte die Finanzministerkonferenz (FMK) bereits am 21.12.1995 beschlossen, das bisherige Verfahren für die Grundsteuer noch übergangsweise beizubehalten. Darüber sei mit den Städten und Gemeinden zu beraten, ob und ggf. wie die Ermittlung der grundsteuerlichen Bemessungsgrundlage durch die Kommunen selbst mittelfristig in einem stark vereinfachten Verfahren erfolgen kann. Eine länderoffene Arbeitsgruppe „Grundsteuer" hat entsprechend dem Beschluss der FMK das Modell einer neuen Bemessungsgrundlage für die Grundsteuer entwickelt und hierauf basierend einen Gesetzesformulierungsvorschlag erarbeitet. Dieser Vorschlag präferiert für den Bereich des Grundvermögens einschließlich der Betriebsgrundstücke – hierzu gehören auch die land- und forstwirtschaftlichen Wohngebäude sowie Betriebswohnungen – das Modell „Bodenrichtwert und pauschalierter Gebäudewert" (sog. **Modell B**). Hiernach erfolgt die Bewertung des Grund und Bodens durch die Multiplikation der Grundstücksfläche mit dem Bodenrichtwert (zur Eignung von Bodenrichtwerten für ein neues Grundsteuermodell vgl. *Drosdzol*, WFA Heft 4/98 S. 30 sowie *Deutscher Verein für Vermessungswesen*, GuG 2000 S. 142). Für die aufstehenden Gebäude werden grundsätzlich je m² Wohnfläche pauschal 1000 € (Mietwohngrundstücke: 750 €) angesetzt; geringere Wertansätze sind für Grundstücke besonderer Art – hierzu zählen z. B. Reithallen, Baracken, Garagen und Fabrikationshallen – vorgesehen. Für die beizubehaltende Grundsteuer A wird einer stark vereinfachten Bewertung der land- und forstwirtschaftlichen Nutzflächen der Vorzug eingeräumt. Im Übrigen wird die grundsätzliche Zuständigkeit der Finanzämter für die Feststellung der Grundsteuerwerte und die Festsetzung der Grundsteuermessbeträge befürwortet.

Ein (Gegen-)Entwurf Bayerns – sog. **Modell A** – spricht sich für die vollumfängliche Kommunalisierung der Grundsteuer unter Rückgriff auf ein stark pauschaliertes Bewertungsverfahren aus, wobei die Steuerbemessungsgrundlage nur auf der physischen Größe der Grundstücke und Gebäude basiert. Die Höhe der Grundsteuer bestimmt sich danach nach dem Steuermessbetrag und dem darauf anzuwendenden Hebesatz. Der Steuermessbetrag für Grundstücke setzt sich zusammen aus den Messbeträgen für den Grund und Boden und – soweit vorhanden – für Gebäude; Bezugsgröße für die Wertermittlung sind dabei zum einen die Grundstücksfläche, zum anderen die Wohn-/Nutzfläche, auf die in der Folge ein pauschaler Euro-Betrag (0,10/0,50 €) angewendet wird. Das land- und forstwirtschaftliche Vermögen (einschließlich der Gebäude) wird gänzlich von der Grundsteuer ausgenommen.

Im Gegensatz zum geltenden Recht und anderen Reformmodellen ist Besteuerungsgegenstand beim **Modell C** allein der Wert des Grund und Bodens, mit der Folge, dass die Besteuerung proportional zu dem Wert des Bodens erfolgt. Mithin resultiert die individuelle Höhe der Bodenwertsteuer aus der vom Bodenwert bestimmten Steuermesszahl, multipliziert mit dem von der Kommune festgesetzten Hebesatz. Die Praktikabilität des Modells C erfordert, dass Bodenrichtwerte (§ 196 BauGB) zonal festgelegt sind. Die aktuell nach § 196 BauGB vorgesehene Festlegung der Bodenrichtwerte nur für einzelne lagetypische Grundstücke wäre zur Umsetzung von Modell C ungeeignet.

Mit **Modell D** wird Modell C um eine Flächenkomponente erweitert. Hierdurch soll das bei einer reinen Bodenwertsteuer erwartete Gefälle der Abgaben vom Zentrum zum Stadtrand abgeschwächt werden. Folglich sollen große Grundstücke mit niedrigerem Bodenwert höher als bei einer ausschließlichen Bemessung über den Bodenwert, kleine Grundstücke mit hohen Bodenwerten entsprechend niedriger besteuert werden.

Gemeinsame Reforminitiative der Finanzminister der Länder Bayern und Rheinland-Pfalz

Im Januar 2004 hatten die Finanzminister der Länder Bayern und Rhein- **3** land-Pfalz der Finanzministerkonferenz einen gemeinsamen Lösungsvorschlag zur Reform der Grundsteuer vorgelegt, um dem Reformprozess neue Impulse zu verleihen, sog. **Nomenklaturvorschlag.** Dieser Ansatz, der sich als **modifiziertes Modell B** beschreiben lässt, basiert auf folgenden Eckpunkten: Wegfall der Grundsteuer A bezogen auf land- und forstwirtschaftliche Nutzflächen; Erstreckung der Grundsteuer B auf land- und forstwirtschaftliche Wohnteile und Betriebswohnungen; Schaffung einer neuen Bemessungsgrundlage für die bisherige Grundsteuer B.

Dieser Lösungsvorschlag zielt nicht auf ein höheres oder niedrigeres Grundsteueraufkommen, sondern verweist darauf, dass sich die absolute Grundsteuerlast weiterhin in Abhängigkeit der kommunalen Hebesatzpolitik ergibt; folglich soll das grundgesetzlich garantierte Hebesatzrecht der Gemeinden nicht angetastet werden. Andererseits kann eine höhere oder niedrigere Grundsteuerlast im Einzelfall ausdrücklich nicht ausgeschlossen werden, da die in Aussicht genommene neue Bemessungsgrundlage die Typisierung der Wertfindung favorisiert und gleichzeitig dem Ziel dient, die Ungereimtheiten der Einheitsbewertung 1964 zu beseitigen und damit mehr Transparenz für den Steuerbürger zu schaffen. Daneben soll dem Steuergläubiger, den Gemeinden, Planungssicherheit im Hinblick auf die Aufkommenshöhe eingeräumt werden. Detailfragen zum Komplex der Grundsteuerbefreiungen sowie zu den Erlassvorschriften bleiben ausdrücklich ausgeklammert, um eine Einigung auf Wesentliches im jetzigen Stadium nicht zu erschweren.

a) Verzicht auf die Grundsteuer A

4   Der Verzicht auf die derzeitige Grundsteuer A wird auf mehrere Gründe gestützt: Zum einen macht das Aufkommen an Grundsteuer A bundesweit weniger als 5% des gesamten Grundsteueraufkommens aus, zum anderen ist die Ermittlung der Grundsteuer A (d. h. die Bewertung des land- und forstwirtschaftlichen Vermögens im Einzelfall) unverhältnismäßig verwaltungsaufwändig. Hinzu kommt, dass der steuerliche Anknüpfungspunkt für die Bewertung des land- und forstwirtschaftlichen Vermögens nicht mehr zeitgemäß ist. In der Vergangenheit musste der Landwirt die Ertragsfähigkeit seines Bodens optimal nutzen, um auskömmliche Erträge für den eigenen Lebensunterhalt und die Mittel zur Bezahlung der Steuer zu erwirtschaften. Seit der letzten Hauptfeststellung der Einheitswerte hat sich diese Ausgangslage jedoch gewandelt: Nicht das fehlende Angebot, vielmehr die produzierten Überschüsse und die unzureichenden Preise markieren das Hauptproblem für die Landwirtschaft. Während einerseits die Grundsteuer A dogmatisch an die intensive Nutzung des landwirtschaftlichen Bodens anknüpft, werden den Landwirten andererseits Prämien für die Stilllegung von Flächen gezahlt.

Durch den Verzicht auf eine Grundsteuer für land- und forstwirtschaftlich genutzte Flächen werden die **Fallzahlen** (wirtschaftlichen Einheiten) drastisch **reduziert,** da hier bislang die sog. Stückländereien dominieren und einen entsprechenden Verwaltungsaufwand provozieren. Unter **Stückländereien** sind landwirtschaftlich nutzbare Grundstücke zu verstehen, die nicht dem Inhaber eines land- und forstwirtschaftlichen Betriebs gehören. Stückländereien haben vor allem in Regionen Bedeutung, in denen auf Grund der historischen Agrarordnungen der landwirtschaftliche Grund und Boden nicht auf einen alleinigen Hoferben übergegangen ist, sondern zwischen den Abkömmlingen aufgeteilt wurde (Realteilung). Stückländereien werden regelmäßig an Landwirte zur Bewirtschaftung verpachtet. Der Gesamtbestand an wirtschaftlichen Einheiten, der bundesweit für Zwecke der Grundsteuer zu bewerten ist, würde sich bei einem Verzicht auf die Flächenbesteuerung der Land- und Forstwirtschaft und alleiniger Erfassung der landwirtschaftlichen Wohngebäude (Wohnteile und Betriebswohnungen) deutlich reduzieren lassen.

b) Neue Bemessungsgrundlage für die Grundsteuer B

5   Für die Grundsteuer – die derzeitige Unterscheidung von Grundsteuer A und Grundsteuer B würde zukünftig hinfällig – soll eine einfache Bemessungsgrundlage geschaffen werden, die sowohl einen Ansatz für den Grund und Boden als auch (soweit vorhanden) für das Gebäude vorsieht.

Auf der Grundlage der Bodenrichtwerte, die nach den Bestimmungen des Baugesetzbuchs von den örtlich zuständigen Gutachterausschüssen flächendeckend für bebaubare Grundstücke ermittelt werden, wird der Bodenwert hergeleitet. Der aus der Flächengröße und den Bodenrichtwerten ermittelte Wert wird bei unbebauten Grundstücken zu 100%, bei bebauten Grundstücken zu 70% angesetzt. Bei bebauten Grundstücken erfolgt hinsichtlich der Gebäude – unter ausdrücklichem Verzicht auf einen Alterswertabschlag –

eine Differenzierung nach Gruppen; die Gebäude werden in Abhängigkeit von ihrer Wohn-/Nutzfläche mit einer typisierenden Abstufung mit folgenden Festwerten berücksichtigt:

Gebäudegruppe	Pauschalansatz €/m²
Gewerbliche und sonstige Nutzung	
Bürogebäude, Warenhäuser, Banken, Hotels und dergleichen	1000
Fabrikations-, Werkstatt- und Lagerhallen, Kühlhäuser, Großmärkte, Selbstbedienungsmärkte, Gartenzentren, Markthallen, Parkhäuser, Tiefgaragen, Parkpaletten und dergleichen	400
Sonstige Gebäude (z. B. Reithallen, Tennishallen u. ä. Gebäude)	200
Wohnnutzung	
Einfamilienhäuser, Zweifamilienhäuser, Eigentumswohnungen in Anlagen mit nicht mehr als zwei Wohneinheiten	800
Mietwohngrundstücke, Eigentumswohnungen in Anlagen mit mehr als zwei Wohneinheiten, Wochenendhäuser, Ferienhäuser in Ferienanlagen	600

c) Zuständigkeitsfrage

Die Verwaltung der Grundsteuer ist derzeit – mit Ausnahme der Stadtstaa- **6** ten – zwischen den (staatlichen) Finanzämtern und den Gemeinden aufgeteilt. Bei dem hier vorgeschlagenen Verfahren besteht infolge der starken Typisierung und dem Verzicht auf eine Flächenbesteuerung bei der Land- und Forstwirtschaft die Möglichkeit, die Verwaltung auf einer Ebene zusammenzufassen. Der Lösungsvorschlag anerkennt die gegebenen unterschiedlichen organisatorischen Bedingungen in den Ländern und stellt es demgemäß dem jeweiligen Landesgesetzgeber frei zu regeln, ob und unter welchen Voraussetzungen den Kommunen Aufgaben bei der Ermittlung der Grundsteuer übertragen werden sollen – sog. **Kommunallösung.**

d) Stellungnahmen zu dem Modell

Die im Jahr 2004 konstituierte Steuerreformkommission der **"Stiftung** **7** **Marktwirtschaft (Frankfurter Institut)"**, in der sich zahlreiche Fachleute aus Wissenschaft, Steuerpraxis und Politik zusammengefunden haben, hatte im Herbst 2005 Vorschläge zu den Themenbereichen Einkommensteuer, Kommunalfinanzen und Unternehmensbesteuerung vorgestellt. Zur **Neu-**

ordnung der Kommunalfinanzen hatte die Kommission vorgeschlagen, die bisherige Beteiligung der Gemeinden an der Einkommensteuer sowie die Gewerbesteuer abzuschaffen und durch ein **Vier-Säulen-Modell** zu ersetzen: Reformierte Grundsteuer, Bürgersteuer, kommunale Unternehmenssteuer, Anteile an der Lohnsteuer. Zur Reform der Grundsteuer hatte die Kommission keine eigenen Ideen entwickelt, sondern den gemeinsamen Reformvorschlag der Finanzminister von Bayern und Rheinland-Pfalz übernommen (siehe hierzu auch *Homburg,* BB 2005 S. 2382). Das steuerpolitische Programm der Kommission „Steuergesetzbuch" der Stiftung Marktwirtschaft führt zur Grundsteuer u. a. aus:

„Die Kommission unterstützt die Vorschläge der Länder Bayern und Rheinland-Pfalz zur aufkommensneutralen Reform der Grundsteuer unter Beibehaltung des gemeindlichen Hebesatzrechts mit einer vereinfachten und realitätsnäheren Bewertung von Grund und Boden sowie Gebäuden.

Die Reform der Grundsteuer wird insgesamt aufkommensneutral ausgestaltet. Die in diesem Bereich notwendige Strukturreform kann nicht unmittelbar mit einer Aufkommenserhöhung verbunden werden, ohne die Akzeptanz bei den Steuerpflichtigen zu gefährden. Es besteht aber die Möglichkeit, nach erfolgreicher Implementierung der Strukturreform die Belastung des Faktors Boden als entscheidende Realsteuerkomponente der Kommunen langfristig auf ein international übliches Niveau zu führen. "

Weitere Unterstützung hatten die Reformvorschläge der Finanzminister von Bayern und Rheinland-Pfalz im damaligen Koalitionsvertrag zwischen CDU, CSU und SPD v. 11.11.2005 erfahren: Hierin wurde seinerzeit ausdrücklich festgehalten, dass die Grundsteuer auf der Basis der Vorarbeiten der Länder Bayern und Rheinland-Pfalz mit dem Ziel der Vereinfachung neu geregelt werden sollte (siehe hierzu auch *Kleutgens/Pönicke,* BB 2005 S. 2715 sowie die Antwort der Bundesregierung auf eine Kleine Anfrage der Fraktion BÜNDNIS 90/DIE GRÜNEN, BT-Drucks. 16/4746 v. 21.3.2007 zu den Fragen 1 bis 6). Zu den Auswirkungen des Grundsteuermodells Bayern/Rheinland-Pfalz auf das Steueraufkommen der Städte äußert sich ausführlich *Reidenbach* in ZKF 2007 S. 73. Der Koalitionsvertrag zwischen CDU, CSU und FDP v. 26.10.2009 griff die Grundsteuerreform-Thematik nicht mehr auf. Die von der damaligen Bundesregierung eingesetzte *„Kommission zur Neuordnung der Gemeindefinanzen"* nahm sich des Grundsteuerreform-Themas nicht an. Siehe hierzu auch die Pressemeldung des BMF v. 4.3.2010 anlässlich der konstituierenden Sitzung dieser Kommission.

Parlamentarische Reformanstrengungen auf Bundesebene

8   Mit der Antragsinitiative *„Zügig Grundsteuerreform auf den Weg bringen"* (BT-Drucks. 16/1147 v. 5.4.2006) monierte die Fraktion von BÜNDNIS 90/DIE GRÜNEN den verschwenderischen Umgang des derzeitigen Grundsteuersystems mit dem Boden und folgerte hieraus, dass städtebaulich falsche Anreize für die Stadt-Umland-Wanderung gesetzt werden. Bei der Bemessung der Grundsteuer stünde der Wert der vorhandenen Gebäude im Vordergrund, mit der Folge, dass für Grundstücke im ländlichen Raum sowie für unbebau-

te Grundstücke weniger Steuern gezahlt werden als für städtische bzw. bebaute Grundstücke. Nach Ansicht der Fraktion von BÜNDNIS 90/DIE GRÜNEN werden auf diese Weise das bodenpolitisch unerwünschte Zurückhalten von Baugrundstücken und der verschwenderische Umgang mit der wertvollen Ressource Boden/Fläche belohnt, die erwünschten Investitionen in den Bestand dagegen bestraft. Blieb demnach bereits erschlossenes Bauland ungenutzt, wüchse nach dieser Lesart bei den Städten und Gemeinden der Druck, zusätzliches Neubauland zu erschließen.

Eine Grundsteuerreform unter ökologischen und städtebaulichen Vorzeichen hat sich nach Auffassung der Fraktion von BÜNDNIS 90/DIE GRÜNEN an folgenden Eckpunkten zu orientieren:

* *Die Grundsteuer soll zu einer leistungsfähigeren Kommunalsteuer weiterentwickelt werden, die stärker als bisher zu den kommunalen Einnahmen beiträgt.*
* *Eine Reform soll das Grundvermögen realistisch besteuern, also die Bewertungsgerechtigkeit stärken, und den Verwaltungsaufwand bei der Bewertung so gering wie möglich halten.*
* *Das bestehende Hebesatzrecht der Gemeinden bei der Wertermittlung muss erhalten bleiben.*
* *Die Grundsteuer muss Anreize für eine flächensparende Bauweise setzen.*
* *Die Grundsteuer muss Anreize für die Mobilisierung brachliegender Baugrundstücke und zur Nachverdichtung gering bebauter Grundstücke setzen.*
* *Die Länder sollen selbst entscheiden können, inwieweit die Grundsteuer künftig weiter von den Finanzämtern oder von den Kommunen selbst erhoben wird.*

Mit einer Kleinen Anfrage der Fraktion BÜNDNIS 90/DIE GRÜNEN (BT-Drucks. 16/4516 v. 2.3.2007) zum Thema „*Neue Bewertung und ökologische Ziele bei den Substanzsteuern*" unter Bezugnahme auf die Erbschaftsteuer-Entscheidung des BVerfG v. 7.11.2006 (BStBl. 2007 II S. 192) war die Anregung verbunden, ganz neu über die Ermittlung der Bewertungsgrundlagen für die noch bestehenden Substanzsteuern nachzudenken. Ansatzpunkt war nach Darlegung der Fragesteller die Vorgabe des BVerfG, für das der Besteuerung unterliegende Vermögen marktnahe Werte zu ermitteln. Hier sei aus verwaltungsökonomischer Warte ein möglichst einfaches, transparentes und nachvollziehbares Bewertungsverfahren notwendig. Darauf aufbauend böte sich als weiterer Schritt bei einer Neukonzeption der Besteuerung durch die Grundsteuer (sowie die Erbschaft- und Schenkungsteuer) – so die Fragesteller weiter – „*aus ökologischer Sicht die entsprechende Berücksichtigung umweltfreundlichen Verhaltens im Umgang des Steuerpflichtigen mit dem betreffenden Vermögen an.* "

Zur Frage, wie das Ziel einheitlicher Ermittlungsverfahren für die Immobilienbewertung sowohl für die Erbschaft- und Schenkungsteuer als auch für die Grundsteuer beurteilt wird, hatte die Bundesregierung wie folgt Stellung genommen (BT-Drucks. 16/4746 v. 21.3.2007): „*Ein einheitliches Ermittlungsverfahren für die Immobilienbewertung sowohl für die Erbschaft- und Schenkungsteuer als auch für die Grundsteuer bietet entsprechend dem hergebrachten System der Einheitsbewertung die Möglichkeit, Mehrfachbewertungen derselben Bewertungsobjekte und damit entsprechenden Aufwand zu vermeiden. Die Erbschaft- und Schenkungsteuer ist eine einmalige Steuer auf den Vermögensübergang und die damit beim jewei-*

ligen Erwerber eintretende, seine Leistungsfähigkeit erhöhende Bereicherung. Demge-
genüber ist die Grundsteuer eine Realsteuer, die laufend an das Vorhandensein eines
Grundstücks ohne Berücksichtigung der persönlichen Verhältnisse und die Leistungsfä-
higkeit des Eigentümers anknüpft. Als Folge dieser Unterschiede kann auch eine un-
terschiedliche, dem jeweiligen Zweck entsprechende Wertermittlung gerechtfertigt sein. "

Mit der Neuregelung der erbschaft- und schenkungsteuerlichen Immobilienbewertung durch das Erbschaftsteuerreformgesetz v. 24.12.2008 (BGBl.
2008 I S. 3018) zum 1.1.2009 hat der Gesetzgeber sich für die Beibehaltung
unterschiedlicher Wertermittlungsmethoden bei den Substanzsteuern ausgesprochen und folglich die Reform der Grundsteuer vertagt.

Die Umsetzung einer Grundsteuerreform mit ökologischer, städtebaulicher
und flächenhaushaltspolitischer Prioritätensetzung (siehe hierzu auch *Löhr,*
Wirtschaftsdienst 2008 S. 121) dürfte im Übrigen angesichts der fiskalischen
Bedeutung der Grundsteuer für die Kommunalhaushalte unwahrscheinlich
sein. Vielmehr sollten derartige Anliegen primär dem Bauplanungs- und
Bauordnungsrecht vorbehalten bleiben.

Grundsteuerreform auf der Basis von Verkehrswerten/
Machbarkeitsstudie

9   Die bisherigen Reformbemühungen, die sich darauf konzentriert haben,
eine möglichst einfach strukturierte grundsteuerliche Bemessungsgrundlage zu
schaffen, die es ermöglicht, die Aufgabe der Wertfeststellung u. U. auf den
Steuergläubiger (Gemeinden) zu übertragen, haben noch nicht zum Erfolg
geführt. Dies hat zu einer (weiteren) Arbeitsgruppe geführt, die sich der Frage
widmet, ob in Deutschland die Erhebung der Grundsteuer auf der Basis
von Verkehrswerten möglich ist. Diese Arbeitsgruppe – bestehend aus den
Ländern Berlin, Bremen, Niedersachsen, Sachsen, Schleswig-Holstein – hat
unter der Leitung Bremens Anfang 2010 eine sog. *Machbarkeitsstudie* vorgelegt,
die dokumentiert, dass nach Auffassung der Verfasser (neben Vertretern
der Finanzverwaltung auch Angehörige von Gutachterausschüssen, Vermes-
sungsverwaltungen sowie Vertretern des Bundes Öffentlich bestellter Vermessungsingenieure) in Deutschland die Erhebung der Grundsteuer nach
verkehrswertorientierten Grundstückswerten kostengünstig und automationsgerecht möglich ist (www.finanzen.bremen.de/Machbarkeitsstudie).

Zur Umsetzung dieses Reformansatzes müssen ausweislich der Studie *„die*
Daten der zu bewertenden Grundstücke in einem automationsgesteuerten Prozess mit
den aus Verkaufsfällen abgeleiteten Daten des Immobilienmarktes verknüpft werden.
Die erforderlichen Grundstücksdaten wie Grundstücksgröße, Lage, Wohnfläche etc.
sind vorhanden und müssen einmalig in ein System eingepflegt werden. Die benötigten
Daten des Immobilienmarktes sind aktuell noch nicht vollständig in allen Ländern ver-
fügbar. Sie werden jedoch aufgrund der Novellierung des Baugesetzbuchs, das die Ab-
leitung von Vergleichsdaten aus der Kaufpreissammlung ab 2009 für alle Länder
zwingend vorschreibt, in wenigen Jahren flächendeckend zur Verfügung stehen. Auf
dieser Basis können für alle Grundstücke in Deutschland Grundsteuerwerte erstellt
werden, die in einer realitätsgerechten Relation zu den Verkehrswerten stehen. Sie
entsprechen damit der Rechtsprechung des Bundesverfassungsgerichts. Anders als bei

bisherigen Reformvorschlägen können die Werte entsprechend der Entwicklung des Grundstücksmarktes automationsgestützt jährlich fortgeschrieben werden. Der Vorschlag macht damit eine spätere Anpassung an veränderte Grundstücksmarktverhältnisse durch eine erneute Hauptfeststellung entbehrlich, für die ansonsten der Gesetzgeber tätig werden müsste. "

Zur Einschätzung der Machbarkeitsstudie durch die Bundesregierung siehe auch die Kleine Anfrage der Bundestagsfraktion DIE LINKE „Reform der Grundsteuer" v. 28.4.2010 (BT-Drucks. 17/1526).

Mit einer weiteren Kleinen Anfrage an die Bundesregierung (BT-Drucks. **10** 17/4287) lenkte die Fraktion BÜNDNIS 90/DIE GRÜNEN – neben der vorerwähnten Machbarkeitsstudie – das Augenmerk auf weitere Initiativen zur Reform der Grundsteuer, und zwar das Modell der Länder Bayern, Hessen und Baden-Württemberg auf Grundlage der Geschossflächen (sog. Wertunabhängiges Modell). Der Fragenkatalog erstreckte sich auf Ziele und Positionen der Bundesregierung bei einer Reform von Grundsteuer A und Grundsteuer B und fokussierte die Möglichkeiten

*   für eine qualitativ und quantitativ verbesserte Finanzausstattung der Kommunen,
*   zur Vermeidung einer Mehrbelastung von Mietern,
*   für eine Anreizwirkung zu einem sparsameren Umgang mit Grund und Boden,
*   zur Reaktivierung brachgefallener Grundstücke sowie
*   zur Entsiegelung von Grundstücken.

Darüber hinaus thematisierte die Kleine Anfrage die Belastungswirkungen der Reformmodelle auf unterschiedliche Immobilien- und unterschiedliche Raumkategorien, die Spreizung der unterschiedlichen Hebesätze der Grundsteuer, Erfahrungen über die Lenkungswirkungen der Grundsteuer in Bezug auf Flächennutzung und Flächeninanspruchnahme sowie die Frage nach Einführung einer Mindestgrundsteuer. Zur Beantwortung der Kleinen Anfrage durch die Bundesregierung siehe BT-Drucks. 17/4387 v. 5.1.2011.

Stellungnahme des Wissenschaftlichen Beirats beim Bundesministerium der Finanzen

Mit einer Stellungnahme aus dem Dezember 2010 hatte der Wissenschaft- **11** liche Beirat beim Bundesministerium der Finanzen die Diskussion über die Reform der Grundsteuer mit einem weiteren Vorschlag zur Neuregelung dieser Steuer angereichert. Das Gremium spricht sich explizit für eine „verbundene Steuer" aus, die neben dem Wert des Grund und Bodens auch die aufstehenden Gebäude umfassen soll. Die Wertermittlung für die Gebäudekomponente soll dabei unter Rückgriff auf Mieten erfolgen. Der Vorschlag des Wissenschaftlichen Beirats beim BMF trägt zum einen fiskalischen Aspekten Rechnung, verbindet diese allerdings zum anderen auch mit Lenkungszwecken. Letztere sind darauf gerichtet, mit der Verortung einer Gebäudekomponente in der grundsteuerlichen Gesamtbemessungsgrundlage eine verursachungsgerechte Anlastung der (zusätzlichen) direkten und indirekten Kosten zu ermöglichen, die mit der Ansiedlung eines Haushalts oder eines (Gewerbe-) Betriebs einhergehen – sog. Grenzballungskosten. Nach dem Votum dieses Gremiums stellt eine reine Flächensteuer keine geeignete Alternative zu einer wertorientierten Grundsteuer dar. Zur Kritik an dem Vorschlag des Wissenschaftlichen Beirats beim BMF siehe eingehend *Löhr,* Wirtschaftsdienst 2011 S. 333, der die Nichtberücksichtigung verschiedener bodenmarktpolitischer Gesichtspunkte bemängelt und den Reformansatz im Hinblick auf einen anzustrebenden Rückgang des Flächenverbrauchs als nicht zielführend einstuft.

Konkretisierung der Reformmodelle

12   In der aktuellen Grundsteuerreform-Debatte konkurrieren derzeit **drei Modelle.** Es handelt sich hierbei um das – auf die vorgenannte Machbarkeitsstudie zurückgehende – Verkehrswertmodell, das sog. Wertunabhängige Modell sowie das sog. Gebäudewertunabhängige Kombinationsmodell. Der nachfolgenden Darstellung dieser Reformansätze (Anm. 13–15) entsprechend der Beschreibung durch den bzw. die Modellbetreiber ist jeweils eine überblicksartige Zusammenfassung vorangestellt.

Verkehrswertmodell (Modell 1)

13   Dieses Modell arbeitet mit dem Ansatz, dass die **Daten der zu bewertenden Grundstücke** (Grundstücksgröße, Lage, Wohn-/Nutzfläche etc.) in einem automationsgesteuerten Prozess mit den aus tatsächlichen Verkaufsfällen abgeleiteten **Daten des Immobilienmarktes** vernetzt werden. Hinsichtlich der Daten des konkreten Bewertungsobjekts erfolgt diesbezüglich der Hinweis auf die sog. **Geobasisinformationen,** die demnächst flächendeckend in allen Ländern im Amtlichen Liegenschaftskatasterinformationssystem – **ALKIS** – elektronisch verfügbar sein sollen. Was die Daten aus dem Immobilienmarkt anlangt, verweisen die Modellbetreiber auf die ständig wachsende Sammlung von Kaufpreisdaten auf Länderebene, die durch eine entsprechende Novellierung des Baugesetzbuchs in 2009 bedingt ist.

Soweit (noch) keine Daten des Immobilienmarkts vorliegen, sieht das „Verkehrswertmodell" den Rückgriff auf Ersatzverfahren (Auffangverfahren) der erbschaft- und schenkungsteuerlichen Bedarfsbewertung (sog. Grundbesitzbewertung) vor. Mit der Umsetzung des „Verkehrswertmodells", das einen sehr hohen Automatisierungsgrad (zur Reform der Grundsteuer als Anwendungsbeispiel für die Automatisierung des Besteuerungsverfahrens siehe instruktiv *Nehls,* Der Gemeindehaushalt 2013 S. 205) voraussetzt, sollen nach den Vorstellungen seiner Befürworter für über 35 Mio. wirtschaftliche Einheiten bundesweit Grundsteuerwerte erstellt werden können, die ihrerseits in einer realitätsgerechten Relation zu den Verkehrswerten stehen. Aus organisatorischer Warte ist der Hinweis angezeigt, dass die bisherige Zweistufigkeit des Verfahrens (Ermittlung der Bemessungsgrundlage durch die Finanzämter/Festsetzung und Erhebung der Grundsteuer durch die Kommunen) beibehalten werden kann, allerdings auch die **Option** besteht, alle Verfahrensschritte bei der Finanzverwaltung zu konzentrieren – sog. **Stadtstaatenmodell.**

Modell 1: Bericht der Arbeitsgruppe „Grundsteuer auf der Basis von Verkehrswerten"

Machbarkeitsstudie/Kurzform

Die Senatorin für Finanzen, Freie Hansestadt Bremen

Gliederung

1. Anlass und Zielsetzung	6. Land- und forstwirtschaftliche
2. Vorschlag einer verkehrswertorientierten	Grundstücke
Bemessungsgrundlage	7. Datenlage
3. Die Wertermittlungsmethode	8. Künftige Organisation
4. Beispielfall	9. Belastungsverschiebungen
5. Zukünftiger Verfahrensablauf	10. Zusammenfassung/Ergebnis

1. Anlass und Zielsetzung

Eine Reform der Grundsteuer ist dringend geboten. Die überkommenen Einheitswerte, die immer noch die Bemessungsgrundlage der Steuer bilden, sind nicht mehr zeitgemäß. Sie haben sich aufgrund der weit zurückliegenden Bezugszeitpunkte 1935 und 1964 zum Teil extrem von den realen Werten der Grundstücke entfernt. Dies führt z. B. dazu, dass ein Neubau des Jahres 2009 einem Gebäude der Baujahre 1935/1964 gleichgestellt wird. Nach einer weit verbreiteten Auffassung bestehen Zweifel, ob die aktuelle Erhebung der Grundsteuer noch dem Gleichheitsgebot der Verfassung entspricht. Die Finanzministerkonferenz beschloss bereits 1995, das bisherige Bewertungsverfahren nur noch für eine Übergangszeit beizubehalten.

Bisherige Reformbemühungen haben sich darauf konzentriert, eine möglichst einfach strukturierte Bemessungsgrundlage zu schaffen, die es ermöglicht, die Aufgabe der Wertfeststellung gegebenenfalls auch den Gemeinden zu übertragen. Diese Überlegungen haben bisher nicht zum Erfolg geführt, weil einfach strukturierte Bemessungsgrundlagen immer auch zu Vergröberungen und Ungenauigkeiten führen, von denen zu befürchten ist, dass sie dem betroffenen Steuerzahler nicht zu vermitteln sind und daher auch keine politische Akzeptanz finden.

Insbesondere die jüngere Rechtsprechung des Bundesverfassungsgerichts gibt nun Anlass zu Überlegungen, die Bemessungsgrundlage so zu gestalten, dass sie sich so weit wie möglich an den realen Werten der Grundstücke orientiert. So hat das Bundesverfassungsgericht in der Entscheidung vom 7. November 2006 zur Erbschaftsteuer den Gesetzgeber dazu aufgefordert, die Grundstücksbewertung so zu gestalten, dass sie die Werte der Grundstücke „in ihrer Relation realitätsgerecht abbildet." Die Arbeitsgruppe greift diesen Gedanken für die Grundsteuer auf.

Zwar wurde in der bisherigen Diskussion zur Reform der Grundsteuer eine am Verkehrswert ausgerichtete Bemessungsgrundlage generell als nicht machbar verworfen, weil die Vorstellung bestand, dass dann für ca. 35 Millionen Grundstücke in Deutschland Einzelgutachten zu erstellen wären, was schon aus Kosten- und Kapazitätsgründen nicht möglich sei. Beispiele wie die Grundsteuererhebung in den Niederlanden und der in Niedersachsen im Jahr 2008 eingeführte Immobilien-Preis-Kalkulator zeigen jedoch, dass es mit den heute vorhandenen Möglichkeiten der elektronischen Datenverarbeitung einschließlich der Marktanalyse machbar ist, auch in einem Massenverfahren zu akzeptablen Kosten Bemessungsgrundlagen zu schaffen, die sich am tatsächlichen Wert der Immobilien orientieren.

Vor diesem Hintergrund beauftragten die Steuerabteilungsleiter der Länder Berlin, Bremen, Niedersachsen, Sachsen und Schleswig-Holstein die Arbeitsgruppe unter Leitung Bremens, eine Machbarkeitsstudie zu der Frage zu erstellen, ob in Deutschland die Erhebung der Grundsteuer nach verkehrswertorientierten Grundstückswerten kostengünstig und automationsgerecht möglich ist.

Anders als bei bisherigen Reformüberlegungen ist die Arbeitsgruppe interdisziplinär besetzt. Ihr gehören neben Vertretern der genannten Finanzverwaltungen sowie der nordrhein-westfälischen Finanzverwaltung auch Vertreter der Gutachterausschüsse Aurich, Berlin, Bremen und Kiel, des Oberen Gutachterausschusses Niedersachsen, ein Vertreter des Innenministeriums Niedersachsen sowie ein Vertreter des Bundes der Öffentlich bestellten Vermessungsingenieure e. V. (BDVI) an.

Nach Auffassung der Arbeitsgruppe muss eine Grundsteuerreform
- **den Anforderungen der Verfassung entsprechen,**
- **für Grundstückseigentümer und Mieter akzeptabel sein,**
- **eine kostengünstige und fortlaufend aktualisierte Bewertung ermöglichen**
- **und aufkommensneutral gestaltet sein.**

Die Arbeitsgruppe hält eine Reform der Grundsteuer orientiert an Verkehrswerten für realisierbar.

2. Vorschlag einer verkehrswertorientierten Bemessungsgrundlage

Die Arbeitsgruppe schlägt vor, die Grundsteuer zukünftig auf der Basis einer am Verkehrswert orientierten Bemessungsgrundlage zu erheben.

Der Verkehrswert ist allerdings eine mathematisch nicht exakt feststellbare Größe. In einem Massenverfahren kann es nur darum gehen, sich diesem Idealwert – soweit dies mit einem vertretbaren Aufwand möglich ist – zu nähern.

Die für ein solches Verfahren erforderlichen Daten sind nach den Feststellungen der Arbeitsgruppe bereits jetzt in Teilbereichen vorhanden. Durch die Novellierung des Baugesetzbuchs und die damit ab 2009 eintretende Datenverdichtung wird nach Einschätzung der Arbeitsgruppe ab 2012 eine flächendeckend ausreichende Datenmenge für die vorgeschlagene Wertermittlung zur Verfügung stehen.

Der Verkehrswert als Bemessungsgrundlage der Grundsteuer entspricht mit hoher Sicherheit den Anforderungen des Bundesverfassungsgerichts, weil das Gericht in seinen neueren Entscheidungen immer den Verkehrswert als Richtschnur für eine gleichheitsgerechte Ausgestaltung der Bemessungsgrundlage herangezogen hat.

Eine am Verkehrswert orientierte Bemessungsgrundlage wird nach Auffassung der Arbeitsgruppe auch eher als einfach strukturierte Bemessungsgrundlagen Akzeptanz bei Eigentümern und Mietern finden, weil Grundstückseigentümer in aller Regel zumindest grobe Vorstellungen über den Wert ihrer Immobilien haben und auch Mieter an der Höhe der Miete den Wert ihrer Wohnung einschätzen können.

Nach den Berechnungen der Arbeitsgruppe wird das vorgeschlagene Verfahren deutlich kostengünstiger als das bisherige Bewertungsverfahren sein. Für die Erstbewertung des Grundbesitzes beläuft sich der Kostenaufwand pro Fall auf 52 Euro. Geht man entsprechend der niederländischen Vorgehensweise bei der Erstbewertung von einem vierjährigen Nutzungsturnus aus, ergibt sich ein durchschnittlicher Aufwand von 13 Euro pro Fall und Jahr. Der spätere Aufwand einer jährlichen Aktualisierung aller Grundbesitzfälle wird auf rund 220 Mio. Euro geschätzt, das entspricht 6 Euro pro Fall. Demgegenüber betragen die jährlichen Kosten der aktuellen Einheitsbewertung 326 Mio. Euro bei einer Aktualisierung von nur 7 % aller Fälle; das entspricht rund 128 Euro je tatsächlich bearbeiteter wirtschaftlicher Einheit.

Der Vorschlag der Arbeitsgruppe führt – bei entsprechender Wahl des Hebesatzes durch die Gemeinden – auch nicht zu einer Erhöhung des Steueraufkommens. Er dient nur dazu, bestehende gleichheitswidrige Wertverzerrungen zwischen den verschiedenen Grundstücksarten und einzelnen Grundstücken zu korrigieren und damit die Verfassungskonformität der Grundsteuer dauerhaft zu sichern. Die Gemeinden sind, wie bereits bei Einführung der Einheitswerte 1964, gehalten, das veränderte Bemessungsvolumen der Grundsteuer durch Anpassung ihres Hebesatzes auszugleichen. Der Schlüssel für die angestrebte Aufkommensneutralität liegt somit bei den Gemeinden.

3. Die Wertermittlungsmethode

Für die vorgeschlagene Wertermittlung werden einerseits die individuellen Daten der zu bewertenden Grundstücke, wie Lage, Grundstücksgröße, Wohnfläche etc. benötigt, andererseits auch Vergleichsdaten des Immobilienmarkts, die in Gutachterausschüssen bereits seit Jahrzehnten aus den dort gesammelten Kaufpreisen abgeleitet werden. Basis ist das in den Finanzämtern sowie in den Vermessungs- und Katasterverwaltungen und Gutachterausschüssen der Länder vorhandene Datenmaterial.

Die Methode besteht darin, die individuellen Daten des zu bewertenden Grundstücks automationsgestützt mit den aus den mathematisch-statistischen Verfahren der Regressionsanalysen gewonnenen Vergleichsdaten des Immobilienmarkts zu verknüpfen.

Hinsichtlich der Daten der zu bewertenden Grundstücke beschränkt sich das Verfahren auf wenige für die Wertermittlung signifikante Merkmale. Dies sind z. B. bei der mit ca. 21 Millionen Objekten größten Gruppe der Wohnimmobilien (Ein- und Zweifamilienhäuser und Eigentumswohnungen) die Lage, die Grundstücksgröße, die Wohnfläche und das Baujahr, bei gewerblichen Objekten auch die Nutzfläche und die Erträge. Weitere individuelle Merkmale, wie z. B. der Ausstattungsstandard und der Erhaltungszustand können in einem Massenverfahren nicht berücksichtigt werden. Es wird also immer eine durchschnittliche Ausstattung und ein durchschnittlicher Erhaltungszustand unterstellt. Eine solche Typisierung ist unvermeidbar und nach der Rechtsprechung des Bundesverfassungsgerichts zulässig.

Die Vergleichsdaten des Immobilienmarkts werden durch Auswertung der bei den Gutachterausschüssen geführten Kaufpreissammlung gewonnen. Die Kaufpreissammlung bildet das tatsächliche Marktgeschehen ab. Zur Auswertung großer Datenbestände wird vor allem die sog. multiple Regressionsanalyse eingesetzt, die die Unterschiede in den Kaufpreisen durch z. B. die Höhe des Bodenwerts, die Größe der Wohnfläche oder andere Einflussgrößen optimal erklären kann. Als Ergebnis erhält man Vergleichsfaktoren, in denen der Einfluss der wesentlichen wertbestimmenden Merkmale einzeln quantifiziert wird.

Die Ableitung der Vergleichsdaten aus den Kaufpreissammlungen gehört zu den Hauptaufgaben der Gutachterausschüsse. Vergleichsfaktoren werden regelmäßig neu ermittelt und in Grundstücksmarktberichten veröffentlicht.

4. Beispielfall

Grundstücksdaten:
Bewertung eines Ein- bzw. Zweifamilienhauses zum Stichtag 1.1.2009 in Oldenburg (Niedersachsen) mit folgenden Grundstücksdaten:
Baujahr: 1975
Grundstücksgröße: 800 m²
Wohnfläche: 140 m²
Lage/Bodenrichtwert: 150 Euro/m².

Zur Bewertung werden die nachfolgenden Vergleichs- bzw. Korrekturfaktoren aus dem Grundstücksmarktbericht 2009 des Gutachterausschusses Oldenburg herangezogen.

**Vergleichsfaktoren in Abhängigkeit von der Wohnfläche
und dem Bodenrichtwert**

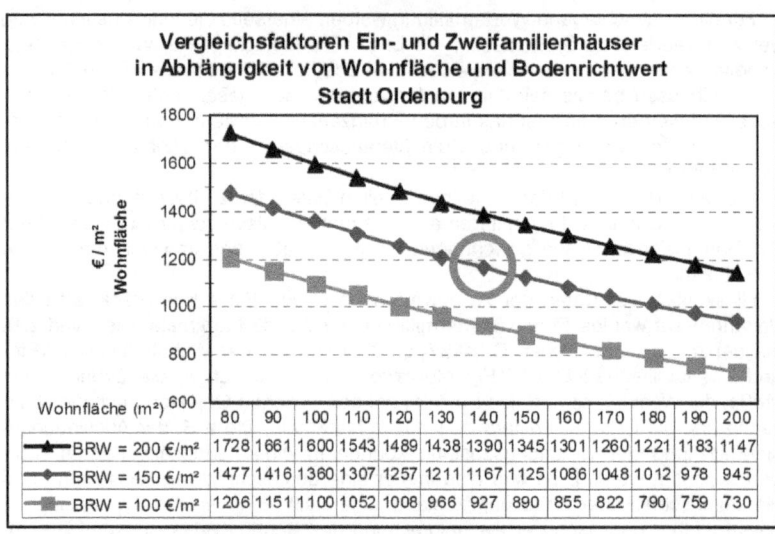

Vergleichsfaktoren Ein- und Zweifamilienhäuser
in Abhängigkeit von Wohnfläche und Bodenrichtwert
Stadt Oldenburg

Wohnfläche (m²)	80	90	100	110	120	130	140	150	160	170	180	190	200
BRW = 200 €/m²	1728	1661	1600	1543	1489	1438	1390	1345	1301	1260	1221	1183	1147
BRW = 150 €/m²	1477	1416	1360	1307	1257	1211	1167	1125	1086	1048	1012	978	945
BRW = 100 €/m²	1206	1151	1100	1052	1008	966	927	890	855	822	790	759	730

Abhängigkeit vom Baujahr

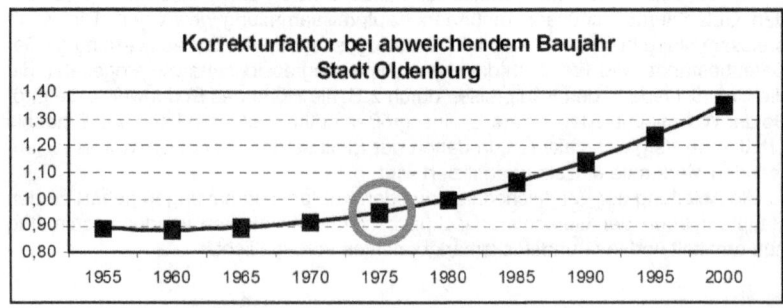

Korrekturfaktor bei abweichendem Baujahr
Stadt Oldenburg

Abhängigkeit von der Grundstücksgröße

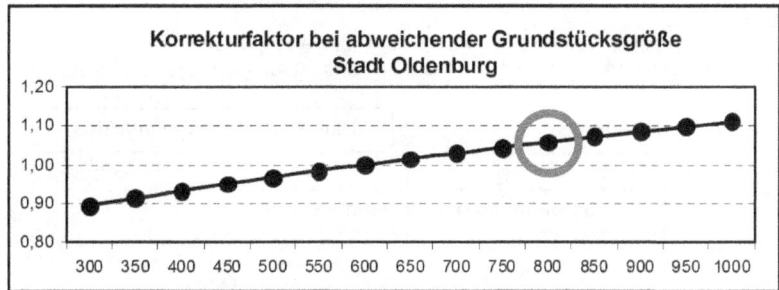

Schaubild 1: Vergleichsfaktoren (3 Tabellen)

Aus den dargestellten Tabellen lassen sich die für das zu bewertende Objekt benötigten Vergleichsfaktoren problemlos (und in der Realität automationsgestützt) ermitteln. Daraus ergibt sich für das Bewertungsobjekt ein Schätzwert von 165 000 Euro:

Wertermittlung zum Fallbeispiel:

Anwendungsbeispiel für Vergleichsfaktoren:		
Ein- bzw. Zweifamilienhaus in Oldenburg		
Bodenrichtwert: 150 €/m²	Wohnfläche:	140 m²
Baujahr: 1975	Grundstücksgröße:	800 m²
Vergleichsfaktor in Abhängigkeit von der Wohnfläche und dem Bodenrichtwert ermitteln	1167,– €/m²	
Korrekturfaktor für abweichendes Baujahr	0,95	
Korrekturfaktor für abweichende Grundstücksgröße	1,06	
Vergleichsfaktor korrigiert = Vergleichsfaktor × Korrekturfaktor Wohnfläche und Grundstücksgröße =	1167,– €/m² × 0,95 x 1,06 = 1175,– €/m²	
Grundstückswert = Wohnfläche × Vergleichsfaktor korrigiert	= 140 m² × 1.175,– €/m² = **rd. 165 000,– €**	

Schaubild 2: Anwendungsbeispiel

5. Zukünftiger Verfahrensablauf

Das künftige Bewertungsverfahren muss folgende Bestandteile enthalten:
- Schnittstelle zur Aufnahme der Objektdaten
- Schnittstelle zur Aufnahme der Daten des Immobilienmarktes
- Rechenprogramm zur Berechnung des Grundstückswertes.

Schematisch stellt sich dieser Ablauf wie folgt dar:

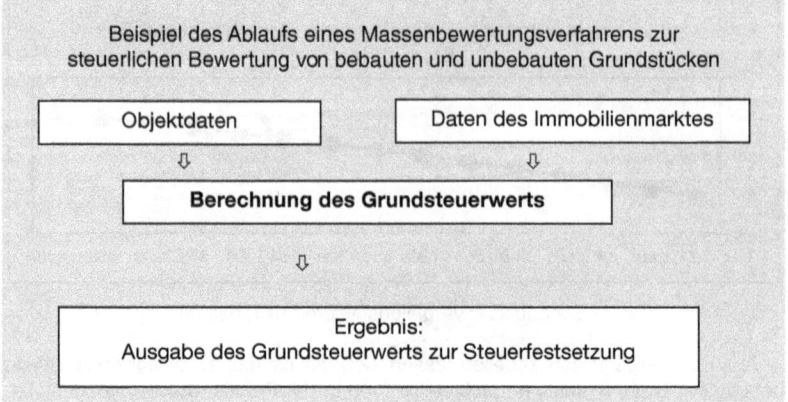

Schaubild 3: Ablauf eines Massenbewertungsverfahrens

Dieses Verfahren muss in der Lage sein, jährliche Aktualisierungen der Daten des Objekts und der Daten des Immobilienmarktes aufzunehmen und zurückliegende Stichtage zu berücksichtigen. Nach Auffassung der Arbeitsgruppe erfüllt das dargestellte Verfahren diese Anforderungen.

6. Land- und forstwirtschaftliche Grundstücke

Bisherige Reformvorschläge haben zum Teil auf die weitere Erhebung der Grundsteuer A für land- und forstwirtschaftliche Betriebe verzichtet, weil der Erhebungsaufwand in keinem Verhältnis zum Ertrag der Steuer stehe. Die Arbeitsgruppe hält die Ermittlung einer verkehrswertorientierten Bemessungsgrundlage für land-und forstwirtschaftlich genutzte Grundstücke mit vertretbarem Aufwand für machbar. In der unter Punkt 2 genannten Kostenschätzung sind land- und forstwirtschaftliche Grundstücke bereits enthalten.

Anders als bisher sollte Besteuerungsgegenstand jedoch nicht der land- und forstwirtschaftliche Betrieb insgesamt sein, sondern nur die land- und forstwirtschaftlich genutzten Grundstücke.

Entsprechend der Vorgehensweise bei der Grundsteuer B spricht sich die Arbeitsgruppe generell für die Eigentümerbesteuerung aus.

Die Vorteile sind:

- Die Nutzung des automatisierten Liegenschaftskatasters ist möglich.
- Eine Erklärung des Steuerpflichtigen ist überflüssig.
- Eine vollständige Erfassung von Flächen und Nutzungen ist gewährleistet.
- Der Fortschreibungsbedarf ist relativ gering.

Zum Bewertungsverfahren schlägt die Arbeitsgruppe vor:

- Land- und forstwirtschaftlich genutzte Flächen und Stückländereien werden entsprechend dem Verfahren für unbebaute Grundstücke bewertet.
- Hinsichtlich der bebauten Flächen ist zu unterscheiden zwischen Resthöfen und Bauernhöfen:
  - Die Resthöfe sind wie Grundstücke des individuellen Wohnungsbaus (Ein- bzw. Zweifamilienhaus) zu bewerten.
  - Für die Bewertung von Bauernhöfen schlägt die Arbeitsgruppe die Anwendung vergleichender Verfahren vor. Wohnteile sind unter Zugrundelegung einer regi-

onal üblichen Grundstücksgröße wie Grundstücke des individuellen Wohnungsbaus zu bewerten. Darüber hinausgehende Grundstücksflächen sind mit dem Bodenrichtwert zu erfassen. Der Bestand an Wirtschaftsgebäuden ist mit Korrekturfaktoren zu berücksichtigen.

7. Datenlage

Die grundlegenden Daten (Grundstücksdaten, Daten des Immobilienmarktes) sind zum großen Teil schon jetzt vorhanden und werden durch die Novellierung des Baugesetzbuchs durch das Erbschaftsteuerreformgesetz in den kommenden Jahren vollständig vorhanden sein.

Die Arbeitsgruppe geht davon aus, dass die für die Wertermittlung im Grundsteuerverfahren benötigten Daten in ausreichender Qualität und der erforderlichen Flächendeckung für ganz Deutschland im Jahre 2012 vorliegen werden. Diese Einschätzung ergibt sich aus Folgendem:

• Die erforderlichen Grundstücksdaten sind bereits heute flächendeckend vorhanden.

• Die erforderlichen Immobilienmarktdaten werden durch Auswertung von ca. einer Million Kaufverträgen pro Jahr in ausreichender Zahl vorliegen.

• Die Einführung von ALKIS als zukünftiges Katasterführungssystem wird nach aktueller Planung ebenfalls abgeschlossen sein.

• Automatisierte Bewertungsverfahren, z. B. AUTBEG in der Finanzverwaltung, werden einsatzbereit sein.

8. Künftige Organisation

Die von der Arbeitsgruppe vorgeschlagene Methode der Wertermittlung lässt der Politik freie Hand in der Auswahl einer effizienten und umsetzbaren Organisationsstruktur. Die Arbeitsgruppe hatte hierfür keinen Untersuchungsauftrag und kann daher nur einige erste Hinweise auf die Bandbreite möglicher Organisationsformen für den Datenfluss von der Bemessungsgrundlage zur Grundsteuererhebung geben.

Sie schlägt vor, die Ermittlung der Bemessungsgrundlage bei der Vermessungs- und Katasterverwaltung anzusiedeln, da sie wegen ihres Fachwissens und der dort verwalteten Daten am besten hierfür geeignet ist. Wegen der erforderlichen Daten des Immobilienmarktes sind die Gutachterausschüsse organisatorisch einzubinden.

Der Datenfluss von der Wertermittlung zur Grundsteuererhebung könnte nach der Erstellung der Bemessungsgrundlage unverändert auf bestehenden Strukturen (förmliche Feststellung der Bemessungsgrundlage und Festsetzung des Grundsteuermessbescheides durch das Finanzamt, Grundsteuerfestsetzung durch die Gemeinde) aufsetzen.

Die Grundsteuerreform könnte jedoch auch dazu genutzt werden, das bisherige dreistufige, aufwändige und für Bürger schwer verständliche Verfahren zu vereinfachen. So könnten die Bemessungsgrundlage und die Steuerfestsetzung in einem Bescheid zusammengefasst und dadurch deutlich bürgerfreundlicher und kostengünstiger gestaltet werden. Die Grundsteuererhebung sollte wie bisher bei den damit seit langem vertrauten Stellen der Kommunen bzw. in den Stadtstaaten bei den Finanzämtern verbleiben.

Alternative Organisationsformen bei Einführung des hier vorgeschlagenen Bewertungssystems müssen gesondert untersucht und politisch entschieden werden.

9. Belastungsverschiebungen

Der Vorschlag der Arbeitsgruppe wird bezogen auf den Einzelfall zu Veränderungen der Steuerbelastung führen. Es werden sich sowohl höhere als auch geringere Steuern ergeben, die im Einzelfall durchaus beträchtlich sein können. Dies ist die zwangsläufige Folge der Beseitigung der bestehenden jahrzehntelangen Wertverzerrungen.

Die Belastungsverschiebungen können – bei den durch die Reform höher belasteten Steuerzahlern – in der Anfangsphase auch zu einer geringeren Akzeptanz der Steuer führen, weil die vom bisherigen System Begünstigten sich ihrer Privilegierung oft gar nicht bewusst waren. Dieses Problem ergibt sich jedoch bei jedem Reformvorschlag.

Die Arbeitsgruppe ist hierzu der Auffassung, dass gerade die von ihr vorgeschlagene marktorientierte Bemessungsgrundlage, die für den Bürger – wenn er sich mit anderen Steuerzahlern vergleicht – nachvollziehbar ist, auf Dauer zu einer Akzeptanz der Bemessungsgrundlage führen wird. Dies bestätigen auch die einschlägigen Erfahrungen in den Niederlanden.

Im Hinblick auf die Rechtsprechung rät die Arbeitsgruppe davon ab, die eintretenden Belastungsverschiebungen auf der Ebene der Bemessungsgrundlage zu korrigieren. Korrekturen sollten, wenn dies politisch gewollt ist, erst auf einer der Bemessungsgrundlage nachgelagerten Verfahrensstufe vorgenommen werden.

10. Zusammenfassung/Ergebnis

Die vorliegende Studie zeigt, dass eine am Verkehrswert orientierte Bemessungsgrundlage für die Grundsteuer in Deutschland machbar ist und damit die überkommenen Einheitswerte abgelöst werden können.

Hierfür müssen die Daten der zu bewertenden Grundstücke in einem automationsgesteuerten Prozess mit den aus Verkaufsfällen abgeleiteten Daten des Immobilienmarktes verknüpft werden. Die erforderlichen Grundstücksdaten wie Grundstücksgröße, Lage, Wohnfläche etc. sind vorhanden und müssen einmalig in ein System eingepflegt werden. Die benötigten Daten des Immobilienmarktes sind aktuell noch nicht vollständig in allen Ländern verfügbar. Sie werden jedoch aufgrund der Novellierung des Baugesetzbuchs, das die Ableitung von Vergleichsdaten aus der Kaufpreissammlung ab 2009 für alle Länder zwingend vorschreibt, in wenigen Jahren flächendeckend zur Verfügung stehen. Auf dieser Basis können für alle Grundstücke in Deutschland Grundsteuerwerte erstellt werden, die in einer realitätsgerechten Relation zu den Verkehrswerten stehen. Sie entsprechen damit der Rechtsprechung des Bundesverfassungsgerichts.

Anders als bei bisherigen Reformvorschlägen können die Werte entsprechend der Entwicklung des Grundstücksmarktes automationsgestützt jährlich fortgeschrieben werden. Der Vorschlag macht damit eine spätere Anpassung an veränderte Grundstücksmarktverhältnisse durch eine erneute Hauptfeststellung entbehrlich, für die ansonsten wiederum der Gesetzgeber tätig werden müsste.

Die Kosten für die laufende Bewertung reduzieren sich nach Einschätzung der Arbeitsgruppe auf ca. 6 Euro pro Grundstück und Jahr. Demgegenüber betragen die derzeitigen durchschnittlichen Kosten der Einheitsbewertung je tatsächlich bearbeiteter wirtschaftlicher Einheit rund 128 Euro; dies bei einer jährlichen Aktualisierung von nur 7 % aller Fälle.

(Quelle: www.bremen.de [Stichwort „Grundsteuerreform"])

Wertunabhängiges Modell (Modell 2)

Charakteristisch für dieses Modell ist die Entkopplung von Grundsteuer 14 und Grundstückswert, da die Ermittlung der grundsteuerlichen Bemessungsgrundlage anhand wertunabhängiger Flächenmerkmale erfolgen soll. Demnach werden Grundstücks- und Gebäudeflächen mit sog. **Äquivalenzzahlen** multipliziert. Bei diesen handelt es sich um feste Euro-Beträge je Quadratmeter für die Grundstücksfläche, für zu Wohnzwecken genutzte Gebäudeflächen sowie für nicht zu Wohnzwecken (z.B. gewerblich) genutzte Gebäudeflächen. Auf das Produkt dieses Rechenschritts wird der kommunale Hebesatz angewendet. **Land- und forstwirtschaftliche Nutzflächen** unterliegen im Wege der Pauschalierung, d.h. unter Rückgriff auf **nutzungsabhängige Hektarsätze,** der Grundsteuer. Indes sollen nach den Vorstellungen der Modellbetreiber land- und forstwirtschaftliche Wohn- und Betriebsgebäude nach denselben Regelungen wie Gebäude außerhalb der Land- und Forstwirtschaft bewertet und anschließend der Grundsteuer unterworfen werden. In organisatorischer Hinsicht verfolgt das Modell die **Kommunalisierung der Grundsteuer,** d.h. die kommunale Zuständigkeit auch für die Ermittlung der grundsteuerlichen Bemessungsgrundlage.

Modell 2: Eckpunkte für eine vereinfachte Grundsteuer nach dem Äquivalenzprinzip

Arbeitsgruppe der Länder
Baden-Württemberg, Bayern und Hessen

August 2010

Gliederung

1. Ausgangspunkt und Ziele
2. Belastungsentscheidung bei der Grundsteuer
3. Eckpunkte einer vereinfachten Grundsteuer nach dem Äquivalenzprinzip
   3.1. Unbebaute Grundstücke
   3.2. Bebaute Grundstücke
      3.2.1 Grundstücksfläche bebauter Grundstücke
      3.2.2 Gebäudefläche
         3.2.2.1 Vereinfachtes Flächenermittlungsverfahren
         3.2.2.2 Optionaler Nachweis der tatsächlichen Brutto-Grundfläche
         3.2.2.3 Gebäude innerhalb von Bagatellgrenzen

3.2.2.4 Aufteilung bei gemischt genutzten Grundstücken
3.2.2.5 Erklärungspflicht für besondere Gebäudearten
3.3. Land- und forstwirtschaftliche Betriebe
4. Beispiele
5. Verfahren
6. Verfahrensvereinfachungen für Wohnungs- und Teileigentum
7. Zuständigkeit
8. Ergebnis konkreter Beispielsfälle
9. Zeitliche Aspekte der Grundsteuerreform
10. Weitere Punkte
   10.1. Zonierte Hebesätze
   10.2. Grundsteuerbefreiungen
   10.3. Bedeutung der Einheitswerte außerhalb der Grundsteuer
11. Schlussbemerkungen

1. Ausgangspunkt und Ziele

Das Thema „Reform der Grundsteuer" wird seit mehr als 15 Jahren diskutiert. Obwohl es an konkreten Reformvorschlägen nicht mangelte, konnte aus unterschiedlichen Gründen die weithin als notwendig erachtete Reform noch nicht umgesetzt werden.

Dabei ist das Grundproblem unstreitig: Die Einheitswerte nach den Wertverhältnissen vom 1. Januar 1964 in den alten Ländern bzw. vom 1. Januar 1935 und der Ersatzbemessungsgrundlage in den neuen Ländern haben mittlerweile ihre Funktion als zeitgemäße Steuerbemessungsgrundlage eingebüßt. Auch zwanzig Jahre nach der Wiedervereinigung ist die Bemessungsgrundlage für die Grundsteuer nach wie vor zwischen West und Ost gespalten.

Während das Bundesverfassungsgericht den Ansatz der Einheitswerte für Zwecke der früheren Vermögensteuer und der Erbschaftsteuer für nicht verfassungsgemäß ansah, gibt es für die Grundsteuer bislang keine höchstrichterliche Entscheidung, die zu einer Reform zwingen würde. Es ist ungewiss, ob eine solche in naher oder ferner Zukunft zu erwarten ist.

Jedoch sind die jüngsten Vorstöße der Länderfinanzminister für eine Grundsteuerreform mehr als nur ein „Vorauseilen" auf mögliche verfassungsrechtliche Vorgaben. Die Einheitswerte – ursprünglich als Bemessungsgrundlage für mehrere Steuerarten geschaffen – erfüllen diese Funktion heute nahezu nur noch für die Grundsteuer. Der Aufwand für ihre im Einzelfall sehr detailgetreue Ermittlung im komplizierten Ertragswert- oder Sachwertverfahren steht außer Verhältnis zum Steueraufkommen. Die Erhebung der Grundsteuer im Massenverfahren für etwa 35 Millionen Grundstücke erfordert aber eine einfache und speziell auf diese Steuerart abgestimmte Bemessungsgrundlage.

Die Arbeitsgruppe „Grundsteuerreform" der Länder Baden-Württemberg, Bayern und Hessen schlägt daher eine Neuregelung der Grundsteuer vor, die insbesondere folgenden Zielen gerecht wird:

- **Einfache Ermittlung**
  Die Grundsteuer soll in wenigen Schritten und weitgehend vollautomatisiert berechenbar sein. Ihre Berechnungsgrundlagen sollen einfach und nicht streitanfällig sein.
- **Klare und folgerichtige Belastungsentscheidung**
  Die Grundsteuer soll so ausgestaltet werden, dass sie ihrer Belastungsentscheidung in rechtlicher und tatsächlicher Hinsicht gerecht wird. Deshalb soll die Grundsteuer als Bestandteil des kommunalen Steuer- und Abgabensystems konzipiert werden und keine „Grundvermögensteuer" darstellen.
- **Aufkommensstetigkeit**
  Die Grundsteuereinnahmen der Kommunen sind stetig und sollen es auch in Zukunft bleiben. Dies setzt aber eine stabile Grundsteuerbemessungsgrundlage voraus. Die Arbeitsgruppe sieht deshalb Reformansätze kritisch, bei denen die Grundsteuer an volatile Berechnungsgrundlagen anknüpft. Schwankende Steuerbemessungsgrundlagen – ähnlich wie bei der Gewerbesteuer – sind für die Grundsteuer nicht akzeptabel.
- **Akzeptanz und Nachvollziehbarkeit**
  Die Bürgerinnen und Bürger sollen erkennen können, warum sie in welcher Höhe zur Grundsteuer herangezogen werden. Sie sollen die Besteuerungsgrundlagen im Grundsteuerbescheid verstehen und nachvollziehen können. Denn nur Transparenz schafft Vertrauen und Rechtssicherheit.

Die Arbeitsgruppe sieht mit ihrem Vorschlag die Zielvorgaben im Beschluss der Finanzministerkonferenz vom 5. Mai 2006 (Punkt 3 der TO „Reform der Grundsteuer") als erfüllt an, die Grundsteuer auf eine zeitgemäße und dauerhafte Grundlage zu stellen und keine Mehrung oder Minderung des Aufkommens zu verfolgen.

2. Belastungsentscheidung bei der Grundsteuer

Die Kommunen stellen ihren Bürgern und den ansässigen Unternehmen die zur Nutzung der Grundstücke notwendige Infrastruktur zur Verfügung. Soweit die hieraus entstehenden Kosten individuell zuordenbar sind, werden sie von den Nutznießern als Gebühren oder Beiträge erhoben (z. B. Erschließungsbeiträge, Straßenausbaubeiträge etc.). Überschießende Kosten und weitere gemeindliche Aufgaben (z. B. Brandschutz, Räumdienste, Kinderbetreuung, Schulen, Spielplätze, kulturelle Einrichtungen und Wirtschaftsförderung) werden durch die Kommunen auch über die Realsteuern finanziert, zu denen die Grundsteuer gehört.

Die Grundsteuer ist eine Geldleistung, die keine Gegenleistung für eine besondere Leistung der Kommune darstellt, sondern allgemein der Deckung des Haushalts dient (Steuer nach § 3 Abgabenordnung). Grundsteuer zahlen letztlich alle Nutzer von im Gemeindegebiet belegenen Grundstücken – ob als Eigentümer oder als Mieter über die Umlage.

Entscheidend für die Belastung mit Grundsteuer sind somit die Kosten der Kommune für die vorgenannten Leistungen an Bürger und Unternehmen (Äquivalenzprinzip). Dieses Prinzip hat das Bundesverfassungsgericht auch für die Gewerbesteuer bestätigt (Beschluss vom 15. Januar 2008 – 1 BvL 2/04). Nach welchem Maßstab sollen die Nutzer der Grundstücke über die Grundsteuer an den nicht konkret zuordenbaren Kosten einfach und sachgerecht beteiligt werden?

Maßstab sind derzeit die Einheitswerte für den Grundbesitz und die daraus berechneten Grundsteuermessbeträge, die auf historischen Wertverhältnissen (1.1.1964 bzw. 1.1.1935) basieren. Eine Verteilung der Kosten anhand von Grundstückswerten, die mehr oder minder an die Verkehrswerte heranreichen, ist jedoch weder einfach noch sachgerecht. Denn gerade bei den Gebäuden mit ihren vielfältigen Bau- und Ausstattungsstandards ist der Wert die aufwändigste und streitanfälligste Bemessungsgrundlage. Die kommunalen Infrastrukturkosten fallen zudem unabhängig vom Wert der Grundstücke und der darauf errichteten Gebäude an.

Wesentlich einfacher, sachgerechter und weniger streitanfällig ist es dagegen, die Grundsteuer nach den physikalischen Flächenmerkmalen der Grundstücke und der aufstehenden Gebäude zu erheben. Diese Größen sind den Kommunen oder Katasterverwaltungen bekannt oder können aus den vorhandenen Daten leicht ermittelt werden. Die Flächenmerkmale geben regelmäßig den Ausschlag für die Intensität der Nutzung kommunaler Infrastruktur und für die hieraus entstehenden Kosten. Sie sind damit zulässiger und folgerichtiger Belastungsmaßstab für die Grundsteuer.

3. Eckpunkte einer vereinfachten Grundsteuer nach dem Äquivalenzprinzip

Zur Umsetzung dieser Belastungsentscheidung soll die Bemessungsgrundlage für die Grundsteuer künftig durch Multiplikation von Flächenbezugsgrößen und nutzungsartabhängigen Äquivalenzzahlen ermittelt werden. Auf diese Bemessungsgrundlage wenden die Kommunen ihre Grundsteuerhebesätze an.

Zwei Grundstücke mit gleicher Nutzungsart und identischen Flächenmerkmalen werden innerhalb der Kommune somit gleich hoch mit Grundsteuer belastet. Dies ist nach dem Äquivalenzprinzip gerechtfertigt, weil beide Grundstücke vergleichbare finanzielle Leistungen der Kommune verursachen – und dies weitgehend unabhängig vom Wert des Grund und Bodens oder des aufstehenden Gebäudes.

Es gelten folgende Äquivalenzzahlen je Quadratmeter:

20 Cent   für zu Wohnzwecken genutzte Gebäudeflächen

40 Cent   für nicht zu Wohnzwecken genutzte Gebäudeflächen

2 Cent   für die Grundstücksfläche

Die unterschiedlichen Äquivalenzzahlen für die Gebäudeflächen berücksichtigen, dass Wohnnutzung und Nichtwohnnutzung in den Kommunen in der Regel unterschiedlich hohe Kosten verursachen und unter wohnungspolitischen Aspekten eine niedrigere Äquivalenzzahl für Wohnzwecke wünschenswert ist.

3.1. Unbebaute Grundstücke

Bei unbebauten Grundstücken ist die Grundstücksfläche die maßgebende Bezugsgröße. Diese wird mit der Äquivalenzzahl für die Grundstücksfläche in Höhe von 2 Cent je Quadratmeter multipliziert.

Als unbebaut gilt ein Grundstück, wenn die darauf errichteten Gebäude eine Gebäudegrundfläche von jeweils weniger als 20 Quadratmetern (innerorts, d. h. im Zusammenhang bebaute Ortsteile gem. § 34 BauGB) bzw. von weniger als 50 Quadratmetern (außerorts, d. h. außerhalb des Bebauungszusammenhangs) haben.

3.2. Bebaute Grundstücke

Für Zwecke der Grundsteuer wird künftig zwischen drei Fallgruppen bebauter Grundstücke unterschieden:

– zu Wohnzwecken genutzte Grundstücke (Wohngrundstücke)

– nicht zu Wohnzwecken genutzte Grundstücke (Nicht-Wohngrundstücke)

– teils zu Wohn-, teils zu Nicht-Wohnzwecken genutzte Grundstücke (gemischt genutzte Grundstücke)

Eine von der prägenden Gebäudeeigenschaft abweichende Nutzung (z. B. als häusliches Arbeitszimmer oder Hausmeisterwohnung) in untergeordnetem Umfang wird wie die Hauptnutzung behandelt.

Die Grundsteuerbemessungsgrundlage wird durch Multiplikation der jeweiligen Äquivalenzzahlen mit der Grundstücksfläche und der Gebäudefläche und Addition der Teilergebnisse ermittelt.

3.2.1 Grundstücksfläche bebauter Grundstücke

Wie bei unbebauten Grundstücken wird die Grundstücksfläche mit der Äquivalenzzahl von 2 Cent je Quadratmeter multipliziert.

3.2.2 Gebäudefläche

Hinsichtlich aufstehender Gebäude ist die Brutto-Grundfläche die maßgebliche Bezugsgröße für die Ermittlung der Grundsteuer. Gebäude sind mit dem Boden fest verbundene, selbständig nutzbare und überdeckte bauliche Anlagen, die von Menschen betreten werden können und geeignet oder bestimmt sind, dem Schutz von Menschen, Tieren oder Sachen zu dienen. Brutto-Grundfläche ist die Summe aus den Grundflächen aller Grundrissebenen eines Bauwerks mit Nutzungen nach DIN 277-2:2005-02, Tabelle 1, Nr. 1 bis Nr. 9, und aus deren konstruktiven Umschließungen (vgl. Anlage 24 zu § 190 Abs. 1 Sätze 4 und 5 BewG).

Die Flächenermittlung anhand dieser Definition liefert sehr genaue Ergebnisse, hat aber für eine einfache und vollautomatisierte Berechnung der Grundsteuer Nachteile. Aus Vereinfachungsgründen soll daher die maßgebliche Brutto-Grundfläche in einem speziell für die Grundsteuer entwickelten Verfahren ermittelt werden.

3.2.2.1 Vereinfachtes Flächenermittlungsverfahren

Im vereinfachten Flächenermittlungsverfahren wird die Gebäudegrundfläche (= bebauter Teil der Grundstücksfläche) mit der Anzahl der Geschosse multipliziert.

Die Gebäudegrundfläche ist anhand der Vermessungskoordinaten (Gebäudeeckpunkte) im Amtlichen Liegenschaftskatasterinformationssystem (ALKIS) programmgestützt ermittelbar.

Auch die Anzahl der oberirdischen Geschosse ist als Attributart im ALKIS-Grunddatenbestand vorgesehen, wird derzeit aber nur in sehr begrenztem Umfang tatsächlich ausgewiesen. Insoweit wird eine für Zwecke der Grundsteuer nutzbare Datenbasis voraussichtlich erst in einigen Jahren zur Verfügung stehen.

Die Anzahl der Geschosse lässt sich jedoch anhand der Gebäudehöhe typisieren, die bereits in der ersten Ausbaustufe von ALKIS verfügbar ist.

Es wird folgende Abstufung vorgeschlagen:

Gebäudehöhe	Anzahl Geschosse (= „Höhenzahl")
bis einschließlich 5 Meter	1
über 5 Meter bis einschließlich 10 Meter	2
über 10 Meter bis einschließlich 15 Meter	3
über 15 Meter bis einschließlich 19 Meter	4
über 19 Meter bis einschließlich 22 Meter	5
zzgl. je angefangene 3 Meter, die 22 Meter übersteigen	1

Die Gebäudehöhe wird vom tiefsten Schnittpunkt zwischen Gebäude und Erdoberfläche (bei Hanglage talseitig) bis zum Höhenpunkt des Gebäudes gemessen.

Mit dieser Abstufung bleibt in der Regel ein Geschoss des Gebäudes bei der Berechnung der Gebäudefläche außer Ansatz. Hierdurch werden etwaige Besonderheiten mit Einfluss auf die Brutto-Grundfläche, wie z. B. nicht voll nutzbare Dachgeschosse oder eingerückte Geschosse (sog. Staffelgeschosse), pauschal berücksichtigt.

Beispiel:

Unterkellertes Einfamilienhaus mit Erd- und Dachgeschoss, Gebäudehöhe 8,50 Meter.

Von drei tatsächlich vorhandenen Geschossen (Keller-, Erd- und Dachgeschoss) werden zwei Geschosse über die Höhenzahl 2 berücksichtigt.

Wenn ALKIS die Attributart „Anzahl der oberirdischen Geschosse" in einigen Jahren flächendeckend und für alle Gebäude ausweist, ist zu prüfen, ob die Berechnung der Gebäudefläche auf die tatsächliche Geschosszahl umgestellt oder das typisierte „Höhenzahl-Verfahren" aus Vereinfachungsgründen beibehalten werden sollte.

3.2.2.2 Optionaler Nachweis der tatsächlichen Brutto-Grundfläche

Der Steuerpflichtige hat die Möglichkeit, statt der im vereinfachten Verfahren ermittelten Gebäudefläche eine niedrigere Brutto-Grundfläche des Gebäudes gemäß der Definition in Anlage 24 zu § 190 Abs. 1 Sätze 4 und 5 Bewertungsgesetz nachzuweisen.

3.2.2.3 Gebäude innerhalb von Bagatellgrenzen

Aus Gründen der Verfahrensvereinfachung bleiben bei mit mehreren Gebäuden bebauten Grundstücken solche Gebäude bei der Ermittlung der Gebäudefläche außen vor, welche die auch für unbebaute Grundstücke maßgebenden Bagatell-grundflächen nicht überschreiten (vgl. 3.1.).

3.2.2.4 Aufteilung bei gemischt genutzten Grundstücken

Wird ein Gebäude teils zu Wohnzwecken, teils zu anderen Zwecken genutzt, ist die im vereinfachten Verfahren ermittelte Gebäudefläche nach den tatsächlichen Nutzungsverhältnissen aufzuteilen. Die Nutzungsanteile sind vom Grundstückseigentümer zu erklären, soweit sie sich nicht bereits aus anderen Unterlagen eindeutig ergeben.

3.2.2.5 Erklärungspflicht für besondere Gebäudearten

Bei bestimmten Gebäudetypen, wie z. B. Fabrik-, Montage- oder Lagerhallen, Einkaufszentren etc. würde die Anwendung einer typisierten Höhenzahl zu unzutreffenden Ergebnissen führen. In diesen Fällen hat der Grundstückseigentümer die tatsächliche Brutto-Grundfläche in einer Erklärung anzugeben.

3.3. Land- und forstwirtschaftliche Betriebe

Die heutige für Betriebe der Land- und Forstwirtschaft geltende Grundsteuer A wird nicht fortgeführt, sondern folgerichtig in das neue System integriert.

Für Wohngebäude, Betriebswohnungen und Betriebsgebäude der Land- und Forstwirte gelten dieselben Regelungen wie für nicht im Zusammenhang mit Betrieben der Land- und Forstwirtschaft stehende Wohn- und Nicht-Wohn-Grundstücke. Als Grund und Boden wird die abgegrenzte Hof- und Gebäudefläche des land- und forstwirtschaftlichen Betriebs berücksichtigt. Gebäudeflächen bis zu einer Größe von jeweils 20 Quadratmetern innerorts und 50 Quadratmetern außerorts bleiben unberücksichtigt.

Land- und forstwirtschaftliche Nutzungsflächen sollen in Zukunft nicht mehr der Grundsteuer unterliegen. Die Abgrenzung der unbebauten Grundstücke von land- und forstwirtschaftlich genutzten Flächen richtet sich nach den bisherigen Kriterien.

Für Betriebe der Land- und Forstwirtschaft können die Kommunen auch künftig spezielle Hebesätze festlegen.

4. Beispiele

a) **Unbebautes Grundstück** mit einer Grundstücksfläche von 500 m², Hebesatz 350 Prozent
Berechnung der Grundsteuer:
500 m² × 2 Cent/100 = 10 Euro Ansatz Grundstücksfläche
× 350 Prozent Hebesatz
= 35 Euro Grundsteuer

b) **Einfamilienhaus** mit Keller, einem Vollgeschoss und ausgebautem Dachgeschoss, Gebäudehöhe 8m, Grundstücksfläche 700 m², Gebäudegrundfläche 100 m², Hebesatz 350 Prozent
Berechnung der Grundsteuer:
Grundstücksfläche:
700 m² × 2 Cent/100 = 14 Euro Ansatz Grundstücksfläche
Gebäudefläche:
100 m² × Höhenzahl 2 × 20 Cent/100 = 40 Euro Ansatz Gebäudefläche
Ansatz Grundstücks- und Gebäudefläche (14 + 40) 54 Euro
× 350 Prozent Hebesatz
= 189 Euro Grundsteuer

c) **Einkaufszentrum,** Grundstücksfläche 1500 m², Brutto-Grundfläche 2000 m²,
Hebesatz 350 Prozent
Berechnung der Grundsteuer:
Grundstücksfläche:
1.500 m² × 2 Cent/100 = 30 Euro Ansatz Grundstücksfläche
Gebäudefläche:
2000 m² × 40 Cent/100 = 800 Euro Ansatz Gebäudefläche
Ansatz Grundstücks- und Gebäudefläche (30 + 800) 830 Euro
× 350 Prozent Hebesatz
= 2905 Euro Grundsteuer

d) **Büro- und Wohngebäude,** Grundstücksfläche 1000 m², Gebäudegrundfläche
500 m², Gebäudehöhe 20m, Nutzung nachweislich zu 70 Prozent für Wohnzwecke und 30 Prozent für gewerbliche Zwecke, Hebesatz 350 Prozent
Berechnung der Grundsteuer:
Grundstücksfläche:
1000 m² × 2 Cent/100 = 20 Euro Ansatz Grundstücksfläche
Gebäudefläche:
500 m² × Höhenzahl 5 = 2500 m² Gebäudefläche davon:
70 Prozent Wohnzwecke = 1750 m² × 20 Cent = 350 Euro
30 Prozent Gewerbe = 750 m² × 40 Cent = 300 Euro
Ansatz Grundstücks- und Gebäudefläche (20 + 350 + 300) 670 Euro
× 350 Prozent Hebesatz
= 2345 Euro Grundsteuer

5. Verfahren

Die vereinfachte Ermittlung der Gebäudefläche von Wohngebäuden ermöglicht
es, die Grundsteuer für bis zu 90 Prozent der Grundstücke des Grundvermögens in
einem vollautomatisierten Verfahren festzusetzen. Bezüglich der hierfür erforderlichen Daten kann auf das Amtliche Liegenschaftskatasterinformationssystem ALKIS
zurückgegriffen werden, das voraussichtlich bis Ende 2012 bundesweit eingeführt
sein wird. Die Grundstücksfläche ist darin gespeichert, die Gebäudegrundfläche ist
anhand der Vermessungskoordinaten (Gebäudeeckpunkte) programmgestützt ermittelbar. Auch die Bestimmung der Gebäudehöhe und die Abgrenzung zwischen
Wohnnutzung und Nicht-Wohnnutzung von Gebäuden sind über ALKIS möglich.
Lediglich bei besonderen Gebäudearten (vgl. 3.2.2.5) und ggf. bei gemischt genutzten Gebäuden (vgl. 3.2.2.4) ist ergänzend eine Erklärung des Grundstückseigentümers erforderlich. Dies dürfte etwa zehn Prozent der Grundstücke betreffen.

6. Verfahrensvereinfachungen für Wohnungs- und Teileigentum

Im Rahmen der Reform soll bei Wohnungs- und Teileigentum die Steuerschuldnerschaft für die Grundsteuer geändert werden. Künftig sollen Wohnungs- bzw.
Teileigentümergemeinschaften selbst Schuldner der Grundsteuer sein. Dadurch
tritt eine zusätzliche Vereinfachung ein. Diese Gebilde sind nach § 10 Abs. 6 Wohnungseigentumsgesetz teilrechtsfähig und damit für die Grundsteuer auch steuerrechtsfähig. Die Grundsteuer wird für die gesamte Wohnungs- bzw. Teileigentumsanlage ermittelt, festgesetzt und erhoben. Die Aufteilung auf die einzelnen
Wohnungs- und Teileigentümer übernimmt der Verwalter zusammen mit der Verteilung der übrigen Gemeinkosten.
Hierdurch reduziert sich die Zahl der Grundstücke erheblich, weil heute jede Eigentumswohnung ein eigenständiges Steuerobjekt ist, für das Grundsteuer festzusetzen und zu erheben ist.

7. Zuständigkeit

Das Modell führt zu einer durchgreifenden Vereinfachung der Ermittlung der Grundsteuer, insbesondere bei der Vielzahl der Wohngrundstücke. Dies ermöglicht es, dass künftig die Kommunen die Grundsteuer vollständig in eigener Hand und ohne „Vorschaltung" der Finanzämter verwalten können. Mit einer vollständigen Kommunalisierung der Grundsteuer sind viele Vorteile verbunden. Sie strafft Verwaltungsabläufe, bündelt Kompetenzen und bietet den Bürgerinnen und Bürgern einen zentralen Ansprechpartner für Grundsteuer und Kommunalabgaben.

Die Möglichkeit der vollständigen Kommunalisierung soll jedoch jedem Land selbst überlassen werden. Einer bundesweiten Festlegung bedarf es insoweit nicht.

8. Ergebnisse konkreter Beispielsfälle

Die Veränderungen der Grundsteuerhöhe im Einzelfall (bei unveränderten Hebesätzen) durch das Äquivalenzmodell wurden anhand von insgesamt 715 Grundstücken ermittelt. Ein Wirkungsvergleich anhand von 715 der insgesamt rund 35 Millionen wirtschaftlichen Einheiten liefert jedoch keine hinreichend repräsentativen Ergebnisse hinsichtlich der Veränderungen der Grundsteuerbemessungsgrundlage insgesamt. Die Falluntersuchung verfolgte vielmehr das Ziel, im Modell getroffenen Ansätze bei den Äquivalenzzahlen für die Grundstücks- und Gebäudeflächen der Höhe nach grob festzustellen und erste Tendenzen der damit verbundenen Veränderungen zu erkennen.

Eine Anpassung der Äquivalenzzahlen anhand der Ergebnisse einer nach Umfang und Fallauswahl repräsentativen Stichprobe bleibt vorbehalten. Dies gilt insbesondere für die Ansätze bei der Land- und Forstwirtschaft.

Von den Beispielsfällen sind

286 Fälle	unbebaute Grundstücke
75 Fälle	Einfamilienhäuser
65 Fälle	Wohnungseigentum
57 Fälle	Zweifamilienhäuser
60 Fälle	Mietwohngrundstücke
40 Fälle	gemischt genutzte Grundstücke
46 Fälle	Geschäftsgrundstücke
86 Fälle	land- und forstwirtschaftliche Betriebe.

Zusammenfassend ergibt sich Folgendes:

Grund-stücksart	Grundsteuermessbeträge			Verhältnis				Ver-lie-rer	Gewin-ner
	bisher	neu	Diffe-renz	neu/alt	von	bis	Mit-te		
	in Euro			in Prozent				Anzahl	
unbebaute Grundstücke (alte Länder)	1 387	832	− 555	60	19	583	112	16	24
unbebaute Grundstücke (neue Länder)	2 031	12 344	+10 313	608	118	3 379	646	244	0
Einfamilien-häuser	4 985	3 656	− 1 329	73	33	477	102	20	54
Wohnungs-eigentum	2 562	1 449	− 1 114	57	14	243	67	8	57

Grund- stücksart	Grundsteuermessbeträge			Verhältnis				Ver- lie- rer	Gewin- ner
	bisher	neu	Diffe- renz	neu/ alt	von	bis	Mit- te		
	in Euro			in Prozent				Anzahl	
Zweifamilien- häuser	5 448	4 061	− 1 387	75	30	254	85	11	46
Mietwohn- grundstücke	8 668	6 381	− 2 287	74	1	231	89	17	41
gemischt genutzte Grundstücke	11 089	8 077	− 3 012	73	1	193	95	15	24
Geschäfts- grundstücke	121 124	110 502	− 10 622	91	13	311	116	29	17
Land- und Forstwirt- schaft	36 640	105 128	+ 68 488	287	11	2 995	244	52	33

Bei einzelnen Grundstücksgruppen sind folgende Besonderheiten zu beachten:

a) Unbebaute Grundstücke

Bei den unbebauten Grundstücken sind die Veränderungsrelationen im Vergleich zwischen den alten und neuen Ländern sehr unterschiedlich, weshalb hier jeweils ein separater Ausweis erfolgt. Dies liegt an der bereits im geltenden Recht zwischen alten und neuen Ländern stark abweichenden Grundsteuerbemessungsgrundlage (alte Länder: Bodenwerte zum 1.1.1964; neue Länder: Wertansatz 1.1.1935 umgerechnet < 1 Euro).

b) Land- und forstwirtschaftliche Betriebe

Die Beispielsfälle zeigen, dass die Grundsteuerbemessungsgrundlage für die land- und forstwirtschaftlichen Betriebe gegenüber der heutigen Grundsteuer A stark zunimmt. Dies dürfte daran liegen, dass der Wegfall der Grundsteuer auf die hinzugepachteten Flächen nicht in den Berechnungen dargestellt wird. Die Ergebnisse zeigen nur die Veränderungen bei den Wohn- und Betriebsgebäuden, den Hofflächen und den übrigen land- und forstwirtschaftlichen Eigentumsflächen auf.

Deshalb wurde in fünf Fällen separat untersucht, wie sich der Wegfall der Grundsteuer A für die Pachtflächen auswirkt. Hierbei zeigte sich, dass sich das Verhältnis der Bemessungsgrundlage neu/alt von 290 Prozent (ohne Berücksichtigung der Pachtflächen) auf 106 Prozent (mit Berücksichtigung der Pachtflächen) reduziert, wenn man den Wegfall der Grundsteuer für die gepachteten land- und forstwirtschaftlichen Nutzungsflächen mit einbezieht. Die Belastung der land- und forstwirtschaftlichen Betriebe wäre dann gegenüber dem status quo in etwa gleich, vorausgesetzt, die Grundsteuerentlastungen bei den Pachtflächen werden über niedrigere Pachtpreise weitergereicht.

9. Zeitliche Aspekte der Grundsteuerreform

Es empfiehlt sich, zwischen dem Zeitpunkt der gesetzlichen Neuregelung (z. B. zum 1. Januar 2013) und dem Zeitpunkt der erstmaligen Anwendung der neuen Grundsteuerbemessungsgrundlage eine „Vorlauf-Frist" von zwei bis drei Jahren vorzusehen. In dieser Zeit können die Kommunen mögliche Hebesatzanpassungen infolge der veränderten Grundsteuerbemessungsgrundlage vornehmen. Den Kommunen sollte man die Möglichkeit eröffnen, die Grundsteuer in einer befristeten Übergangszeit nach den bisherigen Grundsteuermessbeträgen zu erheben, solange die neuen Grundlagen noch nicht vorliegen.

10. Weitere Punkte

10.1. Zonierte Hebesätze

Im Zusammenhang mit den Veränderungen bei der Grundsteuerbemessungsgrundlage sollte auch geprüft werden, ob den Kommunen das Recht eingeräumt werden sollte, innerhalb des Gemeindegebietes zonierte Hebesätze einzuführen, um städtebauliche Maßnahmen nach §§ 165 ff. BauGB zu fördern. Hierfür müssten per Gesetz nähere Bestimmungen getroffen werden.

10.2. Grundsteuerbefreiungen

Die Grundsteuer nach dem Äquivalenzprinzip bietet auch die Gelegenheit, bestehende Ausnahmetatbestände bei der Grundsteuer auf den Prüfstand zu stellen. Dies gilt insbesondere für den Grundsteuererlass nach § 33 Grundsteuergesetz, denn Anknüpfungspunkt für die Grundsteuer ist künftig nicht mehr der erzielbare Rohertrag des Grundstücks, sondern allein das Vorhandensein von Grundstücks- und Gebäudeflächen, das zum Vorhalten kommunaler Infrastruktur führt.

10.3. Bedeutung der Einheitswerte außerhalb der Grundsteuer

Die Einheitswerte haben neben ihrer Bedeutung für die Grundsteuer weitere steuerliche und außersteuerliche „Nebenfunktionen" (z. B. für die gewerbesteuerliche Kürzung nach § 9 Nr. 1 Satz 1 GewStG, Bemessung der Gerichtsgebühren bei Zwangsversteigerungen). Bei Umsetzung des Äquivalenzmodells wären ggf. Anpassungen vorzunehmen bzw. Ersatzgrößen für die entfallenden Einheitswerte zu entwickeln.

11. Schlussbemerkungen

Die Arbeitsgruppe der Länder Baden-Württemberg, Bayern und Hessen sieht bei der Grundsteuer erhebliches Vereinfachungspotenzial, das bei einer Reform der Grundsteuer genutzt werden sollte. Die flächendeckende Einführung von ALKIS bis Ende 2012 schafft erstmals die Möglichkeit, die Grundsteuer weitgehend vollautomatisiert und einfach zu erheben.

Die Arbeitsgruppe hält es für sachgerecht, die Grundsteuer durch Anwendung bundeseinheitlicher und nutzungsartabhängiger Äquivalenzzahlen auf die Flächenbezugsgrößen zu ermitteln. Der Vorschlag verlässt die bisherige und in anderen Reformmodellen geforderte Anknüpfung der Grundsteuer an den Wert des Grundstücks. Denn es macht wenig Sinn, die Grundsteuer stets einzelfallgerecht nach Verkehrswerten zu erheben, während die Kommunen ihre Beiträge und Gebühren nach den möglichen oder tatsächlichen baulichen Gegebenheiten der Grundstücke festsetzen.

Letztere belasten den Grundstückseigentümer oftmals deutlich mehr als die Grundsteuer, die gegenwärtig im Durchschnitt rund 350 Euro jährlich pro Grundstück beträgt.

Der Vorschlag der Arbeitsgruppe stellt die Grundsteuer auf eine stetige und dauerhafte Bemessungsgrundlage. Denn anders als die Grundstücksverkehrswerte unterliegen die Flächenbezugsgrößen keinen Marktschwankungen.

Für den Bürger würde die Grundsteuerberechnung erstmals transparent. Er kennt die Flächenmerkmale seines Grundstücks oder kann sie leicht feststellen. Den Wert einer Immobilie können Hauseigentümer hingegen kaum zutreffend abschätzen.

Selbsteinschätzung und Marktwert liegen oft weit auseinander. Die Anzahl akzeptierter Werte auf der Grundlage von Immobilienmarktdaten würde zwangsläufig schwinden. Daher folgen die vorstehenden Eckpunkte für eine vereinfachte Grundsteuer nach dem Äquivalenzprinzip nicht zuletzt dem Postulat der Transparenz.

(Quelle: www.hmdf.de [Stichwort „Grundsteuerreform"])

Gebäudewertunabhängiges Kombinationsmodell

Dieser Reformansatz ist als Fortentwicklung des damaligen bayerisch/ **15** rheinland-pfälzischen Nomenklaturvorschlags (siehe hierzu Anm. 3–6) einzustufen. Während für land- und forstwirtschaftliche Nutzflächen die bisherige Grundsteuer A entfallen soll, ist beabsichtigt, die land- und forstwirtschaftliche Hofstelle (Wohnteil, Betriebswohnungen sowie Betriebsgebäude) der (heutigen) Grundsteuer B zu unterwerfen. Für die Grundsteuer B als solche ist eine neue Bemessungsgrundlage vorgesehen, dergestalt, dass bei unbebauten Grundstücken der Grundsteuerwert unter Rückgriff auf die Grundstücksfläche und den Bodenrichtwert unter Einbindung einer Steuermesszahl ermittelt werden soll. Die grundsteuerliche Wertermittlung bei bebauten Grundstücken hingegen erfolgt im Wege eines Verbundansatzes, d. h. der Grundsteuerwert setzt sich aus einem Bodenwert (Ermittlung wie bei unbebauten Grundstücken) sowie einem Gebäudewert zusammen. In diesem Kontext wird der Gebäudewert mittels Zugrundelegung der sog. Bruttogrundfläche sowie eines Äquivalenzwerts (= pauschalierte Euro-Beträge je Quadratmeter Bruttogrundfläche, differenziert nach Wohnnutzung und Nicht-Wohnnutzung) berechnet. Die vollständige Kommunalisierung der Grundsteuer ist auch bei diesem Reformansatz möglich, d. h. wird expressis verbis nicht ausgeschlossen.

Modell 3: Gebäudewertunabhängiges Kombinationsmodell

Thüringen

Gliederung

1. Anlass und Auftrag
2. Belastungsentscheidung bei der Grundsteuer
3. Kernpunkte einer vereinfachten Grundsteuer
4. Darstellung des Äquivalenzverfahrens
   4.1 Zweistufiges Verfahren
   4.2 Übertragung der Verwaltung auf die Gemeinden
   4.3 Verfahren
   4.4 Akzeptanz und Nachvollziehbarkeit
   4.5 Bemessungsgrundlagen
      4.5.1 Unbebaute Grundstücke
      4.5.2 Bebaute Grundstücke
      4.5.3 Vereinfachtes Verfahren bei Wohnungs- und Teileigentum
5. Verprobungsergebnisse
6. Zeitliche Aspekte
7. Grundsteuerbefreiungen
8. Administrationskosten
   8.1 Basisdaten
   8.2 Aufwandsschätzung Äquivalenzverfahren
9. Aufkommensneutralität
   9.1 Aufkommenswirkung
   9.2 Belastungsverschiebung
10. Schlussbemerkungen

1. Anlass und Auftrag

Das Thema „Reform der Grundsteuer" wird seit Jahren diskutiert. Obwohl es an konkreten Reformvorschlägen nicht mangelte, konnte aus unterschiedlichen Gründen die von den Ländern für notwendig erachtete Reform noch nicht umgesetzt werden.

Dabei ist das Grundproblem unstreitig: Die Einheitswerte nach den Wertverhältnissen 1964 in den alten Ländern bzw. 1935 und der Ersatzbemessungsgrundlage in den neuen Ländern haben mittlerweile ihre Funktion als zeitgemäße Steuerbemessungsgrundlage eingebüßt. Auch zwanzig Jahre nach der Wiedervereinigung ist die Bemessungsgrundlage für die Grundsteuer nach wie vor zwischen West und Ost und auch innerhalb der neuen Länder gespalten. Die Ermittlung der Einheitswerte fast ausschließlich nur noch für Zwecke der Grundsteuer ist zu aufwändig und streitanfällig. Die Einheitswerte haben ihre Querschnittsfunktion für andere Steuern (Vermögensteuer und Erbschaft- und Schenkungsteuer) verloren.

Auf der Grundlage des Nomenklaturvorschlags der Länder Bayern (BY) und Rheinland-Pfalz (RP) von 2004 hatte die Finanzministerkonferenz (FMK) am 5.5.2006 den Bundesminister der Finanzen (BMF) gebeten, gemeinsam mit den Nomenklaturländern und Thüringen an der gesetzlichen Neuregelung der Bemessungsgrundlage für die Grundsteuer mitzuwirken und einen entsprechenden Gesetzentwurf in das Gesetzgebungsverfahren einzubringen.

Mit dem Beschluss wird das Ziel verfolgt, die Grundsteuer über eine einfache und transparente Ermittlung der Bemessungsgrundlage auf eine zeitgemäße und dauerhafte Grundlage zu stellen, um damit auch eine Kommunalisierung dieser Aufgabe zu ermöglichen. Bei angestrebter Neutralität des Grundsteueraufkommens sollten Belastungsverschiebungen durch bundesweit aussagefähige Verprobungen minimiert werden.

Der Auftrag der FMK konnte nicht zu einem Ergebnis geführt werden (s. Tz. 3.1).

Aus dem Nomenklaturvorschlag hat Thüringen einen Reformvorschlag entwickelt, der als Bemessungsgrundlage der Grundsteuer die Grundstücksfläche mit dem Bodenrichtwert und die Gebäudeflächen mit nutzungsbezogenen Äquivalenzwerten verknüpft. Dabei werden die Gebäudeflächen nach Wohn- und Nicht-Wohnnutzung unterschieden.

2. Belastungsentscheidung bei der Grundsteuer

Die Grundsteuer ist eine Geldleistung, die keine Gegenleistung für eine besondere Leistung der Kommune darstellt, sondern allgemein der Deckung des Haushalts dient (Steuer nach § 3 Abgabenordnung). Nach Art. 106 Abs. 6 GG steht den Gemeinden das Aufkommen der Grundsteuer zu. Ihnen ist das Recht einzuräumen, die Hebesätze der Grundsteuer im Rahmen der Gesetze festzusetzen. Grundsteuer zahlen letztlich alle Nutzer von im Gemeindegebiet belegenen Grundstücken – ob als Eigentümer oder als Mieter über die Umlage.

Die Kommunen stellen ihren Bürgern und den ansässigen Unternehmen die zur Nutzung der Grundstücke notwendige Infrastruktur zur Verfügung. Soweit die hieraus entstehenden Kosten individuell zuordenbar sind, werden sie von den Nutznießern als Gebühren oder Beiträge erhoben (z. B. Erschließungsbeiträge, Straßenausbaubeiträge etc.). Überschießende Kosten und weitere gemeindliche Aufgaben (z. B. Brandschutz, Räumdienste, Kinderbetreuung, Schulen, Spielplätze, kulturelle Einrichtungen und Wirtschaftsförderung) werden durch die Kommunen auch über die Realsteuern finanziert, zu denen die Grundsteuer gehört.

Entscheidender Belastungsgrund für die Grundsteuer sind die Kosten der Kommune für die vorgenannten Leistungen an Bürger und Unternehmen (Äquivalenzprinzip). Dieses Prinzip hat das Bundesverfassungsgericht auch für die Gewerbesteuer bestätigt (Beschluss vom 15. Januar 2008 – 1 BvL 2/04). Jedoch ist die Grundsteuer ein aliud gegenüber den örtlichen Verbrauchs- und Aufwandsteuern, Art. 106 Abs. 6 GG. Die Bemessungsgrundlage der Grundsteuer muss sich daher nicht allein am kommunalen Aufwand orientieren. Sachgerecht ist es, in die Bemessungsgrundlage einer bundeseinheitlichen Grundsteuer auch Infrastrukturleistungen anderer öffentlicher Hände mit einfließen zu lassen. Zum Beispiel prägen neben der kommunalen Infrastruktur die Anbindung an Bundes- oder Landstraßen, Bahn oder Flughafen den Bodenwert.

In einer Machbarkeitsstudie wurde als Basis für die Bemessung der Grundsteuer die Verkehrswerte der Grundstücke vorgeschlagen. Eine Bemessungsgrundlage nach Grundstückswerten (Verkehrswerten) ist zwar ein gewohnter und zulässiger Maßstab, jedoch weder einfach noch zwingend. Die Infrastrukturkosten und kommunalen Leistungen fallen zudem unabhängig vom konkreten Wert der errichteten Gebäude an.

Der Ansatz von Verkehrswerten als Basis der Grundsteuer erfordert hohe Bürokratiekosten und periodische Neufestsetzungen.

Will man die Grundsteuer nach Verkehrswerten bemessen, kann dies nicht auf der Grundlage von pauschalierten Verkehrswerten erfolgen, die gerade die verkehrswertprägenden Merkmale des Gebäudes wie Baumängel, Bauschäden und den Grad der Instandsetzung bzw. Sanierungsrückstände unberücksichtigt lassen. Gerade bei den Gebäuden mit ihren vielfältigen Bau- und Ausstattungsstandards ist der Wert aufwändig festzustellen und streitanfällig. Der Nachweis eines niedrigeren Verkehrswerts wie bei der Erbschaftsteuer als Öffnungsklausel ist für das Grundsteuerverfahren ungeeignet, weil die dafür entstehenden Kosten außerhalb eines vernünftigen Verhältnisses zum Jahresbetrag der Grundsteuer stehen.

In einer Stellungnahme des Wissenschaftlichen Beirats beim Bundesministerium der Finanzen vom Dezember 2010 zur Reform der Grundsteuer wird eine Besteuerung von Grundstückswerten als Summe von Boden- und Gebäudewerten empfohlen, orientiert am Mietwert.

Der Mietwert hängt primär von der zu vermietenden Gesamtgebäudefläche ab, die die Kommune durch den Bebauungsplan beeinflusst. Zweitens wird der Mietwert durch die „Lage" bestimmt, geprägt durch die öffentliche Infrastruktur. Drittens hängt der Mietwert von der Qualität der Gebäudeausstattung ab, die völlig unabhängig von der Öffentlichen Hand ist. Der Wissenschaftliche Beirat fordert ein kostengünstiges Verwaltungsverfahren, ohne ein solches gerade hinsichtlich des aufwändigen und streitanfälligen Faktors Gebäudequalität und -ausstattung vorzuschlagen. Auch hinsichtlich der Grundsteuer für land- und forstwirtschaftliche Betriebe wird kein Reformvorschlag gemacht.

In Frage käme auch, die Bemessungsgrundlage für die Grundsteuer nach den Regeln zum Erbschaftsteuerrecht zu finden. Die gefundenen Werte könnten auch in Erb- und Schenkungsteuerfällen Anwendung finden.

Die Anzahl der Grundstücke, für die eine Feststellung des Grundbesitzwertes für Zwecke der Erbschaft- und Schenkungsteuer erforderlich wird, dürfte wegen der Änderungen durch das Erbschaftsteuerreformgesetz bei weniger als 1 % des Gesamtbestandes der wirtschaftlichen Einheiten liegen. Auch für andere Steuerarten (Ertragsteuer, Grunderwerbsteuer) wird der Verkehrswert nur für besondere Ausnahmefälle benötigt. Die Regelungen zur Wertfindung im Erbschaftsteuerrecht – die wegen der Vergleichbarkeit mit anderen Vermögensarten erforderlich sind – sind für das Massenverfahren der Grundsteuer zu aufwändig und stehen nicht in einem Kosten/Nutzenverhältnis zur erhobenen Grundsteuer.

Wesentlich einfacher, sachgerechter und weniger streitanfällig ist es dagegen, die Grundsteuer nach flächenbezogenen Merkmalen der Grundstücke und der aufstehenden Gebäude zu erheben. Die Fläche des Grundstücks und des aufstehenden Gebäudes sind die wesentlichen Charakteristika eines Grundstücks und damit zulässiger und folgerichtiger Belastungsmaßstab für die Grundsteuer. Ziel ist es zudem, die Steuer nach transparenten und für den Bürger nachvollziehbaren Kriterien zu ermitteln. Deshalb sollte sich die Belastungsschlüssigkeit möglichst bereits aus der Bemessungsgrundlage ergeben.

Ein weiteres Ziel ist es, den für eine gerechte Steueranlastung geringst möglichen Bürokratieaufwand zu erreichen.

3. Kernpunkte einer vereinfachten Grundsteuer

1. Neue Bemessungsgrundlage für die bisherige Grundsteuer B
2. Wegfall der Grundsteuer A (land- und forstwirtschaftlich genutzte Flächen)
3. Grundsteuer B für die abgegrenzte Hof- und Gebäudefläche, die Wohngebäude, Betriebswohnungen und Betriebsgebäude der Land- und Forstwirtschaft.

Zu 1:

Für die Grundsteuer wird eine einfache und moderne Bemessungsgrundlage geschaffen.

Nach dem bayerisch/rheinland-pfälzischen Nomenklaturmodell wurde der Bodenwert durch Multiplikation der Grundstücksfläche mit dem Bodenrichtwert ermittelt. Die Gebäudekomponente sollte durch Multiplikation der Bruttogrundfläche mit wenigen pauschalierten nutzungsbezogenen Festwerten (insgesamt 5) für die einzelnen Gebäudegruppen ermittelt werden.

Als Basis wurden die sog. Normalherstellungskosten der Wertermittlungsverordnung herangezogen. Die Schwierigkeit bestand darin, die verschiedenen Varianten der Klassifizierung von Gebäuden (ca. 33 Gebäudearten) mit der gebotenen Bestimmtheit zu definieren und folgerichtig einem pauschalen Wert zuzuordnen. Zudem sollten diese pauschalen Werte in ihrer Höhe und im Verhältnis zueinander gerichtsfest begründet werden können. Eine Überprüfung führte zu folgendem Ergebnis:

- Die variable Nutzungsstruktur moderner oder modernisierter Gebäude lässt die Zuordnung zu mehreren pauschalen Werten und nicht nur zu einem konkreten Pauschalwert zu. Dies gilt besonders bei großen, komplexen Gebäuden oder Geschäftszentren. Die Vielfalt der Gebäude nur mit wenigen Pauschalwerten realitätsgerecht zueinander abzubilden, kann nicht erreicht werden.
- Eine Vielzahl von Gebäudegruppen zu bilden würde dem angestrebten Ziel einer grundlegenden Vereinfachung und einer sicheren und kostengünstigen Administrierbarkeit im Massenverfahren zuwiderlaufen.
- Bei einer Grundentscheidung der steuerlichen Belastung nach (pauschalen) Verkehrswerten ist wegen nicht berücksichtigter Komponenten (Ausstattung, Alter, Baumängel, Bauschäden usw.) oder problematischer Zuordnung in die Gebäudegruppen ein verfassungsrechtlich zulässiger Wertkorridor strukturell nicht erreichbar.

Pauschale Festwerte pro Gebäudegruppe zu finden, die sich an den Verkehrswerten der Gebäude orientieren, erscheint daher weder administrierbar noch verfassungsgerichtsfest erreichbar.

Individualisierte Gebäudewerte für jede wirtschaftliche Einheit zu ermitteln, ist bei einem Grundsteueraufkommen von durchschnittlich 300 €/Jahr/wirtschaftliche Einheit wirtschaftlich nicht vertretbar und im letzten Jahrhundert trotz höherer Bedeutung (Erbschaftsteuer, Vermögensteuer) nur zweimal gelungen, 1935 und 1964.

Abweichend vom Nomenklaturmodell wird daher von Thüringen vorgeschlagen, künftig bei der Ermittlung der Gebäudewerte gesetzte Werte (Äquivalenzwerte) für Wohn- und Nichtwohngebäude flächenbezogen zuzuordnen. Der Ansatz für den Grund und Boden nach dem Bodenrichtwert wird fortgeführt.

Dieser Vorschlag wird wie folgt begründet:

Die Grundsteuer ist weder ergänzende Ertragsteuer noch kommunaler Ersatz der Vermögensteuer. Sie wird von den Kommunen in Äquivalenz zu den Leistungen der öffentlichen Hände in Bezug auf die Immobilien erhoben.

Der Wert des Grund und Bodens wird wesentlich geprägt durch die Erschließungs- und Infrastrukturleistungen der öffentlichen Hände. Innerhalb eines Gemeindegebiets sind die Bodenrichtwerte regelmäßig dort am höchsten, wo sich die Infrastrukturleistungen ergänzen und konzentrieren, z. B. in den Geschäftszentren der Großstädte. Die „Lage" des Grundstücks ist bestimmend für den Wert der Immobilie. In den von Thüringen verprobten Fällen betrug der Anteil des Bodenwerts durchschnittlich ca. 20 % der Bemessungsgrundlage für bebaute Grundstücke und wies eine Bandbreite von 4 % bis 40 % auf.

In Deutschland haben sich Regionen mit hohem Bodenpreisniveau und Regionen mit niedrigem Bodenpreisniveau herausgebildet. Auf der Basis des jeweiligen Preisniveaus differieren die Bodenrichtwerte einer hebesatzberechtigten Gemeinde wiederum nach der Lage des Grundstücks. Innerhalb des Gemeindegebiets ergibt sich deshalb nicht das Problem einer gleichheitswidrigen Besteuerung. Die Gemeinde kann das allgemein niedrige bzw. hohe Bodenpreisniveau in ihrem Hebesatz berücksichtigen.

Der Wertansatz des Grund und Bodens nach dem Bodenrichtwert erscheint deshalb als (Teil-)Bemessungsgrundlage für die Grundsteuer folgerichtig und verfassungsgemäß.

Der Ansatz eines undifferenzierten festen Wertes pro Quadratmeter Bodenfläche steht einer folgerichtigen und gleichheitsgerechten Umsetzung der getroffenen Belastungsentscheidung (Äquivalenz) und dem Gefühl des Steuerbürgers für eine gerechte Anlastung von Steuern entgegen, Beispiel: gleicher Wertansatz für ein Grundstück in der Stadtmitte mit Anschluss an alle Verkehrsmittel und für ein Grundstück abgelegen am Stadtrand neben einer Müllkippe.

Ein Festwert würde die Einführung eines zonierten Satzungsrechtes erfordern, d. h. die Gemeinden müssten Zonen mit unterschiedlichen Hebesätzen bilden, die der Grundstückslage Rechnung tragen. Die Zonierung müsste sich folgerichtig an den Bodenrichtwertzonen ausrichten. Innerhalb der gebildeten Zone wären die Hebesätze für bebaute und unbebaute Grundstücke einheitlich.

Dem Äquivalenzprinzip wird daher mit dem Ansatz des Bodenrichtwerts für den Grund und Boden folgerichtig Rechnung getragen.

Der Wert einer aufstehenden Immobilie hängt von den Investitionsentscheidungen des Eigentümers ab. Er ist wesentlich durch die Ausstattung nach den subjektiven Ansprüchen des Eigentümers geprägt. Während die Erstellung des Rohbaus bei den verschiedenen Gebäudegruppen nahezu gleiche Kosten pro Quadratmeter verursacht, können die Kosten für den Ausbau des Gebäudes nach Ausstattungsgrad (einfach, gut, gehoben, aufwändig) erheblich auseinander laufen.

Die aufgewendeten Kosten für den Ausstattungsgrad sind kein Ausdruck der Leistungsfähigkeit des Eigentümers, auch nicht einer sog. „objektiven" Leistungsfähigkeit des Gebäudes, sondern Ergebnis von Renditeüberlegungen. Je nach Marktlage ist es durchaus möglich bei einem niedrigeren Ausstattungsgrad eine höhere Rendite zu erzielen als bei einer Luxusausstattung mit entsprechend höheren Investitionskosten.

Nach der Fertigstellung orientiert sich der Wert des Gebäudes daran, wie alt das Gebäude ist und ob es der Eigentümer durch Erhaltungsaufwendungen auf dem jeweiligen Stand der Technik gehalten und es den Erfordernissen und Ansprüchen der Nutzer angepasst hat. Ein bestimmender Einfluss der Gemeinde liegt hier nicht vor. Darüber hinaus ist die Inanspruchnahme der öffentlichen Infrastruktur vom Wert des Gebäudes unabhängig.

Andererseits stehen die Gebäudeflächen regelmäßig in einem direkt proportionalen Verhältnis zur tatsächlichen Inanspruchnahme der öffentlichen Infrastruktur durch die Nutzer des Grundstücks. Dies wird am Beispiel von drei gleich großen, nebeneinander liegenden Grundstücken deutlich, von denen eines unbebaut, das zweite mit 1000 m² und das dritte mit 100 000 m² Nutzfläche bebaut ist.

Insoweit erscheint es folgerichtig, die Gebäudefläche als weitere (Teil-)Bemessungsgrundlage für die Grundsteuer einzubeziehen.

Den Gebäudeflächen (m²-Bruttogrundfläche) werden gesetzte Äquivalenzwerte zugeordnet, unterschiedlich nach Wohn- und Nicht-Wohnnutzung.

Sofern die Äquivalenzwerte nach Nutzungsarten unterschieden werden, muss die Abgrenzung wiederum folgerichtig und gleichheitsgerecht getroffen werden und begründbar sein. Eine Differenzierung nach verschiedenen Nutzungsarten ist sehr schwierig zu begründen, da es z. B. bereits innerhalb des Einzelhandels (Zeitschriftenhändler – Juwelier) zu einer höchst unterschiedlichen Publikumsfrequenz kommt. Gleiche Beispiele lassen sich im Dienstleistungsbereich bilden. Bei geringem Publikumsverkehr kann andererseits der Gütertransport die Infrastruktur belasten (Industrie, Handwerk, Reparaturwerkstätten). Der Äquivalenzwert soll daher nur zwischen Wohn- und Nicht-Wohnnutzung unterscheiden. Eine Differenzierung zwischen diesen beiden Nutzungsarten ist verfassungsrechtlich unproblematisch. Daneben rechtfertigt die soziale Dimension des Wohnens eine Differenzierung. Eine weitere Differenzierung nach Nutzungsarten ist verfassungsrechtlich nicht geboten.

Nutzungsänderungen innerhalb der Nicht-Wohnnutzung (gewerbliche und sonstige Nutzung) sind irrelevant. Ein Wechsel zwischen Wohn- und Nicht-Wohnnutzung ist äußerst selten, somit gut administrierbar und wäre wie Änderungen der Gebäudefläche anzeigepflichtig.

Zu 2:

Unter dem Begriff der Grundsteuer werden im geltenden Recht genau betrachtet zwei Steuerarten zusammengefasst:

Die Grundsteuer für land- und forstwirtschaftliche Betriebe (Grundsteuer A), die in erster Linie an die Ertragsfähigkeit des land- und forstwirtschaftlichen Bodens anknüpft, und die Grundsteuer für bebaute und unbebaute Grundstücke (Grundsteuer B). Die Grundsteuer A macht – mit abnehmender Tendenz – 3,7 % des gesamten Grundsteueraufkommens in Deutschland aus.

Es wird vorgeschlagen, die Grundsteuer A insgesamt entfallen zu lassen, nicht nur weil ihre Ermittlung unverhältnismäßig aufwändig ist, sondern auch, weil ihr steuerlicher Anknüpfungspunkt nicht mehr zeitgemäß ist. Um auskömmliche Erträge für den eigenen Lebensunterhalt und die Mittel zur Bezahlung der Steuer zu erwirtschaften, musste ein Landwirt in der Vergangenheit die Ertragsfähigkeit seines Bodens optimal nutzen. In den letzten vierzig Jahren hat sich die Situation jedoch geändert: die produzierten Überschüsse und die unzureichenden Preise sind die Hauptprobleme der Landwirtschaft in Europa geworden. Während einerseits den Landwirten Stilllegeprämien gezahlt werden, um die Lebensmittelberge nicht noch mehr anwachsen zu lassen, beruht die Grundsteuer auf dem Prinzip einer durchgängig intensiven Nutzung des landwirtschaftlichen Bodens.

Die von der öffentlichen Hand geschaffene Infrastruktur ist für land- und forstwirtschaftliche Flächen im Gegensatz zu Flächen, die im Zusammenhang bebaut sind, von verschwindend geringer Bedeutung. Der reale Wert der land- und forstwirtschaftlichen Flächen bestimmt sich nach der Qualität des Bodens und dem daraus erzielbaren Ertrag. Insoweit ist es auf der Grundlage des Äquivalenzprinzips gerechtfertigt und folgerichtig, land- und forstwirtschaftliche Flächen aus der Bemessungsgrundlage für die Grundsteuer zu nehmen.

Durch einen Verzicht auf die Besteuerung land- und forstwirtschaftlich genutzter Flächen lässt sich eine erhebliche Vereinfachung erreichen. Deren Bestand betrug zum 31.12.2009 in Bayern 873 041, in Rheinland-Pfalz 610 535 und in Thüringen 77 438.

Darin sind 549 981 (Bayern), 558 029 (Rheinland-Pfalz) und 51 998 (Thüringen) Stückländereien enthalten. Stückländereien sind landwirtschaftlich nutzbare Grundstücke, die nicht dem Inhaber eines landwirtschaftlichen Betriebs gehören. Während in den alten Ländern die Besteuerung nach Eigentum erfolgt, liegt der Besteuerung in den neuen Ländern eine Nutzungseinheit zugrunde. Bei einem Verzicht auf die Besteuerung der land- und forstwirtschaftlichen Nutzflächen würde sich der Gesamtbestand der grundsteuerlich zu erfassenden wirtschaftlichen Einheiten (Stand 31.12.2009: Bayern: ca. 320 000, Rheinland-Pfalz ca. 52 000 und Thüringen ca. 25 000) deutlich reduzieren.

Die Abgrenzung der land- und forstwirtschaftlichen Flächen kann anhand der Katasterdaten erfolgen.

Sofern der Vorschlag zur Grundsteuer A – künftig land- und forstwirtschaftliche Nutzflächen nicht zu besteuern – keine politische Mehrheit findet, sollten, wie in der Machbarkeitsstudie der Länder Bremen u. a. (Verkehrswertmodell) vorgesehen, land- und forstwirtschaftlich genutzte Flächen entsprechend dem Verfahren für unbebaute Grundstücke bewertet werden, jedoch wegen des geringen Einflusses der öffentlichen Infrastruktur nur mit einem anteiligen Ansatz des Bodenrichtwerts.

Zu 3:

Die Hof- und Gebäudeflächen, die Wohngebäude, Betriebswohnungen und Betriebsgebäude der Land- und Forstwirtschaft werden künftig wie auch andere bebaute Grundstücke der Grundsteuer (bisher B, eine Unterscheidung ist künftig nicht mehr erforderlich) unterworfen.

4. Darstellung des Äquivalenzverfahrens

4.1 Zweistufiges Verfahren

An dem dreistufigen Feststellungsverfahren soll nicht weiter festgehalten werden. Bei der Ermittlung der Bemessungsgrundlage wird der Wertansatz für den Grund und Boden anteilig mit 0,5 v. T. berücksichtigt. Die Äquivalenzwerte für Gebäudeflächen berücksichtigen dies bereits entsprechend. Dadurch erübrigt sich künftig das Messbetragsverfahren, so dass auf den ermittelten Wert direkt der Hebesatz angewendet werden kann.

Die Bestimmung der Hebesätze ist ein verfassungsmäßiges Recht der Gemeinden und liegt in ihrer finanziellen Verantwortung.

Generell wird ein Ergebnis angestrebt, das die Gemeinden nicht dazu zwingt, die geltenden Hebesätze anzuheben.

4.2 Übertragung der Verwaltung auf die Gemeinden

Das Aufkommen der Grundsteuer steht der Gemeinde zu, in der das Grundstück liegt. Mit Ausnahme der Stadtstaaten ist die Verwaltung der Grundsteuer bisher zwischen den staatlichen Finanzämtern und den Gemeinden aufgeteilt. Durch das hier vorgeschlagene Verfahren soll die Option einer Verwaltung der Grundsteuer durch die Gemeinden geschaffen werden. Das Modell führt zu einer durchgreifenden Vereinfachung der Ermittlung der Grundsteuer. Dies ermöglicht es, dass künftig die Kommunen die Grundsteuer vollständig in eigener Hand und ohne „Vorschaltung" der Finanzämter verwalten können. Mit einer vollständigen Kommunalisierung der Grundsteuer wären viele Vorteile verbunden. Sie strafft Verwaltungsabläufe, bündelt Kompetenzen und bietet den Bürgerinnen und Bürgern einen zentralen Ansprechpartner für Grundsteuer und Kommunalabgaben.

Kommunen sind verfahrensbeteiligt (bauliche Genehmigungsverfahren, Bauanzeigen) und haben Zugriff auf die Bodenrichtwerte.

Die Möglichkeit der vollständigen Kommunalisierung soll jedoch jedem Land selbst überlassen werden. Einer bundesweiten Festlegung bedarf es insoweit nicht.

4.3 Verfahren

Der Steuerschuldner hat die Grundsteuer mit Steuererklärung nach amtlich vorgeschriebenem Vordruck selbst zu berechnen (Steueranmeldung). Er erhält dazu einen vorausgefüllten Erklärungsvordruck und ist somit von Beginn an in das Besteuerungsverfahren eingebunden. Dabei sollen die der Katasterverwaltung digital vorliegenden Daten (Eigentümer-, Grundstücksdaten, Bodenrichtwerte) automatisiert der mit der Verwaltung der Grundsteuer beauftragten Behörde zur Verfügung gestellt werden. In den Erklärungsvordruck ist der Hebesatz der Kommune aufzunehmen. Der Steuerschuldner hat die Angaben zu überprüfen und zu ergänzen (Bruttogrundfläche, Anteil Wohnen/Nicht-Wohnen).

Er kann die Grundsteuer selbst ermitteln, bei der Gemeinde anmelden und ist verpflichtet, den ermittelten Betrag an die Gemeinde abzuführen.

Die Anmeldung ist eine Steueranmeldung unter dem Vorbehalt der Nachprüfung. Die Kommune kann die Angaben der Steueranmeldung, insbesondere die Angaben zu den Gebäudeflächen, überprüfen. Bauunterlagen und Geoinformationssysteme wie ALKIS bieten hierzu die Möglichkeiten. Mit der Fortentwicklung der Geoinformationssysteme wächst die Chance, künftig die Überprüfung vollautomatisiert vorzunehmen. Die Gemeinde könnte die Überprüfung ggf. in Zusammenarbeit mit anderen Kommunen oder durch einen Dienstleister vornehmen lassen.

Die Festsetzung der Grundsteuer gilt solange fort, bis ihr auf Grund einer Änderung der tatsächlichen Verhältnisse und/oder Wertverhältnisse (Bodenrichtwerte) eine andere Grundsteuer-Bemessungsgrundlage zugrunde zu legen ist.

Änderungen der tatsächlichen Verhältnisse (Bruttogrundfläche, Nutzungsänderungen) sind durch die Steuerpflichtigen anzuzeigen.

Zyklische Änderungen der Bodenrichtwerte und Hebesatzänderungen werden von den Gemeinden umgesetzt.

Wegen der verfassungsmäßig gebotenen Verifikation ist der Bürger auch bei jedem anderen Reformmodell im Verfahren zu beteiligen.

4.4 Akzeptanz und Nachvollziehbarkeit

Die Grundsteuer nach dem vorgeschlagenen Modell ist in wenigen Schritten berechenbar. Ihre Berechnungsgrundlage ist einfach und nicht streitanfällig, sie ist so ausgestaltet, dass sie ihrer Belastungsentscheidung in rechtlicher und tatsächlicher Hinsicht gerecht wird.

Die Bürgerinnen und Bürger sollen die Besteuerungsgrundlagen im Grundsteuerbescheid verstehen und nachvollziehen können. Denn nur Transparenz schafft Vertrauen und Rechtssicherheit.

Maßstab eines Vergleichs sind für die Steuerpflichtigen (bei gleicher Grundstücksart, Beschaffenheit der Gebäude und aufgrund derselben Lage) zunächst die benachbarten Grundstücke. Durch das Verfahren einer flächenbezogenen Verknüpfung der Bodenrichtwerte mit nutzungsbezogenen Werten für Gebäudeflächen werden die bisher offensichtlichen Ungleichbehandlungen insbesondere in den neuen Ländern ausgeräumt und die Grundsteuer-Bemessungsgrundlagen nachvollziehbar und erstmalig vergleichbar.

Die Grundsteuereinnahmen der Kommunen sind stetig und sollen es auch in Zukunft bleiben. Dies setzt eine stabile Bemessungsgrundlage voraus. Schwankende Steuerbemessungsgrundlagen – ähnlich wie bei der Gewerbesteuer – sind für die Grundsteuer nicht akzeptabel. Das vorgeschlagene Modell schafft eine stabile Bemessungsgrundlage. Änderungen der Bebauung, Nutzung oder der Bodenrichtwerte werden nur in äußerst geringem Umfang auf das Steueraufkommen durchschlagen.

4.5 Bemessungsgrundlagen

4.5.1 Unbebaute Grundstücke

Als unbebaut gilt ein Grundstück, wenn das darauf errichtete Gebäude eine Gebäudegrundfläche von jeweils weniger als 20 Quadratmetern (innerorts) bzw. weniger als 50 Quadratmetern (außerorts, d. h. außerhalb des Bebauungszusammenhangs) haben.

Bei unbebauten Grundstücken ist neben der Grundstücksfläche der Bodenrichtwert die maßgebende Bezugsgröße. Die Bemessungsgrundlage für das unbebaute Grundstück ermittelt sich aus der Grundstücksfläche multipliziert mit dem zuletzt festgestellten Bodenrichtwert, der mit 0,5 v. T. in die Berechnung eingeht.

4.5.2 Bebaute Grundstücke

Bebaute Grundstücke sind Grundstücke, auf denen sich benutzbare Gebäude befinden, mit Ausnahme der Grundstücke mit Gebäuden i. S. d. Tz. 4.5.1. Gebäude sind mit dem Boden fest verbundene, selbständig nutzbare und überdeckte bauliche Anlagen, die von Menschen betreten werden können und geeignet oder bestimmt sind, dem Schutz von Menschen, Tieren oder Sachen zu dienen.

Bebaute Grundstücke werden unterschieden in Wohngrundstücke, Nicht-Wohngrundstücke und teils zu Wohn- und teils zu Nicht-Wohnzwecken genutzte Grundstücke (gemischte Nutzung).

Der Wert bebauter Grundstücke ergibt sich aus dem Wert des Grund und Bodens (s. Tz. 4.5.1 Absatz 2 Satz 2) und der Summe der Gebäudewerte. Der Gebäudewert ermittelt sich aus der Bruttogrundfläche und dem Äquivalenzwert. Bruttogrundfläche ist die Summe aus den Grundflächen aller Grundrissebenen eines Bauwerks. Der Bruttogrundfläche wird ein gesetzter Wert (Äquivalenzwert) pro Quadratmeter zugeordnet. Dieser Wert wird durch Gesetz festgelegt und ist unabhängig von Alter, Ausstattung, Baumängeln usw. des Gebäudes.

Bei der Festlegung der Äquivalenzwerte werden folgende Aspekte berücksichtigt:
das Volumen der Grundsteuer der Gemeinden soll gleich bleiben; ein Teil des Volumens wird durch die Bodenrichtwerte und der verbleibende Teil so zwischen Wohnen und Nicht-Wohnen ausgeschöpft, dass beide Teile einen gleichen Anteil am Aufkommen der Grundsteuer leisten, wie sie im bisherigen System geleistet

haben; damit wird sichergestellt, dass nicht z. B. zu Lasten des Wohnens eine Entlastung des gewerblichen Teils erfolgt.

Ausgehend von diesen Prämissen haben die Verprobungen für Thüringen folgende Äquivalenzwerte je Quadratmeter Bruttogrundfläche ergeben:

0,20 €/m²	für Wohnnutzung,
0,40 €/m²	für Nicht-Wohnnutzung.

Die Privilegierung der Wohnnutzung erscheint aus sozialen Gründen gerechtfertigt; darüber hinaus mindert die Grundsteuer als Aufwandsposten regelmäßig die ebenfalls kommunale Gewerbesteuer.

Wird ein Gebäude teils zu Wohnzwecken, teils zu anderen Zwecken genutzt, ist die Gebäudefläche nach den tatsächlichen Nutzungsverhältnissen aufzuteilen. Die Nutzungsanteile sind vom Grundstückseigentümer zu erklären.

Eine von der prägenden Gebäudeeigenschaft abweichende Nutzung (z. B. als häusliches Arbeitszimmer oder Hausmeisterwohnung) in untergeordnetem Umfang wird wie die Hauptnutzung behandelt.

Beispiele:

1. Einfamilienhausgrundstück

Grundstücksfläche	500 m²	
Bodenrichtwert	50 €/m² Bruttogrundfläche 200 m²	
Ermittlung des Bodenwerts:	500 m² × 50 €/m² × 0,5 v. T. =	12,50 €
Ermittlung Äquivalenzwert Gebäude (Wohnnutzung)	200 m² × 0,20 €/m² =	40,00 €
Grundsteuer-Bemessungsgrundlage		**52,50 €**

2. Gemischt genutztes Grundstück

Grundstücksfläche	1000 m²	
Bodenrichtwert	100 €/m²	
Bruttogrundfläche Wohnnutzung	2200 m²	
Bruttogrundfläche Nicht-Wohnnutzung	800 m²	
Ermittlung des Bodenwerts:	1000 m² × 100 €/m² × 0,5 v. T. =	50,00 €
Ermittlung Äquivalenzwert (Wohnen)	2200 m² × 0,20 €/m² =	440,00 €
Ermittlung Äquivalenzwert (Nicht-Wohnen)	800 m² × 0,40 €/m² =	320,00 €
Grundsteuer-Bemessungsgrundlage		**810,00 €**

4.5.3 Vereinfachtes Verfahren bei Wohnungs- und Teileigentum

Bei Wohnungs- und Teileigentum könnten künftig Wohnungs- bzw. Teileigentümergemeinschaften selbst Schuldner der Grundsteuer sein. Dadurch tritt eine zusätzliche Vereinfachung ein. Diese Gebilde sind nach § 10 Abs. 6 Wohnungseigentumsgesetz teilrechtsfähig und damit für die Grundsteuer auch steuerrechtsfähig. Die Grundsteuer wird für die gesamte Wohnungs- bzw. Teileigentumsanlage ermittelt, festgesetzt und erhoben. Die Aufteilung auf die einzelnen Wohnungs- und Teileigentümer übernimmt der Verwalter zusammen mit der Verteilung der übrigen Gemeinkosten.

Hierdurch reduziert sich die Zahl der Grundstücke erheblich, weil bislang jede Eigentumswohnung ein eigenständiges Steuerobjekt ist, für das Grundsteuer festzusetzen und zu erheben ist.

5. Verprobungsergebnisse

Es wurden insgesamt 236 Objekte – 30 Wohngrundstücke (10 Einfamilienhäuser, 11 Eigentumswohnungen und 9 Mietwohngrundstücke) und 20 Nichtwohngrundstücke (6 gemischt genutzte Grundstücke, 7 Geschäftsgrundstücke, 7 landwirtschaftliche Hofstellen) und 186 unbebaute Grundstücke – in die Verprobung einbezogen. Kaufpreise liegen nur in Ausnahmefällen vor. Verprobungen zu Zweifamilienhäusern können nicht durchgeführt werden, da es nach dem 35`er Recht die Grundstücksart „Zweifamilienhaus" nicht gibt. In der nachfolgenden Tabelle sind die Ergebnisse dargestellt. Die Verprobungsergebnisse wurden nach dem Verhältnis der Grundsteuermessbeträge alt/neu ausgewertet.

Grund-stücksart	Grundsteuermessbe-träge			Verhältnis			Ver-lie-rer	Ge-winner
	bisher	neu	Diffe-renz	neu/alt	von	bis		
	in Euro			in Prozent			Anzahl	
Einfamilienhäuser	583	566	– 17	97,11	60	166	4	6
Wohnungseigentum	490	418	– 72	85,27	43	139	5	6
Mietwohn-grundstücke	2 565	2 663	98	103,81	89	168	7	2
Gemischt genutzte Grundstücke	1 902	1 848	– 54	97,16	78	175	3	3
Geschäfts-grundstücke	64 448	73 728	9 280	114,40	88	266	6	1
unbebaute Grundstücke	1 404	2 343	939	166,89	25	748	157	29
L/F-Hofstellen	30 132	68 866	38 733	228,54	69	2822	5	2

Obwohl die gewichteten Mittelwerte der Messbeträge alt/neu für Wohngrundstücke und Nicht-Wohngrundstücke eine durchaus akzeptable Toleranz aufzeigen, sind bei der Betrachtung einzelner Fälle extreme Abweichungen (von ca. 43 % bis 266 %) festzustellen. Diese Ausreißer sind nicht zu vermeiden und das unabhängig davon, welches Reformmodell der Grundsteuer zur Anwendung kommt. Sie resultieren zum Einen aus den unterschiedlichen Bewertungsverfahren bei der Einheitsbewertung und zum Anderen aus den unterschiedlichen Bewertungsgrundlagen (Reichsbewertungsgesetz, Richtlinie zur Vereinfachung des Bewertungsverfahrens der DDR aus 1975 und gleich lautende Ländererlasse ab 1991).

Den hohen prozentualen Steigerungen stehen allerdings häufig sehr niedrige absolute Beträge gegenüber.

Ferner ist anzuführen, dass eine Vielzahl von baulichen Veränderungen aufgrund großzügiger baurechtlicher Regelungen den Finanzämtern nicht bekannt wurden und deshalb nicht im Einheitswert enthalten sind. Außerdem führten bauliche Veränderungen bei bebauten Grundstücken aufgrund der Wertgrenzen häufig zu keiner Fortschreibung. Schließlich wirkt sich die Anwendung unterschiedlicher Messzahlen in Abhängigkeit der Gemeindegröße und der Unterscheidung nach Alt- und Neubauten im Messbetragsverfahren nachteilig aus.

Die Abweichungen bei den unbebauten Grundstücken sind sowohl auf die niedrigen Bodenwerte 1935 als auch auf die im Messbetragsverfahren anzuwendende Messzahl 10 v. T. zurückzuführen.

Anstelle der bisherigen Bemessungsgrundlage für land- und forstwirtschaftliche Betriebe (Ertragswert) wird nunmehr nur die Hofstelle zur Berechnung der

Grundsteuer herangezogen. Diese Grundsteuerbelastung der Land- und Forstwirtschaft liegt nach dem Verprobungsergebnis über der Belastung im bisherigen System.

6. Zeitliche Aspekte

Die Bodenrichtwerte liegen seit 2010 bundesweit digital vor und können auf jedes Grundstück bezogen werden. Es empfiehlt sich, zwischen dem Zeitpunkt der gesetzlichen Neuregelung (z. B. zum 1. Januar 2013) und dem Zeitpunkt der erstmaligen Anwendung der neuen Grundsteuerbemessungsgrundlage eine „Vorlauf-Frist" von zwei bis drei Jahren vorzusehen. In dieser Zeit können die Kommunen mögliche Hebesatzanpassungen infolge der veränderten Grundsteuer-Bemessungsgrundlage vornehmen.

Falls Erklärungen nicht oder verspätet abgegeben werden, ist vorläufig die bisherige Grundsteuer weiter zu zahlen.

7. Grundsteuerbefreiungen

Eine Grundsteuerbemessung nach dem Äquivalenzverfahren bietet auch die Gelegenheit, bestehende Ausnahmetatbestände auf den Prüfstand zu stellen.

8. Administrationskosten

8.1 Basisdaten

Die Daten basieren mit Ausnahme der wirtschaftlichen Einheit des L/F-Vermögens auf der aktuellen BMF-Statistik 2009.

w. E. Grundvermögen	29 266 816
davon unbebaut	2 518 199
bebaut	26 748 617
davon Wohnen	22 115 062
Nicht-Wohnen	3 256 306
Gemischte Nutzung	1 377 249
w. E. L/F-Vermögen	1 349 853[1]

[1] Stand 2004

8.2 Aufwandsschätzung Äquivalenzverfahren

Der Vorschlag eines gebäudewertunabhängigen Kombinationsmodells verfolgt das Ziel, die Ermittlung der Bemessungsgrundlagen grundsätzlich auf digital vorhandenen Daten der Behörden aufzubauen. Um dieses Modell umzusetzen, müssen die bei der Katasterverwaltung in verschiedenen Projekten digital vorhandenen Daten (Eigentümer-, Grundstücksdaten und Bodenrichtwerte) sowie die Hebesätze der Kommunen zusammengeführt werden. Die damit verbundenen Kosten hängen wesentlich von der gewählten Organisationsstruktur ab.

In den Stadtstaaten liegen aufgrund ihrer Struktur als Stadt und Staat diese Informationen gebündelt vor und können direkt in eine vorausgefüllte (ggf. elektronische) Erklärung übernommen werden. Die Feststellung der Bemessungsgrundlagen und Festsetzung der Grundsteuer liegen hier wie bisher in einer Hand.

Dagegen ist bei den Flächenländern zunächst eine Entscheidung zu treffen, wie diese Informationen und bei welcher Behörde (Landesrechenzentrum, Landesvermessungsamt) sie mit dem geringsten Aufwand und kostengünstig zusammengeführt, kontinuierlich aktualisiert werden und ggf. für die Kommunen ein Mitteilungsverfahren oder ein selektiertes Zugriffsrecht auf ihre Datenbestände organisiert werden kann.

Das Modell unterliegt aufgrund seiner im Wesentlichen wertunabhängigen Bemessungsgrundlagen einem sehr geringen Änderungsaufwand.

Bodenrichtwerte werden zwar in einem Zweijahresturnus überprüft und ermittelt, ziehen aber regelmäßig – sofern nicht entscheidende Infrastrukturmaßnahmen greifen – kaum Änderungen nach sich. Bodenrichtwertänderungen können generell von Amts wegen und automationsgestützt nur für Grundstücke der Richtwertzonen vorgenommen werden, für die sich tatsächlich eine Wertveränderung ergeben hat.

Auswirkungen auf die Bemessungsgrundlage haben darüber hinaus nur Änderungen der Grundstücksflächen, eine Neubebauung und Änderungen der Bruttogrundfläche bestehender Gebäude. Die Fläche von Grundstücken bleibt in den meisten Fällen unverändert, Zusammenlegungen und Teilungen treten im Zusammenhang mit der Schaffung neuer Wohn- oder Gewerbegebiete auf.

Da dieses Modell nicht auf den Wert der Gebäude abstellt, sind nur bauliche Maßnahmen relevant, durch die die Bruttogrundfläche verändert wird.

Eine Änderung der Bemessungsgrundlage ergibt sich ferner in den seltenen Fällen der Umnutzung von Wohnflächen in Nicht-Wohnflächen und umgekehrt.

Ein weiterer Vereinfachungseffekt kann beim Wohnungs- und Teileigentum erreicht werden, wenn die Wohnungs- und Teileigentümergemeinschaften selbst Schuldner der Grundsteuer sind (vgl. Tz. 4.5.3). Dadurch reduziert sich vehement die Zahl der wirtschaftlichen Einheiten. Änderungen innerhalb der Gemeinschaft schlagen sich nur in der Verteilung durch den Verwalter nieder.

Da im hier vorgeschlagenen Modell nur bereits vorhandene Datenbestände verknüpft werden müssen, liegen die Kosten seiner Einführung wesentlich – bei nur einem Bruchteil – unter den Kosten eines Verkehrswertmodells.

Konkrete Zahlen zu den Kosten bei der Einführung dieses Reformmodells können ergänzt werden, wenn die Entscheidungen zur Organisationsstruktur getroffen sind.

Eine periodische Neuberechnung der Bemessungsgrundlagen entfällt.

9. Aufkommensneutralität

9.1 Aufkommenswirkung

Dem Beschluss der FMK folgend wird mit diesem Vorschlag keine Erhöhung des Grundsteueraufkommens verfolgt. Er dient dazu, bestehende gleichheitswidrige Wertverzerrungen zwischen den verschiedenen Grundstücksarten und einzelnen Grundstücken zu korrigieren. Diese Korrektur wird jedoch in vielen Fällen bezogen auf die einzelne Gemeinde zu einer Veränderung der Gesamtbemessungsgrundlage führen. Die Gemeinden können diese Unterschiede durch die Anpassung ihres Hebesatzes ausgleichen. Der Schlüssel für die angestrebte Aufkommensneutralität liegt somit bei den Gemeinden.

9.2 Belastungsverschiebung

Der Vorschlag wird bezogen auf den Einzelfall zu Veränderungen der Steuerbelastung führen. Es werden sich sowohl geringere als auch höhere Steuern ergeben, die im Einzelfall von den Betroffenen durchaus als belastend empfunden werden können. Dies ist die zwangsläufige Folge der Beseitigung der über die Jahrzehnte entstandenen und extrem unterschiedlichen Wertentwicklungen. Es sind keine Anhaltspunkte ersichtlich, aus denen sich ergibt, dass andere Grundsteuer-Reformmodelle zur Herstellung einer gleichheitsgerechten Besteuerung zu geringeren Belastungsverschiebungen führen würden.

10. Schlussbemerkungen

Mit diesem Vorschlag eines gebäudewertunabhängigen Kombinationsmodells wird die Vorgabe des FMK-Beschlusses umgesetzt, die Grundsteuer über eine einfache und transparente Ermittlung der Bemessungsgrundlage auf eine zeitgemäße und dauerhafte Grundlage zu stellen und damit auch eine Kommunalisierung der Aufgabe zu ermöglichen.

Der Vorschlag verlässt die bisherige und in anderen Reformmodellen geforderte Anknüpfung der Grundsteuer an den Wert des Grundstücks einschließlich der aufstehenden Gebäude. Es macht wenig Sinn, die Grundsteuer bürokratieintensiv nach Verkehrswerten zu erheben, während die Kommunen ihre Beiträge und Gebühren nach den baulichen Gegebenheiten der Grundstücke festsetzen. Letztere belasten den Grundstückseigentümer oftmals deutlich mehr als die Grundsteuer, die gegenwärtig im Durchschnitt rund 300 Euro jährlich pro Grundstück beträgt.

Durch das Anmeldeverfahren wird die Grundsteuerberechnung für den Bürger erstmals transparent. Er kennt die Flächenmerkmale seines Grundstücks oder kann sie leicht feststellen und die Grundsteuer selbst ermitteln. Dagegen können Hauseigentümer den Wert ihrer Immobilie kaum zutreffend abschätzen, da die Selbsteinschätzung und der Marktwert oft weit auseinander liegen. Daher folgen die vorstehenden Kernpunkte für eine vereinfachte Grundsteuer nach einem flächenbezogenen Äquivalenzverfahren nicht zuletzt dem Postulat der Transparenz.

Mit dem Gebäudewertunabhängigen Kombinationsmodell könnte ein Beispiel für Steuervereinfachung gesetzt und die bürokratiekostengünstigste Variante für eine gerechte Anlastung der Grundsteuer gefunden werden.

(Quelle: www.thueringen.de/de/tfm/steuern/aktuell/grundsteuermodell/content.html)

Ausblick

16   Die Verengung der Debatte über die Reform der Grundsteuer auf im Wesentlichen drei Reformmodelle sollte geeignet sein, eine konkrete Phase der steuerpolitischen Entscheidungsfindung einzuläuten. Die zur Einheitsbewertung des Grundbesitzes ergangenen Entscheidungen des BFH v. 30.6.2010 (siehe hierzu Einführung) sowie das beim BFH anhängige Verfahren II R 16/13 signalisieren, dass die Grundsteuer zunehmend unter Verfassungsdruck gerät. Auf Basis der drei im engeren steuerpolitischen Fokus stehenden Reformmodelle sollte in absehbarer Zeit ein mehrheitsfähiges „Konsensmodell" gefunden werden können, um die Reform der Grundsteuer zu finalisieren. Bedingt durch ein „Mengengerüst" von bundesweit über 35 Mio. wirtschaftlicher Einheiten dürfte sich die Umsetzung einer Grundsteuerreform – nach welchem Modell auch immer – als „Herkulesaufgabe" erweisen.

Stichwortverzeichnis

Ziffern = §§ GrStG
Ziffern in Klammern = Anmerkungen
Die Abkürzung „Einf." verweist auf die Einführung, die Abkürzungen „Anh. I",
„Anh. II", „Anh. III", „Anh. IV", „Anh. V" auf die Anhänge I bis V.

Beispiel:
3 (12) = § 3 GrStG Anm. 12

A

Abfallentsorgung
3 (16)
Abfallverwertung
3 (16)
Abgrenzung
des Betriebs der Land- und Forst-
wirtschaft nach den Tierbeständen
2 (8)
des Betriebs der Land- und Forstwirt-
schaft vom Gewerbebetrieb 2 (7)
Abrundung
des Einheitswerts 13 (2), (11)
Abschlag
beim Einheitswert 2 (21) f.
Abwasserverband
Grundbesitz 4 (9)
Akademien
kirchliche – 3 (54) f., 5 (9)
s. a. Wissenschaft
Akteneinsicht
bei Zerlegung 22 (7)
ALKIS
Grundsteuerreform Anh. V (13)
Allgemeinheit
Gebrauch durch die – 3 (18)
Altenheime
3 (16)
Steuerfreiheit 4 (19)
als Wohlfahrtspflege 3 (46)
Wohnräume in – 5 (7)
Altenhilfe
als gemeinnützig 3 (31)
Altenpflegeheime
Steuerfreiheit 4 (19)
Wohnräume in – 5 (7)

Altenwohnheime
als Wohlfahrtspflege 3 (46)
Wohnräume in – 5 (7)
Amtshilfe
der Gemeinde 13 (10)
Anerkennung
einer Körperschaft als gemeinnützig
3 (24)
Anstalten des öffentlichen Rechts
Steuerbefreiung 3 (9)
Antrag
auf Erlass der Grundsteuer 34 (2) f.
Rechtsbehelf gegen Ablehnung eines –
auf Erlass 34 (4)
Anzeigepflicht
bei steuerbefreitem Grundbesitz 19 (2)
bei Wegfall der Steuerbefreiungen
3 (3)
Äquivalenzprinzip
Einf. I, Einf. V
Äquivalenzzahlen
Grundsteuerreform Anh. V (14)
Artfortschreibung
des Einheitswerts 13 (4)
Aufhebung
des Einheitswerts 13 (2), (6), 20 (2)
zwischen Hauptveranlagungszeitpunkt
und erstmaliger Anwendung
20 (5)
des Steuermessbetrages 20 (2)
– ohne Aufhebung des Einheitswerts
20 (3)
Zeitpunkt der – 20 (4)
Aufhebungszeitpunkt
20 (4)
Aufkommen
der Grundsteuer Einf. III

Aufrechnung
28 (6)
Ausbildungsheime
Steuerfreiheit 5 (5)
Ausgleichsleistungen
3 (62)
Ausländische Botschaften
Steuerbefreiung 3 (12)
Ausländische Körperschaften
keine Steuerbefreiung 3 (11)
Ausländische Streitkräfte
Gemeinschaftsunterkünfte 5 (3)
Grundbesitz 3 (20)
Ausmärkerflächen
s. Zerlegung
Ausschließlichkeit
für gemeinnützigen Zweck 3 (43)
Außenanlagen
beim Sachwertverfahren 2 (22)
Außenprüfung
27 (13)
Aussetzung der Vollziehung
27 (15)
AUTBEG
Grundsteuerreform Anh. V (13)

B

Baulandsteuer
15 (4)
Bebaute Grundstücke
Begriff 2 (18)
Bewertung 2 (20)–(22)
Einteilung der – 2 (19)
Erlass bei – 33 (11)
Sonderfälle 2 (23)
Bebauungsplan
2 (16)
Bedeutung der Grundsteuer
Einf. IV
Bedürftigkeit
Voraussetzungen 3 (42)
Befreiung
s. Steuerbefreiungen
Beitrittsgebiet
s. Neue Bundesländer
Bekanntgabe
des Steuerbescheids 27 (7)
Benutzung zu steuerbefreiten Zwecken
regelmäßige – 7 (4)

teilweise – 8 (2) f.
unmittelbare – 3 (43), 7 (2)
Bereitschaftsräume
4 (3), (17), 5 (10), 13 (12)
Berichtigung
des Einheitswerts 13 (7)
der Neuveranlagung 17 (4)
des Steuermessbetrages 21 (3)
Berufsbildung
Steuerbefreiung 3 (35)
Berufsverbände
keine Steuerbefreiung 3 (10)
Berufsvertretungen
keine Steuerbefreiung 3 (10)
Beschädigte
s. Kriegsbeschädigte
Bestattungsplatz
s. Friedhöfe
Besucherparkplätze
bei Krankenhäusern 4 (18a)
Beteiligte
bei Zerlegung 22 (7)
Betrieb der Land- und Forstwirtschaft
Abgrenzung vom Gewerbebetrieb
2 (7)
Betriebsmittel 2 (3), (7)
Bewertung des Wirtschaftsteils 2 (9)
forstwirtschaftliche Nutzung 2 (11)
gärtnerische Nutzung 2 (12)
gemeinschaftlicher – 2 (5)
landwirtschaftliche Nutzung 2 (10)
Nutzungseinheit in der ehem. DDR
40 (1) ff.
sonstige land- und forstwirtschaftliche
Nutzung 2 (13)
Steuermesszahl für – 14
Stückländereien 2 (6)
Tierzucht und Tierhaltung 2 (8)
Umfang 2 (4)
weinbauliche Nutzung 2 (12)
Wohnteil 2 (14)
Betrieb gewerblicher Art
Begriff 3 (15), (17), (44)
Betriebsgrundstücke
Wert der – 3 (24)
Betriebskosten
Berücksichtigung der Grundsteuer bei
den – 28 (13)
Betriebskostenverordnung
Berücksichtigung der Grundsteuer
nach der – 28 (13)

Betriebsmittel
bei der Land- und Forstwirtschaft
2 (3), (7)
Betriebsvorrichtungen
3 (24)
Betriebszwecke
der Bundesbahn 13 (12)
BewertungsDVO
der ehem. DDR Anh. II (6)
Bewertungsgesetz
der ehem. DDR Anh. II (4)
Bezugsfertigkeit
Bedeutung für Bewertung 2 (16)
Bibliotheken
Erlass der Steuer für Grundbesitz mit –
32 (7)
Unterhaltung von – 3 (31), (49)
Bienenzucht
als Steuergegenstand 2 (13)
Billigkeitserlass
Durchführung 33 (7)
festgesetzte Grundsteuer 33 (4)
wegen Minderung des Rohertrags
33 (8)
aus persönlichen Gründen 33 (5)
aus sachlichen Gründen 33 (6)
Voraussetzungen 33 (2)
Zuständigkeit 33 (3)
Billigkeitsmaßnahmen
13 (4)
Binnenfischerei
als sonstige land- und forstwirtschaftli-
che Nutzung 2 (13)
Blindenfürsorge
als gemeinnütziger Zweck 3 (48)
Bodenrichtwerte
15 (10)
Bodenverbände
Grundbesitz 4 (9)
Bodenwert
beim Sachwertverfahren 2 (22)
Botanische Gärten
Steuerfreiheit 6 (3)
Botschaften
s. Ausländische Botschaften
Bücherei
s. Bibliotheken
Bund
s. Körperschaften des öffentlichen Rechts
**Bundesanstalt für Immobilien-
aufgaben**
Begriff 3 (9)

Bundesbahn
3 (1), (21), 4 (5)
Betriebszwecke 13 (12)
Steuerbefreiung 3 (21)
Bundesbaugesetz
15 (6)
Bundesforschungsanstalt
Steuerfreiheit für landwirtschaftliche –
6 (3)
Bundespflegesatzverordnung
bei Krankenhäusern 4 (17)
Bundespolizei
Gemeinschaftsunterkünfte 5 (3)
Bundespost
Steuerbefreiung 3 (22)
Bundesversorgungsgesetz
36 (1)
Bundeswehr
Gemeinschaftsunterkünfte 5 (3)
Grundbesitz 3 (20)
Kantinen 5 (4)
Steuerfreiheit 3 (15)
Übungs- und Flugplätze 6 (4)
Burgen
3 (17)
Bürgerliches Recht
Haftung nach – 11 (6)

C

Campingplätze
3 (17)

D

Dachverband
gemeinnütziger – 3 (52)
Dauerkleingärten
kein Erlass für – 32 (6)
keine Steuerfreiheit für – 6 (2)
als Stückländereien 2 (6)
DDR, ehemalige
s. Neue Bundesländer
Deiche, Deichvorland
Steuerfreiheit 4 (1), (9), 7 (5)
Denkmalpflege
Steuerbefreiung 3 (33)
Denkmalschutz
Erlass der GrSt 32 (4)
Steuerbefreiung 3 (33)

Stichwortverzeichnis

Ziffern = §§ GrStG

Denkmalschutzgesetze
der Länder, Übersicht 32 (4)
Dienst, öffentlicher
3 (14), (19), (61)
Dienstgrundstücke
Begriff 3 (59)
von Geistlichen und Kirchendienern
3 (56) ff.
Dienstwohnungen
von Geistlichen und Kirchendienern
3 (56) ff.
Dingliche Haftung
Allgemeines 12 (2)
Durchführung der
Zwangsversteigerung 12 (4)
Geltendmachung 12 (3)
Haftungsbescheid 12 (5)
Dingliche Wirkung
s. Steuerbescheid
Diplomaten
Steuerbefreiung 3 (12)
Draisinenbahnen
Steuerbefreiung 4 (5)
Duldungsbescheid
12 (5)

E

Eigenbesitz
10 (2)
Eigengewerblich genutzte
Grundstücke
Begriff 33 (21)
Ende der eigengewerblichen Nutzung
33 (25)
Erlass 33 (11), (20) ff.
Minderausnutzung bei – und
Verhalten des Eigentümers
33 (23)
Minderung der Ausnutzung bei –
33 (22)
Unbilligkeit der Einziehung der
Grundsteuer bei – 33 (24)
Eigentümer
Bedeutung des – für Steuerfreiheit
3 (60)
als Steuerschuldner 10 (2)
wirtschaftlicher – 10 (2)
Eigentumsübergang
Haftung 11 (4)
Zurechnungsfortschreibung 13 (4)

Eigentumswohnung
Bewertung 2 (23)
Steuermesszahl 15 (4)
Steuerschuldner bei – 10 (5)
Einfamilienhäuser
Bewertung der – im Ertragswertver-
fahren 2 (20)
Bewertung der – im
Sachwertverfahren 2 (20), (22)
Steuermesszahl 15 (4)
Tabelle der Steuermessbeträge 15 (8)
Einheitsbewertung
Abschaffung der – 15 (8)
Durchführung einer neuen – 15 (7)
in den neuen Bundesländern 41,
Anh. II
unterschiedliche Steuerbelastung
15 (7)
verfassungsrechtliche Bedenken gegen
die – 15 (6)
Einheitswert
Aufhebung 13 (6)
Bedeutung 13 (2)
Berichtigung 13 (7)
Beteiligung der Gemeinden am E.-
Verfahren 13 (10)
Einzelfälle einer Fortschreibung 13 (9)
Feststellung 13 (2)
Fortschreibung 13 (4)
– fehlerberichtigende 17 (4)
– und Neuveranlagung des Steuer-
messbetrages 17 (2)
Hauptfeststellung 13 (3)
Nachfeststellung 13 (5), 18 (2)
Neuveranlagung 17 (6)
– des Steuermessbetrages ohne
Fortschreibung 17 (3)
Wertverhältnisse und tatsächliche
Verhältnisse 13 (8)
Einheitswertbescheid
Änderung 21 (2)
Streitwert 16 (4)
Einspruch
s. Rechtsbehelf
Eisenbahn
s. Bundesbahn, Privatbahn
Entrichtung
der festgesetzten Steuer 28 (6)
Entstehung der Grundsteuer
Stichtag für – 9 (2)
Entstehung der Steuerschuld
9 (3)

Stichwortverzeichnis

Entwicklungshilfe
als gemeinnützig 3 (40)
Erbbaurecht
Bewertung des – 2 (23)
Steuermessbetrag 13 (13)
Steuerschuldner beim – 10 (4)
Erben
als Gesamtschuldner 27 (7)
Haftung 11 (6)
Erbschaftsteuer
Bedarfsbewertung bei der – 15 (7),
(9) ff.
Erholungsheime
als gemeinnützig 3 (28)
Steuerbefreiung 5 (8)
als Wohlfahrtspflege 3 (46)
Erlass
bei bebauten Grundstücken 33 (11) ff.
bei eigengewerblich genutzten
Grundstücken 33 (11), (22)
Entscheidung über den Antrag auf –
34 (2) f.
bei der Forstwirtschaft 33 (26)
bei gewerblich genutzten
Grundstücken 33 (20) ff.
für Grünanlagen 32 (6)
für Grundbesitz in öffentlichem
Interesse 32 (3)
bei nach der Jahresrohmiete bewerteten Grundstücken 33 (11)
Jahresrohmiete, geschätzte übliche J.
33 (14)
Kausalzusammenhang 32 (5a)
bei der Land- und Forstwirtschaft
33 (10)
bei Leerstehen einer Wohnung 33 (12)
wegen Minderung des Rohertrags
33 (8) f.
für Museen 32 (7)
und Niederschlagung der Grundsteuer
28 (8)
bei Organschaft 33 (24)
Rechtsbehelf gegen Ablehnung eines –
34 (4)
aus Rechtsgründen 32 (2)
bei im Sachwertverfahren bewerteten
Grundstücken 33 (11)
für Spiel- und Sportplätze 32 (6)
Umfang 33 (9)
Unrentierlichkeit des Grundbesitzes
32 (5)
Verfahren 34 (1) ff.

nach dem Verhältnis der
Mietminderung 33 (13)
nach dem Verhältnis des Rohertrags
33 (11)
Vermietungsbemühungen 33 (17)
Vermietungsmarkt 33 (16)
bei verpachteten Grundstücken
33 (21)
bei verschieden genutztem
Grundbesitz 33 (27)
Vertretenmüssen 33 (15) ff.
Voraussetzungen 32 (4)
nach Wertfortschreibung 33 (28)
wegen wesentlicher Ertragsminderung
33 (2) ff.
Widerruf 34 (5)
bei Wohngrundstücken 33 (12)
Erlassverfahren
Durchführung 33 (7)
Ermessen
bei der Festsetzung des Hebesatzes
25 (4)
Ersatz
der Zerlegung durch Steuerausgleich
24 (2)
Ersatzbetrag
Wegfall des – 3 (62)
Ersatzgrundstück
3 (59)
Ersatzwirtschaftswert
in den neuen Bundesländern 40 (4),
Anh. II (3), (6)
Erstattung
der Grundsteuer 30 (3)
Ertragsminderung
Erlass bei bebauten Grundstücken
33 (11)
Erlass bei der Forstwirtschaft 33 (26)
Erlass bei gewerblich genutzten
Grundstücken 33 (20) ff.
Erlass bei verschieden genutztem
Grundbesitz 33 (27)
Erlass bei Wohngrundstücken 33 (12)
Erlass der festgesetzten Steuer 33 (4)
Erlass und Wertfortschreibung 33 (28)
Erlass wegen – 33 (1)
– Voraussetzungen 33 (2)
– Zuständigkeit 33 (3)
Erlass wegen Minderung des
Rohertrages 33 (8)
Erlass wegen persönlicher Unbilligkeit
33 (5)

Stichwortverzeichnis

Ziffern = §§ GrStG

Erlass wegen sachlicher Unbilligkeit
33 (6)
Umfang des Erlasses bei Minderung
des Rohertrages 33 (9)
Ertragswertverfahren
Berechnung des Einheitswerts nach
dem – 2 (21), 15 (8)
beim Erlass 33 (11)
Erwachsenenbildung
Wohnräume für – 5 (9)
Erwerber
Haftung des – 11 (4) f.
Erziehung
Grundbesitz für – 4 (10), (12)
Steuerbefreiung 3 (34)
Erziehungsheime
Steuerfreiheit 5 (5)
Euro
Umrechnung in – 13 (11)
Exerzitienhäuser
Wohnräume in – 3 (54), 5 (9)

F

Fälligkeit
von Kleinbeträgen 28 (3)
der Steuer 28 (2)
Verwirklichung des Steueranspruchs
28 (5)
bei Zahlung in einem Jahresbetrag
28 (4)
Fehlerbegriff
Fortschreibung 13 (4)
Fehlerberichtigung
durch Fortschreibung 13 (4)
Neuveranlagung zur – 17 (4), 18 (2)
Ferienheime
Steuerfreiheit 5 (8)
Fernunterricht
Steuerbefreiung für – 4 (15)
Festsetzung
für ein oder mehrere Jahre 25 (6)
Ermessensspielraum 25 (4)
der Grundsteuer für das Kalenderjahr
27 (2)
der Grundsteuer für mehrere Kalenderjahre 27 (3)
des Grundsteuermessbetrages 16 (3)
des Hebesatzes 23 (1) ff.
Rechtsbehelf gegen – 25 (4)
rückwirkende – 25 (7)

unterschiedliche – des Hebesatzes
25 (8)
Verfahren bei – des Hebesatzes 25 (3)
s. a. Steuerfestsetzung
Festsetzungsfrist
für Steuerfestsetzung 27 (19)
Festsetzungsverjährung
27 (11)
Feststellungsbescheid
13 (2)
Feuerwehr
s. Bundeswehr
Fischerei
2 (14), 4 (8)
Fließende Gewässer
Steuerbefreiung 4 (8)
Flughafen, Flugplatz
s. Verkehrsflughäfen, Bundeswehr
Flugsicherungsgebäude
Steuerfreiheit 4 (7)
Flüsse
s. Fließende Gewässer
Forschungsanstalten
3 (16)
Forstwirtschaft
Erlass bei der – 33 (26)
Forstwirtschaftliche Nutzung
Umfang der – 2 (11)
Fortschreibungen
des Einheitswerts 13 (2), (4)
– fehlerberichtigende – 17 (4)
– ohne Neuveranlagung des
Steuermessbetrages 17 (3)
– und Neuveranlagung des
Steuermessbetrages 17 (2)
Einzelfälle 13 (9)
und Erlass 33 (28)
und Steuerbefreiung 3 (3), 13 (2)
Wertverhältnisse bei – 2 (21)
– und tatsächliche Verhältnisse bei –
13 (8)
Freiwildgehege
Steuerbefreiung 6 (3)
Friedhöfe
3 (16)
Grundbesitz für – 4 (1), (3), 6 (5)
Fürsorge
Steuerbefreiung 3 (38), (48)
Fürsorgeanstalten
3 (16)
Fürsorgeeinrichtungen
als Zweckbetrieb 3 (48)

Stichwortverzeichnis

Fußballveranstaltungen
3 (50)

G

Garagen
bei Dienstwohnungen 3 (56)
Steuerbefreiung 7 (2)
Gärtnerische Nutzung
Umfang der – 2 (12)
**Gebäude auf fremdem Grund und
Boden**
Bewertung 2 (23)
Erlass bei – 33 (9)
Haftung bei – 12 (3)
Gebäudewert
beim Sachwertverfahren 2 (22)
Gebietsänderung
s. Gemeinde
Gebietskörperschaften
Steuerbefreiung 3 (8)
Gebrauch, öffentlicher
3 (18)
Gebrauchsvermögen
persönliches Einf. V.2
Gegenseitigkeit
Feststellung der – 3 (12)
Geistliche
Begriff 3 (58)
Dienstgrundstücke der – 3 (59) ff.
Dienstwohnungen für – 3 (56)
Gemeinde
Änderung des Gebiets 22 (2),
25 (8)
Beteiligung am Einheitswertverfahren
13 (10)
Beteiligung am Zerlegungsverfahren
22 (4)
Hebeberechtigung 1 (3)
Meldewesen 13 (10)
Mitwirkung an Erlass 27 (13)
Rechtsbehelf der – 16 (5)
Steuerfestsetzung durch die – 27 (5)
Gemeindefreier Grundbesitz
1 (4)
Gemeindeordnung
25 (3)
Gemeindereferent
3 (58)
Gemeindesteuer
Grundsteuer als – 1 (2)

Gemeindeverband
s. Körperschaften des öffentlichen Rechts
Gemeinnützige Körperschaft
Steuerfreiheit 3 (1), (24)
**Gemeinnützige Wohnungs- und
Siedlungsunternehmen**
Steuerfreiheit 3 (53)
Gemeinnützige Zwecke
Anerkennung 3 (25)
– Wegfall 3 (25)
Einzelfälle 3 (27) ff.
Steuerbefreiung für Grundbesitz, der –
dient 3 (22), (24)
Gemeinnützigkeit
Feststellung der satzungsmäßigen
Voraussetzungen 3 (25)
Gemeinschaftsunterkünfte
Behandlung der – 5 (3)
Gemischtgenutzte Grundstücke
Bewertung 2 (20)
Genossenschaften
s. Realgemeinde, Religionsgesellschaften
Geobasisinformationen
Grundsteuerreform Anh. V (13)
Gesamthandseigentum
10 (2), (5)
Gesamtrechtsnachfolger
Haftung des – 11 (6)
Gesamtschuldner
Steuerbescheid an – 27 (7)
Gesamtschuldnerschaft
Begriff 10 (5)
Geschäftsbetrieb, wirtschaftlicher
Begriff 3 (44)
steuerschädlicher – 3 (44)
steuerunschädlicher – 3 (44)
Geschäftsgrundstück
Bewertung 2 (20)
Erlass für – 33 (11), (20)
Geschichte
Erlass der GrSt für Grundbesitz für
Zwecke der – 32 (4)
Geschichtliche Entwicklung
der Grundsteuer Einf. II
des Wohnungsbaugesetzes
Einf. II
Gesellige Veranstaltungen
als Geschäftsbetrieb 3 (51)
Gesetzliche Vertreter
Haftung der – 11 (5)
Gesundheitswesen
Steuerbefreiung 3 (30)

Stichwortverzeichnis

Gewässer, fließende
Steuerbefreiung 4 (8)
Gewässerunterhaltungsbeitrag
grundsteuerliche Refinanzierung
25 (4)
Gewerbebetrieb
Abgrenzung des Betriebs der Land-
und Forstwirtschaft vom – 2 (7)
Erlass für – 33 (24), (27)
Gewerbekapitalsteuer
Wegfall der – 26 (1)
Gewerbesteuer
Aufkommen an – Einf. III
und Grundsteuer 2 (24)
Gewerblich genutzte Räume
Erlass für – 33 (20)
Gleichheitssatz
15 (7)
Gleichzeitige Benutzung
zu steuerbegünstigten und anderen
Zwecken 8 (4)
Gottesdienst
Grundbesitz für – 4 (2), 6 (5)
Grünanlagen
Erlass für private – 32 (6)
Steuerfreiheit für öffentliche – 3 (19),
4 (3)
Grundbesitz
steuerfrei wegen Gemeinnützigkeit
3 (24) ff.
als Steuergegenstand 2 (22)
Grundbesitzbewertung
im Bedarfsfall 15 (7), (9)
Grundeigentum
selbst genutztes Einf. V.2
Grundsteuer
Änderung und Berichtigung des
Steuerbescheids 27 (12)
Außenprüfung bei der – 27 (13)
Aussetzung der Vollziehung 27 (15)
Bedeutung der – Einf. IV
Billigkeitserlass 33 (2)
– Durchführung des Verfahrens 33 (7)
Entrichtung 28 (6)
Erlass 28 (8)
– der festgesetzten – 33 (4)
– für Grünanlagen 32 (6)
– für Grundbesitz im öffentlichen In-
teresse 32 (3)
– wegen Minderung des Rohertrags
33 (8)
– für Museen 32 (7)

– wegen persönlicher Unbilligkeit
33 (5)
– aus Rechtsgründen 32 (2)
– wegen sachlicher Unbilligkeit 33 (6)
– für Spiel- und Sportplätze 32 (6)
– bei Unrentierlichkeit des
Grundbesitzes 32 (5)
– Voraussetzungen 32 (4)
– Zuständigkeit 33 (3)
Fälligkeit 28 (2)
– bei Kleinbeträgen 28 (3)
– bei Zahlung in einem Jahresbetrag
28 (4)
Festsetzung
– aus Billigkeitsgründen 27 (8)
– durch die Gemeinde 27 (6), 46 (2)
– nach geschätzten Grundlagen
27 (10)
– für das Kalenderjahr 27 (2),
46 (2)
– für mehrere Kalenderjahre 27 (3)
– in den neuen Bundesländern
Anh. II (7)
– unter dem Vorbehalt der
Nachprüfung 27 (9)
Festsetzungsverfahren 27 (5)
Festsetzungsverjährung 27 (11)
als Gemeindesteuer 1 (2)
internationaler Vergleich Anh. III
als Kommunalabgabe 25 (2)
als Kostenfaktor 28 (13)
Mehrbelastung 25 (10)
Nachentrichtung 31 (2)
Nachzahlung von Vorauszahlungen
30 (3)
in den neuen Bundesländern
Anh. II (1) ff.
Niederschlagung 28 (8)
Rechtsbehelf gegen – 27 (14)
rückwirkende Änderung der
Jahressteuerschuld 30 (5)
Säumniszuschläge 28 (11)
Steuerbescheid 27 (7)
bei den anderen Steuern 28 (14)
Stundung 28 (7)
Unbilligkeit der Einziehung 33 (13e)
Verfassungsbeschwerden Einf. V
Verjährung 28 (9)
Verwaltung 1 (2), 25 (2), 27 (5), (6)
Verwirklichung des Steueranspruchs
28 (5)
Verzinsung 28 (10)

Stichwortverzeichnis

Vollstreckung 28 (12)
Vorauszahlungen 29 (2)
Grundsteueraufkommen
Einf. III
Grundsteuerbelastung
Auswirkungen der Steuermesszahl auf
die – 15 (7)
Grundsteuergesetz
1935 Einf. II.1
1951 Einf. II.2
1974 Einf. II.3
nach 1974 Einf. II.4
Grundsteuermehrbelastung
25 (10)
Grundsteuermessbetrag
Festsetzung des – 16 (3)
Hauptveranlagung des – 16 (2)
Tabellen für die Berechnung 15 (8)
Grundsteuermindereinnahmen
1 (2), 3 (62)
Grundsteuerreform
Gebäudewertunabhängiges
Kombinationsmodell Anh. V (15)
Machbarkeitsstudie Anh. V (9)
Nomenklaturvorschlag Anh. V (3)
Öffnungsklausel Anh. V (1)
Rückholung der Gesetzeskompetenz
Anh. V (1)
Stiftung Marktwirtschaft Anh. V (7)
Verkehrswertmodell Anh. V (13)
Wertunabhängiges Modell
Anh. V (14)
Wissenschaftlicher Beirat
– Stellungnahme Anh. V (11)
Grundsteuervergünstigung
für Kriegsbeschädigte 36 (3)
– sachliche Voraussetzungen 36 (4)
– Wegfall 36 (7)
für Witwe eines Kriegsbeschädigten
36 (9)
Grundstücke
bebaute – 2 (18)–(20)
– Bewertung in den neuen
Bundesländern 41 (2)
– Einteilung 2 (19)
– Erlass 33 (8), (11), (20) ff.
Begriff 2 (15)
Betriebsgrundstücke 2 (24)
Bewertung der unbebauten – 2 (17)
Sonderfälle 2 (23)
Steuermesszahl für unbebaute –
15 (5)

**Grundstücke im Zustand der
Bebauung**
Bewertung 2 (16)
Erlass für – 33 (11)
Grundvermögen
Steuermesszahl für – 15 (3)
Zerlegungsmaßstab für – 22 (4)

H

Hafen
3 (17)
für den öffentlichen Verkehr 4 (4), (6),
(8)
Häftlingsentschädigungsgesetz
keine Grundsteuervergünstigung nach
dem – 36 (4)
Haftung
nach der Abgabenordnung 11 (5)
dingliche – 12 (2)
des Erben 11 (6)
des Erwerbers 11 (4)
des Nießbrauchers 11 (3)
persönliche – 11 (2)
des Rechtsnachfolgers 11 (6)
bei Verjährung 28 (9)
Haftungsbescheid
12 (3), 27 (13)
Handwerk
Schulungseinrichtungen des – 4 (15)
Hauptfeststellung
des Einheitswerts 13 (2) f.
Hauptveranlagung
des Grundsteuermessbetrages 16 (2)
nachgeholte – 16 (8)
Neuveranlagung kurz nach der –
17 (6)
der Steuermessbeträge 16 (6)
Zeitraum 16 (7)
Hauptveranlagungszeitpunkt
Aufhebung des Steuermessbetrages
zwischen – und erstmaliger
Anwendung 20 (5)
Hauptveranlagungszeitraum
16 (7)
Heberecht
der Gemeinde 1 (1), (3)
Hebesatz
Festsetzung 25 (1) ff.
– für ein oder mehrere Jahre 25 (6)
– Ermessensspielraum 25 (4)

749

Stichwortverzeichnis

– rückwirkende 25 (7)
– Verfahren 25 (3)
Höhe 27 (3)
Rechtsbehelf gegen – 25 (5)
unterschiedlicher – 25 (8)
Heil- und Pflegeanstalten
3 (16)
Heimatkunde
Steuerbefreiung 3 (37)
Heimatpflege
Steuerbefreiung 3 (37)
Herrenlose Grundstücke
10 (2a)
Hilfsbedürftigkeit
s. Bedürftigkeit
Hochschulen
3 (16)
Hoheitliche Tätigkeit
Begriff 3 (15)
Hoheitsbetriebe
Begriff 3 (15) f.

I

Imkerei
als sonstige land- und forstwirtschaftli-
che Nutzung 2 (13)
Immobilien-Preis-Kalkulator
Grundsteuerreform Anh. V (13)
Industrielle Forschung
Steuerfreiheit 3 (31)
Insolvenz
Haftung bei – 11 (4) f.
Internationale Einrichtungen
Steuerbefreiung 3 (13)

J

Jahresbetrag
Fälligkeit bei Zahlung der Grundsteuer
in einem – 28 (4)
Jahresrohmiete
Bewertung der bebauten Grundstücke
nach der – 2 (21)
Erlass bei nach der – bewerteten
Grundstücken 33 (11)
Jahressteuer
Erstattung bei Vorauszahlungen 30 (4)
Nachzahlung von Vorauszahlungen
30 (3)

rückwirkende Änderung der Steuer-
schuld 30 (5)
Vorauszahlungen auf die – 28 (2)
Jüdische Kultusgemeinden
s. Religionsgesellschaften
Jugendhilfe
als gemeinnützig 3 (31)
Juristische Personen des öffentlichen
Rechts
Steuerbefreiung 3 (7) f.

K

Kalenderjahr
als Erlasszeitraum 34 (2)
als Veranlagungszeitraum 27 (2)
Kanal
Steuerfreiheit für – 4 (6)
Kantine
bei Bundesbahn 3 (21), 13 (12)
bei Fürsorgeeinrichtungen 3 (48)
Steuerfreiheit 5 (4)
verpachtete – einer Behörde 7 (2)
als wirtschaftlicher Geschäftsbetrieb
3 (44)
Kapitalabfindung
Grundsteuervergünstigung bei – 36 (3)
– Umfang 36 (6)
Kasernen
Steuerfreiheit 5 (3)
s. a. Bundeswehr Gemeinschaftsunterkünfte
Kasino
s. Kantine
Kassenärztliche Vereinigungen
keine Steuerbefreiung 3 (10)
Kaufeigentumswohnung
s. Eigentumswohnung
Kinder- und Jugendarbeit
3 (55)
Kinderheime
Steuerfreiheit 4 (12)
Kinderspielplätze
Grundbesitz für – 4 (4)
Kindertageseinrichtungen
kommunale 3 (16)
Kirchen
s. Gottesdienst, Religionsgesellschaften
Kirchendiener
Begriff 3 (58)
Dienstgrundstücke der – 3 (59)
s. a. Geistliche

Stichwortverzeichnis

Kirchengrundsteuer
25 (9)
Kirchensteuergesetze
Übersicht 25 (9)
Kirchliche Zwecke
Begünstigung der – 3 (24), (55)
Kleinbeträge
Fälligkeit von – 28 (3)
Kleingartenland
als Stückländerei 2 (6)
Klöster
Grundbesitz der – 3 (54b)
Wohnräume 3 (57)
Kombinierter Ladeverkehr
4 (4)
Kommunalabgabe
Grundsteuer als – 25 (2)
Kommunalabgabengesetze
der Länder 25 (2)
Kommunalisierung
Grundsteuerreform Anh. V (14)
Konkurs
Haftung bei – 11 (4) f.
Konsulate
Steuerbefreiung 3 (12)
Koppelungsvorschriften
26 (2)
**Körperschaften des öffentlichen
Rechts**
Anstalten und Stiftungen 3 (9)
ausländische – 3 (11)
Berufsvertretungen und
  Berufsverbände 3 (10)
Betrieb gewerblicher Art 3 (17)
Bundesanstalt für Immobilienaufgaben
3 (9)
Gebietskörperschaften 3 (8)
Gebrauch durch die Allgemeinheit
3 (18)
Grundbesitz von – 3 (21)
– für gemeinnützige Zwecke 3 (23)
hoheitliche Tätigkeit 3 (15)
Hoheitsbetriebe 3 (16)
Öffentlicher Dienst oder Gebrauch
3 (14)
Personalkörperschaften 3 (8)
Steuerbefreiung 3 (6) f., 43 (3)
Kostenmiete
Berücksichtigung der Grundsteuer bei
  der – 28 (13)
Krankenhäuser
3 (16)

Bereitschaftsräume in – 5 (10)
Besucherparkplätze, gebührenpflichtig
4 (18a)
Eigentümer des Grundbesitzes
4 (18)
als gemeinnützig 3 (28)
Grundbesitz der – 4 (16)
Voraussetzungen für die Steuerfreiheit
4 (17)
Krankentransporte
3 (16)
Kreditanstalten
3 (17)
Kriegsbeschädigte
Eigentümer des Grundstücks 36 (8)
Grundsteuervergünstigung für
  abgefundene – 36 (1) ff.
Kapitalabfindung für – 36 (2)
Umfang der Grundsteuervergünsti-
  gung 36 (6)
Voraussetzungen für Grundsteuerver-
  günstigung 36 (3) ff.
Wegfall der Grundsteuervergünstigung
36 (7)
Kultur
Steuerbefreiung 3 (32)
Kulturelle Einrichtungen
als Geschäftsbetrieb 3 (49)
Kulturelle Veranstaltungen
als Geschäftsbetrieb 3 (49)
Kunst
Erlass der Grundsteuer für Zwecke der
  – 32 (4)
Steuerbefreiung 3 (32)
Kuranstalt
3 (16)
Kurverwaltungen
3 (17)

L

Land- und Forstwirtschaft
Betriebe der – als Steuergegenstand
2 (3) f.
Erlass bei – 33 (10)
Zerlegungsmaßstab für die – 22 (3)
**Land- und forstwirtschaftlich
genutzter Grundbesitz**
Allgemeines 6 (2)
in den neuen Bundesländern 40 (1),
Anh. II

751

Stichwortverzeichnis

Land- und forstwirtschaftliche Nutzung
Begriff 6 (2)
Land- und forstwirtschaftlicher Betrieb
Steuerschuldner beim verpachteten –
10 (3)
Land- und forstwirtschaftliches Vermögen
fehlerhafte Zuordnung eines
Grundstücks 41 (3)
Umfang 2 (3) f.
Landesbehörden
Anerkennung der Steuerfreiheit durch
– 4 (15)
Landschaftspflege
Erlass wegen – 32 (4)
als gemeinnütziger Zweck 3 (35a)
Landwirtschaftliche Nutzung
Umfang 2 (10), 40 (2)
Leerstand
33 (15)
sanierungsbedingter – 33 (16)
struktureller – 33 (16)
Leerstehen
bei eigengewerblich genutzten
Grundstücken 33 (22)
einer Wohnung und Mietminderung
33 (15)
Lehr- und Versuchszwecke
Grundbesitz zu – 6 (3)
Lehrlingsheime
s. Ausbildungsheime

M

Markthallen
3 (17)
Marktveranstaltungen
3 (17)
Mauergrundstücke
Steuerbefeiung 3 (59)
Messbescheid
s. Steuermessbescheid
Messbetrag
s. Steuermessbetrag
Messzahl
s. Steuermesszahl
Miete
bei der Bewertung 2 (21),
13 (8)

Grundsteuer als Teil der – 28 (13)
Zwangsvollstreckung in – 12 (4)
Mietermittlung
Mietdatenbank 33 (12)
Mietminderung
Erlass nach der – 33 (13)
und geschätzte übliche Jahresrohmiete
33 (14)
Vertretenmüssen der – 33 (15)
Mietrückgang
Erlass bei – 33 (11)
Mietwohngrundstück
Bewertung 2 (19)
Mildtätige Zwecke
Allgemeines 3 (42)
Steuerbefreiung für Grundbesitz zu –
3 (21), (24)
Militärische Flugplätze
Steuerbefreiung 6 (4)
Militärische Übungsplätze
Steuerbefreiung 6 (4)
Minderausnutzung
bei eigengewerblich genutzten
Grundstücken 33 (23)
Mindestbetrag
bei der Grundsteuer 27 (2)
bei Zerlegung 22 (11)
Mindestwert
Bewertung nach dem – 2 (20)
Erlass bei – 33 (9)
Müllbeseitigung
3 (16)
Museen
Erlass 32 (7)
Steuerfreiheit 3 (49)

N

Nachentrichtung
der Grundsteuer 31 (2)
Nachfeststellung
des Einheitswerts 13 (2), (5)
Wertverhältnisse und tatsächliche
Verhältnisse 13 (8)
Nachholung
der Hauptveranlagung 16 (8)
Nachveranlagung
zur Fehlerberichtigung 18 (2)
kurz nach der Hauptveranlagung
18 (4)
des Steuermessbetrags 18 (2)

Stichwortverzeichnis

Nachveranlagungszeitpunkt
18 (3)
Nachzahlung
der Grundsteuer 30 (2)
Naturereignisse
Erlass bei Schäden durch – 33 (10)
Naturschutz
Erlass der GrSt für Zwecke des –
32 (6)
als gemeinnütziger Zweck 3 (35a)
Naturschutzgesetze
der Länder, Übersicht 32 (4)
Nebenbetrieb
landwirtschaftlicher – 2 (7)
Nebenerwerbsstelle
2 (3)
Neue Bundesländer
BewDV in den – Anh. II (5)
Bewertungsgesetz in den – Anh. II (4)
Einheitsbewertung für Grundbesitz
Anh. II (1), (3)
Ersatzbemessungsgrundlage 41 (1),
42 (3), Anh. II (1), (6)
Ersatzwirtschaftswert für Nutzung
40 (4), Anh. II (6)
Gemeindezuständigkeit 46 (2)
Hebesatz in den – 42 (4), 44 (2)
Land- und Forstwirtschaft in den –
40 (1)
Steueranmeldung 44 (3), (6),
Anh. II (7)
Steuerfreiheit für Ausbauten in den –
43 (5)
Steuerfreiheit für Wohnhausbesitz in
den – 43 (3), 44 (4), Anh. II (7)
Steuermesszahl in den – 41 (2)
Steuerschuldner 42 (6)
Neuordnung der Kommunalfinan-
zen
Vier-Säulen-Modell Anh. V (7)
Neuveranlagung
zur Fehlerberichtigung 17 (4)
kurz nach der Hauptveranlagung
17 (6)
des Steuermessbetrags 17 (2)
– ohne Fortschreibung des
Einheitswerts 17 (3)
Neuveranlagungszeitpunkt
17 (5)
Nichtidentität
zwischen Eigentümer und Benutzer
eines Grundstücks 3 (60)

Nichtnutzung
Zeiten der – 8 (4)
Niederschlagung
der Grundsteuer 28 (8)
Nießbraucher
Haftung des – 11 (3)
Nutzung
gleichzeitige – 8 (4)
Nutzungseinheit in den neuen
Bundesländern als Steuergegenstand
40 (2)
regelmäßige – 7 (4)
teilweise – 8 (3)
unmittelbare – 7 (2)

O

Öffentlich Private Partnerschaften
Steuerbefreiung 3 (60a)
Öffentliche Bekanntmachung
anstelle des Steuerbescheids
27 (4)
Öffentliche Last
12 (2)
Öffentliche Mittel
bei Ertragswertverfahren 13 (9)
Öffentliche Straßen, Wege
Grundbesitz für – 4 (4)
Öffentliche Zwecke
Steuerbefreiung 3 (41)
Öffentlicher Dienst oder Gebrauch
Begriff 3 (14)
BOS-Basisstationen 3 (19)
Einzelfälle 3 (19)
hoheitliche Tätigkeit 3 (15)
Öffentlicher Verkehr
Grundbesitz für – 4 (4)
Öffentliches Interesse
Erlass für Grundbesitz, dessen
Erhaltung im – liegt 32 (3)
Online-Suchportal
33 (17)
Ordensgemeinschaften
Alten- und Erholungsheime von –
5 (8)
Grundbesitz der – 3 (54b)
Wohnräume 3 (55)
Ortsübliche Miete
und Mietminderung 33 (14)

Stichwortverzeichnis

P

Pachtbetriebe
Behandlung der – 2 (6)
Parkhäuser
3 (17)
keine Steuerfreiheit 4 (4)
Parkplätze
3 (17)
einer Behörde 7 (2)
für Besucher und Personal,
gebührenpflichtig 4 (18a)
Steuerfreiheit 4 (4)
Parteien
nicht gemeinnützig 3 (41)
Pastoralreferent
3 (58)
Personalkörperschaften
Steuerbefreiung 3 (8)
Persönliche Haftung
nach der Abgabenordnung
11 (5)
Allgemeines 11 (2)
nach außersteuerlichen Vorschriften
11 (6)
des Gewerbes 11 (4)
des Nießbrauchers 11 (3)
Pflanzenzuchtanstalten
Behandlung der – 6 (3)
Pflegeheime
als Wohlfahrtspflege 3 (46)
**Pflegerische und therapeutische
Gesamtkonzeption**
Wohnungsbegriff 5 (11)
Pilzanbau
als sonstige land- und forstwirt-
schaftliche Nutzung 2 (13)
Politische Bildung
3 (41)
Polizei
Gemeinschaftsunterkünfte 5 (3)
Kantinen 5 (4)
Predigerseminare
Steuerfreiheit 5 (5)
Priesterseminare
Steuerfreiheit 5 (5)
Privatbahn
3 (21), 4 (5)
Privatdeiche
4 (9)
Privatkrankenhäuser
s. Krankenhäuser

Privatschulen
staatliche Anerkennung der – 4 (15)
Steuerfreiheit 4 (10)
Public Private Partnership
Steuerbefreiung 3 (60a)

R

Rangordnung
bei Zwangsversteigerung 12 (4)
Realgemeinde
2 (5), 3 (8)
Realsteuern
Einführungsgesetz zu den – 25 (1)
Rechtsbehelf
gegen Ablehnung eines Erlassantrags
34 (4)
Aussetzung der Vollziehung bei –
27 (15)
der Gemeinde 16 (5)
des Rechtsnachfolgers 16 (4)
gegen Steuerbescheid 27 (14)
gegen Steuermessbescheid 16 (4)
gegen Zerlegungsbescheid
22 (9)
Rechtsnachfolger
Haftung des – 11 (5) f.
Rechtsbehelfsbefugnis des – 16 (4)
Wirkung des Steuerbescheids gegen –
16 (4)
Rechtsprechungsübersichten
Anh. I, Anh. IV
Regelmäßige Nutzung
Begriff 7 (4)
Regressionsanalyse
multiple
– Grundsteuerreform Anh. V (13)
Reichsbahn
s. Bundesbahn
ReichsbewertungsDVO
Anh. II (6)
Reihenhäuser
Steuermesszahl für – 15 (4)
Religion
Steuerbefreiung 3 (29)
Religionsgesellschaften
ausländische – 3 (54c)
Grundbesitz der – 3 (54)
inländische – 3 (54a)
Klöster 3 (54b)
Ordensgemeinschaften 3 (54b)

Stichwortverzeichnis

Religiöse Zwecke
als Befreiungsgrund 3 (29)
Rohertrag
Erlass wegen Minderung des –
33 (8) ff.
Rotes Kreuz
Steuerfreiheit 3 (42)
Rundfunkanstalten
3 (16)

S

Saatzucht
als sonstige land- und forstwirtschaftli-
che Nutzung 2 (13)
Sachwertverfahren
Bewertung der bebauten Grundstücke
nach dem – 2 (22), 15 (8)
Erlass bei im – bewerteten
Grundstücken 33 (11)
Sammelbecken
Steuerfreiheit 4 (8) ff.
Sammlungen
3 (32), (49)
Erlass für Grundbesitz mit – 32 (7)
Säumniszuschläge
28 (11)
Schätzung
Steuerfestsetzung nach 27 (10)
Schienenwege
für den öffentlichen Verkehr
4 (4) f.
Schlachthöfe
3 (16)
Schleusengrundstücke
Steuerfreiheit 3 (19), 4 (6)
Schlösser
3 (17)
Schulen
3 (16), (34), 4 (10)
Schülerheime
Steuerbefreiung 5 (5)
Seen
4 (8)
Selbstversorgungseinrichtungen
als wirtschaftlicher Geschäftsbetrieb
3 (47)
Sicherungseigentum
10 (2)
Siedlungsunternehmen
Gemeinnützigkeit 3 (53)

Soldatenversorgungsgesetz
keine Grundsteuervergünstigung nach
dem – 36 (4)
Sonderkulturen
bei der Land- und Forstwirtschaft 2 (6)
Sonstige bebaute Grundstücke
Bewertung der – 2 (19) f.
**Sonstige land- und
forstwirtschaftliche Nutzung**
Umfang der – 2 (13)
SOS-Kinderdörfer
Steuerbefreiung 5 (10)
Sozialbrache
Erlass für – 33 (10)
als Steuergegenstand 2 (3)
Sozialhilfe
Regelsätze 3 (42)
Speiseräume
gemeinschaftliche – 5 (4)
Spendenbescheinigung
3 (22), (25)
Sport
als gemeinnütziger Zweck 3 (36)
als Geschäftsbetrieb 3 (50)
Sportvereine
Grundbesitz der – 3 (22), (30), (50)
Staatliche Schlossbetriebe
3 (17)
Stadtstaatenmodell
Grundsteuerreform Anh. V (13)
Staffelgeschosse
Grundsteuerreform Anh. V (14)
Stationierungsstreitkräfte
s. Bundeswehr
Steueranmeldung
in den neuen Bundesländern
Anh. II (7)
Steueranspruch
Verwirklichung des – 28 (5)
Steuerausgleich
Ersatz der Zerlegung durch – 24 (2)
Steuerbefreiungen
Allgemeines 3 (1) f., 4 (1)
für Altenheime 4 (19), 5 (7)
für andere Körperschaften 3 (24)
Anerkennung der – 4 (20)
für Anstalten des öffentlichen Rechts
3 (9)
Anzeigepflicht bei Wegfall der – 19 (2)
für Ausbildungsheime 5 (5)
für ausländische Botschaften 3 (12)
für ausländische Körperschaften 3 (11)

Stichwortverzeichnis

begünstigte Zwecke 3 (42)
für Bereitschaftsräume 5 (10)
Berufsbildung 3 (35)
für Berufsvertretungen und
  Berufsverbände 3 (10)
bei Betrieben gewerblicher Art 3 (17)
für botanische Gärten 6 (3)
für Bundesbahn 3 (21)
für Bundeswehr 3 (20)
Denkmalschutz 3 (36)
Dienstgrundstücke für Geistliche
  3 (59)
Dienstwohnungen der Geistlichen
  3 (56) ff.
Entwicklungshilfe 3 (40)
für Erholungsheime 5 (8)
Erziehung 3 (34), 4 (10) ff.
für Ferienheime 5 (8)
fließende Gewässer 4 (8)
für Freiwildgehege 6 (3)
Friedhöfe 4 (3)
keine – für Wohnungen 5 (11)
Fürsorge 3 (38)
Fürsorgeeinrichtungen 3 (48)
für Gebietskörperschaften 3 (8)
bei Gebrauch durch die Allgemeinheit
  3 (18) ff.
Geltendmachung der – 3 (3)
bei gemeinnützigen Zwecken 3 (22) ff.
für gemeinschaftliche Speiseräume
  5 (4)
für Gemeinschaftsunterkünfte 5 (3)
gesellige Veranstaltungen 3 (51)
Gottesdienst 4 (2)
für Grundbesitz von Körperschaften
  des öffentlichen Rechts 3 (6)
Häfen 4 (6)
Heimatkunde 3 (37)
Heimatpflege 3 (37)
bei hoheitlicher Tätigkeit 3 (15)
für Hoheitsbetriebe 3 (16)
für internationale Einrichtungen 3 (13)
Jugendhilfe 3 (29)
für juristische Personen des öffentlichen Rechts 3 (7)
für Kantinen 5 (4)
Kassenärztliche Vereinigungen 3 (10)
kirchliche Zwecke 3 (55)
Klöster 3 (54b)
für Konsulate 3 (12)
für Körperschaften des öffentlichen
  Rechts 3 (23)

für Krankenheime 4 (16) ff.
kulturelle Einrichtungen 3 (49)
kulturelle Veranstaltungen 3 (49)
Kunst 3 (32)
mildtätige Zwecke 3 (42)
militärische Übungsplätze und
  lugplätze 6 (4)
bei Nichtidentität von Eigentümer
  und Benutzer 3 (60)
bei Öffentlich Privaten Partnerschaften
  3 (60a)
öffentliche Straßen, Wege 4 (4)
öffentliche Zwecke 3 (41)
bei öffentlichem Dienst oder Gebrauch 3 (14)
öffentliches Gesundheitswesen 3 (28)
Orden 3 (54b)
für Personalkörperschaften 3 (8)
politische Zwecke 3 (41)
Religion 3 (33)
Religionsgesellschaften 3 (54)
Schienenwege 4 (5)
für Schülerheime 5 (5)
Selbstversorgungseinrichtungen
  3 (47)
Siedlungsunternehmen 3 (53)
sonstige – 4 (1)
für sonstige Wohnräume 5 (9)
Sport 3 (30)
Sportveranstaltungen 3 (50)
Stichtag für die – 3 (4) f.
für Stiftungen 3 (9)
teilweise Benutzung 8 (2) ff.
Umfang der – 3 (52)
unmittelbare Benutzung für
  steuerbefreiten Zweck 7 (2) ff.
für Unterricht 4 (11)
Verkehrsflughäfen 4 (7)
Völkerverständigung 3 (39)
Volksbildung 3 (35)
Voraussetzungen 3 (2)
Wasser- und Bodenverbände 4 (9)
Wasserläufe 4 (6)
wirtschaftlicher Geschäftsbetrieb 3 (44)
Wissenschaft 3 (31), 4 (10) ff.
Wohlfahrtspflege 3 (46)
bei Wohnraum für begünstigte
  Zwecke 5 (6)
Wohnungsunternehmen 3 (53)
Zweckbetriebe 3 (45)
Steuerbegünstigte Wohnung
Erlass bei – 33 (9)

Stichwortverzeichnis

Steuerbelastung
unterschiedliche – 15 (7) ff.
Steuerbescheid
Änderung des – 27 (12)
Aussetzung der Vollziehung des –
27 (15)
Bekanntgabe des – 27 (7)
Berichtigung des – 27 (12)
bei der Grundsteuer 27 (7)
öffentliche Bekanntmachung an Stelle
des – 27 (4)
Rechtsbehelf gegen – 27 (14)
bei Steuerbefreiung 27 (7)
Steuererlass
s. *Erlass*
Steuerfestsetzung
aus Billigkeitsgründen 27 (8)
durch die Gemeinde 27 (6)
nach geschätzten Grundlagen 27 (10)
für das Kalenderjahr 27 (2)
für mehrere Kalenderjahre 27 (3)
Verfahren bei der Grundsteuer 27 (5)
Verjährung 27 (11)
unter dem Vorbehalt der Nachprüfung
27 (9)
s. a. *Festsetzung*
Steuergegenstand
der Grundsteuer 2 (2)
Nutzungseinheit in der ehemaligen
DDR als – 40 (2)
Steuermessbescheid
16 (3)
Änderung und Berichtigung 21 (2),
27 (12)
Aussetzung der Vollziehung des –
27 (15)
Bekanntgabe an den Steuerpflichtigen
16 (5)
Rechtsbehelf gegen – 16 (4)
Steuermessbetrag
Aufhebung des – 20 (2)
– ohne Aufhebung des Einheitswerts
20 (3)
bei Erbbaurecht 13 (13)
Ermittlung des – 13 (11)
bei Grundbesitz der Bundesbahn
13 (12)
Hauptveranlagung der – 16 (6)
Mitteilung des – an die Gemeinde
16 (5)
Nachveranlagung des – 18 (2)
Neuveranlagung des – 17 (2)

– ohne Fortschreibung des
Einheitswerts 17 (3)
Zerlegung des – 22 (2), (4)
Zuteilung des – 22 (7)
Steuermesszahl
Auswirkungen auf die
Grundsteuerbelastung 15 (7)
Bedeutung des Einheitswerts 13 (2)
für Betriebe der Land- und
Forstwirtschaft 14, 15 (2)
für Eigentumswohnungen 15 (4)
für Einfamilienhäuser 15 (4)
für Grundvermögen 15 (3)
in den neuen Bundesländern 15 (3) ff.
für Reihenhäuser 15 (4)
für unbebaute Grundstücke 15 (5)
für Zweifamilienhäuser 15 (4)
Steuerpflicht
Aufhebung des Steuermessbetrags bei
Wegfall der – 20 (2)
Steuerreformkommission
Einf. IV
Steuerschuld
Änderung der – 30 (4)
Entrichtung der – 28 (6)
Entstehung der – 9 (3)
Fälligkeit der – 28 (2)
Verjährung der – 28 (9)
Zinsen für – 28 (10)
Steuerschuldner
Begriff 10 (2)
bei Eigentumswohnungen 10 (5)
beim Erbbaurecht 10 (4)
in den neuen Bundesländern
Anh. II (7)
beim verpachteten land- und
forstwirtschaftlichen Betrieb
10 (3)
Stichtag
für die Entstehung der Grundsteuer
9 (2)
für Zerlegung 23 (2) ff.
Stiftung Marktwirtschaft
Grundsteuerreform Anh. V (7)
Stiftungen
Steuerbefreiung 3 (9)
Straßen
Steuerfreiheit 4 (4), 7 (5)
Straßenbeleuchtung
3 (16)
Straßenreinigung
3 (16)

Stichwortverzeichnis

Stückländereien
als Betrieb der Land- und
Forstwirtschaft 2 (6)
Erlass für – 33 (10)
Studentenheime
Wohnräume in – 5 (9)
Studentenhilfe
als gemeinnütziger Zweck 3 (35)
Studentenwohnheim
Wohnungsbegriff 5 (11)
Stundung
bei Erlass 32 (3), 34 (1)
der festgesetzten Steuer 28 (7)

T

Tabellen
für die Berechnung des
Grundsteuermessbetrags 15 (8)
Talsperren
4 (9)
Tatsächliche Verhältnisse
bei Fortschreibungen und
Nachfeststellungen 13 (8)
Teiche
4 (8)
Teileigentum
s. *Eigentumswohnung*
Teilweise Benutzung
für begünstigte Zwecke 8 (2) ff.
Theater
Steuerfreiheit 3 (49)
Tierhaltung
Behandlung der – 2 (8)
Tierhaltungskooperationen
Behandlung der – 2 (8)
Tierzucht
Behandlung der – 2 (8)
Tilgungsleistungen
Kostenbegriff 32 (5)
Treuhandeigentum
10 (2)
Trinkwasserversorgung
4 (9)
Truppenübungsplätze
Steuerfreiheit 6 (4)

U

Übernahme des Vermögens
Haftung bei – 11 (6)

Übliche Miete
Bewertung der bebauten Grundstücke
nach der – 2 (21)
Umbau
bei Erlass 33 (23a)
Umfang der Steuerbefreiung
3 (52)
Umlagen
sonstige – 25 (11)
Umrechnung
in Euro 13 (11)
Umweltschutz
Steuerbefreiung 3 (35a)
Unbebaute Grundstücke
Begriff 2 (16)
Bewertung 2 (17)
Steuermesszahl für – 15 (5)
Unbilligkeit
der Einziehung der Grundsteuer
33 (24)
Erlass der GrSt wegen persönlicher –
33 (5)
Erlass der GrSt wegen sachlicher –
33 (6)
Unmittelbare Nutzung
Beginn der – 7 (3)
für begünstigten Zweck 7 (2)
Unrentierlichkeit
des Grundbesitzes als Voraussetzung
für Erlass 32 (5)
Unterricht
Grundbesitz für – 4 (10) f.

V

Veranlagungszeitpunkt
Entstehung der Grundsteuer
9 (2)
Vereinbarung
des Zerlegungsmaßstabes 22 (5)
Verfahren
für den Erlass der Grundsteuer
34 (1) ff.
Verfassungsbeschwerden
Grundsteuer Einf. V
Vergleichsverfahren
und Haftung 11 (5)
Verjährung
der Grundsteuer 28 (9)
und Neuveranlagung 17 (5)
der Steuerfestsetzung 27 (11)

Stichwortverzeichnis

Verkehrsbetriebe
3 (17)
Verkehrsflughäfen
Steuerfreiheit 4 (1), (7), 6 (4)
Verkehrslandeplätze
Steuerbefreiung für – 4 (1), (7),
6 (4)
Vermarktungsversuch
Internet 33 (17)
Verpachtete Grundstücke
Erlass bei – 33 (20)
Verschieden genutzter Grundbesitz
Erlass bei – 33 (27)
Versorgungsbetriebe
3 (17)
Versuchsanstalten
landwirtschaftliche – 6 (3)
Verwaltung
der Grundsteuer 1 (2), 25 (2),
27 (5)
Verwaltungsgerichtsordnung
Ausführungsgesetze der Länder
27 (14)
Verwaltungsgerichtsverfahren
34 (4)
Verwaltungsräume
bei Bundesbahn 3 (21)
bei gemeinnützigen Körperschaften
3 (22), (44), (52) f.
bei Religionsgesellschaften 3 (55)
Steuerfreiheit für – 7 (2)
Verwaltungszustellungsgesetz
Regelungen der Länder 27 (7)
Verzinsung
der festgesetzten Steuer 28 (10)
Vieheinheiten
Umrechnung der Tierbestände in –
2 (8)
Völkerverständigung
als gemeinnützig 3 (39)
Volksbildung
Steuerbefreiung 3 (35)
Volkshochschule
Wohnräume für – 5 (9)
Vollstreckung
28 (12)
Vollziehung
Aussetzung der – 27 (15)
Voraussetzungen
für einen Billigkeitserlass 33 (2)
Vorauszahlungen
Abrechnung über die – 30 (1)

Erstattung 30 (3)
auf die Jahressteuer 29 (2)
Nachzahlung 30 (2)
– bei rückwirkender Änderung der
Jahressteuerschuld 30 (4)

W

Waisenhäuser
3 (16)
Wald
als Grünanlage 32 (6)
Wanderschäferei
als sonstige land- und forstwirtschaftli-
che Nutzung 2 (13)
Wasser- und Bodenverbände
Grundbesitz 4 (9)
Wasserstraßen
für den öffentlichen Verkehr 4 (4),
(6)
Wasserversorgung
3 (16)
Wege
s. Straßen
Weihnachtsbaumkultur
als sonstige land- und forstwirt-
schaftliche Nutzung 2 (13)
Weinbauliche Nutzung
Umfang der – 2 (12)
Werkstätten
als Zweckbetrieb 3 (48)
Wertfortschreibung
des Einheitswerts 13 (4)
Erlass und – 33 (28)
Wertverhältnisse
bei Fortschreibungen und
Nachfeststellungen 13 (2), (8)
Wetterwarten
3 (16)
Widerruf
des Erlasses 34 (5)
Widerspruch
s. Verwaltungsgerichtsverfahren
Wiener Übereinkommen
Steuerfreiheit nach – 3 (12)
Wirtschaftlicher Geschäftsbetrieb
Begriff des – 3 (44)
Wirtschaftliches Eigentum
Begriff des – 10 (2)
keine dingliche Haftung bei –
12 (3)

Stichwortverzeichnis

Wirtschaftsteil
Bewertung des – 2 (9)
Grundbesitz für – 4 (10), (13)
Wissenschaft
Erlass der Grundsteuer 32 (4)
Steuerbefreiung 3 (28)
Wohlfahrtspflege
Einrichtungen der – 3 (46)
Verbände der – 3 (42)
Wohngrundstücke
Erlass bei – 33 (12)
Wohnräume
in Altenpflegeheimen 5 (7)
in Altenwohnheimen 5 (7)
in Altersheimen 5 (7)
in Ausbildungsheimen 5 (5)
Begriff der – 5 (2)
für begünstigte Zwecke 5 (6)
in Erziehungsheimen 5 (5)
in Predigerseminaren 5 (5)
in Priesterseminaren 5 (5)
in Schülerheimen 5 (5)
sonstige – 5 (9)
Wohnraumförderungsgesetz
Einf. II.4
Wohnteil bei Landwirtschaft
Bewertung des – 2 (14)
Wohnungsbaugesetz
geschichtliche Entwicklung des –
Einf. II
Wohnungseigentum
Bewertung des – 2 (23)
Wohnungsunternehmen
Gemeinnützigkeit der –
3 (53)
Wohnzwecke
Grundbesitz für – 5 (1)

Z

Zahlung
der Steuer 28 (6)
Zerlegung
Änderung der – 22 (7)
– und Berichtigung des Bescheids
über die – 27 (12)
Bescheid über – 22 (7)
Beteiligte 22 (7)
Ersatz der – durch Steuerausgleich
24 (2)
für das Grundvermögen 22 (4)

für die Land- und Forstwirtschaft
22 (3)
Maßstab der – 22 (2)
Mindestbetrag bei – 22 (11)
des Steuermessbetrags 22 (2)
Stichtag für – 23 (2) ff.
Vereinbarung des Zerlegungsmaßstabs
22 (5)
Verfahren bei – 22 (7)
Zerlegungsbescheid
22 (7) f.
Änderung und Berichtigung des –
27 (12)
Rechtsbehelf gegen – 22 (9)
Zerlegungsmaßstab
Allgemeines 22 (2)
für das Grundvermögen 22 (4)
für die Land- und Forstwirtschaft
22 (3)
Überblick über – 22 (6)
vereinbarter – 22 (5)
Zerlegungsstichtag
bei Feststellung eines Einheitswerts
23 (2)
ohne Feststellung eines Einheitswerts
23 (3)
Zerlegungsverfahren
22 (7)
Änderung der Zerlegung 22 (7)
Bescheid 22 (7)
Beteiligte 22 (7)
Zinsen
für Steuern 28 (10)
Zurechnung
des Wirtschaftsguts 10 (2)
Zurechnungsfortschreibung
des Einheitswerts 13 (4)
und Neuveranlagung des
Steuermessbetrags 17 (2)
Zuständigkeit
für den Erlass von GrSt
33 (3)
Zustellung
des Grundsteuerbescheids
27 (7)
Zuteilung
des Steuermessbetrags 22 (7)
Verfahren bei – 22 (10)
Zwangsversteigerung
Durchführung der – 11 (4)
Zwangsvollstreckung
bei dinglicher Haftung 12 (4)

Zweckbetrieb
steuerunschädlicher – 3 (45)
Zweifamilienhäuser
Steuermesszahl für – 25 (4)

Zweitwohnungssteuer
und Grundsteuer 1 (2)
Mustersatzung Anh. IV
Rechtsprechung zur – Anh. IV